V&R

Kritisch-exegetischer Kommentar über das Neue Testament

Begründet von
Heinrich August Wilhelm Meyer
herausgegeben von
Dietrich-Alex Koch

Band 8 – 9. Auflage
Der Brief an die Epheser

Vandenhoeck & Ruprecht

Der Brief an die Epheser

übersetzt und erklärt
von
Gerhard Sellin

1. Auflage dieser Auslegung

Vandenhoeck & Ruprecht

Frühere Auflagen dieses Kommentars

Bearbeitung von H. A. W. Meyer

1. Auflage 1843
2. Auflage 1853
3. Auflage 1859
4. Auflage 1867

Bearbeitung von W. Schmidt

5. Auflage 1878
6. Auflage 1886

Bearbeitung von Erich Haupt

7. Auflage 1897
8. Auflage 1902

Bibliografische Information der Deutschen Nationalbibliothek

Die Deutsche Nationalbibliothek verzeichnet diese Publikation in der Deutschen Nationalbibliografie; detaillierte bibliografische Daten sind im Internet über http://dnb.d-nb.de abrufbar.

ISBN 978-3-525-51550-1

© 2008, Vandenhoeck & Ruprecht GmbH & Co. KG, Göttingen / www.v-r.de
Alle Rechte vorbehalten. Das Werk und seine Teile sind urheberrechtlich geschützt.
Jede Verwendung in anderen als den gesetzlich zugelassenen Fällen bedarf der
vorherigen schriftlichen Einwilligung des Verlages. Hinweis zu § 52a UrhG:
Weder das Werk noch seine Teile dürfen ohne vorherige schriftliche Einwilligung
des Verlages öffentlich zugänglich gemacht werden. Dies gilt auch bei einer
entsprechenden Nutzung für Lehr- und Unterrichtszwecke.
Printed in Germany.
Satz: Dörlemann Satz, Lemförde
Druck und Bindung: ⊕ Hubert & Co, Göttingen

Gedruckt auf alterungsbeständigem Papier

Vorwort

In der Reihe „Kritisch-exegetischer Kommentar über das Neue Testament" (KEK – begründet von Heinrich August Wilhelm Meyer) erschien eine Bearbeitung des Epheserbriefes zuletzt im Jahre 1897: „Die Gefangenschaftsbriefe, neu bearbeitet von *Erich Haupt*". Danach kam es durch unglückliche Umstände bis heute zu keiner Neubearbeitung des Epheserbriefes in dieser Reihe: *Ernst Lohmeyer* konnte 1928 und 1930 zwar den Band zum Philipperbrief sowie den zum Kolosser- und Philemonbrief für die Reihe vollenden, doch zur Bearbeitung des Epheserbriefes, die er zugunsten der Arbeit an den Synoptikern zurückstellen musste, kam es nicht mehr: Lohmeyer wurde 1946 im Zusammenhang einer politischen Intrige gegen ihn bei Greifswald erschossen. Danach übernahm *Heinrich Schlier* die Aufgabe. Er konnte seinen Kommentar, einen Meilenstein in der religionsgeschichtlichen Exegese, 1957 vollenden. Doch weil er während der Arbeit am Epheserbrief zum katholischen Glauben konvertiert war, erschien sein Werk nicht in der Meyerschen Reihe, sondern als Einzelband im Patmos-Verlag. Daraufhin übernahm *Nils Alstrup Dahl* die Bearbeitung. Wegen seiner umfangreichen Aufgaben an der Yale University musste er aber ab 1965 die Arbeit am Kommentar ruhen lassen. 1981 wurde er von der Bearbeitung entbunden. Seine zahlreichen wertvollen Vorarbeiten sind von *David Hellholm* aufgearbeitet und durch Literaturangaben bis in die Gegenwart ergänzt worden (Nils Alstrup Dahl, Studies in Ephesians, ed. by David Hellholm, Vemund Blomkvist, and Tord Fornberg, Tübingen 2000). 1986 bot der damalige Herausgeber der „Meyer-Kommentare", Ferdinand Hahn, mir die Aufgabe an, die ich leichtfertig, wie ich bald merken sollte, übernahm. Der Umfang des vorliegenden Bandes musste gegenüber den 300 Seiten, die Haupt dem Eph gewidmet hatte, erheblich erweitert werden, was angesichts der in 110 Jahren angewachsenen Literaturmasse zum Eph nicht verwundern darf.

Die Bearbeitung wäre nicht fertig geworden, wenn ich nicht von vielen Seiten Hilfe und Korrekturen erhalten hätte. Dr. Ralph Brucker verdanke ich zahlreiche Hinweise philologischer, rhetorischer und bibliographischer Art. Außerdem hat er sich um die Gestaltung des Manuskriptes gekümmert und mir vielfältige Verbesserungen vorgeschlagen. Axel Horstmann hat mich zur Beachtung der Feinheiten der griechischen Sprache angehalten, mich mit Grammatiken, Rhetoriken, Quellen und Hinweisen versorgt und schließlich die griechischen Zitate und Akzentsetzungen geprüft und korrigiert. Und Jan Roßmanek, Wissenschaftlicher Mitarbeiter und Doktorand, hat die nicht geringen Probleme und Tücken der Textverarbeitung behoben und mir die Erstellung einer zusammenhängenden sauberen Textdatei ermöglicht. Alle drei haben die Last der Endkorrektur des fertigen Kommentars mit mir geteilt. An der Korrektur des Umbruchexemplars waren Nikolai Kiel, Dagrun Pflüger und insbesondere David Bienert (Münster/W.) beteiligt. Den Genannten und vielen weiteren Helfern und Helferinnen sei hier ausdrücklich gedankt.

Hamburg, im Juni 2007   Gerhard Sellin

Inhalt

Literaturverzeichnis 9
   1. Textausgaben und Hilfsmittel 9
   2. Kommentare zum Epheserbrief 13
   3. Übrige Literatur 14

Abkürzungen und Zitierweise 47

Einleitung 49

Auslegung

   1,1-2 Das Präskript 65

Erster Hauptteil: Der Heilsindikativ (1,3-3,21)

I. 1.) 1,3-14 Die Briefeingangseulogie 73
    2.) 1,15-23 Die Danksagung 121
    3.) 2,1-10 Das neue Leben der Adressaten 159
    4.) 2,11-22 Die Einheit von Juden und Heiden in Christus 188
       A. 2,11-13 Die Fernen werden Nahe 193
       B. 2,14-18 „Er ist unser Friede" 201
       C. 2,19-22 Das Haus für alle 230
    5.) 3,1-13 Die Rolle des Apostels Paulus im Heilsprozess 243
    6.) 3,14-19 Abschließender Fürbittgebetsbericht 273
    7.) 3,20-21 Die Doxologie 292

Zweiter Hauptteil: Der paränetische Imperativ (4,1-6,9)

II. 1.) 4,1-16 Die Einheit und ihre Bänder 306
       A. 4,1-6 Einheit 308
       B. 4,7-10 Die Gabe des Christus 328
       C. 4,11-16 Die Dienste der Einheit 338
    2.) 4,17-24 Der Wandel des alten und des neuen Menschen 352
    3.) 4,25-32 Einzelmahnungen (1) 366

4.) 5,1-2 Imitatio Dei 379
 5.) 5,3-14 Einzelmahnungen (2) 390
 6.) 5,15-20 Törichter und geisterfüllter Wandel 413
 7.) 5,21-6,9 Die Familie als Zelle und
         Bild der Einheit (Die Haustafel) 424
     A. 5,21-33 Ehefrauen und Ehemänner 434
     B. 6,1-4 Kinder und Väter 458
     C. 6,5-9 Sklaven und Herren 463

III. 6,10-20 Schlussmahnungen (Die Peroratio) 471
     6,21-24 Der Briefschluss 488

Register 495

LITERATURVERZEICHNIS

Vorbemerkung: Die Abkürzungen für Zeitschriften und Reihen richten sich nach dem Verzeichnis von S. Schwertner: Theologische Realenzyklopädie. Abkürzungsverzeichnis, Berlin ²1994, 1–488 (entspricht: S. Schwertner: Internationales Abkürzungsverzeichnis für Theologie und Grenzgebiete, Berlin ²1992).

1. Textausgaben und Hilfsmittel

ALAND, K. (Hg.): Vollständige *Konkordanz* zum griechischen Neuen Testament, Berlin/New York, Bd. I,1-2 (1983); Bd. II (1978).
ALAND, K. (Hg.): Text und *Textwert* der griechischen Handschriften des Neuen Testaments, II. Die paulinischen Briefe, Bd. 3, ANTT 18, Berlin/New York 1991, 252–463.
ALAND, K./ALAND, B.: Der *Text* des Neuen Testaments. Einführung in die wissenschaftlichen Ausgaben sowie in Theorie und Praxis der modernen Textkritik, 2. ergänzte und erweiterte Auflage, Stuttgart 1989.
Aristoteles: Cooke, H.P./Frederick, H. (Hg.), Aristotle in twenty-three volumes, LCL, London/Cambridge, MA (1926ff).
Aristotelis qui fertur libellus de mundo, ed. W. L. Lorimer, Paris 1933.
ARNIM, H. VON: Stoicorum Veterum Fragmenta, vol. I-IV, Leipzig 1903-1924 (Stuttgart 1964).
BARRETT, C.K./THORNTON, C.J. (Hg.): *Texte* zur Umwelt des Neuen Testaments, UTB 1591, Tübingen ²1991.
BAUER, W./ALAND, K. UND B. (Hg.): Griechisch-deutsches Wörterbuch zu den Schriften des Neuen Testaments und der frühchristlichen Literatur, Berlin/New York ⁶1988.
BERGER, K./COLPE, C.: Religionsgeschichtliches *Textbuch* zum Neuen Testament (NTD Textreihe 1), Göttingen 1987.
BILLERBECK, P. (STRACK, H.L./BILLERBECK, P.): Kommentar zum Neuen Testament aus Talmud und Midrasch, 4 Bd., 1922-1928 (⁴1951-1956).
BLASS, F./DEBRUNNER, A./REHKOPF, F.: *Grammatik* des neutestamentlichen Griechisch, Göttingen ¹⁸2001.
BORGEN, P./FUGLSETH, K./SKARSTEN, R.: The *Philo Index*. A Complete Greek Word Index to the Writings of Philo of Alexandria, Leiden/Boston/Köln 2000.
BÜHLMANN, W./SCHERER, K.: Sprachliche *Stilfiguren* der Bibel. Von Assonanz bis Zahlenspruch. Ein Nachschlagewerk, Gießen ²1994.
BURCHARD, C.: Ein vorläufiger griechischer Text von *Joseph und Aseneth*, in: Ders./Burfeind, C. (Hg.), Gesammelte Studien zu Joseph und Aseneth, SVTP 13, Leiden 1996, 161–209.
CHARLESWORTH, J.M. (Hg.): The Old Testament *Pseudepigrapha*, vol. I-II, New York u.a. 1983/1985.
DANKER, F.W.: A Greek-English *Lexicon* of the New Testament and other Early Christian Literature, Chicago and London ³2000.

DENIS, A.-M.: *Fragmenta* Pseudepigraphorum quae supersunt graeca, PVTG 3, Leiden 1970.
DENIS, A.-M.: *Concordance* grecque des Pseudépigraphes d'Ancien Testament, Louvain-la-Neuve 1987.
DIELS, H./KRANZ, W.: Die Fragmente der *Vorsokratiker* griechisch und deutsch von Hermann Diels, hg. von W. Kranz, Zürich, Bd. I ([6]1951), II ([6]1952), III (Register, [6]1952).
Diogenes Laertius: Hicks, R.D. (Hg.), Diogenes Laertius. Lives of eminent philosophers in two volumes, LCL, London/Cambridge, MA 1925.
DÖPP, S./GEERLINGS, W. (Hg.): *Lexikon* der antiken christlichen Literatur, LACL, Freiburg u.a. 1998.
DÖRRIE, H./BALTES, M: Die philosophische Lehre des *Platonismus*. Einige grundlegende Axiome/Platonische Physik (im antiken Verständnis) I, Bausteine 101-124: Text, Übersetzung, Kommentar (Der Platonismus in der Antike. Grundlagen – System – Entwicklung, begründet von H. Dörrie, fortgeführt von M. Baltes), Stuttgart/Bad Canstatt 1996, 110-179.377-489.
Eusebius: Eusebius Werke. Achter Band: Die praeparatio evangelica, hg. von K. Mras, 2 Teile (GCS 43,1-2), Berlin 1954/1956.
FISCHER, J.A.: Die Apostolischen Väter. Eingeleitet, hg., übertr. und erläutert, SUC I, Darmstadt 1956.
GNT: The Greek New Testament, Stuttgart [4]1993.
HATCH, E./REDPATH, H.A.: A *Concordance* to the Septuagint and other Greek versions of the Old Testament, Grand Rapids, MI, [2]1998.
HELBING, R.: Die *Kasussyntax* der Verba bei den Septuaginta. Ein Beitrag zur Hebraismenfrage und zur Syntax der Κοινή, Göttingen 1928.
HOFFMANN, E.G./SIEBENTHAL, H. VON: Griechische *Grammatik* zum Neuen Testament, Riehen (Schweiz) [2]1990.
Josephus: Thackeray, H.St.J. u.a. (Hg.), Flavius Josephus, in nine volumes, LCL, vol. IV-IX: Jewish Antiquities, London/Cambridge, MA 1930 ff.
Josephus: Flavius Josephus, Jüdische Altertümer. Übersetzt und mit Einleitung und Anmerkungen versehen von Dr. Heinrich Clementz. Mit Paragraphenzählung nach Flavii Josephi Opera recognovit Benedictus Niese (Editio minor) Berlin 1888-1895, Wiesbaden 2004.
Josephus: Flavius Josephus, De bello Judaico – Der Jüdische Krieg, Darmstadt 1959/1963/1969.
KAUTZSCH, E.: Die *Apokryphen* und Pseudepigraphen des Alten Testaments, 2 Bd., Tübingen 1900 (Nachdruck Darmstadt 1975).
KERN, O.: Orphicorum *Fragmenta*, Berlin 1922 (Dublin/Zürich [3]1972).
KIESSLING, E. (Hg.): *Wörterbuch* der griechischen Papyrusurkunden mit Einschluß der griechischen Inschriften, Aufschriften, Ostraka, Mumienschilder usw. aus Ägypten, Supplement 1 (1940-1966), Amsterdam 1971.
KÖRTNER, U.H. J./LEUTZSCH, M.: Papiasfragmente. Hirt des Hermas. Eingeleitet, hg., übertr. und erläutert, SUC III, Darmstadt 1998.
KRAFT, H.: *Clavis* Patrum Apostolicorum, Darmstadt 1963.
KÜHNER, R./GERTH, B.: Ausführliche *Grammatik* der griechischen Sprache, II. Teil: Satzlehre, 2 Bd., Nachdruck der 3. Aufl. (Hannover/Leipzig 1898/1904), Darmstadt 1966.
LAMPE, G.W.H.: A *Patristic Greek Lexicon*, Oxford 1961.
LATTKE, M.: Die *Oden* Salomos in ihrer Bedeutung für Neues Testament und Gnosis, Bd. I-III, OBO 25,1-3, Fribourg/Göttingen 1979/1986.

LAUSBERG, H.: *Elemente* der literarischen Rhetorik, München [10]1990.
LAUSBERG, H.: *Handbuch* der literarischen Rhetorik. Eine Grundlegung der Literaturwissenschaft, Stuttgart [3]1990.
LEIPOLDT, J./GRUNDMANN, W. (Hg.): *Umwelt* des Urchristentums, I–III, Berlin [6]1982 (Bd. I u. II)/[5]1982 (Bd. III).
LIDDELL, H.G./SCOTT, R./JONES, H.S./MCKENZIE, R. (Hg.): A Greek-English *Lexicon*, Oxford [9]1940, with a revised supplement 1996.
LINDEMANN, A./PAULSEN, H.: Die Apostolischen Väter. Griechisch-deutsche Parallelausgabe, Tübingen 1992.
LOHSE, E.: Die *Texte aus Qumran*. Hebräisch und deutsch. Mit masoretischer Punktation, Übersetzung, Einführung und Anmerkungen, Darmstadt 1964.
MAIER, J.: Die Qumran-Essener. Die *Texte vom Toten Meer*, Bd. I–III, München/Basel 1995/1996.
MARTIN, J.: Antike *Rhetorik*. Technik und Methode, HAW II 3, München 1974.
MAYSER, E.: *Grammatik* der griechischen Papyri aus der Ptolemäerzeit, Bd. I 1–3; II 1–3, 2. umgearbeitete Aufl., Nachdruck Berlin 1970.
METZGER, B.M.: A Textual *Commentary* on the Greek New Testament. A companion volume to the United Bible Societies' Greek New Testament (fourth rev. ed.), Stuttgart, [4]1998.
MOULE, C.F.D.: An *Idiom Book* of New Testament Greek, Cambridge 1953.
MOULTON, J.H.: A *Grammar* of New Testament Greek, 2 vol., Edinburgh [3]1908.
MOULTON, J.H.: *Einleitung* in die Sprache des Neuen Testaments. Auf Grund der vom Verfasser neu bearbeiteten 3. englischen Auflage übersetzte deutsche Ausgabe, Heidelberg [3]1911.
MOULTON, J.H./MILLIGAN, G.: The *Vocabulary* of the New Testament, illustrated from the Papyri and other non-literary sources, London 1952.
MOULTON, W.F./GEDEN, A.S.: *Concordance* to the Greek New Testament, Fully revised, ed. by I. Howard Marshall, London/New York [6]2002.
NESTLE-ALAND: Novum Testamentum Graece, 27. revidierte Aufl., 8. korrigierter und um die Papyri 99–116 erweiterter Druck, Stuttgart 2001.
NEWSOM, C.: *Songs* of the Sabbath Sacrifice. A Critical Edition, Atlanta, Ga. 1985.
NORDEN, E.: Die antike *Kunstprosa* vom VI. Jahrhundert v. Chr. bis in die Zeit der Renaissance, 2 Bd., Leipzig [2]1909 (Darmstadt [9]1983).
PAULSEN, H.: Die Apostolischen Väter II: Die *Briefe* des Ignatius von Antiochien und der Polykarpbrief, HNT 18, Tübingen 1985.
Philon: COHN, L./WENDLAND, P. (Hg.), Philonis Alexandrini opera quae supersunt, vol. 1–7, Berlin 1896–1930.
Philon: COHN, L./HEINEMANN, I./ADLER, M./THEILER, W. (Hg.), Die Werke Philos von Alexandria in deutscher Übersetzung, Teil I–VII, Berlin 1909–1964 ([2]1962/1964).
Philon: COLSON, F.H./WHITAKER, G.H. (Hg.), Philo in ten volumes, LCL, Cambridge, MA/London 1927–1962.
Philon: MARCUS, R., Philo in Ten Volumes (and two supplementary volumes) – supplement I: Questions and Answers on Genesis, LCL, Cambridge, MA/London 1953.
Philon: MARCUS, R., Philo in Ten Volumes (and two supplementary volumes) – supplement II: Questions and Answers on Exodus, LCL, Cambridge, MA/London 1953.
PHILONENKO-SAYAR, B./PHILONENKO, M.: Die Apokalypse Abrahams, JSHRZ V/5, Gütersloh 1982.
Platonis Opera: Recognovit brevique adnotatione critica instruxit Ioannes Burnet, 5 Bd., Oxford 1900 ff.

Platon: Werke in 8 Bänden, griechisch und deutsch, hg. von Gunther Eigler, Darmstadt ²/³1990.

Plutarch: Babbitt, F.C. u.a. (Hg.), Plutarch's Moralia in fifteen volumes, LCL, London/Cambridge, MA 1927 ff.

PREISENDANZ, K./HENRICHS, A.: *Papyri* Graecae magicae. Die griechischen Zauberpapyri, Bd. I–II, Stuttgart ²1973/1974.

PREISIGKE, F.: *Wörterbuch* der griechischen Papyrusurkunden mit Einschluß der griechischen Inschriften Aufschriften Ostraka Mumienschilder usw. aus Ägypten, bearbeitet u. hg. von E. Kießling, Bd. 1–3, Berlin 1925/1927/1931.

REUTER, R.: *Synopse* zu den Briefen des Neuen Testaments – Synopsis of the New Testament Letters, Bd. 1: Kolosser-, Epheser-, II.Thessalonicherbrief/Colossians, Ephesians, II.Thessalonians, ARGU 5, Frankfurt/M. 1997.

RIEDWEG, C.: *Ps.-Justin* (Markell von Ankyra?), Ad Graecos. De vera religione (bisher „Cohortatio ad Graecos"): Einleitung und Kommentar, 2 Bd., SBA 25, Basel 1994.

RIESSLER, P.: Altjüdisches Schrifttum außerhalb der Bibel, Freiburg/Heidelberg 1928 (⁴1979).

ROBINSON, J. M. (Hg.): The Nag Hammadi Library in English, Leiden u.a. 1988.

SCHNEEMELCHER, W. (Hg.): Neutestamentliche *Apokryphen*, Bd. I: Evangelien; Bd. II: Apostolisches, Apokalypsen und Verwandtes, Tübingen ⁵1987/1989.

SCHÜRER, E.: The *history of the Jewish people* in the age of Jesus Christ (175 B.C. – A.D. 135). A new english edition, revised and edited by G. Vermes, F. Millar, M. Black, M. Goodman (vol. I, II, III.1, III.2), Edinburgh 1973/1979/1986/1987.

SCHWYZER, E.: Griechische *Grammatik*, Bd. 1–4 (HAW II.1.1–4), München 1939–1971 (Nachdrucke).

Seneca, L. Annaeus: Philosophische Schriften, lat.-dt., hg. von M. Rosenbach, Darmstadt ⁴1995.

Septuaginta. Vetus Testamentum Graecum, Auctoritate Academiae Scientiarum Gottingensis editum, 1931 ff.

Septuaginta. Id est Vetus Testamentum graece iuxta LXX interpretes, edidit Alfred Rahlfs. Editio minor. Duo volumina in uno, Stuttgart [1935] 1979.

SIEGERT, F.: Nag-Hammadi-*Register*, WUNT 26, Tübingen 1982.

SPICQ, C.: *Notes* de lexicographie néo-testamentaire, 2 vol. + Suppl. vol., OBO 22,1–3, Göttingen 1978–1982.

STEUDEL, A. (Hg.): Die *Texte* aus Qumran II. Hebräisch/Aramäisch und Deutsch. Mit masoretischer Punktation, Übersetzung, Einführung und Anmerkungen, Darmstadt 2001.

Thesaurus Linguae Graecae (TLG) CD-ROM, University of California, Irvine, 1993.

TURNER, N.: A *Grammar* of New Testament Greek (= MOULTON vol. 3–4, Edinburgh): vol.3: Syntax, 1963; vol. 4: Style, 1976.

WACHTEL, K./WITTE, K.: Das Neue Testament auf Papyrus, Teil 2, bearbeitet von K. Wachtel und K. Witte, ANTT 22, Berlin/New York 1994, S. LXVII–LXXIV. LXXXVIII–XC. 44–91.

WENGST, K.: Didache (Apostellehre). Barnabasbrief. Zweiter Klemensbrief. Schrift an Diognet. Eingeleitet, hg., übertr. und erläutert, SUC II, Darmstadt 1984.

ZERWICK, M.: Biblical *Greek*, English Edition translated from the forth Latin edition by J. Smith, Rome 1963.

2. Kommentare zum Epheserbrief

ABBOTT, T.K.: The Epistles to the Ephesians and to the Colossians, ICC, Edinburgh 1897, 1-191.
ALETTI, J.-N.: Saint Paul, Épître aux Éphésiens, ÉtB N.S. 42, Paris 2001.
BARTH, M.: Ephesians, AncB 34/34A, Garden City, NY, 1974.
BEARE, F.W.: The Epistle to the Ephesians, IntB 10, New York 1953.
BECK, J.T.: Erklärung des Briefes Pauli an die Epheser. Nebst Anmerkungen zum Brief Pauli an die Kolosser, hg. von J. Lindenmeyer, Gütersloh 1891.
BELSER, J.E.: Der Epheserbrief des Apostels Paulus. Übersetzt und erklärt, Freiburg 1908.
BENOIT, P.: Les Épîtres de Saint Paul aux Philippiens, à Philémon, aux Colossiens, aux Éphésiens, SB 8, Paris 1959, 74-108.
BEST, E.: Ephesians, ICC, Edinburgh 1998.
BOUTTIER, M.: L'Épître de Saint Paul aux Éphésiens, CNT 9b, Genf 1991.
BRUCE, F.F.: The Epistles to the Colossians, to Philemon and to the Ephesians, NIC.NT, Grand Rapids, Mich. 1984, 227-416.
CAIRD, G.B.: Paul's Letters from Prison. Ephesians, Philippians, Colossians, Philemon, NCB.NT 6, Oxford 1976, 9-94.
CONZELMANN, H.: Der Brief an die Epheser, in: Die kleineren Briefe des Apostels Paulus, NTD 8, Göttingen ¹⁴1976, S. 86-124.
DAHL, N.A.: Kurze Auslegung des Epheserbriefes, Göttingen 1965.
DIBELIUS, M./GREEVEN, H.: An die Kolosser, Epheser, an Philemon, HNT 12, Tübingen ³1953.
ERNST, J.: Die Briefe an die Philipper, an Philemon, an die Kolosser, an die Epheser, RNT, Regensburg 1974.
EWALD, P.: Die Briefe des Paulus an die Epheser, Kolosser und Philemon, KNT 10, Leipzig ²1910.
FOULKES, F.: The Epistle of Paul to the Ephesians. An Introduction and Commentary, TNTC, Leicester 1963.
GAUGLER, E.: Der Epheserbrief, Auslegung neutestamentlicher Schriften 6, Zürich 1966.
GNILKA, J.: Der Epheserbrief, HThK 10,2, Freiburg 1971.
HARLESS, G.C.A.: Commentar über den Brief Pauli an die Epheser, Erlangen 1834.
HAUPT, E.: Die Gefangenschaftsbriefe, KEK 8/9, Göttingen ⁷/⁶1897 (= ⁸/⁷1902).
HENLE, F.A.: Der Epheserbrief des Apostels Paulus, Augsburg ²1908.
HODGE, C.: A Commentary on the Epistle to the Ephesians, New York 1856.
HOFMANN, J.C.K. VON: Der Brief Pauli an die Epheser. Die heilige Schrift Neuen Testaments zusammenhängend untersucht, 4,1, Nördlingen 1870.
HOPPE, R.: Epheserbrief/Kolosserbrief, SKK.NT N.F. 10, Stuttgart 1987.
HÜBNER, H.: An Philemon. An die Kolosser. An die Epheser, HNT 12, Tübingen 1997.
HUGEDÉ, N.: L'Épître aux Éphésiens, Genf 1973.
KITCHEN, M.: Ephesians, New Testament Readings, London 1994.
LINCOLN, A.T.: Ephesians, WBC 42, Dallas 1990.
LINDEMANN, A.: Der Epheserbrief, ZBK.NT 8, Zürich 1985.
LUEKEN, W.: Der Brief an die Epheser, SNT 2, Göttingen ³1917, 358-383.
LUZ, U.: Der Brief an die Epheser. Der Brief an die Kolosser, in: Becker, J./Luz, U., Die Briefe an die Galater, Epheser und Kolosser, NTD 8/1, Göttingen 1998, 105-244.
MARTIN, R.P.: Ephesians, Colossians, and Philemon. Louisville, Kentucky, 1991.
MASSON, C.: L'Épître de Saint Paul aux Éphésiens, CNT 9, Neuchâtel 1953, 133-228.

Meyer, H.A.W.: Kritisch-exegetisches Handbuch über den Brief an die Epheser, KEK 8, Göttingen ³1859 (⁶1886).
Mitton, C.L.: Ephesians, NCeB, London 1976.
Muddiman, J.: A Commentary on the Epistle to the Ephesians, BNTC, London/New York 2001.
Mussner, F.: Der Brief an die Epheser, ÖTBK 10, Gütersloh 1982.
O'Brien, P.T.: The Letter to the Ephesians, The Pillar New Testament Commentary, Grand Rapids/Leicester 1999.
Patzia, A.G.: Colossians, Philemon, Ephesians, New International Biblical Commentary 10, Peabody, Mass. 1990.
Penna, R.: La Lettera agli Efesini. Introduzione, versione, commento, Scritti delle origine cristiane 10, Bologna 1988.
Perkins, Ph.: Ephesians, Abingdon NT Commentary, Nashville 1997.
Pfammatter, J.: Epheserbrief. Kolosserbrief, NEB.NT 10.12, Würzburg 1987.
Pokorný, P.: Der Brief des Paulus an die Epheser, ThHK 10,2, Leipzig 1992.
Rendtorff, H.: Der Brief an die Epheser, NTD 8, Göttingen 1955, 56-85.
Rienecker, F.: Der Brief des Paulus an die Epheser, Wuppertaler Studienbibel, Wuppertal 1961.
Robinson, J.A.: Saint Paul's Epistle to the Ephesians. A Revised Text and Translation with Exposition and Notes, London ²1904.
Schlatter, A.: Die Briefe an die Galater, Epheser, Kolosser und Philemon, Erläuterungen zum NT 7, neu durchgesehene Ausgabe Stuttgart 1963.
Schlier, H.: Der Brief an die Epheser. Ein Kommentar, Düsseldorf 1957/⁷1971.
Schnackenburg, R.: Der Brief an die Epheser, EKK 10, Zürich u.a., Neukirchen-Vluyn 1982.
Scott, E.F.: The Epistles of Paul to the Colossians, to Philemon, and to the Ephesians, MNTC 10, London 1930.
Soden, H. von: Die Briefe an die Kolosser, Epheser, Philemon; die Pastoralbriefe, HC 3,1, Freiburg ²1893.
Staab, K.: Die Thessalonicherbriefe, die Gefangenschaftsbriefe, die Pastoralbriefe, Regensburg ⁴1965.
Theobald, M./Pillinger, R.: Mit den Augen des Herzens sehen. Der Epheserbrief als Leitfaden für Spiritualität und Kirche, Würzburg 2000.
Westcott, B.F.: Saint Paul's Epistle to the Ephesians, London 1906.
de Wette, W.M.L.: Kurze Erklärung der Briefe an die Colosser, an Philemon, an die Ephesier und Philipper, KEH 2,4, Leipzig ²1847.
Zerwick, M.: Der Brief an die Epheser, Geistliche Schriftlesung 10, Düsseldorf 1962.

3. Übrige Literatur

Adai, J.: Der Heilige *Geist* als Gegenwart Gottes in den einzelnen Christen, in der Kirche und in der Welt. Studien zur Pneumatologie des Epheserbriefes, RSTh 31, Frankfurt/M. 1985.
Ade, A.: *Sklaverei* und Freiheit bei Philo von Alexandria als Hintergrund der paulinischen Aussagen zur Sklaverei, Diss. Theol. Heidelberg, 1996.
Ådna, J.: Die eheliche *Liebesbeziehung* als Analogie zu Christi Beziehung zur Kirche. Eine traditionsgeschichtliche Studie zu Epheser 5,21-33, ZThK 92 (1995), 434-465.

AHERN, B.: The Indwelling *Spirit* – Pledge of our Inheritance (Eph 1:14), CBQ 9 (1947), 179-189.
ALAND, K.: Die *Entstehung* des Corpus Paulinum, in: K. Aland, Neutestamentliche Entwürfe, ThB 63, 302-350.
ALBANI, J.: Die *Metaphern* des Epheserbriefes, ZWTh 49 (1902), 420-440.
ALFÖLDY, G.: Die Freilassung von Sklaven und die Struktur der *Sklaverei* in der römischen Kaiserzeit, in: Schneider, G. (Hg.), Sozial- und Wirtschaftsgeschichte der römischen Kaiserzeit (WdF 552), Darmstadt 1981, 336-371.
ALLAN, J.A.: The „*In Christ*" Formula in Ephesians, NTS 5 (1958/59), 54-62.
ALLEN, TH.G.: The *Body* of Christ Concept in Ephesians, Diss., Glasgow 1982.
ALLEN, TH.G.: *Exaltation* and Solidarity with Christ. Ephesians 1:20 and 2:6, JSNT 28 (1986), 103-120.
ALLEN, TH.G.: *God the Namer*. A Note on Ephesians, 1.21b, NTS 32 (1986), 470-475.
AMSTUTZ, J.: ἁπλότης. Eine begriffsgeschichtliche Studie zum jüdisch-christlichen Griechisch, Theophaneia 19, Bonn 1968.
ARNOLD, C.E.: Ephesians. *Power* and Magic. The Concept of Power in Ephesians in Light of its Historical Setting, MSSNTS 63, Cambridge 1989.
ARNOLD, C.E.: The „*Exorcism*" of Ephesians 6.12 in recent Research, JSNT 30 (1987), 71-87.
ARZT, P.: „Ich danke meinem Gott allezeit ...". Zur sogenannten „*Danksagung*" bei Paulus auf dem Hintergrund griechischer Papyrusbriefe, in: Ein Gott – eine Offenbarung, FS N. Füglister OSB, Hg.: F. Reiterer, Würzburg 1991, 417-437.
ARZT-GRABNER, P.: Philemon, Papyrologische Kommentare zum Neuen Testament 1, Göttingen 2003.
ASTING, R.: Die *Heiligkeit* im Urchristentum, FRLANT 46, Göttingen 1930.
AUDET, J.P.: *Literary Forms* and Contents of a Normal Eucharistia in the First Century, in: Cross, F.L. (Hg.), Papers presented to the International Congress on the Four Gospels in 1957 held to Christ Church Oxford 1957, StEv 1, Berlin 1959, 643-662.
AUER, A.: „*Kaufet die Zeit aus*!", in: Die Freude an Gott – unsere Kraft. FS O.B.Knoch, Hg.: J.J. Degenhardt, Stuttgart 1991, 439-444.
AUNE, D.E.: The *Cultic Setting* of Realized Eschatology in Early Christianity, NT.S 28, Leiden 1972.
BALCH, D.L.: Let *Wives* be Submissive. The Domestic Code in I Peter, SBL.MS 26, Chico, CA 1981.
BALCH, D.L.: *Household Codes*, in: D.E.Aune (Hg.), Graeco-Roman Literature and the New Testament: Selected Forms and Genres, SBL Sources for Biblical Study 21, Atlanta, GA 1988, 25-50.
BALCH, D.L.: *Neopythagorean Moralists* and the New Testament Household Codes, ANRW II, 26.1 (1992), 380-411.
BALLA, P.: The Child-Parent *Relationship* in the New Testament and its Environment, WUNT 155, Tübingen 2003.
BALTENSWEILER, H.: Die *Ehe* im Neuen Testament, AThANT 52, Zürich 1967.
BARCLAY, J.M.G.: Paul, Philemon, and the Dilemma of Christian *Slave-Ownership*, NTS 37 (1991), 161-186.
BARKHUIZEN, J.H.: The strophic *structure* of the eulogy of Ephesians 1:3-14, HTS 46 (1990), 390-413.
BARR, J.: *Biblical Words* for Time, SBT 33, London 1962.
BARR, J.: *Bibelexegese* und moderne Semantik. Theologische und linguistische Methoden in der Bibelwissenschaft, München 1965.

BARRETT, C.K.: A commentary on the second epistle to the Corinthians, BNTC 8, London ²1979.
BARTCHY, S.S.: *ΜΑΛΛΟΝ ΧΡΗΣΑΙ*. First Century Slavery and the Interpretation of 1Corinthians 7,21, Missoula, MT, 1973.
BARTH, G.: Die *Taufe* in frühchristlicher Zeit, BThSt 4, Neukirchen-Vluyn 1981.
BARTH, K.: Die Kirchliche Dogmatik II,2, Zürich 1942.
BARTH, M.: *Israel* und die Kirche im Brief des Paulus an die Epheser, TEH 75, 1959.
BASH, A.: *Ambassadors* for Christ. An Exploration of Ambassadorial Language in the New Testament, WUNT 2/92, Tübingen 1997.
BATEY, R.: The *Destination* of Ephesians, JBL 82 (1963), 101.
BATEY, R.: „*Jewish Gnosticism*" and the „Hieros Gamos" of Eph. V 21–23, NTS 10 (1963), 12–27.
BATEY, R.: The μία σάρξ *Union* of Christ and the Church, NTS 13 (1966/67), 270–281.
BATEY, R.: New Testament *Nuptial Imagery*, Leiden 1971.
BAUMERT, N.: *Täglich sterben* und auferstehen. Der Literalsinn von 2Kor 4,12–5,10, StANT 34, München 1973.
BECKER, J.: *Auferstehung* der Toten im Urchristentum, SBS 82, Stuttgart 1976.
BECKER, J.: Das *Heil Gottes*. Heils- und Sündenbegriffe in den Qumrantexten und im Neuen Testament, StUNT 3, Göttingen 1964.
BEDALE, S.: The Meaning of κεφαλή in the Pauline Epistles, JTS 5 (1954), 211–215.
BENDEMANN, R. VON: Heinrich *Schlier*. Eine kritische Analyse seiner Interpretation paulinischer Theologie, BEvTh 115, Gütersloh 1995.
BENGEL, J.A.: *Gnomon* Novi Testamenti. Editio octava stereotypa. Ed.III. (1773), per filium superstitem Ernestum Bengelium quondam curata, sexto recusa, emendata et e ceteris Bengelii scriptis – posthumis ex parte – suppleta et aucta opera Pauli Steudel, Stuttgartiae 1915.
BENOIT, P.: *Leib*, Haupt und Pleroma in den Gefangenschaftsbriefen, in: Exegese und Theologie. Gesammelte Aufsätze, Düsseldorf 1965, 246–279.
BERGER, K.: *Apostelbrief* und apostolische Rede. Zum Formular frühchristlicher Briefe, ZNW 65 (1974), 190–231.
BERGER, K.: *Volksversammlung* und Gemeinde Gottes. Zu den Anfängen der christlichen Verwendung von „ekklesia", ZThK 73 (1976), 167–207.
BERGER, K.: *Formgeschichte* des Neuen Testaments, Heidelberg 1984.
BERGER, K.: Hellenistische *Gattungen* im Neuen Testament, ANRW II 25,2 (1984), 1031–1432.1831–1885.
BERGMANN, I.: Zum *Zwei-Wege-Motiv*. Religionsgeschichtliche und exegetische Bemerkungen, SEA 41/42 (1976/77), 27–56.
BEST, E.: *One Body* in Christ. A Study in the relationship of the church to Christ in the epistles to the Apostle Paul, London 1955.
BEST, E.: *Recipients* and Title of the Letter to the Ephesians: Why and When the Designation „Ephesians"?, ANRW II 25.4 1987, 3247–3279.
BEST, E.: *Fashions* in Exegesis: Ephesians 1:3, in: B.P Thomson, (Hg.), Scripture: Meaning and Method. Essays presented to A.T. Hanson, Hull 1987, 79–91.
BEST, E.: *Essays* on Ephesians, Edinburgh 1997.
BEST, E.: *Ephesians 1.1*, in: Ders., Essays on Ephesians, 1–16.
BEST, E.: *Ephesians 1.1 Again*, in: Ders., Essays on Ephesians, 17–24.
BEST, E.: *Dead in Trespasses* and Sins (Eph. 2.1), in: Ders., Essays on Ephesians, 69–85.
BEST, E.: Ephesians 4.28: *Thieves* in the Church, in: Ders., Essays on Ephesians, 179–188.

BEST, E.: The *Haustafel* in Ephesians (Eph. 5.22–6.9), in: Ders., Essays on Ephesians, 189–203.
BEST, E.: *Ministry* in Ephesians, in: Ders., Essays on Ephesians, 157–177.
BEST, E.: The *Revelation* to Evangelize the Gentiles, in: Ders., Essays on Ephesians, 103–138.
BEST, E.: *Two Types* of Existence, in: Ders., Essays on Ephesians, 139–155.
BEST, E.: The Use of Credal and *Liturgical Material* in Ephesians, in: Ders., Essays on Ephesians, 51–68.
BEST, E.: *Who Used Whom?* The Relationship of Ephesians and Colossians, NTS 43 (1997), 72–96.
BETZ, H.D.: *Lukian* von Samosata und das Neue Testament. Religionsgeschichtliche und paränetische Parallelen, TU 76, Berlin 1961.
BETZ, H.D.: *Nachfolge* und Nachahmung Jesu Christi im Neuen Testament, BHTh 37, Tübingen 1967.
BETZ, H.D.: The Literary *Composition* and Function of Paul's Letter to the Galatians, NTS 21 (1975), 353–379.
BETZ, H.D.: Der Galaterbrief. Ein Kommentar zum Brief des Apostels Paulus an die Gemeinden in Galatien, München 1988.
BETZ, H.D.: The *Concept* of the „Inner Human Being" (ὁ ἔσω ἄνθρωπος) in the Anthropology of Paul, NTS 46 (2000), 315–341.
BICKERMANN, E.: Bénédiction et prière, RB 69 (1962), 524–532.
BIEDER, W.: *Ekklesia* und Polis im Neuen Testament und in der alten Kirche, Zürich 1941.
BIEDER, W.: Die Vorstellung von der *Höllenfahrt* Jesu Christi, AThANT 19, Zürich 1949.
BIEDER, W.: Das *Geheimnis* des Christus nach dem Epheserbrief, ThZ 11 (1955), 329–343.
BIETENHARD, H.: Die himmlische *Welt* im Urchristentum und Spätjudentum, WUNT 2, Tübingen 1951.
BJERKELUND, C.J.: *ΠΑΡΑΚΑΛΩ*. Form und Funktion der parakalo-Sätze in den paulinischen Briefen, BTN 1, Oslo u.a. 1967.
BOCKMUEHL, M.N.A.: *Revelation* and Mystery in Ancient Judaism and Pauline Christianity, WUNT 2/36, Tübingen 1990.
BÖTTRICH, C.: Gemeinde und Gemeindeleitung nach Epheser 4, ThBeitr 30 (1999), 137–150.
BOISMARD, M.E.: L'énigme de la Lettre aux Éphésiens, EtB n.s. 39, Paris 1999.
BOLKESTEIN, H.: *Wohltätigkeit* und Armenpflege im vorchristlichen Altertum, 1939, Nachdruck Groningen 1967.
BONHÖFFER, A.: *Epiktet* und das Neue Testament, RVV 10, Gießen 1911 (Nachdruck 1964).
BONSIRVEN, J.: *Exégèse* Rabbinique et Exégèse Paulinienne, Paris 1939.
BORNKAMM, G.: Die *Hoffnung* im Kolosserbrief. Zugleich ein Beitrag zur Frage der Echtheit des Briefes, in: Ders., Geschichte und Glaube 2, Gesammelte Aufsätze 4, BEvTh 53, München 1971, 206–213.
BOUWMAN, G.: *Eph V 28* – Versuch einer Übersetzung, in: Miscellanea Neotestamentica 2, Leiden 1978, 179–190.
BOVON, F.: Das Evangelium nach Lukas, EKK 3,1–3, Zürich 1989, 1996, 2001.
BRADLEY, D.G.: The *Topos* as a Form in the Pauline Paraenesis, JBL 72 (1953), 238–246.
BRANDENBURGER, E.: Die *Auferstehung* der Glaubenden als historisches und theologisches Problem, WuD 9 (1967), 16–33.
BRANDENBURGER, E.: *Fleisch* und Geist. Paulus und die dualistische Weisheit, WMANT 29, Neukirchen-Vluyn 1968.

BRANDENBURGER, E.: Alter und *Neuer Mensch*, erster und letzter Adam-Anthropos, in: Ders., Studien zur Geschichte und Theologie des Urchristentums, Stuttgarter Biblische Aufsatzbände 15, Stuttgart 1993, 209-250.
BRAUN, H.: *Qumran* und das Neue Testament, I–II, Tübingen 1966.
BREYTENBACH, C.: *Versöhnung*. Eine Studie zur paulinischen Soteriologie, WMANT 60, Neukirchen-Vluyn 1989.
BREYTENBACH, C.: Versöhnung, Stellvertretung und Sühne. Semantische und traditionsgeschichtliche *Bemerkungen* am Beispiel der paulinischen Briefe, NTS 39 (1993), 59-79.
BRÖSE, W.: Der *descensus* ad inferos Eph 4,8-10, NKZ 9 (1898), 447-455.
BROWN, R. E.: The Semitic Background of the Term „*Mystery*" in the New Testament, Philadelphia 1968.
BRUCKER, R.: ‚*Christushymnen*' oder ‚epideiktische Passagen'? Studien zum Stilwechsel im Neuen Testament und seiner Umwelt, FRLANT 176, Göttingen 1997.
BRUNT, J.C.: More on the *Topos* as a New Testament Form, JBL 104 (1985), 495-500.
BUBER, M.: *Nachahmung* Gottes, Werke Bd.2, 1964, 1053-1065.
BUCHEGGER, J.: *Erneuerung* des Menschen. Exegetische Studien zu Paulus, TANZ 40, Tübingen 2003.
BÜCHSEL, F.: „*In Christus*" bei Paulus, ZNW 42 (1949), 141-158.
BUJARD, W.: Stilanalytische *Untersuchungen* zum Kolosserbrief als Beitrag zur Methodik von Sprachvergleichen, StUNT 11, Göttingen 1973.
BULTMANN, R.: Das Problem der *Ethik* bei Paulus, ZNW 23 (1924), 123-140 (abgedruckt in: R.Bultmann, Exegetica. Aufsätze zur Erforschung des Neuen Testaments, hg. von E. Dinkler, Tübingen 1967, 36-54).
BULTMANN, R.: Das Evangelium des Johannes, KEK 2, Göttingen [10]1941, [15]1957 m. Erg.heft, [21]1986.
BULTMANN, R.: *Theologie* des Neuen Testaments. 7. durchgesehene, um Vorwort und Nachträge erweiterte Auflage, herausgegeben von O. Merk, UTB 630, Tübingen 1977.
BURGER, C.: *Schöpfung* und Versöhnung. Studien zum liturgischen Gut im Kolosser- und Epheserbrief, WMANT 46, Neukirchen-Vluyn 1975.
BURKERT, W.: *Towards Plato and Paul:* The „Inner" Human Being, in: A.Y. Collins (Hg.), Ancient and Modern Perspectives on the Bible and Culture, Essays in Honor of H.D. Betz, Atlanta 1998, 59-82.
BUSSMANN, C.: Themen der paulinischen *Missionspredigt* auf dem Hintergrund der spätjüdisch-hellenistischen Missionsliteratur, EHS.T 3, Bern/Frankfurt/M. 1975.
BYRNE, B.: „Sons of God" – „Seed of Abraham", AnBib 83, Roma 1979.
CAIRD, G.B.: The *Descent* of Christ in Ephesians 4,7-10, StEv II,1, TU 87, Berlin (1964), 535-545.
CAMBIER, J.: La signification christologique d'*Éph. IV.7-10*, NTS 9 (1963), 262-275.
CAMBIER, J.: La *bénédiction* d'Éphésiens 1,3-14, ZNW 54 (1963), 58-104.
CAMBIER, J.: Le grand *mystère* concernant le Christ et son Eglise. Éphésiens 5,22-33, Biblica 47 (1966), 43-90.223-242.
CARAGOUNIS, C.C.: The Ephesian *mysterion*. Meaning and content, ConB NT 8, Lund 1977.
CARR, W.: The *Rulers* of this Age – I Corinthians II.6-8, NTS 23 (1977), 20-35.
CARR, W.: *Angels* and Principalities. The Background, Meaning and Development of the Pauline Phrase αἱ ἀρχαὶ καὶ αἱ ἐξουσίαι, SNTS.MS 42, Cambridge 1981.
CASEL, O.: *Die Taufe als Brautbad der Kirche*, Jahrbuch für Liturgiewissenschaft 5 (1925), 144-147.

CASEL, O.: εὐχαριστία – εὐχαριτία (Eph 5,3f.), BZ 18 (1929), 84–85.
CASTELLINO, G.: La *Dossologia* della Lettera agli Efesini (1,3–14), Salesianum 8 (1946), 147–167.
CERFAUX, L.: The *Church* in the Theology of St. Paul, Engl. Transl., Edinburgh/London/New York 1959.
CERFAUX, L.: *L'influence* des „Mystères" sur les Épîtres de S. Paul aux Colossiens et aux Éphésiens, Sacra Pagina 2 (1959), 373–379.
CERVIN, R.S.: Does κεφαλή mean „source" or „authority over" in Greek Literature?, Trinity Journal (Deerfield, IL) 10 (1989), 85–112.
CHADWICK, H.: Die *Absicht* des Epheserbriefes, ZNW 51 (1960), 145–153.
CHAMPION, L.G.: *Benedictions* and Doxologies in the Epistles of Paul (Diss. Heidelberg 1934), Oxford o.J.
CHARLESWORTH, J.H.: The *Odes* of Solomon – Not Gnostic, CBQ 31 (1969), 357–369.
CHESNUT, G.F.: The *Ruler* and the Logos in Neopythagorean, Middle Platonic, and Late Stoic Political Philosophy, ANRW II 16,2 (1978), 1310–1332.
CLARK, S.B.: *Man* and Woman in Christ: An Examination of the Roles of Men and Women in Light of Scripture and the Social Sciences, Ann Arbor, MI 1980.
COLPE, C.: Die religionsgeschichtliche *Schule*. Darstellung und Kritik ihres Bildes vom gnostischen Erlösermythos, FRLANT 78, Göttingen 1961.
COLPE, C.: Zur *Leib-Christi-Vorstellung* im Epheserbrief, in: Eltester, W. (Hg.), Judentum – Urchristentum – Kirche, FS J. Jeremias, BZNW 26, Berlin 1964, 172–187.
CONZELMANN, H.: *Paulus und die Weisheit*, in: Ders., Theologie als Schriftauslegung. Aufsätze zum Neuen Testament, BEvTh 65, München 1974, 177–190.
CONZELMANN, H.: Was glaubte die frühe *Christenheit*?, in: Ders., Theologie als Schriftauslegung. Aufsätze zum Neuen Testament, BEvTh 65, München 1974, 106–119.
CONZELMANN, H.: Der Brief an die Kolosser, in: NTD 8, Göttingen [14]1976, 176–202.
CONZELMANN, H./LINDEMANN, A.: *Arbeitsbuch* zum Neuen Testament, UTB 52, Tübingen [14]2004.
COPPENS, J.: „*Mystery*" in the Theology of St. Paul and its Parallels at Qumran, in: J. Murphy-O'Connor (Hg.), Paul and Qumran, Chicago 1968, 132–158.
COPPIETERS, H.: La *doxologie* de la lettre aux Éphésiens. Note sur la construction syntaxique de Eph 1,3–14, RB 6 (1909), 74–88.
COUNE, M.: A la *louange* de sa gloire. Eph 1,3–14, ASeign 46 (1974), 37–42.
COUTTS, J.: *Eph. 1:3–14* and 1Pet. 1:3–12, NTS 3 (1956/57), 115–127.
COUTTS, J.: The *Relationship* of Ephesians and Colossians, NTS 4 (1957/58), 201–207.
CROUCH, J. E.: The Origin and Intention of the *Colossian Haustafel*, FRLANT 109, Göttingen 1972.
CUNNINGHAM, M. K.: Karl *Barth's Interpretation* and Use of Ephesians 1:4 in His Doctrine of Election, Diss. Yale 1988.
DAHL, N.A.: *Dopet* i Efesierbrevet, SvTK 21 (1945), 85–103.
DAHL, N.A.: *Adresse* und Proömium des Epheserbriefes, ThZ 7 (1951), 241–264.
DAHL, N.A.: Formgeschichtliche *Beobachtungen* zur Christusverkündigung in der Gemeindepredigt, in: W. Eltester (Hg.), Neutestamentliche Studien für R. Bultmann zu seinem 70. Geburtstag, BZNW 21, Berlin 1954, 3–9.
DAHL, N.A.: Welche *Ordnung* der Paulusbriefe wird vom Muratorischen Kanon vorausgesetzt?, in: Ders., Studies in Ephesians, 147–163 (erstmals erschienen in: ZNW 52 [1961] 39–53).
DAHL, N.A.: Der *Epheserbrief* und der verlorene erste Brief des Paulus an die Korinther, in:

Ders., Studies in Ephesians, 335–348 (erstmals erschienen in: Abraham unser Vater, FS O. Michel, Leiden 1963, 65–77).

DAHL, N.A.: Das *Geheimnis* der Kirche nach Epheser 3,8–10, in: Ders., Studies in Ephesians, 349–363 (erstmals erschienen in: E. Schlink/A. Peters [Hg.], Zur Auferbauung des Leibes Christi, FS P. Brunner, Kassel 1965, 63–75).

DAHL, N.A.: Cosmic *Dimensions* and Religious Knowledge (Eph 3:18), in: Ders., Studies in Ephesians, 365–388 (erstmals erschienen in: Jesus und Paulus. FS W.G. Kümmel, Hg.: E. Earl Ellis/E. Gräßer, Göttingen 1975, 57–75).

DAHL, N.A.: The Origin of the Earliest *Prologues* to the Pauline Letters, in: Ders., Studies in Ephesians, 179–209 (erstmals erschienen in: *Semeia* 12 [1978], 233–277).

DAHL, N.A.: The Concept of *Baptism* in Ephesians, in: Ders., Studies in Ephesians, 413–439 (erstmals erschienen in: Dåben i Ny Testamente, FS Heijne Simonsen, Århus 1982, 141–160 – aus dem Dänischen übersetzt).

DAHL, N.A.: *Benediction* and Congratulation, in: Ders., Studies in Ephesians, 279–314 (erstmals erschienen in: Texts and Contexts. FS Lars Hartmann, Hg.: T. Fornberg/ D. Hellholm, Oslo 1995, 319–332).

DAHL, N.A.: The „*Euthalian Apparatus*" and the Affiliated „Argumenta", in: Ders., Studies in Ephesians, 231–275.

DAHL, N.A.: *Kleidungsmetaphern*: der alte und der neue Mensch, in: Ders., Studies in Ephesians, 389–411.

DAHL, N.A./HELLHOLM, D.: *Studies* in Ephesians. Introductory Questions, Text- & Edition-Critical Issues, Interpretation of Texts and Themes, ed. D. Hellholm, V. Blomkvist, and T. Fornberg, WUNT 131, Tübingen 2000.

DALMAN, G.: Die *Worte Jesu*, I, Leipzig 1930.

DANKER, F.W.: *Benefactor*. Epigraphic Study of a Graeco-Roman and New Testament Semantic Field, St. Louis 1982.

DAVIES, W.D.: *Paul and Rabbinic Judaism*, London ²1933.

DAWES, G.W.: The *Body* in Question. Metaphor and Meaning in the Interpretation of Ephesians 5:21–33, Biblical Interpretation Series 30, Leiden 1998.

DEBRUNNER, A.: Grundsätzliches über *Kolometrie* im Neuen Testament, ThBl 5 (1926), 231–234.

DEICHGRÄBER, R.: *Gotteshymnus* und Christushymnus in der frühen Christenheit. Untersuchungen zu Form, Sprache und Stil der frühchristlichen Hymnen, StUNT 5, Göttingen 1967.

DEISSMANN, A.: *Bibelstudien*. Beiträge, zumeist aus den Papyri und Inschriften, zur Geschichte der Sprache, des Schrifttums und der Religion des hellenistischen Judentums und des Urchristentums, Marburg 1895.

DEISSMANN, A.: *Licht vom Osten*. Das Neue Testament und die neuentdeckten Texte der hellenistisch-römischen Welt, Tübingen ⁴1923.

DELLING, G.: *Partizipiale Gottesprädikationen* in den Briefen des Neuen Testaments, Studia Theologica 17 (1963), 1–59.

DELLING, G.: Das *Zeitverständnis* des Neuen Testaments, Gütersloh 1940.

DELLING, G.: Der *Gottesdienst* im Neuen Testament, Göttingen 1952.

DELLING, G.: Zum neueren *Paulusverständnis*, NT 4 (1960), 95–121.

DELLING, G.: Die *Taufe* im Neuen Testament, Berlin 1963.

DELLING, G.: Merkmale der *Kirche* nach dem Neuen Testament, NTS 13 (1966), 297–316.

DELLING, G.: Geprägte partizipiale *Gottesaussagen* in der urchristlichen Verkündigung, in: Ders., Studien zum Neuen Testament und zum hellenistischen Judentum, 401–416.

Delling, G.: Zusammengesetzte *Gottes- und Christusbezeichnungen* in den Paulusbriefen, in: Ders., Studien zum Neuen Testament und zum hellenistischen Judentum, 417–424.

Delling, G.: Zur paulinischen *Teleologie*, in: Ders., Studien zum Neuen Testament und zum hellenistischen Judentum, 311–317.

Delling, G.: Philons *Enkomion* auf Augustus, Klio 54 (1972), 171–192.

Delling, G.: *Studien* zum Neuen Testament und zum hellenistischen Judentum. Ges. Aufs. 1950–1968 (hg. v. F. Hahn, T. Holtz und N. Walter), Göttingen 1970.

Dequeker, L.: The „*Saints* of the Most High" in Qumran and Daniel, OTS 18, 1973.

Dibelius, M.: Die *Geisterwelt* im Glauben des Paulus, Göttingen 1909.

Dibelius, M.: Die *Christianisierung* einer hellenistischen Formel, in: Ders. (Hg.), Botschaft und Geschichte. Ges. Aufs. 2, Tübingen 1956, 14–29.

Dibelius, M.: Die *Formgeschichte* des Evangeliums, Tübingen ⁴1961 (= ³1959).

Dibelius, M.: *Geschichte* der urchristlichen Literatur. Nachdruck der Erstausgabe von 1926 unter Berücksichtigung der Änderungen der englischen Übersetzung von 1936, hg. von F. Hahn, TB 58, München 1975.

Dibelius, M.: Der Brief des Jakobus, KEK 15, Göttingen ¹²1984 (= ¹¹1964).

Dillon, J.: The *Middle Platonists* 80 B.C. to A.D. 220, New York 1977.

Dinkler, E.: Die *Tauferminologie* in 2Kor 1,21f, in: Signum Crucis. Aufsätze zum Neuen Testament und zur christlichen Archäologie, Tübingen 1967, 99–117.

Dodd, B.: *Paul's paradigmatic „I"*: Personal example of literary strategy, JSNT.S 177, Sheffield 1999.

Dölger, F.J.: *Sphragis*. Eine altchristliche Taufbezeichnung in ihren Beziehungen zur profanen und religiösen Kultur des Altertums, SGKA 5,3/4, Paderborn 1911.

Dölger, F.J.: *Sol Salutis*. Gebet und Gesang im christlichen Altertum, LF 4/5, Münster ²1925.

Dörrie, H.: Der Platoniker *Eudoros* von Alexandrien, in: Ders. (Hg.), Platonica Minora, Studia et Testimonia Antiqua VIII, München 1967, 297–309.

Dörrie, H.: *Präpositionen* und Metaphysik. Wechselwirkung zweier Prizipienreihen, in: Ders., (Hg.), Platonica Minora, Studia et Testimonia Antiqua VIII, München 1967, 124–136.

Doty, W. G.: *Letters* in Primitive Christianity, Philadelphia 1977.

Duchrow, U.: Christenheit und *Weltverantwortung*. Traditionsgeschichte und systematische Struktur der Zweireichelehre, FBESG 25, Stuttgart u. a. ²1983.

Dupont, J.: *Gnosis*. La connaissance religieuse dans les épîtres de saint Paul, Universitas Catholica Lovaniensis 2/40, Louvain/Paris 1949.

Dupont, J.: *„Assis à la droite de Dieu"*. L'interpretation du Ps 110,1 dans le Nouveau Testament, in: E. Dhanis (Hg.), Resurrexit, Rom 1974, 340–422.

Eberhart, C.: Studien zur Bedeutung der *Opfer* im Alten Testament, WMANT 94, Neukirchen-Vluyn 2002.

Eitrem, S.: ΕΜΒΑΤΕΥΩ – Note sur *Col. 2,18*, StTh 2 (1948), 90–94.

Engberg-Pedersen, T.: *Ephesians 5,12–13*: ἐλέγχειν and Conversion in the New Testament, ZNW 80 (1989), 89–110.

Engelhardt, E.: Der *Gedankengang* des Abschnittes Eph 4,7–16, ThStKr 44 (1871), 107–145.

Erlemann, K.: Der *Geist* als ἀρραβών (2Kor 5,5), ZNW 83 (1992), 202–223.

Erlemann, K.: *Anfänge*, die das Ganze verbürgen. Überlegungen zu einer frühchristlichen Metapherngruppe, ThZ 57 (2001), 60–87.

Ernst, J.: *Pleroma* und Pleroma Christi. Geschichte und Deutung eines Begriffs der paulinischen Antilegomena, BU 5, Regensburg 1970.

EVERLING, O.: Die paulinische *Angelologie* und Dämonologie, Göttingen 1888.
FARANDOS, G.D.: *Kosmos* und Logos nach Philon von Alexandria, Amsterdam 1976.
FASCHER, E.: Der *Vorwurf* der Gottlosigkeit in der Auseinandersetzung bei Juden, Griechen und Christen, in: Abraham unser Vater. FS O. Michel, Hg.: O. Betz/M. Hengel/ P. Schmidt, Leiden 1963, 78–105.
FAUST, E.: *Pax Christi* et Pax Caesaris. Religionsgeschichtliche, traditionsgeschichtliche und sozialgeschichtliche Studien zum Epheserbrief, NTOA 24, Freiburg (Schweiz)/Göttingen 1993.
FELDKELLER, A.: *Identitätssuche* des syrischen Urchristentums. Mission, Inkulturation und Pluralität im ältesten Heidenchristentum, NTOA 25, Freiburg (Schweiz)/Göttingen 1993.
FELDMEIER, R.: Die Christen als *Fremde*. Die Metapher der Fremde in der antiken Welt, im Urchristentum und im 1. Petrusbrief, WUNT 64, Tübingen 1992.
FEUILLET, A.: *L'Église* plérôme du Christ d'après Éphés. 1,23, NRTh 78 (1956), 449–472.593–610.
FEUILLET, A.: *Le Christ*, Sagesse de Dieu d'après les épître pauliniennes, EtB, Paris 1966.
FEUILLET, A.: La *dignité* et le rôle de la femme d'après quelques textes pauliniens: comparaison avec l'ancien testament, NTS 21 (1975), 157–191.
FILSON, F.U.: The Christian *Teacher* in the First Century, JBL 60 (1941), 317–328.
FINDEIS, H.J.: *Versöhnung* – Apostolat – Kirche. Eine exegetisch-theologische und rezeptionsgeschichtliche Studie zu den Versöhnungsaussagen des Neuen Testaments: 2Kor, Röm, Kol, Eph (fzb 40), Würzburg 1985.
FIORE, B. (S.J.): *Household Rules* at Ephesus, in: Early Christianity and Classical Culture. Comparative Studies in Honor of Abraham J. Malherbe, NT.S 110, Leiden/Boston 2003, 589–607.
FISCHER, K.M.: *Tendenz* und Absicht des Epheserbriefes, FRLANT 111, Göttingen 1973.
FITZGERALD, J.T.: *Cracks* in an Earthen Vessel. An Examination of the Catalogues of Hardships in the Corinthian Correspondence, SBL.DS 99, Atlanta 1988.
FITZMYER, J.A.: Qumran and the interpolated paragraph in *2Cor 6,14–7,1*, CBQ 23 (1961), 271–280.
FITZMYER, J.A.: *Another Look* at κεφαλή in 1 Corinthians 11.3, NTS 35 (1989), 503–511.
FLASHAR, H.: Die klassizistische Theorie der *Mimesis*, in: Le Classicisme à Rome aux I[ers] Siècles avant et après J.-C., Entretiens sur l'antiquité classique XXV, Genève 1979, 79–111.
FLECKENSTEIN, K.-H.: Ordnet euch einander unter in der Furcht Christi. Die Eheperikope in *Eph 5,21–33*. Geschichte der Interpretation, Analyse und Aktualisierung des Textes, fzb 73, Würzburg 1994.
FLOWERS, H.J.: *Paul's Prayer* for the Ephesians: A Study of Eph 1:15–23, ET 38 (1926/27), 227–233.
FRAINE, J. DE/KOCH, R.: *Adam* und seine Nachkommen. Der Begriff der „Korporativen Persönlichkeit" in der Heiligen Schrift, Köln 1962.
FRANCIS, F.O.: The Background of ἐμβατεύω (Col 2,18) in Legal Papyri and Oracle Inscription, in: F.O. Francis/W.A. Meeks (Hg.), Conflict at Colossae, Sources for Biblical Studies 4), Missoula, Mont. 1973, 197–207.
FRANKEMÖLLE, H.: Der Brief des Jakobus, ÖTBK 17,1–2, Gütersloh/Würzburg 1994.
FREDERICKSON, D.T.: παρρησία in the Pauline Epistles, in: J. T. Fitzgerald (Hg.), Friendship, Flattery, and Frankness of Speech. Studies on Friendship in the New Testament World, NT.S 82, Leiden 1996, 163–183.

FRIEDLÄNDER, M.: Der vorchristliche jüdische *Gnostizismus*, 1898.
FRITZE, H. VON: Die *Rauchopfer* bei den Griechen, Berlin 1894.
FUNK, R.W.: The Apostolic *Parusia*: Form and Significance, in: Christian History and Interpretation, FS J. Knox, Hg: W.R. Farmer/C.F.D. Moule, Cambridge 1967, 424-430.
FURNISH, V.P.: II Corinthians, AncB 32 A, New York 1984.
GÄRTNER, B.: The *Temple* and the Community in Qumran and the New Testament, MSSNTS 1, Cambridge 1965.
GÄRTNER, B.: The Pauline and Johannine Idea of „*To Know God*" against the Hellenistic Background. The Greek Philosophical Principle „Like by Like" in Paul and John, NTS 14 (1967/68) 209-231.
GÄRTNER, N.: Die *Familienerziehung* in der alten Kirche, Köln 1985.
GÄUMANN, N.: *Taufe* und Ethik. Studien zu Römer 6, BEvTh 47, München 1967.
GAMBERONI, J.: Das *Elterngebot* im Alten Testament, BZ 8 (1964), 161-190.
GAYER, R.: Die Stellung des *Sklaven* in den paulinischen Gemeinden und bei Paulus, EHS.T 78, Bern/Frankfurt/M. 1976.
GEORGI, D.: *Der Armen zu gedenken*. Die Geschichte der Kollekte des Paulus für Jerusalem, Neukirchen-Vluyn ²1994.
GESE, M.: Das *Vermächtnis* des Apostels. Die Rezeption der paulinischen Theologie im Epheserbrief, WUNT 2/99, Tübingen 1997.
GEWIESS, J.: Die Begriffe πληροῦν und πλήρωμα im Kolosser- und Epheserbrief, in: N. Adler (Hg.), Vom Wort des Lebens. FS M. Meinertz zur Vollendung des 70. Lebensjahres, NTA.E. 1, Münster 1951, 128-141.
GIAVINI, G.: La *structure littéraire* d'Éph. 2.11-22, NTS 16 (1970), 209-211.
GIBBS, J.G.: *Creation* and Redemption. A Study in Pauline Theology, NT.S 26, Leiden 1971.
GIELEN, M.: Tradition und Theologie neutestamentlicher *Haustafelethik*. Ein Beitrag zur Frage einer christlichen Auseinandersetzung mit gesellschaftlichen Normen, BBB 75, Frankfurt/M. 1990.
GNILKA, J.: *2Kor 6,14-7,1* im Lichte der Qumran-Schriften und der Zwölf-Patriarchen-Testamente, in: Neutestamentliche Aufsätze, FS J. Schmid, Regensburg 1963, 86-99.
GNILKA, J.: *Christus unser Friede* – ein Friedens-Erlöserlied in Eph 2,14-17. Erwägungen zu einer neutestamentlichen Friedenstheologie, in: G. Bornkamm/K. Rahner (Hg.), Die Zeit Jesu. FS H. Schlier, Freiburg 1970, 190-207.
GNILKA, J.: Paränetische *Traditionen* im Epheserbrief, in: Mélanges Bibliques en hommage au R.P. Béda Rigaux, Gembloux 1970, 397-410.
GNILKA, J.: Der Kolosserbrief, HThK 10,1, Freiburg 1980.
GNILKA, J.: Das *Paulusbild* im Kolosser- und Epheserbrief, in: Kontinuität und Einheit, FS F. Mußner, Hg.: P.G. Müller/W. Stenger, Freiburg 1981.
GOGUEL, M.: Esquisse d'une *solution nouvelle* du problème de l'epître aux Éphésiens, RHR 111 (1935), 254-284; 112 (1936), 73-99.
GOLDBERG, A. M.: *Tora* aus der Unterwelt?, BZ 14 (1970), 127-131.
GOLKA, F.: Die *figura etymologica* im Alten Testament, in: Ders., Jona, Calwer Bibelkommentare, Stuttgart 1991, 35-42.
GONZÁLES LAMADRID, A.: *Ipse est pax nostra*. Estudio exegético-teológico de Ef 2,14-18, EstB 28 (1969) 209-261; 29 (1970) 101-136.227-266.
GOODENOUGH, E. R.: Die *politische Philosophie* des hellenistischen Königtums, in: H. Kloft (Hg.), Ideologie und Herrschaft in der Antike, WdF 528, Darmstadt 1979, 27-89.
GOODSPEED, J.: The *Meaning* of Ephesians, Chicago 1933.
GOODSPEED, J.: Ephesians and the *First Edition* of Paul, JBL 70 (1951), 285-291.

GOPPELT, L.: Jesus und die „*Haustafel*"-*Tradition*, in: Orientierung an Jesus. FS J. Schmid, Hg.: P. Hoffman/N. Brox/W. Pesch, Freiburg 1973, 93-106.

GOPPELT, L.: Der Erste Petrusbrief, KEK 12,1, Göttingen ⁸1978.

GOURGES, M.: *A la droite de Dieu*. Résurrection de Jésus et actualisation du Psaume 110:1 dans le Nouveau Testament, EtB, Paris 1978.

GRABNER-HAIDER, A.: *Paraklese* und Eschatologie bei Paulus. Mensch und Welt im Anspruch der Zukunft Gottes, Münster 1967.

GRÄSSER, E.: *Kol 3,1-4* als Beispiel einer Interpretation secundum homines recipientes, ZThK 64 (1967), 139-168.

GREEVEN, H.: *Propheten*, Lehrer, Vorsteher bei Paulus. Zur Frage der Ämter im Urchristentum, ZNW 44 (1952/53), 1-43.

GRELOT, P.: La *structure* d'Éphésiens 1,3-14, RB 96 (1989), 193-209.

GRÖZINGER, K.E.: *Musik* und Gesang in der Theologie der frühen jüdischen Literatur: Talmud Midrasch Mystik, TSAJ 3, Tübingen 1982.

GRUDEM, W.: Does κεφαλή („Head") Mean „Source" or „Authority Over" in Greek Literature? A Survey of 2336 Examples, Trinity Journal (Deerfield, IL) 6 (1985), 38-59.

GRUDEM, W.: The *Meaning* of κεφαλή („Head"): a Response to Recent Studies, Trinity Journal (Deerfield, IL) 11 (1990), 3-72.

GRUNDMANN, W.: Der Begriff der *Kraft* in der neutestamentlichen Gedankenwelt, BWANT Folge 4, Heft 8, Stuttgart 1932.

GÜLZOW, H.: Christentum und *Sklaverei* in den ersten drei Jahrhunderten. Nachdruck der 1. Aufl. Bonn 1969, Hamburger Theologische Studien Bd. 16, Münster 1999.

GÜTING, E.: *Amen*, Eulogie, Doxologie. Eine textkritische Untersuchung, in: Begegnungen zwischen Christentum und Judentum in Antike und Mittelalter, FS H. Schreckenberg, Hg.: D.-A. Koch/H. Lichtenberger (Schriften des Institutum Judaicum Delitzschianum Bd. 1), Göttingen 1993, 133-162.

GUNKEL, H./BEGRICH, J.: Einleitung in die *Psalmen*. Die Gattungen der religiösen Lyrik Israels, HK II, Erg., Göttingen 1933.

GUTTENBERGER, G.: *Statusverzicht* im Neuen Testament und seiner Umwelt, NTOA 39, Freiburg (Schweiz)/Göttingen 1999.

HABERMANN, J.: *Präexistenzaussagen* im Neuen Testament, EHS.T 362, Frankfurt/M. 1990.

HADIDIAN, D.Y.: τοὺς δὲ εὐαγγελιστάς in *Eph 4,11*, CBQ 28 (1966), 317-321.

HAENCHEN, E.: Die Apostelgeschichte, KEK 3, Göttingen ⁷1977.

HAHN, F.: Christologische *Hoheitstitel*. Ihre Geschichte im frühen Christentum, FRLANT 83, Göttingen 1963 (5., erweiterte Aufl. 1995 mit einem Anhang).

HAHN, F.: Der urchristliche *Gottesdienst*, SBS 41, Stuttgart 1970.

HAHN, F.: Die *Taufe* im Neuen Testament, in: Calwer Predigthilfen – Taufe, 1976, 9-28.

HAHN, F.: Taufe und *Rechtfertigung*. Ein Beitrag zur paulinischen Theologie in ihrer Vor- und Nachgeschichte, in: Rechtfertigung. FS E. Käsemann, Hg.: J. Friedrich, Tübingen 1976, 95-124.

HAHN, F.: Die christologische *Begründung* urchristlicher Paränese, ZNW 72 (1981), 88-99.

HAHN, F.: *Observations* on the Soteriology of the Letters to the Colossians and Ephesians, in: Paul, Luke and the Graeco-Roman World. FS A.J.M. Wedderburn, Hg.: A. Christophersen/C. Claussen/J. Frey/B. Longenecker, JSNT Suppl 217, Sheffield 2002, 123-135.

HAINZ, J.: *Ekklesia*. Strukturen paulinischer Gemeinde-Theologie und Gemeinde-Ordnung, BU 9, Regensburg 1972.

HALTER, H.: *Taufe* und Ethos. Paulinische Kriterien für das Proprium christlicher Moral, FTS 106, Freiburg 1977.

HAMMER, P.L.: A Comparison of *Kleronomia* in Paul and Ephesians, JBL 79 (1960), 267–272.
HANSEN, G.: *Herrscherkult* und Friedensidee, in: J. Leipoldt/W. Grundmann (Hg.), Umwelt des Urchristentums, I, Berlin ⁶1982, 127–142.
HANSON, S.: The *Unity* of the Church, ASNU 14, Uppsala 1946.
HARDER, G.: Paulus und das *Gebet*, NTF 10, Gütersloh 1936.
HARNACK, A.: *Militia Christi*. Die christliche Religion und der Soldatenstand in den ersten drei Jahrhunderten, Tübingen 1905 (Nachdruck Darmstadt 1963).
HARNACK, A.: Die *Adresse* des Epheserbriefes des Paulus, SPAW 37 (1910), 696–709.
HARNISCH, W.: *Verhängnis* und Verheißung der Geschichte. Untersuchungen zum Zeit- und Geschichtsverständnis im 4. Buch Esra und in der syrischen Baruchapokalypse, FRLANT 97, Göttingen 1969.
HARRIS, W.H. III: „*The Heavenlies*" Reconsidered: οὐρανός and ἐπουράνιος in Ephesians, Bibliotheca Sacra 148 (1991), 72–89.
HARRIS, W.H. III: The *Descent* of Christ. Ephesians 4:7-11 and Traditional Hebrew Imagery, AGJU 32, Leiden 1996.
HARRISON, J.R.: Paul's *Language of Grace* in its Graeco-Roman Context, WUNT 2/172, Tübingen 2003.
HART, J.H.A.: The *Enmity* in His Flesh, Exp. 6. Ser. 3 (1901), 135–141.
HARTIN, P.J.: ἀνακεφαλαιώσασθαι τὰ πάντα ἐν τῷ Χριστῷ (Eph 1,10), in: J. H. Petzer/ P. J. Hartin (Hg.), A South African Perspective on the New Testament. Essays presented to B.M. Metzger, Leiden 1986, 228–237.
HARTMANN, L.: Universal *Reconciliation* (Col 1,20), SNTU 10 (1985), 109–121.
HARTMANN, L.: *Code and Context*: A Few Reflections of the Paraenesis of Col 3:6-4:1, in: Tradition and Interpretation in the New Testament, FS E.E. Ellis, Hg.: G.F. Hawthorne/ O. Betz, Grand Rapids 1987, 237–247.
HASENSTAB, R.: Modelle paulinischer *Ethik*. Beiträge zu einem Autonomie-Modell aus paulinischem Geist, TTS 11, Mainz 1977.
HAUBECK, W.: *Loskauf* durch Christus. Herkunft, Gestalt und Bedeutung des paulinischen Loskaufmotivs, Gießen/Basel 1985.
HAVERKAMP, A. (Hg.): Theorie der *Metapher*, Darmstadt ²1996.
HAY, D.M.: *Glory* at the Right Hand. Psalm 110 in Early Christianity, SBL.MS 18, Nashville/New York 1973.
HAYS, R.B.: The *Faith of Jesus* Christ, SBL.DS 56, Chico, CA 1987.
HECKEL, TH.: *Der Innere Mensch*. Die paulinische Verarbeitung eines platonischen Motivs, WUNT 2/53, Tübingen 1993.
HECKEL, TH.: *Juden und Heiden* im Epheserbrief, in: M. Karrer (Hg.), Kirche und Volk Gottes, FS J. Roloff zum 70. Geburtstag, Neukirchen-Vluyn 2000, 176–194.
HECKEL, U.: Der *Segen* im Neuen Testament. Begriff, Formeln, Gesten, WUNT 150, Tübingen 2002.
HECKEL, U.: *Hirtenamt* und Herrschaftskritik. Die urchristlichen Ämter aus johanneischer Sicht, BThSt 65, Neukirchen-Vluyn 2004.
HEGERMANN, H.: Zur Ableitung der *Leib-Christi-Vorstellung*, ThLZ 85 (1960), 839–842.
HEGERMANN, H.: Die Vorstellung vom *Schöpfungsmittler* im hellenistischen Judentum und Urchristentum, TU 82, Berlin 1961.
HEIL, J.P.: Those Now „*Asleep*" (not dead) Must be „*Awakened*" for the Day of the Lord in 1Thess 5.9-10, NTS 46 (2000), 464–471.
HEITMÜLLER, W.: Σφραγίς, FS G. Heinrici, UNT 6, Leipzig 1914, 40–49.

HELLHOLM, D./BLOMKVIST, V: *Parainesis* as an Ancient Genre-Designation: The Case of the ‚Euthalian Apparatus' and the ‚Affiliated Argumenta', in: T.E. Pedersen/J. Starr (Hg.), Early Christian Paraenesis in Context, BZNW 125, Berlin/New York 2004, 467–519.
HENDRIX, H.: On the *Form and Ethos* of Ephesians, USQR 42 (1988), 3–15.
HENGEL, M.: Die *Synagogeninschrift* von Stobi, ZNW 57 (1966), 145–183.
HENGEL, M.: *Hymnus* und Christologie, in: W. Haubeck (Hg.), Wort in der Zeit. FS K.H. Rengstorf zum 75. Geburtstag, Leiden 1980, 1–23.
HENGEL, M.: Das *Christuslied* im frühesten Gottesdienst, in: Weisheit Gottes – Weisheit der Welt. FS J. Ratzinger, Bd. 1, St. Ottilien 1987, 357–404.
HENGEL, M.: *Psalm 110* und die Erhöhung des Auferstandenen zur Rechten Gottes, in: C. Breytenbach/H. Paulsen (Hg.), Anfänge der Christologie, FS F. Hahn zum 65. Geburtstag, Göttingen 1991, 43–73.
HILL, D.: Christian *Prophets* as Teachers or Instructors in the Church, in: J. Panagopoulos (Hg.), Prophetic Vocation in the New Testament and Today, NT.S 45, Leiden 1977, 108–130.
HOEGEN-ROHLS, C.: *Wie klingt es*, wenn Paulus von Neuer Schöpfung spricht? Stilanalytische Beobachtungen zu 2Kor 5,17 und Gal 6,15, in: „ … was ihr auf dem Weg verhandelt habt". Beiträge zur Exegese und Theologie des Neuen Testaments, FS Ferdinand Hahn, Neukirchen-Vluyn 2001, 143–153.
HOFIUS, O.: „*Erwählt* vor Grundlegung der Welt" (Eph 1,4), in: Ders., Paulusstudien 2, WUNT 143, Tübingen 2002, 234–246.
HOLTZ, T.: Der erste Brief an die Thessalonicher, EKK 13, Zürich/Neukirchen 1986.
HOLTZMANN, H.J.: *Kritik* der Epheser- und Kolosserbriefe auf Grund einer Analyse ihres Verwandtschaftsverhältnisses, Leipzig 1872.
HOLZMEISTER, U.: *Genitivus epexegeticus* im N.T., VD 25 (1945), 112–117.
HOOKER, M.D.: Πίστις Χριστοῦ, NTS 35 (1989), 321–341.
HOPPE, R.: *Theo-logie* in den Deuteropaulinen (Kolosser- und Epheserbrief), in: H.J. Klauck (Hg.), Monotheismus und Christologie. Zur Gottesfrage im hellenistischen Judentum und im Urchristentum, QD 138, Freiburg/Basel/Wien 1992, 163–185.
HORN, H.-J.: κατ' οἰκονομίαν τοῦ κυρίου. Stoische Voraussetzungen der Vorstellung vom Heilsplan Gottes, in: Vivarium, FS Th. Klauser, AC.E 11, Münster 1984, 188–193.
HORSLEY, R.A.: The Background of the Confessional *Formula* in 1Kor 8,6, ZNW 69 (1978), 130–135.
HORSLEY, R.A. (Hg.): *Paul and Empire*. Religion and Power in Roman Imperial Society, Harrisburg 1977.
HORST, P.W. VAN DER: Is *Wittiness* Unchristian? A Note on εὐτραπελία in Eph. V 4, in: T. Baarda u.a. (Hg.), Miscellanea Neotestamentica. Bd. 2 NT. S. 48, Leiden 1978, 163–177.
HORST, P.W. VAN DER: *Pseudo-Phokylides* and the New Testament, ZNW 69 (1978), 187–202.
HOWARD, G.E.: The *Faith of Christ*, ET 85 (1973/74), 212–215.
HOWARD, G.E.: The *Head/Body Metaphors* of Ephesians, NTS 20 (1974), 350–356.
HÜBNER, H.: *Glossen* in Eph 2, in: Vom Urchristentum zu Jesus. FS J. Gnilka, Hg.: H. Frankemölle/K. Kertelge, Freiburg 1989, 392–406.
HÜBNER, H.: *Erkenntnis* Gottes und Wirklichkeit Gottes. Theologisch-hermeneutische Gedanken zu Eph 3,14-19, in: ΕΠΙΤΟΑΥΤΟ. FS P. Pokorný, Hg.: J. Kerkovský u.a., Praha 1998, 176–184.
HULTGREN, S.J.: *2Cor 6.14–7.1* and Rev 21.3–8: Evidence for the Ephesian Redaction of 2 Corinthians, NTS 49 (2003), 39–56.

HUNZINGER, C.-H.: Neues *Licht* auf Lc 2,14 ἄνθρωποι εὐδοκίας, ZNW 44 (1952/53), 85–90.
HUNZINGER, C.-H.: Ein weiterer *Beleg* zu Lc 2,14 ἄνθρωποι εὐδοκίας, ZNW 49 (1958), 129–130.
INNITZER, TH.: Der ‚*Hymnus*' im Epheserbrief (1,3–14), ZKTh 28 (1904), 612–621.
ISAACS, M.E.: The Concept of *Spirit*. A Study of Pneuma in Hellenistic Judaism and its Bearing on the New Testament, London 1976.
JAYNE, D.: „*We*" and „*You*" in Ephesians 1,3–14, ET 85 (1974), 151–152.
JEAL, R.R.: A Strange *Style* of Expression. Ephesians 1:23, Filologia Neotestamentaria 10 (1997), 129–138.
JEAL, R.R.: Integrating *Theology and Ethics* in Ephesians. The Ethos of Communication, Studies in Bible and Early Christianity 43, New York/Ontario 2000.
JEAL, R.R.: Rhetorical *Argumentation* in the Letter to the Ephesians, in: A. Erikson/ Th. H. Olbricht/W. Übelacker (Hg.), Rhetorical Argumentation in Biblical Texts. Essays from the Lund 2000 Conference, Harrisburg, Pennsylvenia 2002, 310–324.
JENTSCH, W.: Urchristliches *Erziehungsdenken*: Die Paideia Kyriu im Rahmen der hellenistisch-jüdischen Welt, BFTh 45,3, Gütersloh 1951.
JEREMIAS, J.: Der *Eckstein*, Angelos 1 (1925), 65–70.
JEREMIAS, J.: *Κεφαλὴ γωνίας* – Ἀκρογωνιαῖος, ZNW 29 (1930), 264–280.
JEREMIAS, J.: Eckstein – *Schlußstein*, ZNW 36 (1937), 154–157.
JERVELL, J.: *Imago Dei*. Gen 1,26f im Spätjudentum, in der Gnosis und in den paulinischen Briefen, FRLANT 76, Göttingen 1960.
JEWETT, R.: Paul's *Anthropological Terms*. A Study of their Use in Conflict Settings, AGJU 10, Leiden 1971.
JÜLICHER, A.: *Einleitung* in das Neue Testament, Tübingen ⁵1906/⁶1931 (Neubearb. zus. mit E. Fascher).
JUNG, F.: *Σωτήρ*. Studien zur Rezeption eines hellenistischen Ehrentitels im Neuen Testament, NTA.NF 39, Münster 2002.
JUNGBAUER, H.: „*Ehre Vater und Mutter*". Der Weg des Elterngebots in der biblischen Tradition, WUNT 2/146, Tübingen 2002.
KÄSEMANN, E.: Leib und *Leib Christi*. Eine Untersuchung zur paulinischen Begrifflichkeit, BHTh 9, Tübingen 1933.
KÄSEMANN, E.: *Christus*, das All und die Kirche. Zur Theologie des Epheserbriefes, ThLZ 81 (1956), 585–590.
KÄSEMANN, E.: Eine urchristliche *Taufliturgie*, in: Ders., Exegetische Versuche und Besinnungen 1, Göttingen ³1964, 34–51.
KÄSEMANN, E.: *Epheser 2,17–22*, in: Ders., Exegetische Versuche und Besinnungen 1, Göttingen ³1964, 280–283.
KÄSEMANN, E.: *Epheser 4,1–6*, in: Ders., Exegetische Versuche und Besinnungen 1, Göttingen ³1964, 284–287.
KÄSEMANN, E.: *Epheser 4,11–16*, in: Ders., Exegetische Versuche und Besinnungen 1, Göttingen ³1964, 288–292.
KÄSEMANN, E.: *Ephesians and Acts*, in: L.E. Keck/J.L. Martyn (Hg.), Studies in Luke-Acts. Essays presented in honor of P. Schubert, London 1966, 288–297.
KÄSEMANN, E.: *Neutestamentliche Fragen* von heute, in: Ders., Exegetische Versuche und Besinnungen 2, Tübingen ³1970, 11–31.
KÄSEMANN, E.: Zum Thema urchristlicher *Apokalyptik*, in: Ders., Exegetische Versuche und Besinnungen 2, Tübingen ³1970, 105–131.

KÄSEMANN, E.: Paulinische *Perspektiven*, Tübingen ²1972.
KÄSEMANN, E.: *Der Glaube Abrahams in Röm 4*, in: Ders., Paulinische Perspektiven, Tübingen, 140–177.
KÄSEMANN, E.: Das theologische *Problem* des Motivs vom Leibe Christi, in: Ders., Paulinische Perspektiven, 178–210.
KÄSEMANN, E.: An die Römer, HNT 8a, Tübingen ⁴1980.
KAMLAH, E.: Traditionsgeschichtliche Untersuchungen zur *Schlußdoxologie* des Römerbriefes, Diss. Tübingen, 1955.
KAMLAH, E.: Die *Form* der katalogischen Paränese im Neuen Testament, WUNT 7, Tübingen 1964.
KAMLAH, E.: ὑποτάσσεσθαι in den neutestamentlichen Haustafeln, in: Verborum Veritas, FS G. Stählin, Wuppertal 1970, 237–243.
KAMLAH, E.: *Philos Beitrag* zur Aufhellung der Geschichte der Haustafeln, in: Wort und Wirklichkeit, FS E.L.Rapp, Meisenheim 1976, I, 90–95.
KAMMLER, H.-C.: *Kreuz* und Weisheit. Eine exegetische Untersuchung zu 1Kor 1,10–3,4, WUNT 159, Tübingen 2003.
KEHL, N.: Der *Christushymnus* im Epheserbrief, Habilitationsschrift Kath.-Theol. Fakultät Innsbruck, 1968.
KERST, R.: *1Kor 8,6* – ein vorpaulinisches Taufbekenntnis?, ZNW 66 (1975), 130–139.
KESSLER, P.D.: Unsere *Berufung* zum göttlichen Leben. Betrachtung über den Prolog des Epheserbriefes, BiLi 40 (1967), 110–122.
KIENAST, D.: *Corpus Imperii* – Überlegungen zum Reichsgedanken der Römer, in: G. Wirth (Hg.), Romanitas – Christianitas. Untersuchungen zur Geschichte und Literatur der römischen Kaiserzeit. FS J. Straub, Berlin/New York 1982, 1–17.
KINNEAVY, J.L.: Greek Rhetorical *Origins* of Christian Faith. An Inquiry, New York/Oxford 1987.
KIRBY, J.C.: Ephesians, *Baptism and Pentecost*. An Inquiry into the Structure and Purpose of the Epistle to the Ephesians, London 1968.
KITTEL, H.: Die *Herrlichkeit* Gottes. Studien zu Geschichte und Wesen eines neutestamentlichen Begriffs, BZNW 16, Gießen 1934.
KITZBERGER, I.: *Bau* der Gemeinde. Das paulinische Wortfeld οἰκοδομή/(ἐπ)οικοδομεῖν, fzb 53, Würzburg 1986.
KLAUCK, H.-J.: Das *Amt* in der Kirche nach Eph 4,1–16, WiWei 36 (1973), 81–110.
KLAUCK, H.-J.: *Herrenmahl* und hellenistischer Kult. Eine religionsgeschichtliche Untersuchung zum 1. Korintherbrief, NTA 15, Münster 1982.
KLAUCK, H.-J.: Die religiöse *Umwelt* des Urchristentums. Bd.I: Stadt- und Hausreligion, Mysterienkulte, Volksglaube; Bd. II: Herrscher- und Kaiserkult, Philosophie, Gnosis, Studienbücher Theologie 9,1/9,2, Stuttgart 1995/1996.
KLAUCK, H.-J.: Die antike *Briefliteratur* und das Neue Testament, UTB 2022, Paderborn u.a. 1998.
KLEES, H.: Herren und *Sklaven*, Wiesbaden 1975.
KLEIN, F.-N.: Die *Lichtterminologie* bei Philon von Alexandrien und in den hermetischen Schriften. Untersuchungen zur Struktur der religiösen Sprache der hellenistischen Mystik, Leiden 1952.
KLEIN, G.: Die zwölf *Apostel*. Ursprung und Gehalt einer Idee, FRLANT 77, Göttingen 1961.
KLEIN, G.: „Über das *Weltregiment* Gottes". Zum exegetischen Anhalt eines dogmatischen Lehrstücks, ZThK 90 (1993), 251–283.

KLINZING, G.: Die *Umdeutung* des Kultus in der Qumrangemeinde und im Neuen Testament, StUNT 7, Göttingen 1971.
KNIGHT, G.W.: *Husbands* and Wives as Analogues of Christ and the Church, in: J. Piper/ W. Grudem (Hg.), Recovering Biblical Manhood and Womanhood. A Response to Evangelical Feminism, Wheaton, IL, 1991, 165-178.
KNOX, W.L.: St Paul and the *Church* of the Gentiles, Cambridge 1939.
KOCH, D.-A.: Die *Schrift* als Zeuge des Evangeliums, BHTh 69, Tübingen 1986.
KÖHN, A.: Der Neutestamentler *Ernst Lohmeyer.* Studien zur Biographie und Theologie, WUNT 2/180, Tübingen 2004.
KÖLLER, W.: *Semiotik* und Metapher. Untersuchungen zur grammatischen Struktur und kommunikativen Funktion von Metaphern, Studien zur Allgemeinen Vergleichenden Literaturwissenschaft 10, Stuttgart 1975.
KOLLER, H.: Die *Mimesis* in der Antike (Dissertationes Bernenses, ser.1, fasc.5), Bern 1954.
KOOTEN, G.H. VAN: Cosmic *Christology* in Paul and the Pauline School. Colossians and Ephesians in the Context of Graeco-Roman Cosmology, with a New Synopsis of the Greek Texts, WUNT 2/171, Tübingen 2003.
KOSCHORKE, K.: Die Polemik der *Gnostiker* gegen das kirchliche Christentum, Leiden 1978.
KOSKENNIEMI, H.: *Studien* zur Idee und Phraseologie des griechischen Briefes bis 400 n. Chr., AASF B 102,2, Helsinki 1956.
KOSMALA, H.: *Nachfolge* und Nachahmung Gottes, I: im griechischen Denken, AST 12 (1963) 38-85; II: im jüdischen Denken, AST 13 (1964) 64-110.
KOSTENBERGER, A.: The *Mystery* of Christ and the Church: Head and Body, „One Flesh", Trinity Journal (Deerfield, IL) 12 (1991), 79-94.
KRÄMER, H.: Zur sprachlichen Form der *Eulogie* Eph. 1,3-14, WuD.NF 9 (1967), 34-46.
KRAMER, W.: *Christos,* Kyrios, Gottessohn. Untersuchungen zu Gebrauch und Bedeutung der christologischen Bezeichnungen bei Paulus und den vorpaulinischen Gemeinden, AThANT 44, Zürich 1963.
KRAUS, W.: Das *Volk Gottes.* Zur Grundlegung der Ekklesiologie des Paulus, WUNT 85, Tübingen 1996.
KREITZER, L.J.: The *Plutonium* of Hierapolis and the descent of Christ into the „Lowermost Parts of the Earth" (Ephesians 4,9), Bib. 79 (1998), 381-393.
KREITZER, L.J.: The Plutonium of Hierapolis: A Geographical *Solution* for the Puzzle of Ephesians 4:9-10, in: ΕΠΙΤΟΑΥΤΟ. FS Petr Pokorný, Hg.: Jan Kerkovský (u. a.), Praha 1998, 218-233.
KREMERS, H.: Die *Stellung* des Elterngebotes im Dekalog, EvTh 21 (1961), 145-161.
KRETSCHMAR, G.: *Himmelfahrt* und Pfingsten, ZKG 66 (1954/55), 209-253.
KROEGER, C.C.: Art. *Head,* in: G.F. Hawthorne and R.P. Martin (Hg.), Dictionary of Paul and his Letters, Downers Grove, IL 1993, 375-377.
KÜGLER, J.: *Duftmetaphorik* im Neuen Testament, in: Ders., Die Macht der Nase. Zur religiösen Bedeutung des Duftes, SBS 187, Stuttgart 2000, 123-172.
KUHN, H.W.: *Enderwartung* und gegenwärtiges Heil. Untersuchungen zu den Gemeindeliedern von Qumran mit einem Anhang über Eschatologie und Gegenwart in der Verkündigung Jesu, StUNT 4, Göttingen 1966.
KUHN, K.G.: Der *Epheserbrief* im Lichte der Qumrantexte, NTS 7 (1960/1961), 334-345.
KÜMMEL, W.G.: *Einleitung* in das Neue Testament, Heidelberg ¹⁷1973.
KURZ, G.: *Metapher,* Allegorie, Symbol, KVR 1486, Göttingen 1982.
LÄGER, K.: Die Christologie der *Pastoralbriefe,* Hamburger Theologische Studien 12, Münster 1996.

LAKOFF, G./JOHNSON, M.: *Leben in Metaphern*. Konstruktion und Gebrauch von Sprachbildern, Heidelberg ²2000 (Originalausgabe: Metaphors We Live By, Chicago 1980).
LAMBRECHT, J.: Paul's *Christological Use* of Scripture in 1 Cor. 15.20–28, NTS 28 (1982), 502–527.
LAMPE, P.: Der Brief an Philemon, in: NTD 8/2, Göttingen 1998, 201–232.
LANG, F.: Die *Eulogie* in Epheser 1,3–14, in: Studien zur Geschichte und Theologie der Reformation. FS E. Bizer, Neukirchen-Vluyn 1969, 7–20.
LANG, F.G.: *Schreiben nach Maß*. Zur Stichometrie in der antiken Literatur, NT 41 (1999), 40–57.
LANG, F.G.: *Ebenmaß* im Epheserbrief: Stichometrische Kompositionsanalyse, NT 46 (2004), 143–163.
LARSSON, E.: Christus als *Vorbild*. Eine Untersuchung zu den paulinischen Tauf- und Eikontexten, Uppsala 1962.
LASH, S.J.A: Where Do *Devils* Live? A Problem in the Textual Criticism of Eph 6,12, VigChr 30 (1976), 161–174.
LATTKE, M.: *Hymnus*. Materialien zu einer Geschichte der antiken Hymnologie, NTOA 19, Freiburg (Schweiz) 1991.
LAUB, F.: Die Begegnung des Christentums mit der antiken *Sklaverei*, SBS 107, Stuttgart 1982.
LAUTENSCHLAGER, M.: Εἴτε γρηγορῶμεν εἴτε καθεύδωμεν. Zum Verhältnis von Heiligung und Heil in 1Thess 5,10, ZNW 81 (1990), 39–59.
LEE, J.Y.: Interpreting the *Demonic Powers* in Pauline Thought, NT 12 (1970), 54–69.
LEMMER, R.: *Pneumatology* and Eschatology in Ephesians. The Role of the Eschatological Spirit in the Church, Theol. Diss. University of South Africa, 1988.
LEMMER, R.: *Rhetoric* and Metaphor and the Metaphysical in the Letter to the Ephesians, in: Rhetorical Criticism and the Bible, Sheffield 2002, 458–480.
LEWY, H.: *Sobria ebrietas*. Untersuchungen zur Geschichte der antiken Mystik, BZNW 9, Gießen 1929.
LICHTENBERGER, H.: Studien zum *Menschenbild* in Texten der Qumrangemeinde, StUNT 15, Göttingen 1980.
LIGHTFOOT, J.B.: *St. Paul's Epistles* to the Colossians and to Philemon. A Revised Text with Introductions, Notes and Dissertations (Reprint from the revised 1879 edition), Grand Rapids, Mich.1959.
LIGHTFOOT, J.B.: The *Destination* of the Epistle to the Ephesians, in: Ders., Biblical Essays, London 1893, 375–396.
LINCOLN, A.T.: A *Re-Examination* of „the Heavenlies" in Ephesians, NTS 19 (1973), 468–483.
LINCOLN, A.T.: *Paradise* Now and Not Yet, MSSNTS 43, Cambridge 1981.
LINCOLN, A.T.: The *Use* of the Old Testament in Ephesians, JSNT 14 (1982), 16–57.
LINCOLN, A.T.: *Ephesians 2:8–10*: A Summary of Paul's Gospel?, CBQ 45 (1983), 617–630.
LINCOLN, A.T.: *The Church and Israel* in Ephesians 2, CBQ 49 (1987), 605–624.
LINCOLN, A.T.: The *Theology* of Ephesians, in: A.T. Lincoln/A.J.M. Wedderburn, The Theology of the later Pauline letters, Cambridge 1993, 73–166.
LINCOLN, A.T.: „*Stand, therefore* …". Eph 6,10–20 as Peroratio, Biblical Interpretation 3 (1995), 99–114.
LINDARS, B.: New Testament *Apologetic*. The Doctrinal Significance of the Old Testament Quotations, London 1961, 45–59.
LINDEMANN, A.: Die *Aufhebung* der Zeit. Geschichtsverständnis und Eschatologie im Epheserbrief, StNT 12, Gütersloh 1975.

LINDEMANN, A.: *Bemerkungen* zu den Adressaten und zum Anlaß des Epheserbriefes, ZNW 67 (1976), 235-251.

LINDEMANN, A.: *Paulus* im ältesten Christentum. Das Bild des Apostels und die Rezeption der paulinischen Theologie in der frühchristlichen Literatur bis Marcion, BHTh 58, Tübingen 1979.

LIPS, H. VON: *Weisheitliche Traditionen* im Neuen Testament, WMANT 64, Neukirchen-Vluyn 1990.

LIPS, H. VON: Die *Haustafel* als „Topos" im Rahmen der urchristlichen Paränese. Beobachtungen anhand des 1. Petrusbriefes und des Titusbriefes, NTS 40 (1994), 261-280.

LIPS, H. VON: *Jüdische Weisheit* und griechische Tugendlehre, in: H. Graf Reventlow (Hg.), Weisheit, Ethos und Gebot, BThSt 43, Neukirchen-Vluyn 2001, 29-60.

LOADER, W.R.G.: *Christ* at the Right Hand. Ps CX.1 in the New Testament, NTS 24 (1978), 199-217.

LOHFINK, G.: Die *Himmelfahrt* Jesu, StANT 26, München 1971.

LOHFINK, G.: *Erzählung* als Theologie. Zur sprachlichen Grundstruktur der Evangelien, StZ 192 (1974), 521-532.

LOHMEYER, E.: *Diatheke*. Ein Beitrag zur Erklärung des neutestamentlichen Begriffs, Leipzig 1913.

LOHMEYER, E.: Vom göttlichen *Wohlgeruch*, SHAW.PH 9, Heidelberg 1919.

LOHMEYER, E.: Das *Prooemium* des Epheserbriefes, ThBl 5 (1926), 120-125.233-234.

LOHSE, E.: *Taufe* und Rechtfertigung bei Paulus, in: Ders., Die Einheit des Neuen Testaments. Exegetische Studien zur Theologie des Neuen Testaments, Göttingen 1973, 228-244.

LOHSE, E.: Die Briefe an die Kolosser und an Philemon, KEK 9,2, Göttingen (15) ²1977.

LONA, H.E.: Die *Eschatologie* im Kolosser- und Epheserbrief, fzb 48, Würzburg 1984.

LÜHRMANN, D.: Das *Offenbarungsverständnis* bei Paulus und in paulinischen Gemeinden, WMANT 16, Neukirchen 1965.

LÜHRMANN, D.: Wo man nicht mehr *Sklave* oder Freier ist, WuD 13 (1975), 53-83.

LÜHRMANN, D.: Neutestamentliche *Haustafeln* und antike Ökonomie, NTS 27 (1981), 83-97.

LUZ, U.: Das *Geschichtsverständnis* des Paulus, BEvTh 49, München 1968.

LUZ, U.: *Rechtfertigung* bei den Paulusschülern, in: J. Friedrich (Hg.), Rechtfertigung. FS E. Käsemann zum 70. Geburtstag, Tübingen 1976, 365-383.

LUZ, U.: *Überlegungen* zum Epheserbrief und seiner Paränese, in: H. Merklein (Hg.), Neues Testament und Ethik. FS R. Schnackenburg, Freiburg 1989, 376-396.

LUZ, U.: Das Evangelium nach Matthäus, 1. Teilband: Mt 1-7, EKK I,1, 5. völlig neubearbeitete Aufl., Düsseldorf/Zürich/Neukirchen 2002.

LYONNET, S.: La *bénédiction* de Éph 1,3-14 et son arrière-plan judaïque, in: A la rencontre de Dieu (Mémorial A. Gelin), Le Puy 1961, 341-352.

LYONNET, S.: L'Épître aux *Colossiens* (Col 2,18) et les mystères d'Apollon Clarien, Bib. 43 (1962), 417-435.

MACGREGOR, G.H.C.: *Principalities* and Powers. The Cosmic Background of Paul's Thought, NTS 1 (1954/55), 17-28.

MAIER, F.W.: *Ps 110,1* (LXX 109,1) im Zusammenhang von 1Kor 15,24-26, BZ 20 (1932), 139-156.

MALHERBE, A.J.: Hellenistic *Moralists* and the New Testament, in: ANRW II 26,1 (1992), 267-333.

MALMEDE, H.: Die *Lichtsymbolik* im Neuen Testament, StOR 15, Wiesbaden 1986.

MARROW, S.B.: παρρησία and the New Testament, CBQ 44 (1982), 431–446.
MARTIN, F.: Pauline Trinitarian *Formulas* and Church Unity, CBQ 30 (1968), 199–219.
MARTIN, R.P.: *Worship* in the Early Church, London 1964.
MARXSEN, W.: *Einleitung* in das Neue Testament. Eine Einführung in ihre Probleme, Gütersloh ⁴1978.
MARXSEN, W.: Der erste Brief an die Thessalonicher, ZBK NT 11,1, Zürich 1979.
MAURER, C.: Der *Hymnus* von Eph 1 als Schlüssel zum ganzen Briefe, EvTh 11 (1951/52), 151–172.
MAYER, A.C.: Sprache der *Einheit* im Epheserbrief und in der Ökumene, WUNT 2/150, Tübingen 2002.
MCELENEY, N.J.: *Conversion*, Circumcision and the Law, NTS 20 (1974), 319–341.
MCKELVEY, R.J.: Christ the *Cornerstone*, NTS 8 (1961/62), 352–359.
MCKELVEY, R.J.: The *New Temple*. The Church in the New Testament, London 1969.
MCNAMARA, M.: The New Testament and the Palestinian *Targum to the Pentateuch*, AnBib 27, Rome 1966.
MEADE, D.G.: *Pseudonymity* and Canon. An Investigation into the Relationship of Authorship and Authority in Jewish and Earliest Christian Tradition, WUNT 39, Tübingen 1986.
MEEKS, W.A.: The *Prophet-King*: Moses Traditions and the Johannine Christology, NT.S 14, Leiden 1967.
MEEKS, W.A.: The Image of *Androgyne*. Some Uses of a Symbol in Earliest Christianity, HR 13 (1973/74), 165–208.
MEHLMANN, J.: *Natura Filii Irae*. Historia interpretationis Eph 2.3 eiusque cum doctrina de Peccato Originali nexus, AnBib 6, Rom 1957.
MERK, O.: *Handeln* aus Glauben. Die Motivierungen der paulinischen Ethik, MThSt 5, Marburg 1968.
MERK, O.: Der Beginn der *Paränese* im Galaterbrief, ZNW 60 (1969), 83–104.
MERKEL, H.: Der Epheserbrief in der neueren exegetischen Diskussion, *ANRW II 25,4* (1987), 3156–3246.
MERKI, H.: *ΟΜΟΙΩΣΙΣ ΘΕΩ*. Von der platonischen Angleichung an Gott zur Gottähnlichkeit bei Gregor von Nyssa, Freiburg (Schweiz) 1952.
MERKLEIN, H.: Das kirchliche *Amt* nach dem Epheserbrief, StANT 33, München 1973.
MERKLEIN, H.: *Christus* und die Kirche. Die theologische Grundstruktur des Epheserbriefes nach Eph 2,11-18, SBS 66, Stuttgart 1973.
MERKLEIN, H.: Zur Tradition und Komposition von *Eph 2,14-18*, BZ 17 (1973), 79–102.
MERKLEIN, H.: *Eph 4,1-5,20* als Rezeption von Kol 3,1-17 – zugleich ein Beitrag zur Pragmatik des Epheserbriefes, in: P.-G. Müller/W. Stenger (Hg.), Kontinuität und Einheit. FS F. Mußner, Freiburg 1981, 194–210.
MERKLEIN, H.: Die *Ekklesia Gottes*. Der Kirchenbegriff bei Paulus und in Jerusalem, in: Ders. (Hg.), Studien zu Jesus und Paulus, WUNT 43, Tübingen 1987, 296–318.
MERKLEIN, H.: Entstehung und Gehalt des paulinischen *Leib-Christi-Gedankens*, in: Ders., Studien zu Jesus und Paulus, WUNT 43, Tübingen 1987, 319–344.
MERKLEIN, H.: *Paulinische Theologie* in der Rezeption des Kolosser- und Epheserbriefes, in: Ders., Studien zu Jesus und Paulus, WUNT 43, Tübingen 1987, 409–453.
MERKLEIN, H.: Der erste Brief an die Korinther, ÖTBK 7,1-2, Gütersloh 1992.
MERZ, A.: Why Did the *Pure Bride* of Christ (2Cor. 11.2) Become a Wedded Wife (Eph 5.22-33)? Theses About the Intertextual Transformation of an Ecclesiological Metaphor, JSNT 79 (2000), 131–147.

METZGER, B.M.: The *Formulas* Introducing Quotations of Scripture in the New Testament and the Mishna, JBL 70 (1951), 297–307.
METZLER, K.: Der griechische *Begriff des Verzeihens* untersucht am Wortstamm συγγνώμη von den ersten Belegen bis zum vierten Jahrhundert n. Chr., WUNT 2/44, 1991.
MEUZELAAR, J.J.: Der *Leib* des Messias. Eine exegetische Studie über den Gedanken vom Leib Christi in den Paulusbriefen, Assen 1961.
MEYER, A.: Biblische *Metaphorik* – gesellschaftlicher Diskurs: Rezeptionsästhetische Betrachtung über die Wirkung von Metaphern am Beispiel Eph 5,21–33, ThGl 90 (2000), 645–665.
MEYER, R.P.: *Kirche und Mission* im Epheserbrief, SBS 86, Münster 1977.
MICHAELIS, W.: *Einleitung* in das Neue Testament, Bern ³1961.
MILETIC, S.F.: „*One Flesh*". Eph 5.22–24; 5,31. Marriage and the New Creation, AnBib 115, Rome 1988.
MILLING, D.H.: The Origin and Character of the *NT Doxology*, Phil. Diss., Cambridge 1972.
MITCHELL, M.: Paul and the Rhetoric of *Reconciliation*. An Exegetical Investigation of the Language and Composition of 1 Corinthians, HUTh 28, Tübingen 1991.
MITTON, L.C.: The *Epistle* to the Ephesians, Oxford 1951.
MITTON, L.C.: The *Formation* of the Pauline Corpus of Letters, London 1955.
MONTAGNINI, F.: Christological *Features* in Ep. 1:3–14, in: L. de Lorenzi (Hg.), Paul de Tarse – Apôtre du notre temps, Rome 1979, 529–539.
MOORE, W.E.: *One Baptism*, NTS 10 (1963/64), 504–516.
MORITZ, T.: A Profound *Mystery*: The Use of the Old Testament in Ephesians, NT.S 85, Leiden/New York/Köln 1996.
MOULE, C.F.D.: A *Note* on Ephesians i. 22,23, ET 60 (1948/49), 53.
MOULE, C.F.D.: „*Fulness*" and „*Fill*" in the New Testament, SJTh 4 (1951), 79–86.
MOULE, C.F.D.: The *Epistles* of Paul the Apostle to the Colossians and to Philemon, CGTC, Cambridge 1957 (1968).
MOUTON, E.: The Communicative *Power* of the Epistle to the Ephesians, in: S.E. Porter and Th. H. Olbricht (Hg.), Rhetoric, Scripture and Theology. Essays from the 1994 Pretoria Conference, JSNT.S 131, Sheffield 1996, 280–307.
MÜLLER, C.W.: *Gleiches zu Gleichem*. Ein Prinzip frühchristlichen Denkens, KPS 31, Wiesbaden 1965.
MÜLLER, K.: Die *Haustafel* des Kolosserbriefes und das antike Frauenthema. Eine kritische Rückschau auf alte Ergebnisse, in: G. Dautzenberg (Hg.), Die Frau im Urchristentum, QD 95, Freiburg 1983, 263–319.
MÜLLER, M.: Vom *Schluß* zum Ganzen. Zur Bedeutung des paulinischen Briefkorpusabschlusses, FRLANT 172, Göttingen 1997.
MÜLLER, P.: In der *Mitte* der Gemeinde. Kinder im Neuen Testament, Neukirchen-Vluyn 1992.
MULLINS, T.Y.: *Greeting* as a New Testament Form, JBL 87 (1968), 418–426.
MULLINS, T.Y.: *Ascription* as a Literary Form, NTS 19 (1973), 194–205.
MULLINS, T.Y.: *Topos* as a New Testament Form, JBL 99 (1980), 541–547.
MÜNDERLEIN, G.: Die Erwählung durch das *Pleroma*. Bemerkungen zu *Kol 1,19*, NTS 8 (1961/62), 264–276.
MURAOKA, T.: The Use of ὡς in the Greek Bible, NT 7 (1964/65), 51–72.
MURPHY-O'CONNOR, J.: *Sex and Logic* in 1 Corinthians 11:2–16, CBQ 42 (1980), 482–500.
MURPHY-O'CONNOR, J.: *Philo* and 2Cor 6:14–7:1, RB 95 (1988), 55–69.
MUSSNER, F.: *Beiträge aus Qumran* zum Verständnis des Epheserbriefes, in: J. Blinzler/O. Kuss/F. Mußner (Hg.), Neutestamentliche Aufsätze, FS J. Schmid, Regensburg 1963, 185–198.

MUSSNER, F.: Das *Volk Gottes* nach Eph 1,3-14, Conc (GB) 1 (1965), 842-847.
MUSSNER, F.: *Christus*, das All und die Kirche. Studien zur Theologie des Epheserbriefes, TThSt 5, Trier ²1968.
MUSSNER, F.: Eph 2 als ökumenisches *Modell*, in: J. Gnilka (Hg.), Neues Testament und Kirche, FS R. Schnackenburg, Freiburg 1974, 325-336.
MUSSNER, F.: Der Galaterbrief, HThK 9, Freiburg 1974.
NAUCK, W.: *Eph 2,19-22* - ein Tauflied?, EvTh 8 (1953), 362-371.
NAUCK, W.: Das οὖν-*paräneticum*, ZNW 49 (1958), 134-135.
NESTLE, E.: Zum Zitat in *Eph 4,8*, ZNW 4 (1903), 344 f.
NESTLE, W.: Die *Fabel* des Menenius Agrippa, Klio 21 (1927), 350-360.
NEUGEBAUER, F.: Das paulinische *„in Christo"*, NTS 4 (1958), 124-147.
NEUGEBAUER, F.: Ἐν Χριστῷ. Eine *Untersuchung* zum paulinischen Glaubensverständnis, Göttingen 1961.
NIEDER, L.: Die *Motive* der religiös-sittlichen Paränese in den paulinischen Gemeindebriefen. Ein Beitrag zur paulinischen Ethik, MThS I/12, München 1956.
NIEDERWIMMER, K.: *Askese* und Mysterium. Über Ehe, Ehescheidung und Eheverzicht in den Anfängen des christlichen Glaubens, FRLANT 113, Göttingen 1975.
NIEDERWIMMER, K.: Die Didache, KAV 1, Göttingen 1989.
NIEDERWIMMER, K.: *Ecclesia sponsa* Christi. Erwägungen zu 2. Kor. 11,2f und Eph. 5,31f, in: Quaestiones Theologicae. Ges. Aufs., BZNW 90, Berlin/New York 1998, 217-255.
NIELEN, J.M.: *Gebet* und Gottesdienst im Neuen Testament, Freiburg 1934.
NILSSON, M.P.: *Geschichte* der griechischen Religion, II: Die hellenistische und römische Zeit, HAW 5,2, München ³1974.
NOACK, B.: Das Zitat in *Eph 5,14*, StTh 5 (1952), 52-64.
NORDEN, E.: *Agnostos Theos*. Untersuchungen zur Formengeschichte religiöser Rede, Leipzig/Berlin 1913 (Darmstadt ⁴1956).
NÖTSCHER, F.: Zur theologischen *Terminologie* der Qumran-Texte, BBB 10, Bonn 1956.
O'BRIEN, P.T.: Introductory *Thanksgivings* in the Letters of Paul, NT.S 49, Leiden 1977.
O'BRIEN, P.T.: Ephesians 1: An Unusual *Introduction* to a New Testament Letter, NTS 25 (1979), 504-516.
OCHEL, W.: Die *Annahme* einer Bearbeitung des Kolosser-Briefes im Epheser-Brief in einer Analyse des Epheser-Briefes untersucht, Würzburg 1934.
ODEBERG, H.: The View of the *Universe* in the Epistle to the Ephesians, AUL N.F. Bd. 29,6, Lund 1934.
OSIEK, C./BALCH, D.: *Families* in the New Testament World. Households and House Churches, Lousville, Kentucky 1997.
OSTEN-SACKEN, P. VON DER: *Gott und Belial*. Traditionsgeschichtliche Untersuchungen zum Dualismus in den Texten aus Qumran, StUNT 6, Göttingen 1969.
OSTEN-SACKEN, P. VON DER (Hg.): Das missbrauchte *Evangelium*. Studien zu Theologie und Praxis der Thüringer Deutschen Christen, Berlin 2002.
OSTMEYER, K.-H.: *Typologie* und Typos. Analyse eines schwierigen Verhältnisses, NTS 46 (2000), 112-131.
OVERFIELD, P.D.: *Pleroma*: A Study in Content and Context, NTS 25 (1979), 384-396.
PATTE, D.: *Paul's Faith* and the Power of the Gospel. A Structural Introduction to the Pauline Letters, Philadelphia 1983.
PAULSEN, H.: Die *Briefe* des Ignatius von Antiochia und der Brief des Polykarp von Smyrna. Die Apostolischen Väter II, HNT 18, zweite, neubearb.Aufl. der Auslegung von W. Bauer, Tübingen 1985.

PEARSON, B.: *Friedländer Revisited*. Alexandrian Judaism and Gnostic Origin, StPhilo 2 (1973), 23-39.
PERCY, E.: Der *Leib Christi* in den paulinischen Homologumena und Antilegomena, AUL 38,1, Lund 1942.
PERCY, E.: Die *Probleme* der Kolosser- und Epheserbriefe, SHVL 39, Lund 1946.
PERCY, E.: *Zu den Problemen des Kolosser- und Epheserbriefes*, ZNW 43 (1950/51), 148-194.
PERDUE, L.: The *Social Character* of Paraenesis and Paraenetic Literature, Semeia 50 (1990), 5-39.
PESCH, R.: Das *Mysterium Christi* (Eph 3,8-12), ATW 18 (1967), 11-17.
PESCH, R.: Die Apostelgeschichte, 2 Bd., EKK 5,1-2, Zürich/Neukirchen 1986.
PETERSEN, J.H.: *Mimesis* – Imitatio – Nachahmung. Eine Geschichte der europäischen Poetik, UTB 8191, München 2000.
PETERSON, E.: *ΕΙΣ ΘΕΟΣ*. Epigraphische, formgeschichtliche und religionsgeschichtliche Untersuchungen, FRLANT 41, Göttingen 1926.
PETERSON, E.: *Die Kirche*, München 1929.
PETERSON, E.: Zur Bedeutungsgeschichte von παρρησία, in: FS R. Seeberg, Hg.: W. Koepp, Leipzig 1929, 283-297.
PETERSON, E.: Die *Befreiung* Adams aus der ἀνάγκη, in: Ders., Frühkirche, Judentum und Gnosis. Studien und Untersuchungen, 1959 (Nachdruck Darmstadt 1982), 107-128.
PFAMMATTER, J.: Die Kirche als *Bau*. Eine exegetisch-theologische Studie zur Ekklesiologie der Paulusbriefe, AnGr 110, SFT B/33, Rom 1960.
PLÜMACHER, E.: *Identitätsverlust* und Identitätsgewinn. Studien zum Verhältnis von kaiserzeitlicher Stadt und frühem Christentum, BThSt 11, Neukirchen-Vluyn 1987.
PLUTA, A.: Gottes *Bundestreue*. Ein Schlüsselbegriff in Röm 3,25a, SBS 34, Stuttgart 1964.
POHLENZ, M.: Die *Stoa*. Geschichte einer geistigen Bewegung, Bd. 1-2, Göttingen 1948/49 (^{7}1992/^{6}1990).
PÖHLMANN, W.: Die hymnischen *All-Prädikationen* in Kol 1,15-20, ZNW 64 (1973), 53-74.
POKORNÝ, P.: *Σῶμα Χριστοῦ* im Epheserbrief, EvTh 20 (1960), 456-464.
POKORNÝ, P.: *Epheserbrief und gnostische Mysterien*, ZNW 53 (1962), 160-194.
POKORNÝ, P.: Der *Epheserbrief und die Gnosis*. Die Bedeutung des Haupt-Glieder-Gedankens in der entstehenden Kirche, Berlin 1965.
POKORNÝ, P.: Der Brief des Paulus an die Kolosser, ThHK 7,1, Berlin 1987.
POKORNÝ, P.: Dies *Geheimnis* ist groß. Eph 5,21-33: Theologische Voraussetzungen und hermeneutische Folgen einer paränetischen Aussage. Ein Beitrag zur Begründung der christlichen Ethik, BThZ 19 (2002), 175-182.
POPE, R.M.: Of *Redeeming* the Time, ET 22 (1910/1911), 552-554.
POPKES, W.: *Christus Traditus*. Eine Untersuchung zum Begriff der Dahingabe im Neuen Testament, AThANT 49, Zürich 1967.
POPKES, W.: Art. *Paränese I. Neutestamentlich*, TRE 25 (1995), 737-742.
POPKES, W.: *Paränese* und Neues Testament, SBS 168, Stuttgart 1996.
POPKES, W.: Zum Thema „*Anti-imperiale Deutung* neutestamentlicher Schriften", ThLZ 107 (2002), 850-862.
PORTER, C.H.: The *Descent* of Christ: An Exegetical Study of Ephesians 4:7-11, in: R.L.Simpson (Hg.), One Faith, Oklahoma 1966, 45-55.
PORTER, S.E.: Ἴστε γινώσκοντες in *Eph 5,5*: Does Chiasm Solve a Problem?, ZNW 81 (1990), 270-276.
PORTER, S. E.: *Καταλλάσσω* in Ancient Greek Literature, with Reference to the Pauline Writings, Estudios de Filologia Neotestamentaria 5, Córdoba 1994.

PORTER, S.E.: *Paul of Tarsus* and his Letters, in: S.E. Porter (Hg.), Handbook of Classical Rhetoric in the Hellenistic Period, Leiden/New York/Köln 1997, 533-585.
PORTER, S.E./CLARKE, K.D.: Canonical-Critical *Perspective* and the Relationship of Colossians and Ephesians, Bib. 78 (1997), 57-86.
POTTERIE, I. DE LA: *Jésus* et la vérité d'après Éph 4,21, SPCIC 1961, AnBib 17/18, Rom 1963, 45-57.
POTTERIE, I. DE LA: Le Christ, *Plérôme* de l'Église (Ep 1,22-23), Bib. 58 (1977), 500-524.
POUND, E.: *How to Read*. Literary Essays of Ezra Pound, hg. von T.S. Eliot, London 1954.
RADER, W.: *Church* and Racial Hostility. A History of Interpretation of Eph 2:11-22, BGBE 20, Tübingen 1978.
RÄISÄNEN, H.: The „*Hellenists*" - A Bridge between Jesus and Paul?, in: Ders., The Torah and Christ, Helsinki 1986, 242-301.
RAMAROSON, L.: *Une lecture* de Éphésiens 1,15-2,10, Bib. 58 (1977), 388-410.
RAMAROSON, L.: La grande *bénédiction* (Eph 1,3-14), ScEs 33 (Montreal 1981), 93-103.
RAMSAY, A.M.: The *Glory* of God and the Transfiguration, London 1949.
REICHERT, A.: Eine urchristliche *praeparatio* ad martyrium. Studien zur Komposition, Traditionsgeschichte und Theologie des 1. Petrusbriefes, BBE 22, Frankfurt/M. u.a. 1988.
REICHERT, A.: Der *Römerbrief* als Gratwanderung. Eine Untersuchung zur Abfassungsproblematik, FRLANT 194, Göttingen 2001.
REICHERT, A.: Durchdachte *Konfusion*. Plinius, Trajan und das Christentum, ZNW 93 (2002), 227-250.
REINHARDT, K.: *Poseidonios*, München 1921.
REINHARDT, K.: *Kosmos* und Sympathie. Neue Untersuchungen über Poseidonios, München 1926.
REINMUTH, E.: *Geist* und Gesetz. Studien zu Voraussetzungen und Inhalt der paulinischen Paränese, ThA 44, Berlin 1985.
REISER, M.: *Sprache* und literarische Formen des Neuen Testaments. Eine Einführung, UTB 2197, Paderborn u.a. 2002.
REITZENSTEIN, R.: Das Iranische *Erlösungsmysterium*. Religionsgeschichtliche Untersuchungen, Bonn 1921.
REITZENSTEIN, R.: Die hellenistischen *Mysterienreligionen* nach ihren Grundgedanken und Wirkungen, Berlin/Leipzig ³1927 (= Darmstadt 1956).
RENGSTORF, K.H.: Die neutestamentlichen *Mahnungen* an die Frau, sich dem Manne unterzuordnen, in: Dei verbum manet in aeternum, FS O. Schmitz, Hg.: W. Foerster, Witten 1953, 131-145.
RESE, M.: Die *Vorzüge* Israels in Röm 9,4f und Eph 2,12, ThZ 31 (1975), 211-222.
RESE, M.: *Church and Israel* in the Deuteropauline Letters, SJTh 43 (1990), 19-32.
REUMANN, J.: οἰκονομία = „Covenant". Terms for Heilsgeschichte in Early Christian Usage, NT 3 (1959), 282-292.
REUMANN, J.: οἰκονομία-*Terms* in Paul in comparison with Lucan Heilsgeschichte, NTS 13 (1966/67), 147-167.
REYNIER, C.: *Évangile* et Mystère. Les enjeux théologiques de l'épitre aux Éphésiens, LeDiv 149, Paris 1992.
RICHARDS, E.R.: The *Secretary* in the Letters of Paul, WUNT 2/42, Tübingen 1991.
RIEDWEG, C.: *Mysterienterminologie* bei Platon, Philon und Klemens von Alexandrien, UaLG 26, Berlin/New York 1987.
RIEDWEG, C.: Jüdisch-hellenistische *Imitation* eines orphischen Hieros Logos: Beobachtungen zu OF 245 und 247 (sog. Testament des Orpheus), Classica Monacensia 7, Tübingen 1993.

RIGAUX, B.: *Révélation* des Mystères à Qumrân, NTS 4 (1957/58), 237–262.
ROBBINS, C.J.: The *Composition* of Eph 1:3–14, JBL 105 (1986), 677–687.
ROBERTS, J.H.: Transitional *Techniques* to the Letter Body in the Corpus Paulinum, in: J.H. Petzer/P.J. Hartin (Hg.), A South African Perspective on the New Testament. Essays by South African New Testament Scholars presented to B.M. Metzger, Leiden 1986, 187–201.
ROBINSON, H.W.: The Hebrew Conception of *Corporate Personality*, BZAW 66, 1936, 49–62.
ROBINSON, J.A.T.: The *Body*. A Study in Pauline Theology, London 1952.
ROBINSON, J.A.T.: The *One Baptism*, SJTh 6 (1953), 257–274.
ROBINSON, J.M.: Die *Hodajoth-Formel* in Gebet und Hymnus des Frühchristentums, in: Apophoreta. FS E. Haenchen, BZNW 30, Berlin 1964, 194–235.
ROELS, E.: *God's Mission*. The Epistle to the Ephesians in Mission Perspective, Franeker 1962.
ROETZEL, C.J.: $\Delta\iota\alpha\theta\tilde{\eta}\varkappa\alpha\iota$ in Romans 9,4, Bib. 57 (1970), 377–390.
ROETZEL, C.J.: Jewish Christian – Gentile Christian *Relations*. A Discussion of Ephesians 2,15a, ZNW 74 (1983), 81–89.
ROGERS, C.L.: The Dionysian *Background* of Ephesians 5:18, BS 136 (1979), 249–257.
ROGERS, P.R.: The *Allusion* to Genesis 2:23 at Ephesians 5:30, JThS 41 (1990), 92–94.
ROGERSON, J.W.: The Hebrew Conception of *Corporate Personality*: A Re-examination, JThS 21 (1970), 1–16.
RÖHSER, G.: *Stellvertretung* im Neuen Testament, SBS 195, Stuttgart 2002.
RÖSEL, M.: Die *Übersetzung* der Gottesnamen in der Genesis-Septuaginta, in: D.R. Daniels/U. Gleßmer/M. Rösel (Hg.), Ernten, was man sät. FS K. Koch, Neukirchen 1991, 357–377.
ROLLER, O.: Das *Formular* der paulinischen Briefe, BWANT 58, Stuttgart 1933.
ROLOFF, J.: Art. ἐκκλησία, EWNT² 1 (1992), 998–1011.
ROLOFF, J.: Die *Kirche* im Neuen Testament, GNT 10, Göttingen 1993.
ROON, A. VAN: The *authenticity* of Ephesians, NT.S 39, Leiden 1974.
ROST, L.: Die *Vorstufen* von Kirche und Synagoge, Stuttgart 1938.
ROWE, G.O.: *Style*, in: S.E. Porter (Hg.), Handbook of Classical Rhetoric in the Hellenistic Period 330 B.C. – A.D. 400, Leiden/New York/Köln 1997, 121–157.
RUBINKIEWICZ, R.: *Ps LXVIII 19* (= Eph IV 8). Another Textual Tradition or Targum?, NT 17 (1975), 219–224.
RUDOLPH, K.: Die *Gnosis*. Wesen und Geschichte einer spätantiken Religion, UTB 1577, Göttingen ³1990.
RUSAM, D.: Neue *Belege* zu den στοιχεῖα τοῦ κόσμου (Gal 4,3.9; Kol 2,8.20), ZNW 83 (1992), 119–125.
RUSAM, D.: Die *Gemeinschaft* der Kinder Gottes. Das Motiv der Gotteskindschaft und die Gemeinden der johanneischen Briefe, BWANT 133, Stuttgart 1993.
RUTENBER, G.: The Doctrine of the *Imitation* of God in Plato, Philadelphia 1946.
SAHLIN, H.: Die *Beschneidung* Christi. Eine Interpretation von Eph 2,11–22, SyBU 12 (1950), 5–22.
SALZMANN, J.C.: *Lehren* und Ermahnen. Zur Geschichte des christlichen Wortgottesdienstes in den ersten drei Jahrhunderten, WUNT 2/59, Tübingen 1994.
SAMPLEY, J.P.: „And the Two Shall Become *One Flesh*". A Study of Traditions in Ephesians 5,21–33, MSSNTS 16, Cambridge 1971.
SAMPLEY, J.P.: *Scripture* and Tradition in the Community as seen in Ephesians 4:25ff, StTh 2 (1972), 101–109.

SANDERS, E.P.: Literary *Dependence* in Colossians, JBL 85 (1968), 28–45.
SANDERS, J.T.: The *Transition* from Opening Epistolary Thanksgiving to Body in the Letters of the Pauline Corpus, JBL 81 (1962), 348–362.
SANDERS, J.T.: *Hymnic Elements* in Ephesians 1–3, ZNW 56 (1965), 214–232.
SANDERS, J.T.: The New Testament *Christological Hymns*. Their Historical and Religious Background (MSSNTS 15), Cambridge 1971.
SANTER, M.: The *Text* of Ephesians i.1, NTS 15 (1968/69), 247f.
SASS, G.: Noch einmal: *2Kor 6,14-7,1* – literarkritische Waffen gegen einen unpaulinischen Paulus?, ZNW 84 (1993), 36–64.
SCHÄFER, K.TH.: Zur Deutung von ἀκρογωνιαῖος Eph 2,20, in: Neutestamentliche Aufsätze, FS J. Schmid, Regensburg 1963, 218–224.
SCHÄFER, P.: *Rivalität* zwischen Engeln und Menschen. Untersuchungen zur rabbinischen Engelvorstellung, SJ 8, Berlin 1975.
SCHALLER, B.: *Gen 1. 2* im antiken Judentum. Untersuchungen über Verwendung und Deutung der Schöpfungsaussagen von Gen 1. 2 im antiken Judentum, Diss. theol. Göttingen 1961.
SCHARBERT, J.: Die Geschichte der *baruk-Formel*, BZ 17 (1973), 1–28.
SCHATTENMANN, J.: Studien zum neutestamentlichen *Prosahymnus*, München 1965, 1–10.
SCHELKLE, K.-H.: Die Petrusbriefe. Der Judasbrief, HThK 13,2, Freiburg ²1964.
SCHENK, W.: Zur *Entstehung* und zum Verständnis der Adresse des Epheserbriefes, Theologische Versuche 6 (Berlin 1975), 73–78.
SCHENK, W.: Die *Philipperbriefe* des Paulus. Kommentar, Stuttgart u.a. 1984.
SCHENKE, H.-M.: Das Verhältnis von *Indikativ und Imperativ* bei Paulus, Diss. Humboldt-Universität, Berlin 1957.
SCHENKE, H.-M.: Der *Gott „Mensch"* in der Gnosis. Ein religionsgeschichtlicher Beitrag zur Diskussion über die paulinische Anschauung von der Kirche als Leib Christi, Göttingen 1962.
SCHENKE, H.-M.: Die neutestamentliche *Christologie* und der gnostische Erlöser, in: K.W. Tröger (Hg.), Gnosis und Neues Testament, Berlin 1973, 205–229.
SCHILLE, G.: *Liturgisches Gut* im Epheserbrief, Diss. Göttingen 1953.
SCHILLE, G.: Frühchristliche *Hymnen*, Berlin 1965.
SCHINDEL, D.: Das *Magnificat* Lk 1,46-55 – ein Hymnus in Harlekinsjacke?, ZNW 90 (1999), 273–279.
SCHLIER, H.: *Christus* und die Kirche im Epheserbrief, BHTh 6, Tübingen 1930.
SCHLIER, H.: *Mächte* und Gewalten im Neuen Testament, QD 3, Freiburg 1958.
SCHLIER, H.: Vom Wesen der apostolischen *Ermahnung* nach Röm 12,1-2, in: Ders., Die Zeit der Kirche. Exegetische Aufsätze und Vorträge, Freiburg ³1962, 74–89.
SCHLIER, H.: Der Brief an die Galater, KEK 7, Göttingen ⁽¹²⁾³1962.
SCHLIER, H.: Die Eigenart der christlichen *Mahnung* nach dem Apostel Paulus, in: Ders., Besinnung auf das Neue Testament. Exegetische Aufsätze und Vorträge II, Freiburg/Basel/Wien 1964, 340–357.
SCHLÜTER, M.: Zum Formular der *Berakha*, Frankfurter Judaistische Beiträge 11 (1983), 47–56.
SCHMID, J.: Der *Epheserbrief* des Apostels Paulus. Seine Adresse, Sprache und literarischen Beziehungen untersucht, Biblische Studien 22,3-4, Freiburg 1928.
SCHMIDT, K.L.: Die *Polis* in Kirche und Welt: eine lexikographische und exegetische Studie, Basel 1939.
SCHMIDT, T.: Der *Leib Christi* (σῶμα Χριστοῦ). Eine Untersuchung zum urchristlichen Gemeindegedanken, Leipzig 1919.

SCHNACKENBURG, R.: *Christus*, Geist und Gemeinde (Eph 4:1-16), in: B. Lindars/S. Smalley (Hg.), Christ and Spirit in the New Testament, FS C.F.D. Moule, Cambridge 1973, 279-296.

SCHNACKENBURG, R.: Die große *Eulogie* Eph 1,3-14. Analyse unter textlinguistischen Aspekten, BZ NF 21 (1977), 67-87.

SCHNACKENBURG, R.: Die *Kirche als Bau*: Eph 2,19-22 unter ökumenischem Aspekt, in: M.D. Hooker/S.G. Wilson (Hg.), Paul and Paulinism, FS C.K. Barrett, London 1982, 258-272.

SCHNACKENBURG, R.: Die *Politeia Israels* in Eph 2,12, in: De la Tôrah au Messie. FS H. Cazelles, Paris 1981, 467-474.

SCHNACKENBURG, R.: Zur Exegese von *Eph 2,11-22* im Hinblick auf das Verhältnis von Kirche und Israel, in: The New Testament Age, FS B. Reicke, vol. II, Macon, GA 1984, 467-491.

SCHNELLE, U.: *Gerechtigkeit* und Christusgegenwart. Vorpaulinische und paulinische Tauftheologie, GTA 24, Göttingen 1983.

SCHNIDER, F./STENGER, W.: Studien zum neutestamentlichen *Briefformular*, NTTS 11, Leiden 1987.

SCHNIEWIND, J.: Die *Archonten* dieses Äons. 1Kor 2,6-8, in: Ders., Nachgelassene Reden und Aufsätze, Berlin 1952, 104-109.

SCHOEPS, H.-J.: Von der *Imitatio Dei* zur Nachfolge Christi, in: Ders., Aus frühchristlicher Zeit. Religionsgeschichtliche Untersuchungen, Tübingen 1950, 286-301.

SCHOTTROFF, W.: Der altisraelitische *Fluchspruch*, WMANT 30, Neukirchen-Vluyn 1969.

SCHRAGE, W.: Die konkreten *Einzelgebote* in der paulinischen Paränese. Ein Beitrag zur neutestamentlichen Ethik, Gütersloh 1961.

SCHRAGE, W.: „*Ekklesia*" und „Synagoge". Zum Ursprung des urchristlichen Kirchenbegriffs, ZThK 60 (1963), 178-202.

SCHRAGE, W.: Zur Ethik der neutestamentlichen *Haustafeln*, NTS 21 (1975), 1-22.

SCHRAGE, W.: *Ethik* des Neuen Testaments, GNT 4, Göttingen ⁵1989.

SCHRAGE, W.: Der erste Brief an die Korinther, EKK 7,1-4, Zürich, Düsseldorf, Neukirchen-Vluyn 1991, 1995, 1999, 2001.

SCHROEDER, D.: Die *Haustafeln* des Neuen Testaments, Diss. Theol. Hamburg 1959.

SCHUBERT, P.: Form and Function of the Pauline *Thanksgivings*, BZNW 20, Berlin 1939.

SCHÜRMANN, H.: „... und *Lehrer*". Die geistliche Eigenart des Lehrdienstes und sein Verhältnis zu anderen geistlichen Diensten im neutestamentliche Zeitalter, in: Ders., Orientierungen am Neuen Testament. Exegetische Aufsätze III, Düsseldorf 1978, 116-156.

SCHÜSSLER FIORENZA, E.: In Memory of Her, New York 1983 (deutsch: *Zu ihrem Gedächtnis*, München ²1993).

SCHWANKL, O.: *Licht und Finsternis*. Ein metaphorisches Paradigma in den johanneischen Schriften, HBS 5, Freiburg u.a. 1995.

SCHWANZ, P.: *Imago dei* als christologisch-anthropologisches Problem in der Geschichte der Alten Kirche von Paulus bis Clemens von Alexandrien, Göttingen 1979.

SCHWEITZER, W.: Überlegungen zum Verhältnis von *Christen und Juden* nach Epheser 2,11-22, WuD 20 (1989), 237-264.

SCHWEIZER, E.: *Gemeinde* und Gemeindeordnung im Neuen Testament, AThANT 35, Zürich 1959.

SCHWEIZER, E.: Die Kirche als Leib Christi in den paulinischen *Homologumena*, in: Ders., Neotestamentica, Zürich 1963, 272-292.

SCHWEIZER, E.: Die Kirche als Leib Christi in den paulinischen *Antilegomena*, in: Ders., Neotestamentica, Zürich 1963, 293–316.
SCHWEIZER, E.: Der Brief an die Kolosser, EKK 12, Zürich/Neukirchen-Vluyn 1976.
SCHWEIZER, E.: Die Weltlichkeit des Neuen Testaments – die *Haustafeln*, in: Beiträge zur alttestamentlichen Theologie, FS W. Zimmerli, Göttingen 1977, 397–413.
SCHWEIZER, E.: *Versöhnung* des Alls. Kol 1,20, in: Ders., Neues Testament und Christologie im Werden. Aufsätze, Göttingen 1982, 164–178.
SCHWEIZER, E.: *Slaves of the Elements* and Worshippers of Angels: Gal 4:3,9 and Col 2:8,18,20, JBL 107 (1988), 455–464.
SCHWEMER, A.M.: *Gott als König* und seine Königsherrschaft in den Sabbatliedern aus Qumran, in: M. Hengel/A.M. Schwemer (Hg.), Königsherrschaft Gottes und himmlischer Kult im Judentum, Urchristentum und in der hellenistischen Welt, WUNT 55, Tübingen 1991, 45–118.
SCHWINDT, R.: Das *Weltbild* des Epheserbriefes. Eine religionsgeschichtlich-exegetische Studie, WUNT 148, Tübingen 2002.
SCOTT, C.A.: *Ephesians IV.21*: "As the Truth is in Jesus", Exp. 8˙ Ser. 3 (1912), 178–185.
SCOTT, J.M.: *Adoption* as Sons of God, WUNT 2/48, Tübingen 1992.
SCROGGS, R.: The *Last Adam*, Philadelphia 1966.
SCROGGS, R.: Paul and the *Eschatological Woman*, JAAR 40 (1972), 283–303.
SEESEMANN, H.: Der Begriff κοινωνία im Neuen Testament, BZNW 14, Gießen 1933.
SEGAL, A.F.: *Heavenly Ascent* in Hellenistic Judaism, Early Christianity and their Environment, ANRW II 23.2 (1980), 1333–1394.
SEIM, T.K.: A Superior *Minority*? The Problem of Men's Headship in Ephesians 5, in: D. Hellholm/H. Moxnes/T. K. Seim (Hg.), Mighty Minorities? Minorities in Early Christianity – Positions and Strategies, FS J. Jervell (= StTh 49, No. 1), Oslo u.a., 1995, 167–181.
SELLIN, G.: Das „*Geheimnis*" der Weisheit und das „Rätsel" der Christuspartei, ZNW 73 (1982), 69–96.
SELLIN, G.: „Die *Auferstehung* ist schon geschehen". Zur Spiritualisierung apokalyptischer Terminologie im Neuen Testament, NT 25 (1983), 220–237.
SELLIN, G.: Der *Streit* um die Auferstehung der Toten. Eine religionsgeschichtliche und exegetische Untersuchung von 1 Korinther 15, FRLANT 138, Göttingen 1986.
SELLIN, G.: Die *Häretiker des Judasbriefes*, ZNW 77 (1986), 206–225.
SELLIN, G.: *Hauptprobleme* des ersten Korintherbriefes, ANRW II 25,4 (1987), 2940–3044.
SELLIN, G.: *Mythologeme* und mythische Züge in der paulinischen Theologie, in: H.H. Schmid (Hg.), Mythos und Rationalität, Gütersloh 1988, 209–223.
SELLIN, G.: *Gotteserkenntnis* und Gotteserfahrung bei Philo von Alexandrien, in: H.-J. Klauck (Hg.), Monotheismus und Christologie. Zur Gottesfrage im hellenistischen Judentum und im Urchristentum, QD 138, Freiburg 1992, 17–40.
SELLIN, G.: Über einige ungewöhnliche *Genitive* im Epheserbrief, ZNW 83 (1992), 85–107.
SELLIN, G.: Die religionsgeschichtlichen Hintergründe der paulinischen „*Christusmystik*", ThQ 176 (1996), 7–27.
SELLIN, G.: Die *Paränese* des Epheserbriefes, in: Gemeinschaft am Evangelium, FS W. Popkes, Hg.: U. Swarat/G. Balders, Leipzig 1996, 281–300.
SELLIN, G.: Die *Allegorese* und die Anfänge der Schriftauslegung, in: H. Graf von Reventlow (Hg.), Theologische Probleme der Septuaginta und der hellenistischen Hermeneutik (Veröffentlichungen der Wissenschaftlichen Gesellschaft für Theologie Bd. 11), Gütersloh 1997, 91–138.

SELLIN, G.: *Imitatio Dei*. Traditions- und religionsgeschichtliche Hintergründe von Eph 5,1-2, in: ΕΠΙΤΟΑΥΤΟ, FS P. Pokorný, Praha 1998, 298-313.
SELLIN, G.: *Adresse* und Intention des Epheserbriefes, in: M. Trowitzsch (Hg.), Paulus, Apostel Jesu Christi, FS G. Klein, Tübingen 1998, 171-186.
SELLIN, G.: *Hagar und Sara*. Religionsgeschichtliche Hintergründe der Schriftallegorese Gal 4,21-31, in: U. Mell/U. B. Müller (Hg.), Das Urchristentum in seiner literarischen Geschichte, FS Jürgen Becker, BZNW 100, Berlin 1999, 59-84.
SELLIN, G.: *Monotheismus* im Epheserbrief – jenseits von Theokratie und Ekklesiokratie, in: W. Popkes/R. Brucker (Hg.), Ein Gott und ein Herr. Zum Kontext des Monotheismus im Neuen Testament, BThSt 68, Neukirchen-Vluyn 2004, 41-64.
SHEDD, R.: Man in *Community*, Grand Rapids, Mich. 1964.
SIEGERT, F.: Drei hellenistisch-jüdische *Predigten*: Ps.-Philon, „Über Jona", „Über Jona" (Fragment) und „Über Simson", II., Kommentar nebst Beobachtungen zur hellenistischen Vorgeschichte der Bibelhermeneutik, WUNT 61, Tübingen 1992.
SIEGERT, F.: *Homily* and Panegyrical Sermon, in: S.E. Porter (Hg.), Handbook of Classical Rhetoric in the Hellenistic Period 330 BC – AD 400, Leiden 1997, 421-443.
SIEGERT, F.: Die *Septuaginta-Übersetzung* und die Sprache der Theologie, in: Religionsgeschichte des Neuen Testaments, FS K. Berger, Hg.: A. v. Dobbeler/K. Erlemann/R. Heiligenthal, Tübingen/Basel 2000, 289-323.
SIEGERT, F.: Zwischen Hebräischer Bibel und Altem Testament. Eine Einführung in die *Septuaginta*, Münsteraner Judaistische Studien 9, Münster u.a. 2001.
SIEGERT, F.: *Register* zur „Einführung in die Septuaginta". Mit einem Kapitel zur Wirkungsgeschichte, Münsteraner Judaistische Studien 13, Münster u.a. 2003.
SJÖBERG, E.: *Wiedergeburt* und Neuschöpfung im palästinischen Judentum, StTh 4 (1950), 44-85.
SJÖBERG, E.: *Neuschöpfung* in den Toten-Meer-Rollen, StTh 9 (1955), 131-136.
SMITH, D.C.: Jewish and Greek *Traditions* in Ephesians 2,11-22, Diss. Yale University 1970.
SMITH, D.C.: *„The Two Made One"*. Some Observations of Eph. 2.14-18, Ohio Journal of Religious Studies 1 (1973), 34-54.
STACHOWIAK, L.R.: *Chrestotes*. Ihre biblisch-theologische Entwicklung und Eigenart, SF NS 17, Freiburg 1957.
STACHOWIAK, L.R.: Die *Antithese* Licht–Finsternis, ein Thema der paulinischen Paränese, ThQ 143 (1963), 385-421.
STÄHLIN, W.: Der *Grundgehalt* des Epheserbriefes (Vortrag von 1943), in: A. Köberle (Hg.), Symbolon. Vom gleichnishaften Denken, Stuttgart 1958, 13-30.
STÄHLIN, W.: Über die Bedeutung der *Partikel* ὡς, in: A. Köberle (Hg.), Symbolon Bd.1: Vom gleichnishaften Denken, Stuttgart 1958, 99-104.
STAGG, F.: The *Domestic Code* and Final Appeal in Ephesians 5.21-6.24, RevExp 76 (1979), 541-552.
STANDHARTINGER, A.: *Studien* zur Entstehungsgeschichte und Intention des Kolosserbriefes, NT.S 94, Leiden 1999.
STEGEMANN, E.: *Alt und Neu* bei Paulus und in den Deuteropaulinen (Kol-Eph), EvTh 37 (1977), 508-536.
STEINMETZ, F.-J.: Protologische *Heils-Zuversicht*. Die Strukturen des soteriologischen und christologischen Denkens im Kolosser- und Epheserbrief, FTS 2, Frankfurt/M. 1969.
STERLING, G.: Prepositional *Metaphysics* in Jewish Wisdom Speculation and Early Christian Liturgical Texts, Studia Philonica Annual 9, Atlanta 1997, 219-238.

STRECKER, G.: Die neutestamentlichen *Haustafeln* (Kol 3,18-4,1 und Eph 5,22-6,9), in: Neues Testament und Ethik, FS R. Schnackenburg, Hg.: H. Merklein, Freiburg 1989, 349-375.

STRECKER, G.: *Theologie* des Neuen Testaments, Berlin 1996.

STUHLMACHER, P.: *Gerechtigkeit Gottes* bei Paulus, FRLANT 87, Göttingen 1965.

STUHLMACHER, P.: „Er ist unser *Friede*" (Eph 2,14). Zur Exegese und Bedeutung von Eph 2,14-18, in: Neues Testament und Kirche, FS R.Schnackenburg, Freiburg 1974, 337-358.

STUHLMANN, R.: Das eschatologische *Maß* im Neuen Testament, FRLANT 132, Göttingen 1983.

SUGGS, M.J.: The Christian *Two Way Tradition*: Its Antiquity, Form, and Function, in: D.E. Aune (Hg.), Studies in New Testament and Early Christian Literature, Leiden 1972, 60-74.

TAATZ, I.: Frühjüdische *Briefe*. Die paulinischen Briefe im Rahmen der offiziellen religiösen Briefe des Frühjudentums, NTOA 16, Freiburg (Schweiz)/Göttingen 1991.

TACHAU, P.: „*Einst und Jetzt*" im Neuen Testament. Beobachtungen zu einem urchristlichen Predigtschema in der neutestamentlichen Briefliteratur und zu seiner Vorgeschichte, FRLANT 105, Göttingen 1972.

TANNEHILL, R.: *Dying* and Rising with Christ, BZNW 32, Berlin 1967.

TAYLOR, R.A.: The Use of *Psalm 68:18* in Ephesians 4:8 in Light of the Ancient Versions, Biblia Sacra 148 (1991), 319-336.

TESTA, E.: Gesù *pacificatore* universale. Inno liturgico della Chiesa Madre (Col. 1,15-20 + Ef. 2,14-16), SBFLA 19 (1969), 5-64.

THEILER, W.: Die *Vorbereitung* des Neuplatonismus, Berlin 1934.

THEISSEN, G.: *Gewaltverzicht* und Feindesliebe (Mt 5,38-48/Lk 6,27-38) und deren sozialgeschichtlicher Hintergrund, in: Ders., Studien zur Soziologie des Urchristentums, WUNT 19, Tübingen ³1989, 160-197.

THEISSEN, G.: Die *Religion* der ersten Christen. Eine Theorie des Urchristentums, Gütersloh 2000.

THEOBALD, M.: Die überströmende *Gnade*. Studien zu einem paulinischen Motivfeld, fzb 22, Würzburg 1982.

THEOBALD, M.: *Heilige Hochzeit*. Motive des Mythos im Horizont von Eph 5,21-33, in: K. Kertelge (Hg.), Metaphorik und Mythos im Neuen Testament, QD 126, Freiburg 1990, 220-254.

THOMAS, J.: *Formgesetze* des Begriffs-Katalogs im Neuen Testament, ThZ 24 (1968), 15-28.

THOMAS, J.: Der jüdische *Phokylides*. Formgeschichtliche Zugänge zu Pseudo-Phokylides und Vergleich mit der neutestamentlichen Paränese, NTOA 23, Freiburg (Schweiz)/Göttingen 1992.

THRAEDE, K.: Zum historischen Hintergrund der „*Haustafeln*" im Neuen Testament, in: Pietas. FS B. Kötting, JAC.E 8, Münster 1980, 359-368.

THRAEDE, K.: Noch einmal: *Plinius d. J.* und die Christen, ZNW 95 (2004), 102-128.

TOWNER, W.S.: „*Blessed* be YHWH" and „Blessed art thou, YHWH": The Modulation of a biblical formula, CBQ 30 (1968), 386-399.

TRILLING, W.: Der zweite Brief an die Thessalonicher, EKK 14, Zürich u.a., Neukirchen-Vluyn 1980.

TRINIDAD, J.T.: The *Mystery* Hidden in God. A study of Eph. 1,3-14, Bib. 31 (1950), 1-26.

TROBISCH, D.: Die *Entstehung* der Paulusbriefsammlung. Studien zu den Anfängen christlicher Publizistik, NTOA 10, Freiburg (Schweiz)/Göttingen 1989.

TROBISCH, D.: Die *Paulusbriefe* und die Anfänge der christlichen Publizistik, KT 135, Gütersloh 1994.
TROMP, S.: „*Caput* influit sensum et motum". Col.2,19 et Eph.4,16 in luce traditionis, Gregorianum 39 (1958), 353-366.
TSCHO, K.T.: Die ethischen *Weisungen* und ihre theologische Begründung im Epheserbrief. Diss. Tübingen, 1991.
TURNER, V.: The *Forest* of Symbols, Ithaca 1967.
TURNER, V.: Das *Ritual*, Frankfurt/M. u. a. 1989.
UNNIK, W.C. VAN: The *Teaching* of the good works in I Peter, NTS 1 (1954/55), 92-110.
UNNIK, W.C. VAN: The Christian's *Freedom* of Speech in the New Testament, in: Ders., Sparsa Collecta 2, NT.S 30, Leiden 1980, 269-289.
UNNIK, W.C. VAN.: The Semitic Background of ΠΑΡΡΗΣΙΑ in the New Testament, in: Ders., Sparsa Collecta 2, NT.S 30, Leiden 1980, 290-306.
USAMI, K.: Somatic *Comprehension* of Unity: The Church in Ephesus, Rome 1983.
VERNER, D.C.: The *Household* of God. The Social World of the Pastoral Epistles, SBL.DS 71, Chico, CA 1983.
VETSCHERA, R.: Zur griechischen *Paränese*. Jahresberichte des k.k. deutschen Gymnasiums in Smichow, Bd. 37 (1910/1911) 3-15; Bd. 38 (1911/1912), 3-21.
VIA, D.O.: *Self-Deception* and Wholeness in Paul and Matthew, Minneapolis 1990.
VIELHAUER, PH.: *Oikodome*. Das Bild vom Bau in der urchristlichen Literatur vom Neuen Testament bis Clemens Alexandrinus, Karlsruhe 1939 - Nachdruck in: Ph. Vielhauer, Oikodome, Aufsätze zum NT Bd. 2, hg. von G. Klein, München 1979, 1-168.
VIELHAUER, PH.: *Geschichte* der urchristlichen Literatur. Einleitung in das Neue Testament, die Apokryphen und die Apostolischen Väter, Berlin 1975.
VÖGTLE, A.: Die *Tugend- und Lasterkataloge* im Neuen Testament exegetisch, religions- und formgeschichtlich untersucht, NTA XVI 4/5, Münster 1936.
VÖGTLE, A.: Exegetische *Reflexionen* zur Apostolizität des Amtes und zur Amtssukzession, in: Ders., Offenbarungsgeschehen und Wirkungsgeschichte. Neutestamentliche Beiträge, Freiburg 1985, 221-279.
VOGEL, M.: Das *Heil* des Bundes. Bundestheologie im Frühjudentum und im frühen Christentum, TANZ 18, Tübingen 1996.
WAGENER, U.: Die *Ordnung* des Hauses Gottes. Der Ort von Frauen in der Ekklesiologie und Ethik der Pastoralbriefe, WUNT 2/65, Tübingen 1994.
WAGENFÜHRER, M.A.: Die *Bedeutung* Christi für Welt und Kirche. Studien zum Kolosser- und Epheserbrief, Veröffentlichungen des Instituts zur Erforschung des jüdischen Einflusses auf das deutsche kirchliche Leben, Leipzig 1941.
WAGNER, G.: Das religionsgeschichtliche *Problem* von Römer 6,1-11, AThANT 39, Zürich 1962.
WALTER, M.: *Gemeinde* als Leib Christi. Untersuchungen zum Corpus Paulinum und zu den „Apostolischen Vätern", NTOA 49, Freiburg (Schweiz)/Göttingen 2002.
WATSON, W.G.E.: Classical Hebrew *Poetry*: A guide to its techniques, JSOT.S 26, Sheffield 1986.
WEBER, B.: „*Setzen*" - „Wandeln" - „Stehen" im Epheserbrief, NTS 41 (1995), 478-480.
WEDDERBURN, A.J.M.: Hellenistic Christian *Traditions* in Roman 6?, NTS 29 (1983), 337-355.
WEDDERBURN, A.J.M.: *Baptism* and Resurrection. Studies in Pauline Theology Against Its Graeco-Roman Background, WUNT 44, Tübingen 1987.
WEGENAST, K.: Das *Verständnis* der Tradition bei Paulus und in den Deuteropaulinen, WMANT 8, Neukirchen-Vluyn 1962.

WEIDINGER, K.: Die *Haustafeln*. Ein Stück urchristlicher Paränese, UNT 14, Leipzig 1928.
WEIMA, J.A.D.: Neglected *Endings*. The Significance of the Pauline Letter Closings, JSNT.S 101, Sheffield 1994.
WEINRICH, H., *Sprache* in Texten, Stuttgart 1976, 295–341.
WEISER, A.: *Titus 2* als Gemeindeparänese, in: Neues Testament und Ethik, FS R. Schnackenburg, Hg.: H. Merklein, Freiburg 1989, 397–414.
WEISS, B.: Die paulinischen *Briefe* und der Hebräerbrief, Leipzig ²1902,
WEISS, H.-F.: Gnostische *Motive* und antignostische Polemik im Kolosser- und Epheserbrief, in: K.W. Tröger (Hg.), Gnosis und Neues Testament. Studien aus Religionswissenschaft und Theologie, Berlin 1973, 311–324.
WEISS, H.-F.: *Taufe* und neues Leben im deuteropaulinischen Schrifttum, in: E. Schott (Hg.), Taufe und neue Existenz, Berlin 1973, 53–70.
WEISS, J.: Beiträge zur paulinischen *Rhetorik*, in: C.R. Gregory (Hg.), Theologische Studien. B. Weiss zu seinem 70. Geburtstage dargebracht, Göttingen 1897, 165–247.
WENGST, K.: Christologische *Formeln* und Lieder des Urchristentums, StNT 7, Gütersloh 1972.
WENGST, K.: „... einander durch *Demut* für vorzüglicher halten ...". Zum Begriff „Demut" bei Paulus und in paulinischer Tradition, in: W. Schrage (Hg.), Studien zum Text und zur Ethik des Neuen Testaments. FS H. Greeven, BZNW 47, Berlin 1986, 428–439.
WENGST, K.: Demut – *Solidarität der Gedemütigten*, München 1987.
WENSCHKEWITZ, H.: Die *Spiritualisierung* der Kultusbegriffe Tempel, Priester und Opfer im Neuen Testament, Angelos-Beiheft 4, Leipzig 1932.
WERNER, E.: The *Doxology* in Synagogue and Church, HUCA 19 (1945/46), 275–351.
WERNER, E.: The Sacred *Bridge*. The Interdependence of Liturgy and Music in Synagogue and Church during the First Millennium, London/New York 1959.
WESSELS, F.: *Ephesians 5:21-33* „Wives, be subject to your husbands ... husbands, love your wives ...", Journal of Theology for Southern Africa 67 (1989), 67–75.
WESTERMANN, C.: Das Buch *Jesaja* – Kapitel 40–66, ATD 19, Göttingen 1966.
WESTERMANN, C.: Das *Loben Gottes* in den Psalmen, Göttingen ⁴1968.
WEWERS, G.A.: *Geheimnis* und Geheimhaltung im rabbinischen Judentum, RVV 35, Berlin 1975.
WHITE, J.L.: Introductory *Formulae* in the Body of the Pauline Letter, JBL 90 (1971), 91–97.
WHITE, J.L.: The Form and Function of the *Body* of the Greek Letter. A Study of the Letter-Body in the Non-Literary Papyri and in Paul the Apostle, SBL.DS, Missoula 1972.
WHITE, J.L.: New Testament *Epistolary Literature* in the Framework of Ancient Epistolography, ANRW II 25,2 (1984), 1730–1756.
WHITE, J.L.: Ancient *Greek Letters*, in: D.E. Aune (Hg.), Greco-Roman Literature and the New Testament: Selected Forms and Genres, Atlanta 1988, 85–105.
WIBBING, S.: Die Tugend- und *Lasterkataloge* im Neuen Testament und ihre Traditionsgeschichte unter besonderer Berücksichtigung der Qumrantexte, BZNW 25, Berlin 1959.
WICHMANN, W.: Die *Leidenstheologie*, BWANT 53, Stuttgart 1930.
WICKER, K. O'B.: First Century *Marriage* Ethics: A Comparative Study of the Household Codes and Plutarch's „Conjugal Precepts", in: J.W. Flanagan/A.W. Robinson (Hg.), No Famine in the Land, FS J.L. MacKenzie, Missoula, MT 1975, 141–153.
WIEDEMANN, T.: Greek and Roman *Slavery*, London 1981.
WIKENHAUSER, A.: Die *Kirche* als der mystische Leib Christi nach dem Apostel Paulus, Münster 1937.

WILCKENS, U.: Der Brief an die Römer, EKK 6,1-3, Zürich u. a., Neukirchen-Vluyn 1978, 1980, 1982.
WILCKENS, U.: Zu *1Kor 2,1-16*, in: C. Andresen/G. Klein (Hg.), Theologia crucis – signum crucis. FS E. Dinkler, Tübingen 1979, 501-537.
WILD, R.A.: The *Warrior* and the Prisoner. Some Reflections on Ephesians 6,10-20, CBQ 46 (1984), 284-298.
WILD, R.A.: „Be *Imitators* of God". Discipleship in the Letter to the Ephesians, in: F. Segovia (Hg.), Discipleship in the New Testament, Philadelphia 1985, 127-143.
WILES, G.P.: Paul's *Intercessory Prayers*. The significance of the intercessory prayer passages in the letters of St Paul, MSSNTS 24, Cambridge 1974.
WILHELM, F.: Die *Oeconomica* der Neupythagoräer Bryson, Kallikratidas, Periktione, Phintys, RMP 70 (1915), 169-223.
WILHELMI, G.: Der *Versöhner-Hymnus* in Eph 2,14ff, ZNW 78 (1987), 145-152.
WILLIAMS, R.R.: *Logic* versus Experience in the Order of Credal Formulae, NTS 1 (1954/55), 42-44.
WILSON, R. A.: „*We*" and „You" in the Epistle to the Ephesians, in: F.L. Cross (Hg.), StEv II,1, Berlin 1964, 676-680.
WINDISCH, H.: *Friedensbringer* – Gottessöhne. Eine religionsgeschichtliche Interpretation der 7. Seligpreisung, ZNW 24 (1925), 240-260.
WINDISCH, H.: Der zweite Brief an die Korinther, KEK 6, Göttingen ⁹1924, Neudruck, hg. von G. Strecker, Göttingen 1970.
WINK, W.: Naming the *Powers*. The language of power in the New Testament, Philadelphia 1984.
WISCHMEYER, O.: *Agape* in der außerchristlichen Antike, ZNW 69 (1978), 212-238.
WISCHMEYER, O.: *Der höchste Weg*. Das 13. Kapitel des 1. Korintherbriefes, StNT 13, 1981.
WOLFF, C.: Der zweite Brief des Paulus an die Korinther, ThHK 8, Berlin 1990.
WOLTER, M.: *Rechtfertigung* und zukünftiges Heil. Untersuchungen zu Röm 5,1-11, BZNW 43, Berlin/New York 1978.
WOLTER, M.: Verborgene *Weisheit* und Heil für die Heiden. Zur Traditionsgeschichte und Intention des „Revelationsschemas", ZThK 84 (1987), 297-319.
WOLTER, M.: Der Brief an die Kolosser, ÖTBK 12, Gütersloh 1993.
WORTMANN, D.: Neue magische *Texte*, BoJ 168 (1968), 56-111.
YATES, R.: A Re-Examination of *Ephesians 1,23*, ET 83 (1971), 146-151.
YATES, R.: *Colossians 2.15*. Christ Triumphant, NTS 37 (1991), 573-591.
YODER NEUFELD, T.: „Put on the Armour of God". The Divine *Warrior* from Isaiah to Ephesians, JSNT.S 140, Sheffield 1997.
YORKE, G.L.: The *Church* as the Body of Christ in the Pauline Corpus. A Re-examination, Lanham, MA 1991.
ZELLER, D.: Die weisheitlichen *Mahnsprüche* bei den Synoptikern, fzb 17, Würzburg 1977.
ZELLER, D.: Χάρις bei Philon und Paulus, SBS 142, 1990.
ZELLER, D.: *Der eine Gott* und der eine Herr Jesus Christus. Religionsgeschichtliche Überlegungen, in: Th. Söding (Hg.), Der lebendige Gott. FS W. Thüsing, NTA NF 31, Münster 1996, 34-49.
ZEPF, M.: Der Gott Αἰών in der hellenistischen Theologie, ARW 25 (1927), 225-244.
ZIMMERLI, W.: Zur Struktur der alttestamentlichen *Weisheit*, ZAW 51 (1933), 177-204.
ZIMMERMANN, A.F.: Die urchristlichen *Lehrer*. Studien zum Tradentenkreis der διδάσκαλοι im frühen Christentum, WUNT 2/12, Tübingen 1984.

ZIMMERMANN, R.: *Metapherntheorie* und biblische Bildersprache. Ein methodologischer Versuch, ThZ 56 (2000), 97–133.
ZIMMERMANN, R.: „ ... und sie werden ein Fleisch sein". *Gen 2,24* in der frühjüdischen und urchristlichen Rezeption, in: Religionsgeschichte des Neuen Testaments. FS K. Berger, Hg.: A. v. Dobbeler/K. Erlemann/ R. Heiligenthal, Tübingen/Basel 2000, 553–568.
ZIMMERMANN, R.: *Geschlechtermetaphorik* und Gottesverhältnis. Traditionsgeschichte und Theologie eines Bildfelds in Urchristentum und antiker Umwelt, WUNT 2/122, Tübingen 2001.
ZUNTZ, G.: The *Text* of the Epistles, London 1953.

Abkürzungen und Zitierweise

Abkürzungen

Allgemein: nach S. SCHWERTNER: Theologische Realenzyklopädie. Abkürzungsverzeichnis, Berlin ²1994, XVII–XXII.
Altes und Neues Testament, außerkanonische Literatur, Qumran, Nag Hammadi: nach Betz, H.D. u.a. (Hg.): Religion in Geschichte und Gegenwart. 4. Aufl., Bd. 1, Tübingen ⁴1998, XX–XXIII. XXVII–XXVIII.
Rabbinische Literatur: nach G. STEMBERGER: Einleitung in Talmud und Midrasch, München, ⁸1992, 356–258.
Sonstige antike Literatur (einschließlich Inschriften und Papyri): nach H. Cancik/H. Schneider (Hg.): Der Neue Pauly. Enzyklopädie der Antike, Bd. 3, Stuttgart 1997, XXXVI–XLIV bzw. nach H.D. Betz u.a. (Hg.): Religion in Geschichte und Gegenwart. 4. Aufl., Bd. 1, Tübingen ⁴1998, XXVIII–XXXI.
Zeitschriften, Reihen, Lexika, Quellenwerke: nach S. Schwertner: Theologische Realenzyklopädie. Abkürzungsverzeichnis, Berlin ²1994, 1–488 (entspricht: Schwertner, S.: Internationales Abkürzungsverzeichnis für Theologie und Grenzgebiete, Berlin ²1992).

Zusätzlich bzw. abweichend werden verwendet:

BDR: F. BLASS/A. DEBRUNNER/F. REHKOPF: Grammatik des neutestamentlichen Griechisch, Göttingen ¹⁸2001.
Josephus: immer statt Flav.Jos. bzw. Ios.
PGM: Papyri Graecae Magicae, hg. von K. Preisendanz/A. Henrichs, Stuttgart ²1973/1974.

Zitierweise

Im Literaturverzeichnis genannte Literatur wird im Kommentar nur mit dem Namen des Verfassers und einem Titelstichwort aufgeführt. Auch in den Spezialverzeichnissen vor der Auslegung der einzelnen Abschnitte werden die vollständigen bibliographischen Angaben nicht wiederholt, sondern nur das Titelstichwort genannt. Die im Spezialverzeichnis genannte Literatur wird dann in dem jeweiligen Abschnitt nur mit Verfassernamen aufgeführt. Reine Verfasserangaben sind also über die jeweiligen Spezialverzeichnisse zu erschließen, Verfasserangaben mit Titelstichwort über das zentrale Literaturverzeichnis zu Beginn des Bandes.

Kommentare zu einer biblischen Schrift werden grundsätzlich mit dem Verfassernamen und der Abkürzung der biblischen Schrift angeführt.

Einleitung

§ 1 Der Epheserbrief im Kanon

ALAND, Entstehung; DAHL, Ordnung; GOODSPEED, First Edition; LINDEMANN, Paulus; MITTON, Formation; TROBISCH, Entstehung; DERS., Paulusbriefe.

(1.) Das älteste Zeugnis einer Kanonisierung der paulinischen Briefe geht auf *Markion* zurück, der (nach Tert.Marc. V 1,9 und V 21,1) zehn Paulusbriefe für kanonisch erklärte, und zwar in der Reihenfolge: Gal, 1Kor, 2Kor, Röm, 1Thess, 2Thess, Eph[1], Kol, Phil, Phlm. Man kann davon ausgehen, dass Markion von sich aus den Gal als Programm den anderen Briefen vorangestellt hat. Davon abgesehen ist die Reihenfolge nach der Länge der Briefe geordnet, wobei mehrere Briefe an eine Gemeinde zusammengerechnet wurden (die beiden Korintherbriefe und die beiden Thessalonicherbriefe). Nach Tertullian hat Markion seinerzeit den Eph für den im Kol (4,16) genannten Brief nach Laodicea gehalten (Tert.Marc. V 11,17). Das heißt, der Eph trug zur Zeit Markions noch nicht die Adresse „Ephesus" (s.u. zu 1,1).

(2.) Im *Canon Muratori* werden 13 Paulusbriefe genannt (es fehlt der Hebr, der offensichtlich erst spät in das Corpus Paulinum aufgenommen wurde). Die Anordnung ist auf den ersten Blick rätselhaft: 1+2Kor, Eph, Phil, Kol, Gal, 1+2Thess, Röm (Phlm, Tit, 1Tim, 2Tim). Auffällig ist wieder die Zusammenstellung der Briefe, die an dieselbe Gemeinde gerichtet wurden (1Kor und 2Kor; 1Thess und 2Thess). Dahinter verbirgt sich noch die Anordnung nach der Länge der Briefe. Doch dieses Anordnungsprinzip wird mit einem anderen kombiniert, das chronologisch ausgerichtet ist: 1+2Kor – Gal – Röm. Im Anschluss an Dahl[2] hat Trobisch[3] die Erklärung der Anordnung im Canon Muratori in einer Skizze dargestellt:

Reihe	Kor	Eph	Phil	Kol	Gal	Thess	Röm
ohne	Kor				Gal		Röm
ergibt		Eph	Phil	Kol		Thess	

---

[1] Für Markion der Paulusbrief nach Laodicea. – Zum gesamten Problem: ALAND, Entstehung.
[2] DAHL, 45f; DERS., Studies, 154 mit A 26.
[3] TROBISCH, Entstehung, 154 mit A 26.

Die kanonische Ordnung (die auch Markion mit Eph [für ihn: Laodicenerbrief] bis Phlm voraussetzt) ist hier kombiniert mit einer chronologischen.[4] Wichtig ist die Siebenzahl der Gemeinden, wobei Kor, Gal und Röm das chronologische Gerüst darstellen.

(3.) Tertullian nennt in Marc. IV 5,1 die Reihenfolge Kor, Gal, Phil, Thess, Eph, Röm. Die Anordnung von Kor, Gal, und Röm entspricht dem chronologischen Ansatz. Eph wird aber nach Gal, Phil und Thess eingeordnet.

(4.) p46, die älteste erhaltene Handschrift des Corpus Paulinum, hat die Reihenfolge: Röm, Hebr, 1Kor, 2Kor, Eph, Gal, Phil, Kol, 1Thess (Abbruch; wahrscheinlich folgten 2Thess, die drei Pastoralbriefe, Phlm). Hier liegt eindeutig eine Ordnung nach der Brieflänge vor (wobei die Briefe an die Korinther – und wohl auch die an die Thessalonicher – einzeln gemessen wurden). Auffällig ist das Auftauchen und die Stellung des Hebr, der wahrscheinlich (wie möglicherweise p46 selbst) alexandrinischer Herkunft ist. Er ist kürzer als der 1Kor, wird aber gleich nach dem Röm eingeordnet. Eph dagegen erscheint an der quantitativ angemessenen Stelle vor Gal.

(5.) Scheinbar bemerkenswert ist, was die Stellung des Eph betrifft, nur dessen Einordnung im Canon Muratori (gleich nach den Korintherbriefen). Da aber Hebr dort fehlt und Röm aus chronologischen Gründen ans Ende gerückt ist,[5] gehört Eph der Quantität nach an die 2. Stelle nach den Korintherbriefen,[6] so dass seine Stellung im Kanon nichts Überraschendes hat.

(6.) E.J. Goodspeed bestreitet, dass mit dem in Kol 4,16 erwähnten Brief nach Laodicea der Eph gemeint sein könne; das sei vielmehr der Phlm gewesen.[7] Der ursprünglich ohne Ortsangabe existierende Eph sei vielmehr von einem Paulusschüler eigens dafür verfasst worden, um dem Corpus Paulinum als allgemeine Einleitung zu dienen. Der Verfasser habe dafür aus allen neun Paulusbriefen[8] Anleihen bezogen. „So the first man who ever read the letters of Paul writes in his name a generalized Pauline letter ...". Der Eph müsse deshalb am Anfang des Corpus Paulinum gestanden haben.[9] Nun führt jedoch kein Kanonsverzeichnis Eph an

---

[4] „... Zuerst von allen hat er an die Korinther ... sodann an die Galater ... sodann aber an die Römer ... ausführlicher geschrieben" (Canon Muratori Z.42–46; Übersetzung nach SCHNEEMELCHER, Apokryphen I, 29). Der Apostel habe aber „der Regel seines Vorgängers Johannes folgend, mit Namensnennung nur an sieben Gemeinden" geschrieben „in folgender Ordnung: an die Korinther der erste, an die Epheser der zweite, an die Philipper der dritte, an die Kolosser der vierte, an die Galater der fünfte, an die Thessalonicher der sechste, an die Römer der siebente" (Z.48–54).

[5] Dass Röm sehr früh schon den Abschluss des Corpus Paulinum bildete, zeigt die Schlussdoxologie Röm 16,25–27.

[6] Briefe an dieselbe Gemeinde wurden hier zwar nicht zu einer Einheit addiert (wie bei Markion), aber auch nicht getrennt eingeordnet.

[7] GOODSPEED, 285–291. Dagegen zu Recht MUDDIMAN, Eph, 25f.

[8] Die Pastoralbriefe und Hebr fehlten noch.

[9] 287. Bereits JÜLICHER, Einleitung, ⁵1906, 127, erwog die Annahme, der Eph könnte, wenn nicht durch Paulus, so doch „zur Einleitung in eine Sammlung paulinischer Briefe" verfasst worden sein. In der 6. Aufl (1931), 142, hat er diese Vermutung unter Hinweis auf die „einseitige Bevorzugung von Kol" wieder aufgegeben.

der Spitze des Corpus Paulinum. Aber Markion hat Gal willkürlich an die Spitze seines Kanons gestellt. Goodspeed behauptet indes, Markion hätte Eph (seinen Laodicea-Brief) mit Gal ausgetauscht:

Markion:	**Gal**	Kor 1+2	Röm	Thess 1+2	**Laod. (Eph)**	Kol[10]	Phil	Phlm
Goodspeed:	**Eph**	Kor 1+2	Röm	Thess 1+2	**Gal**	Kol	Phil	Phlm
								(=Laod.)
vor Markion:	–	Kor 1+2	Röm	Thess 1+2	Eph[11] Gal		Phil	Kol Phlm

Goodspeeds erste schwache Stelle ist die Behauptung, der Laodicea-Brief Markions sei der Phlm. Und die zweite: Die Bevorzugung des Gal impliziert keineswegs schon einen Tausch mit Eph. Nichts deutet darauf hin, dass Eph jemals am Anfang des Corpus Paulinum gestanden hätte.

§ 2 Der Text

K. ALAND (Hg.), Textwert, 251-463; ALAND/ALAND, Text; NESTLE-ALAND, Novum Testamentum Graece, 27. revidierte Aufl., 8. korrigierter Druck, Stuttgart 2001; METZGER, Commentary, 601-610; WACHTEL/WITTE, Das NT auf Papyrus, 44-91.

Die wichtigsten Handschriften, die den Eph oder Teile daraus enthalten:
a.) Papyri:
 p46: 1,1-2,7; 2,10-5,6; 5,8-6,6.8-18.20-24[12]
 p49: 4,16-29; 4,32-5,13
 p92: 1,11-13.19-21
 (p99: 1,4-2,21; 1,22 [?]; 3,8-6,24)[13]
b.) wichtige Majuskeln:
 ℵ(01) A(02) B(03) C(04) D(06) F(010) G(012) I(016) Ψ(044) 048 082 0159 (4,21-24; 5,1-3) 0230 (6,11-12) 0278 (1,1-8; 1,16-2,14; 3,9-4,8; 4,30-fin.) 0285 (3,13-20; 5,28-6,1)
c.) wichtige Minuskeln:
 33 81 424c 1175 1739 1881 2464.
Die gewichtigsten Textzeugen sind für Eph: p46 ℵ A und B; p46 ist zwar der älteste vorhandene Paulustext überhaupt (um 200), weicht aber häufig willkürlich ab („freier Text"[14]).

---

[10] Die Bevorzugung des kürzeren Kol vor dem Phil könnte mit der Verwandtschaft des Kol mit dem Eph zusammenhängen.
[11] Der Eph ist ca. 27 Zeilen länger als der Gal.
[12] Es fehlen 2,8f; 5,7; 6,7.19.
[13] Es handelt sich bei diesem Papyrus (Chester Beatty Ac. 1499, fol. 11-14) lediglich um ein Glossar zu Röm 1,1, Teilen des 2Kor, des Gal und des Eph. In Eph 4,19 bezeugt p99 mit D und einigen anderen späteren Zeugen die Lesart ἀπηλπικότες („verzweifelt") statt ἀπηλγηκότες („abgestumpft").
[14] Dazu ALAND/ALAND, Text, 69.

§ 3 Die Form

Der Eph ist wie die meisten Paulusbriefe zweigeteilt: in einen lehrhaften „indikativischen" (z.T. auch liturgischen) Teil (Kap. 1–3), der durch eine *Eulogie* (1,3-14) sowie durch eine *Danksagung* mit εὐχαριστῶ (1,15-23) eingeleitet und durch eine *Doxologie* (3,20-21) abgeschlossen wird, und in einen paränetischen „imperativischen" Teil (eingeleitet mit παρακαλῶ): 4,1–6,9. Der erste Teil ist in rhetorischer Hinsicht *epideiktisch* (lobend und preisend), der zweite *symbuleutisch* (beratend und mahnend). Der epideiktische Teil enthält wohl Anteile von *narratio* (Erzählung), kaum aber von *argumentatio*. Der symbuleutische Teil lässt sich als *exhortatio* (Ermahnung) kennzeichnen.[15] Er geht in 6,10 über in eine *peroratio*.[16] Gerahmt wird der ganze Brief durch Präskript (1,1-2) und Briefschluss (6,21-24). Die Zweiteilung in epideiktischen und symbuleutischen Teil hat ein Vorbild in den antiken Ehrungsdekreten, die aus zwei Teilen bestehen: einer Ehrung eines Wohltäters und einer appellativen Verpflichtung der Empfänger der Wohltaten.[17]

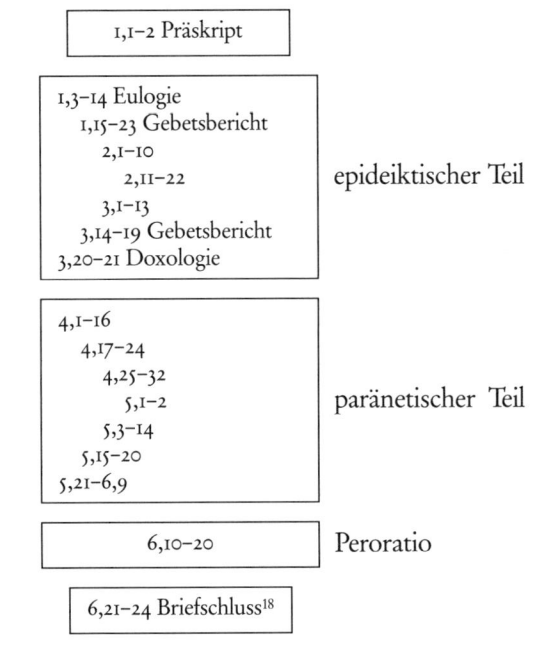

1,1-2 Präskript	

1,3-14 Eulogie
1,15-23 Gebetsbericht
   2,1-10
   2,11-22
   3,1-13
3,14-19 Gebetsbericht
3,20-21 Doxologie
	epideiktischer Teil

4,1-16 4,17-24 4,25-32 5,1-2 5,3-14 5,15-20 5,21-6,9	paränetischer Teil
6,10-20	Peroratio
6,21-24 Briefschluss[18]	

---

[15] Vgl. KLAUCK, Briefliteratur, 238 f.
[16] Einen zusammenfassenden Schlussappell; vgl. LINCOLN, „Stand, therefore ...".
[17] HENDRIX, Form; DANKER, Benefactor, 451 f; MOUTON, Power, 284–290; SELLIN, Paränese, 290–294. Beispiele für solche Dekrete finden sich auch bei LEIPOLDT/GRUNDMANN, Umwelt, II, 102–113, und bei BJERKELUND, ΠΑΡΑΚΑΛΩ, 65–74.
[18] Vgl. SELLIN, Paränese, 282 A 11 und 297 mit A 110. Die zyklische Gliederung der beiden Hauptteile hat THEOBALD/PILLINGER, Eph, 22 f, übernommen; vgl. auch MAYER, Sprache der Einheit, 21.

Eine Einteilung in 2mal 7 Teile hat bereits H. Schlier vorgestellt,[19] wobei er allerdings 6,10-22 in den zweiten Hauptteil mit einbezog und auch nicht zu einer ringförmigen Gliederung gelangte.

Alternative Gliederungsvorschläge: Präskript (1,1-2), Eulogie (1,3-14), Danksagung (1,15-23) und erste Anrede an die Adressaten (2,1-10) werden als Eröffnungsteil zusammengefasst, woraufhin dann 2,11-3,21 (Kirche und Apostel) und 4,1-6,20 (christliches Leben) als zweiter und dritter Hauptteil folgen.[20] Häufiger findet sich die einfache Zweiteilung in dogmatischen und ethischen Teil (A: 1,3-14; 1,15-23; 2,1-10; 2,11-22; 3,1-13; 3,14-21; B: 4,1-16; 4,17-32; 5,1-14; 5,15-6,9; 6,10-20).[21]

Die moderne Perikopeneinteilung unterscheidet sich nur wenig von der ältesten Kapiteleinteilung in der Liste des Euthalius[22]: Nach dieser Einteilung besteht der Brief aus zwei *lectiones* (A: 1,3-3,21; B: 4,1-6,20). Beide bestehen aus je fünf „Kapiteln". Der ganze Brief hat 312 Zeilen. Davon entfallen auf die erste *lectio* 136, auf die zweite 175. Für die Kapiteleinteilung ergibt sich: A: 1,3-14; 1,15-2,10; 2,11-22; 3,1-13; 3,14-21; B: 4,1-16; 4,17-5,2; 5,3-21; 5,22-6,9; 6,10-20.[23]

Ursprünglich galten in der Antike als Maßeinheit die Zeilen (Stichoi), die aus einer vorgegebenen Silbenzahl bestanden (Stichometrie).[24] In der Rhetorik dagegen spielen die *Kola* (Sinnzeilen), die unterschiedlich lang sein können, die wesentliche Rolle. F.G. Lang hat versucht, durch stichometrische Berechnungen im Eph ein mathematisches Ebenmaß (nach dem „goldenen Schnitt") zu finden.[25] Dass der Eph ästhetisches Ebenmaß verrät, ist nicht zu bezweifeln. Ob das aber derart ausgetüftelt ist, mag man in Frage stellen.

Schließlich ist noch die Frage nach der *Gattung* des ganzen Eph zu stellen. Auch wenn die Abfolge von epideiktischem und symbuleutischem Teil in gewisser Hinsicht den Ehrungsdekreten entspricht, ist das Schreiben selbst nicht als ein solches zu klassifizieren. In jüngster Zeit wird es aufgrund seines Stils (rhetorische Figuren, „asianischer" Stil, homiletische Funktion: s.u. § 9) als *Sermon* (Predigt) bezeichnet.[26]

---

[19] Vgl. auch MUSSNER, Eph, der allerdings im einzelnen anders abteilt.
[20] SCHNACKENBURG, Eph; so bereits DIBELIUS, Eph, 54; F.G. LANG, Ebenmass, 146, bietet eine Synopse zur Gliederung in neueren Kommentaren.
[21] So z.B. (mit kleinen Abweichungen) GNILKA, Eph; HÜBNER, Eph, der aber 2,1-10 mit 2,11-22 zusammennimmt; SCOTT, Eph, der zwar die Zweiteilung nicht explizit hervorhebt, dafür aber die Doxologie 3,20-21 als Abschluss markiert (199). Die Zweiteilung in dogmatischen und paränetischen Teil betonte bereits MEYER, Eph (1859), 25; das hat sich durchgehalten: LINDEMANN, Eph; LUZ, Eph, 107.
[22] HELLHOLM/BLOMKVIST, Parainesis, 478-481.
[23] DAHL, The ‚Euthalian Apparatus', 242-248.
[24] In seiner Textbeilage zum Aufsatz „Ebenmass im Epheserbrief" geht F.G. LANG von 15 Silben als Norm aus; vgl. auch DERS., Schreiben nach Mass.
[25] F.G. LANG, Ebenmass, 151-163.
[26] JEAL, Theology and Ethics, 30-57 – im Anschluss an SIEGERT, Homily; andere Vorschläge bzw. Bezeichnungen: „Weisheitsrede", Zirkularbrief („Katholischer Brief"). Die Begriffe schließen sich gegenseitig nicht aus.

§ 4 Verfasserschaft und intertextuelle Bezüge

Der Eph setzt erkennbar die paulinischen Gemeindebriefe voraus.[27] Vor allem aber benutzt sein Verfasser den Kol weitgehend als Muster und Vorlage, so dass hier die Methode der Literar- und Redaktionskritik angebracht ist.[28] Es gibt in der neueren Exegese eine Reihe von Kol-Eph-Synopsen, die verschiedenen Zielen und Kriterien entsprechen.[29] Insgesamt lässt sich sagen, dass der Verfasser des Eph sein Schreiben weitgehend am Inhalt, Aufbau und häufig auch am Wortlaut des Kol ausgerichtet hat. Im vorliegenden Kommentar werden denn auch einige synoptische Gegenüberstellungen aufgeführt.[30] Theoretisch sind jedoch fünf verschiedene Modelle literarkritischer Theorien zum Verhältnis von Eph und Kol möglich:

(1.) Der historische Paulus hat nacheinander beide Briefe verfasst, entweder zuerst den Kol, dann den Eph, oder umgekehrt:

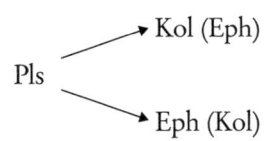

```
        → Kol (Eph)
Pls
        → Eph (Kol)
```

(2.) Nicht Paulus selbst (Pls), sondern ein Schüler („Pls") hat beide Briefe nacheinander geschrieben:

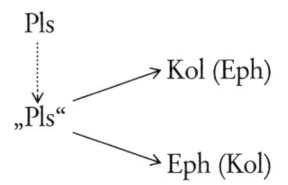

```
Pls
 ⋮
 ↓
„Pls"   → Kol (Eph)
        → Eph (Kol)
```

(3.) Paulus hat einen der beiden Briefe selbst geschrieben (Kol oder Eph), den anderen hat ein Schüler („Pls") unter Benutzung des „echten" Paulusbriefes (Kol oder Eph) verfasst:

---

[27] GESE, Vermächtnis, 54–85, weist das für Röm, 1Kor, 2Kor Gal, 1Thess und Phlm nach. Im Fall von Phil sind die Beziehungen weniger deutlich.
[28] Vgl. OCHEL, Annahme; MITTON, Epistle, 57.279–315; MERKLEIN, Eph 4,1–5,20; GESE, Vermächtnis, 39–53.
[29] GOODSPEED, Meaning, 77–165; WAGENFÜHRER, Bedeutung; MITTON, Epistle, 279–315; REUTER, Synopse, vol. 1; VAN KOOTEN, Cosmic Christology, 239–289.
[30] So zu Eph 1,1b (Kol 1,2); 1,19–20 (Kol 1,29); 2,1.5f (Kol 2,12f); 3,2 (Kol 1,25); 3,5f.9f (Kol 1,26f); 3,7 (Kol 1,23.25.29); 4,2–4 (Kol 3,12–15); 4,16 (Kol 3,5); 4,17–24 (Kol 1,21; 3,5.8–10); 4,25–32 (Kol 3,8.12; 4,6); 5,3–6 (Kol 3,5–8); 5,10 (Kol 3,20); 5,15f (Kol 4,5); 5,19f (Kol 3,16f); 5,21–6,9 (Kol 3,18–4,1); 6,21f (Kol 4,7–9).

```
Pls ──────→ Kol (Eph)
 ┊              │
 ▼              ▼
"Pls" ───────→ Eph (Kol)
```

(4.) Paulus hat keinen der beiden Briefe geschrieben. Das waren vielmehr zwei seiner Schüler, von denen der eine den Kol (oder Eph) im Namen des Paulus schrieb, und der andere später ebenfalls einen Brief im Namen des Paulus verfasste, wobei er den vorherigen (deuteropaulinischen) Brief weitgehend als Vorlage benutzte:

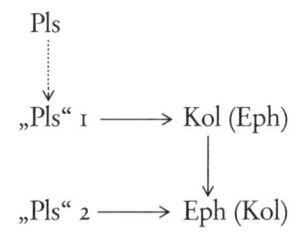

```
Pls
 ┊
 ▼
"Pls" 1 ──────→ Kol (Eph)
                    │
                    ▼
"Pls" 2 ──────→ Eph (Kol)
```

Insgesamt sind das acht Möglichkeiten, weil jeweils auch die Reihenfolge von Kol und Eph vertauscht sein könnte.

(5.) Es besteht noch eine weitere Möglichkeit, die neuerdings von E. Best[31] vorgeschlagen wird: Beide Briefe stammen nicht von Paulus selbst, sondern sind von zwei verschiedenen Schülern unabhängig voneinander entstanden, die aber beide aus der paulinischen Schultradition schöpften, woraus sich die Gemeinsamkeiten beider Briefe erklärten. Hier ist die literarkritische Erklärung zugunsten einer Traditionshypothese[32] verlassen:

```
                     Pls
     - - - - - - - - - - - - - - - - - - - - - -
"Pls" 1 ──────→ Kol              "Pls" 2 ──────→ Eph
```

(6.) In jüngster Zeit gibt es Versuche, den Eph als eine redaktionelle Erweiterung und Bearbeitung eines genuinen Paulusbriefes zu erklären.[33] Der Eph sei eine durch Interpolationen erweiterte Fassung eines ursprünglichen Paulusbriefes an die Laodicener, wie Markion (nach Tertullian) noch verrate.[34] Nach John Muddimans

---

[31] BEST, Who Used Whom.
[32] BESTS Hypothese leidet denn auch (wie die Traditionshypothesen bezüglich der synoptischen Evangelien) am Mangel konkreter Begründungen und Belege.
[33] M. E. BOISMARD, L'énigme; MUDDIMAN, Eph, 20–41;
[34] MUDDIMAN, Eph, 26–29; das Verhältnis von Eph zum echt paulinischen Laodicenerbrief sei vergleichbar mit dem von Mt zu seiner Vorlage Mk.

Theorie³⁵ sind gerade die mit dem (nach Muddiman genuin paulinischen) Kol verwandten Partien des Eph original paulinisch und deshalb für die Rekonstruktion des Laodicenerbriefes grundlegend.³⁶ Der Versuch einer literarkritischen Scheidung von Quelle und interpolierender Redaktion stellt aber einen Zirkelschluss dar, insbesondere deshalb, weil der Kol zum Maßstab des Paulinischen erklärt wird. Im Eph mit Hilfe des Kol einen ur-paulinischen Laodicenerbrief zu isolieren, überfordert die Möglichkeiten literarischer und historischer Rekonstruktion.

(7.) Von einer „Canonical-Critical Perspective" her versuchen S.E. Porter und K.D. Clarke die Verfasserschaft durch den historischen Paulus erneut zu begründen, und zwar am Beispiel der Transformation des Verbs καταλλάσσειν (2Kor 5,18-20; Röm 5,10) zum neologistischen Bikompositum ἀποκαταλλάσσειν in Kol 1,20.22 und Eph 2,16: Ein treuer Paulusschüler hätte sich an die Terminologie des Apostels gehalten; der kühne Neologismus könne eher von Paulus selbst stammen. Außerdem setze Eph 2,14 noch die Existenz des Tempels voraus.³⁷ – Beide Argumente sind nicht überzeugend.

In diesem Kommentar wird das literarkritische Modell (4.) zugrundegelegt, und zwar unter Annahme der Priorität des Kol vor dem Eph. Im Anschluss an H. Hübner wird deshalb der Kol als deuteropaulinischer und der Eph als *tritopaulinischer* „Brief" bezeichnet.³⁸ Trotz der engen Anlehnung an den älteren Kol hat der Eph erstaunliche Übereinstimmungen mit den genuinen Paulusbriefen. In manchem ist er Paulus noch näher als seine Vorlage, der (für die Meinung des Verfassers des Eph selbstverständlich von Paulus verfasste) Kolosserbrief.

Zum Intertextualitätsaspekt gehören vordergründig alle alttestamentlichen Zitate und Anspielungen, wobei es fast nur um LXX-Texte geht. Explizite Zitate sind:

1,20 (ψ 109[110],1]); 1,22 (ψ 8,7b); 2,17 (Jes 57,19); 4,8 (ψ 67[68],19a.b); 4,25 (Sach 8,16); 4,26a (ψ 4,5); 4,26b (Dtn 24,15); 5,14b (?)³⁹; 5,18 (Prov 23,31); 5,31 (Gen 2,24); 6,2f (Ex 20,12; Dtn 5,16); 6,14-17 (Jes 11,5; 52,7; 59,17).

Die Grenzen zwischen explizitem Zitat und indirekter Anspielung sind fließend. Aber die identifizierbaren Zitate sind für die Interpretation nicht einmal die wichtigsten Elemente. Wichtiger sind die nur angedeuteten, verdeckten, ja unbewussten Bezüge auf biblische Topoi und Zusammenhänge, auf religiöse, kulturelle und enzyklopädische Phänomene der Umwelt des Textes. Aber auch das ist nicht genug. Die Exegese kommt erst da zum Ziel, wo sich die Welt des Textes und die

---

³⁵ MUDDIMAN, Eph, 20–41.
³⁶ MUDDIMAN, Eph, 30–32. Typisch für den zugrundeliegenden Laodicenerbrief seien folgende Stellen des Eph: 1,1–2.15–19; 3,1–8.12–14.16–21; 4,1–3.7.13–15.17–32; 5,3–12.15–20.22.25; 6,1.4.5–9.18–24. – S. 302–305 bietet Muddiman eine hypothetische Rekonstruktion des seiner Meinung nach ursprünglichen Paulusbriefes nach Laodicea. Das Ergebnis ist nicht überzeugend.
³⁷ PORTER/CLARK, Canonical-Critical Perspective, 79–83; vgl. PORTER, Καταλλάσσω, 125–189. Aber die Folgerung aus dem Neologismus ἀποκαταλλάσσω ist spekulativ, und zu Eph 2,14 s. z.St.
³⁸ HÜBNER, Eph, 272f.
³⁹ Dass es sich um ein Zitat handelt, geht aus der Einleitungsformel hervor: διὸ λέγει.

Welt des Exegeten im hermeneutischen Dialog begegnen. Das erfordert freilich eine Kultur der Bildung, die im gegenwärtigen Wissenschaftsbetrieb (und z.T. auch im pastoralen Handwerksbetrieb) als überflüssig und unproduktiv verachtet wird. – Der Eph kann nicht verstanden werden, ohne dass man seine alttestamentlichen, jüdischen, hellenistischen, jüdisch-hellenistischen, frühchristlichen und paulinischen Voraussetzungen zu erkennen versucht.

§ 5 Die Adressaten

Die Briefe des Paulus sind nach ihren Adressaten benannt. Im Fall des Eph ist es aber unwahrscheinlich, dass die Benennung „an die Heiligen, die *in Ephesus sind*", zutrifft. In den wichtigsten Handschriften fehlt der Name Ephesus im Präskript (s.u. zu 1,1). Dort lautet die Adresse: „Paulus, Apostel Christi Jesu durch Gottes Willen, an die Heiligen, das sind die an Christus Jesus Glaubenden". Die „Heiligen", die an Christus Jesus glauben, sind die Christen. Der Eph ist also ein „katholischer" Paulusbrief, d.h. ein Brief im Namen des Paulus, der sich an alle paulinischen Gemeinden richtet. Dennoch gehört der Brief in eine bestimmte Region. Dass man ihn später als einen Brief nach Ephesus ausgab, spricht dafür, dass er in der römischen Provinz Asia (mit der Hauptstadt Ephesus) verbreitet war. Aufgrund seiner Verwandtschaft mit dem Kol (und der Tatsache, dass der Verfasser den Kol als Vorlage benutzte) hat man seine Verbreitung (und damit auch seine Entstehung) im Gebiet des Lykostals mit den Städten Kolossä, Laodicea und Hierapolis vermutet.[40] Sein Verfasser hat umfassende Kenntnisse der paulinischen Briefe und ihrer Theologie, der jüdisch-hellenistischen Theologie und der antiken Philosophie.

§ 6 Der Verfasser

Von zahlreichen Exegeten wird der Eph auch noch in jüngerer Zeit als genuiner Brief des Paulus aufgefasst.[41] Auch wenn man zugeben muss, dass der Eph die theologischen Grundgedanken des Apostels sehr genau gekannt und verarbeitet hat, so sind doch einige Modifikationen auffällig: (1.) Die paulinische Leib-(Christi-)Metaphorik ist zu einer Leib-*Haupt*-Metaphorik verändert worden. Damit erscheint die Ekklesiologie nun als eine hierarchisch universalisierte. (2.) Die bei Paulus noch ganz futurisch-leiblich vorgestellte Eschatologie (1Thess 4,13–5,11; 1Kor 15) wird zu einer perfektischen bzw. präsentischen Vorstellung von der bereits zu Leb-

---

[40] So z.B. LINCOLN, Eph, lxxxi f; ARNOLD, Ephesians, 5–40; KREITZER, Solution; DERS., Plutonium.
[41] Z.B. SCHLIER, Eph, 22–28; BARTH, Eph, 36–50; CAIRD, Eph, 11–29; BRUCE, Eph, 229–240; VAN ROON, authenticity, 438f; Schlier hat bezüglich seiner Ansicht später wieder Zweifel geäußert: vgl. VON BENDEMANN, Schlier, 211f.

zeiten bestehenden himmlischen Existenz der Christen (2,4–10)[42], ohne dass die Erwartung einer noch ausstehenden Vollendung aufgegeben ist. Überhaupt ist der Einfluss hellenistisch-jüdischer Vorstellungen und Gedanken (z. B. das Pleroma-Konzept) größer als in den anderen Paulusbriefen. (3.) Die Äußerungen zur Rolle und zum Selbstbild des Apostels setzen den Tod des Paulus indirekt voraus (3,1; 6,19). Er gilt bereits als der universale Apostel schlechthin, dem das große Mysterium der Rettung der Völker anvertraut worden ist (3,2–7). (4.) Die Ämter Apostel und Propheten stammen zwar aus der paulinischen Zeit, sind aber schon durch neue („Evangelisten", „Hirten" und „Lehrer") ergänzt oder ersetzt worden (4,11–16). (5.) Die Haustafel (5,21–6,9) hat keine Entsprechung in den genuinen Paulusbriefen. (6.) Nach 1,15 hat Paulus vom „Glauben" der Christen in Ephesus lediglich „gehört" (vgl. 3,2; 4,21). Aber die Gemeinde in Ephesus müsste der Apostel sehr gut aus eigener Anschauung gekannt haben.[43] – Diese Phänomene (abgesehen von den Ämtern und vom „Hörensagen" nach Eph 1,15) finden sich allerdings auch schon im Kolosserbrief, jedoch in weniger entwickelter Form. Anders als die sieben heute als paulinisch anerkannten Gemeindebriefe[44] und auch anders als der Kol vermeidet der (Verfasser des) Eph jede Konkretion. Nur die Tychikosnotiz (6,21–22) stellt den zaghaften Versuch einer Authentizitätsfiktion dar.[45] – Aus diesen Indizien ergibt sich, dass der Verfasser des Eph ein Vertreter der paulinischen Theologie ist, der die Gemeindebriefe des Paulus (einschließlich Phlm) sowie den Kolosserbrief kennt und für sein eigenes Schreiben voraussetzt und benutzt. Die Abfassungszeit lässt sich nur ungefähr bestimmen: etwa zwischen 80 und 100.[46] Wegen des „katholischen" (gesamtchristlichen) Charakters lässt sich der Abfassungsort nicht eindeutig feststellen (die Adresse im Präskript nennt ursprünglich ja keinen Ort). Die später erfundene Adresse „in Ephesus" könnte sich auf den Entstehungs- bzw. Verbreitungsbereich beziehen (womit dann die Asia gemeint wäre), genauso aber könnten auch – wegen der engen Beziehung des Eph zum Kol – Hierapolis oder (wahrscheinlicher) Laodicea[47] Entstehungsort sein.

---

[42] Das gilt bereits für Kol und hat hellenistisch-jüdische Wurzeln (vgl. u. a. Philon).
[43] Vgl. dazu MERKEL, ANRW II 25,4, S. 3161f.
[44] Röm, 1Kor, 2Kor, Gal, Phil, 1Thess, Phlm (ein Brief an eine Hausgemeinde).
[45] Gegenüber der Vorlage Kol 4,7–9 wird auch der Name Onesimos übergangen.
[46] Nach Kol 1,24 setzt auch der Kol den Martyriumstod des Paulus schon voraus (wahrscheinlich deutet das auch Eph 6,18–20 an). Direkte Indizien dafür, dass die Tempelzerstörung im Jahre 70 bereits vorausgesetzt wird, gibt es zwar nicht, doch liegt diese Annahme nahe.
[47] Zu Markions These (laut Tertullian), der „Eph" sei der in Kol 4,16 erwähnte Brief des Paulus nach Laodicea, s. o. § 1.

§ 7 Religionsgeschichte[48]

(1.) Erst in der Spätphase der „Religionsgeschichtlichen Schule" (R. Bultmann und H. Schlier) wurde der Eph (neben dem Kol und Joh) als eine vom gnostischen Erlösermythos beeinflusste Schrift verstanden. Ausgearbeitet hat diese Hypothese zuerst H. Schlier[49], der vor allem 1,22f; 2,15.19-22; 3,10; 4,3f.7-15; 5,22-32 von gnostischen Quellen her interpretierte. Die Quellen sind jedoch alle späteren Ursprungs.[50] In seinem späteren Kommentar[51], in dem er anders als in der Habilitationsschrift den Eph für genuin paulinisch erklärte, wird der Gnosisbegriff verallgemeinert und daraufhin auf die paulinischen Briefe insgesamt bezogen. Darin folgt Schlier nun Ernst Käsemann[52], der das gnostische Modell nicht erst für Kol und Eph, sondern schon für Paulus selbst (sowie für Joh und Hebr) vorausgesetzt hatte. Die Theorie vom gnostischen Charakter des Eph hat sich bis etwa 1980 gehalten.[53] Inzwischen hatten aber C. Colpe[54] und H.-M. Schenke[55] das Gnosiskonzept der Religionsgeschichtlichen Schule (den Mythos vom „erlösten Erlöser") revidiert. Es wurde fraglich, ob man in Bezug auf neutestamentliche Schriften überhaupt von Gnosis reden könne.

(2.) K.G. Kuhn[56], R. Deichgräber[57] und F. Mußner[58] entdeckten sprachliche und motivliche Verwandtschaft des Eph mit den Qumrantexten. Deichgräber vermutet (im Anschluss an Kuhn) zum Beispiel zu 1,3 (ἐν πάσῃ εὐλογίᾳ) „Einfluß der hebräisch formulierten liturgischen Tradition bestimmter nicht-rabbinischer Gruppen des Spätjudentums, wie sie uns in den Qumrantexten erstmals literarisch begegnen".[59] Aber hier wird man wohl eher an die Vermittlung der hellenistisch-jüdischen Synagoge zu denken haben.

(3.) In Konkurrenz zum gnostischen Modell tritt die sich auf archaisch-alttestamentliche, frühjüdische und rabbinische Motive berufende Konzeption der *corporate personality*[60], die in neuerer Zeit als „Adam-Theologie" besonders in der englischen und amerikanischen Exegese vertreten wird.[61] Aber dieses Modell der

---

[48] Abrisse der Forschungsgeschichte: MERKEL, S. 3156-3246 (s.o. A 43); SCHWINDT, Weltbild, 7-46.
[49] SCHLIER, Christus; DERS., Eph, passim.
[50] Vgl. MERKEL, ANRW II 25,4 S. 3176-3180.
[51] SCHLIER, Eph.
[52] KÄSEMANN, Leib.
[53] POKORNÝ, Der Epheserbrief und die Gnosis; FISCHER (vor allem zu 2,14-18 und 5,21-32); LINDEMANN, Aufhebung.
[54] C. COLPE, Die religionsgeschichtliche Schule.
[55] H. M. SCHENKE, Gott „Mensch".
[56] K. G. KUHN, Epheserbrief, 334-346.
[57] DEICHGRÄBER, Gotteshymnus, 65-76.
[58] MUSSNER, Beiträge aus Qumran.
[59] DEICHGRÄBER, Gotteshymnus, 75.
[60] H. W. ROBINSON, Corporate Personality, 49-62; J. DE FRAINE, Adam.
[61] Ohne das *Corporate-Personality*-Konzept zu kennen, hat PERCY, Leib, die paulinische Leib-Christi-Vorstellung im gleichen Sinne gedeutet (vgl. DERS., Probleme, 288-298). Ihm folgten (unter Einbeziehung des *Corporate-Personality*-Konzeptes) u.a. HANSON, Unity, und BENOIT, Leib; ähnlich BEST, Body; ALLEN, Body; MILETIC, „One Flesh", 52-66 (jetzt unter dem Schlagwort „Adam-Christologie").

Stammvater-Vorstellung kann die auf Christus bezogene Haupt-Leib-Konzeption nicht erklären, und ἄνθρωπος hat im Eph keine christologische Bedeutung („Adam" kommt gar nicht vor).

(4.) Ungefähr gleichzeitig haben unabhängig voneinander H. Hegermann und C. Colpe die für den Eph zentralen Motive, die bis dahin überwiegend gnostisch erklärt wurden, aus dem hellenistischen (alexandrinischen) Judentum mit Philon als Hauptquelle abgeleitet[62]: die Vorstellung von der Kirche als „Leib" Christi in Zuordnung zu Christus als „Haupt" des Leibes – der Begriff „Pleroma" – die Vorstellung von der für die Christen bereits geschehenen „Mitauferstehung" und „Mitinthronisation" in den Himmeln (2,5f) – von der Beseitigung der trennenden Mauer (2,14) – vom kollektiven „einen, neuen Menschen" (2,15) – vom „Wachsen" zur „Ein(s)heit" (4,13) – von der Ehe als Metapher und zugleich Symbol der Verbindung Christi mit seiner Kirche (5,21–32). Philon vermittelt dabei wesentliche Motive aus der antiken Philosophie, vor allem platonisch-pythagoreische (so das den Eph beherrschende Motiv der „Ein[s]heit" versus „Zweiheit"), aber auch stoische und aristotelische. Andererseits lassen sich nicht alle im Eph wichtigen Motive direkt aus Philons Schriften ableiten. So begegnet z.B. das Substantiv πλήρωμα („Fülle") auch bei ihm nicht. Möglicherweise ist der Ausdruck πλήρωμα durch den Verfasser des Kol (1,19; 2,9) erst zu einem theologischen *t.t.* im ontologisch-theologischen Sinne gemacht worden[63] (doch vgl. auch Joh 1,16). Wenn also Philon bzw. sein Schrifttum selbst nicht direkte Quelle für den Verfasser des Eph sein kann, so steht doch das alexandrinische Judentum als Vermittler philosophischer und theologischer Bildung indirekt im Hintergrund von (Kol und) Eph.

(5.) Allerdings kommen nicht alle religionsgeschichtlichen Motive des Eph aus dieser Ebene gehobener Bildung. Der Eph setzt wie Paulus die Existenz von dämonischen Mächten, himmlischen „Führern, Gewalten, Kräften[64] und Herrschaften" voraus (1,21; vgl. 3,10; 6,12).[65] Die Ausdrücke stehen für unterschiedliche Engelklassen. Schon bei Paulus sind die Engel eher negativ als positiv bewertet. Es gibt in Eph 2,2 einen „Anführer der Gewalt" (ἄρχων τῆς ἐξουσίας), der die Lufthoheit (τοῦ ἀέρος) hat und als „Geist" (πνεῦμα) unter den „Söhnen des Ungehorsams" wirkt. Die bösen Mächte haben Einfluss bis in die höchsten Himmels-

---

[62] HEGERMANN, Ableitung (1960); DERS., Schöpfungsmittler (1961); COLPE, Leib-Christi-Vorstellung (1960; ²1964). In den neueren Kommentaren und Monographien hat sich dieses Konzept weitgehend durchgesetzt: z.B. LINCOLN, Eph; FAUST, Pax Christi; SCHWINDT, Weltbild (vgl. bes. S. 46).

[63] Bei Paulus ist πλήρωμα ein apokalyptisch-eschatologischer Ausdruck mit zeitlicher Bedeutung (vgl. Gal 4,4 aber auch Eph 1,10 gegenüber den beiden oben im Text genannten Kol-Stellen sowie Eph 1,23; 3,19 und 4,13). Im übrigen zeigt Eph 1,10 im Gegenüber zu 1,23; 3,19 und 4,13, dass sich für ihn die ontologisch-präsentische bzw. perfektische und die futurische Eschatologie nicht ausschließen.

[64] Δυνάμεις (Kräfte) sind noch bei Philon Mittlerkräfte Gottes. Erst in Kol und Eph sind sie dämonische Wesen.

[65] Dazu SCHWINDT, Weltbild, 362–393. Die ausführlichste Liste findet sich in slavHen 20,1: Erzengel, Kräfte (δυνάμεις), Herrschaften (κυριότητες), Führer (ἀρχαί), Gewalten (ἐξουσίαι), Cherubim, Seraphim, Throne (θρόνοι); s.u. zu 1,21.

sphären hinauf (3,10; 6,12). Der „Teufel" (διάβολος) verführt die Menschen (4,27; 6,11).[66] Der Kampf zwischen dem Bösen und dem Guten (Gott, vertreten durch Christus) ist Signatur der gegenwärtigen Welt. Es kommt der „böse Tag" (6,13). Die in 6,12 genannten „Weltbeherrscher der Finsternis" (κοσμοκράτορες τοῦ σκότους) sind die Planeten, die die Menschen beeinflussen.[67] Dahinter stehen Schicksalsglaube, Astrologie, Beziehung von Mikro- und Makrokosmos, Mantik und Magie.[68] Möglicherweise spielen hier auch kleinasiatische Kulte des Lykostals (in Laodicea oder Hierapolis) eine Rolle.[69]

§ 8 Theologisches Profil

(1.) Der Eph ist das am stärksten universalistisch ausgerichtete Schreiben des Neuen Testaments, sowohl in räumlicher wie in zeitlicher Hinsicht. Christus herrscht als Gottes der Welt zugewandte Seite über das All, seine Mächte und Menschen. In der Menschheit wächst die eine Kirche, bis sie alles durchdringt und erfüllt. Ausdruck der Universalität ist der Terminus πλήρωμα in seinen mehrfachen Verwendungsweisen – *räumlich*: die „Fülle" Gottes, die ganz in Christus ist und die durch ihn das All erfüllt (1,23) – und *zeitlich*: die Erfüllung der Zeit(en), in der der bislang verborgene Heilsplan Gottes offenbar geworden ist (1,10). Die Erlösung, die sich „jetzt" erfüllt, geschah bereits vor der Schöpfung derer, denen sie gilt, und zwar „in Liebe" (1,4). Darin klingt das platonische Motiv der Weltschöpfung aus der „Gutheit" Gottes nach (Timaios 29e: ἀγαθὸς ἦν; vgl. Philon: LA III 78 u. ö.: ἀγαθότης). Die Christen, die zuvor „tot" waren, sind schon „mit" Christus „lebendig gemacht worden" und „mitauferweckt" und „in den Himmeln mitinthronisiert worden" (2,5f). Dennoch steht die Vollendung noch aus, die Kirche wächst noch auf die „(All-)Einheit" zu (4,13-16).[70]

(2.) Das Hauptthema des Eph ist das Motiv der „Ein(s)heit", das auch terminologisch[71] vor allem die Abschnitte 2,14-18; 4,1-6.13-16 beherrscht. Dahinter steht eine platonisch-pythagoreische Metaphysik, die auch Philon voraussetzt, wonach die Zahl *eins* für das Seiende, Geistige, Ewige, Göttliche (und somit für Universalität, Frieden, Eintracht, Identität) steht, die Zahl *zwei* aber für das Teilbare, die Materie, das Werdende und Vergehende (und somit für Krieg, Streit, Dissonanz

---

[66] Paulus gebraucht nicht diesen Ausdruck, sondern stattdessen σατανᾶς (Röm 16,20; 1Kor 5,5; 7,5; 2Kor 2,11; 11,14; 12,7; 1Thess 2,18).
[67] S.u. zu 6,12.
[68] Zu diesen Phänomenen des Volksglaubens: KLAUCK, Umwelt I, 129-197; WINK, Naming the Powers. Mantik (und Astrologie) auf der einen und Magie auf der anderen Seite verhalten sich in der Antike wie Wissenschaft und Technik.
[69] Dazu ARNOLD, Power; vgl. auch KREITZER, Plutonium, 379-393.
[70] Wie am Ende von 1,4 (Prädestination der Heilsuniversalität: vgl. K. BARTH, KD II/2, § 32-35) erscheint am Ende von 4,16 (Vollendung des Aufbaus) die abschließende Formulierung „in Liebe".
[71] εἷς – μία – ἕν – ἑνότης.

und Differenz).⁷² Das Zentrum des epideiktischen Hauptteils bildet dementsprechend der Abschnitt 2,11–22: der Entwurf einer neuen Menschheit, in der Frieden, Versöhnung (mit Gott und dadurch mit allen Menschen) und metaphysische „Ein(s)heit" verwirklicht sein werden. Demonstriert wird das an der Vereinigung von Juden und Heiden, die den „Bau" der Kirche bilden (2,19–22).

(3.) Auch wenn der Verfasser des Eph hier über das hellenistische Judentum (z.B. Philon) vermittelte philosophische Grundideen aufgreift, lässt sich die paulinische Grundlage seiner Theologie nicht verkennen. Paulus selber wird als „Figur" thematisiert (3,1–13), eingeführt mit der Wendung „ich, Paulus, der Gefangene Christi Jesu für euch …". Das „für euch" (ὑπὲρ ὑμῶν) ist eine soteriologische Formulierung („zu euren Gunsten").⁷³ Im Zusammenhang mit Kol 1,24 und Eph 6,19f wird dabei der Tod des Apostels vorausgesetzt, der damit andeutungsweise eine zu Christus analoge soteriologische Funktion bekommt. Paulus ist als Begründer der Weltmission und als Verfasser der Briefe für den Verfasser des Eph die normative Figur des künftigen Christentums. Die dem Paulus von Gott gegebene Aufgabe ist die „Ausführung" (οἰκονομία) des ihm offenbarten Geheimnisses der Völkermission.

(4.) Auffällig ist die Ausführlichkeit des paränetischen Teils 4,1–6,9 (fast die Hälfte des ganzen Schreibens). Naheliegend wäre das, wenn man die Adressaten als erst kürzlich bekehrte und getaufte Heiden anzusehen hätte, als Neophyten. Das ist jedoch unwahrscheinlich. Die Haustafel (5,21–6,9) setzt christliche Familien voraus. Terminologie und Gedankengänge des Schreibens können sich kaum auf neubekehrte Heiden beziehen, die weder die alttestamentlich-jüdischen⁷⁴ noch die paulinischen Voraussetzungen des Schreibens verstehen würden. Wahrscheinlicher ist die Annahme, dass es sich um ein *konsolidierendes* Schreiben handelt, d.h. um eine Schrift, die in veränderter Zeit und anderem Kontext die paulinischen Grundlagen einschärft und damit den Gedanken der Einheit hervorhebt. Der paränetische Teil beginnt entsprechend mit der Einschärfung der Einheitsterminologie (4,1–6). Auch die *peroratio* (6,10–20) appelliert an Eingeweihte.

§ 9 Sprache und Stil

ADAMIETZ, J., Asianismus, HWR I, 1992, 1114–1120; BDR § 485–496; BLASS, Rhythmen; BRUCKER, ‚Christushymnen'; HOEGEN-ROHLS, Wie klingt es …?; JEAL, Theology and Ethics; DERS., Argumentation; LAUSBERG, Handbuch, § 552–598.600–910; LEMMER, Rhetoric; NORDEN, Kunstprosa, 15–155.492–510; S.E. PORTER, Paul of Tarsos, 578–584; ROWE, Style; SIEGERT, Predigten, 18f.31–36.176f.293–299; DERS., Homily; J. WEISS, Beiträge.

---

[72] S.u. zu 4,1–6.
[73] Vgl. vor allem Kol 1,24; Eph 5,2.25.
[74] Zu beachten sind die zahlreichen LXX-Zitate (s.o. § 4: Intertextualität).

Um 1970 setzte in der Exegese verstärkt eine rhetorische Analyse der Paulusbriefe ein.[75] Dabei ging es zunächst fast nur um die *dispositio*[76], den rhetorischen Aufbau der Briefe. Vernachlässigt wurde die Betrachtung des stilistischen Ausdrucks (die *elocutio*). Neben den Stilarten (schlichter Stil, mittlerer Stil, erhabener Stil) gehört dazu vor allem der Redeschmuck (*ornatus*), dessen Hauptbestandteile die *Tropen* und die *Figuren* bilden. Die Tropen sind semantische Phänomene[77] im Text, die Figuren in erster Linie syntaktische. Sie lassen sich grob einteilen in Wortfiguren[78] und Klangfiguren. Letztere instrumentalisieren zwei noch vor Syntaktik, Semantik und Pragmatik liegende Sprachdimensionen: Rhythmus und Klang, die zu Kennzeichen der poetischen Sprache wurden.[79] Der Klang aber beruht auf der *phonetischen* Dimension der Sprache, die der Syntaktik noch vorzuordnen ist. Ihm wird seit früher Zeit magische Wirkung zugeschrieben. Rhythmus und Klang sind Substanzen der Poesie, gerade auch wieder der modernen.

Der Epheserbrief basiert nicht nur auf einer eminent tropischen Sprache[80] (vgl. z.B. 2,19-22; 4,11-16), sondern er ist auch gespickt mit z.T. kühnen Figuren.[81] Besonders häufig sind Paronomasie (1,3.23; 3,14f.19; 4,4; 6,18) – mit den verwandten Figuren *homoioptoton*, *parhomoiosis* und *polyptoton* (mehrfach z.B. in 1,21)[82] – *homoioteleuton*, Synonymenhäufung und Chiasmus. Ein Sonderfall der Parono-

---

[75] BETZ, Literary Composition.

[76] In den Lehrbüchern der antiken Rhetorik wurde diese eingeteilt in *inventio, dispositio, elocutio, memoria, pronuntiatio* (Auffindung der Gedanken, Gliederung, Formulierung, Memorieren, Vortrag). Während die *pronuntiatio*, die für den Effekt vielleicht die größte Bedeutung hat, bei lediglich literarisch überlieferten Reden aufgrund ihres performativen aktualen Charakters nicht mehr zugänglich ist, spielt die *elocutio* für die Rezeption die größte Rolle. Auf das Phänomen des Stilwechsels, das über die *dispositionelle* Schematik der Briefanalyse der paulinischen Briefe hinausführt, macht besonders BRUCKER, 280-346, aufmerksam.

[77] Die Anzahl der Tropenarten schwankte schon in der Antike. Neben der *Metapher* waren es vor allem *Metonymie, Synekdoche, Ironie, Emphase, Litotes, Hyperbel* und *Periphrase* (vgl. LAUSBERG, Handbuch, § 552-598). Quintilian nennt 14 Tropen, von denen einige aber mehr auf syntaktischer Ebene liegen und eher den Figuren zugehören. Ein Spezialfall von Metapher bzw. Metonymie ist die *Metalepsis*. Nicht nur syntaktischer, sondern auch semantischer Art sind Lexeme, die mehrdeutig sind, z.B. wenn die kontextuelle Bedeutung von der lexikalischen abweicht. Diese Fälle kann man aber unter die Metaphern rechnen. Eine Übersicht über die einzelnen Lexeme, die in ihrem Kontext metaphorische Funktionen haben, hat ALBANI, Metaphern, bereits 1902 gegeben.

[78] Figuren der Zufügung (wie Klimax, Anadiplosis, Symploke [2Kor 9,6]), der Auslassung (wie Ellipse, Zeugma) und der Vertauschung (worunter der Chiasmus am bekanntesten ist).

[79] Poetische Texte wurden in der Antike durch das *Metrum*, d.h. die regelmäßige Abfolge langer und kurzer Silben, konstituiert, Prosatexte dagegen durch den *Rhythmus*, d.h. die unregelmäßige Abfolge langer und kurzer Silben (vgl. BRUCKER, 23-25). Prosa kann sich neben den Klangeffekten auch kunstvollerer Rhythmen bedienen. Das geschieht im Eph gehäuft.

[80] Neben den Interaktions-Metaphern (im Sinne von M. BLACK, H. WEINRICH, P. RICŒUR u.a.), die semantische Phänomene der Oberfläche darstellen, spielen dabei die grundlegenderen metaphorischen Schichten der Kognitionsmetaphorik, wie sie von LAKOFF/JOHNSON, Leben in Metaphern, konzipiert wurde, eine maßgebliche Rolle.

[81] Trotz des Urteils von NORDEN, 506 A 2, der beim Eph (und Kol) von der „ermüdenden Langeweile" und der „Seltenheit rhetorischer Figuren" spricht.

[82] Dazu JEAL, Theology and Ethics, 101-109.

masie, die *figura etymologica*, begegnet in 1,6.19f.21; 2,4; 4,1.[83] Insgesamt weicht der Stil des Eph von den echten Paulinen, aber auch vom Kol auffällig ab.[84] Der Eph ist (wesentlich stärker als die genuinen Paulusbriefe selbst, stärker auch als der verwandte Kol) einerseits von der griechischen Synagoge beeinflusst, andererseits von einem Stil, der als „asianische" Rhetorik bei den römischen „Attizisten" verschrien war.[85]

---

[83] S.u. A 61 zu 1,3b.

[84] Vgl. die Bemerkungen von NORDEN, Agnostos Theos, 251 A 1; 253 A 1; DERS., Kunstprosa, 507, hält schon die Rhetorik des Paulus in den echten Paulusbriefen für „asianisch" beeinflusst: Paulus habe „oft genug von den … geläufigen Mitteln zierlicher griechischer Rhetorik Gebrauch gemacht … freilich … von solchen, die in der damaligen ‚asianischen' Sophistik geläufig waren".

[85] NORDEN, Kunstprosa (vorige A); zum Begriff „Asianismus": ADAMIETZ, 1114-1120. Nordens These hatte bereits Wilamowitz als unhaltbare Konstruktion zurückgewiesen: „Asianer" war „lediglich eine negative Etikettierung" (ADAMIETZ, 1119).

AUSLEGUNG

1,1–2: Das Präskript

(1) Paulus, Apostel Christi Jesu durch Gottes Willen,
an die Heiligen, das sind die an Christus Jesus Glaubenden:
(2) Gnade euch und Friede von Gott, unserem Vater, und dem Herrn Jesus Christus.

ALAND, Textwert, II 3, 356f; BATEY, Destination, 101; BECK, Eph 22–32; BERGER, Apostelbrief; BEST, Ephesians 1.1; DERS., Ephesians 1.1 again; DERS., Recipients; DAHL, Adresse; DAHL/HELLHOLM, Studies, 60–64; DOTY, Letters, 29–31; GOGUEL, Esquisse; GOODSPEED, Meaning; HARNACK, Adresse; HULTGREN, 2 Cor 6.14–7.1; VAN KOOTEN, Christology 195–203; LIGHTFOOT, Destination; LINDEMANN, Bemerkungen; PERCY, Probleme, 449–466; ROLLER, Formular; VAN ROON, Authenticity 72–85; SANTER, Ephesians i.1; SCHENK, Philipperbriefe; DERS., Entstehung; SCHMID, Epheserbrief, 37–129; SCHNIDER/STENGER, Briefformular, 3–41; SELLIN, Adresse; TAATZ, Briefe; TROBISCH, Entstehung, 80–83; DERS., Paulusbriefe, 41f; VOGEL, Heil, 210–219; WHITE, Epistolary Literature; ZELLER, Charis, 132f; ZUNTZ, Text.

Das Präskript[1] des Eph entspricht dem Schema der genuinen Paulusbriefe. Es besteht aus Absenderangabe (*superscriptio*: V.1a), Adresse (*adscriptio*: V.1b) und Gruß (*salutatio*: V.2).[2] Die Absenderangabe ist identisch mit der von 2Kor 1,1; Kol 1,1 und 1Kor 1,1[3]: „Paulus, (berufener) Apostel Christi Jesu durch Gottes Willen". Wahrscheinlich ist Eph 1,1 hierin von Kol 1,1 direkt abhängig, doch fehlt die Nennung von Mitabsendern. Letzteres gilt zwar auch für den Röm, wo es durch die Kommunikationssituation bedingt ist; doch im Eph ist die individuelle Autorschaft des Apostels Programm. Er allein ist ausersehen für den Empfang und die Durchführung des göttlichen Geheimnisses: der Heidenmission (3,1–13). Der Mono-Apostolat entspricht dem Monotheismus und der Einheits-Theologie dieses Schreibens. – Der Gruß (V.2) stimmt mit dem der übrigen echten Paulinen bis auf 1Thess[4] überein, ebenfalls mit Kol 1,2.[5] Große Schwierigkeiten bereitet jedoch die Adresse des Eph (V.1b). Das hat vor allem textkritische Gründe.

---

[1] Der Eph verwendet das für Paulus übliche Präskript, doch ohne Ortsangabe.
[2] ROLLER, 57–62; SCHNIDER/STENGER, 3–41.
[3] Dort ist jedoch das Adjektiv „berufener (Apostel)" hinzugefügt.
[4] Nach diesem frühesten Brief hat Paulus sein Schema geändert.
[5] Dort fehlt allerdings in B D K u.a. καὶ κυρίου Ἰησοῦ Χριστοῦ, das aber in ℵ A C F G u.a. erscheint. Da eine Einfügung wahrscheinlicher ist als eine Auslassung, ist für Kol der Kurztext zu bevorzugen. Eph hat aber die übrigen Paulinen überwiegend gekannt und ist offenbar hierin Kol nicht gefolgt.

1a Von den 21 „Briefen" des NT beginnen 17 mit dem Namen ihres authentischen oder pseudonymen Verfassers[6] („Paulus", „[Simon] Petrus", „Jakobus", „Judas"). 13 von den 14 Schriften des Corpus Paulinum haben „Paulus" als Verfassernamen (der Hebr hat kein Präskript). „Paulus" nennt im Präskript seinen Titel: „Apostel Jesu Christi". Im Eph begegnet der Titel „Apostel" (außer an dieser Stelle) immer im Plural und im Zusammenhang mit den „Propheten" (2,20; 3,5; 4,11). Für den Verfasser des Eph, der sehr wahrscheinlich zur dritten Generation der Christen gehört und im Namen des großen Heidenapostels schreibt, sind beide Gruppen Größen der grundlegenden Vergangenheit.[7] Paulus hatte sich als einer von mehreren Aposteln[8] verstanden. In bestimmten Situationen musste er aber seine Autorität verteidigen, denn offenbar wurde ihm der Titel zumindest implizit bestritten (1Kor 9,1; 2Kor 11,5; 12,11f). Der römischen Gemeinde musste er sich vorstellen. Im Gal brauchte er den Titel zur Legitimierung seiner theologischen Kritik. Im 1Kor bildet der Titel die Basis für seine „Anordnungen" (παραδόσεις, παραγγέλλειν: 1Kor 11,2.17). Dementsprechend taucht der Titel in den Präskripten von Röm, 1Kor, 2Kor und Gal auf,[9] nicht jedoch in 1Thess, Phil und Phlm. Bis auf eine Ausnahme (2Thess[10]) aber begegnet er in den Präskripten der deuteropaulinischen Briefe: in Kol 1,1; Eph 1,1 und in den drei Pastoralbriefen. Schließlich ist in 1Kor 1,1; 2Kor 1,1; Kol 1,1; Eph 1,1 und 2Tim 1,1 zum Aposteltitel noch die Wendung „durch Gottes Willen" hinzugesetzt. So entsprechen sich die Absenderangaben von 1Kor, 2Kor, Kol, Eph und 2Tim im Wortlaut: Παῦλος (κλητὸς [1Kor]) ἀπόστολος Χριστοῦ Ἰησοῦ διὰ θελήματος θεοῦ. In 1Kor, 2Kor und Kol folgen darauf die Namen der Mitabsender. Aus dem Vergleich der Adressen (V.1b) geht hervor, dass dem Eph das Präskript von Kol als Muster gedient hat. Die Erwähnung von Mitabsendern hat der Verfasser jedoch bewusst vermieden, weil es ihm um ein idealtypisches Paulusbild geht. Insbesondere die Wendung „durch Gottes Willen" wird (obwohl sie dort nicht genannt wird) in 3,1–13 eine wesentliche Rolle spielen, denn danach ist ausschließlich Paulus die Durchführung des Geheimnisses, das in der Völkermission besteht, anvertraut worden.

1b Die Adresse des Eph enthält eines der größten Probleme des ganzen Schreibens. Während die Überschrift ΠΡΟΣ ΕΦΕΣΙΟΥΣ (die nicht zum Autographen gehört hat) von allen Manuskripten bezeugt wird, fehlt in der Adresse in V.1b die Ortsangabe ἐν Ἐφέσῳ in den wichtigsten und ältesten Handschriften (p46 ℵ* B*). Insgesamt gibt es für die Adresse sieben Varianten:[11]

---

[6] Die Ausnahmen sind Hebr, 1Joh, 2Joh, 3Joh. Hebr und 1Joh sind keine Briefe; 2 und 3Joh sind echte Briefe, deren Verfasser sich aber nur mit seinem Titel nennt: ὁ πρεσβύτερος.

[7] S.u. zu 2,20 und 4,11.

[8] Röm 16,7; 1Kor 4,9; 9,1f; 12,28f; 15,7; 2Kor 8,23; 11,5; 12,11; Gal 1,17.

[9] Die erwähnten Mitabsender in den Korintherbriefen und im Gal werden in diesen Titel nicht eingeschlossen.

[10] Der Grund ist die Ausrichtung an der Absenderangabe und der Adressierung des 1Thess.

[11] ALAND, 356f.

(1) τοῖς ἁγίοις	πᾶσιν	τοῖς οὖσιν	ἐν	Ἐφέσῳ καὶ πιστοῖς ἐν Χρ. Ἰ.	(א² A P u.a.)
(2) τοῖς ἁγίοις		τοῖς οὖσιν	ἐν	Ἐφέσῳ καὶ πιστοῖς ἐν Χρ. Ἰ.	(B² D F u.a.)¹²
(3) τοῖς ἁγίοις		τοῖς οὖσιν	ἐν τῇ	Ἐφέσῳ καὶ πιστοῖς ἐν Χρ. Ἰ.	(1115)
(4) τοῖς ἁγίοις		τοῖς	ἐν	Ἐφέσῳ καὶ πιστοῖς ἐν Χρ. Ἰ.	(2544)
(5) τοῖς ἁγίοις		τοῖς	ἐν	Ἐφέσῳ καὶ πιστοῖς ἐν Χρ. Ἰ.	(1149)
(6) τοῖς ἁγίοις		τοῖς οὖσιν		καὶ πιστοῖς ἐν Χρ. Ἰ.	(א* B* 1739)
(7) τοῖς ἁγίοις		οὖσιν		καὶ πιστοῖς ἐν Χρ. Ἰ.	(p46)¹³

Die Lesarten 3, 4 und 5 sind späte singuläre Varianten der Lesart 2. Ebenfalls eine Variante von Lesart 2 ist Lesart 1. Nach den Regeln der Textkritik hat man Lesart 6 als die älteste und ursprüngliche anzusehen, von der sich Lesart 7 als eine grammatische Verbesserung ableiten lässt.[14] Lesart 2 aber setzt bereits die Bezeichnung ΠΡΟΣ ΕΦΕΣΙΟΥΣ aus der Überschrift bzw. der *subscriptio* voraus.[15] Dass Eph ursprünglich keine Ortsangabe in der Adresse enthielt und folglich als ein „katholisches" Schreiben konzipiert war, könnte auch durch die Tatsache belegt werden, dass nach Tert.Marc. V 11,17 Markion dem Eph den Titel *ad Laodicenos* gegeben hat[16] (wohingegen Tert. ihn bereits als *ad Ephesios* kennt). Das hätte Markion nicht tun können, wenn der Brief schon die Überschrift oder *subscriptio* „An die Epheser" gehabt hätte.[17] Auch Origenes setzt voraus, dass die Ortsangabe „in Ephesus" fehlte, wenn er τοῖς οὖσιν im Sinne platonischer Ontologie und im Anschluss an Ex 3,14 in absolutem Sinne auf Gott als das Seiende bezieht.[18] Diese Zuschreibung ist demnach erst nach 150 n. Chr. aufgekommen und danach dann durch Abschreiber in das Präskript übernommen worden.

---

[12] Die Mehrheit der Handschriften, insgesamt 580 Zeugen.

[13] Die noch von BEST, Eph, 98, verbreitete Annahme, diese Lesart sei auch von D (06) bezeugt, geht auf einen Irrtum Tischendorfs zurück (vgl. dazu die Hinweise bei TROBISCH, Entstehung, 80 mit A 61).

[14] א² A P 81 u.a. haben πᾶσιν τοῖς οὖσιν – wohl unter dem Einfluss von Lesart (1).

[15] TROBISCH, Paulusbriefe, 41f: Es ist nachzuvollziehen, „daß Schreiber leicht die Adresse aus dem Titel genommen und an der entsprechenden Stelle in den Text eingefügt haben können. Dies ist im Codex Vaticanus (B 03) und Codex Sinaiticus (א 01) noch heute zu sehen: dort wurde die Adresse in den Text eingetragen. Im Gegensatz dazu fällt es schwer, einen vernünftigen Grund zu nennen, warum ein Schreiber die Adresse aus dem Text gestrichen haben soll, die Überschrift aber unverändert ließ. Aus dieser Überlegung heraus scheint es deutlich, daß die älteste Textform des Epheserbriefes im Text keinen Empfängernamen bot." Vgl. DERS., Entstehung 80f: „Der ohne konkrete Adresse überlieferte Brief erhielt als redaktionellen Zusatz die Überschrift *An die Epheser*". Zum textkritischen Problem im ganzen vgl. auch SELLIN, 171–174.

[16] Dazu SCHMID, 52–63. Aufgrund der Nachricht über Markions Zuschreibung des Briefes *ad Laodicenos* wird von einigen vermutet, Eph sei ursprünglich an die Gemeinde in Laodicea gerichtet worden und mit dem in Kol 4,16 erwähnten Brief identisch (z. B. LINCOLN, Eph, LXXII. 4: nach Laodicea und Hierapolis; ähnlich KREITZER, Solution; VAN KOOTEN, 195–203). Die Tatsache, dass Kol 4,16 den Laodicenerbrief zeitlich voraussetzt, während Eph den Kol voraussetzt, macht die These von der Laodicea-Adresse des Eph aber schwierig. Damit ist Laodicea als Entstehungs- und Verbreitungsort des Eph jedoch nicht völlig ausgeschlossen (s. o. Einleitung § 5 und 6).

[17] Für die Annahme, Markion hätte mit seiner Zuschreibung „*ad Laodicenos*" (nach Tertullian) ein ursprüngliches πρὸς Ἐφεσίους ersetzt, gibt es keinen Grund (vgl. SCHMID, 53f). Schmid meint zu Recht, Markion hätte Laodicea aus Kol 4,16 erschlossen.

[18] Vgl. SCHMID, 61f, der auch Basilius als Zeugen für die ortsnamenlose Adresse anführt (62f); vgl. auch SCHENK, Entstehung, 73.

Der durch die Textkritik erschlossene ursprüngliche Wortlaut von V.1b bereitet jedoch, was die Syntax betrifft, Schwierigkeiten. A. Lindemann, der für eine Urfassung mit der Ortsangabe ἐν Ἐφέσῳ (Lesart 1 oder 2) eintritt, bezeichnet markant das Problem: Wenn man die Lesart von B* und ℵ* für ursprünglich hält, „so müßte man annehmen, daß der Autor des Eph bereits im ersten Satz seines im übrigen sorgfältig formulierten Textes einen recht massiven Fehler gemacht hat"[19], denn „das substantivierte Ptz. [Partizip] ὤν kann nur stehen, wenn sich außer dem Prädikatsnomen noch weitere Bestimmungen finden".[20] Diese Schwierigkeit hat viele Ausleger dazu veranlasst, Konjekturen vorzunehmen[21] oder mit einem „Lückentext" (Enzyklika- oder Kopien-Hypothese) zu rechnen, in den die jeweilige Adresse *ad hoc* eingetragen worden sei.[22] Keine dieser Hypothesen ist jedoch überzeugend, so dass es sich empfiehlt, den Text von ℵ* und B* als ursprünglich vorauszusetzen. Der Wortlaut dieser Textfassung könnte korrekt sein, wenn man annehmen dürfte, dass das substantivierte Partizip von εἶναι in idiomatischer Ausdrucksweise offizieller Verwaltungspapyri für „dortig" oder „derzeitig" steht (sogenannte „Kanzleisprache"). Der Ausdruck würde dann etwa bedeuten: „den je dortigen Heiligen".[23] Dieser Sprachgebrauch ist jedoch literarisch nirgends belegt und dem Stil des Eph völlig inadäquat.

Das sprachliche Problem bleibt unlösbar, wenn man die Adresse von Eph 1,1 nach dem Schema der Adressen von 1Kor, 2Kor, Phil und Röm versteht, wo τοῖς οὖσιν (Röm 1,7; Phil 1,1) bzw. (τῇ ἐκκλησίᾳ ...) τῇ οὔσῃ ... (1Kor 1,2; vgl. 2Kor 1,1: τῇ οὔσῃ ... τοῖς ἁγίοις τοῖς οὖσιν) immer mit einer Ortsangabe verbunden ist. Die Lesart 6 erweist sich jedoch als syntaktisch korrekt, wenn man davon ausgeht, dass sie der Adresse des Kol nachgebildet ist:

Kol 1,2: τοῖς ἐν Κολοσσαῖς ἁγίοις καὶ πιστοῖς ἀδελφοῖς ἐν Χρ.
Eph 1,1b: τοῖς ἁγίοις τοῖς οὖσιν καὶ πιστοῖς ἐν Χρ. Ἰ.

---

[19] LINDEMANN, 235f; vgl. THEOBALD/PILLINGER, Eph, 19 A 18; 35–37.
[20] BDR § 413,4. Fehlt eine weitere Bestimmung, müsste der Artikel fehlen (ebd. A 10): so die Lesart von p⁴⁶ (Lesart 7).
[21] Die Versuche sind zahlreich: EWALD, Eph, 15f; BATEY; SANTER, 248; SCHMID, 125–129; GOGUEL, 254 A 1; BEST, Ephesians 1.1 again, 21f; DERS., Eph, 99f; VAN ROON, 72–85; LINCOLN, Eph, 3f; VAN KOOTEN, 197–203. Jeder dieser Vorschläge hat erhebliche Schwächen. Die auf VAN ROON zurückgehende, von LINCOLN und (ohne Hierapolis) von VAN KOOTEN favorisierte Hypothese, der Verfasser von Eph müsse die Adresse „in Laodicea" dem Kol (4,15f) entnommen haben, verdankt sich einer vagen Hypothese über den Entstehungs- bzw. Verbreitungsort des Eph. Warum hat das aber in keiner Handschrift Spuren hinterlassen?
[22] So z.B. LIGHTFOOT, 392; HAUPT, Eph, 50; PERCY, 462; ZUNTZ, 228 A 1. Die Hypothese geht auf J. USSHER, Annales Veteris et Novi Testamenti, London 1650–1654, zurück. Gegen die Annahme solcher Zirkular-Schreiben spricht u.a. die Tatsache, dass keine derartigen Textlücken in antiken Texten bekannt sind (BEST, Eph, 99).
[23] MAYSER, Grammatik, II 1, 347f. Damit rechnen z.B. MOULTON, Einleitung, 360f; DIBELIUS/GREEVEN, Eph, 57, und SCHNACKENBURG, Eph, 38. Die dafür aus der Apg genannten Stellen 5,17; 13,1; 14,13 und 28,17 sind jedoch mit Eph 1,1 nicht ganz vergleichbar (vgl. SELLIN, 175).

Die Tatsache, dass die Ortsangabe in den Lesarten 1 und 2 an anderer Stelle als im Kol erscheint, widerspricht der sonst zu beobachtenden Orientierung des Eph am Kol. Die Texte mit der Ortsangabe „in Ephesus" haben die Adresse des Eph nicht am Kol, sondern am Phil, Röm, 1Kor und 2Kor ausgerichtet. Der Eph hat aber im Zuge seiner auch sonst zu beobachtenden verallgemeinernden Tendenz nicht nur die Ortsangabe des Kol ausgelassen, sondern er hat das Adjektiv πιστός durch die Auslassung von ἀδελφοῖς substantivisch aufgefasst und damit an τοῖς ἁγίοις angeglichen. Dabei werden „die Heiligen" gleichgesetzt mit den πιστοὶ ἐν Χριστῷ Ἰησοῦ. Während πιστός in Kol 1,2 ein Adjektiv ist (und „treu", „zuverlässig" bedeutet), wird in Eph 1,1 daraus das plurale Substantiv „die an Christus Jesus *Gläubigen*".[24] πιστὸς εἶναι ἐν ist synonym mit πιστεύειν ἐν (Eph 1,13[25]; Mk 1,15; Joh 3,15[26]).[27] Vor allem aber ist die Umschreibung mit dem Partizip von εἶναι im Eph noch zweimal zu finden (2,13 und vor allem 4,18):

1,1:   τοῖς ἁγίοις τοῖς   οὖσιν   καὶ πιστοῖς ἐν Χρ. Ἰ.
2,13: ὑμεῖς   οἵ ποτε   ὄντες   μακράν
4,18: τὴν ἄγνοιαν τὴν   οὖσαν   ἐν αὐτοῖς

Formen des Partizips von εἶναι finden sich häufig im Eph – neben 1,1: 2,1.4.5.13.20; 4,18 (2mal). Eine Schwierigkeit stellt allerdings die Stellung des καί dar. Meistens wird übersetzt: „den Heiligen, die (gleichzeitig) *auch* gläubig sind an Christus Jesus".[28] Das καί wird dann als eine Einschränkung verstanden. Das ist jedoch nicht zwingend. Das καί kann auch explikativ gebraucht werden (4,6: εἷς θεὸς καὶ πατὴρ πάντων – „ein Gott, welcher der Vater von allen ist"; 5,20: τῷ θεῷ καὶ πατρί – „dankt ... Gott, dem Vater"). Dann lässt sich der Sinn der Adresse umschreiben: „an die Heiligen, das sind die an Christus Jesus Glaubenden". Ausgesagt wäre damit eine Neudefinition des Begriffs Heilige: die Heiligen, das sind die *Christen*.[29] Bei dieser Deutung der Adresse hätte der Autor des Eph keinen

---

[24] Πιστός in der Bedeutung „gläubig" begegnet häufiger im NT, z.B. in Joh 20,27; Apg 10,45; 16,1; 2Kor 6,15; 1Tim 4,3.12.

[25] Wahrscheinlich bezieht sich das ἐν ᾧ dort aber primär auf das Hauptverb ἐσφραγίσθητε.

[26] Vgl. aber die Textkritik – für ἐν αὐτῷ: p75 B u.a; für ἐπ' αὐτῷ: p66 L; für εἰς αὐτόν: p63vid ℵ A u.a.

[27] Πιστεύειν wird mit εἰς, ἐπί, absolut, mit Dat., mit Infinitiv, mit Akk. bzw. A.c.I., mit ὅτι oder mit ἐν gebraucht. Häufiger wird πίστις mit ἐν gebraucht: πίστις ἐν τῷ κυρίῳ Ἰησοῦ (Eph 1,15) oder πίστις ἐν Χριστῷ Ἰησοῦ (Gal 3,26; Kol 1,4; 1Tim 3,13; 2Tim 1,13; 3,15).

[28] So POKORNÝ, Eph, 50, der das καί also als ein eingrenzendes versteht: Die Adressaten sind solche, die sowohl Heilige als auch Gläubige sind. Das ist aber unwahrscheinlich. Zuvor auf S. 36 ist Pokorný der Sache schon näher gekommen, wenn er schreibt: „... die einzige Möglichkeit besteht darin, den zweiten Teil der Adresse als Näherbestimmung der Angabe über die Heiligen zu begreifen ...". Diese Näherbestimmung muss jedoch nicht ein Zusatzkriterium sein, sondern sie kann auch eine Explikation darstellen.

[29] Es geht also nicht um die Teilmenge der Heiligen, die darüber hinaus auch noch Christen sind, sondern um eine neue Spezifizierung des Begriffs „Heilige". Das explikative καί lässt sich dann im Sinne von „und zwar" verstehen. Dieser Deutung kommt Joh. Tobias BECK, Eph, 30–32, sehr nahe: τοῖς οὖσιν sei mit καὶ πιστοῖς zu verbinden. Allerdings versteht er das Partizip οὖσιν als Emphase: „den Heiligen, die *wirklich* auch getreu sind".

Fehler gemacht, denn die erforderliche zweite Bestimmung[30] würde ja (statt in dem ἐν Ἐφέσῳ) in dem καὶ πιστοῖς ἐν Χρ. Ἰ. bestehen. Wenn diese Interpretation der Adresse zutrifft, ist der Eph konzipiert als ein „katholischer Brief" (gerichtet an alle Christen Kleinasiens[31]).[32]

Erklärt werden muss freilich noch, wie später die Adresse „(an die Heiligen) *in Ephesus*" entstanden ist. Markion, Origenes und sogar Basilius haben diese Adresse offenbar nicht gekannt. Tertullian allerdings setzt sie seinerseits schon voraus. Die *inscriptio* (der Titel) muss offenbar eher aufgekommen sein als die Aufnahme der Ortsangabe in das Präskript. Die Titulierung aber wird mit dem Zwang der Titelvergabe im Zusammenhang der Bildung von Briefcorpora zusammenhängen. Weil alle Paulusbriefe (einschließlich Kol) Ortsangaben enthielten, musste auch Eph im Rahmen einer Sammlung eine entsprechende Bezeichnung bekommen. Da Eph im Westen Kleinasiens verbreitet war, lag der Name der Provinzhauptstadt nahe (wobei die Korintherbriefe in Bezug auf Achaia das Vorbild abgegeben haben können). Der spezifische Inhalt des Eph legt eine tatsächliche Adressierung an die Christen in Ephesus keineswegs nahe. Nirgendwo gibt es im Schreiben einen konkreten Anhaltspunkt dafür, dass es um Christen in dieser Stadt geht. Bis auf die Tychikus-Notiz (6,21-22), die dem Kol entnommen ist, wird überhaupt jede Konkretion vermieden.

2 Den dritten Teil des Präskriptes bildet die *salutatio*. Sie ist in allen genuinen Paulusbriefen (mit Ausnahme des 1Thess) identisch.[33] Eph 1,2 entspricht wörtlich dieser Normalform. In Kol 1,2 jedoch fehlt wahrscheinlich das καὶ κυρίου Ἰησοῦ Χριστοῦ[34]. Χάρις ist einer der grundlegenden Begriffe im Eph.[35] In LXX wird damit überwiegend חֵן (in den Bedeutungen „Gunst" und „Anmut") wiedergegeben. Die größte Rolle spielt der Begriff bei Philon.[36] Die wichtigste Stelle ist LA III 78:[37] „*alles* ist Gnade Gottes … so kann man auch auf die Frage, welches der

---

[30] S.o. bei A 19 und 20.
[31] Faktisch hat sich durch diese unvermeidbare Beschränkung auf die Asia die spätere Zuschreibung „an die Epheser" im Titel ergeben.
[32] Es sind wahrscheinlich Kol und Eph, die gegen Ende des 1. Jh. eine Reaktion von Seiten stärker apokalyptisch ausgerichteter Kreise hervorriefen. Diese Reaktion berief sich auf der einen Seite auf Paulus selbst (Pastoralbriefe – vgl. 2Tim 2,18), auf der anderen Seite aber auch auf die Urapostel Jakobus (und daran anknüpfend Jud) und Petrus. Jak, 1Petr, 2Petr und Jud wenden sich folglich an die überregionale Christenheit. Der 1Petr versucht im Namen Petri eine „petrinisch"-paulinische Ökumene in Kleinasien zu etablieren, was u.a. durch die „Adoption" der antiochenischen „Mitarbeiter" Silvanus (ein Pauliner) und (Johannes) Markus als Mitarbeiter Petri (1Petr 5,12f) zum Ausdruck gebracht wird (vgl. REICHERT, Praeparatio, 500–568).
[33] Χάρις ὑμῖν καὶ εἰρήνη ἀπὸ θεοῦ πατρὸς ἡμῶν καὶ κυρίου Ἰησοῦ Χριστοῦ.
[34] S. o. A 4.
[35] Statistisch hat Eph die relativ häufigsten Vorkommen des Begriffs (12 in 6 Kapiteln), gefolgt von Röm (24 in 16 Kapiteln) und 2Kor (18 in 13 Kapiteln).
[36] Ca. 200 Stellen, wo das Wort eine theologische Bedeutung mit philosophischem Hintergrund hat. Zum Begriff χάρις bei Philon vgl. ZELLER, 33-128.
[37] Anlass ist Gen 6,8 (Noah); es folgt als weiteres positives Beispiel Melchisedek (Gen 14,18 – s.u. bei A 45).

Ursprung allen Werdens sei, völlig richtig antworten: die Gutheit (ἀγαθότης) und Gnade (χάρις) Gottes … denn Geschenk, Wohltat und Gnade (χάρισμα) Gottes ist alles in der Welt und die Welt selbst".[38] Im Hintergrund steht Platon, Tim. 29e, wo die Entstehung der Welt auf die Tatsache zurückgeführt wird, dass der Weltschöpfer „gut" war (ἀγαθὸς ἦν).[39] Gott ist „gut", weil er die Quelle allen Seins ist, weil er nur schafft, schenkt und gibt, selber aber bedürfnislos ist. Die Grundbedeutung von χάρις ist das „Ungeschuldetsein"[40] (Aristoteles, rhet. II 7, 1385ab), die Initiation von Güte und Gabe[41]. Das Zweite, was im Gruß zugesprochen wird, ist der Friede (εἰρήνη). Mit εἰρήνη wird in LXX überwiegend das hebräische Wort שָׁלוֹם wiedergegeben, das zwei Hauptbedeutungen hat: 1. „Heil", „Wohlsein", 2. „Friede", „freundschaftliche Beziehung". Im jüdischen Briefpräskript erscheint der Friedensgruß. In 2Bar (syr.) 78,2 begegnet die *salutatio* in der Form ἔλεος καὶ εἰρήνη (wie in Jud 2[42]), die wahrscheinlich der paulinischen Form χάρις καὶ εἰρήνη zugrunde liegt.[43] Auch hierin wird Paulus nicht ganz originell gewesen sein: Es ist kein Zufall, dass die Fortsetzung der zum Begriff χάρις herangezogenen Philonstelle LA III 78[44] nun vom „Frieden" spricht. Als zweites positives Beispiel nach Noah wird Melchisedek (Gen 14,18) genannt: „König des Friedens" (79).[45] Vom Verfasser des Eph ist dieser klassische paulinische Briefgruß[46] bewusst beibehalten worden, denn gerade auch der „Friede" spielt für ihn eine hervorragende Rolle: 2,14 (Christus „ist unser Friede"); 2,15.17; 4,3; 6,15 („Evangelium des Friedens"). Der Schlussgruß 6,23f fasst noch einmal zusammen: „Friede den Brüdern und Liebe" (ἀγάπη[47]). Die Gnade und der Friede gehen aus von „Gott,

---

[38] Da χάρισμα sonst erst in christlicher Literatur begegnet und LA III 78 die einzige Stelle bei Philon ist, wo das Wort (zweimal) vorkommt, wird man es (L.Cohn folgend) an der ersten Stelle streichen und an der zweiten durch χάρις zu ersetzen haben (vgl. die Anmerkung von I. Heinemann in Philo deutsch, Bd.3, 110).

[39] Dazu s.u. zu 1,4 und 5,1f.

[40] K. Berger, EWNT² 3, 1096.

[41] Vgl. die zusammenfassende Beschreibung des an Platon anschließenden philonischen χάρις-Begriffs bei Zeller, 42: „χάρις meint die nach außen gewandte Seite der Vollkommenheit Gottes, seine Geneigtheit gegenüber dem Unvollkommen, die Fähigkeit, aus totalem Selbstbesitz heraus überreich zu schenken"; dazu s. auch Vogel, 212–215 („Gott schenkt sich selber").

[42] Vgl. 1Hen (gr.) 5,5f; χάρις καὶ εἰρήνη begegnet dort in 5,7 (bisher wohl die einzige vorneutestamentliche Stelle mit dieser Kombination).

[43] Vgl. Taatz, 112: Statt die auch in jüdischen Briefen verwendete griechische Form mit χαίρειν zu gebrauchen, hat Paulus die Form mit ἔλεος καὶ εἰρήνη vorausgesetzt, doch das ἔλεος durch das ihm gewichtigere χάρις ersetzt. Wenn man den Anklang von χάρις an χαίρειν bedenkt, ist die paulinische *Salutatio* ein Kompromiss aus der griechischen und der jüdischen Form.

[44] Anlass war dort Gen 6,8 (Noah „fand Gnade vor Gott dem Herrn").

[45] Βασιλεὺς Σαλημ = מֶלֶךְ שָׁלֵם, von Philon als βασιλεὺς τῆς εἰρήνης übersetzt.

[46] Χάρις und εἰρήνη sind als Gabe zu verstehen: Schnider/Stenger, 28, in Auseinandersetzung mit Berger, 192.198, der χάρις als „geoffenbarte Erkenntnis" und εἰρήνη als „Segensformel", „speziell aber als Anrede des von Gott legitimierten Sprechers an Auserwählte" verstehen will (dagegen auch Zeller, 132 A 9).

[47] Die ἀγάπη („Liebe") hängt eng mit der χάρις zusammen. Diese erscheint denn auch noch einmal im letzten Vers des Schreibens.

unserem Vater, *und* dem Herrn Jesus Christus".[48] Das ἡμῶν („unserem") wird jedoch in V.3 (der Einleitung der Eulogie V.3-14) zu τοῦ κυρίου gezogen. Das καί (in ὁ θεὸς καὶ πατήρ) ist dort ein epexegetisches καί: Gott wird näher bestimmt als der „Vater Jesu Christi". Gott ist also unser aller „Vater" (V.2), insofern er der „Vater unseres Herrn Jesus Christus" ist.[49] *Durch* Jesus Christus sind wir Gottes Kinder.[50]

---

[48] Man kann folglich nicht die Gen. ἡμῶν und κυρίου 'I. Χρ. gemeinsam und parallel von πατρός abhängig sein lassen – etwa in dem Sinne: von Gott, dem Vater von uns und (dem Vater) von Jesus Christus. Vgl. auch den Friedenswunsch am Schluss (6,23): „von Gott, dem Vater, und dem Herrn Jesus Christus".

[49] SCHNACKENBURG, Eph, 41, konstatiert: „Die Nebenordnung von Gott dem Vater und Jesus Christus ist typisch für die Segensformeln der Präskripte und wird hier vom Verf. übernommen, obwohl er sonst gemäß seiner theozentrischen Blickweise lieber vom ‚Gott (und Vater) unseres Herrn Jesus Christus' spricht" – unter Hinweis auf 1,3 und 1,17. Beide Stellen bringen Letzteres jedoch nicht zum Ausdruck: In 1,3 ist πατὴρ τοῦ κυρίου ἡμῶν 'I. Χρ. eine Explikation des Subjekts ὁ θεός, und das καί ist ein καί *explicativum* oder *epexegeticum*. In 1,17 liegt eine Vertauschung der Genitive vor, eine rhetorische Figur (*hypallage* oder *enallage*): s.u. zu 1,17.

[50] SCHENK, Philipperbriefe, 87f, kommt (anlässlich von Phil 1,2) zu diesem Ergebnis durch textlinguistische Erwägungen: Der Gruß sei am Schluss aus stilistischen Gründen verkürzt; vor κυρίου 'I. Χρ. sei διά zu ergänzen. Wie Gott die Präposition ἀπό zukomme, so Christus die Präposition διά; vgl. auch SCHNIDER/STENGER, 29f. Sinngemäß ist das zutreffend: Gott ist der „Sender" von Gnade und Frieden, Christus der Vermittler.

Erster Hauptteil: Der Heilsindikativ (1,3–3,21)

I. 1.) 1,3–14: Die Briefeingangseulogie

(3) Gepriesen (ist) Gott, der Vater unseres Herrn Jesus Christus,

    der uns segnete
        mit allem geistlichen Segen
        in den höchsten Himmeln
        in Christus,
(4)   wie er uns erwählte
        in ihm
        vor Gründung der Welt,
        damit wir heilig und untadelig seien
        vor ihm,
        in Liebe,
(5)   (der) uns vorherbestimmte
        zur Sohnschaft
        durch Jesus Christus
        auf ihn hin
        gemäß dem Wohlgefallen seines Willens
(6)   zum Lob der Herrlichkeit seiner Gnade,
        mit der er uns begnadete
        in dem Geliebten,
(7)   in welchem wir die Erlösung haben
        durch sein Blut,
        den Erlass der Übertretungen,
        gemäß dem Reichtum seiner Gnade,
(8)   die er uns reichlich zuteil werden ließ
        in aller Weisheit und Klugheit,
(9)   (der) uns kundtat das Geheimnis seines Willens
        gemäß seinem Wohlgefallen,
        das er vorweg gefasst hatte in ihm
(10)   zur Durchführung der Fülle der Zeiten:
        zusammenzufassen das All
        in Christus,
        das in den Himmeln und das auf der Erde,
        in ihm,

(11)   in welchem wir auch erlost wurden,
           vorherbestimmt
           gemäß dem Vorsatz dessen, der das All durchwirkt,
           gemäß dem Ratschluss seines Willens,
(12)   dazu, dass wir zum Lobe seiner Herrlichkeit daseien,
           (wir) die wir vorausgehofft haben
           in Christus,
(13)   in welchem auch ihr, als ihr das Wort der Wahrheit hörtet,
           das Evangelium eurer Errettung,
           in welchem auch, nachdem ihr zum Glauben gekommen wart,
              ihr gesiegelt wurdet mit dem verheißenen Heiligen Geist,
(14)   der das Angeld unseres Erbes ist
           zur Erlösung als der Inbesitznahme (des Erbes)
           zum Lob seiner Herrlichkeit.

BARKHUIZEN, Structure; CAMBIER, Bénédiction; CARAGOUNIS, Mysterion, 39-52.78-96; CASTELLINO, Dossologia; COPPIETERS, Doxologie; COUNE, Louange; COUTTS, Eph. 1:3-14; DAHL, Adresse; DERS, Benediction; DEBRUNNER, Kolometrie; DEICHGRÄBER, Gotteshymnus, 65-76; FAUST, Pax Christi, 212-217; FISCHER, Tendenz, 111-118; GESE, Vermächtnis, 214-223; GIBBS, Creation, 114-134; GRELOT, Structure; HAHN, Observations; TH. HECKEL, Juden und Heiden, 176-194; U. HECKEL, Segen; HOPPE, Theo-logie 178-185; INNITZER, „Hymnus"; JAYNE, „We" and „You"; JEAL, Theology and Ethics, 80-93; KEHL, Christushymnus; KESSLER, Berufung; KRÄMER, Eulogie; LANG, Eulogie; LINDEMANN, Aufhebung, 89-106; LOHMEYER, Prooemium; LYONNET, Bénédiction; MAURER, Hymnus; MONTAGNINI, Features; MUSSNER, Volk Gottes; O'BRIEN, Thanksgivings; OCHEL, Annahme, 18-32; RAMAROSON, Bénédiction; ROBBINS, Composition; ROBINSON, Hodajoth-Formel; SANDERS, Hymnic Elements; SCHATTENMANN, Prosahymnus, 1-10; SCHILLE, Liturgisches Gut, 16-24; DERS., Hymnen, 65-73; SCHNACKENBURG, Eulogie; STÄHLIN, Grundgehalt; TRINIDAD, Mystery; WILSON, „We".

Der Eph beginnt (nach dem konventionell paulinischen Präskript) mit einem gewaltigen Satzgefüge, das auf den ersten Blick „monströs" und undurchsichtig erscheint.[1] Die Verse 3-14 bilden einen einzigen Satz, dessen Gesamtstruktur zunächst analysiert werden muss. In der neueren Forschung sind dazu verschiedene Wege beschritten worden:[2] (1.) Man geht von inhaltlichen (dogmatischen) Kriterien aus. So finden viele Exegeten darin ein trinitarisches Gliederungsprinzip.[3] (2.) Man geht kolometrisch bzw. stichometrisch von poetologisch-formalen Krite-

---

[1] Berüchtigt ist das Wort E. Nordens über diesen Teiltext: „Das monströseste Satzkonglomerat (denn von einer Periode kann man da gar nicht mehr reden), das mir in griechischer Sprache begegnet ist" (NORDEN, Agnostos Theos, 253 A 1).
[2] BARKHUIZEN, 392-402, unterscheidet „trinitarian theory" (Cambier), „isometric theory" (Schattenmann), „formulaic theory" (Krämer, Lang), Rekonstruktion eines ursprünglichen Hymnus (Coutts), „linguistic theory" (Schnackenburg) und „rhetorical theory" (Robbins).
[3] So INNITZER; COUTTS, 116f; LYONNET, 350; CAMBIER, 102-104: (I) V.4-6 (Gott); (II) V.7-12 (Christus); (III) V.13-14 (Heiliger Geist); vgl. auch THEOBALD/PILLINGER, Eph, 41.207f.

rien aus und hält sich an die Anzeichen für symmetrische und parallele Bauformen (Zeilen, Strophen).[4] (3.) Damit verbunden ist in der Regel eine literarkritische Hypothese: dass es sich bei 1,3-14 oder größeren Teilen daraus um einen zitierten Hymnus handele.[5] (4.) Man fragt formgeschichtlich nach der Gattung des Textes. Neben den soeben unter 2. und 3. genannten Hypothesen, dass eine Liedform (Hymnus) zugrundeliege, ging vor allem N.A. Dahl von der Gattung der „Eulogie" aus.[6] (5.) Verwandt damit ist die rhetorische Analyse, die jedoch stärker auf die Textproduktionsregeln der klassischen Rhetorik fixiert ist.[7] (6.) Zum Ausgangspunkt wird die Frage nach der grammatisch-syntaktischen Struktur des Textes genommen.[8] – Es ist einleuchtend, dass alle sechs Wege prinzipiell ihre Berechtigung haben. Doch den Ausgangspunkt kann nur die sprachlich-syntaktische Analyse bilden, die dann durch rhetorische, formgeschichtliche und semantische Gesichtspunkte zu erweitern ist.[9]

Um eine solche Analyse durchzuführen, muss der griechische Text in einer übersichtlichen Form präsentiert werden.[10] Die folgende Wiedergabe setzt schon einige Vorentscheidungen voraus, die im Laufe der Analyse begründet werden. Zeilenumbruch und Absätze sollen keinen Strophen- und Versaufbau suggerieren, sondern dienen lediglich dazu, die syntaktische Struktur sichtbar zu machen. Dabei sind vor allem die Präpositionalausdrücke zeilenmäßig abgesetzt, sofern sie nicht unlösbar in einem selber eine unterste Einheit darstellenden Nebensatz an das Verb gebunden sind (wie im Falle von εἰς ἡμᾶς in V.8a, ἐν αὐτῷ in 9c und εἰς ἔπαινον δόξης αὐτοῦ in 12a).

3 εὐλογητὸς ὁ θεὸς καὶ πατὴρ τοῦ κυρίου ἡμῶν Ἰησοῦ Χριστοῦ

I a   ὁ εὐλογήσας ἡμᾶς
        ἐν πάσῃ εὐλογίᾳ πνευματικῇ
        ἐν τοῖς ἐπουρανίοις
        ἐν Χριστῷ

---

[4] So vor allem LOHMEYER; OCHEL, 28-32; MASSON, Eph, 148-152; SCHATTENMANN; GRELOT. Zur Kritik insbesondere an Schattenmanns Formalismus: KRÄMER, 37; BARKHUIZEN, 394f; an Lohmeyer: DEBRUNNER.
[5] So (neben einigen der in der vorigen Anmerkung Genannten) SCHILLE, Liturgisches Gut, 16-24; DERS, Hymnen, 65-73; E. KÄSEMANN, RGG³ 2, 519; COUTTS; FISCHER, 111-118. Zur Kritik: BARKHUIZEN, 399f (zu Coutts).
[6] DAHL, Adresse, 250-264; vgl. DEICHGRÄBER, 40-43.65-76; KEHL, 26-46.
[7] Vor allem ROBBINS (zur Kritik: LINCOLN, Eph, 15).
[8] So DEBRUNNER, 231-234, in seiner Kritik an Lohmeyer; COPPIETERS; CASTELLINO; vgl. KEHL, 17-21.69-78; KRÄMER; GNILKA, Eph, 58-60; SCHNACKENBURG, Eph, 43-47; DERS., Eulogie; LINCOLN, Eph, 15-44.
[9] SCHNACKENBURG, Eulogie, hat dazu das textsemiotische Modell mit den Bestandteilen der syntaktischen, der semantischen und der pragmatischen Analyse zugrundegelegt. Eine ausschließlich semantische Zerlegung in Elemente verschiedener Stufen bietet CARAGOUNIS, 78-96.
[10] Vgl. die Textwiedergaben bei KRÄMER, 39; SCHNACKENBURG, Eulogie, 73f; ROBBINS, 683; DAHL/HELLHOLM, Studies, 328f (nach Kola und Kommata).

	b	4	καθὼς ἐξελέξατο ἡμᾶς
			ἐν αὐτῷ
			πρὸ καταβολῆς κόσμου
			εἶναι ἡμᾶς ἁγίους καὶ ἀμώμους
			κατενώπιον αὐτοῦ
			ἐν ἀγάπῃ
II	a	5	<u>προορίσας</u> ἡμᾶς
			εἰς υἱοθεσίαν
			διὰ Ἰησοῦ Χριστοῦ
			εἰς αὐτόν
			κατὰ τὴν εὐδοκίαν τοῦ θελήματος αὐτοῦ
		6	εἰς ἔπαινον δόξης τῆς χάριτος αὐτοῦ
			ἧς ἐχαρίτωσεν ἡμᾶς
			ἐν τῷ ἠγαπημένῳ
	b	7	ἐν ᾧ ἔχομεν τὴν ἀπολύτρωσιν
			διὰ τοῦ αἵματος αὐτοῦ
			τὴν ἄφεσιν τῶν παραπτωμάτων
			κατὰ τὸ πλοῦτος τῆς χάριτος αὐτοῦ
		8	ἧς ἐπερίσσευσεν εἰς ἡμᾶς
			ἐν πάσῃ σοφίᾳ καὶ φρονήσει
III	a	9	<u>γνωρίσας</u> ἡμῖν τὸ μυστήριον τοῦ θελήματος αὐτοῦ
			κατὰ τὴν εὐδοκίαν αὐτοῦ
			ἣν προέθετο ἐν αὐτῷ
		10	εἰς οἰκονομίαν τοῦ πληρώματος τῶν καιρῶν
			ἀνακεφαλαιώσασθαι τὰ πάντα
			ἐν τῷ Χριστῷ
			τὰ ἐπὶ τοῖς οὐρανοῖς καὶ τὰ ἐπὶ τῆς γῆς
			ἐν αὐτῷ
	b	11	ἐν ᾧ καὶ ἐκληρώθημεν
			προορισθέντες
			κατὰ πρόθεσιν τοῦ τὰ πάντα ἐνεργοῦντος
			κατὰ τὴν βουλὴν τοῦ θελήματος αὐτοῦ
		12	εἰς τὸ εἶναι ἡμᾶς εἰς ἔπαινον δόξης αὐτοῦ
			τοὺς προηλπικότας
			ἐν τῷ Χριστῷ
(IV)		13	ἐν ᾧ καὶ ὑμεῖς ἀκούσαντες τὸν λόγον τῆς ἀληθείας
			τὸ εὐαγγέλιον τῆς σωτηρίας ὑμῶν
			ἐν ᾧ καὶ πιστεύσαντες
			ἐσφραγίσθητε τῷ πνεύματι τῆς ἐπαγγελίας τῷ ἁγίῳ
		14	ὅ ἐστιν ἀρραβὼν τῆς κληρονομίας ἡμῶν
			εἰς ἀπολύτρωσιν τῆς περιποιήσεως
			εἰς ἔπαινον τῆς δόξης αὐτοῦ.

Auszugehen ist von der gattungsgemäßen Zweiteilung der Eulogie, die aus einem nominalen Hauptsatz (εὐλογητὸς ὁ θεός …) und einer durch Partizip mit Artikel angeschlossenen Begründung besteht. Die Gattung der *Briefeingangseulogie*,[11] die überhaupt nur viermal belegt ist (neben Eph 1,3-14: 2Kor 1,3-11; 1Petr 1,3-12[12]; 2Chr 2,11 – und davon abhängig in einem von Euseb, praep.ev. IX 34,1 zitierten Eupolemostext),[13] ist aus der alttestamentlich-frühjüdischen *Eulogie* („baruk-Formel", Lobspruch, „Berakha") entwickelt worden.[14] Die „baruk-Formel" kann im AT auf Menschen sowie auf Gott bezogen werden. Ein formelhaftes ברוך von Gott ausgesagt (in LXX überwiegend übersetzt mit εὐλογητὸς ὁ κύριος oder ὁ θεός …) begegnet in zwei Formen: in der kürzeren Form ohne Begründung (so z.B. ψ 40[41],14; 88[89],53: „Gelobt ist der Herr in Ewigkeit, Amen Amen"; 105[106],48); in dieser Tradition stehen die kurzen Eulogien bei Paulus (Röm 1,25; 9,5; 2Kor 11,31). Die längere Form, die hier von Bedeutung ist, hat eine Begründung. Diese Form besteht aus vier Elementen:[15]

a.) dem Prädikat *baruk* (εὐλογητός),
b.) dem Subjekt JHWH (κύριος)
c.) einer Apposition zum Subjekt (z.B. ὁ θεὸς [τοῦ] Ἰσραήλ: 1Sam 25,32; 1Kön 1,48; 8,15; 2Chr 2,11; 6,4; ψ 71,18f; Lk 1,68),
d.) dem Begründungssatz, der meist relativisch angeschlossen wird,[16] gelegentlich kausal,[17] schließlich partizipial: so ψ 71,18; 134,21; 143,1.

Die partizipiale Form der Begründung nimmt in spät- und nachalttestamentlicher Zeit zu: z.B. ψ 17[18],47-49; Tob 13,1; 1Makk 4,30; 2Makk 15,34; PsSal 6,6; 1QS 11,15; 1QM 14,4.8; 1Hen.(gr.) 22,14; 84,2f; IgnEph 1,3; Barn 6,10.[18] – Nur zwei-

---

[11] Diese Gattungsbezeichnung geht zurück auf DAHL, Adresse, 241-264.
[12] Die Abgrenzungen der beiden anderen neutestamentlichen Briefeingangseulogien sind nicht eindeutig: 2Kor 1,3f oder 1,3-7 oder gar 1,3-11 (so z.B. WOLFF, 2Kor, 19); 1Petr 1,3-7 oder 1,3-12 (so z.B. GOPPELT, 1Petr, 89).
[13] Aus der Eusebstelle (bzw. 2Chr 2,11-12 [2,10-11 LXX]) darf man jedoch (gegen DAHL, Adresse) nicht schließen, dass es eine „feste Sitte" gab, „Briefcorpora mit εὐλογητός-Lobpreisungen einzuleiten" (vgl. DEICHGRÄBER, 64; LINCOLN, Eph 11; U. HECKEL, 50f mit A 16 und 17).
[14] Zur Gattung der Eulogie: AUDET, Literary Forms; BICKERMANN, Bénédiction; STUIBER, „Eulogia"; DEICHGRÄBER, 40-43.64.68; TOWNER, „Blessed be YHWH"; KEHL, 26-46; SCHOTTROFF, Fluchspruch, 163-177; C.A. KELLER/G. WEHMEIER, THAT I, 353-376; GNILKA, Eph, 26f.56-58; SCHARBERT, *baruk*-Formel, 1-28; DERS., ThWAT I, 814-819; GOPPELT, 1Petr, 90f; P. SCHÄFER, TRE 5, 560-562; SCHLÜTER, Zum Formular der Berakha; DAHL, Benediction; U. HECKEL, 29-52.160-166.
[15] TOWNER, „Blessed be YHWH", 388f. MULLINS, Ascription, zählt die Eulogie neben Makarismus und Weheruf zu den „ascriptions", einer alttestamentlichen Sammelgattung, bestehend aus „ascriptive word" (in unserem Fall εὐλογητός), „object" (z.B. κύριος oder θεός) und Begründung. Das würde die Vermutung, dass die Eulogie (wie Makarismus und Weheruf) letztlich profanen und nicht liturgischen Ursprungs ist, bestärken. DAHL, Benediction, 282-314, unterscheidet liturgische und okkasionelle Eulogien. Letztere haben die Funktion einer Gratulation oder Selbstgratulation.
[16] Z.B. Gen 14,20; 24,27; Ex 18,10; 1Sam 25,32.39; 2Sam 6,21; 18,28.
[17] So ψ 27[28],6; 30[31],22 (in LXX beide Stellen im Aorist).
[18] Zur Rolle des Partizipialstils in neutestamentlichen Eulogien, Doxologien, Gebeten und Bekenntnissen: DELLING, Gottesaussagen.

mal begegnet im AT eine Form der Eulogie in der 2. Person, in der Gott selbst angeredet wird (Ps 118[119],12; 1Chr 29,10). Jedoch nimmt gerade diese Form im Frühjudentum zu. Daraus entsteht die im synagogalen Gebet verwendete Benediktion.[19] Die neutestamentliche Eulogie setzt dagegen die Form in der 3. Person voraus. Es handelt sich dabei beim Hauptsatz um einen Nominalsatz mit indikativischem Modus („Gepriesen *ist* Gott") und nicht um einen Wunsch.[20] Jedoch ist die Aussage nicht konstativ, sondern performativ: Im Akt der Aussage vollzieht sich schon der Lobpreis.[21] Die genauesten Entsprechungen zur neutestamentlichen Briefeingangseulogie sind also jene Eulogien in der 3. Person mit partizipialem Begründungssatz: ψ 17,47-49; 71,18; 134,21; 143,1; Tob 13,1; 2Makk 15,34; PsSal 6,6; 1QM 14,4; 1Hen (gr.) 22,14.[22] Sowohl 2Kor 1,4 als auch Eph 1,3b.5.9 als auch 1Petr 1,3b enthalten partizipiale Begründungen. In Eph 1,7.11.13.14 und 1Petr 1,6.8.12 erscheint daneben, von der partizipialen abhängig, die relativische Begründung (2Kor 1,5 die kausale). – Inhalt der Begründungen sind fast immer konkrete Heils*handlungen* Gottes, so dass die Eulogie von daher eher auf die Seite des Dankliedes bzw. des „berichtenden Lobes" gehört, nicht aber zum Hymnus bzw. zum „beschreibenden Lob".[23] Das hat Konsequenzen für die Bestimmung des Sitzes im Leben der Eulogie überhaupt, sodann aber auch für die Bestimmung der literarischen Funktion der Briefeingangseulogien. Zunächst einmal kann man Eph 1,3-14 aus diesem Grunde nicht mehr als Hymnus klassifizieren.[24] Zwar ist der ursprüngliche Sitz im Leben der Eulogie nicht der Kult,[25] doch scheint die Formel *baruk* JHWH kaum unabhängig von ihrer Funktion im Zusammenhang des individuellen Dankliedes entstanden zu sein.[26] Die Funktion der neutestamentlichen Briefeingangseulogie lässt sich durch einen Vergleich mit der ihr im allgemeinen entsprechenden Danksagung näher bestimmen. Die „Dank-

---

[19] Dazu TOWNER, „Blessed be YHWH", 394-399; SCHÄFER, TRE 5, 560-62.

[20] SCHARBERT, ThWAT I, 817; entsprechend zu den neutestamentlichen Stellen: BDR § 128 A 8; DELLING, Gottesaussagen 402 A 3.

[21] DAHL, Benediction, 287 („performative utterance").

[22] In LXX sind die Partizipien der Begründung jedoch meist präsentisch; die einzigen Stellen mit Partizip im Aorist: ψ 17,48b und 2Makk 15,34 (vgl. IgnEph 1,3).

[23] GUNKEL/BEGRICH, Psalmen, 83-94; WESTERMANN, Loben Gottes, 20-26; vgl. DEICHGRÄBER, 40f (nach ihm ist die Doxologie die Entsprechung zur Eulogie auf Seiten des „beschreibenden Lobes"); GNILKA, Eph, 57; zum gattungsgeschichtlichen Zusammenhang von Eulogie, Danklied, Hymnus, Doxologie und Gebet vgl. auch KEHL, 26-46 (doch sind seine Gattungskriterien unscharf).

[24] Vgl. BERGER, Gattungen, 1150f. Die aretalogischen Elemente im griechischen Hymnus sind überwiegend präsentische Prädikationen und keine Darstellungen erinnerter Handlungen. Eine Besonderheit gegenüber dem genuinen griechischen Hymnus ist auch die Substantivierung der Partizipien, wie bereits NORDEN, Agnostos Theos, 202f, bemerkt hat. LATTKE, Hymnus, 231f, spricht allgemein von „Texten des Lobpreises", wozu er auch die Eulogien rechnet.

[25] Gegen GUNKEL/BEGRICH, Psalmen, 40.267. Aber auch die Meinung von SCHOTTROFF, Fluchspruch, 188-198, die Formel sei (auf Menschen bezogen) nomadischen Ursprungs, ist nicht überzeugend: SCHARBERT, ThWAT I, 819; vgl. DERS., Baruk-Formel, 21-28.

[26] Anders aber TOWNER, „Blessed be YHWH", 388f. Recht hat Towner freilich, wenn er sie charakterisiert: „it functions ... not as a prayer but as a kerygmatic utterance" (389).

sagung", die in der paulinischen (und teilweise in der deuteropaulinischen) Briefliteratur im Gegensatz zur Eulogie die Regel ist, hat allerdings andere Wurzeln als die Briefeingangseulogie mit ihrer alttestamentlichen Vorform.[27] Sie leitet sich stärker aus der hellenistischen Brieftopik her und erfüllt die dortigen Funktionen von *captatio benevolentiae* und Dank an die Götter.[28] Auffällig ist, dass bei Paulus in den Danksagungen immer für eine Sache auf Seiten der Adressaten gedankt wird. Nur in 2Kor 1, wo statt einer Danksagung die Eulogie erscheint, hat er in Bezug auf seine eigene Person zu danken. Entsprechend beziehen sich Eph 1,3-14 und 1Petr 1,3-12 auf ein „Wir".[29] N.A. Dahl sieht die Funktion der Eulogie in der Gratulation.[30] Doch handelt es sich dann stets auch um eine Selbst-Gratulation, insofern das „Ich" (vgl. JosAs 3,4) bzw. „Wir" (2Kor 1,3-11; 1Petr 1,3-12) mit einbezogen wird.[31] Das gilt auch für Eph 1,3-14, wenngleich hier aber der Akzent vom „Wir" (V.3-12) am Schluss auf das „Ihr" verlagert wird (V.13). Das ist jedoch schon Überleitung zur Danksagung von V.15-23, die nun auch formgeschichtlich mit den Adressaten zu tun hat.

Aus den formgeschichtlichen Beobachtungen zur alttestamentlichen Eulogie wird der syntaktische Aufbau verständlich: Die ersten drei Elemente in V.3a (Prädikat εὐλογητός – Subjekt ὁ θεός – Attribut καὶ πατὴρ τοῦ κυρίου ἡμῶν Ἰησοῦ Χριστοῦ)[32] werden durch ein ausgedehntes viertes Element (V.3b-14) begründet. Zur syntaktischen Gliederung von V.3-14 gibt es eine Fülle von Vorschlägen, die sich jedoch auf zwei Grundmodelle zurückführen lassen:

1. Die erste Möglichkeit wird am deutlichsten von H. Schlier vertreten: Als „Basis"-Zeile wird der ganze V.3 (verstanden als die „Benediktionsformel") abgehoben, der dann mit V.4-10, einem einzigen durch καθώς eingeleiteten „komparativ-kausalen Konjunktionalsatz", „des näheren entfaltet" werde; ἐξελέξατο (V.4-6a), ἐχαρίτωσεν (V.6b-7) und ἐπερίσσευσεν (V.8-10) werden dabei als die regierenden Verben aufgefasst. Die Partizipien προορίσας (V.5) und γνωρίσας (V.9) erscheinen dann als von den jeweiligen Hauptverben in V.4-6a und V.8-10

---

[27] STUIBER, RAC 6, unterscheidet fast gar nicht zwischen εὐλογεῖν und εὐχαριστεῖν und verwischt so die Gattungsunterschiede von Briefeingangseulogie und Danksagung (908f); so auch bereits AUDET, Forms, 646; J.M. ROBINSON, 202-235. Aber die Hodayot-Formel steht in der 1. Person („ich lobe dich" oder „ich danke dir" – christlich dann in der 1. Person Plural), ist also Gebet. Die Begründung wird dann mit ὅτι (כי) angefügt. „Berakha" und „Hodaya" sind also formgeschichtlich zu unterscheiden: vgl. SANDERS, Transition, 358.
[28] Zur Funktion und Herkunft der Danksagung s.u. zu 1,15-23.
[29] So BERGER, Formgeschichte, 245: „Eulogien werden am Briefanfang mithin überall dort verwendet, wo es nicht um den Dank für die Angeredeten (allein) geht, sondern um den individuellen oder doch zumindest im ‚Wir' gemeinsamen Dank ... Überall, wo der Verfasser mit Danksagungen beginnt, beziehen sich diese ausschließlich auf die Angeredeten". SCHUBERT, Thanksgivings, 50, meinte noch, die Eulogie wäre „more liturgical, less personal". Dagegen O'BRIEN, Thanksgivings, 233: 2Kor 1,3-11 ist „the most personal of Paul's introductory paragraphs in his letters".
[30] DAHL, Benediction; vgl. FITZGERALD, Cracks, 154.
[31] DAHL, Benediction, 287f; vgl. FITZGERALD, Cracks, 155.
[32] S.o. bei A 15.

abhängig. In V.6b–7 dagegen ist dem Verbum der Relativsatz ἐν ᾧ ἔχομεν … untergeordnet.[33]

2. Die andere Möglichkeit wird – ohne nähere Begründung – von Lohmeyer vertreten.[34] Danach sind die drei Partizipien εὐλογήσας (V.3b), προορίσας (V.5) und γνωρίσας (V.9) die tragenden Pfeiler der Konstruktion bis einschließlich V.12. Von den drei Partizipien abhängig sind dann die Nebensätze V.4 (καθὼς ἐξελέξατο …), V.7 (ἐν ᾧ ἔχομεν …) und V.11f (ἐν ᾧ καὶ ἐκληρώθημεν …).

Der zweiten Möglichkeit (Lohmeyer) ist auf jeden Fall der Vorzug zu geben, aus folgenden Gründen:

A. Nach dem Formschema der Eulogie ist nur V.3a die Leitzeile. Mit V.3b beginnt die Begründung, die gattungsgemäß partizipial gestaltet ist.

B. Während man προορίσας noch als Participium coniunctum zum Satz καθὼς ἐξελέξατο … auffassen könnte[35], lässt sich γνωρίσας wegen des Subjekt- und Numerus-Wechsels nicht dem Satz ἐν ᾧ ἔχομεν … (V.7) unterordnen. Man müsste dieses Partizip also ἧς ἐπερίσσευσεν … zuordnen. Doch ist dieser Relativsatz nur eine Erläuterung zu χάρις αὐτοῦ und steht damit auf der gleichen syntaktischen Hierarchieebene wie die partizipslosen Sätze ἧς ἐχαρίτωσεν … und ἣν προέθετο … Zugleich gehört V.8b (ἐν πάσῃ σοφίᾳ καὶ φρονήσει) nicht zu V.8a, sondern er bildet eine Fortsetzung der präpositionalen Glieder διὰ τοῦ αἵματος … und κατὰ τὸ πλοῦτος … von V.7.[36] Die einzige Schwierigkeit für diese (zweite) Lösung (im Sinne Lohmeyers) besteht darin, dass προορίσας und γνωρίσας im Gegensatz zu ὁ εὐλογήσας artikellos sind.[37]

C. In 2,14–16 erscheint jedoch das gleiche Schema: Auf die Leitzeile „Er selbst ist unser Friede" folgen vier aoristische Partizipien, von denen nur das erste mit

---

[33] SCHLIER, Eph, 39; so im Prinzip auch DAHL, Adresse, 255–264 (V.3/4–6a/6b–7/8–9a/9b–10/11–12/13–14); USAMI, Somatic Comprehension, 87–91 (V.4–6/7–10/11–12/13–14); vgl. auch DEICHGRÄBER, 68; KRÄMER, 35.39.41 (trotz der Kritik an Schlier im einzelnen macht er die Relativsätze zum Hauptkriterium der Einteilung); LANG, 7–20. Zur Kritik an Krämer und Lang: BARKHUIZEN, 395–399. THEOBALD/PILLINGER, Eph, 40f, nimmt (in Anlehnung an KRÄMER) den ganzen V.3 als „Themasatz", dem drei Strophen (V.4–6/7–10/11–12) und ein „Finale" (V.13–14) folgen würden.

[34] LOHMEYER, 120–125.233f; ihm ging es aber in erster Linie um die kolometrische Einteilung, die er als bewusst nicht von der Syntax bestimmt ansah (122). Seine syntaktische Grundannahme (von der Satzbeherrschung der drei Partizipien) wurde übrigens auch von DEBRUNNER, nicht kritisiert, sondern – im Gegenteil – gestützt (232). Im Prinzip wie Lohmeyer schon COPPIETERS (1909); dann: CASTELLINO; MAURER, 154; SCHILLE, Liturgisches Gut, 17f; KEHL, 69–78; GNILKA, Eph, 59; SCHNACKENBURG, Eph, 43–47; DERS., Eulogie, 72–87; GRELOT, 202f; LINCOLN, Eph, 15–19; REISER, Sprache, 216–219; HAHN, 127f. Gegen die Einschätzung von εἰς ἔπαινον (τῆς) δόξης als gliederndem Refrain (bei CAMBIER; COUTTS; FISCHER, 113f; BARKHUIZEN) spricht schon die Tatsache, dass in V.6 und V.12 jeweils noch eine andere Zeile folgt; vgl. auch SANDERS, 226; KEHL, 21.77; LANG, 9 mit A 16; HOPPE, 181.

[35] DEICHGRÄBER, 68.

[36] Vgl. auch die Kritik von KRÄMER, 35, an Schliers Lösung.

[37] Darauf verweist DEICHGRÄBER, 68. Auf die betonte Endstellung der ἐν-Wendungen hat vor allem KRÄMER, 38, hingewiesen. Die Verkettung ist von SANDERS, 226f, erkannt; vgl. auch LINCOLN, Eph, 17f.

Artikel versehen ist, die jedoch alle substantivische Funktion haben (ὁ ποιήσας ... λύσας ... καταργήσας ... ἀποκτείνας).[38]

So ergibt sich folgende syntaktische Struktur von V.3b–14: Die drei Partizipien εὐλογήσας (V.3b), προορίσας (V.5) und γνωρίσας (V.9), die durch den Artikel am Anfang (V.3b) substantiviert sind, bilden das Gerüst der Eulogie-Begründung bis hin zu V.12. Bedingt ist dieser komplizierte Satzbau durch den Einfluss der hinter der Form noch wirksamen hebräischen Syntax (nominalisierte Partizipien in prädikativer Funktion). Zugleich handelt es sich um Partizipien des Aorist, wodurch das narrative Handlungsmoment ins Spiel kommt. Auch das ist gattungsgemäß bedingt („berichtendes Lob").

Von den drei Partizipien sind zunächst drei Nebensätze abhängig: καθὼς ἐξελέξατο – ἐν ᾧ ἔχομεν – ἐν ᾧ καὶ ἐκληρώθημεν. Die relativischen Anschlüsse (ἐν ᾧ)[39] entsprechen ebenfalls dem Stil der alttestamentlichen Eulogie. In dem zweiten Nebensatz (ἐν ᾧ ἔχομεν ... V.7) wechselt freilich das Subjekt. Das geschieht dann noch einmal in V.13 (ἐν ᾧ καὶ ὑμεῖς ...) und V.14 (ὅ ἐστιν ...). Gleichzeitig beziehen sich die Relativpronomina in V.7 und 11 nicht mehr auf das erste Subjekt der Begründungskette (Gott), sondern auf einen zweiten Aktanten (Christus). Gleiches passiert dann noch einmal in V.14, wo das Relativpronomen sich auf den „heiligen Geist" bezieht. Der Begründungssatz kennt also fünf Aktanten (Gott – Christus – heiliger Geist – „wir" – „ihr"). In V.11-13 sind den Relativsätzen noch einmal aoristische Partizipien untergeordnet (προορισθέντες zu ἐκληρώθημεν, ἀκούσαντες und πιστεύσαντες zu ἐσφραγίσθητε).

Die Analyse des syntaktischen Gerüstes hat zum Ergebnis: Auf die Einleitungszeile (eine nominale Prädikation einer Eulogie) folgen drei Hauptteile (I: V.3b-4; II: V.5-8; III: V.9-12) und ein applizierender Schlussteil (IV: V.13-14). Die drei Hauptteile sind wieder unterteilt in a.) die Hauptaussage (substantiviertes Partizip im Aorist) und b.) einen weiter begründenden Nebensatz (V.4: καθώς, V.7: ἐν ᾧ, V.11: ἐν ᾧ). V.13 bildet dann noch einmal einen Nebensatz zum Nebensatz V.11f (und regiert selber wiederum noch einen weiteren Nebensatz: V.14). Hier am Ende wird also das Prinzip der Relativsatzkette formprägend. – Diese Einteilung ist keine poetische, sondern eine rein syntaktische.[40] So hat der Text – zunächst bis V.12 – folgende Struktur:

I a   der uns *segnete* ... in Christus,
   b   gemäß dem, dass er uns *erwählte* ...
II a   uns *vorherbestimmte* zur Sohnschaft ... in dem Geliebten,
   b   in dem wir Erlösung *haben* ...
III a uns *kundtat* das Geheimnis ...: das All zusammenzufassen ... in ihm,
    b in dem wir *erlost wurden* ...

Darauf folgt IV. eine Applikation (V.13f).

---

[38] S.u. zu 2,14-16.
[39] Καθώς hat begründende Funktion: BDR § 453,2; LINCOLN, Eph, 16f.
[40] Gegen SCHILLE, Liturgisches Gut, 16-24; vgl. DERS., Hymnen, 66-68, der den Text als Hymnus auffasst.

Inhaltlich ist bei der ganzen Eulogie weder das (indirekt vorhandene) trinitarische Schema (Gott – Christus – Heiliger Geist als die drei Aktanten) prägend noch der zweifellos vorhandene zeitliche Bogen von der vorzeitlichen Erwählung über die Erlösung im Kreuzesblut bis zum endgültigen (nachzeitlichen) Antritt des Erbes. Denn schon in V.4 ist der (innergeschichtliche) „heilige Wandel" vor Gott (der sogar eschatologische Perspektiven hat) im Blick; umgekehrt wird noch in V.11 auf die vorzeitliche Vorausbestimmung zurückgewiesen. Vielmehr sind die Teile I, II und III jeweils in sich relativ geschlossene Durchgänge, insofern in V.5-8 und V.9-12 noch einmal eine neue, zu V.3b-4 parallele Begründung der Oberzeile V.3a gegeben wird. II und III variieren und komplettieren also in gewissem Sinne die in sich schon vollständige Begründung V.3b-4 und entfalten das εὐλογήσας durch andere inhaltliche Aspekte. Der hier vorgelegten Formbestimmung kommen am nächsten die Analysen von Coppieters, Lohmeyer, Castellino, Kehl, Gnilka, Schnackenburg, Lincoln und – ohne nähere Begründungen – Hahn.[41]

Wichtig ist nun, dass nicht nur die tragenden verbalen Elemente die sechs Unterteile (Ia, Ib, IIa, IIb, IIIa, IIIb) eröffnen,[42] sondern dass jeder dieser Abschnitte mit einem präpositionalen Glied mit ἐν schließt.[43] In den drei Abschnitten Ia, IIa, IIIa endet diese Schlusszeile immer betont mit Christus (ἐν Χριστῷ, ἐν τῷ ἠγαπημένῳ, ἐν αὐτῷ). Folglich beziehen sich die Nebensätze Ib, IIb, IIIb inhaltlich immer auf Christus, den Mittler-Aktanten (daher die Präposition ἐν). Das gilt dann auch von IIIb (V.12), so dass der formal abweichende Schlussteil IV ebenfalls dem Mittler Christus gewidmet ist. Die ἐν-Aussagen am Schluss von Ib und IIb dagegen beziehen sich auf das Handeln Gottes: ἐν ἀγάπῃ / ἐν ... σοφίᾳ ... Das Ergebnis dieser Beobachtung ist: Die jeweilige Schlusszeile bereitet inhaltlich die Aussage des folgenden Unterabschnittes vor – und: Jeder neue Unterabschnitt erläutert oder begründet die Schlusszeile des vorherigen. Der καθώς-Satz V.4 (Ib) bezieht sich begründend auf ἐν Χριστῷ. Die Erwählungsaussage V.5f (IIa) ist eine Ausführung zur ἀγάπη Gottes.[44] V.7 und 8 (IIb) gehen wieder auf die Funktion „des Geliebten" = Christus ein. V.9 und 10 (IIIa) erläutern die σοφία Gottes, der das Geheimnis „uns" mitgeteilt hat. Diese Verkettung hält sich dann durch: V.11

---

[41] Coppieters; Lohmeyer; Castellino; Kehl, 69-78; Gnilka, Eph, 69-87; Schnackenburg, Eph, 42-68; ders., Eulogie; Lincoln, Eph, 15-19; Hahn. Während Lohmeyer, 120f, die syntaktische Struktur und damit die tragende Grobgliederung völlig richtig erkannt hatte, wurde seine kolometrische Feineinteilung von Debrunner einer vernichtenden Kritik unterzogen. Lohmeyer, 122, hatte denn auch die Bedeutung seiner syntaktisch korrekten Einteilung (die von Debrunner, 232, anerkannt wurde) völlig verkannt, wenn er schrieb: Der Plan des Poems werde „nicht durch grammatische oder syntaktische Regeln bestimmt; kühn und bewusst ist die Ganzheit der Periode der syntaktischen Ordnung der griechischen Sprache entrückt ...". Zu Lohmeyers „Poetik" vgl. jetzt Köhn, Lohmeyer, 173-223.

[42] Das ist von Norden, Agnostos Theos, 203 u.ö., als semitischer Prädikationsstil erkannt worden; vgl. auch Krämer, 38.

[43] Das ist eine entscheidende Erkenntnis von Krämer, 38-46; vgl. Grelot, 199.202f; Lincoln, Eph, 17f; Jeal, 84f.

[44] Ἐν ἀγάπῃ ist auf ἐξελέξατο (Gottes Handeln) zu beziehen, nicht auf εἶναι ἡμᾶς ἁγίους καὶ ἀμώμους κατενώπιον αὐτοῦ.

und 12 (IIIb) beziehen sich auf ἐν αὐτῷ (Christus), ebenso V.13 (auf ἐν Χριστῷ). V.14 schließlich erläutert die am Ende von V.13 eingeführte Aussage über das πνεῦμα ἅγιον.

Über die wichtige Funktion der Schlusszeilen mit ἐν hinausgehend spielen die Präpositionen in dieser Eulogie überhaupt eine tragende Rolle. Man kann sie in vier Gruppen einteilen: 1. ἐν und διά zur Bezeichnung des Mittels bzw. des Mittlers, 2. κατά zur Bezeichnung eines Grundes, 3. εἰς zur Bezeichnung des Zweckes und Zieles, 4. Präpositionen für Orts- und Zeitangaben (ἐν, πρό, κατενώπιον, ἐπί), die eine untergeordnete Rolle spielen. Es gibt im Corpus Paulinum ältere Vorbilder für ein solches theologisches Spiel mit Präpositionen: 1Kor 8,6 (ἐξ – εἰς – διά); Röm 11,36 (ἐξ – διά – εἰς); Eph 4,5f (ἐπί – διά – ἐν) und vor allem Kol 1,15–20 (ἐν – διά – εἰς – πρό – ἐν / ἐν – διά – εἰς – διά).[45] Während es sich bei diesen Stellen jedoch überwiegend um vorgeprägte Formulierungen handelt, die vom jeweiligen Verfasser referiert werden, stellt Eph 1,3–14 eine freie Verwendung dieser Topik dar, die sich vom kosmologisch-spekulativen Inhalt her nahelegt. Ein Unterschied zu den genannten Texten besteht außerdem im Gebrauch der Präposition κατά in Eph 1, die keine Entsprechung in jenen hat.

Abschließend lässt sich zur Gattung, Form und Struktur der Eulogie 1,3–14 sagen: Ein Ebenmaß der Zeilenzahlen lässt sich nicht finden. Hier ist alles von einer ausschließlich syntaktischen (und gattungsgemäß durch die Form der Eulogie bedingten) Struktur bestimmt, die eher an Kunstprosa denn an ein Lied oder Gedicht denken lässt. Was den „Sitz im Leben" betrifft, so hat die Eulogie weder eine gebetliche noch überhaupt eine kultische Funktion, sondern kerygmatische und des näheren eine epistolographische. Das heißt zugleich: Sie ist zwar durch eine besondere Topik und Sprache gekennzeichnet, existiert jedoch nicht als fixierte Tradition,[46] sondern wird je in passender (besonders auch literarischer) Situation neu formuliert. Es gibt dabei kein Kriterium, zwischen einer Vorlage und Zusätzen des Briefverfassers zu unterscheiden. Man wird also auf das literarische Vermögen des Verfassers von Eph verwiesen. Um diesem aber gerecht zu werden, sind unbedingt die ästhetischen Züge und die damit verbundenen emotionalen Effekte dieses Textes zu würdigen. Man kann von einer hochartifiziellen poetischen Rhetorik sprechen, einer Wort-Musik, die aber gleichzeitig theologisch und philosophisch durchdacht ist.[47]

3a Prädikat und Subjekt sind – im Unterschied zur ausführlichen Begründung – die bis in den Wortlaut fest geprägten Elemente der Eulogie (2Kor 1,3a und 1Petr 1,3a sind wörtlich mit Eph 1,3a gleich). Es handelt sich um eine christliche Variante der synagogalen Form, wie sie noch Lk 1,68a (εὐλογητὸς κύριος ὁ θεὸς

---

[45] Näheres dazu s.u. zu 4,1–6.
[46] Zur Kritik an den Versuchen literarkritische Rekonstruktion: LINCOLN, Eph, 12–15.
[47] Vgl. dazu besonders JEAL, 33 u. 49 (dort ein Zitat aus SIEGERT, Homily, 436f: „in antiquity a good sermon … was rather a music of words that moved one away as much as possible from everyday concerns"). Typisch dafür ist die schillernde Paronomasie, mit der die Eulogie beginnt.

τοῦ Ἰσραήλ) aufgenommen worden ist. Paulus setzt in 2Kor 1,3a diese christologische Variante schon als festgefügte voraus. Das Gottesprädikat „Vater ... Jesu Christi" begegnet auffällig selten im Neuen Testament[48] und ist – von Kol 1,3 abgesehen – immer mit der Gattung der Eulogie verbunden (auch 2Kor 11,31 ist eine kurze Eulogie, und in Röm 15,6 verrät noch δοξάζειν τὸν θεόν den Einfluss dieser Gattung). Die christologisch spezifizierte Vater-Apposition hängt mit der vorpaulinischen Sohnes-Christologie zusammen.[49] Mk 14,61 begegnet entsprechend als Gottessohntitel ὁ υἱὸς τοῦ εὐλογητοῦ. Das Prädikat εὐλογητός konnte offenbar im Judentum zum Ersatz des Gottesnamens werden. Das weist noch einmal auf den alltäglichen „Sitz im Leben" der *baruk*-Formel hin.[50] Der Nominalsatz V.3a steht, wie auch die alttestamentlichen Vorbilder nahelegen, im indikativischen Modus („Gepriesen *ist* Gott ..."),[51] doch ist das keine konstative Aussage, sondern eine performative, in der bereits das geschieht, was ausgesagt wird.[52] Umstritten ist die syntaktische Struktur des Subjekt-Teils der Prädikation: Entweder hängt der Gen. „unseres Herrn Jesus Christus" sowohl von „Gott" als auch von „Vater" ab,[53] oder er ist nur auf „Vater" zu beziehen.[54] Im letzteren Fall wäre καὶ πατὴρ τοῦ ... eine Apposition zum Subjekt „Gott", und das καί hätte epexegetische Funktion oder würde einen Relativsatz ersetzen.[55] Für die erste Möglichkeit spricht zwar, dass der Ausdruck „der Gott unsres Herrn Jesus Christus" in Eph 1,17 belegt ist.[56] Doch dort scheint eine bewusste Vertauschung der Genitivattribute vorzuliegen, eine rhetorische „Figur".[57] Für die zweite Möglichkeit spricht vor allem die Form der Eulogie, die in den jüdischen Vorlagen aus den vier Teilen Prä-

---

[48] Neben 2Kor 1,3; Eph 1,3 und 1Petr 1,3 nur noch Röm 15,6; 2Kor 11,31; Kol 1,3 (in der Danksagung). Paulus selber gebraucht das Gottesprädikat „Vater" viel häufiger in Bezug auf die Christen – so z.B. in der Salutatio der Präskripte (Röm 1,7; 1Kor 1,3; 2Kor 1,2; Gal 1,3.4; Phil 1,2; Phlm 3).

[49] Vgl. die archaischen Formel-Elemente in 1Thess 1,10 und Röm 1,4 sowie die vielen Stellen im Hebr, der noch eine alte hellenistisch-judenchristliche Gottessohn-Christologie (vgl. SapSal 2–5) widerspiegelt.

[50] FAUST, 215 mit A 452, weist auf das häufige Vorkommen von εὐλογητός, εὐλογεῖν und εὐλογία in jüdischen (synagogalen) Inschriften aus Kleinasien hin.

[51] In Röm 1,25; 2Kor 11,31 ist ὅς ἐστιν bzw. ὤν expliziert. In der Salutatio der Präskripte dagegen dürfte εἴη zu ergänzen sein (vgl. BDR § 128,5 A 8).

[52] DAHL, Benediction, 287 (unter Hinweis auf Isaaks Segnung Jakobs in Gen 27); vgl. FITZGERALD, Cracks, 153f.

[53] So heute die meisten Ausleger, z.B. SCHLIER, Eph, 43 A 2; GOPPELT, 1Petr, 92; SCHELKLE, 1Petr, 27 A 3; WOLFF, 2Kor, 21f; bereits Hieronymus (dazu BEST, Fashions, 81).

[54] So z.B. HAUPT, Eph, 3; LINDEMANN, Eph, 21f; LINCOLN, Eph, 11; WINDISCH, 2Kor, 36–51; BARRETT, 2Cor, 58f; FURNISH, 2Cor, 109. Die meisten Eph-Kommentatoren übersetzen wörtlich und vermeiden eine explizite Entscheidung.

[55] BDR § 442,4b und 6a; so (im Fall von 2Kor 1,3) FURNISH, 2Cor, 109; vgl. auch Eph 4,6; 5,20.

[56] GOPPELT, 1Petr, 92 A 11. Dass nur θεός einen Artikel hat, ist kein zwingendes Argument für diese Möglichkeit. Ein Artikel kann vor πατήρ gar nicht stehen, weil das καί ja kein zweites Subjekt anfügt. Ebenso wird diese Deutung nicht durch den Kontext von Röm 15,6 und 2Kor 11,31 gefordert, wie Goppelt meint.

[57] S.u. zu 1,17. Es handelt sich um einen analogen Fall zu einer Vertauschung der Epitheta, eine metonymische „Figur": LAUSBERG, Handbuch, § 685 (dort freilich nur Beispiele für die Vertauschung von Adjektiven). Der Ausdruck ὁ πατὴρ τῆς δόξης ist, soweit ich sehe, völlig singulär. Dagegen ist ὁ θεὸς τῆς δόξης belegt: ψ 28,3; Apg 7,2; 1Hen (gr.) 25,7. S.u. zu 1,17.

dikat (εὐλογητός), Subjekt (κύριος), Apposition (ὁ θεὸς Ἰσραήλ[58]) und Begründung besteht.[59] πατήρ kann schon deshalb keinen Artikel haben, weil hier nicht von zwei Subjekten die Rede ist, sondern nur von einem mit Attribut. So wird Gott gerade dadurch gekennzeichnet, dass er der Vater Jesu Christi ist. Deshalb wird man den Gen. „unseres Herrn Jesus Christus" nur auf „Vater" und nicht auf „Gott" zu beziehen haben,[60] und zwar nicht nur in der Tradition und an den paulinischen Stellen (Röm 15,6; 2Kor 1,3; 11,31), sondern auch hier (sowie 1Petr 1,3). Der Gott des Alls (Eph 4,6f) ist der „Vater" des „Herrn" der Christen. Wegen dieses seines „Sohnes" ist er der „Gepriesene". Damit kommt sein soteriologisches Handeln in den Blick. Darum geht es in der Begründung: V.3b–14.

3b „Gepriesen" ist er, weil er selber an uns „segnend" gehandelt hat. Das Wortspiel[61] εὐλογητὸς … ὁ εὐλογήσας … ἐν εὐλογίᾳ lässt sich im Deutschen kaum wiedergeben. Die Begründung wird gattungsgemäß partizipial (mit Artikel) angefügt. Das Partizip erscheint im Tempusstamm des Aorist (narrativ), weil es um eine vollzogene Handlung Gottes geht („berichtendes Lob"). εὐλογεῖν ist in LXX ganz überwiegend Wiedergabe des Pi'els von ברך – mit Gott als Subjekt immer in der Bedeutung von „segnen" (dagegen mit Gott als Objekt: „preisen", „loben").[62] Inhaltlich bringt die Paronomasie umfassend die Dimensionen und Facetten des Segensbegriffs zum Ausdruck. Dem Verb sind drei adverbiale Bestimmungen mit der Präposition ἐν zugeordnet:[63] ἐν πάσῃ εὐλογίᾳ πνευματικῇ / ἐν τοῖς ἐπουρανίοις / ἐν Χριστῷ. Das erste ἐν hat instrumentale, das zweite lokale,

---

[58] Vgl. JosAs 3,4: ὁ θεὸς Ἰωσήφ.

[59] Man kann noch erkennen, wie die vorpaulinische Formulierung mit der jüdischen (Lk 1,68) zusammenhängt: Das Attribut ὁ θεός wird zum Subjekt, und das ehemalige Subjekt κύριος wird als Titel des „Sohnes" in den Gen. verschoben. Das zeigt aber zugleich, dass die Genitivverbindung in der christianisierten Formulierung keine Analogiebildung zu ὁ θεὸς Ἰσραήλ darstellt – was auch schon durch das Dazwischentreten von πατήρ ausgeschlossen ist. Das Ergebnis ist eine Art Kombination der zwei in LXX vertretenen Formen: 1. εὐλογητὸς κύριος ὁ θεός und 2. εὐλογητὸς ὁ θεός (ohne Apposition).

[60] So auch DELLING, Gottes- und Christusbezeichnungen, 419.

[61] Es handelt sich um eine Paronomasie (LAUSBERG, Handbuch, § 637; SCHWYZER, II, 700; BDR § 488,1 mit A 6). Diese Figur begegnet vergleichsweise häufig in Eph (neben 1,3 auch in 1,23; 3,14f.19; 4,4; 6,18) und Kol (1,11; 2,11): vgl. PERCY, Probleme, 32f.432 A 31. Gelegentlich wird sie auch *figura etymologica* genannt, doch sollte man diese Bezeichnung einem Spezialfall (Verb + Akkusativobjekt [bzw. Nominativ beim Passiv] vom gleichen Stamm) vorbehalten (SCHWYZER, II, 74; BDR § 153). In Eph begegnet diese Figur häufig in der Relativsatzform (1,6.19f; 2,4; 4,1), in 1,21 beim Partizip; im Kol: 1,29; 2,19. Zur Verwendung der Figur im Hebräischen: GOLKA, Figura etymologica; in LXX: HELBING, Kasussyntax, 88–106. Paronomasie und *figura etymologica* gehören im griechischen Sprachbereich zu den Gorgianischen Figuren, später zur „asianischen" Rhetorik.

[62] Vgl. zur Verwendung des Segensbegriffs U. HECKEL, 23–52.

[63] Solche ἐν-Bestimmungen (vgl. dazu USAMI, Somatic Comprehension, 92–95) folgen in der ganzen Eulogie noch zwölfmal (ἐν ist die häufigste Präposition im Eph, nach BUJARD, Stilanalytische Untersuchungen, 122–129: 117mal). Sie haben hier teils lokale, teils instrumentale Bedeutung (häufig beides zugleich). Vorgegeben ist solche Verwendung von ἐν im hebräischen ב: DEICHGRÄBER, 73; zum Überwiegen des instrumentalen ἐν im Eph vgl. MAURER, 159. Die drei ἐν-Glieder in V.3b bilden eine *Epanaphora* (Anapher), eine Redefigur, durch welche die Adressaten in das Gotteslob eingestimmt werden (vgl. JEAL, 80–93). Besonders im lauten Verlesen des Textes kommt das zur Wirkung.

das dritte zugleich instrumentale und lokale Bedeutung. Alle drei ἐν-Phrasen sind wahrscheinlich jeweils von εὐλογήσας abhängig und somit parallel.[64] πνευματικός ist im Sinne von 1Petr 2,5 verblasst zu der allgemeinen Bedeutung: das Irdische transzendierend. „Geistlich" ist der Segen, weil er sich nicht auf weltliche Güter bezieht und nicht der irdischen Sphäre entstammt, nicht aber, weil er durch den (Heiligen) Geist vermittelt wird.[65] Der Mittler des Segens (und Raum des Heils) ist vielmehr Christus. Dabei ist hier auch noch nicht an den Taufakt als „Besiegelung durch den Heiligen Geist" (so erst in 1,13; vgl. 4,30) gedacht.[66] Der „geistliche Segen" fasst vielmehr die ganze Reihe der im folgenden genannten Handlungen Gottes zusammen: Erwählung, Vorherbestimmung, Erlösung, Offenbarung (Kundtat), Erlosung, Beerbung – darunter dann auch die Besiegelung mit dem Heiligen Geist (und damit die Taufe). Plerophorisch wird der Ausdruck „geistlicher Segen" durch (totales[67]) πᾶς determiniert. Solche plerophore Ausdrucksweise hat ihre deutlichsten Entsprechungen im Hebräischen (כֹל: so im AT und den Qumran-Texten).[68] ἐν τοῖς ἐπουρανίοις interpretiert in erster Linie das Adjektiv πνευματικός: Der Segen ist überirdischen Ursprungs. Die ganze Wendung begegnet innerhalb des Neuen Testaments nur Eph 1,3.20; 2,6; 3,10; 6,12.[69] Einfaches οὐρανοί steht im Eph (ebenfalls durchgehend im Plural) dagegen in 1,10 (τὰ ἐπὶ τοῖς οὐρανοῖς καὶ τὰ ἐπὶ τῆς γῆς); 3,15 (ἐν οὐρανοῖς καὶ ἐπὶ γῆς); 4,10

---

[64] So z.B. GNILKA, Eph, 63; anders aber z.B. DIBELIUS/GREEVEN, Eph, 59: „in den Himmeln" gehöre zu εὐλογίᾳ, „in Christus" wieder zu εὐλογήσας.

[65] So bereits Origenes (dazu: BEST, Fashions, 80; vgl. 88); an den Heiligen Geist denken dagegen die meisten neueren Ausleger, z.B. SCHNACKENBURG, Eph, 48; ADAI, Der Heilige Geist, 53–78; LINCOLN, Eph, 19f; THEOBALD/PILLINGER, Eph, 41.207 u.ö.

[66] An die Taufe denken z.B. DAHL, Adresse, 260; DERS./HELLHOLM, Baptism, 415; CAMBIER, 63f; SCHLIER, Eph, 44; DEICHGRÄBER, 76; ERNST, Eph, 269f; HALTER, Taufe, 227 (vgl. aber seine Einschränkung in A 11), die alle die Aoristform εὐλογήσας vom Taufakt her interpretieren. Dann aber müsste dieser erste Aorist von den folgenden in V.4–10 unterschieden werden, was SCHLIER, Eph, 44 A 2, entsprechend behauptet; H.W. KUHN, Enderwartung, 162, will dagegen auch die Aoriste in V.6–10 auf den Taufakt beziehen, und zwar aufgrund seiner Interpretation von parallelen Qumran-Aussagen; vgl. dagegen LINCOLN, Eph, 18.

[67] Vgl. MAURER, 163 („restlos"), im Anschluss an HAUPT, Eph, 4.

[68] DEICHGRÄBER, 74. Eine genaue Parallele zu ἐν πάσῃ εὐλογίᾳ findet sich in 1QSb 1,5: [בכול ברכ]ה - dazu DEICHGRÄBER, 73, und K.G. KUHN, Epheserbrief, 337. „Die Sprache der Briefeingangseulogie des Eph zeigt den Einfluss der hebräisch formulierten liturgischen Tradition bestimmter nicht-rabbinischer Gruppen des Spätjudentums, wie sie uns in den Qumrantexten erstmals literarisch begegnen" (DEICHGRÄBER, 75). Eher wird man aber wohl an die Vermittlung der (hellenistisch-jüdischen) Synagoge zu denken haben; vgl. VAN ROON, Authenticity, 188f; LINCOLN, Eph, 12.

[69] Der Nominativ ist entweder οἱ ἐπουράνιοι (τόποι) oder (wahrscheinlicher) τὰ ἐπουράνια (die himmlischen Gefilde – so ABBOTT, Eph, 5; MUSSNER, Christus, 12; SCHLIER, Eph, 45; VAN ROON, Authenticity, 215; LINCOLN, Eph, 20). Das ganze Syntagma ἐν τοῖς ἐπουρανίοις begegnet überhaupt erstmals in Eph (wenn man nicht den Beleg TestHiob 36,3 ins 1. Jh.v.Chr. datiert) und dann erst wieder einmal bei Ignatius. Das Adjektiv kennt aber auch Paulus. Er benutzt es im Gegenüber zu ἐπίγειος in 1Kor 15,40.48f, und dann in Phil 2,10. Außerhalb des NT ist es selten: 4mal bei Homer; dann 7mal bei Aristonikos (in der Homerexegese); 5mal in LXX; 7mal Sib.; 4mal TestAbr; 3mal TestHiob; 3mal bei Philon: LA III 168; gig. 62; virt. 12. Vgl. SCHWINDT, Weltbild, 355–362.

(ὑπεράνω πάντων τῶν οὐρανῶν); 6,9 (ἐν οὐρανοῖς).[70] Die Frage ist, ob beide Formulierungen gleichbedeutend sind[71] oder ob hier semantisch zu differenzieren ist, eventuell sogar im Sinne einer lokalen Staffelung („*über* den Himmeln"). Auf jeden Fall ist die Pluralform in beiden Fällen wörtlich zu nehmen: Es gibt mehrere Himmelssphären (4,10), die von unterschiedlichen Engelmächten und Dämonen bewohnt werden. Die Himmelswelt ist in sich hierarchisch gegliedert: Ganz unten im sublunaren Luftraum herrschen die Dämonen, darüber die (höheren) Engelmächte, darüber Gott und der inthronisierte Christus.[72] Es spricht einiges dafür, diese Staffelung im unterschiedlichen Sprachgebrauch wiederzufinden. So könnten 1,3.20; 2,6[73] (sowie 4,10, wo das fehlende ἐπί durch ὑπεράνω kompensiert wäre) im Sinne eines *über*-himmlischen Ortes verstanden werden.[74] Dieser Differenzierung widersprechen nun aber Eph 3,10 und 6,12 einerseits, insofern auch die „Mächte und Gewalten" (3,10), ja sogar die „Geister der Bosheit", bei denen man eher an den sublunaren Luftraum (vgl. 2,2) denken würde, ἐν τοῖς ἐπουρανίοις angesiedelt werden (6,12), und 6,9 andererseits, insofern der Ort des Kyrios nur mit ἐν οὐρανοῖς bezeichnet wird. 6,9 ist freilich in der Formulierung durch Kol 4,1 bedingt; und dass der Sprachgebrauch von 6,12 aus dem Rahmen fällt, beweist die Auslassung von ἐν τοῖς ἐπουρανίοις in p[46]. Beides kann aber nicht darüber hinwegtäuschen, dass der Verfasser des Eph selbst eine solche Inkonsequenz im Sprachgebrauch hingenommen hat. Zwei Lösungen werden hier vorgeschlagen:

1. A.T. Lincoln[75] bringt den doppelten Sprachgebrauch mit der Eschatologie, und zwar der Auffassung von den zwei Äonen, zusammen. ἐπουράνιος beziehe sich auf den neuen Äon, der sich zeitlich schon mit dem alten überschneidet. οὐρανός dagegen bezeichne den Himmel als Teil der (alten) Schöpfung. Insofern der Himmel des neuen Äons die bestehende Schöpfung transzendiert, ist er dem Himmel dieses Kosmos übergeordnet. – Doch an keiner Stelle wird ἐπουράνιος ausschließlich mit diesem zeitlich-transzendenten Äon in Verbindung gebracht. 1,20f steht indirekt sogar dagegen, insofern sich die Ortsangabe in erster Linie auch

---

[70] So durchgehend im Kol: 1,5.16.20 (Plural); 1,23; 4,1 (Singular).

[71] So z.B. H. Traub, ThWNT 5, 539 Z.16f („sachlich völlig ... gleich"). Er deutet zu Recht die Vorsilbe ἐπι- im Sinne von „bei", nicht „auf" oder „über" (538 Z.29f); so auch Schwindt, Weltbild, 356, der jedoch S. 358f einschränkt: „Ob Eph die οὐρανοί von den ἐπουράνιοι unterschieden wissen möchte, ist umstritten. Eine wenigstens leichte Bedeutungsnuancierung ist m.E. zu erkennen".

[72] Vgl. zum Weltbild des Eph neben der gründlichen Arbeit von Schwindt, Weltbild, auch Schlier, Eph, 45–48; Mussner, Christus, 9–39; Gnilka, Eph, 63–66; Barth, Eph, I, 102f; van Roon, Authenticity, 213–215; Caragounis, Mysterion, 146–152.

[73] Insofern die Christen „mit-auferweckt" und „mit-inthronisiert" sind (συνεκάθισεν), nehmen sie den gleichen Platz ein wie Christus: ἐν τοῖς ἐπουρανίοις. Vgl. Harris, „The Heavenlies", 78.

[74] Nach Philon wäre dies der Raum der Gestirne, die rein geistige Wesen sind: virt. 12 (dazu 1Kor 15,40); vgl. LA III 168; ferner TestAbr A 4,9 (die ἐπουράνια πνεύματα sind ἀσώματα und „essen nicht"); Orphisches Fragment, 39 (wo das Wort nach N. Walter, JSHRZ IV, 239, die Bedeutung von „transzendent" innehat). Vor allem sind aber jene Belege zu nennen, wo ἐπουράνιος ein Epitheton für Gott ist: TestAbr A 2,13; 17,11; 3Bar (gr.) 11,9; TestHiob 40,3; Sib IV 51.135; dagegen aber TestHiob 36,3: ἐπουράνιος = ἐν οὐρανῷ.

[75] Lincoln, Re-Examination, 479–483; vgl. ders., Eph, 20f.

auf die Überordnung über die Mächte *dieses* Äons bezieht. Das Problem von 6,9 und 6,12 bleibt im übrigen bestehen.

2. Ähnlich ist die Lösung von W.H. Harris:[76] Wo das bipolare Verhältnis von Erde und Himmel im Sinne des Merismus von Gen 1,1 („Himmel und Erde") vorliegt, werde οὐρανός gebraucht. Aber immer dort, wo es um den Ort des erhöhten Christus (und seiner mit ihm erhöhten Christen) geht, erscheine ἐπουράνιος. Dabei gebe es Überschneidungen: ἐπουράνιος werde auch von den Mächten gebraucht, sofern sie im Einflussbereich des erhöhten Christus stehen (3,10). Ebenso werde der Kampf gegen die Mächte schon im Bereich des erhöhten Christus geführt (6,12). – Schwierigkeiten gibt es hier aber mit 4,10 und 6,9: In 4,10 sei οὐρανοί metonymischer Ausdruck für die Mächte (vgl. 1,21)[77], und in 6,9 bestimme der irdische Kontext (Haustafel) die Wortwahl von οὐρανοί.

Doch ist zunächst zu beachten, dass nicht die Wahl der Termini οὐρανοί bzw. ἐπουράνιος entscheidend ist, sondern die semantische Komponente, die sich wechselnder Ausdrücke bedienen kann. So ist 4,10 (ὑπεράνω πάντων τῶν οὐρανῶν) gleichwertig mit dem Ausdruck ἐπουράνιος. Auch bei 1,10 könnte das ἐπὶ (τοῖς οὐρανοῖς) betont sein.[78] 6,9 wiederum (κύριος ... ἐν οὐρανοῖς) ist einerseits durch Kol 4,1 vorgegeben, zugleich aber auch eine aus der LXX bekannte stehende Wendung (von Gott: θεός oder κύριος).[79] Vor allem geht es an dieser Stelle um eine Entsprechung von irdischem und himmlischem Bereich. – Schwierigkeiten aber macht der These, ἐπουράνιος meine speziell den höchsten Ort des Himmels, die Tatsache, dass das Wort in 3,10 und 6,12 auch vom Ort der (bösen) Mächte gebraucht wird. In 3,10 könnte man die Wahl des Wortes noch durch die metaphysische Verankerung des Ekklesia-Begriffs erklären (vgl. 1,4.22f), so dass ἐν τοῖς ἐπουρανίοις nicht mehr auf das Objekt („den Mächten und Gewalten"), sondern auf das Verb γνωρισθῇ zu beziehen wäre. Dieser Ausweg versagt bei 6,12, wo unter Preisgabe der sonst beachteten topologischen Himmelsordnung den feindlichen Mächten die gleiche metaphysische Potenz zugesprochen wird wie dem erhöhten Christus: Auch sie sind der Beherrschung durch den Menschen entzogen, wofür der Ausdruck ἐπουράνιος dann eine Metapher wäre. Diese Aufwertung der Mächte stünde dann in gewolltem Gegensatz zu Kol 1,16; 2,8-23.[80] Abschließend lässt sich sagen, dass τὰ ἐπουράνια im Eph jeweils nach den im Kontext erkennbaren Relationen zu bestimmen ist. Hier in 1,3 ist ἐπουράνιος wie in 1,20; 2,6 (vgl. 4,10) auf jeden Fall wörtlich zu nehmen: Es geht um den höchsten Rang des Himmels. In der Transzendenz, bei Gott und dem inthronisierten Christus, nimmt der Segen seinen Ausgangspunkt. Aber wahrscheinlich

---

[76] HARRIS, „The Heavenlies", 88f.
[77] HARRIS, „The Heavenlies", 84.
[78] Das gilt auch, wenn die ganze Wendung hier durch die Parallelität zu ἐπὶ γῆς entstanden ist. Vgl. dagegen 3,15: ἐν οὐρανοῖς καὶ ἐπὶ γῆς.
[79] Θεὸς ἐν (τῷ) οὐρανῷ: z.B. Dtn 4,39; Dan 2,28; 3,17 (ἔστι γὰρ θεὸς ἐν τοῖς οὐρανοῖς); mit κύριος: z.B. ψ 10,4. In Kol 4,1 und Eph 6,9 ist die Wendung ἐν οὐρανῷ bzw. ἐν οὐρανοῖς auf den erhöhten Kyrios Jesus bezogen; vgl. 1Thess 4,16; 2Thess 1,7; Phil 3,20; ferner 1Petr 3,22.
[80] Weiteres s.u. zu 6,10-17.

geht der Gedanke noch weiter: Nach 2,6 sind die Christen ja bereits mit Christus auferweckt und „in Christus Jesus" eingesetzt worden ἐν τοῖς ἐπουρανίοις.[81] Dann aber handelt es sich bei diesem Ausdruck um einen translokalen Begriff.

Mehrdeutig ist vor allem die dritte Bestimmung: ἐν Χριστῷ. Sie wird allein in der Eulogie noch zehnmal gebraucht.[82] Christus ist zugleich Inhalt und Mittler des überweltlichen Segens. Doch schwingt neben der instrumentalen auch eine lokale Bedeutung des ἐν mit, die hier jedoch nicht ausschließlich auf die himmlische Sphäre festgelegt ist.[83] Dieses erste ἐν Χριστῷ umfasst summarisch zugleich alle folgenden ἐν-(Χριστῷ-)Wendungen innerhalb von 1,3–14, von denen sich einige auf transzendente Vorgänge beziehen: vorzeitliche Erwählung „in ihm" (V.4), vorher gefasster Ratschluss „in ihm" (V.9), Erlosung „in ihm" (V.11) – einige aber auch auf zeitlich-irdische: Erlösung (V.7), Zusammenfassung des Alls „in dem Christus" (V.10), Voraushoffnung „in dem Christus" (V.12), Hören des Wortes, Glaube und Geistversiegelung „in ihm" (V.13). Die räumliche Kategorie, die in ἐν Χριστῷ mitenthalten ist, erstreckt sich also zugleich über Himmel und Erde. Das seit vorkosmischer Urzeit ablaufende göttliche Heilshandeln konzentriert sich auf die Gestalt Christi. Die instrumentale Funktion des ἐν besteht in der Mittlerschaft: Christus ist der mittlere Aktant zwischen Gott (ὁ εὐλογήσας – προορίσας –

---

[81] Vgl. THEOBALD/PILLINGER, Eph, 44: „Entscheidend ist hier, dass wir im auferweckten und in den Himmel versetzten Christus Anteil am Segen Gottes haben ...". – ἐπουράνιος hat an dieser Stelle die gleiche Bedeutung wie das platonische ὑπερουράνιος τόπος (Phaidr. 247c; vgl. Philon, opif. 31; QE II 39 – dazu: SELLIN, Streit, 142); diese Bedeutung hat ἐπουράνιος durchgehend im Hebr (3,1; 6,4; 8,5; 9,23; 11,16; 12,22), wo sie „geprägt (ist) von dem metaphysischen Gegensatz des κόσμος νοητός und κόσμος αἰσθητός, wie er im Alexandrinismus in Anlehnung an Platons Urbild-Abbild-Denken entwickelt worden ist" (SCHWINDT, Weltbild, 357).
[82] Neben V.3: V.4.6.7.9.10 (zweimal).11.12.13 (zweimal). Insgesamt begegnet ἐν (τῷ) Χριστῷ (bzw. ἐν αὐτῷ oder ἐν ᾧ) 27mal im Eph. Außerdem erscheint sieben- bzw. achtmal ἐν κυρίῳ (1,15; 2,21; 4,1.17; 5,8; 6,1 [p46 ℵ A u.a.]; 6,10.21) und einmal ἐν τῷ Ἰησοῦ (4,21). Nach GNILKA, Eph, 66, ist dieses gehäufte Vorkommen von christologischen ἐν-Wendungen „das Doppelte des Schnittes" im gesamten Corpus Paulinum. Während ἐν κυρίῳ im übrigen Corpus Paulinum (einschließlich Kol) eher im Bereich des „Imperativs" erscheint, ἐν Χριστῷ dagegen in Zusammenhängen des Heilsindikativs (NEUGEBAUER, Ἐν Χριστῷ; DERS., „In Christo" 124–138), „liegen die Verhältnisse im Epheserbrief völlig anders, nicht nur formal" (es begegnen ἐν τῷ Χριστῷ Ἰησοῦ [3,11], ἐν τῷ Ἰησοῦ [4,21], ἐν τῷ κυρίῳ Ἰησοῦ [1,15] sowie das ebenfalls „abnorm[e]" ἐν τῷ Χριστῷ [1,10.12.20]), „sondern auch sachlich, sofern nämlich Heilsbegriffe in Verbindung mit der Herrenformel erscheinen" (1,15; 2,21; 5,8): NEUGEBAUER, „In Christo", 136f. Doch überwiegt ἐν κυρίῳ auch im Eph gerade im paränetischen Teil Kap. 4–6. Neugebauer bestreitet für die echten Paulus-Briefe jede räumliche Bedeutung von ἐν Χριστῷ (so bereits BÜCHSEL, „In Christus"; auch DELLING, Paulusverständnis, 112f) zugunsten einer instrumentalgeschichtlichen; vgl. gegen diese Einseitigkeit aber BEST, One Body, 8; BRANDENBURGER, Fleisch und Geist, 20f.26–53.54f; KÄSEMANN, Glaube Abrahams in Röm 4, 172–177; SCHNELLE, Gerechtigkeit, 106–122.
[83] Nach GNILKA, Eph 68, scheidet eine räumliche Interpretation (sowie eine Deutung im Sinne des Mythos überhaupt) für Eph vollständig aus (dagegen SCHNACKENBURG, Eph, 50). Er nimmt stattdessen eine (unpaulinische) besondere instrumentale Bedeutung im Sinne der Mittlerschaft Christi an. Doch ist die räumliche Bedeutungskomponente keineswegs auszuschließen. Man wird von Fall zu Fall im jeweiligen Kontext entscheiden müssen, ob eine räumliche oder eine instrumentale Bedeutung vorherrscht. Im Falle von V.3b überwiegt die räumliche; vgl. LINCOLN, Eph, 22.

γνωρίσας) und „uns" (ἡμᾶς: V.3.4.5; ἡμῖν: V.9) bzw. „euch" (V.13).[84] Jedoch geht von Christus selbst keine ursprüngliche Handlung aus, er ist im Unterschied zu Gott grammatikalisch nie Subjekt, sondern ausschließlich durch die elf präpositionalen Wendungen mit ἐν vertreten. Im Wesentlichen ist also Gott alleiniges Subjekt, und Christus ist die Größe, durch die er handelt und an der die Christen partizipieren. Der zweite Aspekt kommt in der räumlichen Komponente des ἐν zum Ausdruck (dazu s. auch u. zu 2,6).

4 Durch die Konjunktion καθώς wird der ersten Hauptaussage ὁ εὐλογήσας ein Nebensatz untergeordnet, der (vergleichend-)begründende Funktion hat.[85] Der Segen nahm seinen gründenden Anfang in der vorkosmischen Erwählung, die bereits „in ihm" (Christus) erfolgte. Nicht nur wird die Präexistenz Christi vorausgesetzt, sondern es wird sogar gesagt, dass die Erwählung bereits vor der Existenz ihrer Objekte, der Menschen, geschehen war. Diese Aussage ist aber nicht im Sinne einer Prädestination der Individuen (etwa gar als *gemina praedestinatio*) zu verstehen, sondern es wird lediglich alles Intendieren und Handeln Gottes vom Uranfang an aus der Perspektive der Heilsorientierung gesehen. Gott wirkt ausschließlich Heil. Entsprechend schließt der Nebensatz mit ἐν ἀγάπῃ. Die Überordnung der Erwählung über die Schöpfung hat ihren Ursprung in frühjüdischer Theologie.[86] In frühjüdischen Schriften findet sich gelegentlich auch der Prädestinationsgedanke, der aber auch im Judentum erst dort entsteht, wo nicht mehr Israel als ganzes als erwählt gilt, sondern dualistisch-partikulärer Heilsanspruch vertreten wird wie in den Qumranschriften.[87] Doch fehlt in diesen bezeichnender-

---

[84] Vgl. GNILKA, Eph, 69: „Mittlerschaft Christi im Dreiecksverhältnis Gott – Christus – Gemeinde"; ähnlich USAMI, Somatic Comprehension, 99, der aber den lokalen Aspekt mit einbezieht und auf die weitergehende Bedeutung von ἐν (τῷ) Χριστῷ gegenüber διὰ ... Χριστοῦ (V.5) hinweist (99f). Christus ist in der Eulogie durchgehend Mittler, nie Subjekt einer Ursprungshandlung (HAHN, 128f).

[85] Vgl. Eph 4,4.32; 5,25 b; dazu BDR § 453,2; GNILKA, Eph, 69 A 3; LINCOLN, Eph, 16f (dagegen aber KRÄMER, 40 [„relativisch"]). Die gleiche syntaktisch-semantische Funktion haben auch die präpositionalen Ausdrücke mit κατά in V.5.7.9.11, die (abgesehen von V.7) auch inhaltlich dem Nebensatz V.4 entsprechen (κατὰ τὴν εὐδοκίαν ... πρόθεσιν ... βουλήν hängen mit der Erwählung zusammen): vgl. SCHNACKENBURG, Eph, 44; BARTH, Eph, I, 79, denkt an eine Zitat-Einführung: „as [we confess]". Aber bei solchem Gebrauch von καθώς folgt immer ein γέγραπται o. ä. In Eph und Kol begegnet solch ein Zitations-καθώς sonst nirgends.

[86] AssMos 1,12: „Er hat ... die Welt um seines Volkes willen geschaffen"; vgl. 4Esr 6,55.59; 7,11; Schöpfung der Welt um des *Menschen* willen: 4Esr 8,44; 2Bar (syr.) 14,18; 21,24; um der *Gerechten* willen: 4Esr 9,13; 2Bar (syr.) 15,7; dazu SCHALLER, Gen. 1.2 im antiken Judentum, 127 und A 46; vgl. HOFIUS, Eph 1,4, 238 A 16; DEXINGER, Art. Erwählung II. Judentum, 190f. Ein wichtiger hellenistisch-jüdischer Beleg ist JosAs 8,9 (nach BURCHARD, Joseph und Aseneth, 171): τῷ λαῷ σου ὃν ἐξελέξω πρὶν γενέσθαι τὰ πάντα; dazu HOFIUS, Eph 1,4, 240–246. Christliche Belege: EvThom 12 (um Jakobus' willen); ekklesiologisch im Sinne von Eph 1,4: Herm 1,6 (vis I 1,6): ὁ θεὸς ὁ ἐν τοῖς οὐρανοῖς κατοικῶν καὶ κτίσας ἐκ τοῦ μὴ ὄντος τὰ ὄντα ... ἕνεκεν τῆς ἁγίας ἐκκλησίας αὐτοῦ; II 4,1 (8,1): ἡ ἐκκλησία ... πάντων πρώτη ἐκτίσθη διὰ τοῦτο πρεσβυτέρα, καὶ διὰ ταύτην ὁ κόσμος κατηρτίσθη; ferner 2Clem 14,1.

[87] 1QS 3,13–26; 11,7–9; CD 2,7f (Prädestination in malam partem); 1QH 1,19f; 15,12–25; 17,21–25; 1QM 13,8–16. Dazu BECKER, Heil Gottes, 83–94; LICHTENBERGER, Studien zum Menschenbild,

weise das Motiv von der Schöpfung um der erwählten Menschen willen.[88] Eph 1,4–6 steht insofern also nicht in der Qumran-Tradition, als lediglich das frühjüdisch-apokalyptische Motiv von der Schöpfung der Welt um *Israels* willen nun auf die Christen und damit die Kirche aus Juden und Heiden bezogen wird, die Schar der Dazugehörigen aber noch nicht festgelegt ist. Im ganzen Eph findet sich denn auch nichts von einer doppelten Prädestination.[89] Vorherbestimmt ist nur die Perspektive der Totalität der christlichen Heilsveranstaltung.

Die Erwählung geschah in Christus (ἐν αὐτῷ[90]). Das allein unterscheidet sie vom frühjüdischen Gedanken der präkosmischen Erwählung. Zugleich ist damit das Erwählungsmotiv universalisiert – nicht nur, indem die Heiden mit einbeschlossen sind (2,11–22), sondern auch, indem „in Christus" „alles" „in den Himmeln und ... auf Erden" „zusammengefasst" wird (V.10). Auch dies ἐν (αὐτῷ) hat instrumentale und lokale Bedeutung zugleich. Πρὸ καταβολῆς κόσμου erscheint im Neuen Testament noch Joh 17,24 und 1Petr 1,20 und bezieht sich im Unterschied zu ἀπὸ καταβολῆς κόσμου[91] auf die Vorweltlichkeit.[92] Während Joh 17,24 nur Beleg für die Präexistenzchristologie ist, wird 1Petr 1,20 gelegentlich als sachliche Parallele zu Eph 1,4 angesehen.[93] Doch enthält 1Petr 1,20 selber den Gedanken einer vorzeitlichen Erwählung der Kirche noch nicht. Das heißt: Eph 1,4 ist „die einzige Stelle im NT, wo ἐκλέγεσθαι so ausdrücklich mit diesem Akzent der Ewigkeit versehen wird."[94] So lässt sich eine deutliche Entwicklung erkennen, die am besten durch die Belege AssMos 1,12.14 (gr.); JosAs 8,9; Eph 1,4 und Herm 1,6 (vis I 1); 8,1 (vis II 4) zu markieren ist: vom Gedanken der Unterordnung der Schöpfung unter die vorzeitliche Erwählung Israels über den Gedanken der Hinzurechnung der Proselyten (Aseneth) zum erwählten Volk, sodann über die christologische Begründung einer Universalisierung des Erwählungsgedankens (Eph) bis zur begrifflichen Fassung der präkosmischen Ekklesiologie in Herm

---

184–189. Die Prädestinationslehre ist „ein bedeutungsvolles Novum gegenüber dem Alten Testament" (BECKER, 85 A 3); vgl. KEHL, 105: „Fast unmerklich ... wird die Erwählung zum Dualismus von Erwählung und Verwerfung ausgeweitet". In den Qumranschriften findet sich jedoch nicht der o. A 86 belegte Gedanke, dass die Welt der Auserwählten wegen geschaffen sei (LICHTENBERGER, Studien, 180). Zu Separatismus und Prädestination in Qumran vgl. auch BRAUN, Qumran, II, 243–250.

[88] S.o. A 86.
[89] 2,10 geht nicht über 1,4–14 hinaus. 2,11–22 lässt den Gedanken einer abgrenzenden Prädestination auch gar nicht zu.
[90] In den neueren Kommentaren wird dies ἐν αὐτῷ nirgends mehr auf Gott bezogen.
[91] Mt 25,34; Lk 11,50; Hebr 4,3; 9,26; Apk 13,8; 17,8. Der im NT bis auf die Ausnahme von Hebr 11,11 immer auf die Schöpfung bezogene Terminus καταβολή findet sich nicht in LXX und nicht bei Philon, sondern nur bei hellenistischen Schriftstellern (Belege bei BAUER/ALAND, Wb., 830; DANKER, 515).
[92] Der einzige möglicherweise vorchristliche Beleg für πρὸ καταβολῆς κόσμου ist AssMos 1,14 (fr.a - bei Gelasius von Cyzicus, Hist.Ecclesiastica II 17,17: DENIS, Fragmenta Pseudepigraphorum, 63) – im Zusammenhang mit jenem o. A 86 erwähnten Motiv von der Weltschöpfung um Israels willen. Mose hat dort annähernd die Funktion, die nach Eph 1,4 Christus hat: καὶ προεθεάσατό με ὁ θεὸς πρὸ καταβολῆς κόσμου εἶναί με τῆς διαθήκης αὐτοῦ μεσίτην. HOFIUS, Eph 1,4, S. 235 A 8, hält aber (gegen BRANDENBURGER, JSHRZ V/2, S. 69 Anm. a) die griechische Fassung für sekundär.
[93] Z.B. von HOFIUS, Eph 1,4, 234–236.
[94] G. SCHRENK, ThWNT 4, 180 Z.13f.

(Schöpfung der Kirche wegen). – Mit dem Infinitivsatz εἶναι ἡμᾶς ἁγίους καὶ ἀμώμους κατενώπιον αὐτοῦ wird vor das achtergewichtige zum Verb ἐξελέξατο gehörige ἐν ἀγάπῃ eine Zielangabe eingeschoben. Dieser Infinitivsatz hat die gleiche finale Funktion wie die Präpositionalbestimmungen mit εἰς (V.5.10; vgl. V.12: εἰς τὸ εἶναι). Ziel und beabsichtigtes Ergebnis der vorweltlichen Erwählung der Christen ist ihre Heiligkeit und Tadellosigkeit „vor ihm" (Gott). Ἅγιος und ἄμωμος sind ursprünglich kultische, nicht auf das Ethische beschränkte Begriffe. ἅγιος (von ἅζομαι: „scheuen") bezieht sich ursprünglich auf den Aspekt des göttlichen *tremendum*. LXX verwendet es überwiegend für קָדוֹשׁ bzw. קָדֵשׁ. Dieser Begriff[95] für das Numinose erhält die Konnotation der „Reinheit" und bezeichnet schließlich die Sphäre des Göttlichen im Gegenüber zum Profanen: Wer sich dem Göttlichen nähert, muss sich heiligen oder von Gott geheiligt werden. Der ethische Aspekt ist dabei jedoch sekundäre Metaphorisierung. Noch stärker kultisch geprägt ist ἄμωμος = „makellos", „heil", „unversehrt"[96]: So müssen die Opfertiere sein.[97] Doch schon im Alten Testament wird auch dieser Begriff auf Menschen bezogen und ethisiert.[98] An unserer Stelle ist in den beiden Wörtern die kultische Bedeutungskomponente aber noch wirksam: Die Erwählung hat zum Ziel die der Gesellschaft mit dem Göttlichen angemessene Tadellosigkeit des Menschen, die allein es ihm ermöglicht, „vor ihm" (Gott) zu stehen (κατενώπιον αὐτοῦ). Die ganze Wendung hat ihr direktes Vorbild in Kol 1,22: παραστῆσαι ὑμᾶς ἁγίους καὶ ἀμώμους καὶ ἀνεγκλήτους κατενώπιον[99] αὐτοῦ. Dort ist die Aussage jedoch auf die Versöhnung durch den Kreuzestod Christi[100] bezogen, während es hier im Eph um die vorkosmische Erwählung geht. – ἐν ἀγάπῃ bezieht sich zurück auf ἐξελέξατο[101] und klappt so scheinbar

---

[95] H.P. MÜLLER, THAT II, 589–609. Der neutestamentliche Gebrauch des Begriffs ist wesentlich durch die LXX geprägt, kaum durch griechisch-heidnische Religiosität: „Innerhalb des griechischen Schrifttums, des literarischen wie des dokumentarischen, ist ἅγιος relativ selten anzutreffen" (ARZT-GRABNER, Philemon 181); vgl. auch H. BALZ, EWNT[2] 1, 39–48, 42.

[96] In LXX fast immer für תָּמִים (Qumran, z.B. 1QS 3,9f; 8,21: „vollkommen [wandeln]").

[97] Z.B. Ex 29,1; Lev 1,3.10 u. ö.; Ez 43,22f u. ö. So im NT noch 1Petr 1,19 und Hebr 9,14.

[98] Z.B. Ez 28,15; ψ 36,18 u. ö. So im NT dann auch Phil 2,15; Kol 1,22; Eph 5,27; Jud 24; Apk 14,5. Besonders deutlich wird die Metaphorisierung und Spiritualisierung des kultischen Begriffs dann bei Philon: LA I 50f; Cher. 85; sacr. 51; somn. I 62; II 72.185 (vom Hohenpriester); spec. I 201 (vom νοῦς).

[99] Κατενώπιον im NT neben Kol 1,22 und Eph 1,4 nur noch Jud 24 (eschatologisch: στῆσαι κατενώπιον τῆς δόξης αὐτοῦ ἀμώμους). Von den wenigen Vorkommen von κατενώπιον in LXX (vgl. aber auch 1QH 17,14; 1Hen [aeth.] 39,6) hat einzig Lev 4,17 kultische Bedeutung.

[100] Insofern klingt dort der christologische Opfergedanke an (vgl. Hebr 9,14; 1Petr 1,19). Das wird bestritten von FAUST, 78–87, der die Funktion des Kreuzestodes Jesu in Kol 1,20.22 und Eph 2,11–22 im Anschluss an die philonische Logostheologie ausschließlich in der Ablegung des Fleischesleibes (als Symbol der Entweltlichung) sieht. Warum wird dann aber in Kol 1,20 und Eph 2,13 das *Blut* („des Kreuzes") als Erlösungsmittel genannt? Vgl. hierzu HARTMANN, Reconciliation (Col 1,20), der über Philons Allegorese des am Versöhnungstag wirkenden Hohenpriesters als Logos die kultische Komponente nicht ausschließen möchte (dazu FAUST, 85 A 37: „... dieser Zusammenhang kann ... bestenfalls akzidentielle Bedeutung haben"). Weiteres dazu s. u. zu 2,16.

[101] Vgl. DIBELIUS/GREEVEN, Eph, 60: „in der Weise des Hymnus nachträglich anfügend"; KRÄMER, 40: „Nachtrag zu ἐξελέξατο". Kaum bezieht sich ἐν ἀγάπῃ auf den finalen Infinitivsatz (etwa in dem

nach.¹⁰² Doch liegt in der Nachstellung ein auffälliges Kunstmittel, das bis V.12 durchgehalten wird: Alle „Strophen" enden mit einer achtgewichtigen ἐν-Bestimmung (ἐν Χριστῷ – ἐν ἀγάπῃ – ἐν τῷ ἠγαπημένῳ – ἐν πάσῃ σοφίᾳ καὶ φρονήσει – ἐν αὐτῷ – ἐν τῷ Χριστῷ), die aber insofern in einem schwebenden Zustand bleiben, als sie gleichzeitig die Basis für die Aussage der nächsten „Strophe" abgeben.¹⁰³ Insofern hat ἐν ἀγάπῃ gleichzeitig vorbereitenden Bezug zu προορίσας (wie ἐν πάσῃ σοφίᾳ καὶ φρονήσει in V.8 zu γνωρίσας in V.9). Es fällt auf, dass sich bei diesen „Strophen"-Schlüssen bis einschließlich V.10 personale mit abstrakt-instrumentalen ἐν-Wendungen abwechseln, wobei sich an die personalen Bestimmungen Nebensätze anschließen, an die sachlich-instrumentalen aber die partizipialen Hauptaussagen:

ἐν Χριστῷ /
καθὼς ... ἐν ἀγάπῃ /
(ὁ) προορίσας ... ἐν τῷ ἠγαπημένῳ /
ἐν ᾧ ... ἐν πάσῃ σοφίᾳ καὶ φρονήσει /
(ὁ) γνωρίσας ... ἐν αὐτῷ /
ἐν ᾧ ... ἐν τῷ Χριστῷ /
ἐν ᾧ ...
ἐν ᾧ ...

Die letzte dieser überleitenden Schlusswendungen mit ἐν ist jedoch noch einmal eine personale, und zwar in der auffälligen mit Artikel vervollständigten Form ἐν τῷ Χριστῷ, die dann auch noch mit zwei Relativsätzen erweitert wird. Der letzte Grund der ganzen εὐλογία ist also Gottes Liebe, die vor der Schöpfung schon da war und als letztes unhinterfragbares Motiv alles Handeln Gottes von Ewigkeit her bestimmt.¹⁰⁴ Formal ist sie gleichzusetzen mit Gottes freiem Entschluss. Eine

---

Sinne: „damit wir in ihm heilig und untadelig seien in Liebe"; so aber LINCOLN, Eph, 17.24). Für seine Deutung im Sinne menschlich-ethischer Referenz von ἀγάπη an dieser Stelle verweist LINCOLN, Eph, 17, auf 1,15; 3,17; 4,2.15f; 5,2; 6,23. Doch stehen dagegen Eph 2,4; 3,19 (3,17 und 4,2 lassen beide Deutungen zu). Dass ἐν ἀγάπῃ gerade auf ἐξελέξατο zurückzubeziehen ist, beweist auch die für das Erwählungsmotiv wichtige Parallele Dtn 7,7f.

¹⁰² So die meisten Kommentatoren (z.B. BENGEL, Gnomon, 755; HAUPT, Eph, 9; EWALD, Eph, 68f; ABBOTT, Eph, 8; SCHLIER, Eph, 52; GNILKA, Eph, 72; SCHNACKENBURG, Eph, 42.45.52; MUSSNER, Eph, 38–45). THEOBALD/PILLINGER, Eph, 38, zieht die Wendung zum Anfang der nächsten „Strophe", also zu προορίσας. Doch alle „Strophen" (bzw. „Halbstrophen") enden mit einer eigenartig schwebenden ἐν-Bestimmung (vgl. KRÄMER, 40; LINCOLN, Eph, 17).

¹⁰³ Zur schließenden und zugleich verkettenden Funktion der ἐν-Phrasen s. JEAL, Theology and Ethics, 84f.

¹⁰⁴ Zu vergleichen ist der durch Platon, Tim. 29e, angeregte Gedanke, dass das Motiv Gottes für die Weltschöpfung „Güte" war (ἀγαθὸς ἦν): Philon, Deus 108 (Gottes ἀγαθότης als Dynamis ist die Ursache der Schöpfung); LA I 34; III 73.78; Cher. 27–29; migr. 183; ferner SapSal 7,26f (σοφία als Abglanz der ἀγαθότης Gottes). Das Substantiv ἀγαθότης findet sich jedoch noch nicht bei Platon. Von der ἀγάπη (das Substantiv bei Philon überhaupt nur Deus 69; QE II 21) bzw. dem ἀγαπᾶν Gottes spricht Philon dagegen nur selten: migr. 60 im Anschluss an Dtn 7,7; Abr. 50 heißt es, dass der Mensch, der Gott liebt, von Gott „gegengeliebt" wird (ἀνταγαπηθείς). Die einzige Stelle, wo ein Wort vom Stamm ἀγαπ- in kosmologischem Zusammenhang bei Philon begegnet, ist ebr. 30, wo der (Ideen-)Kosmos (und

solche Aussage ist auch im Neuen Testament einmalig, denn selbst Joh 3,16, die einzige Stelle, die das Wort ἀγαπᾶν ähnlich in kosmischer Weite von Gott gebraucht, bezieht sich nicht explizit auf die Vorzeitlichkeit. Schon im Alten Testament wird das Erwählungsmotiv mit Gottes Liebe verbunden.[105] Wenn nun nach-alttestamentlich die Erwählung der Schöpfung vorgeordnet wird, wird die Aussage von der Liebe Gottes notwendig zu einer Präexistenzaussage, und das platonisch-philonische Philosophem von der ἀγαθότης Gottes als schöpferischer Potenz[106] wird zur Aussage von der ἀγάπη Gottes. Von der Schöpfung bis zur Erlösung vollzieht sich Gottes Liebe als die Weise seiner Wirksamkeit und Selbstmitteilung. „Weisheit" auf der einen Seite und „Gnade" auf der anderen umgeben die „Liebe" als die zentrale Seins- und d.h. Wirkweise Gottes (vgl. V.6–8). Hier klingen zentrale Stichworte hellenistisch-jüdischer Theologie an, wie sie einstmals in Alexandria entstanden sein werden und inzwischen wohl in den synagogalen Zentren des Römischen Reiches, vor allem aber in Kleinasien, verbreitet waren – die nun jedoch durch das Stichwort „Liebe" (ἀγάπη) eine besondere Zuspitzung erhalten: Das Wort ἀγαπᾶν (ἀγάπη) enthält die semantische Komponente der Zuneigung und der Leidenschaft, ja der alle Freiheit aufgebenden ganzheitlichen Hingabe und Bindung, ja schließlich des Triebes. Wäre die Aussage vom ἀγαπᾶν Gottes nicht durch das Alte Testament vorgegeben (eine wahrhaft kühne Metapher![107]), würde z.B. Philon als griechisch gebildeter Jude diesen Ausdruck kaum im positiven Sinne gebraucht haben. Von sich aus verwendet er das Wort meist in negativer Wertung: als Regung der Triebe und Leidenschaften des niederen (somatischen) νοῦς.[108] Insofern der alttestamentliche Erwählungsgedanke in Eph 1,3b–4 univer-

---

das ist der Logos!) als μόνος καὶ ἀγαπητὸς υἱός Gottes bezeichnet wird. In diesen Zusammenhang gehört dann aber auch die allegorische Verwendung von Gen 22 (ἀγαπητὸς υἱός – vgl. Mk 12,5) in LA III 203; migr. 140; som. I 194f; Abr. 168.196: Isaak ist für Philon der allegorische Typ der höchsten Frömmigkeit, des vollkommensten νοῦς, der wiederum mit dem Logos gleichgesetzt wird (weiteres s.u. zu ἠγαπημένος in Eph 1,6). Das Erwählungsmotiv bringt offenbar über LXX das Stichwort ἀγαπᾶν mit sich. In Dtn 7,6–8 begegnen neben ἐκλέγεσθαι und ἀγαπᾶν auch λυτροῦσθαι (vgl. ἀπολύτρωσις in Eph 1,7.14; zur Bedeutung der Erwählungstheologie von Dtn für Eph 1,3–14 im ganzen vgl. vor allem KEHL, 80–86.102). Die kosmisch dimensionierte ἀγάπη Gottes ist dagegen erst ein neutestamentliches Motiv (vgl. neben unserer Stelle Joh 3,16) – wahrscheinlich vorbereitet durch hellenistisch-jüdische Ansätze, wie wir sie bei Philon finden.

[105] S. vorige A.

[106] „Güte" im doppelten Sinne: als göttliche Vollkommenheit und als wohltätige Anteilgabe Gottes, die sich im Schöpfungshandeln, insbesondere der Schöpfung der Lebewesen, ausdrückt: Schöpfung als Gnade (Philon, LA III 78; migr. 183).

[107] In LXX hauptsächlich für אהב (ἀγάπη und ἀγάπησις für אַהֲבָה). Die Wahl dieser kühnen Gottesprädikation geht auf den Propheten Hosea zurück (Hos 3,1; 11,1.4; 14,5; vgl. Dtn 7,8.13; 1Kön 10,9) und begegnet dann erst wieder in späten Texten: z.B. Jes 63,9; Jer 31,3; Zeph 3,17; 2Chr 2,10.

[108] Z.B. LA II 48.56; sacr. 19f; plant. 105. Dagegen ist der positive Gebrauch von Wörtern des Stammes ἀγαπ- bei ihm durch LXX veranlasst. Positiv von Gott als Subjekt der Liebe (zu Menschen bzw. zum Kosmos): migr. 60; Abr. 50; ebr. 30; dazu gehört auch die allegorische Verwendung von Gen 22 (υἱὸς ἀγαπητός): s.o. A 104; positiv von Menschen als Subjekt der Liebe zu Gott: post. 12.69; Deus 69; migr. 21.169; fug. 58; spec. I 31; QE II 21. Auch das ist durch LXX-Stellen wie Dtn 6,5 und 30,20 veranlasst. Positiv von der Liebe unter Menschen: ebr. 84; sobr. 21–23; her. 47; virt. 103f (ebenfalls im Anschluss an LXX-Stellen).

salisiert und sogar in die Vorzeit des Kosmos verlegt ist, wird die damit verbundene Aussage von der ἀγάπη zum Wesensprädikat Gottes. Das platonisch-philonische Philosophem „Gott ist Gut-heit" wird dadurch gesteigert zu „Gott ist Liebe" (vgl. 1Joh 4,8.16).[109]

5 Ἐν ἀγάπῃ am Ende von V.4 leitet über zur zweiten Strophe der Begründung der Eulogie (V.5f), die vom Partizip προορίσας beherrscht wird, das wie die das verbale Gerüst bildenden Partizipien in V.3b und V.9 im Aorist steht. Die Aussage von der Erwählung wird zugespitzt auf die von der Vorherbestimmung (προ-ορίζειν[110]). Auch wenn dies Wort lateinisch durch *praedestinare* wiederzugeben ist, liegt auch hier keine „Prädestinationslehre" vor, insofern die Aussage nicht auf eine Determination der zu rettenden Individuen zielt.[111] Vielmehr geht es um Gottes vorkosmische Willensentscheidung zum generellen Heilshandeln überhaupt. Die nächste Parallele ist Röm 8,29f. Darin ist eine logische Folge angelegt: vom noetischen über den Willensakt Gottes zur Aktualisierung der Vorherbestimmung in der Berufung. Inhalt und Ziel der Vorherbestimmung ist die Sohnschaft. Υἱο-θεσία ist juristischer Terminus und bedeutet „Adoptivsohnschaft", es geht also um die Annahme (bzw. den Zustand nach der Annahme) als Sohn.[112] Im Kontext des Eph bezieht sich das auch auf die Eingliederung der Heiden in das Gottesvolk – auch wenn das προορίσας ἡμᾶς schon eine universale Aussage ist. Sinngemäß ist die Sohnschaft auch Ziel προώρισεν-Aussage in Röm 8,29, doch ist sie dort christologisch abgeleitet: „gleichgestaltet zu sein dem Bild seines Sohnes" (welcher dann der „Erstgeborene" unter vielen Brüdern ist).[113] Auch wenn die Annahme der Christen als Kinder Gottes in Eph 1 nicht explizit mit der Gottessohnschaft Jesu verbunden wird,[114] ist sie doch auch hier christologisch vermittelt, wie aus dem weiteren Zusammenhang hervorgeht: διὰ Ἰησοῦ Χριστοῦ[115] und ἐν τῷ ἠγαπημένῳ (V.6), worin der Sohnestitel impliziert ist.[116] Die Reihenfolge der Na-

---

[109] Im Sinne hellenistisch-jüdischer Theologie ist auch dieser Satz keine Identifikation, sondern allenfalls eine Prädikation. Für Philon sind ἀγαθότης und ἐξουσία zwei Wirkweisen Gottes (δυνάμεις; vgl. Cher. 27-29), ebenso wie die Namen θεός und κύριος nicht (den unnennbaren) Gott bezeichnen, sondern Namen für eben diese beiden charakteristischen Aktivitäten Gottes sind (vgl. zu Eph 1,3-14 unter diesem Aspekt auch MAURER, 157-172).
[110] Neben Eph 1,5.11 im NT nur Apg 4,28; Röm 8,29f; 1Kor 2,7. Das Wort kommt nicht vor in LXX.
[111] Vgl. BARTH, Eph, I, 105-109; SCHNACKENBURG, Eph 52; s. auch o. zu V.4.
[112] WÜLFING VON MARTITZ/SCHWEIZER, ThWNT 8, 400-402; BYRNE, „Sons of God"; SCOTT, Adoption; RUSAM, Gemeinschaft, 77-91; W. KRAUS, Volk Gottes, 225-227; im NT sonst nur bei Paulus: Röm 8,15.23; 9,4; Gal 4,5. Die Verwendung des Wortes an unserer Stelle geht auf Röm 9,4 zurück (s.u. zu 2,11-22). Sonst ist das Wort seit dem 2. Jh.v.Chr. häufig belegt in Inschriften und Papyri (s. New Documents 4, p.173; 3, p.16f: τεκνοθεσία). Es fehlt in LXX und den übrigen frühjüdischen Schriften, ist also ein hellenistischer Terminus (KRAUS, Volk Gottes, 225), der hellenistische Rechtsverhältnisse voraussetzt (älteste Belege bei Ptolemaeus, Gramm. [2. Jh.v.Chr.]; Diod. Sic., bibl. hist. XXXI 26,1.4; 27,5).
[113] Vgl. Gal 4,4-7.
[114] Christus als υἱὸς θεοῦ im Eph nur 4,13.
[115] Die bei Paulus häufiger begegnende Wendung (Röm 1,8; 5,1.11.17.21; 7,25; 15,30; 1Kor 15,57; Gal 1,1; Phil 1,11; 1Thess 5,9) ist in Eph einmalig (vgl. aber 2,18: δι᾽ αὐτοῦ).
[116] S. A 104 (ἀγαπητός).

men „Jesus" und „Christus" entspricht allgemein paulinischem Sprachgebrauch.[117] Christus ist der Mittler dieser Sohnschaft. Εἰς αὐτόν wird man in Entsprechung zu κατενώπιον αὐτοῦ in V.4 auf Gott (als Subjekt der Partizipialaussagen)[118] und nicht auf Christus[119] zu beziehen haben. Dafür spricht auch die z.B. 1Kor 8,6 und Röm 11,36 erkennbare Zuordnung der Präpositionen ἐξ und εἰς zu Gott als Quelle und Ziel aller Heilsvorgänge.[120] – Es folgt das erste von fünf κατά-Gliedern[121], die jeweils eine Modalität der vorangehenden partizipialen bzw. relativisch angeschlossenen Verbalaussage angeben: Gottes vorzeitliche Bestimmung geschieht nach dem „Wohlgefallen (Gutdünken) seines Willens". Drei der noch folgenden κατά-Glieder sind dieser Aussage (mit εὐδοκία und θέλημα) synonym: εὐδοκία (V.9), πρόθεσις (V.11), βουλή, θέλημα (V.11: dort wie in V.5 mit προορίζειν). Es gibt keine weitere Begründung und Bedingung des Seins und des Heils als die souveräne göttliche Entscheidung. Die Häufung dieser synonymen Begriffe hat eine Entsprechung in den Qumranschriften.[122] Θέλημα und εὐδοκία geben in LXX beide das hebräische רָצוֹן wieder.[123] Εὐδοκία enthält dabei gegenüber θέλημα (sowie πρόθεσις und βουλή) noch eine affektive Bedeutungskomponente („Wohlgefallen"),[124] die durch die kontextliche Nähe zu ἀγάπη hier deutlich wird.

6 Auf das κατά-Glied folgt eine Zielangabe mit εἰς: die erste der drei doxologischen Wendungen mit der Formel εἰς ἔπαινον (τῆς) δόξης (…) αὐτοῦ (V.6.12.14 Ende). Wie die εἰς-Glieder das Ziel, so geben die κατά-Glieder den Ursprung an. Beide treffen sich in Gott: Sein „Wohlgefallen" ist der Ursprung, sein ihn verherrlichendes Lob ist das Ziel, dem ja die Eulogie als solche dient („gepriesen ist Gott …"). Der dreifache Gen. in V.6[125] ist bedingt durch den semitischen Sprach-

---

[117] Bei ἐν gebraucht Paulus immer die Reihenfolge „Christus Jesus", ebenso der Autor des Eph (1,1b; 2,6.7.10.13; 3,6.11.21). Bei διά gebraucht Paulus dagegen die Reihenfolge „Jesus Christus". Die Reihenfolge der Elemente des Doppelnamens in Eph 1,1f (Χρ. Ἰ.) entspricht den Präskripten von Röm, 1Kor, 2Kor, Phil, Phlm sowie Kol. Die Reihenfolge in Eph 1,3 (Ἰ. Χρ.) ist gattungsgemäß (Eulogie) vorgegeben (vgl. 2Kor 1,3; 1Petr 1,3). Bei den übrigen Stellen (Eph 1,17; 2,20; 3,1; 5,20; 6,23.24) bedingt der κύριος-Titel (wie in den Salutationen der Präskripte) die Reihenfolge Ἰ. Χρ.

[118] So z.B. auch HAUPT, Eph 11; CAMBIER, 75f (mit der o. im Text gegebenen Begründung); SCHNACKENBURG, Eph, 53; LINCOLN, Eph, 9.25.

[119] So hingegen ABBOTT, Eph, 9; VON SODEN, Eph, 107; SCHLIER, Eph, 54; GNILKA, Eph, 73.

[120] Dagegen sind ἐν und διά in Eph 1 durchgehend mit Christus, dem Mittler, verbunden. Das sind Nachwirkungen der Logos-Theologie.

[121] Vgl. V.7 Ende, V.9b, V.11 Ende (zweimal).

[122] CD 3,15: חפצי רצונו – „die Willensäußerung seines Willens" (εὐδοκία τοῦ θελήματος αὐτοῦ); vgl. K.G. KUHN, Epheserbrief, 336; DEICHGRÄBER, 73; vgl. auch 1QS 8,6.10; 9,23; 1QH 4,33; 5,4; 11,9.

[123] Θέλημα = Est 1,8; ψ 29,6.8; 39,9; 102,21; 142,10; Dan 11,16 u. ö. εὐδοκία: ψ 5,13; 18,15; 50,20; 68,14; 88,18 u. ö. Zu εὐδοκία vgl. noch Lk 2,14 mit 1QH 4,33; 11,9 und dazu HUNZINGER, Licht, 85–90; DERS., Beleg, 129f; DEICHGRÄBER, ZNW 51 (1960), 132 (ein samaritanischer Beleg).

[124] BOVON, Lk I, 129 (zu Lk 2,14); vgl. auch Röm 10,1.

[125] Zu den adnominalen Genitivkonstruktionen im Eph vgl. PERCY, Probleme 26f.186.188–190; SELLIN, Genitive. Überladen wirken schon die doppelten Genitive in V.5 Ende, V.7 Ende, V.9 Anfang, V.10 Anfang, V.11 Ende, V.13, V.14 Ende. Dreifache Genitivverbindungen begegnen im Eph auch noch in 1,18.19; 4,13; vgl. aber schon Kol 2,12; 2Kor 4,4 und 4,6. Übertroffen wird diese Häufung im NT nur noch durch Apk 16,19; 19,15 (vier bzw. fünf voneinander abhängige Genitive).

stil, der wohl über die liturgische Sprache der hellenistischen Synagoge vermittelt worden ist.[126] Das innerhalb des NT überwiegend im Corpus Paulinum verankerte Stichwort χάρις[127] knüpft hier inhaltlich an die durch die Begriffe Segen (εὐλογία) und Liebe (ἀγάπη) gebildete Linie an: Gott teilt seine Fülle an seine dazu bestimmten Geschöpfe aus, die dadurch als Empfangende definiert sind.[128] Bei Paulus kristallisiert sich in diesem Begriff ein Aspekt seiner Rechtfertigungstheologie (z.B. Röm 3,24; 4,4.16; 5,2.15f), die vom Verfasser des Eph in 2,1–10 unter diesem Stichwort überspitzt rezipiert wird (2,5.8f). Während nach 1,12.14 das „Lob" der „Herrlichkeit" Gott selbst zukommt (αὐτοῦ), bezieht es sich hier in V.6 auf die „Herrlichkeit" seiner „Gnade". Diese wird nun im V.6 abschließenden attrahierten Relativsatz (ἧς) konkret bestimmt. Χάριτος ... ἧς ἐχαρίτωσεν bildet wieder eine *figura etymologica*. Es geht um eine einmalige Handlung Gottes in der Vergangenheit (Aorist), die nun aber nicht mehr in der vorkosmischen Erwählung, sondern in einem Ereignis in der Zeit besteht, wie im folgenden Vers deutlich wird. Das Geschenk erfolgt „in dem Geliebten". Was das bedeutet, wird genauer in V.7 ausgeführt. Diese Gnadentat ist es, die „Herrlichkeit" hat und deshalb ein Gegenstand des Lobes ist.[129] Ἠγαπημένος (veranlasst durch Kol 1,13: τοῦ υἱοῦ τῆς ἀγάπης αὐτοῦ) lässt – als ein weiteres Wortspiel – ἀγάπη aus V.4 wieder anklingen. Der „Geliebte" ist das Mittel der seit Urzeit wirksamen Liebe Gottes, die schon der Grund „unserer" Erwählung war. Ὁ ἠγαπημένος[130] wurde in LXX als Ehrenname für Israel (Dtn 32,15; 33,5.12.26; Jes 44,2; Bar 3,37), Abraham (2Chr 20,7; Dan 3,35), Samuel (Sir 46,13) und Mose (Sir 45,1) gebraucht und erscheint hier nun als Christusprädikat (vgl. Barn 3,6; 4,3; 1Clem 59,2f; IgnSm inscr.; Herm 89,5 [sim IX 12,5])[131]. Dieses Prädikat bestimmt überleitend zugleich die folgende Aussage von V.7f (Teil II b der Eulogie): Wie sich Gottes Liebe auf Christus konzentriert, so

---

[126] K.G. KUHN, Epheserbrief, 335: „diese Plerophorie synonymer Genitivverbindungen ist ... typisch" für die Qumrantexte."

[127] Ca. 70mal in den echten Paulinen, 35mal in den Deuteropaulinen (davon 12mal in Eph). χάρις begegnet in den Apokryphen der LXX gehäuft (sonst meist für חֵן) und spielt in der jüdisch-hellenistischen Theologie Philons eine wesentliche Rolle (ca. 300 Vorkommen + ca. 100mal χαρίζεσθαι); dazu ZELLER, Charis.

[128] Der Ursprung dieses Begriffs von Gnade ist keineswegs im alttestamentlichen und qumranischen Gebrauch von חֶסֶד und אֱמֶת (z.B. 1QS 11,12–14; 1QH 16,12f.16f) zu suchen (gegen SCHNACKENBURG, Eph 53f). Es ist kein Zufall, dass in LXX χάρις nur zweimal für חֶסֶד steht (Est 2,9.17), sonst fast ausschließlich für חֵן. Maßgeblich für die Bedeutung von χάρις im NT sind vielmehr die hellenistisch-jüdischen Vorkommen dieses Wortes, insbesondere bei Philon: Gott ist überfließende Güte, die Schöpfung geht auf seine ἀγαθότης καὶ χάρις zurück (LA III 78; vgl. post. 144f). Insbesondere aber Tugend, Erkenntnis, Weisheit und Erlösung sind seine „Gnadengabe" (ebr. 145; migr. 46–52); vgl. dazu SELLIN, Streit, 148–151; ZELLER, Charis.

[129] Der erste Gen. (δόξης) ist also ein Gen. obiectivus, der zweite (τῆς χάριτος) ein Gen. possessivus.

[130] Nicht ἀγαπητός! Deshalb ist an dieser Stelle an eine Bezugnahme auf Mk 1,11; Gen 22 oder Jes 42,1 nicht zu denken (GNILKA, Eph, 74 mit A 6). Die dem Verbalen noch näherstehende Perfektform des Partizips bringt stärker den bis in die Gegenwart sich erstreckenden Vorgang des Liebens zum Ausdruck.

[131] SCHLIER, Eph, 56f (bes. 57 A 1). Jedoch (vorchristlich-)messianisch ist dieses Prädikat nicht zu belegen (vgl. LINCOLN, Eph, 26).

ist das Erlösungswerk des „Geliebten" selber wiederum Wirkung und Weitergabe der Liebe (vgl. 1Thess 1,4; Kol 3,12). In der Gestalt des „Geliebten" erreicht Gottes Liebe „uns" in der Weise der χάρις.

7 Das nun geschilderte Werk des „Geliebten" ist selber Ausdruck von Liebe (der Liebe Gottes und der Liebe des „Geliebten"): Hingabe mit dem Ziel der Lebensermöglichung für die Beschenkten. Die gegenwärtig andauernde (Partizip Perfekt V. 6) Liebe ermöglicht gegenwärtige (Präsens: ἔχομεν) Erlösung. ἀπολύτρωσις (hier absolut gebraucht) ist umfassender Ausdruck des Heils[132]. In 1,14; 4,30 wird es (wie in Röm 8,23) auf das noch ausstehende vollkommene Heil bezogen, hier (wie in Röm 3,24; 1Kor 1,30; Kol 1,14) auf die bereits im Sterben Christi geschehene Vergebung der Sünden.[133] Als Vorlage von V.7 ist Kol 1,14 auszumachen (ἐν ᾧ ἔχομεν τὴν ἀπολύτρωσιν, τὴν ἄφεσιν τῶν ἁμαρτιῶν). Die Ersetzung von ἁμαρτίαι[134] durch παραπτώματα[135] könnte durch Kol 2,13 verursacht sein. Ἁμαρτίαι begegnet im Eph überhaupt nur in 2,1 (dort neben παραπτώματα), eine Stelle, hinter der ebenfalls Kol 2,13 steht. Die ἄφεσις-Terminologie ist jedenfalls – im Gegensatz zu ἀπολύτρωσις – ganz unpaulinisch. Eingeschoben ist διὰ τοῦ αἵματος αὐτοῦ. Paulus verwendet im Anschluss an die (wohl antiochenische) Abendmahlsformel die Wendung ἐν τῷ αἵματι (Jesu) als verdichtendes Symbol für den soteriologisch wirksamen Tod Jesu (1Kor 11,25; vgl. 10,16; Röm 5,9)[136]. Die Formulierung διὰ τοῦ αἵματος[137] begegnet erstmals Kol 1,20, hier nun explizit auf das Kreuz bezogen (διὰ τοῦ αἵματος τοῦ σταυροῦ αὐτοῦ). Während Paulus das soteriologische Ziel des Kreuzesgeschehens im Röm als Rechtfertigung darstellt, wird in Kol 1,20 dieses Ziel in der Versöhnung (nach 2Kor 5,18f) und der kosmischen Befriedung bestimmt – ein Thema, das dann in Eph 2,11–22 eine zentrale Rolle spielt. Es wird hier besonders deutlich, wie in der Eingangseulogie des Eph die wichtigsten Motive des weiteren Briefes in extremer Verdichtung vorausklingen. Nach der ἐν- und der διὰ- folgt nun noch eine κατά-Phrase, in der der Begriff χάρις von V.6 wieder aufgenommen wird. Im Eph begegnen plerophore πλοῦτος-Wendungen häufiger

---

[132] So bis auf Ausnahme von Hebr 11,35 (dort in ursprünglicherem konkreten Sinn von „Freikauf") durchgehend im NT.

[133] Vgl. HAUBECK, Loskauf, 194f. Angesichts des anderen Gebrauchs des Wortes in V.14 (und 4,30) ist es aber fraglich, ob der ursprüngliche Sinn von „Freikauf" (wobei das „Blut" als Kampfpreis verstanden wäre) hier noch vorhanden ist (gegen HAUBECK, 196); vgl. die Diskussion bei LINCOLN, Eph, 27f.

[134] Ἄφεσις τῶν ἁμαρτιῶν (bzw. die Verbalform) nie bei Paulus. Die Formulierung ist bis auf drei Ausnahmen nur in Synoptiker/Apg vertreten.

[135] Ἀφιέναι παραπτώματα nur noch Mk 11,25 und Mt 6,14f. Der Ausdruck παράπτωμα ist dem Verfasser des Eph durch Kol 2,13 vermittelt (vgl. Eph 2,1.5), wo er dem Verfasser des Kol wohl durch Kenntnis des Röm geläufig war.

[136] Eine zunächst andere Bedeutung hat ἐν τῷ αὐτοῦ αἵματι in der vorpaulinischen „Formel" Röm 3,25, insofern hier auf das Sühnopfer referiert wird (vgl. Hebr 9,6–10,19). Aber der symbolische Kern ist auch hier die soteriologische Bedeutung des Kreuzestodes; s.u. zu 2,16.

[137] Paulus dagegen in Röm 3,25: διὰ πίστεως ἐν τῷ αὐτοῦ αἵματι.

(1,18; 2,7; 3,8.16). Vorbilder finden sich (neben Kol 1,27) im Röm.[138] Πλοῦτος τῆς χάριτος steht jedoch nur Eph 1,7 und – noch gesteigert – 2,7 (vgl. Philon, LA III 163: τὸν πολὺν πλοῦτον τῶν τοῦ θεοῦ χαρίτων; LA I 34: τὴν ὑπερβολὴν τοῦ τε πλούτου καὶ τῆς ἀγαθότητος ἑαυτοῦ.[139] Ungewöhnlich ist die Tatsache, dass hier Christus Subjekt der Gnade ist (αὐτοῦ bezieht sich über ἐν ᾧ zurück auf ἐν τῷ ἠγαπημένῳ. Weit überwiegend ist sonst im Corpus Paulinum Gott Subjekt und Quelle der Gnade, und Christus ist ihr Vermittler (διά + Gen.). Ausnahmen sind die Salutationes der Präskripte (außer 1Thess 1,1 und Kol 1,2), wo Christus Gott als eigentlicher Gnadenquelle assoziiert wird, und die Schlusssegen. Um eine solche Assoziierung wird es sich auch hier in Eph 1,7 handeln.

8 An die κατά-Phrase ist noch ein Relativsatz (ἧς) angefügt – eine Entsprechung zu ἧς ἐχαρίτωσεν ἡμᾶς in V.6 (ebenfalls aoristisch und ebenfalls mit einer ἐν-Phrase abgeschlossen). Περισσεύειν („überreich machen") bildet mit πλοῦτος eine semantische Isotopie. Περισσεύειν mit εἰς begegnet im NT sonst nur bei Paulus.[140] Unserer Stelle am nächsten kommen Röm 5,15 (χάρις); 2Kor 4,15 (χάρις); 9,8 (χάριν ... εἰς ὑμᾶς). Wie in V.6 folgt auch hier eine ἐν-Phrase: ἐν πάσῃ σοφίᾳ καὶ φρονήσει. Der Gebrauch von πᾶς setzt die plerophoren Stilmittel fort.[141] Die ganze Phrase bezieht sich auf Gottes Heils-Ratschluss, nicht auf „die den Erwählten geschenkte Einsicht".[142] Sowohl σοφία wie φρόνησις[143] können in LXX von Gottes Planen und Schaffen gebraucht werden.[144] In den Qumranrexten finden sich Beispiele: 1QS 4,18; 1QH 1,7.14.19; 12,13; 13,13.[145] Im NT

---

[138] Πλοῦτος τῆς δόξης (Röm 9,23; Eph 1,18; 3,16; Kol 1,27; vgl. Phil 4,19). In LXX findet sich häufiger πλοῦτος καὶ δόξα (Reichtum und Ehre), ebenso bei Philon; vgl. auch Röm 11,33a: βάθος πλούτου καὶ σοφίας; Platon, Euthyphr. 12a: ὑπὸ πλούτου τῆς σοφίας (bei Norden, Agnostos Theos, 243f A 3).

[139] Entsprechungen finden sich in den Qumrantexten, überwiegend in 1QH, z.B. 4,36f; 6,9 und öfter (jeweils המון רחמים); vgl. 1QS 4,3-5; 1QH 4,32; 7,27; 11,28f; 12,14; 13,17; 18,14 (Deichgräber, 74). חֶסֶד und רֶחֶם werden in LXX jedoch nur selten mit χάρις übersetzt (so aber in Gen 43,14; Est 2,9.17; Dan 1,9). Der „Sitz im Leben" scheint eher die griechisch sprechende Synagoge zu sein. Harrison, Language of Grace, 242-247, möchte Eph 1,7.19; 2,7-9 auf dem Hintergrund heidnischer Kulte in Ephesus interpretieren: Paulus (!) verwende die auch in den (magischen) Kulten gebrauchten Ausdrücke χάρις, δόξα und δύναμις gegen ephesinische Magie und den Artemis-Kult. Aber von offensiver Polemik oder Kontrafaktur findet sich an den genannten Stellen keine Spur.

[140] Περισσεύειν überhaupt 25mal bei Paulus (dazu 1mal Kol, 1mal Eph), 13mal im übrigen NT. Vgl. dazu Theobald, Gnade. Zur hyperbolischen Sprache im Zusammenhang der χάρις-Thematik bei Philon vgl. Zeller, Charis, 38-43 und 134f.

[141] Vgl. V.3 (ἐν πάσῃ εὐλογίᾳ); ferner πλοῦτος, περισσεύειν und die Genitivketten.

[142] Gegen Schlier, Eph, 59f; ebenso von Soden, Eph, 105; Schnackenburg, Eph, 55; Lindemann, Eph, 24. Richtig Gnilka, Eph, 77.

[143] Das καί als expositorisch aufzufassen (Barth, Eph, I, 85), liegt kein Grund vor. Die Parataxe fällt als Ausnahme auf. Sonst werden ausschließlich Genitivreihen gebraucht. Das spricht für Vorgeprägtheit der Wendung (s. folgende A).

[144] Beides: Prov 3,19; Jer 10,12; σοφία: z.B. ψ 103,24; SapSal 9,2; JosAs 13,15 (ἐν τῇ σοφίᾳ τῆς χάριτός σου); TestHiob 37,6; φρόνησις: Jes 40,28. φρόνησις und σοφία in synonymem Verhältnis als Attribute Gottes gelegentlich auch bei Philon, z.B. LA I 77f; Deus 79; fug. 52.

[145] Vgl. Deichgräber, 74; zur Wissens- und Erkenntnisterminologie in den Qumranschriften: Nötscher, Terminologie, 52-77.

kommt Röm 11,33 dem noch am nächsten: βάθος πλούτου καὶ σοφίας καὶ γνώσεως θεοῦ[146]; vgl. 1Kor 2,7 (2,1) und vor allem Eph 3,10. Entscheidend ist aber der Kontext von 1,8: Wie ἐν ἀγάπῃ am Ende von V.4 im gleitenden Übergang die Hauptaussage προορίσας in V.5 vorbereitet und ἐν τῷ ἠγαπημένῳ am Ende von V.6 zu V.7 überleitet, so bezieht sich auch ἐν πάσῃ σοφίᾳ καὶ φρονήσει nicht nur auf ἐπερίσσευσεν,[147] sondern zugleich auch schon auf das folgende γνωρίσας in V.9.[148] Gottes σοφία und φρόνησις sind die wesentliche Modalität seiner Offenbarung des Geheimnisses (vgl. 1Kor 2,7). Sie bewirken die spezifische „Ökonomie" der Heilsveranstaltungs-Phasen (V.10).

9 Γνωρίσας ist die dritte Hauptaussage im Partizip des Aorist. Das, was Gott vorbestimmt hat (προορίσας: V.5), den Inhalt seines Wohlgefallens (εὐδοκία) und Willens (θέλημα)[149], hat er „uns" kundgegeben. Insofern das bis dahin verborgen war, wird dieser Plan „Geheimnis" genannt. Die Frage ist, worin das Geheimnis inhaltlich besteht: in der „Ökonomie" der Zeiten oder der Anakephalaiosis des Alls.
Die syntaktische Struktur der Einheit V.9–10 ist nicht eindeutig zu erkennen. κατὰ τὴν εὐδοκίαν bezieht sich auf θέλημα (vgl. V.5 am Ende), der Relativsatz am Ende von V.9 auf εὐδοκία (ἥν). Unklar ist die Beziehung der beiden nun folgenden finalen Phrasen in V.10: der εἰς-Aussage und des Infinitivs. Die εἰς-Phrase am Anfang von V.10 wird man am besten auf προέθετο (zu εὐδοκία) im Relativsatz beziehen. Der Infinitiv ἀνακεφαλαιώσασθαι könnte entweder den Inhalt bzw. das Ziel der Zeiterfüllungs-„Ökonomie" (V.10a)[150] oder aber den Inhalt der Geheimniskundgabe (V.9a) angeben.[151] Letzteres ist das sprachlich Wahrscheinlichste. Dann besteht die Einheit V.9f aus zwei Hälften:

A:
der uns kundtat das Geheimnis seines Willens
gemäß seinem Wohlgefallen,
das er vorweg gefasst hatte in ihm
zur Durchführung der Fülle der Zeiten

---

[146] Vgl. TestHiob 37,6: τίς ποτε καταλήψεται τὰ βάθη τοῦ κυρίου καὶ τῆς σοφίας αὐτοῦ;
[147] SCHLIER, Eph, 59.
[148] SCHNACKENBURG, Eph, 53, widerspricht sich in gewisser Weise selbst, wenn er zunächst behauptet: „Zur Deutung auf die Gott eigene Weisheit und Einsicht wird man nur dann gedrängt, wenn man jene Wendung mit dem folgenden γνωρίσας verbindet; aber dazu besteht kein zwingender Grund ..." (ähnlich schon EWALD, Eph, 75f), dann aber abschließend feststellen muss: „insofern stellt die Wendung eine gute Überleitung zum nächsten Gedankenschritt dar". Zu γνωρίσας ziehen die ἐν-Phrase z.B. VON SODEN, Eph, 105; PERCY, Probleme, 309 A 66; DAHL, Adresse, 259 (jeweils aber von menschlicher Weisheit); MUSSNER, Eph, 47; GNILKA, Eph, 77 (beide zu Recht von Gottes Weisheit).
[149] Εὐδοκία und θέλημα aus V.5 werden in V.9 wieder aufgenommen. Προορίσας aus V.5 klingt in V.9 in προέθετο wieder an.
[150] Vgl. dagegen GNILKA, Eph, 79 A 1; LINDEMANN, Eph, 24. Die Vollendung des Alls in Christus ist (anders als für Paulus nach 1Kor 15,24–28) für den Verfasser des Eph bereits geschehen.
[151] So SCHLIER, Eph, 62; GNILKA, Eph, 79 (vgl. seinen Vorschlag, vor ἀνακεφαλαιώσασθαι einen Doppelpunkt zu setzen); so auch CARAGOUNIS, 95; LINDEMANN, Eph, 21 (in der Übersetzung).

B:
zusammenzufassen das All
in Christus,
das in den Himmeln und das auf der Erde,
in ihm.

Die erste Hälfte beschreibt das Formale, die zweite den Inhalt des Mysterions. V. 9b ist eine Modalbestimmung zu θέλημα αὐτοῦ, wobei der Relativsatz ἣν προέθετο ... wiederum eine Bestimmung zu εὐδοκία αὐτοῦ ist. Das Mysterion besteht demnach in der Anakephalaiosis (Zusammenfassung) des Alls. Dieses Geheimnis ist Bestandteil seines „Willens" (Gen.), der seinem „Gutdünken" gemäß ist (κατά), welches vorzeitlich (προ-) gefasst wurde zum Zwecke (εἰς) der „Ökonomie" der Zeiterfüllung (Relativsatz: ἥν). Solange aber die einzelnen Lexeme dieser Texteinheit nicht semantisch bestimmt sind, bleibt die festgestellte komplexe syntaktische Struktur unverständlich. γνωρίζειν[152] als Offenbarungsterminus begegnet bei Paulus Röm 9,22f (γν. τὸν πλοῦτον τῆς δόξης αὐτοῦ), ansonsten nur im deuteropaulinischen Schrifttum: Kol 1,27; Eph 1,9; 3,3 (τὸ μυστήριον); 3,5; 3,10 (ἡ ... σοφία τοῦ θεοῦ); 6,19 (τὸ μυστήριον) und Röm 16,25f. Die genannten deuteropaulinischen Stellen sind alle Bestandteile des sogenannten „Revelationsschemas"[153] (einst war das Geheimnis verborgen – jetzt ist es kundgemacht worden), das an unserer Stelle (Eph 1,9) vorwegnehmend anklingt (3,3 verweist auf 1,9 zurück): Kol 1,26f; Eph 3,3.10; Röm 16,25f[154]. Entfaltet wird 1,9 in 3,1–13. Der zentrale Begriff in diesem Zusammenhang ist μυστήριον,[155] ein Wort, das entscheidend durch die jüdische Apokalyptik geprägt ist. Die nächsten außerneutestamentlichen Belege sind Dan 2,13-23 (wo das im aramäischen Text erscheinende persische Lehnwort רָז mit μυστήριον wiedergegeben wird)[156] und einige Stellen in der Qumran-Literatur. 1QH Fragment 3,7 (לרזי חפצו) ist bis auf den Plural eine genaue Entsprechung zu τὸ μυστήριον τοῦ θελήματος αὐτοῦ. 1QpH 7,4f; 1QH 4,27f; 7,27 enthalten eine genaue Entsprechung zu γνωρίζειν τὸ μυστήριον.[157] In Dan 2 geht es zwar auch um die Zukunft und das Endgeschehen,

---

[152] Nur Phil 1,22 in der Bedeutung „erkennen", sonst im NT (25mal) „bekannt machen".
[153] S.u. zu 3,5–13.
[154] Eph 6,19 ist ein Rückbezug.
[155] Von den 28 Stellen im NT 23mal im Singular, neben Mk 4,11 und vier Stellen in Apk nur im Corpus Paulinum. Zum Begriff: G. BORNKAMM, ThWNT 4, 809-834; BROWN, „Mystery"; CARAGOUNIS, Mysterion, 1-34.117-135; KRÄMER, EWNT² 2, 1098-1105; BOCKMUEHL, Revelation, bes. 15f.53–56.94–97.102f.
[156] Dan 2,18f.27-30.47. In Dan 2,28-30 Θ erscheint dabei das Wort γνωρίζειν (in LXX aber: δηλοῦν); vgl. dazu CARAGOUNIS, 121-127.134f.
[157] Vgl. 1QH 11,9f. Im ganzen nahe kommt auch 1QS 3,13-4,8; vgl. ferner 1QH 12,13; 13,13; dazu: RIGAUX, Révélation, bes. 241-245; K.G. KUHN, Epheserbrief, 336; DEICHGRÄBER, 74. CARAGOUNIS, 129-135, sieht jedoch nur in 1Q27(Myst) 1,1.2-4 eine sinngemäß genaue Entsprechung zum μυστήριον-Gebrauch in Eph. Die genaueste Parallele, ja geradezu die Vorlage für Eph sei aber Dan 2 (S. 135). In der Tat gibt es terminologische Berührungen zwischen Eph 1 (bzw 3) und Dan 2: εὐλογεῖν (Dan 2,19f Θ); σοφία (V.20 Θ); φρόνησις (V.20 Θ); γνωρίζειν (V.28 Θ): vgl. CARAGOUNIS, 124-126. Doch kommen die Qumran-Parallelen dem μυστήριον-Begriff in Kol und Eph näher.

doch ist die Bedeutung von „Geheimnis" eine eher formale: die Bedeutung eines allegorischen Zeichens, des Traums.[158] Dem Mysterion-Begriff im Umkreis des neutestamentlichen Revelationsschemas kommen die Qumranbelege jedoch näher,[159] insofern es dabei um den verborgenen Plan und Entschluss Gottes in Bezug auf das Geschick der Welt und der Menschen geht (1QH Fragment 3,7; vgl. 1QS 3,23; 4,18; 1QH 9,23)[160]. Ein Unterschied besteht freilich auch hier noch, insofern – wie überwiegend in den Qumranbelegen – an den genannten Stellen der Plural (רָזִי) gebraucht wird. Der in Kol und Eph ausschließliche Gebrauch des Singulars τὸ μυστήριον (Kol 1,26f; 2,2; 4,3; Eph 1,9; 3,3f.9; 6,19; vgl. Röm 16,25; Apk 10,7) erklärt sich durch die inhaltliche Konzentration auf das Christusereignis als Endgeschehen.[161] Das aber begegnet erstmals ansatzweise in 1Kor 2,1.7: τὸ μυστήριον τοῦ θεοῦ[162] ... λαλοῦμεν θεοῦ σοφίαν[163] ἐν μυστηρίῳ τὴν ἀποκεκρυμμένην[164], ἣν προώρισεν[165] ὁ θεὸς πρὸ τῶν αἰώνων[166] εἰς δόξαν ἡμῶν.[167] Dort besteht das „Geheimnis" bzw. die „Weisheit" Gottes in Jesus Christus, und zwar dem Gekreuzigten (1Kor 2,2.8). Dabei ist die Verbindung des Geheimnisses mit dem Kreuz eine spezifische paulinische Zuspitzung. Während die erwähnten Stellen des Kol dem Verfasser des Eph aller Wahrscheinlichkeit nach geläufig waren bzw. vorlagen, ist eine direkte literarische Abhängigkeit des Kol (und Eph) von 1Kor 2 aber nicht sicher nachzuweisen.[168] Möglicherweise schöpft der Verfasser von Kol aus dem gleichen (synagogalen?) Sprach- und Konzeptionsreservoir wie Paulus in 1Kor 2,6–16 (vgl. Röm 9,22f und 11,25–36). Das Stichwort θέλημα wird in Aufnahme der Schlussphrase aus 1,5 durch εὐδοκία ergänzt – wieder durch eine κατά-Phrase mit begründend-präzisierender Funktion.[169] Εὐδοκία („Gutdünken"/„Wohlgefallen") ist eine Steigerung oder Präzisierung von θέλημα. Durch einen Relativsatz wird dieses Wort noch einmal näher bestimmt. προτίθεσθαι lässt das προορίζειν aus V. 5 wieder anklingen. Damit steht die Reihenfolge der Begriffe θέλημα, εὐδοκία, προτίθεσθαι im chiastischen Verhältnis zu V. 5 (προορίζειν, εὐδοκία, θέλημα). Die Vorsilbe προ- ist entspre-

---

[158] Das ist die das Wesen der Allegorie ausmachende apokalyptische Grundbedeutung von μυστήριον, wie sie auch Mk 4,11 zugrunde liegt; vgl. dazu SELLIN, Allegorie und „Gleichnis", bes. 300–313.
[159] Gegen CARAGOUNIS (s.o. A 157).
[160] Hierher gehört auch 2Bar (syr) 81,4.
[161] Vgl. K.G. KUHN, Epheserbrief, 336: „Das Neue [im Eph] gegenüber Qumran ist die Christologie."
[162] Kol 2,2 (Eph 3,4: μ. τοῦ Χριστοῦ).
[163] Eph 1,8; 3,10; vgl. Kol 1,9.
[164] Eph 3,9; Kol 1,26.
[165] Eph 1,5.11 (vgl. Eph 3,11).
[166] Eph 1,4 (πρὸ καταβολῆς κόσμου); Kol 1,26; Eph 3,9 (ἀπὸ τῶν αἰώνων); vgl. Eph 3,11 (κατὰ πρόθεσιν τῶν αἰώνων), eine Stelle, auf die 1,9 vorwegnehmend anspielt.
[167] Vgl. Kol 1,27; Röm 9,23.
[168] WOLTER, Weisheit, 305, bestreitet eine Bezugnahme der deuteropaulinischen „Revelationsschema"-Texte auf 1Kor 2 mit dem Hinweis, dass nicht das Kreuz in Kol und Eph als Inhalt des Geheimnisses Gottes erscheint. Der Inhalt des Geheimnisses in Kol und Eph ist vielmehr das (paulinische) Evangelium an die Heiden.
[169] Vgl. 1,5 Ende; 1,7 Ende; 1,11 Ende; bei A 121.

chend auch bei προτίθεσθαι temporal (wie in προορίζειν) aufzufassen. Seinen wohlgefälligen Plan (εὐδοκία) stellte Gott in der Vorzeit auf „in ihm". ἐν αὐτῷ bezieht sich auf den präexistenten Christus (vgl. V.3 Ende und V.4a)[170], der das Medium aller Heilspläne und -taten bereits vor der Schöpfung war.[171] So sind die ἐν-Formulierungen am Ende von V.3, V.6, V.10 und V.12 durchweg christologisch, während im Wechsel dazu am Ende von V.4 und V.8 unpersönliche Begriffe erscheinen („in Liebe", „in aller Weisheit und Klugheit").

10 Εἰς οἰκονομίαν τοῦ πληρώματος τῶν καιρῶν gehört noch zum Relativsatz und gibt ein Ziel des εὐδοκίαν ... προτίθεσθαι an. Der Ausdruck οἰκονομία bezeichnet gewöhnlich das (Haus-)Verwalteramt (Lk 16,2-4; 1Kor 9,17; Kol 1,25), dann aber auch die Verwaltertätigkeit, vor allem die Durchführung und „Organisation" von Haushaltsplänen.[172] Mit dieser Bedeutung ist das Wort dann auf die einerseits stoische und hellenistisch-jüdische, andererseits apokalyptische Vorstellung vom Heilsplan Gottes angewendet worden: die Durchführung des vorzeitlich beschlossenen Plans – so an allen drei Stellen in Eph: 1,10; 3,2.9; ferner 1Tim 1,4.[173] Was so geplant und organisatorisch durchgeführt wird, ist das πλήρωμα τῶν καιρῶν. Πλήρωμα[174] (Fülle, Erfüllung) kommt im NT theologisch bedeutsam in vier Bezügen vor: (1.) vom Erfüllen des Gesetzes (Röm 13,10);[175] (2.) ethnisch (das Vollzähligwerden der Völker: Röm 11,12.25f); (3.) theo-logisch („die Fülle der Gottheit": Vollkommenheit, δόξα, Totalität des Heils; so Joh 1,16; Kol 1,19; 2,9f; Eph 1,23; 3,19; 4,13; verbal Eph 4,10). Diese Aussagen sind gleichzeitig durchgehend christologisch qualifiziert.[176] Christus „verkörpert" (Kol 2,9) die „Fülle" Gottes. Zugleich klingt in dieser Verwendung auch eine räumliche bzw. kosmische Bedeutung[177] mit an. In diesen Zusammenhang gehört dann auch die hermetische und gnostische Verwendung des Begriffs.[178] (4.) An unserer Stelle liegt aber wie in

---

[170] Aufgrund eines anderen Verständnisses („den Gott *in sich* gefasst hatte") haben P, Tertullian und Hilarius den Text geändert: ἐν ἑαυτῷ (ebenso F und G in V.4).
[171] BARTH, Eph, I, 85, missversteht sowohl die Bedeutung von εὐδοκία als auch von προτίθεσθαι als auch von ἐν αὐτῷ, wenn er in völliger Abweichung von V.5 übersetzt: „for he has set his favor first upon Christ" (ähnlich bei 3,11).
[172] In der Verwaltungssprache wurden mit diesem Begriff „Verfügungsgeschäfte" und „Exekutivakte" von Verwaltungen bezeichnet (H. KUHLI, EWNT² 2, 1218–1222, unter Hinweis auf PREISIGKE, Wörterbuch; KIESSLING, Wörterbuch). Dass es um den Tätigkeitsaspekt geht, macht auch das Fehlen des Artikels in εἰς οἰκονομίαν deutlich (B. WEISS, Briefe, 373). Für aktivische Bedeutung spricht auch 3,9; vgl. LINCOLN, Eph, 31f.
[173] Vgl. ApkMos 37,5: ἕως τῆς ἡμέρας ἐκείνης τῆς μεγάλης τῆς οἰκονομίας ἧς ποιήσω εἰς τὸν κόσμον; als heilsgeschichtlicher t.t. dann im 2. Jh., z.B. IgnEph 18,2; 20,1.
[174] 6mal bei Paulus: Röm 11,12.25; 13,10; 15,20; 1Kor 10,26; Gal 4,4; 6mal in Kol/Eph: Kol 1,19; 2,9; Eph 1,10.23; 3,19; 4,13; ferner Joh 1,16.
[175] Häufiger dafür das Verb πληροῦν (z.B. Röm 8,4; 13,8; Gal 5,14; vgl. Mt 3,15; 5,17). Verwandt ist damit das „Erfüllt-Werden" der Schrift (so bei Mt; Mk; Lk/Apg; in Joh nur als Verb im Passiv).
[176] Indirekt hängt mit dieser Bedeutung Röm 15,29 zusammen („Fülle der εὐλογία Christi").
[177] Indirekt dazu gehört auch die Verwendung des Wortes in LXX.
[178] S.u. zu 1,23.

Gal 4,4 die *chronologische* Bedeutung vor. Dazu müssen auch die verbalen Formulierungen in Mk 1,15 (πεπλήρωται ὁ καιρός) und in Lk 21,24 (ἄχρι οὗ πληρωθῶσιν καιροὶ ἐθνῶν) gerechnet werden.[179] Der Gedanke von der abgezählten bzw. zugemessenen Welt-Zeit, die „voll" werden muss, ist genuin apokalyptisch:

„Denn auf der Waage hat er die Äonen gewogen und mit dem Hohlmaß hat er die Zeiten gemessen, und nach Anzahl hat er die Zeiten abgezählt, und er stört sie nicht, noch weckt er sie auf, bis dass das vorherbestimmte Maß gefüllt ist".

Diese Stelle (4Esra 4,36f)[180] ist der „locus classicus"[181] und „Schlüssel zum Verständnis der apokalyptischen Zeitauffassung überhaupt"[182]. In Tob 14,5 wird in diesem Zusammenhang πληροῦν verwendet: ἕως πληρωθῶσιν καιροὶ τοῦ αἰῶνος;[183] dieser Terminologie äquivalent sind auch 4Esr 11,44; 2Bar (syr.) 40,3; LibAnt 3,9f; 23,13; 28,9 und einige Qumranbelege: CD 4,8f שְׁלִים הַקֵּץ; 1QM 1,8.[184] Wichtig in diesem Zusammenhang ist 1QpHab 7: „Die Vollendung der Zeit" hat Gott zwar dem Habakuk nicht „kundgetan" (2), wohl aber hat er dem Lehrer der Gerechtigkeit „die Geheimnisse" (רָזֵי) der Prophetenworte „kundgetan" (4f). „Alle Zeiten Gottes kommen nach ihrer Ordnung, wie er es ihnen festgesetzt hat in den Geheimnissen seiner Klugheit" (13f).[185] Ob Gal 4,4 dem Verfasser für 1,10 als Vorlage gedient hat[186], ist angesichts der Verbreitung dieses Motivs samt seiner spezifischen Terminologie nicht sicher. Auffällig ist der terminologische Unterschied: πλήρωμα τοῦ χρόνου (Gal 4,4) – πλήρωμα τῶν καιρῶν (Eph 1,10). Zwar ist die Grundbedeutung von χρόνος die quantifizierbare Zeit (Zeitdauer, Zeitstrecke), καιρός dagegen eher der qualifizierte Zeitpunkt, die „günstige" oder „festgesetzte" Zeit.[187] Die Rede von den καιροί (als festgelegten Perioden) oder dem καιρός (als Endpunkt der Zeit) ist daher dem apokalyptischen Denken von der Anordnung der Zeit(en) gemäßer (vgl. CD 2,9f). Doch werden faktisch χρόνος und καιρός in diesen Zusammenhängen promiscue gebraucht, so dass zwischen Gal 4,4 und Eph 1,10 insofern kein Unterschied besteht.[188] πλήρωμα

---

[179] Indirekt auch Joh 7,8. Außerntl. Belege für πληροῦσθαι (mit χρόνος oder καιρός) bei BAUER/ALAND, Wb., 1349 (2.); 1350f (5.).

[180] Zu diesem Text vgl. HARNISCH, Verhängnis, 276–287; STUHLMANN, Maß, 40–45.

[181] Vgl. STUHLMANN, Maß, 41.

[182] HARNISCH, Verhängnis, 277.

[183] So der Text in A und B; in ℵ: πληρωθῇ ὁ χρόνος τῶν καιρῶν.

[184] Vgl. zu diesen Belegen STUHLMANN, Maß, 41.

[185] Hier ist noch einmal das Arsenal der wichtigsten Begriffe, die in Eph 1,9–10a auftauchen, beisammen: „kundtun", „Vollendung der Zeit", „Geheimnisse", „Klugheit" (Eph 1,8: φρόνησις).

[186] H. HÜBNER, EWNT² 2, 264; STUHLMANN, Maß, 69.

[187] Vgl. BAUER/ALAND, Wb., 800–804; 1769–1771.

[188] STUHLMANN, Maß, 46f.70. Anders aber LINDEMANN, 95: „... καιρός bezeichnet stets einen ‚Zeitpunkt', und (mit) πλήρωμα τῶν καιρῶν ... ist ... die Zusammenfassung aller ‚Zeitpunkte' gemeint – was freilich ihre Aufhebung, ein ‚Ende der Zeit' bedeutet". Es sei „nicht an das geschichtliche Ziel einer Zeitstrecke, sondern an einen fixierten ‚Augenblick' *jenseits* der Zeit gedacht ... Ist für Paulus πλήρωμα τοῦ χρόνου der Kulminationspunkt der Geschichte (vgl. Gal 4,4), so bezeichnet πλήρωμα τῶν καιρῶν für den Autor des Epheserbriefes die Ausschaltung von Geschichte überhaupt, die Aufhebung

τῶν καιρῶν bezeichnet also das Abgelaufensein (Erfülltsein) oder Erfüllen bestimmter angeordneter Phasen der Zeit. Die Formulierungen von Mk 1,15 (πεπλήρωται ὁ καιρός), Gal 4,4 (πλήρωμα τοῦ χρόνου) und Eph 1,10 (πλήρωμα τῶν καιρῶν) sind also für sich genommen synonym: Der Endpunkt der Zeit(en), das Zeitziel ist erreicht.[189] Nun ist aber diese Wendung in Eph 1,10 als Gen. abhängig von οἰκονομία. Das aktive Bedeutungsmoment in οἰκονομία (Durchführung) lässt dabei an einen Gen.obj. denken[190]. Dabei ergibt sich freilich das Problem, dass πλήρωμα dann selber eine aktive Sinnkomponente enthalten muss (Erfüllung, nicht: Erfülltsein)[191] – oder aber, dass man οἰκονομία im Sinne von Herbeiführung (des Zustandes) der Fülle verstehen muss.[192] Beides ist möglich. Dann ergibt sich der Sinn, „daß die Fülle der Zeiten durchgeführt, veranstaltet werden soll, oder genauer: daß der göttliche Ratschluß auf diese Durchführung gerichtet war."[193] Diese Deutung entspricht dann auch am besten der oben bei A 150 festgestellten syntaktischen Struktur von V.9f.

Bei der so skizzierten zeitlichen Deutung von πλήρωμα in 1,10 entsteht die Frage nach einem möglichen Zusammenhang dieser Stelle mit den anderen Vorkommen im Eph (und Kol), wo πλήρωμα ein *räumliches* Konzept darstellt (Eph 1,23; 3,19; 4,13; vgl. 4,10; Kol 1,19; 2,9f). Eine Vermutung in diese Richtung legt sich nahe, weil in V.10b (ἀνακεφαλαιώσασθαι τὰ πάντα) auf dieses räumliche πλήρωμα-Konzept tatsächlich angespielt wird. Eine derartige ausschließlich räumliche Bedeutung von πλήρωμα (τῶν καιρῶν) in V.10a selber hat H. Schlier angenommen.[194] Er hat eine Verwandtschaft mit Gal 4,4 bestritten und behauptet: „Pleroma ist an unserer Stelle die göttliche Fülle als Dimension. ... Es ist der Raum der Fülle Gottes, so wie er in den Zeiten gezeigt wird."[195] Als Begründung wird

---

der Zeit." Für die These vom Jenseits der Zeit beruft Lindemann sich auf DELLING, Zeitverständnis, 105 (vgl. aber Dellings Einschränkung: DERS., ThWNT 6, 303f). Zur Kritik an Lindemann: BARR, Biblical Words for Time, 44; STUHLMANN, Maß, 71f; LINCOLN, Eph, 32.

[189] Anders MUSSNER, Eph, 48 (ein Prozess, der in Gang gesetzt, dessen Ziel aber noch nicht erreicht ist). Da sich V.10a noch auf die vorzeitliche εὐδοκία bezieht, ist das πλήρωμα natürlich von da aus gesehen nur erst projiziert. Absolut gesehen geht es um den Zeitpunkt des ἀνακεφαλαιώσασθαι.

[190] So SCHLIER, Eph, 62f; G. DELLING, ThWNT 6, 304 Z.5; LINDEMANN, 79; FISCHER, 117; STUHLMANN, Maß, 70. Der wichtigste Einwand dagegen stammt von VON SODEN, Eph, 109: ein Zeitpunkt könne nicht Objekt einer Durchführung sein; vgl. LONA, Eschatologie, 273 mit A 36. Lona erklärt den Gen. daher als einen „Genitiv der näheren Bestimmung". Dieser Einwand ist jedoch nicht stichhaltig (s.u. bei A 191–193).

[191] Πλήρωμα in Eph 1,10 als „Erfüllung": G. DELLING, ThWNT 6, 304, Z.3ff.

[192] So GNILKA, Eph, 79; das kann in der Bedeutung „Durchführung", „Realisierung" ohne Zweifel enthalten sein.

[193] GNILKA, Eph, 79; vgl. DELLING, ThWNT 6, 304, Z.5ff, der allerdings den Bezug auf den Heils*plan*, der abzielte auf die „Erfüllung der Zeiten", als weniger wahrscheinlich ansieht (ebd. A 61).

[194] SCHLIER, Eph, 63f; zu Recht dagegen H. HÜBNER, EWNT² 3, 264: „π[λήρωμα] besitzt ... im Eph zugleich räumliche und zeitliche Dimension." In der einschlägigen begriffsanalytischen Arbeit von ERNST, Pleroma, wird Eph 1,10a (zusammen mit Gal 4,4) unter die „neutestamentliche Verwendung ohne den Epheser- und Kolosserbrief" gerechnet (69f), und d.h. doch wohl: als überwiegend zeitlich verstanden.

[195] SCHLIER, Eph, 64.

dabei nur auf Eph 1,23 verwiesen.[196] Die Auslegung Schliers ist wenig plausibel.[197] Gegen sie spricht vor allem, dass die kosmische Aussage von V.10b syntaktisch nicht auf die πλήρωμα-Aussage von V.10a zu beziehen, sondern vielmehr auf den Relativsatz beschränkt ist. Das heißt: Das πλήρωμα τῶν καιρῶν von 1,10 hat mit dem πλήρωμα τοῦ θεοῦ bzw. Christi (1,23; 3,19; 4,13) nur indirekt etwas zu tun, insofern es den *Zeitpunkt* der „All-Zusammenfassung" in Christus, der Durchdringung des Alls mit der göttlichen „Fülle" (in Christus) bezeichnet. Beide Verwendungen von πλήρωμα haben aber ganz unterschiedliche religionsgeschichtliche Wurzeln: eine *apokalyptische*, die über Gal 4,4 führt (so die zeitliche Bedeutung), und eine *hellenistische* (deren genaue Konturen bei 1,23 zu untersuchen sind), die über Kol 1,19; 2,9f führt (so die räumliche Bedeutung). Dass im Bewusstsein des Verfassers hierbei eine durch Äquivokation erzeugte vorwegnehmende Anspielung an den räumlichen bzw. „theologischen" πλήρωμα-Begriff von 1,23; 3,19; 4,13 beabsichtigt sein könnte, ist aber angesichts des Ouvertüren-Charakters der ganzen Eulogie wahrscheinlich.

Während V.10a noch eine Aussage über den vorzeitlichen Ratschluss ist (nämlich über sein intendiertes Ziel), gibt der Infinitivsatz V.10b nun den den Christen offenbarten Inhalt des Geheimnisses an. Die syntaktische Struktur ist klarer erkennbar als die von V.9-10a: τὰ ἐπὶ τοῖς οὐρανοῖς καὶ τὰ ἐπὶ τῆς γῆς ist Spezifizierung von τὰ πάντα[198]. Durch ἐν αὐτῷ muss das ἐν τῷ Χριστῷ noch einmal aufgegriffen werden, damit das die nächste Aussagenreihe eröffnende ἐν ᾧ in V.11 einen Bezugspunkt bekommt.[199] Ἀνακεφαλαιοῦσθαι (im NT nur noch Röm 13,9) leitet sich von κεφάλαιον[200] (nicht aber direkt von κεφαλή = Haupt)[201] her und bedeutet „rekapitulieren", „zusammenfassen".[202] Der Infinitiv (Medium) steht im Aorist (ἀνακεφαλαιώσασθαι), ist also mit den partizipialen Hauptaussagen εὐλογήσας, προορίσας, γνωρίσας aspektgleich und bezieht sich somit auf das bereits in der vergangenen Geschichte ereignete Christusgeschehen, nicht auf eine noch ausstehende Zukunft. Aber was ist mit der Zusammenfassung des Alls gemeint? Es werden drei Möglichkeiten genannt: (1.) Gemeint sei die Einsetzung

---

[196] Ebd. A 1.
[197] ERNST, Pleroma, 70, spricht von den „im einzelnen nicht ganz leicht nachzuvollziehenden Überlegungen H. Schliers".
[198] Ein *Merismus* (dazu MUSSNER, 47f); ἐπὶ τοῖς οὐρανοῖς hat die gleiche Bedeutung wie sonst im Eph ἐν τοῖς ἐπουρανίοις (s.o. zu 1,3b).
[199] Zugleich wird dadurch das Gliederungsprinzip gewahrt, wonach jede syntaktische „Halbstrophe" mit einer ἐν-Aussage endet bzw. zur nächsten Verbalaussage überleitet.
[200] Zusammenfassung, Hauptsache, Ergebnis, auch Geldsumme (Apg 22,28; LXX).
[201] Das schließt nicht aus, dass der Verfasser auch hier eine Art Äquivokation (zu κεφαλή) intendiert hat: vgl. SCHLIER, Eph, 65; DERS., ThWNT 3 (1938), 682, Z.9ff; SCHNACKENBURG, Eph, 58; HARTIN, ἀνακεφαλαιώσασθαι, 228-237. Dagegen aber BARR, Bibelexegese, 337; LINDEMANN, 96; MUSSNER, Christus, 64-68.
[202] H. SCHLIER, ThWNT 3, 681f; W. STAERK, RAC 1 (1950), 411-414; BAUER/ALAND, Wb., 109; MERKLEIN, EWNT² 1, 197-199. Wie κεφάλαιον kann ἀνακεφαλαιοῦσθαι geradezu ein rhetorischer t.t. sein: Aristoteles, Quintilian (Belege bei SCHLIER, ThWNT 3, 681, Z.34ff; LINCOLN, Eph, 33; DANKER, Lexicon, 65). Vgl. auch HARTIN, ἀνακεφαλαιώσασθαι, 230f.

Christi zum Haupt des Alls.[203] Dagegen spricht semantisch, dass ἀνακεφαλαιοῦσθαι nicht direkt von κεφαλή, sondern von κεφάλαιον herkommt.[204] (2.) Gemeint sei (nur) eine „Repräsentation" des Alls in Christus.[205] Christus sei Stellvertreter des Kosmos im Gegenüber zu Gott geworden. (3.) Gemeint sei die Versöhnung des Alls (unter Hinweis auf Kol 1,20), wobei das ἀνα- eine „*Wiederherstellung*" impliziere.[206] Eine Entscheidung für eine dieser Deutungen ist wegen des konnotativen, auf Leitmotive des Briefes anspielenden Stils der Eulogie äußerst schwierig. Am meisten spricht für die dritte Deutung (All-Versöhnung), auch wenn dem Wortbestandteil ἀνα- keine eigene semantische Aussagekraft zuzuschreiben sein sollte. Der wichtigste Grund für diese Annahme ist die Nachwirkung von Kol 1,20 (vgl. Kol 1,16).[207]

Die zerfallenen, zerstrittenen Teile des Kosmos, Himmel und Erde mit ihren Bewohnern und Führern, sind im „Kreuzesblut" Christi „versöhnt" und „befriedet" worden. Ἀποκαταλλάσσειν (Kol 1,20.22; Eph 2,16) und εἰρηνοποιεῖν (Kol 1,20; vgl. Eph 2,14.17) sind in ἀνακεφαλαιοῦσθαι als Ausdruck *zusammengefasst*.[208] In Eph 2,11–22 ist das zwar auf die Menschengruppen beschränkt (vgl. Kol 1,12f.21–23), doch setzt der Eph wie Kol 1,15–20 eine Vorstellung von der universalen kosmischen Harmonisierung auch der Mächte[209] voraus (Eph 1,20–23; 3,10f; 4,8–10).[210] Auch wenn der Verfasser durch die Wahl des Wortes ἀνακεφαλαιοῦσθαι das Stichwort κεφαλή möglicherweise anklingen lassen wollte (vgl. Kol 1,18), so spielt das Haupt-Leib-Motiv in der Eulogie noch keine besondere Rolle, zumal der für die All-Vorstellung wichtigere σῶμα-Begriff hier fehlt.[211] Dementsprechend ist auch die Frage zu beantworten, ob in V.10 ein ekklesiologischer Gedanke anklinge: Gewiss hat die Aussage von der Harmonisierung des Alls „in Christus" eine weitergehende Perspektive auf die Kirche als Harmonie der Menschenwelt. Die Verbindung von All und Kirche ist auch bereits in Kol 1,18 expliziert worden. Das ist deshalb möglich, weil (in Kol und Eph) das All von seinen „Bewohnern", den Mächten und Kräften, her gedacht wird, zu denen „auf der

---

[203] Schlier, Eph, 65 (vgl. o. A 201); Ernst, Pleroma, 192f; vgl. auch Gnilka, Eph, 80.

[204] Vgl. die o. in A 201 genannten Kritiker; Merklein, EWNT² 1, 198, macht aber zu Recht auf die Möglichkeit solcher makrosyntaktischen bzw. textpragmatischen Konnotationen aufmerksam; vgl. auch Lincoln, Eph, 33.

[205] C.H. Dodd, Rez. von ThWNT II/III, JThSt 39 (1938), 287–293, 293, unter Hinweis auf Xenophon, Kyrop. VIII 1,15; 6,14; Hanson, Unity, 123–126 (unter Einschluss des „Haupt"-Motivs); Lindemann, 97f.

[206] Z.B. Dibelius/Greeven, Eph, 61; Mussner, Eph, 47–49; ders., Christus, 64–68; Steinmetz, Heilszuversicht, 79f; Gnilka, Eph, 80; Schnackenburg, Eph, 58f; Ernst, Pleroma, 194–197 (vgl. aber o. A 203); Lincoln, Eph, 33.

[207] Dass Eph 1,10 von Kol 1,20 beeinflusst ist, nimmt auch Schweizer, Kol, 67 A 175, an; vgl. auch Hoppe, 184.

[208] Vgl. Arnold, Power, 68f mit A 92.

[209] Vgl. Schweizer, Kol, 68f.

[210] Diesem Verständnis von 1,10b kommen Gnilka, Eph, 80f, und Schnackenburg, Eph, 58f, insoweit am nächsten.

[211] Darauf macht Mussner, Christus, 65, zu Recht aufmerksam.

Erde" die Menschen gehören. Die Kirche hat deshalb auch eine universal-kosmische Dimension. In dem harmonisierten, „in Christus" zusammengefassten All ist sie deshalb *impliziert*. Diese Motive klingen hier also an[212], doch ist es nicht notwendig, sie an dieser Stelle bereits exegetisch zu explizieren. Zunächst ist hier allgemein das, was der Verfasser τὰ πάντα nennt, im Blick, noch nicht aber die Kirche. Τὰ πάντα wird spezifiziert durch den *Merismus* „alles, was im Himmel und auf Erden ist". Das spricht dafür, dass der Verfasser hier von Kol 1,20 abhängig ist. Die Formulierung ἐπὶ τοῖς οὐρανοῖς (vgl. dagegen Kol 1,16.20: ἐν τοῖς οὐρανοῖς) ist zwar eine gewisse Angleichung an das zweite Glied (ἐπὶ τῆς γῆς[213]), doch wirkt hier der für den Eph typische Sprachgebrauch ἐν τοῖς ἐπουρανίοις von V.3 (vgl. 1,20; 2,6; 3,10; 6,12) nach. Die „Zusammenfassung" (als All-Versöhnung) erstreckt sich einmal auf Himmel und Erde in ihrer Distanz: Das Göttliche und die irdische Welt geraten dem hellenistischen Menschen im Laufe der zunehmenden Platonisierung des Denkens immer weiter auseinander.[214] Aber auch die Teile der Erde wie die Sphären des Himmels liegen miteinander im Streit und bedürfen der Vereinigung.[215] Es fällt auf, dass der Verfasser die konkreten kosmologisch-mythologischen Motive aus Kol 1 nur abgeschwächt und verblasst übernimmt.

Die All-Zusammenfassung geschieht ἐν τῷ[216] Χριστῷ. Dieses ἐν ist wieder[217] instrumental und lokal zugleich: In erster Linie ist Christus das Mittel der Harmonisierung des Alls. Zugleich aber ist er auch die „Sphäre"[218], der „Raum", in dem das geschieht. Dass die räumliche Bedeutung nicht ausgeschlossen werden darf, zeigt der im Hintergrund stehende Text Kol 1,14–20: Während man bei Kol 1,16 mit instrumentaler Deutung auskommen könnte, sind die Aussagen in V.17b

---

[212] Man muss sich unter den ersten Rezipienten dieses Textes (der Eulogie) ja keineswegs neue Adressaten der Mission (oder Neugetaufte) vorstellen, die Erstinformationen erhielten. Vielmehr geht es um eine anspielungsreiche Sprache für Insider, wo jede Anspielung bereits das ganze Arsenal der tiefen Zusammenhänge der ganzen „Dogmatik", des ganzen Mysteriums, obertonartig anklingen lässt.

[213] Die Gegenüberstellung von ἐπίγειος und ἐπουράνιος ist bereits traditionell: Phil 2,10; vgl. 1Kor 15,40.

[214] Das gilt auch für bestimmte Kreise des Judentums, in denen die Transzendenz Gottes immer mehr gesteigert wird. Philons Logos-Spekulation ist ein grundlegender Versuch, die Einheit von Gott und Welt gedanklich zu wahren.

[215] Für Kol 1,20 setzt SCHWEIZER, Kol, 68f (vgl. seinen Exkurs: 100–104), das voraus: „Der Bestand der Welt ist problematisch geworden. … Die Brüchigkeit der Welt und ihrer Ordnung wird überall empfunden, und der Mensch kommt sich wie ein Gefangener der im Kampf mit sich selbst liegenden Natur vor. Dabei finden sich immer wieder beim gleichen Schriftsteller gleiche Aussagen: daß nämlich die Welt durch den Logos in einem freilich labilen Gleichgewicht gehalten wird, das jederzeit der Katastrophe anheimfallen könnte, und daß die wirkliche Befriedung erst in der Rückführung in die Einheit erreicht werden wird." Verwiesen wird dabei u.a. auf Plutarch, Is. et Os. 49.55.63, und Philon, spec. I 96f; II 192 (dort εἰρηνοποιός; vgl. Kol 1,20); vgl. SCHWEIZER, Versöhnung, 164–178.

[216] Der Artikel hier, in V.12, V.20 und 3,11 (im Unterschied zu V.4; vgl. 2,6f.10.13; 3,6.21) hat allenfalls sprachrhythmische Bedeutung. Zwischen Χριστός und ὁ Χριστός besteht kein Unterschied (KRAMER, Christos, 211; anders aber HARTIN, ἀνακεφαλαιώσασθαι, 231f, der auch in V.10 für messianisch-titularen Gebrauch von ἐν τῷ Χριστῷ plädiert – ohne nähere Begründung). Zur Setzung des Artikels bei Eigennamen vgl. BDR § 260.

[217] S.o. zu 1,3b.

[218] Vgl. CARAGOUNIS, 157: „the ‚sphere'".

(τὰ πάντα ἐν αὐτῷ συνέστηκεν) und vor allem in V.19 (ἐν αὐτῷ εὐδόκησεν πᾶν τὸ πλήρωμα κατοικῆσαι) eindeutig räumlich konzipiert. Im Hintergrund steht dabei nicht ein gnostischer Mythos, sondern die hellenistisch-jüdische Logos-Konzeption, wie wir sie aus den Schriften Philons kennen[219]: Der Logos ist nach Philon nicht nur das „Band", das die Welt zusammenhält[220], der Mittler von Schöpfung und Erlösung, sondern auch der „Raum" der Ideen, der in Gottes Gedanken vorgestellten Welt.[221] Für Kol 1,19 kommt vor allem somn. I 61–75 in Betracht: „Ort" ist ein Prädikat des Logos, „den Gott selbst ganz und gar mit unkörperlichen Kräften ausgefüllt hat" (62). „Das Urbild ist der von ihm [Gott] ganz ausgefüllte Logos" (75). In solchen Zusammenhängen begegnet bei Philon πληροῦν (wenn auch nicht das Substantiv πλήρωμα). Beachtlich ist auch, dass in somn. I 66 der Logos κεφαλή genannt wird (vgl. Kol 1,18). Der Art und Weise entsprechend, wie nach Philon *im* Logos der κόσμος νοητός „besteht" und durch ihn das All zusammengehalten wird, kann in dieser christlichen Tradition von Christus gesagt werden, dass er das „All" zusammenfasst, dass es *durch* ihn „zusammengefasst wird" und in ihm als Zusammengefasstes besteht (vgl. Kol 1,17b: τὰ πάντα ἐν αὐτῷ συνέστηκεν; Eph 1,10: ἀνακεφαλαιώσασθαι τὰ πάντα ἐν τῷ Χριστῷ).

Wenn Kol 1,14–20 den Vorstellungshorizont von Eph 1,10 abgibt, dann kann die Aussage von der Zusammenfassung des Alls keine futurisch-eschatologische sein (allerdings auch keine zeitlos-ewige wie bei Philon). Die Versöhnung und Befriedung des Alls geschieht ja „durch das Blut seines Kreuzes" (Kol 1,20), zum Zeitpunkt der „Erfüllung der Zeiten" (Eph 1,10a). So ist es durchaus treffend, hier von einer „aoristischen Eschatologie" zu reden[222] – wenn auch andere Stellen des Briefes zeigen, dass damit ein absoluter Endzustand noch nicht erreicht ist (2,21; 4,16: die Kirche als Bau und Leib ist noch im Wachsen; 6,12: der Kampf gegen die Beherrscher dieser Welt geht noch weiter).[223] Jedoch ist die Perspektive auf ein zeitlich

---

[219] Dazu HEGERMANN, Schöpfungsmittler 47–87.
[220] Z.B. plant. 8f; conf. 136; migr. 181; her. 217; fug. 112. Die Vorstellung ist stoisch.
[221] Z.B. opif. 19f (συνιστάναι); vgl. opif. 36. Der Logos ist so ein τόπος (opif. 20; som. I 66.116–119; 229f). Allerdings ist der Logos für Philon letztlich ein unräumlicher „Ort": Die stoischen Vorstellungen werden durch den platonischen Idealismus transzendiert und so zu allegorischen Symbolen.
[222] LINDEMANN, 99; anders MUSSNER, Christus, 68: Das Pleroma der Zeiten stehe noch aus. Differenzierter jedoch MUSSNER, Eph, 48: Jetzt wird 1,20–22 herangezogen; Christus „ist schon ‚das alles überragende Haupt' (1,22), so dass die Zusammenfassung des Alls in ihm schon in Gang gesetzt ist, bis sie am Ende der Zeiten ihr volles Ziel erreicht hat …". Konsequenter LONA, Eschatologie, 275: „Auferstehung und Erhöhung sind der Zeitpunkt der Zusammenfassung des Alls in Christus. Aus dieser Sicht her betrachtet, ist eine Zukunftsperspektive gar nicht gegeben"; vgl. SCHNACKENBURG, Eph, 59f.
[223] LINDEMANN, 187–191.239, entschärft 2,21 und 4,16, um seine These von der durchgängigen Eliminierung der Zeit in der Eschatologie des Eph durchhalten zu können: Das „Wachsen" der Kirche zeige nur, dass sie eine lebendige Größe sei, gehöre also zu ihrem voll entwickelten Wesen. „Eine ‚Kirchengeschichte' gibt es nicht" (189). GNILKA, Eph 81, sieht eine zeitliche Erstreckung darin, dass die „Zusammenfassung des Alls" bisher nur als Geheimnis „offenbar" ist, aber: „sie strebt hin auf offene Offenbarung". Damit verfehlt Gnilka jedoch den Sinn von „Geheimnis" in V.9a: „Geheimnis" ist der urzeitliche Plan Gottes, der den Christen mitgeteilt und dadurch offengelegt worden ist.

ausstehendes Eschaton, etwa die Parusie, völlig eliminiert. Der Verfasser des Eph verbindet ontologisches und prozesshaftes Denken.

Die Verse 9 und 10 reden also von zwei zwar unterschiedlichen Ereignissen, die aber zeitlich voneinander abhängig sind: *Mitteilung* des „Geheimnisses" (des vorzeitlichen Entschlusses zur Durchführung der Zeitenerfüllung) und „Zusammenfassung des Alls" (worin das Geheimnis inhaltlich besteht). Das, was in universaler Dimension „in Christus" geschah (und vorzeitlich „in ihm" geplant war), wurde den Christen „kundgetan". Mit dem „Kundtun" ist aber das Evangelium (6,19) an und für die ganze Welt (auch die Mächte: 3,10) gemeint, das zuerst dem Apostel Paulus (3,3), „jetzt" den Aposteln und Propheten (3,5) offenbart wurde (was aber „in anderen Generationen" den Menschen noch nicht „mitgeteilt" worden war: 3,5a). Von daher ist die Frage zu stellen, wer mit dem ἡμῖν in V.9a gemeint ist: der als Verfasser vorgestellte Paulus, die Apostel[224] und Propheten oder die Christen überhaupt. Die „uns" zugesprochenen Heilsgaben (Sohnschaft V.5, Erlösung, Vergebung der Verfehlungen V.7, Losanteil V.11) können unmöglich nur den Aposteln allein gelten. Dann aber ist auch die Kundgabe des Geheimnisses an „uns" (V.9a) auf alle Christen zu beziehen.

11 Wie V.7f an V.5f schließen nun die Verse 11–12 relativisch an das in V.10 noch einmal nachgestellte ἐν αὐτῷ[225] an. Die instrumentale Komponente überwiegt in diesem ἐν ᾧ. Diese Verse lenken von der universal-kosmischen Aussage (V.9f) wieder zurück auf die Christen. Der Verbalaussage ist ein καί vorangestellt (vgl. V.13a und 13b – dagegen aber V.7a), das wohl nicht nur enumerative, sondern auch (gegenüber V.7) steigernde Funktion hat[226] (vgl. V.13b zu V.13a): In ihm haben wir nicht nur Aufhebung der (bisherigen) Schuld, sondern (sogar) Anteil am künftigen Heil. Das Passiv κληροῦσθαι („erlost werden", Hapaxleg. im NT)[227] könnte einerseits durch κλῆρος aus Kol 1,12 veranlasst sein, lässt andererseits aber auch κληρονομία von Eph 1,14 vorweg anklingen.[228] Die passivische Aussage ist freilich merk-

---

[224] TRINIDAD, 33f, meint, mit den „Voraus-Hoffenden" (V.12) seien die Apostel gemeint.
[225] Ἐν αὐτῷ ist nicht zu V.11 zu ziehen (vgl. V.3 und V.6 Ende): so zu Recht DAHL, Adresse, 258; DIBELIUS/GREEVEN, Eph, 61; GNILKA, Eph, 82; KRÄMER, 40 (gegen SCHLIER, Eph, 66; CAMBIER, 90; SCHNACKENBURG, Eph, 60f).
[226] EWALD, Eph, 83. SCHLIER, Eph, 66 mit A 1, entnimmt dem καί, dass der Verfasser nun ein anderes „wir" einführt, in das er selbst eingeschlossen bleiben kann, von dem die Adressaten aber als „ihr" (V.13) ausgeschlossen sind: „wir", die Judenchristen (denen das „Los" der Verheißung zugefallen ist). Aber dann hätte wohl kaum ein explizites ἡμεῖς fehlen dürfen: vgl. V.13 (Weiteres zu dieser These s.u. zu V.12 und V.13).
[227] LXX: 1Kön 14,41; bei Philon durchgehend medial mit Akk.: etwas durch Los zugeteilt bekommen bzw. sich zuteilen; eine Analogie zum passivischen Gebrauch des Verbs bieten auch die Qumrantexte nicht (vgl. DEICHGRÄBER, 74).
[228] Κλῆρος und κληρονομία sind gegenüber den auf das Land bzw. das materielle Erbe bezogenen alttestamentlichen Begriffen גּוֹרָל bzw. נַחֲלָה bereits eschatologisiert und transzendiert: Klgl 5,2; ψ 15,5; Jes 57,6; Dan 12,13 Θ; SapSal 3,14; 5,5; vgl. 1Hen (aeth.) 37,4; 39,8; 40,9; zur entsprechenden Begrifflichkeit in den Qumranschriften: NÖTSCHER, Terminologie, 169; H.W. KUHN, Enderwartung, 70–78; DEICHGRÄBER, 80–87.

würdig: „durch das Los bestimmt werden". Es sind zwei Deutungen möglich: (1.) Anteil am Heil erhalten (vgl. κλῆρος in Kol 1,12); (2.) Eigentum Gottes werden.[229] Die erste ist vorzuziehen. Das seltene Verbum greift auf den biblischen Begriff κλῆρος bzw. κληρονομία (V.14) mit seiner Landnahme-Theologie zurück. Die Aussage ist dadurch inhaltlich mit allerhöchstem Wert gefüllt: die als Los und Erbe zugeteilte Anwartschaft auf den Ort einziger, absoluter Seligkeit (Kol 1,12: ἐν τῷ φωτί). Allerdings bleibt der Verfasser auch hier den sehr konkreten mythologischen Vorstellungen seiner Vorlage (Kol 1) gegenüber merkwürdig zurückhaltend. Die präpositionale Wendung (εἰς τό + A.c.I.) V.12 ist nicht davon,[230] sondern erst vom untergeordneten Partizip προορισθέντες abhängig (vgl. in V.5f: προ-ορίσας ... εἰς υἱοθεσίαν ... εἰς ἔπαινον δόξης τῆς χάριτος αὐτοῦ ...): Vorherbestimmt sind die Christen zu einem Sein, das ganz auf den Zweck des Lobes der göttlichen Herrlichkeit ausgerichtet ist.[231] Mit προορισθέντες klingt noch einmal die Aussage von V.5f an, doch wird der „Kindschaft" nun die „Erbschaft"[232] zur Seite gestellt, wobei letzteres eine spezifizierende Steigerung bedeutet (vgl. Gal 4,7: εἰ δὲ υἱός, καὶ κληρονόμος). Weder die Rede vom „Los" noch die vom Vorherbestimmtsein meinen das, was in der Dogmatik unter Prädestination verstanden wird, da hier nicht von den menschlichen Individuen aus gedacht wird und das dualistische Schema überhaupt fehlt.[233] Auch die beiden parallelen[234] κατά-Wendungen greifen auf V.5 (und V.9b.c) zurück (πρόθεσις/προέθετο, θέλημα), wobei κατὰ τὴν βουλὴν τοῦ θελήματος αὐτοῦ eine leichte Variation von κατὰ τὴν εὐδοκίαν τοῦ θελήματος αὐτοῦ darstellt. Βουλή wird in LXX und sonst im NT meist für Gottes Ratschluss gebraucht[235] und steht so semantisch zwischen εὐδοκία (mit den Bedeutungsmomenten von „Wohlwollen", „Gutdünken") und θέλημα (Wille). In der ersten κατά-Phrase wird das universalkosmische Motiv von V.9 aufgegriffen: κατὰ πρόθεσιν τοῦ τὰ πάντα ἐνερ-

---

[229] BARTH, Eph, I, 92–97, entscheidet sich für die Übersetzung „wir wurden Gott zugeeignet", und zwar unter Hinweis auf das Wort περιποίησις in V.14, das er als „Eigentumsvolk" deutet (so schon J.A. ROBINSON, Eph, 34; dagegen s.u. zu V.14); vgl. dazu SCHNACKENBURG, Eph, 61 (mit A 139); LINCOLN, Eph, 35f. In den Qumranschriften wird der Begriff „Los" allerding in diesem Sinne einer Zugehörigkeit verstanden, sowohl positiv („Los Gottes": z.B. 1QS 2,2) als auch negativ („Los Belials": z.B. 1QS 2,5).
[230] EWALD, Eph, 83f; anders die meisten neueren Kommentare: z.B. SCHLIER, Eph, 67; GNILKA, Eph, 83; SCHNACKENBURG, Eph, 61; LINCOLN, Eph, 36.
[231] Hier wird freilich besonders deutlich, wie eine derartige gesteigerte Sprache auch an die Grenzen ihrer Möglichkeiten kommt, wenn sie vom Boden ihrer mythischen und metaphorischen Verwurzelungen abhebt (wie es hier im Gegensatz zum Kol der Fall ist).
[232] Eigentlich erst in V.14, doch ist κληρονομία impliziert (s.o. A 228).
[233] S.o. zu V.4 und 5. Hier liegt der Unterschied zum „Los"-Motiv in den Qumranschriften.
[234] Κατὰ τὴν βουλήν ... ist also nicht von ἐνεργοῦντος abhängig: vgl. KRÄMER, 44 (gegen EWALD, Eph, 87; HAUPT, Eph, 28, u.a.). Nach ROBBINS, 686, handelt es sich um ein Isokolon oder Parison (LAUSBERG, Handbuch, § 719), wobei zwei aufeinanderfolgende gleichgebaute Kola mit gleichem Wort beginnen, eine Form der Anapher: LAUSBERG, Handbuch, § 629. Das spricht für Parallelität.
[235] G. SCHRENK, ThWNT 1, 631–634, 633 Z.25; 634 Z.5; vgl. DERS., ThWNT 3, 43–63, 57 Z.13-36 (θέλημα „als der vorzeitliche Letztgrund": 57 Z.33).

γοῦντος. Gemeint ist Gott, der alles „bewirkt". Die Rede von Gott, ὁ ἐνεργῶν τὰ πάντα ἐν πᾶσιν (1Kor 12,6; vgl. ep.Arist 210: πάντα διὰ παντὸς ὁ θεὸς ἐνεργεῖ) ist in der hellenistischen Popularphilosophie weit verbreitet.[236] Philon spricht an einer Stelle vom „Wirken" (ἐνέργεια) der „Kräfte Gottes".[237] Meist geht es um das von Gott verursachte heilsame Wirken in einzelnen Menschen (Gal 2,8; Phil 2,13; 1Thess 2,13; Kol 1,29; Eph 3,7.20), dann aber besonders in Christus. Eine Beziehung zur Kosmologie haben dabei Phil 3,21 und Eph 1,19–23: Es geht um jene „Wirksamkeit" Gottes, die Christus auferweckte und ihn so zum Herrn über alle Mächte machte. Dass Eph 1,11 mit dem Gottesprädikat ὁ τὰ πάντα ἐνεργῶν auf Eph 1,19–23 vorausweist, legt die in V.23 gebrauchte (letztlich stoische) All-Formel[238] τὰ πάντα ἐν πᾶσιν (1Kor 12,6; 15,28; vgl. ep.Arist 210) nahe. Zugleich ist damit die kosmische Aussage von V.10 aufgenommen.

12 V.12 ist von προορισθέντες abhängig: „vorherbestimmt ... dazu, dass wir zum Lobe seiner Herrlichkeit daseien ...". εἶναι ist Kopula und das zugehörige Prädikatsnomen ist entweder εἰς ἔπαινον[239] oder τοὺς προηλπικότας.[240] Im ersten Fall wäre τοὺς προηλπικότας dann nachgestelltes Attribut („die wir ...") oder nachgestelltes Prädikatsnomen („... als die, welche ...") zu ἡμᾶς. Im anderen Fall wäre das Prädikatsnomen determiniert. Die Determinierung ergibt jedoch keinen rechten Sinn,[241] und die Zwischenstellung von εἰς ἔπαινον δόξης αὐτοῦ wäre

---

[236] Der stoische Hintergrund des Begriffs ἐνέργεια wird SapSal 7,17 („Wirken der Elemente") und vor allem 7,26 (die Weisheit als „fleckenloser Spiegel des Wirkens Gottes") deutlich. Vgl. die Philonstellen, wo von der ἐνέργεια, die letztlich auf Gott zurückgeht, die Rede ist: z.B. Cher. 1,8; sacr. 97 (vgl. 73); ebr. 106; migr. 5; her. 108; mut. 257. Die Topik von der göttlichen ἐνέργεια bzw. von Gottes ἐνεργεῖν ist jedoch nicht auf die Stoa beschränkt geblieben. Auch die philonischen Belege gehen über die Stoa hinaus. Diese Redeweise eignet sich gerade dazu, die unmaterialistische Wirkweise Gottes auf das irdische Geschehen auszudrücken (vgl. Plotin, Enn. III 8,11; vgl. I 7,54). Auch für die Belege in Kol (1,29; 2,12) und Eph (1,11.19f; 3,7.20; 4,16; vgl. 2,2) ist längst nicht mehr stoisches Denken direkt verantwortlich. Und schließlich ist der Begriff in Hermetik und Magie verwendet worden (G. BERTRAM, ThWNT 2, 649 mit A 1 und 3; 650 mit A 4; vgl. Eph 2,2; 2Thess 2,9).
[237] Spec. I 47: vom „Abdruck und Abbild" des „Wirkens" der ansonsten dem Begreifen entzogenen „Kräfte" (δυνάμεις): ἐκμαγεῖον ... καὶ ἀπεικόνισμα τῆς ἑαυτῶν ἐνεργείας; vgl. SapSal 7,25f; Hebr 1,3.
[238] Τὰ πάντα in diesem Sinne: Apg 17,25; Röm 11,36; 1Kor 8,6; 11,12; 12,6; 15,27f; 2Kor 5,18; Eph 1,10.11.23; 3,9; 4,10; Phil 3,21; Kol 1,16.17.20; 1Tim 6,13; Hebr 1,3; 2,8.10; Apk 4,11. Zur All-Formel und ihrem stoischen Hintergrund vgl. NORDEN, Agnostos Theos, 240–250; DELLING, Teleologie, 316. Doch für alle diese NT-Stellen gilt, dass nicht mehr direkter stoischer Einfluss, sondern mittelplatonischer vorliegt.
[239] So z.B. PERCY, Probleme, 267 A 16; SCHLIER, Eph, 67; SCHNACKENBURG, Eph, 61f; LINCOLN, Eph, 36; dazu s. BDR § 145,1.
[240] So z.B. HAUPT, Eph, 28f; VON SODEN, Eph, 107; ABBOTT, Eph, 21; EWALD, Eph, 84f; GNILKA, Eph, 83; KRÄMER, 45.
[241] LINDEMANN, Eph, 25, erklärt die Determinierung im Anschluss an EWALD, Eph, 86; HAUPT, Eph, 28 und KRÄMER, 45: „Die Folge ist nun, dass wir – und zwar *nur* wir – jetzt ‚Hoffnung haben in Christus'" (vgl. BDR § 273: „Das Prädikatsnomen ... hat ... [unter anderem] den Artikel, wenn es ... das einzige ... Wesen seiner Art ist"). Eine solche Exklusivität liegt aber ganz und gar nicht im Sinne des Kontextes. Auch geht es dabei nicht um eine „Folge", sondern um ein Ziel.

nur schwer zu erklären.[242] Hinzu kommt, dass die ganz parallele Aussage von V.5-6a ihre prädikative Spitze (neben der Sohnschaft) im Lob der göttlichen Herrlichkeit hat, die gerade in der Tatsache der neuen Existenz der Christen besteht (ebenso V.4: die Erwählung der Christen mit dem Ziel ihrer Heiligkeit vor Gott). Das christliche Hoffen (oder gar: Vor-Hoffen) wäre hier (anders als bei Paulus in Röm 8) zu wenig. Dabei ist auch die Perfektform des Partizips zu beachten: Das Perfekt deutet bei ἐλπίζειν einen Ausgangspunkt bei der Erfüllung der Hoffnung an.[243] Dass „wir" bis dahin Hoffende „gewesen sind", kann aber nicht Ziel der Aussage sein.[244] Damit zusammen hängt die Frage, was die Funktion von προελπίζειν ist. Dass das Kompositum mit dem Simplex synonym sei und sich lediglich der Bevorzugung von Komposita in der hellenistischen Sprache verdanke,[245] ist unwahrscheinlich. Eine weit verbreitete Deutung sieht hierin die zeitlich primäre vorchristliche messianische Hoffnung der Juden oder Judenchristen angesprochen.[246] Das würde voraussetzen, dass das „Wir" in V.11f (Judenchristen) nicht nur vom „Ihr" (V.13: Heidenchristen), sondern auch vom „Wir" in V.3-8 (bzw. V.3-11) zu unterscheiden sei. Als Gründe für eine solche Differenzierung werden neben dem προ(ἐλπίζειν) genannt: (1.) κληροῦν in V.11 gehe auf κλῆρος = *Israels* Verheißungserbe zurück. Dabei ist aber übersehen, dass sowohl κλῆρος (Kol 1,12) wie κληρονομία längst spiritualisierte und universalisierte Heilsbegriffe sind. Die Erwählung ist ja nach Eph 1,4-6 vorzeitig geschehen und bezieht sich auf die Kirche als universale Größe. (2.) Der Artikel bei ἐν τῷ Χριστῷ besonders in V.12 sei Indiz dafür, dass der (jüdische) Messias-Titel gemeint sei. Dagegen spricht aber schon ἐν τῷ Χριστῷ in V.10, wo es um die kosmisch-universale All-Zusammenfassung geht.[247] Ἐλπίζειν ἐν bedeutet außerdem im NT nie „hoffen *auf*".[248] (3.) Gerade Israel sehe den Sinn seiner Existenz im Lobe Gottes.[249] Als traditionsgeschichtliche Herleitung des Motivs ist dieser Hinweis richtig, doch gilt das längst

---

[242] GNILKA, Eph, 83, spricht von einer „akklamatorisch[en]" Unterbrechung des Gedankengangs – in der Tat eine „Verlegenheitsauskunft" (so SCHNACKENBURG, Eph, 62).

[243] Joh 5,45; 2Kor 1,10; 1Tim 4,10; 5,5; 6,17; vgl. PERCY, Probleme 267 A 16.

[244] Vgl. dagegen aber 1Kor 15,19, wo die Aussage gerade darauf abzielt (dass wir im Falle der Nichtexistenz der Auferstehung *nur* Hoffende gewesen wären).

[245] SCHNACKENBURG, Eph, 62 (unter Hinweis auf BDR § 484 A 4: Pleonasmus); CAMBIER, 94f; KRÄMER, 45 A 40; dagegen HALTER, Taufe, 229 A 13. Anders ist der Sachverhalt im Falle von ἀνακεφαλαιοῦσθαι.

[246] So bereits Chrysostomos und Ambrosiaster; in der Neuzeit: z.B. VON SODEN, Eph, 107; ABBOTT, Eph, 21f; SCOTT, Eph, 147f; SCHLIER, Eph, 66-69 (vgl. o. A 226); MUSSNER, Eph, 49; BARTH, Eph, I, 92-94.130-133; MITTON, Epistle, 227f; LYONNET, 349; RESE, Vorzüge Israels, 219; KÄSEMANN, Ephesians and Acts, 293-297; FAUST, 213f; THEOBALD/PILLINGER, Eph, 41 (lediglich in V.3 und 14a sei das „Wir" übergreifend: 42f).

[247] Vgl. auch o. A 216 sowie PERCY, Probleme, 187f.

[248] Das gilt auch für 1Kor 15,19, wo beide ἐν-Bestimmungen adverbial sind. Das Objekt des Hoffens wird dagegen immer mit εἰς oder ἐπί eingeführt: Joh 5,45; Röm 15,12; 1Kor 1,10; 1Tim 4,10; 5,5; 6,17; 1Petr 1,13; 3,5.

[249] Darauf weist besonders MUSSNER, Eph, 49, hin. BARTH, Eph, I, 132, sieht in „to become a praise of God's glory" sogar eine eschatologische Substitution für den Namen „Juden" (unter Hinweis auf Gen 29,35: Juda = „ich will den Herrn preisen").

für alle Christen (vgl. V.6a), so dass sich daraus keine Differenzierung des „Wir" von V.11f von dem „Wir" von V.3–8 begründen lässt. (4.) Das καί in V.11 deute an, dass der Verfasser nun ein anderes „Wir" einführe. Dann hätte aber ein explizites ἡμεῖς nicht fehlen dürfen (vgl. das explizite ὑμεῖς in V.13).[250]

So wird man also auch unter dem „Wir" von V.11f alle Christen zu verstehen haben, die in der Apposition V.12b als „in Christus Hoffende" charakterisiert werden.[251] Ein Übergang von einem (nicht mehr differenzierten) „Wir" zum „Ihr" der Adressaten (V.13) gehört zum Stil der Eulogie (vgl. den Übergang in 2Kor 1,6f; 1Petr 1,4 Ende).[252] In Eph 1,12 ist also das προ- bezogen „auf den Zeitabstand zwischen dem gegenwärtigen Zustand der Hoffnung und ihrer Erfüllung".[253] Dass dabei die Vorsilbe προ- nicht überflüssig ist, lässt sich von V.14 her (der „heilige Geist" als Anzahlung) bekräftigen: Es geht um ein antizipierendes Moment.

Von anderen wird der Wechsel vom „Wir" zum „Ihr" dadurch erklärt, dass der Brief sich an Neugetaufte wende: Während mit „wir" alle Christen gemeint seien, gelte das „Ihr" den Neugetauften als Adressaten.[254] Dass die Adressaten des Eph Neugetaufte seien, wurde auch unabhängig vom Wechsel der Anrede häufig behauptet.[255] Dafür könnte die Tatsache sprechen, dass in V.13, aber auch sonst im Brief, die Taufthematik unübersehbar auftaucht. Im Zuge dieser Beobachtungen hat man dann die ganze Eulogie[256] oder gar den ganzen Brief[257] als mit der Taufliturgie[258], der Taufhomilie[259] oder der Taufparänese[260] zusammenhängend erklärt. Gegen diese Auffassung insgesamt spricht schon „die ganze Höhenlage des Briefes an sich",[261] speziell aber die nur bei „Eingeweihten" wirksame konnotative Sprache (s.o. S. 107). Der Rückgriff auf die Taufthematik, der nicht nur V.13f vorliegt,

---

[250] SCHLIER, Eph, 66 mit A 1 (s.o. A 226).
[251] So PERCY, Probleme, 267 A 16; DAHL, Adresse, 252.259f; DIBELIUS/GREEVEN, Eph, 61f; CAMBIER, 91–102; GNILKA, Eph, 83f; JAYNE; STEINMETZ, Heilszuversicht, 135–139; SCHNACKENBURG, Eph, 63; LINDEMANN, Eph, 25; HALTER, Taufe, 229 mit A 12; TH. HECKEL, 188–190; JEAL, 89–91.
[252] DAHL, Adresse, 252.259f; JEAL, 91, weist zu Recht auf die rhetorische Bedeutung des inkludierenden „Wir" hin.
[253] PERCY, Probleme, 267 A 16. Dieser Bestimmung von προ- entspricht dann genau die o. bei A 243 gegebene Erklärung der Perfektform (vgl. LINCOLN, Eph, 37). Für die hier gegebene Interpretation von προελπίζειν spricht übrigens der einzige vorchristliche Beleg, Poseidippos Comic.fr. 27,8 (Zitat bei KRÄMER, 45 A 40), wo es um eine vorausgehende Erwartung auf ein Mahl geht.
[254] So WILSON.
[255] Z.B. LUEKEN, Eph, 359: „eine erbauliche Ansprache ... an neugetaufte Heidenchristen ... Taufrede in Form eines Hirtenbriefes"; DAHL, Adresse, 261; PERCY, Probleme, 354 A 24; COUTTS, 124; SCHLIER, Eph, 17f.21.73.
[256] So z.B. DEICHGRÄBER, 76.
[257] PERCY, Probleme, 354 A 24; 447 (auch unter Hinweis der Berührungen mit 1Petr); COUTTS, Eph 1,3–14, 115 (ebenfalls mit Bezugnahme auf 1Petr).
[258] Für einzelne „Hymnen" und „liturgische Formen": SCHILLE, Liturgisches Gut, bes. 23f (zu 1,3–14); DERS., Hymnen, bes. 65–73 (zu 1,3–14); 86–101; für den ganzen Brief: COUTTS, 115.
[259] POKORNÝ, Mysterien, 166.178.
[260] PERCY, Probleme; DAHL, Adresse.
[261] MICHAELIS, Einleitung, 195; vgl. KÜMMEL, Einleitung, 313; GNILKA, Eph, 33; THEOBALD/PILLINGER, Eph, 25 A 31.

ist ein „Topos urchristlicher Predigt als Verkündigung und Mahnung"[262] überhaupt. Doch kann man den ganzen Brief kaum einheitlich von der Taufthematik her bestimmen. Der Übergang vom „Wir" (V.12) zum „Ihr" (V.13) ist also als eine Differenzierung zwischen allen Christen (einschließlich des Verfassers) einerseits und den nun ausdrücklich angesprochenen Adressaten andererseits zu verstehen.

Bemerkenswert ist die Tatsache, dass dies die einzige Stelle im Eph (und Kol) ist, wo das Verbum „hoffen" gebraucht wird. „Hoffnung" (ἐλπίς) dagegen kommt häufiger vor (Eph 1,18; 2,12; 4,4; Kol 1,5.23.27), doch zeigt dabei die gerade auch für V.12 grundlegende Stelle Kol 1,5, dass „Hoffnung" von beiden Verfassern mehr im Sinne eines bereitliegenden Hoffnungs*gutes* verstanden wird denn als Ausdruck „einer zeitlich gerichteten Eschatologie".[263] Es ist aber umstritten, ob dabei die Dimension der Zeit oder Zeitlichkeit überhaupt fehlt.[264] Zwar ist nicht zu bezweifeln, dass die apokalyptischen Begriffe der paulinischen Eschatologie in beiden Briefen nahezu vollständig spiritualisiert werden.[265] Daneben aber werden durchaus auch apokalyptische Konzeptionen (Qumran) aufgegriffen, jedoch beschränkt auf das Verhältnis von Protologie und Gegenwart post Christum. Die Frage ist aber, ob es nicht auch eine futurische Dimension gibt. Innerhalb der Eulogie dürfte das in V.11-14 tatsächlich der Fall sein. Neben dem προηλπικότες, wonach die Zeit der christlichen Existenzweise bis zur Gegenwart gegenüber der Erfüllung eine Vor-Zeit darstellt (die Zeit des „Hoffens in Christus"), sprechen dafür die Begriffe ἐπαγγελία in V.13 und ἀρραβὼν τῆς κληρονομίας in V.14.

13 Der Übergang zum „Ihr"[266] ist schon deshalb gefordert, weil ab V.15 noch eine Danksagung folgt, die stilgemäß den Zustand der Adressaten aus der Perspektive des Verfassers (im Eph: in der 1. Pers. Sing.) zum Thema hat (s.u.). V.13 stellt einen weiteren Relativsatz zu ἐν τῷ Χριστῷ dar. Dabei sind zwei Partizipien (ἀκούσαντες, πιστεύσαντες) einem finiten Verb (ἐσφραγίσθητε) untergeordnet. Dadurch, dass das ἐν ᾧ καί, von dem das Verb ἐσφραγίσθητε („ihr wurdet gesiegelt") abhängt, vor dem zweiten Partizip noch einmal wiederholt wird, wird die hypotaktische Konstruktion ein wenig verschleiert.[267] Die partizipiale Wendung in V.13a greift Kol 1,5b auf. Λόγος τῆς ἀληθείας ist gegenüber Kol 1,5, wo es wohl um das „wahre Evangelium"[268] gegenüber einer Irr-

---

[262] HALTER, Taufe, 622 A 9.
[263] BORNKAMM, Hoffnung, 210.
[264] Vgl. die Diskussion bei HALTER, Taufe, 384-409; ferner LONA, Eschatologie 65-82.
[265] Dazu SELLIN, Auferstehung.
[266] HALTER, Taufe, 229 mit A 14, bezeichnet καὶ ὑμεῖς geradezu als „Applikationsformel" (vgl. 2,1.22; Kol 1,21; 2,13; 3,7; 1Petr 3,21). Doch geht es wohl eher um einen einfachen Referentenwechsel innerhalb appellativer Rede überhaupt, wie die reziproken Formulierungen καὶ ὑμεῖς (2,3) und κἀγώ (1,15) zeigen. Vgl. zur Funktion des Wechsels zum „ihr" vor allem JEAL, 88-93; DERS., Argumentation, 318f.
[267] Vgl. SCHNACKENBURG, Eph, 63: syntaktisch störend.
[268] In λόγος τῆς ἀληθείας τοῦ εὐαγγελίου (Kol 1,5) hat der erste Gen. adjektivische Funktion (Gen. qual.), der zweite ist ein Gen. des Inhalts bzw. ein Gen. appositivus (vgl. BDR § 165,1; 167,2), der sich auf das Syntagma λόγος τῆς ἀληθείας (eine feste Wendung: s. folgende A) im ganzen bezieht. Der Verfas-

lehre[269] geht, hier schon allgemeiner Terminus für das Evangelium überhaupt. Ebenso ist ἀκούσαντες gegenüber προηκούσατε von Kol 1,5 insofern verallgemeinert, als nun nicht mehr auf die ursprüngliche (wahre) Anfangsverkündigung verwiesen wird.[270] Das Evangelium wird stattdessen durch den Gen. τῆς σωτηρίας ὑμῶν charakterisiert.[271] Zu dieser Kumulierung allgemeiner Missionssprache (ἀκούειν, λόγος, ἀλήθεια, σωτηρία) gesellt sich nun noch das Wort πιστεύειν, das von Paulus her seine Affinität zu εὐαγγέλιον hat und hier dem „Hören" an die Seite tritt.[272] Die Partizipialform des Aorists bedeutet hier „zum Glauben gekommen sein". „Hören" und „zum Glauben kommen" sind syntaktisch die Voraussetzungen der Hauptaussage: „Ihr wurdet gesiegelt mit dem heiligen Geist der Verheißung". Σφραγίζειν hat die Grundbedeutung „mit einem Siegel versehen" und kann entweder „versiegeln" (sichern, verschließen)[273] oder „beglaubigen", „bestätigen"[274] oder „mit einer Markierung versehen"[275] bedeuten. Von der letztgenannten Bedeutung ist hier auszugehen. Die Markierung (σφραγίς) kann zum Zwecke der Eigentumskennzeichnung (z.B. beim Vieh) oder zum Zwecke der Bewahrung vor Vernichtung dienen – so in Apk 7,2-8; 9,4 (vgl. Ez 9,4-11; PsSal 15,6). Die erstgenannte dieser Bedeutungen (Eigentumsmarkierung) liegt in rabbinischen Texten vor, wo die Beschneidung (nach Gen 17,11 als „Zeichen des Bundes") „Siegel" genannt wird.[276] Σφραγίς ist erst in nachneutestamentlicher Zeit zum t.t. für die Taufe geworden – erstmals Herm 72,3 (sim VIII 6,3); 93,3 (sim IX 16,3); 94,4 (sim IX 17,4).[277] Die Frage ist, wie es dazu gekommen ist, und insbesondere: ob unsere Stelle (vgl. auch 4,30) und die verwandte, 2Kor 1,22, schon in diesem Sinne zu deuten sind.[278] Dafür bleibt nur der Weg, den Kontext der drei in Frage stehenden Stellen 2Kor 1,22; Eph 1,13; 4,30 auf mögliche Bezüge zur Taufe zu befragen. Das dürfte nun schon für 2Kor 1,21f zutreffen (vor

---

ser des Eph bildet mit εὐαγγέλιον eine weitere Apposition mit adnominalem Genitiv: εὐαγγέλιον τῆς σωτηρίας (am besten ebenfalls als Gen. des Inhalts aufzufassen).
[269] SCHWEIZER, Kol, 36f; vgl. 2Tim 2,15, wo λόγος τῆς ἀληθείας zum Terminus für die rechte Lehre geworden ist (ebenso Polyk. Phil 3,2; vgl. Gal 2,5). Noch ganz untechnisch dagegen ist die Wendung in 2Kor 6,7 und Jak 1,18 gebraucht.
[270] Dafür ist das προ- zu ἐλπίζειν gewandert.
[271] Λόγος τῆς σωτηρίας: Apg 13,26; vgl. Röm 1,16. In Eph begegnet σωτηρία einzig an dieser Stelle.
[272] Lk 8,12f; Joh 4,42; 5,24; Apg 4,4; 13,48; 15,7 (ἀκοῦσαι τὰ ἔθνη τὸν λόγον τοῦ εὐαγγελίου καὶ πιστεῦσαι); 18,8; Röm 10,14.17; Hebr 4,2f.
[273] Mt 27,66; Apk 20,3; so vielleicht auch Röm 15,28; übertragen im Sinne von „geheimhalten": Apk 10,4; 22,10.
[274] Joh 3,33; 6,27.
[275] So in Apk 7,3.4.5.8.
[276] Belege bei BILLERBECK, III 495; IV 32f; FITZER, ThWNT 7, 947 Z.16ff.
[277] Dazu DÖLGER, Σφραγίς. Ob in 2Clem 7,6 und 8,6 schon die Taufe gemeint sei, bezweifelt FITZER, ThWNT 7, 952 Z.16ff.
[278] Ein unmittelbarer Bezug auf die Taufe wird bestritten von DÖLGER, Sol Salutis, 78-80; HEITMÜLLER, Σφραγίς, 40-49; FITZER, ThWNT 7, 950; HAUBECK, Loskauf, 198; Bezug auf die Taufe sehen dagegen die meisten Kommentatoren, z.B. CONZELMANN, Eph, 62; GNILKA, Eph, 85; MUSSNER, Eph, 50; SCHNACKENBURG, Eph, 64.

allem das Salbungsmotiv sowie die Wendung „festigen"[279] εἰς Χριστόν).[280] Aber auch unsere Stelle, die sehr wahrscheinlich von 2Kor 1,21f direkt abhängig ist,[281] hat Bezüge zur Taufe: „Hören" und „zum Glauben kommen" (Partizipien des Aorists) sind der Missionssprache entsprechend die der Taufe als Bedingung vorangehenden Schritte.[282] Dass der „heilige Geist" mit der Taufe verliehen wird, setzen Tit 3,5 (vgl. 2Tim 3,14) und Hebr 6,4 voraus, aber auch schon 1Kor 12,3 (vgl. 10,4)[283] und möglicherweise Röm 5,5; 1Kor 6,19f; 1Thess 4,8. In Eph 1,13 ist der „heilige Geist", nicht aber die Taufe an sich, das Mittel der „Versiegelung".[284] Er wird hier näher als Geist „der Verheißung" bezeichnet. ἐπαγγελία begegnet auch im Umkreis von 2Kor 1,22 (V.20). Der Gen. τῆς ἐπαγγελίας hat die Funktion eines Adjektivs: „der verheißene Geist" (vgl. Gal 3,14; Apg 2,33: ἐπαγγελία τοῦ πνεύματος [τοῦ ἁγίου]).[285] Die Gabe des Geistes (die mit der Taufe den Christen vermittelt wurde) bedeutet das „Gesiegelt-Werden" – im Sinne von „markiert werden". Im Zusammenhang der ganzen Eulogie ist diese „Markierung" durch den Geist eher ein Ausdruck der Erwählung (vgl. die Wendung „Geist der Verheißung") als ein Ausdruck des Schutzes vor eschatologischer Vernichtung (wie in Apk 7). Sie bedeutet Anwartschaft und Vorgeschmack auf den Zustand des vollkommenen Heils, wie V.14 deutlich macht.

14 Ein letzter Relativsatz (ὅ in Bezug auf τὸ πνεῦμα)[286] ist diesem „heiligen Geist" gewidmet – nun ohne Präposition, im Nominativ: ὅ ἐστιν. Der Prädikation des „heiligen Geistes" in V.14a werden dann noch zwei finale Bestimmungen mit εἰς angefügt – wieder als Isokolon im Parallelismus.[287] Der „heilige Geist" wird wie bei Paulus in 2Kor 1,22; 5,5 als „Angeld" verstanden. Ἀρραβών (nur an diesen drei Stellen im NT)[288] hat die Bedeutung von „Anzahlung", „durch die sich der Betreffende dem Empfänger gegenüber zu weiterer Leistung verpflichtet".[289] Der „hei-

---

[279] Zur Affinität der juristischen Termini βεβαιοῦν („vertraglich festlegen") und ἀρραβών: DEISSMANN, Bibelstudien, 100–103.
[280] DINKLER, Taufterminologie, 99–117; vgl. HALTER, Taufe, 174–182; SCHNELLE, Gerechtigkeit, 124–126; G. BARTH, Taufe, 60–66; WOLFF, 2Kor, 37; gegen Bezug des Salbmotivs auf die Taufe aber DELLING, Taufe, 105ff.
[281] HALTER, Taufe, 230.
[282] Vgl. SCHLIER, Eph, 69f; HALTER, Taufe, 229f.
[283] Dort πνεῦμα noch ohne das Adjektiv ἅγιον. Ebenso Joh 3,5; 7,39.
[284] Vgl. HAUBECK, Loskauf, 198: „Erst die Ineinssetzung von Taufe und Geistempfang stellt eine solche Beziehung her". Möglicherweise ist auch in 2Kor 1,22 das zweite καί epexegetisch zu verstehen: „und zwar *dadurch, dass er* in unsere Herzen das Angeld des Geistes gegeben hat".
[285] Ἐπαγγελία ist auch in Eph 2,12; 3,6 (vgl. 6,2) - wie durchgehend in den echten Paulinen, aber auch in Apg - auf die Gegenwart als Zeit der Erfüllung der (alttestamentlichen) Verheißung bezogen; vgl. KÄSEMANN, Ephesians and Acts, 295; SELLIN, Genitive, 88–90.
[286] Das Relativum ὅς (v.l.) ist sekundäre Angleichung an ἀρραβών.
[287] S.o. A 234.
[288] LXX: Gen 38,17–20 für עֵרָבוֹן (Unterpfand). Das griechische Wort ist dem Semitischen entlehnt.
[289] BAUER/ALAND, Wb., 219; DANKER, Lexicon, 134. Es handelt sich um einen Ausdruck der Rechts- und Geschäftssprache: AHERN, Indwelling Spirit (vgl. o. A 279); ERLEMANN, Geist, 203–208.222f; DERS., Anfänge, 60–87.

lige Geist" gibt die Gewissheit der „Erbschaft", die die Christen also in der Geisteserfahrung schon angetreten haben und besitzen.[290] Damit ist aber gesagt, dass gegenüber dem gegenwärtigen Heilsstand der Christen noch eine eschatologische Vervollkommnung aussteht. Κληρονομία bedeutet hier also das bereits angetretene Erbe[291], doch zur Zeit ist dieses nur als „Angeld", in Form des Besitzes des „heiligen Geistes", realisiert. 1,18 wird die (künftige) volle Erbschaft mit der plerophoren Genitivbildung „Reichtum der Herrlichkeit seines Erbes" bezeichnet – parallel zu „Hoffnung seiner Berufung" – und überdies durch die Angabe „unter den Heiligen", womit die himmlische Schar der Vollendeten gemeint ist, präzisiert. Vergleicht man Eph 1,13f mit 2Kor 1,22; 5,5 und Röm 8,23, so besteht Übereinstimmung im Motiv des eschatologischen Vorbehalts. Insbesondere aber 2Kor 5,5 und Röm 8,23 enthalten das Motiv des gegenwärtigen „Seufzens", die Erfahrung des Leidens und der Nichtigkeit. So sind bei Paulus „Hoffnung" und „Angeld des Geistes" mit der leidenden Kreatürlichkeit gekoppelt auf eine Weise, die dem Eph fremd ist. Wie in Röm 8,23 ist mit ἀπολύτρωσις hier die noch ausstehende endgültige Erlösung gemeint, die Paulus in Röm 8,23 die „Erlösung des Leibes" nannte. Damit steht der Gebrauch des Wortes ἀπολύτρωσις an dieser Stelle (wie Eph 4,30) in Spannung zu 1,7, wo die (bereits geschehene) Erlösung „durch sein Blut, der Erlass der Übertretungen" gemeint war (s. o. zu 1,7).[292] Der Gen. τῆς περιποιήσεως bringt offenbar diesen futurischen Aspekt zum Ausdruck. Die Bedeutung dieses Wortes ist umstritten: Es kann (1.) „Erwerbung", „Gewinn", (2.) „Bewahrung", „Erhaltung" (des Erworbenen) und (3.) „Besitz", „Eigentum" bedeuten.[293] Die 1. und die 3. Bedeutung kommen in Frage. Der oft vertretenen Deutung auf die „Erlösung des Eigentums-Volkes"[294] widerspricht aber die Tatsache, dass es sich von der Wortbildungsart her um ein *nomen actionis* handelt und das Wort an allen übrigen NT-Stellen aktional gebraucht wird.[295] Da aber die ein-

---

[290] Ähnlich gebraucht Paulus Röm 8,23 das Wort ἀπαρχή: die „Erstlingsgabe" des Geistes. Auch hier folgt daraus die Gewissheit, aber auch schon ein Vorgeschmack der ἀπολύτρωσις (in diesem Fall: der Erlösung des Leibes). Von Eph 1,14 fällt so noch einmal Licht auf das προ- in προηλπικότας in V.12. Die Christen haben schon etwas im Voraus: den Geist als „Vorgeschmack" des Vollkommenen (s.o. bei A 253); vgl. AHERN (vorige A), 185: „the inheritance of the future and its fortaste differ not in object, but only in degree".

[291] Grundsätzlich bedeutet κληρονομία nicht den Erbanspruch, sondern die Erbmasse, den Erbbesitz: Mk 12,7 parr.; Lk 12,13; Apg 7,5; 20,32; Gal 3,18; Hebr 9,15 (dort muss bezeichnenderweise eigens gesagt werden: „*Verheißung* des Erbes"); 11,8; 1Petr 1,4. Das gilt auch für Kol 3,24 (Futur!). Es ist also jeweils im Kontext zu prüfen, ob dieses Erbe schon angetreten ist oder erst noch angetreten wird.

[292] So zu Recht HAUBECK, Loskauf, 194–196 (s.o. A 133); HALTER, Taufe, 232: „Es gibt nicht nur die Erlösung, die wir schon ‚haben' (V7), es gibt auch die ‚Erlösung', auf die wir noch zugehen".

[293] BAUER/ALAND, Wb., 1310.

[294] So z.B. PERCY, Probleme, 188f A 15; MAURER, 167 A 53; CAMBIER, 96f; MUSSNER, 845; DERS., Eph, 50; KÄSEMANN, Ephesians and Acts, 295; GNILKA, Eph, 87; BARTH, Eph, I, 97; HAUBECK, Loskauf, 199 (so auch BAUER/ALAND, Wb., 1310). Diese Deutung könnte sich von Mal 3,17; 1Petr 2,9 (vgl Apg 20,28) her nahelegen (dagegen s. jedoch nächste A).

[295] 1Thess 5,9 (Erlangen des „Heils"); 2Thess 2,14 (Erlangen der „Herrlichkeit"); Hebr 10,39 (Erlangen des „Lebens"); vgl. SCHLIER, Eph, 71f A 5; SCHNACKENBURG, Eph, 66. In Mal 3,17 (in 1Petr 2,9 im glei-

zelnen Christen durch den in der Taufe verliehenen Geist ja schon das Siegel, das sie als Eigentum Gottes ausweist, haben, bleibt nur die Deutung übrig, nach der es sich bei der Konstruktion um einen Gen. *explicativus* bzw. *appositivus* und bei dem Nomen um ein *nomen actionis* handelt: die „Erlösung", die in der „Inbesitznahme" des Erbes durch die Christen besteht.[296] So entspricht die Wendung annähernd der von der περιποίησις τῆς σωτηρίας (1Thess 5,9) bzw. τῆς δόξης (2Thess 2,14).[297] Danach wird zwischen der „Erlösung durch sein Blut", die schon erfolgte (V.7), und der „Erlösung τῆς περιποιήσεως", die im künftigen Antritt der Erbschaft besteht, unterschieden. Genaugenommen besteht also die explizierende Funktion des Gen. in einer differenzierenden Spezifizierung.[298] Dadurch erklärt sich die gegenüber 1Thess 5,9 und 2Thess 2,14 auf den ersten Blick maniert wirkende Vertauschung (naheliegend wäre sonst εἰς περιποίησιν τῆς ἀπολυτρώσεως gewesen; vgl. denselben Tatbestand bei πνεῦμα τῆς ἐπαγγελίας in V.13 mit ἐπαγγελία τοῦ πνεύματος in Gal 3,14; Apg 2,33).

Die ganze Eulogie endet in einer zweiten εἰς-Phrase, die zuvor schon in zwei Varianten vorkam (V.6a „zum Lob der Herrlichkeit seiner Gnade"; V.12a „dass wir zum Lob seiner Herrlichkeit seien") und die eine doxologische Funktion hat[299] (vgl. ψ 71,18f; 1Hen [gr.] 22,14[300]). Die endgültige Erlösung verschafft dem Menschen die Vollkommenheit, die im Dasein zum Lobe der Herrlichkeit Gottes besteht.

Die Briefeingangseulogie hat zum Teil die Funktion einer Ouvertüre, in der die wichtigsten Themen und Motive des ganzen Briefes vorweg anklingen[301]: Protologie (Erwählung, „Prädestination"), Gnade, Liebe, Erlösung, Kundgabe des Mysteriums, Zusammenfassung des Alls in Christus, Eschatologie, Taufe, Pneumatologie. Mehrfach wird dabei der Bogen geschlagen von der vorzeitlichen Erwählung über die Erlösung, die Offenbarung des Geheimnisses der Allversöhnung bis zum Ausblick auf den endgültigen Antritt des eschatologischen Erbes. Das Besondere

---

chen Sinn zitiert) geht es entsprechend um Gottes „Erwerben" seines Volkes (zum Eigentum); Apg 20,28 ist ohnehin verbal formuliert.

[296] So z.B. ABBOTT, Eph, 24; DIBELIUS/GREEVEN, Eph, 63; SCHLIER, Eph, 71 A 5; LANG, 14 A 31; SCHNACKENBURG, Eph, 66. Vgl. auch SELLIN, Genitive, 91f.

[297] Solche appositiven Genitive mit explizierender Funktion sind im Eph nicht selten: 1,13c (s.o. A 284); 1,17; 2,14.15; 3,11; 4,13b.16.22.23.29; dazu SELLIN, Genitive.

[298] Vgl. zur Spezifizierung innerhalb von Syntagmen in Eph, 1,3-14 CARAGOUNIS, 82f.

[299] Mit einer ähnlichen doxologischen Formel wird auch in der Eulogie 1Petr 1,3-12 eine Zäsur gesetzt: εἰς ἔπαινον καὶ δόξαν καὶ τιμὴν ἐν ἀποκαλύψει Ἰησοῦ Χριστοῦ (V.7; vgl. in V.11 ... τὰς μετὰ ταῦτα δόξας). Es ist aber schwer zu sagen, wo diese Eulogie endet (s.o. A 12).

[300] Κύριος τῆς δόξης.

[301] Vgl. DAHL, Adresse, 262: „Präludium"; MAURER, 168; THEOBALD/PILLINGER, Eph, 40.43. Es ist dagegen unpräzise, die Eulogie als „Summe" des ganzen Briefes und Zusammenfassung seiner ganzen Theologie zu bezeichnen (so aber erstmals BENGEL, Gnomon, 754: „compendium"; BARTH, Eph, I, 78; CAMBIER, 58: „résumé doctrinal"). Sie *eröffnet* vielmehr den weiten Horizont, in dem die Themen des Briefes angesiedelt sind. Zu den Entsprechungen im einzelnen s. O'BRIEN, Introduction, 510-512; DERS., Eph, 91-93.

ist dabei der Zeit und Raum überschreitende, universale Ansatz: Die Erwählung ist bereits vor aller Welt, vor der Zeit erfolgt – das heißt auch: vor der Schöpfung derer, denen die Erwählung und Erlösung gilt, der Menschen. Die erste, die grundlegende „Strophe" endet mit „in Liebe", womit zugleich das Stichwort für alles in Gottes Urwillen beschlossene Heil angegeben ist.[302] Erlösung gilt aber nicht nur den Menschen, sondern dem gesamten All mit seinen Mächten, Dämonen und Engeln.

Die protologische *Erwählungstheologie* läuft nicht auf eine Prädestinationslehre hinaus, die von der Erwählung oder Verwerfung des einzelnen Menschen ausgeht. Vielmehr geht es um die Erwählung der Gemeinde in Christus. Deshalb spielt Eph 1,3–14 für Karl Barths Fassung der Erwählungslehre (KD II 2, § 32–35) eine so fundamentale Rolle.[303] Barth warf der traditionellen Prädestinationslehre vor allem zwei Fehler vor: (1.) dass sie von einer doppelten Prädestination redete, indem sie der Bestimmung zum Heil eine festgelegte göttliche Verwerfung zur Seite stellte,[304] und (2.) dass sie von der Erwählung der einzelnen menschlichen Person ausging.[305] Beim Thema der Erwählung, wie es sich gerade auch in Eph 1 darstellt, geht es dagegen „um die freie Entscheidung der Liebe Gottes für seinen Bund mit den Menschen, ohne den er … nicht Gott sein will."[306]

Wie die protologische Erwählung den Anfang, so bildet das *soteriologische Werk Christi* die Mitte: Erlösung durch sein Blut, Vergebung der Übertretungen und – vor allem – die als „Geheimnis" eingestufte „Zusammenfassung des Alls". Diese ist im Werk Christi (wie Erlösung und Vergebung) bereits geschehen. Dabei könnte sowohl an das Kreuz (V.7; vgl. 2,16; Kol 1,20) als auch an die Auferweckung (1,20–23) gedacht sein. Als drittes Thema klingt in der Eulogie das auch für die Christen noch Ausstehende an, die *Eschatologie*. Nach jüdischer Vorstellung ist das singende Loben Gottes die Tätigkeit der höchsten Engel, zu denen sich der Fromme nach seinem Tode gesellt.[307] Dieser Gedanke hat aber auch ethische Konsequenzen, wenn er auf das diesseitige Leben der Christen bezogen wird: dasein zum Lobe Gottes (V.6), „heilig und untadelig vor Gott sein" (V.4). Abstrakt bleibt zunächst auch die „Erbschaft" als Ziel. Doch dadurch, dass sie im Heiligen Geist schon als „Anzahlung" vorhanden ist, bekommt auch dieses Konzept einen kon-

---

[302] Nach Platon, Tim. 29e (und Philon) liegt der Grund der Weltschöpfung in der produktiven Vollkommenheit bzw. „Gutheit" Gottes – nach Eph 1 in seinem „Willen" und seiner „Liebe" (s.o. A 104).

[303] KD II 2, 64–82.109f.474f.

[304] „Die Verdunkelung des Problems begann schon damit, dass man von jenem ‚Buch des Lebens' zu reden begann, als enthalte es auch eine Todesspalte, als man von der göttlichen Erwählung und von der göttlichen Verwerfung wie von zwei zusammengehörigen … göttlichen Akten zu reden … begann." (KD II 2, 13).

[305] Z.B. KD II 2, 336f.

[306] KD II 2, 339. Vgl. hierzu SCHNACKENBURG, Eph, 322–325; CUNNINGHAM, Barth's Interpretation.

[307] Besonders in ApkAbr (und TestHiob), aber auch in der esoterischen Tradition des rabbinischen Judentums; vgl. SELLIN, Häretiker des Judasbriefes, 219–225. Auch wenn aus diesem Topos die Karikatur des ermüdenden, ewigen Hallelujasingens geworden ist, darf man nicht übersehen, dass es dabei um eine beachtliche Ästhetisierung der Religion und ihres Konzeptes der Ewigkeit geht, für Künstler, Dichter und Musiker kein abwegiger Gedanke. Vgl. GRÖZINGER, Musik.

kreten Erfahrungsbezug. Die vielfältigen ekstatischen pneumatischen Erfahrungen, die man sich für das frühe Christentum nicht krass genug vorstellen kann, geben einen „Vorgeschmack" auf die Unendlichkeit. Die Eschatologie bildet also neben der Christologie im Eph noch ein eigenes Thema und fällt nicht (als „realisierte Eschatologie") mit dieser zusammen.

I. 2.) 1,15–23: Die Danksagung

(15) Deswegen –
da ich hörte von dem bei euch vorhandenen Glauben an den Herrn Jesus und von der Liebe zu allen Heiligen –
(16) höre auch ich nicht auf, zu danken für euch,
wenn ich (euer) gedenke in meinen Gebeten,
(17) damit der Gott unseres Herrn Jesus Christus,
der Vater der Herrlichkeit,
euch gebe Geist der Weisheit und Offenbarung zu seiner Erkenntnis,
(18) erleuchtete Augen des Herzens,
damit ihr wisst,
was die Hoffnung seiner Berufung ist,
was der Reichtum der Herrlichkeit seines Erbes unter den Heiligen
(19) und was die überragende Größe seiner Macht an uns (ist),
die wir Glaubende sind aufgrund der Wirkung der Kraft seiner Stärke,
(20) welche er in Christus wirksam werden ließ,
indem er ihn aus (den) Toten auferweckte
und zu seiner Rechten in den höchsten Himmeln setzte
(21) über alle Führung und Gewalt und Macht und Herrschaft
und jeden Namen, der angerufen wird,
nicht nur in diesem Äon, sondern auch im kommenden;
(22) und „alles unterwarf er unter seine Füße"
und gab ihn als Haupt über das All der Kirche,
(23) welche sein Leib ist,
die Fülle dessen, der das All in allem erfüllt.

ALLEN, Body, I 17–115; II 388–423; DERS., Exaltation; ARNOLD, Power; ARZT, „Danksagung"; BEDALE, κεφαλή; BENOIT, Leib; BEST, One Body, 139–159; COLPE, Leib-Christi-Vorstellung; DAWES, Body, 139–142.236–250; DEICHGRÄBER, Gotteshymnus, 161–165; DUPONT, Gnosis, 419–493; ERNST, Pleroma, 72–94; FAUST, Pax Christi, 41–58; FISCHER, Tendenz, 118–120; FLOWERS, Paul's Prayer; GESE, Vermächtnis, 190–195.223–228; HANSON, Unity, 112–117.127–129; HAY, Glory; HEGERMANN, Leib-Christi-Vorstellung; JEAL, Style; KÄSEMANN, Leib Christi; DERS., Problem; KOSKENNIEMI, Studien; LINDEMANN, Aufhebung, 59–63.204–217; MEUZELAAR, Leib; MUSSNER, Christus, 29–64.118–174; O'BRIEN, Thanksgivings; DERS., Introduction; OCHEL, Annahme, 32–47; PERCY, Leib Christi; POKORNÝ, Σῶμα Χριστοῦ; RAMAROSON, Une lecture; ROBINSON, J.A.T., Body,

49-83; ROBINSON, J.M., Hodayot-Formel; ROELS, God's Mission, 84-139.229-248; SANDERS, Hymnic Elements; SCHENKE, Gott „Mensch"; SCHILLE, Liturgisches Gut, 113-134; SCHLIER, Christus; T. SCHMIDT, Leib Christi; SCHUBERT, Thanksgivings; SCHWEIZER, Antilegomena; SCHWINDT, Weltbild, 351-366.430-441; WILES, Intercessory Prayers; WINK, Powers, 3-35.60-64.151-163.

Während in den genuinen Paulus-Briefen (sowie in Kol und 2Thess) nach dem Präskript gewöhnlich eine „Danksagung" als Proömium folgt, die zum spezifischen Anliegen, dem Korpus des Briefes, überleitet,[1] und während lediglich in 2Kor die Danksagung durch die Briefeingangseulogie ersetzt ist, enthält Eph beides: Nach der Eulogie folgt nun zusätzlich noch eine Danksagung, zu der die Erwähnung der Fürbitte gehört und die mit einem hymnischen Teil abschließt.

Die *Danksagung* ist eine rein briefliche Gattung, die in ihren Bestandteilen (Gebetserwähnung und Gedenken) aus der hellenistischen Epistolographie stammt.[2] In den Paulusbriefen begegnet sie in zwei Grundformen.[3] Der erste Typ besteht aus einem Hauptsatz mit εὐχαριστεῖν in der 1. Person (+ τῷ θεῷ + einer adverbialen Zeitangabe, z. B. πάντοτε, + einer präpositionalen Angabe περί/ὑπὲρ ὑμῶν), einer temporalen Partizipialwendung (z. B. μνείαν ποιούμενος ἐπὶ τῶν προσευχῶν μου), meist einer kausalen Partizipialwendung oder kausalen Adverbialphrase (z. B. ἀκούσας τὴν πίστιν ὑμῶν) und einem Finalsatz mit ἵνα, ὅπως oder εἰς τό + Infinitiv. Zu diesem Typ gehören Phil 1,3-11; Phlm 4-7; Kol 1,3-14 und Eph 1,15-23. Der zweite Typ unterscheidet sich vom ersten durch das Fehlen der Partizipialwendungen und vor allem dadurch, dass statt eines Finalsatzes ein ὅτι-Satz am Ende steht. Dieser Typ ist am reinsten in 1Kor 1,4-9 verwirklicht. Hier fehlt dann auch die Erwähnung der Fürbitte (die im ersten Typ in der temporalen Partizipialwendung enthalten ist).[4] Die hellenistischen Belege,[5] insbesondere zu dem ersten Typ, haben P. Schubert zu dem Urteil bewogen, dass die Form der Danksagung aus hellenistischer Briefstellerei herzuleiten sei. In den Belegen, die zeitlich in Frage kommen, fehlt allerdings das εὐχαριστεῖν im Proömium (wohingegen Gedenken und Gebetserwähnung stereotyp vorkommen). Die Verwendung von εὐχαριστεῖν im Briefproömium ist offenbar eine Eigentüm-

---

[1] Ausnahmen sind 2Kor, wo die Danksagung durch eine Eulogie ersetzt ist, und Gal, wo weder das eine noch das andere vorkommt. In Röm 1,8-15 geht die Danksagung nahtlos über in die Briefkorpus-Eröffnung: vgl. SANDERS, Transition, 359f; WHITE, Body, 112 A 13. In Kol und Eph mündet die Danksagung in hymnische Partien (Kol 1,13-20; Eph 1,20-23).

[2] SCHUBERT, 39-94; vgl. die Zusammenfassung 180-185; LOHSE, Kol, 40-55; KEHL, Christushymnus, 38f.46-50; O'BRIEN, Thanksgivings, 10-13. Dass die Danksagung als ganze aus der hellenistischen Brieftopik übernommen sei, bestreitet ARZT (vgl. auch ARZT-GRABNER, Philemon, 135-142): Wohl würden in der fraglichen Zeit Gebetserwähnung und Gedenken im Proömium begegnen, nicht aber ein formelhaftes εὐχαριστεῖν; vgl. auch KOSKENNIEMI, 139-154. Doch widerspricht das nicht dem hellenistischen Ursprung der Gattung, wie Schubert ihn überzeugend nachgewiesen hat.

[3] SCHUBERT, 35.43 (vgl. seine Tabelle S. 53f), kennzeichnet die beiden Formen mit I a und I b.

[4] O'BRIEN, Thanksgivings, 19-46. 107-137.

[5] SCHUBERT, 117-121 (2Makk 1); 153 (Inschrift CIG Nr. 1318); 158-179 (briefliche Papyri, darunter auch einige für den zweiten Typ: 169-179).

I. 2.) 1,15–23 Die Danksagung

lichkeit des von Paulus selbst entwickelten Briefstils.[6] Εὐχαριστεῖν (εὐχαριστία) selbst ist ein hellenistisches Wort. In LXX taucht es nur in den Schriften ohne hebräische Vorlage auf.[7] Eine Begriffsverwirrung ist dadurch entstanden, dass vielleicht schon in der griechischen Synagoge, dann aber im Christentum sowohl bei der Benediktion (*Beracha* in der Gebetsform) wie bei der Danksagung (*Hodaya*: immer in der Gebetsform) εὐλογεῖν und εὐχαριστεῖν häufig promiscue gebraucht wurden. Wie bei der Eulogie gilt allerdings auch bei der brieflichen Danksagung, dass die Rede in der 1. Person zugleich performativ ist. Indem gesagt wird: „Ich danke Gott …", wird so tatsächlich am Briefanfang Gott gedankt (wobei Gott selbst aber nicht angesprochen wird). Die Danksagung nimmt damit die Stellung und Funktion der in der hellenistischen Briefstellerei üblichen Gebetsformel (ab 1. Jh. n. Chr.: „προσκύνημα-Formel")[8] ein, die selber eine erweiterte *formula valetudinis* darstellt. Dadurch erklärt sich das Element der Fürbitte in der Danksagung. So geht es hierbei um das Wohlergehen der Adressaten. Entsprechend ist der Grund der Danksagung auch in den Paulus-Briefen immer ein Zustand oder Verhalten der Adressaten, für das gedankt wird. Die allgemeine und wichtigste pragmatische bzw. rhetorische Funktion dieses Briefteils ist daher eine Art *captatio benevolentiae*, die jedoch theologisch begründet ist durch den Heils-„Indikativ", der bei den jeweiligen Adressaten empirisch erfahrbar ist.

Auch diese zweite Brieferöffnung besteht ähnlich wie die erste, die Eulogie, zunächst aus einem einzigen Satz, dessen syntaktische Struktur jedoch klarer erkennbar ist. Die Hauptaussage ist οὐ παύομαι εὐχαριστῶν (V.16a), von der einerseits zwei Partizipialwendungen abhängig sind: eine kausale (ἀκούσας V.15) und eine temporale (μνείαν ποιούμενος V.16), andererseits ein Finalsatz (ἵνα ὁ θεὸς … δῷη V.17-19). Das ist das gattungsbestimmende Gerüst von Schuberts erstem Typ (Ia) der paulinischen Danksagung. Der ἵνα-Satz, der bis V.19 reicht, entspricht stilistisch wieder stärker dem eigentümlichen Stil der Eulogie (auffällige Genitivverbindungen, Appositionen, εἰς τό + A.c.I., κατά + Akk.). Von dieser Danksagung V.15-19 hebt sich dann der Abschnitt V.20-23 ab, ein einheitlicher eigener Komplex hymnisch- und bekenntnisartig-formelhaften Charakters, der relativisch an das Stichwort ἐνέργεια (V.19) angefügt wird.[9]

Der Abschnitt 1,15–23 besteht also aus zwei Teilen: der Danksagung/Fürbitte V.15-19 und dem der Gattung nach noch nicht näher bestimmten Komplex V.20-23. In diesem Aufbau zeigt sich eine Entsprechung zu Kol 1,3-23, wo auf die Danksagung (Kol 1,3-8) mit Fürbitte (V.9-12) ein Enkomion (V.15-20) mit Einleitung (V.13f) und Applikation (V.21-23) folgt.

---

[6] Vgl. ARZT; ARZT-GRABNER, Philemon, 135–187.
[7] Est 8,13 (gr. Zusatz 8,12d); Jdt 8,25; 2Makk 1,11 (s.o. A 5); 2,27; 10,7 (A; in B ℵ: ὕμνους ἀνέφερον); 12,31; 3Makk 7,16; SapSal 16,28; 18,2; Sir 37,11.
[8] KOSKENNIEMI, 139–154 (Beispiel in New Documents 1, p.56f Z.7 u.11). Dabei begegnet auch das Gedenken (μνείαν ποιεῖσθαι): „Das μνεία-Motiv gehört zu den allerfestesten Bestandteilen der Brief-Phraseologie und erscheint von den frühesten Anfängen an bis hin zu den christlichen Briefen des 4. Jahrhunderts" (KOSKENNIEMI, 147).
[9] Dieser „anfügende […] Stil" ist typisch für den Eph: BDR, § 458,2.

Eph 1,20–23 ist (nach 1,3–14) der zweite Komplex, für den viele Exegeten eine hymnisch-liturgische Vorlage annehmen und zu rekonstruieren versuchen.[10] Doch gewinnt man dabei allenfalls ein Fragment, das vage der zweiten Hälfte des Christus-Enkomions Phil 2,6–11 entsprechen würde.[11] Die Aussage von der Auferweckung entstammt überdies eher dem Credo. Im Hintergrund scheint neben Elementen aus Kol 1 und 2 außerdem 1Kor 15,24–28 zu stehen. So wird man sagen können, dass zwar hymnische Sprache verwendet wird, doch eine zitierte Vorlage nicht nachzuweisen und deshalb mit Eigenformulierung des Verfassers zu rechnen ist.[12]

15 Während διὰ τοῦτο in Kol 1,9 (vgl. 1Thess 2,13) eine notwendige Funktion hat, ist es hier lediglich überleitende Floskel.[13] Da Paulus (wie sonst nur in Röm – dort aus situationsbedingten Gründen) alleiniger Absender ist, wird aus der Vorlage καὶ ἡμεῖς in Kol 1,9 ein κἀγώ. Das aoristische Partizip ἀκούσας gibt (anders als das temporale ἀφ' ἧς ἡμέρας ἠκούσαμεν in Kol 1,9) den Grund an für den Dank: „Paulus" hörte vom Glauben und der Christenliebe der Adressaten. Während das „Hören" in Kol 1 berechtigt ist, weil nach der Fiktion dort „Paulus" an eine ihm unbekannte Gemeinde schreibt (Kol 2,1), macht es hier Probleme – zumindest dann, wenn der Brief tatsächlich an die Gemeinde von Ephesus gerichtet sein sollte (s. aber o. zu 1,1), die der Apostel so gut wie keine andere gekannt haben müsste.[14] Aber wahrscheinlich geht es hier ja überhaupt nicht um eine konkrete Gemeinde, und das Wort ἀκούειν verdankt sich lediglich der Vorlage.

Gegenüber Kol 1,4 gibt es drei Änderungen: (1.) τὴν καθ' ὑμᾶς πίστιν statt τὴν πίστιν ὑμῶν; (2.) ἐν τῷ κυρίῳ Ἰησοῦ statt ἐν Χριστῷ Ἰησοῦ; (3.) τὴν ἀγάπην τὴν εἰς[15] statt τὴν ἀγάπην ἣν ἔχετε εἰς. Die *erste* Änderung dient einer Verwischung der konkret klingenden Angabe in Kol 1,4, der Apostel habe vom Glauben *der* Adressaten gehört: Er hat nur allgemein vom Glauben, der bei den Adressaten verbreitet ist[16], gehört. Die *zweite* Änderung könnte durch Phlm 5 (πίστιν … πρὸς τὸν κύριον Ἰησοῦν) veranlasst sein.[17] Die ein-

---

[10] Z.B. Ochel, 39–42; Schille, 114–116; Sanders, 220–223; Deichgräber, 161–165; Fischer, 118–120. Ernst, Eph, 300, spricht von einem „Bekenntnisfragment".

[11] Vgl. die Übersicht bei Deichgräber, 183, und Fischer, 120.

[12] So z.B. Gnilka, Eph, 94; Lindemann, 204f; Schnackenburg, Eph, 70f.

[13] Der Bezug auf 1,3–14 (vgl. Lincoln, Eph, 54; Best, Eph, 158; Jeal, Theology and Ethics, 94), den überreichen Segen Gottes, ist allenfalls ein Vorwand, denn Grund des Dankens sollen ja (wie in Kol 1,8) „Glaube" und „Liebe" der Adressaten sein.

[14] Dibelius/Greeven, Eph, 63.

[15] Die qualitativ am besten bezeugte kürzere Lesart καὶ τὴν εἰς πάντας τοὺς ἁγίους (p46 ℵ* A B P 33.1739.1881 u.a.) erklärt sich durch Haplographie aufgrund von Homoiarkton (τὴν … τὴν): Metzger, Commentary, 533; Lincoln, Eph, 46f (anders Best, Eph, 160). Die bevorzugte Lesart wird bezeugt von ℵ² D K L Ψ und den meisten (vgl. die genaue Aufstellung bei Aland, Textwert, II 3,358).

[16] Nicht immer ist dieses κατά + Akk. einfache Substitution eines Gen. possessivus. Die bei BDR § 224,1 A 3 genannten Belege haben meist eine vom einfachen Gen. possessivus abweichende Nuance (Apg 17,28: „einige der bei euch einflussreichen Dichter"; 18,15: „das bei euch geltende Gesetz"; 26,3: „aller bei den Juden gebräuchlichen Sitten"; vgl. Demosthenes, or. 2,27: „die Fehler, die bei euch üblich sind").

[17] Schnackenburg, Eph, 71.

fache Wendung κύριος Ἰησοῦς begegnet sonst nicht im Eph. Wohl aber taucht häufiger ἐν κυρίῳ auf (2,21; 4,1; 5,8; 6,1.10.21), eine Wendung, die überwiegend im paränetischen Zusammenhang erscheint.[18] Überhaupt begegnet πίστις ἐν Χριστῷ (Ἰησοῦ) – so Kol 1,4 – bei Paulus sonst nur in Gal 3,26.[19] Dort aber wird die Wendung sich eher instrumental auf das Prädikat υἱοὶ θεοῦ ἐστε beziehen.[20] Der Verfasser hat offenbar die in Kol 1,4 begegnende innovative Sprachfügung ein wenig abgemildert – zumal ἐν Χριστῷ für ihn immer auch instrumentale Bedeutung hat.[21] Neben Phlm 5 ist wohl der Einfluss von V.17 in Rechnung zu stellen, wo vom κύριος Ἰησοῦς Χριστός die Rede ist. – Die *dritte* Änderung gegenüber Kol 1,4 besteht in einer Transformation des Relativsatzes in ein nachgestelltes präpositionales Attribut[22], ebenfalls eine Verwischung der spezifischen Aussage von Kol 1,4. Das Stichwort ἐλπίς, womit in Kol 1,5 die bei Paulus begegnende Trias Glaube – Liebe – Hoffnung (1Thess 1,3; 5,8; 1Kor 13,13) vervollständigt wird, erscheint erst in V.18 innerhalb der Fürbitte. In V.15 stehen zunächst Glaube an den Kyrios Jesus und Liebe zu allen Mitchristen ganz allgemein für die „christlichen" Attribute der Adressaten. Doch enthält die Erwähnung der Christenliebe implizit wohl schon einen Appell, der in 4,2.16[23]; 5,2[24] entfaltet wird. Im Präludium 1,4 klang das ganze Motiv schon an, in 3,18f wird es fortgesetzt. „Liebe zu allen Heiligen" (schon in Kol 1,4) lässt die ökumenische Dimension anklingen.[25]

16 Die Hauptaussage „ich höre nicht auf, zu danken für euch"[26] ist durch Kol 1,9 vorgegeben, jedoch sind die Partizipien προσευχόμενοι καὶ αἰτούμενοι durch εὐχαριστῶν (vgl. Kol 1,3) ersetzt. Von diesem Partizip ist ein zweites abhängig: μνείαν ποιούμενος ἐπὶ τῶν προσευχῶν μου. Diese Wendung entspricht am ehesten 1Thess 1,4 (μνείαν ποιούμενοι ἐπὶ τῶν προσευχῶν ἡμῶν) und Phlm 4 (μνείαν σου ποιούμενος ἐπὶ τῶν προσευχῶν μου).[27] Der Finalsatz, der die Fürbitte enthält (V.17–23), kann aus semantischen Gründen nicht von der Hauptaussage οὐ παύομαι εὐχαριστῶν abhängen, aber auch nicht vom Partizip μνείαν ποιούμενος, sondern – syntaktisch missglückt – allenfalls von ἐπὶ τῶν προσευχῶν μου. In den Fällen, wo Paulus innerhalb der Danksagung eine Fürbitte bringt, ist diese durch Neueinführung entsprechender Verben von εὐχαριστεῖν abgerückt: ἐπὶ τῶν προσευχῶν μου δεόμενος, εἴ πως … (Röm 1,10); καὶ

---

[18] S.o. zu 1,3b mit A 82.
[19] Darüberhinaus 1Tim 3,13; 2Tim 1,5; 3,15.
[20] So zu Recht SCHLIER, Gal, 171. Dass freilich auch in Kol 1,4 und Eph 1,15 „Χριστός nicht als Objekt des Glaubens, sondern als sein Fundament verstanden" sei (ebd.; vgl. SCHLIER, Eph, 76; zu Eph 1,15: SCHNACKENBURG, Eph, 71), ist nicht recht einzusehen. Zu Kol 1,4 vgl. dagegen SCHWEIZER, Kol, 35; zu Eph 1,15 GNILKA, Eph, 88.
[21] S.o. zu 1,3b mit A 82.
[22] BDR § 269,2; 272,1.
[23] Das Stichwort ἀγάπη rahmt diesen ersten paränetischen Teil.
[24] Hier erhält die Aufforderung zur ἀγάπη ihre theologisch-christologische Begründung.
[25] Vorgegeben ist das durch Phlm 5. Sonst setzt Paulus in den Briefeingängen aber immer eine Spezifizierung hinzu (Röm 1,7; 1Kor 1,2a; 2Kor 1,1; Phil 1,1).
[26] Ὑπὲρ ὑμῶν kann nur zu εὐχαριστῶν gezogen werden (HAUPT, Eph, 34f; VON SODEN, Eph, 108; DIBELIUS/GREEVEN, Eph, 83; OCHEL, 34 – gegen EWALD, Eph, 93 A 3).
[27] Auch wenn es sich bei den beiden Partizipien in Eph 1,16 um ein Asyndeton handelt (JEAL, Theology and Ethics, 96), ist das zweite dem ersten untergeordnet (s. die Übersetzung); vgl. Röm 1,9f: μνείαν ὑμῶν ποιοῦμαι πάντοτε ἐπὶ τῶν προσευχῶν μου; ferner Phil 1,3.

τοῦτο προσεύχομαι, ἵνα … (Phil 1,9). Das gleiche gilt von Kol 1, wo auf die Danksagung V.3–8 in V.9–11 eine Fürbitte folgt, eingeleitet durch οὐ παυόμεθα ὑπὲρ ὑμῶν προσευχόμενοι καὶ αἰτούμενοι[28], ἵνα … Der Verfasser des Eph hat aber Danksagung und Fürbitte syntaktisch so zusammengefasst, dass nun ein verbales Element für „bitten" fehlt. Das aber ist ein sehr deutliches Zeichen für den synthetischen Charakter der Verse 15f.[29] Der Inhalt der Fürbitte erstreckt sich bis V.19. Die Hauptaussage ist δώῃ … (V.17) mit den Objekten πνεῦμα σοφίας und πεφωτισμένους τοὺς ὀφθαλμούς … (V.18a); davon wiederum ist der Finalsatz εἰς τὸ εἰδέναι ὑμᾶς, τίς ἐστιν … (V.18b–19) abhängig. Der Inhalt der Fürbitte ist eine vom Geist gewirkte Gotteserkenntnis mittels einer Öffnung der Herzensaugen, die zum Wissen um die „Hoffnung der Berufung", den „Reichtum der Herrlichkeit seines Erbes" und die „Größe seiner Macht" führt. Ähnlich wie in Eph 1,3–14 tauchen geballt komplexe Gen.-Wendungen auf, deren syntaktisch-semantische Funktionen nicht leicht zu bestimmen sind.

17 Das gilt bereits für die Genitivattribute, die Gott in V.17 beigelegt werden: ὁ θεὸς τοῦ κυρίου ἡμῶν Ἰησοῦ Χριστοῦ, ὁ πατὴρ τῆς δόξης. Hier haben wir es mit zwei einzigartigen Wendungen zu tun. Insbesondere ὁ πατὴρ τῆς δόξης ist in christlicher wie jüdischer Literatur einmalig.[30]

Es gibt drei scheinbare Analogien im Neuen Testament: 1.) ὁ πατὴρ τῶν φώτων = „Vater der Sterne" (Jak 1,17); 2.) ὁ πατὴρ τῶν πνευμάτων = „Vater der Geister" (Hebr 12,9); 3.) ὁ πατὴρ τῶν οἰκτιρμῶν = „Vater des Erbarmens" (2Kor 1,3b). „Vater der Sterne" ist ein kosmologisches Gottesprädikat (vgl. ApkMos 36,3; 38,1).[31] Bei Philon wird Gott als Schöpfer der Welt häufig „Vater des Alls" genannt (πατὴρ τῶν ὅλων: z.B. opif. 72; LA II 49; det. 147). Auf keinen Fall ist aber die Doxa Gottes mit den Gestirnen zu identifizieren.[32] „Vater der Doxa" in Eph 1,17 wiederum lässt keine kosmologische Konnotation erkennen. „Vater der Geister" in Hebr 12,9 ist dagegen kein feststehendes Gottesprädikat, sondern Komplementärbildung des Verfassers zu den „fleischlichen Vätern", wobei Num 16,22; 22,16 (θεὸς τῶν πνευμάτων) im Hintergrund steht. Ebenfalls eine ad-hoc-Bildung, die kaum eine Sprachtradition begründen konnte, ist die Formulierung ὁ πατὴρ τῶν οἰκτιρμῶν in 2Kor 1,3b: Paulus leitet hier durch eine kunstvolle rhetorische Figur, einen Chiasmus, von der feststehenden Leitzeile der Eulogie V.3a zum Thema (erbarmendes Trösten in Bedrückung) über. V.3a: ὁ θεὸς καὶ πατήρ – V.3b: ὁ πατὴρ τῶν οἰκτιρμῶν καὶ θεὸς πάσης παρακλήσεως.

---

[28] In B und K ist das zweite Partizip fortgelassen, wohl durch Einfluss von Eph 1,16.
[29] Das ist am deutlichsten von OCHEL, 34–36 (im Anschluss an VON SODEN, Eph, 108), erkannt.
[30] Nach KITTEL, Herrlichkeit, 231, ist die Wendung κύριος τῆς δόξης nur ein „stilistischer Zufall". Wichtig ist aber der Gedanke: „… hätte es z.B. θεὸς δόξης ὁ πατὴρ τοῦ κυρίου ἡμῶν Ἰησοῦ Χριστοῦ geheißen, wäre die Überleitung zum folgenden verloren gegangen" (ebd.).
[31] DIBELIUS, Jak, 130f.
[32] An zwei Stellen wird bei Philon die δόξα θεοῦ mit den Mittler-Kräften identifiziert (spec. I 45; QE II 45). Der Inbegriff dieser Kräfte ist aber der Logos, der von Philon in conf. 146f als „Sohn Gottes" bezeichnet wird. Doch Philon stellt hier nirgends eine explizite Verbindung her: Weder wird Gott „Vater des Logos" noch „Vater der Doxa" genannt.

Echte Entsprechungen sind dagegen die beiden Genitivbildungen κύριος τῆς δόξης[33] und ὁ θεὸς τῆς δόξης[34]. Ebenso ist im NT belegt der Gen. possessivus (ἡ) δόξα (τοῦ) πατρός: Röm 6,4; Phil 2,11; Mk 8,38/Mt 16,27 – wobei damit der Vater *Christi* gemeint ist.[35] Es ist eine stilistische Eigenart des Verfassers des Eph, aus solchen gebräuchlichen possessiven, subj. oder obj. Gen. durch Inversion qualifizierende, appositive oder epexegetische Gen. zu machen.[36] Aus ἡ δόξα τοῦ πατρός könnte so ὁ πατὴρ τῆς δόξης geworden sein. Nun ist allerdings das erste Prädikat, ὁ θεὸς τοῦ κυρίου ἡμῶν Ἰησοῦ Χριστοῦ, nicht weniger ungewöhnlich. Als Vorlage steht dahinter Kol 1,3 (εὐχαριστοῦμεν τῷ θεῷ πατρὶ τοῦ κυρίου ἡμῶν Ἰησοῦ Χριστοῦ)[37]. Offenbar hat der Verfasser des Eph daraus das Attribut πατήρ entnommen und damit die Apposition ὁ πατὴρ τῆς δόξης gebildet. Im Ergebnis ist daraus eine in doppelter Hinsicht exzeptionelle Wendung geworden: Ein übliches ὁ πατὴρ τοῦ κυρίου ἡμῶν Ἰ. Χρ. (so Kol 1,3) und ein übliches ὁ θεὸς τῆς δόξης (s.o. bei A 34) sind derart miteinander „gekreuzt" worden, dass die nomina regentia ὁ θεός und ὁ πατήρ einfach ausgetauscht wurden. Als Katalysator hat dabei offenbar die geläufige Wendung ἡ δόξα τοῦ πατρός gedient, die der Verfasser in seiner Manier invertieren konnte zum qualifizierenden Gen. ὁ πατὴρ τῆς δόξης.

Was hat er aber damit inhaltlich erreicht? Zunächst hat er eine komplexe rhetorische Figur gebildet, nämlich eine *enallage adiectivi*, eine Vertauschung der Epitheta.[38] Der Effekt ist eine Verfremdung, wodurch abgeschliffene Sprache neu belebt wird. Zugleich werden damit neue Konnotationen erreicht. Entscheidend für die Erfassung der inhaltlichen Aussage ist die Erkenntnis, dass nicht nur „Vater der Doxa", sondern auch „Gott Jesu Christi" kein Gen. possessivus ist.[39] Vielmehr

---

[33] 1Hen (gr.) 22,14; 27,3.5. Das ist eine Umkehrung der üblichen Wendung δόξα (τοῦ) κυρίου (38mal in LXX). Im NT begegnet κύριος τῆς δόξης in 1Kor 2,8; Jak 2,1 – wobei κύριος nun für Christus steht. Entsprechend begegnet als normale Form δόξα (τοῦ) κυρίου: 2Kor 3,18; 8,19; 2Thess 2,14; vgl. δόξα τοῦ Χριστοῦ: 2Kor 4,4; 8,23.

[34] ψ 28,3; im NT: Apg 7,2. Die größere Häufigkeit von δόξα θεοῦ im NT erklärt sich dadurch, dass das in LXX übliche δόξα κυρίου hier dem christologischen Gebrauch vorbehalten ist (vgl. vorige A).

[35] Ebenso ist der Vater-Titel Gottes in 1Kor 15,24; Gal 1,1 und Kol 3,17 in seinem Verhältnis zu Christus gebraucht.

[36] Z.B. 1,13 τὸ πνεῦμα τῆς ἐπαγγελίας aus ἐπαγγελία τοῦ πνεύματος (Gal 3,14; Apg 2,33); 1,14: ἀπολύτρωσις τῆς περιποιήσεως – vgl. περιποίησις τῆς σωτηρίας bzw. τῆς δόξης (1Thess 5,9; 2Thess 2,14); ähnlich ὁ νόμος τῶν ἐντολῶν 2,13; ἁφὴ τῆς ἐπιχορηγίας 4,16; ἐπιθυμία τῆς ἀπάτης 4,22 (vgl. dazu SELLIN, Genitive).

[37] ℵ A C[2] D[1] u.a. haben in Kol 1,3 ein καί ergänzt. Dafür, dass der Gen. κυρίου ἡμῶν Ἰ.Χρ. sich ursprünglich nur auf πατήρ (und nicht auf θεός) bezieht, spricht auch Apk 1,6. Zu Eph 1,3a (2Kor 1,3; 1Petr 1,3; Röm 13,6; 2Kor 11,31) s.o. A 52–59 zu 1,3a.

[38] LAUSBERG, Handbuch, § 685,2; vgl. MARTIN, Rhetorik, 307f. Lausberg führt zwar nur den „Adjektivtausch zwischen zwei Satzteilen" an (§ 685,2) – wie z.B. „ibant obscuri sola sub nocte" (Vergil, Aen. VI 268; vgl. auch I 7: „altae moenia Romae") –, doch fungieren die beiden Genitive in Eph 1,17 als Epitheta. Zur *Enallage* bzw. *Hypallage* vgl. auch BÜHLMANN/SCHERER, Stilfiguren, 80.

[39] Völlig verfehlt wäre eine possessive Deutung im Sinne von: der Gott, an den der irdische Jesus geglaubt hatte. Nichts läge dem Verfasser des Eph ferner als eine solche (im Zusammenhang der Betrachtung der synoptischen Jesus-Tradition theologisch durchaus berechtigte) implizite Christologie.

handelt es sich dabei ebenfalls um einen qualifizierenden, ja identifizierenden Gen.: Es geht um *den* Gott, dessen „Werkzeug" zur Erlösung Jesus Christus ist[40] und der erkannt wird in Jesus Christus. Der Verfasser erbittet für die Leser „Geist der Weisheit und Offenbarung". Die Häufung scheinbar synonymer Ausdrücke des Erkennens ist in LXX, Qumranliteratur und sonstiger frühjüdischer und davon beeinflusster christlicher Literatur nicht ungewöhnlich.[41] Dabei begegnet häufig das Genitivsyntagma „Geist der Weisheit (der Einsicht und Erkenntnis)". Ohne Vorbild ist der Gen. „Geist der Weisheit und *Offenbarung*". Ἀποκάλυψις, bei Paulus entweder im Sinne ekstatischer oder inspirierter Vision bzw. Audition (Gal 1,12; 2,2; 1Kor 14,6.26) oder futurisch-eschatologisch gebraucht (Röm 2,5; 8,19; 1Kor 1,7), wird im Zusammenhang mit dem Revelationsschema in Röm 16,25 und Eph 3,3 auf das im Heidenevangelium des Paulus bereits offenbarte „Geheimnis" bezogen. Dieses der Gemeinde prinzipiell „enthüllte" Geheimnis soll immer weiter erkannt werden (seine Tragweite, sein „Reichtum" und seine „überschwengliche Größe": V.18f). Mit ἐν[42] ἐπιγνώσει[43] werden die beiden Gen. expliziert.[44] Αὐτοῦ bezieht sich auf Gott: Hält man sich an die Vorlagen (1Kor 2,6–16; Kol 1,9–14), geht es um die Erkenntnis seines (prinzipiell enthüllten) geheimen Planes, seines Heilswillens. Im ganzen klingt hier die erstmals in 1Kor 2,6–16 vorausgesetzte „pneumatische Erkenntnistheorie" an.[45] Dort[46] wie hier geht es dabei nicht um besondere esoterische (zusätzliche) Offenbarungen, sondern um das allen Christen ermöglichte Erkennen Gottes. Die Formulierung von V.17b setzt dabei Kol 1,9b voraus (... τὴν ἐπίγνωσιν τοῦ θελήματος αὐτοῦ ἐν πάσῃ σοφίᾳ καὶ συνέσει πνευματικῇ), wobei die Wörter im Satzobjekt und der explizierenden ἐν-Phrase vertauscht wurden.[47] Der auffälligste Unterschied ist aber die Auslassung von τοῦ θελήματος. Sowohl in 1Kor 2,6b wie in Kol 1,9 ist Gottes Heils-

---

[40] Entsprechend ist Eph 1,3a ὁ θεὸς καὶ πατὴρ τοῦ κυρίου ἡμῶν Ἰ. Χρ. zu paraphrasieren: „der Gott, welcher der Vater unseres Herrn J.Chr. ist". Es handelt sich dort also um ein epexegetisches καί, wie es mehrmals im Eph begegnet: 1,1; 4,6; 5,20; vgl. SELLIN, Genitive, 93–96; DERS., Adresse, 178.

[41] Z.B. Ex 31,3; 35,31; 1Chr 22,12; Prov 4,5; Jes 10,13; 11,2; TestLev 2,3; JosAs 4,7; 1QS 4,3; CD 2,3f; 1QH 1,35; Barn 2,3.

[42] Derartige adverbiale Adjunktionen mit ἐν sind in (Kol und) Eph typisch: Eph 2,22; 3,5; 4,2.16.19.24; 5,21.26; 6,18.24 (ebenso in LXX, in sonstiger griech. Literatur aber selten: vgl. PERCY, Probleme, 27–31; VAN ROON, Authenticity, 113–121). Ursache ist der hebräische Stil (בְּ); vgl. zum Vorkommen in den Qumranschriften: K.G. KUHN, Epheserbrief, 337.

[43] Ἐπίγνωσις θεοῦ: Röm 1,28 (vgl. 10,2); Kol 1,10; 2Petr 1,2f; seines „Willens": Kol 1,9; des „Geheimnisses Gottes": Kol 2,2; „seines Sohnes": Eph 4,13 (vgl. 2Petr 1,8; 2,20).

[44] Vgl. das ἐν δόγμασιν in 2,15, womit der Gen. τῶν ἐντολῶν näher qualifiziert wird. Solche modalen ἐν-Wendungen verdanken sich semitischem Spracheinfluss: vgl. Lk 1,77; 1QH 5,3; 8,11; 11,20; 16,6.10. ἐν ἐπιγνώσει αὐτοῦ ist deshalb auf keinen Fall zu V.18 zu ziehen (gegen EWALD, Eph 96f; ABBOTT, Eph 28; GNILKA, Eph 90).

[45] Vgl. die terminologischen Bezüge: σοφία, πνεῦμα, γινώσκειν, εἰδέναι, ἀποκαλύπτειν.

[46] Die Erkenntnis für die „Vollkommenen" ist dort nichts anderes als der λόγος τοῦ σταυροῦ, die allen Christen offenbarte Weisheit, die aber den sich selber weise Dünkenden als Torheit erscheint (vgl. SELLIN, „Geheimnis", 79–86; KAMMLER, Kreuz, 189–192).

[47] SCHNACKENBURG, Eph, 73 A 168.

wille Objekt der Erkenntnis. Hier in Eph 1,17-19 kommt durch das Stichwort δόξα noch ein besonderer Gedanke hinzu, der christologischer Art ist: Es geht um die Erkenntnis Gottes selber, der seine spezifische Identität darin hat, dass er der Gott ist, der in Jesus Christus erkannt wird, welcher die Doxa des Vaters widerspiegelt. Dieser auf 2Kor 3,18; 4,4.6 zurückgehende Gedanke, der verantwortlich ist für die merkwürdige Umkehrung der Gen. in Eph 1,17a, tritt deutlicher in V.18-19 zutage.

18 Πεφωτισμένους τοὺς ὀφθαλμούς ist noch von δώῃ abhängig: Er gebe euch ... „erleuchtete Augen des Herzens". Das Partizip *Perfekt* gibt an, dass dieser Vorgang in der Gegenwart andauert.[48] Die Wendung vom „Erleuchten der Augen" begegnet schon im Alten Testament (2Esr 9,8; ψ 12,3; 18,8; Sir 31,17; Bar 1,12), ferner TestGad 5,7. Im hellenistischen Bereich wird sie zur Metapher der geistigen Erkenntnis, der Erleuchtung der Seele bzw. des νοῦς.[49] Die Metapher „Augen des Herzens"[50] setzt einerseits diese hellenistische Metaphorik voraus (sie geht auf Platon zurück, allerdings nicht mit dem Ausdruck „Herz", sondern mit ψυχή, διάνοια oder νοῦς),[51] zugleich aber auch alttestamentlich-jüdische Anthropologie, denn die Vorstellung vom *Herzen* als Zentrum der Erkenntnis und Sitz der Weisheit ist nur von daher erklärbar.[52] Die Metapher selbst findet sich noch nicht im Alten Testament (vgl. aber Sir 17,8 LXX). Sie begegnet außer an unserer Stelle

---

[48] Vgl. BARTH, Eph, I, 150 (die Erleuchtung „is a continuous process"); ADAI, Geist, 131f (mit A 59). Für die syntaktische Funktion des Akk. πεφωτισμένους τοὺς ὀφθαλμούς gibt es zwei Erklärungen: (1.) Es handele sich um ein zweites Objekt zu „er gebe" (ABBOTT, Eph, 28; GNILKA, Eph, 90 A 6). (2.) Die Wendung gehöre zu ὑμῖν aus V.17; der Akk. erkläre sich durch den folgenden A.c.I. mit εἰς τό (J.A. ROBINSON, Eph, 149; WESTCOTT, Eph, 23f; LINCOLN, Eph, 47). Die zweite Lösung würde dem Partizip Perfekt entsprechen („... euch, die ihr erleuchtete Augen ... habt, auf dass ihr ..."). Die Kasus-Differenz ist ungewöhnlich, könnte aber dem rhetorisch kühnen Stil des Verfassers zuzutrauen sein. JEAL, Theology and Ethics, 99 A 127, führt dafür die Figur des *Homoeoptoton* an (eine Reihung von Wörtern im gleichen Kasus: vgl. LAUSBERG, Handbuch, § 729-731).

[49] Z.B. Platon, rep. 519 b; TestBen 6,4 (τὴν ψυχήν); vgl. TestGad 5,7 (φωτίζει τοὺς ὀφθαλμοὺς καὶ γνῶσιν παρέχει τῇ ψυχῇ); Philon, congr. 106: ἐν τῇ ψυχῇ ... πεφωτισμένῃ; vgl. Abr. 57; fug. 139; dec. 49 (zur Lichtmetaphorik bei Philon: F.-N. KLEIN, Lichtterminologie); OdSal 15; vgl. 10,1; 11,14; 21,3.6 u. ö. (dazu SCHLIER, Eph, 80); Justin, dial. 134,5f.

[50] Diese Genitivmetapher unterscheidet sich von den anderen Fällen in Eph (4,3.14; 6,14.16.17). Hier handelt es sich um einen normalen (metaphorischen) Gen. possessivus, während die anderen Metaphern für die Sprache des Eph eher typische explikative Genitive darstellen (vgl. VAN ROON, Authenticity, 122f).

[51] Platon, rep. 533 d (τὸ τῆς ψυχῆς ὄμμα); soph. 254a (ψυχῆς ὄμματα); vgl. symp. 219a (ἥ τοι τῆς διανοίας ὄψις); vgl. Philon, sacr. 36 (τὸ τῆς ψυχῆς ὄμμα); post. 18 (τῶν διανοίας ὀμμάτων); Abr. 70 (τὸ τῆς ψυχῆς ὄμμα); spec. III 2 (τὸ τῆς διανοίας ὄμμα); 1Clem 19,3; CH V 2; X 4; XIII 14.17 (ὁ τοῦ νοῦ ὀφθαλμός); vgl. dazu FAUST, 21f; THEOBALD/PILLINGER, Eph, 31.60f mit A 53.

[52] So zu Recht SCHLIER, Eph, 80 A 1; z.B. Ex 31,6; 35,10; 36,2; ψ 89,12; Prov 10,8; Jes 6,10; 1QS 2,3; 4,2; 11,3.5.15f; 1QH 2,18; 14,8; 17,25; 18,19f. Im Neuen Testament: 2Kor 4,6; 2Petr 1,19. Vgl. zur kulturellen Rolle von „Herz" den Artikel von W. BIESTERFELD in HWP 3 (1974), 1100-1112 (1104: Im NT hat „Herz" „mehr als im Alten Testament die Bedeutung eines den Menschen verborgenen, nur Gott offenbaren Zentrums, in dem das innerste Wesen der Person beschlossen liegt, so dass H. letztlich synonym mit ‚Seele' gebraucht wird"); THEOBALD/PILLINGER, Eph, 31.

noch in CH IV 11; VII 1.2[53] sowie 1Clem 36,2; 59,3; MartPol 2,3. H. Schlier wollte die Erleuchtung der „Augen des Herzens" auf die Taufe beziehen.[54] Das ist aber ausgeschlossen, denn es wird ja um Erleuchtung und Erkenntnis für die (bereits getauften) Adressaten *gebeten*. Die größte terminologische Nähe zu V.17–18 hat 2Kor 4,6: ... ὁ θεὸς ... ἔλαμψεν ἐν ταῖς καρδίαις ἡμῶν πρὸς φωτισμὸν τῆς γνώσεως τῆς δόξης τοῦ θεοῦ ἐν προσώπῳ Ἰησοῦ Χριστοῦ.[55] Dieser Vers wiederum greift auf 2Kor 4,4 (... τὸν φωτισμὸν τοῦ εὐαγγελίου τῆς δόξης τοῦ Χριστοῦ, ὅς ἐστιν εἰκὼν τοῦ θεοῦ) und 3,18 zurück. Die Erkenntnis Gottes (γνῶσις θεοῦ in 2Kor – ἐπίγνωσις αὐτοῦ in Eph 1,17) geschieht im Blick auf sein „Abbild", Christus (2Kor 4,4). Und diese Erkenntnis bedeutet zugleich die Schau der Doxa, die die Christen in „dasselbe Abbild" verwandelt (2Kor 3,18). – Der Zweck der Erkenntnis ist das Wissen[56] um die „Hoffnung seiner Berufung", den „Reichtum der Doxa seines Erbes" und die „überschwengliche Größe seiner Macht" (V.18b–19). Die indirekten Fragesätze[57] sind parallel gebaut und parataktisch aneinandergereiht. Möglicherweise ist Kol 1,27 (... γνωρίσαι, τί τὸ πλοῦτος τῆς δόξης ...) der Anlass gewesen für diese stilistische Konstruktion. Kompliziert ist wieder die Bestimmung der einzelnen Gen. „Hoffnung der Berufung" (ἐλπὶς τῆς κλήσεως: *Gen. qualitatis*) begegnet noch einmal in 4,4. Es geht um das Hoffnungs*gut* (vgl. Kol 1,5)[58], das den Christen *aufgrund* „seiner" (Gottes) Berufung[59] bereitliegt. Dieser Sinn ergibt sich u.a. durch die Parallelität zur nächsten Aussage („Reichtum der Doxa seines Erbes") sowie zu Kol 1,27 (ἐλπὶς τῆς δόξης)[60]. Der zweite Satz enthält eine nähere Beschreibung des Inhalts der Hoffnung aus vier Nomina (ein Subjekt mit drei Gen.)[61]: ὁ πλοῦτος τῆς δόξης τῆς κληρονομίας αὐτοῦ. Inhaltlich kommen Kol 1,27 (γνωρίσαι τί τὸ πλοῦτος τῆς δόξης τοῦ μυστηρίου τούτου) und Röm 9,23 (ἵνα γνωρίσῃ τὸν πλοῦτον τῆς δόξης αὐτοῦ) am nächsten. ὁ (oder τὸ)[62] πλοῦτος τῆς δόξης begegnet sonst noch in

---

[53] Dass hier jüdischer Einfluss vorliegt, räumt SCHLIER, Eph, 80 A 1, ein.
[54] Vorige A; so schon FLOWERS, 228.
[55] Auf diese Stelle verweist auch SCHLIER, Eph, 80. Doch ist in ihr von der Funktion des *Apostels* die Rede – nicht von der Taufe der Christen.
[56] Εἰς τό + A.c.I. im finalen Sinne häufig bei Paulus (z.B. Röm 1,20; 3,26; 1Thess 2,12); BDR § 402,2; 408,2 g.
[57] Die umständliche Konstruktion durch indirekte Fragesätze mit τίς/τί im Sinne von ποῖος findet sich fünfmal in Eph (2mal 1,18; ferner 1,19; 3,9; 3,18), doch gibt es dazu Parallelen bei Paulus (Röm 8,27; 12,2; vgl. PERCY, Probleme 199). Die drei indirekten Fragesätze bilden wieder ein *Homoeoptoton*. Der Gleichklang der Glieder (τίς + Nom. + Gen.; JEAL, Theology and Ethics, 100, spricht im Anschluss an Ezra POUND, How to Read, 15-40, von *melopoieia*) erzeugt klanglich-suggestive Wirkung (Pound stellt daneben die *phanopoieia* [visuelle Synonymie im Zusammenhang der Metapher] und die *logopoieia* [Synonymie]; vgl. dazu JEAL, Theology and Ethics, 102f).
[58] Vgl. auch 1Petr 1,3–5.
[59] Vgl. Phil 3,14. κλῆσις ist der Akt Gottes, durch den die vorzeitliche Erwählung innergeschichtlich aktualisiert wird (GNILKA, Eph, 91).
[60] Vgl. Röm 5,2: ἐπ' ἐλπίδι τῆς δόξης τοῦ θεοῦ; Tit 2,13.
[61] Vgl. die dreifache Genitivkette in 1,6.
[62] Sonst in Eph immer τὸ πλοῦτος: so 1,7; 2,7; 3,8.16 (wie 2Kor 8,2; Phil 4,19; Kol 1,27; 2,2); ὁ πλοῦτος neben Eph 1,18: Mk 4,19/Mt 13,22/Lk 8,14; Röm 2,4; 9,23; 11,12.33; 1Tim 6,17; Hebr 11,26;

I. 2.) 1,15–23 Die Danksagung

Eph 3,16,⁶³ außerhalb des NT nur JosAs 21,16.⁶⁴ Im Unterschied zu Röm 9,23 und Eph 3,16 ist „Reichtum der Doxa" hier durch einen weiteren Gen. spezifiziert: τῆς κληρονομίας⁶⁵ (worauf sich dann αὐτοῦ bezieht). Dadurch erhalten πλοῦτος und δόξα annähernd die Funktion von Adjektiven: πλοῦτος qualifiziert δόξα, und δόξα qualifiziert κληρονομία. Allerdings lässt die Verwendung von πλοῦτος noch ein Motiv anklingen, das über die rein plerophorische Funktion hinausgeht: Gott ist die sich austeilende Fülle, die sich an alle mitteilende Güte, das sich allem Schenkende. Dahinter steht das platonische Motiv vom Grund der Schöpfung.⁶⁶ Zunächst erklärt sich von daher die Phrase vom „Reichtum der Gnade": Gott hat alle Güter – der Mensch ist auf sein Geschenk angewiesen. Ebenso ist Gott ganz δόξα, und nur, wo er seine „Herrlichkeit" (כָּבוֹד) mitteilt, erhält auch der Mensch „Herrlichkeit". Zum Erbe dieser „Herrlichkeit" hat Gott die Christen „berufen" (Röm 9,23; vgl. die ἐλπὶς τῆς κλήσεως in Eph 1,18a). κληρονομία ist hier wie in 1,14; 5,5 und Röm 8,12–18 „das Erbe", das proleptisch schon angetreten, doch erst in der Vollendung genossen wird.⁶⁷ Dieser futurische Sinn ergibt sich einerseits durch die vorherige Aussage „Hoffnung seiner Berufung", andererseits durch die nun folgende präpositionale Bestimmung „unter den Heiligen", die durchaus als Näherbestimmung zu κληρονομία und nicht prädikativ aufzufassen ist.⁶⁸ Mit οἱ ἅγιοι sind hier entweder allgemein die (noch lebenden) Christen⁶⁹ oder die bereits in der Himmelswelt weilenden Vollendeten bzw. die Engel⁷⁰ gemeint. Die Parallelen Kol 1,12 (εἰς τὴν μερίδα τοῦ κλήρου τῶν ἁγίων ἐν τῷ φωτί), Apg 20,32 (δοῦναι τὴν κληρονομίαν ἐν τοῖς ἡγιασμένοις πᾶσιν) und Apg 26,18 (κλῆρον ἐν τοῖς ἡγιασμένοις) sind ebenfalls nicht eindeutig und können entsprechend unterschiedlich gedeutet werden.⁷¹ Bis auf eine Ausnahme

---

Jak 5,2; Apk 5,12; 18,17. So auch durchgehend in den griechischen Pseudepigraphen des AT: JosAs 21,16; TestHiob 18,6; 196,6; 211,3; 224,4; 282,3; ep.Arist dazu: BDR §51,2.

⁶³ Vgl. aber auch Phil 4,19: κατὰ τὸ πλοῦτος αὐτοῦ ἐν δόξῃ, wohl eine kontextbedingte ad-hoc-Abwandlung der Phrase.

⁶⁴ Vgl. die Genitivkette in Eph 1,7: κατὰ τὸ πλοῦτος τῆς χάριτος αὐτοῦ. In LXX begegnet in diesem Sinne häufig (ὁ) πλοῦτος καὶ (ἡ) δόξα: „Reichtum und Ansehen" (z.B. Gen 31,16).

⁶⁵ In Kol 1,27: τοῦ μυστηρίου τούτου. Dort fehlt dann αὐτοῦ (für θεοῦ).

⁶⁶ S.o. zu 1,4 mit A 104.

⁶⁷ S.o. zu 1,14 mit A 290 f.

⁶⁸ Gegen ABBOTT, Eph, 30, der für prädikative Funktion optiert, da andernfalls der Artikel τῆς vor ἐν τοῖς ἁγίοις hätte wiederholt werden müssen (vgl. BDR § 270). Dabei ist jedoch die dem Eph eigentümliche schwebende Stellung der ἐν-Phrasen verkannt (vgl. das ἐν ἐπιγνώσει αὐτοῦ in 1,17 und vor allem das ἐν δόγμασιν in 2,15, das keinesfalls prädikativ sein kann, wo aber der Artikel ebenfalls fehlt).

⁶⁹ So z.B. EWALD, Eph, 99 (die Wendung vertrete das ἡμῶν von 1,14); ABBOTT, Eph, 30; MITTON, Eph, 68 f; ERNST, Eph, 288.

⁷⁰ So heute die meisten Ausleger: z.B. SCHLIER, Eph, 84; DIBELIUS/GREEVEN, Eph, 64; DEICHGRÄBER, 79 A 4; GNILKA, Eph, 91; SCHNACKENBURG, Eph, 74; BEST, Eph, 167 f.

⁷¹ Kol 1,12: Auf die Gemeinschaft der Gläubigen deuten diese Stellen DIBELIUS/GREEVEN, Kol, 8 (im Unterschied zu Eph 1,18); CONZELMANN, Kol (NTD 8), 135; HEGERMANN, Schöpfungsmittler, 179 A 2; SCHWEIZER, Kol, 47 f. Dagegen denken an die Engel: DEICHGRÄBER, 79 f; LINDEMANN, Kol, 22; POKORNÝ, Kol, 44; WOLTER, Kol, 65. Zu Apg 20,32 bzw. 26,18 vgl. einerseits HAENCHEN, Apg, 569 (jenseitig bzw. zukünftig), andererseits PESCH, Apg (EKK 5/2), 1986, 278 („Gemeinschaft des Gottesvolkes").

(1Thess 3,13) gebraucht Paulus οἱ ἅγιοι immer entweder speziell von den Jerusalemer Christen[72] oder von den Christen allgemein.[73] Letzteres ist auch der normale Sprachgebrauch in Kol (1,2.4.26) und Eph (1,1.15; 3,8.18; 4,12; 5,3; 6,18). Dagegen liegt 1Thess 3,13 sowie an einigen Stellen in der Apk[74] eine besondere Bedeutung des Begriffs vor: die Bewohner der himmlischen Bereiche. Im wesentlichen geht dieser Sprachgebrauch zurück auf die alttestamentlich-frühjüdische Bezeichnung der Gott umgebenden Engel.[75] Auch die andere Bedeutung (οἱ ἅγιοι = die Christen) hat alttestamentliche Wurzeln: Israel als das Volk der von Gott Geheiligten, bzw. die Frommen.[76] Die genauesten Entsprechungen zu Kol 1,12 und Eph 1,18 finden sich in den Qumranschriften:

„... *Licht* ist in meinem *Herzen* aus seinen wunderbaren Geheimnissen. Auf das, was ewig ist, hat mein *Auge* geblickt, tiefe Einsicht, die Menschen verborgen ist, Wissen und kluge Gedanken ..., eine Quelle der Gerechtigkeit und Hort der Kraft mit der Stätte der *Herrlichkeit* ... Welche Gott erwählt hat, denen hat er sie zu ewigem *Besitz* gegeben, und *Anteil hat er ihnen gegeben* (וַיַּנְחִילֵם) am *Los* (בְּגוֹרַל) der *Heiligen*, und mit den Söhnen des Himmels hat er ihre Versammlung verbunden zu einem Rat der Gemeinschaft ..." (1QS 11,5-8).[77]

Hier findet sich nicht nur der Gedanke der Verbindung der erwählten Menschen mit den Engeln, den „Heiligen ..., den Söhnen des Himmels", sondern auch das Motiv vom Vermächtnis der ewigen „Herrlichkeit" an die Erwählten. In וַיַּנְחִילֵם ist das Wort נַחֲלָה enthalten, das in LXX überwiegend mit κληρονομία („Erbteil") übersetzt wird. Was die neutestamentlichen Belege betrifft, so ist ein ausschließlicher Bezug auf die Engel wohl nur für 1Thess 3,13 anzunehmen.[78] Für die übrigen in Frage kommenden Stellen[79] ist schon davon auszugehen, dass unter den „Heiligen" (bzw. „Geheiligten") sich auch die bereits gestorbenen Christen[80] (und

---

[72] Röm 15,25f.31; 1Kor 16,1.15; 2Kor 8,4; 9,1.12 (genauer: οἱ πτωχοὶ τῶν ἁγίων Röm 15,26).

[73] Röm 1,7; 12,13; 16,2.15; 1Kor 1,2; 6,1f; 14,33; 2Kor 1,1; 13,12; Phil 1,1; 4,22; Phlm 5. Im übrigen NT: Apg 9,13.32.41; 2Thess 1,10; Hebr 13,24; Jud 3; Apk 22,21.

[74] Apk 5,8; 8,3f; 13,7.10; 14,12; 19,8; 20,9; 22,21 von den (verfolgten) Christen. In 11,18; 16,6; 17,6; 18,24 ist an die bereits himmlischen Märtyrer (die Heiligen und die Propheten) gedacht, 18,20 an die im Himmel weilenden „Heiligen und Apostel".

[75] Hi 5,1; 15,15; Ps 89,6-8; Sach 14,5; Dan 4,10.14.20 (Θ 4,13.17.23; nicht in LXX); 8,13 (jeweils im hebräischen Text: dazu H.-P. MÜLLER, THAT II, 601f); darüber hinaus in LXX: Am 4,2; Jes 57,15; Tob 11,14; Sir 42,17; 45,2; SapSal 5,5; in den Pseudepigraphen: Jub 31,14; 1Hen (gr.)1,9; 9,3 (nur äth.); 12,2; 14,23.25; 32,3 (nur gr.); 39,5; 47,2; 57,2; 60,1; 61,8.10.12; 65,12; 69,13; 81,5; 102,3; 106,19; PsSal 11,1; 17,43.

[76] 1Esr 8,25; Ps 16,3; 34,10; Jes 4,3; 41,16; Dan 7,18.21f.25; Tob 12,15; SapSal 18,9; Jub 2,24; 1Hen (äth.) 65,12; 93,6; TestIss 5,4.

[77] Vgl. 1QSa 2,8f; 1QSb 4,26-28; 1QH 3,22f; 6,13; 11,11f; 1QM 12,1-4; dazu: H.W. KUHN, Enderwartung, 66-75.90-93; MUSSNER, Beiträge aus Qumran, 185-198; DEICHGRÄBER, 80-82; DEQUEKER, Saints, 108-187.

[78] Im Hintergrund steht dort Sach 14,5. Vgl. zu 1Thess 3,13 HOLTZ, 1Thess, 146f. In 2Thess 1,10 ist m.E. nicht an Engel gedacht, sondern an die Schar der Christen, die den Kyrios bei seiner Parusie empfangen. Die beiden Parallelaussagen ἐν τοῖς ἁγίοις αὐτοῦ und ἐν πᾶσιν τοῖς πιστεύσασιν sind also synonym: TRILLING, 2Thess, 60.

[79] Zu 2Thess 1,10 s. vorige A; zu Eph 2,19 (συμπολῖται τῶν ἁγίων) s.u. z.St. Es bleiben dann Apg 20,32; 26,18; Kol 1,12; Eph 1,18.

[80] So in Apk 11,18; 16,6; 17,6; 18,20.24.

eventuell die Frommen Israels[81]) befinden, die so gleichsam zu Engeln geworden sind. Die κληρονομία αὐτοῦ[82] ἐν τοῖς ἁγίοις besteht also in der erwarteten Verherrlichung der lebenden Christen, die nach ihrem Tode den Engeln und bereits verherrlichten Frommen gleichgestellt werden.

19 Das dritte Ziel der Erkenntnis (nach ἐλπίς und δόξα) ist „die übermäßige Größe seiner Macht". Die Fortsetzung zeigt, dass es nun um das in diese Welt eingreifende Wirken Gottes geht. Das Partizip ὑπερβάλλων erscheint im Neuen Testament nur 2Kor 3,10 (δόξα); 9,14 (χάρις)[83] sowie dreimal im Eph: neben 1,19 noch 2,7 (πλοῦτος τῆς χάριτος) und 3,19 („zu erkennen die das Erkennen übersteigende Liebe des Christus"). τὸ ὑπερβάλλον μέγεθος[84] stellt eine Parallelbildung zu τὸ ὑπερβάλλον πλοῦτος dar (vgl. 2,7). μέγεθος τῆς δυνάμεως αὐτοῦ hat eine Entsprechung in den Qumrantexten.[85] Gottes δύναμις ist nicht nur seine Mächtigkeit, sondern – wie die Fortsetzung (ἐνέργεια) zeigt – sein Mittel, in diese Welt handelnd und wirkend einzugreifen (vgl. Röm 1,16). Im Hintergrund steht das hellenistisch-jüdische Problem, wie der transzendente Gott auf die Welt einwirken und in ihr epiphan werden kann, ohne seine absolute Transzendenz einzubüßen. Für Philon von Alexandria ist diese Mittlerkraft der Logos Gottes, der Inbegriff seiner „Kräfte",[86] das schöpferische und herrscherliche Wirkprinzip zugleich.[87] Bereits in Röm 1,16 (vgl. 1,20; 1Kor 6,14;[88] 2Kor 13,4); 1Kor 1,18.24 und dann in Apg 8,10[89] liegt diese Bedeutung von δύναμις θεοῦ (nahezu im Sinne

---

[81] So dezidiert FAUST, 184–187 (insbesondere in Hinsicht auf 2,19); ἅγιοι für die Frommen im Himmel beim Eschaton: 1Hen (gr.)100,5; TestLev 18,11.14; TestDan 5,11f; TestHiob 43,10.14–16; Sib V 161; vgl. auch Mt 27,52.

[82] Der Gen. αὐτοῦ schließt nicht aus, dass κληρονομία zugleich durch ἐν τοῖς ἁγίοις spezifiziert wird (gegen ABBOTT, Eph, 30).

[83] Das sind die beiden Begriffe, die auch als Genitive in der Verbindung mit πλοῦτος erscheinen.

[84] Philon, Deus 116; Mos. I 212; vgl. somn. I 132; ep.Arist 84.109. Die hyperbolische Sprache findet sich häufig in den Ehrungsdekreten, die in „hohem" gravitätisch gesteigertem Stil gehalten sind und der *epideiktischen* Rhetorik zugehören (vgl. DANKER, Benefactor; HENDRIX, Form and Ethos; SELLIN, Paränese, 292; New Documents 9, 20f). JEAL, Theology and Ethics, 30–40, rechnet (im Anschluss an Siegert) Eph aufgrund seiner epideiktischen (Kap. 1–3) und symbuleutischen (Kap. 4–6) Züge zur Gattung *Sermon* (s.o. Einleitung § 3).

[85] 1QH 14,23 כגדול כוחך; vgl. 11,29 und 3,34). μέγεθος in ähnlicher Bedeutung begegnet in einer Kultinschrift aus dem 1. Jh.v.Chr. (New Documents 4, S. 106. Z.21).

[86] Opif. 23: „Über alles Maß gehen Gottes Kräfte (αἱ δυνάμεις ὑπερβάλλουσι), das Geschöpf aber ist zu schwach, um ihre ganze Größe zu fassen (δέξασθαι τὸ μέγεθος αὐτῶν)"; vgl. Deus 110.116.

[87] Zu Philons Lehre von den Kräften Gottes und der Auffassung des Logos als einer mittleren und vermittelnden δύναμις: opif. 20f; Abr. 121; Cher. 27.125–127; plant. 86; conf. 134–137; migr. 182f (δύναμις αὐτοῦ); fug. 97f; somn. I 62; spec. I 45–48.

[88] Der Gen. (ἡ δύναμις) τοῦ Χριστοῦ (2Kor 12,9; vgl. 1Kor 5,4; 2Petr 1,16) ist eine Art von Gen. appositivus: die Kraft, die in Christus besteht.

[89] Dass ein Mensch die δύναμις (τοῦ) θεοῦ (ἡ μεγάλη – vgl. unsere Stelle: τὸ ὑπερβάλλον μέγεθος τῆς δυνάμεως αὐτοῦ und Philon, opif. 23 [o. A 86]) verkörpert, ist auf dem Hintergrund dieser platonisch-jüdischen Gotteslehre verständlich. Für Philon kann Mose (oder der charismatische Weise schlechthin) den Logos verkörpern (conf. 146f; migr. 23.174f; her. 205f; congr. 170; fug. 167f; mut. 33.45;

einer Hypostase Gottes) vor. Für Paulus ist Christus selbst (1Kor 1,24) oder das ihn repräsentierende Evangelium (Röm 1,16; vgl. 1Kor 1,18) diese Wirkkraft Gottes. Der Verfasser des Eph identifiziert zwar diese δύναμις θεοῦ nicht explizit mit Christus oder dem Evangelium, doch zeigt die Zusammenstellung mit ἐνέργεια (neben unserer Stelle noch 3,7 und 3,20), dass es um das erfahrbare Wirken Gottes auf die Menschen geht (vgl. Kol 1,11.29). Nach Eph 3,7 steht der Apostel in enger Beziehung zur charismatischen „Wirksamkeit" der Kraft Gottes und ist als διάκονος ein abgeleitetes Medium der göttlichen Wirkung. Nach 3,20 wirkt diese Kraft unmittelbar in allen Christen (ἐν ἡμῖν). In den Zusammenhang der δύναμις-Vorstellung gehört auch das δόξα-Motiv (vgl. Eph 1,18; 3,16.21; Kol 1,11.27).[90] An zwei Stellen bei Philon wird die δόξα θεοῦ mit Gottes „Kräften" gleichgesetzt (spec. I 45; QE II 45).[91]

Die Wirkung der δύναμις θεοῦ richtet sich auf die Christen: εἰς ἡμᾶς. Der Wechsel von der Anrede („ihr") zum „wir" dient der Überleitung vom brieflichen Stil (V.15-18) zum hymnisch-christologischen Teil (V.20-23), der die Basis bildet für den soteriologischen Abschnitt 2,1ff, wo dieser Wechsel allerdings noch einmal vollzogen wird (2,1: ὑμᾶς; 2,3: ἡμεῖς πάντες). Schon die Zuspitzung auf das Stichwort ἐκκλησία in V.22f erfordert ein ekklesiales „wir". Die Apposition τοὺς πιστεύοντας ist keine Einschränkung (etwa im Sinne von: sofern wir Glaubende sind), sondern sie gibt schon den Modus der Machtwirkung an: Das, was die „Kraft Gottes" bei „uns" bewirkt, ist das Glauben – oder anders ausgedrückt: Im Glauben (πιστεύειν) erweist sich diese Kraft und wird sie erfahren. Dass τοὺς πιστεύοντας nur so aufzufassen ist, wird durch die folgende κατά-Wendung deutlich, die sich auf diese Apposition bezieht[92]: ἐνέργεια spezifiziert genauer das Wesen der δύναμις θεοῦ (wirkende Kraft). Die in der Genitivkette verbundenen Substantive ἐνέργεια, κράτος und ἰσχύς sind nur scheinbar synonym.[93] Es handelt sich um eine semantische Skala, an deren Anfang die rein aktive Kraftwirkung

---

somn. I 71; II 230f). In hellenistisch-jüdischen Vorstellungen dieser Art (die bei Philon vielleicht schon ein wenig psychologisiert erscheinen) liegen wohl auch die Anfänge hellenistisch-christologischer Spekulationen (dazu SELLIN, Gotteserkenntnis, 34-36).

[90] Und der Begriff χάρις: vgl. Röm 1,4f; 2Kor 12,9; Eph 3,7f.

[91] Vgl. TestJud 25,2: αἱ δυνάμεις τῆς δόξης – eine Engelklasse, dort nach dem „Engel des Angesichts" die höchste; vgl. Jud 8 (dazu: SELLIN, Häretiker des Judasbriefes, 215 mit A 30 und 32); Hebr 9,5; TestLev 18,5.

[92] So von den älteren Kommentaren z.B. HOFMANN, Eph, 47; BECK, Eph, 100f; OCHEL, Annahme, 37 (unter Hinweis auf Kol 2,12). Andere beziehen die κατά-Wendung auf τί τὸ ὑπερβάλλον μέγεθος V.19a (so z.B. VON SODEN, Eph, 110; SCHLIER, Eph, 86 A 1; BEST, Eph, 169) oder auf alle drei τίς- bzw. τί-Sätze (so z.B. EWALD, Eph, 99f; ABBOTT, Eph, 30f; GNILKA, Eph, 92; ALLEN, 388 A 6) oder auf εἰδέναι (z.B. MEYER, Eph, 64) oder gar auf δῴη V.17 (so erwägend EWALD, Eph, 100). Dagegen ist jedoch (neben dem Hinweis auf Kol 2,12) zu sagen, dass die κατά-Wendungen in 1,5.7.9.11; 2,2; 3,7.11.16.20 sich jeweils nur auf die unmittelbar vorangehenden Worte beziehen. Offenbar traut man dem πιστεύειν nicht zu, eine so gewichtige Aussage wie die von Gottes ἐνέργεια, von der wiederum V.20-23 abhängen, zu tragen (vgl. VON SODEN, Eph: πιστεύειν sei im Zusammenhang „kein Hauptbegriff"; ähnlich BEST, Eph).

[93] Vgl. aber GNILKA, Eph, 92: „Unterschiede zwischen Kraft und Stärke feststellen zu wollen, ist bei diesem Stil müßig".

(ἐνέργεια) und an deren Ende die ruhende, potentielle Kraft, das Kraftvermögen (ἰσχύς) steht.[94] Der in der Mitte stehende Begriff κράτος hat mehr die Bedeutungskomponente der Überlegenheit, „die Außenseite der göttlichen Stärke".[95] Das Syntagma τὸ κράτος τῆς ἰσχύος αὐτοῦ begegnet noch einmal in 6,10 und hat Vorbilder in Jes 40,26 LXX und Dan 4,30 Θ (dort aber vom König).[96] Wichtiger ist der Begriff ἐνέργεια, der in den Zusammenhang hellenistisch-jüdischer δόξα- und δύναμις-Theologie gehört. Das wichtigste Zeugnis dafür ist der oben zu 1,11 bereits erwähnte Text Philon, spec. I 45–47: Unter der δόξα Gottes werden seine „Kräfte" (δυνάμεις) verstanden. Auch diese sind, wie Gott, nicht direkt erkennbar, wohl aber erfahrbar in ihrem „Abdruck" (ἐκμαγεῖον) und „Abbild ihrer Wirksamkeit" (ἀπεικόνισμα τῆς ἑαυτῶν ἐνεργείας).[97] Im folgenden wird dieser Begriff von (δύναμις und) ἐνέργεια christologisch verwendet. Die spekulative hellenistisch-judenchristliche Christologie konnte an dieser Vorstellungen anknüpfen, um zu zeigen, dass in Jesus Christus der (nach jüdischer wie hellenistischer Theologie) transzendente Gott in der Schöpfung und unter den Geschöpfen epiphan und erfahrbar wird.[98] Das Entscheidende war dafür der Glaube der Auferweckung dieses Christus. Aber schon in Phil 3,21 wird mit dieser göttlichen ἐνέργεια als Steigerung (καί = „sogar") die All-Unterwerfung unter Christus in Zusammenhang gebracht (vgl. neben Eph 1,20–22 vor allem auch 1Kor 15,24–27). Die wichtigsten Begriffe in V.19, die das folgende vorbereiten, sind δύναμις, ἐνέργεια und πιστεύειν.

Die Verse 20–23 wirken auf den ersten Blick wie ein Exkurs. Da außerdem die Sprache besonders formelhaft und vorgeprägt erscheint, haben viele Exegeten hier (wie schon in 1,3–14 und dann in weiteren Partien des Schreibens) vorformuliertes liturgisches Gut vermutet – einen „Hymnus"[99] oder ein Glaubensbekenntnis[100]. Bei der Rekonstruktion sind J.T. Sanders und R. Deichgräber unabhängig voneinander zu einem übereinstimmenden Ergebnis gekommen. Sie rekonstruieren als Fragment aus einem „Hymnus":

---

[94] Diese Bedeutung (auch konkret im Sinne von Körperkraft oder Kampfstärke) hat ἰσχύς in LXX (meist für כֹּחַ), Pseudepigraphen, Philon und Neuem Testament überwiegend. Zum Verhältnis von δύναμις und ἰσχύς vgl. 1Hen (gr.) 1,4: καὶ φανήσεται ἐν τῇ δυνάμει τῆς ἰσχύος αὐτοῦ ἀπὸ τοῦ οὐρανοῦ τῶν οὐρανῶν.

[95] W. Michaelis, ThWNT 3, 907 Z.33f. Dagegen kommt die Bedeutung „Intensität" (so Bauer/Aland, Wb., 912) wohl nicht in Frage.

[96] Vgl. auch SapSal 11,21 und 1Clem 27,5. Eine genaue Entsprechung liegt in 1QS 11,19f; 1QH 4,32; 18,8 vor (כּוֹחַ גְּבוּרָתוֹ); vgl. 1QH 10,10; 11,8; 14,23; 1QM 11,5.

[97] Vgl. o. zu 1,11 mit A 236.

[98] Dies geschah teils über den philonischen Logosbegriff, teils über den Begriff der δύναμις θεοῦ.

[99] Dibelius/Greeven, Eph, 64f; Ochel, 39–42; Schille, 114–116; ders., Hymnen, 103 A 4; Deichgräber, 161–165; Sanders, 220–223; Fischer, 118–120; vgl. Ernst, 106f.

[100] Gnilka, Eph, 93f: „Ausschnitt eines Credos …, das sich zwar an schon vorhandene Formulierungen anlehnt, aber durchaus noch nicht zu einer festen Form erstarrt ist"; ähnlich bereits Conzelmann, Eph, 94: „eine dichterisch gehobene Meditation über das Glaubensbekenntnis"; Ernst, Eph, 289: „Bekenntnisfragment".

ἐγείρας αὐτὸν ἐκ νεκρῶν
καὶ καθίσας[101] ἐν δεξιᾷ αὐτοῦ
καὶ πάντα ὑπέταξεν ὑπὸ τοὺς πόδας αὐτοῦ
καὶ αὐτὸν ἔδωκεν κεφαλὴν ὑπὲρ πάντα.[102]

Da jedoch von diesen vier Zeilen allein zwei auf alttestamentliche Texte zurückgehen (ψ 109,1; 8,7), die überdies an anderen Stellen im Neuen Testament nicht in hymnischem, sondern in argumentativem und homiletischem Zusammenhang begegnen (1Kor 15,25.27; Hebr 1,13; 2,8), ist die Annahme eines zitierten „Hymnus"-Fragmentes sehr fragwürdig, so dass Deichgräber zugibt: „Vielmehr muß mit der Möglichkeit gerechnet werden, daß der Verfasser des Eph selbst unter reichlicher Benutzung traditioneller hymnisch-liturgischer Terminologie diese christologischen Sätze geformt hat."[103]

Nach einer Überleitung mit relativischem Anschluss zum Begriff ἐνέργεια folgen
1. das Bekenntnis von der Auferweckung (V.20a),
2. die Erhöhungsaussage mit ψ 109,1b (V.20b),
3. eine Aufzählung der „Mächte", denen der erhöhte Christus überlegen ist (V.21),
4. die Unterwerfungsaussage mit ψ 8,7 (V.22a),
5. die κεφαλή-Aussage (V.22b.23a),
6. die πλήρωμα-Aussage (V.23b).

Eine Kombination von ψ 109,1; ψ 8,7 und Aufzählung der depotenzierten Mächte begegnet auch 1Kor 15,24-27 und 1Petr 3,22. Darüber hinaus werden ψ 109,1 und ψ 8,7 gemeinsam in Hebr 1,13; 2,8 verwendet. ψ 109,1b und eine Aufzählung von „Mächten" finden sich überdies in Röm 8,34.38.

---

[101] Die Lesart καθίσας (B 0278. 1739. 1881) wird gestützt durch den relativ neu entdeckten Papyrus p92 (gegen ἐκάθισεν in D F G u.a. und καθίσας αὐτόν in ℵ A 33. 81 u.a.).

[102] SANDERS, 220; DEICHGRÄBER, 165. Eine andere Rekonstruktion bietet SCHILLE, 116:
„... erweckend ihn von den Toten
und einsetzend zu seiner Rechten in den Himmeln
über alle Herrschaft und Macht und Kraft und Herrentum;
und alles hat er unter seine Füße getan."
FISCHER, 120, kombiniert aus beiden Ansätzen für die „drei letzten Zeilenpaare" einen Hymnus:
(1) ... ἐγείρας ... ἐκ νεκρῶν
καὶ καθίσας ἐν δεξιᾷ αὐτοῦ
(2) ὑπεράνω πάσης ἀρχῆς καὶ ἐξουσίας
καὶ δυνάμεως καὶ κυριότητος
(3) καὶ πάντα ὑπέταξεν ὑπὸ τοὺς πόδας αὐτοῦ
καὶ αὐτὸν ἔδωκεν κεφαλὴν ὑπὲρ πάντα.
Der wesentliche Unterschied zur Rekonstruktion von Sanders und Deichgräber besteht in der Hinzunahme von V.21a. Die Berufung auf 1Petr 3,22 (FISCHER, 120 A 37) ist dafür aber kein taugliches Argument.

[103] DEICHGRÄBER, 163; vgl. die ausführliche Analyse von ALLEN, Body, 28-35, der zum Ergebnis kommt: „we find it more likely, that the author himself put these elements of tradition into their present hymnic form" (35).

20 Der relativische Anschluss ist nicht nur als Einleitung bei der Zitierung christologischer Dichtung (Phil 2,6; Kol 1,15; 1Tim 3,16) ein übliches rhetorisches Stilmittel, sondern er dient auch im Zusammenhang hymnisch gestalteter Prosa (insbesondere in Kol und Eph) als Anschlussmittel von Prädikationen.[104] Hier handelt es sich um das Stichwort ἐνέργεια, das mit ἣν ἐνήργησεν[105] nun eine *figura etymologica* bildet.[106] Seine ἐνέργεια („Wirkkraft") brachte Gott „zur Wirkung" (Aorist!) an Christus, indem er ihn von (den) Toten auferweckte (Partizip). Durch diese Tat wurde der transzendente Gott in der Welt präsent. Die Erkenntnisweise bzw. Erfahrungsweise dieses wirksamen Gottes ist das „Glauben" (V.19). Der „Ort" des Gotteswirkens ist Christus. Verwendet ist hier der wohl älteste Bestandteil urchristlicher Glaubensformulierung, der wörtlich noch durchscheint: „Gott erweckte Christus aus (den) Toten", wobei in der Formel meist ὁ Χριστός oder „Jesus", im Rahmen immer πιστεύειν gebraucht wird.[107] Am nächsten steht unserer Stelle Kol 2,12: (τοῦ Χριστοῦ) ... ἐν ᾧ καὶ συνηγέρθητε διὰ τῆς πίστεως τῆς ἐνεργείας τοῦ θεοῦ τοῦ ἐγείραντος αὐτὸν ἐκ νεκρῶν. Nicht nur sind dort „Glaube", „Wirkkraft" Gottes[108] und Auferweckung Christi aufeinander bezogen, sondern ἐγείρας αὐτὸν ἐκ νεκρῶν im Eph ist auch eine genaue Transformation der Genitivphrase von Kol in den Nominativ. Weggelassen scheint im Eph auf den ersten Blick das Motiv vom „Mit-auferweckt-Werden" der Christen. Dies wird jedoch in Eph 2,6 nachgetragen, wo zugleich auch das Inthronisationsmotiv (Eph 1,20b) auf die Christen abgeleitet wird (s. u. zu 2,6). Jedenfalls setzt sich die in der Auferweckung Jesu epiphan werdende schöpferische Gotteskraft fort in der Kraft, die im Glauben erfahren und wirksam wird. So kommt es zu der Aussage, dass die Wirkung der Auferweckung Christi im Glaubensakt vom Christen erfahren wird als eigene (Mit-)Auferweckung.[109] In Eph 1,20 kommt es zunächst auf die Inthronisation Christi „zur Rechten Gottes" an. Das wird mit einem Referat von ψ 109,1b zum Ausdruck gebracht.

---

[104] Percy, Probleme, 185.202.
[105] Die Textform ἐνήργηκεν (A B 81; Nestle/Aland bis zur 25. Aufl.) wird als *lectio difficilior* vorgezogen von Abbott, Eph, 31; Gnilka, Eph, 94 A 4; Allen, Body, 394 A 62. Die folgenden aoristischen Partizipien fordern jedoch ein aoristisches Verb.
[106] S.o. A 61 zu 1,3b.
[107] Röm 10,9; vgl. Röm 4,24; 8,11; 1Kor 6,14; 2Kor 4,14; Gal 1,1; 1Thess 1,10; Kol 2,12; 1Petr 1,21; passivisch: Röm 6,4.9; 7,4; 8,34; 1Kor 15,20; 2Tim 2,8. Vgl. dazu: Conzelmann, Christenheit?; Kramer, Christos, 16–22; Wengst, Formeln, 27–48; Vielhauer, Geschichte, 14–22.
[108] Der Gen. πίστις τῆς ἐνεργείας ist zu übersetzen: „der Glaube aufgrund der (oder: durch die) Wirkkraft Gottes ...".
[109] In den unbestritten genuinen Paulus-Briefen gibt es für die Aussage von der bereits erfolgten Auferweckung der Christen keine wörtliche Entsprechung, insofern die Termini „auferwecken" und „auferstehen" bzw. „Auferstehung" für Paulus in Bezug auf die Glaubenden immer futurische, apokalyptische Bedeutung haben. Wohl aber findet sich bei Paulus der Zusammenhang von Glaube, Auferweckung Christi und (künftiger) Auferweckung der Christen: Das Evangelium von Gott, der Christus auferweckte, macht selber lebendig, indem es Glauben weckt. Im Römerbrief wird dieses schöpferische Geschehen (Röm 1,16) als „Rechtfertigung" interpretiert. Der Gerechtfertigte „lebt" aber (Röm 1,17; 4,17; 6,13).

ψ 109,1b und/oder V.1c werden häufig im Neuen Testament zitiert.[110] Während ψ 109,1b als Aufforderung Gottes formuliert ist und ἐκ δεξιῶν gebraucht (wie in den Zitaten Mk 12,36/Mt 12,44; Lk 20,42f; Apg 2,34f; Hebr 1,13; vgl. aber auch Mk 14,62), erscheint in den Referaten (neben der Formulierung in der 3. Person) immer ἐν δεξιᾷ: Röm 8,34; Eph 1,20; Kol 3,1; Hebr 1,3; 8,1; 10,12; 12,2; 1Petr 3,22. Während in Eph 1,20 auf V.1b von ψ 109 zurückgegriffen wird, verwendet Paulus in 1Kor 15,25 den V.1c dieses Psalms, wo als Ziel der Erhöhung die Unterwerfung der Feinde genannt wird.[111] Dieser zweite Halbvers (ἕως ἂν θῶ τοὺς ἐχθρούς σου ὑποπόδιον τῶν ποδῶν σου) hat aber eine deutliche Affinität zu ψ 8,7, wo die Aussage von der Unterwerfung in der 3. Person sowie im Aorist erscheint (πάντα ὑπέταξας ὑποκάτω τῶν ποδῶν αὐτοῦ). Dass diese beiden Verse im Urchristentum auch sonst aufeinander bezogen worden sind, zeigen Hebr 1,13 und 2,8 sowie die Zitierung von ψ 109,1c in Mk 12,36/Mt 12,44, wo statt des ὑποπόδιον das ὑποκάτω aus ψ 8,7 erscheint.[112] Auf ψ 8,7 alleine wird in Phil 3,21 angespielt. Hier erscheinen δόξα, ἐνέργεια und δύνασθαι (δύναμις) in Zusammenhängen, die die Thematik von 1Kor 15 (Auferweckung der Christen als Verwandlung) und 2Kor 3,18; 4,4-6 voraussetzen. Wie in 1Kor 15,24-28 ist die eschatologische Verwandlung der Christen ein Schritt in dem All-Unterwerfungsprozess.[113] ψ 8,7 in Verbindung mit ψ 109,1b begegnet außer in Eph 1,20.22 noch in 1Petr 3,22. Das entscheidende Motiv ist an allen Stellen, wo ψ 8,7 verwendet wird, das vom „Alles-Unterwerfen" unter Christus (πάντα ὑπέταξεν: 1Kor 15,27; Eph 1,22; Hebr 2,8; ὑποτάξαι αὐτῷ τὰ πάντα: Phil 3,21). In 1Petr 3,22 werden statt (τὰ) πάντα drei kosmische Mächte aufgezählt. Diese Spezifizierung von (τὰ) πάντα in einzelne kosmische Mächte findet sich aber auch in 1Kor 15,24 und Eph 1,21. In Röm 8 folgt eine solche Aufzählung in V.38f sogar in unmittelbarer Nähe zum Erhöhungsmotiv aus ψ 109,1b (Röm 8,34). Das ganze Motiv von Erhöhung und Unterwerfung begegnet – in anderer Terminologie – schon im zweiten Teil des Christus-Enkomions in Phil 2,9-11, wo die kosmischen Mächte in himmlische, irdische und unterirdische differenziert werden. Speziell die Erhöhung Christi über alle Engel ist ein tragendes Motiv im Hebr (1,4 u. ö.). Die Unterordnung der kosmischen Mächte wird im Enkomion („Hymnus") des Kol durch das Motiv der Schöpfungsmittlerschaft Christi als εἰκών (entsprechend dem philonischen Logos) begründet (Kol 1,16).

Von ἐνήργησεν sind zwei Partizipien abhängig: ἐγείρας und καθίσας.[114] Auferstehung und Inthronisation werden auch in Röm 8,34 und 1Petr 3,22 als zwei un-

---

[110] Eine vollständige Übersicht aller 22 Vorkommen im NT (sowie 7 weiterer frühchristlicher) findet sich bei HAY, 45f.163f; vgl. HENGEL, Psalm 110, 43. Grundlegend ist (neben HAY) immer noch HAHN, Hoheitstitel, 126-132; ferner: DUPONT, „Assis à la droite de Dieu"; GOURGUES, A la droite de Dieu; LOADER, Christ, 199-217.

[111] In den Zitaten werden immer beide Halbverse gebracht, ebenso im Referat Hebr 10,12f.

[112] LUZ, Geschichtsverständnis, 343f. In 1Kor 15,25 hat Paulus selbst sein Referat von ψ 109,1c an ψ 8,7 angeglichen: vgl. MAIER, Ps 110,1 (LXX 109,1) 155f; HAY, 36f; LAMBRECHT, Paul's Christological Use, 506.

[113] Allerdings ist Phil 3,21 die einzige Stelle, wo in den unbezweifelt genuinen Paulusbriefen ἐνέργεια begegnet. Die ἐνέργεια besteht hier in der Fähigkeit Christi (τοῦ δύνασθαι αὐτόν), „sich" (oder „ihm" = Gott) das All zu unterwerfen.

[114] Entsprechend transitiv; Subjekt ist Gott. ἐκάθισεν in Hebr 1,3; 8,1; 10,12 (und das Perfekt in Hebr 12,2) ist dagegen intransitiv (Subjekt ist Christus). In Röm 8,34 und 1Petr 3,22 wird εἶναι gebraucht (Kol 3,1: ἐστιν ... καθήμενος; Mk 14,62: nur καθήμενος). – Die bevorzugte Lesart καθίσας in Eph 1,20 wird jetzt auch (neben B) von p[92] bezeugt (ALAND, Textwert, II 3, 364; zu p[92]: s.o. Einleitung § 2. ℵ A 33 81 u.a. ergänzen αὐτόν, eine stilistische Glättung.

mittelbar zusammengehörige Akte genannt (implizit auch in Kol 3,1). Während Paulus in 1Kor 15,25 aber ψ 109,1c zitierte, verwendet der Verfasser des Eph den ersten Halbvers (V.1b) des Psalms und geht darin konform mit Röm 8,34; Kol 3,1; Hebr 1,3; 8,1; 10,12; 12,2; 1Petr 3,22. Dass ihm aber gleichwohl 1Kor 15,25–27 vor Augen stand, wird sich bei der Analyse der beiden folgenden Verse (1,21f) erweisen. ἐν τοῖς ἐπουρανίοις ist typisch für den Sprachgebrauch des Verfassers, der damit den translunaren Bereich, meist sogar wie hier den höchsten „Ort" des Himmels meint (s. o. zu 1,3).

21 Mit ὑπεράνω (sonst im NT nur noch Eph 4,10 und Hebr 9,5) wird eine Beschreibung dieses höchsten Platzes, zu dem der Auferweckte inthronisiert wurde, eingeleitet. Es sind demnach *himmlische* Mächte, die der Erhöhte überstiegen hat. Das wird bestätigt durch 3,10 (die ἀρχαί und ἐξουσίαι ἐν τοῖς ἐπουρανίοις) und 6,12 (der Kampf πρὸς τὰς ἀρχάς, πρὸς τὰς ἐξουσίας … ἐν τοῖς ἐπουρανίοις).[115] Die Aufzählung solcher Mächte findet sich häufig im Neuen Testament.[116] Bei den in Frage kommenden Ausdrücken ist jedoch nicht immer leicht zu entscheiden, ob es sich a) um irdische oder himmlische Mächte und ob es sich b) um dienende oder feindliche Mächte handelt.

Man hat hier drei Kategorien zu unterscheiden: (1.) οἱ ἄρχοντες sind immer weltliche Machthaber. Das gilt auch für den Ausdruck οἱ ἄρχοντες τοῦ αἰῶνος τούτου, die den „Herrn der Doxa" gekreuzigt haben (1Kor 2,6.8).[117] ὁ ἄρχων dagegen ist ein formaler Begriff, mit dem auch der „Oberste der Dämonen" (Mk 3,22; Mt 9,34; 12,24; Lk 11,15) oder der ἄρχων τοῦ κόσμου τούτου (Joh 12,31; 14,30; 16,11: der Teufel) oder der ἄρχων τῆς ἐξουσίας τοῦ ἀέρος (Eph 2,2: der höchste Dämon, der Teufel) bezeichnet werden kann. Im Sinne weltlicher Mächte können auch ἀρχή/ἀρχαί (Lk 12,11; 20,20; Tit 3,1) und ἐξουσία/ἐξουσίαι (z. B. Röm 13,1–3) gebraucht sein. (2.) Ein besonderes Problem stellen die στοιχεῖα τοῦ κόσμου (Gal 4,3.9; Kol 2,8.20) dar. Es handelt sich zunächst um die in der Antike bekannten „Elemente", also Wasser, Erde, Luft, Feuer (vgl. 2Petr 3,10.12). Umstritten ist, wieweit diese mit den jeweils im Zusammenhang genannten astrologischen Beobachtungen und vor allem der in Kol 2 erwähnten (mysterienhaften?) Engelverehrung zusammenhängen. Auf jeden Fall setzt Kol 2 einen Kult voraus, in dem Engelmächte von den Menschen bestimmte asketisch-rituelle Dienste verlangen. (3.) Um solche Engelmächte handelt es sich wahrscheinlich bei allen im folgenden aufgeführten Stellen:

---

[115] Vgl. die „terminologische Übersicht" für den Eph bei SCHWINDT, 362. Das Problem der Lokalisierung der „Geister der Bosheit" ἐν τοῖς ἐπουρανίοις (3,10; 6,12), die an sich eher dem sublunaren Bereich der Dämonen zuzuordnen wären (s. o. zu 1,3b mit A 67–78), lässt sich zumindest ein Stück abmildern, wenn man die Affinität von ἀρχαί und ἐξουσίαι zu den oberen Sphären des Himmels erkennt. „… gegen die Weltherrscher dieser Finsternis, gegen die Geister der Bosheit" ist dann aus anderer, stärker dualistischer Tradition eingeschoben (s. u. zu 6,12).
[116] EVERLING, Angelologie; DIBELIUS, Geisterwelt; MACGREGOR, Principalities; SCHLIER, Mächte; CARR, Angels; WINK; VIA, Self-Deception, 40–44; speziell zum Eph: ARNOLD; s. auch Lit. zu 6,10–20.
[117] So z. B. SCHNIEWIND, Archonten; CARR, Rulers; DERS., Angels, 118–120; WILCKENS, Zu 1Kor 2,1–16, 508–537.

Röm 8,38:	ἄγγελοι, ἀρχαί, δυνάμεις[118]
1Kor 15,24:	(πᾶσα) ἀρχή, ἐξουσία, δύναμις
Eph 1,21:	(πᾶσα) ἀρχή, ἐξουσία, δύναμις, κυριότης
3,10:	ἀρχαί, ἐξουσίαι
6,12:	ἀρχαί, ἐξουσίαι
Kol 1,16:	θρόνοι, κυριότητες, ἀρχαί, ἐξουσίαι
2,10:	(πᾶσα) ἀρχή, ἐξουσία
2,15:	ἀρχαί, ἐξουσίαι
Hebr 1,4 u. ö.:	ἄγγελοι (λειτουργικὰ πνεύματα)
9,5:	ὑπεράνω δὲ αὐτῆς Χερουβὶν δόξης
1Petr 3,22:	ἄγγελοι, ἐξουσίαι, δυνάμεις
2Petr 2,10:	κυριότης, δόξαι
Jud 8:	κυριότης, δόξαι

Vorbilder solcher Listen von Engel-Hierarchien finden sich vor allem in TestLev 3; TestJud 25,2 und TestAbr B 13,10. TestLev 3[119]: ἄγγελοι τοῦ προσώπου (6. Himmel) – θρόνοι/ἐξουσίαι[120] (4. Himmel) – „δυνάμεις der Heerlager" (3. Himmel) – Straf-πνεύματα (2. Himmel); TestJud 25,2: ὁ ἄγγελος τοῦ προσώπου – αἱ δυνάμεις τῆς δόξης – ὁ οὐρανός; TestAbr B 13,10: (ἄγγελοι καὶ ἀρχάγγελοι) ἀρχαί – ἐξουσίαι/θρόνοι[121] – ἡ γῆ. Die engste Parallele zu Eph 1,21 ist eine Inschrift über einem Engelmosaik in der Koimesis-Kirche in Kleinasien (I. Nikaia I 497 – s. New Documents 4, p.192): ἀρχαί – δυνάμεις – κυριότητες – ἐξουσίαι. Die Reihenfolge sowie die Formulierung im Plural legen es nahe, dass hier nicht direkt aus Eph 1,21 zitiert wurde.[122] Bei allen nachpaulinischen Stellen geht es ausnahmslos um himmlische Mächte. Eindeutig feindlich gewertet sind diese jedoch nur in Eph 6,12 (vgl.2,2). In Hebr handelt es sich um die Gott dienenden Engel, denen Christus übergeordnet wird. Ebenso sind κυριότης und δόξαι in Jud 8 (und davon abhängig 2Petr 2,10) keine feindlichen Wesen, sondern Engelklassen, die von den attackierten Geg-

---

[118] Die zehngliedrige Aufzählung enthält vier Paare: (1.) Tod – (2.) Leben, (3.) Engel – (4.) ἀρχαί, (5.) Gegenwärtiges – (6.) Zukünftiges, (8.) Hohes – (9.) Tiefes, daneben als 10. Glied eine Kompletion („noch irgend ein anderes Geschaffenes"). Aus der Reihe fällt das 7. Glied: δυνάμεις, das kein Gegenüber besitzt. Ὕψωμα und βάθος werden gelegentlich als astrologische Termini gedeutet. Danach stünden beide Begriffe des Paares für Gestirngeister (BAUER/ALAND, Wb., 261).

[119] Die Aufzählung der Himmel mit ihren Bewohnern ist dort auf den ersten Blick verwirrend: Zunächst wird von unten nach oben (1. bis 3. Himmel), dann von oben nach unten (7. bis 4. Himmel) fortgeschritten.

[120] Wahrscheinlich sind hier beide Ausdrücke synonym.

[121] S. vorige A.

[122] Als Belege für solche Engelhierarchien kommen auch einige Zauberpapyri in Betracht: so z.B. PGM I 198f (δόξαι sowie die absteigende Hierarchie: Dekane – Erzengel – Engel), wozu E. Peterson Makarios Magnes, Apokritikos III 14 (um 400 n.Chr.) anführt: ὑπεροχαί – θρόνοι – δόξαι; dazu: PETERSON, Befreiung Adams, 112–116 (zu Macarius Magnes s. DÖPP/GEERLINGS, Lexikon, 410f). Das von Peterson behandelte Gebet aus PGM I, 196 (PREISENDANZ/HENRICHS, Papyri, I, S. 12), enthält überdies eine Erhöhungsaussage (und gewinnt deshalb besondere Bedeutung für Eph 1,20f): κατ᾽ οὐρανὸν ἀνυψώθης καὶ κύριος ἐπεμ(αρ)τύρησεν (τ)ῇ σοφίᾳ σου καὶ κατηυλόγησέν σου δύν(α)μιν καὶ εἶπέν σε σθένειν καθ᾽ ὁμοιότητα αὐτοῦ ὅσον κα(ὶ α)ὐτὸ(ς) σθένει (I 209f). Peterson möchte das im gnostischen Sinne auf Adam beziehen, der zum höchsten Gott Aion geworden sei. Es wird sich jedoch eher um eine Aussage im Sinne der weisheitlichen Erhöhung eines Menschen handeln, wie wir sie aus Philons Konzept des ἄνθρωπος θεοῦ kennen. Zu diesem Text s. auch u. zu 2,2.

nern verachtet und abgelehnt werden.[123] Der Verfasser des Jud vertritt eine Angelolatrie, wohingegen die von ihm attackierten Gegner – offenbar in der Tradition enthusiastischer Paulinisten (vgl. Kol 2,18) – jede Verehrungswürdigkeit himmlischer Mächte ablehnen. Man kann also zwar nicht bestreiten, dass Paulus die Konzeption von himmlischen, den Menschen feindlichen, personalen (oder personifizierten) Mächten voraussetzt.[124] Doch ist davon die dualistische Konzeption von personalen, dämonischen, gottfeindlichen Himmelsmächten noch einmal zu unterscheiden, wie sie sich in Dan, 1Hen, Jub, in Teilen der Test XII und in den Qumranschriften findet und wie sie auch dem Verfasser des Eph (2,2; 6,12) geläufig ist.[125] Daraus ergibt sich das Problem, wie sich die beiden Konzeptionen zueinander verhalten. Zunächst kann man hier auf die zwei unterschiedlichen Traditionen verweisen, die frühjüdische Engellehre, wie sie dem Verfasser über Kol vermittelt wurde; daneben dann auf die dualistische Tradition (Qumran, Test XII). Wie Paulus (Röm 8,38; 1Kor 15,24) zeigt, kann auch die erstgenannte schon als menschen- und heilsfeindlich verstanden werden. Vielleicht spielt hier die Tradition vom Engelneid[126] herein. Hinzu kommt der Einfluss von ψ 109,1. Grundsätzlich gilt für Paulus (wie für Kol und Eph), dass alle personifizierten Mächte ambivalent sind und gewissermaßen mythische Manifestationen von die Menschen beeinflussender innerer und äußerer Macht darstellen.[127] Man wird dabei jeweils auf den spezifischen Kontext der einzelnen Aussagen zu achten haben.

Die beiden unterschiedlichen Traditionen (s. o. bei A 125) bedingen nun aber zugleich auch eine unterschiedliche eschatologische Konzeption. Nach Eph 1,21 sind alle Mächte bereits überwunden; nach Eph 2,2 wirkt der „Führer der ἐξουσία der Luft" aber noch auf die „Söhne des Ungehorsams", die „Kinder des Zorns" ein; nach Eph 6,12 müssen auch die Christen noch kämpfen „gegen die ἀρχαί, gegen die ἐξουσίαι, gegen die Weltherrscher dieser Finsternis, gegen die Geister der Bosheit in den Himmeln". Diese Stelle setzt voraus, dass auch „Beliar" seine entsprechenden Klassen von Engeln und „Geistern" hat. Das Motiv der Erhöhung Christi über alle Engelmächte hat dagegen eine Vorgeschichte im apokalyptischen bzw. pneumatischen Topos der ekstatischen Erhöhung israelitischer Frommer, die als Entrückte in Rivalität zu den Engeln geraten, deren Sphären übersteigen und deren

---

[123] Dass es sich bei κυριότης nicht um die Kyrioswürde Christi oder Gottes handelt, geht aus 1Hen (äth.) 61,10; 2Hen (slav.) 20,1; Kol 1,16 und Eph 1,21 (Singular!) hervor (vgl. SELLIN, Häretiker des Judasbriefes, 215 mit A 30; anders z. B. W. FOERSTER, ThWNT 3, 1096). Nun ist zwar in Eph 1,21 der Singular kollektiv gebraucht (πάσης ... κυριότητος: darauf macht z. B. CARR, Angels, 210 A 7, aufmerksam). Aber in Hebr 9,5 z. B. ist in dem Ausdruck Χερουβὶν δόξης die δόξα eindeutig eine Klasse, ebenso TestJud 25,2; TestLev 3,4; 18,5 (οἱ ἄγγελοι τῆς δόξης); Jub 2,2 (gr. Fragment). Die generalisierende Formulierung mit πᾶς ist aber durch das Vorbild von 1Kor 15,24 bedingt. Der Numerus entscheidet also nicht über die semantische Bedeutung.
[124] Gegen CARR, Angels, der für das 1. Jh. n. Chr. nicht mit einer solchen Konzeption rechnet und die erwähnten Stellen durchweg im Sinne von Gott untergebenen dienstbaren Engeln deuten will; vgl. dagegen zu Recht ARNOLD, 47–51. Die Stelle Eph 6,12 muss CARR, Angels, 104–111, als eine Interpolation aus dem 2. Jh. erklären; dagegen ARNOLD, 64–69; DERS., „Exorcism"; gegen Carr auch LINCOLN, Eph, 63 f.
[125] WINK, 23 f; VIA, Self-Deception, 42.
[126] Z. B. ApkAbr XIX–XXXI (B. PHILONENKO-SAYAR/M. PHILONENKO, Die Apokalypse Abrahams, JSHRZ V/5, 1982); TestHiob 48–50; Gebet Josephs (bei DENIS, Fragmenta 61 f); 2Hen (slav.) 22; vgl. 1Kor 6,3; SCHÄFER, Rivalität, 228–234; SELLIN, Häretiker des Jud, 214 f.219–222.
[127] WINK, 5.11 f.47.105–107; vgl. VIA, Self-Deception, 42: „The powers in Paul are both good and evil".

Rang übertreffen.[128] Indirekt kann so das Motiv einer Feindschaft der Engelmächte gegenüber den Menschen ins Spiel kommen (vgl. 1Kor 15,24; Röm 8,37-39). Im Fall von 1,21 lässt sich nun sehr gut erklären, warum (im Gegensatz zu 1Kor 15,24, aber auch zur dualistischen Tradition von Eph 2,2 und 6,12) alle Indizien für den feindlichen Charakter der Mächte getilgt sind: Die universale Ausrichtung der Kosmokratie Christi schließt ja sogar (mögliche) Mächte des künftigen Äons ein (V.21b), die auf keinen Fall (noch) widergöttlich sein können. So sind die hier genannten Engelklassen (mögen sie auch die Dämonen mit einschließen) ambivalent gewertet: von Christus besiegt, aber für die Christen noch potentiell gefährlich.

In Texten derartiger Hierarchien scheint der Ausdruck ὑπεράνω nahezu ein t.t. zu sein.[129] Philon gebraucht das Wort für die Betonung der hierarchischen Stellung Gottes oder des Logos und des vollkommenen weisen Menschen „über" der Welt.[130] Dafür verwendet er auch das Bild vom „Kopf" über dem „Leib" (praem. 114.125). Die Aufzählung der Mächte in Eph 2,21 entspricht der von 1Kor 15,24, geht aber in der Zufügung von κυριότης darüber hinaus. Dafür wird Kol 1,16 verantwortlich sein, wo insgesamt ebenfalls vier Namen von Mächten aufgezählt werden.[131] Die – im Neuen Testament singulär – dort genannten θρόνοι (TestLev 3,8; TestAbr B 13,10 – wohl attributiv zu ἐξουσίαι) fallen in Eph 1,21 fort. Die κυριότης ist nach Philon Bezeichnung einer der „Kräfte" (δυνάμεις) Gottes, und zwar jener, die den herrscherlichen und strafenden Teil des göttlichen Logos darstellt und die den Namen κύριος trägt.[132] Philons Auffassung von den „Kräften" Gottes hängt aber mit der jüdischen Engelvorstellung zusammen. Die generalisierende Formulierung mit πᾶς ist in Eph 1,21 aus 1Kor 15,24 übernommen. Eine semantische Differenzierung der hier gebrauchten Bezeichnungen der Engelmächte ist nur schwer möglich. Dass mit den ἀρχαί begonnen wird, ist etymologisch naheliegend. In den meisten Aufzählungen folgen darauf die ἐξουσίαι[133] und dann die δυνάμεις[134]. Wahrscheinlich liegt darin doch eine hierarchische Rangfolge von oben nach unten vor.[135] Anders als in der Vorlage 1Kor 15,24 sind die Engelmächte an dieser Stelle nicht als feindlich vorgestellt. Das geht nicht nur daraus hervor, dass ψ 109,1b (und nicht wie bei Paulus V.1c) verwendet wird, sondern auch aus der Fortsetzung: „... und jeden Namen, der genannt wird, nicht nur in diesem, son-

---

[128] S.o. A 126.
[129] Vgl. Eph 4,10 und Hebr 9,5; in gleicher Thematik erscheint das Wort auch ψ 8,1; 148,4; TestLev 3,4; Philon, conf. 137 (ὑπεράνω τῶν δυνάμεων).
[130] Der Ausdruck signalisiert so etwas wie Transzendenz – neben der in A 140 genannten Stelle conf. 137: LA III 175; det. 114; post. 14; congr. 105; fug. 101.164; somn. I 157; spec. III 184.
[131] Zu den Engelklassen vgl. BIETENHARD, Welt, 104-108. In 2Hen (slav.) 20,1 findet sich die gleiche Viererreihe wie in Kol 1,16, jedoch in anderer Reihenfolge: κυριότητες – ἀρχαί – ἐξουσίαι – θρόνοι.
[132] Philons Lehre von den Kräften Gottes und ihren Namen: LA I 95f; III 73; Deus 109f; plant. 86; sobr. 53-58; her. 22-29.166; mut. 15-26; somn. I 157-165; Abr. 119-132; Mos. II 99; spec. I 307; dazu: SELLIN, Gotteserkenntnis, 23 mit A 22.
[133] 1Kor 15,24; Eph 1,21; 3,10; 6,12; Kol 2,10.15; TestAbr B 13,10; vgl. Kol 1,16 (3. und 4. Glied). Auch die Beschreibung der Himmelstopographie von TestLev 3 lässt kein System erkennen.
[134] Röm 8,38; 1Kor 15,24; Eph 1,21; 1Petr 3,22; TestLev 3.
[135] Das könnte sich aus TestLev 3 und TestAbr B 13,10 ergeben (s.o. bei A 131f).

dern auch im künftigen Äon". Der Verfasser verallgemeinert und komplettiert die an 1Kor 15,24 und Kol 1,16 orientierte Aufzählung zunächst durch die Wendung καὶ παντὸς ὀνόματος ὀνομαζομένου. Stilistisch handelt es sich wieder um eine *figura etymologica*.[136] Ὄνομα ist ebenfalls ein Begriff aus der Konzeption von kosmischen Mächte-Hierarchien. Im Christus-Enkomion Phil 2,6-11 steht die Aussage: „deshalb auch hat Gott ihn [Christus Jesus] übermäßig erhöht und ihm den *Namen* verliehen, der *über jedem Namen* ist" (V.9). Man könnte von daher die Wendung von Eph 1,21 in dem Sinne deuten, dass Gott Subjekt des ὀνομάζειν ist, welches dann im Sinne von Phil 2,9 als „Namen geben" aufzufassen wäre. Das würde dann auf den ersten Blick auch mit der Fortsetzung „nicht nur in diesem, sondern auch im künftigen Äon" zusammenpassen.[137] Doch spricht dagegen die Tatsache, dass die Figur ὄνομα ὀνομάζειν überwiegend begegnet im Sinne von „einen Namen anrufen" (neben Apg 19,13 z.B. auch in den Zauberpapyri[138] und JosAs 11,15.17).[139] Subjekt des ὀνομάζειν sind dann Menschen.[140] Dahinter steht die in Magie und Exorzismus geläufige mythologische Auffassung von der Namens-Macht: Die überirdischen Mächte sind mit ihrem Namen anrufbar; wer den Namen kennt, kann an der Macht des Namensträgers partizipieren (vgl. Apg 19,13) oder gewinnt gar Macht über ihn.[141] Schwierigkeiten bereitet dann allerdings die Fortsetzung „nicht nur in diesem, sondern auch im zukünftigen Äon", insofern nach der Inthronisation Christi künftig ja überhaupt keine derartigen Namen mehr angerufen zu werden brauchen. Doch ist es nicht zwingend, diese *zeitliche* Bestimmung ausschließlich auf das Partizip ὀνομαζομένου zu beziehen.[142] Möglich ist auch eine Beziehung auf die Gesamtaussage von der bleibenden Stellung Christi über alle Mächte, die im καθίσας (V.20) impliziert ist[143], oder lediglich auf das Stichwort ὄνομα, wobei über das künftige „Anrufen" dieser ja auch im Vollendungs-Äon noch existenten, aber nicht mehr zu verehrenden oder zu fürchtenden „Namen" nicht weiter reflektiert wäre. Abgesehen von der Frage des syntaktischen Bezugs bleibt eine Näherbestimmung auch in semantischer Hinsicht schwierig. Selbst Paulus, dessen Eschatologie wesentlich stärker zeitlich-apokalyptische Momente enthält als die des Eph-Verfassers, spricht niemals vom „künftigen Äon".

---

[136] S.o. A 61 zu 1,3b.
[137] So ALLEN, Body, 39f mit A 87; ausführlicher DERS., God the Namer.
[138] PGM LXI 2; ferner Clem.Alex., strom. V 14, 121,1; vgl. ARNOLD, 55.
[139] Doch gibt es auch Belege für die Bedeutung „einen Namen geben": TestAbr A 16,13; Tragiker Ezechiel bei Euseb, praep.ev. IX 28,2.30.
[140] So z.B.auch MITTON, Eph, 72f.
[141] Das „Rumpelstilzchen-Motiv"; zur Bedeutung des Namens in den Zauberpapyri vgl. H. BIETENHARD, ThWNT 5, 250f; ARNOLD, 14-55. Hier begegnen ὄνομα und δύναμις gemeinsam, z.T. synonym.
[142] So aber ALLEN, Body, 39f; DERS., God the Namer, 471.
[143] So z.B. SCHNACKENBURG, Eph, 78; MUSSNER, Eph, 56. In diesem Sinne wird die Bestimmung in Nestle-Aland seit der 26. Aufl. durch ein Komma vor οὐ μόνον abgetrennt – anders als in den früheren Auflagen und in GNT. ALLEN, God the Namer, 471, verweist dagegen auf die aktuale Funktion des aoristischen Partizips καθίσας. Doch kann die zeitliche ἐν-Bestimmung V.21b ebensogut auch nur auf die Nomina von V.21a oder eher noch auf πᾶν ὄνομα bezogen sein, also attributive Funktion haben.

Der Verfasser des Eph tendiert aber viel stärker zu einer „realisierten Eschatologie" und bevorzugt statt zeitlicher räumliche Kategorien.[144] Man wird deshalb hier traditionelle Sprache (wenn auch nicht – oder nur vermeintlich – paulinische) vermuten müssen.[145] Doch enthält der Eph an einigen Stellen Anzeichen für eine futurische Eschatologie, wonach die Gegenwart einerseits nur Vorgeschmack der ausstehenden Vollendung ist (so z.B. 1,14), andererseits aber zugleich noch den Platz der eschatologischen Auseinandersetzung, des Kampfes der Christen mit den Mächten der Finsternis, bildet (6,10–20). Für den Eph trifft dann – eher noch als für die genuinen Briefe des Paulus – das Modell von den sich überschneidenden Äonen zu, wonach die Kirche in der Gegenwart die Schnittmenge zwischen dem alten und dem neuen Äon darstellt. Dabei kommen dann räumliche und zeitliche Kategorien zusammen: Was „oben" schon Realität ist (die Inthronisation Christi, seine Funktion als Haupt), ist „unten" nur teilweise Realität: im Raum der Kirche; doch auch diese ist noch den Angriffen der negativen Kräfte ausgesetzt (vgl. auch u. zu 2,7).

22 Die Analyse von V.21 ergab, dass dieser Vers sowohl 1Kor 15,24 als auch Kol 1,16 (2,10.15) voraussetzt. Im Unterschied zu 1Kor 15,24 wurde in V.20 jedoch nicht ψ 109,1c, sondern V.1b zitiert. Wie in 1Kor 15,24–27 folgt nun in V.22 das Zitat von ψ 8,7.[146] Der Verfasser ist hier von der paulinischen Wiedergabe des Psalmverses direkt abhängig, wie der Wortlaut zeigt.[147] Nicht mit übernommen hat er jedoch die paulinische Tendenz, die Engelhierarchien als feindliche Mächte vorzustellen. Ein zweiter Unterschied zu Paulus besteht in der „realisierten Eschatologie": Während es Paulus in 1Kor 15,24–28 auf die noch ausstehende Vernichtung des letzten Feindes, des Todes, ankam (V.26), ist in Eph 1,20–22 die Erlösung des Alls mit der

---

[144] Die differenzierende Wendung „gegenwärtiger – zukünftiger Äon" lässt sich nicht außerhalb des Zeit-Schemas verstehen (gegen SCOTT, Eph, 157f).

[145] Vgl. LINDEMANN, 210; SCHNACKENBURG, Eph, 78. Dass hier ein tradierter Hymnus vorliege (BARTH, I, 155), ist ganz unwahrscheinlich: „nicht nur ... sondern auch" ist Prosastil – so FISCHER, 118, der diese Zeile deshalb gerade als Zusatz des Verfassers zu einem zitierten Lied einschätzt.

[146] Ps 8,5–9 handelt vom Menschen als einem von Jahwe beauftragten „Herrscher" über die Schöpfung (im Sinne von Gen 1,28). An allen neutestamentlichen Stellen, wo auf ψ 8,7 referiert wird (1Kor 15,27; Eph 1,22; Hebr 2,8; vgl. Phil 3,21; 1Petr 3,22), liegt jedoch schon ein messianisches Verständnis zugrunde. Das gilt auch für 1Kor 15,27, wo im Kontext (V.22) Adam und Christus einander gegenübergestellt werden. Dass Christus als ein ἄνθρωπος (V.21) und „letzter Adam" (V.45) bezeichnet wird, dürfte kaum der Grund für die Verwendung von ψ 8,7 gewesen sein. Vielmehr hat der messianische Vers ψ 109,1 diesen Psalmvers (8,7) nach sich gezogen. Dann aber ist es auch nicht gerechtfertigt, Christus in 1Kor 15 als die Erfüllung der göttlichen Bestimmung des Menschen, des idealen Adam, zu verstehen (gegen ALLEN, Body, 45). Erst recht lässt sich in Eph 1,22 nichts von einer „New Adam Theology" finden (gegen ALLEN, Body, 47f.56).

[147] 1Kor 15,27 und Eph 1,22: ὑπέταξεν ὑπὸ τοὺς πόδας αὐτοῦ. ψ 8,7: ὑπέταξας ὑποκάτω τῶν ποδῶν αὐτοῦ – so auch Hebr 2,8. – Die Vermutung, dass Paulus und Eph von einer gemeinsamen älteren Tradition der Wiedergabe von ψ 109,1 + ψ 8,7 abhängig seien (so z.B. LUZ, Geschichtsverständnis, 344; LINDEMANN, 82f; LOADER, Christ, 209f; HENGEL, Ps 110, 52f; vgl. DERS., Hymnus, 9–13), braucht hier nicht diskutiert zu werden; vgl. im übrigen HAY, 36f, und LAMBRECHT, Christological Use, 508 mit A 33.

I. 2.) 1,15–23 Die Danksagung

Auferweckung und Inthronisation im Prinzip bereits vollzogen (vgl. 1,10). Das liegt auf der Linie von Kol 1 und 2. Ein Unterschied zu Kol 1,16 besteht nur darin, dass nicht auf die schöpfungsursprüngliche Unterordnung der Mächte unter Christus zurückgegriffen wird – auch wenn der Verfasser in Eph 1,21 die Reihe der Engelnamen von Kol 1,16 vor Augen hatte.

Mit einem dem Versanfang korrespondierenden zweiten καί[148] wird eine zu V.22a parallel gesetzte Aussage angefügt: Gott hat ihm das All untergeordnet „und ihn als Haupt über das All der Kirche gegeben". Damit wird implizit ausgedrückt, dass er zugleich als Pantokrator auch das Haupt der Kirche ist.[149] κεφαλήν kann nicht Apposition zu αὐτόν sein, weil beide Wörter durch das Verb getrennt sind; es ist daher als prädikativer Akk. aufzufassen. Die Wortstellung (1. direktes Objekt [Akk.] – 2. Verb – 3. prädikativer Akk. – 4. indirektes Objekt [Dat.]) ist aber dennoch ungewöhnlich, insofern (1.) διδόναι selten mit doppeltem Akk. gebraucht wird und (2.) normalerweise das Dativobjekt dem prädikativen Akk. vorangehen müsste.[150] In LXX wird jedoch gelegentlich διδόναι mit doppeltem Akk. im Sinne von „jemanden zu etwas machen, einsetzen" (wie τιθέναι) gebraucht.[151] Beiden Akk. folgt das Dativobjekt in Ex 7,1; ψ 73,14; Ez 3,17; 12,6; 33,7. Ungewöhnlich ist dabei die Wortfolge in den drei Belegen aus Ezechiel: (1.) prädikativer Akk. – (2.) δέδωκα – (3.) Akkusativobjekt – (4.) Dativobjekt. Eph 1,22b weicht auch davon noch ab, insofern das Akkusativobjekt αὐτόν vorangestellt ist. Das aber erklärt sich durch die Parallelisierung zu V.22a (καὶ πάντα … καὶ αὐτόν). Es handelt sich also um einen Semitismus,[152] und die Bedeutung von αὐτὸν ἔδωκεν κεφαλήν … τῇ ἐκκλησίᾳ ist: „Er machte ihn zum Haupt … für die Kirche." Dann wirft aber das ὑπὲρ πάντα (zumal in seiner Stellung zwischen κεφαλήν und τῇ ἐκκλησίᾳ) Schwierigkeiten auf. Ὑπέρ + Akk. hat im Neuen Testament (und LXX) durchgehend komparativische, niemals lokale Bedeutung.[153] Die Bedeutung von πάντα ist wegen des Kontextes (sowohl von V.22a wie von V.23 her) eine kosmologische.[154] Es bleibt dann noch die Wahl zwischen einem attributiven Verständnis von ὑπὲρ πάντα (zu κεφαλήν)[155] oder einem adverbialen (zum gan-

---

[148] BDR § 444,3 mit A 4; vgl. SCHNACKENBURG, Eph, 78f.
[149] So z.B. EWALD, Eph, 103; SCHLIER, Eph, 89; GNILKA, Eph, 97; BARTH, Eph, I, 156; SCHNACKENBURG, Eph, 78f; HEGERMANN, Schöpfungsmittler, 152; LINDEMANN, 212. Dagegen betonen HANSON, Unity, 127; MUSSNER, 30f; MUSSNER, Eph, 57; BEST, 146, lediglich die Haupt-Funktion über das All (vgl. aber DERS., Eph, 182). CAIRD, Eph, 48, und HOWARD, Head/Body Metaphors, 353, beziehen die Haupt-Funktion nur auf die Kirche.
[150] Vgl. die subtile Analyse bei ALLEN, Body, 56–64.
[151] Z.B. Ex 7,1; Num 11,29; 3Kö 16,2; ψ 73,14; Jes 55,4; Jer 29,15; Ez 3,8.17; 12,6; 33,7.
[152] ALLEN, Body, 59.
[153] BDR § 230; vgl. ALLEN, Body, 59f.
[154] MUSSNER, 30f, bestreitet das unter Hinweis auf den fehlenden Artikel. Er fasst die Aussage von V.22b deshalb als rein ekklesiologische auf: Christus wurde als „alles überragendes Haupt" der Kirche gegeben. Doch das Fehlen des Artikels erklärt sich durch den Rückbezug auf das Zitat von ψ 8,7 in V.22a (vgl. z.B. COLPE, 177; GNILKA, Eph, 97 A 2; ALLEN, Body, 60; SCHNACKENBURG, Eph, 78f; gegen Mußner auch LINCOLN, Eph, 67; BEST, Eph, 182).
[155] „Er machte ihn zum alles überragenden Haupt für die Kirche." So z.B. MUSSNER, 30f.

zen Satz).[156] In letzterem Fall ergäbe sich der Sinn: „Und ihn machte er zum Haupt – mehr noch als über das All – über die Kirche." Im erstgenannten Fall (attributive Funktion) müsste man übersetzen: „Und ihn, der als Haupt das All überragt, gab er der Kirche".[157] Ὑπὲρ πάντα wäre dann zu verstehen als eine verkürzte Wiedergabe von V.22a.[158] Dieser Deutung soll hier der Vorzug gegeben werden. In beiden Fällen ergibt sich jedenfalls ein Nebeneinander von kosmologischer und ekklesiologischer Aussage. Damit werden Kosmos und Kirche in eine enge Beziehung gebracht. Man könnte sagen, dass die Stellung Christi als Haupt für die Kirche eine modale Spezifikation seiner Stellung über das All ist. Hier taucht das erste Mal im Eph das Wort ἐκκλησία („Kirche") auf.

Ἐκκλησία (im Eph durchgehend im universalen Sinne)[159] ist ein Wort mit extensiver Bedeutung: Versammlung, konstituierte Gruppe (die sich zu bestimmten Zwecken regelmäßig versammelt), „Gemeinde", „Kirche". Im Profan-Griechischen bezeichnet es die Volksversammlung. In LXX wird es ca. 70mal zur Wiedergabe von קָהָל (Versammlung des Volkes – z.B. als Kultusgemeinschaft) verwendet. Von daher erklären sich die beiden Grundthesen zur Herleitung:
    a) aus alttestamentlicher Tradition: das (eschatologische) Gottesvolk,[160]
    b) aus profan-hellenistischer Tradition: die örtliche Volksversammlung.[161]
Beide Herleitungen schließen sich gegenseitig nicht aus. Dass jedoch die Linie vom Alten Testament (Gottesvolk) direkt über die LXX (Wiedergabe von קָהָל durch ἐκκλησία) zum Neuen Testament führe, dieser These hat W. Schrage den Boden entzogen:[162] Gerade die alttestamentlichen Stellen, an denen LXX das hebräische Wort קָהָל durch ἐκκλησία wiedergibt, enthalten nicht den Gedanken einer eschatologischen Heilsgemeinde.[163] Der neutestamentliche Befund ergibt ein auf den ersten Blick widersprüchliches Bild: Während Pau-

---

[156] So z.B. ALLEN, Body, 62: „The point of comparison is … between everything of which Christ is made Head, and the Church of which He is in a special sense made Head". Dagegen spricht jedoch der komplizierte Sinn und die Stellung der Wendung im Satz: Man würde ὑπὲρ πάντα dann doch eher vor ἔδωκεν erwarten.

[157] Vgl. BAUER/ALAND, Wb., 1672.

[158] Darin besteht der Unterschied zu der attributiven Deutung von MUSSNER, (s.o. A 154 und 155).

[159] Eph 1,22; 3,10.21; sechsmal in 5,23-32; so auch Kol 1,18.24; ferner: Mt 16,18. Der Begriff fehlt aber auffälligerweise im Präskript von Eph und Kol: „Wenn der Kolosser- und der Epheserbrief den Kirchenbegriff gerade nicht in ihre Präskripte übernommen haben, dann liegt das daran, dass sie ihn für die *Gesamt*kirche reserviert sehen wollten" (THEOBALD/PILLINGER, Eph, 20 A 20).

[160] So z.B. ROST, Vorstufen; K.L. SCHMIDT, ThWNT 3, 517; O. LINTON, RAC 4, 907; K. STENDAHL, RGG³ 3, 1298f; DELLING, Kirche, 302; ALLEN, Body, 49-51.55.

[161] Dazu C.G. BRANDIS, PRE 5 (1905), 2163-2208. Diese zweite Herleitung findet sich als ausschließliche wohl nur bei PETERSON, Die Kirche, 14f.19 (dazu K.L. SCHMIDT, ThWNT 3, 517 A 27).

[162] SCHRAGE, „Ekklesia"; DERS., 1Kor, I, 102. Schrage führt den ἐκκλησία-Begriff auf die Hellenisten zurück, die ihn in gesetzeskritischer Polemik als Antithese zum besetzten Begriff συναγωγή gewählt hätten; zur Kritik daran: BERGER, Volksversammlung, 184; LINCOLN, Eph, 67-70; MERKLEIN, Ekklesia Gottes, 306; dort (306f) auch eine Kritik an Bergers These, ἐκκλησία bedeute ursprünglich noch keine Gruppe, nur die aktuelle Zusammenkunft; vgl. auch MERKLEIN, 1Kor, I, 69-72.

[163] Vgl das Fazit bei H.P. MÜLLER, THAT II 609-619, 618: „Nirgends im AT bezeichnet *qahal* die eschatologische Heilsgemeinde: lediglich 1QM 4,10 ist *qhl 'l* Aufschrift eines Feldzeichens der eschatologischen Krieger".

lus überwiegend mit ἐκκλησία die örtliche Einzelgemeinde bezeichnet,[164] wird nicht nur *nach* ihm (in Kol und Eph) ein universaler Begriff von ἐκκλησία entwickelt, sondern es gibt auch Hinweise auf eine vorpaulinische Verwendung des Begriffs, die gesamtkirchliche Implikationen hat. So geht die Wendung ἐκκλησία θεοῦ (Gal 1,13; 1Kor 15,9) vielleicht auf eine vorpaulinische Bezeichnung der Jerusalemer Urgemeinde zurück (vgl. Phil 3,6: absolutes ἐκκλησία).[165] Θεοῦ wird dabei als Gen. auctoris (die von Gott gesammelte Schar) anzusehen sein. Das drückt dann ein eschatologisches Selbstverständnis aus. Unklar ist jedoch, woran diese Terminologie im jüdischen Bereich angeknüpft haben könnte, da direkte Anknüpfung an die alttestamentliche Verwendung von קָהָל (etwa auf direktem Wege über den LXX-Sprachgebrauch) ausscheidet. Eine Anknüpfung an die Qumran-Schriften[166] ist ebenfalls unwahrscheinlich. Die beiden Belege für קְהַל אֵל, 1QM 4,10 („Aufgebot Gottes" im endzeitlichen Krieg) und 1QSa 2,4 (Emendation!), vermögen die Beweislast nicht zu tragen. Dann aber bleibt am wahrscheinlichsten die Möglichkeit, dass der alttestamentliche Begriff קְהַל יהוה (Dtn 23,2f; 1Chr 28,8; Mi 2,5), in LXX mit ἐκκλησία κυρίου wiedergegeben,[167] nicht nur seine Entsprechung im hellenistisch-jüdischen Bereich sowohl im Ausdruck ἐκκλησία κυρίου wie in ἐκκλησία θεοῦ fand (Philon, LA III 8),[168] sondern auch inhaltlich neu akzentuiert wurde: Nicht als ein neues „Aufgebot" Israels verstand sich die Gemeinde – auch ging es nicht um polemische Okkupation des Gottesvolk-Anspruchs, sondern als die nun nicht mehr ethnisch (1Kor 10,32) konstituierte Gruppe der „Heiligen" Gottes. Dabei legt es sich dann nahe, den neutestamentlichen Sprachgebrauch mit W. Schrage auf die vorpaulinischen Hellenisten zurückzuführen.[169] Ein hebräisches bzw. aramäisches קְהַל אֵל als Äquivalent zu postulieren,[170] kann mangels an Belegen nur als Vermutung gewertet werden. Demnach hat Paulus den ἐκκλησία-Begriff von den Hellenisten übernommen (vgl. 1Kor 10,32; Gal 1,13). Dabei kommt der Gedanke der Einheit (neben 1Kor 10,32) noch in den Adressen der Korintherbriefe zum Ausdruck, wo die Ortsangabe der Konkretisierung der einheitlichen Gottesgemeinde dient: τῇ ἐκκλησίᾳ τοῦ θεοῦ τῇ οὔσῃ ἐν Κορίνθῳ (1Kor 1,2; 2Kor 1,2). Sonst aber ist bei ihm ἐκκλησία Prädikat der jeweiligen Lokalgemeinde (entsprechend kann er den Plural gebrauchen), und den Gedanken der Einheit entwickelt er – wenn überhaupt – in Unabhängigkeit vom Terminus ἐκκλησία: durch die ἐν-Χριστῷ-Wendung, das Taufmotiv, das Leib-Christi-Bild.

Gerade dieser zuletzt genannte Komplex hat in Kol und Eph eine entscheidende Uminterpretation erfahren, wobei er mit dem ἐκκλησία-Begriff verbunden worden ist. In der neueren Exegese hat sich die Ansicht inzwischen durchgesetzt, dass hinter dem paulinischen Leib-Christi-Motiv kein vorgegebener gnostischer Anthroposmythos steht,[171] wie ihn noch E. Käsemann postuliert hatte,[172] sondern dass Paulus in selbständiger Argumentation gegen

---

[164] Nach CERFAUX, Church, 109–117, und HAINZ, Ekklesia: ausschließlich; dagegen LINCOLN, Eph, 67.
[165] MERKLEIN, Ekklesia Gottes, 296–318; J. ROLOFF, EWNT² 1, 998–1011, 1000; DERS., Kirche, 82–85.
[166] So STUHLMACHER, Gerechtigkeit Gottes, 210f; ROLOFF, EWNT² 1, 1000; DERS., Kirche, 83.
[167] Vgl. auch Philon, LA III 81; post. 177; ebr. 213; conf. 144; Sir 24,2 (ἐκκλησία ὑψίστου).
[168] Mehrfach geht Philon im Allegorischen Kommentar auf Dtn 23,2 ein, wobei er den Gen. unterschiedlich wiedergibt: neben κυρίου (LA III 81; post. 177; ebr. 213; conf. 144) und θεοῦ (LA III 8) auch τοῦ πανηγεμόνος (mut. 204) und durch das Adjektiv ἱερός (Deus 111; migr. 69; somn. II 184.187).
[169] Die Erwägungen Schrages zur gesetzeskritischen Tendenz der Wahl dieses Ausdrucks erübrigen sich dabei; vgl. auch MERKLEIN, 1Kor, I, 69f.
[170] So MERKLEIN, Ekklesia, 311.
[171] Vgl. SCHENKE; COLPE, Schule; FISCHER, 58–78.
[172] KÄSEMANN, Leib Christi; DERS., Problem; vgl. auch SCHLIER, ThWNT 3, 676 Z.4ff; JERVELL, Imago Dei; SCHWANZ, Imago Dei, 27–41.

den Heilsindividualismus der korinthischen Pneumatiker im 1Kor dieses Konzept eigens entwickelt hat.[173] Voraussetzen konnte er dabei das ἐν-Χριστῷ-Motiv, das mit dem Taufverständnis in Verbindung steht (vgl. Gal 3,26–28) und – zumindest in Korinth – rein pneumatisch verstanden wurde. Paulus akzentuiert dagegen die leibliche und soziale Komponente. In 1Kor 6,15 geht es ihm um das metonymische Verhältnis des Leibes zum Kyrios („Glieder Christi"). In 1Kor 10,14ff, wo das Stichwort σῶμα in der Herrenmahltradition vorgegeben ist, kommt es auf die κοινωνία an. In 1Kor 12,12–31[174] schließlich verwendet er den Organismus-Gedanken (wohl aus stoischer Tradition: vgl. Seneca, epist. 92,30; 95,52) als Metapher auf der Basis des In-Christus-Seins.[175]

Die paulinische Redeweise vom „Leib Christi" wird nun in Kol und Eph mit dem ἐκκλησία-Begriff verbunden (Kol 1,18.24; Eph 1,22f; 5,23) und dabei in kosmische Dimensionen ausgeweitet. Diese zweite Transformation ist durch ein neues Konzept, nämlich die Vorstellung von einem kosmischen Leib, bedingt. Was die religionsgeschichtliche Herkunft dieser Leib-Metaphorik betrifft, so werden in der Exegese zwei Grundtypen von Ableitungen vertreten:

(a.) Der erste Grundtyp ist religionsgeschichtlich ausgerichtet. Hier wird die Herkunft aus einer im Hellenismus verbreiteten kosmologischen *Vorstellung vom All-Gott* erklärt, die aus dem Mythos stammt (Entstehung des Kosmos aus dem Leib eines Urwesens) und dann vor allem bei Platon, in der Orphik, in der Stoa, bei Philon und schließlich – dualistisch abgewandelt – in der Gnosis eine Rolle spielt.[176] Schon bei Platon, dann vor allem in der Stoa ist das kosmologische σῶμα-Modell auch auf die menschliche Gemeinschaft und den Staat bezogen worden.[177] Eine Rolle spielt dabei die stoische Relation von Mensch (als Mikro-Kosmos) und Kosmos (als Makro-Anthropos), die auch Philon aufgreift. Bei ihm freilich wird das stoische Entsprechungsmotiv stärker dualisiert und vor allem auf νοῦς und Logos bezogen (vgl. schon SapSal 7,21–30). Als Untertypen dieses religionsgeschichtlichen Ableitungsmodells der (Haupt-)Leib-Metaphorik in Kol und Eph könnte man die stoische,[178]

---

[173] Z.B. SCHWEIZER, Homologumena; DERS., ThWNT 7, 1064–1079; MERKLEIN, Leib-Christi-Gedanke; SELLIN, Streit, 59–62.

[174] Der Terminus σῶμα Χριστοῦ begegnet nur 1Kor 12,27.

[175] Vgl. MERKLEIN, Leib-Christi-Gedanke, 339: „,Leib Christi' ist ... eine Interpretation des *In-Christus-Seins* (vgl.Gal 3,28b)". Wie stoische Leib-Metaphorik und ἐν-Χριστῷ-Motivik verbunden werden, zeigt deutlich Röm 12,5: ἐν σῶμά ἐσμεν ἐν Χριστῷ.

[176] Die wichtigsten Belege: Platon, Tim. 30b. 31b (der Kosmos als ein ζῷον); 92c (identifiziert mit Gott); Orphisches Fragment 168,2.10; vgl. Fragment 176 (KERN); Stoa: z.B. SVF I 110.153.537; II 475.527.534.546.633–638 (das All als ζῷον, als ganzheitlicher Organismus, als göttlich; die Menschen als ihm angehörende Glieder); Seneca, epist. 65,24; 92,30; 95,52; Philon: opif. 82; plant. 7; her. 155f; Abr. 74; praem. 33; migr. 178.180.220; Hermetik: CH II 2; IX 8; X 14; XI 4; Gnosis: Irenäus, haer. I 12,4; Hippolyt, haer. V 7,6.30.36; 8,13ff.41; VII 23,3; 24,1f; Clem. Alex., exc.Theod. 22,3; 26,1–3; OdSal 17,14f; NHC XIII 35,30. – Ausführlichere Vorstellung der Belege bei SCHWEIZER, ThWNT 7, 1024–1091; HEGERMANN, Schöpfungsmittler, 45–67; FISCHER, 71–78; KLAUCK, Herrenmahl, 337–343; POKORNÝ, Kol 68f.125–127. Auf die stoische und mittelplatonische Physik führt VAN KOOTEN, Christology, 17–58, das Konzept zurück.

[177] Platon, rep. 556e; Seneca, clem. I 5,1; II 2,1; Epiktet, diss. II 5,23–26; 10,3f; 23,2f.20–23; vor allem die Fabel des Menenius Agrippa: Livius II 32,9–11.

[178] Allein aus der Stoa wird das Leib-Christi-Motiv als ganzes nur selten abgeleitet; direkte Abhängigkeit einzelner Aspekte nehmen aber an: T. SCHMIDT, 128f; DUPONT, 440–453; MUSSNER, 153–174.

die hellenistisch-jüdische[179] und die gnostische Variante[180] der Allgott-Konzeption ansehen.

(b.) Vor allem in der englischen Exegese wird das Leib-Christi-Konzept auf alttestamentlich-jüdische Wurzeln zurückgeführt, insbesondere auf das Modell der „korporativen Persönlichkeit":[181] Im hebräischen Denken werde das Volk durch einen Stammvater repräsentiert, der seine nachkommenden Individuen in sich enthält. Eine Variante dieser Ableitung ist die These einer besonderen Adam-Theologie: Wie Adam die Menschheit repräsentiert, repräsentiere Christus als der neue Adam die Kirche als Schar der erneuerten Menschen.[182] Doch begegnet hier nicht der Begriff Leib, und wo er – im Zusammenhang mit Adam-Spekulationen – auftaucht, handelt es sich um späte Belege (die rabbinischen wie die gnostischen), die dann meist auch schon die hellenistische kosmologische (All-Gott-)Leib-Konzeption voraussetzen. Vor allem aber können die kosmologischen Aspekte, die das (Haupt-)Leib-Christi-Motiv in Kol (besonders in 1,15-18) und Eph (besonders in 1,20-23) hat, durch das Modell der Stammvater-Vorstellung nicht erklärt werden.[183]

Dabei ist in der neueren Forschung nicht nur für das paulinische, sondern auch für das *deuteropaulinische* Konzept vom kosmischen Leib das gnostische Ableitungsmodell zurückgewiesen[184] und durch ein anderes ersetzt worden, das auf hellenistisch-jüdische Wurzeln verweist.[185] Das „Einfallstor" dieser Vorstellung stellt das Enkomion in Kol 1,15-20 dar[186] – wobei es gleichgültig ist, ob man καὶ αὐτός ἐστιν ἡ κεφαλὴ τοῦ σώματος in V.18a noch zum ursprünglichen Text rechnet oder als Zusatz des Briefverfassers ansieht.[187] Mit dem „Leib" ist auf jeden Fall das All, der Kosmos gemeint.[188] Christus wird als „Haupt" des kosmischen Leibes bezeichnet im Anschluss an die hellenistisch-jüdische Adaption der All-Gott-Vorstellung. Das ganze Enkomion beruht inhaltlich auf der Logos-Konzeption, wie sie

---

[179] Diese Ableitung, die auch in diesem Kommentar vertreten wird, findet sich z.B. bei COLPE; HEGERMANN, Schöpfungsmittler; DERS./GNILKA, Eph, 99-111; SCHNACKENBURG, Eph, 306-319; FAUST, 41-58.71f.

[180] So z.B. SCHLIER; KÄSEMANN, Leib Christi, 138ff; mehr in Auseinandersetzung mit dem gnostischen Modell und in Beschränkung auf die Naassenerpredigt und das Corpus Hermeticum: POKORNÝ, Σῶμα Χριστοῦ; DERS., Gnosis, 50-58.

[181] Zurück geht dieses Konzept auf H.W. ROBINSON, Corporate Personality. So auch J.A.T. ROBINSON, 58-67; BEST, 29.73.78.95-106.203-214; vgl. YATES, Re-Examination, 149-151; bereits T. SCHMIDT, 126-128.217-223; PERCY, 38-44. Grundlegende Darstellung zum Konzept der *corporate personality*: DE FRAINE/KOCH, Adam; vgl. ALLEN, Body, 332-340.

[182] So vor allem ALLEN, Body, 82 u.ö.

[183] Zur Kritik an der Herleitung des paulinischen bzw. deuteropaulinischen Leib-Christi-Motivs aus der alttestamentlich-jüdischen Kategorie der „corporate personality": FISCHER, Tendenz, 55f; KLAUCK, Herrenmahl, 340f; vgl. auch KÄSEMANN, Röm, 134: „Christus ist kein Patriarch … Der Idee kommt bestenfalls Hilfsfunktion für das Verständnis zu".

[184] SCHENKE, Gott „Mensch"; HEGERMANN, Schöpfungsmittler; COLPE; FISCHER, 58-68.

[185] E. SCHWEIZER, ThWNT 7, 1035f.1048.1051f; DERS., Antilegomena, 295f; LOHSE, Kol, 93-97; H.-F. WEISS, Gnostische Motive, 316f; MERKLEIN, Paulinische Theologie, 434f.

[186] Das Enkomion besteht aus zwei im wesentlichen parallel gebauten Strophen: (1.) V.15-18a; (2.) V.18b-20.

[187] Mit minimalen Zusätzen rechnen z.B. LOHSE, Kol, 79-82; WENGST, Formeln, 170-180; SCHWEIZER, Kol, 50-69 und POKORNÝ, Kol, 52, während BURGER, Schöpfung, 3-38, eine Minimalfassung rekonstruiert. Formale Gründe sprechen für die minimale Vorlage, inhaltliche (die hier die gewichtigeren sind) jedoch für größeren Umfang, insbesondere die Einbeziehung von V.18a in die Vorlage.

[188] Vgl. Platon, Tim. 31b (30b: der Kosmos als ein ζῷον); vgl. dazu ausführlich: VAN KOOTEN, Christology, 17-58.

uns durch Philon bekannt ist: εἰκών (Abbild), Erstgeborener der Schöpfung, ἀρχή (Anfang), Schöpfungs*ort* (V.16a: ἐν αὐτῷ ἐκτίσθη, vgl. V.17) und Schöpfungsmittlerschaft – das alles sind Aussagen, die bei Philon vom Logos gemacht werden.[189] Ob Philon den Logos als κεφαλή bezeichnet hat, ist allerdings umstritten, denn der wichtigste Beleg, QE II 117, ist deutlich christlich bearbeitet und wohl als ganzer interpoliert.[190] Doch auch in somn. I 66 wird der Logos als κεφαλή = Gipfel bezeichnet, zu dem der νοῦς des Frommen emporsteigen kann. An dieser Stelle ist das κεφαλή-Prädikat mit dem τόπος-Prädikat verbunden.[191] Der Logos stellt ja die Spitze der Seinspyramide dar. Somn. I 128 findet sich das der Stoa entstammende Bild vom „Haupt des einheitlichen Leibes" (σώματος ἡνωμένου κεφαλήν; vgl. Röm 12,5: ἐν σῶμά ἐσμεν ἐν Χριστῷ) und der διάνοια als τῆς ψυχῆς κεφαλή.[192] Die κεφαλή-σῶμα-Relation in ihrer kosmologischen Anwendung geht zurück auf das stoische Modell einer Entsprechung von Mensch (Mikrokosmos) und Kosmos (Makro-Anthropos),[193] die als solche nicht dualistisch, sondern monistisch aufgefasst wird. Hier liegt also gar nicht das paulinische Leib-Christi-Motiv vor. Indem der Verfasser des Kol jedoch den Kosmos-Leib des zitierten Enkomions auf die ἐκκλησία deutet, kommt die paulinische Wendung σῶμα Χριστοῦ (1Kor 12,25; vgl. Röm 12,5) in den Horizont – in Kol 2,17 dann schon terminologisch verfestigt als τὸ ... σῶμα τοῦ Χριστοῦ (abhängig davon Eph 4,12).

Die enge Beziehung des Enkomions in Kol 1 zur hellenistisch-jüdischen Vorstellung von der Kosmos-Logos-Relation erstreckt sich aber noch auf weitere Aussagen. Der Begriff πλήρωμα (Kol 1,20) weist indirekt ebenfalls darauf zurück.[194] Es gibt fünf religionsgeschichtliche Ableitungsversuche des πλήρωμα-Begriffs:

(1.) In der (späteren) *Gnosis* ist πλήρωμα Terminus geworden für den vom Kosmos getrennten transzendenten unkörperlichen Bereich der Emanationen Gottes (wobei Gott häufig selber noch einmal vom Pleroma getrennt wird). Abgesehen davon, dass die gnostischen Belege alle jünger sind, bezeichnet πλήρωμα in Kol (1,19; 2,9) und Eph (1,23; 3,19; 4,13 – vgl. 4,10) ganz undualistisch Gottes bzw. Christi Ausfüllung des Kosmos bzw. der Kirche.

(2.) Der zweite Bereich, aus dem der πλήρωμα-Begriff häufig hergeleitet wird, ist die *Stoa*.[195] Hier fehlt allerdings das Nomen selbst, doch ist das Konzept in den Ausdrücken πληροῦν und πλήρης greifbar. Im Gegensatz zur Gnosis steht es hier zwar in einem mo-

---

[189] Z.B. opif. 25; LA III 95–103; plant. 18; fug. 12; QG II 62; entscheidend ist aber die Stelle conf. 146-148, wo Logos, εἰκών, ἀρχή, πρωτόγονος (πρωτότοκος in Kol 1,15.18) als Namen bzw. Prädikate der einen Gestalt erscheinen (zu πρωτόγονος vgl. auch conf. 62f; agr. 51; somn. I 215). Der Logos als „Ort" (τόπος) des Kosmos: opif. 20; somn. I 66.116–119.

[190] „The head of all things is the eternal Logos of the eternal God, under which, as if it were his feet or other limbs, is placed the whole world, over which He passes and firmly stands. Now it is not because Christ is Lord that He passes ..." (Marcus, Philo Supplement II, 168). Möglicherweise beginnt der christliche Einschub erst mit „Now it is not because ...".

[191] Vgl. dazu u. bei A. 202 u. 203; Hegermann, Schöpfungsmittler, 100, verweist noch auf LA III 175; vgl. ferner migr. 102f; fug. 110f; somn. I 128.133f; II 19.189.

[192] Die „Kopf"-„Körper"-Metaphorik als Ausdruck der Hierarchie: LA I 71; det. 85; spec. I 184; praem. 114.125.

[193] Vgl. Colpe, 181 mit A 26.

[194] Vgl. zum folgenden Colpe, 177f; Hegermann, Schöpfungsmittler, 58–67.105–110; Ernst, Pleroma, 30–36; Schweizer, Kol, 65–67.

[195] So z.B. Dupont, 454–468; Benoit, 271–279; vgl. aber auch Ernst, 117–121; dagegen Gnilka, Eph, 106f A7.

I. 2.) 1,15–23 Die Danksagung

nistischen System, doch bildet der stoische ἓν-τὸ-πᾶν-Gedanke nun das Extrem zur anderen Seite. Die πλήρωμα-Konzeption in Kol und Eph ist gerade nicht pantheistisch, insofern Gott dem Kosmos gegenüber transzendent bleibt. Erst im Corpus Hermeticum begegnet das Nomen selbst, teils in stoischer, teils in gnostischer Fassung (s. u. A 197).

(3.) Ein dritter Bereich, aus dem der Begriff abgeleitet wird, ist die biblische bzw. hellenistisch-jüdische *Weisheitsliteratur*.[196] Wie in der Stoa fehlt auch hier das Substantiv πλήρωμα für das Konzept. Der Gedanke, dass Gott den ganzen Kosmos oder einen transzendenten Bereich „ausfüllt", ist für diese Literatur nicht markant.

(4.) Die genauesten Parallelen bietet wieder *Philon*, der offenbar stoische Motive aufgegriffen und seinem jüdischen Gottesglauben (mit Hilfe platonischer Philosopheme) angeglichen hat – wenn auch das Substantiv πλήρωμα selber in diesem Sinne auch bei ihm fehlt.[197] Doch findet man ad vocem (ἐκ)πληροῦν und πλήρης die entscheidenden Inhalte. Die Grundaussage ist: Gott erfüllt die ganze Welt – so in LA I 44; III 4 (πάντα γὰρ πεπλήρωκεν ὁ θεός); sacr. 67; det. 153 (τὸ πᾶν); post. 6.14 (τὸν κόσμον).30; gig. 47; Deus 57; conf. 136; somn. II 221. Weil Gott so den Raum durch seine Existenz und Wirksamkeit konstituiert, kann er das Prädikat ὁ τόπος erhalten (conf. 96; fug. 75.77; somn. I 64.67.127.182). Gleichzeitig wird aber auch der Logos ὁ τόπος genannt (opif. 20; somn. I 66.116-119.229f), weil er in sich den κόσμος νοητός, die Ideenwelt, enthält und als ihre zusammenfassende Spitze den „Ort" darstellt, auf den Mose, der Charismatiker, heraufberufen wird (QE II 39; somn. I 61-71.116-119). Nach Mos. II 238 erfüllt Gott alles mit seiner Gutes wirkenden δύναμις; ebenso heißt es QG IV 130: „... Him, who truly with His being *fills all things with His powers* for the salvation of all ..." (R. Marcus). Gig. 27 wird vom πνεῦμα gesagt, dass es alles ausfüllt (vgl. SapSal 7,21-30). In somn. I 62f heißt es: „Dreifach aber ist (der Begriff) τόπος zu verstehen: einmal als vom Körper erfüllter Raum (χώρα ὑπὸ σώματος πεπληρωμένη), zweitens als der göttliche Logos, den Gott selbst ganz und gar mit unkörperlichen Kräften angefüllt hat ... Nach der dritten Bedeutung wird Gott selbst τόπος genannt, weil er das Ganze (τὰ ὅλα) umfasst, selbst aber von Nichts umfasst wird ..."[198] Der Logos ist so zugleich der Ort, *den* Gott erfüllt, wie das Mittel, *durch das* Gott alles mit seiner Kraft (bzw. seinen Kräften) erfüllt. In her. 188 wird von ihm gesagt, dass er alles Seiende „ausfüllt". Nach QE II 68 ist es der Logos, der (wie sonst von Gott gesagt) alles erfüllt (τὰ ὅλα πληρῶν καὶ μεσιτεύει ... φιλίαν καὶ ὁμόνοιαν ἐργαζόμενος – vgl. Kol 1,20). In Kol 1,19 ist freilich nicht (ein zu ergänzendes) „Gott" das Subjekt (zu εὐδόκησεν mit den zwei Infinitiven κατοικῆσαι und ἀποκαταλλάξαι), sondern πᾶν τὸ πλήρωμα.[199] Dann ist πλήρωμα als Gottesbezeichnung zu verstehen,[200] und die umständliche Aussage entspricht der philonischen Rede von Gottes Anfüllen des Logos mit seinen göttlichen Kräften. Dazu passt dann die Formulierung mit εὐδοκεῖν, die in diesem Zusammenhang Gott selbst als Subjekt fordert. Im Hintergrund steht eine Aussage wie ψ 67,17: „Es hat Gott gefallen, auf ihm (dem Sinai) zu wohnen (τὸ ὄρος, ὃ εὐδόκησεν ὁ θεὸς κατοικεῖν ἐν αὐτῷ). Kol 1,19 ist demnach zu übersetzen: „Das ganze göttliche Pleroma beschloss, in ihm (dem Logos) zu

---

[196] So z.B. KNOX, St.Paul, 153-166; FEUILLET, L'Église, 593-610; dagegen aber DUPONT, 470f.
[197] Die ältesten Belege für das Substantiv πλήρωμα im kosmologischen Sinne sind die aus Kol und Eph. Weder in der Stoa noch bei Philon begegnet der Begriff in diesem Sinne. Wahrscheinlich ist der Terminus aus apokalyptischer Tradition durch den Verfasser von Kol 1,15-20 erstmals auf das kosmologische Konzept (Philon) übertragen worden.
[198] In diesem Zusammenhang begegnet auch das κεφαλή-Prädikat des Logos (somn. I 66).
[199] Vgl. z.B. MÜNDERLEIN, Pleroma, 265f; ERNST, 84-87; SCHWEIZER, Kol, 65-67.
[200] So die meisten Ausleger, z.B. ALLEN, Body, 100 mit A 311.

wohnen" (vgl. Joh 1,14.16: ὁ λόγος – ἐσκήνωσεν – πλήρης – πλήρωμα; vgl. Joh 1,18 mit Kol 1,15: der Topos vom unsichtbaren Gott; μονογενής – πρωτότοκος).[201]

(5.) Eph 1,10 und Gal 4,4 könnten an stärker apokalyptisch orientierte Kreise des hellenistischen Judentums denken lassen.[202] Doch ist es sehr schwer, die Verwendung von πλήρωμα in Eph 1,10 (und Gal 4,4) und die in Eph 1,23 (sowie 3,19; 4,13) auf einen gemeinsamen Ursprung zurückzuführen. Möglich ist aber die Annahme, dass der *Terminus* πλήρωμα auf das apokalyptische Zeit-Vollendungsmotiv zurückgeht (wie in Gal 4,4) und vom Verfasser des „Hymnus" Kol 1,15–20 erstmals auf das stoisch-philonische Konzept vom (räumlichen) Erfüllen Gottes und des Logos (mit seiner Terminologie von πληροῦν – πλήρης) angewandt wurde. Der Verfasser von Eph hätte dann beide Konzepte – das apokalyptische (1,10) und das hellenistische (1,23; 3,19; 4,13) äquivok verwendet, ohne dass die Konzepte sachlich miteinander ausgeglichen wurden. Das erfordert freilich die exegetische Aufgabe, die eschatologischen und die kosmologisch-ekklesiologischen πλήρωμα-Aussagen des Eph in einem sachlichen Zusammenhang zu interpretieren.[203]

Man wird also kaum noch bestreiten können, dass der Kol 1,15–20 wesentlich bestimmende Motivkomplex in nahezu allen seinen Elementen die größte Nähe zu hellenistisch-jüdischen Gott-Logos-Kosmos-Spekulationen hat, wie sie uns aus Philons Schriften bekannt sind. Die wesentliche Änderung des Verfassers des Kol besteht nun darin, dass der „Leib" (in der Vorlage des Enkomions der Kosmos) als ἐκκλησία prädiziert wird. Angelegt ist eine solche personale, soziale Komponente indirekt auch schon in der hellenistisch-jüdischen Tradition, wie sie Philon vorstellt, insofern der Logos das Vorbild, der „Vater" der „Söhne Israels", der „Hörenden" ist:

„Wenn aber jemand noch nicht würdig ist, Sohn Gottes zu heißen, so bestrebe er sich, sich zuzuordnen dem Logos, seinem Erstgeborenen ... Denn wenn wir auch noch nicht tüchtig sind, als Söhne Gottes erachtet zu werden, so doch seines formlosen Abbildes, des hochheiligen Logos; der ehrwürdige Logos ist nämlich das Ebenbild Gottes. An vielen Stellen der Gesetzgebung werden sie nun Söhne Israels genannt, die Hörenden als (Söhne) des Schauenden ..." (conf. 146–148).

In Kol 1,24 werden Leib Christi und Kirche identifiziert. Entsprechend ist in 1,18 der Gen. τῆς ἐκκλησίας als ein Gen. explicativus bzw. epexegeticus aufzufassen.

Eph 1,22f ist deutlich von den entsprechenden Aussagen im Kol (1,16.18f.24; 2,9f) abhängig. Die κεφαλή-Funktion bezieht sich zunächst noch auf das All.[204] Christus ist als Herrscher über alle kosmischen Mächte eingesetzt worden: Eph 1,20–22a. Als ein solcher aber ist er der Kirche gegeben. Hier wird erstmals im Eph die Metaphorik von κεφαλή und σῶμα herangezogen, die aus dem Kol (1,18; 2,10.19) übernommen wurde und in Eph 4,15f und 5,23.30 wiederbegegnet.[205] Im Hintergrund steht dabei eine bereits hellenistisch-jüdisch modifizierte All-Gott-Konzeption

---

[201] Der Prolog Joh 1,1–18 hat überhaupt die größte Nähe zu Kol 1,15–18. Das zeigt noch einmal indirekt, dass hinter Kol 1,15–18 die (philonische) Logos-Gestalt steht.

[202] So van Roon, authenticity, 227–262. Er verweist dafür auf OdSal 7,11 (Gott als Pleroma der Äonen) und Papyrus Cairo 10263, p.15 (= S. 13 bei Preisendanz, PGM II, 200f). Doch ist das ein sehr später Beleg (4. oder 5. Jh.n.Chr.).

[203] van Kooten, Christology, 126f.159–166.209–213.

[204] Gegen Mussner, 30f (s.o. A 154 und 155).

[205] Zur Haupt-Leib-Metaphorik vgl. vor allem Dawes, 150–167, und (speziell zu 1,23) 236–250.

vom Logos.[206] In Kol 1,17f ist diese Vorstellung noch greifbar, wenn man den epexegetischen Gen. τῆς ἐκκλησίας in V.18 als deutende Zufügung erkennt. Der Kosmos ist der „Leib", der Logos-Christus das „Haupt". Der gleiche Hintergrund scheint auch noch Eph 1,22f durch: Das auffällige Nebeneinander von kosmischer und ekklesialer „Haupt"-Funktion Christi erklärt sich am besten durch den Einfluss von Kol 1,15–20. Doch ist der ekklesiale Aspekt an unserer Stelle eindeutig in den Vordergrund gerückt. Der kosmische Aspekt wird im Eph auf die universale Kirche verschoben.

23 Indem im Relativsatz V.23 die *Kirche* mit dem „Leib" Christi prädiziert wird, ergibt sich jene Verschiebung, die der Verfasser des Kol bereits in seiner Interpretation des *Enkomions* mit Hilfe des epexegetischen Gen. τῆς ἐκκλησίας eingeleitet hatte. In gewisser Weise wird dadurch die Kosmokrator-Funktion spezifiziert. Für das Stichwort σῶμα gelten entsprechende Konnotationen wie für κεφαλή: Die paulinische σῶμα-Metapher aus dem 1Kor klingt an; der Kosmos und die Kirche werden als universale Organismen vorgestellt. Dabei ergeben sich später Verschiebungen im Bild von der kosmischen zur ekklesialen Bildempfängerebene (s.u. zu 4,15f; 5,23–33).

Die Relation von „Haupt" und „Leib" wird in der Exegese je nach religionsgeschichtlicher Ableitung unterschiedlich bestimmt.[207]

(1.) Bei einer Herleitung vom gnostischen Urmensch-Erlöser-Modell wären „Haupt" und „Leib" nicht zu unterscheiden, weil dort die re-integrierten Pneumafunken, die den (geistlichen) Leib ausmachen, mit dem Erlöser (als Haupt) identisch sind. Doch ist ein solches Urmensch-Erlöser-Konzept in der Gnosis nicht vor dem Manichäismus nachweisbar.[208]

(2.) Bestimmte Varianten der All-Gott-Vorstellung könnten vielleicht ebenfalls eine solche mythische Identifizierung von κεφαλή und σῶμα nahelegen, so z.B. in dem Orphischen Fragment Nr. 168, wo zugleich Zeus κεφαλή ist und alles aus seinem σῶμα besteht.

(3.) Wo diese Vorstellung in sozialen Zusammenhängen gebraucht wird (meist stoisch), ist das Verhältnis zwischen „Kopf" und „Leib" dagegen hierarchisch differenziert.

(4.) Das gilt natürlich erst recht, wo das Bild physiologisch bzw. medizinisch gebraucht wird. Dass dieses Bildfeld auch für Eph eine Rolle spielt, wird Eph 4,16 zeigen.[209]

(5.) Auch die philonische Variation der All-Gott-Vorstellung lässt keine Identifizierung von „Haupt" und „Leib" zu: „Leib" ist der Kosmos, „Haupt" ist der Logos. Dies gilt auch für Kol 1,15–23.

(6.) Dagegen wären nach dem Modell der „corporate personality" und der „Adam-Christologie" „Haupt" und „Leib" identisch, weil danach Christus (der neue Adam) und seine Glieder (die neue Menschheit) sich gegenseitig repräsentieren würden.

---

[206] Das wird bestritten von ALLEN, Body, 74–76. Er möchte die Leib-Christi-Konzeption des Kol und Eph aus einzelnen Themen des 1Kor herleiten.
[207] Vgl. die Darstellung und Diskussion der Möglichkeiten bei ALLEN, Body, 77–91, der sich für die „Theologie vom neuen Adam" im Sinne des Konzeptes der „corporate personality" entscheidet.
[208] COLPE, Schule, 199–208; SCHENKE; FISCHER, 48–78; E. SCHWEIZER, ThWNT 7, 1088–1090.
[209] S.u. zu 4,16. Auf den medizinischen Hintergrund der Haupt-Leib-Metaphorik haben vor allem LIGHTFOOT, Colossians, 198–201, und BARTH, Eph, I, 186–192, hingewiesen.

Wenn man sich von den religionsgeschichtlichen Analogiemodellen zunächst einmal befreit und sich nur an die Aussagen von (Kol und) Eph hält, kommt man nicht zu dem Schluss, dass „Haupt" und „Leib" beide identisch seien. Zwar bedeutet σῶμα keineswegs nur den „Rumpf", sondern den ganzen Körper. Aber unterschieden werden doch zwei Aspekte. Wie der Logos in der philonischen Theologie die „Spitze" aller Wesenheiten darstellt und zugleich diese Wesenheiten mit umfasst (nach dem Modell einer ontologischen Seins-Pyramide), so steht auch Christus an der Spitze der „Kirche" und macht zugleich ihr Wesen aus. Erklärt werden muss freilich, wie das kosmologische Modell (Philon; Kol 1,15-18) auf die Kirche übertragen werden konnte. Hier wirkt zunächst die ekklesiologische Verwendung von σῶμα im 1Kor nach. Dort hatte Paulus den pneumatischen Heilsindividualismus aufgefangen durch die Kategorie der Leiblichkeit des Menschen. Damit erreichte er nicht nur eine Korrektur der korinthischen dualistischen Anthropologie im Sinne einer schöpfungstheologischen Ganzheit, sondern auch eine Ausweitung der in Korinth ausschließlich pneumatisch verstandenen ἐν-Χριστῷ-Kategorie in die soziale Dimension. Das aber gelang ihm in 1Kor 12 durch Rückgriff auf die stoische Begründung der Gesellschafts- und Weltverbundenheit des Menschen. Der hierarchische κεφαλή-Begriff war in diesen Zusammenhängen nicht vonnöten (vgl. dagegen aber 1Kor 11,3). Für die Verfasser von Kol und Eph war damit aber die σῶμα-Bezeichnung für die Kirche vorgegeben, die nun durch die aus philonischen Kreisen herstammende kosmologische Haupt-Leib-Metaphorik ihre universale Ausweitung erhielt. In Kol 2,19 und Eph 4,16 ist dieses Bildfeld noch einmal physiologisch bzw. medizinisch weiter ausgedeutet worden. Zwar kennt der Eph weitgehend eine „kardiozentristische" Anthropologie (1,18; 3,17; 4,18), die sich alttestamentlich-jüdischer Herkunft verdankt, doch setzen Kol 2,19 und Eph 4,16 eine „kephalozentristische" Sicht voraus.[210] Das spricht dafür, dass die Haupt-Leib-Metaphorik dem hellenistischen Kontext entstammt.

Abschließend kommt in der Apposition V.23b[211] die kosmische Dimension noch einmal zum Zuge. Diese letzte Aussage enthält allerdings eine Reihe von exegetischen Problemen syntaktischer und semantischer Art:

1.) Bezieht sich die Apposition auf τὸ σῶμα oder auf Christus (αὐτόν V.22, αὐτοῦ V.23)?
2.) Hat πλήρωμα aktivische oder passivische Bedeutung – „das Füllende" oder „das Gefüllte"?
3.) Ist πληρουμένου Passiv oder Medium mit transitiver Bedeutung?
4.) Hat τὰ πάντα ἐν πᾶσιν adverbiale Funktion oder steht es als Objekt?[212]

---

[210] Zur Alternative in der antiken Medizin zwischen Kardiozentrismus (z.B. Aristoteles) und Kephalozentrismus (Hippokrates, Platon, Galen) vgl. SVF II 885 (Chrysipp); Philon, sacr. 136; post. 137; spec. I 213 (Philon lässt dort eine Entscheidung offen); dazu: BAYER, RAC 1, 433f; TROMP, Caput, 353-366; BARTH, Eph, I, 186-192; s. auch u. zu 4,16.
[211] Auffällig ist wieder die *figura etymologica* sowie die vierfache π-Alliteration: τὸ πλήρωμα τοῦ τὰ πάντα ἐν πᾶσιν πληρουμένου.
[212] Die syntaktischen Probleme und ihre wichtigsten möglichen Lösungen werden aufgeführt von ERNST, 108-118.208; YATES, Re-Examination; DE LA POTTERIE, Le Christ; ALLEN, Body, 105-113; FAUST, 48-51; JEALE.

Die erste Frage ist relativ leicht zu entscheiden: Es liegt näher, die Apposition an τὸ σῶμα anzuschließen und dann auf die Kirche zu beziehen – zumal das αὐτόν von V.22 inzwischen in V.23a in den Gen. gerückt ist.[213] Die zweite Frage lässt sich nicht eindeutig beantworten, doch wird die traditionelle Deutung, die Kirche sei das „Komplement", eine Ergänzung Christi,[214] auszuscheiden haben. Diese Deutung hat weder in der hellenistisch-jüdischen Vorgeschichte der πλήρωμα-Motivik noch im Kol[215] noch an den übrigen Stellen des Eph (vgl. 3,19; 4,13; 5,18) einen Anhalt. Damit ist noch nicht entschieden, ob τὸ πλήρωμα „das Füllende" oder „das Gefüllte" meint. Eine Entscheidung hängt von der Beantwortung der beiden nächsten Fragen ab. Wenn πληροῦσθαι transitiv aufzufassen wäre, müsste man τὰ πάντα ἐν πᾶσιν als Objekt nehmen; andernfalls wäre die Wendung adverbial zu verstehen. Eine Lösung ist deshalb kompliziert, weil einerseits die transitive Bedeutung von πληροῦσθαι selten ist, andererseits aber alles dafür spricht, τὰ πάντα ἐν πᾶσιν als Objekt zu verstehen: vgl. Eph 4,10; Philon, LA III 4; conf. 136; Mos. II 238; 1Kor 12,6; 15,28[216], Kol 3,11[217]. Von V.22 her (zweimal πάντα im kosmischen Sinne) ist diese Deutung zwingend. Ein adverbiales τὰ πάντα begegnet allerdings in Eph 4,15 (τὰ πάντα als spezifizierender Akk. mit der Bedeutung „in jeder Hinsicht"). Τὰ πάντα (καὶ) ἐν πᾶσιν (1Kor 12,6; 15,28; Kol 3,11) ist jedoch an den genannten Stellen konkret aufzufassen: Gott (bzw. Christus) ist „alles", und er ist „in allem". Wenn τὰ πάντα ἐν πᾶσιν deshalb also als Objekt zu nehmen ist, dann muss πληροῦσθαι ein Medium mit transitiver Bedeutung sein. Die Tatsache, dass eine Medialform statt des zu erwartenden Aktivs steht, ist im Neuen Testament häufig belegt.[218] Für πληροῦσθαι mit der Bedeutung des Aktivs

---

[213] So z.B. auch SCHLIER, Eph, 97; GNILKA, Eph, 97; LINDEMANN, 214; MUSSNER, 59f; SCHNACKENBURG, Eph, 79f; LINCOLN, Eph, 73; BEST, Eph, 183f. – MOULE, Note; DERS., Idiom Book, 25; DERS., Col, 168f, und DE LA POTTERIE, Le Christ, lassen τὸ πλήρωμα von ἔδωκεν abhängig sein und parallel zu κεφαλήν stehen und beziehen es so auf Christus. Dagegen spricht u.a. der Artikel vor πλήρωμα sowie die Tatsache, dass ἥτις ἐστιν τὸ σῶμα αὐτοῦ dann ein störender Einschub wäre (ABBOTT, Eph, 38; FAUST, 49 A 103).

[214] So Chrysostomos, Ambrosiaster, Thomas, Calvin u.a.; in neuerer Zeit: EWALD, Eph, 104; J.A. ROBINSON, Eph, 42–47.255–259 (die Kirche als Leib ergänzt das Haupt); OVERFIELD, Pleroma, 393; YATES, Re-Examination, 149f (Overfield und Yates bemühen dazu das Konzept der „Corporate Personality"); vgl. gegen die These vom Komplement aber ALLEN, Body, 107f.

[215] Kol 1,24 hat zwar terminologische Nähe zu unserer Stelle (ἀνταναπληρῶ, σῶμα αὐτοῦ = ἐκκλησία), doch geht es dort um die apostolischen Leiden (des Paulus) für die Kirche, die den Leiden Christi entsprechen. Der Typos der Leiden Christi fordert das Leiden des Apostels, das selber wiederum zu einem (abgeleiteten) Typos für andere wird.

[216] In 1Kor 15,27.28a und b ist der Artikel τά vor πάντα in allen Handschriften belegt; in V.28c fehlt er in A B D* 0243 33 81, steht aber in ℵ D² F G Ψ 075.

[217] Hier ist (τὰ) πάντα καὶ ἐν πᾶσιν allerdings kein Objekt, sondern Prädikat im Nominativ zum Subjekt „Christus". Der Artikel vor πάντα fehlt in ℵ* A C 33.81, steht aber in ℵ² B D F G H Ψ.

[218] BDR § 316,1 mit A 2. Ein Argument rhetorischer Art bringt JEAL, Theology and Ethics 108: Die Genitive αὐτοῦ und πληρουμένου bilden ein *homoeoptoton* (gleiche Endung). Das würde den Gebrauch des Mediums (statt der häufigeren Aktivform πληροῦντος) erklären; ausführlicher: JEAL, Strange Style, 136–138.

gibt es einige profangriechische Belege.²¹⁹ Dann hat V.23b die Bedeutung: Die Kirche als Leib Christi ist das πλήρωμα dessen, der alles in allem ausfüllt. Für diese Deutung spricht auch die Struktur des Satzes:

(die Kirche) ἥτις ἐστὶν   τὸ σῶμα   αὐτοῦ
                     τὸ πλήρωμα τοῦ πληρουμένου τὰ πάντα ἐν πᾶσιν.²²⁰

Würde man dagegen πληρουμένου passivisch auffassen (und τὰ πάντα ἐν πᾶσιν adverbial), ergäbe sich die Bedeutung: Die Kirche als Leib Christi ist das πλήρωμα dessen, der ganz und gar (von Gott) angefüllt ist. Bei dieser Deutung wäre die kosmische Dimension völlig vom Kirchengedanken verdrängt worden. Verstünde man πλήρωμα hierbei aktivisch, ergäbe sich die o. bei A 214 abgewiesene Deutung der Kirche als Komplement Christi. Versteht man πλήρωμα dabei passivisch (das Gefüllte), ergibt sich die Deutung: Die Kirche ist erfüllt von dem, der ganz von Gott erfüllt ist.²²¹ Das entspricht genau der Pleroma-Konzeption des Kol. Eine Entscheidung über den aktivischen oder passivischen Sinn von πλήρωμα²²² an dieser Stelle (das Anfüllende oder das Angefüllte) lässt sich nicht von der Wortbildungssemantik her fällen.²²³ Es kommt jeweils auf den Bezugspunkt im Kontext an: Nach Eph 1,10 (πλήρωμα τῶν καιρῶν) sind die Zeiten *erfüllt*; 3,19 (πλήρωμα τοῦ θεοῦ) ist Gott *der Füllende*, doch die Aussage des Satzes geht auf das „Erfülltwerden" (πληρωθῆτε) der Adressaten; 4,13 (πλήρωμα τοῦ Χριστοῦ) geht es um die „Füllung" der Welt, die Christus bringt, also von Christus aus das „Anfüllen". Die Kirche aber ist das, was von Christus erfüllt wird. Also ist an unserer Stelle die passivische Bedeutung von πλήρωμα vorzuziehen.²²⁴ – Nach diesen Erwägungen ergibt sich als die wahrscheinlichste Interpretation von V.23b:

1.) πλήρωμα ist in *passivischem* Sinne („das Angefüllte") zu verstehen
2.) πληρουμένου ist Medium mit transitiver Bedeutung
3.) τὰ πάντα ἐν πᾶσιν ist *Objekt*.

Die Apposition hat dann folgende Bedeutung: *Die Kirche ist als Christi Leib die Fülle dessen (= erfüllt von dem – nämlich Christus), der alles in allen Teilen er-*

---

[219] Bei BAUER/ALAND, Wb., 1348, werden Xenophon, Hell. VI 2,14.35, und Plutarch, Alkibiades 35,6 genannt; SCHMID, Epheserbrief 191 A 1, nennt noch Xenophon, Hell. V 4,46; vgl. auch FAUST, 51 A 109.
[220] Vgl. JEAL, Theology and Ethics, 108f.
[221] So z.B. LIGHTFOOT, Colossians 257–273; J.A.T. ROBINSON, 65–72; BEST, 139–155; DERS., Eph, 184; ALLEN, Body, 110–113; DAWES, 236–250.
[222] Für generell passivischen Sinn: LIGHTFOOT, Colossians, 261f; für generell aktivischen Sinn: J.A. ROBINSON, Eph, 255–263.
[223] Nach BDR § 109,2 (vgl. LIGHTFOOT, Colossians, 257–59) würden Nomina auf -μα meist das Ergebnis einer Aktion bezeichnen; vgl. dagegen BARR, Bibelexegese, 143–147; YATES, Re-Examination, 146f.
[224] LINCOLN, Eph, 73–75; FAUST, 50.

I. 2.) 1,15–23 Die Danksagung

füllt.[225] Danach erfüllt Christus, indem er das All erfüllt (vgl.4,10), zugleich die Kirche, die nun seine Fülle ist. Dabei wird deutlich, in welchem Punkt der Eph in der Pleroma-Konzeption über den Kol hinausgeht: Während der Verfasser des Kol (im Anschluss an eine Konzeption wie bei Philon, somn. I 62.75; II 245) zum Ausdruck bringt, dass die Fülle des die ganze Welt erfüllenden Gottes in Christus „wohnt" (Kol 1,19; 2,9), erweitert der Verfasser des Eph diese Konzeption auf die Kirche, die nun zum Pleroma Christi wird, der selber das Pleroma Gottes verkörpert. Die Parallelität von kosmischer und ekklesialer „Haupt"-Stellung Christi ist bereits in der hellenistisch-jüdischen Logostheologie vorgebildet. Darauf macht E. Faust[226] aufmerksam: Nach Philon hat der Logos sowohl die kosmische Herrschaftsposition (κεφαλή) inne (LA III 175; fug. 101; QE II 117), wobei er das All „erfüllt" (plant. 8f; her. 188; fug. 112; QE II 68),[227] als auch die Erlöserfunktion für die ihm Zugehörigen, die als Inspirationsvorgang ebenfalls durch die πληροῦν-Terminologie ausgedrückt werden kann (post. 130–137.147; Deus 151; ebr. 146.149; migr. 35; fug. 194; mut. 270; somn. II 74.190) und dann auch als κεφαλή-σῶμα-Relation beschrieben wird (fug. 106–112; somn. I 66.128.146). Die Frage ist, wie sich Kosmos und Kirche dabei verhalten. Natürlich stehen beide nicht beziehungslos nebeneinander, insofern die Kirche in der Welt existiert. Aber wenn auch Christus der Kosmokrator ist und keine kosmischen Mächte von seiner Herrschaft ausgenommen sind, so decken sich Kosmos und Kirche doch zur Zeit nicht. Die Kirche ist die „Schar" derer, die die „Liebe Christi erkennen" und so zu der „ganzen Fülle Gottes" erfüllt werden (3,19). „Kirche" ist eine dynamische Größe,[228] die zur „Fülle Christi" – zeitlich und räumlich – hinwächst, „zur eigenen Auferbauung in Liebe" (4,13–16). Ihr Mittel ist die Verkündigung des offenbarten Geheimnisses (3,3–13) der „Weisheit Gottes" (3,10). Dabei ist aber der Kosmos (einschließlich der außerirdischen Mächte) mit einbezogen. Kirche nach dem Eph ist der sich immer weiter ausdehnende von Christus gefüllte „Raum" innerhalb des gesamten Kosmos, in dem sich die diesen Raum bewohnenden Wesen von Christus erfüllen lassen, bis Kosmos und Kirche einst zur Deckung kommen, der kosmische Frieden wiederhergestellt ist und die Fülle Gottes in Christus alles in allem erfüllt. Hier wird nun auch verständlich, warum der Verfasser beide Konzeptionen von πλήρωμα, die eschatologische (1,10; vgl. Gal 4,4) und die stoisch-philonische räumliche (1,23; vgl.

---

[225] So z.B. HAUPT, Eph, 45; SCHMID, Epheserbrief, 190–193; GEWIESS, πληροῦν und πλήρωμα, 133f; SCHLIER, Eph, 99; GNILKA, Eph, 99; BARTH, Eph, I, 209; LINDEMANN, 215; MUSSNER, Eph, 57; SCHNACKENBURG, Eph, 81; LINCOLN, Eph, 76f; LONA, Eschatologie, 317; FAUST, Pax Christi, 50f; JEAL, Theology and Ethics, 106–109; DERS. – Dabei ist Christus der Füllende (vgl. 4,10). Auf Gott bezieht die Aussage τοῦ τὰ πάντα ἐν πᾶσιν πληρουμένου aber MOULE, Note; DERS., „Fulness", 81.
[226] FAUST, 48–54.
[227] Ferner fr.6 bei MARCUS (Philo, Suppl. II) S. 259: ὁ θεῖος λόγος περιέχει τὰ ὅλα καὶ πεπλήρωκεν (dazu FAUST, 34 A 51).
[228] Das scheint dem Begriff πλήρωμα auf den ersten Blick zu widersprechen. Doch schon bei Philon hängt die Rede von Gottes All-Erfüllung mit der dynamischen Aktivität des Logos und der „Kräfte" zusammen (vgl. HEGERMANN, Schöpfungsmittler, 106); zum Problem der Balance von vollendeter und prozesshafter Eschatologie: LONA, Eschatologie, 319–321.

Kol 1,19; 2,9f) nebeneinander verwendet: Die „Erfüllung der Zeiten" markiert das Ereignis, in dem „das im Himmel und das auf Erden" unter Christus als das Haupt gefasst ist (1,10). Ein solcher universal-kosmischer Kirchengedanke ist für heutige Theologie nicht unproblematisch, insofern er in der Gefahr steht, die Distanz zwischen der Herrschaft Christi und der Kirche zu ignorieren.[229] Es kommt hinzu, dass das Kirchenbild des Eph auf dem Wege zum Konzept einer *ecclesia triumphans* ist, was etwa in der Ausfilterung der Leidensthematik aus der Eschatologie (vgl. dagegen Röm 8; 2Kor 3–5) oder ihrer Zähmung beim Apostelbild (vgl. z. B. Eph 3,1–13 mit Kol 1,24–29) zum Ausdruck kommt.[230] Auf der anderen Seite wird eine solche Tendenz aufgefangen durch das den ganzen Eph beherrschende Motiv der „Liebe", die geradezu zur ontologischen Kategorie wird, insofern sie von der Erfahrung des Christus-Ereignisses (5,2b) zurückprojiziert wird auf die Begründung allen Seins in Gnade und Liebe noch vor der Schöpfung (1,4).[231] Gerade auch im Pleroma-Konzept des Eph kommt diese Ontologie der Liebe zum Ausdruck: Wie alles Dasein als Ausdruck der Fülle Gottes auf seine Gnade und Liebe zurückgeht, die sich in Christus konzentriert, so ist der Ort, an dem die Liebe zum Ausdruck kommt, die Fülle Christi, die Kirche (vgl. 3,19; 4,15f).[232] Die Liebe als Maßstab der Kirche, wie sie der Eph voraussetzt, ist in ihrer Prinzipialität die fundamentalste und radikalste Kritik aller bestehenden Kirchen. In gewissem Sinne hat die Vision der Kirche, wie sie den Vertretern der paulinistischen Schule, aus der der Verfasser des Eph herkommt, vorschwebt, etwas von einer Utopie. Wahrscheinlich aber wird man, was die Auffassung des Eph von der Funktion der Kirche betrifft, noch eine wesentlich weitere Einschränkung machen müssen. E. Faust hat der These von H. Schlier, J. Gnilka und R. Schnackenburg[233] widersprochen, dass die Kirche im Eph als „Medium" und „Keimzelle der Allbeherrschung und Allerfüllung Christi" erscheine,[234] und zwar unter Hinweis auf die zwei unterschiedlichen Modi

---

[229] Vgl. KÄSEMANN, Problem, 209f: „Wo die Ekklesiologie in den Vordergrund rückt, aus welchen noch so berechtigten Gründen das geschehen mag, wird die Christologie ihre ausschlaggebende Bedeutung verlieren, sei es auch dergestalt, daß sie in irgendeiner Weise der Lehre von der Kirche integriert wird, statt ihr unaufgebliches Maß zu bleiben. Genau das ist bereits im Epheserbrief erfolgt ... Was bei Paulus christologisch verkündigt wurde, ist jetzt zur Funktion der Ekklesiologie gemacht, nämlich die Einigung der Welt in der Pax Christi ... Es sollte uns beunruhigen, ob solche theologische Verschiebung notwendig und berechtigt war. Selbst wenn sie es historisch gewesen wäre, bliebe uns nicht die Entscheidung darüber erspart, ob wir sie nachvollziehen oder rückgängig machen müssen." Vgl. dazu THEOBALD/PILLINGER, Eph, 13–15 mit A 5 und 7.

[230] Vgl. LUZ, Rechtfertigung, 375 (mit A 30 u. 31): Nach dem Eph wird „die irdische Kirche eher ins Licht des Vollendeten als des Gekreuzigten" gestellt. Der Hinweis auf Eph 1,7 und 2,13 (MUSSNER, Modell, 334) kann diese Sachkritik nicht entkräften, denn aus dem Kreuzesgeschehen wird keine ekklesiologische Konsequenz gezogen.

[231] Es ist auffällig, wie häufig ἀγάπη/ἀγαπᾶν in Eph vorkommt: 1,4.6.15; 2,4 (2mal); 3,17.19; 4,2.15.16; 5,2 (2mal); 25–33 (4mal); 6,23.24. Das wird statistisch nur noch übertroffen im 1Joh.

[232] Dazu BEST, 147: Gott „fills it [= the Body] with the plenitude of the divine graces and virtues, which are summed up, as we have seen in 3.19, in ‚love'. The Head fills the Body with love."

[233] SCHLIER, Eph, 65.99; DERS., ThWNT 3, 682; GNILKA, Eph, 109; SCHNACKENBURG, Eph, 59; vgl. auch HEGERMANN, Schöpfungsmittler, 152.

[234] FAUST, 52–54 (Terminologie von FAUST, 52).

der Kephale-Funktion und der Pleroma-Funktion Christi: Die Kirche ist Pleroma nur im passivischem Sinne (von Christus mit seinen Kräften ausgefüllt), nicht aber aktivisch (die Welt erfüllend). Letzteres bleibt Christus selbst vorbehalten. Dies ergibt sich bereits aus der hellenistisch-jüdischen Tradition, die neben einer doppelten Kephale- und Pleroma-Funktion des Logos (über das All einerseits und die dem Logos zugehörigen Menschen bzw. Seelen andererseits) auch zweierlei Herrschaftsmodi kennt: über das All in der Kyrios-Funktion (despotisch), über die Frommen in der Theos-Funktion (euergetisch). Aus der passivischen Bedeutung von πλήρωμα in 1,22f sowie der im Hintergrund stehenden hellenistisch-jüdischen Logos-Theologie lässt sich dann für die Ekklesiologie des Eph tatsächlich so etwas wie eine „Zwei-Reiche-" und „Zwei-Regimenten-Lehre" als wesentliches Moment erkennen. Dabei ist die universaleschatologische Perspektive nicht ausgeschlossen: „die vollständige soteriologische Integration aller Menschen in das ekklesiale Soma"[235], deren Durchführung noch im Prozess begriffen ist.

I. 3.) 2,1–10: Das neue Leben der Adressaten

(1) Auch euch, die ihr tot wart durch eure Verfehlungen und Sünden,
(2) in denen ihr einst wandeltet gemäß dem Äon dieser Welt,
gemäß dem Führer der Herrschaft der Luft,
dem Geist, der jetzt wirkt in den Söhnen des Ungehorsams:
(3) Unter ihnen lebten einst auch wir alle in den Begierden unseres
Fleisches und führten die Wünsche des Fleisches und der Gedanken aus
und waren von Natur Kinder des Zorns wie die übrigen auch.
(4) Aber Gott, reich an Erbarmen,
hat wegen seiner vielen Liebe, mit der er uns geliebt hat,
(5) uns, die wir tot waren durch die Verfehlungen,
zusammen mit Christus lebendig gemacht
– durch Gnade seid ihr gerettet –
(6) und uns mit-auferweckt und mit-inthronisiert in den höchsten
Himmeln in Christus Jesus,
(7) damit er in den künftigen Äonen den überquellenden Reichtum seiner
Gnade erweise
in Güte gegen uns – in Christus Jesus.
(8) Denn durch die Gnade seid ihr gerettet aufgrund des Glaubens,
und dies nicht aus euch, es ist das Geschenk Gottes,
(9) nicht aus Werken, damit niemand sich rühme.
(10) Denn sein Werk sind wir,
geschaffen in Christus Jesus zu guten Werken, die Gott vorher
bereitet hat, damit wir in ihnen wandeln.

---
[235] FAUST, 53.

ALLEN, Body, 17–27; DERS., Exaltation; BEST, Dead in Trespasses; BUSSMANN, Missionspredigt, 123–142; FISCHER, Tendenz, 121–131; GESE, Vermächtnis, 146–171; HAHN, Rechtfertigung, 98–104; HALTER, Taufe, 233–242; HÜBNER, Glossen; KLEIN, Weltregiment, 272–276; LICOLN, Ephesians 2:8–10; LINDEMANN, Aufhebung, 106–144; LUZ, Rechtfertigung; MUSSNER, Modell; DERS., Beiträge aus Qumran; RAMAROSON, Une lecture; REICHERT, Praeparatio, 433–462; SANDERS, Hymnic Elements; SCHILLE, Liturgisches Gut, 9–16; DERS., Hymnen, 53–60; SCHWINDT, Weltbild, 383f; SELLIN, Auferstehung; TACHAU, „Einst und Jetzt"; WEDDERBURN, Baptism, 70–84; WENGST, Formeln, 187–189.

Da die „Danksagung" mit dem dogmatisch-hymnischen Ausklang in 1,23 abgeschlossen ist, könnte man in 2,1-10 den Anfang des Briefkorpus sehen.[1] Eine typische Briefkorpus-Einleitung, wie sie in den genuinen Paulus-Briefen üblich ist,[2] findet sich allerdings weder in 2,1 noch in 2,11 (oder sonstwo).[3] Hier handelt es sich lediglich um einen Übergang zum applikativen Stil (καὶ ὑμᾶς – vgl. 1,13: καὶ ὑμεῖς), der das für die Danksagung bezeichnende κἀγώ (1,15) ablöst und insofern so etwas wie eine Briefkorpus-Eröffnung andeutet.[4] Der Abschnitt entspricht eher Kol 1,21-23 (καὶ ὑμᾶς ποτε ὄντας …; Eph 2,1f: καὶ ὑμᾶς ὄντας …, … ποτε), einem Passus, der in Kol jedoch noch nicht das Briefkorpus eröffnet.[5] Der applikative „Ihr"-Stil wird zunächst nur bis 2,2 durchgehalten. Ab V.3 (καὶ ἡμεῖς) wird wieder gesamtchristlich und allgemein geredet. In V.8f folgt noch einmal der „Ihr"-Stil, doch bildet der „Wir"-Stil in V.10 dann den Schluss.[6] Thematisch jedoch hat dieser Abschnitt wesentliche Parallelen und Bezüge zur vorherigen Danksagung, vor allem zu deren hymnisch-christologischem Schluss V.20-23.[7] Es gibt eine auffällige Analogie zwischen 1,20 und 2,(5-)6:

---

[1] SCHNACKENBURG, Eph, 86f, rechnet 2,1-10 noch zum Proömium und lässt das Briefkorpus mit 2,11 beginnen. Der Abschnitt 2,1-10 sei „‚Anwendung' und Aktualisierung von 1,15-23". Schnackenburg berücksichtigt jedoch bei seiner Gliederung des Eph nicht den zyklischen Aufbau von Kap. 1-3.

[2] Röm 1,13; 1Kor 1,10; 2Kor 1,8; Phil 1,12; 1Thess 2,1; Phlm 8-25; dazu SANDERS, Transition; WHITE, Introductory Formulae; ROBERTS, Techniques.

[3] Gelegentlich werden Kap 1-3 als eine große Danksagung verstanden, und der Übergang zum Briefkorpus wird dann in 4,1 gesehen (vgl. 1Thess 1-3.4-5): so z.B. RICHARDS, Secretary, 139f A 48. παρακαλῶ kann in der Tat ein Briefkorpus einleiten (1Kor 1,10), doch typischer ist es für den Übergang zur Paränese: Röm 12,1 (wie Eph 4,1 mit οὖν, vgl. 2,19; 4,17; 5,1.7.15; 6,14); Phil 4,2; 1Thess 4,1.

[4] ROBERTS, Techniques, 193.195, hält 1,22f als „Credal statement" für den Übergang zum Briefkorpus, das demnach mit 2,1 beginnen würde.

[5] Eine für die genuinen Paulus-Briefe typische Briefkorpus-Eröffnungsformel begegnet im Kol erst in 2,1 (θέλω γὰρ ὑμᾶς εἰδέναι …). Ein Kol 2,1-23 entsprechender Abschnitt konkreter Korrespondenz fehlt in Eph aber völlig. Letzlich kommt dieser in seinem indikativischen Hauptteil 1,3-3,21 aus dem Grundsätzlichen nicht heraus und unterscheidet sich darin auch vom Röm.

[6] Der Wechsel wird dann in 2,11-22 rasanter fortgesetzt: 2,11-13 („ihr"); 2,14-16 („wir", doch in V.17 erscheint ein „ihr"); V.18: „wir"; V.19-22: „ihr". Mit 3,1 beginnt dann apostolische „Ich-Rede", welche die Autoritätsbasis für die Paränese in Kap 4-6 schafft.

[7] Vgl. ALLEN, Body, 19; DERS., Exaltation, 103f (1,23 ist ein markanter Abschluss). Während die Eulogie 1,3-14 als *Ouvertüre und Disposition* auf wesentliche Themen des Eph vorweg anspielt, bilden die zentralen Aussagen der Danksagung (vor allem 1,20-23 – aber auch schon V.17-19) eine Basis für alles Folgende.

I. 3.) 2,1–10 Das neue Leben der Adressaten

1,20	2,5f
ἣν ἐνήργησεν ἐν τῷ Χριστῷ	ἡμᾶς ... συνεζωοποίησεν (ἐν) τῷ Χριστῷ ...
ἐγείρας αὐτὸν ἐκ νεκρῶν	καὶ συνήγειρεν
καὶ καθίσας ἐν δεξιᾷ αὐτοῦ	καὶ συνεκάθισεν
ἐν τοῖς ἐπουρανίοις	ἐν τοῖς ἐπουρανίοις
	ἐν Χριστῷ Ἰησοῦ

Was im hymnischen Abschluss der Danksagung christologisch im Kerygma behauptet wurde, wird nun soteriologisch entfaltet, und zwar durch eine Analogisierung des christologischen Geschehens mit dem soteriologischen Vorgang auf der anthropologischen Seite. Diese Analogisierung knüpft an paulinische Vorgänge an (1Thess 4,14; 1Kor 6,14; 15,12–34; 2Kor 4,14; Röm 8,11), geht jedoch darüber hinaus (s. u. zu 2,4–6).

Der ganze Abschnitt ist dreiteilig aufgebaut. V.4–6 bildet die Achse (das rettende Eingreifen Gottes). V.1–3 schildert den vorherigen Zustand der Verlorenheit; V.7–10 stellt einen Kommentar dar unter dem Leitwort Gnade (χάρις) und mit dem ungefähren Inhalt der Rechtfertigungsbotschaft (obwohl die δίκαιος-Terminologie fehlt). Dieser Dreiteilung entspricht auch der Stil: Die Verse 1–3 bilden ein Anakoluth,[8] insofern sie kein Hauptverb enthalten (V.2 und 3 sind Relativsätze), wohl aber ein Objekt (ὑμᾶς). Dieses wird durch die zwei Relativsätze erweitert: einmal zum Stichwort „Sünden", in denen die Angeredeten „wandelten" (V.2). Von diesem Relativsatz ist ein zweiter abhängig (zum Stichwort „unter den Söhnen des Verderbens"), der nun ein neues Subjekt einführt (ἐν οἷς καὶ ἡμεῖς πάντες: V.3). Wegen dieser zweiten Erweiterung wird in V.4f das Objekt des Handelns Gottes wiederholt und zugleich modifiziert im Sinne des zweiten Relativsatzes: καὶ ὄντας ἡμᾶς νεκροὺς τοῖς παραπτώμασιν ... (wobei dem καὶ ἡμεῖς πάντες in V.3 gemäß nun *alle* Christen einschließlich der Adressaten und des Verfassers gemeint sind). Mit ἵνα wird dann der dritte Teil, der soteriologische Kommentar, eingeleitet. Dieser besteht aus dem Finalsatz V.7 und zwei erläuternden Hauptsätzen mit γάρ (V.8f und V.10). Eine solche Erläuterung ist jedoch schon in V.5 Ende parenthetisch eingefügt („durch Gnade seid ihr gerettet"), die aber in der zweiten Person der Anrede gehalten ist. Nach dem Finalsatz, der wie der Hauptsatz V.4–6 in der „Wir"-Form abgefasst ist, wird die Parenthese aus V.5 Ende am Anfang des ersten Erläuterungssatzes in V.8 wiederholt (entsprechend in der „Ihr"-Form). Der zweite Erläuterungssatz V.10 ist dann abschließend wieder in der „Wir"-Form gehalten.

Wie ist dieser auffällige Wechsel von „Ihr"- und „Wir"-Form zu erklären?[9] Er hat nur indirekt etwas mit einer Differenzierung in Judenchristen und Heidenchristen zu tun. Zwar ist

---
[8] Vgl. WENGST, 188; LINDEMANN, 107; FISCHER, 121 A 39; JEAL, Theology and Ethics, 133.
[9] Zur These, die „Ihr"-Abschnitte wendeten sich an Neugetaufte, s.o. zu 1,12 mit A 254–262. Zur These, die „Wir"-Abschnitte wären auf die Judenchristen eingegrenzt, s.o. zu 1,12 mit A 246–251. Eph 2,15f setzt Kol 2,12f als Vorlage voraus: so z.B. OCHEL, Annahme, 42–47; LINDEMANN, 140; SCHNACKENBURG, Eph, 90.94; WEDDERBURN, 77–80; zum rhetorischen Schema ποτέ – νῦν (2,2f; vgl. 2,11.13; 5,8): TACHAU, 11f.

der Verfasser des Eph wohl ursprünglich ein Angehöriger der Synagoge (vgl. 2,17f), doch ist sein „Wir" letztlich ein Heiden- und Judenchristen zusammenfassendes, rechtfertigungstheologisch begründetes „Wir". Die Gründe für den Wechsel zwischen einem dem Schema stilgemäßen „Ihr" zum „Wir" in V.3-7 u. 10 hängen also mit einem Rückbezug auf die paulinische Rechtfertigungstheologie zusammen, wie sie insbesondere im Röm entfaltet wurde, wonach auch die Judenchristen (einst als Juden) unter der Sünde waren. Dass Aussagen des Röm im Hintergrund stehen, gilt schon für Kol 2,12f: ein Kondensat aus Röm 6,4-11 mit einigen Weiterführungen. Während Paulus in Röm 6 von den Getauften ein Mit-begraben- und Mit-gestorben-Sein behauptet, von der Auferweckung Christi aber für die Gegenwart nur erst einen Wandel in erneuertem Leben ableitet, wird in Kol 2,12 auch (und in Eph 2,6 ausschließlich) vom „Mit-auferweckt-worden-Sein" (aoristisch) der Christen gesprochen. Von vielen Auslegern wird die in Kol und Eph vertretene aoristische Eschatologie als Rückgriff auf eine hinter Röm 6,4 liegende vorpaulinische hellenistisch-enthusiastische Tradition verstanden.[10] Dabei wird heute eher an mysterienhaften als an gnostischen Einfluss gedacht. Dass Röm 6 mysterienhafte Gedanken und Motive enthält, sollte nicht bestritten werden.[11] Doch lässt sich die Vorstellung einer Totenauferweckung, wie sie angeblich hinter Röm 6,4 stehe und von Paulus ethisch umgebogen worden sei, von den Mysterien nicht herleiten.[12] Auch hellenistisch-jüdische Quellen enthalten keinen Beleg für eine präsentische Fassung der Rede von der „Auferstehung" oder „Auferweckung" der Toten.[13] So wird denn Röm 6 neuerdings nicht mehr als Rückgriff auf eine vorpaulinische hellenistisch-enthusiastische Adaption der christologischen Pistisformel verstanden, sondern als genuin paulinische Anwendung der Formel, wie sie 1Kor 15,3f erscheint, in einem ethischen Kontext.[14] Das heißt dann aber zugleich: Kol 2,12f ist eine Weiterbildung von Röm 6 und nicht Beleg für eine vorpaulinische Tradition. Für Paulus bleibt die Auferweckung der Christen ganz apokalyptisch ein zukünftiges und postmortales Geschehen. Für die Gegenwart der Christen leitet er nur einen neuen Wandel ab (Röm 6,4 Ende), ein Leben „wie aus Toten" (ὡσεὶ ἐκ νεκρῶν ζῶντας: Röm 6,13). Im Kol (und Eph) ist aber auch die Bedeutung von ἐγείρειν (einem Verb, das von Paulus noch völlig im apokalyptischen Sinne gebraucht wird) spiritualisiert worden, so dass damit nicht mehr ein endzeitliches leiblich-materielles Geschehen, sondern ein innergeschichtliches, spirituelles Ereignis („Erweckung") gemeint ist.[15] Vermittelt worden ist diese semantische Verschiebung durch den Begriff (συ)ζωοποιεῖν (Kol 2,13; Eph 2,5), der im hellenistisch-jüdischen Bereich die Inspiration durch das Pneuma im Sinne einer Be-

---

[10] So z.B. KÄSEMANN, Apokalyptik, 120f; DERS., Neutestamentliche Fragen, 27-29; DERS., Römerbrief, 158; GÄUMANN, Taufe, 45-65; LOHSE, Taufe, 234.237; BECKER, Auferstehung, 55-65; TANNEHILL, Dying, 10; WENGST, 44-48; FISCHER, 128f.

[11] Gegen WAGNER, Problem.

[12] Vgl. dazu SELLIN, 224-227 (bes. 226 A 13).

[13] Gegen BRANDENBURGER, Auferstehung, der auf JosAs 8,9; 15,5; 16,14; 18,9 und 20,7 verweist. Aber die (ἀνα)ζωοποίησις setzt nicht das jüdische Motiv der leiblich-endzeitlichen Totenauferstehung voraus, sondern weisheitliche, geistliche Inspiration.

[14] So z.B. HALTER, 49.51; HAHN, 100f (mit A 20).109f (mit A 53 und 58); DERS., Taufe, 18-21; SELLIN, 227-232; DERS., Streit, 27 A 46; WEDDERBURN, Traditions; DERS., 37-84. Für direkte literarische Beziehung von Kol 2,12f auf Röm 6,4 z.B.: E.P. SANDERS, Literary Dependence, 40-45; CONZELMANN, Kol, 190; LINDEMANN, 140; LONA, Eschatologie, 155; WEDDERBURN, 72-76.

[15] Das gleiche ist geschehen mit dem Begriff ἀνάστασις (νεκρῶν) bei den in 2Tim 2,18 namentlich genannten Häretikern. Dass diese damit eine semantische Veränderung des Begriffes vorgenommen haben, geht aus dem vom Verfasser des 2Tim erhobenen Vorwurf der κενοφωνία (V.16) und des λογομαχεῖν (V.14) hervor. Vgl. SELLIN; DERS., Streit, 27 A 46.

kehrung und geistlichen Erweckung bedeutet: JosAs 8,10f (vgl. Röm 4,17); 15,5; 20,7; OdSal 11,12 (jeweils ἀναζωοποιεῖν). In diesem Sinne begegnet im Neuen Testament πνεῦμα ζῳοποιοῦν (Joh 6,63; 1Kor 15,45). Erst Paulus hat das Verbum auch auf die zukünftig-leibliche Totenauferweckung bezogen (Röm 8,11).[16] Kol und Eph spiritualisieren und ent-apokalyptisieren auf diese Weise die urchristliche Rede von der Auferstehung der Toten. Damit aber modifizieren (wenn nicht gar suspendieren) sie die von Paulus betont bewahrte Vorstellung von der Auferweckung als zukünftiger neuer „Leib"-Schöpfung (vgl. 1Kor 15,35–58; 2Kor 5,1f.10).[17]

Das „Wir" in Eph 2,5 (gegen Kol 2,13) könnte mit einem direkten Rückgriff auf Röm 6 zusammenhängen. Dort sind die durch συν- soteriologisch analogisierten Credo-Aussagen in der „Wir"-Form vorgegeben (vgl. auch 1Kor 6,14; 2Kor 4,14).[18] In Eph 2,3 muss aber ein anderer Grund vorliegen. Hier wird der in V.2 von den Adressaten behauptete einstige „Wandel" nach den Prinzipien des Bösen auf alle Christen (καὶ ἡμεῖς πάντες ... ποτε) ausgeweitet. Im Hintergrund könnte eine Stelle wie Röm 5,8–11 stehen, wo die christologische Sterbe-Formel, das Motiv vom „Zorn" Gottes (vgl. 1Thess 1,10; Röm 1,18–3,20) sowie die Stichworte σῴζειν und καυχᾶσθαι (vgl. Eph 2,8) begegnen. Die Formulierung „... auch wir ... waren von Natur Kinder des Zorns *wie die übrigen*" (Eph 2,3) deutet darauf hin, dass hier von judenchristlicher Perspektive her gesprochen wird.[19] Der auffällige Wechsel von „Ihr"- und „Wir"-Formulierungen in diesem Abschnitt hat also indirekt mit dem Thema der Einheit von Juden- und Heidenchristen in der einen Kirche zu tun (vgl. 2,11–22). Die Begründung dafür in 2,1–10 scheint jedoch durch den Röm veranlasst zu sein, und zwar nicht nur durch Röm 6,4–11 und 5,8–11, sondern auch durch die inhaltliche Struktur von Röm 1,18–3,31: Gottes Zorngericht über die Heiden und über die Juden. Dafür spricht auch die „Rechtfertigungs"-Terminologie in Eph 2,8–10 (vgl. Röm 3,24.27f, wo Paulus generalisierend in der 3. Person formuliert).

Auch in Eph 2,1–10 wurde versucht, einen tradierten liturgischen Text herauszuschälen. So hat G. Schille in 2,4–7.10 ein „Initiationslied" finden wollen.[20] Allgemeiner von „Taufliturgie"

---

[16] Zur Begriffsgeschichte von ζῳοποιεῖν s. SELLIN, Streit, 79–90; vgl. auch BRANDENBURGER, Auferstehung (o. A 13; zur Kritik an Brandenburger: SELLIN, Streit, 26 m A 44).

[17] Ἀνάστασις begegnet in Kol und Eph überhaupt nicht, ἐγείρειν und νεκρός nur entweder von Christus oder im spiritualisierten Sinne von den Christen („tot" in den Sünden, „erweckt" durch die Bekehrung zu neuem Leben; vgl. auch Eph 5,14). Die postmortale Vorstellung könnte dann bei beiden in der Annahme einer leiblosen Fortexistenz der zu Lebzeiten „erweckten" Christen bestanden haben (vgl. 1Kor 15,12: die Korinther, die die [leibliche] Auferstehung der Toten leugneten; dazu SELLIN, Streit, 30–37).

[18] In 1Thess 4,14 und Röm 8,11 ist das „Ihr" durch den Kontext gefordert (in Röm 8,11 durch den bedingenden Vordersatz). Zum direkten Rückgriff auf Röm 6 und zur Differenz zu Kol 2,11–13: GESE, 150–154.

[19] Dieser Aspekt fehlt in den entsprechenden Stellen des Kol, so in 2,13, vor allem aber in 3,5–11, wo es nur um die heidnische Vergangenheit geht.

[20] SCHILLE, Liturgisches Gut, 9–16 (ein „Hymnus"); DERS., Hymnen, 53–60.

sprechen P. Stuhlmacher[21] und H.-F. Weiß.[22] J. T. Sanders erwägt, ob 2,4-7 ein hymnisches Fragment sei, das mit 1,20-23 in Zusammenhang stehe.[23] K.M. Fischer findet in 2,4-7 ein „Taufgebet".[24] K. Wengst meint, in Eph 2,1-10 werde auf das gleiche Traditionsstück, das er in Kol 2,13-15 als eine Taufliturgie rekonstruiert hat, zurückgegriffen.[25] Ein Hauptargument ist der Hinweis auf das „Zerbrechen der Satzkonstruktion" nach V.3, das aus dem „Zwang eines Zitates" zu erklären sei.[26] Doch dafür genügt die Annahme direkten Rückgriffs auf Kol 2,13[27] und Röm 6,4. Gegen die literarkritischen Hypothesen sprechen dann auch die syntaktischen Beobachtungen der Verzahnung von V.4-7 mit V.1-3[28] und der völlig unhymnische, aber für den Verfasser des Eph typische Stil.[29]

Eine formale Schwierigkeit enthält auch der kommentierende Schlussteil V.7-10. V.7 schließt sich als Finalsatz direkt an den Hauptsatz V.5-6 an und steht (im für den Verfasser typischen pleonastischen Stil) wie dieser in der 1. Pers. Plur. V.8f wechselt wieder zur Anrede und greift auf die in V.5b scheinbar unmotiviert und wie ein Fremdkörper wirkende Parenthese (χάριτί ἐστε σεσῳσμένοι) zurück, die nun ausführlicher entfaltet wird. V.10 steht wie V.4-7 wieder in der „Wir"-Form.

Bemerkenswert ist der Versuch, die Parenthese in V.5 Ende sowie V.8 aus stilistischen und inhaltlichen Gründen als Glosse zu erklären.[30] Einem späteren Interpolator sei die in der Tat unpaulinische Auffassung in V.10 (von den von Gott vorzeitlich bereiteten guten Werken) zu unpaulinisch vorgekommen, so dass er in V.5b.8f seine näher an Paulus liegende Auffassung eingefügt hätte.[31] Dagegen ist aber einzuwenden, dass V.10 bei Überspringung von V.8f (und der Parenthese in V.5b) in keinem erkennbaren Begründungsverhältnis zu V.5-7 mehr steht. Das Problem ist doch wohl besser zu lösen durch die Annahme, dass der Verfasser des Eph bemüht war, paulinische Topoi des Röm aufzugreifen und zu verwenden, die er dann im Sinne seiner Auffassung von der vorzeitlichen Gnade und Liebe und dem vorherbestimmten Wandel (1,4!) interpretierte. Der Wechsel zwischen Anrede und bekenntnisartiger

---

[21] STUHLMACHER, Gerechtigkeit Gottes, 216.

[22] H.-F. WEISS, Taufe, 55.

[23] J. T. SANDERS, 218-223. Doch für wahrscheinlicher hält er die Annahme, 1,20-2,7 sei eine hymnische Variation und Erweiterung von Kol 2,10-13.

[24] FISCHER, 121-131.

[25] WENGST, 181-194 (nach dem Vorgang zu Kol 2,9-15 bei SCHILLE, Hymnen, 31-37).

[26] FISCHER, 121; vgl. schon WENGST, 187f.

[27] Während BEST in seinem Aufsatz „Dead in Trespasses and Sins", 69-72, noch mit einer direkten Abhängigkeit des Verses Eph 2,1 von Kol 2,13 rechnete, nimmt er in seinem Kommentar (BEST, Eph, 199f) aufgrund seiner neuen Einschätzung des Verhältnisses von Kol und Eph (DERS., Who Used Whom?) im Anschluss an WENGST, 181-194, ein traditionelles „couplet" an, das unabhängig voneinander in Kol 2,13 und Eph 2,1.5 verarbeitet worden sei:
καὶ ὄντας ἡμᾶς νεκροὺς τοῖς παραπτώμασιν
συνεζωοποίησεν (ὁ θεός) σὺν Χριστῷ.
Diese Hypothese ist aber wesentlich komplizierter als die Annahme direkter Abhängigkeit von Kol 2,13, zumal sie künstliches Vehikel einer anderen weitreichenden Hypothese ist.

[28] Vgl. LINDEMANN, 116f.

[29] LUZ, 369 A 14, zählt als typisches Vokabular des Verfassers auf: ἀγάπη/ἀγαπάω (in der für den Verfasser typischen *figura etymologica*: s.o. zu 1,3b mit A 61), παράπτωμα, χάρις, ἐν τοῖς ἐπουρανίοις, ἐν Χριστῷ, πλοῦτος, ὑπερβάλλων; vgl. auch MERKEL, Epheserbrief, 3228-3230.

[30] HÜBNER. Die Möglichkeit, die Parenthese in V.5 als Glosse zu betrachten, hat schon LINDEMANN, 135 A 142, erwogen, doch letztlich verworfen: „Die Art, wie hier glossiert ist, entspricht jedenfalls durchaus dem Arbeitsstil des Verfassers".

[31] HÜBNER, 404.

„Wir"-Form hängt mit dem formgeschichtlichen Ineinander von rhetorisch-homiletischem Charakter des „Einst"-„Jetzt"-Schemas und dem konfessorischen Charakter der Anleihen aus Kol 2,12f („ihr") und Röm 6,4 (5,8–11: „wir") zusammen.[32]

1 Der Übergang zum appellativen ὑμᾶς durch καί könnte zum rhetorischen Schema gehören, verdankt sich hier aber auch der Vorlage im Kol (2,13; vgl. 1,21; 3,7; Eph 1,13). In der „Wir"-Form des Schemas erscheint ein solches καί bereits in Gal 4,3, dann in Tit 3,3. Die beiden καί in V.1 und V.5 haben nicht parallelisierend-ergänzende Funktion („sowohl euch ... als auch uns").[33] Der Anfang von V.5 ist vielmehr eine Wiederaufnahme des in V.1 anakoluthisch vorweggenommenen Objekts („euch") unter Einbeziehung der Erweiterung durch den Relativsatz V.3 („uns alle"), doch enthält das καί dort auch noch ein steigerndes Moment (s. u. zu V.5). Eine partizipiale Bestimmung mit εἶναι findet sich in Eph 2 fünfmal (2,1.4.5.13.20) und ist hier durch Kol 2,13 vorgegeben (vgl. Kol 1,21).[34] Der metaphorische Gebrauch von νεκρός („tot") für den Zustand des gottlosen, sündigenden Menschen findet sich noch nicht in LXX und geht auf eine im hellenistischen Judentum gebräuchliche spiritualistische Metaphorik von „tot" und „lebendig" zurück (vgl. Philon, fug. 55–61[35]; somn. II 66[36]; conf. 79[37]; LA III 35[38]). Er stammt letztlich aus der Stoa[39] und ist von dort ins hellenistische Judentum eingedrungen und hat sich mit der ζωή-Metaphorik verbunden.[40] Der rabbinische Sprachgebrauch von „tot" im Sinne von gottlos ist frühestens für 200 n. Chr. belegt und vom popularphilosophischen abhängig. Im Neuen Testament findet sich dieser

---

[32] Die Annahme einer direkten Verwendung paulinischer bzw. deuteropaulinischer Schreiben (Röm, Kol) auf der einen und der Verwendung von paulinischen Topoi auf der anderen Seite schließen sich nicht aus, wenn man davon ausgeht, dass der Gebrauch älterer Dokumente durch neutestamentliche Autoren sehr frei war und zwischen Zitaten und Stichwort- bzw. Toposgebrauch schwankte. Das wird insbesondere für die paulinische „Schule" gelten.

[33] Gegen RAMARASON, 391f, der hier Heidenchristen und Judenchristen als zwei sich ergänzende Objekte von ἠλέησεν in V.4 (so an Stelle des Relativsatzes ἣν ἠγάπησεν die Lesart von p[46], die Ramarason benötigt) abhängig sein lässt. Danach ginge es in 2,1–10 um die Zusammenführung von Heidenchristen und Judenchristen zur einen Kirche (vgl. 2,11–22). Doch gegen diese syntaktische Erklärung spricht schon das καὶ ἡμεῖς πάντες in V.3, das solchen Paralellismus zerstört (vgl. SCHNACKENBURG, Eph, 87 A 212 u. 89).

[34] Vgl. auch Röm 5,8.10 (ἁμαρτωλῶν ὄντων ... ἐχθροὶ ὄντες); 1Tim 1,13. Diese Konstruktion liegt für das homiletische Einst-jetzt-Schema nahe.

[35] 55: „Einige Tote sind gestorben, und einige Gestorbene leben. Die Schlechten ... heißen Tote ... die Guten leben ewig ..."; 56: Die Gottlosen sind νεκροί.

[36] Den in Habsucht und Tücke Lebenden „wird, obwohl sie leben, Trauer wie Toten zuteil".

[37] Gen 23,3 LXX („Abraham stand von Sarahs Leichnam auf") wird gedeutet: ἀναστὰς ἀπὸ τοῦ νεκροῦ βίου („... vom toten Leben").

[38] Der hybride νοῦς ist tot (νεκρός).

[39] Z.B. Epiktet, diss. I 9,19; III 23,28; vgl. BULTMANN, ThWNT 4, 896–898, 896 Z.19ff. Die Neupythagoreer pflegten nach Origenes, Cels. 2,12; 3,51; Clem.Alex., strom. V 57,2f; Jamblich, vit.Pyth. 73; Diog. Laert. VIII 42 den von der Philosophie Abgefallenen Gräber bzw. Grabsäulen zu errichten (vgl. dazu PAULSEN, Briefe, 84 – zu IgnPhld 6,1).

[40] Neben den Philon-Stellen ist vor allem auf die ζωοποιεῖν-Stellen in JosAs hinzuweisen (8,3.9; 12,1; 20,7), ebenso TestGad 4,6; ep.Arist 16.

Gebrauch von νεκρός außer in Kol 2,13 und Eph 2,1.5 auch in Eph 5,14; Apk 3,1; Lk 15,24.32 und bei Paulus. Damit hängt zusammen der bekehrungstheologische Gebrauch von ζωοποιεῖν (s. u. zu V.5). Während Paulus den νεκρός-Zustand durch die „Sünde" begründet (Röm 6,11; 8,10: ἁμαρτία, und zwar im Singular), wird schon in Kol 2,13 wie hier (Eph 2,1–5; vgl. 1,7) „Übertretungen" (παραπτώματα[41]) gebraucht. Dieses Wort, obwohl ansonsten für Paulus untypisch, begegnet auffällig gehäuft in Röm 5,15–21[42], eine Stelle, die möglicherweise Spuren in Eph 2,1–10 hinterlassen hat (neben χάρις – vgl. Kol 2,13: χαρισάμενος – auch δῶρον[43]). Der Verfasser ergänzt τοῖς παραπτώμασιν ... ὑμῶν (aus Kol 2,13) nun noch durch καὶ ταῖς ἁμαρτίαις, womit wahrscheinlich das καὶ τῇ ἀκροβυστίᾳ τῆς σαρκός von Kol 2,13 ersetzt wird.[44] Das ist eine Annäherung an Paulus (Röm 6,11; 8,20). Im Eph wird ἁμαρτία sonst überhaupt nicht verwendet. Dass der Verfasser das Wort hier in den Plural setzt, ergibt sich durch die Parallelität zu τοῖς παραπτώμασιν. Im Vergleich mit Röm 6 ist das Motiv des Zusammenhangs von Todeszustand und Sünde in doppelter Hinsicht verändert: (1.) Bei Paulus ist ἁμαρτία – im Singular gebraucht – eine nahezu personifizierte Macht, die den konkreten „Fehltritten" übergeordnet ist und nicht nur in ihnen besteht. (2.) In Röm 6,1–11 wird mit den Begriffen „tot", „sterbend", „lebend", „Leben" und „Sünde" dialektisch umgegangen. Das wird besonders deutlich in V.11: νεκρούς ... τῇ ἁμαρτίᾳ bedeutet dort nicht einfach „tot *in* der Sünde", sondern „tot *für* die Sünde", wie V.10 zeigt. Die Dat. τῇ ἁμαρτίᾳ und τῷ θεῷ bezeichnen dort die Relation,[45] nicht das Instrument oder den Grund. Das gleiche gilt entsprechend für V.11: „νεκρός in Bezug auf die Sünde, lebendig in Bezug auf Gott". Dieses Verständnis wird schon durch 6,2 zwingend gefordert.[46] Unter Hinweis auf diesen grundlegenden Unterschied könnte man bezweifeln, ob der Verfasser von Eph – neben der unbestreitbaren Vorlage Kol 2,13 – auf Röm 6 überhaupt Bezug nahm. Doch zwei Indizien machen es sehr wahrscheinlich, dass er Röm 6 selbst schon bei der Formulierung von V.1, dann in V.5 herangezogen hat: einmal die Tatsache, dass er neben den aus Kol 2,13 übernommenen „Verfehlungen" (παραπτώματα) noch zusätzlich die ἁμαρτίαι erwähnt,[47] dann vor allem aber der auffällige einfache Dat., der um so mehr überrascht, wenn man für Kol 2,13 die Textform mit dem in-

---

[41] Selten in LXX, nur 1mal bei Philon; PsSal 3,7; 13,5.10; häufiger bei den Apostolischen Vätern.

[42] Singular: V.15a.b.17.18 (Adams Sündenfall: SapSal 10,1); V.20 (kollektiv); Röm 11,11f (Israels Unglaube); Plural: Röm 5,16; vgl. 4,25; 2Kor 5,19.

[43] Von Gott normalerweise δωρεά (so u.a. neben Röm 5,15.17 auch Eph 3,7; 4,7). Doch Philon gebraucht beide Ausdrücke promiscue (vgl. z.B. LA III 83 und 87). δῶρον als Gabe Gottes sonst nicht im NT, aber 1Clem 35,1; Herm 10,1 (vis. III 2).

[44] Entsprechend ist in Eph (neben dem συνταφέντες αὐτῷ ἐν τῷ βαπτισμῷ) der ganze Vers Kol 2,11 (spiritualisierende, christologische Metaphorisierung der Beschneidung) ausgelassen.

[45] Genauer handelt es sich um einen Dativus commodi (BDR § 188,3).

[46] Umstritten ist, ob in Röm 8,10 τό ... σῶμα νεκρὸν διὰ ἁμαρτίαν den Grund des Totseins angibt, oder ob διά + Akk. hier „im Hinblick auf" bedeutet (so z.B. KÄSEMANN, Röm, 216; anders WILCKENS, Röm, II, 132). Vgl. dagegen Röm 5,12–21, wo διά + Gen. die Ursache bezeichnet (διὰ τῆς ἁμαρτίας ὁ θάνατος).

[47] Dabei musste der Singular aus Röm 6 natürlich in den Plural transponiert werden.

strumentalen ἐν für ursprünglich anzusehen hat.[48] Der Verfasser von Eph hat hier äußerlich an Röm 6,11 angeglichen, wobei er den *Dat. commodi* als einen instrumentalen Dat. interpretierte.[49]

2 Es folgt ein Relativsatz, auf „Verfehlungen und Sünden" bezogen, zu dessen Verb „ihr wandeltet" eine doppelte Präpositionalwendung mit κατά gefügt ist: „nach dem Äon dieser Welt, nach dem Herrscher der Macht (in) der Luft". Es handelt sich um zwei Kennzeichnungen ein und derselben Gestalt, was sich aus der parallelen und asyndetischen Stellung ergibt. Es folgt dann noch ein Gen. („des Geistes, der nun unter den Söhnen des Ungehorsams wirksam ist"), der sich auf ἄρχων bezieht. Es geht um das vorchristliche Leben der Adressaten (ποτέ[50], Verb im Aorist). Περιπατεῖν (eigentlich: umhergehen, wandern) ist metaphorisch auf den Lebenswandel bezogen (so durchgehend bei Paulus, Kol, Eph, 2Thess, 1–3 Joh). Hier begegnet das Verb mit ἐν und κατά.[51] Nach 2Kor 10,2f besteht ein Unterschied zwischen dem Wandel ἐν (σαρκί) und dem Wandel κατά (σάρκα). ἐν steht auch an unserer Stelle für die Sphäre, in der das Leben, der „Wandel" sich vollzieht, κατά für den Einfluss, die Norm und die Macht, die den Wandel bestimmen.

Die Gestalt, die den vorchristlichen Wandel der Adressaten bestimmte, wird mit drei Bezeichnungen charakterisiert: (1.) als αἰών τοῦ κόσμου τούτου. Zwar ist αἰών sonst im Eph (1,21; 2,7; 3,9.11.21) der „Welt-Zeit-Raum", was durch Zusätze wie οὗτος, ἐπερχόμενος[52] oder durch den Plural („Zeit-Räume") nahegelegt wird. Diese Bedeutung könnte hier nur vorliegen, wenn man den Gen. τοῦ κόσμου τούτου als Gen. qualitatis bzw. epexegeticus verstehen dürfte („gemäß dem Äon, welcher in dieser Welt besteht"[53]). Nun bezieht sich aber die zweite κατά-Wendung (die appositionell zur ersten steht) auf eine personale Gestalt: „nach dem Führer der Herrschaft der Luft". Demnach muß auch der αἰών eine personifizierte Größe sein,[54] und τοῦ κόσμου τούτου könnte dann den Herr-

---

[48] So p46 ℵ1 A C D F G K P u.a.; einfacher Dat. dagegen in ℵ* B L Ψ 33.81 u.a. Für die Lesart mit ἐν spricht, dass der einfache Dat. Angleichung an Eph 2,1.5 sein wird, zumal Eph dem Kol kanonisch voranstand.

[49] Für den Verfasser des Eph ist das insofern sehr überraschend, als er sonst im Zuge seiner semitisierenden Syntax instrumentales ἐν (für בְּ) bevorzugt (allein in 1,3–14 z.B. 14mal) und ein instrumentaler Dat. bei ihm relativ selten ist – neben Eph 2,1 noch 1,13; 2,5.8 (veranlasst durch Röm 3,24); 3,16; 4,14.23; 5,6.18 (dazu BDR § 195,2).26.

[50] Eph 2,2.3.11.13; 5,8.29; Kol 1,21; 3,7; zehnmal bei Paulus.

[51] Neben περιπατεῖν ἐν und π. κατά sonst auch π. διά, π. ὡς (οὕτως), καθώς, ἀξίως mit einfachem Dativ.

[52] In 3,11 ist κατὰ πρόθεσιν τῶν αἰώνων verkürzter Ausdruck für κατὰ πρόθεσιν πρὸ τῶν αἰώνων, womit die vorzeitliche Ewigkeit gemeint ist.

[53] So z.B. Mussner, Eph, 59; Arnold, Power, 59f; Lincoln, Eph, 94; T. Holtz, EWNT² I, 111: „Wahrscheinlicher ... der geschichtliche Bereich dieser Welt. Erst die zweite Bestimmung führt dann die personale Macht ein ...". Dagegen spricht die asyndetische Nebenordnung der beiden κατά-Glieder. τοῦ πνεύματος ... ist dann eine weitere Apposition zu τῆς ἐξουσίας. Alle drei Bezeichnungen meinen dieselbe „Person".

[54] So z.B. auch Dibelius/Greeven, Eph, 65f; Schlier, Eph, 102; Gnilka, Eph, 114f; Schnackenburg, Eph, 91; Best, Eph, 204.

schaftsbereich dieses Äons bezeichnen.[55] Ob in Kol 1,26 und Eph 3,9 (Plural) ebenfalls personifizierte Wesen gemeint sind,[56] ist zu bezweifeln,[57] denn das ἀπό ist dort nicht von ἀποκεκρυμμένος abhängig, sondern eng mit τῶν αἰώνων zusammenzunehmen.[58]

Die Wendung ἀπ' αἰῶνος/ἀπὸ τοῦ αἰῶνος („seit Ewigkeit") begegnet ca. 30mal in LXX; im NT: Lk 1,70; Apg 3,21; 15,18 (Zitat Jes 45,21). Zwar kommt die Pluralform ἀπὸ τῶν αἰώνων nur in Kol 1,26 und Eph 3,9 vor, erklärt sich dort jedoch durch den Einfluss von 1Kor 2,7 (πρὸ τῶν αἰώνων: so auch ψ 54,20).[59] Die paulinische Wendung ὁ αἰὼν οὗτος (Röm 2,2; 1Kor 1,20; 2.6.8; 3,18; 2Kor 4,4; Eph 1,21[60] – vgl. Gal 1,4: ὁ αἰὼν ὁ ἐνεστὼς πονηρός; 1Tim 6,17; 2Tim 4,10; Tit 2,12: ὁ νῦν αἰών) ist synonym mit der in Joh bevorzugten Wendung ὁ κόσμος οὗτος (Joh 8,23; 12,25.31; 13,1; 16,11; 18,36; 1Joh 4,17), die aber auch schon bei Paulus begegnet (1Kor 3,19; 5,10; 7,31). Zugrunde liegt dieser Mythologie die Zwei-Äonen-Vorstellung, die gegen Ende des ersten Jahrhunderts in apokalyptischen und rabbinischen Texten belegt ist: Dem αἰὼν οὗτος (עוֹלָם הַזֶּה) steht der αἰὼν ὁ μέλλων bzw. ὁ ἐρχόμενος (עוֹלָם הַבָּא) gegenüber.[61] Freilich begegnet in den genuinen Paulus-Briefen niemals der Ausdruck „künftiger Äon", der erst in Eph 1,21; 2,7 erscheint (daneben Mk 10,30/Lk 18,30; Mt 12,32; Hebr 6,5).

Dann ist unsere Stelle die einzige im NT, wo der Ausdruck „Äon" personifiziert erscheint. Sachlich gleichbedeutend sind aber 2Kor 4,4 („der Gott dieses Äons") und Joh 12,31; 16,11 („der Archon dieses Kosmos"; vgl. 14,30).[62] Es gibt zwei mögliche Erklärungen für die Personifikation des αἰών (οὗτος): (a) Man kann auf die hellenistische Vorstellung von einem Gott „Ewigkeit" (Αἰών)[63] verweisen,[64] die in der Gnosis dualistisch weiterentwickelt wurde.[65] Allerdings wäre Eph 2,2 die ein-

---

[55] SCHNACKENBURG, Eph, 91 mit A 219.
[56] So erstmals REITZENSTEIN, Erlösungsmysterium, 86 A 3; 235f; dann z.B. DIBELIUS/GREEVEN, Eph, 75 (vgl. im selben Band: S. 24f zu Kol 1,26); SCHLIER, Eph 154-156; BAUER/ALAND, Wb., 54.
[57] Für rein zeitliche Bedeutung z.B. H. SASSE, ThWNT I, 197-208, 208, Z.1-12; DERS., RAC I, 193-204, 203; GNILKA, Eph, 172; ERNST, Eph, 332; CONZELMANN, Eph, 104; SCHNACKENBURG, Eph, 140; zu Kol 1,26: SCHWEIZER, Kol, 81.87.
[58] Ἀπό im zeitlichen Sinne („seit") ist äußerst häufig (83mal) im NT.
[59] Vgl. dazu SELLIN, Genitive, 99.
[60] Sonst Mt 12,32; Lk 16,8; 20,34.
[61] LXX nur Jes 9,5 in A und א; der älteste Beleg ist wohl 1Hen (äth.) 71,15; ferner 2Hen (slav.) 43,3; 65,8; dann vor allem 4Esra 6,9; 7,12f.47; 8,1; 2Bar (syr.) 51,8-16; ApkEsr (gr.) 1,24; TestHiob 47,3; Sib III 92. Zu den rabbinischen Belegen, die aber kaum in die Zeit vor 70 n.Chr. zurückreichen, s. DALMAN, Die Worte Jesu, I, 121-123; BILLERBECK, IV 799-821; H. SASSE, ThWNT I, 197-208, 207, Z.4ff.
[62] Zu vergleichen ist 1Kor 2,8 οἱ ἄρχοντες τοῦ αἰῶνος τούτου. Dort sind die Archonten aber die politischen Machthaber der Welt (vgl. CARR, Angels, 93-114).
[63] 1Hen (gr.) 9,4; Epiktet, diss. II 5,13; Pap.Paris.Suppl.gr 574, 3067 (bei DENIS, Concordance, 925); PGM IV 520.1169.2198.2314.3168; V 468. Dazu: REITZENSTEIN, Erlösungsmysterium, 171-188.231-250; DERS., Mysterienreligionen, 167 (zu CH XI 20). 175 (zur Mithras-Liturgie). 226; ZEPF, Der Gott Αἰών; H. SASSE, ThWNT I, 197-208, 198 Z.20ff.208 Z.1-12; DERS., RAC I, 193-204.
[64] So die meisten neueren Ausleger, z.B. DIBELIUS/GREEVEN, Eph, 65f; SCHLIER, Eph, 102; LINDEMANN, 51; GNILKA, Eph, 117; BARTH, Eph, I, 214; BAUER/ALAND, Wb., 54; ARNOLD, Power, 59f.
[65] Die gestaffelten Sphären des Pleroma, Äonen genannt, sind zugleich personifizierte Wesen: AJ (BG 2) 26,6f.9f.22; 27,15; 28,2; 34,7-9; 36,16f. Auch Jaldabaoth schafft sich Äonen: 39,1ff u.ö.; ApkAd (NHC V 5) 64,20-26; UW (NHC II 3) 121,20f; vgl. RUDOLPH, Die Gnosis, 86-88.149-152.

zige Stelle im NT, wo diese Vorstellung vorläge, da Kol 1,26 und Eph 3,9 ausfallen.[66] (b) Die Stelle lässt sich auch ohne die Annahme eines Einflusses der Verehrung des Gottes Äon erklären: Dass der gegenwärtige Kosmos oder Äon einen Herrscher hat, den Teufel, seinen „Gott", gehört zum apokalyptischen Dualismus. Die Rede vom „Gott dieses Äons" (2Kor 4,4) und vom „Herrscher (ἄρχων) dieses Kosmos" (Joh 12,31; 16,11) war traditionell. In Eph 2,2 sind beide synonymen Ausdrücke „Äon" und „Kosmos" durch Genitivkonstruktion verbunden worden,[67] wobei der erste Ausdruck (im Akk.) nun für den Führer dieses Äons selber steht. Es handelt sich dann um eine Metonymie.[68] Entsprechend taucht im zweiten κατά-Glied, das parallel zum ersten steht, der Ausdruck ἄρχων auf. Dem Verfasser brauchte also der Kult des Gottes „Äon" gar nicht bekannt gewesen zu sein.[69]

(2.) In einem zweiten κατά-Glied wird dieses Wesen, das den vorchristlichen „Wandel" der Adressaten bestimmte, als „Führer der Herrschaft der Luft" bezeichnet. Die Luft ist der Bereich der Dämonen, die den sublunaren Luftraum über der Erde bewohnen.[70] Das hier vorausgesetzte Weltbild entspricht weitgehend mittelplatonisch-neupythagoreischer Physik, wonach die Bereiche der Welt den Elementen entsprechend eingeteilt sind. Zurück geht das (wohl über Poseidonios)[71] auf Platon, Tim. 39e–40a. Es gibt danach vier Arten von Lebewesen, denen die Elemente zugeordnet sind: Neben den Lebewesen auf der Erde und im Wasser gibt es die in der Luft und im Äther (Feuer). Das Feuer bzw. der Äther (Gestirne) ist der Bereich der reinen göttlichen Lebewesen, die Luft, die sich bis zum Mond erstreckt, der Bereich der niederen Seelen und Dämonen.[72]

---

[66] S.o. bei A 56 und 57.
[67] Auch wenn der Verfasser sonst explikative, epexegetische, appositive Gen. mit einer gewissen Vorliebe verwendet (z.B. 1,14; 2,14; 4,13b.23: dazu SELLIN, Genitive), scheidet diese Möglichkeit, mit der z.B. MUSSNER, Eph, 59, rechnet, wegen der zweiten κατά-Phrase („Herrscher der Macht der Luft") aus. (ὁ αἰὼν) τοῦ κόσμου τούτου ist also ein Gen. des Bereiches (genau wie das folgende τοῦ ἀέρος).
[68] LAUSBERG, Handbuch, § 568, I, b: eine „mythologische Metonymie („Gottheiten für ihren Funktionsbereich"), aber: „Auch die Umkehrung ist möglich" (d.h. der Ausdruck des Funktionsbereiches steht für den Herrscher dieses Funktionsbereiches).
[69] Auf ähnliche metonymische Weise ist wohl auch die Vorstellung vom personifizierten Äon als Gott im Hellenismus entstanden. Vgl. zu diesem Vorgang der mythischen Metonymisierung Philon, dec. 52–58.
[70] Ἐξουσία kann hier entweder die Herrschaftsfunktion bedeuten (wie in Kol 1,13 [vgl. aber 1,16; 2,10]; TestAbr A 9,8; 13,11; so ARNOLD, Power, 60), oder das Wort bezeichnet die Klasse der Wesen, die die Luft bewohnen (und wäre dann ähnlich wie in 1,21 als Bezeichnung einer Engelklasse gebraucht). Im ersten Fall wäre τῆς ἐξουσίας ein explizierender Gen. („gemäß dem Führer, der die Herrschaft über die [oder: in der] Luft innehat"). Im zweiten Fall wäre τῆς ἐξουσίας eher als Gen. des Bereichs aufzufassen (Führer über die Klasse der mit ἐξουσία bezeichneten Wesen). Die Parallelstellung von τῆς ἐξουσίας zu τοῦ κόσμου τούτου lässt eher an den Bereich denken.
[71] Sextus Emp., adv. math. IX 86 (ab VII 19 Referat über Poseidonios); vgl. dazu ZINTZEN, Geister (Dämonen), RAC 9 (1976), 642.
[72] Die neupythagoreische Auffassung wird deutlich bei Diog. Laert. VIII 32; DIELS/KRANZ, Vorsokratiker, 58 B 1a (Bd. I, S. 448, Z.3ff) – die ganze Luft ist voll von Seelen, teils Dämonen, teils Heroen; dazu Philon, gig. 6–9 „(Die Wesen), die andere Philosophen (als) Dämonen (bezeichnen), pflegt Mose Engel zu nennen. Es sind aber in der Luft fliegende Seelen ... Es muss aber der Kosmos durch und durch beseelt sein, indem ein jeder der ersten und elementaren Teile die ihm eigentümlichen und zukommenden Lebewesen

Dass die Luft jedoch der Herrschaftsbereich der bösen widergöttlichen Mächte (im Sinne des Dualismus) ist, lässt sich nicht nur aus der philosophischen Physik herleiten. Hier kommen einige Belege aus den Zauberpapyri näher, in denen von bösen Luftgeistern die Rede ist (z. B. PGM I 49.179ff; IV 1134.2699.3042; VII 314; XIII 278; CI 39[73]).[74] Der wichtigste Text steht in einem von E. Peterson behandelten Zauberpapyrus (PGM I 215), wo ein Beter um Schutz vor der Machtfunktion eines δαίμων ἀέριος bittet, der sein Schicksal (εἱμαρμένη) bestimmt.[75] Das Gebet ist gerichtet an den jüdischen „heiligen Gott", der hier aber zugleich als Αἰών angerufen wird, während in Eph 2,2 der „Abteilungsleiter" der Luftdämonen selber als *Aion* bezeichnet wird, was offenbar mit der Identifizierung der sublunaren Welt mit „dieser Welt" (ὁ κόσμος οὗτος) = „diesem Äon" zusammenhängt. Hier kommt aber das dualistische Element hinzu. Offenbar wird der Gott *Aion* im Zauberpapyrus schon mit Christus identifiziert (PGM I 209f). Ähnliche Aussagen begegnen dann gelegentlich auch in spezifisch jüdischen Texten, so TestBen 3,4, wo vom ἀέριον πνεῦμα Beliars die Rede ist,[76] und einige Stellen in der AscJes (2,2–4: „Und Manasse … diente dem Satan und seinen Engeln und seinen Mächten … denn der Fürst der Ungerechtigkeit, der diese Welt beherrscht, ist Beliar …"; vgl. 7,9; 9,14; 10,10–12; 11,23). Hier ist das Firmament (= der untere Himmel) Platz der Engel des Teufels, des Gottes dieser Welt. Die Vorstellung von einem Anführer der bösen „Geister" begegnet dann (verbunden mit dem Namen „Belial"[77]) in den Qumrantexten, z. B. CD 12,2; 1QM 13,2.4.11f; 14,10.[78] Hier wird allerdings nicht ausdrücklich gesagt, dass Belial und seine Geister die Luft bevölkern. Das gleiche gilt für die Stellen in den synoptischen Evangelien, wo vom „Anführer der Dämonen" (ἄρχων τῶν δαιμονίων) die Rede ist: Mk 3,22; Mt 9,34; 12,24; Lk 11,15.

In Eph 2,2 kommen so dualistisch-jüdische (böse Dämonen, eine Satansfigur als Führer der Dämonen) und hellenistische Tradition (die Luft als Bereich der Dämonen) zusammen. Wenn man beide Gen. τῆς ἐξουσίας und τοῦ ἀέρος als Gen. des Bereichs versteht (s. o. A 70), dann ist ἐξουσία in diesem Fall Bezeichnung für die unterste Engelklasse, die Engel des sublunaren Luftraums, die Dämonen.[79] Dass die Engelklassen überhaupt Anführer haben, belegen Stellen wie TestAbr A 9,3; 13,11 und das Fragment der Oratio Joseph.[80] So hat auch „Beliar" seine ἀρχαί und ἐξουσίαι (vgl. Eph 6,12). Ein Problem besteht jedoch dann in der Tatsache,

---

umfasst … Es ist also notwendig, dass auch die Luft von Lebewesen ausgefüllt ist …". Vgl. plant. 14; conf. 174.176; somn. I 134–145. Zur Auffassung der Dämonen in der Philosophie: ZINTZEN, Geister (Dämonen). Zu nennen ist vor allem noch Plutarch, Is. et Os. 26 (Mor. 361C) (böse Dämonen im Luftraum).

[73] WORTMANN, Texte, 100. Dieser Text kommt Eph 2,2 sehr nahe, insofern hier von einem den Luftraum beherrschenden Wesen die Rede ist: κατὰ τοῦ ἔχοντος τὸν ἀέρα.

[74] ARNOLD, Power, 60.191 A 62.

[75] PETERSON, Befreiung, 111f.

[76] In der Handschrift c fehlt allerdings ἀέριον.

[77] In griechischen Texten meist „Beliar".

[78] Vgl. J. MAIER, „Geister (Dämonen)", 631–633.

[79] Dass Engel und Dämonen nicht scharf getrennt sind, sondern beide als Wesen zwischen Mensch und Gott einer übergeordneten Gattung angehören, geht deutlich aus den Philon-Belegen (o. A 72) hervor. Ebenso wird der ambivalente Charakter dieser Wesen deutlich: Nach dem pythagoreischen Dämonenglauben (Diog. Laert. VIII 32) sind die Dämonen sowohl für gute wie für böse Ereignisse verantwortlich.

[80] TestAbr 9,3 A ist vom ἀρχιστράτηγος τῶν ἄνω δυνάμεων die Rede, Oratio Joseph (bei DENIS, Fragmenta Pseudepigraphorum 61) von Israel als ἀρχάγγελος δυνάμεως κυρίου καὶ ἀρχιχιλίαρχος … ἐν υἱοῖς θεοῦ.

dass die Aufzählung der Engelklassen in 1,21 im Gegensatz zu 2,2 und 6,12 (aber auch zu 1Kor 15,24) keinen Hinweis auf feindliche Mächte enthält. Das erklärt sich aber aus der universalen Ausrichtung der Aussage vom Kosmokrator in 1,21, wo sogar die Mächte des künftigen Äons, die ja keinesfalls als feindlich gelten können, mit einbezogen werden.[81]

(3.) Die Spitze der Aussage in V.2 findet sich in der dritten Bestimmung: τοῦ πνεύματος τοῦ νῦν ἐνεργοῦντος ἐν τοῖς υἱοῖς τῆς ἀπειθείας. Sie ist nicht wie die beiden ersten mit κατά + Akk. gebildet, sondern steht attributiv im Gen. Damit könnte sie zu einem der beiden Gen. in der zweiten κατά-Bestimmung gehören: τῆς ἐξουσίας oder τοῦ ἀέρος. Vom Inhalt her ist das jedoch nicht möglich. πνεῦμα (im Singular) kann sich nur auf den obersten Dämon, den „Äon dieses Kosmos" beziehen. Τοῦ πνεύματος steht also in „Apposition" zu κατὰ τὸν ἄρχοντα.[82] So ist dieses dritte Glied ebenfalls eine Bestimmung der einen Gestalt, die als „Äon dieses Kosmos", als „Führer der Dämon-Mächte der Luft" und als „Geist, der noch jetzt in den Söhnen des Ungehorsams wirkt" bezeichnet wird. Der Grund für den syntaktischen Wechsel ist ganz einfach die Tatsache, dass diese dritte Aussage sich nicht mehr auf den einstigen „Wandel" der Adressaten bezieht (die beiden κατά-Aussagen sind ja von περιεπατήσατε abhängig), sondern auf das auch gegenwärtig andauernde Wirken dieser Macht auf die Nicht-„Erweckten". Ein Wechsel vom „Einst" zum „Jetzt" hat sich ja nur bei den Bekehrten, zu denen die Adressaten gehören, vollzogen, insofern sie von der bösen Macht durch Christus befreit sind. Die Bereiche des Unheils und des Heils sind also nicht absolut-zeitlich getrennt, sondern existieren auch nebeneinander. Der böse „Geist" wirkt „jetzt" unter den „Söhnen des Ungehorsams".

Die Formulierung dieser dritten Bestimmung der negativen Macht hat Entsprechungen in der Sprachwelt der Qumrantexte.[83] Von dualistischen „zwei Geistern", die den Menschen beeinflussen, ist vor allem in dem Abschnitt 1QS 3,13–4,26[84] die Rede. Es stehen sich gegenüber „der Geist des Lichtes und (der Geist) der Finsternis" (1QS 3,25), der „Geist der Wahrheit und (der Geist) des Frevels (עָוֶל)" (1QS 3,14.18f; 4,9.15.20.23). In 1QM 13 ist von den „Geistern des Loses" Belials (4; vgl. 2; TestBen 3,4; Jub 1,20) die Rede; 1QM 13,11f: „Du hast Belial gemacht zum Verderben, zum Engel der Feindschaft ... Und alle Geister seines Loses sind Engel des Verderbens ...".[85] Entsprechend ist von „Söhnen (des Lichtes und) der Fins-

---

[81] S.o. zu 1,21. Zu bedenken ist auch, dass sich die Feindlichkeit der Mächte oft auf Übergriffe subalterner Hierarchien erstreckt, wogegen z.B. in der Magie die Hilfe des höchsten Gottes angerufen werden kann – so in PGM I 215, wo der höchste Gott Aion zu Hilfe gegen den Funktionär der schicksalwirkenden Luftmacht gerufen wird (s.o. bei A 75).
[82] So auch GNILKA, Eph, 115 A 5; SCHLIER, Eph, 104, bezieht es dagegen auf τοῦ ἀέρος.
[83] BRAUN, Qumran, I 216–225. Die Formulierung „Söhne des ..." ist ein Semitismus (vgl. 3,5; 5,6): TURNER, Style, 84.
[84] Zu diesem Text s. NÖTSCHER, Geist und Geister; BRAUN, Qumran, II 250–265; OSTEN-SACKEN, Gott und Belial, 116–189; LICHTENBERGER, Menschenbild, 123–142. Nach LICHTENBERGER, 127f, wird erst ab 3,19 etwas von einer „mythologischen Geisterlehre" erkennbar.
[85] Die dualistische Auffassung von zwei Geistern begegnet auch TestJud 20,1f: „Geist der Wahrheit" und „Geist des Irrtums" (πνεῦμα τῆς πλάνης; ebenso TestJud 14,8; vgl. TestSim 4,9: πνεῦμα πονηρόν; TestGad 6,2: πνεῦμα τοῦ μίσους).

ternis" (1QS 1,10; 1QM 1,1; 13,16 u. ö.), „Söhnen des Frevels" (1QS 3,21; 1QH 5,8), „Söhnen des Unheils" (1QH 3,23), „Söhnen der Schuld" (1QH 6,30; 7,11), „Söhnen der Grube" (CD 6,13; 13,14) die Rede. Der Ausdruck „Söhne des Ungehorsams" (ebenso in Eph 5,6) begegnet in den Qumranschriften allerdings nicht.[86] Ob υἱοὶ τῆς ἀπειθείας (über 5,6) direkt auf Kol 3,6 zurückzuführen ist, bleibt fraglich wegen der textkritischen Unsicherheit dieser Wendung dort.[87] Ἀπειθεῖν (ἀπειθής)[88] steht in LXX für den Ungehorsam des Volkes Gottes (z. B. Ex 23,21; Lev 26,15; Dtn 1,26; Jes 3,8; 59,13; 63,10; Sach 7,11). In diesem Sinne verwendet es auch Paulus (Röm 10,21 = Jes 65,2; Röm 11,31; 15,31), ebenso dann ἀπείθεια (Röm 11,30b), dehnt den Gebrauch jedoch auch auf die Heiden aus (Röm 11,30a) und erweitert so die Bedeutung im Sinne von „sündig sein" (Röm 2,8; 11,32). Mit dieser erweiterten Extension ist das Wort auch in Eph gebraucht, möglicherweise in Abhängigkeit von Röm 2,8; 11,32,[89] wofür auch das hier sogleich folgende und ebenfalls in 5,6[90] auftauchende Stichwort ὀργή (auch Röm 2,8; vgl. 1,18-2,5; 5,9; 9,22) sprechen könnte.

Die Wendung „Söhne des Ungehorsams" bezieht sich nicht bloß auf die Vergangenheit der Adressaten als einstige Heiden, sondern auf alle, die (jetzt noch) vom widergöttlichen, verderblichen „Geist" beeinflusst werden. Wie Gott auf die Menschen einwirkt (1,19f), so kann auch der böse Geist auf die Menschen einwirken, indem er sie zu den Taten ihres Ungehorsams verführt. Der Mensch ist ausgesetzt den Kräften der Zerstörung und der Heilung. Dass auch das Böse eine geistliche Kraft ist, findet sich nicht bei Paulus (dort ist es eher der zerstörerische Einfluss des „Fleisches"[91]), wohl aber in Qumran und den TestXII.[92] Aber wie bei Paulus wird vorausgesetzt, dass der Mensch im Guten wie im Bösen nicht Herr seiner selbst ist.[93]

---

[86] Vgl. BRAUN, Qumran, I, 216f: „Bosheit [d.i. „Frevel"] und Ungehorsam sind nicht präzise dasselbe". Braun weist auch darauf hin, dass עול nie zu den Äquivalenten gehört, die in LXX mit ἀπειθεῖν wiedergegeben werden.

[87] Vgl. METZGER, Commentary, 557 (zu Kol 3,6). Die Worte fehlen in p46 und B.

[88] Ἀπείθεια selbst nur 4Makk 8,9.18; 12,4, und zwar nicht auf Gott bezogen. ἀπειθής begegnet TestDan 5,11: „Und Gott selbst wird gegen Beliar Krieg führen und die Gefangenen wird er Beliar abnehmen und wird die *ungehorsamen* Herzen zum Herrn hinwenden."

[89] Vgl. aber auch Hebr 11,31; Herm 92,3 (sim IX 15).

[90] Hinter 5,6 steht aber unmittelbar Kol 3,6 (ohne ἐπὶ τοὺς υἱοὺς τῆς ἀπειθείας – s.o. A 87).

[91] Vgl. auch Kol 2,18, wo vom νοῦς τῆς σαρκός die Rede ist.

[92] S.o. A 83-85. Die im NT einmalige Gegenüberstellung von Christus und Beliar (2Kor 6,15) gehört ebenfalls in den Umkreis einer solchen nicht genuin paulinischen dualistischen Theologie. Zum Abschnitt 2Kor 6,14-7,1: FITZMYER, 2Cor 6,14-7,1; GNILKA, 2Kor 6,14-7,1; BRAUN, Qumran, I, 201-204.

[93] Der Text ist hoch mythisch! Zu Recht wendet sich G. KLEIN, gegen eine „Verwendung der Kategorie des Mythischen als einer Unwertvokabel": „Der Mensch – Schauplatz und Statthalter des kosmischen Chaos! Im Lichte dieser Wahrheit enthüllt sich die Negativierung der ‚mythischen' Dimension unsres Textes als rein weltanschaulicher Abwehrreflex, eine Geste der Hilflosigkeit. Sie vergeht unter der Wucht, mit der hier das autonome Subjekt, die sich selbst verantwortende Menschheit – als Mythos identifiziert werden", denn: „Der Mensch ist im ursprünglichen Sinn des Wortes nicht bei sich selbst, ein anderer – von überall her nach ihm greifend – wohnt ihm bei ... Dieser andere ist er selbst und doch nicht er selbst, nämlich er selbst als sein eigener Zwingherr" (273). Einer solchen radikalen Anthropologie entspricht dann eine radikale Soteriologie (s.u. zu V.5f.8-10).

3 War in V.1 und 2 vom vorchristlichen „Wandel" *der Adressaten* die Rede, so wird jetzt in einem zweiten Relativsatz die vorchristliche Vergangenheit von „uns allen" (καὶ ἡμεῖς πάντες) angesprochen. Dabei hat καί an dieser Stelle gegenüber καὶ ὑμᾶς in V.1 steigernde Bedeutung („ja: wir alle"). Ἐν οἷς bezieht sich auf die „Söhne des Ungehorsams". Beim Verb ἀνεστράφημεν steht noch ein zweites ἐν: „in den Begierden unseres Fleisches". Bei ἀναστρέφεσθαι (Passiv, reflexiv: „sich hin- und herwenden", „wandeln"[94]), das in synonymem Parallelismus zu περιπατεῖν in V.2 steht, wird überhaupt nur die Präposition ἐν gebraucht (niemals κατά). Diese zweite Bestimmung mit ἐν entspricht in etwa der Funktion der κατά-Bestimmungen in V.2, während das erste ἐν lokale Bedeutung hat (vgl. 2Kor 1,12). ἐπιθυμία an sich hat keine negative Bedeutung (vgl. Lk 22,15; Phil 1,23; 1Thess 2,17), wird aber meist negativ qualifiziert und dann auch absolut in negativem Sinne gebraucht (z.B. Röm 7,7 durch das Gebot „Du sollst nicht begehren …!" Ex 20,17; Dtn 5,21).[95] Für Paulus liegt der Ursprung der (sündigen) Begierde im „Fleisch" (Röm 13,14; Gal 5,16.24) bzw. im „sterblichen Leib", in dem die Sünde (ἁμαρτία) erwacht (Röm 6,12). Das führt zum Widerstreit zwischen dem „Fleisch" (σάρξ) und dem „Geist" (πνεῦμα) (Gal 5,17). Von solchem Antagonismus ist hier im Eph jedoch nichts zu bemerken. Der Lebenswandel in den „Begierden des Fleisches" drückt sich aus im Tun der „Wünsche des Fleisches", wie in einer Partizipialwendung zu ἀνεστράφημεν ausgeführt wird. Der (unübersetzbare) Plural von θέλημα („Wille") begegnet im Neuen Testament nur noch Apg 13,22,[96] eine Stelle, wo auf Jes 44,28 LXX Bezug genommen wird. Er steht in LXX aber auch ψ 15,3; 102,7; 110,2; Jes 58,13; Jer 23,17.26 und 2Makk 1,3 – und zwar meist für ein Wort vom Stamm חפץ („Gefallen haben", „Lust haben") wie „Begehren", „Interesse", „Wunsch", Wörter, die an den entsprechenden Stellen der hebräischen Vorlage im Plural (auch wenn es nur um eine Person geht) gebraucht werden. An unserer Stelle spielt aber auch die Synonymität zu „Begierden (ἐπιθυμίαι) des Fleisches" eine Rolle. Mit beiden Ausdrücken sind nicht ausschließlich oder in erster Linie sexuelle Gelüste gemeint. Neben den Gen. „des Fleisches" tritt eine zweiter: „und der Gedanken" (τῶν διανοιῶν). διάνοια steht in LXX überwiegend für „Herz", ein anthropologischer Ort, wo Gedanken und Affekte eine Einheit bilden. Im Plural erscheint das Wort sonst nur, wo es auch um mehrere Menschen (also mehrere Herzen) geht.[97] Möglicherweise ist das auch hier der Fall; dann wäre die Wendung eine Entsprechung zu ἐπιθυμίαι τῶν καρδιῶν αὐτῶν (Röm 1,24). Wahrscheinlicher ist aber die Annahme einer Anpassung an die Plurale ἐπιθυμίαι und θελήματα, so dass der Plural διάνοιαι die verschiedenen Regun-

---

[94] BDR § 308 A 3; BAUER/ALAND, Wb., 121. Bei Paulus begegnet das Wort (ebenfalls mit doppeltem ἐν) nur 2Kor 1,12.
[95] ἐπιθυμία ist auch in der Stoa ein negativer Moralbegriff (Epiktet, diss. II 16,45; 18,8f; III 9,21), ebenso im hellenistischen Judentum (SapSal 4,12; Sir 23,5; vgl. 4Makk 1,22; Philon, spec. IV 93; Test Rub 2,4; 4,9; 5,6; 6,4; TestJud 13,2; 14,3) sowie im CH (I 23; XII 4).
[96] Und Mk 3,35 in B.
[97] Auch Num 15,39 richtet sich der Plural nach der Mehrzahl der Angeredeten.

gen und Erwägungen im Inneren eines Menschen bedeutet.[98] Es geht ja um die Verwirklichung (vgl. ποιοῦντες) der (zerstörerischen) triebhaften und „ersonnenen" Begierden. Die „Lasterreihen" (Eph 4,17-24; 5,3f) klingen hier schon an[99] (vgl. auch Röm 1,18-32). Nach diesem von ἀνεστράφημεν abhängigen Partizipialsatz folgt, mit καί angefügt, eine zweite finite Verbalaussage: „und wir waren von Natur Kinder des Zornes wie auch die übrigen". Das Imperfekt ἤμεθα fasst den Zustand der aktuellen Handlungen (ἀνεστράφημεν: Aorist) zusammen, wobei das καί eine Art konsekutive Funktion ausübt („und so waren wir ..."). „Kinder des Zorns" hat die nächste Entsprechung in ApkMos 3,2: ὀργῆς υἱός (Kain ist ein „Sohn des Zorns"). Anklänge gibt es auch in den Qumrantexten.[100] Von Gottes „Zorn" (אף) als Ursache seines Gerichtes ist z. B. in 1QH 3,27f („Los des Zornes") und 11,18[101] die Rede. Der gleiche Zusammenhang von „Zorn Gottes" und den „Söhnen des Ungehorsams" liegt vor in 5,6 (ἔρχεται ἡ ὀργὴ τοῦ θεοῦ ἐπὶ τοὺς υἱοὺς τῆς ἀπειθείας), einer Stelle, der Kol 3,6 zugrundeliegt (vgl. Joh 3,36). Ὀργή (θεοῦ) ist ein apokalyptischer Begriff für das Endgericht und begegnet in diesem Sinne mehrmals bei Paulus (Röm 1,18; 2,5; 3,5; 5,9; 9,22; 12,19; 1Thess 1,10; 2,16; 5,9).[102] „Kinder des Zorns" sind die Menschen (und waren die Christen) aber φύσει, „von Natur" (vgl. Gal 2,15; 4,8; Röm 2,22). Diese Begrifflichkeit entstammt erst griechischem Denken (vgl. SapSal 13,1; 3Makk 3,29; 4Makk 5,25 [κατὰ φύσιν]; äußerst häufig bei Philon).[103] Auch wenn es hier nicht um eine Erbsündenlehre geht,[104] kann man doch nicht bestreiten, dass der „natürliche Mensch" ohne Christus nach dieser Aussage der Verurteilung im Gericht verfällt. Das entspricht zwar der ganzen Tendenz von Röm 1-8, ohne dass aber an dieser Stelle noch irgendwie einsichtig gemacht wird, warum der „natürliche" Mensch ohne die χάρις θεοῦ (vgl. V.5.8) das Heil prinzipiell verfehlt bzw. warum er nur Werke der Sünde vollbringt und „tot" ist. „Wie auch die übrigen" greift eine Formulierung auf, die Paulus in 1Thess 4,13 (καθὼς καὶ οἱ λοιποί; vgl. 1Thess 5,6: ὡς οἱ λοιποί) verwendet hat und die dort die „Nicht-Christen" bezeichnet. Auch wenn dort wohl in erster Linie an die Heiden gedacht ist, lässt sich daraus nicht folgern, dass mit καὶ ἡμεῖς an unserer Stelle ausschließlich die Judenchristen gemeint seien. Zwar wird es in 2,11-22 um die beiden Größen „Juden" und „Heiden" gehen, wo-

---

[98] Διάνοιαι sind nicht die Sinne (gegen BAUER/ALAND, Wb., 375; GNILKA, Eph, 116), sondern die Gedanken („Sinnungen", parallel zum Plural θελήματα [„Wollungen"]; beide sind komplementär zu σάρξ).
[99] GNILKA, Eph, 116.
[100] Zu den qumranischen Wendungen „Söhne des Unheils", „Söhne der Schuld", „Söhne der Grube" s. o. bei A 86 zu V.2.
[101] Auf die Beziehung von Eph 2,1-10 auf 1QH 11,8-14 verweist auch MUSSNER, Beiträge aus Qumran, 194-196.
[102] Sonst im NT im apokalyptischen Sinne: Lk 3,7; 21,23; Joh 3,36; Apk 6,16f; 11,18; 14,10; 16,19; 19,15.
[103] Vgl. GNILKA, Eph, 116.
[104] Zur Wirkungsgeschichte dieser Stelle s. SCHNACKENBURG, Eph, 93; mehr dogmatisches als historisch-exegetisches Standardwerk ist J. MEHLMANN, Natura Filii Irae.

bei die Adressaten den (einstigen) Heiden zugerechnet werden (V.11), aber über die ἡμεῖς wird dort keine spezifizierende Angabe gemacht. Es handelt sich vielmehr um ein rhetorisch bedingtes „Wir" – wie hier in V.3.

4 Nach dem Anakoluth von V.1-3, in dem die vor- und außerchristliche Situation der Menschen unter dem Einfluss der bösen Macht geschildert wurde, folgt nun in V.4-7 ein neuer, vollständiger Satz, dessen drei Hauptverben im Aorist (συνεζωοποίησεν, συνήγειρεν, συνεκάθισεν) die entscheidende soteriologische Existenzwende aussprechen. In V.4 wird das Subjekt („Gott") vorgestellt mit einem Partizipialsatz (πλούσιος ὢν ἐν ἐλέει) und einer Präpositionalwendung, die aber schon von den folgenden Prädikatsverben abhängig ist.[105] In V.5 folgen das Objekt („uns" im Zustand des vorchristlichen Daseins) und das erste Hauptverb sowie eine Parenthese.[106] In V.6 folgt der Rest des Prädikates (zwei weitere Verben mit zwei anschließenden Präpositionalwendungen), in V.7 ein Finalsatz. Während es in V.1-3 nur um das (aus V.5 vorgezogene) Objekt ging (ein Subjekt und ein Prädikat aber fehlen), wird nun mit einem adversativen δέ das Subjekt eingeführt („Gott aber ..."), das sogleich einen Partizipialsatz als Attribut erhält: „reich (seiend) an Erbarmen". Πλούσιος (Hapaxleg. im Eph) wird hier wie durchgehend im Eph auch ὁ bzw. τὸ πλοῦτος[107] metaphorisch gebraucht.[108] Vom „Reichtum" der „Gnade" Gottes ist in 1,7; 2,7 die Rede, vom Reichtum der „Doxa" Gottes in 1,18; 3,16 (vgl. Röm 9,23; Kol 1,27), vom „Reichtum Christi" in 3,8. Ἔλεος (im Eph nur hier) steht wegen der Affinität zu χάρις (V.5.8). Vorbilder für die Wendung von Gottes „reichem Erbarmen" finden sich in LXX und den Qumrantexten.[109] Mit διά + Akk. wird dann der Grund für die Rettung genannt: wegen seiner „Liebe". ἀγάπη ist einer der theologisch wichtigsten Begriffe im Eph.[110] Er bezeichnet hier (wie in 1,4; vgl. 3,17.19; 5,2) den letzten nicht mehr hinterfragbaren Grund des Heilsgeschehens. Dem Attribut πολύς entspricht τὴν ὑπερβάλλουσαν ... ἀγάπην in 3,19.[111] Durch den Relativsatz ἣν ἠγάπησεν ἡμᾶς entsteht wieder eine *figura etymologica*.[112] Das Verb des Relativsatzes steht im Aorist (wie die Hauptverben in V.5f): Gottes Liebe zu „uns" aktualisierte sich im konkreten Heilshandeln.

---

[105] Διὰ τὴν πολλὴν ἀγάπην κτλ. ist also nicht von πλούσιος ὢν ἐν ἐλέει abhängig (gegen Haupt, Eph, 61f, u.a.). Letzteres ist Apposition zum Subjekt θεός. Unmöglich kann dabei die Liebe, die sich gerade in Gottes konkreter Liebestat zeigte (ἣν ἠγάπησεν ἡμᾶς), als Ursache der göttlichen Eigenschaft des „Reichseins an Erbarmen" (Partizip ὤν) aufgefasst werden. Sie ist vielmehr die Ursache des Heils*handelns*, hier also Ursache der drei durch die Hauptverben in V.5-6 ausgedrückten Handlungen.

[106] V.4 ist also kein Anakoluth (gegen Lindemann, Aufhebung, 117).

[107] Eph 1,7.18; 2,7; 3,8.16.

[108] Vgl. Jak 2,5; Apk 2,9; 3,17.

[109] LXX z.B.: Num 14,19; Neh 13,22 (= 2Esra 23,22); Tob 8,16; ψ 5,8; 32,5; 50,3; 62,4; 118,159; u. ö. – Sir 5,6; 16,11f (neben ὀργή); SapSal 3,9; 4,15 (neben χάρις); 1QH 11,28; 12,14; 16,16; häufiger als חֶסֶד steht hier רַחֲמִים (z. B. 1QS 4,3: „reiches Erbarmen"). Vgl. mit NT Tit 3,5.

[110] S.o. zu 1,4.

[111] Ein graduelles Attribut zu ἀγάπη steht sonst nur noch in 1Joh 4,18 (ἡ τελεία ἀγάπη).

[112] S.o. zu 1,6.19f.21; vgl. Jeal, Theology and Ethics, 140.

5 Der Satz wird in V.5 durch Objekt und Prädikat fortgesetzt. Das Objekt, das in V.1 schon vorweggenommen, dabei aber zugleich im Anschluss an Kol 2,13 rhetorisch auf die Adressaten (ὑμᾶς) abgewandelt worden war, erscheint nun in der 1. Pers. Pl. Dieser Wechsel wurde im zweiten Relativsatz (V.3) vorbereitet. Die „Wir"-Form entspricht den kerygmatischen Aussagen bei Paulus in Röm 6,3–11.14 (vgl. 2Kor 4,14; aber auch Röm 5,8–11). Das καί dürfte (wie in 2,1) durch Kol 2,13 bedingt sein (muss hier aber auch eine steigernde Bedeutung haben),[113] ebenso die partizipiale Formulierung und der Dat. τοῖς παραπτώμασιν.[114]

Erst jetzt erscheint das erste der drei Hauptprädikate: συνεζωοποίησεν τῷ Χριστῷ. Der Dat. ist durch das συν- gefordert[115] (vgl. Kol 2,13; Röm 6,8). Das Wort συζωοποιεῖν ist durch Kol 2,13 vorgegeben, wo es als Neologismus durch eine Verschmelzung der συν-Aussagen von Röm 6,4.8 und den aus hellenistisch-jüdischer Weisheitstradition stammenden Begriff „lebendig machen" (ζῳοποιεῖν)[116] entstanden ist. Die Teilhabe am Auferweckungsleben Christi bedeutet für die Christen die bereits erfolgte Wandlung aus Todesexistenz zum Leben. Unter Rückgriff auf 1,20 folgen in V.6 noch zwei Verben, die das συζωοποιεῖν entfalten: „mit-auferwecken" (συνεγείρειν) und „mit-einsetzen" (συγκαθίζειν), wovon das erste in Kol 2,12; 3,1 vorgegeben ist. Gegenüber Kol 2,12f fehlt in Eph die

---

[113] Im jetzigen Zusammenhang scheint das καί an dieser Stelle in der Tat zu stören. Jedoch ist diese Sperrigkeit insofern gemildert, als der Verf. das καὶ ὑμᾶς aus Kol 2,13 ja bereits in V.1 bringt, es hier in V.5 aber nun abwandelt (καὶ ... ἡμᾶς). Damit wird der Relativsatz V.3 reflektiert. Es handelt sich um eine V.1 und V.3 kombinierende Repetition, wobei im καί nun ein steigerndes Moment (ähnlich wie in V.3) enthalten ist (vgl. HAUPT, Eph, 60f: „obwohl oder gerade"). Das καί ist also konzessiv (BDR § 425,1 mit A 1). Betont wird „unser" Todeszustand in den Verfehlungen. Diesem steigernden καί entspricht dann die Parenthese in V.5b: „Durch *Gnade* seid ihr gerettet".

[114] S.o. zu V.1. Statt τοῖς παραπτώμασιν in V.5 (so ℵ A D² u.a.) haben p46, D* und B allerdings eigene Lesarten: τοῖς σώμασιν (p46; vgl. Röm 6,12; 8,11), ταῖς ἁμαρτίαις (D*; vgl. F G: τῇ ἁμαρτίᾳ), ἐν τοῖς παραπτώμασιν καὶ ταῖς ἐπιθυμίαις (B). Die Lesart von B ist pedantische Einbeziehung von V.3 in die Repetition; die von p46 widerspricht nicht nur völlig dem sonstigen Gebrauch von σῶμα in Eph, sondern auch dem Duktus der Aussage von V.5, wonach „tot" und „lebendig" zeitliche und nicht dichotomisch-gleichzeitige Gegensätze (bei gleichem Subjekt) sind.

[115] p46 B 33 u.a. haben ἐν τῷ Χριστῷ, was jedoch durch Angleichung an das ἐν Χριστῷ Ἰησοῦ in V.6 entstanden sein könnte. Das ἐν widerspricht dem συνεζωοποίησεν, das den einfachen Dat. verlangt; LINDEMANN, 119 A 80, hält jedoch die Lesart mit ἐν für ursprünglich und vermutet, die Auslassung von ἐν in ℵ A u.a. sei durch Einfluss von Kol 2,13 zu erklären. Doch ist in der Textgeschichte selten der Eph-Text an den von Kol angeglichen worden, sondern meist war es umgekehrt. In seinem Kommentar hat LINDEMANN, Eph, 38f, seine frühere Ansicht revidiert: „wird man ihrer [sc. der allermeisten Handschriften] Textfassung [ohne ἐν] wohl doch den Vorzug geben müssen"; vgl. auch REICHERT, 437f mit A 6.

[116] Joh 5,21; 6,63; Röm 4,17; 8,11; 1Kor 15,22.36.45; 2Kor 3,6; Gal 3,21; 1Petr 3,18; LXX: Hi 36,6; 4Kön 5,7; 2Esra 19,6; TestGad 4,6; ep.Arist 16; JosAs 8,3.9; 20,7 (vgl. ἀναζωοποιεῖν: 8,10f; 15,5; 27,8; OdSal 11,12; TestAbr A 18); CH IX 6; XI 4.17; XII 22; XVI 8; Diog. Laert. VIII 27; Jamblich, vit. Pyth. 212. Subjekt des ζῳοποιεῖν kann Gott oder der Geist sein. Bis auf die Ausnahme von TestAbr A 18 wird (ἀνα)ζῳοποιεῖν nie zukünftig-eschatologisch gebraucht. Es wird vielmehr zunächst auf Gottes Schöpfertätigkeit bezogen, dann aber dualistisch auf die Inspiration des Weisen und Frommen durch den Geist. Zur Begriffsgeschichte: SELLIN, Streit, 79–90; vgl. auch REICHERT, 433–462, die eine innerneutestamentliche Abhängigkeitsgeschichte von Kol 2,13 zu Eph 2,5 und von beiden zur ausschließlich christologischen Verwendung von ζῳοποιεῖν in 1Petr 3,18 nachweist.

dort aus Röm 6,4 stammende Aussage vom „Mit-begraben-werden" (συνθάπτεσθαι) – und damit das wesentliche Motiv der Taufsymbolik, die in Eph 1 und 2 demnach nicht die zentrale Rolle spielt, die gelegentlich von Auslegern behauptet wird.

Das Taufmotiv aus Röm 6,4 bewirkt in Kol 2,12f einen auffälligen Kohärenzbruch innerhalb der metaphorischen Bildspender-Ebene: Wenn der Christ *vor* der Taufe „tot in den Verfehlungen" war (V.13), dann bedeutet die Taufe kein (Mit-)Sterben mehr, sondern nur den Übergang zum „Leben" (συζωοποιεῖν). Dazu passt nicht mehr das Bild vom „Mit-begraben-Werden". Zwar hat der Verfasser des Kol die Aussage vom „Mit-Sterben" selber ausgelassen (dabei allerdings den einfachen Dat., der in Röm 6 ein relationaler Dat. commodi war, in der νεκρός-Aussage in V.13 festgehalten), aber die sakramental-symbolische Aussage vom „Mit-begraben-werden" (aus Röm 6,4) ist in Kol 2,12 geblieben. Sie hat jetzt nur noch eine illustrierende Bedeutung für die Taufaussage. Das Begräbnis steht lediglich für den Abschluss der „Leichnam-Existenz" (νεκρός in den Verfehlungen), und die Taufe hat – gegen Röm 6 – nicht mehr die Bedeutung eines symbolischen Sterbens. Stattdessen dient nun die Beschneidung als metaphorisches Modell für die „Ablegung des Fleischesleibes", wobei die Beschneidung Christi (= sein Kreuzestod) zur Ursache der geistlichen („nicht mit Händen gemachten") „Beschneidung" der Christen erklärt wird (V.11), nämlich als Übergang von der Todesexistenz, die als „fleischliche" Existenz (ἀκροβυστία τῆς σαρκός: V.13) gedeutet wird, zum „Leben". Aber auch die Metaphorik der Beschneidung fehlt in Eph an dieser Stelle.

Eph 2,1.5f ist gegenüber der Vorlage Kol 2,11-13 also, was die Kohärenz des metaphorischen Bildfeldes betrifft, stark geglättet. Die hellenistisch-jüdische νεκρός-ζῳοποιεῖν-Symbolik dominiert, alle „Sterbe"- und „Begräbnis"-Metaphorik ist getilgt (einschließlich der „Beschneidungs"-Metaphorik). Damit tritt auch das Taufmotiv zurück.[117] Gleichzeitig gibt es aber Indizien, dass neben Kol 2,11-13 auch auf Röm 6,1-11 direkt zurückgegriffen wird (ἁμαρτίαι, einfacher Dat.).[118]

Es folgt in V.5b eine Parenthese: „durch Gnade seid ihr gerettet", die die ausführlichere Aussage von V.8f vorwegnimmt (dort durch γάρ auf V.5b zurückbezogen).[119] Diese vorgezogene Aussage in Parenthese ist vorbereitet durch das stei-

---

[117] Zur Abhängigkeit von Eph 2,1-10 von Kol 2,12f vgl. OCHEL, Annahme, 37-47; GESE, 149. WENGST, 186-194, führt Eph 2,1.5 und Kol 2,13-15 auf eine gemeinsame Tradition, eine Taufliturgie, zurück, wovon Eph nur den Anfang gebracht hätte (vgl. o. A 27). Dagegen sprechen zwei Beobachtungen: (1.) Während der Einsatz mit καί in Eph 2,1.5 ohne die Annahme eines Rückgriffs auf Kol 2,13 schwer zu erklären ist, hat das καί in Kol 2,13 eine im Kontext sinnvolle Funktion: Es stellt die Verbindung her zwischen der Aussage von V.12 („… Gottes, der *ihn* [Christus] aus Toten auferweckt hat") und der von V.13 („auch *euch* … machte er mit ihm lebendig"). (2.) Auch in Eph 2,2-4.5b.8, wo niemand ein Traditionsstück annimmt, gibt es Anklänge an Kol: in Eph 2,2f an Kol 3,7; in Eph 2,5b.8 an Kol 2,13 (χαρισάμενος). Im übrigen hat Eph die Metaphorik der Taufe als Mitsterben (Röm 6,3f) ganz vermieden (während sie in Kol 2,11-13 noch anklingt), denn die Adressaten waren ja vorher schon „tot" (in ihren Verfehlungen); vgl. LINCOLN, Eph, 105f.
[118] S.o. bei A 47-49.
[119] SCHILLE, Hymnen, 91, hält die Parenthese für einen Heilszuruf (ähnlich wie bei Firmicus Maternus, De errore prof. relig. 22,1), der in die Taufliturgie gehört hätte; vgl. POKORNÝ, Gnosis, 114 (s.u. A 137). Noch weiter geht STUHLMACHER, Gerechtigkeit Gottes 216f.236, der Eph 2,4-10 für eine Taufliturgie hält, wobei die Parenthese in V.5 und der ganze V.8 „Zwischenschübe" seien: „Zurufe der Getauften an die Neugetauften". Eine solche Vorstellung von urchristlicher Liturgie erscheint etwas kurios.

gernde καὶ (ὄντας ἡμᾶς νεκροὺς τοῖς παραπτώμασιν) V.5a: Das bewirkte „Leben" ist keine Belohnung, sondern es wurde im Gegenteil trotz der Verfehlungen bewirkt, also ganz Unwürdigen geschenkt.[120] Das wirft nun auch Licht auf V.4: Gottes Erbarmen und seine Liebe sind alleinige Ursache des Menschenheils. χάρις erscheint hier, wie in V.8f deutlich wird, bereits im Sinne paulinischer Rechtfertigungstheologie (vgl. Röm 3,24; 5,15; 11,6). Ungewöhnlich ist in diesem Zusammenhang das Prädikat σεσῳσμένοι. Paulus gebraucht das Verbum σῴζειν nur futurisch oder zeitlos präsentisch,[121] verwendet es also in futurisch-eschatologischem Sinne. Am nächsten kommt der perfektischen Aussage von Eph 2,5.8 noch Tit 3,5, eine Stelle, die schon im Zusammenhang mit V.4 (zu ἔλεος) erwähnt wurde[122] und die eine nahe Verwandtschaft mit 2,8f hat. Überhaupt ist Tit 3,3–7 eine der engsten Parallelen zu Eph 2,1–10 im ganzen.[123] Was dabei die Rechtfertigungs- bzw. Gnaden-Aussage betrifft, gibt es eine Linie von Röm 3,24.27f über Eph 2,5.8f zu Tit 3,3–7.[124]

6 Nach der den Gedanken von V.8f vorwegnehmenden Parenthese V.5b folgen die beiden anderen Hauptverben, jeweils durch καί nebengeordnet. Beide explizieren die generelle Aussage συνεζωοποίησεν. Der Verfasser greift auf 1,20 zurück (ἐγείρας ... καὶ καθίσας) und findet in Kol 2,12f (neben dem συζωοποιεῖν) auch schon das Verbum συνεγείρειν (ebenfalls in Kol 3,1).[125]

Paulus spricht in Röm 6 nur vom „Mit-Sterben" und „Mit-begraben-Werden". Beides wird symbolisch in der Taufe vermittelt. Der Christ erhält dadurch eine mythische Partizipation am „Geschick" Christi – ein Gedanke, der in den Mysterien vorgebildet ist.[126] Auch wenn es für Paulus klar ist, dass dadurch auch Anteil am „Leben" Christi erlangt wird (vgl. Röm 6,11), kann er die Aussage des Kerygmas vom „Auferweckt-Werden" Christi nicht durch eine σύν-Bildung soteriologisch analogisieren, da die Begriffe ἐγείρειν und ἀνάστασις für ihn noch ganz und gar apokalyptisch geprägt sind. So bleibt die Auferweckung der Christen ein futurischer Akt, und Paulus kann entsprechend in Röm 6,8 nur schreiben: συζήσομεν αὐτῷ („wir werden mit ihm leben"). In nachpaulinischer Zeit aber wurden die Begriffe ἐγείρειν und ἀνάστασις (2Tim 2,18) semantisch umgeprägt (vgl. den Vor-

---

[120] S.o. A 113. Damit erweist sich auch die Vermutung von Hübner, V.5b sei eine spätere Glosse, als unbegründet.
[121] 1Kor 1,18; 2Kor 2,15 (Partizip Passiv des Präsens). An der einzigen Stelle, wo bei ihm das Verb im Aorist erscheint, in Röm 8,24, wird ein eschatologischer Vorbehalt gemacht: τῇ γὰρ ἐλπίδι ἐσώθημεν.
[122] S.o. A 109.
[123] Vgl. Luz, 370.376–378 (vgl. o. A 32). In beiden Texten begegnen: ἀπειθεῖς (ἀπείθεια), ποτέ, ἐπιθυμίαι, πλούσιος (πλουσίως), ἔλεος, der Dat. χάριτι, ἔσωσεν (σεσῳσμένοι), χρηστότης, οὐκ ἐξ ἔργων; überdies ist das Einst-Jetzt-Schema in Tit 3 in der „Wir"-Form abgefasst (vgl. Eph 2,3.5).
[124] Dazu s.u. bei A 162–166 zu V.8f.
[125] Obwohl das Verbum in etwas anderer Bedeutung schon in LXX vorkommt („jemanden aufrichten": Ex 23,5; 4Makk 2,14; außerdem Ps.-Phokyl. 140), handelt es sich doch wohl im Kol um eine spontane Analogiebildung zum Neologismus συζωοποιεῖν.
[126] Vgl. zum Verständnis des Mythischen in der paulinischen Theologie: Sellin, Mythologeme, 209–223.

I. 3.) 2,1–10 Das neue Leben der Adressaten

wurf der κενοφωνία und des λογομαχεῖν in 2Tim 2,14.16). Unter Einfluss hellenistisch-jüdischer spiritueller Theologie wurde aus der apokalyptisch verstandenen leiblichen Totenerweckung eine geistliche „Erweckung" schon zu Lebzeiten.

Das ist die Voraussetzung dafür, dass auch die Auferweckungsaussage des Kerygmas nun explizit soteriologisch analogisiert und symbolisch mit der Taufe in Verbindung gebracht werden konnte, was erstmals in Kol 2,12 geschah. Durch die Spiritualisierung lässt sich nun die mythische Partizipation der Christen an Christus (als ihrem „exemplarischen Modell") vollständig symbolisch entfalten. In der Intention widerspricht das nicht dem theologischen Anliegen des Paulus,[127] doch sind damit Gefahren verbunden: Jetzt brauchte man nicht mehr (wie noch in Korinth: 1Kor 15,12) den Begriff von „Auferstehung" abzulehnen, sondern konnte scheinbar paulinisch (da man in seiner Sprache blieb) das spiritualistische Anliegen, das seinerzeit schon in Korinth den Widerspruch des Paulus hervorrief, um so einseitiger verfolgen. Der Höhepunkt dieser Entwicklung ist die christliche Gnosis des 2. Jahrhunderts.

Neu gegenüber Kol und kühn ist die achtergewichtige Aussage συνεκάθισεν. Es handelt sich um eine analoge Bildung zu συνήγειρεν, bedingt durch den Rückgriff auf 1,20 (καθίσας). Συγκαθίζειν in transitiver Bedeutung begegnet in ähnlichem Kontext in OdSal 11,5 gr.,[128] doch ist das συν- dort unspezifisch (wie beim intransitiven συγκαθίζειν in LXX Ex 18,13; Num 22,27; 1Esra 9,6). Die Christen sind bereits erhöht und haben ihren Platz bei Christus zur Rechten Gottes. Diese Aussage zeigt besonders deutlich, wie stark die ursprünglich raum-zeitliche Vorstellung inzwischen sprachlich metaphorisiert und spiritualisiert worden ist.

Die religionsgeschichtlichen Ableitungen dieser „realisierten Eschatologie", die in der neueren Exegese des Eph versucht wurden, sind zahlreich:

(1) H. Schlier wollte sie von der gnostischen Vorstellung der Himmelfahrt der Seele herleiten, wie sie in spiritualisierter Taufterminologie in OdSal 11; 15; 17,1–7; 21; 23; 35 und 36 erscheine.[129] Doch selbst OdSal 11 (gr.), die deutlichste Parallele, ist nicht gnostisch[130] und setzt

---

[127] Vgl. SELLIN, Mythologeme, 221f; DERS., 221–232. GESE, 146–171, zeichnet (im Anschluss an LONA, Eschatologie, 360) eine kontinuierliche Linie von Röm 6,1-11 über Kol 2,12-3,4 zu Eph 2,1-10. Was den Nachweis der literarischen Bezugnahmen betrifft, ist das überzeugend. Er möchte nun aber auch zeigen, dass dabei das paulinische Sachanliegen in den Bahnen einer innerbiblischen Theologie bewahrt worden sei. Dass der „eschatologische Vorbehalt" im Eph nicht aufgehoben sei, trifft in der Tat zu. Dass dieser aber an die Vorstellung einer zukünftigen allgemeinen Totenauferstehung gebunden sei (159), ließe sich nur sagen, wenn dabei die semantische Modifizierung der Termini „Auferstehung", und „auferwecken" in Rechnung gestellt wird. Schon Paulus hat seine eschatologischen Modelle (z.B. 1Thess 4,13–18; 1Kor 15; 2Kor 5) im Laufe der Zeit und im Wechsel der Situationen modifiziert – ohne dass man daraus gleich eine Entwicklung herleiten muss. Der Mangel dieser sonst vorzüglichen Arbeit ist nicht nur die Ausblendung neuerer religionsgeschichtlich orientierter Sekundärliteratur (z.B. BRANDENBURGER, Fleisch; FAUST, Pax Christi; vor allem aber der Kommentar von LINCOLN), sondern die Ignorierung fast jeglicher außerbiblischer Literatur (z.B. Josephus, Philon, Joseph und Aseneth, Corpus Hermeticum usw.).

[128] OdSal 11 gr. (Pap. Bodmer XI) hat sehr viele Anklänge an die hellenistisch-jüdische Erweckungstheologie, wie sie u.a. in Kol 2 und Eph 2 anklingt; dazu s. LATTKE, Oden Salomos, 106–113.

[129] SCHLIER, Eph, 111f; ähnlich KÄSEMANN, Leib Christi, 143f.

[130] CHARLESWORTH, Pseudepigrapha II, 731f.

keinen Taufritus voraus.[131] Vielmehr geht die Metaphorik dieser Ode ganz auf hellenistisch-jüdische Pneuma- und Weisheitstheologie zurück.[132]

(2) K.M. Fischer will die Motive (des angeblichen Taufgebets 2,4–7) von den Mysterienreligionen her erklären, und zwar aufgrund des sakramentalen Charakters der σύν-Aussagen, die mit der Mimesisvorstellung zusammenhängen.[133] Tatsächlich lässt sich eine Beziehung von Röm 6,3–11 zu mysterienhaften Vorstellungen kaum bestreiten,[134] doch ist gerade das Motiv vom Mit-*auferweckt*-Werden in den Mysterien selbst nicht belegt.[135]

(3) P. Pokorný sieht in Eph 2,4–10 eine Polemik gegen eine gnostisch-mysterienhafte Heilsvorstellung.[136] Aber von Polemik ist in dem Abschnitt nichts zu finden.[137] Im übrigen gelten hier die o. unter (1) und (2) gegen Schlier einerseits und Fischer andererseits vorgebrachten Argumente zugleich.

(4) F. Mußner findet in der realisierten Eschatologie von Eph 2,6 „ein geläufiges Thema der spätjüdischen und ntl. Apokalyptik" und verweist dafür auf Stellen wie 1Hen (äth.) 108,12 und SapSal 5,16, wo einzelnen Gerechten die Mit-Inthronisation verheißen wird.[138] Doch haben alle diese Aussagen futurischen Charakter und erklären die aoristische „realisierte Eschatologie" von Eph 2 gerade nicht. Mit mehr Berechtigung kann Mußner sich neuerdings auf einige Qumran-Texte berufen: so vor allen 1QH 3,19–23 und 11,8–14.[139] Aber es ist sehr fraglich, ob die Qumrantexte überhaupt eine realisierte Auferstehung vom Tode bezeugen: Eine Aussage wie „um aus dem Staub zu erhöhen den Wurm der Toten (= madigen Leichnam) zur Gemeinschaft [deiner Wahrheit]" (11,12; vgl. 3,19f) ist metaphorisch auf die Niedrigkeit des Beters bezogen, stellt also eine Demutsaussage dar. „Stets ist hier deutlich Vergangenheit und Gegenwart ... von der Zukunftserwartung der Gemeinde ... geschieden."[140]

(5) Besonders in der englischsprachigen Exegese wird für die Erklärung dieser „christologischen" Eschatologie das Konzept der *corporate personality* bevorzugt.[141] Dafür wird dann das paulinische Adam-Christus-Schema auch für Eph 2,5f herangezogen.[142] Wenn Christus

---

[131] AUNE, Cultic Setting, 166–174.
[132] SELLIN, Streit, 86 A 29; 151 A 201.
[133] FISCHER, 123–131.
[134] Das ist mit FISCHER, 124f, gegen WAGNER, Problem, festzuhalten.
[135] Vgl. dazu NILSSON, Geschichte der griechischen Religion, II 656.662; SELLIN, 224–226; vor allem WEDDERBURN, passim (zusammenfassend: 356–359).
[136] POKORNÝ, Mysterien, 174; DERS., Gnosis, 113f.
[137] POKORNÝ, Gnosis, 114, beruft sich auf den Einfall von SCHILLE, Hymnen, 91, die Parenthese „durch Gnade seid ihr gerettet" (V.5) sei eine polemische Analogie zu dem bei Firmicus Maternus, de errore prof. relig. 22,1, erwähnten Heilszuruf θαρρεῖτε, μύσται τοῦ θεοῦ σεσωσμένου· ἔσται γὰρ ὑμῖν ἐκ πόνων σωτηρία (vgl. o. A 119). Aber die Analogie ist zu schwach und ein polemischer Akzent nicht erkennbar.
[138] MUSSNER, Christus, 93f.
[139] MUSSNER, Beiträge aus Qumran, 188–191.194–196; vgl. auch GNILKA, Eph, 123–125. In den beiden genannten Texten ist schon häufiger das Vorbild der realisierten Eschatologie neutestamentlicher Texte gesehen worden, so vor allem von H.W. KUHN, Enderwartung, 113–139.
[140] Vgl. die Rezension von H.W. KUHN, Enderwartung, durch K. MÜLLER in BZ 12 (1968), 304f (Zitat: S. 305).
[141] Dazu H.W. ROBINSON, Corporate Personality; DE FRAINE/KOCH, Adam; weitere Literatur dazu bei ALLEN, Exaltation, 119 A 33. Eine grundsätzliche Kritik daran: ROGERSON, Corporate Personality (dazu: WEDDERBURN, 351–356).
[142] So z.B. PERCY, Leib Christi, 38–43; DERS., Probleme, 108–113.289f; COUTTS, Relationship, 205; ALLEN, Exaltation, 110–120.

als Stammvater der neuen Menschen auferweckt und inthronisiert ist, dann sind es die Seinen „in" ihm auch schon. Dass weder Adam noch ἄνθρωπος in Kol 2,12f und Eph 2,5f genannt werden, ist freilich noch kein Gegenargument. Wie aber kann der „himmlische Mensch" (1Kor 15,47f) ein „Stammvater" (von irdischen Menschen) sein? Die Urmensch-Spekulation von 1Kor 15 weist vielmehr in eine ganz andere Richtung, nämlich auf die von Philon vertretene Lehre von der doppelten Menschenschöpfung (opif. 135ff; LA I 31ff).[143] Damit kommen wir in *hellenistisch*-jüdische Gefilde, wo sich auch die deutlichsten Beispiele für das Motiv des bereits gegenwärtigen himmlischen Aufenthalts der Frommen, die vom himmlischen Urmenschen repräsentiert werden,[144] finden lassen:

(6) Im Hintergrund steht eine Auffassung wie bei Philon, wonach der Weise, der Vollkommene, der Himmels- oder Gottesmensch, nicht (mehr) der Erde verhaftet, sondern „umgesiedelt" ist (μετοικία, μετανάστασις[145]) in das Jenseits, seine „Heimat" (πατρίδα ... οὐρανόν: agr. 65; vgl. conf. 77f), wo er „Bürger" ist (gig. 61), „Beisasse(n) Gottes" (πάροικοι θεοῦ: Cher. 120).[146] Die Christen sind Glieder des Leibes Christi. Die Kirche ist von ihm, der das All „erfüllt", selber ganz „erfüllt". Die Partizipation der Christen an Christus besteht folglich in ihrer Kirchengliedschaft (die durch die Taufe beginnt) und impliziert die Teilhabe an der Erhöhung Christi, an seinem überkosmischen „Platz" und Rang. Dieser Gedankenkomplex wird durch das hier am Höhepunkt der Aussage von 2,1–10 abschließende ἐν Χριστῷ Ἰησοῦ bekräftigt. Die Sequenz von ἐν τοῖς ἐπουρανίοις und ἐν Χριστῷ (Ἰησοῦ) ist hier die gleiche wie in 1,3, wo dieses transkosmische Heilsgeschehen mit dem Verbum εὐλογεῖν ausgedrückt wird. Schon in 1,3 denkt der Verfasser also an die Partizipation (ἐν) der Christen am (über-)himmlischen Ort Christi.

7 Es folgt ein Finalsatz, der die Soteriologie des in V.4–6 geschilderten kerygmatischen Geschehens zusammenfasst. Neben Prädikat[147] und Subjekt gibt es vier präpositionale Bestimmungen (dreimal mit ἐν, einmal mit ἐπί). Während in V.6 aufgrund hellen.-jüd. Vorstellungen, welche die Zeitlichkeit transzendieren, so etwas wie eine *realized eschatology* zum Ausdruck kommt (selbst die Mit-Inthronisation der Christen ist im Aorist ausgedrückt), wird nun die futurisch-eschatologische Sichtweise nachgeliefert: Manifest wird die Gnade „in den kommenden Äonen". Wie in 1,21 ist αἰών hier als raum-zeitlicher Begriff verwendet, allerdings nun wie in 3,9.11.21 (vgl. Kol 1,26) im Plural. Wie es (vor dem gegenwärtigen Äon) vergangene Äonen gab (3,9; Kol 1,26), so wird es auch in Zukunft eine Mehrzahl von Äonen geben (vgl. 3,21). Auf jeden Fall handelt es sich nicht um Personen (wie

---

[143] Vgl. SELLIN, Streit, 90–171.
[144] Repräsentation bedeutet nicht schon korporative „Stammvater"-Konzeption.
[145] Μετοικία: LA III 19.84; congr. 88; mut. 38; μετανάστασις: LA II 19; sacr. 10; det. 154; migr. 2.189; her. 265.287–289; somn. I 45; II 270; Abr. 77; Mos. I 86.237; spec. II 250; virt. 53.76; praem. 17; vgl. dazu FARANDOS, Kosmos, 177–187.231–275, und SELLIN, Streit, 137f mit A 168.
[146] Dennoch bleibt für Philon auch der Vollkommene immer in einem unendlichen Abstand zu Gott. Was er erreicht, ist nur der „Platz" (τόπος) des Logos, die höchste Stufe des Seienden. Dem widerspricht die christliche Vorstellung vom „Mit-Sitzen" zur Rechten Gottes zumindest auf der Bildfeld-Ebene. Eph 2,19 könnte geradezu eine überbietende Polemik gegen eine Stelle wie Philon, Cher. 120f, sein: οὐκέτι ἐστὲ ξένοι καὶ πάροικοι ἀλλὰ ἐστὲ συμπολῖται τῶν ἁγίων καὶ οἰκεῖοι τοῦ θεοῦ („nicht mehr Fremde und Beisassen, sondern Mitbürger der Heiligen und *Hausgenossen* Gottes").
[147] Ἐνδείξηται: Aor. Konj. statt des klass. zu erwartenden Aor. Opt. (BDR § 386,4 mit A 5).

man im Anschluß an 2,2 vermuten könnte).[148] Für personale Deutung könnte zwar auf die gnostischen Belege verwiesen werden,[149] doch steht das Wort ἐπερχόμενος dem entgegen. Nach der personalen Deutung ergäbe sich die unwahrscheinliche Aussage, dass den staunend „herankommenden" Äonen der Reichtum der Gnade gezeigt werde.[150] Aber die Adressaten einer solchen Demonstration werden nie mit ἐν eingeführt, sondern mit εἰς (2Kor 8,24; Hebr 6,10; Diog 3,5) oder einfachem Dat. (Gen 50,15.17; Dan 3,43 bzw.44; 2Makk 9,8–13,9; ApkEsr [gr.] 3,15; 2Tim 4,14). Auch in Herm 24,5 (vis IV 3)[151] hat αἰὼν ὁ ἐπερχόμενος rein zeitliche Bedeutung. Das zeitliche Verhältnis zwischen V.5f (gegenwärtiges Mit-Leben und Mit-Thronen) und V.7 (Verwirklichung der Gnade in den künftigen Äonen) ist hier also ähnlich bestimmt wie in 1,13f und 1,18: Das jetzt angefangene Heil wird in den kommenden Zeiten vollendet. Das, was da verwirklicht werden wird, bezeichnet der Verfasser mit dem in seiner stereotypen Pleonastik gerade blass wirkenden Ausdruck „der überquellende Reichtum seiner Gnade". Diese Wendung erschien in geringer Abwandlung schon 1,7. τὸ bzw. ὁ πλοῦτος + Gen. begegnet auch 1,18; 3,8.16, das Partizip ὑπερβάλλων in 1,19 (s.o. z.St. A 84); 3,19. Die größte Nähe zu unserer Stelle hat aber 2Kor 9,14: διὰ τὴν ὑπερβάλλουσαν χάριν τοῦ θεοῦ ἐφ' ὑμῖν (vgl. ἐφ' ἡμᾶς an unserer Stelle). Auch das ἐν χρηστότητι[152] in diesem Zusammenhang, das hier in Bezug auf „Gnade" eher modale als kausale Bedeutung hat, ist in Röm vorgegeben: ὁ πλοῦτος τῆς χρηστότητος αὐτοῦ (Röm 2,4; vgl. Tit 3,4). Nimmt man noch ἐνδείκνυσθαι ἐν (Röm 2,15; 9,17; vgl. ἔνδειξις: Röm 3,25f) hinzu, erweist sich fast der ganze Vers 7 als ein Konstrukt aus Floskeln des Röm – abgesehen von ἐν τοῖς αἰῶσιν τοῖς ἐπερχομένοις.[153] Der wesentliche Unterschied zwischen Eph 2,7 und den terminologischen Entsprechungen im Röm besteht in der Referenz der Zeit: Nach Eph 2,7 ergeht der Erweis der χάρις in den „künftigen Zeiten"; nach dem Röm ergeht die ἔνδειξις der „Gerechtigkeit" zum gegenwärtigen Zeitpunkt (ἐν τῷ νῦν καιρῷ – 3,26), und die χάρις besteht in der schon erfolgten

---

[148] Für personale Deutung aber z.B. REITZENSTEIN, Erlösungsmysterium, 236; SCHLIER, Eph, 113f; LINDEMANN, 129–131. Zeitliche Deutung: BAUER/ALAND, Wb., 53; MUSSNER, Christus, 25 mit A 103; GNILKA, Eph, 121; SCHNACKENBURG, Eph, 96f; FISCHER, 121f.

[149] Z.B. ActPhil 132; Kephal. I 24,6; 45,7; PistSoph 14f; NHC II 24,35–25,7; III 34,22–35,1; V 64,10f.20; 82,23–27; 83,1–3; 85,1–3; vgl. auch 1Hen (gr.) 9,4; PGM IV 520.1169.2198.2314.3168; V 468.

[150] Vgl. aber IgnEph 19,2 (ἐφανερώθη τοῖς αἰῶσιν); LINDEMANN, 129, behauptet, das ἐν gehöre zu ἐνδείκνυσθαι: „jemandem etwas erweisen"; „derjenige, dem etwas erwiesen werden soll, steht häufig im Dat. mit ἐν" (A 110 unter Hinweis auf BAUER, Wörterbuch, 5. Aufl., 520). ἐν bezeichnet aber – im Gegensatz zum bloßen Dat. (2Makk 9,8) – immer das Medium, *an* dem etwas manifest und wirksam wird (Röm 9,17 [= Ex 9,16]; 1Tim 1,16); vgl. LUZ, 370 A 16.

[151] Die Stelle ist der einzige weitere Beleg: vgl. GNILKA, Eph, 121 A 4.

[152] Χρηστότης in LXX 16mal in den Psalmen für טוב (טוֹבָה, טוּב) = Güte, Wohltat; von Gott: ψ 20,4; 24,7 u. ö. So im NT: Röm 2,4; 11,22; Tit 3,4 (jeweils als Eigenschaft Gottes – wie auch an unserer Stelle). Sehr nahe in der Formulierung kommt PsSal 5,14f.18 (πλούσιος ... ἐν χρηστότητι ... ἐπί). Vgl. zum Begriff: STACHOWIAK, Chrestotes; K. WEISS, ThWNT 9, 478–481.

[153] Immerhin aber begegnet im Röm (neben 16,27) dreimal die Formel εἰς τοὺς αἰῶνας (1,25; 9,5; 11,36).

„Erlösung" in Christus Jesus (3,24). Auf den ersten Blick überrascht dieser Befund, denn aufs ganze gesehen tendiert der Eph zu einer Entapokalyptisierung der paulinischen Eschatologie, was gerade in 2,5f unübersehbar deutlich wird. Kol und Eph belegen in der Tat eine Art Paradigmenwechsel innerhalb der Eschatologie der paulinischen Schule, der sich in einer semantischen Veränderung der apokalyptischen Begriffe aus der paulinischen Theologie bemerkbar macht, wobei die eschatologische Terminologie auf die paulinische Soteriologie (Rechtfertigung) angewandt wird. Hier hat die hellenistisch-jüdische Theologie mit ihrer Lebens- und Todes-Metaphorik einen maßgeblichen Einfluss,[154] doch liegt die Ursache dafür in einem neuen Zeitverständnis, in dem räumliche Kategorien die zeitlichen überlagern und sogar ablösen.[155] Dennoch ist sowohl in Kol (vgl. 3,1-4)[156] wie in Eph die Dimension der Zukunft nicht aufgehoben. Sie wird mit der griechischen Kategorie der ewigen Zeitlosigkeit verbunden, was in Eph mit Hilfe des mehrdeutigen Aion-Begriffs[157] erreicht wird. Αἰών kann in Eph sowohl zeitliche wie räumliche Dimension zugleich haben. Wie „seit den Äonen" in 3,9 (und Kol 1,26) auf die *Vor*zeitlichkeit, die protologische Ewigkeit, den „Raum" vor aller Zeit, referiert,[158] so „bis zu allen Geschlechtern des Äons der Äonen" in 3,21 auf die trans-temporale Zukunft. Letzteres gilt auch für „in den kommenden Äonen" an unserer Stelle. In der Zukunft fallen die Zeit der Welt und die Ewigkeit Gottes zusammen.[159] Entsprechend haben wir in Eph nicht nur beim Begriff αἰών den seltsamen Befund, dass räumliche und zeitliche Kategorien zusammengehen. Das gleiche gilt z.B. auch für πλήρωμα.[160] Wieder endet der Satz mit ἐν Χριστῷ Ἰησοῦ (vgl. V.6). Der Erweis von Gnade und Güte im künftigen Äon geschieht „in Christus Jesus" – wie die bereits erfolgte Inthronisation (V.6 Ende). Auch hier hat die Wendung zugleich lokale und instrumentale Bedeutung (vgl. zu 1,3).

8 Mit γάρ wird eine Erläuterung angefügt, die in der Parenthese in V.5 bereits angedeutet wurde. Die Erläuterung erfolgt zum Stichwort „Gnade" (χάρις) aus V.7, das dort jedoch auf den Heilserweis in der Zukunft bezogen war, nun (in V.8)

---

[154] Vgl. SELLIN.
[155] Das Phänomen ist sehr klar von LINDEMANN erkannt und prägnant im Titel seiner Dissertation („Die Aufhebung der Zeit") zum Ausdruck gebracht worden. Dabei wird von Lindemann aber zu wenig beachtet, dass gerade im Eph die Zukunftsperspektive nicht einfach ausgeschaltet wird.
[156] GRÄSSER, Kol 3,1-4, 159–168.
[157] Vgl. dazu H. SASSE, ThWNT I, 197–208, 202, Z.25ff: „Wir stehen hier vor der merkwürdigen Tatsache, daß in der Bibel das Wort αἰών zur Bezeichnung der beiden Begriffe gebraucht wird, die eigentlich im tiefsten Gegensatz zueinander stehen, der Ewigkeit Gottes und der Zeit der Welt."
[158] Vgl. SELLIN, Genitive, 98–100.
[159] S.o. A 157. Entsprechend gehen jüdisch-apokalyptische Zeitvorstellung und die griechisch-ontologische (zeitlose) Seinskategorie in der hellenistisch-jüdischen Theologie zusammen (vgl. z.B. auch Hebr 13,14). Dem kommt die platonische Weltentstehungslehre entgegen, wonach die Welt zwar einen Anfang, aber kein Ende hat (Tim. 29e–30b; 41a–d; dazu Philon, aet. 13–16).
[160] S.o. zu 1,10 einerseits, 1,22 andererseits; vgl. auch 3,19; 4,10–13.

aber (wie in der Parenthese von V.5) auf die geschehene „Gnade".[161] V.8-10 sind wie V.1-2 wieder in der Anrede formuliert (ebenso die Parenthese in V.5). Die „Ihr"-Form umrahmt also den „Wir"-Abschnitt. Genauso ist der folgende Abschnitt 2,11-22 aufgebaut (V.11-13: „Ihr"; V.14-18: „Wir" bzw. „Er" in hymnisch-bekenntnishaftem Stil), V.19-22: „Ihr".

Der Abschnitt V.8-9 hat sehr große terminologische Gemeinsamkeiten mit Röm 3,21-30. Hinzu kommt aber noch Tit 3,4-7. Das Verwandtschaftsverhältnis dieser drei Texte ist nicht einfach zu erklären. Es fällt auf, dass in Eph und Tit die Gerechtigkeitsterminologie (δικαιοσύνη, δικαιοῦσθαι), in Tit die Begriffe πίστις (διὰ πίστεως) und καύχησις/καυχᾶσθαι fehlen. Bei beiden fehlt auch die Erwähnung des Gesetzes (ἔργα νόμου).[162] In Tit 3,4-6 gehen χρηστότης, οὐκ ἐξ ἔργων, σῴζειν, ἐφ' ἡμᾶς und πλουσίως ganz nach Eph 2,7-9. Tit 3 hat sich also von Röm 3 am weitesten entfernt und setzt schon Formulierungen aus Eph 2 voraus.[163] Eph 2,(7)8f wiederum ist eine Kurzparaphrase von Röm 3. Dass Eph und Tit auf eine vorpaulinische Rechtfertigungs-Tradition zurückgingen, ist auszuschließen.[164] Doch Tit 3,4-7 stellt bereits vorformuliertes Gut paulinistischer Prägung dar, wie u.a. die abschließende Bewertung „wahr ist das Wort" (Tit 3,8) nahelegt, wobei die Topik dieser Tradition auf einen Zusammenhang mit der Taufe verweist („Bad der Wiedergeburt").[165] Gleiches kann jedoch nicht so für Eph 2,7-9 gelten, obwohl die Terminologie weitgehend übereinstimmt. Hier handelt es sich vielmehr um eine summarische Paraphrase von Aussagen aus dem Röm,[166] speziell von Röm 3,21-30. Dabei fehlt gerade in V.7-9 die Taufthematik.

Χάρις und σῴζεσθαι sind in Eph 2,8 die zentralen Begriffe, die nun die paulinische Rechtfertigungsterminologie ersetzen. Der bereits in Eph 2,5 proleptisch gebrauchten Aussage von der Gnade (jetzt in V.8 aber: „durch die[167] Gnade seid ihr gerettet") wird nun „durch Glauben" (διὰ πίστεως) hinzugefügt. Diese Wendung kommt jenen Stellen nahe, wo der Glaube als Erkenntnisgrund und Medium der Rechtfertigung genannt wird (Röm 3,22.25[168]; 4,13; Gal 2,16). Die im Röm fundamentale Begrifflichkeit von δικαιοσύνη/δικαιοῦσθαι fehlt jedoch und wird

---

[161] Die δικαιοσύνη-Terminologie fehlt allerdings im ganzen Eph. Allenfalls in Eph 4,24 („der neue Mensch, Gott gemäß ἐν δικαιοσύνῃ geschaffen") könnte paulinische Rechtfertigungsbegrifflichkeit von ferne anklingen. Ansonsten sind δικαιοσύνη und δίκαιος im Eph Ausdrücke menschlicher Tugend (5,9; 6,1; 6,14).

[162] Vgl. HAHN, 101-104; vgl. vorige A.

[163] Das zeigt deutlich die Formulierung οὐκ ἐξ ἔργων (Eph, Tit) gegen χωρὶς ἔργων νόμου (Röm).

[164] Dies gilt für Eph insbesondere wegen der nicht vor Paulus begegnenden Wendung διὰ πίστεως (LXX nur ἐν πίστει, ἐκ πίστεως, μετὰ πίστεως), sowie der Erwähnung des Rühmens (καυχᾶσθαι) und der „Werke".

[165] HAHN, 96f; LUZ, 370.376f.

[166] Vgl. GESE, 160-165.

[167] Der Artikel braucht beim Abstraktum χάρις nicht zu stehen (vgl. V.5). Dass er hier erscheint, hängt mit der Determinierung von χάρις durch V.6f zusammen: „‚durch diese Gnade', deren Wirksamkeit in V.6f beschrieben ... ist ..." (ZERWICK, Biblical Greek, Nr. 176 – zitiert bei BDR § 258,1 A 2).

[168] Διὰ πίστεως ist nach Meinung fast aller Ausleger paulinischer Einschub in die vorformulierte Tradition Röm 3,25: vgl. z.B. WILCKENS, Röm, I, 194; Ausnahme: PLUTA, Gottes Bundestreue, 45.

durch χάρις/χαρίζεσθαι/χαριτοῦν (vgl. Eph 1,6f; 3,2.7; 4,32) vertreten. Betont wird Gottes souveräne, den Sünder begnadigende Haltung. Diese Gnadenlehre geht letztlich auf einen radikalisierten platonischen Gottesbegriff zurück: Gott ist die sich schenkend ausbreitende „Güte", das Prinzip der Liebe (s. o. zu 1,4). So ist er allein die Ursache der (sittlichen) „Güte" des Menschen (V.10). Gottes Gutes schaffende Wirkung (ἐνέργεια: 1,19f) ergeht jedoch nicht automatisch und zwingend an den Menschen, sondern geschichtlich und die Entscheidung des Menschen herausfordernd – also als Sprachgeschehen, als Kerygma: „durch Glauben" (διὰ πίστεως). Διά + Gen. bezeichnet hier nicht die Ursache einer Handlung, sondern den „Vermittler".[169] Der Glaube ist also nicht der Grund der Erlösung, sondern das Medium. Damit ist auch ausgeschlossen, den Glauben als Willensakt und somit als Werk des Menschen zu verstehen. Das wird in V.8b expliziert: „und dies [ist] nicht aus[170] euch, [sondern] Gottes [ist] das Geschenk". καί hat hier epexegetische Funktion. Meist wird die Wendung καὶ τοῦτο im Sinne des klassischen καὶ ταῦτα floskelhaft als „und zwar" gedeutet.[171] Doch ist τοῦτο hier als betontes determiniertes Subjekt[172] aufzufassen. Die Erläuterung stellt nämlich einen Nominalsatz dar, der chiastisch aufgebaut ist, so dass die beiden antithetischen Prädikate (οὐκ ἐξ ὑμῶν/θεοῦ) hart in der Mitte aufeinanderstoßen. Dadurch erklärt sich auch der (determinierende) Artikel vor dem zweiten Subjekt δῶρον, das dem determinierten τοῦτο als erstem Subjekt entspricht.[173] Δῶρον begegnet im ganzen Corpus Paulinum (abgesehen von Hebr) nur an dieser Stelle. Paulus selbst gebraucht dagegen nur δωρεά (Röm 5,15.17; 2Kor 9,13; ebenso Eph 3,7; 4,7) und das adverbiale δωρεάν (Röm 3,24; 2Kor 11,7[174]), und zwar immer von der Gabe Gottes. Eph 2,7 ist die einzige Stelle im NT, wo auch δῶρον von der Gabe Gottes gebraucht wird.[175] Ob die Wahl dieses Ausdrucks bewusst geschah, um Opferterminologie aufzugreifen (die Gnade gesteigert als Opfer Gottes an die Menschen), lässt sich nicht entscheiden, zumal in LXX beide Bedeutungen von δῶρον (Opfer und Geschenk [Gottes wie unter Menschen]) reichlich vertreten sind. Die Erlösung des Menschen ist Gottes Geschenk, der Mensch ist dabei passiv.

9 Dem „nicht aus euch" entspricht noch ein „nicht aus Werken", das sich als weiteres Prädikat auf die Hauptaussage „durch Gnade seid ihr gerettet" bezieht. Damit wird eine zentrale Aussage des Paulus aus Röm und Gal zusammenge-

---

[169] BDR § 223,3.
[170] ἐκ (ἐξ) gibt dagegen den Ursprung an (vgl. BAUER/ALAND, Wb., 473,3c).
[171] BDR § 290 A 7.
[172] Es bezieht sich „auf den ganzen Satz V.8a", nicht nur auf διὰ πίστεως (SCHNACKENBURG, Eph, 98; vgl. EWALD, Eph, 125f; GNILKA, Eph, 129).
[173] EWALD, Eph, 126, will den Artikel durch den Hinweis erklären, dass hier „zwei Gedanken zusammenfließen: ‚ein Geschenk ist es und von Gott stammt dasselbe'". Bei dieser Deutung wäre aber gerade keine Determination von δῶρον (Prädikat) nötig.
[174] Δωρεάν in Gal 2,21 aber in der Bedeutung „vergeblich".
[175] Vgl. aber ep.Arist 231.272; anders 234. In PsSal 2,3 sind τὰ δῶρα τοῦ θεοῦ die Opfer *für* Gott (Gen. obiectivus).

fasst.¹⁷⁶ Durch einen knappen Finalsatz wird die Ablehnung der Werke begründet: „damit niemand sich rühme". Das lässt nun Röm 2,23; 3,27 und vor allem 4,2 anklingen. In dieser Abbreviatur wird der komplexe Argumentationsgang aus Röm 3–4 fast schon tautologisch: Der Begriff χάρις schließt menschliches Rühmen wegen verdienstvoller Werke ja ohnehin aus. Das liegt vor allem daran, dass der Verfasser des Eph die Gerechtigkeits- und Rechtfertigungs-Begrifflichkeit in diesem Summarium (V.9) ausspart. Die Konzentration auf den Begriff der Gnade und der Ersatz von δικαιοῦσθαι durch (aoristisches) σωθῆναι entsprechen hellenistischer Mentalität. Wie die nur jüdischen Ohren verständliche Rechtfertigungsterminologie fehlt folglich auch das Stichwort νόμος in dieser Kurz-Paraphrase. Wenn aber der Nomos-Begriff ausgespart wird, verschiebt sich die Bedeutung des Begriffs „Werke", der nun keine polemische (antinomistische) Funktion mehr hat. Damit verschiebt sich das, was die Rechtfertigungstheologie des Paulus intendiert, in Richtung des hellenistischen Theologumenons von der Alleinwirksamkeit Gottes, dessen Vollkommenheit und Güte (ἀγαθότης) als reiner Überfluss die Ursache von allem ist: „Geschenk (δωρεά), Wohltat und Gnadengabe (χάρισμα) Gottes sind alle Dinge in der Welt und die Welt selbst …" (Philon, LA III 78). „Ohne göttliche Gnade (χάρις) ist es unmöglich, die Reihen des Sterblichen zu verlassen …" (ebr. 145). „Wer den eigenen νοῦς verlässt, bekennt damit, dass die Werke des Menschengeistes nichtig sind, und schreibt alles Gott zu …" (LA III 29). „Wer genau erkannt hat, dass er als Geschenk (δῶρον) von Gott seine Kraft und Stärke empfangen hat, der wird an seine Ohnmacht denken, die ihm vor Empfang dieses Geschenkes (τῆς δωρεᾶς) anhaftete, und wird darum den stolzen und hoffärtigen Sinn weit von sich weisen und dankbar sein …" (virt. 165).

10 Mit einem erneuten γάρ wird V.10 als Begründung zu V.8f angefügt. Auf die Hauptaussage V.10a folgt eine erläuternde Partizipialwendung, von der ein Relativsatz abhängt. Den Abschluss bildet ein Finalsatz (vgl. V.7 und V.9b), der wiederum vom Verb des Relativsatzes (προητοίμασεν) abhängig ist. Ποίημα für das Produkt göttlichen Schaffens wird in LXX (ψ 142,5; Koh 3,11; 8,17; 11,5; Jes 29,16 – im NT nur noch Röm 1,20: τὰ ποιήματα = die Schöpfungswerke) relativ selten gebraucht. Doch wird ποιεῖν in LXX Gen 1–2 durchgehend verwendet. Im Anschluss an Gen 1,27 (ἐποίησεν ὁ θεὸς τὸν ἄνθρωπον) und Gen 2,7 (καὶ ἔπλασεν ὁ θεὸς τὸν ἄνθρωπον) unterscheidet Philon gemäß seiner Lehre vom zweifachen Urmenschen zwischen dem himmlischen ersten Urmenschen (ποιηθείς) und Adam, dem irdischen ersten Menschen als Protoplasten (πλάσμα, πεπλασμένος): LA I 31.53.88; II 5 u. ö. Der „nach dem Bild geschaffene" Mensch ist im Sinne der philonischen Urmenschlehre der Typ des Pneumatikers, des dem Logos nachgebildeten vollkommenen Menschen.¹⁷⁷ Wenn in Eph 2,10 nun die Christen als ποίημα (θεοῦ) bezeichnet werden, könnte dieses hellenistisch-jüdische Schöpfungs-Theologumenon im Hintergrund stehen (vgl. 4,24). Schon für

---
¹⁷⁶ „Nicht aus Werken …": Röm 3,20.28; 9,11; 11,6; Gal 2,16; Tit 3,5 (ein später Nachklang).
¹⁷⁷ Dazu SELLIN, Streit, 101–114.

Philon ist die Schöpfung des vollkommenen („ersten") Menschen ein Urbild für die Erlösung, die weisheitlich als Inspirationsvorgang verstanden wird (wofür dann auch die Belebung Adams nach Gen 2,7 als Bild gegenommen wird: LA I 32). Die Christen als ποίημα θεοῦ sind dementsprechend „geschaffen (κτισθέντες) durch Christus". Die Erlösung ist „neue Schöpfung" (καινὴ κτίσις): 2Kor 5,17; Gal 5,16. Eigenartig und ohne Vorbild ist die Funktionsangabe: „(durch Christus Jesus) *geschaffen zu guten Werken*". ἐπί + Dat. (für das Ziel, den Zweck, die Folge) ist klassisch und findet sich auch bei Paulus (Gal 5,13; 1Thess 4,7; vgl. 2Tim 2,14).[178] Hier wird ein vulgärethischer Terminus aus neutestamentlicher Spätzeit, dessen ursprünglich weiterer Bedeutungsumfang schon auf das Almosenwesen eingeengt ist,[179] indirekt mit der paulinischen Rechtfertigungslehre verbunden. Wenn es Eph 2,9 heißt „nicht aus Werken" (seid ihr durch die Gnade gerettet), dann muss auch jetzt wenigstens angedeutet werden, dass die Gnade „(gute) Werke" als Folge impliziert. Könnte man das noch als im engeren Rahmen der paulinischen Rechtfertigungstheologie liegend verstehen (insofern die Neuschöpfung in Christus das Rechtfertigungsgeschehen bezeichnet),[180] so macht der nun folgende Relativsatz[181] den Unterschied deutlich: Die guten Werke hat Gott „vorher bereitet". Προετοιμάζειν (SapSal 9,8; Röm 9,23)[182] gehört in den Umkreis der von Eph häufig gebrauchten Wörter mit προ-, die im Rahmen seiner Erwählungstheologie die Vor-Zeitlichkeit (Protologie) bezeichnen.[183] Die „guten Werke" sind also, bevor der Christ sie ausführen kann, schon längst von Gott selbst „vorweg-bereitet". Damit sind sie dem Vermögen des Menschen entzogen. Wie bei Philon die Tugend (s. o. zu V.9), so werden hier die „guten Werke" allein auf Gott zurückgeführt. Es ist die hellenistisch-jüdische Theologie, nach der Gott der Überfluss

---

[178] BDR § 235,4 mit A 6.
[179] In LXX begegnet nur der gegenteilige Ausdruck ἔργα πονηρά (1Esr [LXX] 8,83) bzw. ἔργα ἄδικα (1Esr 4,37; Prov 11,18). ἔργον ἀγαθόν bzw. καλόν (meist im Plural) findet sich erst in den griechisch-jüdischen Pseudepigraphen. In den rabbinischen Schriften ist das hebräische Äquivalent מַעֲשִׂים טוֹבִים „gute Werke" gelegentlich auf die Werke der Gesetzeserfüllung bezogen worden (BILLERBECK III 161), dann jedoch überwiegend auf die Werke der Barmherzigkeit (BILLERBECK IV/1 536f). Dieser Sprachgebrauch wird schon in 2Kor 9,8 vorausgesetzt, dann aber durchgehend im nachpaulinischen Schrifttum, wo die ἔργα ἀγαθά geradezu t.t. für soziale Wohltätigkeit sind. BILLERBECK III 585 plädiert bei Eph 2,10 für den nomistischen Sprachgebrauch (Werke der Gesetzeserfüllung). Der Ausdruck oszilliert hier aber zwischen dem technischen (wie in den Pastoralbriefen: Almosen und Liebeswerke) und dem nomistischen (Werke der Gerechtigkeit), der im Kontext der Rechtfertigungslehre mit anklingt. Zur Bedeutung der „Wohltätigkeit" im rabbinischen Judentum: BILLERBECK IV/1 536–558; im frühen Christentum: BOLKESTEIN, Wohltätigkeit; THEISSEN, Studien zur Soziologie, 269; PLÜMACHER, Identitätsverlust, 8f; zur Unterscheidung von griechischer und jüdischer Ethik der guten Taten: VAN UNNIK, Teaching, 94–98.108–110.
[180] STAAB, Eph 134, bezeichnet die Werke als „vor Gott verdienstlich". Das ist aber im Rahmen der Rechtfertigungstheologie, die auch hier mit Paulus im Grunde übereinstimmt, unsachgemäß; vgl. FINDEIS, Versöhnung, 459 A 24.
[181] Das Relativpronomen ist im Kasus attrahiert (οἷς für ἅ); vgl. BDR § 294 A 2.
[182] Vgl. in SapSal 9,8 das ἀπ᾽ ἀρχῆς. Röm 9,23 ist eine der Stellen, die die größte Nähe zum Idiom des Eph haben (s. o. zu 1,9.18; 2,4).
[183] Πρόθεσις (1,11; 3,11); προορίζειν (1,5.11); προτίθεσθαι (1,9); vgl. 1,4 (πρὸ καταβολῆς κόσμου).

alles Guten, die sich selbst austeilende schöpferische Gnade ist, die hier letztlich die Sicht der paulinischen Rechtfertigungstheologie leitet.[184] Diese Kategorien liegen dem Verfasser des Eph näher als die juridischen (Gesetz, Gerechtigkeit Gottes). Der abschließende Finalsatz kann nur auf den unmittelbar vorangehenden Relativsatz bezogen werden, nicht auf den Partizipialsatz „geschaffen zu guten Werken" (auf die sich lediglich ἐν αὐτοῖς bezieht). Der Sinn ist: Gott ist zwar allein die Ursache der guten Werke, aber dem Christen bleibt die Konsequenz, in diesen bereitgestellten Werken „zu wandeln", die nicht sein Verdienst sind. Damit wird ringförmig das περιπατεῖν ἐν ἁμαρτίαις von V.1f in Antithese aufgegriffen.[185] Die Gnade setzt ein neues Handeln frei. Das paulinische Verhältnis von Gnade (Rechtfertigung) und Ethik ist dabei im ganzen gewahrt. Neu gegenüber Paulus ist die protologische Verankerung auch der Ethik (wie schon der Eschatologie: V.7). Diese Auffassung von der „Präexistenz der Werke"[186] stellt eine nicht mehr steigerbare Radikalisierung der paulinischen Rechtfertigungslehre dar. Sie ist in der Präexistenz der Liebe Gottes (1,4) angelegt.

I. 4.) 2,11–22: Die Einheit von Juden und Heiden in Christus

(11) **Deshalb erinnert euch, dass ihr, einst die Heiden im Fleisch,**
die ihr „Vorhaut" genannt wurdet von der sogenannten Beschneidung,
die am Fleisch mit Händen gemacht wird,

(12) **dass ihr zu jener Zeit ohne Christus wart,**
ausgeschlossen vom Bürgerrecht Israels
und fremd den Vermächtnissen der Verheißung,
ohne Hoffnung zu haben und ohne Gott in der Welt.

(13) **Jetzt aber in Christus Jesus seid ihr, die ihr einst fern wart,**
zu Nahen geworden im Blut Christi.

---

[184] Paulus ist diese hellenistisch-jüdische Gnaden-Theologie aber nicht fremd: vgl. Röm 3,24; 4,16f; 5,15; 11,6; 1Kor 15,10; 2Kor 1,12; 4,15; 9,8 u. ö. Doch ist seine Rechtfertigungstheologie stärker von jüdischen Kategorien geprägt (νόμος und δικαιοσύνη). In 1Kor 1–4 wiederum wird die Struktur dieser Theologie am Weisheitsbegriff demonstriert (vgl. Röm 11,33–36).

[185] Vgl. GNILKA, Eph, 131.

[186] FISCHER, 130, der diese Aussage paraphrasieren möchte: „Die Christen sind eine neue Schöpfung, um die von Gott her bereiteten Werke zu tun." Daraus folgert er: „Was eben noch paulinisch klang, entpuppt sich nun als eine moralisierende Verengung". Das dürfte jedoch eine Fehldeutung sein. Vielmehr ist es so, dass Gott nicht nur durch seine vorzeitliche Liebe die zu schaffenden Menschen rechtfertigte, sondern auch ihre Werke vorherbereitet hat. Damit ist ausgeschlossen, dass die Liebe (als „Tat", die aus dem Glauben als „Täter" folgt) zu einem Werk des Menschen wird (dazu G. KLEIN, Weltregiment Gottes, 275). In gewisser Weise fallen so Rechtfertigung und Heiligung zusammen, und zwar in Gott. – Dass der Wandel („Weg") des Menschen vorherbestimmt ist, dieser Gedanke an sich ist wiederum traditionell jüdisch: „Beim höchsten Gott sind alle Werke der Gerechtigkeit, aber der Wandel des Menschen steht nicht fest, es sei denn durch den Geist, den Gott ihm schuf, um den Wandel der Menschenkinder vollkommen zu machen ..." (1QH 4,31f; vgl. 1QH 1,26–28; 16,5; dazu K.G. KUHN, Epheserbrief, 343f A 1; GNILKA, Eph, 131; vgl. dagegen SCHNACKENBURG, Eph, 99f A 242: „nur entfernte Parallelen").

I. 4.) 2,11-22 Die Einheit von Juden und Heiden in Christus

(14) Denn *Er* ist unser Friede,
der die beiden zu einem gemacht hat
und die Trennwand des Zaunes beseitigt hat,
die Feindschaft, in seinem Fleisch,
(15) (der) das Gesetz der Gebote mit ihren Anordnungen vernichtet hat,
damit er die zwei in sich zu einem neuen Menschen schaffe,
indem er Frieden macht,
(16) und versöhne die beiden in einem Leibe mit Gott durch das Kreuz,
(der) die Feindschaft getötet hat – in sich.
(17) Und als er kam, verkündete er Frieden euch, den Fernen,
und Frieden den Nahen.
(18) Denn durch ihn haben wir den Zugang, beide in einem Geist, zum Vater.

(19) So seid ihr nun nicht mehr Fremde und Beisassen,
sondern ihr seid Mitbürger der Heiligen und Hausgenossen Gottes,
(20) aufgebaut auf dem Fundament der Apostel und Propheten,
wobei sein Eckstein Christus Jesus selbst ist,
(21) in dem das ganze zusammengefügte Gebäude wächst zu einem heiligen Tempel im Herrn,
(22) in welchem auch ihr mitaufgebaut werdet zu einer Wohnung Gottes im Geist.

ALLEN, Body 116-164; M. BARTH, Israel; VON BENDEMANN, Schlier 175-227; BREYTENBACH, Versöhnung; BRUCKER, ‚Christushymnen'; BURGER, Schöpfung 117-139; FAUST, Pax Christi; FINDEIS, Versöhnung 446-537; FISCHER, Tendenz 131-137; GESE, Vermächtnis 111-146; GIAVINI, Structure Littéraire; GNILKA, Christus unser Friede; GONZÁLES LAMADRID, Ipse est pax nostra; KÄSEMANN, Leib Christi 138-144; DERS., Epheser 2,17-22; KITZBERGER, Bau; KLINZING, Umdeutung 184-191; LINCOLN, Use 25-30; MCELENY, Conversion; MERKLEIN, Amt 118-158; DERS., Eph 2,14-18; DERS., Christus; MILETIC, „One Flesh" 52-66; MORITZ, Mystery 23-55; MUSSNER, Christus 76-118; DERS., Beiträge aus Qumran; DERS., Modell; RADER, Church; RESE, Vorzüge; DERS., Church and Israel; ROETZEL, Relations; SAHLIN, Beschneidung; SCHILLE, Liturgisches Gut 3-9; DERS., Hymnen 24-31; SCHNACKENBURG, Eph 2,11-22; W. SCHWEITZER, Christen und Juden; SMITH, Traditions; DERS., „The Two Made One"; STUHLMACHER, Friede; VOGEL, Heil 235-242; WENGST, Formeln 181-186; WOLTER, Rechtfertigung 62-73.

Mit V.11 wird die applikative Rede von 2,1-10 wieder aufgegriffen und bis V.13 durchgehalten, wobei wiederum das „Einst-Jetzt"-Schema verwendet wird.[1] V.11-12 greifen die Aussagen von V.1-3 auf, die nun jedoch semantisch in einem anderen Wortfeld ausgedrückt werden: „Heiden", „Unbeschnittenheit", „Bürgerrecht Israels" (oder: „Bürgerschaft Israels"), „Bundesschlüsse mit ihrer Verhei-

---

[1] Die Parallelität von 2,11-22 zu 2,1-10 (Dreiteilung, variierter Kontrast, Individualität [V.1-10], Korporalität [V.11-22]) wird von vielen Auslegern vermerkt, z.B. SCHNACKENBURG, Eph, 101f; LINCOLN, Eph, 131; GESE, 110.146f.

ßung", „ohne Gott". Das heißt: Die heillose Vergangenheit wird jetzt nicht unter dualistisch-ethischen Kategorien vorgestellt, sondern in Kategorien des Kontrastes zum Heilsvolk Israel. V.13 fasst dann die „Jetzt"-Aussage von V.4–6 zusammen, nun jedoch nicht vom christologischen Modell der Auferweckung und Erhöhung ausgehend, sondern vom heilschaffenden Tod Christi. Daran wird in V.14–18 eine prädikative Aussage über Christus (αὐτὸς ... ἐστιν ...) angeschlossen. V.19–22 sind dann wieder in der applikativen „Ihr"-Form abgefasst.[2] Mit seinen drei ringförmig angeordneten Teilen V.11–13, V.14–18, V.19–22 ist der Abschnitt also ähnlich aufgebaut wie V.1–10. Doch ist der dritte Teil kein Kommentar (wie V.8–10), sondern eine Folgerung (ἄρα οὖν). Statt einer soteriologischen Interpretation des kerygmatischen Mittelteils durch die Rechtfertigungstheologie (2,8–10) folgt hier als Schluss eine ekklesiologische Aussage. In diesem Schlussteil wird zunächst semantisch auf das Wort- bzw. Bildfeld von V.12 zurückgegriffen, dann jedoch folgt abschließend ein neues Bild: vom „Bau" und „Tempel". Der Mittelteil V.14–18 fällt beinahe wie ein Exkurs heraus. Er erläutert und begründet die Aussage von V.13b, was insbesondere durch die (chiastisch angeordnete) semantische Korrespondenz von V.17f zu V.12 (V.18: προσαγωγή) und V.13 (V.17: μακράν, ἐγγύς) deutlich wird.[3]

Dieser Mittelteil (V.14–18) wird (wie 1,3–14; 1,20–23 und 2,4–10) häufig als vorgeprägter zitierter „Hymnus" angesehen.[4] Doch sind auch hier die von Kritikern[5] vorgebrachten Argumente gegen diese literarkritischen Versuche derart gravierend, dass man von dieser Hypothese absehen kann. Die Gründe sind vor allem folgende: (1) Formal erweist sich der Stil als prosaisch, wie Satzbau und unterschiedliche Zeilenlänge zeigen. (2) Die Bezüge zum Kontext sind so substantiell, dass der isolierte Text in sich nicht verständlich wäre.[6] (3) Die Rekonstruktionen gehen davon aus, dass mit den beiden versöhnten Größen Gott und Kosmos (Menschheit) gemeint seien, die der Redaktor dann auf Juden und Heiden umgedeutet habe. Die rekonstruierten Verse enthalten aber schon in der Substanz diese angeblich redaktionelle Bedeutung.[7] (4) Eine Trennung in redaktionelle und traditionelle Elemente, wie sie vor allem

---

[2] Vgl. die Darstellung der kommunikativen Struktur von 2,1–22 bei FINDEIS, 453f, der den textpragmatischen Leserbezug herausstellt.

[3] Zu den Versuchen, ringförmige und chiastische Strukturen in 2,11–22 zu entdecken, s.u. A 18.

[4] KÄSEMANN, Epheserbrief, RGG[3] 3, 519 (V.14–17: ein hymnisches Fragment); SCHILLE, Hymnen, 24–31 („Erlöserlied"); POKORNÝ, Gnosis, 114f; SANDERS, Hymnic Elements, 216–218 (nur V.14–16); GNILKA; WENGST, 181–186 (nur V.14–16: ein „Versöhnungslied"); FISCHER, 131f; LINDEMANN, Aufhebung, 152–181 (V.14–16: zitierte nichtchristliche Textvorlage – wenn auch kein Hymnus); BURGER, 117–133 (V.14.15b–17); WILHELMI, Versöhner-Hymnus, 145–152 (V.14–16); LINCOLN, Eph, 127f (V.14–16). TESTA, pacificatore, sieht in 2,14–16 die dritte Strophe eines Liedes, dessen erste beiden Strophen aus Kol 1,15–17 und 18–20 bestünden (vgl. das Referat bei RADER, 198).

[5] Schon SCHLIER, Eph, 122f, schwankte (123 A 1: nach einer Auseinandersetzung mit Schille doch ablehnend); DEICHGRÄBER, Gotteshymnus, 165–167; SCHNACKENBURG, Eph, 106f; MERKLEIN, Eph 2,14–18, 81–95; DERS., Christus, 15f; STUHLMACHER, 342f; ALLEN, 121–125; MERKEL, ANRW II 25.4, 3230–3235; FAUST, 115.315–317.

[6] Das sind die beiden wichtigsten Argumente gegen die Rekonstruktion von Schille und Sanders bei DEICHGRÄBER, Gotteshymnus, 165–167; vgl. MERKLEIN, Eph 2,14–18, 82f (gegen Schille und Sanders), 93f (gegen Gnilka); gegen die Rekonstruktion bei FISCHER, 131: WOLTER, 64; vgl. auch FAUST, 115.

[7] MERKLEIN, Eph 2,14–18, 83–88 (gegen Schille und Sanders), 92f (gegen Gnilka). Das gilt auch gegen WENGST (vgl. MERKEL, ANRW II 25.4, 3231f).

Gnilka aufgrund inhaltlicher Kriterien erheben wollte, ist stilistisch und wortstatistisch nicht haltbar.[8] (5) Gegen Fischer wendet H. Merkel zu Recht ein, dass hier ein „Lied" rekonstruiert wird, dessen ursprüngliche Aussage der Redaktor durch seine Uminterpretation nahezu völlig verdeckt hätte.[9]

So ist es methodisch sinnvoller, die Kohärenz des Textes ganz auf der Ebene des Briefverfassers zu suchen. Das lässt sich in der Tat syntaktisch, semantisch und pragmatisch durchführen, wie H. Merklein und P. Stuhlmacher gezeigt haben. So kommt man mit der Annahme von Bezugnahmen auf den Kol und einer hellenistisch-jüdischen Theologie[10] mit Rückgriffen auf Jes 52,7; 57,19 vollständig aus. Wenig Anklang hat auch die These von W. Nauck gefunden, die Verse 19–22 stellten ein vorgegebenes Tauflied dar[11] – zu Recht.[12]

Stilistisch sind die drei Teile unterschiedlich aufgebaut. Der erste (V.11-13) besteht aus zwei ganzen Sätzen, wovon der erste (V.11f) das „einst" und der zweite (V.13) das „jetzt" beschreibt. Der Satz V.11f besteht aus einem Imperativ („deshalb erinnert euch ...") mit einem Konsekutivsatz, der zweimal mit ὅτι ansetzt. Der erste ὅτι-Satz (V.11) bleibt ohne Verb, so dass „die Heiden im Fleisch" und „die Unbeschnittenheit Genannten ..." als zwei Appositionen zum Subjekt „ihr" aufzufassen sind.[13] Erst V.12 enthält das Prädikat der ganzen Aussage V.11f: „wart ihr ... ohne Christus".[14] Dieses wird durch vier Appositionen entfaltet: „entfremdet ... und fern ...", „keine Hoffnung habend und gottlos ...".[15] V.13 ist im Prinzip gleich aufgebaut: Dem ποτέ kontrastiert das vorangestellte „jetzt aber". Es folgt (wie in V.11) das Subjekt ὑμεῖς mit einer Apposition (substantiviertes Partizip), die das „einst" noch einmal unter dem Stichwort „fern" (μακράν) aufgreift, dann das Prädikat ἐγενήθητε ἐγγύς. Eingerahmt sind Subjekt (mit Apposition) und Prädikat durch zwei ἐν-Bestimmungen: „in Christus Jesus" am Anfang, „in dem Blut des Christus" am Ende. ἐν Χριστῷ Ἰησοῦ korrespondiert dabei dem „ohne Christus". Das Charakteristische dieses Teiles ist also eine Häufung von Appositionen. Die tragenden Prädikate sind ἦτε χωρὶς Χριστοῦ und ἐγενήθητε ἐγγύς, deren antithetische Entsprechungen die präpositionale Bestimmung ἐν

---

[8] STUHLMACHER, 342f: Während manche der angeblich redaktionellen Zusätze nur in 2,14-18 vorkommen, sind viele der dem Traditionsgut zugehörigen Sprachelemente im übrigen Eph „mehrfach und z.T. sogar bevorzugt gebraucht" (S. 343): betontes αὐτός (4,11; 5,23), εἰρήνη (4,3; 6,15.23), εἷς-Formulierungen (4,4.5.6); κτίζειν (2,10; 3,9; 4,24); καινὸς ἄνθρωπος (4,24); εὐαγγελίζεσθαι (3,8); vgl. „Evangelium des Friedens" (6,15).
[9] MERKEL, ANRW II 25.4, 3232f; zu FISCHER, vgl. auch WOLTER, 64.
[10] Das hat ausführlich FAUST im ersten Teil seiner Arbeit (S. 19-72) nachgewiesen.
[11] NAUCK, Eph 2,19-22: Das Lied bestünde aus drei Tristichen; ähnlich nur noch KLINZING, 190 (vier Zweizeiler), und POKORNÝ, Mysterien, 183f.
[12] Vgl. die Kritik von MERKLEIN, Amt, 119f; MERKEL, ANRW II 25.4, 3235, zählt weitere Gegenvoten (u.a. von Käsemann, Schlier, Gnilka, Lindemann, Fischer) auf.
[13] Dadurch erklären sich die determinierenden Artikel τά (ἔθνη) und οἱ (λεγόμενοι).
[14] Dieses Stilmerkmal des anakoluthhaften wiederholten Einsatzes mit dem eröffnenden Nebensatz findet sich auch in 1,13 (ἐν ᾧ ... ἐν ᾧ + Vollverb) und 2,1-5 (καὶ ὄντας ... καὶ ὄντας + Vollverb).
[15] Durch die beiden καί zu zwei Paaren verbunden; vgl. SCHNACKENBURG, Eph 105.

Χριστῷ Ἰησοῦ und die Apposition οἵ ποτε ὄντες μακράν (beide in V.13) darstellen.[16]

Anders ist der zentrale Abschnitt V.14-18 konstruiert. Bis V.16 herrschen hier die Partizipien (des Aorist) vor (ὁ ποιήσας ... λύσας ... καταργήσας ... ἀποκτείνας), die abhängig sind vom Obersatz „Er selbst nämlich ist unser Friede". Wie in der Eulogie 1,3-14 sind diese Partizipien substantiviert, wobei der Artikel nur beim ersten Partizip steht, aber auf die folgenden noch nachwirkt (vgl. 1,3.5.9: ὁ εὐλογήσας ... προορίσας ... γνωρίσας).[17] V.17 fasst als selbständiger Satz die Aussage zusammen durch eine Anspielung auf Jes 57,19 („Frieden den Fernen und denen, die nah sind") und 52,7 („wie die Füße des Boten, der Frieden kündet"). Abschließend folgt ebenfalls als selbständiger Satz noch eine Begründung (ὅτι): V.18.

Der dritte Teil (V.19-22) schließlich besteht aus einem folgernden Satz im Präsens (ἄρα οὖν ... ἐστέ ...), von dem eine aoristische Partizipialaussage abhängig ist („auferbaut ..."). Davon hängt ein Gen. abs. ab, und davon zwei nebengeordnete Relativsätze (ἐν ᾧ ... ἐν ᾧ καί ..., bezogen auf „Christus Jesus"). Dieser Teil ist wieder in der appellativen Anrede verfasst und entspricht darin dem ersten Teil V.11-13.[18]

Es handelt sich also um klar voneinander abgegrenzte Teile mit unterschiedlichen syntaktischen Strukturen und unterschiedlichen semantischen Wortfeldern, die ringförmig angeordnet sind, wobei die appellativen Teile A und C stark korrespondieren und der prädikative Teil B die Mittelachse darstellt. A und C sind in nahezu klassischem rhetorischem Prosastil abgefasst. Der Mittelteil B weist bis V.16 den Stil substantivierter Partizipialaussagen auf und entspricht darin dem „hymnischen" Stil der Eulogie (1,3ff). Doch entstammt er wie diese der Feder des Verfassers und stellt kein zitiertes Traditionsstück (Lied, Hymnus, liturgisches Fragment o.ä.) dar.

---

[16] Vgl. das für V.11-13 gelungene syntaktische Strukturschema bei KITZBERGER, 318.

[17] Der Unterschied zwischen 2,14-16 und 1,3.5.9 besteht darin, dass in 1,3-14 *Gott* durch die substantivierten Partizipialaussagen prädiziert wird, in 2,14-16 aber *Christus*. Dieser die Verse 14-16 beherrschende Stil substantivierter Partizipien (bei SCHNACKENBURG, Eph, 105f, und KITZBERGER, 318f, m.E. verkannt) ist einer der Gründe dafür, dass einige unter jenen Exegeten, die hier einen Hymnus o.ä. vermuten, diesen auf V.14-16 begrenzen (so SANDERS; WENGST; WILHELMI: s.o. A 4). NORDEN, Agnostos Theos, hat nämlich nur die durch Artikel substantivierten Partizipien als typisch hymnisch betrachtet (vgl. DEICHGRÄBER, Gotteshymnus, 105 A 6, in seiner Kritik an Schille).

[18] Vgl. das Strukturschema bei KITZBERGER, Bau, 319. – Eine kompliziertere chiastische Struktur meint KIRBY, Baptism and Pentecost 156f.169, gefunden zu haben mit den Teilen A bis K (V.11-15a) und K' bis A' (V.15b-22); ähnlich RICHARDS, Secretary, 207f (im Anschluss an TURNER, Grammar, 98). Eine noch kompliziertere Ringstruktur will GIAVINI, 209-211, im Text erkennen. Zur Kritik an diesen reichlich künstlich wirkenden Gliederungsversuchen s. LINCOLN, Eph, 126.

A. Die Fernen werden Nahe (V.11–13)

11 Das folgende διό erscheint im Eph fünfmal.[19] Es leitet hier den ersten Imperativ des ganzen Schreibens ein (vgl. 4,25 und – in performativer Form – 3,13). Doch handelt es sich (im Unterschied zum durchgehend imperativischen Teil 4,25–6,17) nicht um einen ethischen, sondern um einen rhetorischen Imperativ, durch den die Schilderung der vorchristlichen Vergangenheit von 2,1–3 wieder aufgegriffen wird (ποτέ). Während der vorchristliche Zustand der Adressaten in 2,1–10 in moralischen Kategorien beschrieben wird (Wandel in Verfehlungen und Sünden), wird er nun in V.11f in Relation zum Volk Israel und seinen Heilsgütern von jüdischer Perspektive aus charakterisiert: „Heiden im Fleisch", „Unbeschnittenheit", „getrennt vom Bürgerrecht Israels", „nicht beteiligt an den Bundesschlüssen mit ihren Verheißungen", „ohne Hoffnung und ohne Gott". Die Wendung „Heiden[20] *im Fleisch*", die sonst nirgends begegnet, ist Parallelbildung zu „Beschneidung im Fleisch ..." in V.11b. Damit werden Unbeschnittenheit und Beschnittenheit als Kategorien auf der Ebene des „Fleisches" (d.h. als körperliche Kennzeichen) eingestuft. Es folgt eine zweite Apposition zu ὑμεῖς, worauf sich der Artikel οἱ bezieht. ἀκροβυστία („Vorhaut") werden die Heiden von den Juden genannt. Damit redet der Verfasser nicht schon selbst aus jüdischem Aspekt, sondern er referiert lediglich die jüdische Sprachperspektive.[21] Der jüdische Standpunkt wird sofort relativiert, und zwar durch drei Elemente: (1) Die „Beschneidung" wird als λεγομένη, die „*sogenannte* Beschneidung", qualifiziert. Anders als λεγόμενοι, das sich nicht auf die Benennung („Unbeschnittenheit"), sondern die Benannten („ihr") bezieht, wird hier der Ausdruck περιτομή selber qualifiziert. (2) Die „Beschneidung" wird durch das Adjektiv χειροποίητος („mit Händen gemacht") bezeichnet. χειροποίητος ist durch seine Verwendung in LXX (immer als Adjektiv bzw. Prädikat zu אֱלִיל = Nichtigkeit, Götze) ein negativ besetztes Wort. Es erscheint im NT in negativer Polarität zu ἀχειροποίητος.[22] Als Vorlage dient

---

[19] Neben 2,11: 3,13; 4,8.25; 5,14; am nächsten (auch in der spezifischen Verwendung) kommt dem nur noch Hebr (9mal), sodann 2Kor (7mal). Die Zitat-Einleitung διὸ λέγει (Eph 4,8; 5,14) hat Entsprechungen nur noch in Hebr 3,7; 10,5 und Jak 4,6.

[20] τὰ ἔθνη (= הַגּוֹיִם, wie „Vorhaut" und „Beschneidung" eine Kennzeichnung aus jüdischer Perspektive) auch Eph 3,1.6.8 (Paulus der Heidenapostel); 4,17; Kol 1,27; am häufigsten (neben Apg und Apk) bei Paulus in Röm und Gal.

[21] Vgl. dagegen GNILKA, Eph, 133: „An dieser Stelle wird erkennbar, dass der Verf. ehemals Jude war." Da der Verfasser die Rolle des Paulus einnimmt, erscheint er aus literarischer Notwendigkeit als von jüdischer Herkunft.

[22] Beide Begriffe erscheinen nebeneinander nur in Mk 14,58. Doch auch da, wo nur einer genannt wird, steht der andere verborgen als Folie dahinter. ἀχειροποίητος: 2Kor 5,1; Kol 2,11; χειροποίητος: neben Eph 2,11 Apg 7,48; 17,24; Heb 9,11.24. Davon sind bis auf Eph 2,11 alle genannten Stellen verneint (οὐ ... χειροποίητος), also im Sinne von ἀχειροποίητος gebraucht. Es ist merkwürdig, dass Philon ἀχειροποίητος überhaupt nicht verwendet. χειροποίητος begegnet bei ihm meist undualistisch, nur Mos. I 303; II 165.168 wie in LXX. Die Stelle Mos. II 88 ist bezeichnend im Vergleich mit Mk 14,58 und Apg 7,48: Der Tempel ist zwar (als Bestandteil der vergänglichen Schöpfung) nur „mit Händen gemacht", aber das wertet ihn nicht ab, sondern als Abbild des ewigen Urbildes erhält er seinen positiven Wert. Es sind wohl

Kol 2,11: „In ihm (Christus) seid ihr auch beschnitten worden durch eine nicht mit Händen gemachte Beschneidung …" (περιτομῇ ἀχειροποιήτῳ). Der Verfasser des Eph hat zwar das Motiv der spiritualisierten Beschneidung Christi aus Kol 2,11 in Eph 2,1–10 fortgelassen, doch verwendet er es hier nun indirekt, indem er die jüdische Beschneidung negativ qualifiziert als eine nur äußerliche Handlung. (3) Das wird bestärkt und verdeutlicht durch den Zusatz ἐν σαρκί, der schon die Vorstellung einer „geistlichen" Beschneidung voraussetzt, von der diese (bloß) „fleischliche" als minderwertig abgehoben wird.[23] Dabei wird die komplizierte symbolische Interpretation aus Kol 2,11 (Beschneidung = Ablegung des sarkischen Leibes als Partizipation an der Beschneidung Christi, d. h. am Sterben Christi) nicht übernommen.[24] Vielmehr scheint der schon von Paulus gebrauchte spiritualisierte Begriff von Beschneidung (der vielleicht auf die Hellenisten zurückgeht)[25] aufgenommen zu sein, wonach die „fleischliche Beschneidung" (Röm 2,28: ἐν σαρκὶ περιτομή) durch die „geistliche Beschneidung des Herzens" (Röm 2,29: περιτομὴ καρδίας ἐν πνεύματι) überboten bzw. abgetan ist. Ähnlich wie in Eph 2,1–10 scheint der Verfasser hier außer auf den Kol auch direkt auf den Röm zurückzugreifen. Nun ist mit περιτομή in V.11 nicht der Ritus der Beschneidung selbst gemeint, sondern es handelt sich um eine Metonymie für die Juden (vgl. entsprechend von der „geistlichen" Beschneidung Phil 3,3: „denn *wir* sind die Beschneidung"). Damit werden die in V.12 genannten Vorzüge Israels vorweg relativiert. Sie gelten nur „in Christus"; und nur, weil die Adressaten damals als Heiden „ohne Christus" waren, waren sie fern von Israels Vorzügen (seinem Bürgerrecht und seinen Bundesverheißungen). „Unbeschnittenheit" (ἀκροβυστία – τὰ ἔθνη) und „Beschnittenheit" (περιτομή) sind also beide als ἐν σαρκί qualifiziert.[26] Wahrscheinlich aber wird mit dem Stichwort „Beschneidung" auch schon ein Grund für die in V.14 erwähnte „Feindschaft" angegeben, denn gerade dieser zentrale Punkt des Ritualgesetzes galt in der römischen Welt als besonderer Anlass für Kritik am Judentum

---

erst die (christlichen) Hellenisten, die Tempel und Beschneidung selbst als (nur) „mit Händen gemacht" abwerteten und nur noch ihre spiritualisierte Bedeutung gelten ließen, die sie gegen die wörtliche ausspielten; vgl. RÄISÄNEN, The „Hellenists", 266f.286f.292. Ob die von Philon attackierten Hyper-Allegoristen (migr. 89–93), die oft als Vorläufer der Gnostiker eingeschätzt werden (FRIEDLÄNDER, Gnostizismus; PEARSON, Friedländer Revisited), wenigstens indirekt mit den aus Jerusalem vertriebenen Hellenisten zusammenhängen, bleibt eine nicht ganz abwegige Vermutung.

[23] Abgesehen von 2,3 wird σάρξ im Eph nie als Gegenwelt des Geistes aufgefasst: 2,1.14; 5,29.31; 6,5.12; vgl. 1Kor 15,50. Auch bei Philon ist es nicht das Fleisch selbst, sondern die „Sinnlichkeit", der νοῦς, der sich dem „Fleisch" verschreibt (vgl. Kol 2,18) bzw. sich auf das „Fleisch" beschränkt und deshalb als schlecht und böse gilt.

[24] SAHLIN, interpretiert Eph 2,11–22 von Kol 2,11 her und bezieht den Ausdruck „Beschneidung Christi" auf die Taufe. Doch das ist schon für Kol 2,11 eine Überinterpretation, insofern erst in V.12 (im Anschluss an Röm 6) die Taufe selbst als metaphorischer Bild*spender* für das Kerygma verwendet wird. In Eph 2,11–22 fehlt aber nicht nur das Motiv von Röm 6, sondern auch das von Kol 2,11. Die Vorstellung einer περιτομὴ τοῦ Χριστοῦ findet sich in Eph nicht einmal angedeutet (gegen SAHLIN, 9.12).

[25] Vgl. RÄISÄNEN, „Hellenists", 288f.

[26] Vgl. GNILKA, Eph, 134; SCHNACKENBURG, Eph, 108; DERS., 477. Das doppelte ἐν σαρκί in V.11 bildet eine *epanalepsis* (die Wiederholung eines Wortes in einer Parenthese), οἱ λεγόμενοι und λεγομένη ein *polyptoton*, zwei melopoietische Figuren (JEAL, Theology and Ethics, 149f).

(vgl. Tacitus, hist. V 5,1f: die Beschneidung als Inbegriff der ethnokulturellen Separation und im Zusammenhang damit der Vorwurf des *hostile odium*).[27]

12 Erst jetzt nach Neueinsatz des Objektsatzes mit wiederholtem ὅτι und Wiederaufnahme des ποτέ durch τῷ καιρῷ ἐκείνῳ[28] erscheint die eigentliche Zielaussage mit dem Prädikat (ἦτε ... χωρὶς Χριστοῦ), dem vier appositionelle Aussagen folgen (durch zwei καί paarweise angeordnet):

ausgeschlossen von der πολιτεία Israels
und fremd[29] den Vermächtnissen der Verheißung,
keine Hoffnung habend
und gottlos in der Welt.

Es wird deutlich, dass hier im (synonymen) Parallelismus membrorum gestaltet wurde.[30] Ἀπαλλοτριοῦσθαι (abgesondert werden, ausgeschlossen werden) begegnet im NT sonst nur noch in Eph 4,18 („vom Leben Gottes") und Kol 1,21 (ὑμᾶς ποτε ὄντας ἀπηλλοτριωμένους), von woher das relativ seltene Wort in diesem Zusammenhang übernommen sein dürfte.[31]

In der neueren Exegese werden vier unterschiedliche Interpretationen von πολιτεία vertreten: (1.) Staat, Verfassung (Staatsform), Staatsverwaltung (Politik): so z.B. meistens bei Philon. Doch kann an unserer Stelle nicht der (damals längst nicht mehr existierende) Staat „Israel" gemeint sein. Es müsste hier schon an das Gottesvolk mit allen seinen Privilegien, die es auch theologisch auszeichnen, gedacht sein.[32] Von Philon her könnte die himmlische Heimat der Frommen gemeint sein.[33] Diese Vorstellung liegt zwar Phil 3,20 (dort πολίτευμα) vor, doch ist sie an unserer Stelle nicht direkt ausgesprochen. – (2.) Lebensweise, Wandel: Im Sinne der Lebensordnung Israels, der Treue zum Gesetz, könnte das Wort in 2Makk 4,11; 8,17; 13,14; 4Makk 17,9 verstanden sein.[34] Dabei wäre aber nicht einzusehen, wieso ein „Ausschluss" davon ein soteriologisches Defizit darstellen würde. An den genannten Stellen in 2Makk und 4Makk geht es auch eher um verfassungsmäßige Rechte der Juden (s. die nächste Deutung). – (3.) Bürgerrecht: Diese Bedeutung hat der einzige weitere Beleg im NT: Apg 22,28; ferner:

---

[27] Dazu FAUST, 88 mit A 40.
[28] Temporaler Dat. (BDR § 200).
[29] Ξένοι (sinngemäß: als Fremde nicht beteiligt an ...).
[30] MERKLEIN, Christus, 18, möchte die beiden „und" konsekutiv (vgl. BDR § 442,2) auffassen.
[31] Im Hintergrund könnten LXX-Stellen wie ψ 57,4 und 68,9 (ἀπηλλοτριωμένος ἐγενήθην τοῖς ἀδελφοῖς μου καὶ ξένος τοῖς υἱοῖς τῆς μητρός μου) stehen. H. BÜCHSEL, ThWNT 1, 265f, führt als Parallele Aristoteles, pol. II 8, 1268a 40 an: ἀλλότριον τῆς πολιτείας („fernstehend"). Doch wird das ἀπ- eine Bedeutung haben: „ausgeschlossen, getrennt von ..."; vgl. ApkMos 42,5; TestBen 10,10; TestHiob 7,4.10; 26,3.
[32] Vgl. SCHNACKENBURG, Politeia Israels; DERS., 478 A 48. Schnackenburg übersetzt das Syntagma mit „Gemeinde Israels"; vgl. auch ABBOTT, Eph, 57f; SCHLIER, Eph, 120; MERKLEIN, Christus, 20f; STRATHMANN, ThWNT 6, 534, Z.28ff; so übersetzt auch BAUER/ALAND, Wb., 1375 (unter Hinweis auf VON SODEN, DIBELIUS/GREEVEN, u.a.).
[33] So GNILKA, Eph, 135, unter Hinweis auf Philon, opif. 143; virt. 219; somn. I 45f.
[34] In diesem Sinne erscheint das Wort auch in der Überschrift ApkMos 1 sowie in einer Synagogeninschrift: πολιτεία κατὰ τὸν Ἰουδαϊσμόν („Leben nach jüdischer Sitte"): HENGEL, Synagogeninschrift, 178–181.

3Makk 3,21.23; TestAbr A 20,46[35]; Josephus, ant. XII 119; XIX 281; Philon, gig. 61; prob. 158; legat. 157.193f.285.287.349.363[36]. In diese Richtung weisen auch die übrigen LXX-Belege (2Makk 4,11; 6,23 in A; 8,17; 13,14; 4Makk 3,20; 8,7; 17,9), wo die Bedeutung „Verfassung" vorliegt und es um spezielle Rechte der jüdischen Minderheit geht. Die parallelistische Struktur der Aussagen von V.12 sowie der ganze Zusammenhang legen diese Bedeutung auch an unserer Stelle nahe, wo es um den Ausschluss von Privilegien geht (vgl. die synonyme Parallelität zu „fern von den Bundesschlüssen *der Verheißung*").[37] – (4.) Eine neue Deutung vertritt E. Faust[38]: Er versteht πολιτεία als einen „ethnokulturellen Begriff" (der also die ersten beiden Bedeutungskomponenten „Staat" und „Lebensweise" verbinden würde) und bezieht ihn auf das Diasporajudentum. Sein Hauptbeleg ist Philon, legat. 194, wo von einer „allgemeinen Politeia der Juden" (περὶ τῆς καθολικωτέρας πολιτείας ... τῆς Ἰουδαίων) die Rede ist. Die einzelnen Diaspora-Gemeinden sind dann zu verstehen als „Filiationen" der allgemeinen jüdischen Politeia. Bestimmt sei die jeweilige jüdische Politeia durch die „väterlichen Gesetze" und „Sitten". Die Politeia Israels wäre dann ein Gemeinwesen, das durch die Tora konstituiert ist. – Dagegen ist einzuwenden, dass sich längst nicht alle Belege bei Philon und Josephus dieser Bedeutung einordnen lassen. Vielmehr kommt in fast allen die Bedeutungskomponente „Bürger*recht*" hinzu: legat. 156f (Augustus entzog den Juden nicht die „römische Politeia", nur weil sie „auch auf ihre jüdische [sc. Politeia] bedacht waren"; vgl. Flacc. 53); Josephus, Apion. II 39 (Seleukos I. gewährte den Juden Antiochiens τὴν πολιτείαν) interpretiert Faust in dem Sinne, dass den Juden autonomes politisch-institutionelles und kultisches Eigenleben gewährt worden wäre.[39] Im Zusammenhang geht es aber nur darum, dass die Juden volles Bürgerrecht als Antiochener erhielten. Darin ist *nur implizit* auch die freie Kultausübung enthalten (gleiches gilt für ant. XII 119f.125f). Wenn wir πολιτεία also an unserer Stelle im Sinne von „Bürgerrecht" verstehen, dann kommt in V.12 generell zum Ausdruck, dass die Heiden von den *Privilegien* Israels ausgeschlossen waren.

Ξένος hat hier synonyme Bedeutung zu ἀπηλλοτριωμένος: „fremd" (von bestimmten Rechtsansprüchen ausgeschlossen); vgl. 2,19: ξένοι parallel zu πάροικοι, im Gegensatz zu συμπολῖται.[40] Der Ausdruck ist in Hinsicht auf πολιτεία gewählt: Die „Fremden" haben kein Bürgerrecht. Der Gen. bezeichnet das, wovon die Adressaten ausgeschlossen waren.[41] Der Plural διαθῆκαι erklärt sich von Röm 9,4 her,[42] wo αἱ διαθῆκαι und αἱ ἐπαγγελίαι in einer Aufzählung der Vor-

---

[35] Mit Bezug auf das ewige Leben: τὴν ἐνάρετον αὐτοῦ κτησώμεθα πολιτείαν ἵνα ἀξιωθῶμεν τῆς αἰωνίου ζωῆς.
[36] Vgl. aber auch die Formulierung οἱ ἐγγραφέντες τῇ ἱερᾷ πολιτείᾳ (Mos. II 211; spec. I 63); ἐγγραφῆναι τῇ πόλει (LA III 244): Die in die Bürgerliste Eingetragenen haben damit das Bürgerrecht.
[37] Für diese Deutung entscheiden sich HAUPT, Eph, 76; EWALD, Eph, 132; BIEDER, Geheimnis, 334f; MUSSNER, Christus, 78; STRATHMANN, ThWNT 6, 534 Z.28ff; BARTH, Eph, I, 253.257 („citizenship"). Dabei ist „Israel" nicht allegorisch von der Kirche gemeint (gegen HANSON, Unity, 142).
[38] FAUST, 89–110; vgl. 226–230; ihm folgt VOGEL, 236.
[39] FAUST, 226f.
[40] Ξένος steht in kleinasiatischen Inschriften häufig im Verbund mit πάροικος. Beide Begriffe bezeichnen zwei graduell abgestufte Klassen von Bewohnern mit eingeschränkten Bürgerrechten: Während die πάροικοι im Staat auf Dauer lebten, waren die ξένοι nur vorübergehend anwesend (vgl. FAUST, 103–105) und folglich von den Bürgerrechten noch weiter ausgeschlossen als die πάροικοι.
[41] Gen. seperationis: BDR § 180; 182,3 mit A 4.
[42] Die Lesart von p[46] B D F G u.a. (Singular) in Röm 9,4 ist eine Glättung (außer in B auch: ἐπαγγελία); vgl. METZGER, Commentary, 459.

züge Israels nebeneinander begegnen.[43] Von ca. 350 Vorkommen von διαθήκη in LXX enthalten nur sechs den Plural: SapSal 18,22; Sir 44,12.18; 45,17; 2Makk 8,15; Ez 16,29.[44] Die Frage ist, ob in Röm 9,4 διαθῆκαι und ἐπαγγελίαι annähernd synonym sind (διαθῆκαι als Bundes-Verfügungen[45] bzw. -Zusagen),[46] oder ob διαθῆκαι (mehrere) Bundesschlüsse meint,[47] wobei die Verheißungen dann aus den verschiedenen Bundesschlüssen hervorgingen. Die Annahme vollständiger Synonymität für Röm 9,4 ist allerdings unwahrscheinlich, da beide Begriffe in der Aufzählung der sechs Vorzüge durch zwei weitere voneinander getrennt sind und unter den übrigen vier (singularischen) keine Synonymität erkennbar ist. Der Verfasser des Eph hat eine Vorliebe für adnominale Genitivkonstruktionen und macht gelegentlich aus vorgegebenen parataktischen Begriffspaaren Genitivsyntagmen.[48] Dabei kehrt er zumeist einen üblichen Gen. subj. oder obj. um in einen Gen. qualitatis bzw. explicativus. In unserem Fall liegt ein Gen. subj. zugrunde (die Bundesverfügungen mit ihrer Verheißung).[49] Da die Heiden von Israels Verheißung[50] ausgeschlossen waren,[51] hatten sie (solange sie „ohne Christus" waren) „keine Hoffnung". „Hoffnung" ist auch an dieser Stelle mehr vom erhofften Gut her be-

---

[43] Dazu RESE, Vorzüge.

[44] Vgl. hierzu ROETZEL, Διαθῆκαι. In Sir 44,18 und Ez 16,29 ist der Plural aber nicht sicher bezeugt. Im NT begegnet er nur noch Gal 4,24, wo es um die Antithetik zweier Bündnisse geht. Das hat mit Röm 9,4 und Eph 2,12 nichts zu tun.

[45] So SapSal 18,22 (parallel zu „Eide"); vgl. SCHNACKENBURG, Eph, 109; FAUST, 108–110. In diesem Fall würden διαθῆκαι und ἐπαγγελίαι in metonymischem Verhältnis zueinander stehen. LOHMEYER, Diatheke, 128, betont zu Recht: ein „Bund" (als auf Gegenseitigkeit beruhendes Abkommen) sei ausgeschlossen, „und διαθήκη trägt notwendig den Charakter einer göttlichen Anordnung".

[46] So VOGEL, 236; an beides denkt RESE, Vorzüge, 316. Aber die ἐπαγγελίαι werden ja eigens genannt.

[47] So wohl in 2Makk 8,15. In Sir 44,12; 45,17 steht der Plural metonymisch im Sinne von „Geboten" (Bundesverpflichtungen). Insgesamt aber setzt Sir 44-45 mehrere Bundes*schlüsse* (mit den Vätern) voraus. Vgl. auch 4Esra 8,27 (*testamenta*); LibAnt 10,2; 13,10. Zur Mehrzahl von Bundesschlüssen (בריתות) in den rabbinischen Schriften: BILLERBECK, III, 262 (zu Röm 9,4); J. BEHM, ThWNT 2, 131 Z.39ff.

[48] Τὸ μεσότοιχον τοῦ φραγμοῦ (2,14) aus τοῖχος καὶ φραγμός (ψ 61,4; Philon, det. 105; agr. 11); ὁ νόμος τῶν ἐντολῶν (2,18) aus ὁ νόμος καὶ αἱ ἐντολαί (Ex 24,12; Dtn 30,10; Jos 22,5; ψ 118 u.ö.); δικαιοσύνη τῆς ἀληθείας (4,24) aus δικαιοσύνη καὶ ἀλήθεια (Eph 5,9); vgl. dazu SELLIN, Genitive, 90f.96f.103f.

[49] Umgekehrt geht der explikative Gen. τὸ πνεῦμα τῆς ἐπαγγελίας (1,13) auf den Gen. obj. ἐπαγγελία τοῦ πνεύματος (Gal 3,14; Apg 2,33) zurück: „der verheißene Geist", der schon gegenwärtige Realität ist.

[50] MERKLEIN, Christus, 20, behauptet (im Anschluss an SCHNIEWIND/FRIEDRICH, ThWNT 2, 575 Z.16), der Begriff „Verheißung" habe keine alttestamentliche Vorgeschichte, stamme also „aus christlicher Tradition". Das Urteil ist einzuschränken: TestAbr (A) 3,6; 6,5; 8,5; 20,11; TestJos 20,1; PsSal 12,6; 4Esr 3,10; OrMan (ConstAp II 22,12).

[51] Es geht hier also nicht um die Verpflichtungen des Bundes, die „Treue zum Gesetz", das „Leben nach jüdischer Sitte", von dem die Heiden ausgeschlossen waren. Von daher muss auch πολιτεία als ein Vorzug („Bürgerrecht") Israels verstanden werden. So muss auch FAUST, 109, zugeben, dass die Politeia, die nach seiner These auf die νόμοι und διαθῆκαι gegründet ist, „einer massiven interpretatio Christiana unterzogen" sei. Bei unserer Deutung von πολιτεία ergibt sich jedoch ein solcher Bruch in der Isotopie des Textes erst gar nicht.

stimmt als vom existentiellen Akt des hoffenden Menschen. ἐλπίδα μὴ ἔχοντες ist eine übliche jüdische Kennzeichnung der Heiden[52] (vgl. 1Thess 4,13: οἱ λοιποὶ οἱ μὴ ἔχοντες ἐλπίδα). Faktisch stimmt eine solche Aussage natürlich nicht (man denke nur an die transmortalen Hoffnungen der Mysterienreligionen), doch ist sie hier auf die „Verheißung" der Bundesschlüsse bezogen. Zusammengefasst wird das durch die vierte Aussage: „gottlos in der Welt". ἄθεος (nur hier im NT) ist an dieser Stelle nicht tadelnd gemeint (Gottesleugner),[53] sondern im Sinne von: ohne Aussicht auf Heil, ohne transzendente Geborgenheit. Vorausgesetzt wird, dass nur der Gott Israels Gott ist – vgl. 4,18: „ausgeschlossen (ἀπηλλοτριωμένοι) vom Leben Gottes" wegen der „Unkenntnis". Die Schuldfrage klingt an unserer Stelle nicht an (auch in 4,18 wohl nicht: s. u. z.St). Die Parallelität zu ἐλπίδα μὴ ἔχοντες lässt an den hellenistischen Gebrauch des Wortes „gottverlassen" oder „keinen Gott kennend" denken.[54] In ἐν τῷ κόσμῳ („in der Welt") klingt abschließend von ferne das ἐν τῷ καιρῷ ἐκείνῳ („in jener Zeit") vom Anfang des V.12 wieder an. Zwar bezieht es sich direkt nur auf ἄθεοι, doch fasst dieses Attribut inhaltlich die drei vorherigen Appositionen zusammen und kommt dadurch dem darüberstehenden χωρὶς Χριστοῦ nahe: ohne Christus – ohne Gott.[55]

Damit taucht die Frage auf nach dem Verhältnis des Prädikates „ihr wart … ohne Christus" zu den vier Appositionen mit den genannten Vorzügen Israels. Einige Exegeten stellen die Aussage χωρὶς Χριστοῦ in eine Reihe mit den Aussagen über den Ausschluss der Heiden von den vier Vorzügen Israels. So übersetzt F. Mußner V.12: „dass ihr zu jener Zeit ohne einen Messias wart …". Im gleichen Sinne deutet auch J. Gnilka die Wendung: „Damit ist noch nicht auf den Christus hingelenkt, zu dem sich die Gemeinde jetzt bekennt, Jesus, sondern auf die Erwartung des Messias, die dem jüdischen Volke eigen war."[56] Aber abgesehen davon, dass in V.12 nichts auf eine formale Bedeutung von „Christus" (= Messias) hindeu-

---

[52] BILLERBECK, I 360–362; III 585–587.
[53] So allerdings Sib III 22; V 309; doch meistens begegnet dann ἀσεβής (vgl. W. FOERSTER, ThWNT 7, 185f). Zur Vorstellung der „Gottlosigkeit" in der Antike: FASCHER, Vorwurf der Gottlosigkeit.
[54] Vgl. die Belege bei BAUER/ALAND, Wb., 38 (unter 1.). FAUST, 105f, findet hier aber den Atheismus-Vorwurf, der in konversionstheologischen Zusammenhängen begegne.
[55] Es handelt sich bei allen vier appositionellen Aussagen also nicht um tadelnde Vorwürfe, sondern um Feststellungen von Mängeln der Heiden gegenüber den Vorzügen Israels. Damit ist einerseits die Auslegung von SCHNACKENBURG, Eph, 108; DERS., 479f, und LINDEMANN, Eph, 44–46; DERS., Aufhebung, 149, zurückgewiesen, wonach hier nur Kontrastaussagen zum christlichen Heil gemacht worden wären, andererseits aber auch die Deutung von FAUST, 106, der hier Vorwürfe jüdischer Konversionstheologie findet.
[56] MUSSNER, Eph, 68 (in der Übersetzung), 70f; GNILKA, Eph, 135. Ähnlich aber auch RESE, Vorzüge, 219: „Die Heiden waren ohne Christus – also hatten die Juden Christus, zwar noch nicht in seiner leiblichen, irdischen Gegenwart, wohl aber als Gegenstand ihrer Hoffnung." Begründet wird das durch den Hinweis auf das ἡμᾶς … τοὺς προηλπικότας ἐν τῷ Χριστῷ von 1,12, das im Sinne einer vorchristlichen Christushoffnung der Judenchristen („wir") in ihrer jüdischen Vergangenheit interpretiert wird (so auch MUSSNER, Eph, 49). Diese messianische Auslegung von 1,12 und 2,12 wird auch von FAUST, 105f.213f, vertreten. Dagegen s.o. A 246–250 zu 1,12; vgl. auch GNILKA, Eph, 83f, der jedoch 2,12 (anders als 1,12) wie Mußner interpretiert (s.o.).

tet (nicht einmal der Artikel erscheint in irgendeiner Handschrift),[57] lässt auch die syntaktische Form diese Deutung nicht zu. χωρὶς Χριστοῦ ist vielmehr das umfassende Prädikat, das in den vier parallel gebauten Appositionen spezifiziert und entfaltet wird. Gegen die messianologische Deutung spricht schließlich auch die Entsprechung von νυνὶ δὲ ἐν Χριστῷ (V.13) zu χωρὶς Χριστοῦ, wonach letzteres nur die Bedeutung „außerhalb von Christus", nicht aber „ohne Messiashoffnung" o.ä. haben kann: Solange die Heiden noch keine Christen, d.h. solange sie „ohne Christus" waren, hatten sie keinen Anteil an den Vorzügen Israels: am „Bürgerrecht", der Verheißung, dem Hoffnungsgut, kurz: dem Gottesglauben.

Diese Auslegung hat H. Merklein zugespitzt auf eine streng christologisch-ekklesiologische: „In Christus" und „fern von Christus" sind für ihn „ekklesiologische Formeln".[58] Der Kirchenbegriff sei durch den Gottesvolk-Gedanken eingeführt, und zwar über das Stichwort „Gemeinde Israels", das durch den Begriff „Verheißung" hier im Sinne des eschatologischen Gottesvolkes, das in der Kirche verwirklicht sei, gedeutet werde. Dagegen ist jedoch einzuwenden, dass die (schon vorpaulinische) ἐκκλησία-Konzeption (s.o. zu 1,22) hier nicht einfach dem Ausdruck „πολιτεία Israels" unterlegt werden kann, zumal der Ekklesia-Begriff in (Kol und) Eph nicht mehr im Zusammenhang mit Israel gesehen wird, sondern bereits kosmisch konzipiert ist.[59] Israel war und bleibt aber durch die Bundesschlüsse (die keineswegs ausschließlich auf den Messias ausgingen)[60] ausgezeichnet. Das Neue besteht darin, dass nun die Völker mit in diesen Kreis der Bevorzugten hineingenommen sind und jetzt ebenfalls prinzipiell als Adressaten der Verheißung gelten. Damit ist der Begriff Israel entschränkt. Hier deutet sich ein Vorausverweis auf den nächsten Hauptteil (3,1: Paulus, der Heidenapostel) an. Israel wird also nichts genommen oder abgesprochen. Es wird auch nicht angedeutet, dass Israel das ihm verheißene Heil sich verwirkt habe.

13 Der heil- und hoffnungslosen Zeit, an die sich die Adressaten erinnern sollen, wird nun in einem neuen Hauptsatz die gegenwärtige Situation gegenübergestellt. Dem „einst" (ποτέ und τῷ καιρῷ ἐκείνῳ) tritt ein „jetzt aber" (νυνὶ δέ) gegenüber, dem χωρὶς Χριστοῦ ein ἐν Χριστῷ.[61] In einer Apposition erhält das Subjekt ὑμεῖς noch einmal eine Kennzeichnung der Vergangenheit: οἵ ποτε ὄντες

---

[57] MUSSNER, Christus, 77, behauptet, Χριστός sei an dieser Stelle noch reiner „Amtsname", d.h. jüdischer Messiastitel; dagegen werde in V.13, wo vom gegenwärtigen Zustand der Christen die Rede ist, ἐν Χριστῷ Ἰησοῦ gebraucht. Aber durchgehend wird der Christusname im Eph (auch ohne Ἰησοῦς) vom *christlichen* Christus verwendet. Die hellenistischen Leser hätten das auch gar nicht anders verstehen können (vgl. MERKLEIN, Christus, 18).

[58] MERKLEIN, Christus, 21.

[59] S.o. zu 1,22.

[60] Das ist schon durch die Wendung διαθῆκαι ἐπαγγελίας ausgeschlossen – vgl. die Aufzählung in Röm 9,4, die überhaupt keine messianische Interpretation zulässt. Es geht vielmehr um das Volk Israel und seine Vorzüge. Auch der dort zuletzt genannte Vorzug („aus denen der Christus dem Fleische nach stammt") hat nichts mit der Messias*verheißung* zu tun, sondern nur mit seiner irdischen Abstammung.

[61] Ἐν Χριστῷ bezeichnet den „Heilsraum" (FAUST, 111), eine Vorstellung, die nur aus der bei Philon belegten Logos-τόπος-Vorstellung herleitbar ist (dazu SELLIN, „Christusmystik", 19–24).

μακράν („die einst fern Gewesenen"). Das Prädikat steht im (kausativen) Aorist: „ihr wurdet nah" (ἐγενήθητε ἐγγύς) und bezieht sich auf das Heilsereignis der Vergangenheit.[62] Mit dem Thema „fern"(-seiend) und „nah"(-geworden) greift V.13 vor auf die Aussage von V.17: „er verkündete Frieden euch, den *Fernen*, und Frieden den *Nahen*", die dort aus Jes 57,19 stammt. Die Rede von den „Fernen" spielt insbesondere in der nachexilischen Prophetie eine wichtige Rolle: Sach 6,15; 10,9; Jes 60,4.9 (μακρόθεν); vgl. Jes 43,6; 49,12 (πόρρωθεν). Gemeint sind dort die Diasporajuden, die nach Jerusalem zurückkehren. Lukas hat in Apg 2,39 die Idee von der Rückkehr der Diasporajuden nach Jerusalem aufgegriffen. Eph 2,13.17 geht aber insofern weit darüber hinaus, als hier die gedankliche „Brücke" des Diasporajudentums nicht mehr gebraucht wird, sondern nun die Heiden(völker) als die aus der Ferne Nahegeholten vorgestellt werden. Möglicherweise setzt das aber schon eine Übertragung dieser ursprünglich auf (noch) exilierte und heimgekehrte Juden[63] bezogenen Terminologie auf das Proselytentum voraus.[64] Die Heiden sind nun den Vorzügen, die bis dahin Israel allein hatte, genauso nahe wie die, die schon immer die „Nahen" waren; sie sind „zu Nahen geworden". Das impliziert im Textzusammenhang zweierlei: (1.) Sie sind den Heilsvorzügen (und letztlich Gott) nahe, und (2.) sie sind denen, die schon immer nahe waren, gleichgestellt, also mit dieser Gruppe vereinigt. Dieser zweite, ökumenische Gedanke, darf nicht unterschlagen werden.[65] Die Verbindung beider Aspekte ist im hellenistischen Judentum mit seiner Spiritualisierung und Universalisierung des Proselytenthemas vorgegeben – häufig mit Abraham oder Mose verbunden.[66] Damit ist das Thema „Kirche und Israel" angesprochen. Israel hat unbestritten die Heilsvorzüge, die in keiner Weise eingeschränkt werden. Die Heiden bekommen Zugang zu diesen Heilsvorzügen, die in ihrem Inhalt nicht verändert werden. Allerdings setzen V.14–18 dabei etwas voraus, was diese Universalisierung Israels ermöglicht: die Beseitigung eines Hindernisses, das die Heiden bis dahin ausgegrenzt hatte.

Die neue Situation („jetzt aber …") ist bestimmt durch die beiden den Satz rahmenden ἐν-Wendungen: „in Christus Jesus" und „im Blut Christi". „In Christus Jesus" (semantisch nicht unterschieden vom einfachen ἐν Χριστῷ) hat wieder lokale und instrumentale Bedeutung zugleich: als Mitglieder des Christusleibes und

---

[62] Damit ist der Tod Christi gemeint: „im Blut" (oder: „durch das Blut") Christi. An die Taufe als Näherungsakt ist nicht gedacht.

[63] So in Tritojesaja: dazu WESTERMANN, Jesaja Kap. 40–66, 263.

[64] So wird קרב (in LXX dafür oft ἐγγίζειν, noch häufiger aber προσέρχεσθαι) im rabbinischen Judentum t.t. für den Übertritt: BILLERBECK, III, 586f; K.G. KUHN, ThWNT 6, 738; WOLTER, 70f.117; SMITH, Traditions, 15–31. Hier begegnet freilich nicht ἐγγίζειν, sondern ἐγγὺς γίνεσθαι („nahe gebracht werden"). Es geht ja nicht um einen Übertritt, sondern um die *Ermöglichung* des Zutritts für alle in gleicher Weise.

[65] Vgl. WOLTER, 62f A 124: „mit dem Abbau der Feindschaft in V.14 [ist] auch die Versöhnung von Juden und Heiden impliziert" (gegen MUSSNER, Christus, 99, und MERKLEIN, Christus, 45); FAUST, 112: „sowohl horizontal (sozial) … als auch zugleich vertikal (religiös)".

[66] Philon, spec. I 51 (neue, auf der Liebe zu Gott gegründete Gemeinschaft: καινὴ καὶ φιλόθεος πολιτεία); FAUST, 112.

(nahe geworden) durch Christus, den Heilsmittler Gottes.[67] „Im Blut Christi" ist dagegen rein instrumental zu verstehen.[68] Diese Wendung ist eine Metonymie für den heilswirksamen Tod Christi. Es ist im Zusammenhang überraschend, dass hier weder Auferstehung und Inthronisation (vgl. 1,20–23; 2,5–7) noch die Taufe[69] als das Mittel der neuen Heilszugehörigkeit genannt werden. Der Grund für die Verwendung dieser metonymischen Phrase (und zugleich für ihre Schlussstellung im Satz) ist die Überleitung zu der Motivik in V.14–18, wo der Kreuzestod als die Ursache des Friedens und der Versöhnung genannt wird (und die Worte „in seinem Fleisch" die Metonymie „in seinem Blut" variieren bzw. ergänzen). Im Hintergrund steht dabei Kol 1,20, wo die Wendung „durch sein Blut" (διὰ τοῦ αἵματος ... αὐτοῦ) durch den Gen. epexegeticus „des Kreuzes" (τοῦ σταυροῦ) erklärt wird.[70]

B. „Er ist unser Friede" (zu Form und Tradition von 2,14–18)

Damit haben wir uns dem auch die sachliche Mitte des ganzen Abschnitts darstellenden Teil V.14–18 genähert. Die Frage, ob es sich hierbei um einen zitierten vorgeprägten Text (einen „Hymnus") handelt, wurde bereits oben (bei A 4–16) verneint. Es ist jedoch nicht zu bestreiten, dass hier (ähnlich wie in 1,20–23) ein Komplex verdichteter Motivik vorliegt. Der Abschnitt ist im Wir-Stil gehalten. Seine syntaktische Struktur ist schwer zu durchschauen: Bis V.16 wird er beherrscht von vier substantivierten aoristischen Partizipien (ὁ ποιήσας ... λύσας ... καταργήσας ... ἀποκτείνας), die vom Obersatz „Er selbst nämlich ist unser Friede" abhängig sind. Vom dritten (καταργήσας) hängt ein Finalsatz mit zwei Verben ab: ἵνα ...

---

[67] SCHLIER, Eph, 122, deutet das „in Christus Jesus" hier unter Hinweis auf die Antithetik zu „ohne Christus" (χωρὶς Χριστοῦ: räumlich „abseits von ...") ausschließlich lokal (ebenso MERKLEIN, Christus, 26). Dagegen versteht GNILKA, Eph, 137 (wie schon BÜCHSEL, In Christus, 145; ALLAN, „In Christ" Formula, 57f) die Wendung ausschließlich instrumental und beruft sich dafür auf die Parallelität zu „in seinem Blut" (was unbestritten instrumental zu verstehen ist). Tatsächlich schillert aber das ἐν Χριστῷ Ἰησοῦ) im Eph zwischen lokaler und instrumentaler Bedeutung. Bei Annahme rein lokaler Bedeutung kann „in Christus Jesus" an dieser Stelle nicht mehr auf das Verb ἐγενήθητε bezogen werden und scheint dann syntaktisch in der Luft zu hängen. MERKLEIN, Christus, 24, interpretiert die Konstruktion folglich in dem Sinne: „Jetzt aber, *in Christus Jesus*, seid ihr ... nahegekommen durch das Blut Christi". Ein Partizip (z.B. „in Christus Jesus *seiend*"), wie es 1,1.12 erscheint (vgl. Röm 6,11), ist nicht erforderlich (vgl. z.B. Röm 8,1.39; 1Kor 3,1).
[68] Vgl. SCHLIER, Eph, 122; MERKLEIN, Christus, 26.
[69] MUSSNER, Eph, 72, bezieht das präteriale „ihr seid geworden" (ἐγενήθητε) auf den „Augenblick der Christwerdung in der Taufe" (ähnlich schon SCHLIER, Eph, 122; GNILKA, Eph, 137). Doch das dem Verb unmittelbar folgende „in seinem Blut" weist auf den Kreuzestod. Für den Zwischengedanken einer Partizipation des Todes Christi durch die Taufe (im Sinne von Röm 6,4) gibt es kein Indiz im Text.
[70] Der epexegetische Gen. ist eingeschoben; das Possessivpronomen gehört zu „Blut"; vgl. Eph 1,7; Hebr 9,14; 10,19; 1Petr 1,2; 1Joh 1,7; Apk 1,5; 5,9 u. ö. FAUST, 113 (vgl. 78–87), deutet die Anspielung auf den (Kreuzes-)Tod Christi als „Paradigma für das Ablegen des sarkischen Körpers", woran die Christen durch Partizipation (sofern sie *im* Logos-Christus sind) teilhaben können. Während in Kol 1,22 dafür σάρξ erscheint, wird hier (wie in Kol 1,20) αἷμα gebraucht.

κτίσῃ ... καὶ ἀποκαταλλάξῃ ... διὰ τοῦ σταυροῦ. Damit erhält V.15 das Schwergewicht der ganzen Aussage. Das vierte Partizip fasst das Ergebnis zusammen. Das erste und das vierte Partizip steht den Objekten voran, das zweite und dritte steht am Ende. Insofern alle vier Hauptpartizipien durch den (dem ersten) voranstehenden Artikel substantiviert sind, erhalten sie die Funktion von Christus-Prädikationen, wobei freilich die aoristische Form das aktionale, verbale Element bewahrt (vgl. 1,3.5.9). Der Abschnitt hat demnach folgende syntaktische Struktur:

αὐτὸς γάρ ἐστιν ἡ εἰρήνη ἡμῶν,
   ὁ ποιήσας τὰ ἀμφότερα ἓν
   καὶ τὸ μεσότοιχον τοῦ φραγμοῦ λύσας[71],
     τὴν ἔχθραν ἐν τῇ σαρκὶ αὐτοῦ[72],
   τὸν νόμον τῶν ἐντολῶν ἐν δόγμασιν καταργήσας,
     ἵνα τοὺς δύο κτίσῃ ἐν αὐτῷ εἰς ἕνα καινὸν ἄνθρωπον
                    ποιῶν εἰρήνην
     καὶ ἀποκαταλλάξῃ τοὺς ἀμφοτέρους ἐν ἑνὶ σώματι τῷ θεῷ
                      διὰ τοῦ σταυροῦ,
ἀποκτείνας τὴν ἔχθραν ἐν αὐτῷ.[73]

V.17 bildet einen neuen Hauptsatz mit gleichem Subjekt. V.18 ist eine abschließende Begründung. Was die Motive betrifft, speist sich der Abschnitt aus unterschiedlichen Bereichen: (1.) Bezug genommen wird auf Jes 57,19 (V.17; vgl. V.13) und 52,7 (V.17).[74] Die letztgenannte Stelle wird in rabbinischen Texten messianisch

---

[71] Die Partizipien sind chiastisch angeordnet.
[72] Die Zuordnung von „in seinem Fleisch" ist nicht eindeutig; Schlier, Eph, 125; Mussner, Christus, 83; Dibelius/Greeven, Eph, 70; Gnilka, Eph, 141; Merklein, Christus, 32; Allen, 131 A 84 (= S. 428), und Faust, 116 A 139, ordnen diese instrumentale ἐν-Phrase zum folgenden Partizip καταργήσας („vernichtet habend"). Dabei kann τὴν ἔχθραν dann als Objekt zu καταργήσας verstanden werden und τὸν νόμον τῶν ἐντολῶν ἐν δόγμασιν als Apposition zu τὴν ἔχθραν (so Schlier; Faust; ferner van Roon, 128.133.372); oder τὴν ἔχθραν wird als Apposition zu τὸ μεσότοιχον τοῦ φραγμοῦ λύσας gezogen (so Abbott, Eph, 63; Gnilka, Eph, 140f; Merklein; Allen und Schnackenburg, Eph). Letzteres ist wahrscheinlicher.
[73] Schlier, Eph, 122f, ordnet syntaktisch anders, indem er das letzte Partizip ἀποκτείνας nicht auf eine Stufe mit den ersten drei stellt, sondern mit dem vom Finalsatz abhängigen ποιῶν εἰρήνην:
   ὁ ποιήσας ... καὶ ... λύσας, ... καταργήσας, ἵνα ... κτίσῃ ... ποιῶν εἰρήνην
   καὶ ἀποκαταλλάξῃ ... ἀποκτείνας τὴν ἔχθραν ...
(so auch die meisten Ausleger, z.B. Gnilka, Eph, 132; Merklein, Christus, 55; Findeis, 469). Dagegen spricht jedoch die Tatsache, dass es sich bei ἀποκτείνας um ein Partizip des *Aorist* handelt. Auch semantisch gehört ἀποκτείνας („getötet habend") in die Reihe λύσας („beseitigt habend") und καταργήσας („unwirksam gemacht habend"). Entscheidend ist auch hier die bereits zu 1,3-14 gemachte Beobachtung, dass die (substantivierten) Partizipien die Hauptaussagen darstellen, von denen die Nebensätze abhängig sind.
[74] Das ist die These von Stuhlmacher, 347: „eine christologische Exegese von Jes 9,5f; 52,7; 57,19" (zustimmend: Wolter, 70; Schnackenburg, Eph, 122; Mussner, Eph, 85). Es bleibt aber zu fragen, ob diese Verse dem Abschnitt *zugrunde*liegen (Gegenstand einer Exegese sind), oder ob sie nicht lediglich Darstellungs*mittel* sind (vgl. Merklein, Christus, 16 A 7; Lincoln, Use, 26f).

interpretiert.[75] (2.) Nicht zu übersehen sind die Anklänge an Kol 1,20–23 sowie 2,11 und 14. (3.) Der ganze Abschnitt ist durchzogen von einer Sprache, die zurückweist auf einige ekklesiologische Partien der ursprünglichen Paulusbriefe.

M. Wolter nennt acht konstitutive Merkmale dieser Tradition:[76] (a) die Gegenüberstellung ethnischer bzw. sozialer Gruppen (Juden – Heiden; Freie – Sklaven; Männer – Frauen): Gal 3,28; 1Kor 12,13; Kol 3,10f; (b) die Aussage von der Aufhebung dieser Gegensätze, formal durch Negationen: Gal 3,28; 5,6; 6,15; 1Kor 12,15; Kol 3,10f; (c) die εἷς-Formulierung als Ausdruck der die Gegensätze aufhebenden neuen Einheit: Gal 3,28; 1Kor 12,13; Röm 12,5 (vgl. Röm 3,30); (d) den Begriff ἓν σῶμα: 1Kor 12,13; Röm 12,5; (e) die Wendung ἐν Χριστῷ: Gal 3,26-28; 5,6; Röm 12,5; 2Kor 5,17; (f) den Hinweis auf die Taufe (als den die neue Einheit konstituierenden Akt) und auf den Geist: Gal 3,26-28; 1Kor 12,13; Kol 3,10f; ferner: Tit 3,5; (g) das Stichwort καινός: Gal 6,15; Kol 3,10f; 2Kor 5,17; ferner: Röm 6,4; Eph 4,24; Tit 3,5; (h) das Stichwort κτίζειν: Gal 6,15; Kol 3,10f; 2Kor 5,17; ferner: Eph 4,24; Tit 3,5.

Alle genannten Elemente begegnen in unserem Text. Zentral ist dabei die Aufhebung des Gegensatzes von Juden und Heiden, von Beschnittenheit und Unbeschnittenheit. Die älteste Formulierung dürfte Gal 3,(26-)28 sein, die wohl schon auf die vorpaulinische antiochenische Gemeinde zurückgeht. Kompliziert ist der traditionsgeschichtliche Befund u.a. schon dadurch, dass es Überschneidungen gibt: ἀποκαταλλάσσειν (Eph 2,15) geht auf Kol 1,20.22 zurück, eine Stelle, die wiederum mit 2Kor 5,18f (und Röm 5,10f) in Verbindung steht. Ähnliches könnte von der Friedensterminologie (Jesaja-Anspielungen) gelten: vgl. das εἰρηνοποιήσας in Kol 1,20. In diesem Zusammenhang taucht auch die Frage auf, wieweit die kosmische Dimension von Kol 1,15-20 in Eph 2,14-18 noch eine Rolle spielt.

Zur *religionsgeschichtlichen Ableitung* des relativ in sich geschlossenen Textes gibt es eine Reihe von Versuchen, die alle dahin tendieren, die Motive möglichst aus *einem* bestimmten Bereich herzuleiten:

(1.) Die *gnostische* Ableitung hat am ausführlichsten H. Schlier zu begründen versucht:[77] Die (kosmische) Trennmauer, der „neue Mensch", der „eine Leib", das Bild vom Bau – alle diese Bilder erklärten sich nur aus dem gnostischen Mythos vom Urmensch-Erlöser, der nach der Vereinigung seiner zersprengten Glieder zum „neuen Menschen", dem „Leib Christi", die kosmische Mauer, die die irdische von der göttlichen Welt trennt, durchbrochen habe. In V.14f seien drei Vorstellungen verbunden worden: a) das jüdische Bild von der Israel umfriedenden Tora als „Zaun" (ep.Arist 134.142); b) die apokalyptische Vorstellung von der Himmelsmauer: 1Hen (gr.) 14,9; 3Bar (gr.) 2,1ff; TestLev 2,7; c) Beide Vorstellungen seien LevR 26 (124ᵃ) und dann vor allem in der jüdischen Gnosis identifiziert worden. Als wichtigste Belege werden genannt: ActThom 32; Origenes, Cels. VI 31; ActPhil 119; Linker Ginza 535f; 550f; Rechter Ginza 372,25ff; OdSal 17,8ff.[78] Doch die Identifizierung von Himmelsmauer und Gesetz als Zaun lässt sich aus den genannten Stellen nicht belegen: In LevR 26 (124ᵃ) ist „Zaun der Welt" keine kosmische Trennmauer, sondern Metapher für das Gesetz als Schöp-

---

[75] BILLERBECK III 9-11.587f.
[76] WOLTER, 66f.
[77] Erstmals in seiner Habilitationsschrift „Christus und die Kirche im Epheserbrief", 1930, 18-26; dann SCHLIER, Eph, 118-136.
[78] SCHLIER, Eph, 136-145.

fungsordnung. In den übrigen genannten Belegen fehlt der Bezug auf das Gesetz.[79] Die Vorstellung von der kosmischen Wand ist in der Gnosis in der Tat aufgegriffen worden. Doch in den genannten Belegen geht es jeweils um einen Durchbruch durch die Trennmauer, in Eph 2 dagegen um ihre Beseitigung.[80] Die gnostische Herleitung durch Schlier ist von vielen Exegeten übernommen worden, wobei dann auch neue gnostische Belege herangezogen wurden: Naassener-Predigt 14,16.27 (Hippolyt, haer. V 7,35; 8,19ff) und CH I 24–26,[81] PsThom 1–2.[82] Auch die Nag-Hammadi-Texte bieten nur Belege für einzelne Topoi, die z. T. auch andere Funktion haben als in Eph 2 (z. B. NHC II 2: 22.106.114; II 3: 71.78; II 5: 146,11–23).[83] Letztlich aber geht es um die Frage, ob es in Eph 2,14–18 wirklich um eine *kosmische* Mauer zwischen göttlicher und irdischer Sphäre geht. Im Kontext steht eher die Aussage: Die Mauer trennt zwei Menschengruppen, wobei die eine der beiden (die der Heiden) dadurch zugleich vom Heil Gottes ferngehalten wird.

(2.) Ebenfalls weit verbreitet ist die Herleitung von der Konzeption der *corporate personality*, die für alttestamentliches, frühjüdisches und rabbinisches Judentum angenommen wird und die im Corpus Paulinum in der Form der *Adam-Christologie* begegne und von der sich das *Leib-Christi-Motiv* erkläre.[84] Darauf hindeuten könnten in Eph 2 „zu dem einen neuen Menschen" in V.15b und „in *einem* Leibe" (ἐν ἑνὶ σώματι) in V.16.[85] Der entscheidende Einwand gegen die Annahme einer solchen Adam-Christologie und -Soteriologie an dieser Stelle ist aber die Beobachtung, dass Christus hier als Subjekt abgehoben bleibt von dem „neuen Menschen", der Objekt seines soteriologischen Handelns ist.

(3.) Eine dritte Deutung geht aus von der jüdischen Institution des *Proselytentums*. F. Mußner hat im Anschluss an E. Sjöberg auf rabbinische Texte verwiesen, die Parallelen zu 2,15b (und V.13) darstellen und in alttestamentlichen Motiven wurzeln: Der Proselyt ist „wie ein neugeborenes Kind" (= „neues Geschöpf") und „wird nahegebracht".[86] Gegen diese Ableitung sind zwei Einwände zu erheben: a) Die Idee, dass die Bekehrung eines Einzelnen als Erweckung, Wiedergeburt und Neuschöpfung zu verstehen ist, findet sich konsequenter und zeitlich früher als die rabbinischen Belege im hellenistischen Judentum.[87] So gibt in der Schrift JosAs Gottes Schöpfungshandeln das Modell ab für das Erlösungshandeln im Bekeh-

---

[79] MERKLEIN, Christus, 39f; vgl. PERCY, Zu den Problemen des Kolosser- und Epheserbriefes, 188 A 36.
[80] Vgl. WOLTER, 64.
[81] POKORNÝ, Gnosis, 114; DERS., Mysterien, 182f; FISCHER, 134f. Hier fehlt aber die Gesetzesthematik.
[82] LINDEMANN, Aufhebung, 162–164. Auch hier fehlt die Gesetzesthematik; überdies hat die Mauer in den PsThom keine zwei Bereiche trennende, sondern den Erlöser angreifende Funktion (WOLTER, 64f A 134).
[83] SCHENKE, Christologie; FISCHER, 133–135. In NHC II 5 handelt es sich um das καταπέτασμα-Motiv (um den Vorhang, der das Allerheiligste abtrennt), das eine andere Funktion und Traditionsgeschichte hat.
[84] Für das Alte Testament: H.W. ROBINSON, Corporate Personality; für die rabbinische Adam-Theologie: DAVIES, Paul and Rabbinic Judaism, 36–57; für die paulinische Adam-Christus-Konzeption: SCROGGS, The Last Adam; für den Leib-Christi-Gedanken: SCHMIDT, Der Leib Christi; PERCY, Leib Christi; J.A.T. ROBINSON, The Body; speziell für Eph 2,14–18: PERCY, Probleme, 278–298, bes. 285 A 38; DERS., Leib Christi, 41; HANSON, Unity, 145; SHEDD, Man in Community, 132–138; MILETIC, 52–66; BENOIT, Leib, 257–259.
[85] MILETIC, 53–66, findet darin den Endzeit-Adam; als Hinweise auf die Entsprechung zu Gen 1,26f wertet er die Begriffe κτίζειν und ἄνθρωπος sowie die Nähe zu Eph 5,23. Christus (als der Endzeit-Adam) sei so das Modell der neuen Menschheit. Vgl. auch SCOTT, Eph, 172.
[86] SJÖBERG, Wiedergeburt; MUSSNER, Christus, 94–97; BEST, One Body, 153f.
[87] Vgl. SMITH, Traditions, 120–162; DERS., „The Two Made One"; FAUST, 115–181. Hier kommt auch das paulinische Motiv der καινὴ κτίσις ins Spiel (dazu s.u. S. 218f).

rungsakt (JosAs 8,3.9; 15,5; 20,7; 27,10). b) Die Bekehrung als Neuschöpfung ist ein Vorgang, der sich auf das Individuum bezieht. Eph 2,14–18 handelt aber von Kollektiven. Hier sind nun gerade die hellenistisch-jüdischen Belege aufschlussreich: In JosAs ist die Gestalt der Aseneth ein *Typos* der Proselyten. Ja, ihre Vermählung mit Joseph liefert vielleicht sogar ein Vorbild für das Motiv der Vereinigung von Juden und Heiden. Bei Philon ist nicht nur Adam Symbol und Typos des (irdischen) Menschen, sondern alle biblischen Figuren sind *Typen* entweder des frommen pneumatischen (Isaak, Abraham, Jakob-Israel, Mose) oder des irdisch-bösen Menschen (z.B. Kain oder der Pharao).

(4.) Von einigen wird der Abschnitt als *christologische Exegese bzw. als Midrasch über Jes 9,5f; 52,7 und 57,19* angesehen.[88] Diese Verse sind in jüdischen Texten gelegentlich verbunden und messianisch gedeutet worden.[89] Von Exegese oder Midrasch im eigentlichen Sinne wird man hier aber wohl kaum noch sprechen können, insofern nur terminologische Anklänge an Jes 57,19 („Friede den Fernen und den Nahen") und 52,7 (εὐαγγελίζεσθαι) aufgegriffen werden. Das Stichwort „Frieden", auf das es ankommt, ist eher durch Kol 1,20 veranlasst. Die Jesajaverse bilden also nicht den hermeneutischen Angelpunkt. Ob Jes 9,5f überhaupt im Blick ist, kann man mit einiger Berechtigung bezweifeln.

(5.) Besonders die Motive der Neuschöpfung des („einen") Menschen, seines „Nahekommens" und seines „Zugangs" zu Gott werden häufig von *Qumran-Parallelen* abgeleitet.[90] F. Mußner verweist auf 1QH 3,19–23; 11,8b–14 (Aufnahme des niedrigen Menschen in die Gemeinschaft der Engel, Erneuerung, Neuschöpfung); dabei wird auch der Kontext (2,1–10.19–22) aus Qumran-Texten hergeleitet.[91] Vor allem das Motiv des „Nahebringens" und des „Zugangs" wird mit 1QS 6,16.22; 8,19; 9,15f; 1QH 14,13f; 16,12 in Zusammenhang gebracht, dann aber auch die Vorstellung der „Einung" (1QH 3,21f; 1QS 11,7f).[92] In den Qumrantexten steht dabei eindeutig eine (tempel-)kultische Vorstellung im Hintergrund. Die Nähe des Eph zu den Qumrantexten in Sprache, Stil und Motivik wird man nicht leugnen können.[93] Doch sind hier zwei Einwände anzubringen: a) Speziell die Motivik des „Näherns" ist weiter verbreitet, insbesondere auch im hellenistisch-jüdischen Bereich.[94] b) Der „eine neue Mensch" wird von Mußner (im Sinne von 2,1–10 und im Sinne der Qumranparallelen) als Individuum verstanden.[95] Das ist aber im Kontext (und angesichts von 4,13) wenig wahrscheinlich.[96]

---

[88] STUHLMACHER, 347f; SCHNACKENBURG, Eph, 112.114; vgl. schon DIBELIUS/GREEVEN, Eph, 69: Der Verfasser „will Bibelerklärung treiben und die Beziehung von Is 57,18f auf Christus sicherstellen"; KIRBY, Baptism and Pentecost, 140f (Midrasch zu Jes 57,19); PERCY, Probleme, 283; ALLEN, 121.125; MUSSNER, Christus, 101.
[89] BILLERBECK III 587; vgl. MUSSNER, Christus, 101; STUHLMACHER, 347. Genau genommen sind nur Jes 9,5f und 52,7 aufeinander bezogen und dann messianisch gedeutet worden; Jes 9,5f spielt in Eph 2 aber keine Rolle; vgl. LINCOLN, 26; DERS., Eph, 146–148
[90] So vor allem MUSSNER, Beiträge aus Qumran, 194–198; vgl. DERS., Eph, 80f.86, doch dort schon auf frühjüdische Texte allgemein, insbesondere auch hellenistisch-jüdische (JosAs, Philon) erweitert, wobei die Proselyten-Theorie mit einbezogen wird.
[91] MUSSNER, Beiträge aus Qumran, 194f.
[92] 197.
[93] Vgl. K.G. KUHN, Epheserbrief, 334–337.
[94] Das ist von MUSSNER, Eph, 80–88, auch so gesehen (s.o. A 90). Im Grund fügt sich Mußners Auswertung und Gewichtung der Qumranbelege der proselyten-theologischen Ableitung (unser 3. Interpretationsmodell) ein, nur dass es hier statt des Proselytentums um den Eintritt in die Sekte geht.
[95] MUSSNER, Beiträge aus Qumran, 194f.196; vgl. DERS., Eph, 79f.
[96] Vgl. MERKEL, ANRW II 25.4, 3200.

(6.) Schon die Wahrscheinlichkeit, dass der Eph seine jüdischen Traditionen bereits im griechischen Sprachgebrauch durch die kleinasiatische „Synagoge" vermittelt bekommen hat, lässt an *hellenistisch-jüdische Einflüsse* denken.[97] Hier finden wir nämlich eine Form von ganzheitlich-typischem Denken, die weder als gnostischer Anthropos-Mythos gelten kann noch dem semitischen Modell der *corporate personalitiy* zuzurechnen ist. Philon bezeichnet mit dem Begriff ἄνθρωπος Menschenklassen; der „irdische Mensch" kann zum „himmlischen Menschen" „werden" (γίνεσθαι); die Begriffe „eins" und „zwei" spielen eine wesentliche Rolle. Der ἄνθρωπος θεοῦ ist Typ der „friedliebenden" Menschen (Philon, conf. 41f.62.146f). Die Idee des einen, die Gegensätze aufhebenden neuen Menschen-Genus ist hier im hellenistischen Judentum vorgebildet (s.u. zu V.15b). In der Schrift JosAs ist Aseneth Symbol oder Typos der Proselyten.[98] Ohne diese jüdischen Tendenzen zum Universalismus, die voll ausgebildet erst im hellenistischen Judentum wurden, lassen sich die Aussagen von 2,14-18 kaum direkt aus alttestamentlichen, apokalyptischen, qumranischen oder rabbinischen Vorstellungen ableiten.

(7.) Und schließlich ist noch ein siebenter Auslegungstyp der Verse zu nennen: die Ableitung der Grundgedanken des Abschnittes *aus politischen und sozialen Gegebenheiten und Ideen der Zeit des Eph*, insbesondere den Problemen des Zusammenlebens von Juden und Nichtjuden in den Jahren nach 70 n. Chr.[99] Die Idee des Friedensbringers ist eine traditionell politische. Unter dieser Perspektive lässt sich aus dem sonst von jeder historischen Situation abstrahierenden Eph erstmals ein konkreter Hinweis auf Anlass und Situation des Schreibens gewinnen, und das aus seinem zentralen Abschnitt. Denn Eph 2,11-22 ist tatsächlich die sachliche Mitte dieser Schrift. Dieser Auslegungstyp steht übrigens in engster Verbindung mit dem vorhergenannten (aus jüdisch-hellenistischen Traditionen).[100]

Blicken wir zurück auf die sieben hier vorgestellten Auslegungsmodelle, so lässt sich zusammenfassen und folgern: Die beiden in der Vergangenheit am meisten verbreiteten Erklärungsmodelle, das vom gnostischen Mythos und das von der *corporate personality* (bzw. der Adam-Christologie), sind am Text nicht verifizierbar. Beide erweisen sich zunehmend mehr als Phantome der Exegese. Während die Vertreter des ersten sich immerhin noch auf konkrete Quellentexte berufen, besteht das zweite ohnehin nur aus einer zu allgemeinen mythischen Idee. Die übrigen fünf Interpretationsmodelle schließen sich gegenseitig nicht aus. Die meisten Phänomene des Textes werden durch das proselytentheologische Modell erfasst, und zwar in seiner hellenistisch-jüdischen Gestalt. Und die Idee des Friedens ist

---

[97] Die Alternative zwischen jüdisch (alttestamentlich, palästinisch, semitisch, rabbinisch usw.) und hellenistisch wird denn auch aufgehoben von SMITH, Traditions; DERS., „The Two Made One". Der ausführlichste Nachweis für hellenistisch-jüdische Herkunft nahezu aller Motive dieses Textes aus Kreisen um Philon von Alexandria wird von FAUST, Pax Christi, 115-181, geführt.
[98] S.o. bei A 87.
[99] Darauf geht STUHLMACHER, 354-357, ein, insbesondere im Hinblick auf die historisch-soziale Situation des Eph; ähnlich, doch eher auf den innerchristlichen Antijudaismus bezogen: W. SCHWEITZER, 256-264; stärker auf die einzelnen Gemeinden bezogen: FISCHER, 79-94; vgl. vor allem aber FAUST, 137-181.
[100] Das ist überzeugend belegt durch die Arbeit von FAUST, die einen Trend neuester Tendenzen in der Paulusexegese auf dem Felde der Deuteropaulinen gewissermaßen vorwegnimmt, die anti-imperiale Interpretation der paulinischen Briefe: HORSLEY, Paul and Empire; einen informativen Ein- und Überblick gibt POPKES, „Anti-imperiale Deutung".

seit Alexander d.Gr. eine religiös-politische Gesamtideologie der (hellenistischen) Welt,[101] die nach dem Jahre 70 n.Chr. eine besondere Aktualität in bestimmten jüdischen und dem Judentum verwandten (z.B. christlichen) Kreisen der Diaspora erhielt. Philonische Kategorien, (trito-)jesajanische Textsplitter, apokalyptisch-qumranische Begrifflichkeit bilden die Elemente einer universalistisch ausgerichteten Religion, die ihre Wurzeln in den Synagogen Kleinasiens hat und im paulinischen Christentum ihre neue Identität längst gefunden hatte. Die Theologumena, mit denen der Verfasser des Eph arbeitet, sind im wesentlichen (hellenistisch-)*jüdische* – während die Adressaten selbst (als Heiden angesprochen) nicht mehr jüdischer Herkunft sein müssen.

Aufgrund der hellenistisch-jüdischen und der politischen Motive (unser 6. und 7. Auslegungstyp) hat E. Faust die *Gattung* von V.14–18 bestimmen können: Es handelt sich um ein (vom Verfasser des Eph selbst gebildetes) *Christus-Enkomion*,[102] das nach dem Vorbild hellenistischer Herrscher-Enkomien gestaltet ist.[103] Die nächste Parallele dazu ist Philon, legat. 145–147:

οὗτός ἐστιν ὁ Καῖσαρ,	ὁ … εὐδιάσας,
	ὁ … ἰασάμενος, …
οὗτός ἐστιν	ὁ … παραλύσας …
οὗτος	ὁ … ἀνελών
οὗτος	ὁ … ἐργασάμενος, … πληρώσας.
οὗτος	ὁ … ἐξελόμενος,
	ὁ … ἀγαγών,
	ὁ … ἡμερώσας καὶ ἁρμοσάμενος,
	ὁ … παραυξήσας … ἀφελληνίσας
	ὁ εἰρηνοφύλαξ,
	ὁ διανομεὺς … ὁ … προθείς,
	ὁ … ἀποκρυψάμενος …

Gattungstypisch sind der demonstrative Prädikationsstil (οὗτος, αὐτός) und die substantivierten aoristischen Partizipien. Dieser Text ist auch inhaltlich mit Eph 2,14–18 verwandt:

---

[101] HANSEN, Herrscherkult; FAUST, 280–314.
[102] Vgl. Kol 1,15–20, ein dem Verfasser des Kol jedoch möglicherweise schon vorgegebenes Christusenkomion (dazu WOLTER, Kol, 71f).
[103] FAUST, 315–324, nennt als Exemplare dieser Gattung neben Philon, legat. 143–147, der engsten Parallele zu Eph 2,14–15: Vergil, Aen. VI 791–794 (über Augustus) und Statius, silvae IV 3,120f (über Domitian). Vorbilder der Herrscherenkomien sind die Götterenkomien, in denen der demonstrative οὗτος-Prädikationsstil mit Partizipien beheimatet ist. Im hellenistischen Bereich stehen die Partizipien ohne Artikel. Den Gebrauch substantivierter Partizipien (wie in Eph 2,14–16 und bei Philon) weist NORDEN, Agnostos Theos, 223–227 (vgl. 188 A 1), dem orientalischen Enkomien-Stil zu (ägyptische Parallelen); vgl. auch Apg 7,37f; Herm 29,11 (mand 4,1,11); 69,3 (sim 8,3,3); DELLING, Partizipiale Gottesprädikationen, 48–50. BRUCKER, 218–221, weist (gegenüber Norden und Faust) darauf hin, dass die Texteinheit sich bei Philon von § 143 bis § 151 erstreckt, und kann so die rhetorische Disposition des Enkomions aufzeigen: *Proömium* (143), *narratio* und *propositio* (144), *argumentatio* (145–147) und *conclusio* (148–151); vgl. auch DELLING, Enkomion.

„Dieser ist der Kaiser, ..., der die bei *Griechen und Barbaren* verbreiteten Krankheiten heilte ... Dieser ist es, der die Fesseln, durch welche die Welt (οἰκουμένη) umschlungen und erdrückt wurde, nicht nur löste, sondern zerbrach ... Dieser (ist es), der allen Städten zur Freiheit verhalf, der die Unordnung in Ordnung wandelte, der alle rauhen und tierischen Völker (ἔθνη) zähmte und vereinte (ἁρμοσάμενος), der Griechenland um viele Griechenländer vergrößerte, das Barbarenland aber in seinen wichtigsten Teilen hellenisierte, der Friedenswächter (ὁ εἰρηνοφύλαξ), der Verteiler dessen, was jedem zukommt, der die reichlichen Gaben frei zur Verfügung stellte, der in seinem ganzen Leben niemals etwas Gutes oder Schönes vorenthielt.[104]"

Sowohl dem vorbildlichen Kaiser (als Garanten des Friedens und damit der Reichseinheit, der Harmonie in der οἰκουμένη) als auch Christus können so die Gottesprädikate des Friedensstifters und der Versöhnung zugelegt werden. Zugrunde liegt dabei die teils platonisch-pythagoreische, teils stoische Lehre von der Einheit und der Zweiheit (Entzweiung), die so in der Folgezeit zugleich eine mystische und eine politische Wirkungsgeschichte bekommt.

14 Der Abschnitt V.14-18 ist eine nähere Begründung (γάρ) von V.13, dessen vorwegnehmende Aussage in V.17 wieder eingeholt wird. V.14-16 bilden einen Satz, dessen voranstehender Hauptsatz eine Christusprädikation darstellt. αὐτός nimmt zwar den V.13 Ende im Gen. stehenden Christusnamen auf, ist aber zugleich betont. Dadurch wird nicht nur ein sonst bei solchen Prädikationen üblicher relativischer Anschluss (vgl. 1Kor 1,30; Kol 1,15.18b) vermieden und die Selbständigkeit und Gewichtigkeit von V.14-18 hervorgehoben, sondern das personale Subjekt wird betont (vgl. 4,10.11; 5,23.27; 1Joh 2,2): *Unser* Friede ist Christus. Im Hintergrund dieser Prädikation steht die im Römischen Reich seit den Tagen des Augustus verbreitete Friedensidee und Friedenshoffnung, die mit der Gestalt eines politischen Retters zusammenhing und im Kaiserkult eine zentrale Rolle spielte.[105] Zwar ist eine Prädikation „er ist der Friede" in der hellenistisch-römischen Umwelt nirgends belegt, aber die Aussage: X bringt Frieden, ist der Friedensbringer o. ä., ist üblich, und sie steht ja auch als Inhalt hinter dieser Christusprädikation (V.15 Ende: ποιῶν εἰρήνην; V.17). Bei Philon findet sich diese Prädikation jedoch als *Gottes*prädikation: „Gott allein ist der untrüglichste und wahre Friede" (somn. II 253), eine ebenfalls polemisch gerichtete Aussage (vgl. ebr. 76: „Niemand [kann] ein

---

[104] Die letzte Aussage erinnert an den von Philon verwendeten platonischen Topos vom „guten" Gott, der seine „Gutheit" (Philon: ἀγαθότης) nicht sich allein vorbehält, sondern sie schöpferisch mitteilt, und bei dem der „Neid" ausgeschlossen ist (Platon, Tim. 29e; Phaidr. 247a; Philon, opif. 21; LA III 78; s. o. A 104-109 zu 1,4 und u. A 35 zu 5,1-2). Darin ist das ethische Motiv der εὐεργεσία (*beneficatio*) enthalten.

[105] Als leicht zugängliche Beispiele seien hier genannt: Kultlied der Athener für Demetrios Poliorketes (FGrHist 76 F 13 bei Athenaeus Soph. [2.Jh. n.Chr.] VI 63, p. 253D-F, übersetzt bei LEIPOLDT/GRUNDMANN, II, 103, Z.20-30): „So beten wir denn zu dir: Zuerst schaff Frieden, Liebster, denn Herr (κύριος) bist du"; Vergil, Vierte Ekloge (LEIPOLDT/GRUNDMANN, II, 108, Z.17): „Frieden bringt er der Welt, mit des Vaters Kraft sie regierend" (von Augustus); selbst Philon nennt Augustus in seinem Enkomion (legat. 143-151) einen „Friedenswächter" (εἰρηνοφύλαξ: 147), ein Prädikat, das er sonst nur Gott (spec. II 192) und dem Logos (her. 206) beilegt. Ausführlich dazu: FAUST, 261-279.315-324.

friedlicher Mann [sein], der nicht ... das Wesen verehrt, das allein am Kriege nicht teilnimmt, sondern ewigen Frieden hält"). Der Friedensbegriff Philons erstreckt sich dabei vom innergemeinschaftlichen Frieden[106] über den politischen Frieden zwischen Völkern[107] bzw. Menschengruppen[108] bis zum Frieden zwischen den Teilen des Kosmos,[109] zum eschatologischen Frieden zwischen Tieren und Menschen[110] und schließlich zum Frieden der mit sich übereinstimmenden Seele des Weisen, die vom Krieg zum Frieden ausgewandert ist.[111] Der Logos ist für Philon als Bindekraft der eigentliche kosmische Friedensstifter (QE II 68.118). Der Weise ist darin verwandt mit dem Logos, der als Mittler zwischen Gott und den Menschen die Friedensbotschaft bringt: „Wie ein Herold bringe ich den Geschöpfen die Friedensbotschaft dessen, der beschlossen hat, Kriege aufzuheben, des beständig über den Frieden wachenden (εἰρηνοφύλακος) Gottes" (her. 205f; vgl. aet. 68). Diesem Logos zugeordnet ist das Geschlecht der „Söhne Israels" (des Logos), die „friedliebend" sind und wegen ihrer „vollkommenen Übereinstimmung" gelobt werden:

„Denn wie solltet ihr nicht ... den Krieg verabscheuen und den Frieden lieben, die ihr einen und denselben (ἕνα καὶ τὸν αὐτόν) Vater anerkennt, ... den unsterblichen, den Menschen Gottes (ἄνθρωπον θεοῦ), der als Logos des Ewigen notwendig auch selbst unsterblich ist? Denn diejenigen, welche viele Prinzipien für die Erschaffung der Seele aufstellen und sich dem sogenannten polytheistischen Übel ausliefern ... pflegen Wirren und Fehden unter Bürgern wie unter Fremden zu schaffen und füllen so das ganze Leben von der Geburt bis an das Ende mit unversöhnlichen Kriegen aus" (conf. 41f; vgl. 46f.56-59).

Die soziale Dimension des durch den Logos vermittelten Friedens zeigen auch die Stellen post. 185; conf. 56; somn. II 254; QG III 8; QE II 35f.[112] In der rabbinischen Überlieferung wird das Prädikat „der Friede" dann (von Gott) auch auf den Messias bezogen. Rabbi Jose Hagelili (um 110) sagte: „Auch der Name des Messias wird ‚Friede' genannt" (unter Bezug auf Jes 9,5).[113]

Weiter als diese inhaltlichen Entsprechungen führt die *formgeschichtliche* Bestimmung des Abschnittes V.14-16. Nachdem bereits E. Norden die mit Artikel versehenen partizipalen Prädikationen als Stil orientalisch-hellenistischer Götter-Enkomien charakterisiert hatte (jüdische und ägyptische Belege),[114] hat E. Faust Eph 2,14-16 formgeschichtlich insbesondere mit Philons Kaiser-Enkomion auf Augustus (legat. 143-147) in Verbindung gebracht.[115] Statt οὗτος wird in Eph 2,14

---

[106] Z.B. legat. 161.230: Die Juden in Alexandria sind friedliebend.
[107] spec. II 102.
[108] legat. 8: Frieden zwischen Juden und Griechen (in Alexandria).
[109] spec. II 102; opif. 33.
[110] praem. 87.92.
[111] opif. 81; ebr. 100.
[112] Zu den genannten Philon-Texten: FAUST, 86.
[113] Derekh Ereç Zuta, Pereq ha-schalom (21b) – BILLERBECK III 587.
[114] NORDEN, Agnostos Theos, 223-227; vgl. DELLING, Partizipiale Gottesprädikationen, 47-50.
[115] FAUST, 315-324. Vgl. dazu o. A 103.

das intensivere αὐτός gebraucht.[116] Wie in Eph 1,3–9 erscheint der Artikel allerdings nur beim ersten Partizip, ist aber bei den folgenden impliziert. So führen inhaltliche und formgeschichtliche Beobachtungen dazu, die in Eph 2,14–16 gepriesene Friedensfunktion Christi nicht nur mit philonischer Logostheologie in Verbindung zu sehen, sondern auch mit hellenistisch-römischer Kaiser-Enkomiastik. Das ist nicht verwunderlich, wenn man die von E. Faust im zweiten Teil seines Buches angeführten Zeugen für eine philosophische (wesentlich stoische) Begründung der römischen Kaiserideologie beachtet: Der Kaiser gilt als „Haupt" des Reichs-Corpus.[117] In seiner Person ist die Einheit der Reichsteile gewährt. Er fungiert – gerade in seiner einigenden und friedenstiftenden Funktion – als Logos und stellt das „lebendig gewordene Gesetz" dar. So ist er Mittler Gottes, ja ein „unter Menschen weilender Gott".[118] Belege für solche Kaiser-Enkomiastik sind (neben Philon, legat. 145ff) auch Seneca, clem. I 3,5f; 4,2; 5,1; II 2,1; Plutarch, ad princ. iner. 1–3 (Mor. 779D–781A; vgl. 777Bff); CH XVIII 11ff. Enge Berührungen mit Eph 2,14–16 hat auch ein Abschnitt in Plutarchs Schrift *de Alexandri Magni fortuna aut virtute* (I 6: Mor. 329C): Alexander habe sich verstanden als „gottgesandter Statthalter und Mittler des Ganzen".[119] So ergibt sich der überraschende Befund, dass die gleiche Logos-Theologie einmal im Sinne einer entweltlichenden Seelenallegorie[120] (Philon), zum anderen in einer weltliche Macht sanktionierenden ideologischen Staatsphilosophie fungierte. Auch wenn der christliche Verfasser des Eph sein Konzept vom befriedeten einheitlichen universalen Leib der Kirche unter dem Haupt Christus als Konkurrenten und ideologiekritisches Gegenbild des Reichsleibes unter dem Kaiser als Haupt eingesetzt haben wird, so blieb dieses ekklesiale Una-Sancta-Modell doch seinerseits nicht bewahrt vor der gleichen ideologischen Funktionalisierung, die die Herrscherideologie der pax Romana von Anfang an bestimmt hatte. Zeitweilig sind beide strukturgleichen Konzepte sogar zur Deckung gekommen.

Die Prädikation V.14a wird mit einer Reihe substantivierter aoristischer Partizipien begründet: ὁ ποιήσας ... καὶ ... λύσας ... καταργήσας ... ἀποκτείνας. Die erste Aussage („der gemacht hat die beiden zu einem") spricht von der Vereinigung von Juden („Israel": V.12) und Heiden (τὰ ἔθνη: V.11). Das neutrische τὰ ἀμφότερα bezieht sich auf die beiden genannten zuvor getrennten Bereiche (ab V.15 wird dann personal im Maskulinum formuliert).[121] Neben „Frieden"

---

[116] DELLING, Partizipiale Gottesprädikationen, 49f: „In gewissen Sinn ... tritt wenigstens gelegentlich im prädizierenden Stil des Neuen Testaments an die Stelle des Demonstrativpronomens οὗτος das betonte Personalpronomen αὐτός ..."; vgl. FAUST, 321f mit A 323.
[117] Belege bei FAUST, 283–287.
[118] Diotogenes bei Stobaios IV 7,61; vgl. GOODENOUGH, Politische Philosophie, 43; CHESNUT, Ruler, 1315; FAUST, 290–314.
[119] Dazu BERGER/COLPE, Textbuch, 283; BREYTENBACH, 50; FAUST, 306–313.
[120] FAUST, 19–41, spricht vom Konzept „gnoseologischer" Logos-Theologie.
[121] FAUST, 353–355 (im Zusammenhang mit S. 133–138), führt Belege dafür an, dass (τὰ) ἀμφότερα (ergänze: μέρη) bzw. οἱ ἀμφότεροι nahezu technisch gebraucht wird in Zusammenhängen, in denen es um den Streit zweier Ethnien in hellenistischen Städten geht, insbesondere zwischen der jüdischen und

I. 4.) 2,11–22 Die Einheit von Juden und Heiden in Christus

(V.14a.15.17) und „Feindschaft" (V.14b.16) bildet der Gegensatz von „*Zweiheit*" (τὰ ἀμφότερα V.14b, τοὺς δύο V.15b, τοὺς ἀμφοτέρους V.16, οἱ ἀμφότεροι V.18) und „*Einheit*" (ἕν V.14b ... εἰς ἕνα [καινὸν ἄνθρωπον] V.15b ... ἐν ἑνὶ [σώματι] V.16 ... ἐν ἑνὶ [πνεύματι[122]] V.18) die strukturprägende Antithetik des Abschnitts. „Einheit" und „Zweiheit" (letztere synekdochisch für Vielheit) sind aber im Zuge ontologischer Philosophie Prinzipien. Von dieser Ontologie platonisch-pythagoreischer Prägung ist das hellenistische Judentum nicht unberührt geblieben, wie insbesondere das Werk Philons belegt[123]: Die Eins ist das Prinzip des Geistes, die Zwei (wegen ihrer Teilbarkeit) das Prinzip der Materie, des Werdens und Vergehens. Zweiheit bzw. Vielheit und „Einsheit" (das Sein, Gott, das Pneuma) schließen sich gegenseitig aus:

„... das im Wort Vorgetragene ist nicht zuverlässig, weil es eine Zweiheit (δυάς) ist[124] ... So verbleibt demnach in den Vielen, d. h. in denen, die sich viele Ziele des Lebens gesetzt haben, das göttliche Pneuma nicht ... allein zu der *einen* Art von Menschen (μόνῳ δὲ ἀνθρώπων εἴδει ἑνί) kommt es, die sich aller irdischen Dinge und der äußersten Decke und Hülle der Meinung (τῆς δόξης) entkleidet hat und mit nackter Gesinnung zu Gott kommt" (gig. 52f).

Bis in die Psychologie hinein werden Vielheit (negativ) und Einheit (positiv) einander gegenübergestellt.[125] Leben in „Zweiheit" bedeutet Leben im Streit, vor allem zwischen Geist (νοῦς) und Körper (σῶμα): z.B. Mos. II 288; LA III 69–71. Die schon erwähnte Stelle conf. 41–43 zeigt, wie das Thema Feindschaft/Frieden mit dieser Ontologie verbunden ist.[126]

Es gibt aber auch neutestamentliche Vorbilder für diesen „Einheits"-Gedanken. Die „Einheitsformel" Gal 3,28, wonach in der christlichen Gemeinde (ursprünglich wohl der antiochenischen) die gegensätzlichen Gruppen Juden/Griechen, Sklaven/Freie, Männer/Frauen „eins" (εἷς) sind „in Christus Jesus", und ihre Adaption in 1Kor 12,13 („und in einem Geist sind wir alle zu einem Leib getauft, ob Juden oder Griechen, ob Sklaven oder Freie ...") werden ebenfalls vorausgesetzt.[127] Der

---

der heidnischen Bevölkerung: Josephus, ant. XIX 285; CPJ II No. 153, Col. IV/V, Z.88.101; No. 157, Z.25. Die Belege beziehen sich hier auf die Auseinandersetzungen zwischen Juden und Heiden in Alexandria unter Gaius Caligula und Claudius. Nicht kosmische Bereiche also, sondern Parteien im politischen Streit sind gemeint.

[122] Σῶμα und πνεῦμα bilden ebenfalls eine Antithese (allerdings eine komplementäre).

[123] Z.B. LA I 3; conf. 144; her. 187.190.229; spec. II 176.224; virt. 220; spec. III 178–180; QE II 29.33.46; vgl. dazu SELLIN, Streit, 117–121.130–132; SMITH, Traditions, 120ff; DERS., The Two Made One, 36–41; FAUST, 129–137.

[124] Allein die „Schau des Seins" (durch das Pneuma) verbürgt Gewissheit, nicht das gesprochene Wort, das mit körperlichen Vorgängen gemischt ist und der „Zweiheit" entspricht (Deus 82–84).

[125] Vgl. z.B. LA III 15–17; agr. 42f; migr. 28 („Laban" ist Symbol der Buntheit = Vielheit).

[126] Vgl. auch LA III 79–82; QE II 36: „... concord and community. But this cannot be acquired by polytheists, because they put forth variant opinions distiguished for difference and diversity, and they become the cause of quarreling and fighting. But an harmonious adjustment to one (opinion) is the agreement of all who are ministers and servants of the work" (MARCUS, Philo, Supplement II: Questions and Answers on Exodus [LCL], S. 78).

[127] WOLTER, 66f (s. o. A 76).

Wechsel von ἐν ἑνὶ σώματι (V.16) zu ἐν ἑνὶ πνεύματι (V.18) könnte dabei durch die Vorlage von 1Kor 12,13 verursacht sein. Vorlage ist aber auch Kol 3,11, wo „Grieche/Jude" verstärkt und erläutert wird durch περιτομὴ καὶ ἀκροβυστία (vgl. Eph 2,11). Jedenfalls ist das Prinzip von Gal 3,28, die neue solidarische Gemeinschaft von Menschen gegensätzlicher religiöser, ideologischer Herkunft, in Eph 2,14–18 beibehalten.

Durch ein explizierendes[128] καί wird die zweite Partizipialaussage angefügt: „und der die Trennwand des Zaunes beseitigt hat". Merkwürdig ist zunächst der adnominale Gen., der ebenfalls explizierende Funktion hat.[129] Wieso wird das semantisch auf den ersten Blick spezifischere Wort „Trennwand" (μεσότοιχον) noch durch das allgemeinere „Zaun" (φραγμός) expliziert? Religionsgeschichtlich gibt es vier Erklärungen für die Bedeutung „Trennwand des Zaunes":[130]

(1.) Vor allem von den Vertretern der gnostischen Ableitung[131] wird an die *kosmische Wand* zwischen göttlich-himmlischer und irdischer Sphäre gedacht.[132] Weder findet sich in den genannten apokalyptischen und gnostischen Belegen diese Terminologie,[133] noch setzt das Weltbild des Eph eine solche kosmische Wand überhaupt voraus.[134]

(2.) In Abwandlung der These Schliers hat E. Käsemann den beseitigten „Zaun" im „alten Menschen" (παλαιὸς ἄνθρωπος), dem „bösen Äon", im „Fleisch" als Macht der Materie (so in der Gnosis) bzw. als Macht der sündverfallenen Weltlichkeit des „alten Menschen" (so in „paulinischen Kreisen") sehen wollen.[135] So werde die Aussage verständlich, dass Christus „in seinem Fleisch" (ἐν τῇ σαρκὶ αὐτοῦ: V.14 Ende) die Mauer vernichtet habe (vgl. Kol 2,11.14f).[136] Aber die Wendung „in seinem Fleisch" korrespondiert ja der Aussage „in dem Blut des Christus" von V.13, die instrumental auf den Kreuzestod zu beziehen ist. Dieser Einwand trifft allerdings nur, wenn man (gegen Käsemann) V.14–18 nicht als tradiertes Lied ansieht. Grundsätzlich besteht aber der Einwand, dass das Bild von der Sarx-Sphäre als „Trennmauer" reichlich künstlich wirkt, diese Deutung also eher unwahrscheinlich ist. Syntaktisch wird man deshalb „in seinem Fleisch" auf die ganze Aussage (λύσας) beziehen.

---

[128] SCHLIER, Eph, 124; MERKLEIN, Christus, 31: „epexegetisch".

[129] Ein Gen. appositivus (BDR § 167,2) bzw. epexegeticus (SCHLIER, Eph, 124; MERKLEIN, Christus, 31).

[130] Zum Folgenden vgl. vor allem SMITH, Traditions, 80–94.

[131] S.o. bei A 77.

[132] Kosmisch (wenn auch nicht gnostisch) deutet auch GNILKA, Eph, 147–152 (DERS., 190–207) die „Trennmauer" auf der Ebene des tradierten Liedes. Aber die Rekonstruktion überzeugt nicht (vgl. STUHLMACHER, 337–358). Trotz seiner Kritik an Schlier ist auch SMITH, Traditions, 94–162, nicht frei von der kosmischen Deutung.

[133] 1Hen (gr.) 14,9: τεῖχος; τοῖχος ist normalerweise die Hausaußenwand.

[134] SCHNACKENBURG, Eph, 113.

[135] KÄSEMANN, Leib Christi, 140f.

[136] Ähnlich POKORNÝ, Mysterien, 182f; DERS., Gnosis, 114f: in der hymnischen Vorlage, nicht mehr beim überarbeitenden Verfasser, der die Trennwand ausschließlich auf die nomistischen Vorschriften bezogen habe.

I. 4.) 2,11–22 Die Einheit von Juden und Heiden in Christus

(3.) In der Exegese vor Schlier (sowie überwiegend in der englischen und amerikanischen) wurde meistens an die Tempelschranke[137] gedacht.[138] Terminologisch wäre dies immerhin möglich (Josephus, ant. VIII 71: ὁ μέσος τοῖχος). Doch spricht die Fortsetzung in V.15 (τὸν νόμον ... καταργήσας) dagegen, die keine Reihung (Aufzählung weiterer beseitigter Hindernisse) darstellt, sondern eine explikative Aussage ist. Davon abgesehen ist es auch fraglich, ob die heidenchristlichen Leser einen solchen Hinweis verstanden hätten. Mit Mk 15,38 und Hebr 6,19f; 9,11–22; 10,19–22 (dem durch Christi Tod eröffneten Zugang ins Allerheiligste) darf man diese Stelle nicht in Verbindung bringen: Dort geht es um den „Vorhang" (καταπέτασμα) zum Allerheiligsten, nicht um die Tempelschranke, die den Tempelbezirk vom Heidenvorhof abtrennte.

(4.) So bleibt nur die Deutung auf das jüdische Gesetz als „Trennmauer" zwischen Juden und Heiden – wie der Kontext (V.15a) es ja auch verlangt.[139] Damit ist zwar noch nicht ausgeschlossen, dass in einer hypothetischen Vorlage die „Trennwand" noch etwas anderes bedeutet haben kann.[140] Doch wird die Auslegung zeigen, dass die Deutung auf das Gesetz sich kohärent für den ganzen Abschnitt durchführen lässt, so dass eine literarkritische Differenzierung nicht notwendig ist. Damit sind mögliche kosmische Implikationen des Textes bzw. seiner motivlichen Vorgeschichte noch nicht ausgeschlossen.

Mit φραγμός wird auf einen speziellen Terminus für die Tora angespielt: In rabbinischen Texten wird die Tora als ein „Zaun" (גָּדֵר) bezeichnet, der Israel vor den Heiden schützt.[141] Das Wort גָּדֵר aber wird in LXX mit φραγμός wiedergegeben.[142] Der wichtigste Beleg ist ep.Arist 139.142:

„Mose umzäunte (περιέφραξεν) uns mit undurchdringlichen Gittern und eisernen Mauern (τείχεσιν), damit wir mit keinem der anderen Völker Gemeinschaft hätten ..." (139). „Damit wir nicht besudelt und durch schlechten Umgang verdorben würden, umzäunte er uns auf allen Seiten mit Reinheitsgesetzen, und zwar bezüglich Speisen, Trank, Berührungen, dem was wir hören, dem was wir sehen" (142: πάντοθεν ἡμᾶς περιέφραξεν ἁγνείαις καὶ διὰ βρωτῶν καὶ ποτῶν καὶ ἁφῶν καὶ ἀκοῆς καὶ ὁράσεως νομικῶς).[143]

---

[137] Die Existenz einer solchen Schranke ist belegt durch Josephus, bell. V 193f; VI 124–126; ant. XV 417; Philon, legat. 212, sowie durch zwei archäologische Funde (vgl. die bei BARRETT/THORNTON, Texte zur Umwelt, 60, übersetzte Tempelinschrift).
[138] Z.B. ABBOTT, Eph, 61; SCOTT, Eph, 171; GOODSPEED, Meaning, 37; MITTON, Epistle, 231f; MUSSNER, Christus, 82.84 (vgl. aber nächste A); KIRBY, Baptism and Pentecost, 158; MCKELVEY, New Temple, 109f; ALLEN, 131. Dagegen SMITH, Traditions, 94.
[139] So die meisten neueren Auslegungen.
[140] So löst GNILKA, Eph, 140.149.151 (vgl. DERS., 196–207) den Gen. τὸ μεσότοιχον τοῦ φραγμοῦ auf und weist τὸ μεσότοιχον (als kosmische Mauer) der Vorlage, τοῦ φραγμοῦ dem Verfasser als Interpretament zu. Doch sind solche explikativen Genitivkonstruktionen typisch für den Stil des Verfassers (vgl. SELLIN, Genitive) und folglich nicht literarkritisch zu zerlegen.
[141] BILLERBECK I 867; III 587f; SMITH, Traditions, 91f: LevR 1,3.10; NumR 2,4; BB 91ᵇ: Diese Verwendung des Bildes ist zu unterscheiden von der bekannteren, wonach die halachische Tradition als „Zaun um die Tora" (BILLERBECK I 693f) bezeichnet wird; vgl. SMITH, Traditions, 92.
[142] 2Esra 9,9; ψ 61,4; 79,13; Prov 24,31; Pred 10,8; vgl. Prov 28,4 LXX (gegen MT): οἱ δὲ ἀγαπῶντες τὸν νόμον περιβάλλουσιν ἑαυτοῖς τεῖχος, und Philon, virt. 186: der Fromme ist „durch eine unzerstörbare Mauer geschützt, durch seine Gottesfurcht" (τείχει πεφραγμένος ἀκαθαιρέτῳ θεοσεβείᾳ).
[143] Vgl. Kol 2,21: μὴ ἅψῃ μηδὲ γεύσῃ μηδὲ θίγῃς (θιγγάνειν auch ep.Arist 106).

Mit anderer Terminologie (גְּבוּל) begegnet das Konzept von der Tora als Abgrenzung auch in den Qumranschriften: z.B. CD 1,14-16; 5,20; 20,25-27.[144] Diese Anspielung auf das Gesetz ist freilich für Eph schon vermittelt durch die als Topos geläufige Gesetzeskritik des Paulus; genauer aber steht hier Kol 2 im Hintergrund (s.u. zu V.15). „Die Trennmauer, der Zaun" ist also die Tora, die die Israeliten von den Nichtisraeliten trennt. Von jüdischer Seite gesehen ist die Tora das, was die Identität Israels bewahrt. Auf christlicher Seite ist sie das, was einer Vereinigung aller Menschen unter dem Frieden Gottes im Wege steht. Diese Idee einer entschränkten universalen Bedeutung der Religion hat möglicherweise Vorläufer im hellenistischen Judentum gehabt.[145] Wahrscheinlich haben die „Hellenisten" des Stephanus-Kreises aufgrund solcher im Diasporajudentum schon verbreiteten Entschränkungsideen die Beschneidung (und damit die Observanz der geschriebenen Tora) als Kriterium ihrer Religion aufgegeben, woraus sich dann das bald von Paulus mitgestaltete antiochenische Verständnis von einheitlicher christlicher Gemeinde entwickelte. „In Christus" sind diese bis dahin trennenden Unterschiede relevanzlos geworden, in ihm ist die (neue) Einheit hergestellt (Gal 3,28).[146] – In einer Apposition wird der (durch Christus inzwischen prinzipiell aufgehobene) Gegensatz als „Feindschaft" bezeichnet.[147]

Neben den Stichworten ἀπηλλοτριωμένος (Eph 2,12), ἐχθρός (Eph 2,14.16: ἡ ἔχθρα), ἀποκαταλλάσσειν (Eph 2,16) findet sich hier auch die Aussage von der instrumentalen Bedeutung des Todes Jesu in der „Leib"-/„Fleisch"-Terminologie: ἐν τῷ σώματι τῆς σαρκὸς αὐτοῦ διὰ τοῦ θανάτου ... (vgl. Eph 2,14.16: ἐν τῇ σαρκὶ αὐτοῦ ... ἐν ἑνὶ σώματι ... διὰ τοῦ σταυροῦ). Abgesehen von der terminologischen Anknüpfung fällt jedoch der wesentliche Unterschied zu Kol 1,21f sofort auf: Die Feindschaft bezieht sich in Kol auf das Verhältnis der (heidnischen) Menschen zu Gott und wird in ihrer „Gesinnung" (διάνοια) angesiedelt. In Eph ist sie dagegen eine Haltung zwischen zwei Menschengruppen (Juden und Heiden). Erst in Eph 2,16 taucht der Kol 1,21f beherrschende Gedanke des Gottesverhältnisses auf, und zwar durch den zu ἀποκαταλλάξῃ hinzugesetzten Dat. τῷ θεῷ. Kol 1,21-23 ist eine Applikation des Enkomions 1,15-20, dem der Verfasser des Eph in 2,14f das Stichwort „Frieden" entnommen hat. Dieses Enkomion (Kol 1,15-20) ist kosmisch ausgerichtet: Durch Christus hat Gott die Welt „auf sich hin" versöhnt, durch den Kreuzestod den Kosmos befriedet. In Eph 2 ist diese kosmische Theologie vergeschichtlicht: Der Friede ist die Aufhebung der „Zweiheit", der Gespaltenheit der Menschheit. Schon bei Philon ist der ontologische Topos vom Frieden der Einheit in den Bezugsrahmen der Anthropologie, der Gesell-

---

[144] SMITH, Traditions, 90f.
[145] Etwa die Philon an Radikalität übertreffenden Hyperallegoristen von migr. 89-93.
[146] Gal 3,26-28 scheint die unmittelbare Begründung der antiochenischen Gemeindepraxis gewesen zu sein, die erst seit dem antiochenischen Zwischenfall in Frage gestellt wurde, was zum Bruch des Paulus mit dieser Gemeinde führte (Gal 2,11-14); vgl. dazu FELDTKELLER, Identitätssuche, 138-149.
[147] Der intensive Ausdruck „Feindschaft" (ἔχθρα) ist auffällig. Selbst in 1Thess 2,15, wo Paulus einen antijüdischen Topos seiner Umwelt aufgreift, wird nur der schwächere Ausdruck ἐναντίος („entgegen") gebraucht.

schaft und der Geschichte gestellt worden.[148] Im Eph wird dann als das „Trennende" das Gesetz verstanden, und zwar das jüdische Zeremonialgesetz,[149] der „Zaun".

Als das Mittel der Friedensstiftung gilt der Kreuzestod Christi. ἐν τῇ σαρκὶ αὐτοῦ ist instrumental zu verstehen.[150] „Fleisch" (σάρξ) steht hier zunächst (wie in V.13 „Blut") metonymisch für seinen Kreuzestod. Dabei bleibt jedoch zu fragen, worin die soteriologische Funktion des Kreuzestodes Jesu näher besteht. Während αἷμα in diesem metonymischen Sinne bei Paulus (Röm 3,25; 5,9; 1Kor 10,16; 11,25.27) und in Kol 1,20 vorgegeben ist, findet man eine solche Verwendung von σάρξ bei Paulus überhaupt nicht. Bei ihm wird gelegentlich σῶμα entsprechend gebraucht (Röm 7,4; 1Kor 11,27). Der Verfasser des Kol verwendet hierfür aber das Syntagma σῶμα τῆς σαρκός (1,22; 2,11): „fleischlicher Leib", entweder in Unterscheidung zum (ekklesiologischen) „Leib Christi"[151] oder als dualistisch negative Qualifizierung des Leibes, der der σάρξ (als negativer Macht) unterworfen ist. Eph 2,14 ist jedoch der einzige Beleg für den metonymischen Gebrauch von ἐν τῇ σαρκί = „durch seinen Kreuzestod".[152] Erklärbar ist das als konsequente Weiterführung der Vorlage ἐν τῷ σώματι τῆς σαρκὸς αὐτοῦ aus Kol 1,22, insofern σῶμα für den Verfasser des Eph ausschließlich ein kollektiver (ekklesiologischer) Begriff geworden ist (vgl. V.15).[153] Das soteriologische Konzept, das hinter der Aussage vom Tod Christi („durch sein Blut/ Fleisch") als Instrument der Aufhebung der Feindschaft steht, muss mit der von Paulus her übernommenen (und durch Kol 1,22 vermittelten) Tradition der „Versöhnung" zusammenhängen.

15 V.15a (τὸν νόμον τῶν ἐντολῶν ἐν δόγμασιν καταργήσας) steht parallel zu τὸ μεσότοιχον τοῦ φραγμοῦ λύσας. Nicht nur die beiden Partizipien sind synonym, sondern auch die Objekte. Das Genitivsyntagma „Gesetz der Gebote" ist hier genauso auffällig und scheinbar redundant wie in V.14 „Trennwand des Zaunes". ἐν δόγμασιν schießt freilich über,[154] verstärkt aber die semantische Akkumulation von Ausdrücken gesetzlichen Inhaltes. Es handelt sich dabei zunächst

---

[148] LA III 79–82; gig. 52f; conf. 41–43; QE II 36 u.ö; s.o. bei A 126.
[149] FAUST, 117–121.
[150] Gelegentlich wird „in seinem Fleisch" attributiv zu ἔχθραν gezogen. KÄSEMANN, Leib Christi, 140f, denkt an die feindliche Sarx als Trennmauer (dazu s.o. bei A 135 u. 136). HART, Enmity in His Flesh, und COUTTS, Relationship, 205, sehen darin eine Umschreibung der Beschneidung (vgl. u. 206). SCHNACKENBURG, Eph, 105.115, zieht „in seinem Fleisch" hinüber zu V.15a, weil sonst unklar bliebe, „wodurch Christus das Gesetz vernichtet hat"; καταργήσας in V.15 sei untergeordnetes Partizip. Dabei ist die Strukturierung durch die vier gleichwertigen aoristischen Partizipien in V.14–16 verkannt.
[151] So WOLTER, Kol, 93; vorgegeben ist die Wendung in Sir 23,17; 1Hen (gr.) 102,5; vgl. 1QpHab 9,2 (semitischer Gen. qualitatis).
[152] Nahe kommt dem Hebr 10,19f: „Durch das Blut Jesu" (ἐν τῷ αἵματι Ἰησοῦ) haben die Christen den „Zugang" in das (himmlische) Heiligtum, „den er uns eingeweiht hat als ... Weg durch den Vorhang, das heißt: durch sein Fleisch" (διὰ ... τῆς σαρκὸς αὐτοῦ).
[153] Ausgenommen ist der Plural in 5,28.
[154] Das war möglicherweise für p46 Grund dafür, diese präpositionale Wendung zu streichen.

um eine rhetorische Figur, die im Dienste der *amplificatio* stehende *synonymia*.[155] Ermöglicht wird sie jedoch durch den semitischen Sprachhintergrund (qualifizierender Gen., qualifizierendes bzw. modales בְּ). Beim Genitivsyntagma „das Gesetz der Gebote" handelt es sich genauer um eine Inhaltsbestimmung: das aus den Geboten bestehende Gesetz. Die Vertauschung der geläufigeren partitiven Genitivverbindung „die Gebote des Gesetzes"[156] bewirkt, dass ὁ νόμος thematisches *nomen regens* wird, so dass die Synonymität von „Trennwand" = „Gesetz" (eigentlich eine metaphorische Prädikation) erreicht wird. Durch die präpositionale Wendung ἐν δόγμασιν werden die „Gebote" spezifiziert. Damit wird auf Kol 2,14 angespielt, wo mit τοῖς δόγμασιν das χειρόγραφον (= der Schuldschein) näher bestimmt wird (vgl. δογματίζεσθαι in Kol 2,20). δόγμα hat verschiedene Konnotationen, die hier verbunden sind: 3Makk 1,3 („väterliche Satzungen") steht das Wort in Nähe zur Tora und ist positiv besetzt (vgl. Sib III 656; Apg 16,4). Meist aber geht es um autoritäre Setzung und Zwang (mehrfach in Dan Θ; 4Makk 4,23–26; vgl. Lk 2,1; Apg 17,7). Der Verfasser des Kol aber benutzt dies Wort in Hinblick auf die kolossäische „Philosophie", wo es offenbar für die asketischen Speisevorschriften gebraucht wurde,[157] und assoziiert damit die „Gebote" der Tora – ein Aspekt, der hier in Eph stärker herausgearbeitet wird. (ὁ) καταργήσας („der wirkungslos machte") ist gegenüber (ὁ) λύσας („der auflöste") einerseits intensivierend, andererseits ein zum Abstraktum „Gesetz" besser passendes Synonym zu (ὁ) λύσας. Im Hintergrund steht rein äußerlich paulinischer Sprachgebrauch.[158] 1Kor 15,24 („wenn er wirkungslos macht" [καταργήσῃ] alle kosmischen Mächte) im Zusammenhang mit 15,26 („als letzter Feind wird entmachtet der Tod") könnte zwar die intensivere Bedeutung „vernichten" nahelegen (so vielfach in den Übersetzungen), doch steht auch hier eher der Aspekt des Besiegens und Unschädlich-Machens im Vordergrund.[159] Dennoch widerspricht Eph 2,15a Paulus im Entscheidenden: Nach Paulus wird das Gesetz gerade nicht unwirksam gemacht (Röm 3,31). In Röm 7,2.6 wird dann sehr viel differenzierter

---

[155] LAUSBERG, Handbuch, § 651.655.
[156] Im AT begegnet gelegentlich die Parataxe ὁ νόμος καὶ αἱ ἐντολαί (Ex 24,12; Dtn 30,10; Jos 22,5; 3Kö 2,3; 4Kö 17,13.37; 2Chr 14,3; mehrfach in ψ 118). Erst in den späteren Schriften taucht das Genitivsyntagma ἐντολὴ bzw. ἐντολαὶ τοῦ νόμου (SapSal 16,6; Dan LXX 3,29; dann TestNaph 8,7) auf. Typisch für den Eph ist die Vertauschung von semantisch dominierendem und dominiertem Nomen (vgl. 1,13c: πνεῦμα τῆς ἐπαγγελίας; 1,14: ἀπολύτρωσις τῆς περιποιήσεως; 1,17: ὁ πατὴρ τῆς δόξης; 4,16: ἁφὴ τῆς ἐπιχορηγίας; 4,29: οἰκοδομὴ τῆς χρείας; 4,22: ἐπιθυμία τῆς ἀπάτης; 4,23: τὸ πνεῦμα τοῦ νοός), wobei häufig aus einem partitiven Gen. ein spezifizierender Gen. qualitatis wird (vgl. SELLIN, Genitive, 89.91.92.93f.102f.106).
[157] So wird es für die asketischen Speisevorschriften der Pythagoräer verwendet: DIELS/KRANZ, Vorsokratiker, I, 97, Z.73; 100, Z.41; 191, Z.26. Zum pythagoreischen Hintergrund der kolossäischen „Philosophie": SCHWEIZER, Kol, 115f.
[158] Von den 27 Vorkommen von καταργεῖν im NT stehen allein 22 in Röm (6), 1Kor (9), 2Kor (4) und Gal (3); deuteropaulinisch neben Eph 2,15: 2Thess 2,8; 2Tim 1,10; sonst nur Lk 13,7; Hebr 2,14.
[159] Die Bedeutung des (apokalyptischen) Vernichtens und der Vergänglichkeit liegt dagegen z.B. 1Kor 6,13; 13,8.10; 2Kor 3,7.11.13 vor. Vermittelt ist diese Bedeutung durch eine Stelle wie 1Kor 1,28 („damit er das Seiende zunichte mache").

zum Ausdruck gebracht, dass der Mensch in der Christus-Beziehung der verurteilenden Wirksamkeit des Gesetzes entzogen ist. Hier ist καταργεῖν passivisch (mit ἀπό) gebraucht, und die Bedeutung ist relational. Eph 2,15 hat also Röm 3,31 und 7,2.7 gegen sich.[160]

Nach dem dritten Partizip folgt ein Finalsatz (V.15b–16a), der die positive Wirkung der Destruktion des Gesetzes zum Ausdruck bringt. Er besteht aus zwei parallelen Gliedern:

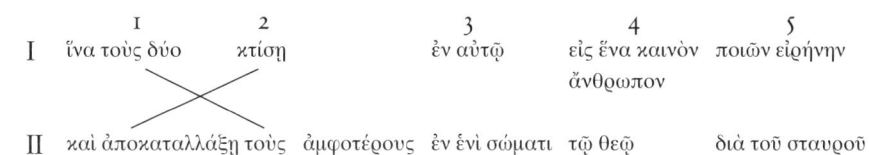

	1	2	3	4	5
I	ἵνα τοὺς δύο	κτίσῃ	ἐν αὐτῷ	εἰς ἕνα καινὸν ἄνθρωπον	ποιῶν εἰρήνην
II	καὶ ἀποκαταλλάξῃ τοὺς	ἀμφοτέρους	ἐν ἑνὶ σώματι	τῷ θεῷ	διὰ τοῦ σταυροῦ

Beide Glieder bestehen aus fünf Elementen, von denen zunächst die jeweils ersten beiden chiastisch vertauscht werden, wobei einmal das direkte Objekt, einmal das Verb voransteht. Beide Verben erhalten jedoch noch zwei weitere (indirekte) Objekt-Aktanten: Bei „versöhnen" steht ein zweites Objekt im Dat. (τῷ θεῷ), bei „schaffen" eine Präpositionalwendung mit εἰς („zu *einem* neuen Menschen"): jeweils als viertes Element. Als drittes Element ist in beiden Gliedern je eine Präpositionalwendung mit ἐν eingeschoben, die im II. Glied die Einheitsformulierung aufnimmt (ἐν ἑνὶ σώματι), welche im I. Glied in der Präpositionalwendung mit εἰς (indirektes Objekt; viertes Element) stand (εἰς ἕνα καινὸν ἄνθρωπον). Dadurch ergibt sich andeutungsweise auch ein chiastisches Verhältnis der Elemente 3 und 4. Auf jeden Fall nimmt die modale Bestimmung ἐν ἑνὶ σώματι im II. Glied das εἰς ἕνα καινὸν ἄνθρωπον aus dem I. Glied wieder auf, wobei die Einheitswendung nun aber aus dem vierten Element (indirektes Objekt) in das dritte Element (modale ἐν-Bestimmung) vorgerückt ist. Kurz ausgedrückt: Während die Zielaussage im I. Glied die Schaffung der (neuen) Einheit ist (κτίζειν ... εἰς), besteht die Zielaussage des II. Gliedes in der Versöhnung dieser neugeschaffenen Einheit mit Gott (ἀποκαταλλάσσειν τῷ θεῷ). Für das jeweilige Verbum ist also das vierte Element entscheidend. Das jeweils fünfte Element greift Aussagen des Vortextes auf und fügt sie der jeweiligen Zielaussage zu: ποιῶν εἰρήνην bezieht sich auf den Aspekt der Vereinigung der beiden getrennten Menschengruppen (insbesondere V.14b), διὰ τοῦ σταυροῦ auf die Versöhnung (beider nun vereinter) mit Gott. Zwar sagt V.16a etwas Neues im Zusammenhang von V.14f, doch greift das „durch das Kreuz" nicht nur auf das „in seinem Fleisch" von V.14, sondern vor allem auch auf V.13 zurück („in dem Blut des Christus"), der selber ja die jetzige Nähe der einst fernen Heiden *zu Gott* aussagte. Der durch Christus ermöglichte Frieden kommt durch die gesetzesfreie Heidenmission zum Zuge, als deren Ergebnis offenbar die einmütige Kirche als Verwirklichung der politischen Friedensidee gelten soll. Das Friedens- und Einheitsmotiv wird hier also auf zwei Ebenen zum

---

[160] Das ist eins der äußerlich unscheinbaren aber gewichtigen Argumente gegen paulinische Verfasserschaft des Eph.

Ausdruck gebracht: Zugang zu Gott und Einheit der mit Gott Versöhnten. Das aber ist schon angelegt in den bereits erwähnten Philon-Texten, wo die politische Friedensidee verbunden wird mit der ontologisch-theologischen Spekulation über Eins-heit und Zwei-heit. Es entsprechen sich die direkten Objekte τοὺς δύο („die zwei") und τοὺς ἀμφοτέρους („die beiden") sowie die präpositionalen Bestimmungen εἰς ἕνα καινὸν ἄνθρωπον („zu *einem* neuen Menschen") und ἐν ἑνὶ σώματι („in *einem* Leibe"). Innerhalb der Synonymität besteht aber jeweils eine progressive semantische Veränderung vom I. zum II. Glied: Während οἱ δύο die zwei Größen als getrennte bezeichnet, fasst οἱ ἀμφότεροι sie im II. Glied schon als vereinte zusammen.[161] Ebenso ist im I. Glied εἰς ἕνα ... Ziel der Handlung (εἰς), während die Formulierung ἐν ἑνί ... dies Ziel als schon erreichtes voraussetzt (ἐν). Entsprechend haben die beiden Verben unterschiedliche Funktion. κτίζειν εἰς bezeichnet die Gründung der Einheit, ἀποκαταλλάσσειν + Dat. führt den Gedanken weiter: Das so vereinte neue Menschengenus wird mit Gott versöhnt. κτίζειν ... εἰς ἕνα καινὸν ἄνθρωπον steht hier im Sinne der paulinischen καινὴ κτίσις (2Kor 5,17; Gal 6,15) und begegnet so auch Eph 4,24 und Kol 3,9-11. Das Motiv des „neuen Geschöpfes" stammt aus dem Frühjudentum, wo es in erster Linie mit dem Proselytentum zusammenhängt.[162] Neben rabbinischen Texten[163] kommen auch Qumrantexte in Frage, wo der Übertritt in die Sekte als Schöpfung neuer Existenz verstanden wird,[164] und schließlich Belege aus hellenistisch-jüdischer Literatur zum Thema des Proselytentums, so vor allem aus JosAs. Joseph betet für Aseneth, die das Proselytentum als *Typ* vertritt:

„Segne diese Jungfrau und erneuere sie (ἀνακαίνισον)[165] durch deinen Geist und bilde sie neu (ἀνάπλασον) durch deine heimliche Hand[166] und mache sie lebendig (ἀναζωοποίησον) durch deine Lebenskraft (ζωῇ) ... und zähle sie zu deinem Volk, das du ausgewählt hast, bevor das All entstand ..." (8,9; s.o. zu 1,4 mit A 86).

Und der Engel Michael verkündet ihr:

„Von heute an [= Zeitpunkt der Bekehrung] wirst du erneuert (ἀνακαινισθήσῃ) und neu gebildet (ἀναπλασθήσῃ) und neu lebendig gemacht (ἀναζωοποιηθήσῃ) und isst gesegnetes Lebensbrot und trinkst gesegneten Kelch und wirst gesalbt mit gesegneter Salbe der Unverweslichkeit" (15,5).[167]

Philon bezeichnet die Proselyten als solche, „die zu einem neuen, Gott zugeneigten Gemeinwesen hinzugekommen sind" (προσεληλυθέναι καινῇ καὶ φιλοθέῳ

---

[161] Vgl. BDR § 274,3 mit A 4.
[162] SJÖBERG, Wiedergeburt; MUSSNER, Christus, 94f; WOLTER, 68–73 (68 A 147 weitere Lit.).
[163] BILLERBECK II 421–423; III 519; SJÖBERG, Wiedergeburt, 62.65–85. Die Belege sind jedoch relativ spät.
[164] 1QH 3,21; 11,14; 15,16f; vgl. SJÖBERG, Neuschöpfung, 131–136; W. KUHN, Enderwartung, 44–66.75–78.107–117.
[165] Ἀνακαινοῦν: 2Kor 4,16; Kol 3,10; ἀνακαίνωσις: Röm 12,2; Tit 3,5.
[166] Wahrscheinlich Metapher für das Pneuma.
[167] Text und Zählung nach BURCHARD, Vorläufiger Text, 171.184. Vgl. WOLTER, Rechtfertigung, 68.

πολιτεία: spec. I 51).[168] Die Formulierung κτίζειν εἰς ...[169] impliziert den Aspekt der zielgerichteten Um- und Neuschöpfung; „zu *einem* neuen Menschen" meint das Ergebnis, nicht das intendierte Ziel.[170] ἐν αὐτῷ[171] lässt sich kaum instrumental[172] verstehen, da Christus hier selber Subjekt der Neuschöpfung ist und nicht ihr Mittler. Die lokale Deutung[173] ist hier vorzuziehen, doch ist ihr genauer Sinn nicht sofort erkennbar. Am besten wird man hierin eine Aufnahme des ekklesiologischen ἐν Χριστῷ sehen, wie es bei Paulus in Gal 3,26–28; 5,6; Röm 12,5; 2Kor 5,17[174] erscheint: „In Christus" sind die weltlichen Unterschiede aufgehoben.[175] Damit würde auch am besten die (wahrscheinlich ursprünglich vom Autor gemeinte) nicht-reflexive Wendung ἐν αὐτῷ[176] zu erklären sein, deren Funktion in einer Anspielung auf diese ekklesiologische ἐν-Χριστῷ-Formel bestünde.[177] Das parallel dazu in V.16a stehende ἐν ἑνὶ σώματι füllt dieses gemeinte ἐν Χριστῷ dann mit dem Leib-Christi-Gedanken. Freilich bleibt auch das äußerlich noch im Rahmen der paulinischen Ekklesiologie (vgl. 1Kor 12,13).

Am gewichtigsten ist die Wendung εἰς ἕνα καινὸν ἄνθρωπον. Für καινὸς ἄνθρωπος kommen zwei Deutungen in Frage: (1.) eine individuale im Sinne der eben genannten paulinischen und frühjüdischen Belege, wonach es sich um den inspirierten und bekehrten Einzelmenschen handelt, dessen Bekehrung als Neuschöpfung verstanden wird. Diese Bedeutung hat καινὸς ἄνθρωπος in 4,24. Im Kontext der Juden-Heiden-Thematik würde das heißen: der „neue Mensch" ist ein *Exemplar* einer „dritten Gattung", weder Jude noch Heide, sondern Christ.[178] – (2.) In Frage kommt auch eine kollektive Deutung: Der „neue Mensch" ist der „Leib Christi", die Kirche. Das würde entweder eine Form des Anthropos-Mythos voraussetzen,[179] oder „der eine neue Mensch" müsste als *Metapher* für das so-

---

[168] Auf diese Stelle verweist MUSSNER, Eph, 80; zu πολιτεία s.o. A 32–39 zu 2,12.
[169] Sonst nur noch Kol 1,16 (δι' αὐτοῦ καὶ εἰς αὐτόν) und 1Tim 4,3 (jedoch von der Ursprungsschöpfung – vgl. Sir 31[34],27; 39,21.28f); in gleicher Bedeutung κτίζειν ἐπί (Eph 2,10; vgl. SapSal 2,23).
[170] Insofern unterscheidet sich Eph 2,15 von Kol 1,16 und 1Tim 4,3 – gegen ALLEN, 133.
[171] Die Lesart ἐν ἑαυτῷ (Marcion, ℵ² D G u.a.) ist sekundär. Da aber Christus Subjekt auch von κτίσῃ ist, könnte es naheliegen, ἐν αὐτῷ reflexiv (ἐν αὑτῷ) aufzufassen (so GNILKA, Eph, 142 A 5) – vgl. aber u. im Text bei A 176.
[172] So aber J.A. ALLAN, „In Christ" Formula, 60f: „by his own activity".
[173] Für sie tritt entschieden WOLTER, 69 A 155, eint; vgl. auch GNILKA, Eph, 68f, der für Eph 2,15f (für ihn Bestandteil eines Traditionsstückes) von seiner sonst durchgehenden instrumentalen Deutung von ἐν Χριστῷ abweicht.
[174] Vgl. dort das Motiv des „neuen Geschöpfes".
[175] Vgl. WOLTER, 67.69 A 135. Die Tradition von Gal 3,28, offenbar das ekklesiologische „Grundgesetz" der ältesten antiochenischen Gemeinde, wurde bis zum „antiochenischen Zwischenfall" in Antiochien konkret mit den sozialen Konsequenzen gelebt und ist von Paulus auch darüber hinaus in seinen Gemeinden durchgehalten worden (vgl. 1Kor).
[176] Dass αὑτῷ gelesen werden sollte (GNILKA, Eph, 142 A 5), ist doch eher unwahrscheinlich, da man dann vom Autor Herstellung von Eindeutigkeit (also: ἑαυτῷ) erwarten müsste.
[177] WOLTER, 69 A 155.
[178] Diese Deutung vertreten z.B. ABBOTT, Eph, 65; MUSSNER, Christus, 86f; BEST, One Body, 153; DERS., Eph, 261–263; ALLEN, 132–134.
[179] So vor allem SCHLIER, Eph, 134; DERS., Christus, 35; GNILKA, Eph, 141–143; LINDEMANN, Aufhebung, 167f; SCHNACKENBURG, Eph, 115f; LINCOLN, Eph, 143f.

ziale, organische Gebilde „Kirche" aufgefasst werden (wie der „vollkommene Mann" in 4,13).[180] – Die Antwort ist einfach: In Eph 4,13 (εἰς ἄνδρα τέλειον) handelt es sich um eine Metapher, hier in 2,15 (εἰς ἕνα καινὸν ἄνθρωπον) aber um eine *Synekdoche* (die Nennung eines Teil oder eines Exemplars, das für ein Ganzes steht). Der „neue Mensch" ist zugleich (individuelles) Beispiel bzw. Vorbild für einen neuen Menschentyp. Ἄνθρωπος καινός („neuer Mensch") kann also sowohl Beispiel wie Gattung sein. Inhaltlich geht es um die Transformation einer Zweiheit in eine neue Einheit, in welcher der Unterschied von Juden und Heiden aufgehoben ist.[181] Καινὸς ἄνθρωπος weist voraus auf Eph 4,22.24 und zurück auf Kol 3,9–11. Das kommt in κτίζειν εἰς ... zum Ausdruck.[182]

Wenn der korporative Gebrauch von ἄνθρωπος im Eph auch mit dem spezifischen Kirchenbegriff des Verfassers zusammenhängt (und insbesondere in 2,15 mit der Thematik der Überwindung kollektiver Gegensätze, der Feindschaft von Juden und Heiden), so hat dieser Sprachgebrauch dennoch ein Vorbild, auf das der Verfasser zurückgreifen kann: Entsprechende Gedanken finden sich in pythagoreisch-platonischer Tradition und sind dann von Philon aufgegriffen und entfaltet worden.[183] Philon leitet aus Gen 1,26f und 2,7 eine doppelte Menschenschöpfung ab: Gen 1,26f beschreibe die Schöpfung des himmlischen, vollkommenen Menschen, der κατ' εἰκόνα, d.h. als Abbild der εἰκών (des Logos) geschaffen ist, Gen 2,7 den irdischen Menschen Adam (opif. 134ff; LA I 31ff). Nun wird aber im Allegorischen Kommentar gerade Gen 2,7 auch auf die Erlösung bezogen, wobei in der Belebung Adams durch Gottes Odem ein allegorischer Hinweis auf die Wiedergeburt und pneumatische Verlebendigung des zweiten (irdischen) Menschen

---

[180] Eine Kombination aus beidem nimmt GNILKA, Eph, 142.147–152, an: Die (von ihm postulierte) hymnische Vorlage hätte ursprünglich vom „neuen Adam" Christus gehandelt, der das All zusammenfasst und den Frieden seiner Teile garantiert. Der Verfasser des Eph hätte aber den kosmischen Frieden umgedeutet auf die soziale Vereinigung von Völkern bzw. Völkergruppen.

[181] Der Wechsel vom Neutrum (τὰ ἀμφότερα) zum pluralen Maskulinum (τοὺς δύο) ist kein zwingendes Argument für eine individuale Auffassung von εἰς ἕνα καινὸν ἄνθρωπον, zumal V.16 den kollektiven Aspekt beibehält (gegen ABBOTT, Eph, 65; BEST, One Body, 153; DERS., Eph, 261f; ALLEN, 132f).

[182] Diese Aufnahme von Gen 1,26f hängt auch mit der bei Philon belegten Anthropologie zusammen, die mit einer doppelten Menschenschöpfung operiert (LA I 31–42; vgl. opif. 134–139). Der „erneuerte Mensch" ist der (himmlische) Prototyp: der Mensch nach dem „Bilde" (dem Logos). Ob in Kol 3,9–11 mit κατ' εἰκόνα auf Kol 1,15 Bezug genommen wird und insofern christologische Implikationen beabsichtigt sind, muss hier offenbleiben; vgl. WOLTER, Kol, 180f, der sich dagegen ausspricht – mit dem Hinweis, dass das pronominale Objekt in τοῦ κτίσαντος αὐτόν eher den erneuerten Menschen meint. – In Eph 4,24 ist κατ' εἰκόνα τοῦ κτίσαντος αὐτόν (Kol 3,10b) durch τὸν κατὰ θεὸν κτισθέντα interpretiert.

[183] Die wichtigsten Texte Philons zum Thema der Zweiheit und der Einheit werden von SMITH, Traditions, 120–162; DERS., The Two Made One, 36–41, aufgeführt; vgl. auch FAUST, 132–135. Doch gerade zum Motiv εἷς ... ἄνθρωπος weicht Smith wieder auf jüdisch-apokalyptische Adam-Spekulationen aus sowie auf das Motiv der Neuschöpfungsmetaphorik bezüglich der Proselyten (138ff bzw. 41–43). Gerade hier aber gibt es bei Philon eine Verbindung: vgl. FAUST, 125–138, der ausdrücklich auf Philons Konzept der doppelten Menschenschöpfung hinweist.

gesehen wird, der so zum ursprünglichen (ersten, himmlischen) Menschen werden kann.[184] Bei Philon sind Soteriologie und Ontologie verbunden: Die Erlösung bedeutet eine Verwandlung des Menschen nach der Zwei (Mensch in der Gespaltenheit) in einen Menschen nach der Eins (Mos. II 28; QE II 27–46).[185] Nun sind aber Adam, Mose und die Erzväter immer Typen von Menschenklassen, also Namen von Kollektiven und Korporationen. So ist auch „Israel" der Typ des erlösten, erneuerten Menschen, des ἄνθρωπος θεοῦ, von dem die „Söhne Israels" ihr Wesen haben (conf. 146–148). Der „eine neue Mensch" ist also nicht der eschatologische Adam, sondern der *Logos*, der Typ der „Menschen Gottes". Damit setzt sich in V.15b–16 die kollektive bzw. generische Redeweise gegenüber der individuellen durch.

Die Menschen dieses Typs halten Frieden (Philon, conf. 41). So wird in Eph 2,15 dann auch im 5. Satzelement die Frieden begründende und stiftende Funktion Christi noch einmal genannt: ποιῶν εἰρήνην. Darin klingt eine Prädikation an, die nicht nur theologische, sondern auch politische Bedeutung hat: εἰρηνοποιός („Friedensmacher"). Zwar belegt Philon mit diesem Prädikat nur Gott (spec. II 192), doch verwendet er synonym dazu das Prädikat εἰρηνοφύλαξ („Friedenswächter" – neben spec. II 192 auch her. 206), das er legat. 147 (im Enkomion auf den Befreier und Friedensbringer Augustus) auch auf den Kaiser anwendet. Für εἰρηνοφύλαξ ist die Herkunft aus hellenistischer Herrscherverehrung nachgewiesen.[186] Aus dieser Tradition stammt aber auch die Versöhnungsterminologie.[187] Nicht sicher ist dagegen, ob auch das Prädikat εἰρηνοποιός (εἰρηνοποιεῖν, εἰρήνην ποιεῖν) aus der gleichen Tradition herkommt. H. Windisch[188] hat dafür auf Dio Cassius 44,49,2 (Ehrenprädikat Caesars) und 72,15,5 (Ehrentitel für den Kaiser Commodus) verwiesen – das sind freilich späte Belege. Für Mt 5,9 scheidet diese Ableitung wohl ohnehin aus.[189] Mindestens genauso nahe liegen die alttestamentlichen und jüdischen Belege für das Gottesprädikat ὁ ποιῶν εἰρήνην (Jes 45,7 LXX; MT: עֹשֶׂה שָׁלוֹם – vgl. Hi 25,2).[190] εἰρηνοποιός als Kaisertitel wird dann

---

[184] Vgl. dazu SELLIN, Streit, 101–114.

[185] „For when the prophetic mind becomes divinely inspired and filled with God, it becomes like the *monad*, not being at all mixed with any of those things associated with *duality*. But he, who is resolved into the nature of *unity*, is said to come near God in kind of family relation (οἰκειότης), for having given up and left behind all mortal kinds, he is changed into the divine, so that such men become kin to God and truly divine" (Übersetzung von R. MARCUS, Philo, Supplement II 70). Vgl. Mos. II 288: (Mose) μετακληθεὶς ὑπὸ τοῦ πατρός, ὅς αὐτὸν δυάδα ὄντα, σῶμα καὶ ψυχήν, εἰς μονάδος ἀνεστοιχείου φύσιν. Zum pythagoreischen Hintergrund: SELLIN, Streit, 117f.140–143.

[186] Belege bei FAUST, 263–267.

[187] Das hat BREYTENBACH, 45–65, überzeugend nachgewiesen; vgl. auch FAUST, 263–279.

[188] WINDISCH, Friedensbringer – Gottessöhne; vgl. FAUST, 267.

[189] Vgl. LUZ, Mt, I, 287–289.

[190] Rabbinische Belege bei BILLERBECK I 215–220. „Der den Frieden schafft" wurde zu einer Formel, die den Berakhot eingefügt oder angehängt wurde. Die Ausblendung dieser Belege bei FAUST, 263–267, macht die Arbeit an diesem Punkt zu einseitig – vgl. dagegen die Bemerkung bei WINDISCH, Friedensbringer – Gottessöhne, 252 A 1: „Ursprünglich wollte ich die Seligpreisung direkt mit dem Kaiserkult in Verbindung bringen. Der Hinweis von Tal [T. TAL, Een blik in Talmoed en Evangelie, 1881] und nähere Überlegung der alttest.-jüdischen Analogien bewahrten mich vor dieser Einseitigkeit."

erst spät im Zuge der Vergöttlichung römischer Herrscher aus orientalisch-religöser Tradition (vielleicht sogar indirekt jüdisch oder christlich vermittelt) übernommen sein. Vorgegeben ist dem Verfasser des Eph die partizipiale Wendung (zugleich mit der Versöhnungsaussage) durch Kol 1,20 (εἰρηνοποιήσας), wo τὸ πλήρωμα (= Gott) Subjekt ist. Der entscheidende Unterschied zwischen Kol 1,20 und Eph 2,15 besteht aber darin, dass es im Kol um eine kosmische Versöhnung und einen kosmischen Frieden geht, während in Eph 2 das ekklesiale Moment in politisch-sozialer Hinsicht entfaltet und akzentuiert wird.

16 Im II. Glied des ἵνα-Satzes (V.16a) steht das zu κτίσῃ parallele Verb ἀποκαταλλάξῃ voran. Direktes Objekt sind „die beiden" (Juden und Heiden): Beide werden „mit Gott" versöhnt (indirektes Objekt im Dat.). Die Versöhnungsaussage ist wie die vom Frieden-Schaffen aus Kol 1,20.22 übernommen. Dafür spricht deutlich die Tatsache, dass das gleiche Bikompositum ἀπο-καταλλάσσειν gebraucht wird, das ausschließlich in christlicher Literatur begegnet und folglich erstmals überhaupt an den beiden Stellen in Kol auftritt. Sein Sinn ist bisher noch nicht überzeugend geklärt worden. Wahrscheinlich handelt es sich um einen Neologismus des Verfassers des Kol. Der Grund könnte in einer gewollten Korrespondenz zum ἀπ-ηλλοτριωμένους in Kol 1,21 bestehen: Die Adressaten waren „einst" in ihren „bösen Werken" (von Gott) ausgeschlossen – von denen sie nun wiederum durch Versöhnung abgesondert sind, insofern das Ausgeschlossensein durch ein erneutes ἀπ(ό) rückgängig gemacht ist.[191]

Das Konzept der „Versöhnung" begegnet schon bei Paulus (Röm 5,10f; 11,15; 2Kor 5,18–20).[192] Terminologisch entstammt es dem hellenistischen politischen Kontext.[193] Der Sache nach genügt der Hinweis auf den politischen Ursprung der Terminologie jedoch nicht, da es beim Versöhnungskonzept im NT immer um eine Relation Gott/Menschen geht. Vorbilder sind hier 2Makk 1,5; 5,20 (καταλλαγή); 7,33; 8,29; Philon, det. 149 (καταλλαγή);[194] praem. 166f; Mos. II 166 (Mose als διαλλακτής); Philon, Fragment II 670;[195] JosAs 11,18 (διαλλαγῆναι); Josephus, ant. III 315; VI 151; VII 153.295; bell. V 415.[196] Ohne jüdische Komponente ist das paulinische (und deuteropaulinische) Versöhnungskonzept jedenfalls nicht ableitbar. Die politische Sprache schlägt jedoch gleich wieder durch, wenn hier als direktes Objekt der Versöhnung τοὺς ἀμφοτέρους (die beiden einander verfein-

---

[191] Vgl. die Relationierung von καταλλαγή und ἀπαλλαγή in dem Philon zugeschriebenen Fragment II 670 (bei Wolter, 45).
[192] Dazu Wolter, 35–104; Findeis, 253–275; Breytenbach, passim.
[193] Das ist der Ertrag des Buches von Breytenbach; vgl. auch Wolter, 39.41.62–73.
[194] Im *Index Philoneus* (G. Maier) irrtümlich als det. 49 aufgeführt. Die Stelle hat Breytenbach, Versöhnung, übersehen.
[195] Wolter, 45 (s.o. A 191). Es ist sehr unsicher, ob dieser Text überhaupt von Philon stammt (vgl. ebd.).
[196] Vgl. Wolter, 36–45.59–62. Nach Wolter verbinden sich im jüdischen Bereich das politische bzw. soziale Konzept von καταλλαγή/καταλλάσσειν und das sühnopfertheologische von (ἐξ)ἱλάσκεσθαι, was von Breytenbach, 21–23, aber bestritten wird.

deten Gruppen,[197] Juden und Heiden: V.14) genannt werden. Doch geht es nun nicht um die Versöhnung dieser beiden untereinander, sondern um die Versöhnung *beider mit Gott*, wie das zweite Objekt (τῷ θεῷ) zeigt.[198] Der andere Aspekt (Versöhnung der „beiden", d.h. der streitenden Gruppen miteinander) ist jedoch nicht unterschlagen, er findet sich wieder in der Präpositionalwendung ἐν ἑνὶ σώματι, die modal bzw. lokal aufzufassen ist.[199] Das heißt: Der Verfasser hat beide Traditionen miteinander verschmolzen, die politische Tradition, die das Wort-Konzept καταλλαγή, καταλλάσσειν usw. in der hellenistischen Umwelt hatte,[200] und die von Paulus an den einschlägigen Stellen (Röm 5,10f; 11,15; 2Kor 5,18–20) wohl schon aus jüdischer Tradition (2Makk; Josephus; Philon, det. 189; praem. 166f) übernommene theologische Tradition von der Versöhnung der Menschen mit Gott. Wichtig an unserer Stelle ist dabei, dass Christus selbst als Subjekt und Initiator dieser Versöhnung gilt (vgl. dagegen 2Kor 5,18–20, wo Gott Subjekt und Christus Mittel [διά] der Versöhnung ist). Dadurch, dass Christus der Friedensstifter zwischen „den beiden" ist, indem er sie zu einer neuen Einheit machte und damit die Trennmauer und Feindschaft beseitigte (V.14), bewirkt er, dass „beide" in einer einheitlichen Korporation mit Gott versöhnt werden. Wenn es – wie V.12 und 13 nahelegen – ausschließlich um die Aufnahme der Heiden in den Privilegien-Status Israels geht, dann sind Vereinigung und Frieden zwischen „den beiden" jedenfalls für die Heiden die Bedingung der Versöhnung mit Gott. Andererseits heißt es aber in V.16, dass „die *beiden*" mit Gott versöhnt werden sollen (ἵνα … ἀποκαταλλάξῃ τοὺς ἀμφοτέρους … τῷ θεῷ). Der gut paulinische Aspekt, dass „beide", Heiden und Israel, der Versöhnung mit Gott bedürfen[201] (und darin schon in ihrer Gottesferne solidarisch sind), ist nicht ganz unterdrückt, wie auch in V.17 deutlich wird, wonach die Botschaft des Friedens den „*Fernen*" *und den* „*Nahen*" gilt (vgl. auch V.18). Wenn man also in V.16 nach Bedingung oder Ursache fragt, wird man sich eher an das fünfte Element in V.16a halten müssen: διὰ τοῦ σταυροῦ.

Damit aber stehen wir vor der Frage nach der Plausibilität der todes- und kreuzes-soteriologischen Aussagen im Neuen Testament: Wie können aus dem Kreuzestod Jesu die Versöhnung mit Gott und der (kosmische und politisch-soziale) Frieden gefolgert werden? Eine Satisfaktionstheorie kann man dem Neuen Testament nicht unterstellen. Einen Schritt weiter in der Beantwortung dieser Frage kommt man über die Wendungen ἐν τῷ αἵματι τοῦ Χριστοῦ (V.13) und ἐν τῇ σαρκὶ αὐτοῦ (V.14). Beide enthalten ja ein metonymisches Moment: als Hinweis auf den Kreuzestod. Deutlicher ist das in der Vorlage Kol 1,20 und 22a, wo

---
[197] S.o. bei A 121.
[198] Das Objekt, mit dem jemand versöhnt wird oder sich versöhnt, steht immer im Dat.
[199] S.o. bei A 173–177; vgl. ALLEN, 142–159. Einige Autoren denken an den gekreuzigten Leib: PERCY, Probleme, 281.317; SCHLIER, Eph, 135; VAN ROON, 299f; jedoch ist ἐν hier nicht instrumental aufzufassen.
[200] Die Belege von καταλλάσσειν und καταλλαγή haben auch bei Philon überwiegend diese politische Bedeutung: Abr. 214; Jos. 99.156.237.262.265; decal. 87; spec. III 31; virt. 118.154; LA III 134; ebr. 208; Flacc. 19.76; vgl. BREYTENBACH, 70–73.
[201] Vgl. in Röm 5,8–11 den Hinweis auf Sünde, Rechtfertigung und den „Zorn" (V.9 Ende), was auf Röm 1–3 zurückweist.

die Versöhnungsaussage mit διὰ τοῦ αἵματος τοῦ σταυροῦ αὐτοῦ (V.20) und ἐν τῷ σώματι τῆς σαρκὸς αὐτοῦ διὰ τοῦ θανάτου begründet wird. Dass „Fleisch" und „Blut" hier nicht nur Metonymien für den (Kreuzes-)Tod sind, sondern auch eine interpretierende symbolische bzw. metaphorische Bedeutung haben, lässt sich nicht zuletzt auch den Aussagen in Hebr 9–10 entnehmen.[202] Die metaphorische Bedeutung von „Blut" in diesem Zusammenhang ist zunächst durch den Opferkult bedingt (vgl. Ex 24,6–8; Lev 17,11; Hebr 9–10), dann aber durch die Herrenmahltradition (Mk 14,24 parr.; 1Kor 11,25: „Blut" des Bundes bzw. der „Neue Bund" im Blut). Hier ist σῶμα (und nicht σάρξ) das Pendant. In der von Paulus gebotenen Fassung ist die soteriologische „für"-Aussage mit σῶμα verbunden („mein Leib für euch"), in Mk 14,24 mit dem Bundesblut („vergossen für viele"). Während die ὑπέρ-Wendung an sich keinerlei kultische Bedeutung hat (vgl. die Sterbe- bzw. Dahingabe-Formeln – z.B. Röm 5,8; 8,11; 15,3b; Röm 8,32; Gal 2,20),[203] birgt ihre Verbindung mit dem „Blut" ohne Zweifel eine kultische Konnotation.[204] Diese Symbol-Konnotation ist nun insofern eine typologische, als der Opferkult nur mehr eine Entsprechungs- und Vorbild-Funktion hat, selbst aber durch seinen Anti-Typos, den Tod Christi, abgelöst und ersetzt ist. Das heißt: Der Tod Christi bewirkt für die Christen das, was das Blut in Opfer- und Bundeskult bewirkte: Reinigung, die nun ebenfalls metaphorisiert und auf die Sünden bzw. Verfehlungen bezogen wird. Eine derartige Metaphorisierung der Funktion des Blutes beim Opferkult ist vorchristlich kaum zu belegen[205] und möglicherweise erstmals überhaupt in der Herrenmahltradition vorgenommen worden – und zwar wohl in den hellenistisch-judenchristlichen Ursprüngen der Gemeinde zu Antiochia.

Die soteriologische Begründung ἐν τῷ αἵματι (Eph 2,13) hängt also mit der typologischen Deutung des Todes Jesu mit Hilfe des Opferkultes zusammen,[206] die erstmals in der Herrenmahltradition entwickelt worden ist. Schwieriger ist die Erklärung für die soteriologische Funktion von ἐν τῇ σαρκὶ αὐτοῦ (Eph 2,14). Auch diese Wendung steht zunächst metonymisch für den Kreuzestod. Die Frage ist auch hier, worin sie ihre darüber hinausgehende metaphorische Plausibilität hat. Aufgrund von Kol 2,11 (ἐν τῇ ἀπεκδύσει τοῦ σώματος τῆς σαρκός) und 1,22 (ἀποκατήλλαξεν ἐν τῷ σώματι τῆς σαρκὸς αὐτοῦ διὰ τοῦ θανάτου), der Vorlage für die Versöhnungsaussage in Eph 2,16, möchte E. Faust in Kol und Eph ein Verständnis der Heilswirkung des Kreuzestodes finden, das vom Entweltlichungsmotiv

---

[202] In den genuinen Paulinen hat entsprechende soteriologische Bedeutung nur „Blut": Röm 3,25; 5,9; 1Kor 10,16; 11,25 (alle Stellen sind traditionsvermittelt; Röm 5,9 greift auf 3,25 zurück). „Fleisch" erscheint in dieser Bedeutung nie in den genuinen Paulinen, sonst: Joh 6,51–56; Kol 2,11 (neben 1,22); Hebr 5,7; 9,13; 10,20; 1Petr 3,18; 4,1.

[203] Vgl. BREYTENBACH, Bemerkungen, 67–79.

[204] Streng genommen gilt dies nur für die markinische Variante der Abendmahlstradition. In 1Kor 11,25 wird der „Kelch" als Symbol des „neuen Bundes" gedeutet. Doch das ἐν τῷ ἐμῷ αἵματι läßt den Bezug auf die Opfer-Symbolik noch erkennen.

[205] Im hellenistischen Judentum ist diese Opferspiritualisierung in Hinsicht auf das Blut allenfalls sehr vage vorgebildet. Philon kann mit der Funktion des Blutes beim Opferkult nicht allzuviel anfangen, da es für ihn nur den niederen Teil der Seele symbolisiert (det. 79–84; her. 54–58; fug. 188–190; somn. I 221; Jos. 53; spec. I 62; IV 122–125). Als „Seele des Fleisches" (her. 64; vgl. Lev 17,11) gehört es zur σάρξ. Doch finden sich auch positive Deutungen: Die Besprengung mit dem „Blut der Seele" meine, den Geist darzubringen (LA II 56 – was sonst vom Ganzopfer gesagt wird: spec. I 199–201); zum Opferkult gehört „die reinigende Kraft des Blutes" (Mos. II 150–152); „eine Spende der Seele ist recht eigentlich das Blut" (spec. I 205).

[206] Vgl. den Grundsatz Hebr 9,22: „dass nach dem Gesetz alles mit Blut gereinigt wird und dass es ohne Blutvergießen keine Vergebung gibt".

der hellenistisch-jüdischen Anthropologie, wie sie Philon bezeugt, bestimmt sei: Durch seine Überwindung und Ablegung der sarkischen Existenz sei Christus zum Typos für die Christen geworden.[207] Dieser Gedanke werde in Kol 2,11 durch das metaphorische Beschneidungsmotiv zum Ausdruck gebracht. Nun geht die Wendung ἐν τῇ σαρκὶ αὐτοῦ in Eph 2,14 auf Kol 1,22 (ἐν τῷ σώματι τῆς σαρκὸς αὐτοῦ) zurück.[208] Über Kol 2,11 wird deshalb auch hier das Beschneidungsmotiv vermutet.[209] Doch hier gilt eines der schon gegen die Deutung der Blut-Metaphorik auf die Beschneidung vorgebrachten Argumente: In Eph 2,11–22 ist von einer ἀπέκδυσις (Ablegung [des Leibes]) auch nicht andeutungsweise die Rede. Das gilt auch schon für Kol 1,22. Zwar ist der Ausdruck σῶμα τῆς σαρκός in Kol 1,22 derselbe wie in Kol 2,11, doch sind die metaphorischen Funktionen an beiden Stellen vom Verfasser des Kol unterschiedlich ausgerichtet. Nach 1,22 ist die ἀποκαταλλαγή zwar genauso durch den Kreuzestod bewirkt (διά), doch ἐν τῷ σώματι τῆς σαρκός kann sich nicht auf eine Deutung des *Modus* seines Sterbens beziehen. Vielmehr liegt hier ein Anklang an die antiochenische paulinische σῶμα-Terminologie aus dem Zusammenhang der Herrenmahltradition vor (Mk 14,22; 1Kor 11,24; 10,16b–17), die durch den Gen. τῆς σαρκός spezifiziert wird, um sie vom kollektiven σῶμα-Begriff (Kol 3,15) abzuheben. Diese Differenzierung hat der Verfasser des Eph konsequent fortgesetzt: Weil er den σῶμα-Begriff ausschließlich kollektivistisch gebrauchte, musste er ihn in 2,14 weglassen. Es bleibt allerdings zu fragen, ob darin nicht noch eine Tradition wirksam ist, die von sich aus im passions-soteriologischen Zusammenhang den σάρξ-Begriff verwendete. Große Nähe zu Eph 2,14 hat Hebr 10,19f: „Durch das Blut Jesu" (ἐν τῷ αἵματι Ἰησοῦ) haben die Christen den freien Zugang (παρρησίαν) in das (himmlische) Heiligtum, „den er uns eingeweiht hat als ... Weg durch den Vorhang, das heißt: *durch sein Fleisch*" (διὰ ... τῆς σαρκὸς αὐτοῦ). Es ist strittig, ob sich an dieser Stelle „durch sein Fleisch" epexegetisch auf den „Vorhang" oder auf den „Weg" bezieht. Der Kasus spricht für die Gleichsetzung von „Vorhang" und „Fleisch". Das „Fleisch" wäre dann etwas, das Jesus durchschritten und hinter sich gelasssen hat. Gemeint wäre der Übergang von der irdischen in die himmlische Existenz.[210] Im Hintergrund steht die aus Philon bekannte Allegorese vom Dienst des Hohenpriesters am Versöhnungstag (somn. II 189.230–232), wobei nun „Blut" das Opfer und „Fleisch" den Vorhang vor dem Allerheiligsten symbolisiert. Ob in ἐν τῇ σαρκὶ αὐτοῦ für den Verfasser des Eph eine Konnotation mit der philonischen Entweltlichungstendenz noch angelegt ist (wie sie in Kol 2,11–15 nicht zu übersehen ist), lässt sich jedoch nicht nachweisen.

Die Versöhnungsaussage in V.16 gewinnt ihre Plausibilität im Kontext durch die kultischen Konnotationen der „Blut"- und „Fleisch"-Metonymien für Jesu Kreuzestod. In ihrer relevantesten und ältesten Form findet sich diese kultische Interpretation des Todes Jesu in der antiochenischen Herrenmahltradition. Auch wenn der Verfasser des Eph in der σάρξ-Formulierung über Kol (σῶμα τῆς σαρκός) noch konsequent hinausgeht, so fängt er die in der Christologie von Kol 2,11f und Hebr 10 angelegte Entweltlichungstendenz (Ablegen des Fleischesleibes/Durchschreiten des Vorhangs = Zurücklassen des Fleisches) dadurch auf, dass die Versöhnung eine Beseitigung der Feindschaft zwischen Menschengruppen impliziert.[211]

---

[207] Faust, 79.
[208] S.o. S. 215 zu 2,14.
[209] Smith, Traditions, 50–65; Faust, 78–87, und die o. in A 150 Genannten.
[210] So Braun, Hebr, 307f.
[211] Allen, 161–164.173, möchte die in 2,15f enthaltene Soteriologie von der *Akedah*-Tradition (Isaaks freiwillige Opferbereitschaft) her erklären, die er eingebettet sieht in das *corporate-personality*-Konzept

Die Partizipialwendung ἀποκτείνας τὴν ἔχθραν ἐν αὐτῷ am Ende von Eph 2,16 gehört nicht mehr zum Finalsatz V.15b–16a, sondern steht parallel zu ποιήσας ... λύσας ... καταργήσας und bildet die vierte Hauptaussage der Einheit V.14–16.[212] Sie fasst diese abschließend zusammen. Die Intensität der Partizipien λύσας, καταργήσας, ἀποκτείνας ist jeweils gesteigert: Er hat den Zaun beseitigt, die trennende Wirkung des Gesetzes wirkungslos gemacht, die Feindschaft „getötet". Die Wahl des Wortes ἀποκτείνειν (eine Metapher) lässt vielleicht bewusst Passionsterminologie anklingen:[213] Indem er getötet wurde, wurde die Feindschaft „getötet". In Opposition zu εἰρήνη ist ἔχθρα in V.14–16 (wie εἰρήνη zweimal vorkommend) zentraler, zusammenfassender Begriff. Wie „Frieden" ist auch „Feindschaft" nicht auf das Gottesverhältnis bezogen, sondern auf das Zusammenleben zweier Menscheitsgruppen. Die Friedens-/Einheits-Idee steht in V.14f im Vordergrund, und erst über den (an sich ebenfalls politischen) καταλλαγή-Begriff kommt die soteriologische Perspektive mitsamt ihrer kultischen Metaphorik im II. Glied des Finalsatzes (V.16a) zum Zuge. Allerdings ist diese vorweg in V.13 angelegt (vgl. dort das „in dem Blut des Christus"). Dort aber waren die Heidenchristen angesprochen. So gilt zunächst: Die soteriologische Begrifflichkeit ist in erster Linie auf den Zugang der Heiden bezogen. Diese bilden das Modell des Erlösungsvorgangs (vgl. 3,1ff). Im Brennpunkt steht aber die Vereinigungsaussage: die Überwindung der Feindschaft zwischen den partikularen Menschheitsgruppen. Es darf freilich nicht übersehen werden, dass die Versöhnung *beide* Gruppen zum Objekt hat (τοὺς ἀμφοτέρους V.16). Dies wird V.17 noch sicherstellen (s.u.). Die Tötung der Feindschaft geschieht ἐν αὐτῷ. ἐν hat hier überwiegend instrumentale Funktion,[214] doch lässt sich die lokale Bedeutung nicht ausschließen: „In dem einen Leib" (V.16a) ist die Feindschaft „tot", weil sie „durch ihn" getötet wurde.[215]

17 Nach den vier partizipialen Prädikationen V.14b–16 folgt nun so etwas wie ein zusammenfassender Schriftbeleg zu V.14a, auf den V.13 bereits vorwegnehmend angespielt hatte. Hier begegnen wörtliche Anklänge an Jes 52,7 (εὐαγγελίζεσθαι, εἰρήνη) und 57,19 (εἰρήνη τοῖς μακρὰν καὶ τοῖς ἐγγὺς οὖσιν).[216] Der aoristischen Hauptaussage εὐηγγελίσατο steht ein aoristisches Partizip voran: ἐλθών („nachdem er gekommen war ..."). Damit ist nicht an das Auftreten des irdischen

---

(„Perhaps this New Adam is viewed as a New Isaak": 173). Aber weder ist von Adam, Abraham, Isaak oder sonst einem Patriarchen hier die Rede, noch begegnet in Kap. 2 der Sohnes-Titel („Sohn Gottes" einzig in 4,13; zu ἠγαπημένος s.o. A 130 zu 1,6).

[212] Dabei bildet die Stellung der vier Partizipien einen Chiasmus: das erste und vierte am Anfang der jeweiligen Aussage, das zweite und dritte am Ende (vgl. das Schema der syntaktischen Struktur o. S. 202).

[213] Z.B. Mk 8,31; 9,31; 10,34; 14,1. In Eph fehlt jedoch jeder antijüdische Vorwurf.

[214] Vgl. Apk 2,23; 6,8; 13,10; 19,21.

[215] So erklärt sich auch hier das nicht-reflexive Personalpronomen αὐτῷ – vgl. die fragwürdige Beseitigung dieser angeblichen Schwierigkeit in F G lat (und s.o. A 171–176).

[216] Vgl. dazu LINCOLN, 25–57, und s.o. bei A 88.

Jesus,[217] das im ganzen Brief keine explizite Rolle spielt, sondern an sein Kommen im (nachösterlichen) Kerygma[218] gedacht. Der Gekreuzigte und Auferweckte[219] ist das Subjekt der Friedensverkündigung; die Apostel und „Verkündiger", die er einsetzte (4,11), allen voran der Heidenapostel Paulus (3,8), sind das Medium des εὐαγγελίσασθαι. Dieser Begriff ist den Schlusskapiteln des Jesajabuches entnommen (40,9; 52,7; 61,1) und hat schon Verwendung in der Jesustradition gefunden (Mt 11,5/Lk 7,22 = Jes 61,1). Dem Verfasser des Eph ist er aus der paulinischen Tradition vertraut (Röm 1,15; 10,15 = Jes 52,7; 1Kor 9,16; 15,1; 2Kor 11,7; Gal 1,8.16 u. ö.). Die Dativobjekte „euch, den Fernen ... und den Nahen" entstammen Jes 57,19. Bei Tritojesaja sind die „Fernen" die im Exil lebenden Israeliten, und mit den „Nahen" sind die daheim in Jerusalem weilenden gemeint. Die Deutung von Jes 57,19 im Judentum zielt fast durchgehend auf das Verhältnis von Toratreue und Gesetzesferne[220], doch findet sich singulär in NumR 8,4 eine Bezugnahme auf Israeliten (die Nahen) und heidnische Proselyten (die Fernen).[221] Dagegen wird die „fern"-„nah"-Terminologie (קרב - רחק/μακράν – ἐγγύς, ἐγγίζειν, προσέρχεσθαι) *ohne Bezug auf Jes 57,19* häufiger und schon früh auf geborene Israeliten und Proselyten bezogen.[222] Dass Jes 57,19 in diesem Zusammenhang (mit Ausnahme von NumR 8,4)[223] gemieden wird, hängt offenbar mit der für Juden in diesem Zusammenhang anstößigen Voranstellung der „Fernen" in diesem Text zusammen. Dann aber ist der Verfasser des Eph der erste, der Jes 57,19 auf die Proselyten-Terminologie (μακράν – ἐγγύς, ἐγγίζειν, προσέρχεσθαι) direkt angewendet hat.[224] Das bedeutet zunächst, dass hier kein Midrasch einer Schriftstelle vorliegt, sondern eine zu einer terminologisch festen Tradition (Proselytismus) hinzugefügte Schriftanspielung. Das bedeutet ferner, dass der soteriologische Vorgang an den Heiden(christen) orientiert ist (weshalb dann im nächsten Abschnitt 3,1–13 Paulus als der Heidenmissionar stilisiert wird und der Inhalt des „Mysteriums" im Mit-Erben der Heiden besteht). Und das bedeutet schließlich, dass die theologische Perspektive die jüdische bleibt, insofern die Heiden an dem Modell des Proselytentums gemessen werden. Allerdings bedeutet dies implizit auch eine neue Möglichkeit für Israel, wie der nächste Vers zeigt.

---

[217] So aber MUSSNER, Christus, 101: pauschal das Wirken Jesu; ähnlich bereits HAUPT, Eph, 91: „die gesamte Predigt Jesu"; vgl. auch EWALD, Eph, 143.
[218] So z.B. ABBOTT, Eph, 66f; SCHILLE, Hymnen, 30; GNILKA, Eph, 145f; SCHNACKENBURG, Eph, 118. Der Aorist ist durchgehend auch das Tempus der Ereignisaussagen des Kreuz- und Auferstehungskerygmas. SCHLIER, Eph, 137–139, denkt an den Aufstieg und Einzug des Erlösers in die himmlische Welt. Dann würde man ἀναβάς erwarten (vgl. 4,8.10).
[219] LINCOLN, 29f: ein zusammenfassender Rückbezug auf V.14–16.
[220] Zur jüdischen Auslegungsgeschichte von Jes 57,19: SMITH, Traditions, 8–15; LINCOLN, 27f.
[221] SMITH, Traditions, 11f.
[222] S.o. A 64 und die dort genannte Lit. Es gibt dafür genügend tannaitische Belege.
[223] In NumR 8,4 soll Jes 57,19 nur beweisen, dass die Proselyten den geborenen Israeliten *gleichgestellt* sind: SMITH, Traditions, 25.32.
[224] SMITH, Traditions, 31f.

18 In einer abschließenden Begründung (ὅτι)[225] wird das Ergebnis zusammengefasst: „Durch ihn"[226] haben „die beiden" (Juden und Heiden) den Zugang zum Vater. (οἱ) ἀμφότεροι ist stehender Ausdruck in Dokumenten und historischen Texten über jüdisch-heidnische Konflikte in Alexandria und Städten Kleinasiens aus der frühen Kaiserzeit.[227] Die „Wir"-Aussage (ἔχομεν) bezieht sich explizit auf Juden- und Heidenchristen gemeinsam.[228] προσαγωγή (im NT nur noch Röm 5,2 und Eph 3,12) begegnet noch nicht in LXX; dort steht aber das entsprechende Verb προσάγειν „(vor Gott/zum Heiligtum) bringen" – überwiegend für קרב hi, häufig auch für נגשׁ, beides kultische *termini technici*.[229] Lev 16,9; Ez 42,14; 44,13.15 steht προσάγειν auch (intransitiv gebraucht) für das Hinzutreten des Kultpersonals zum Heiligtum, das Herantreten zu Gott.[230] Bei 1Petr 3,18c (ἵνα ὑμᾶς[231] προσαγάγῃ τῷ θεῷ) wird man deshalb kultische Konnotation nicht ganz abstreiten können.[232] Die Wahl des Nomens προσαγωγή (passivische Bedeutung im Sinne von Zulassung zur Audienz, nicht im Sinne von προσέρχεσθαι: „hinzutreten") ist also eine bewusste.[233] Dies gilt implizit auch für Eph 2,18 – was durch das δι' αὐτοῦ noch anklingt. Doch zeigt schon die Verwendung des Präsens ἔχομεν, dass die semantische Nuance zwischen „Hinzubringung"/„Heranführung" einerseits und „Herantreten" andererseits verschwimmt, was dann erst recht für Eph 3,12 gilt, wo (neben dem Präsens ἔχομεν) προσαγωγή mit παρρησία (freimütiger Umgang) parallelisiert wird. Ursprünglich aber sind die προσάγειν- und die προσέρχεσθαι- (πρόσοδος-)Terminologie zu unterscheiden.[234] Wichtiger ist die Beobachtung, dass die קרב/προσάγειν-Terminologie im Frühjudentum im Zu-

---

[225] Gegen GNILKA, Eph, 146; MUSSNER, Eph, 85 (vgl. schon DERS., Christus, 104), und ADAI, Geist, 163, die V.18 als Deklaration verstehen und ὅτι mit „dass" übersetzen. Dass diese grammatikalische Frage theologische Bedeutung hat, zeigt der Satz bei ADAI, 169: „Weil jetzt durch Christus unter den Menschen Frieden herrscht, sind die Menschen zur Audienz bei Gott zugelassen." Man müßte umgekehrt und mit Nuancenverschiebungen formulieren: Weil *alle* Menschen durch Christus zur Audienz bei Gott zugelassen sind, kann unter den Menschen Frieden herrschen.

[226] Διά + Gen. für die Vermittlung (BDR § 223,3). Während ἐν (Χριστῷ, αὐτῷ usw.) im Eph ca. 35mal erscheint, begegnet διά (Χριστοῦ, αὐτοῦ) nur hier und 1,5.

[227] S.o. A 121.

[228] Vgl. 2,3 (ἡμεῖς πάντες); das gilt dann implizit von allen „Wir"-Aussagen des Briefes.

[229] Für קרב: Ex 21,6; 29,4.8.10 u. ö.; Lev 1,2f.10 u. ö.; für נגשׁ: Mal 1,7f; 2,12; 3,3; Ez 44,13; in den Apokryphen: 1Makk 5,54; 2Makk 3,32; 12,43; 13,23; 14,31; Qumran: z.B. 1QS 6,16.19.22; 8,9; 9,19; 1QH 14,14 (קרב); 1QS 9,16; 11,13; 1QH 14,18f; CD 4,2.; 4Q 181 (נגשׁ); vgl. dazu KLINZING, 117-130; WOLTER, 107-120; LINCOLN, 28.

[230] Dafür häufiger προσέρχεσθαι – so Lev 9,5 u.ö; auch im NT: Hebr 7,25; 11,6 (προσέρχεσθαι τῷ θεῷ); vgl. 1Kön (1Sam) 14,36 (πρὸς τὸν θεόν).

[231] Die Lesart ὑμᾶς (p72 B Ψ) ist der Lesart ἡμᾶς (א2 A C K L 33 u.a.) vorzuziehen – vgl. REICHERT, Praeparatio, 205 A 1.

[232] Vgl. aber REICHERT (vorige A), 205 A 2.

[233] Bei Philon ist das Wort durchgehend (ca. 50 Belege) im Sinne von „heran*führen*", „dar*bringen*" gebraucht, davon weit überwiegend im opfertechnischen Sinne; vgl. auch Justin, dial. 11,5 (passivisch!); ConstAp VII 36,2.

[234] „Zugang" oder „Zutritt", wie meist übersetzt wird, ist ungenau. Treffender ist *Zulassung zur Audienz* (vgl. BAUER/ALAND, Wb., 1424,1): Polybios X 1,6; Plutarch, Aemilius Paullus, 13,3; Xenophon, Kyrop. I 3,8.

I. 4.) 2,11–22 Die Einheit von Juden und Heiden in Christus   229

sammenhang des Proselytenthemas gebraucht wird.[235] Dem transitiven Element (-ἄγειν) entspricht in Eph 2 dabei die vorwegnehmende Paraphrase 2,13: ἐγενήθητε ἐγγύς (mit instrumentalem ἐν Χριστῷ). Während es in 2,13 aber noch um die Anteilgabe der Heiden an den Privilegien Israels ging, ist nun Gott selbst (als Vater) das Ziel der Hinzubringung. Die Vaterbezeichnung für Gott begegnet in Eph (mit 8 Vorkommen) relativ häufig.[236] Die aus Juden und Heiden bestehende Christenheit ist durch Christus ihm nahegebracht worden, so dass sie vertrauensvollen freimütigen Umgang (παρρησία) mit Gott als Vater hat (3,12). Damit ist schon der zweite wichtige Unterschied zu 2,13 genannt: Logisches Objekt der Hinzubringung sind nun „die beiden", die Heiden *und die Juden*. Zugefügt ist eine modale präpositionale Wendung: ἐν ἑνὶ πνεύματι.[237] Darin klingt das Einheits-Thema noch einmal an, und zwar in korrespondierender Entsprechung zu ἐν ἑνὶ σώματι aus V.16. Beides nimmt 4,4-6 vorweg: ἓν σῶμα καὶ ἓν πνεῦμα ... εἷς θεὸς καὶ πατὴρ πάντων. Das ist eine Reminiszenz an die paulinische Ekklesiologie, wie sie insbesondere in 1Kor 12,12f vorliegt. Doch während dort der Begriff „Leib" die Geist-Kategorie der korinthischen Pneumatiker ergänzt und korrigiert, ist hier das Pneuma die zur Einheit verbindende Kraft des christlichen „Organismus" – eine Vorstellung, die aus der holistischen Kosmologie der Stoa stammt.[238] Während ἐν ἑνὶ σώματι (V.16) die egalitäre „Form" der Kirche bezeichnet, deutet ἐν ἑνὶ πνεύματι ihre von der göttlichen Einheit her bestimmte Gewirktheit und Wirksamkeit an (hat also hier keinen geringeren Grad von „Wirklichkeit" als ἐν ἑνὶ σώματι). Die modal-lokale Bestimmung „in einem Geist" bringt (parallel zu „in einem Leib") nur einen anderen Aspekt der neuen universalen Gemeinschaft zum Ausdruck, die in V.15 als „der eine neue Anthropos" bezeichnet wurde. Es ist der „Raum" des pneumatischen Christus, sein „Leib". Dieses ganze Konzept ist wiederum nur plausibel auf dem Hintergrund der philonischen Logos-Theologie.[239]

Auch zu diesem eigentlich theo-logischen Aspekt der Friedens- und Versöhnungstheologie, der Verbindung der Geeinten zu Gott, gibt es Parallelen in der kaiserzeitlichen Reichsideologie: E. Faust macht auf eine stoische Parallele bei Dion von Prusa, or. 36,31 aufmerksam: Der durch den Logos konstituierte einheitliche Kosmopolitismus hat den Zweck, „das Menschengeschlecht mit der Gottheit harmonisch zu verbinden (ξυναρμόσαι) und in *einem* Logos (ἑνὶ λόγῳ) alles Vernünftige zusammenzufassen."[240] Der Kaiser aber als ἔμψυχος λόγος und ἔμψυχος νόμος gilt insbesondere in der Zeit der Flavier selber als Abbild des

---

[235] MidrHL 1,3; GenR 84 (37,1); LevR 2 (1,2); NumR 8 (5,6); Eduj oth 8,7; Schab 31a; MekhAmal 3,15f (Ex 18,6); προσάγειν: Josephus, bell. VII 45; εἰσάγειν: Philon, agr. 44; Josephus, bell. I 229; dazu WOLTER, 70f.117f.
[236] Zum Vergleich: Röm 4mal, 1Kor 3mal, 2Kor 4mal, Gal 4mal, Phil 3mal, Kol 4mal, 1Thess 4mal; dagegen 12mal 1Joh, 4mal 2Joh.
[237] Ἐν hat hier (wie bei ἐν ἑνὶ σώματι in V.16) keine instrumentale Bedeutung (s.o. A 199).
[238] POHLENZ, Stoa, I 216; II 107; ISAACS, Spirit, 43f.
[239] FAUST, 123.
[240] FAUST, 178.

höchsten Gottes, als Vermittler des Göttlichen an die Menschen (Plutarch, ad princ. iner. 3 [Mor. 780E]), sowie als höchster Priester und damit Vermittler der Menschen zu den Göttern.[241] Dies hängt unlösbar mit seiner Rolle als Friedensstifter und Welt-Versöhner zusammen. Das Gemeinsame von Christologie und Kaiserideologie ist die verbreitete Logos-Theologie, und es sind die jeweiligen Spezifikationen, die Christologie und Herrscherideologie erst zu antithetischen Positionen machen.

Die Tatsache, dass auch die Fernstehenden Gott in der gleichen Weise nahegebracht worden sind wie die Israeliten, deren Verheißung und Hoffnung diese Gottesnähe schon immer war, bedeutet Frieden unter den Menschen, die als Juden und Heiden in Feindschaft getrennt waren. Gott schließt keins seiner Geschöpfe aus; er verwirft auch nicht sein erwähltes Volk. Das Problem, das Paulus gegen Ende seines Wirkens bewegte – nämlich: warum Israel sich in der Mehrzahl seiner Glieder dem Christusglauben verschließt – und das er nur in apokalyptischer Hoffnung lösen konnte (Röm 9–11), bewältigt der Verfasser des Eph in einem bewegenden optimistischen Aufschwung, der sehr wahrscheinlich durch die historische Entwicklung gefördet wurde. Der Christusglaube, der in paulinischer Zeit sich zunächst unter Diasporajuden und Gottesfürchtigen ausbreitete, gewann zunehmend auch dem Judentum fernstehende Heiden. Das Judenchristentum (nicht nur das durch Toraobservanz geprägte, sondern ebenso das universalistisch auf die Beschneidung verzichtende) geriet allmählich zur Minderheit in den Gemeinden. Die Adressaten des Eph sind Heidenchristen, der Verfasser vertritt (als „Paulus") den universalistisch-judenchristlichen Standpunkt. Er schreibt zu einer Zeit, als man die (hellenistisch-)jüdischen Wurzeln der christlichen Theologie zu vergessen begann.

C. Das Haus für alle (2,19–22)

FAUST, Pax Christi 182–210; GÄRTNER, Temple; JEREMIAS, Eckstein; DERS., κεφαλὴ γωνίας; DERS., Schlußstein; KITZBERGER, Bau; KLINZING, Umdeutung; MCKELVEY, New Tempel 108–124.195–204; DERS., Cornerstone; MERKLEIN, Amt 118–158; MUSSNER, Beiträge aus Qumran 191–194; NAUCK, Eph 2,19–22; PFAMMATTER, Bau 73–107; SCHÄFER, ἀκρογωνιαῖος; SCHNACKENBURG, Kirche als Bau; SMITH, Traditions 155–186; VIELHAUER, Oikodome 115–136; WENSCHKEWITZ, Spiritualisierung.

Es folgt ein dritter Teilabschnitt der Einheit 2,11–22: V.19–22. Indem die Stichworte ξένος und πολιτεία (durch συμπολῖται) aus dem ersten Teilabschnitt V.11–13 wieder aufgenommen werden,[242] ergibt sich eine ringförmige Komposition mit V.14–18 im Zentrum.[243] Über die Stichworte πάροικος (noch dem gleichen politischen Wortfeld wie ξένος und συμπολίτης angehörig) und οἰκεῖος wird auf das neue Wort- und Begriffsfeld οἶκος (οἰκοδομή/ναός) übergeleitet, das diesen drit-

---

[241] Vgl. FAUST, 408–430; grundlegend: GOODENOUGH, Die politische Philosophie, 27–89.
[242] Vgl. VIELHAUER, 116.
[243] S.o. S. 189–192.

I. 4.) 2,11–22 Die Einheit von Juden und Heiden in Christus   231

ten Teilabschnitt beherrscht. Er besteht aus einem Satz: V.19 enthält den Hauptsatz (zwei durch οὐκέτι … ἀλλά verbundene komplementäre Aussagen, jeweils mit expliziter Kopula: ἐστέ … ἐστέ), V.20–22 sind wieder durch Partizipialkonstruktionen (V.20: Partizip und Gen. abs.) und Relativsätze (V.21: zwei ἐν-ᾧ-Sätze) geprägt. V.19 und V.20–22 unterscheiden sich in der Semantik: Während V.19 dem politischen Feld zugehört, wird V.20–22 von der Bau-Tempel-Metaphorik beherrscht.

19 Mit einem bei Paulus häufiger begegnenden[244] (im Eph aber einmaligen)[245] folgernden ἄρα οὖν („also … nun") wird dieser dritte Teil eingeleitet. Das „Ihr" von V.11–13(17) löst das „Wir" von V.14.18 wieder ab. In Rückgriff auf V.12 (ἀπηλλοτριωμένοι τῆς πολιτείας … ξένοι) wird das Außenseiterdasein für beendet erklärt („nicht mehr Fremde und Beisassen").[246] Im Gegensatz zu den „Fremden" sind die πάροικοι dauernd Ansässige ohne vollständige Bürgerrechte.[247] Es liegt also eine Steigerung vor: nicht mehr Fremde, auch nicht mehr nur Bürger zweiter Klasse,[248] d.h. die Heiden sind vom vollen Bürgerrecht (πολιτεία – s.o. zu V.12) nicht mehr ausgeschlossen. Zu den Bürgerrechten einer Polis gehörten aber gerade auch kultische Rechte und Privilegien, so dass hier nicht nur metaphorischer Sprachgebrauch vorliegt.[249] V.19b drückt als komplementäre Aussage den neuen positiven Zustand aus: „sondern ihr seid Mitbürger der Heiligen und Hausgenossen Gottes". Von der Polis („Mitbürger") wird der Fokus auf die Familie („Hausgenossen"), die kleinste politische Einheit gerichtet.[250] Darin liegt wieder eine Steigerung.

Συμπολίτης ist der „Mitbürger", ein Bürger mit vollen Rechten. Die πολίτης-(πολιτεία-, πολίτευμα-, πολιτεύεσθαι-)Terminologie spielt in Philons weisheitlicher Soteriologie eine große Rolle: Der Weise ist der Mensch, der auf der Erde nur „Beisasse" (πάροικος/παροικῶν: conf. 77) ist, die er als „fremd" (ξένος) einschätzt. Sein „Vaterland" ist der Himmel, in dem er als Bürger wohnt (πολιτεύεσθαι: conf. 78). Die transzendente Welt, in der der Weise Bürgerrecht hat, kann durch die Tugend oder Weisheit konkretisiert sein (Philon, LA III 1–3; spec. II 45). „In Wahrheit ist für jede Seele weiser Männer der Himmel die Heimat, die

---

[244] Röm 5,18; 7,3.25; 8,12; 9,16.18; 14,12.19; Gal 6,10; 1Thess 5,6; vgl. 2Thess 2,15.
[245] Οὖν dagegen in der Paränese häufig: Eph 4,1.17; 5,1.7.15; 6,14 (s.u. A 40 u. 42 zu 4,1).
[246] Chiastisch zur Reihenfolge in V.12.
[247] Vgl. Philon, Mos. I 35 (ξένοι – μέτοικοι – πολῖται); cher. 120f (πολίτης – πάροικος). Nach LA III 244 bedeutet Hagar παροίκησις. Philon legt wert auf den Unterschied von κατοικεῖν und παροικεῖν: sobr. 68; conf. 75–82; her. 267; congr. 23. Vgl. zu dieser politisch-rechtlichen Terminologie: H. Schäfer, PRE 18,4 (1949), 1695–1707; Feldmeier, Fremde, 12–22.60–74 (zu Philon); Faust, 103f.183.
[248] Merklein, 126.128, und Faust, 103f.183, halten diese Differenzierung für unerheblich (Faust: sprichwörtlicher Gebrauch aufgrund häufiger epigraphischer Belege des Syntagmas ξένοι καὶ πάροικοι in Kleinasien).
[249] So zu Recht Faust, 104f mit A 101.
[250] Aristoteles, pol. I 1–2, 1252a–1253a; Philon, Jos. 38f; vgl. dazu O. Michel, ThWNT 5, 137, Z.13f. Auf diesen Bereich bezieht sich die Oikonomik, mit der die „Haustafeln" zusammenhängen (s.u. zu 5,21–6,9).

Erde die Fremde, und sie betrachtet das Haus der Weisheit als ihr eigenes, das des Körpers als das fremde, in dem sie nur zu Gast zu sein glaubt" (agr. 65). Während die himmlische Politeia schon vor den Menschen Bürger hatte (göttliche Wesen: Engel, Gestirne: opif. 143; vgl. Deus 151; somn. I 137), kann aber auch „Israel" der Oberbegriff für jene Menschengruppe sein, die nicht in der Welt, sondern bei Gott heimisch ist. Der Kontext von conf. 75–82 setzt voraus, dass „Israel" den Typ jener Menschen darstellt, die auf der Erde nur πάροικοι sind, die „als Vaterland den himmlischen Bereich betrachten, in dem sie als Bürger leben (πολιτεύονται), als Fremde (ξένην) aber den irdischen, in dem sie als Beisassen wohnten (παρῴκησαν)" (conf. 78).

Von Philons Konzept des himmlischen Politeumas her lässt sich die Frage, was mit dem Gen. (συμπολῖται) τῶν ἁγίων gemeint ist, nicht eindeutig klären.[251]

Τῶν ἁγίων bezieht sich entweder (1.) auf die Engel,[252] oder (2.) auf alle Christen (im Sinne von οἱ ἅγιοι in der Adresse 1,1),[253] oder (3.) auf die Juden,[254] oder (4.) auf die Judenchristen.[255] Für die erste Möglichkeit könnten folgende Gründe sprechen: 1Thess 3,13 kennt Paulus diesen angelologischen Sprachgebrauch.[256] So könnte auch Eph 1,18 (im Anschluss an Kol 1,12) gedeutet werden (s.o. A 70 zu 1,18). Die Parallelität zu „Hausgenossen Gottes" könnte – wörtlich genommen – an die in Gottes Thronsaal anwesenden Engel denken lassen. Vor allem aber setzen die Qumranschriften innerhalb des Konzeptes der Verbundenheit der Gemeinde mit der Himmelswelt diesen Sprachgebrauch voraus: 1QS 11,7f; 1QSa 2,8f; 1QSb 3,26; 4,24–28; 1QH 3,21f; 4,25; 1QH 12,1.4.7; 4QFlor 1,4.[257] Dass die qumranische Gemeinde sich in ihrem Kult verbunden weiß mit dem himmlischen Gottesdienst der Engel, setzen insbesondere die „Sabbatlieder" voraus, deren Sprache in manchem den hymnischen Partien des Eph ähnelt.[258] Gegen die Deutung von Eph 2,19 auf die Engel sprechen jedoch allgemein der überwiegende paulinische Sprachgebrauch und insbesondere der des Eph (1,1.15;[259] 3,8.18; 4,12; 5,3; 6,18). – Für die zweite Möglichkeit spricht der überwiegende Sprachgebrauch von οἱ ἅγιοι im NT: als Selbstbezeichnung der Christen. Dem steht jedoch entgegen, dass die Formulierung „nicht mehr Fremde, sondern Mitbürger der ..." eine relationale ist und zwischen genuinen Bürgern (den Heiligen) und Neu-Bürgern unterscheidet

---

[251] Vgl. FAUST, 185.
[252] So z.B. ASTING, Heiligkeit, 106f; WIKENHAUSER, Kirche, 160; B. GÄRTNER, 63f; SCHLIER, Eph, 140f; DEICHGRÄBER, Gotteshymnus, 79–81; SMITH, 164; KLINZING, 185–187; GNILKA, Eph, 154; MUSSNER, Eph, 89f; DERS., 188–191; LINDEMANN, Aufhebung, 183f; BEST, Eph, 278 (der zu den Engeln die verherrlichten gestorbenen Christen hinzurechnet – vgl. 1,18).
[253] So z.B. ABBOTT, Eph, 69; HAUPT, Eph, 94; MUSSNER, Christus, 105f; MASSON, Eph, 169; ERNST, Eph, 322; PFAMMATTER, Bau, 77; MERKLEIN, 131f; SCHNACKENBURG, Eph, 121; DERS., Eph 2,11–22, 485f; LINCOLN, The Church and Israel, 613f; DERS., Eph, 150f.
[254] So MEUZELAAR, Leib, 63f; BARTH, Israel, 24; DERS., Eph, I, 269f. An die Patriarchen des Alten Testamentes dachte schon Chrysostomos.
[255] So z.B. SCHMID, Epheserbrief, 226; SCOTT, Eph, 175f; VIELHAUER, 116f; DIBELIUS/GREEVEN, Eph, 71; BIEDER, Ekklesia, 24; K.L. SCHMIDT, Polis, 14; H. STRATHMANN, ThWNT 6, 535 Z.4–8; FAUST, 187–197; VOGEL, Heil, 239.
[256] Aus dem AT (Sach 14,5; Ps 88,6) und den Pseudepigraphen (1Hen [gr.] 1,9; PsSal 17,43) ist er geläufig.
[257] Vgl. B. GÄRTNER, 62–66; SMITH, 162ff; KLINZING, 185–187; MUSSNER, 188f.
[258] 4Q 403; Text: NEWSOM, Songs; dazu: SCHWEMER, Gott als König.
[259] Zu 1,18 s. aber o. z.St.

(die nun freilich zu den Heiligen dazugehören). Das nimmt aber die Wendung von der πολιτεία τοῦ Ἰσραήλ aus 2,12 auf, von der die Heiden vor ihrer Christwerdung ausgeschlossen waren.[260] – Wegen V.13 (und V.14–18) aber ist die 3. Deutung, auf (ganz) Israel, wenig wahrscheinlich.[261] – Für die Deutung auf die Judenchristen sprechen schließlich zwei Argumente: οἱ ἅγιοι ist bei Paulus häufig spezielle Bezeichnung für die Angehörigen der Jerusalemer Urgemeinde: Röm 15,25f.31; 1Kor 16,1 (14,33?); 2Kor 8,4; 9,1.12. Damit zumindest kompatibel sind auch die Stellen Eph 3,8.18.[262] Vor allem aber ist das oben schon gegen die Deutung auf alle Christen vorgebrachte Argument entscheidend: die relationale Aussage in V.19b und ihr Bezug auf V.12b,[263] der bis in die Struktur reicht. Sowohl in V.12b wie in V.19b folgt auf eine politische Relation („ausgeschlossen von der πολιτεία Israels"/„Mitbürger der Heiligen") eine religiöse (ἄθεοι ἐν τῷ κόσμῳ/οἰκεῖοι τοῦ θεοῦ).[264] Dieses kontextuale Argument ist das entscheidende; es spricht sowohl gegen die angelologische wie die allgemeinchristliche Interpretation von τῶν ἁγίων *an dieser Stelle*. – Im Ergebnis sind die „eingebürgerten" Heiden damit ebenfalls „heilig" wie die Judenchristen (vgl. 1,4).

Die zweite Bestimmung, „Hausgenossen Gottes", steigert den Aspekt der Annäherung. οἰκεῖοι sind die Mitglieder eines Haushaltes, d.h. einer „Familie".[265] Der Gegensatz zu οἰκεῖος ist ἀλλότριος.[266] Diese Terminologie erscheint bei Philon, QE II 2, im Zusammenhang des Proselytenthemas: „Was aber ist die Bedeutung von ‚Proselyt'? Abkehr (ἀλλοτρίωσις) vom Polytheismus, Hinwendung (οἰκείωσις) zu dem einzigen Vater von allem."[267] Wie V.14–18 enthält auch V.19 eine doppelte Aussage: die mehr soziale von der Vereinigung der ehemaligen Heiden mit den „Heiligen" (συμπολῖται τῶν ἁγίων) und die mehr theologische von der nahen Gottesbeziehung (οἰκεῖοι τοῦ θεοῦ – entsprechend der Aussage von der Versöhnung mit Gott in V.16).

---

[260] Die Differenzierung in ξένοι und πάροικοι in V.19 bestätigt noch einmal die Deutung des Begriffs πολιτεία in V.12 im Sinne von „Bürger*recht*" (o. A 35–37 zu 2,12).

[261] Vgl. SCHNACKENBURG, Eph 2,11–22.

[262] FAUST, 193–196, möchte οἱ ἅγιοι auch in Eph 1,4.15 (und Kol 1,4.26) auf die „kirchenleitenden Judenchristen" (Apostel) deuten (196 A 397). Damit hat er seine These jedoch überzogen.

[263] So VIELHAUER, 116f; FAUST, 191f. SCHNACKENBURG, Eph, 121 (vgl. DERS., Eph 2,11–22, S. 485–487), bestreitet jedoch die relationale Bedeutung von συμ(πολῖται): das Wort sei wie das deutsche „Mit-Glieder" zu verstehen (121 A 289) – unter Verweis auf STRATHMANN, ThWNT 6, 533 Z.42f. Aber STRATHMANN argumentiert umgekehrt: πολίτης habe in Hebr 8,11 (= Jer 38,34) die relationale Bedeutung von συμπολίτης – was nicht einfach vice versa gilt: vgl. αὐτοῦ in Hebr 8,11 (Jer 38,34).

[264] MERKLEIN, 132; FAUST, 191f, erkennt diese Abfolge auch in den beiden Finalsätzen in V.15b/V.16 wieder: friedenstiftende Vereinigung/Versöhnung mit Gott. Dass die Terminologie von V.12 und 19b isotop ist, zeigt Philon, post. 109, wo die Antithesen οἰκεῖοι – ἀλλότριοι (ebenso spec. II 123) und πολῖται – ξένοι unmittelbar zusammenstehen.

[265] In LXX oft für שְׁאֵר („Blutsverwandter"): z.B. Lev 18,6–30; vgl. auch Jes 58,7; 1Tim 5,8; Barn 3,3; häufig neben φίλοι: Prov 17,9; Philon, opif. 77 (der Mensch ist für Gott das „verwandteste und liebste Lebewesen in der Welt"); LA III 205; Cher. 20 (als Gegensatz zu „Feinde"; sacr. 20.129; gig. 35 (dort auch ἐχθροί); ebr. 66.69 u.ö. Es ist fraglich, ob in οἰκεῖος der kultische Begriff οἶκος (θεοῦ) anklingt (gegen MUSSNER, Christus, 107, und MERKLEIN, 133f).

[266] LIDDELL/SCOTT, Lexicon, 1202; O. MICHEL, ThWNT 5, 13 Z.27.

[267] Gr. Fragment bei MARCUS, Philo Supplement II, 240 (es folgt dann noch eine Erklärung des Begriffs ξένοι). οἰκείωσις als Ausdruck für die Entstehung einer nahen Gottesbeziehung: Cher. 18 (neben ἐγγίζειν und ἀλλοτριοῦν); post. 12 (im Zusammenhang mit ἕνωσις). 135 (neben ἀλλοτρίωσις); plant. 55.

Die Verse 20–22 bilden aufgrund des Wortfeldes vom Bauen eine isotope Einheit: ἐποικοδομεῖν, θεμέλιος, ἀκρογωνιαῖος, οἰκοδομή, ναός, συνοικοδομεῖν, κατοικητήριον.[268] Durch οἰκεῖος in V.19 wurde der Übergang dazu vorbereitet. Bildempfänger ist die einheitliche Kirche, auch wenn die Angesprochenen die neu hinzugekommenen Heidenchristen (ὑμεῖς) sind (insofern hält sich das Proselytenmotiv durch). Diese Metaphorik (eine Gemeinschaft wird als Bau/Tempel bezeichnet) ist bis in die Einzelheiten hinein traditionell geprägt. Heute werden hierfür drei religionsgeschichtliche Ableitungen vorgeschlagen:

(1.) Im Anschluss an H. Schlier verweist man auf den Gebrauch der Baumetaphorik in gnostischen Texten.[269] Genannt wird neben zahlreichen mandäischen Texten vor allem ActThom 6f.[270] Schlier kam zu dem Ergebnis, dass „Anthropos", „Soma", der Äon „Ekklesia", die „Sophia" und der „himmlische Bau" aufgrund ihrer gnostischen Wurzeln identisch seien. Wichtiger als Eph 2,20–22 sind dem Vertreter der gnostischen Ableitung freilich Eph 4,12 und 16. Die Belege sind spät und lassen sich nicht ohne weiteres ins 1. Jh. n. Chr. zurückführen. Vor allem die Tempel-Metaphorik lässt sich in gnostischen Texten nicht belegen.[271] Die Gemeinde der Gnostiker ist eine rein „jenseitige Geisteskirche".[272]

(2.) Sehr viel plausibler ist die Ableitung aus jüdischer Tradition, wie sie in den Qumrantexten vorkommt.[273] Hier wird die Gemeinde als Bau (Haus) und Tempel bezeichnet (1QS 8,7–9; 9,5f; 11,7–9; 1QH 6,24ff; 7,8ff), wobei auch das „Fundament" erwähnt wird (1QS 5,5; 8,8; 9,3f; 11,8; 1QH 6,26; 8,9).[274] In 1QS 8,7 und 1QH 6,26f wird der „Eckstein" aus Jes 28,16 genannt. Jedoch ist es nicht richtig, Eph 2,20–22 (oder gar schon V.19b) ausschließlich vom Tempel-Bild her zu verstehen.[275] Überdies steht 1Kor 3,5–17 deutlicher im Hintergrund, als die Vertreter der Qumran-Ableitung wahrhaben möchten.[276] Vor allem aber ist das Motiv des geistlichen „Wohnens" Gottes im Gemeinde-„Tempel" nicht von dort herzuleiten. Weder kennen die Qumrantexte die Vorstellung eines „Wohnens" Gottes in diesem „Tempel", noch wird der „Geist" mit dem Tempel verbunden oder gar als „Schekinah" Gottes verstanden.[277]

---

[268] Der Abschnitt bildet nicht nur semantisch vom Wortfeld her eine Einheit, sondern auch lautlich: er wird beherrscht von einer Assonanz: πάροικοι, οἰκεῖοι, ἐποικοδομηθέντες, οἰκοδομή, συνοικοδομεῖσθε, κατοικητήριον (vgl. JEAL, Argumentation, 321f).

[269] SCHLIER, Eph, 140–145; VIELHAUER, 134f; LINDEMANN, Aufhebung, 184 A 206 u. 207.188f.

[270] Ferner Linker Ginza S. 425,35f; Rechter Ginza S. 113,19ff; 381,33ff; Acta Archelai 8,7; ActPhil 20f; 77; 109; 148; ActThom 17–29; 158; ActJoh 104; weitere Belege bei SCHLIER, Christus, 49–60; VIELHAUER, 30–38.

[271] SMITH, 157f.

[272] KOSCHORKE, Gnostiker, 77–80; vgl. SCHNACKENBURG, Eph, 304.

[273] MUSSNER, 191–194; B. GÄRTNER, 60–66; SMITH, 162–168.179–186; KLINZING, 184–191; MCKELVEY, New Temple, 46–53.

[274] Ferner 4QFlor; CD 3,19 („bauen" als Metapher für die Gemeindegründung); 4QpPs 37, Z.16; 4QpJes^d 1,1f (vgl. dazu KLINZING, 188 A 42).

[275] Gegen die oben A 273 genannten Exegeten. Das gilt ebenso für 1Kor 3,5–17. Vgl. vor allem die Kritik von FAUST, 201–205.

[276] Über die Baumetaphorik als Topos in einer Rhetorik der politischen Versöhnung: MITCHELL, Reconciliation, 99–111.

[277] Von KLINZING, 91.171f, ausdrücklich eingeräumt. Zwar begegnet „Wohnung" (מָעוֹן) als Bezeichnung für den neuen Tempel ein einziges Mal (1QS 8,8), doch „ohne jeden Akzent und als ein Tempelbegriff unter anderen" (91).

(3.) E. Faust greift deshalb auf die ältere These von H. Wenschkewitz zurück, wonach es sich hier um eine hellenistisch-jüdische Spiritualisierung des Tempelbegriffs handelt.[278] Für Philon ist die Seele des Frommen Gottes Haus und Tempel,[279] doch wird die Metapher bei ihm auch kollektiv von Israel gebraucht (sobr. 66; praem. 123f). Dabei ist für Philon immer vorausgesetzt, dass Gott im Logos bzw. durch das Pneuma in der Seele der Frommen wohnt. Die Baumetaphorik (wie in 1Kor 3,5-17 oft verbunden mit der Pflanzmetaphorik) findet sich ebenfalls reichlich bei Philon,[280] in Cher. 98-101 verbunden mit dem Tempelmotiv (100: νεώς; 101: θεμέλιος, ἐποικοδομεῖν).

Die Bau- und Tempelmetaphorik, wie sie auch in 1Kor 3,5-17; 6,19f; 2Kor 6,14-7,1; 1Petr 2,4-10 (und dann in Barn 6,15; 16,6-10; 2Clem 9,3; IgnEph 15,3) begegnet, ist also weder aus der Gnosis noch direkt und einlinig aus Qumran herzuleiten; sie setzt schon hellenistische Spiritualisierung voraus, doch hat sie jüdische Wurzeln. Eph 2,19-22 stellt eine Weiterbildung von 1Kor 3,5-17 dar, setzt also die Kenntnis sowohl der hellenistischen jüdischen Bau-Tempel-Metaphorik im allgemeinen wie des Textes 1Kor 3,5-17 im besonderen voraus.

20 Durch einen Partizipialsatz wird die Hinzubringung der ehemaligen Heiden spezifiziert, und zwar durch eine Bau-Metapher. Die Wahl des Verbs ἐποικοδομεῖν ist durch das Bild vom Fundament bedingt und daher wörtlich zu nehmen: „*auf*gebaut auf dem Fundament …"[281] Das Partizip hat modale Tendenzen.[282] Der Aorist entspricht dem Ereigniescharakter der christologischen Partizipialaussagen von V.14-16 und ist zeitlich mit διὰ τοῦ σταυροῦ usw. zu verbinden. Die Metapher vom „Fundament"[283] und dem „Aufbau" hat an dieser Stelle sowohl hellenistischen wie biblischen Ursprung. In der popularphilosophischen Belehrung der Stoa[284] war sie üblich. Ausschließlich von daher erklärt sie sich in 1Kor 3,10ff,[285] wo es um die „Lehre" der Apostel (Paulus und Apollos) geht. Erst in 1Kor 3,16f wird die Gemeinde dort mit einem Bau identifiziert, dem Tempel. Der Verfasser des Eph verwendet aber schon die „Fundament"-„Aufbau"-Metaphorik in Bezug auf die Gemeinde (in seinem Fall auf die Kirche aus Juden und Heiden). Des weiteren greift er auf Jes 28,16 zurück und gestaltet damit sein metaphorisches Modell weiter aus. Aber weder Jes 28,16 noch die o. zu V.19 genannten Qumrantexte geben das ekklesiologische Komplement von „Fundament"-Metaphorik und „Aufbau"-

---

[278] WENSCHKEWITZ, passim; FAUST, 202-207.
[279] Z.B. opif. 137; Cher. 98-101; sobr. 62f; post. 59; conf. 5; somn. I 149 (θεοῦ οἶκος - ἱερὸν ἅγιον); II 246-250; virt. 188; praem. 123 u.ö.
[280] Vgl. VIELHAUER, 23-28.
[281] Vgl. 1Kor 3,10 (dazu Philon, somn. II 8).12.14; Philon, Cher. 101; gig. 30; conf. 5.87; her. 116; mut. 211; somn. II 8; cont. 34 (immer mit θεμέλιος); bei Philon mit einfachem Dat. (ebenso Jud 20); 1Kor 3,12 mit ἐπί + Akk. Hier in Eph 2,20 (in gewisser Redundanz) mit ἐπί + Dat. – was möglicherweise eine Reminiszenz an 1Kor 3,12 darstellt.
[282] MERKLEIN, 135; vgl. BDR § 418,5a.
[283] Θεμέλιος ist nicht der Baugrund (z.B. der Zion-Felsen), sondern eine Grundmauer (vgl. 1Kor 3,10): gegen PFAMMATTER, 79 A 22.
[284] Vgl. z.B. Epiktet, diss. II 15,8 und die o. A 281 genannten Stellen bei Philon.
[285] Vgl. Philon, somn. II 8 (σοφὸς ἀρχιτέκτων).

Metaphorik her. Hier kommt man ohne die Annahme einer Beeinflussung durch den hellenistischen Hintergrund (sowie durch 1Kor 3,10ff) nicht aus.[286]

Der Gen. „der Apostel und Propheten" ist ein Gen. epexegeticus bzw. appositivus: das „Fundament" besteht aus den Aposteln und Propheten.[287] Für den Zusammenhang ist die entscheidende Aussage, dass die angeredeten Heidenchristen dem „Aufbau" zugerechnet werden. Die semantische Struktur hält sich also von V.11 an durch: Die Heiden sind hinzugekommen, wurden „aufgestockt". Schwierig ist aber die inhaltliche Deutung „Fundament der Apostel ...". Die traditionelle Deutung auf die apostolische Tradition als Norm („'Fundament der Apostel' ist Chiffre für die als Norm aufgefaßte apostolische Verkündigung"[288]) hat E. Faust in besonderer Weise zugespitzt: Die in V.19b als „Heilige" bezeichneten Judenchristen seien in V.20 mit den „heiligen Aposteln und Propheten" (3,5) identifiziert worden. „Aus ihren Reihen ging die Heidenmission durch Paulus, ihre Hauptfigur, überhaupt erst hervor (3,5ff), sie sind damit notwendig Judenchristen", die damit das „Fundament" der Kirche abgeben.[289] Diese Deutung hat den Vorteil, dass sie V.11–22 durchgehend als isotope, kohärente Aussage interpretieren kann und die Einführung der Ämter nicht als Exkurs auffassen muss. Außerdem wäre damit ein kohärenter Übergang zu 3,1–13 gegeben. Andererseits spricht die wichtige Stelle 4,11f gegen eine derartige Identifizierung von Aposteln (und Propheten) mit den Heiligen, verstanden als Judenchristen.[290] So wird man doch einschränken müssen: Zwar waren die Apostel Judenchristen, doch macht schwerlich gerade dieser Umstand ihre Funktion als „Fundament" aus. Sicher ist nur, dass das Apostelamt für den Verfasser schon eine (normierende) Größe der Vergangenheit darstellt.[291] Die Apostel werden hier (wie an den beiden anderen Stellen, wo der Begriff erscheint: 3,5; 4,11) zusammen mit den „Propheten" genannt, die gemeinsam mit jenen das „Fundament" darstellen.[292] Christliche „Propheten" werden (außer in

---

[286] Gegen O. BETZ, Felsenmann und Felsengemeinde. Eine Parallele zu Mt 16,17–19 in den Qumranpsalmen, ZNW 48 (1957) 49–77, 59f A 32; MERKLEIN, 136.

[287] Vgl. HAUPT, Eph, 95; ABBOTT, Eph, 70f; PFAMMATTER, 80–84; MERKLEIN, 135. Möglich wäre auf den ersten Blick auch eine Deutung als Gen. auctoris, wonach die Apostel und Propheten das Fundament *gelegt* hätten. Das würde 1Kor 3,10 dann genauestens entsprechen. Dort aber ist das Fundament Christus, der hier im Eph vom Fundament noch einmal (als „Eckstein") abgehoben wird. Das Verhältnis von Eph 2,20 zu 1Kor 3,10f charakterisiert MERKLEIN, 139, zutreffend: „Eph 2,20 ist Weiterführung von 1Kor 3,10f ... Aus den verkündigenden Aposteln sind die ‚verkündigten Apostel' geworden."

[288] MERKLEIN, 139.

[289] FAUST, 206.

[290] FAUST, 196 A 397, merkt selber an, dass οἱ ἅγιοι in 4,12 sich auf alle Christen bezieht.

[291] Anders aber G. KLEIN, Apostel, 72–75, der „Apostel und Propheten" für Ämter aus der Gegenwart des Eph hält; ähnlich auch BEST, One Body, 163f (anders aber DERS., Ministry); FAUST, 207–210 (dazu s.u. A 212f., 215 zu 4,11). Wo der Eph als genuin paulinisches Schreiben angesehen wird, ist das Apostelamt natürlich ebenfalls als Größe der Gegenwart verstanden (z.B. BARTH, Eph, I, 316f).

[292] Dass es sich um die alttestamentlichen Propheten handele (seit Chrysostomos vertreten, dann aber auch noch von MUSSNER, Christus, 108), wird heute in der Exegese nicht mehr behauptet (vgl. MUSSNER, Eph, 93, der seine frühere Ansicht revidiert hat): Nach 3,5 und 4,11 ist das ausgeschlossen. Dass „Apostel" und „Propheten" letztlich identisch wären (so z.B. SAHLIN, Beschneidung, 18 A 15; PFAMMATTER, 91–97), ist vor allem wegen 4,11 ausgeschlossen.

I. 4.) 2,11–22 Die Einheit von Juden und Heiden in Christus

Eph 2,20; 3,5; 4,11) in Apg 11,27; 13,1; 15,32; 21,10 sowie fünfmal im 1Kor (12,28.29; 14,29.32.37) erwähnt, 12,28 in Zusammenstellung mit den Aposteln (und „Lehrern"). Diese Stelle steht wahrscheinlich direkt (durch Bezugnahme des Autors) oder indirekt (durch die Tradition paulinischer Ekklesiologie) im Hintergrund von Eph 2,20; 3,5; 4,11.[293] Allerdings hebt der Verfasser in 2,20 bewusst Apostel und Propheten als „Fundament" hervor.[294]

Zwei Deutungen stehen sich heute gegenüber. (1.) Nach H. Merklein sind „Apostel und Propheten" als „Fundament" zwar Größen der Vergangenheit, doch sei damit zugleich der theologische Aspekt der Traditions*norm* betont, zu der auch das Prophetische gehöre.[295] (2.) Nach E. Faust sind „Apostel und Propheten" durchaus auch Größen aus der Gegenwart des Eph-Verfassers. Die „Propheten" stünden für den „gnoseologischen" Charakter des „Heilsverständnisses", wofür Philons Soteriologie das Paradigma abgibt.[296] Nach Philon hat „Israel" für die Welt eine „priesterliche" und eine „prophetische" Funktion (spec. II 163: „Was für die Polis der Priester bedeutet, das ist für die ganze Welt das Volk der Juden" – vgl. 167; Abr. 98: Das gottgeliebte Volk hat „im Hinblick auf das ganze Menschengeschlecht das Priester- und Prophetenamt erlangt"). In der „christlich-paulinische(n) Vorstellungswelt" sei aber „die ökumenische Priesterfunktion in etwa mit den Aposteln zu vergleichen".[297] So bleibt diese Deutung von 2,19–22 kohärent zur Hauptthese von Faust, dass es um das judenchristliche Fundament der Kirche gehe. Gewiss ist das in Korinth auftauchende Phänomen des Pneumatikertums ein hellenistisch-jüdisches, und der Verweis auf Philon ist nicht unberechtigt. Ob aber für die Zeit des Eph diese historische Zuordnung des Prophetischen zu den jüdischen Wurzeln noch ein bemerkenswertes und wesentliches Merkmal war, ist zu bezweifeln. Dass beide Ämter zur Abfassungszeit des Eph noch existiert hätten, kann damit nicht begründet werden (s.u. zu 4,11). Der Grund für die Zusammenstellung von Aposteln und Propheten als Fundament dürfte mit dem folgenden Abschnitt 3,1–13 und damit mit dem Bild des Verfassers vom Apostel Paulus zusammenhängen. Dem Apostel Paulus ist das „Mysterium" der Heidenmission „offenbart worden" (3,3), wie es „offenbart wurde ... den heiligen Aposteln ... und Propheten" (Christi) „im Geist" (3,5). Πνεῦμα und χάρις kennzeichnen aber das Prophetische. In Paulus fallen gewissermaßen Apostel- und Prophetenfunktion zusammen.[298] Prophetische Offenbarung, wichtigstes Mittel der Legitimation einer Neuerung, begründete die Heidenmission.[299]

---

[293] MERKLEIN, 140–142, möchte 1Kor 12,28 (Rangordnung der Trias Apostel – Propheten – Lehrer) stärker von Eph 2,20 (Heraus- und Nebeneinanderstellung von zwei jener drei Gruppen) abheben (142 A 153). Aber in 4,11 werden sogar vier Ämter aufgezählt, deren Reihenfolge nicht zufällig ist.

[294] Darin ist MERKLEIN, 142f, zuzustimmen.

[295] MERKLEIN, 143f; vgl. 199f; SCHNACKENBURG, Eph, 123: Für Eph gehöre „das Prophetisch-Pneumatische ebenfalls zur Grundstruktur der Kirche". Das Apostolische solle dadurch vor einem dogmatisch verengten Offenbarungsbegriff bewahrt werden.

[296] FAUST, 208–210.

[297] FAUST, 209.

[298] Das widerspricht nicht dem Sachverhalt, dass es sich um verschiedene „Ämter" handelt (4,11).

[299] Vgl. Apg 10,9–48; 11,4–18, wo es aber um ekstatische Visionen geht. Prophetie ist stärker auf den Mitteilungscharakter (Wortempfang durch den Geist) konzentriert: vgl. Apg 13,1f; 15,32. Nach Apg 13,1f sind auch Barnabas und Saulus unter den „Propheten" und „Lehrern".

Durch einen Gen. abs. (ebenfalls in modaler Funktion) wird eine weitere Normierung des „Fundamentes" geboten: „wobei sein Eckstein Christus Jesus ist".[300] λίθος ἀκρογωνιαῖος ist in LXX Hapaxleg. und steht Jes 28,16 für אֶבֶן ... פִּנָּה. Diese Stelle ist sowohl in einigen Qumrantexten verwendet worden (1QS 8,7; 1QH 6,26f) als auch im Neuen Testament (Eph 2,20 und 1Petr 2,6; vgl. Barn 6,2). Danach handelt es sich um den für das Fundament zuerst gelegten Eckstein, der Richtung und Winkel des ganzen Gebäudes festlegt.

Diese traditionelle Deutung ist von J. Jeremias bestritten worden:[301] „ראש פִּנָּה = κεφαλὴ γωνίας = ἀκρογωνιαῖος bezeichnet nie den Grundstein oder einen zum Fundament gehörigen Eckstein, möglicherweise einen der 4 oberen Ecksteine, wahrscheinlich aber den über dem Portal befindlichen Schlußstein des Baues."[302] Inzwischen ist diese Sicht, die zeitweilig überwiegende Zustimmung gefunden hatte,[303] so gründlich widerlegt worden,[304] dass sie in jüngster Zeit zu Recht nicht mehr vertreten wird. (1.) In Jes 28,16 ist eindeutig an den Eckstein des *Fundamentes*, den Grundstein, gedacht.[305] (2.) κεφαλὴ γωνίας[306]/ראש פִּנָּה

---

[300] Αὐτοῦ ist eher auf θεμέλιος zu beziehen (possessives αὐτός). Das entspricht am besten der in dieser A. u. begründeten Deutung von ἀκρογωνιαῖος als „Eckstein" (des Fundamentes!). Die andere syntaktisch mögliche Zuordnung von αὐτοῦ („wobei der Eckstein Christus Jesus *selbst* ist") würde die Deutung von ἀκρογωνιαῖος als „Eckstein" oder „Schlussstein" offenlassen. Unabhängig von der semantischen Bestimmung beziehen die meisten neueren Kommentare αὐτοῦ auf „Christus Jesus" („selbst"): z.B. HAUPT, Eph, 95; ABBOTT, Eph, 71; MUSSNER, Eph, 94; FAUST, 198 (wegen der folgenden ἐν-ᾧ-Anschlüsse). Possessive Deutung jedoch bei BENGEL, Gnomon, 762; VON SODEN, Eph, 122; EWALD, Eph, 146; VIELHAUER, 119 (im Widerspruch zu seiner Deutung auf den Schlussstein); MERKLEIN, 135 A 119. Plausibel ist sein Argument: „Der Gen. absolutus bezieht sich auf V.20, dessen logischer Zentralbegriff θεμέλιος ist. Von daher scheint es das Natürlichste zu sein, ἀκρογωνιαῖος durch αὐτοῦ auch direkt an θεμέλιος anzuschließen" (135 A 119 – unter Berufung auf EWALD, Eph).
[301] JEREMIAS, Eckstein; DERS., κεφαλὴ γωνίας; DERS., Schlußstein; DERS., ThWNT 1, 792f; DERS., ThWNT 4, 275-283. Ihm folgten in der Deutung als Schlussstein z.B. SCHLIER, Eph, 142; VIELHAUER, 119f; HANSON, Unity, 131; BEST, One Body, 165f (DERS., Eph, 284-286, hält das Problem, ob es sich um den [zum Fundamant gehörenden] Eckstein oder den einen Torbogen stabilisierenden Schlussstein handele, inzwischen für unentscheidbar); DIBELIUS/GREEVEN, Eph, 72; GNILKA, Eph, 158. – Für die Methode, ein Gewölbe durch einen Schlussstein in Spannung zu halten, gibt es aus hellenistisch-römischer Zeit mehrere Belege, z.B. Ps.-Aristoteles, de mundo 399b29-34. Dort steht aber der korrekte t.t. ὀμφαλός („Nabel"). Dagegen ist ἀκρογωνιαῖος ein rechtwinkliger Stein.
[302] Angelos 1 (1925), 70. Dieser Vorschlag ist von anderen assoziativ weiterentwickelt worden: Christus sei danach als der das ganze Gewölbe oder Portal in Spannung haltende „Schlussstein" verstanden (z.B. BEST, One Body 166). Dem widerspricht nun allerdings nicht nur die semitische Architektur, sondern auch das Wort - γωνία (in ἀκρογωνιαῖος): vgl. MCKELVEY, New Temple, 197f. An Jeremias' These fasziniert aber die Möglichkeit einer Analogisierung der Relationen zwischen dem „Schlussstein" (κεφαλὴ γωνίας) und dem Gebäude auf der einen Seite und κεφαλὴ und σῶμα auf der anderen (z.B. HANSON, Unity, 131; GNILKA, Eph, 158); H. Schlier kam diese These insofern entgegen, als sie zum Bild seines gnostischen Anthroposmythos passte.
[303] S.o. A 301.
[304] PERCY, Probleme, 328-335.485-488; SCHÄFER; PFAMMATTER, 143-151; MCKELVEY, Cornerstone; DERS., New Temple, 195-204; MERKLEIN, 144-150; FAUST, 198.
[305] פִּנָּה hat die Grundbedeutung „Ecke", „Zacke". JEREMIAS hat bestritten, dass Eph 2,20 überhaupt auf Jes 28,16 referiere: ἀκρογωνιαῖος sei ein profangriechisches Wort, das in TestSal 22-23, Symmachus (zu 4Kö 25,17; ψ 117,22) sowie in Eph 2,20 *unabhängig von Jes 28,16* verwendet worden sei. Die ursprüngliche Bedeutung von γωνία sei dabei verblasst (ZNW 29, 278). Der Gebrauch des Wortes in Jes 28,16 sei die Ausnahme gegenüber der sonst durchgängigen Bedeutung „Schlussstein".

(ψ 117,22/Ps 118,22) meint den selben Stein wie Jes 28,16, doch ist die Bedeutung von רֹאשׁ hier eher „Anfang" (Grundstein) denn „Schluss". (3.) Die Bedeutung, die ἀκρογωνιαῖος unbezweifelbar in Jes 28,16 hat, nämlich „*Eckstein*", ist die Regel und nicht die Ausnahme.[307] (4.) Es ist unwahrscheinlich, dass gerade Jes 28,16, eine Stelle, die Röm 9,33; 10,11; 1Petr 2,6 in christologischem Zusammenhang zitiert wird und den einzigen biblischen Beleg für ἀκρογωνιαῖος darstellt, in Eph 2,20 keine Rolle spielen sollte. (5.) Entscheidend ist aber das kontextliche Argument: Nur die Bedeutung „Eckstein" (des Fundamentes), nicht aber „Bauabschluss-Stein", führt zu einer sinnvollen Aussage in V.20: Der Eckstein, der sorgfältig goniometrisch behauen sein musste,[308] legte die Grundlinien des Gebäudefundamentes (und damit des ganzen Gebäudes) fest, war also als Grundstein die normierende Größe überhaupt. Mit diesem Bild wird Christus als die normierende Größe des Fundamentes (Apostel und Propheten) prädiziert.[309] (6.) Nur bei dieser Interpretation ist die Aussage vom „Wachsen" des Gebäudes „zum heiligen Tempel" (V.21) sinnvoll, die bei Annahme der Bedeutung „Abschlussstein" widersprüchlich wäre: V.21 setzt voraus, dass das Gebäude noch nicht abgeschlossen ist.[310]

21 Es folgen zwei einander nebengeordnete Relativsätze: ἐν ᾧ … (V.21), ἐν ᾧ καί … (V.22), die sich auf „Christus Jesus" beziehen. Beide bringen eine prospektive Aussage (εἰς)[311], deren Zielpunkte („heiliger Tempel", „Wohnung Gottes") die Tempelmetaphorik, die in der Baumetaphorik schon impliziert war, explizieren. πᾶσα οἰκοδομή müsste wegen des fehlenden Artikels eigentlich „jedes Gebäude" heißen, doch wäre die Aussage dann nicht sinnvoll.[312] Zu erwarten ist vielmehr die Bedeutung „das ganze Gebäude", wobei eigentlich der Artikel erforderlich wäre.[313] Im neutestamentlichen Griechisch kann dieser jedoch gelegentlich

---

[306] Vgl. auch 1Hen (gr.) 18,1 (τὸν θεμέλιον τῆς γῆς καὶ τὸν λίθον γωνίας τῆς γῆς).
[307] McKelvey, Cornerstone, 354; Merklein, 147–149.
[308] Deshalb kann er in Jes 28,16 λίθος πολυτελὴς ἐκλεκτὸς ἀκρογωνιαῖος ἔντιμος genannt werden: „ein Stein, wertvoll, ausgesucht, die äußerste Ecke bildend (= ein Eckstein), kostbar" (MT: אֶבֶן בֹּחַן פִּנַּת יִקְרַת מוּסָד מוּסָּד – „ein Bochan-Eckstein, kostbar, eine gegründete Gründung").
[309] Der Einwand von Vielhauer, 119f, „die Sonderstellung Christi gegenüber den gewöhnlichen Steinen und dem Fundament" wäre dahin, „wenn Christus ein Stein neben andern Steinen im Fundament wäre", beruht also auf einer falschen Voraussetzung.
[310] Auch συναρμολογουμένη erfordert nicht die Bedeutung „Schlussstein". Man müsste sonst unter ἀκρογωνιαῖος den „Schlüsselstein" eines Bogens verstehen (dagegen s.o. bei A 302). Aber (συν)ἁρμολογεῖσθαι heißt auch gar nicht „zusammengehalten werden" (im mechanischen Sinne). Zum Ausdruck kommt vielmehr, dass in Christus Jesus als Eckstein die *Proportionen* des wachsenden Gebäudes angelegt sind.
[311] Deshalb kann συναρμολογουμένη sich nicht auf ἐν ᾧ beziehen (wogegen auch die Wortstellung spricht), sondern nur auf αὔξει, dem das Partizip modal untergeordnet ist (so auch Haupt, Eph, 96; Ewald, Eph, 149; gegen von Soden, Eph, 122).
[312] Ganz offensichtlich haben ℵ¹ A C P 6. 81.326 den Artikel ἡ vor οἰκοδομή aus grammatischen Regularitätsgründen eingefügt (gegen ℵ* B D F G Ψ u.a.).
[313] Haupt, Eph, 96f, denkt unter Bezug auf 1Kor 3,9.17 an die „Einzelgemeinde". Das würde aber der ökumenischen Ekklesiologie des Eph völlig widersprechen. von Soden, Eph, 122, übersetzt „aller Bau" und deutet das auf die „verschiedenen Bautheile, die nach und nach hinzugebaut werden, insbesondere an die zwei Theile, die Juden- und die Heidenchristen". Diese müssen aber nicht erst hinzugebaut werden geschweige denn zusammenwachsen (vgl. die Kritik von Haupt, Eph, 96f; Ewald, Eph, 150, der sich aber selbst mit der Paraphrase „alles, was irgend Bau ist" begnügt).

in entsprechenden Fällen fehlen.[314] Das Kompositum συναρμολογεῖν (im Partizip Präsens Passiv)[315] ist insgesamt nur hier und in Eph 4,16 belegt und scheint ein Neologismus des Verfassers zu sein.[316] Dabei ist das συν- wohl veranlasst worden durch das συνοικοδομεῖσθε aus dem parallelen Satz V.22. Die Bedeutung ist (wie die des auch nur selten begegnenden Simplex)[317] unklar.

Der Wortteil -λογεῖν[318] enthält die Bedeutung „berechnen", „entwerfen", „den Maßstab legen" (der „Logos" klingt darin an). In Eph 4,16 steht συναρμολογούμενον parallel zu συμβιβαζόμενον (das durch Kol 2,19 vorgegeben ist). Meist wird letzteres mit „zusammengehalten" übersetzt (was durch σύνδεσμοι, „Bänder", aus Kol 2,19 nahegelegt wird). Entsprechend wird die physiologische Metaphorik in Eph 4,16 meist vom Modell des Skeletts (Gelenke, Bänder, Sehnen) gedeutet. Doch βιβάζειν (Kausativum zu βαίνειν) heißt wörtlich „in Bewegung bringen", dann „führen", „aufsteigen lassen". Es geht dort um den „Kopf" als Steuer-, Versorgungs- und Antriebszentrum des Körpers. Die gleiche Funktion hat der Logos in Bezug auf den Kosmos. Er ist aber auch „Plan" (λογισμός) des „Architekten", die geistige Struktur der Welt (Philon, opif. 17.20.24; vgl. mut. 30; somn. I 206). Entsprechend ist „in Christus Jesus" die *Struktur* der Kirche angelegt – wie die Maße und Proportionen des Gebäudes durch den „Eckstein". Das seltene συναρμολογεῖν ist also bewusst gewählt, um die von Anfang an im Logos/Christus geplante und angelegte Struktur des „Gebäudes" zum Ausdruck zu bringen.[319] Zwar gilt, dass ἐν ᾧ (1.) auf „Christus Jesus" bezogen ist und (2.) mit dem Verb αὔξει zusammengehört. Doch wird dabei das metaphorische Christusprädikat „Eckstein" mittransportiert und kommt im modal untergeordneten Partizip συναρμολογουμένη indirekt noch einmal zur Geltung.[320] Die Hauptaussage αὔξει bezeichnet die dynamische Entfaltung der im Logos/Christus – man könnte fast sagen: genetisch – angelegten Struktur des „Gebäudes": das Wachsen der Kirche. Hier wechselt die Metaphorik vom Architektonischen zum Organischen[321], wobei die σῶμα-Meta-

---

[314] Z.B. Mt 2,3; 3,15; Apg 2,36; 7,22; 17,26; Röm 11,26; vgl. BDR § 275,2 A 4; DIBELIUS/GREEVEN, Eph, 73 (mit außerneutestamentlichen Belegen); SCHNACKENBURG, Eph, 125 A 304. Klassisch korrekt ist dagegen die Parallelstelle Eph 4,16 (πᾶν τὸ σῶμα). In Eph 3,8 müsste aber ebenfalls der Artikel stehen: πάντων τῶν ἁγίων (vgl. 2Petr 3,16).
[315] Zur vorzeitigen Funktion des Partizip Präsens: BDR § 339,2 mit A 9.
[316] Vgl. o. A 191 zu 2,16 (ἀποκαταλλάσσειν). Zur rhetorischen Funktion und Bewertung von Neologismen s. LAUSBERG, Handbuch § 549f.
[317] Zu ἁρμολογεῖν finden sich bei LIDDELL/SCOTT, Lexicon, 244, drei Belege: Philippus Epigrammaticus (Anthologia Palatina 7,554); Pap. Rylands 233,6; Sextus Emp., adv. math. v 78; vgl. auch die christlichen Belege bei LAMPE, Patristic Greek Lexicon, zu ἁρμολογέω (2) und ἁρμολογία (4).
[318] Begegnet als Verb selber nicht, ist aber in einigen Komposita enthalten (κατη-λογεῖν, ὑπο-λογεῖν und eben auch ἁρμο-λογεῖν).
[319] Eine ähnliche Denkstruktur liegt dem οἰκονομία-Konzept (Durchführung eines Plans) zugrunde (s.o. zu 1,10 mit A 172).
[320] Vgl. die Reminiszenz an unsere Stelle bei Cyrill, Comment. in Is 3,2 (LAMPE, Patristic Greek Lexicon, s. v. συναρμολογέω): ἀεὶ ... πως ἐν ταῖς γωνίαις τῶν οἰκοδομημάτων δύο συμβαίνουσι τοῖχοι, καὶ ἀλλήλους συναρμολογούμενοι κατασφίγγονται πρὸς ἑνότητα.
[321] Beide Bildfelder begegnen traditionell häufig zusammen: so im AT (z.B. Jer 1,9f; 24,6; 31,27f; 42,10; 45,4; Ez 36,36), in Qumran (z.B. 1QS 8,4–10; 1QH 6), bei Philon (z.B. LA I 48; Cher. 98–112; her. 116; praem. 139), in der Gnosis (z.B. Nazarenerpredigt 30) und im Hellenismus (Dion v. Prusa, or. 52,3; 54,4f; Plutarch, virt. doc 1 [Mor. 439A]), vor allem aber iKor 3,6–17; vgl. dazu VIELHAUER, 74–85.115–136;

phorik anklingt,[322] die in 4,11–16 dann ganz von der Physiologie des Menschen (aus „Kopf" und „Leib") geleitet ist, und in der neben dem „Wachsen" auch die Gebäude-Metaphorik wieder auftaucht.

Die Aussage, dass das „Gebäude" noch wächst (αὔξει), hat exegetisch zwei Konsequenzen: (1.) ἀκρογωνιαῖος (V.20) kann nicht als „Bauabschlussstein" aufgefasst werden.[323] (2.) „Kirche" ist für den Verfasser ein lebendiger Prozess, hat eine geschichtliche Entwicklung in die Zukunft. Diese Entwicklung ist freilich „in Christus" determiniert.[324] Mit εἰς wird das Ziel des Prozesses angegeben: „zu einem heiligen Tempel im Herrn". Wie jede Metapher ist das keine Beschreibung, sondern eine andeutende Prädikation, die eine Perspektive entwirft. Mit dem Stichwort ναός[325] wird nun, vom Schluss her, die ganze Gebäudemetaphorik noch einmal neu beleuchtet. Der Bezug auf Jes 28,16 in V.20 enthält freilich schon einen Hinweis in diese Richtung. Wie die Gemeinde von Qumran versteht sich die Christenheit als die eschatologische Heilsgemeinde. Das, was einst der Tempel für Israel bedeutete, die Anwesenheit des Heiligen, das ist nun in der „Gemeinschaft der Heiligen" potentiell für alle Menschen zugänglich. Diese Tempelmetaphorik kann bei Paulus auf die „Leibhaftigkeit" des einzelnen Menschen (als Bildempfänger) prädiziert sein (1Kor 6,19),[326] ebenso aber auch auf das Kollektiv der Gemeinde (1Kor 3,16f; 2Kor 6,16 – unter Berufung auf Lev 26,12 LXX).[327] Die „Heiligkeit" war bereits in der Eingangseulogie als Ziel der vorweltlichen Erwählung angegeben worden (1,4). Wie dort in der gesamtchristlichen „Wir"-Form gesprochen wurde, ist auch hier in 2,21 von πᾶσα οἰκοδομή die Rede. Erst der abschließende V.22 führt zurück zum „Ihr" der adressierten Heidenchristen, um deren „Hinzuführung" es im ganzen Abschnitt ging (und im nächsten Teil 3,1–13 gehen wird). Dieser erste Relativsatz schließt mit der charakteristischen christologischen ἐν-Wendung (vgl. 1,3.6.10.12; 2,6–7; 2,16), diesmal ἐν κυρίῳ. Insofern sie „im

---

MERKLEIN, 1Kor, I, 263f. Die organische Metaphorik lässt sich noch einmal unterscheiden in die pflanzliche (1Kor 3,6–17) und die körperliche bzw. medizinische, die im Eph vorherrscht (bes. 4,15f).

[322] Vgl. Kol 2,19, eine Stelle, die erst in Eph 4,15f ausführlicher verarbeitet, aber schon hier vom Verfasser des Eph mitberücksichtigt wird.

[323] S. o. bei A 310.

[324] Das heißt weder, dass die Christen Zeitpunkt und Gestalt des Endes dieses Prozesses kennen, noch dass damit eine Prädestination der Menschen verbunden wäre.

[325] Der Terminus ναός („Tempel") begegnet im Corpus Paulinum (abgesehen von 2Thess 2,4) nur im anthropologisch-ekklesiologischen Zusammenhang: 1Kor 3,16f; 6,19; 2Kor 6,16 und Eph 2,21.

[326] „Euer Leib ist Tempel des heiligen Geistes in euch …". Das setzt die hellenistisch-jüdische Vorstellung von der „Seele" als Aufenthaltsort Gottes bzw. seines Logos voraus, wie sie bei Philon begegnet (z.B. Cher. 98f; Deus 134; sobr. 62–66; somn. I 148f.215; II 246–249; virt. 188; praem. 123), doch stellt Paulus wohl bewusst im Gegensatz dazu σῶμα an die Stelle von νοῦς/ψυχή (vgl. SELLIN, Streit, 58f).

[327] Ob 2Kor 6,14–7,1 von Qumran beeinflusst und unpaulinisch (so z.B. GNILKA, 2Kor 6,14–7,1; FITZMYER, 2Cor 6,14–7,1) oder – wie neuerdings wieder votiert wird – genuin paulinisch ist (so z.B. SASS, 2Kor 6,14–7,1), kann hier offenbleiben. FAUST, 201 A 411, weist darauf hin, dass die Vorstellung vom tempelhaften „Wohnen" Gottes unter oder in den Menschen gerade nicht qumranisch ist, sondern sich im hellenistischen Judentum findet (unter Berufung auf KLINZING, 178); vgl. auch MURPHY-O'CONNOR, Philo.

Herrn" existiert, „wächst" die Kirche zu einem „heiligen Tempel". Es ist hier zu beachten, dass ἐν κυρίῳ (abgesehen von der Ausnahme in 1,15) sonst nur im paränetischen Teil vorkommt. ἅγιος ist aber schon (vom kultischen) zu einem *ethischen* Prädikat geworden.[328] ἐν κυρίῳ verhält sich zu ἐν Χριστῷ – so könnte man sagen – wie das Gehorsamsverhältnis zum Seinsverhältnis (jeweils gegenüber dieser „Person" Jesus Christus).

22 Der zweite mit καί nebengeordnete Relativsatz ist (bis auf das in V.21 überschießende Partizip συναρμολογουμένη) genau parallel zum ersten in V.21 gebildet: ἐν ᾧ + Subjekt + Verb + εἰς-Wendung mit Attribut + ἐν-Wendung. Das ὑμεῖς von V.11 wird wieder aufgenommen und rundet die Ringkomposition ab. Auch das abschließende ἐν πνεύματι korrespondiert dem ἐν σαρκί von V.11. Das in V.20 vom Bild her erforderliche ἐποικοδομεῖσθαι (dort im Aorist) wird nun zum συνοικοδομεῖσθαι (Präsens). Darin korrespondiert dieser Abschluss dem συμπολῖται in V.19 (entsprechend korrespondieren auch κατοικητήριον V.22 und οἰκεῖοι V.19). V.22 rundet also nicht nur die ganze Einheit V.11-22 ab, sondern zugleich auch den dritten Unterteil V.19-22 in sich. Wie bei der Aussage vom „Wachsen" in V.21 steht das Verb in V.22 im Präsens: Mit-erbaut-Werden ist ein andauernder Vorgang. Denn εἰς ναὸν ἅγιον von V.21 entspricht auch semantisch εἰς κατοικητήριον τοῦ θεοῦ. Κατοικητήριον („Wohnung", im NT nur noch Apk 18,2) begegnet 20mal in LXX – in Ex 15,17; 3Kö 8,13(A); ψ 75,3 vom irdischen Zionstempel als Gottes „Wohnung".[329] In den Qumranschriften gibt es einen Beleg für die Bezeichnung des Gemeindetempels als „Wohnung" (מָעוֹן[330] – 1QS 8,8: „eine Stätte des Allerheiligsten"[331]). Auch bei Philon begegnet κατοικητήριον nur ein einziges Mal (noch dazu im Zitat: Ex 15,17 in plant. 47), doch bezeugt er breiter die *Vorstellung* vom Wohnen Gottes in den Frommen (wofür er ἐνδιαίτημα[332], οἶκος[333] oder ähnliche Ausdrücke[334] und einmal auch κατοικεῖν bzw. οἰκεῖν gebraucht: sobr. 62f.66[335]). Verbunden ist damit immer die Tempelmetaphorik. Mit den Stellen bei Philon (Cher. 98-100; sobr. 62-66; somn. I 249; II 246-253; praem. 123) sind neben Eph 2,22 auch 1Kor 3,16; 6,19; 2Kor 6,16[336]; 1Petr 2,5 am ehesten verwandt. Der Modus der Anwesenheit Gottes bei dieser in Christus erbauten Menschengesellschaft ist der Geist. ἐν πνεύματι entspricht dem ἐν κυρίῳ von V.21 und ist wie jenes vom beide Relativsätze eröffnenden ἐν ᾧ (= ἐν Χριστῷ) differenziert. Wie ἐν Χριστῷ ist auch ἐν πνεύματι mehrdeutig: Der Geist ist sowohl

---

[328] S.o. zu 1,4 bei A 98.
[329] 3Kö 8,39.43.49; 2Chr 6,30.33.39; 30,27; ψ 32,14; 3Makk 2,15 von Gottes himmlischem Thronort.
[330] In LXX dreimal mit κατοικητήριον wiedergegeben (welches außerdem dreimal für מְעוֹנָה steht).
[331] S.o. bei A 277.
[332] „Aufenthaltsort": Cher. 98; somn. I 149; II 253.
[333] Cher. 98-105; sobr. 62-69; somn. I 149; II 246.251; praem. 123.
[334] Βασίλειον (sobr. 66; praem. 123); ἑστία (Deus 134); πόλις (somn. II 246.248).
[335] Κατοικεῖν in diesem Sinne aber auch TestDan 5,1; TestNaph 8,3; TestJos 10,2f; TestBen 6,4 (κύριος γὰρ ἐν αὐτῷ κατοικεῖ καὶ φωτίζει τὴν ψυχὴν αὐτοῦ – vgl. zu dieser Stelle wiederum Eph 1,18).
[336] Zu 2Kor 6,16 vgl. aber besonders TestDan 5,1.

das Instrument der Anwesenheit Gottes, als auch der „Raum", die Sphäre, die der Gottesgeist durch seine Anwesenheit schafft.[337] ἐν πνεύματι bezieht sich also in erster Linie auf εἰς κατοικητήριον τοῦ θεοῦ (wie ἐν κυρίῳ auf εἰς ναὸν ἅγιον in V.21). Durch die nicht zufällige Entsprechung zum ἐν σαρκί in V.11, das dort die (vom Heil noch ausgeschlossenen) Heiden („Unbeschnittenheit") und die „Beschnittenheit" als für das Heil unzureichend qualifizierte,[338] gewinnt die Wendung ἐν πνεύματι hier abschließend eine das Heil total bestimmende Bedeutung: Sarx und Pneuma sind insofern einander ausschließende Gegensätze, als die Sphäre der Sarx keine Heilsmächtigkeit hat.[339] Nun aber, ἐν πνεύματι, sind die „Verheißungen" (2,12) erfüllt, die jetzt nicht mehr nur Israel, sondern auch den Heiden gelten. ἐν πνεύματι, „im Geist", ist der Gegensatz Israel – Heiden, der ein sarkischer war, überholt und aufgehoben.[340] Zur Wirkung gekommen ist die „geistliche" Realität (der Zustand ἐν πνεύματι) aber ἐν Χριστῷ: „durch Christus"/„im Wirkungsbereich Christi".[341]

Es ist nicht unberechtigt, 2,11–22 als das „theologische Zentrum" des Eph anzusehen.[342] Was den strukturellen Aufbau des Schreibens betrifft, gilt die Zentralfunktion freilich nur für Kapitel 1–3, doch wird im „Basisabschnitt" der zweiten Briefhälfte (Kap. 4–6), in 4,1–16, gerade das Thema der „Einheit" aus 2,11–22 zugrundegelegt. Bevor das aber geschehen kann, muss die herausragende fundierende Rolle des Apostels Paulus zur Sprache kommen. Das geschieht im folgenden Abschnitt 3,1–13.

I. 5.) 3,1–13: Die Rolle des Apostels Paulus im Heilsprozess

(1) **Deshalb ich, Paulus, der Gefangene Christi Jesu für euch, die Heiden –**
(2) **ihr habt ja gehört von dem Plan der Gnade Gottes, die mir für euch verliehen wurde:**
(3) **Durch Offenbarung wurde mir das Geheimnis kundgetan, wie ich es früher in Kürze beschrieben habe,**
(4) **woran ihr, wenn ihr es lest, meine Einsicht in das Geheimnis Christi erkennen könnt,**
(5) **das in früheren Generationen den Menschenkindern nicht kundgetan wurde, wie es jetzt seinen heiligen Aposteln und Propheten im Geist offenbart wurde:**
(6) **dass die Heiden Mit-Erben und Mit-Leib und Mit-Teilhaber der Verheißung in Christus Jesus sind durch das Evangelium,**

---

[337] Für ἐν κυρίῳ gilt ähnliches: es ist die Tat-Sphäre des ethischen Gehorsams, *durch* die aber auch der „Bau" wächst.
[338] S.o. zu 2,11.
[339] Dagegen ist σάρξ im Eph – abgesehen von 2,3 – keine böse Macht (s.o. zu 2,11 bei A 23).
[340] Vgl. 2,18: ἐν ἑνὶ πνεύματι.
[341] Auf diese instrumental-lokale Doppelbedeutung, die sich aus der Logos-Konzeption herleitet, kommt es an.
[342] CONZELMANN, Eph, 98; vgl. MERKLEIN, Christus, 12.

(7) dessen Diener ich geworden bin gemäß der Gabe der Gnade Gottes, die mir verliehen wurde gemäß dem Wirken seiner Kraft.
(8) Mir, dem Allergeringsten aller Heiligen, wurde diese Gnade verliehen, den Heiden zu verkündigen den unerforschlichen Reichtum Christi
(9) und ans Licht zu bringen [für alle],
welches die Durchführung (des Planes) des Geheimnisses ist,
das verborgen war seit den Äonen in Gott, der das All geschaffen hat,
(10) damit jetzt den Mächten und Gewalten in den höchsten Himmeln die vielfältige Weisheit Gottes durch die Kirche kundgetan würde,
(11) gemäß dem ewigen Vorsatz, den er ausgeführt hat in Christus Jesus, unserem Herrn,
(12) in welchem wir Gesprächsrecht und vertrauensvollen Zugang haben durch den Glauben an ihn.
(13) Deshalb bitte ich (Gott) darum, nicht zu verzagen in meinen Bedrängnissen für euch, die eurer Verherrlichung dienen.

BAUMERT, Täglich sterben; VON BENDEMANN, Schlier 175–227; BEST, The Revelation; BIEDER, Geheimnis; BOCKMUEHL, Revelation; CARAGOUNIS, Mysterion 55f.72–74.96–112; COPPENS, „Mystery"; DAHL, Beobachtungen; DERS., Geheimnis; DODD, Paul's paradigmatic „I"; FISCHER, Tendenz 95–108; GESE, Vermächtnis 228–239; GNILKA, Paulusbild; GOODSPEED, Meaning 39–46; HORN, κατ' οἰκονομίαν; KLEIN, Apostel 66–75; LINDEMANN, Aufhebung 221–230; DERS., Paulus 40–42; LÜHRMANN, Offenbarungsverständnis 113–140; MEADE, Pseudonymity 148–153; MERKLEIN, Amt 159–231.335–342; DERS., Paulinische Theologie 409–447; MUSSNER, Beiträge aus Qumran 185–188; OCHEL, Annahme 9–11.50–56; PESCH, Mysterium Christi; REICHERT, Praeparatio 379–405; REUMANN, Oikonomia; DERS., οἰκονομία-Terms; REYNIER, Évangile; SCHILLE, Paulus-Bild 60–68.89–91; SCHNIDER/STENGER, Briefformular; SCHWINDT, Weltbild 463–468; WINK, Powers 89–96; WOLTER, Weisheit.

Die beiden Hauptteile des 3. Kapitels (3,1–13; 3,14–19) sind auf eigentümliche Weise miteinander verklammert. Nach dem soteriologischen (2,1–10) und dem ekklesiologischen (2,11–22) Lehrabschnitt in Kap. 2 macht der Verfasser einen Ansatz, zum formalen Ton der Danksagung mit ihren gebetserwähnenden und konfessorischen Stilmitteln zurückzukehren (3,1). Durchgeführt wird das jedoch erst in 3,14–19. 3,1 bleibt ein Satztorso, der zunächst nur die Funktion hat, das Stichwort „Ich, Paulus, der Gefangene …" einzuführen. Denn es folgt in 3,2–13 ein Abschnitt über die Rolle des Apostels (des fiktiven Verfassers).

Die syntaktische Struktur von 3,1–13 ist wegen V.1 kompliziert. In V.1 fehlt ein Prädikat, und es fragt sich, wo und wie der Satz abgeschlossen wird. Die Möglichkeit, V.1 als Ellipse aufzufassen („deshalb *bin* ich, Paulus, der Gefangene Christi Jesu …"),[1] scheidet aus: Der Artikel vor δέσμιος wäre störend; vor allem aber be-

---

[1] So z.B. Peschitta; Chrysostomos; Erasmus; MEYER, Eph, 124, u.a. Eine Verlegenheitslösung ist auch die Ergänzung von πρεσβεύω (vgl. 6,20) in D und Minuskel 104. Vgl. zum ganzen Problem die stringente Argumentation bei EWALD, Eph, 152f.

steht kein Kausalitätsverhältnis zwischen der Erwähnung des Gefangenseins und den Aussagen des vorhergehenden Kontextes.[2] 3,2–7 könnte als Parenthese aufgefasst werden, doch bilden diese Verse scheinbar einen einzigen Nebensatz, dem nun der Hauptsatz fehlt. Ab V.8 folgt ein neuer Satz (nun mit Hauptsatz), der sich bis V.12 erstreckt. V.13 ist ein vollständiger abschließender Satz, der zum Subjekt in V.1 („ich, Paulus …") kongruent ist. Insgesamt gibt es fünf Lösungsmöglichkeiten:[3] (1.) V.1 und V.3 bilden ein Anakoluth (V.1: „ich, Paulus" Subjekt; V.3: Verfasser nun als Dativobjekt, passivisch), verursacht durch die Parenthese V.2.[4] (2.) V.1 und V.8 bilden ein entsprechendes Anakoluth, verursacht durch die Parenthese V.2–7.[5] (3.) V.1 und V.13 rahmen die zweisätzige Parenthese V.2–12, wobei das in V.1 zurückgestellte Prädikat dann αἰτοῦμαι wäre, das erst hier ganz am Ende erscheint.[6] (4.) V.14 kehrt nach einer Parenthese V.2–13 zum abgebrochenen Satz V.1 zurück.[7] (5.) 4,1 ist Fortsetzung von 3,1.[8] Da sich die Parenthese über V.7 hinaus zumindest bis V.12 erstreckt, kommen nur die letzten drei Möglichkeiten in Frage: V.13, V.14 oder 4,1 als Fortsetzung bzw. Wiederaufnahme von 3,1. Auch 4,1 scheidet aber sofort aus: Mit 4,1 beginnt der 2. Hauptteil des Briefes (vgl. die abschließende Doxologie 3,20f).[9] 3,13 schließlich kommt wegen der weiteren Konjunktion διό nicht als Anschluss an 3,1 in Frage. So bleibt schließlich nur V.14, wo das τούτου χάριν von V.1 wörtlich (in einer Aussage in der 1. Person) wieder aufgegriffen wird. Es ist dann allerdings nicht korrekt, nun noch von einem Anakoluth zu reden.[10] Vielmehr handelt es sich bei V.2–13 um eine Digression, die einen Neueinsatz unter Wiederaufnahme von V.1 in V.14 notwendig macht. Die Frage ist, ob diese extensive Parenthese ein Ergebnis zufälliger Entgleisung oder schriftstellerischer Absicht ist. Da Eph im ganzen kein ad hoc verfasster konkreter Brief ist, sondern grundsätzlichen Charakter hat, muss man davon ausgehen, dass diese syntaktische Formung sich nicht einem Zufall verdankt. V.1 dient also dem Themawechsel vom ὑμεῖς (2,22) zum ἐγώ. Der damit eingeleitete Abschnitt, der bis V.13 reicht, besteht aus zwei Teilen: dem scheinbar schwebenden Nebensatz V.2–7 und dem vollständigen Satz V.8–12 mit dem selbständigen Abschlußsatz V.13. Auf den ersten Blick wirken die beiden Teile fast redundant.

Auch V.2–7 ist syntaktisch undurchsichtig. Welcher Aussage ist der Konditionalsatz mit εἴ γε unterzuordnen? V.1 bleibt ja ein prädikatloser Satztorso. Zwi-

---

[2] Vgl. HAUPT, Eph, 99f A 1; ABBOTT, Eph, 77; EWALD, Eph, 152.
[3] Vgl. EWALD, Eph, 152f.
[4] So Origenes.
[5] So Hugo Grotius; vgl. Gal 2,6–10.
[6] So VON SODEN, Eph, 122f; SCHLIER, Eph, 146; GNILKA, Eph, 179 (s.u. A 17).
[7] So Theodor von Mopsuestia; Theodoret; Luther; BENGEL, Gnomon, 762; OLSHAUSEN, Eph, 205; DE WETTE, Eph, 126; HAUPT, Eph, 99; EWALD, Eph, 153; ABBOTT, Eph, 77.93; DIBELIUS/GREEVEN, Eph, 73, und fast alle neueren Kommentare.
[8] Vertreter dieser Meinung (z.B. HOFMANN, Eph, 127f) bei HAUPT, Eph, 99f A 1. Die Aufnahme von ὁ δέσμιος in 4,1 ist aber kein ausreichender Grund für diese Annahme.
[9] HAUPT, Eph, 100 A 1; EWALD, Eph, 153.
[10] Gegen HAUPT, Eph, 99.

schen V.2 und 3 wiederum besteht kein faktisches Bedingungsverhältnis, so dass es schwierig erscheint, den εἴ-γε-Satz von ἐγνωρίσθη in V.3 abhängig sein zu lassen. Allerdings ist die *konditionale* Komponente (im Unterschied zur semantischen)[11] stark abgeschwächt.[12] Die οἰκονομία (oder die χάρις) besteht in der Kundgabe des Geheimnisses an „Paulus".[13] Der unscharfe Bedingungssatz mit εἴ γε lässt sich dann verkürzt übersetzen: „*Ihr habt ja gehört*[14] von der οἰκονομία der mir für euch verliehenen Gnade Gottes: Durch Offenbarung wurde mir das Geheimnis kundgetan …". Diese ungewöhnliche Konstruktion legte in der Textüberlieferung eine Glättung nahe, in der durch ein ὅτι aus dem bedingten Hauptsatz ein Objektsatz wurde.[15] So ist die qualitativ besser bezeugte *lectio brevior* (p46 B F G) zugleich als *lectio difficilior* zu bevorzugen.[16] Der Hauptsatz V.3a (ἐγνωρίσθη μοι τὸ μυστήριον) wird dann durch den Relativsatz V.4 und davon abhängige weitere Nebensätze erweitert bis V.7. Es folgt in V.8–12 ein zweites Satzgefüge parallel zum ersten (vgl. das ἐμοὶ … ἐδόθη V.8 mit ἐγνωρίσθη μοι in V.3; ferner χάρις, οἰκονομία, μυστήριον, γνωρίζεσθαι in beiden Abschnitten). V.13 steht als Einzelsatz und leitet semantisch über zum nächsten Teil,[17] der das τούτου χάριν von V.1 wieder aufgreift und durch αἰτοῦμαι zur performativen Gebetsaussage, die in V.1 mit dem τούτου χάριν bereits angepeilt war, überleitet.

Fragt man nach der epistolographischen und rhetorischen Funktion dieses Abschnitts, so wird man auf Kol 1,(23)24–29 verwiesen. Dieser Abschnitt bietet die Vorlage insbesondere für Eph 3,1–7,[18] wie die z.T. wörtlichen Anklänge zeigen.[19] In Kol bedeutet der Abschnitt 1,24–29 eine epistolographische Neuerung gegenüber dem Grundschema der genuinen Paulusbriefe. Das Proömium mündet nach Danksagung (1,3–8) und Fürbitte (1,9–14) in ein Enkomion (1,15–20) mit einer Applikation auf die Adressaten (1,21–23). Das Briefkorpus beginnt jedoch erst in 2,1 (mit der typischen Einleitungswendung θέλω γὰρ ὑμᾶς εἰδέναι).[20] Dazwischen liegt der Abschnitt 1,24–29, der im Anschluss an M. Wolter als

---

[11] S.u. A 14.
[12] Welche syntaktischen Schwierigkeiten εἴ γε bereitet, zeigen die wenigen neutestamentlichen Belege: Röm 5,6 und 2Kor 5,3 sind schon textkritisch umstritten. In Gal 3,4 ist der εἴ-γε-Satz elliptisch, und sein logisch-syntaktischer Bezug auf den vorhergehenden rhetorischen Fragesatz ist äußerst vage. Nur in Kol 1,23 handelt es sich um einen klaren bedingenden Satz („sofern ihr …").
[13] S.u. bei A 34–37.
[14] Εἴ γε hat eine relativ „große Bestimmtheit der Annahme" (SCHLIER, Eph, 147 A 1; GNILKA, Eph, 163; vgl. BDR § 54 A 2).
[15] So in ℵ A C D Ψ 33. 1739. 1881 und der Mehrheit der Handschriften.
[16] Gegen die meisten Kommentatoren, z.B. DE WETTE, Eph, 127; EWALD, Eph, 55 A 2; GNILKA, Eph, 163 A 5; SCHNACKENBURG, Eph, 129; POKORNÝ, Eph, 139 A 7 – mit ZUNTZ, Text of the Epistles, 196.
[17] GNILKA, Eph, 179, sieht in V.13 den Beginn des nächsten Abschnittes: V.13–19 (vgl. o. A 6).
[18] In 3,8–13 treten die Anklänge zurück: vgl. OCHEL, 55f.
[19] Zu Eph 3,1f: Kol 1,23 (εἴ γε … οὗ ἠκούσατε …). 24 (ὑπὲρ ὑμῶν); zu Eph 3,2–3: Kol 1,25 (οἰκονομίαν … τοῦ θεοῦ τὴν δοθεῖσάν μοι εἰς ὑμᾶς); zu Eph 3,5: Kol 1,26; zu Eph 3,6: Kol 1,27; zu Eph 3,8: Kol 1,25.28; zu Eph 3,9: Kol 1,26.27. Vgl. die Gegenüberstellungen bei OCHEL, 50–56; MITTON, Epistle, 291–293; MERKLEIN, Amt, 159f.; SCHNACKENBURG, Eph, 129f.
[20] Vgl. 2Kor 1,8; 8,1; Phil 1,12; Gal 1,11; Röm 1,13; 1Thess 2,1; dazu WHITE, Introductory Formulae 93f; MULLINS, Disclosure; SCHNIDER/STENGER, 171f. WOLTER, Kol, 108f, bestreitet, dass hier ein neuer

„Selbstvorstellung des Verfassers" zu verstehen ist.[21] Ein solcher Briefteil ist aber eine Novität, die durch die pseudepigraphische Abfassung notwendig geworden ist. Zur Fiktion gehört ja die Situation, dass „Verfasser" und Adressaten sich nicht von Angesicht kennen (Kol 2,1; vgl. Eph 1,15; 3,1). Die angebliche „Selbstvorstellung" gerät dabei schon zur rückblickenden Typisierung des Apostels. Die rätselhafte Formulierung vom „Auffüllen dessen, was an den Leiden Christi noch fehlt" (Kol 1,24) hat dabei wahrscheinlich nur den Sinn, auf den gewaltsamen Tod des Paulus anzuspielen, der damit eine abgeleitete soteriologische Bedeutung („Leiden ὑπὲρ ὑμῶν") bekommen hat. In Eph ist dieser Aspekt (bis auf die „Gefangenschaft": δέσμιος) jedoch in den Hintergrund getreten. Stattdessen besteht das Typische des Paulusbildes nun in seinem Heidenapostolat: Ihm war die Aufgabe zugefallen, das „Mysterium" der Heidenmission durchzuführen (οἰκονομία = „Exekution" des Planes Gottes). Im Eph ist also aus der im Kol dem Briefkorpus noch voranstehenden „Selbstvorstellung" des „Paulus" (die faktisch eine Stilisierung des historischen Paulus darstellt) ein Thema des lehrhaften Teils des Schreibens selbst geworden: „Paulus" gehört in das „Mysterium Christi" mit hinein.[22] Im Vergleich zu Kol scheint Eph so (abgesehen von der Paränese 4,1ff) kein eigentliches Briefkorpus zu haben, insofern Eph 1–3 im ganzen auf den ersten Blick dem Proömium Kol 1 entspricht – freilich mit der Ausnahme von Eph 2. Darin stellt diese Schrift zunächst eine formale Entsprechung zu 1Thess dar: Zwar ist in 1Thess 2,1 eine Andeutung einer Übergangsformulierung zum Briefkorpus erkennbar (οἴδατε) und finden sich spätestens ab 2,17 Elemente einer Narratio, doch scheint die Danksagung in das Corpus weit hineinzureichen (vgl. 2,13). So ist 1Thess 1–3 in gewissem Sinne eine einzige Danksagung. Nun ist in 2Thess dieses Schema übernommen worden (2Thess 1,3-12; 2,13-17), dazwischen jedoch steht der zentrale Abschnitt 2,1-12, der keine Entsprechung in der Vorlage 1Thess 1–3 hat und das eigentliche Anliegen des 2Thess enthält. Das entspricht aber ganz dem strukturellen Verhältnis von Eph 1–3 zu Kol 1, insofern Eph 2,11-22 zwar wohl einzelne Anklänge an Kol enthält, jedoch als ganzes keine Entsprechung in Kol 1 hat. Aus dieser formalen Verwandtschaft von Eph und 2Thess lassen sich eventuell allgemeine Kompositionsmethoden der deuteropaulinischen Schriftstellerei erkennen: Wie 2Thess 2,1-12 sich vom Modell des 1Thess befreit, so geschieht es auch bei Eph 2,11-22 in seinem Verhältnis zum Kol.

Briefteil beginne, mit dem Hinweis auf das nach rückwärts verbindende γάρ. Bei neuen Briefteilen stehe dagegen immer δέ (z.B. Röm 1,13). Doch steht γάρ auch in 2Kor 1,8, wo es sich eindeutig um den Beginn des Briefkorpus handelt (nach der Eulogie 1,3-7).

[21] WOLTER, Kol, 97-114, lässt diesen Teil zwischen Proömium und Briefkorpus (vgl. 1Tim 1,12-17) sich bis 2,5 erstrecken, so dass das Corpus mit dem von Wolter erstmals als Propositio (der Argumentatio 2,6-23) erkannten Abschnitt 2,6-8 beginnt. Damit wird der Kol nach rhetorischen Gesichtspunkten gegliedert – überzeugend bis auf eine Unstimmigkeit: Das Briefkorpus beginnt schon in 2,1 (s.o. vorige A). Dann aber ist 2,1-5 eine Narratio (wenn auch eine fiktive), in der das Thema der Argumentatio „biographisch" eingeführt wird (2,1). Der innovative Teil „Selbstvorstellung des Verfassers" umfasst also nur 1,24-29. Diese Briefteil-Gattung gibt es also erst in der pseudepigraphischen Briefstellerei, wo sie eine notwendige Funktion hat (gegen SCHNIDER/STENGER, 50-68.171f).

[22] Das hat insofern Anknüpfungspunkte beim (historischen) Paulus, als dieser seine Existenz in den Vollzug des Evangeliums involviert sieht (vgl. die Peristasenkataloge: 1Kor 4,9-13; 2Kor 4,8f; 6,4b-5.8-10; 11,23b-29; 12,10; Röm 8,35; Phil 4,12). Aber der Unterschied ist deutlich: Schon Kol blickt auf das abgeschlossene „Werk" des Paulus zurück. Für Eph ist das „Werk" (seine διακονία) dann die Heidenmission. Das ist der Inhalt des „Mysteriums" nach Eph.

1 Τούτου χάριν (das in 3,14 wieder aufgenommen wird)[23] ist gegenüber den bisherigen Überleitungswendungen (διὰ τοῦτο: 1,15; καί: 2,1; διό: 2,11; ἄρα οὖν: 2,19) eine rhetorische Steigerung. Bezug genommen wird damit in erster Linie auf 2,11-22:[24] Um das Werk des Friedens und der Versöhnung durchzuführen, das in der einen Kirche aus Juden und Heiden besteht, bedurfte es des Paulus. Nicht also erst das in V.1 noch fehlende und nach dem Neueinsatz in V.14 erscheinende Prädikat „beuge ich meine Knie ..." wird so mit dem Gedankengang von 2,11-22 verknüpft, sondern schon der Inhalt der (somit letztlich scheinbaren) Parenthese 3,2-13. Das wiederholte τούτου χάριν in V.14 greift freilich dann noch einmal weiter zurück, indem es den performativen Fürbitt-Bericht 3,14-19 nicht nur an 2,18-22 anknüpfen läßt (vgl. die Polis- und die Baumetaphorik), sondern in erster Linie an die Fürbitterwähnung innerhalb der „Danksagung" (1,18.19.23), so dass 3,14-19 tatsächlich die zyklische Entsprechung zur Danksagung 1,15-23 darstellt.

„Ich, Paulus ..." greift auf Kol 1,23 Ende zurück (wo es zyklisch dem καὶ ὑμᾶς in Kol 1,21 entspricht) und tritt dem καὶ ὑμᾶς von Eph 2,1 gegenüber. Dem adressatenbezogenen Teil 2,1-10 entspricht nun zyklisch ein absenderbezogener Teil 3,1 ff. Die Formulierung des Klischees vom gefangenen Paulus greift auf Phlm 1 zurück, doch steht dort (wie in Phlm 9) δέσμιος ohne Artikel. Hier aber wie in Eph 4,1 ist dieses Attribut determiniert: Paulus ist inzwischen „*der* Gefangene Christi Jesu".[25] Ἰησοῦ könnte zu τοῦ Χριστοῦ aufgrund von Phlm 1 (δέσμιος Χρ. Ἰησοῦ) in p46 ℵ2 A B D1 33 Ψ u.a. ergänzt worden sein, oder aber es ist wegen des für die volle Namensform ungewöhnlichen Artikels[26] in ℵ* D* F G u.a. weggelassen worden[27]. Die längere Lesart ist nicht nur qualitativ besser bezeugt, sondern kann zugleich auch als *lectio difficilior* Ursprünglichkeit beanspruchen (vgl. Eph 3,11: ἐν τῷ Χρ. Ἰησοῦ[28]). Die Gefangenschaft des Paulus bekommt durch den Zusatz ὑπὲρ ὑμῶν eine soteriologische Funktion.[29] Eine solche Aussage über Paulus findet sich erstmals in Kol 1,24 (wo der Tod des Apostels mit dem Tod Christi parallelisiert wird), noch nicht bei Paulus selbst.[30] Der Gen. „der Gefangene Christi Jesu" ist dann in Eph 3,1 nicht so sehr im Sinne von Phlm 1 zu verstehen, sondern schon im Sinne von Kol 1,24: Als Gefangener hat er eine von der (für alle geltenden) soteriologischen Funktion des Leidens Christi abgeleitete Heilsfunktion speziell für die Heiden, wie das zu ὑπὲρ ὑμῶν („für euch") appositionelle τῶν ἐθνῶν („die Heiden") präzisiert.[31]

---

[23] Sonst nur noch Tit 1,5 (dort aber kataphorisch: τούτου χάριν ... ἵνα); vgl. ferner Lk 7,47 (οὗ χάριν).
[24] So DIBELIUS/GREEVEN, Eph, 73; POKORNÝ, Eph, 138; CARAGOUNIS, 72f.
[25] 2Tim 1,8 muß der Artikel stehen wegen der appositionellen Stellung von δέσμιος αὐτοῦ. Zur Funktion des betonten ἐγώ hier in 3,1 und in 4,1 vgl. DODD, 205-209.
[26] Vgl. BDR § 260 A 9.
[27] So z.B. EWALD, Eph, 154 A 1.
[28] Dort könnte der Artikel freilich durch das appositionelle τῷ κυρίῳ veranlasst sein. Dann wäre die Determinierung τοῦ Χρ. Ἰησοῦ in Eph 3,1 tatsächlich einmalig.
[29] Vgl. die ὑπέρ in Röm 5,6-8; 8,32; 14,15; 1Kor 15,3; 2Kor 5,14f; Gal 1,4 (jeweils von Christus).
[30] Vgl. FISCHER, 104-108.
[31] Ob diese Aussage im Sinne *stellvertretenden* Leidens zu verstehen ist (so FISCHER, Tendenz, 104-108), ist doch sehr fraglich. Auch Kol 1,24 gibt dieses Motiv nicht her; dazu LINDEMANN, Paulus, 41 A 32.

2 Der Satz von V.1 wird nicht zu Ende geführt; stattdessen folgt mit einem Konditionalsatz (εἴ γε) eine erste Entfaltung der Rolle des Paulus in der Heilsökonomie – syntaktisch eine Digression, die aber das in dem ἐγὼ Παῦλος („ich, Paulus") angeschlagene Thema durchführt. Die „bestimmte Annahme"[32], die Adressaten hätten von der Rolle des Paulus in der Heilsökonomie „gehört", setzt voraus, dass das Schreiben an Christen gerichtet ist, die Paulus nicht persönlich kannten (vgl. 1,15; 4,21), und das wird wohl heißen: *nicht mehr* persönlich kennen konnten. Wovon sie sicherlich gehört haben werden, das ist die οἰκονομία. Objekt des Hörens ist also nicht eine Nachricht von faktischen Ereignissen, sondern ein Lehrkonzept. Der ganze Rest von V.2 ist ein von οἰκονομία abhängiger Gen. (τῆς χάριτος), wobei τῆς δοθείσης μοι nun zu τῆς χάριτος gehört.[33] Damit aber wird die Vorlage Kol 1,25 auch semantisch verändert:

Kol 1,25: Paulus wurde „Diener der Kirche"
    κατὰ τὴν οἰκονομίαν   τοῦ θεοῦ <u>τὴν δοθεῖσάν</u> μοι εἰς ὑμᾶς
Eph 3,2: Die Adressaten „haben sicherlich gehört"
    τὴν οἰκονομίαν   <u>τῆς χάριτος</u>   τοῦ θεοῦ <u>τῆς δοθείσης</u> μοι εἰς ὑμᾶς.

Nach Kol 1,25 ist die οἰκονομία dem Apostel verliehen, eine Amtsfunktion: eine Verwaltung der Aufgabe, das Wort Gottes „zu seiner Fülle zu bringen". Nach Eph 3,2 ist jedoch die χάρις verliehen (vgl. V.7).[34] Das greift zurück auf das Konzept, mit dem Paulus seine eigene Berufung interpretiert hatte.[35] Der Begriff οἰκονομία aber ist in Eph 3,2 nun ganz wie in Eph 1,10 und 3,9 gebraucht: als „Ausführung" eines Planes.[36] Gedacht ist an die Heidenmission des Paulus, die als Vollstreckung des „Geheimnisses" verstanden wird, dessen Inhalt im „Revelationsschema" (V.5 f.9f) mitgeteilt wird – was alles schon in 1,10 anklang.[37] Bei (οἰκονομία) τῆς χάριτος handelt es sich um einen Gen. des Inhalts bzw. einen Gen. epexegeticus:[38] Die „verliehene Gnade" (die geradezu metonymisch für die Berufung bzw. Beauftragung des Paulus zur Heidenmission[39] steht) ist Inhalt der „Verwaltung", der „Durchführung des Heilsplans". Paulus ist insofern ein Bestandteil

---

[32] S.o. A 14. εἴ γε ist in Kol 1,23 vorgegeben.
[33] Vgl. MERKLEIN, Amt, 162.
[34] Vgl. MERKLEIN, Amt, 173 f. Die Formulierung ist beeinflusst durch Stellen wie Röm 12,3; 15,15; Gal 2,9 – vor allem 1Kor 3,10: κατὰ τὴν χάριν τοῦ θεοῦ τὴν δοθεῖσάν μοι, eine Stelle, die sich dem Verfasser des Eph geradezu als Re-Surrogat von Kol 1,25 angeboten haben könnte.
[35] 1Kor 15,10; Gal 1,15.
[36] In der hellenistischen Verwaltungssprache kann das Wort einen „Exekutionsakt" bezeichnen: KUHLI, EWNT² 2, 1221; vgl. LINDEMANN, Aufhebung, 79; WOLTER, 309 A 49; bereits SCHLIER, Eph, 148. Die beste Übersetzung von οἰκονομία ist „Walten" (H.-J. HORN, 189). Das erfasst sowohl die verwaltungstechnische Bedeutung des Wortes als auch die philosophische (d.h. zunächst: die stoische). Nach HORN, 192, ist οἰκονομία zugleich *nomen actionis* („Ausführung") und *nomen rei actae* („eingerichtete Ordnung"). Diese doppelte semantische Funktion ist gerade auch in Eph 3,2.9 anzutreffen. – In einem in *New Documents* 2, p.92, vorgestellten Papyrus erscheint der Plural οἰκονομίαι.
[37] Weiteres zur Begriffsbestimmung von οἰκονομία s.u. zu V.9.
[38] HAUPT, Eph, 101 f; SCHLIER, Eph, 148; GNILKA, Eph, 163 A 4; MERKLEIN, Amt, 174.
[39] Vgl. die Belege o. in A 34 und 35.

des Heilsplans, als er Vollstrecker des Geheimnisses ist, das gerade darin besteht, dass den Heiden das Evangelium verkündet wird. Seine Berufung bestand in der Kundgabe des Geheimnisses an ihn (V.3.).

3 Diese Aussage erfolgt in dem zum Konditionalsatz V.2 gehörigen Hauptsatz (V.3a), der sich eigentlich auf das Objekt des konditionalen Nebensatzes, τὴν οἰκονομίαν, beziehen müsste (das ja aus dem Hauptsatz vorgezogen ist), vom Wortfeld her jedoch eher auf die Verleihung der Gnade (und das heißt: auf die Berufung des Paulus zum Heidenmissionar) geht: „Durch Offenbarung wurde mir das Geheimnis kundgetan …". Κατὰ ἀποκάλυψιν[40] begegnet noch zweimal im NT: Röm 16,25 (in der sekundär zugefügten Schlußdoxologie) und Gal 2,2. Zwar geht es in Gal 2,2 um die Reise des Paulus zum Apostelkonvent, doch begegnet vorher in 1,15f das Thema der Berufung mit den Stichworten χάρις, ἀποκαλύπτειν und (ἐν) τοῖς ἔθνεσιν (vgl. 1,11: γνωρίζειν). Andererseits ist Röm 16,25 mit Eph 3 verwandt. Damit zusammen hängt das Problem von Eph 3,3b, wo sich der Verfasser auf „zuvor" von ihm Geschriebenes beruft, das die Adressaten nachlesen können. προγράφειν[41] ist ein spezifischer Ausdruck des Briefstils und bezieht sich entweder auf etwas im selben Brief „weiter oben"[42] oder auf etwas bereits in einem früheren Brief[43] Geschriebenes. Bei Annahme der (heute überwiegend vertretenen) erstgenannten Möglichkeit denkt man an Eph 1,9f[44] oder wegen 3,6 an 2,11–22[45] oder pauschal an beide Stellen.[46] Wenn man das ἐν ὀλίγῳ[47] ernst nimmt, käme nur 1,9f in Frage. Nun ist aber weder dort noch sonst im Eph bisher davon die Rede gewesen, dass das Geheimnis (das 1,9f erwähnt und in 3,1–7 inhaltlich bestimmt wird) *dem „Paulus"* kundgetan wurde – doch darauf kommt es in Vers 3a gerade an. Außerdem bezieht sich καθώς nicht auf das Mysterium bzw. seinen Inhalt, sondern auf den Vorgang der Offenbarung: κατὰ ἀποκάλυψιν ἐγνωρίσθη μοι. Davon ist im Brief aber vorher nicht die Rede.[48] Und schließlich

---

[40] Im Unterschied zu Gal 1,12.15f wird in Eph 3,3 die „Offenbarung Jesu Christi" (so Gal 1,12) mehr in den Hintergrund gerückt (κατὰ ἀποκάλυψιν: modal). Stattdessen steht die Kundgabe des Heilsplans mit der Beauftragung zur Durchführung mehr im Vordergrund: ἐγνωρίσθη (vgl. MERKLEIN, Amt 196-199).
[41] Προέγραψα kann wegen der Vorsilbe προ- kein Aorist des Briefstils sein: MITTON, Epistle, 233 (gegen FOULKES, Eph, 100).
[42] Vgl. die Belege bei BAUER/ALAND, Wb., 1410 (unter 1.a.).
[43] So neben Röm 15,4 und Jud 4 (dazu SELLIN, Häretiker des Judasbriefes, 210 mit A 13) vor allem POxy 291,7 (προέγραψά σοι); PHal 7,3 (bei G. SCHRENK, ThWNT I, 771 Z.14f); auf POxy 291 verweist schon GOODSPEED, 41f; vgl. MITTON, Epistle, 234.
[44] So z.B. BENGEL, Gnomon, 762; LÜHRMANN, 118; LINDEMANN, Eph, 58.
[45] So z.B. SCHNACKENBURG, Eph, 133; MUSSNER, Eph, 99.
[46] So die meisten Exegeten.
[47] Im NT noch 1Petr 5,12 (δι' ὀλίγων – vgl. auch Hebr 13,22: διὰ βραχέων) – eine Briefschlussphrase, die sich nicht auf den zeitlichen Abstand, sondern auf den Umfang bezieht.
[48] HAUPT, Eph, 103. MERKLEIN, Amt, 200 A 238, stimmt dem zu, setzt aber das zu Beweisende schon voraus: „Da in den vorausgegangenen Kapiteln von einer Offenbarung nicht die Rede war", sei das ohne Bedeutung. καθώς wolle nur die Übereinstimmung zwischen dem Inhalt der Offenbarung und dem vorher im Brief Ausgeführten zum Ausdruck bringen (unter Berufung auf PERCY, Probleme, 350).

ist dieser Deutung auf den vorherigen Kontext der in V.4 folgende Hinweis auf das „Nachlesen" (ἀναγινώσκοντες: „wenn ihr es lest") nicht förderlich. Die andere Deutung (auf andere Paulus-Briefe)[49] ist freilich in der Fassung, wie sie auf J. Goodspeed zurückgeht, kaum haltbar: Eph sei als ein Begleitschreiben der ältesten Paulusbriefsammlung vorangestellt worden und enthalte eine Einführung in das paulinische Vermächtnis mit Rückbezügen auf die älteren Paulus-Briefe.[50] Das wird in der Tat durch ἐν ὀλίγῳ völlig ausgeschlossen.[51] – Dann bleibt noch die Annahme, dass der Verfasser des Eph auf ganz bestimmte Partien der älteren Paulus-Briefe anspiele, die eben mit diesem Thema von 3,2–7 zu tun haben.[52] Es kommen vor allem drei in Frage: Röm 16,25[53]; Gal 1,12.15f[54] und Kol 1,24–29[55]. Röm 16,25 enthält jedoch über das Revelationsschema als solches hinaus keine spezifischen Anklänge an Eph 3. Kol 1,24–29 läge zwar wegen der allgemeinen Tatsache, dass Eph Kol weitgehend benutzt hat, nahe; doch enthält gerade Eph 3,3a, worauf sich V.3b mit καθώς unmittelbar bezieht, keinen Anklang an Kol 1 (sieht man von dem voraufgehenden Stichwort οἰκονομία einmal ab). Auch die Fortsetzung in V.4 („wovon ihr, wenn ihr es lest, meine Einsicht in das Geheimnis Christi erkennen könnt") lässt an eine Aussage über die Erkenntnis, wie sie *Paulus* zuteil geworden ist, denken.[56] Dann kommt aber nur jene Stelle in Frage, in der Paulus von seiner Beauftragung zur Heidenmission im Zusammenhang mit seiner Berufung in einer mit Eph 3,2–4 vergleichbaren Terminologie schreibt, nämlich Gal 1,(12.)15f. Dass diese Stelle dem Verfasser nicht unbekannt war, zeigt auch V.8, wo τοῖς ἔθνεσιν εὐαγγελίσασθαι ebenfalls eine Reminiszenz an Gal 1,16 ist.[57] – V.4 schließt nun aber überhaupt die Möglichkeit aus, προέγραψα könne sich auf den Eph selbst bezie-

---

[49] So Chrysostomos; GOODSPEED, 42f; MITTON, Epistle, 233–236; POKORNÝ, Eph, 139; MARXSEN, Einleitung, 3. Aufl., 169 (in der 4. Aufl., S. 193, etwas offener formuliert).

[50] GOODSPEED, Meaning, 39–46; vgl. DERS., First Edition.

[51] Vgl. DIBELIUS/GREEVEN, Eph, 74. Das von MITTON, Epistle, 235, vorgebrachte Argument, es handele sich um eine stilistische Manier wie in Hebr 13,22 und 1Petr 5,12 und sei nicht wörtlich zu nehmen, ist, wie Mitton selbst eingesteht, nicht schlüssig.

[52] So z.B. MITTON, Epistle, 235f, der freilich keine Stellen nennt und im Ganzen an Goodspeeds These von der Funktion des Eph festhält; doch ist das nicht notwendig. LINDEMANN, Bemerkungen, 245, vermutet: „Paulus hat, so soll dem Leser suggeriert werden, den Ephesern schon einmal einen Brief geschrieben, an den hier erinnert werde. Lindemann denkt dabei an eine Beeinflussung durch Gal 1,12 (ἀποκάλυψις).

[53] So L. DAVIES, „I wrote afore in few words" (Eph 3,3), ET 46 (1934/35) 568, der damit die These, Röm 16 sei ein Schreiben nach Ephesus gewesen, begründen wollte.

[54] Dass der Verfasser in V.3 (und 8) zumindest an die „Damaskusstunde, die er als bekannt voraussetzt" erinnert, wird häufig unter Hinweis auf Gal 1,15 betont: SCHNACKENBURG, Eph, 132; MUSSNER, Eph, 99. Beide beziehen das προέγραψα jedoch auf den Kontext (Eph 2,11–22). Vgl. aber dagegen LINDEMANN (o. A 52).

[55] So MEADE, 150 (Meade hält Kol für einen genuinen Paulusbrief: 150f); POKORNÝ, Eph, 139 (neben Kol 1,23–29 denkt er aber auch an 1Kor 2,7); ausführlich begründet diese These vor allem VAN KOOTEN, Christology, 173f.195–197.

[56] Dann scheiden auch Kol 1,9 und 2,2 aus, wo es um eine „Einsicht" (σύνεσις) *der Adressaten* geht.

[57] So die m.E. zutreffende These von LINDEMANN (o. A 52 und 54). Daneben enthält V.8 Reminiszenzen an 1Kor 15,9: s.u. bei A 123 zu V.8.

hen, denn das ἀναγινώσκοντες wäre überflüssig, wenn es um den vorherigen Kontext ginge, den die Adressaten ja gelesen (oder gehört) haben müssten, wenn sie bei der Rezeption von 3,3 angekommen sind (gleichgültig, ob man das Partizip im Sinne von „beim Lesen" oder „wenn ihr es lest" versteht). Das impliziert nun auch die Annahme, dass der Verfasser eine Reihe von Paulus-Briefen (neben Kol und einigen anderen[58] auch den Gal) als bekannt und den Adressaten verfügbar voraussetzt.

Die Wahl des Wortes γνωρίζειν ist indirekt veranlasst durch Kol 1,27, wo damit das dritte Aussageglied, die Verkündigung an die Heiden, bezeichnet wird (vgl. Eph 3,10; Röm 16,26). Paulus selbst wurde bei seiner Berufung das „Geheimnis", d.h. der göttliche Heilsplan, mitgeteilt (dessen Inhalt in V.6 genannt wird). Dadurch, dass in V.5 genau diese Aussage allen anderen Menschen abgesprochen wird (οὐκ ἐγνωρίσθη – gegen ἀποκεκρυμμένον aus Kol 1,26) und dass dort (im zweiten Teil des Schemas) das allgemeine ἐφανερώθη (Kol) nun durch das objektgerichtete ἀπεκαλύφθη ersetzt wird, kommt die zentrale Stellung des Paulus (als des exemplarischen Apostels) zum Ausdruck. Nicht nur werden die „heiligen Apostel und Propheten" damit als Traditionsnorm gewertet, sondern Paulus (mit seiner Theologie) wird zum exemplarischen und „grundlegenden" (vgl. 2,20) Kirchenlehrer erklärt.[59] Das hier bevorzugte γνωρίζειν wurde in der Eulogie (1,9) bereits in diesem Sinne gebraucht.

4 Das Relativum πρὸς ὅ („demzufolge", „woran")[60] kann sich entweder auf τὸ μυστήριον oder allgemein auf den καθώς-Satz beziehen. Ersteres ergibt jedoch keinen Sinn, und das Partizip („wenn ihr es lest") verweist auf das προέγραψα: An dem, was Paulus früher geschrieben hat, können die Adressaten „erkennen seine Einsicht in das Geheimnis Christi".[61] Objekt des Erkennens der Adressaten ist die Tatsache, dass Paulus das „Geheimnis" kennt und versteht (nicht: welcher Art sein Verständnis ist). Damit aber ist Paulus ausgewiesen als ein exklusiver Offenbarungsempfänger. Das ist anders als in der Vorlage Kol 1,9; 2,2, wo es um die Einsicht aller Christen geht.[62] Die Formulierung σύνεσις … ἐν τῷ μυστηρίῳ hat ihre Entsprechungen in den Qumranschriften: z.B. 1QH 2,13 (דעת ברזי פלא).[63] Die Konstruktion σύνεσις mit ἐν erklärt sich vom hebräischen בְּ („in", „bei")

---

[58] Röm, 1Kor, 2Kor, Phlm; vgl. die Tabelle bei GESE, 76–78 (der Bezüge auf alle sieben genuinen Paulusbriefe notiert); die Bezugnahme auf Gal 1,16 hält er für „eindeutig", die auf Gal 1,12 für „sehr wahrscheinlich".
[59] MERKLEIN, Amt, 179f.217f.
[60] Vgl. 2Kor 5,10 (πρὸς ἅ); BDR § 239 A 8.
[61] Vgl. HAUPT, Eph, 103.
[62] Vgl. MERKLEIN, Amt, 163.218f. σύνεσις im Sinne geoffenbarter Erkenntnis in den Deuteropaulinen: Kol 1,9; 2,2; 2Tim 2,7.
[63] Vgl. 1QS 9,18; 1QH 12,13; 1QpHab 7,4f (vom „Lehrer der Gerechtigkeit" – so möglicherweise auch an den Stellen aus 1QH, insofern diese Hodayot auf ihn zurückgehen); vgl. K. G. KUHN, Epheserbrief, 336; MUSSNER, 185–188.

her.⁶⁴ Die Erkenntnis des Geheimnisses ist wie in allen esoterischen Erscheinungsformen von Religion nur besonderen Offenbarungsempfängern zugänglich.⁶⁵ „Paulus" ist derjenige, dem der Sinn des Geheimnisses bei seiner Berufung offenbart wurde, und der damit zugleich mit der Durchführung des Erlösungsplans beauftragt wurde, der Heidenmission. Das, worüber „Paulus" die Einsicht erhielt, wird „Mysterium Christi" genannt (vgl. V.3: ἐγνωρίσθη μοι τὸ μυστήριον). Es handelt sich um einen Gen. des Inhalts, bzw. einen „charakterisierenden Genitiv".⁶⁶ Das ergibt sich aus Kol 4,3⁶⁷ sowie aus der Vorlage Kol 2,2: εἰς ἐπίγνωσιν⁶⁸ τοῦ μυστηρίου τοῦ θεοῦ, Χριστοῦ …: „Christus" ist das „Geheimnis Gottes", insofern er der Hauptinhalt des göttlichen Heilsplans ist.⁶⁹ Im Eph ist das „Geheimnis" allerdings spezialisiert auf die Christusbotschaft an die „fernen" Völker. – Μυστήριον ist der zentrale Begriff antiker esoterischer Religionsformen.⁷⁰ Zumindest an den Stellen, wo der Begriff im NT im Singular begegnet,⁷¹ ist seine Herkunft aus jüdischer Apokalyptik⁷² und Weisheit⁷³ gesichert. Doch sind gerade im Fall der alexandrinischen Weisheit (SapSal, Philon) hellenistische Einflüsse nicht zu übersehen.⁷⁴ Nach Eph 1,9 besteht das „Geheimnis" (ganz im Sinne der Apokalyptik) im Plan Gottes („seines Willens"), der einen Ablauf auf die „Erfüllung der Zeiten" hin enthält, den Zeitpunkt der „Zusammenfassung des Alls in Christus". Nach 3,3f nun ist dieser Plan dem Paulus bei seiner Berufung enthüllt worden (κατὰ ἀποκάλυψιν ἐγνωρίσθη), woraus die Adressaten ersehen können, dass Paulus die Bedeutung des Geheimnisses weiß (σύνεσις).

5 Mit dem „Revelationsschema" wird der Inhalt des Geheimnisses, nämlich die Einbeziehung der Heiden (V.6), eingeführt. Es begegnet viermal im NT, und zwar nur in deuteropaulinischen Texten: in der sekundären Schlussdoxologie des Röm

---

[64] K.G. KUHN, Epheserbrief, 336. Kuhn macht zugleich darauf aufmerksam, dass ein üblicher Gen. nach dem μου eine sprachliche Härte wäre.
[65] Vgl. Dan 12,10; 4Esr 14,26.37-46; Mk 4,11f.
[66] SCHNACKENBURG, Eph, 134, im Anschluss an M. ZERWICK, Graecitas Biblica exemplis illustratur, Rom ³1955, Nr. 25-28.
[67] Vgl. WOLTER, Kol, 210: ein „Gen(itiv) des Inhalts".
[68] Σύνεσις begegnet im Kol im Kontext zuvor; σύνεσις und ἐπίγνωσις synonym auch in Kol 1,9. Dort hat Eph (1,17) ἐπίγνωσις bevorzugt.
[69] Vgl. auch Kol 1,26f.
[70] Vgl. o. bei A 65.
[71] Mk 4,11; Röm 11,25; 16,25; 1Kor 2,1.7; 15,31; Eph 1,9; 3,3f.9; 5,32; 6,19; Kol 1,26f; 2,2; 4,3; 2Thess 2,7; 1Tim 3,9.16; Apk 1,20; 10,7; 17,5-7.
[72] Vgl. die Belege in Daniel und in den Qumranschriften: z.B. Dan 2,18f.27.30.47; 1QH 2,13; 4,27f; 7,27; 12,13; 1QpHab 7,4f.
[73] Vgl. die Belege in Sir (z.B. 22,22), SapSal (z.B. 2,22) und Philon (18 Belege, jedoch durchgehend im Plural).
[74] Zum Begriff: BORNKAMM, ThWNT 4, 809-834; COPPENS; R.E. BROWN, „Mystery"; WEWERS, Geheimnis; RIEDWEG, Mysterienterminologie; BOCKMUEHL. – Speziell zum Eph: BIEDER; MUSSNER, 185-188; CERFAUX, L'influence; MERKLEIN, Amt, 210-215; CARAGOUNIS; POKORNÝ, Eph, 140-142.

(16,25), in Kol 1,26f, in Eph 3,4–6 und 3,9f.[75] Röm 16,25f und Kol 1,26f sind zwei Varianten eines dreiteiligen Schemas: Geheimnis seit ewigen Zeiten *verborgen* – jetzt *offenbart* durch Gott – *kundgetan* den gegenwärtigen Instanzen. Die beiden Stellen in Eph 3 gehen wahrscheinlich sowohl auf Kol 1,26f wie auf Röm 16,25f zurück. Dieses dreiteilige Schema enthält folgende Elemente: (1.) den Begriff „Geheimnis", (2.) die Aussage der Verborgenheit, (3.) seit ewigen Zeiten, (4.) eine lokale bzw. relationale Bestimmung (nicht in Röm 16,25f), (5.) „jetzt (aber)", (6.) die Aussage der Offenbarung, (7.) die Nennung des Adressaten (im Dativ bzw. mit εἰς), (8.) das Medium mit διά oder ἐν (nicht in Kol 1), (9.) das Verb γνωρίζειν, (10.) den Inhalt der Offenbarung. – Die Adressaten sind (in konzentrischer Anordnung): der Apostel Paulus (Eph 3,3), „Apostel und Propheten" (Eph 3,5), die „Heiligen" (Kol 1,26: das sind die Christen), die „Heiden" (Röm 16,26), die kosmischen Mächte (Eph 3,10).

Neben den Adressaten der Revelation ist besonders das *Medium* der Offenbarung von Interesse. In Röm 16,26 könnte „durch die prophetischen Schriften" von der Stellung her zu φανερωθέντος gehören und würde sich dann am ehesten auf die alttestamentlichen Prophetenbücher beziehen, was semantisch naheliegt.[76] Wegen des τε ist es jedoch zwingend, die Wendung mit γνωρισθέντος zu verbinden und dann unter den „prophetischen Schriften" die paulinischen Briefe zu verstehen.[77] Während in Röm 16,25f die drei Hauptaussagen als gleichförmige Partizipien erscheinen (σεσιγημένου – φανερωθέντος – γνωρισθέντος), bildet in Kol 1,26f ἐφανερώθη in der Mitte die Hauptaussage, der das erste Element als Partizip (τὸ ἀποκεκρυμμένον) vorausgeht und das dritte als mit θέλω modifizierter Infinitiv in einem Relativsatz nachfolgt (in Eph 3,10 dann zu einem Finalsatz [ἵνα γνωρισθῇ] transformiert). Schon quantitativ ergibt sich ein Achtergewicht der γνωρίζω-Aussage. Besonders überladen wirkt der dritte (zu γνωρισθέντος gehörige) Komplex in Röm 16,25f, dessen Elemente durch die Präpositionen κατά – εἰς – εἰς eingeleitet werden. Dabei ist εἰς ὑπακοὴν πίστεως, das in Kol (und Eph) keine Parallele hat, ein kontextbedingter Rückbezug auf Röm 1,5, so dass sich für das Schema dort folgende Form ergibt:

Röm 16,25b–26:
... κατὰ ἀποκάλυψιν μυστηρίου χρόνοις αἰωνίοις <u>σεσιγημένου</u>
  φανερωθέντος δὲ νῦν διά τε γραφῶν προφητικῶν
  κατ᾽ ἐπιταγὴν τοῦ αἰωνίου θεοῦ εἰς ὑπακοὴν πίστεως
εἰς πάντα τὰ ἔθνη <u>γνωρισθέντος</u>

---

[75] Der Begriff geht auf Dahl, Beobachtungen, 4f, zurück. Dahl rechnete aber auch schon 1Kor 2,6–10 dazu (ebenso Lührmann, 133–140; Conzelmann, Paulus und die Weisheit, 185); vgl. dagegen jedoch Wolter, 298–306, mit schlüssigen Argumenten. Die Texte 2Tim 1,9–11; 1Petr 1,18–21; IgnMagn 6,1; Herm 89,2 (sim IX 12,2f) stellen schon eine spätere Entwicklung des deuteropaulinischen Schemas dar (vgl. Wolter, 313).

[76] So z.B. Kamlah, Schlußdoxologie, 52. Für diese Deutung spricht die Bezugnahme auf Röm 1,2 (ὃ προεπηγγείλατο διὰ τῶν προφητῶν αὐτοῦ ἐν γραφαῖς ἁγίαις); vgl. auch Hebr 1,1f; 2Petr 1,19.

[77] So z.B. Lührmann, 123f; Wilckens, Röm, III, 150; Wolter, 310f A 57; vgl. zu dieser Möglichkeit 2Petr 3,15f.

I. 5.) 3,1–13 Die Rolle des Apostels Paulus im Heilsprozess

Das dreiteilige Schema (verborgen [1] – offenbart [2] – kundgetan[3]) wird in Eph 3 zerlegt in zwei zweigliedrige Schemata (3,5f: [1] + [2]; 3,9f: [1] + [3]), die den zweiteiligen Aufbau des ganzen Abschnittes Eph 3,2–12 (V.2–7/9–12) bestimmen, der auf den ersten Blick redundant wirkt. Die erste Wiedergabe in V.5f bezieht sich nun auf die Offenbarung an die Apostel und Propheten, d. h. in diesem Fall: exemplarisch an Paulus. Die im ursprünglichen Schema an dritter Stelle genannte intendierte Kundgabe an die Heiden (γνωρίσαι … ἐν τοῖς ἔθνεσιν Kol 1,27) wird nun als *Inhalt* dieser Offenbarung durch einen A.c.I. angefügt. Eph 3,5f bezieht sich also auf den Auftrag an die Apostel, der sich διὰ τοῦ εὐαγγελίου verwirklichen soll. Demgegenüber handelt Eph 3,9f von der *Durchführung* (οἰκονομία) des apostolischen Auftrages.[78] Diese Zweistufigkeit (1. Offenbarung an die Apostel und Propheten, deren Inhalt die Heidenmission ist; 2. Verkündigung an die kosmischen Mächte durch die Kirche) zeigt schon, dass für den Verfasser des Eph die Zeit der „Apostel und Propheten" (und damit die Zeit des Paulus) faktisch in der Vergangenheit liegt.[79]

Die Partizipialwendung τὸ ἀποκεκρυμμένον ἀπὸ … (Kol 1,26) wird in Eph 3,5 in die Relativsatzkonstruktion übernommen und der zweiten Aussage ἀπεκαλύφθη (für das in Kol als Hauptverb erscheinende ἐφανερώθη) durch ὡς (auf gleicher syntaktischer Ebene) gegenübergestellt.[80] Durch das so entstandene ὃ … οὐκ ἐγνωρίσθη … ὡς νῦν ἀπεκαλύφθη wird auf die Aussage von V.3 zurückgegriffen: κατὰ ἀποκάλυψιν ἐγνωρίσθη μοι τὸ μυστήριον.[81] Zugleich bedeutet ἀποκαλύπτειν gegenüber dem allgemeineren γνωρίζειν (vgl. 1,9: ἡμῖν) eine Steigerung und Spezifizierung,[82] insofern damit für den Verfasser der grundlegende Vorgang der Beauftragung des Apostels mit der Heidenmission gemeint ist. Solche Offenbarung, wie Paulus sie erfuhr (Gal 1,15f), haben die Menschen in „anderen" Generationen[83] nicht erfahren. Während das dem Verb vorangestellte ἑτέραις γενεαῖς Zeitangabe bleibt,[84] wird wegen der Wahl von γνωρίζειν ein Objekt erforderlich: τοῖς υἱοῖς τῶν ἀνθρώπων.[85] Damit wird radikaler als in Kol 1, wo ein Objekt nicht genannt wird, allen früheren, aber auch räumlich von Christus getrennten Generationen eine Offenbarung des universalen Heilsplanes

---

[78] Vgl. WOLTER, 309 f.
[79] Vgl. MUSSNER, Eph, 100.
[80] Semantisch stellt οὐκ – ὡς νῦν einen Gegensatz dar. Häufig wurde in ὡς νῦν eine Relativierung oder graduelle Abschwächung des absoluten νῦν gesehen („non ita clare"): so z.B. Chrysostomus; ABBOTT, Eph, 82; LÜHRMANN, 120; CARAGOUNIS, 102 A 24; dagegen SCHLIER, Eph, 150; STEINMETZ, Heils-Zuversicht, 58; MERKLEIN, Amt, 166.
[81] Vgl. MERKLEIN, Amt, 164.170.
[82] MERKLEIN, Amt, 185 f.
[83] Aus der Doppelwendung „seit den ewigen Zeiten und seit den Generationen" (Kol 1,26) greift der Verfasser des Eph an dieser Stelle das zweite Syntagma auf (später bei der zweiten Wiedergabe des Schemas in V.9 dann das erste). Die Zusammenstellung von αἰῶνες und γενεαί ist geläufig in LXX (Tob 1,4; 8,5 S; 13,12; Est 10,3k; vgl. Gen 9,2; Lev 3,17 u.a), freilich immer mit εἰς.
[84] KLEIN, 69: „Substitut für ein Zeitadverb"; vgl. MERKLEIN, Amt, 166.
[85] Οἱ υἱοὶ τῶν ἀνθρώπων (LXX ca 40mal, davon 22mal in den Psalmen – überwiegend für בְּנֵי [הָ]אָדָם) im NT sonst nur Mk 3,28.

Gottes abgesprochen.[86] Dagegen hat in Kol 1 die ἐφανερώθη-Aussage ein Objekt,[87] das in Eph nun aber in bezeichnender Weise abgeändert wird: „seinen heiligen Aposteln und Propheten". Was in V.3 von Paulus ausgesagt wurde, wird nun insgesamt auf die Amtsträger der ersten Generation der „neuen Zeit" (νῦν)[88] bezogen. Damit wird die Rede vom „Fundament der Apostel und Propheten" aus 2,20 aufgegriffen. „Jetzt" ist der solange verborgene Heilsplan Gottes – nichts anderes ist das Geheimnis – enthüllt. Sein Inhalt wird in V.6 angegeben, seine Durchführung (οἰκονομία), auf die in V.2 schon angespielt wurde, ist speziell dem Paulus anvertraut worden. Davon wird (nachdem V.7 zu V.2 zurückgelenkt hat) dann in V.8–12 gehandelt.

Zugrunde liegt der Adressatenangabe „seinen heiligen Aposteln und Propheten" die Formulierung von Kol 1,26 („seinen Heiligen"). Die Zuordnung von ἁγίοις und αὐτοῦ ist in dem neuen Syntagma nicht ganz eindeutig. Wegen des nach ἀποστόλοις stehenden (und damit καὶ προφήταις abtrennenden) αὐτοῦ wird ἁγίοις (und dann auch αὐτοῦ) heute meistens ausschließlich auf die Apostel bezogen.[89] Dafür könnte V.8 sprechen, wo das ἐλάχιστος τῶν ἀποστόλων („Geringster der Apostel") aus 1Kor 15,9 durch ἐλαχιστότερος πάντων ἁγίων („Allergeringster aller Heiligen") wiedergegeben wird. H. Merklein hat aufgrund dieser von ihm bevorzugten syntaktischen Zuordnung gefolgert, die Qualifizierung der Apostel mit ἅγιος sei aufgrund ihrer Erfahrung der Christusoffenbarung geschehen: „Die ἅγιοι ἀπόστολοι sind die durch ἀποκάλυψις berufenen Apostel".[90] Er unterscheidet zwischen einer grundlegenden Christusoffenbarung nach Art von Gal 1,12–16, die nur den Aposteln zukommt und die mit ἀποκάλυψις bezeichnet wird, und einer charismatisch-mysterienhaften „Offenbarung", die den Propheten gilt, diese „gewissermaßen von den Aposteln distinguierend als pneumatische Offenbarungsempfänger" kennzeichnend, während nur den Aposteln „aufgrund ihres besonderen Offenbarungsempfangs das Attribut ‚heilig' geziemt".[91] Doch lässt sich diese Konnotation von ἅγιος überhaupt nicht belegen.[92] Stattdessen ist zu beachten, dass die Stellung des αὐτοῦ durch Kol 1,26 vorgegeben ist, so dass man das angehängte καὶ προφήταις in das ganze Syntagma hineinnehmen kann, zumal es keinen eigenen Artikel hat (vgl. Apg. 3,21: οἱ ἅγιοι ... αὐτοῦ προφῆται). Dann empfiehlt es sich, ἅγιοι auch auf die Propheten zu beziehen.[93] Warum insbesondere die Apostel das Attribut „heilig" erhalten, ist bisher kaum befriedigend geklärt. Der Hinweis auf eine Legen-

---

[86] Vgl. SCHNACKENBURG, Eph, 134: im Hinblick auf Ansprüche apokalyptischer Autoritäten, z.B. 4Esr 14,37–47; 1QH 2,1–19; 1QpHab (vom Lehrer der Gerechtigkeit).
[87] Kol 1,26: τοῖς ἁγίοις αὐτοῦ („seinen Heiligen").
[88] Die auch dem Revelationsschema zugrunde liegende „Einst"-„Jetzt"-Relation ist eine chronologische und existentiale: „νῦν ist die weltgeschichtliche Auswirkung oder der weltgeschichtliche Aspekt des Heilsraumes Kirche" (MERKLEIN, Amt, 184).
[89] So z.B. HAUPT, Eph, 100; ABBOTT, Eph, 82; DIBELIUS/GREEVEN, Eph, 74; MERKLEIN, Amt, 188f; SCHNACKENBURG, Eph, 134.
[90] MERKLEIN, Amt, 191.
[91] MERKLEIN, Amt, 189.
[92] MERKLEIN, Amt, 190f, versucht, über das in diesem Zusammenhang bei Paulus begegnende ἀφορίζειν (κλητὸς ἀπόστολος ἀφωρισμένος Röm 1,1; vgl. ὁ ἀφορίσας με ... καὶ καλέσας ... ἀποκαλύψαι ... Gal 1,15f) mit seiner kultischen Konnotation eine Brücke zu ἅγιος zu schlagen. Diese Erklärung wirkt gekünstelt.
[93] So z.B. SCHLIER, Eph, 150; KLEIN, 71; GNILKA, 184; FAUST, Pax Christi, 195 A 394.

darisierung der Apostel ist zu allgemein. E. Faust geht von der Bezeichnung οἱ ἅγιοι für die Jerusalemer Urchristen[94] aus und erweitert das auf die Judenchristen allgemein. Als ἅγιοι seien Apostel und Propheten bezeichnet worden, weil sie Judenchristen waren, aus deren „Reihen die Heidenmission überhaupt erst (durch Paulus) hervorgegangen ist".[95] οἱ ἅγιοι ist jedoch als Bezeichnung der Judenchristen keineswegs allgemein üblich. Die Zusammenstellung von Aposteln und Propheten lässt vielmehr noch an einen anderen Zusammenhang denken. Zunächst ist die Erwähnung der Propheten (wie schon in 2,20) überraschend und im Zusammenhang der „Selbstvorstellung" des Apostels gewissermaßen überschießend. Außerdem ist der charismatische Aspekt, den das Prophetenamt repräsentieren könnte, bereits beim Apostelamt vorhanden. Eine schlüssige Erklärung für diese Zusammenstellung könnte Apk 18,20 bieten, wo „die Heiligen, die Apostel und die Propheten" sich freuen sollen über den Untergang „Babylons" (Roms), „denn Gott hat euch an ihr gerächt". Die „Heiligen" sind die Märtyrer, unter ihnen hervorragend die „Apostel" und die „Propheten". Diese gehören also zu den bereits verherrlichten Frommen.[96] Dazu passt dann auch der Topos des „gefangenen" Apostels, dessen Märtyrertod schon Kol 1,24 vorausgesetzt wird. Damit aber sind die beiden Ämter „Apostel" und „Propheten" indirekt als Ämter der Vergangenheit gekennzeichnet.[97]

Apostel und Propheten sind die beiden auch in den Homologoumena an erster Stelle genannten Ämter (1Kor 12,28). Nach der Nennung dieser beiden „Ur"-Ämter in Eph 3,5 folgt noch eine präpositionale Wendung: ἐν πνεύματι. Es gibt zwei Möglichkeiten der Zuordnung: (1.) als Attribut zu „Propheten"[98], (2.) als modale Bestimmung zum Verb ἀπεκαλύφθη[99]. H. Schlier, der sich für die erste Möglichkeit entscheidet, verweist auf die für Eph typischen nachgestellten Präpositionalausdrücke (z.B. Eph 2,22).[100] Doch Eph 2,22 ist tatsächlich eine Ausnahme.[101] Die meisten abschließenden ἐν-Wendungen beziehen sich auf die vorangehende verbale Hauptaussage, bzw. auf das übergreifende Syntagma.[102] Eine graduelle Abstufung von Offenbarung an die Apostel und Prophetie „im Geist"[103] ist für die theologische Gedankenwelt des Eph, in der der Geist eine wesentliche Rolle spielt,[104] wenig wahrscheinlich. In 1,17 ist überdies vom πνεῦμα σοφίας καὶ ἀπο-

---

[94] S.o. zu 1,18 bei A 72–74.
[95] FAUST, Pax Christi, 195. Dafür spricht 2,19 (συμπολῖται τῶν ἁγίων): dazu FAUST, 184–197.
[96] S.o. zu 1,18 bei A 79–82.
[97] Dieser Rückblick unterläuft natürlich die Fiktion der Paulus-Verfasserschaft des Schreibens. Im Ergebnis wird damit das Apostelamt (zwar nicht auf die Zeit der Augenzeugen des irdischen Jesus wie bei Lukas, doch) auf die Zeit des Anfangs der Kirche begrenzt (vgl. 1Kor 15,5–8); dazu MERKLEIN, Amt, 192.
[98] So z.B. EWALD, Eph, 159; SCHLIER, Eph, 150; MERKLEIN, Amt, 189; SCHNACKENBURG, Eph, 135; POKORNÝ, Eph, 143.
[99] So z.B. DE WETTE, Eph, 128; HAUPT, Eph, 106f; ABBOTT, Eph, 83; MASSON, Eph, 174; ZERWICK, Eph, 91f; GNILKA, Eph, 167; MUSSNER, Eph, 102; FAUST, Pax Christi, 195 A 394.
[100] S.o. A 98.
[101] Ebenso 1,17; 2,15; 5,26.
[102] 1,3.4.8.10.12; 2,6.14.16; 4,16.19.24; 5,24; 6,5.18.24. Vgl. die jeweilige Auslegung der in dieser und der vorigen A genannten Stellen in diesem Kommentar.
[103] So die Deutung von MERKLEIN, Amt, 189–193 (s.o. bei A 90–92).
[104] Vgl. die 14 Vorkommen von πνεῦμα.

καλύψεως die Rede.[105] So ist auch in 3,5 der Geist das Medium der Offenbarung an die heiligen Apostel und Propheten, wobei nicht festgelegt ist, ob „im Geist" instrumental oder modal-lokal zu bestimmen ist.[106] Ἐν πνεύματι hat in der zweistufigen Variante des Schemas (3,5f) somit eine zu διὰ τῆς ἐκκλησίας in 3,9f analoge Funktion: Wie am Anfang *der Geist* die Offenbarung an die Apostel und Propheten vermittelte, so wird jetzt in kosmischer Universalität das Geheimnis durch *die Kirche* verkündet. Es ist nicht ganz auszuschließen, dass durch diese Substitution des Geistes durch die Kirche eine gewisse Domestikation des Pneumatischen intendiert ist. Aber pneumatische Inspiration ist im Eph weder auf die Urzeit der Kirche noch auf die Amtsträger überhaupt beschränkt. Eher schon ist der Geist selber ein ekklesiales Regulativ (4,3: „Einheit des Geistes"; vgl. 2,18; 4,4).

6 Mit V.5 ist die zweigliedrige Wiedergabe des Revelationsschemas eigentlich abgeschlossen: Was „anderen Geschlechtern" nicht mitgeteilt wurde, ist „nun" den Aposteln und Propheten durch den Geist offenbart worden. Was in Kol 1,27 und Röm 16,26 dann noch als dritte Aussage des Schemas folgt, die Mitteilung des offenbarten Geheimnisses an die Heiden, wird nun als *Inhalt* des den Aposteln und Propheten Geoffenbarten durch eine A.c.I.-Konstruktion angefügt: „dass die Heiden *Miterben*, *Mit-Corporierte* und *Mit-Teilhaber der Verheißung* sind in Christus durch das Evangelium". Lediglich τὰ ἔθνη ist im Revelationsschema vorgegeben (vgl. V.8). Die drei σύν-Ausdrücke sind vom Verfasser gebildet und beziehen sich auf 2,11ff: vgl. einerseits συμπολῖται (2,19), συναρμολογούμενος (2,21) und συνοικοδομεῖσθαι (2,22), anderseits die Aufnahme von σῶμα (2,16) in dem Neologismus σύσσωμος[107] und von ἐπαγγελία (2,12) in

---

[105] Vgl. FAUST, Pax Christi, 195 A 394. Angesichts des seltenen Vorkommens von ἀποκαλύπτειν und ἀποκάλυψις in Eph (1,17; 3,3.5) ist es doch wohl eine Überinterpretation, κατὰ ἀποκάλυψιν im Sinne von „absolut gültig und damit normativ" zu interpretieren (wie es MERKLEIN, Amt, 199, tut). In rhetorischem Zusammenhang kann allerdings die Berufung auf eine Offenbarung ein gewichtiges Argument bzw. ein tragender Ausgangspunkt in der Narratio sein – so ohne Zweifel in Gal 1,12.16; 2,2 (vgl. BETZ, Gal, 122–131, bes. 128f mit A 59).

[106] Ἐν πνεύματι ist (wie ἐν Χριστῷ) im Eph mehrdeutig: meist sowohl instrumental als auch lokal bzw. modal (letzteres in 2,18).

[107] Es handelt sich um ein Adjektiv, das sonst (außer dem Beleg bei Anastasius Sinaites, 6. Jh. n. Chr.) nur noch bei den Kirchenvätern begegnet; συσσωματοποιεῖν aber bei Ps.-Aristoteles, de mundo 396a14; σύσσωματος = Mitsklave: Supp.Epigr. 6,721; das würde zur Deutung von E. PREUSCHEN, Eph 3,6, ZNW 1 (1900), 85f, passen, der den Vers paraphrasiert: „die Heiden sind Miterben und Mitsklaven, und so oder so nehmen sie Teil an der Verheißung." Der zweite Teil der Wiedergabe, die Paraphrase, widerspricht allerdings sowohl der parallelistischen Struktur als auch dem inhaltlichen Kontext der Aussage; vgl. E. SCHWEIZER, ThWNT 7, 1078 Z.1–4 mit A 514f; ALLEN, Body, 171. – Die Sprache in dem ganzen Abschnitt wird von REYNIER, 239–260, als Geburtsakt einer neuen theologischen Sprache („acte de naissance d'un nouveau langage théologique") bezeichnet, zu Recht. Diese Charakterisierung wird nicht nur durch die Neologismen (z.B. in σύσσωμος) bestätigt, sondern durch die eigentümliche Metaphorik des ganzen Briefes (dazu: REYNIER, 173–202); vgl. auch JEAL, Theology and Ethics, 169, der auf die drei συν-Präfixe (*parechesis*) und die dreifache *paromoiosis* (hier: Neutrum-Plural-Endung auf -α) hinweist, die einen *melopoietischen* Effekt haben.

I. 5.) 3,1–13 Die Rolle des Apostels Paulus im Heilsprozess

συμμέτοχος[108] τῆς ἐπαγγελίας[109]. Συγκληρονόμος[110] („Miterbe") nimmt κληρονομία aus 1,14.18 auf. Das dem Paulus geoffenbarte Geheimnis besteht in der vollen Mitgliedschaft der Heiden im Christusleib.[111] Die Verheißung ist aber ursprünglich Israel gegeben, an deren πολιτεία die Heiden nun gleichberechtigten Anteil bekommen (2,12),[112] so dass sie auch gleichberechtigte Miterben sind. Es folgen in V.6 zwei Präpositionalbestimmungen: ἐν Χριστῷ Ἰησοῦ und διὰ τοῦ εὐαγγελίου, die beide zu allen drei Prädikaten (bzw. zu εἶναι) gehören. Ἐν Χριστῷ Ἰησοῦ[113] ist wieder instrumental und lokal zugleich: Miterben, Mitglieder des Leibes und Mitteilhaber der Verheißung sind die Heiden durch und in Christus Jesus. Durch die Anspielung in σύσσωμος an σῶμα erhält hier die lokale Bedeutungskomponente sogar das Übergewicht: als Mitglieder des σῶμα Christi, der Kirche.[114] Ihre Inkorporierung geschieht freilich „durch das Evangelium" – so wie die Offenbarung dieses Inhaltes an die Apostel und Propheten „im Geist" geschah (V.5).

7 V.7 lenkt auf V.2 zurück und schließt damit den ersten Durchgang ab. Wie in V.2 bereits das εἴ γε aus Kol 1,23 entnommen würde, so jetzt die Worte „dessen Diener ich geworden bin". Aber auch Kol 1,25 ist hinzuzunehmen:

Kol 1,23: οὗ ἐγενόμην ἐγὼ Παῦλος διάκονος.
Kol 1,25: ἧς ἐγενόμην ἐγὼ διάκονος κατὰ …
Eph 3,7: οὗ ἐγενήθην[115] διάκονος κατὰ …

Das ἐγὼ Παῦλος wurde bereits in Eph 3,1 verwendet. Auch in Kol 1,23 bezieht sich διάκονος auf das Evangelium (in den paulinischen Homologumena gibt es die Wortfügung „Diener des Evangeliums" noch nicht). Damit wird im bereits ge-

---

[108] Sonst noch Eph 5,7; Josephus, bell. I 24,6 (486); Aristoteles, plant. 1,1, 816b19; Iustin., apol. II 13,4. Das Verb συμμετέχειν (2Makk 5,20) erscheint aber häufiger klassisch (Euripides, Platon, Xenophon, Aristoteles, aber auch Plutarch).

[109] Τῆς ἐπαγγελίας gehört nur zu συμμέτοχος, nicht zu allen drei Ausdrücken. Ἐπαγγελία bezieht sich hier nicht ausschließlich auf den „verheißenen Geist" (1,13), sondern läßt eher 2,12 anklingen.

[110] Neben Röm 8,17 (mit Christus): Hebr 11,9; 1Petr 3,7; bei Philon (spec. II 73; legat. 28f.67.75.87); JosAs 24,9.14; Inschriften und Papyri (z.B. New Documents 1, p.134 Z.16); vgl. Sir 22,23: ἐν τῇ κληρονομίᾳ αὐτοῦ συγκληρονομήσῃς.

[111] Vgl. Philon, spec. III, 131: Alle Teile des Volkes Israel als Glieder eines einzigen Leibes; virt. 103: die Proselyten als Teile eines Lebewesens auch in leiblicher Hinsicht (κατά τε σῶμα … ὡς ἐν διαιρετοῖς μέρεσιν ἓν εἶναι ζῷον δοκεῖν). Auf diese beiden Stellen verweist MEUZELAAR, Leib des Messias, 65f.

[112] Vgl. ALLEN, Body, 173: „… the terms are practically the same as συμπολῖται".

[113] Ἐν Χριστῷ Ἰησοῦ wie in 1,1; 2,6.7.13; 3,11 (mit Artikel).21. Es ist auffällig, dass die volle Namensform in dieser Reihenfolge nicht mehr in Eph 4–6 begegnet (neben einfachem Χριστός nur noch dreimal κύριος Ἰησοῦς Χριστός: 5,20; 6,23.24).

[114] Vgl. ALLEN, Body, 438 A 237.

[115] Die passivische Bildung des Aorists (statt des üblicheren ἐγενόμην: BDR § 78 1a mit A 2) könnte bewusst vom Verfasser des Eph gewählt sein (vgl. 2,13), um das Ereignis der Offenbarung (V.3: κατὰ ἀποκάλυψιν ἐγνωρίσθη μοι) und den reinen Charis-Charakter zu betonen (V.7: κατὰ τὴν δωρεὰν τῆς χάριτος τοῦ θεοῦ …), bei dem Paulus ganz passiv blieb. Das wird freilich bestritten von ABBOTT, Eph, 84 – ohne Grund.

schichtlichen Rückblick die Funktion und Bedeutung des Paulus im göttlichen Heilsplan angesprochen, was in den folgenden Versen dann entfaltet wird. Es folgen noch zwei κατά-Wendungen (vgl. V.3 und 11): Die erste ist von der Hauptaussage ἐγενήθην διάκονος abhängig, die zweite von der Partizipialwendung τῆς χάριτος ... τῆς δοθείσης innerhalb der ersten. Dabei ist die erste in Kol 1,25 vorgegeben (ἧς ἐγενόμην ἐγὼ διάκονος κατὰ τὴν οἰκονομίαν τοῦ θεοῦ τὴν δοθεῖσάν μοι ...). Bereits in Eph 3,2 war die Partizipialwendung nicht mehr (wie in Kol) von οἰκονομία, sondern von χάρις abhängig. Die zweite κατά-Wendung in V.7 entspricht nun dem κατὰ ἀποκάλυψιν zu Beginn von V.3, das sich dort auf τῆς χάριτος τῆς δοθείσης μοι bezog:

Kol 1,25: κατὰ τὴν οἰκονομίαν τοῦ θεοῦ τὴν δοθεῖσάν μοι εἰς ὑμᾶς
Eph 3,2f: τὴν οἰκονομίαν τῆς χάριτος τοῦ θεοῦ τῆς δοθείσης μοι εἰς ὑμᾶς, κατὰ ἀποκάλυψιν
Eph 3,7: κατὰ τὴν δωρεὰν τῆς χάριτος τοῦ θεοῦ τῆς δοθείσης μοι κατὰ τὴν ἐνέργειαν

Δωρεά ("Gabe") und χάρις ("Gnade") begegnen häufig zusammen.[116] Der Verfasser des Eph verdichtet das in seiner typischen Manier zu einer qualifizierenden Genitivverbindung.[117] Paulus ist durch geschenkte Gnade zum Heidenmissionar ("Diener des Evangeliums") geworden. Der Rückbezug auf 3,2f macht deutlich, dass dies bei seinem Damaskuserlebnis geschah. Das erste κατά gibt also seine Ermächtigung zum Heidenapostolat an: „geworden ... aufgrund der geschenkten Be-gabung". Die zweite κατά-Wendung ist veranlaßt durch Kol 1,29:

Kol 1,29: κατὰ τὴν ἐνέργειαν αὐτοῦ τὴν ἐνεργουμένην ἐν ἐμοὶ ἐν δυνάμει
Eph 3,7: κατὰ τὴν ἐνέργειαν τῆς δυνάμεως αὐτοῦ

Wie in 1,19f[118] wird das ἐν δυνάμει mit ἐνέργεια zu einer Genitivkonstruktion verbunden. Dort hatte die Wendung christologische Bedeutung: Die δύναμις[119] wirkt auf die Glaubenden gemäß (oder aufgrund) der Wirkkraft (κατὰ τὴν ἐνέργειαν), die „in Christus" „ihn auferweckend ... und erhöhend (ἐγείρας ... καὶ καθίσας ...)" gewirkt hat. Jetzt wird die gleiche Konzeption auf den Apostel angewandt: Es ist die gleiche „Wirkkraft", die Christus auferweckte und erhöhte, die den Apostel zum „Diener"[120] des Evangeliums machte und die im Glauben der Christen wirksam ist. So wird das Evangelium selber zur „(auf-)erweckenden

---

[116] So oft bei Philon: z.B. post. 36; her. 26; fug. 66; mut. 58; Jos. 241.249; spec. II 138.219; Flacc. 171; im NT neben Eph 4,7 nur Röm 5,17.
[117] Vgl. 3,2: τὴν οἰκονομίαν τῆς χάριτος τοῦ θεοῦ.
[118] Auch dort wird Kol 1,29 die sprachliche Vorlage sein, wie die Paronomasie zeigt:
κατὰ τὴν ἐνέργειαν | τὴν ἐνεργουμένην (Kol 1,29)
κατὰ τὴν ἐνέργειαν | ἣν ἐνήργησεν (Eph 1,19f).
[119] Zu diesem Begriff sowie zu ἐνέργεια s.o. zu 1,19 bei A 85–98.
[120] Διάκονος ist ein hochrangiger ehrenvoller Titel, bei dem gleichzeitig das semantische Moment der Unterordnung und des Daseins für andere erhalten bleibt (vgl. Mk 10,43–45).

Kraft" (vgl. Röm 1,16f).[121] κατά kann in diesem Zusammenhang dann sowohl mit „gemäß"[122] als auch mit „aufgrund" übersetzt werden.

8 Nach diesem ersten zyklisch (durch Aufnahme von V.2 in V.7) abgeschlossenen Durchgang erfolgt ein zweiter Einsatz, der das ἐγὼ Παῦλος aus V.1 aufnimmt, wie das betonte vorangestellte ἐμοί zeigt. Diese Zweiteiligkeit des gesamten Abschnitts ergibt sich aus der doppelten Anwendung des Revelationsschemas von Kol 1,26f: Ging es im ersten Durchgang um die Beauftragung des Paulus zum Heidenapostel, so wird nun im zweiten Durchgang das γνωρίζεσθαι (das dritte Verb des Schemas) entfaltet (3,9f): die Durchführung der Aufgabe. V.8 knüpft dazu noch einmal an die Verleihung der χάρις für diese Aufgabe an. τῷ ἐλαχιστοτέρῳ πάντων ἁγίων bezieht sich dazu (nachdem in V.2f Gal 1,15f aufgegriffen worden war) auf eine zweite Stelle, an der Paulus von seiner Berufung sprach – 1Kor 15,9f:

1Kor 15,9:   ἐγὼ γάρ εἰμι ὁ ἐλάχιστος τῶν ἀποστόλων … χάριτι δέ …
Eph 3,8:   ἐμοὶ τῷ ἐλαχιστοτέρῳ πάντων ἁγίων ἐδόθη ἡ χάρις …

Die Abweichungen,[123] soweit sie nicht syntaktisch durch den Kontext bedingt sind, lassen sich als bewusste Änderungen erklären. Die komparativische Steigerung des Superlativs ἐλάχιστος stellt eine der beim Verfasser beliebten Manierismen dar, wie sie in der Koine-Sprache jedoch nicht ganz selten waren.[124] Durch diese intensivierte Steigerung soll die Wirkung der Gnade akzentuiert werden. Da der Kontext in 1Kor 15,9f (die Verfolgertätigkeit des Paulus) im Eph keine Rolle mehr spielt, kommt hier in der Tat ein Klischee heraus.[125] Der zweite Unterschied ist die Ersetzung von „Apostel" durch „alle Heiligen".[126] Dass ἅγιος ein im Zusammenhang nur den Aposteln zukommendes Attribut sei,[127] lässt sich durch

---

[121] S.o. A 119; vgl. SCHLIER, Eph, 151f.
[122] Jedoch nicht im Sinne von „analog". Hier liegt nicht metaphorisches, sondern metonymisches (und letztlich mythisches) Denken vor: Es ist *dieselbe* „Kraft" Gottes, die in verschiedenen Bereichen sich manifestiert und „wirksam wird". Diese mythische Konstitution von Evangelium (Kerygma) ist gut paulinisch: vgl. SELLIN, Mythologeme, 217–223.
[123] LINDEMANN, Paulus, 41, will deshalb nur eine sachliche Entsprechung und keine direkte Abhängigkeit annehmen. Der Verfasser des Eph hat jedoch den 1Kor an anderen Stellen nachweislich benutzt (vgl. LINDEMANN, Paulus, 126); für direkte Abhängigkeit z.B. GNILKA, Eph, 22.170; MERKLEIN, Amt, 335f.
[124] BDR § 61,2, verweisen auf 3 Joh 4; Mt 23,15. „Vulgär" ist jedoch nicht die richtige Bezeichnung. Wie z.B. der Hang zu Neologismen (s. z.B. o. zu 3,6), zu eigenwilligen Vertauschungen in den Genitivsyntagmen und zur Bildung auffälliger Paronomasien zeigt, entspricht der Stil des Verfassers eher einer in klassischer Rhetorik verpönten manieristisch zu nennenden Stilart.
[125] So KLEIN, 153, zu Recht! LINDEMANN, Paulus, 42, möchte den Hyperlativ erklären als Bildung eines Gegengewichtes zu τὸ ἀνεξιχνίαστον πλοῦτος τοῦ Χριστοῦ (vgl. MERKLEIN, Amt, 336). Das leuchtet nicht ein. FISCHER, 96–98, sieht in Eph 3,8 eine Steigerung der Verfolgertätigkeit des Paulus, die ihren Höhepunkt dann in 1Tim 1,12–17 (Paulus als extremer Sünder) gefunden habe. Aber daran liegt dem Verfasser des Eph überhaupt nicht.
[126] Korrekt müsste der Artikel stehen (vgl. 2Petr 3,16, wo dieser in ℵ P 1739 u.a. zugefügt wurde); vgl. auch Eph 2,21; dazu BDR § 275 A 4.
[127] So MERKLEIN, Amt, 190f.

diese Substitution nicht begründen. Stattdessen handelt es sich auch hier um eine Steigerung: der „Allergeringste" nicht nur unter den Aposteln, sondern unter „allen Heiligen", mindestens also auch unter Einschluss der Propheten (vgl. 3,5).

Die Abwertung des Paulus (zum „Allergeringsten aller Heiligen") soll weder auf seine Verfolgertätigkeit noch überhaupt auf das Thema seiner Autorität (die überhaupt nicht in Frage gestellt ist)[128] anspielen. Der Sinn ist vielmehr die Verlagerung des Fokus auf die Selbstmächtigkeit von Gnade, Kraft und Wirksamkeit des Evangeliums. Das in V.2 und 7 als Partizip Passiv zu „Gnade" hinzugefügte Attribut (δοθείσης) erscheint hier als Hauptverb ἐδόθη (ebenfalls aoristisch: auf das Damaskusereignis referierend). Die χάρις wird nun aber durch ein kataphorisches Demonstrativum qualifiziert. αὕτη weist auf das im epexegetischen Infinitiv[129] V.8b Stehende voraus: „den Heiden zu verkündigen …". Die Gnade besteht in dem bei der Berufung gegebenen Auftrag. Die Formulierung lehnt sich wieder an Gal 1,16 an (ἵνα εὐαγγελίζωμαι αὐτὸν ἐν τοῖς ἔθνεσιν). Gegenüber Gal 1 steht hier der einfache Dat.[130] Vor allem aber wird das Objekt verändert: statt αὐτόν (= Christus) schreibt der Verfasser τὸ ἀνεξιχνίαστον[131] πλοῦτος τοῦ Χριστοῦ. Die Wendung τὸ … πλοῦτος τοῦ Χριστοῦ ist eine verkürzte Wiedergabe von Kol 1,27. Die Verdichtung wird wieder durch einen explikativen Gen. erreicht: Christus ist der Inhalt des Verkündigens; seine Bedeutung ist „unerforschlich" „reich". Sowohl der Ausdruck „Reichtum" als auch das Attribut „unerforschlich" gehören ursprünglich in das Konzept der esoterischen Weisheitstheologie, die in hellenistisch-jüdischem Bereich entstand (SapSal 6–9; Philon[132]) und deren christliche Adaption in Röm 11,33–36[133]; 1Kor 2,6–16[134] und dem deuteropaulinischen Revelationsschema[135] zu erkennen ist. Inhalt der Verkündigung an die Heiden ist in V.8 nicht das „Geheimnis" (das war vielmehr Inhalt der Offenbarung an Paulus bzw. die Apostel und Propheten), sondern Christus, dessen Bedeutung „unermessbarer Reichtum" ist. In SapSal 7,11 wird mit „unzählbarem Reichtum" die Frucht der Weisheit, ihr Nutzen, bezeichnet (vgl. Philon, post. 151).[136]

---

[128] So zu Recht LINDEMANN, Paulus, 42.
[129] Vgl. Jak 1,27; BDR § 394,1.
[130] D F G u.a. ergänzen ἐν, was sich durch Reminiszenz an Gal 1,16 erklären lässt (wohl aber nicht an Kol 1,27: gegen SCHNACKENBURG, Eph, 138 A 330).
[131] Das Wort („unausforschlich", „unergründlich") kommt im NT nur noch Röm 11,33 vor; sonst Hi 5,9; 9,10; 34,24; ConstAp II 22,12ff (Oratio Manasse); VII 35,9; 1Clem 20,5; Diog 9,5; zum häufigen Vorkommen in frühchristlichen und gnostischen Texten s. E. PETERSON, ThWNT 1, 359f.
[132] SapSal 7,11 (ἀναρίθμητος πλοῦτος).13; 8,5.18; 10,11; Philon, LA I 34; III 39.163; sacr. 124 (τοῦ θεοῦ τὸν ἀπεριόριστον καὶ ἀπερίγραφον πλοῦτον αὐτοῦ … δωρουμένου); post. 139.144.151 (ἀπερίγραφος γὰρ ὁ σοφίας θεοῦ πλοῦτος); post 174.
[133] Dazu WILCKENS, Röm, II, 268–274.
[134] Dazu LÜHRMANN, 113–140; SELLIN, „Geheimnis", 83–90.
[135] Dazu WOLTER, 311–317; s.o. zu V.5f.
[136] S.o. A 132; für Philon ist Gott selber sich austeilendes Gut, Quelle des Reichtums (vgl. LA I 34; sacr. 124).

9 Der Auftrag des Apostels wird noch mit einem zweiten Infinitiv beschrieben, der sich nun aber wieder auf das „Geheimnis", das dem Apostel offenbart wurde, bezieht. Denn die Frucht der Botschaft an die Heiden, der „Reichtum Christi", hängt mit dem Geheimnis auch sachlich zusammen.

Die syntaktische Erklärung ist durch eine textkritische Schwierigkeit belastet: φωτίσαι[137] hat in den meisten wertvollen Handschriften noch ein direktes personales Objekt (πάντας) – so in p46 ℵ2 B C D F G Ψ 33 u.a. – das aber in ℵ* A 6. 1739. 1881 u.a. fehlt. Im ersten Falle wäre die Bedeutung: „alle zu erleuchten[138] [in Bezug darauf], was die οἰκονομία des Geheimnisses ist …". Im zweiten Fall müsste man übersetzen: „ans Licht zu bringen,[139] was …". Nicht nur ist die Lesart mit Akkusativobjekt besser bezeugt, sie könnte auch die *lectio difficilior* darstellen, insofern der τίς-Satz bereits die Funktion eines Objektes hat, was Abschreiber dazu veranlasst haben könnte, πάντας zu streichen, zumal dies (wegen seines Akk. als direktes Objekt fungierend) mit dem τίς-Satz in Konflikt gerät. Nun hat φωτίζειν in beiden Fällen (ob auf Gegenstände[140] oder erkennende Subjekte[141] bezogen) für antikes Verständnis die gleiche Bedeutung: Damit die Augen sehen können, müssen sie durch Licht erleuchtet werden, denn „Gleiches wird durch Gleiches erkannt." Daraus wird gefolgert: Damit die Seele Geistiges erkennt, muß sie durch das Licht der Erkenntnis erleuchtet werden.[142] φωτίζειν kann sich also in gleicher Weise auf den Gegenstand wie auf das erkennende Subjekt (bzw. Erkenntnisorgan) beziehen. Schwerer als äußere und innere Textkritik[143] wiegt hier der Aussageduktus des Kontextes. Zwar steht φωτίσαι parallel zu εὐαγγελίσασθαι, doch zwingt das noch nicht dazu, für beide Aussagen parallele Akkusativobjekte zu verlangen. Es spricht einiges dagegen, dass hier die Enthüllung („Beleuchtung") der οἰκονομία des Heilsplans in gleicher Weise Gegenstand der Missionsverkündigung sein soll wie die Christusbotschaft.[144] In V.8 ist eben nicht das Geheimnis Inhalt der Verkündigung (anders als in 3,3–6, wo die Aufgabe der Heidenmission selber als Inhalt der Offenbarung an Paulus dargestellt wurde). Statt das καί als parataktisches aufzufassen, kann man es epexegetisch verstehen: „Mir … wurde die Gnade verliehen, den Heiden den … Reichtum Christi zu verkündigen *und so (dadurch)* zu erhellen (ans Licht zu bringen), was …".[145] Dann aber wird in V.9 gesagt, was die Tatsache der Heidenmission bedeutet, oder genauer: was Paulus durch den Vollzug der Missionierung der Heiden im Heils-

---

[137] Infinitiv Aorist (adäquat zu εὐαγγελίσασθαι) – entsprechend dem Hauptverb ἐδόθη.
[138] So auch in Eph 1,18 („zu erleuchten die Augen des Herzens …"); MASSON, Eph, 175 A 1; GAUGLER, Eph, 141; ZERWICK, Eph, 93.96; BARTH, Eph, I 342; MUSSNER, Eph, 104; ALLEN, Body, 436 A 213.
[139] So in 1Kor 4,5 und 2Tim 1,10. Diese Lesart bevorzugen z.B. EWALD, Eph, 160; HAUPT, Eph, 110; ABBOTT, Eph, 87; LINDEMANN, Aufhebung, 222 A 99; SCHLIER, Eph, 152f; GNILKA, Eph, 171; SCHNACKENBURG, Eph, 139 A 334; POKORNÝ, Eph, 145.
[140] So im NT Apk 18,1; 21,23; 22,5 (im wörtlichen Sinne); 1Kor 4,5 (vgl. Eph 5,13); 2Tim 1,10.
[141] So Lk 11,36; Joh 1,9; Eph 1,18; Hebr 6,4; 10,32; Philon, congr. 106; fug. 139.
[142] Philon verwendet dieses „Gleichnis" häufig: gig. 9; migr. 39f; spec. I 41–44; mit φωτίζειν: her. 307; decal. 49.
[143] Qualitativ bessere Bezeugung und Bevorzugung der Lesart mit πάντας aus inneren Gründen.
[144] ABBOTT, Eph, 87; POKORNÝ, Eph, 145: „die Belehrung über das Geheimnis … ist im Epheserbrief nicht identisch mit der missionarischen Verkündigung. Die Leser des Epheserbriefes, der eine solche Deutung des Geheimnisses Gottes ist, sind schließlich schon getauft".
[145] Vgl. SCHLIER, Eph, 152.

plan Gottes erfüllt. In diesem Zusammenhang ist das πάντας in der Tat störend[146] und beruht auf einem Missverständnis: als würde Paulus in seiner Verkündigung „allen" Menschen die οἰκονομία des Heilsmysteriums enthüllen, sie darüber aufklären. Hier kommt also das γνωρίσαι zum Zuge – aber nicht, wie zunächst zu erwarten war, als Mitteilung an die Heiden, sondern als demonstrativer Vollzug des Planes, bei dem Paulus nur ein ausführendes Organ ist.[147] Dieser Zusammenhang, insbesondere was den Finalsatz V.10 betrifft, macht es nun notwendig, das πάντας in V.9 als Indiz eines völligen Missverständnisses (und deshalb als spätere Einfügung) zu betrachten.[148] οἰκονομία ist hier (wie schon in V.2) die „Ausführung" eines Programms,[149] μυστήριον meint den Heilsplan, der verborgen, dem Paulus aber als erstem offenbart worden war (V.3).

Mit dem Stichwort μυστήριον („Geheimnis") wird ein zweites Mal das Revelationsschema aufgegriffen. An dieser Stelle wird das ἀποκεκρυμμένον aus Kol 1,26 beibehalten, das in V.5 (bei der ersten Wiedergabe) durch οὐκ ἐγνωρίσθη ersetzt werden musste, weil es darauf ankam, dass es niemandem außer Paulus mitgeteilt worden war. Für ἀπὸ τῶν αἰώνων gibt es wieder zwei Auslegungen: (1.) Die „Äonen" werden als personifizierte Welt-Mächte verstanden, denen das Geheimnis verborgen blieb: „verborgen *vor* den Äonen".[150] (2.) Die Wendung wird zeitlich aufgefasst: „verborgen *seit* den Äonen".[151] Für die zweite Möglichkeit spricht in erster Linie die zeitliche Konstitution des Revelationsschemas (schon in Kol 1,26), wo das νῦν in Opposition zu ἀπὸ τῶν αἰώνων steht.[152] Sprachlich ist diese Bedeutung keineswegs auszuschließen.[153] 1Kor 2,7 bestätigt, dass sowohl ἀποκεκρυμμένος in diesem Zusammenhang keine Adressatenangabe braucht, als auch die Nennung der urzeitlichen (πρό) Äonen zeitliche Bedeutung hat.[154]

---

[146] Natürlich ist es auch syntaktisch störend, insofern „erleuchten" nun zwei direkte Objekte hat: (1.) „alle", (2.) das Wesen der οἰκονομία.

[147] Insofern kommt damit die Bedeutungskomponente der Subalternität in διάκονος (V.7) zum Zuge.

[148] Vgl. auch GNILKA, Eph, 171 A 3: Der „Kurztext … ist zu bevorzugen, weil der ἵνα-Satz V.10 sinnvoll nur an ihn anschließt".

[149] S.o. A 36.

[150] So erstmals R. REITZENSTEIN, Erlösungsmysterium, 235f; dann vor allem SCHLIER, Eph, 153-156; DIBELIUS/GREEVEN, Eph, 75; STEINMETZ, Heils-Zuversicht, 63f; LINDEMANN, Aufhebung, 223 („… gegenüber den Aionen … verborgen, d.h. die Mächte erkannten es nicht").

[151] So vor allem H. SASSE, ThWNT 1, 208, Z.4ff; MUSSNER, Christus, 24-26; GNILKA, Eph, 172; ERNST, Eph, 332; SCHNACKENBURG, Eph, 140; POKORNÝ, Eph, 145; vgl. 1Clem 65,2 (Briefschluss): θρόνος αἰώνιος ἀπὸ τῶν αἰώνων εἰς τοὺς αἰῶνας τῶν αἰώνων.

[152] Vgl MUSSNER, Christus, 25; GNILKA, Eph, 172; vgl. auch Röm 16,25 (χρόνοις αἰωνίοις). Ein zeitliches Verständnis setzt übrigens auch Markion voraus (s.u. A 158).

[153] Gegen LINDEMANN, Aufhebung, 223. Vgl. Lk 1,70; Apg 3,21; 15,18 (ἀπ' αἰῶνος); in LXX jeweils ἀπὸ τοῦ αἰῶνος oder ἀπ' αἰῶνος. Es trifft zwar zu, dass ἀπό in LXX sonst immer nur mit dem Singular von αἰών zusammensteht, doch hat in πρὸ τῶν αἰώνων (1Kor 2,7; ψ 54,19) οἱ αἰῶνες keine andere Bedeutung (gegen LINDEMANN, Aufhebung, 223 A 105). Während πρὸ τῶν αἰώνων die vorkosmische urzeitliche Ewigkeit meint, ist bei ἀπὸ τῶν αἰώνων an die Zeit seit der Schöpfung zu denken. Entscheidend ist dabei, dass hier in beiden Fällen platonisches Denken vorliegt, wonach die Zeit erst mit der Schöpfung des Kosmos ihren Anfang nimmt (Tim. 37c-39e).

[154] Vgl. auch 2Tim 1,9; Tit 1,2: πρὸ χρόνων αἰωνίων; 1Petr 1,20: πρὸ καταβολῆς κόσμου … ἐπ' ἐσχάτου τῶν χρόνων.

Dass der Verfasser neben Kol 1,26 auch auf 1Kor 2,7 Bezug nimmt, könnte 3,11 (κατὰ πρόθεσιν τῶν αἰώνων) zeigen.[155]

Neben der zeitlichen Präpositionalbestimmung (ἀπό) erhält ἀποκεκρυμμένος noch eine lokale: „verborgen ... *in* Gott,[156] der das All geschaffen hat". Das Geheimnis besteht in dem Heilsentschluss Gottes, den außer Gott niemand kannte (daher: „verborgen *in*" ihm). Der Hinweis auf die Schöpfertätigkeit Gottes[157] bestätigt noch einmal die zeitliche Auffassung von ἀπὸ τῶν αἰώνων: Die Äonen sind die herrschenden Mächte der Vergangenheit *seit* der Schöpfung. Vor allem aber kommt darin die Einanderzuordnung von Schöpfung und Erlösung zum Ausdruck.[158] Die Schöpfung findet ihr Ziel in der *Anakephalaiosis* des Alls in Christus (1,10).

10 Während in 3,5f das zweite der drei verbalen Elemente (ἀπεκαλύφθη für ἐφανερώθη aus Kol 1,26) aufgegriffen wurde, kommt nun das dritte Element des Revelationsschemas zum Zuge: ἵνα γνωρισθῇ (für γνωρίσαι aus Kol 1,27). ἀπεκαλύφθη bezog sich auf die esoterische Mitteilung an Apostel und Propheten (3,5) über den Inhalt (3,6) des Geheimnisses, während mit ἵνα γνωρισθῇ nun eine Demonstration vor den kosmischen Gewalten zum Ausdruck gebracht wird. Diese besteht in der Bekanntgabe der „vielfältigen Weisheit Gottes" vor den himmlischen Mächten und Gewalten – „durch die Kirche". Zu beachten ist die Reihenfolge der einzelnen Aussageglieder: „*damit* kundgetan wird" (a) „jetzt" (b) „den himmlischen Mächten und Gewalten" (c) „durch die Kirche" (d) „die vielfältige Weisheit Gottes" (e). – Zu (a): Die bisherige Verbergung des Geheimnisses in Gott hat einen finalen Aspekt (ἵνα): „Nichts ist verhüllt, was nicht offenbart werden wird, und verborgen, das nicht kundgetan wird" (Lk 12,2/Mt 10,26). Die terminologische Verwandtschaft von Eph 3,5f.9f mit diesem Q-Logion ist in der Tat auffällig. Wie bei der Formulierung πλήρωμα τῶν καιρῶν (1,10) haben wir es hier mit Apokalyptik zu tun. – Zu (b): Das „jetzt" von Eph 3,10 bezieht sich nicht mehr auf die Offenbarung an Apostel und Propheten, die schon Vergangenheit ist, sondern auf die *Erfüllung* des den Aposteln und Propheten (damals) Offenbarten (das „Jetzt" des faktischen Autors bzw. der Leser). – Zu (c): Entsprechend sind die Adressaten der „Kundgabe" nicht mehr jene Apostel und Propheten. – Zu (d): Das

---

[155] S.u. zu 3,11 bei A 172.
[156] Vgl. Kol 2,3: ἐν ᾧ (= Christus) εἰσιν ... ἀπόκρυφοι.
[157] Partizip *Aorist*: als Anfangsetzung der Zeit die erste „historische" Tat.
[158] Zu Recht wird z.B. von SCHNACKENBURG, Eph, 140f, darauf hingewiesen, dass diese Aussage jeglichen gnostischen Ansatz von vornherein ausschließt. Markion hat deshalb das ἐν vor τῷ θεῷ τῷ τὰ πάντα κτίσαντι ausgelassen, so dass die Aussage geradezu ins Gegenteil verkehrt wird: „des Geheimnisses, das von Urzeit her verborgen war *dem Gott, der das All schuf*" (also dem Demiurgen). Indirekt bezeugt Markion übrigens damit die zeitliche Deutung von ἀπὸ τῶν αἰώνων (s.o. A 152f). SCHLIER, Eph, 155, meint, der Verfasser des Eph habe mit dieser Aussage von der Allschöpfung Gottes bereits gegen den Gnostizismus polemisiert. Aber die Schöpfungsaussage ist nicht polemisch, sondern für die Theologie des Eph konstitutiv. – Das ἐν fehlt auch in ℵ und 614, doch ist dort, anders als bei Markion, der instrumentale Dat. anzunehmen.

Medium der Mitteilung ist jetzt die „Kirche" (die ja *gewachsen* ist über dem Fundament der Apostel und Propheten: 2,20f). – Zu (e): Der Gegenstand der Mitteilung aber ist kein sprachlicher Inhalt mehr (wie in 3,6: „*dass* die Heiden Miterben seien..."), sondern „die vielfältige Weisheit Gottes", d.h. es geht um eine Manifestation.[159] Durch die neue Adresse („den Mächten und Gewalten in den Himmeln") kommt die kosmische Dimension ins Spiel. Aus der Viererreihe der Engelmächte von 1,21 (ἀρχή, ἐξουσία, δύναμις, κυριότης) werden wie in 6,12 die beiden ersten (ἀρχαί, ἐξουσίαι) herausgegriffen (vgl. Kol 1,16e).[160] In 6,12 werden diese eindeutig als feindliche Mächte verstanden. Im Akt der Demonstration der vielfältigen Weisheit Gottes durch die Kirche kommt also die Perspektive einer Depotenzierung der kosmischen Mächte zum Ausdruck, mit denen die Christen noch im Kampf stehen. Damit aber hat dieser Macht der mythischen Potenzen die Stunde geschlagen. Die Aussage von der kosmischen Bekanntmachung der „Weisheit" erinnert an bestimmte Ausprägungen alttestamentlicher und jüdisch-hellenistischer Weisheitstheologie: Die Weisheit war an der Schöpfung beteiligt (Prov 8; SapSal 9,9), doch ist sie zugleich in dieser verborgen (Hi 28). Im Gesetz ist sie jedoch Israel gegeben, wo sie sich am Ende einer vergeblichen Suche nach Annahme und Heimat niederlassen konnte (Sir 24). Im hellenistischen Judentum schließlich gilt die Weisheit als dem natürlichen Menschen prinzipiell unzugänglich und kann nur durch pneumatische Offenbarung auserwählten Einzelnen mitgeteilt werden (SapSal 9,13–17). Die Struktur dieses esoterischen Weisheitsprinzips findet sich ebenfalls in der Apokalyptik (4Esr; 2[syr.]Bar; 1[äth.]Hen). Aus diesen unterschiedlichen Gestaltungen der Weisheitstheologie[161] kann jedoch kein einheitlicher „Weisheitsmythos" erschlossen werden. Das Motiv der esoterischen Mitteilung an Einzelne wurde in Eph 3,2–5 verwendet. Hier, in 3,10, klingt eine andere Fassung an, die erst im christlichen Bereich entwickelt wurde: Gottes Weisheit, die in der Schöpfung verborgen ist, wird zu einer bestimmten geschichtlichen Zeit, nämlich im Wirken Jesu von Nazareth, erkennbar. Gottes Weisheit wurde „vor allen Zeiten" von Gott festgelegt, konnte aber von den Beherrschern dieser Weltzeit nicht erkannt werden, weil sie gerade im Kreuzesgeschehen besteht (1Kor 2,7f). Letzteres klingt in Kol 1,20; 2,11–15 und Eph 2,16 noch nach.

Gottes Weisheit erhält das Attribut πολυποίκιλος, das H. Schlier zu einer weitreichenden Interpretation veranlasst hat: Er deutet das Wort im Sinne von πολύμορφος[162] (etwa in der Bedeutung von „in wechselnder Gestalt") und vermutet dahinter eine jüdisch-gnostische Weisheitslehre, wonach die personifizierte Weisheit sich nacheinander in verschiedenen Gestalten zeige: Nach ihrem präexistenten Wesen habe sie sich nacheinander manifestiert in der Schöpfungsweisheit, in Christus und in ihrer endgültigen Enthüllung, der Kirche.[163]

---

[159] SCHLIER, Eph, 156.
[160] Möglicherweise war der in Kol 1,16 vorgegebene Begriff δύναμις dem Verfasser des Eph zu positiv besetzt (vgl. 1,19; 3,16.20), und die θρόνοι waren ihm ungeläufig (in 1,21 durch πᾶσα κυριότης ersetzt).
[161] Vgl. WOLTER, 300–303.
[162] Entsprechend übersetzt die Vulgata: *multiformis sapientia Dei*.
[163] SCHLIER, Eph, 152–166; vgl. die grundsätzliche und überzeugende Kritik von DAHL, Geheimnis, sowie die von VON BENDEMANN, 199–203.212–223.

Doch diesen Sinn gibt das Wort πολυποίκιλος nicht her. Der selten belegte Ausdruck[164] (im NT ein Hapaxleg.; in LXX fehlt er)[165] stellt nichts anderes als eine Intensivierung des häufigeren Simplex ποικίλος („bunt", „mannigfaltig") dar und ist von diesem her semantisch zu bestimmen. Die Wahl des ausgefallenen Kompositums entspricht dabei der Neigung des Eph-Verfassers zu Pleonasmus und gewähltem Ausdruck. Ποικίλλειν bezeichnet das Weben mit bunten Fäden. Von daher hat ποικίλος die Bedeutung „bunt", aber auch „kompliziert", „subtil", ja sogar „mehrdeutig", „rätselhaft". Im NT begegnet das Wort zehnmal, davon achtmal mit negativer Konnotation,[166] in Hebr 2,4 („mancherlei Machterweise" – δυνάμεις) und 1Petr 4,10 aber im positiven Sinne. Davon ist 1Petr 4,10 eine direkte Parallele zu unserer Stelle: ποικίλη χάρις θεοῦ.[167] „Gnade Gottes" und „Weisheit Gottes" sind in gewisser Weise synonym (vgl. 1Kor 12,4: unterschiedliche „Gnadengaben" – χαρίσματα – von einem und dem selben „Geist"). Wie es zu dieser ambivalenten (negativen und positiven) Bedeutung von ποικίλος kommt, wird am besten deutlich bei Philon: „Bunt" ist ein Ausdruck für die kosmische „Vielheit", die der „Einheit" (dem Prädikat des Geistes, dem Göttlichen) an sich entgegensteht: z.B. LA II 74–76.79.84.107; plant. 111. Die „Buntheit" der Welt ist das Objekt der Begierden. Aber diese „Mannigfaltigkeit" wird nun bei Philon – entgegen seinem ontologischen Dualismus von Einheit (Gott, Geist) und Vielheit (Materie, Lust usw.) – auf der Ebene der *Schöpfung* positiv gewertet. Häufiger erscheint so bei ihm ποικίλος in positiver Bedeutung:[168] Während das „weiße" Kleid die himmlische, transzendente Einheit symbolisiert (ebr. 86), ist das „bunte Kleid" des Hohenpriesters ein Abbild der Welt und im Rahmen der Schöpfung ein (relativ) positives Symbol (spec. I 84). Diese positive Konnotation von „bunt" hat stoische Wurzeln (während die negative eher platonisch-pythagoreischer Ontologie entspricht). Am deutlichsten wird das in somn. I 201–209: Die Weisheit prägt der Schöpfung die verschiedenen Formen auf, so dass von den „bunten Logoi der Weisheit" die Rede ist (somn. I 207f). Die „bunte Weisheit" ist Ausdruck der wunderbaren Schöpfung (vgl. SapSal 7,22: πολυμερές). In diesem Kontext interpretiert, läuft die Aussage von Eph 3,10 dann darauf hinaus, dass durch die Kirche den überirdischen Mächten der Welt die unfassbare ursprüngliche Vernunft Gottes, Gottes „Idee" der Schöpfung, kundgetan wird. Das setzt voraus, dass die Mächte bis dahin selber desorientiert waren und erst jetzt ihren sinnvollen Ort im „Kosmos" einnehmen können. Doch schließt das nicht aus, dass sie sich der Fügung ihrer „Bestimmung" widersetzen, so dass die Offenbarung der heilen Welt gerade den Kampf der befriedeten Menschen mit den kosmischen Mächten, die nicht aus „Fleisch und Blut" sind, erforderlich macht (6,12). Zu beachten ist dabei, dass nicht die Kirche, sondern Christus das Zentrum und Ziel der Aussage ist (V.11 u. 12). Die Kirche ist nicht der Ausdruck der Weisheit Gottes, sondern nur das Mittel (διά + Gen.) der Verkündigung. Vielmehr besteht eine enge Beziehung zwischen der „äußerst bunten Weisheit Gottes" und „dem unerforschlichen Reichtum Christi" (V.8).[169] „Unzählbarer", „unmessbarer",

---

[164] LIDDELL/SCOTT, Lexicon, 1441, bieten sechs Belege.
[165] In der hellen.-jüd. Literatur nur Sib VIII 120; TestSal 4,4 (bei DENIS, Concordance, nicht verzeichnet).
[166] Von Krankheiten (Mk 1,34 parr.), Begierden (2Tim 3,6; Tit 3,3), Versuchungen (Jak 1,2; 1Petr 1,6), fremden Lehren (Hebr 13,9).
[167] Der Bezug von 1Petr 4,10 zu Eph 3,10 geht sogar darüber hinaus, wenn man den Kontext einbezieht: ὡς καλοὶ οἰκονόμοι ποικίλης χάριτος θεοῦ (vgl. Eph 3,9: οἰκονομία τοῦ μυστηρίου ...; 3,8: χάρις).
[168] LA II 79; agr. 75; ebr. 86; fug. 10; somn. I 202–209.255; Jos. 32; spec. I 84.
[169] Vgl. DAHL, Geheimnis, 69.

„unbegrenzter Reichtum", das sind ursprünglich Prädikate der Weisheit Gottes.[170] Die Soteriologie des Eph zielt auf die kosmische Totalität, wie sie auch in ontologischer Grundsätzlichkeit wurzelt (1,3ff).

11 Mit κατά[171] wird auf diesen ontologischen Grund zurückgegangen. Das Genitivsyntagma πρόθεσις τῶν αἰώνων[172] stellt eine äußerste Verdichtung der Aussagen von 1,9 (κατὰ τὴν εὐδοκίαν αὐτοῦ ἣν προέθετο), 1,11 (προορισθέντες … κατὰ πρόθεσιν τοῦ τὰ πάντα ἐνεργοῦντος …) und vielleicht 1Kor 2,7 (θεοῦ σοφίαν … ἣν προώρισεν ὁ θεὸς πρὸ τῶν αἰώνων …) dar. Es kann sich entweder um einen Gen. obj. (Gott hat die „Zeiträume" vorher festgelegt)[173] oder um einen qualitativen Gen. („gemäß dem ewigen Vorsatz"[174]) handeln. Da κατὰ πρόθεσιν eine stehende Wendung für Gottes vorzeitlichen Entschluss – ohne Objekt – ist,[175] wird man τῶν αἰώνων hier nicht als Gen. obj. (Vorwegfestlegung der Äonen) auffassen können. Folglich ist 3,11 nicht nach 1,10 (οἰκονομία [τοῦ πληρώματος] τῶν καιρῶν: *Anordnung* der … Zeiten), sondern nach 1,11 („nach dem *Vorsatz* [Gottes]") zu interpretieren. Dann aber kann der Gen. τῶν αἰώνων nur ein qualifizierender sein: „nach dem *ewigen* Vorsatz".[176]

Der Gedanke der Ausführung dieses Vorsatzes folgt dann in 3,11b.: ἣν ἐποίησεν ἐν τῷ Χριστῷ („den er ausgeführt hat in Christus …").[177] Πρόθεσις (Programm) und Tat (ἐποίησεν) sind also im Sinne von vorzeitlicher Planung und geschichtlicher (zeitlicher) Ausführung unterschieden. Nach diesem Konzept läuft die Schöpfung ihrem ihr präexistenten Plan gemäß auf Christus zu, dessen Auftritt den Schlüssel zur Dekodierung des ganzen Programms enthält. Doch auch dieser Schlüssel ist noch Geheimnis, das dem Paulus erst entschlüsselt werden musste (3,2ff), der dann in der Verkündigung an die Heiden seinen Inhalt real verwirklichte. Hier erst liegt für den Verfasser des Eph der Übergang von den Propositionen zur Performation, von den semantischen Aussagen zur Realisierung des Ausgesagten. Das bedeutet einen wesentlichen Unterschied zum Konzept des Paulus der Homologoumena, der sich zwar als Werkzeug des Evangeliums verstand, doch seine eigene Rolle nicht in den Vorgang der Realisation des Evangeliums hineinnahm, sondern diesen ausschließlich in der Auferweckung Christi verwirk-

---

[170] S.o. A 132 u. 136.
[171] Vgl. 1,5b.7c.9b.11b.19b; 3,7 (καθώς: 1,4).
[172] Vgl. SELLIN, Genitive, 98–100.
[173] Die „Äonen" sind die Zeitspannen bzw. Zeiträume seit der Schöpfung, d.h. seit der Erschaffung der Zeit. Ihre „Anordnung" gipfelt in der ἀνακεφαλαίωσις in Christus: 1,10.
[174] So SCHNACKENBURG, Eph, 128.143; SELLIN, Genitive, 100; POKORNÝ, Eph, 147.
[175] Röm 8,28; Eph 1,11; 2Tim 1,9.
[176] S.o. A 174.
[177] An sich könnte auch das ἐποίησεν noch vorzeitlich verstanden werden: „den Vorsatz … den er (einst) *fasste* in Christus Jesus …" – vgl. 1,4.9 (so z.B. HAUPT, Eph, 113; ABBOTT, Eph, 90; SCHLIER, Eph, 157; GNILKA, Eph, 177; MUSSNER, Eph, 106; BEST, Eph, 328), doch spricht die Fortsetzung in 3,12 (ἐν ᾧ ἔχομεν …) eher für eine Deutung des ἐποίησεν auf die gegenwärtige Erlösung im Sinne von 1,10.12, die Ausführung des Plans – so EWALD, Eph, 162f; BARTH, Eph, I, 346f; SCHNACKENBURG, Eph, 143; LINCOLN, Eph, 189.

licht sah. Doch – und das verbindet Paulus und Eph auf fundamentaler theologischer Ebene wieder – ist auch für den „historischen" Paulus die *Verkündigung* der Auferweckung Christi als Wiederholung die soteriologische Verwirklichung des propositionalen Gehaltes dieses Kerygmas. Der „Paulus" des Eph jedoch wird dem Evangelium als Inhaltsbestandteil hinzugefügt. Da „Paulus" für Eph das Prinzip der Kirche repräsentiert, ist die Kirche hiernach (ergänzender) Inhalt des Evangeliums.[178]

12 Es folgt noch ein Relativsatz zu „in Jesus Christus …": „in welchem wir Gesprächsrecht und Zugang haben im Vertrauen – durch den Glauben an ihn". Πίστις αὐτοῦ ist Gen. obj.[179] „Im Vertrauen" ist modales Element zu „Freimut und Zutritt haben", bereitet aber durch Alliteration das Stichwort πίστις (Glauben) vor.[180] Der Verfasser wendet hier wieder das Spiel mit den Präpositionen an (ἐν … ἐν … διά). Wie in V.11 ist das ἐν am Anfang von V.12 wieder ein sowohl instrumentales als auch lokales. Die präsentische Aussage (ἔχομεν) bestätigt, dass das ἐποίησεν in V.11 auf die Realisierung des Planes zu beziehen ist. Damit ist das Ziel der im Revelationsschema implizierten Handlungen erreicht: Der vorzeitlich gefasste Plan wurde den Aposteln offenbart und kommt in der paulinischen Evangeliumsproklamation zur Realisierung. Das „wir" (in ἔχομεν) ist hier nicht mehr ausschließlich auf Paulus (oder die Judenchristen) beziehbar, denn die Aussage vom „Zugang" ist sinnvoll eigentlich nur von den Heiden (die Zugang erhalten haben). Aber schon in 2,18 wurde das ἔχομεν τὴν προσαγωγήν auf „die beiden" (Juden- wie Heidenchristen) bezogen. Παρρησία (eigentlich: freies Rederecht)[181]

---

[178] Das käme der Deutung von Eph 1,23b im Sinne einer Ergänzung Christi durch die Kirche zwar entgegen, doch ist diese Deutung dort auf keinen Fall haltbar (s.o. A 213f zu 1,23b). Eph geht also nicht soweit, die Kirche als Supplementum Christi zu bezeichnen. Da sie jedoch für ihn in das Revelationsschema (in der Person des Paulus als exemplarischer Gestalt von „Aposteln und Propheten") mit hineingehört, wird sie indirekt zu einem Inhalt des Kerygmas. Entsprechend erscheint sie im Apostolicum.

[179] Besonders in der englischen und nordamerikanischen Exegese wird die Möglichkeit erwogen, πίστις Ἰησοῦ (Χριστοῦ) im Corpus Paulinum (z.B. Röm 3,22.26; Gal 2,16) als Gen. subj. aufzufassen (z.B. HOWARD, Faith of Christ; HOOKER, ΠΙΣΤΙΣ ΧΡΙΣΤΟΥ; dazu: HAYS, Faith of Jesus). So deuten unsere Stelle BARTH, Eph, I, 347; MITTON, Eph, 128; BEST, Eph, 330. Doch steht der Gen. obj. an unserer Stelle wegen der Reihung ἐν Χριστῷ Ἰησοῦ … und διὰ τῆς πίστεως αὐτοῦ nicht in Zweifel (vgl. LINCOLN, Eph, 190).

[180] Vgl. die π-Alliteration: <u>π</u>αρρησίαν – <u>π</u>ροσαγωγήν – <u>π</u>εποιθήσει – <u>π</u>ίστεως (und s.o. A 211 zu 1,23b).

[181] Weniger die „freimütige Rede", die sich einer herausnimmt; insofern ist die Übersetzung „Freimut" unzulänglich (vgl. aber u. A 90 zu 6,19). Hebr 4,26 zeigt noch den höfischen Hintergrund des Wortes: „Lasst uns mit Redefreiheit zum Thron … treten". Ursprünglich ist παρρησία das Recht der freien Bürger, in der demokratischen Versammlung zu reden. Nach Philon hat Mose als „Freund Gottes" dieses Recht (Mos. I 56; sacr. 12.130; her. 19.21); vgl. dazu: PETERSON, παρρησία; VAN UNNIK, Freedom; DERS., ΠΑΡΡΗΣΙΑ; MARROW, παρρησία; FREDERICKSON, παρρησία. – Durch προσαγωγή ist der gesamte Begriff von „Zutritt" nun stärker im semantischen Feld des Kultes angesiedelt (s.o. zu 2,18). Die kultische Konnotation von προσαγωγή ist im hell.-jüd. Gebrauch von παρρησία mit aufgenommen, wenn der Begriff auf das Gebet bezogen wird: Hi 22,26; 27,9f; Philon, spec. I 203; Josephus, ant. II 52; V 39.

und προσαγωγή sind politische und kultische Begriffe zugleich. Das emotionale Element liegt dagegen in ἐν πεποιθήσει („mit Vertrauen"), das so den Begriff πίστις (Glauben) im Sinne des hebräischen אֱמוּנָה bzw. אֱמֶת färbt. Der freie Zugang (παρρησία als „persönliches Gespräch" [Audienz] und προσαγωγή als „Zugangsberechtigung") ist dadurch ermöglicht, dass die Mächte und Gewalten ihn nicht mehr verwehren, seit ihnen Gottes Absicht mitgeteilt wurde (s.o. zu V.10). So lässt der Ausdruck προσαγωγή zwar 2,18 anklingen (auch die Heiden haben nun Zugang zu Gott), doch ist das Bild jetzt vom kultischen ganz in den kosmischen Bereich transferiert. Das höfische Bild von Zugang und Redeerlaubnis wirft noch einmal Licht auf den schwierigen V.10: Die Engelmächte als Thronwachen haben jetzt die Order, den Zutritt freizugeben.

13 Damit ist der zweite Satz des Abschnittes, V.8-12, der das dritte Element des Revelationsschemas (die Kundgabe) herausgearbeitet hat, abgeschlossen. Es folgt nun noch ein kurzer Satz, der mit der Konsequenz (διό) zum pragmatischen Rahmen der brieflichen Kommunikation zurücklenkt. Damit wird auch auf das Paulusbild zurückgeblendet, das in 3,1-3.8 rudimentär umrissen wurde. Hier werden „meine Bedrängnisse für euch" erwähnt. Damit wird einerseits das „Gefangener Christi für euch" von 3,1 wieder aufgegriffen, wodurch sich ein zyklischer Abschluss ergibt. Zugleich kommt aber auch noch einmal Kol 1,24 zum Zuge: Der Apostel wird durch die Nachbildung des Leidens Christi in die Soteriologie mit einbezogen, erhält aber eine abgeleitete sub-christologische Funktion. Der Inhalt der Bitte wird durch einfachen Infinitiv angefügt: „nicht zu verzagen ...". Das spricht dafür, dass „Paulus" an sein eigenes Verzagen (oder mögliches Versagen: 6,19f) denkt (sonst müsste wohl ein A.c.I. mit ὑμᾶς stehen) und die Bitte sich an Gott richtet.

Für diese, in der Exegese heute selten favorisierte Deutung[182] sprechen noch einige andere Argumente: (1.) ἐγκακεῖν im Sinne von „verzagen" bzw. „verdrossen sein"[183] wird 2Kor 4,1.16 vom Apostel gebraucht (2Kor 4,16: διὸ οὐκ ἐγκακοῦμεν). (2.) ἐγκακεῖν ἐν kann sich nicht auf den Gegenstand oder Grund des Verzagens beziehen (nicht: „verzagen wegen ...", sondern „verzagen in, bei ..."). Ἐν ταῖς θλίψεσιν kann nur lokale Beschreibung für ein *Befinden* in der Not sein (vgl. Kol 1,24: ἐν τοῖς παθήμασιν ὑπὲρ ὑμῶν).[184] (3.) Das

---

[182] Fast immer wird die Aussage „ich bitte, nicht zu verzagen" als an die Adressaten gerichtet verstanden (z.B. Chrysostomos, Theodor von Mopsuestia, Ambrosiaster, Thomas, Brenz, Calvin; VON SODEN, Eph, 126; MEYER, Eph, 139; EWALD, Eph, 164; DIBELIUS/GREEVEN, Eph, 76; SCHLIER, Eph, 166; GNILKA, Eph, 179f; SCHNACKENBURG, Eph, 144; MUSSNER, Eph, 106; LINDEMANN, Eph, 62; LINCOLN, Eph, 191; BEST, Eph, 330f). Auf eine Gott gerichtete Bitte des Apostels, *er selber* möge nicht verzagen, beziehen die Aussage syr^pe, Origenes, Theodoret von Kyros, Hieronymus; BENGEL, 763; LUEKEN, Eph, 370; BARTH, Eph, I 348; G.H.P. THOMSON, Eph 3,13 and 2Tim 2,10 in the light of Col 1,24, ET 71, 1959/60, 187-189; mit ausführlicher Begründung: BAUMERT, 324f. – Die Lesart von p^46 0278* 81 (ὑπὲρ ἡμῶν) setzt schon die Deutung auf die Adressaten (im Sinne von Chrystomos usw.) voraus. Die Künstlichkeit dieser „Verbesserung" spricht nicht gerade für diese Deutung.
[183] Zur Semantik von ἐγκακεῖν ausführlich BAUMERT, 318-346.
[184] BAUMERT, 324, führt zwei Belege aus Stephanus für ἐκκακεῖν ἐν ταῖς θλίψεσιν an (zur Synonymität von ἐγκακεῖν und ἐκκακεῖν: BAUMERT, 326-329).

Medium αἰτεῖσθαι begegnet im Corpus Paulinum nur noch in Eph 3,20 und Kol 1,9 – an beiden Stellen ist Gott Adressat des Bittens.[185] Weder spricht die Vertrauensaussage in V.12 noch die Tatsache, dass die eigentliche Bitte an Gott erst in V.14 (unter Rückgriff auf V.1) folgt,[186] gegen diese Deutung: Subjekt in V.12 (ἔχομεν) sind alle Christen (s. o. zu V.12). Und das αἰτοῦμαι in V.13 bereitet die Wiederaufnahme von V.1 in V.14 vor (ebenso wie διό das τούτου χάριν vorbereitet). Entsprechend greift ja auch ὑπὲρ ὑμῶν in V.13 auf V.1 zurück. ἥτις[187] bezieht sich dann auf die „Leiden", welche als „eure δόξα" prädiziert werden. Subjekt (θλίψεις) und Prädikat (δόξα) bilden eine paradoxe Antithese: Das *Leiden des Apostels* bedeutet das *Heil der Adressaten*. Nicht aber kann ein „Nicht verzagen" der Adressaten deren Doxa sein. Der Gedanke ist der gleiche, wie im Peristasenkatalog 1Kor 4,10: ὑμεῖς ἔνδοξοι, ἡμεῖς δὲ ἄτιμοι (vgl. 2Kor 4,12: „Deshalb wirkt der Tod in uns, aber das Leben in euch").[188] Die Leiden des Apostels sind als „für euch" (ὑπὲρ ὑμῶν) qualifiziert. Das greift auf 3,1 zurück (ὁ δέσμιος … ὑπὲρ ὑμῶν τῶν ἐθνῶν). Eine solche ὑπέρ-Wendung ist in den genuinen Paulusbriefen nur christologisch gebraucht. Erstmals auf Paulus bezogen begegnet sie in Kol 1,24. Nun wurden in 3,1 die Adressaten, denen das Leiden des Apostels dient, als „Heiden" bezeichnet. Um deren Rettung aber ging es im Revelationsschema (3,6), in dem Paulus die maßgebliche Rolle spielt (3,7: οὗ ἐγενήθην διάκονος). Damit taucht die Frage auf, ob das soteriologische Leiden des Apostels mit seiner Rolle im Revelationsvorgang zusammenhängt. Auch im Kol folgt das Schema (1,26f) ja auf die Leidensthematik (1,24). Hinweise auf einen solchen Zusammenhang gibt es in Eph 3,1–13 jedoch nicht. Schon Kol 1,24 stellte eine Reminiszenz an den gewaltsamen Tod des Apostels dar, der damit auch das (zur fiktiven Gefangenschaftszeit fehlende) Todesschicksal Christi „auffüllen" wird. Nun werden die θλίψεις Christi (Kol 1,24) häufig als die apokalyptischen „Wehen der Endzeit" verstanden, deren „Maß" erst durch die Leiden des Apostels ergänzend aufgefüllt werden müsste, damit es für den Eintritt des Endheils „voll" werde (vgl. die „Fülle der Zeiten" von 1,10).[189] Entsprechend würden dann in Eph 3,13 die θλίψεις des Apostels den Anbruch der eschatologischen δόξα ankündigen. Das würde auf den ersten Blick nicht nur gut zum Revelationsschema von Kol 1,26f und Eph 3,4–6.8–10 passen, sondern auch den neuen Gedanken der soteriologischen Funktion der apostolischen Leiden erklären. Aber weder in Kol 1 noch in Eph 3 ist das Leidensmotiv direkt mit dem Revelationsschema verknüpft. Nach Kol 1,24 kommt das Leiden des Apostels der Kirche als „Leib Christi" zugute (ὑπὲρ ὑμῶν = ὑπὲρ τοῦ σώματος αὐτοῦ). Hier ist nun aber der im Revelationsschema immerhin noch präsente apokalyptische Zeitmaßbegriff vollends verabschiedet. Es ist überhaupt schwer vorstellbar, dass die Leiden Christi in irgendeiner Weise als soteriologisch defizitär gegolten haben könnten. Der Apostel bildet sie vielmehr nach, und dafür fehlt ihm noch etwas: der Märtyrertod. Dieses Defizit ist er als Gefangener nun im Begriff aufzuholen.[190] Es bleibt dann aber die Frage nach dem ὑπὲρ ὑμῶν: Wieso kann die-

---

[185] BAUMERT, 324.
[186] LINCOLN, Eph, 191.
[187] Das Genus des Relativums und die singularische Kopula ἐστίν sind nach dem Prädikatsnomen δόξα gerichtet (vgl. BDR § 132,1).
[188] Die ältere Meinung, δόξα meine hier „Ehre", „Prestige" (so z.B. MEYER, Eph, 173), findet sich heute kaum noch. δόξα ist hier als eschatologisches Heilsgut verstanden (Kol 1,27; 3,4).
[189] Vgl. P.T. O'BRIEN, Colossians, Philemon (WBC 44) Waco, TX, 1982, 75–81; C.M.SMITH, Suffering and Glory: Studies in Paul's Use of the Motif in the Light of Its Early Jewish Background, Ph.D. dissertation, University of Sheffield, 1988, 193ff; LINCOLN, Eph, 192.
[190] Das würde vielleicht auch das auffällige Bikompositum ἀνταναπληροῦν in Kol 1,24 erklären: Der Apostel füllt das *gegenüber* den Leiden Christi noch Fehlende (bei sich) auf. Bei einfachem ἀναπληροῦν

ses apostolische Leiden soteriologische Funktion erhalten? Ganz einfach: weil es dem soteriologischen (Sterbens-)Leiden Christi nachempfunden wird. Als Diener des im Revelationsschema angesprochenen Werkes zu Gunsten der Heiden hat er sich ja auch (aus der Sicht des biographischen Rückblicks) in Todesgefahr und (im Ergebnis) in den Tod begeben. – In Eph 3,1.13 wird diese biographische Reminiszenz lediglich aufgegriffen, aber nicht weiter inhaltlich begründet.

Es bleibt noch eine Frage zu V.13: Worauf bezieht sich das διὸ (αἰτοῦμαι)? Es wirkt schwächer als das τούτου χάριν von 3,1, das in 3,14 wiederholt wird, und hat eher mikrokontextuelle Funktion: Es bereitet die feierliche Gebetsbeschreibung von V.14 vor. Im Vergleich zum Inhalt von 3,16–19 enthält V.13 eine untergeordnete, „kleine" Bitte: Die Leidensnot (θλῖψις) des Apostels dient ja dem Heil der Adressaten. Darum ist es erforderlich, dass der Apostel nicht versagt. Dann aber ist die Möglichkeit, διό auf „Redefreiheit", „Zugang" und „Vertrauen" als Grund des apostolischen Bittens zu beziehen, wohl auszuschließen, zumal die erste Person Plural (ἔχομεν) nicht auf den Apostel einzugrenzen ist, wie 2,18 zeigt. διό bezieht sich also auf den ganzen Gedankengang von 3,8 (oder 3,2) an: Weil der Apostel als Heilsbesorger für die Heiden (= Adressaten) fungiert, bittet er Gott darum, dass er, der Apostel, in den damit zusammenhängenden Beschwernissen nicht verzage und aufgebe.

Fast könnte man sagen, dass der Apostel Paulus selber zu einem Bestandteil des Evangeliums geworden ist.[191] Jedenfalls ist er im Heilsplan Gottes ein Aktant, der durch Offenbarung den Sinn des „Mysteriums", dessen Inhalt Christus ist, verstehen konnte (V.4) – dass nämlich die Heiden „Miterben" und Bestandteil des „Leibes" werden sollten (V.6). Dadurch aber ist er zugleich „Vollstrecker" (διάκονος V.7) dieses Gottesplanes geworden (V.8). Die „Vollstreckung" geschieht durch die Kundgabe des Heilsplanes (φωτίσαι, τίς ἡ οἰκονομία τοῦ μυστηρίου ... V.9). Dies hat kosmische Bedeutung: Die Entstehung der universalen Kirche bedeutet eine Einschränkung der Befugnis der kosmischen Mächte. Sie können „uns" nicht mehr trennen von der Liebe Gottes (Röm 8,38f). Damit besteht „freie Rede" (vgl. Röm 8,26f) und freier Zugang zu Gott.

---

wäre die Aussage leicht auf ein Defizit auf Seiten *Christi* zu beziehen. Zu Kol 1,24 vgl. noch GESE, 257; THEOBALD/PILLINGER, Eph, 15 A 8.

[191] LÄGER, Pastoralbriefe, spricht in Bezug auf die Pastoralbriefe von einer „Paulologie", womit sie die soteriologische Bedeutung der Person des Paulus (in Analogie zum Terminus „Christologie") treffend kennzeichnet. Das passt auch auf Eph 3,1–13, wo es um den erlösenden Charakter des paulinischen Missionswerkes geht.

I. 6.) 3,14–19: Abschließender Fürbittgebetsbericht

(14) **Deshalb beuge ich meine Knie vor dem Vater,**
(15) **von dem jedes Geschlecht im Himmel und auf Erden einen Namen hat,**
(16) **damit er euch gemäß dem Reichtum seiner Herrlichkeit gebe,**
   mit Kraft gestärkt zu werden durch seinen Geist in Bezug auf den
   inneren Menschen,
(17) **so dass Christus durch den Glauben in euren Herzen wohne,**

   – in Liebe (seid ihr) verwurzelt und gegründet –

(18) **damit ihr imstande seid,**
   zu begreifen mit allen Heiligen, was die Breite und Länge und
   Höhe und Tiefe ist,
(19) **und zu erkennen die die Erkenntnis übersteigende Liebe Christi,**
   damit ihr erfüllt werdet zur ganzen Fülle Gottes.

ARNOLD, Power 85–102; VON BENDEMANN, Schlier 175–227; BETZ, Concept; CARAGOUNIS, Mysterion 74–77; DAHL, Dimensions; DUPONT, Gnosis 453–528; ERNST, Pleroma 120–135; FEUILLET, A., Le Christ, 307–319; DERS., L'Église; GESE, Vermächtnis 203f; HARDER, Gebet; HECKEL, Der Innere Mensch 213–218; HÜBNER, Erkenntnis; MUSSNER, Christus 71–75; SCHWINDT, Weltbild 351–355.442–449; SELLIN, „Christusmystik"; WILES, Intercessory Prayers 156–174.

Der I. Hauptteil des Eph (Kap. 1–3) schließt entsprechend der ringförmigen Komposition ab mit einem Fürbitt-Gebetsbericht[1] (3,14–19 – entsprechend der Danksagung 1,15–23) und einer Doxologie (3,20–21 – entsprechend der Eulogie 1,3–14). Die Fürbitte besteht aus Einleitung (V.14–15) und Inhalt bzw. Ziel der Bitten, geprägt durch die dreifache Finalsatzkonstruktion mit ἵνα (V.16–19). In syntaktischer und semantischer Hinsicht hat der durchgehende Satz 3,14–19[2] eine deutliche Ähnlichkeit mit 1,15–17:[3]

1,15–17	3,14–19
διὰ τοῦτο …	τούτου χάριν
οὐ παύομαι εὐχαριστῶν …	κάμπτω τὰ γόνατά μου
ἵνα ὁ θεὸς … ὁ πατὴρ …	πρὸς τὸν πατέρα ἐξ οὗ …
ἵνα … δώῃ ὑμῖν …	ἵνα δῷ ὑμῖν …

---

[1] WILES, 156f.
[2] MUSSNER, Eph, 109, spricht bei V.16–19 von einem „Satzungetüm, dessen Struktur nicht leicht aufzuhellen ist".
[3] Vgl. EWALD, Eph, 165 A 1, der die weiteren Entsprechungen nennt. 1,16–19 enthält einen ἵνα-Satz, dem drei τίς- bzw. τί-Sätze eingeordnet sind; in 3,16–19 verhält es sich umgekehrt: ἵνα … ἵνα … (τί + vier Subjekte) … ἵνα …; vgl. JEAL, Theology and Ethics, 116 mit A 211. Diese Beobachtung unterstreicht die zyklische Entsprechung von 1,15–19 und 3,14–19.

Dem Finalsatz sind dann in 3,16ff weitere finale Satzglieder (ἵνα, Infinitive) angefügt, die den Rest des Gefüges bestimmen. Geprägt ist der Abschnitt durch die drei ἵνα-Sätze, die hierarchisch eingebettet und sukzessive voneinander abhängig sind: Stärkung durch den Geist Gottes und Einwohnung Christi in den Herzen sollen bewirken das Begreifen und Erkennen, und dieses soll zur Erfüllung „in die ganze Fülle Gottes" führen.[4] Von den ersten beiden ἵνα-Sätzen sind jeweils zwei Infinitive abhängig. Die ersten beiden parallelen[5] Infinitive haben Objektfunktion. In der Mitte, im Anschluss an die infinitivische Aussage vom Einwohnen Christi, ist ein Partizipialsatz eingefügt: „in Liebe verwurzelt und gegründet", der vom Numerus her auf die Adressaten zu beziehen ist. Seine syntaktische Funktion ist unklar. Von den meisten Auslegern werden die Partizipien hier für selbständige Aussagen (an Stelle finiter Verben) verstanden, und zwar als weiteren (parallelen) Gebetswunsch: „und damit ihr in der Liebe verwurzelt und gegründet seid".[6] Das würde jedoch die kunstvolle Struktur des Abschnittes zerstören. Nimmt man dagegen eine Subordination des Partizipialsatzes zu V.17a (der Aussage vom Wohnen Christi in den Herzen) an, dann hätte er die Funktion eines Zwischenergebnisses zu V.16–17a (I): „So seid ihr in Liebe verwurzelt und gegründet". Dieses Zwischenergebnis bildet dann die Basis für die Aussagen von V.18 und 19a (II): die „Befähigung", zu „begreifen" und zu „erkennen" …[7] Auch hier ist das Formprinzip des Parallelismus verwendet. Das zweite Infinitivpaar (V.18–19a) ist aufgrund seiner Synonymität und des τε ebenfalls parallel zu verstehen, wobei das Objekt des zweiten („zu erkennen … die … Liebe Christi") den Gegenstandsbegriff des metaphorischen ersten Objekt(satze)s benennt, so dass der zweite Infinitivsatz eine präzisierende Funktion erhält.

Den die jeweiligen Satzteile eröffnenden[8] verbalen Elementen, die die Struktur prägen, folgen in den meisten Fällen ein modales Glied (mit κατά, διά, σύν) und bzw. oder eine Objekt- bzw. Ortsangabe (εἰς, ἐν, Akkusativobjekt in V.19a, Objektsatz in V.18b). Besonders durchgeformt sind die Zeilen V.16b und 17a: (1.) Die beiden Infinitive stehen im Chiasmus. (2.) Es folgen zwei διά + Gen.-Wendungen, in denen πνεῦμα und πίστις parallel stehen. (3.) ἔσω ἄνθρωπος und καρδία sind synonym, dafür wechselt die Präposition (εἰς – ἐν). (4.) Die Possessivpronomina αὐτοῦ in V.16a und ὑμῶν in V.17a bilden einen komplexen Chiasmus.[9]

---

[4] Vgl. SCHNACKENBURG, Eph, 147; LINDEMANN, Eph, 65; HECKEL, 215.
[5] HECKEL, 216, nimmt im Anschluss an EWALD, Eph, 170–172, und GNILKA, Eph, 182, eine Abhängigkeit des zweiten vom ersten Infinitiv an. Dabei denkt er an eine Explikation. Letzteres trifft zu, nur ist die Explikation eine Funktion des Parallelismus.
[6] So z.B. HAUPT, Eph, 120f.123f; GNILKA, Eph, 185; SCHNACKENBURG, Eph, 152; LINCOLN, Eph, 197.207 – unter Berufung auf BDR § 486,2b.
[7] So CARAGOUNIS, 75.
[8] Ausnahmen sind die vorangestellten Elemente δυνάμει in V.16b und ἐν ἀγάπῃ in V.17b.
[9] Die beiden Infinitivsätze (κραταιωθῆναι διὰ τοῦ πνεύματος αὐτοῦ εἰς τὸν ἔσω ἄνθρωπον / κατοικῆσαι τὸν Χριστὸν διὰ τῆς πίστεως ἐν ταῖς καρδίαις ὑμῶν) sind nicht nur parallel konstruiert, sondern bilden mit je 20 Silben ein *Isokolon* mit melopoietischem Effekt (LAUSBERG, Handbuch, § 719–750; JEAL, Theology and Ethics, 119f). Ein ähnlich durchstilisiertes Verspaar stellt 2,15b–16a dar –

In V.18–19 liegt das Schwergewicht auf den Satzschlüssen: Der finale Schlusssatz enthält eine Paronomasie[10] (πληρωθῆτε ... πλήρωμα). Seine Plerophorie wird vorbereitet durch die stereometrisch dimensionierende Metaphorik in V.18b („Breite und Länge und Höhe und Tiefe") und das Partizip ὑπερβάλλουσα (v.19a). Semantisch hängen die räumlichen Dimensionsbegriffe in V.18 mit dem Pleroma-Begriff (V.19b) zusammen. Außer dem in der Paronomasie verdoppelten Lexem πληρ- begegnet nur noch ein Wort zweimal: ἀγάπη (V.17b.19a), das auch durch sein Vorkommen im Achsenvers 17b hervorgehoben ist. Während πλήρωμα τοῦ θεοῦ den Schlussgipfel bildet (von wo aus dann die Doxologie V.20f erfolgen kann), stellt ἀγάπη τοῦ Χριστοῦ den zentralen Begriff dar. Insgesamt ist der Text zweigeteilt, wobei der Partizipsatz V.17b die Achse oder Grenze markiert, und V.19b durch das erneute ἵνα eine Art Coda darstellt: V.16 und 17 haben den „mystischen" Vorgang der Inspiration und „Einwohnung" zum Inhalt,[11] V.18 und 19 den Vorgang der daraus resultierenden soteriologischen Erkenntnis. Der ganze Abschnitt ist also bis ins Feinste durchkonstruiert. Da es sich um einen „prayer-report" und nicht ein Gebet selbst handelt, haben wir es mit einem schriftstellerischen Kunstprodukt zu tun, eine Art nicht nur religiöser, sondern ausgesprochen theologischer Rhetorik, in der die elaborierte Form mit der theologischen Gedankenwelt eine Einheit bildet. Der Verfasser des Epheserbriefes, ein Vertreter der „Paulusschule" (wie sein Vorbild oder Lehrer, der Verfasser des Kolosserbriefes), ist auf seine Art einer der sprachmächtigsten Poeten des Neuen Testaments. Kann man also den artifiziellen Charakter dieses Textes nicht bestreiten, so ist dabei aber noch ein Gesichtspunkt zu beachten: Auch wenn es sich um einen „Gebetsbericht" handelt, so gibt diesem die Verwendung im Brief doch eine performative Funktion. Indem die Fürbitte den Adressaten berichtet wird, wird ihr vorgestellter Gehalt zugleich vollzogen. So gesehen fungiert der „Gebetsbericht" auch als ein Gebet. Doch auch hier entsteht noch ein Problem: Es handelt sich um ein pseudepigraphisches Schreiben mit fingiertem Autor und weitgefasster „offener" Adresse.[12] In der Maske des Paulus teilt der Verfasser seinen intendierten Lesern seine Gebetswünsche mit. Es handelt sich also von Anfang an um *literarische* Kommunikation.

14 Mit τούτου χάριν wird der Einsatz von 3,1 wieder aufgenommen. Dort hatte der Verfasser die Selbstvorstellung eingeschoben, um die Person des Apostels Paulus in den kerygmatischen Teil 2,1ff und damit ins Kerygma mit hineinzunehmen. Durch die Wiederaufnahme dieser Verbindungsformel geraten die beiden Abschnitte 3,1–13 und 3,14–19 in einen engeren Zusammenhang: Dem verfasserbezogenen folgt nun ein adressatenbezogener Teil.

---

z.T. mit den gleichen Mitteln. – Zur Sticho- und Kolometrie der antiken Prosa: LANG, Schreiben nach Mass; DERS., Ebenmass; BRUCKER, ,Christushymnen', 23–25 und passim.
[10] S.o. A 61 zu 1,3b.
[11] V.17a ist ein typischer Text der Christusmystik.
[12] Die Angabe „in Ephesus" in der Adresse des Präskriptes ist textgeschichtlich sekundär: s.o. zu 1,1f.

Der Kniefall ist eine besondere Gebetshaltung. Das Normale in jüdischer und frühchristlicher Frömmigkeit war das Beten im Stehen (Mt 6,5; Lk 18,11–13). Das Gebet auf den Knien[13] stellt eine Intensivierung dar und bringt entweder die Proskynese zum Ausdruck[14] oder (wie hier) die Haltung des Bittstellers[15] beim Bittgebet.[16] Die Formulierung κάμπτειν τὰ γόνατα[17] entstammt der LXX.[18] Ohne Vorbild ist die Fortsetzung mit πρός,[19] bei der offenbar ein δέομαι bzw. δέησις πρός durchklingt.[20] Möglich ist aber auch, dass (ἔχομεν τὴν προσαγωγὴν …) πρὸς τὸν πατέρα aus 2,18 noch nachklingt. Die „Vater"-Prädikation Gottes im Zusammenhang des (Bitt-)Gebetes geht schon auf Jesus selbst zurück (Lk 11,2/Mt 6,9) und findet sich (neben Mk 14,36) auch in der paulinischen Literatur (Röm 8,15; Gal 4,6). Dem Verfasser des Eph ist sie geläufig (1,17; 2,18; 5,20; 6,23).

15 Merkwürdig ist der Relativsatz zu πατήρ: „von dem (ἐξ οὗ) jedes Geschlecht (πατριά) in den Himmeln und auf Erden genannt wird (ὀνομάζεται)". Die zahlreichen Interpretationsversuche lassen sich auf zwei Typen zurückführen: (1.) Die Paronomasie[21] πατήρ/πατριά wird etymologisch oder ontologisch verstanden. πατριά ist dann jedes[22] Vaterschaftsverhältnis, und ἐξ οὗ … ὀνομάζεται wird übersetzt: „nach dem … *be*nannt wird". Danach wird jede πατριά als Abbildung des Vaterseins Gottes verstanden. So hat Luther die Stelle aufgefasst: „der der rechte Vater ist über alles, was da Kinder heißt …".[23] (2.) Die Paronomasie wird rein *rhetorisch* verstanden. Ἐξ οὗ geht nur auf den Urheber des Nennens, nicht auf das Wesensurbild. Ὀνομάζεται bezieht sich dann auf das Nennen des je eigenen

---

[13] Neben κάμπτειν τὰ γόνατα (s.u. bei A 17): τιθέναι τὰ γόνατα (Mk 15,19; Lk 22,41; Apg 7,60; 9,40; 20,36; 21,5) und γονυπετεῖν (Mk 1,40 ℵ A C L Θ 33 u.a.; 10,17; Mt 17,14; 27,29 in der Wiedergabe von Mk 15,19). Die letzten beiden Ausdrücke begegnen nicht in LXX.

[14] Mk 15,19; Mt 27,29; LXX: 1Chr 29,20; 2Chr 29,29; Jes 45,23 (Röm 14,11; Phil 2,10).

[15] Mk 1,40 (s.o. A 13); 10,17; Mt 17,14.

[16] Lk 22,41; Apg 7,60; 9,40; 20,36; 21,5; LXX: Dan Θ 6,10 (11); 3Makk 2,1.

[17] Röm 11,4 = 1Kön 19,18, jedoch vom LXX-Wortlaut abweichend; Röm 14,11 und Phil 2,10 (= Jes 45,23).

[18] 1Chr 29,20; Jes 45,23 (mit Dat.); Dan Θ 6,11 (κάμπτων ἐπὶ τὰ γόνατα); 3Makk 2,1.

[19] Sonst absolut oder mit Dat. (Röm 11,4; 14,11; Jes 45,23).

[20] Röm 10,1 (δέησις πρὸς τὸν θεόν); Hebr 5,7; Apg 8,24 (δεήθητε … πρὸς τὸν κύριον); vgl. Röm 15,30; 2Kor 13,7.

[21] S.o. zu 1,3; GNILKA, Eph, 181; JEAL, Theology and Ethics, 114. Die Lesart von ℵ[2] D F G u.a. hat zu 3,14 durch Einfügung von τοῦ κυρίου ἡμῶν Ἰησοῦ Χριστοῦ (vgl. 1,3) die Paronomasie zerstört.

[22] Πᾶσα πατριά kann nicht im Sinne von „das *ganze* Geschlecht" verstanden werden. Dann hätte der Artikel nach πᾶσα stehen müssen (LINCOLN, Eph, 202, gegen CAIRD, Eph, 69). Ebenso ist in πᾶσα πατριά nicht der Gedanke der Einheit der Ekklesia aus vielen Ortsgemeinden angelegt (mit LINCOLN, Eph, 202, gegen MITTON, Epistle, 237–239). Und schließlich ist mit V.15 nicht auf eine Abgrenzung gegen gnostische (dualistische und doketische) Systeme und Strömungen angespielt (gegen SCHLIER, Eph, 168; POKORNÝ, Eph, 153).

[23] So sy, vg (*paternitas*); Theodoret; Athanasius; ähnlich in neuerer Zeit HAUPT, Eph, 117f; J. A. ROBINSON, Eph, 84; BRUCE, Eph, 67; am prägnantesten bei K. BARTH, Dogmatik im Grundriß, Zürich 1947, 49: „Die göttliche Vaterschaft ist der Ursprung aller natürlichen. Wie es im Epheserbrief heißt: alle Vaterschaft im Himmel und auf Erden ist aus ihm."

Namens der jeweiligen πατριά, wobei πατριά nicht das Abstractum „Vaterschaft", sondern „Sippe", „Familie", „Geschlecht" o. ä. bedeutet.[24] – Letzteres ist inzwischen unbestritten: πατριά ist nur sehr selten im Sinne von πατρότης (Vaterschaft) gebraucht; in der biblischen Literatur bedeutet es durchgehend „Familie", „Sippe", „Geschlecht", „Stamm" oder „Volksstamm".[25] Auch die unterschiedlichen Engelklassen (s. o. zu 1,21) sind als „Sippen" aufzufassen (als πατριαί „in den Himmeln"). Ebenso lässt sich ἐξ οὗ nicht verstehen im Sinne von „*nach* dem … (benannt wird)", sondern nur im Sinn von „*von* dem … (genannt wird)" – als Subjekt des Nennens. Allerdings hat die Formulierung in Bezug auf Gott eine besondere philosophische Konnotation, die auch sonst im NT nicht unbekannt ist. Röm 11,36 begegnet eine Präpositionenreihe (ἐξ αὐτοῦ καὶ δι' αὐτοῦ καὶ εἰς αὐτὸν τὰ πάντα),[26] die platonisch-stoische Ursprünge hat und die drei Prinzipien der Schöpfung nennt: Gott als *Ursprung*, als *Ursache* und als *Ziel* der Schöpfung.[27] Eine Variante dieser Formel begegnet aber auch in Eph 4,6, und zwar in Verbindung mit dem Vater-Prädikat:

εἷς θεὸς καὶ πατὴρ πάντων
ὁ ἐπὶ πάντων καὶ διὰ πάντων καὶ ἐν πᾶσιν.

Damit klingt eine platonische Metapher an von Gott als „Urheber und Vater des Alls"[28], die bei Philon von Alexandria mehrfach aufgegriffen wird.[29] In diesem Zusammenhang verweist das Wort „Vater" auf die Schöpfung der „Völker". Eine Schwierigkeit bleibt dann das Prädikat: „vom Vater" wird jedes Volk „*genannt*". Die Erklärung des ἐξ οὗ schließt ein Verständnis von ὀνομάζεται im Sinne eines spezifischen Benennens des Begriffes von „Volk" mit dem Wort πατριά *nach* dem Wort „Vater" (etwa der Begriff πατριά komme vom Wort πατήρ) aus.[30] Die Paranomasie kann also nicht etymologische Funktion haben. Gemeint ist dann, dass Gott, der „Vater", jedes „Geschlecht" bzw. „Volk" mit seinem (je eigenen) Namen „nennt"[31] oder benennt. Darin klingt das mythische Motiv der Macht und Beherrschung durch Verleihung, Kenntnis oder Gebrauch des Namens an (das

---

[24] So am deutlichsten Ewald, Eph, 166f. In diese Richtung tendieren die meisten neueren Ausleger, z. B. Schlier, Eph, 167f; Gnilka, Eph, 181f; Schnackenburg, Eph, 149f; Lincoln, Eph, 202f. Jeal, Theology and Ethics, 114f, möchte jede semantische Bestimmung ausschließen und sich nur auf den ästhetischen Effekt der rhetorischen Figur beschränken.

[25] Lk 2,4 neben οἶκος; Apg 3,25; durchgehend in LXX. Dabei liegt der Begriff, was die Quantität der bezeichneten Größe betrifft, zwischen οἶκος (Familie) und Volk.

[26] Vgl. 1Kor 8,6; etwas anders Kol 1,16 (ἐν αὐτῷ ἐκτίσθη τὰ πάντα … τὰ πάντα δι' αὐτοῦ καὶ εἰς αὐτὸν ἔκτισται); Hebr 2,10 (δι' ὃν τὰ πάντα καὶ δι' οὗ τὰ πάντα). Ἐξ οὗ (αὐτοῦ) bezeichnet in der metaphysischen Prinzipienlehre den Ursprung (Gott als Quelle allen Seins). Dazu s. u. zu 4,1–6.

[27] Zu dieser Theologie der Präpositionen vgl. Dörrie, Präpositionen.

[28] Platon, Tim. 28c; vgl. 37c; 41a.

[29] Z. B. opif. 7.10.21.56.72 u. ö.; spec. II 165; III 189.

[30] Sonst hätte die Präposition κατά + Akk. stehen müssen: καθ' ὅν.

[31] Vgl. Ps 147,4 (ψ 146,4) und Jes 40,26: Gott ruft die Sterne mit ihrem Namen und erweist sich so als ihr Herr und Schöpfer.

278   Erster Hauptteil: Der Heilsindikativ (1,3–3,21)

„Rumpelstilzchenmotiv").[32] Gott kennt alle Völker – als ihr Herr und Schöpfer.[33] Dann aber hat die paronomastische Verbindung von πατήρ und πατριά in V.15 die Funktion, noch einmal die Größen τὰ ἔθνη („die Völker": 2,11; 3,1.6.8) und Gott/πατήρ in Beziehung zu setzen, wie sie in 2,18 bereits anklang und in 4,5f wieder erscheint. Ebenso wird darin die Schöpferaussage (3,9) aufbewahrt.

16 Der Inhalt der Bitte wird in einem durchgehenden Finalsatz angeschlossen, dem zunächst zwei finale Infinitive und dann zwei weitere Finalsätze untergeordnet sind. Die Hauptaussage „damit er euch gebe …" erhält eine modale Bestimmung mit κατά: „nach (gemäß) dem Reichtum seiner Doxa".[34]

Solche κατά-Formulierungen begegnen häufig im Eph:

1,5:	κατὰ τὴν εὐδοκίαν τοῦ θελήματος αὐτοῦ
1,7:	κατὰ τὸ πλοῦτος τῆς χάριτος αὐτοῦ
1,9:	κατὰ τὴν εὐδοκίαν αὐτοῦ
1,11:	κατὰ πρόθεσιν τοῦ τὰ πάντα ἐνεργοῦντος
	κατὰ τὴν βουλὴν τοῦ θελήματος αὐτοῦ
1,19:	κατὰ τὴν ἐνέργειαν τοῦ κράτους τῆς ἰσχύος αὐτοῦ
3,7:	κατὰ τὴν δωρεὰν τῆς χάριτος τοῦ θεοῦ
	κατὰ τὴν ἐνέργειαν τῆς δυνάμεως αὐτοῦ
3,11:	κατὰ πρόθεσιν τῶν αἰώνων
3,16:	κατὰ τὸ πλοῦτος τῆς δόξης αὐτοῦ
3,20:	κατὰ τὴν δύναμιν τὴν ἐνεργουμένην ἐν ἡμῖν
4,7:	κατὰ τὸ μέτρον τῆς δωρεᾶς τοῦ Χριστοῦ
Kol 1,11:	κατὰ τὸ κράτος τῆς δόξης αὐτοῦ
1,25:	κατὰ τὴν οἰκονομίαν τοῦ θεοῦ
1,29:	κατὰ τὴν ἐνέργειαν αὐτοῦ.[35]

Bis auf 4,7[36] handelt es sich um Gottesaussagen,[37] die nach dem gleichen Schema aufgebaut sind: κατά + Akk. (+ Gen. der Eigenschaft)[38] + Gen. der Person. Auch semantisch bilden die Ausdrücke im Akk. und qualitativem Gen. typische Felder: (1.) Ausdrücke des *Willens*:

---

[32] Vgl. o. bei A 141 zu 1,21.
[33] Die Paronomasie πατήρ/πατριά ist also zwar nicht etymologisch (als käme der Begriff „Vatersippe" wesentlich von Gott-„Vater"); doch sagt jede Paronomasie ursprünglich eine sachliche Beziehung metonymischer Art von den beiden gleichklingenden Namen aus: Gott -„Vater" hat mit den „Vater"-Sippen zu tun, insofern er sie geschaffen hat. Die „Benennung" ist zugleich mythischer Ausdruck der Erschaffung.
[34] Vgl. o. zu 1,19.
[35] Solche theologischen κατά-Phrasen begegnen bei Paulus nur Gal 1,4; Phil 3,21; 4,19; auch in den übrigen Schriften des NT sind sie selten (2Thess 1,12; 2Tim 1,8.9; 1Petr 1,2). Bei PERCY, Probleme, ist diese Stileigentümlichkeit des Eph übergangen. Sie ist eines der Argumente gegen die paulinische Verfasserschaft.
[36] In der Übersicht sind die Stellen 2,2; 4,16 und 4,22 ausgelassen, da es sich dort nicht um Gottesaussagen handelt. Insofern ist auch 4,7 eine Ausnahme, doch gleicht die dortige Christus-Aussage formal den Gottesaussagen aus Kap. 1 und 3.
[37] Das gilt auch von 3,11 und 3,20, obwohl dort der Gen. τοῦ θεοῦ bzw. αὐτοῦ fehlt.
[38] In 1,19 sind es sogar zwei qualitative Genitive.

I. 6.) 3,14–19 Abschließender Fürbittgebetsbericht

εὐδοκία – θέλημα – πρόθεσις – βουλή[39]; (2.) Ausdrücke der *Macht*: ἐνέργεια – κράτος – ἰσχύς – δύναμις; hierzu gehört auch δόξα in 3,16 (vgl. Kol 1,11); (3.) Ausdrücke der *Gnade*: χάρις – δωρεά; (4.) Ausdrücke des *Maßes*: πλοῦτος – μέτρον. Unserer Stelle am nächsten kommt 1,7 (κατὰ τὸ πλοῦτος τῆς χάριτος αὐτοῦ), doch begegnet das Syntagma ὁ πλοῦτος τῆς δόξης (τῆς κληρονομίας αὐτοῦ) in 1,18, und τὸ πλοῦτος τῆς δόξης (τοῦ μυστηρίου τούτου) in Kol 1,27. Zurück geht es letztlich auf Röm 9,23 (ἵνα γνωρίσῃ τὸν πλοῦτον τῆς δόξης αὐτοῦ).[40]

Δόξα ist nicht eindeutig zu übersetzen. Ursprünglich ist es die Ausstrahlung der Heiligkeit Gottes (כָּבוֹד). Zweimal deutet Philon von Alexandria die δόξα als den Inbegriff der δυνάμεις, der (Mittler-)„Kräfte" Gottes[41], die er sonst im Oberbegriff des „göttlichen Logos" zusammenfasst. Während das Wort in 1,18 eher statisch den Inbegriff des eschatologischen Heils bezeichnet, klingt in 1,6 durch die Zusammenstellung mit χάρις eine solche dynamische Konnotation mit an. Hier in 3,16 ist „der Reichtum seiner Doxa" sozusagen der Schatz, aus dem der gebetene Gott geben möge. Dass δόξα hier dynamisch zu verstehen ist, zeigt die Fortsetzung. Abhängig von der Bitte um dieses Geben (ἵνα δῷ) sind zwei Infinitive: „gestärkt zu werden" und der A.c.I. V.17a. Dem ersten Infinitiv („gestärkt zu werden") ist ein modaler Dat. vorangestellt: „an[42] Kraft" (δυνάμει), und erst danach folgt eine instrumentale Aussage („durch seinen Geist" – διά + Gen.). Sowohl der Infinitiv „gestärkt zu werden" als auch der ihn modifizierende Dat. „an Kraft"[43] machen deutlich, dass die Doxa Gottes eine Quelle der Kraftwirkung ist. Übertragen wird diese Kraft durch den Geist. Ort und Ziel (εἰς)[44] der Wirkung ist der „innere Mensch" (εἰς τὸν ἔσω ἄνθρωπον). Damit ist nicht gesagt, dass körperliche und materielle Wirkungen des Geistes ausgeschlossen sind (vgl. 1Kor 12).

Die Wendung „der innere Mensch" findet sich schon bei Paulus: 2Kor 4,16; Röm 7,22.[45] Aus Röm 7,23 geht hervor, dass damit der νοῦς (der vernünftige Teil der Seele) gemeint ist. Entsprechend wird in Röm 12,2 die „Erneuerung" (vgl. 2Kor 4,16) vom νοῦς ausgesagt (vgl. Eph 4,23). Zurück geht diese Metapher auf

---

[39] Dazu gehört im weiteren Sinne auch οἰκονομία (Kol 1,25).
[40] ὁ oder τὸ πλοῦτος + Gen.: Eph 1,7.18; 2,7; 3,8.
[41] spec. I 45; QE II 45; vgl. Kol 1,11: δυναμούμενοι κατὰ τὸ κράτος τῆς δόξης αὐτοῦ.
[42] Vgl. HAUPT, Eph, 122; GNILKA, Eph, 185; anders ABBOTT, Eph, 95 („instrumental").
[43] Vgl. Lk 1,80 (ἐκραταιοῦτο πνεύματι) einerseits, Kol 1,11 (δυνάμει δυναμούμενοι) andererseits. δυνάμει κραταιωθῆναι hat Parallelen in 1QH 7,17.19; 12,35 (K. G. KUHN, Epheserbrief, 336; GNILKA, Eph, 183); vgl. aber auch 2Kö 22,33: ὁ ἰσχυρὸς ὁ κραταιῶν με δυνάμει.
[44] BDR § 205 fassen εἰς im Sinne von ἐν auf und erklären Eph 3,16 und 1Petr 5,12 für die eindeutigen Ausnahmen in den Briefen des NT, wo sonst korrekt unterschieden wird zwischen εἰς und ἐν. Die Wahl von εἰς ist hier jedoch semantisch begründet. Abwegig ist die Interpretation des εἰς bei BARTH, Eph, I, 369 (Übersetzung).391–393, der im Sinne von 2,21; 4,15 ein αὔξειν ergänzt („zu wachsen zum inneren Menschen") und unter dem ἔσω ἄνθρωπος Christus versteht. Abgesehen davon, dass ὁ ἔσω ἄνθρωπος als Christusbezeichnung nicht in Frage kommt (vgl. BETZ, 334: „... the ἔσω ἄνθρωπος is not identical with the indwelling Christ"), widerspricht der parallele Aufbau von V.16 und 17 einer solchen Deutung. In V.17 steht ἐν ταῖς καρδίαις parallel zu εἰς τὸν ἔσω ἄνθρωπον (vgl. LINCOLN, Eph, 206).
[45] In 1Petr 3,4 wird der Begriff umschrieben: ὁ κρυπτὸς τῆς καρδίας ἄνθρωπος, „der verborgene Mensch des Herzens".

Platon, rep. 589a (ὅθεν τοῦ ἀνθρώπου ὁ ἐντὸς ἄνθρωπος ἔσται ἐγκρατέστατος[46]: „wodurch des Menschen innerer Mensch sehr stark sein wird"). Für Philon ist der νοῦς der „Mensch im Menschen" (ἄνθρωπος ... ἐν ἀνθρώπῳ: congr. 97), „der Mensch in uns" (somn. II 267: τὸν ἐν ἡμῖν ἄνθρωπον, ἡγεμόνα νοῦν; agr. 9: ἄνθρωπος δὲ ὁ ἐν ἑκάστῳ ἡμῶν, der νοῦς; vgl. det. 23; agr. 107f; plant. 42), der „wahre Mensch" (ὁ ἀληθινὸς ἄνθρωπος: det. 10; fug. 131; ὁ πρὸς ἀλήθειαν ἄνθρωπος: det. 22; gig. 33; plant. 42; her. 231).[47] Die wörtliche Formulierung ὁ ἔσω ἄνθρωπος begegnet aber weder bei Platon noch bei Philon, auch nicht im Corpus Hermeticum[48], sondern erst wieder in der Gnostikerpolemik der Kirchenväter[49] und im Neuplatonismus[50]. Da die Kirchenväter den Terminus als gnostischen Begriff zitieren, legt sich die Annahme nahe, dass er (nicht die Metapher als solche) aus der (christlich-)gnostischen Paulus-Rezeption stammt.[51] Der älteste Beleg für diese Formulierung überhaupt ist dann 2Kor 4,16. Wie aber ist Paulus an das platonisch-philonische Konzept geraten? Nach R. Jewett hat er es von den korinthischen Pneumatikern übernommen, eine Vermutung, der sich Th. Heckel angeschlossen hat und für die in der Tat einiges spricht.[52] Nicht auszuschließen ist freilich die Möglichkeit, dass Paulus selber mit der platonischen Metaphorik vertraut war und sie selbständig in 2Kor 4,16 und Röm 7,22 gebrauchte.[53] Der Verfasser des Eph hat sie aus 2Kor 4,16 übernommen. Dieser Vers klang bereits in Eph 3,13 an (διὸ αἰτοῦμαι μὴ ἐγκακεῖν – 2Kor 4,16: διὸ οὐκ ἐγκακοῦμεν).[54] Merkwürdig ist nun, dass er durch die Verwendung von κραταιωθῆναι („stark werden") für das paulinische ἀνακαινοῦσθαι (2Kor 4,16) sich dem ursprünglichen Aussagezusammenhang bei Platon, rep. 589a (ἔσται ἐγκρατέστατος) wieder annähert. Das spricht insgesamt für eine im einzelnen aber nicht

---

[46] Es wird kein Zufall sein, dass im Eph die Rede vom „inneren Menschen" im Zusammenhang mit κραταιωθῆναι steht. In gewisser Weise dem synonym ist das ἀνακαινοῦται (in Opposition zu διαφθείρεται) in 2Kor 4,16.
[47] Vgl. Th. Heckel, 11–26 (zu Platon); 42–76 (zu Philon).
[48] CH I 15: ὁ οὐσιώδης ἄ.; I 18.21: ὁ ἔννους ἄ.; XIII 7: ὁ ἐνδιάθετος ἄ.
[49] Z.B. Epiphanius, Panarion 34,20,12 = Irenäus, adv.haer. gr. Fragment 10; dazu Heckel, 221–229: Den Kirchenvätern gilt dieser Ausdruck geradezu als typisch für die Gnostiker. Er bedeutet bei diesen den erlösbaren göttlichen Kern des Menschen.
[50] Zosimus v. Panopolis § 10 (dort § 12 auch ὁ ἔξω ἄνθρωπος); dazu Heckel, 81; Plotin, Enn. V 1,10: ὁ εἴσω ἄνθρωπος (Bauer/Aland, Wb., 136).
[51] Über den Gnostizismus könnte er dann auch zu Plotin gelangt sein. Wo der Begriff in den Nag-Hammadi-Codices vorkommt, dürfte er wohl ebenfalls erst durch späteren christlich-gnostischen Einfluss verursacht sein: vgl. D. Zeller, Rezension: Th. Heckel, Der innere Mensch, in: The Studia Philonica Annual VI (Brown Judaic Studies 299), 1994, 203–206, 204.
[52] Jewett, Anthropological Terms, 391–401 (für Jewett handelt es sich um Gnostiker); Heckel, 98–148 (alexandrinisch-jüdische Platon-Rezeption im Sinne Philons).
[53] So Lincoln, Eph, 205; Zeller, Rezension: Th. Heckel (o. A 51), 204f: Die Metapher „gehört eben zum Rüstzeug eines weit verbreiteten, nicht nur in Alexandria beheimateten, vulgären Platonismus, der – wie mir scheint – auch Paulus vertraut ist." Zur Herkunft und Bedeutung des Begriffs „der innere Mensch": Duchrow, Weltverantwortung, 59–136; Markschies, „Innerer Mensch", RAC 18 (1997), 266–312; Burkert, Towards Plato and Paul; Betz, 317–324.
[54] S.o. bei A 184 zu 3,13; vgl. ferner θλῖψις und δόξα in Eph 3,13 und 2Kor 4,17.

mehr aufzuhellende hellenistisch-jüdische Platon-Tradition über Philon hinaus oder unabhängig von ihm.[55] Dieser „innere Mensch" ist noch nicht der erlöste Mensch, der „neue Mensch" von 2,15 oder 4,24.[56] Auch bei Philon ist der νοῦς selbst ambivalent: Nach LA I 32 ist er, solange er nicht vom Pneuma inspiriert wird, nur irdisch. Erst das Pneuma macht ihn zum wahrhaft seienden Menschen, der mit dem κατ' εἰκόνα θεοῦ geschaffenen Menschentyp identisch ist. Der νοῦς als der „innere Mensch" ist der eigentliche Mensch, die personale verantwortliche Existenzmitte.[57]

17 Das wird durch den zweiten parallelen Infinitivsatz deutlich, insofern hier „in euren Herzen" synonym zu „am inneren Menschen" steht. Dem δυνάμει κραταιωθῆναι entspricht nun κατοικῆσαι τὸν Χριστόν.[58] Diese Aussage expliziert die entsprechende aus V.16: Die „Stärkung an Macht/Fähigkeit" besteht darin, dass Christus[59] in den Herzen der Adressaten „einwohnt". κατοικεῖν fungiert hier als ein Terminus der Christusmystik, zu der die Motive des Einwohnens Christi im Christen (vgl. Gal 2,20) und des Seins des Christen in Christus (ἐν Χριστῷ) sowie des Eins-Seins der Christen in Christus (Gal 3,28) gehören.[60] Röm 8,9–11 zeigt nicht nur, dass Christus dabei die Stelle des ekstatischen Pneuma einnimmt (in V.9 und 10 sind Geist und Christus nacheinander Subjekt des gleichen Einwohnens), sondern enthält auch den bei Philon im Zusammenhang seiner Ekstasevorstellung typischen Ausdruck ἐνοικεῖν.[61] Κατοικεῖν begegnet in diesem Sinne erst in Kol 1,19; 2,19 Eph 3,17 und hier an unserer Stelle (vgl. Eph 2,22: κατοικητήριον). Dieser Ausdruck lässt eher die *Schechina*-Vorstellung (vom Wohnen Gottes bei seinem Volk)

---

[55] Vgl. aber Philon, agr. 160: τὰς τῶν τελειωθέντων ψυχὰς κραταιωθείσας …, und prob. 27: ὁ ἀστεῖος … τὴν γὰρ ψυχὴν εὖ μάλα κραταιωθείς … (vgl. zur Steigerung εὖ μάλα den Superlativ ἐγκρατέστατος bei Platon). Ἐγκρατής – bei Platon noch im allgemeinen Sinne von „stark" – ist in späterer Zeit (insbesondere auch bei Philon) schon eingeschränkt im Sinne von „selbstbeherrschend", „enthaltsam". Dabei ergibt sich eine Nähe zum stoischen Bild vom Asketen, wie Paulus es 1Kor 9,24–27 aufgreift (25: πάντα ἐγκρατεύεται).

[56] GNILKA, Eph, 183; LINCOLN, Eph, 205 – gegen KÄSEMANN, Leib Christi, 147f; SCHLIER, Eph, 169; vgl. DERS., Christus, 35 A 2. Diese Identifizierung legte sich durch das gnostische Modell vom erlösten Urmensch-Erlöser nahe. Der „innere Mensch" ist der „in der Taufe erzeugte" inwendige Mensch (wie SCHLIER, Eph, 169f, meint) bzw. „das getaufte ‚Ich' des Menschen, seine getaufte ‚Vernunft'" (wie MUSSNER, Eph, 110, meint [S. 111 aber im Widerspruch dazu und korrekter: „der ‚neue Mensch' ist das ‚Produkt' der Taufe … der ‚innere Mensch' ist dagegen jene ‚Geistperson' …", die „von Gott her ansprechbar geblieben ist"]). Es ist der natürliche, aber seinem Schöpfer verantwortliche Mensch.

[57] Vgl. GNILKA, Eph, 183f; SCHNACKENBURG, Eph, 150f, der jedoch Philons νοῦς-Verständnis vom paulinischen Verständnis des „inneren Menschen" zu Unrecht abheben möchte: Auch für Philon gilt, dass der νοῦς erst dann unsterblich und wahrhaft lebendig ist, wenn er (mit Schnackenburgs Worten über den inneren Menschen nach Paulus) „vom göttlichen Geist ergriffen und durchwaltet ist" (151).

[58] Vgl. das Strukturschema o. S. 273.

[59] Der Artikel hat keine Bedeutung (vgl. o. zu 1,10).

[60] Vgl. dazu SELLIN.

[61] Z.B. post. 122 (vom Logos); plant. 169 (von der Sophia); spec. IV 49 (vom Pneuma). Im NT noch 2Kor 6,16; Kol 3,16.

anklingen.[62] Kol 1,19 wird der Ausdruck im christologischen Sinne gebraucht: Die „ganze Fülle" (= Gott)[63] hat beschlossen, im Christus-Logos zu „wohnen" (κατοικῆσαι). Dem liegt die philonische Rede von Gottes Anfüllen des Logos mit seinen göttlichen Kräften zugrunde (somn. I 62.68.75; II 245–249; QE II 68). Der Verfasser des Kol greift diese im Enkomion 1,15–20 gebrauchte Aussage in 2,9 wieder auf. Wie Kol 3,16 zeigt, unterscheidet er noch genau zwischen dem christologischen κατοικεῖν und dem „mystischen" ἐνοικεῖν. In Eph tritt nun zunächst eine terminologische Erweiterung ein: Das Substantiv κατοικητήριον (2,22) stellt die *ekklesiologische* Ableitung des *christologischen* κατοικεῖν dar. Und schließlich verschwimmt hier in 3,17 die Unterscheidung von κατοικεῖν und ἐνοικεῖν, insofern das erste (als Ausdruck aus Kol) nun in der („mystischen") Bedeutung des zweiten gebraucht wird.[64] Dies ist die einzige Stelle, wo im Eph das „mystische" Motiv vom „Einwohnen" Christi im Christen erscheint (das dem korrespondierende Motiv vom Sein der Christen „in Christus" – auch zusammen mit dem Motiv der Einheit – kommt dagegen sehr häufig vor). Am nächsten kommt der Aussage noch 1,17f („damit Gott ... euch gebe Geist der Weisheit und Offenbarung zu seiner Erkenntnis, erleuchtete Augen des Herzens ..."), doch fehlt dort das mystische ἐν.

Das Einwohnen Christi in den Herzen geschieht διὰ τῆς πίστεως („durch den Glauben"): vgl. 2,8 und 3,12. Nach 1,19 ist der Glaube das Medium der Erfahrung der göttlichen Dynamis, der Heil schaffenden Aktivität Gottes; doch ist dieses Glaubens wiederum bedingt durch die „Wirkkraft (ἐνέργεια) seiner Kraft und Stärke", die Gott „wirken ließ in Christus, indem er ihn aus Toten auferweckte" (1,20). Hinter dem Glauben steht also das Wirken der Dynamis Gottes, das sich in der Auferweckung Christi konzentriert. Wie hier ist bereits bei Paulus in Gal 2,20 und 3,26(–28) der πίστις-Begriff mit der mystischen Aussage verbunden.[65] Die Teilhabe an Christus ist eine Teilhabe im Glauben und nicht im Schauen.[66] Διὰ τῆς πίστεως steht parallel zu διὰ τοῦ πνεύματος in V.16. Das impliziert eine gewisse Synonymität beider Wendungen – entweder im Sinne einer Analogie oder (wohl eher) einer metonymischen Kontiguität, insofern der Geist Gottes den Glauben bewirkt. Im Modell der Christusmystik sind Christus und Pneuma nahezu austauschbar (vgl. Röm 8,9–11). Das Pneuma ist es, das Leben schafft (Röm 8,11); „aus Glauben" aber „wird der Gerechte leben" (Röm 1,17). Eph 3,16f wiederholt so einige Fundamente paulinischer Theologie, wie sie Röm 1–8 zugrunde liegen, in konzentrierter Form.[67] Wie „durch den Geist" und „durch den Glauben" stehen auch „am (εἰς) inneren Menschen" (V.16) und „in (ἐν) euren Herzen" im synonymen Parallelismus. In biblischer Sprache wird der νοῦς-Begriff (metaphorisch der

---

[62] In LXX κατασκηνοῦν (3Kö 6,13; Sach 2,10; Ez 43,7.9). Κατοικεῖν gebraucht schon Philon für *Gottes* Wohnen in der Seele des Frommen: sobr. 62f.
[63] S.o. bei A 221 zu 1,23.
[64] Vgl. zum Verhältnis von δύναμις (V.16) und πίστις (V.17) vor allem Röm 1,16f.
[65] Vgl. 2Kor 4,13.
[66] 2Kor 5,7; vgl. 1Kor 13,12.
[67] Das gilt vor allem für Röm 1,16f und 8,9–11.14–17; vgl. dazu die nächste A.

"innere Mensch") nun expliziert als die personale Mitte der menschlichen Existenz. In den Herzen soll Christus wohnen, was im Glauben zum Ausdruck kommt. Bereits 1,18 war von den „erleuchteten Augen des Herzens" die Rede. Wie in Gal 4,6 („es sandte Gott den Geist seines Sohnes in unsere Herzen")[68] ist hier der Begriff καρδία mit dem Modell der „Christusmystik" verbunden.

Mit zwei Partizipien wird dieser erste Finalsatz abgeschlossen: „in Liebe[69] verwurzelt und gegründet". Damit wird das Ergebnis der „Stärkung" (V.16) und „Einwohnung" Christi (V.17a) zum Ausdruck gebracht.[70] Sprachlich stehen hinter V.17b Kol 1,23 (εἴ γε ἐπιμένετε τῇ πίστει τεθεμελιωμένοι[71]) und 2,7 (ἐρριζωμένοι[72] καὶ ἐποικοδομούμενοι ἐν αὐτῷ [= Χριστῷ] καὶ βεβαιούμενοι τῇ πίστει). Zugrunde liegen die synonymen Bildfelder vom Pflanzen (bzw. Wachsen) und Bauen (vgl. 1Kor 3,9ff; Kol 2,7). In Kol und Eph ist jedoch sonst das botanische Bildfeld auf den Körper verlegt, so dass vom Wachsen des Leibes die Rede ist (Kol 2,19; Eph 4,16), wobei sich Bau- und Wachstumsmetaphorik mischen (Kol 2,7; Eph 2,20–22; 4,11–16). Während es in Kol 1,23 und 2,7 (zumindest im Kontext) um Standhaftigkeit im Glauben geht, ist der Horizont der Aussage in Eph 3,17 ein ganz anderer. Zwar begegnet in V.17a ebenfalls das Stichwort πίστις, jedoch ist hier mit διὰ πίστεως nicht die *fides quae*, sondern die *fides qua creditur* gemeint. Vor allem aber setzt das den Partizipialsatz eröffnende ἐν ἀγάπῃ einen völlig neuen Horizont. Diese Wendung tauchte bereits nahe am Anfang der Eulogie auf (1,4), bezogen auf Gott, im Kontext der Erwählung (vgl. 2,4). In 1,15, am Anfang der Danksagung, erscheint das Wort ἀγάπη neben πίστις (und ἐλπίς in 1,18), bezogen auf die Adressaten. In 3,19 ist von der „Liebe Christi" die Rede, in 5,2 (Höhepunkt der ἀγάπη-Aussagen des Eph) von Gottes, Christi und der Adressaten Liebe, die aufeinander bezogen sind als Ursache (Gottes Liebe), Urbild (Christi Liebe) und *Mimesis* durch die Adressaten. Umstritten ist, um wessen Liebe es hier in 3,17b geht: die Liebe Gottes[73] oder die Liebe der Gläubigen[74]. Oder ist beides gemeint?[75]

---

[68] Dort benutzt Paulus das Modell der Mystik (bei dem in der radikalen ekstatischen Form der νοῦς als Ich des Menschen ausgetauscht wird gegen das Pneuma bzw. Christus, so dass ein Existenzwechsel eintritt), um die Gotteskindschaft der Glaubenden zum Ausdruck zu bringen: Wenn wir Gott im Herzen „Vater" nennen, dann sprechen wir nicht selbst, sondern es spricht in uns der Geist seines Sohnes sein „Abba, Vater". Dadurch sind wir in die Gotteskindschaft hineingenommen. In Christus wird exemplarisch und repräsentativ anschaulich, was Gotteskindschaft heißt, und wo diese Erkenntnis aufkommt, da ist der Sohn selbst wirksam.

[69] Die Wendung ἐν ἀγάπῃ könnte auch zum Schluss von V.17a gezogen werden („dass Christus durch den Glauben in euren Herzen einwohnt in Liebe"), was dann 1,4 entsprechen würde (so z.B. J.A. Robinson, Eph, 85.175). Doch benötigen beide Partizipien von V.17b noch eine präpositionale Bestimmung (vgl. Kol 2,7; Lincoln, Eph, 196 Note c).

[70] S.o. A 5 u. 6.

[71] Θεμελιοῦν im Corpus Paulinum nur an diesen beiden Stellen (vgl. aber 1Petr 5,10).

[72] Ῥιζοῦσθαι im NT nur an diesen beiden Stellen; LXX: Sir 24,12; Jer 12,2.

[73] Wie 1,4; 2,4; 5,2 (von Christus: 3,19; 5,2.25); so Schnackenburg, Eph, 152, unter Berufung auf Röm 5,5.

[74] Wie 1,15; 4,2.16; 5,2; 6,24; so z.B. Meyer, Eph, 182; Haupt, Eph, 124; Abbott, Eph, 98; Gnilka, Eph, 185; Pokorný, Eph, 154. Hierfür spricht auch Gal 5,6.

[75] So z.B. Ernst, Eph, 338; Lincoln, Eph, 207. Dafür spricht vor allem 5,2.

ἐν ἀγάπῃ ist 1,4 eindeutig auf die Liebe Gottes (Gen. subj.) bezogen,[76] in 4,2 jedoch eindeutig auf das Verhalten der Adressaten. Διὰ πίστεως im Kontext spricht für eine ethische Deutung im Sinne von Gal 5,6 (der Glaube wirkt durch die Liebe), ἐν ταῖς καρδίαις ὑμῶν jedoch für eine theologische Deutung im Sinne von Röm 5,5. Da nun aber in V.19 von der ἀγάπῃ Christi die Rede ist (der überdies nach V.17a den Herzen der Glaubenden einwohnt), empfiehlt es sich, in dem hier nicht näher bestimmten ἐν ἀγάπῃ alle drei Möglichkeiten zugleich anzunehmen, und zwar im Sinne von 5,1f: die Liebe Gottes, die Liebe Christi und die Liebe der Adressaten. Tatsächlich ist diese Kette in der Struktur des ganzen Abschnittes ausgedrückt, so dass ἐν ἀγάπῃ seine zentrale Achse darstellt:[77] Gott als Vater und Geber (V.14–16), Christus als Gabe in den Herzen (V.17a und 19a), und die Adressaten als in dieser Liebe Verwurzelte und von ihr Erfüllte (V.18.19b).

18 Es folgt ein zweiter Finalsatz, dessen Subjekt nun die Adressaten sind („damit ihr imstande seid ..."), von dem wiederum zwei Infinitive abhängigen. Dieser zweite Finalsatz steht aber nicht auf gleicher Stufe mit dem ersten, sondern ist ihm untergeordnet. Seine Funktion ist beinahe eine konsekutive, insofern Stärkung durch den Geist und Einwohnung Christi Voraussetzung sind für das Begreifen und Erkennen. Da diese beiden (bzw. die Befähigung zu ihnen) aber ebenfalls Inhalt der Bitte sind, erscheint die Aussage als ein zweiter Finalsatz. Ἐξισχύειν steht im NT nur an dieser Stelle.[78] Es handelt sich wieder um eine für den Verfasser typische Bevorzugung seltener Komposita (die er sonst mit dem Verfasser des Kol teilt),[79] wobei das präpositionale Element auch hier eine semantische Funktion erfüllt: Es klingt das Herkommen der „Kraft" (von Gott – durch den Geist) noch durch. Die Synonymität zu V.16b ist deutlich.[80] Funktion der Befähigung und Instandsetzung der Adressaten ist das Begreifen (καταλαβέσθαι) und Erkennen (γνῶναι).

V.18b und 19a sind strukturell parallel konstruiert, was für die Bedeutung der vier Dimensional-Termini wichtig ist. Die sinnliche Komponente, das Greifen und Fassen, ist in καταλαμβάνεσθαι immer mitzuhören (wie im deutschen „Begreifen" und „Erfassen").[81] Bevor das Objekt des Begreifens in indirekter Rede (τί ...)

---

[76] S. aber o. bei A 103 zu 1,4.
[77] Auch quantitativ steht ἐν ἀγάπῃ etwa in der Mitte.
[78] Auch in LXX nur einmal (Sir 7,6).
[79] In der gleichen Bedeutung begegnet sonst einfaches ἰσχύειν mit Inf. (vgl. BAUER/ALAND, Wb., 778, unter 2b).
[80] Vgl. POKORNÝ, Eph, 154.
[81] Apg 4,13; 10,34; 25,25 (jeweils im Zusammenhang mit einer konkreten Erfahrung). Als ursprüngliche, nicht übersetzbare Metapher (Katachrese) wird das Wort in philosophischen Zusammenhängen häufig gebraucht (bei Platon noch im Aktiv [Phaidr. 250d], in ntl. Zeit nahezu ausschließlich im Medium). DUPONT, 501–521, verweist für unsere Stelle auf die stoische Physik und Erkenntnistheorie, wo das Wort für die Erkenntnis des Universums gebraucht wird – häufig auch bei Philon: z.B. opif. 69.131.139.166; LA I 91f; somn. I 15. Nach Philon gibt es vor allem zwei Wesen vom menschlichen Nous nicht „erfassbar": der Nous selbst und Gott (ἀκατάληπτος: det. 89; post. 15.169; conf. 138; mut. 10.15; somn. I 25.33.67), nach spec. I 47 aber auch die δυνάμεις (= δόξα: 45). Philon sprengt gerade den stoischen Begriff von

folgt, wird das Verb näher bestimmt: „(zusammen) mit allen Heiligen". Welche von den vier vorgeschlagenen Deutungen von οἱ ἅγιοι im Eph überhaupt (die Engel – die Christen – die alttestamentlichen Frommen – die Judenchristen)[82] kommt hier in Frage? Die Deutung auf die Engel[83] könnte sich durch einen Bezug auf 3,10 nahelegen: Den Engelmächten ist Gottes Weisheitsplan mitgeteilt worden; zusammen mit ihnen sollten die Adressaten nun seine Dimensionen erfassen. In den Qumranschriften ist die Erkenntnis des „Geheimnisses" zugleich an den Zutritt zur Gemeinde gebunden. Diese Gemeinde weiß sich aber in Verbindung mit der himmlischen Gemeinde der Engel.[84] Auf die Judenchristen (der ersten Generation) könnte der Ausdruck wie in 2,19 auch hier bezogen sein, insofern der Verfasser die heidenchristlichen Adressaten an der Erkenntnis des den Aposteln anvertrauten Mysteriums teilhaben lässt (σὺν πᾶσιν τοῖς ἁγίοις).[85] Die meisten Ausleger beziehen das Wort jedoch auf die Christen insgesamt und fassen es als ekklesiologisches Prädikat auf.[86] Dieser Deutung ist hier der Vorzug zu geben, und zwar wegen des πᾶσιν,[87] das bei einem Bezug auf die Engel überflüssig und bei einem Bezug auf die Judenchristen sogar irreführend wäre.[88] Die semantische Referenz von οἱ ἅγιοι ist also im Eph nicht konstant, doch überwiegt der Bezug auf alle Christen bei weitem. Die für die Adressaten erbetene Erkenntnis ist dann eine allgemeine, für alle Mitglieder der Kirche erwünschte und mögliche.

Rätselhaft ist das Objekt des Begreifens, ausgedrückt in einem indirekten Fragesatz: „was die Breite und Länge und Höhe und Tiefe (sei)". Alle vier Nomina enden auf -ος (*homoioteleuton*), was die Immensität sinnlich eindrücklich macht. Die Nennung von *vier* Dimensionen ist auffällig. Die Aufteilung der (im physikalischen Sinne) dritten Dimension in Höhe und Tiefe setzt voraus, dass es hier um das Ausmaß des Kosmos geht, und zwar vom menschlichen Betrachter aus beschrieben, der nach vorn, nach hinten, zu beiden Seiten, nach oben (zu den Himmeln) und nach unten (auf die Erde bzw. in die Unterwelt) schaut.[89] Nun kann

---

„Begreifen" (vgl. SCHLIER, Eph, 171 A 2). FEUILLET, L'Église, 598, verweist auf die biblische Weisheit (καταλαμβάνεσθαι τὴν σοφίαν: Hi 34,24; Sir 15,1.7).

[82] S.o. bei A 69–82 zu 1,18 und bei A 251–264 zu 2,19.
[83] ASTING, Heiligkeit, 107–113; KÄSEMANN, Leib Christi, 152; DAHL, 380.
[84] S.o. A 82.
[85] So DUPONT, 495–501; FAUST, Pax Christi, 196 A 397 (entsprechend zu 1,4.15; 2,19; 3,8; 6,18f; s. jedoch o. bei A 95 zu 1,4; zu 1,15 vgl. Phlm 5).
[86] Z.B. SCHLIER, Eph, 170f; GNILKA, Eph, 186; SCHNACKENBURG, Eph, 152; LINCOLN, Eph, 213; JEAL, Theology and Ethics, 121f.
[87] Das gilt dann auch für 1,15 und 6,18.
[88] 3,8 muss nicht auf die Apostel begrenzt sein – was auch schon für 1Kor 15,8 gilt.
[89] Vgl. die treffende Beschreibung bei DAHL, 367. BEST, Eph, 344 (vgl. den ergänzenden Hinweis durch D. Hellholm bei DAHL/HELLHOLM, Studies, 366 A 4), merkt kritisch an, dass es sich nur um *drei* räumliche Dimensionen handele, denn „Höhe" und „Tiefe" sind die beiden Richtungen *einer* Achse und stellen nur eine Dimension dar: „The phrase is then geometrically incorrect, a mistake which no educated Greek would have made". Aber dass bei der dritten Dimension die beiden Richtungen Höhe und Tiefe für sich genannt werden, hängt offenbar mit den wichtigen Begriffen „oben" und „unten" zusammen (vgl. 4,9f: κατέβη εἰς τὰ κατώτερα – ἀναβὰς ὑπεράνω πάντων τῶν οὐρανῶν). Vgl. auch Plutarch, De facie in orbe lunae 25 (s.u. bei A 98).

aber das Ziel der erbetenen Erkenntnis nicht eine physikalische Sicht an sich sein, die ja als Weltbild vom Verfasser schon vorausgesetzt wird. Dann liegt es nahe, darin eine metaphorische Beschreibung zu sehen (in welcher ein „Bestimmungsbegriff" als metaphorisches Prädikat auf einen „Gegenstandsbegriff" projiziert wird).[90] Was aber ist hier der „Gegenstandsbegriff"? Die Beantwortung dieser Frage kann sich nur durch Analysen auf den zwei semantischen Achsen ergeben: Syntagmatisch, d.h. durch die Determinanten des Kontextes (etwa durch die Synonymität im Parallelismus mit V.19a), und paradigmatisch, d.h. durch Heranziehung von gleicher bzw. ähnlicher Ausdrucksweise in anderen Texten. Komplexe solcher Dimensionenbegriffe finden sich in vielen religionsgeschichtlichen Bereichen:[91]

(1.) In einigen Weisheitstexten des Alten Testaments werden die kosmischen Bereiche und Maße als unlösbare Rätsel vorgestellt, mit denen die Unerforschlichkeit bzw. Weisheit Gottes dargestellt wird: Hi 11,7–9 (die Höhe des Himmels – die Tiefe des Hades – die Größe der Erde – die Breite des Meeres); Sir 1,3; Prov 25,3; ψ 138,8f.[92] Das Motiv findet sich auch in apokalyptischen Schriften: 4Esr 4,5–9 (Tiefe/Hades – Himmel/Paradies); 1Hen [äth.] 93,12–14 (Himmel – Breite und Länge der Erde – Länge des Himmels und seine Höhe – Zahl der Sterne); vgl. 2Bar [syr.] 54,1–4. Allen diesen Belegen ist aber gemeinsam, dass es weniger um die drei Dimensionen als um die vier Teile des Kosmos geht (Erde – Meer – Hades – Himmel).[93]

(2.) Nach stoischer Vorstellung kann der menschliche Geist den Kosmos, seine Höhe und Tiefe, durchdringen (οὐρανοβατεῖν). „Höhe" und „Tiefe" sind hier geradezu astronomische Termini.[94] Philon[95] ist eine wichtige Quelle für diese stoische Konzeption.[96] Es ist jedoch auffällig, dass bis auf eine Ausnahme (Cicero, de natura deorum I 54: *latitudo, longitudo, altitudo*) die Begriffe „Länge" und „Breite" in diesem Zusammenhang kaum vorkommen.[97]

---

[90] Damit ist die moderne Theorie der Metapher als einer interaktionalen Prädikation zugrundegelegt, wie sie u.a. von Max BLACK, Models and Metaphors, begründet wurde; vgl. den Sammelband von HAVERKAMP (Hg.), Theorie der Metapher, Darmstadt, ²1996. Die Beschreibung von Subjekt und Prädikat als „Gegenstandsbegriff" und „Bestimmungsbegriff" stammt von KÖLLER, Semiotik. WEINRICH, Sprache, 284.297f.316.334f.340, spricht im gleichen Sinne von „Bildempfänger" und „Bildspender".

[91] Die Ausbreitung des religionsgeschichtlichen Materials und der möglichen Deutungen findet sich bei DUPONT, 476-489; SCHLIER, Eph, 171-175; ERNST, 131-135; DAHL, 368-376; VAN ROON, Authenticity, 262-266; BARTH, Eph, I, 395-397; GNILKA, Eph, 186-188; SCHNACKENBURG, Eph, 153f; LINCOLN, Eph, 208-213.

[92] Entsprechend möchte FEUILLET, L'Église, die Weisheit als Gegenstandsbegriff ansehen.

[93] Vgl. GNILKA, Eph, 187 A 2.

[94] Vgl. Röm 8,39.

[95] Er gebraucht das Wort αἰθεροβατεῖν: migr. 184; her. 238; spec. I 37.207; II 45 (Betrachtung von „Erde, Meer, Luft, Himmel" – die Bereiche der vier Elemente). Migr. 184 kritisiert er diese Naturphilosophie „der Chaldäer" jedoch; vgl. auch LA III 99f (die Überbietung der natürlichen Theologie).

[96] Auf die stoischen Wurzeln und die Differenzierung Philons verweist vor allem DUPONT, 476-521.

[97] Interessant ist ein Beleg, den J. ASSMANN, Moses der Ägypter. Entzifferung einer Gedächtnisspur, München, 1998, 266, im Zusammenhang der Monotheismus-Thematik anführt: „Preis dir, du Einer, der sich zu Millionen macht, der in *Länge* und *Breite* grenzenlos ist" (vgl. Papyrus Leiden, I, 344 vso ii,8–9). Der Mono-Pantheismus spielt gerade im Eph eine wesentliche Rolle (Eph 4,6). Dass diese ontologische Theologie vom Alexandriner Philon vermittelt ist, lässt Spekulationen über ägyptischen Einfluss auf die Entwicklung zum Monotheismus aufkommen.

I. 6.) 3,14–19 Abschließender Fürbittgebetsbericht

Der Terminologie von Eph 3,18 näher stehen hier gerade auch bei Philon die platonisch-pythagoreischen Partien (s. u. 3.). Der älteste außerbiblische Beleg, in dem alle vier Begriffe begegnen, ist Plutarch, *de facie in orbe lunae* 25 (Mor. 939 A): αὗται γὰρ αἱ τῶν κύκλων ἐπιβάσεις καὶ περιαγωγαὶ καὶ σχέσεις πρὸς ἀλλήλους καὶ πρὸς ἡμᾶς τὰ φαινόμενα τῆς κινήσεως ὕψη καὶ βάθη καὶ τὰς κατὰ πλάτος παραλλάξεις ἅμα ταῖς κατὰ μῆκος αὐτῆς περιόδοις ἐμμελέστατα συμπεραίνουσι. Hier geht es um die sechs Bewegungsrichtungen im dreidimensionalen Raum (nach oben – nach unten; κατὰ πλάτος = nach links – nach rechts; κατὰ μῆκος = nach vorne – nach hinten).[98] Πλάτος, μῆκος und βάθος zusammen begegnen in den von pythagoreischer Zahlenspekulation bestimmten kosmologischen Partien Philons (opif. 49.102; LK I 4; her. 144; congr. 147; somn. I 26; decal. 25), wo sie die drei Dimensionen der Körper[99] bzw. des Raumes bezeichnen. Statt (oder neben) βάθος („Tiefe") kann ὕψος („Höhe") stehen (z. B. bei Gebärden).[100] Demnach könnte es sich bei Eph 3,18 einfach um die drei Dimensionen eines Subjektes handeln[101] (entweder im wörtlichen Sinne: die unermesslichen Dimensionen des Alls – oder metaphorisch: die Unermesslichkeit einer anderen Größe, der Weisheit z. B.).

(3.) CH X 25 (vgl. XI 19f) gehört in den Zusammenhang der Himmelswanderung des menschlichen Nous, die (im Sinne der Stoa) als „Ausdehnung" (ἔκτασις[102]) des *Nous* verstanden wird. Die Terminologie der Dimensionen fehlt hier aber. Erst Pistis Sophia 133[103] finden sich die vier Dimensionsbegriffe – nun in gnostischer Spekulation: „Erbteile des Lichtes zu durchwandeln ... von außen nach innen, und von innen nach außen, und von oben nach unten ..., und von der Höhe nach der Tiefe ..., und von der Länge nach der Breite ..." (vgl. 130.148). Eine Herkunft der Aussage von Eph 3,18 aus der Gnosis[104] lässt sich aus diesem späten Beleg nicht begründen.[105]

(4.) In einem Zauberpapyrus kommt an zwei Stellen die Aufzählung der vier Begriffe vor: PGM IV 970f (γενέσθω φῶς, πλάτος, βάθος, μῆκος, ὕψος, αὐγή) und 977ff (ὁρκίζω σε, ἱερὸν φῶς, ἱερὰ αὐγή, πλάτος, βάθος, μῆκος, ὕψος, αὐγή, κατὰ τῶν ἁγίων ὀνομάτων).[106] Während R. Reitzenstein[107], der 1904 als einer der ersten auf die Beziehung der Formel zu Eph 3,18 hinwies, die Begriffe räumlich auffasste,[108] hat C. E. Arnold

---

[98] Mor. 937 F erscheinen nur μῆκος, πλάτος und βάθος (so auch bei Philon, s. u. bei A 99). Ὕψος ist in βάθος impliziert (vertikale Ausdehnung nach oben und unten).

[99] Vgl. Sextus Emp., adv. math. VII 73 (Gorgias, fr.3 S. 58,3f Buchheim): σῶμα δὲ τυγχάνον τριπλοῦν ἔσται. καὶ γὰρ μῆκος καὶ πλάτος καὶ βάθος ἕξει; Arius Didymus, epit. phys. fr.19 (SVF II 357,1–2): σῶμά ἐστι τὸ τριχῇ διαστατόν, πλάτει, βάθει, μήκει. Normalerweise gehören βάθος und ὕψος zusammen als Ausdehnung nach oben und unten (vgl. Plutarch, Mor. 939 A; Philon, LA I 4; somn. I 26).

[100] So bei den Maßangaben der Tempeleinrichtungen bei Alexander Polyhistor (Euseb, praep.ev. IX 34,9).

[101] Vgl. SCHLIER, ThWNT I (1933), 515, Z.37f.

[102] In den von Stobaios überlieferten Fragmenten steht ἔκτασις („Außer-sich-Sein") – offenbar schon eine neuplatonische Variante.

[103] Zitiert bei SCHLIER, ThWNT I, 516, Z.7–9; dazu MUSSNER, 74 mit A 174; DAHL, 374 A 34.

[104] Vgl. DIBELIUS/GREEVEN, Eph, 77; CONZELMANN, Eph, 106.

[105] Vgl. MUSSNER, 74: „Mit den Raumspekulationen der Gnosis hat Eph 3,19 ganz gewiss nichts zu tun ...".

[106] Die Reihenfolge (πλάτος, βάθος) hat wahrscheinlich paronomastische (klangliche) Gründe.

[107] REITZENSTEIN, Poimandres, 25f A 1. Reitzenstein verweist dort auf ein weiteres Gebet mit der Formel γενέσθω βάθος πλάτος μῆκος αὐγή (= PGM XII 158f).

[108] Vgl. PETERSON, ΕΙΣ ΘΕΟΣ, 307: „... durch die Vierzahl wird das All bezeichnet".

(1989) sie aufgrund von PGM IV 977 dynamisch im Sinne von „Mächten" auffassen und auf diesem Hintergrund Eph 3,18 interpretieren wollen: als Bezeichnung für Gottes *Dynamis*.[109] Aber abgesehen davon, dass diese Texte wohl nicht vor dem 4. Jh. n. Chr. entstanden sind[110], ist die These von Reitzenstein darin überzeugend, dass es sich bei PGM IV 970 um eine an Gen 3,1 anklingende Schöpfungsformel handelt, mit der ein Licht*raum* geschaffen werden soll, in dem die angerufene Gottheit erscheinen und Orakel geben soll.[111] Diese Lichterscheinung (ἱερὸν φῶς, ἱερὰ αὐγή), die offenbar die Gestalt eines Licht-Kubus annimmt, wird dann mit magischen Namen beschworen (PGM IV 970ff). Es wäre im übrigen schwer nachzuvollziehen, dass der Verfasser in Eph 3,18 die *Dynamis* Gottes mit den Namen magischer Mächte bezeichnet haben sollte, ohne diesen verborgenen Sinn zu explizieren.[112]

(5.) Apk 21,16 wird das himmlische Jerusalem als Kubus mit gleicher Länge, Breite und Höhe vorgestellt (τὸ μῆκος καὶ τὸ πλάτος καὶ τὸ ὕψος αὐτῆς ἴσα ἐστίν). Der gleichmäßige Kubus spielt im esoterischen bzw. symbolischen und magischen Denken eine ähnliche Rolle wie die Kugel (als Symbol der Vollkommenheit). Weder aber zwingt dieses Motiv dazu, den Gegenstandsbegriff von Eph 3,18 als das „himmlische Erbe" zu bestimmen,[113] noch dazu, ihn gar mit der „Kirche" zu identifizieren[114].

(6.) Spätere christliche Autoren haben in den vier dimensionalen Begriffen die vier Arme des Kreuzes Christi sehen wollen. Augustin setzt diese Deutung als die richtige voraus.[115] Schlier sieht unter Berufung auf ActAndr 14; ActPetr 38; ActPhil 140; Irenäus, haer. V 17,4 dahinter eine gnostische Vorstellung von der kosmischen Größe des Christus-Anthropos am weltumfassenden Kreuz, die Paulus für seine Ekklesiologie aufgegriffen habe. Bereits in Eph 2,14-16 sei der am Kreuz hängende Leib Christi die „ἐκκλησία in nuce". Das Ziel der Fürbitte sei dann, „jenen universalen, das All umfassenden und Juden und Heiden einenden Leib Christi am Kreuz" „zu begreifen".[116] Diese Deutung trifft (abgesehen von ihrer Bezeugung)[117] den ursprünglichen Sinn von 3,18 wohl kaum. Das Kreuz wird im Eph nur in 2,16 (διὰ τοῦ σταυροῦ) genannt und ist dort Metonym für den Kreuzes*tod* als Heilsereignis.

---

[109] ARNOLD, 89–100.
[110] Vgl. PREISENDANZ in PGM I, S. 64.
[111] REITZENSTEIN, Poimandres, 25f; vgl. DAHL, 373f. Preisendanz' Übersetzung „es werde Licht *zu* Breite …" (I,107), ist entsprechend zu korrigieren.
[112] Der Hinweis von ARNOLD, 94f, auf Röm 8,39, wo ὕψος und βάθος vermutlich siderische Mächte (die im Zenit bzw. im Nadir angesiedelt wären) bezeichnen (SCHLIER, ThWNT 1, 515 Z.33-35; LIETZMANN, Röm [HNT 8] ⁴1933, 89; KÄSEMANN, Röm, 242; WILCKENS, Röm, II, 177), trägt für Eph 3,18 insofern nichts aus, als πλάτος und μῆκος in diesem semantischen Paradigma nicht unterzubringen sind.
[113] So SCHLIER, ThWNT 1, 515 Z.38.
[114] So vor allem SCHLIER, Eph, 172f. Der in fast allen Kommentaren gegebene Hinweis auf Hermas 10,5 (vis. III 2,5), wo die Kirche allegorisch als tetragonischer Turm dargestellt wird, liegt nicht sehr nahe: Weder werden die Dimensionsbegriffe genannt, noch liegt die Vorstellung eines gleichmäßigen Kubus vor.
[115] Vgl. SCHLIER, Eph, 173 mit A 4.
[116] SCHLIER, Eph, 173f; vgl. 135f und dazu VON BENDEMANN, 192-203 (Darstellung) und 216-227 (Kritik); wie Schlier auch STAAB, Eph, 143f.
[117] ActPetr 38 und ActPhil 140 können kaum als Beleg für eine *kosmische* Dimensionierung des Kreuzes herangezogen werden. Es geht vielmehr um das auch EvThom 22 belegte Wort von der Vertauschung der Seiten, das in ActPetr 38 mit dem Motiv des kopfüber gekreuzigten Petrus verbunden ist. Am weitesten zurück geht wohl Irenäus, haer. V 17,4 (vgl. V 19,2 und Epideixis, 34). Diese Stelle ist aber deutlich von Eph 2 und 3 abhängig; vgl. dazu DAHL, 375f.

I. 6.) 3,14–19 Abschließender Fürbittgebetsbericht

Geht man von der syntaktischen Struktur des Kontextes aus, ergibt sich folgender Gedankengang von V.16–19: Stärkung durch den Geist am inneren Menschen (dem *Nous*) und Einwohnung Christi durch den Glauben in den Herzen interpretieren sich gegenseitig. Ergebnis ist die Verwurzelung und Gründung in Liebe. Davon abhängig ist ein neuer Gedankengang (ἵνα):[118] die Befähigung, „zu begreifen ... und zu erkennen". Beide Infinitive stehen wieder in synonymer Parallelität. Das gilt nun aber auch von den Objekten: Die kosmischen Dimensionen von V.18b haben eine semantische Entsprechung in dem Partizip (τὴν) ὑπερβάλλουσαν ... (ἀγάπην) von V.19a. Durch ein erneutes ἵνα ist die Pleroma-Aussage (V.19) davon wiederum abgehoben.[119] Dann aber beziehen sich die drei Dimensionen auf die „jede Erkenntnis übersteigende Liebe des Christus".[120] Es bleibt die Frage, warum diese Liebe durch die Dimensionen des Alls metaphorisch prädiziert wird. Denn das Bildfeld geht – das hat die Sichtung des religionsgeschichtlichen Materials ergeben – auf die pythagoreische Geometrie des Raumes zurück.[121] Von daher gibt es nun doch eine *indirekte* Voraus-Verweisung auf die Pleroma-Aussage V.19b – und damit (gemäß 1,23) auf die Kirche als Leib Christi. Gegenstandsbegriff ist aber zunächst in 3,18 die Liebe Christi: Sie qualifiziert den durch Christus konstituierten Raum der Fülle Gottes. Vereinfacht könnte man sagen: Die metaphorische Raum-Aussage V.18b hat zwei Gegenstandsbegriffe, einen direkten: die Liebe Christi, und einen indirekten: das Pleroma.

19 Der zweite Infinitiv „zu erkennen" ist synonym dem ersten in V.18 („zu begreifen"). Beide sind – im Unterschied zu den Infinitiven in V.16b.17a – durch ein τε verbunden. Die syntaktische Analyse zeigte, dass auch beide Objekte synonym in dem Sinne sind, dass τὴν ... ἀγάπην τοῦ Χρ. den Gegenstandsbegriff der Dimensionen-Metapher von V.18 darstellt. ὑπερβάλλειν kommt im NT nur im Partizip vor, neben 2Kor 3,10 (von der δόξα) und 9,14 (von der χάρις) dreimal in Eph: 1,19 (von der „Größe der δύναμις" Gottes); 2,7 (vom „Reichtum der χάρις") und hier: von der Liebe Christi. Es ist auffallend, dass in 1,19 und 2,7 Maßbegriffe (μέγεθος bzw. πλοῦτος) voranstehen. Das bestätigt noch einmal die These, die Dimensionierung von V.18 auf die ἀγάπη zu beziehen. Während an den genannten anderen Stellen ὑπερβάλλων absolut steht, ist hier ein Gen. der Relation[122]

---

[118] Das schließt die Deutung von Mussner, Eph, 112, es ginge um die Dimensionen Christi im Herzen der Adressaten, aus.
[119] Das schließt eine direkte Deutung auf das Pleroma aus.
[120] So Best, Eph, 346, mit den meisten neueren Kommentatoren: Abbott, Eph, 100; van Roon, Authenticity, 262–266; Schnackenburg, Eph, 154; Lincoln, Eph, 212f; Jeal, Theology and Ethics, 123.
[121] Vgl. den Plutarch-Beleg und die philonischen Parallelen unter (2.). Die Tatsache, dass alle vier Substantive nur *einen* voranstehenden Artikel haben, schließt die Möglichkeit, die einzelnen Dimensionen im Sinne der Deutung auf die vier Kreuzesarme je für sich metaphorisch oder allegorisch auszudeuten (wie das Staab und Schlier tun [s.o. A 116]), aus. Es geht um die Dimensionalität des Alls bzw. der Fülle Gottes.
[122] Ὑπερβάλλων kann zwei Bedeutungen haben: „übertreffend" und „übersteigend" (z.B. vom Wasser oder Fluss). Im ersten Fall steht der Akk., im zweiten häufig der Gen. (vgl. Liddell/Scott, Lexicon, 1860, unter II 2b und III 2); vgl. BDR § 177,2 A 3. Es handelt sich an unserer Stelle um einen „Gen.

hinzugefügt: „(die) die Erkenntnis (übersteigende Liebe)". Dadurch wird die Aussage von V.19a insgesamt zu einem Oxymoron: „zu *erkennen* die die *Erkenntnis* übersteigende Liebe Christi".[123] Dieses Paradox[124] beleuchtet noch einmal die Dimensions-Aussage von V.18: Nach Philon ist Gott der „Ort" (τόπος) von allem, da er alles umfasst und übergreift. Aber nicht nur Gott, der über allem ist, sondern auch das „Seiende", das „Geschaffene" (mit beidem ist gemeint: der geistige Kosmos – und das ist der Logos) ist „unbegreiflich" (ἀκατάληπτον).[125] Ja, der „Himmel" ist „unbegreiflich".[126] Der Logos aber, der zu den unbegreifbaren Wesenheiten gehört, ist von Gott mit allen „unkörperlichen Kräften" (= Ideen) angefüllt (somn. I 62.75; II 245). Das Begreifen der Breite, Länge, Höhe, Tiefe (V.18), der Dimensionen des Alls, ist also auch schon unmöglich, wie der Logos und der Himmel (nach Philon) „unbegreiflich" sind. Ziel der paradoxen „Gnosis" hier in V.19a ist aber nicht Christus selbst (entsprechend dem Logos bei Philon), sondern die *Liebe* Christi. Ἀγάπη ist einer der zentralen Begriffe im Eph (s.o. zu 1,4 und 2,4). In 1,4; 2,4 ist es die Liebe Gottes. In 1,15; 4,2.15 wiederum ist es die Liebe der Christen untereinander. An unserer Stelle schließlich ist es (wie in 5,2.25) die Liebe Christi, das anschauliche Abbild der ontologischen Liebe Gottes und zugleich das Vorbild mitmenschlicher Liebe.[127] Diese Liebe übersteigt das Erkenntnisvermögen – doch gerade als solche, die das Erkennen übersteigt, wird sie erkannt.

Es folgt ein dritter abschließender Finalsatz, der die Christusaussage V.19a (… τοῦ Χριστοῦ) noch einmal zurückführt auf eine Gottesaussage: τοῦ θεοῦ. Damit ist der ganze Gebetsreport, der mit der Vater-Prädikation (V.14) einsetzt, zyklisch abgeschlossen. Zugleich ist mit der Paronomasie πληρωθῆτε εἰς πᾶν τὸ πλήρωμα („… erfüllt zur ganzen Fülle …") die letztmögliche und universalste Heilsaussage erreicht. Darin gleicht der ganze Abschnitt seiner zyklischen Ent-

---

der Vergleichung" (BAUER/ALAND, Wb., 1674; GNILKA, Eph, 189 A 5). Zur Sprache der Übersteigerung s.o. bei A 84 zu 1,19 und bei A 152 zu 2,7.

[123] Eine Deutung im Sinne des Wertevergleichs von 1Kor 13 (die „Liebe" übertrifft die „Gnosis" – vgl. 1Kor 12,31b: καθ' ὑπερβολήν) bzw. im Sinne einer antignostischen Polemik (ERNST, Eph, 340), die nicht paradox wäre, scheidet wegen der Paronomasie γνῶναι … τῆς γνώσεως bzw. des Oxymorons aus (vgl. LINCOLN, Eph, 213). Außerdem müsste im Falle der Bedeutung „übertreffen" bei ὑπερβάλλειν der Akk. stehen. „Autoren, die nunmehr gegen die Gnosis zu Felde ziehen, sind auf dem Holzweg" (GNILKA, Eph, 189).

[124] Vgl. CAIRD, Eph, 70: „the attempt to know the unknowable is a paradox which is at the heart of all true religion"; JEAL, Theology and Ethics, 123, der die rhetorischen Mittel betont, die den sinnlichen Eindruck der Immensität erzeugen.

[125] Von Gott: det. 89; post. 15.169; somn. I 67; vom Göttlichen überhaupt: conf. 138; vom „Seienden", „Geistigen": Cher. 97; mut. 10; vom Logos: mut. 15; vom „Geschaffenen" (im Kontext: der geistige Kosmos): LA I 20; vom Himmel: somn. I 15.21.23.33; vom *Nous* des Menschen: mut. 10; somn. I 25.33; von den göttlichen Kräften = Ideen: spec. I 47. Zum ganzen vgl. DUPONT, 508–519. Philons Konzept des καταλαμβάνειν ist aber nicht mehr das stoische (von der klaren sinnlichen Wahrnehmung), sondern bezieht sich auf die Erkenntnisfähigkeit des *Nous* überhaupt. So gehört das Adjektiv ἀκατάληπτος in seine „negative Theologie".

[126] Somn. I 15.21.23.33.

[127] Vgl. zum Verhältnis der drei Größen 5,1f.

sprechung 1,15–23. 3,19b nimmt dabei 1,23 wieder auf, wo es um die Kirche geht, die als „Leib Christi" „angefüllt ist von dem, der alles in allen Teilen erfüllt" (nämlich Christus). Πλήρωμα ist dort das „Gefüllte", und πληρουμένου ist dort Medium mit transitiver Bedeutung und bezieht sich auf den seinen „Leib" (die Kirche) füllenden Christus. πληρωθῆτε[128] (an unserer Stelle) ist dagegen Passiv („damit ihr erfüllt werdet ..."). Εἰς πᾶν τὸ πλήρωμα ist Zielangabe des Erfülltwerdens: „bis ihr die ganze ‚Fülle Gottes' erreicht habt". Mittel zu diesem Ziel ist die Erkenntnis der Liebe Christi. Diese Aussage ist eine teleologische und hat damit eine eschatologische Perspektive (vgl. 4,13).[129] Πλήρωμα hat auch an dieser Stelle (wie in 1,23) passivische Bedeutung. Das Ziel ist also der Zustand des völligen Erfülltseins der Adressaten von Gott – im Unterschied zu 1,23, wo πλήρωμα die Erfüllung der Kirche mit Christus ist, der selber den Kosmos erfüllt. Dort steht der hellenistisch-jüdische Logosbegriff im Hintergrund.[130] Hier aber geht es um das Pleroma *Gottes*. Nach stoischer Kosmologie ist der Kosmos vollständig erfüllt von Gott, dem göttlichen Pneuma, so dass nichts leer bleibt.[131] Dieser Gedanke ist von Philon übernommen worden (LA III 4; sacr. 67; det. 153; post. 14.30; gig. 47; Deus 57; somn. II 221). Anklang an die stoische Herkunft des Motivs hat auch noch die Aussage, dass dieses Ausfüllen des Alls durch das Pneuma geschieht.[132] Aber schon die Aussage, Gott erfüllt das All durch seine Kräfte (δυνάμεις: Mos. II 238), sprengt den stoischen Pantheismus. Vollends geschieht das dort, wo der Logos als „Ort" (τόπος) und „Raum" (χώρα) des geistigen Kosmos (κόσμος νοητός) erscheint. Diese Funktion des Logos im Pleroma-Konzept ist nicht mehr stoisch herzuleiten, insofern der Logos hier den „Ort" des platonischen Ideen-Kosmos darstellt, so dass All und Logos zwei Geschöpfe Gottes sind (zwei „Söhne: Deus 31f; Mos. II 134; spec. I 96; agr. 51; ebr. 30), wobei der Logos ebenso Pleroma Gottes ist wie das All: „Pleroma Gottes" als das von Gott ganz Ausgefüllte.

Nun liegt Eph 3,19b wahrscheinlich Kol 2,9f zugrunde: „ ... in ihm (Christus) wohnt (κατοικεῖ) die ganze Fülle der Gottheit (πᾶν τὸ πλήρωμα τῆς θεότητος) als Leib (σωματικῶς[133])". Christus ist also ganz von Gott, seinen Kräften, ange-

---

[128] Die an sich gut bezeugte Lesart ἵνα πληρωθῇ πᾶν τὸ πλήρωμα τ. θ. (p[46] B u.a.) beruht auf einem Unverständnis der ungewöhnlichen Konstruktion. Minuskel 33 scheint diese Lesart der (vorzuziehenden) von ℵ A C D F G Ψ u.a. durch εἰς ὑμᾶς inhaltlich wieder angeglichen zu haben.

[129] BARTH, Eph, I, 373; LINCOLN, Eph, 214 (s.o. bei A 203 zu 1,22).

[130] S.o. bei A 226 zu 1,23.

[131] Hippolyt, haer. I 21,5: Nach Lehre der Stoiker „ist alles gefüllt und nichts ist leer" (πεπληρῶσθαι πάντα καὶ μηδὲν εἶναι κενόν); Aelius Aristides, or. 45,21: διὰ πάντων ἥκει καὶ τὸ πᾶν πεπλήρωκε; Seneca, benef. IV 8,2: „nichts ist von ihm [dem Gott] leer, er erfüllt sein ganzes Werk" (*nihil ab illo vacat, opus suum ipse implet*); vgl. die weiteren Belege bei DUPONT, 461–467 (bes. 462 A 2; 465f A 4); dazu ERNST, 8–11.

[132] Allerdings ist in der Stoa das Pneuma mit der Gottheit identisch.

[133] Σωματικῶς wird in diesem Zusammenhang nicht „leiblich" (auf den Christus κατὰ σάρκα bezogen) bedeuten, sondern auf das σῶμα Χριστοῦ = die Kirche zu deuten sein (ABBOTT, Eph, 249; FAUST, Pax Christi, 56f; anders dagegen WOLTER, Kol, 126: „leibhaftig" = „wirklich", „real").

füllt, die seinen Leib bilden. Danach ist das Pleroma „der Gottheit"[134] die Fülle der Kräfte Gottes in Christus (Kol 2,9), und die Adressaten, die „in Christus" sind, sind davon „erfüllt" (Kol 2,10a). Damit sind sie selber an den Kräften Gottes beteiligt. Hier in Eph 3,19b ist derselbe Gedanke jedoch in eschatologische Perspektive gerückt: „damit ihr erfüllt werdet *zur ganzen* Fülle Gottes (εἰς πᾶν τὸ πλήρωμα τοῦ θεοῦ)". Dies ist das Ziel des Erkenntnisprozesses, der durch die Stärkung des νοῦς (des „inneren Menschen") durch den Geist (3,16b) und die Einwohnung Christi in den Herzen durch den Glauben (3,17a) ermöglicht wird. Die Glaubenden werden am Ende mit den von Gott her in Christus angefüllten Kräften (dem Pleroma Gottes) vollständig erfüllt sein.[135] Von einem Zurücktreten Christi (wie in 1Kor 15,28)[136] kann hier nicht die Rede sein,[137] da das „Pleroma Gottes" ja gerade durch Christus vermittelt und repräsentiert wird, der (als von Gott angefüllt) „Gottes Pleroma" ist. In symmetrischer Entsprechung zur Danksagung 1,15–23 endet dieser Fürbitt-Report also mit einer hyperbolischen Pleroma-Aussage (vgl. 1,23).

I. 7.) 3,20–21: Die Doxologie

(20) **Dem aber, der über alles weit hinausgehend, was wir erbitten oder ersinnen, zu tun vermag aufgrund der Macht, die in uns wirkt,**
(21) **ihm (ist) die Herrlichkeit in der Kirche und in Christus Jesus bis in alle Geschlechter der Ewigkeit der Ewigkeiten. Amen.**

CHAMPION, Benedictions; DEICHGRÄBER, Gotteshymnus 24–40; GÜTING, Amen; KAMLAH, Schlußdoxologie; KEHL, Christushymnus 26–32.54–60; MILLING, Doxology; MULLINS, Ascription; STUIBER, „Doxologie", RAC 4, 210–226; WERNER, Doxology, 276–351; DERS., Bridge 273 ff.

Die Doxologie entspricht als Schluss dem Anfang, der Eulogie. Beide bilden den äußersten Rahmen des ersten Hauptteils Eph 1,3–3,21. Danksagung (1,15–23) und Fürbitt-Report (3,14–19) sind dann ein innerer Rahmen um den lehrhaften Teil 2,1–3,13, dessen Zentrum 2,11–22 darstellt. Die Abfolge von Eulogie – Dank/Bitte – Doxologie könnte einen Anhalt am synagogalen Gottesdienst haben, wie

---

[134] Das Abstractum θεότης („die Gottheit": Kol 2,9, Hapaxleg.) darf nicht mit θειότης (Qualität der „Göttlichkeit"; vgl. Röm 1,20) verwechselt werden: ABBOTT, Eph, 248; vgl. H. S. NASH, θειότης - θεότης (Rom 1,20; Col 2,9), JBL 18 (1899) 1–34.

[135] DUPONT, 474f, deutet V.19b von 1Kor 13,28 her und versteht unter der „Fülle Gottes" das stoische Motiv vom Erfülltsein des Kosmos mit der Gottheit. Das Pleroma-Konzept von (Kol und) Eph ist aber nicht allein von der stoischen Kosmologie her zu verstehen, sondern von ihrer hellenistisch-jüdischen Adaption im Zusammenhang mit dem Logos.

[136] GNILKA, Eph, 191.

[137] Wie überhaupt 1Kor 15,28 unserer Stelle nicht sehr nahe steht – nicht nur wegen des dortigen Parusie-Motivs.

I. 7.) 3,20–21 Die Doxologie

Nikolaus Kehl im Anschluss an Eric Werner unter Hinweis auf Jubiläen 22,6–9; Birkat ha-Mazon; ConstApost VIII 15,2–5 und ähnliche Texte vermutet.[1] Die beiden Verse bilden einen Nominalsatz, in dem die Kopula (nach hebräischem Sprachmuster) fehlt. Prädikatfunktion hat ἡ δόξα („die Herrlichkeit"); vorangestellt ist (in Subjektfunktion) ein Adressat im Dat. (V.20 + αὐτῷ in V.21). Auffällig ist die ausführliche partizipiale Erweiterung des Adressaten in V.20. Der ganze Satz ist ferner durch drei präpositionale Glieder („*in* [ἐν] der Kirche *und in* [καὶ ἐν] Christus Jesus *bis in* [εἰς] alle Geschlechter des Äons der Äonen") sowie durch ein abschließendes „Amen" erweitert.

Der Gattung nach handelt es sich um eine Doxologie[2] mit den vier Elementen: Adressat im Dat. (ᾧ/τῷ [θεῷ]/αὐτῷ/σοί)[3] – Prädikat ἡ δόξα[4] – Ewigkeitsformel (εἰς τοὺς αἰῶνας [τῶν αἰώνων])[5] – „Amen"[6] (ursprünglich als Responsion). – Diese Gattung ist verwandt mit der (kurzen) Eulogie (Röm 1,25; 9,5; 2Kor 11,31). Wie diese gehört sie zu der Obergattung der *ascriptions*, in denen bestimmten Adressaten ein Prädikat zugesprochen wird.[7] Sie ist in der beschriebenen Form ein spätes Produkt der frühjüdischen Literatur. Ihre Vorform im Alten Testament enthält noch nicht das Prädikat כָּבוֹד (δόξα), sondern בָּרוּךְ[8] (εὐλογητός): εὐλογητὸς κύριος εἰς τὸν αἰῶνα. γένοιτο γένοιτο[9] (ψ 88,53; vgl. ψ 40,14; 71,18f; 105,48). Die Ewigkeitsformel wie auch das „Amen" stammen also aus dieser Tradition. Dass dieses „Amen" ursprünglich eine rein liturgische Responsion darstellt, zeigt ψ 105,48: „Und das ganze Volk soll sprechen: Amen, Amen" (vgl. 1Chr 16,36). Der Begriff δόξα klingt dabei erstmals in ψ 71,19 an: „Und gepriesen sei der Name seiner Herrlichkeit (τὸ ὄνομα τῆς δόξης αὐτοῦ) in Ewigkeit und in Ewigkeit der Ewigkeit, und erfüllt mit sei-

---

[1] KEHL, 54–60; WERNER, Doxology, 276–351.
[2] *LXX*: 1Chr 29,11f; 1Esr 4,59; Od 12,15 (Oratio Manasse 15); 4Makk 18,24; vgl. 2Hen (slav.) 67,3. *NT*: Lk 2,14 (vgl. 19,38); 11,36; 16,27; Gal 1,5; Eph 3,20f; Phil 4,20; 1Tim 1,17; 6,16; (statt δόξα aber τιμὴ καὶ κράτος); 2Tim 4,18; Hebr 13,21; 1Petr 4,11; 5,11 (statt δόξα aber κράτος); 2Petr 3,18; Jud 25; Apk 1,6; 5,13; 7,12. *Apost. Väter*: Did 8,2; 9,2.3.4 (σοῦ); 10,2.4.5 (σοῦ); 1Clem 20,12; 32,4; 38,4; 43,6; 45,7; 50,7; 58,2; 61,3; 64,1; 65,2; 2Clem 20,5; MartPol 14,3; 15,1; 22,1; Diog 12,9.
[3] Gelegentlich im Gen. (Mt 6,13 Zusatz) oder παρὰ σοῦ. Beides in den LXX-Belegen (vorige A).
[4] Gelegentlich zusätzlich (ἡ) τιμή (1Tim 1,17; Apk 5,13) oder (τὸ) κράτος (1Petr 4,11; Apk 1,6; 5,13); 1Tim 6,16 nur τιμὴ καὶ κράτος; 1Petr 5,11 nur τὸ κράτος; Mt 6,13 (Zusatz): ἡ βασιλεία, ἡ δύναμις, ἡ δόξα; Jud 25: δόξα μεγαλωσύνη κράτος καὶ ἐξουσία; Apk 7,12 bringt sieben doxologische Prädikate (εὐλογία, δόξα, σοφία, εὐχαριστία, τιμή, δύναμις, ἰσχύς).
[5] Röm 16,27; Gal 1,5; Phil 4,20; 1Tim 1,17; 2Tim 4,18; Hebr 13,21; 1Petr 4,11; Apk 1,6; 5,13; 7,12; auffällig erweitert sind die Ewigkeitsformeln in Eph 3,21 (εἰς πάσας τὰς γενεὰς τοῦ αἰῶνος τῶν αἰώνων) und Jud 25 (πρὸ παντὸς τοῦ αἰῶνος καὶ νῦν καὶ εἰς πάντας τοὺς αἰῶνας, ἀμήν).
[6] Das „Amen" fehlt in wenigen Fällen: 1Chr 29,11–19; 1Esr 4,59 (beide Gebete enden ohne „Amen"; dieses steht aber in den Buchschlüssen Od 12,15 und 4Makk 18,24); Lk 2,14; Apk 5,13 (vgl. aber V.14); Did 8,2; 9,2.3.4; 10,2.4.5; MartPol 20,2. Während DEICHGRÄBER, 25, die Doxologie als dreigliedrig ansieht, rechnet GÜTING, 137, das „Amen" als viertes Element hinzu.
[7] MULLINS, (dieser rechnet aber nur Makarismus, Weheruf und Eulogie zu dieser Form). Während Makarismus und Weheruf ausschließlich menschlichen Adressaten gelten, sind Eulogie und Doxologie fast nur noch auf Gott als Adressaten bezogen, können aber im Prinzip auch an Menschen gerichtet sein („Eulogie": z.B. LXX Gen 26,29; 43,28; Jd 17,22; im NT steht in diesen Fällen jedoch εὐλογημένος, so z.B. Mk 11,9 parr; Lk 1,28.42; „Doxologie": Lk 14,10; Röm 2,10.
[8] Vgl. WERNER, Doxology, 279–282.
[9] Damit gibt LXX das „Amen, Amen" wieder.

ner Herrlichkeit (τῆς δόξης αὐτοῦ) werde die ganze Erde. Amen, Amen."[10] Erstmals in Od 12,15 (Oratio Manasse) und 4Makk 18,24 erscheint die Doxologie in der wie im NT ausgebildeten Form: καὶ σοῦ ἐστιν ἡ δόξα εἰς τοὺς αἰῶνας. αμην (Od 12,15); ᾧ ἡ δόξα εἰς τοὺς αἰῶνας τῶν αἰώνων. αμην (4 Makk 18,24). Letztere bildet einen Buchschluss. Dies gilt auch für die genannten Stellen aus dem Psalter (Unterteilung in fünf „Bücher") sowie für die meisten neutestamentlichen Doxologien, die entweder ganze Briefe (Röm 16,27; Phil 4,20; 1Tim 6,16; 2Tim 4,18; Hebr 13,21; 1Petr 5,11; 2Petr 3,18; Jud 25) oder Hauptteile (Röm 11,36; Eph 3,20f; 1Petr 4,11) abschließen. Wie die (Briefeingangs-)Eulogie eine texteröffnende Gattung ist, so fungiert die (briefliche) Doxologie als text-(oder: textabschnitt-)schließende Gattung. Die ursprünglich liturgische Funktion des „Amen" ist zu einer epistolographischen geworden: Die Zustimmung der Leser wird herausgefordert.[11] Ausschließlich Gott ist der Adressat der Doxa-Prädikation, doch ist sie im NT wenigstens in 2Tim 4,18 schon auf Christus bezogen.[12] Ähnlich wie bei der Eulogie stellt sich die Frage nach dem Modus der prädikativen Verbindung, d.h. der (in der Regel fehlenden) Kopula. Da, wo in der frühchristlichen Literatur eine Kopula erscheint, ist sie meist indikativisch: 1Petr 4,11; Mt 6,13 Zusatz; Did 9,4; 10,5; 1Clem 58,2; vgl. Od 12,15.[13] Ein Streit über den Modus ist freilich dann hinfällig, wenn die Aussage „Gott gehört die Ehre" ein Vollzug der Ehrung selber ist. D.h. wie bei der Eulogie[14] könnte es sich bei der Doxologie (die als „ascription" syntaktisch eine Prädikation darstellt) nicht um eine Feststellung, sondern um einen performativen und konfessorischen Sprechakt handeln, durch den das geschieht, was er semantisch (im Indikativ) aussagt: Im Ausspruch verwirklicht sich die Ehrung.[15] Die einfache vierteilige Grundform der Doxologie liegt in Röm 11,36b und Hebr 13,21 vor: (1.) αὐτῷ (ᾧ) (2.) ἡ δόξα (3.) εἰς τοὺς αἰῶνας (4.) ἀμήν. Die drei ersten Glieder sind erweiterungsfähig. Meistens ist die Ewigkeitsformel (3.) zu εἰς τοὺς αἰῶνας τῶν αἰώνων erweitert (Gal 1,5; Phil 4,20; 1Tim 1,17; 2Tim 4,18; 1Petr 4,11). Einfache Erweiterungen bzw. Abwandlungen finden sich auch bei der Doxa-Prädikation (2.): τὸ κράτος (1Petr 5,11); ἡ δόξα καὶ τὸ κράτος (1Petr 4,11; Apk 1,6); τιμὴ καὶ δόξα (1Tim 1,17); τιμὴ καὶ κράτος αἰώνιον (1Tim 6,16).[16] Einfache Erweiterungen der meist relativischen oder pronominalen Adressierung (1.) enthalten Phil 4,20 (τῷ δὲ θεῷ καὶ πατρὶ ἡμῶν) und 1Tim 1,17 (τῷ δὲ βασιλεῖ τῶν αἰώνων, ἀφθάρτῳ ἀοράτῳ μόνῳ θεῷ). Extreme Erweiterungen liegen dagegen vor in

---

[10] Vgl. 1Chr 29,10-12, ebenfalls eine Eulogie (V.10), die jedoch übergeht in einen dativischen Zuspruch, bei dem auch der Begriff δόξα auftaucht; ähnlich 1Esr 4,59f (wo die Eulogie folgt).
[11] Vgl. GÜTING, 138: Das Amen (wie überhaupt die ganze Doxologie als literarisches Stilmittel) dient „zur Verstärkung der brieflichen Kommunikation durch Anklänge an den Gottesdienst". Das Amen gehört ursprünglich nicht zu den Worten eines Gebetes: „Dass jemand sein eigenes Gebet mit ,Amen' beendet, ist zuerst für das Gebet des sterbenden Polykarp (MartPol 15,1) bezeugt" (DEICHGRÄBER, 27 A 4).
[12] VIELHAUER, Geschichte, 35; GÜTING, 143, rechnet auch 2Petr 3,18 und Apk 1,6 zu den Christusdoxologien (vgl. MartPol 21).
[13] Vgl. DEICHGRÄBER, 31, der noch die Kurz-Eulogien Röm 1,25; 2Kor 11,31 und ConstAp 33,7; 34,1; 49,1 nennt.
[14] S.o. bei A 21 zu 1,3.
[15] Das gilt unter den „ascriptions" (zum Begriff: MULLINS) neben der Eulogie auch vom Weheruf (obwohl der prophetische Weheruf den „Tod" des Angesprochenen konstatiert und so der ursprünglichen Toten-Klage noch entspricht) und dem „Charis-Spruch" (DEICHGRÄBER, 43f), teilweise auch vom Makarismus, der aber (abgesehen von den jesuanischen Seligpreisungen) auch einen konstativen Sprechakt darstellen kann.
[16] Vgl. auch Mt 16,13 (Zusatz). Extrem erweitert ist die Prädikation in Apk 7,12 (sieben Prädikate).

Röm 16,25–27; Eph 3,20f; Jud 24f; Apk 5,13; 7,12,[17] von denen die ersten durch ihre gleiche Formulierung der einleitenden Adressierung auffallen.

Die nächste Verwandtschaft hat Eph 3,20f mit den Doxologien Röm 16,25–27 (nachpaulinischer Zusatz) und Jud 24f. Auffällig ist der extreme Ausbau der Adressierung in Eph 3,20 und vor allem in Röm 16,25f.[18] Die in der Doxa-Prädikation ausgesagte Verherrlichung wird durch einen umfangreichen Partizipialsatz bereits in die Adresse der Doxologie hineingenommen.[19] Das Schema dieses Partizipialsatzes besteht aus τῷ δὲ δυναμένῳ („dem aber, der die Macht hat, ...")[20] und einem der folgenden Infinitive: ποιῆσαι, στηρίξαι, στῆσαι, φυλάξαι. Die Wahl der Infinitive und der weiteren Aussagen scheint jeweils von den Autoren der Briefe (bzw. der Ergänzung in Röm 16) frei nach ihrer jeweiligen Intention bestimmt zu sein und stellt wohl einen Part *ad libitum* dar. Dann bleibt die Frage nach dem Ursprung des Schemas (τῷ δὲ δυναμένῳ + Infinitiv). Röm 16,25 und Jud 24 gehen in ihrer parakletischen Funktion der Infinitive („*euch* zu stärken"/„*euch* zu bewahren ... und zu stellen ...")[21] zusammen. Dagegen ist die semantische Isotopie in Eph 3,20 besser bewahrt, insofern das τῷ δὲ δυναμένῳ in dem ποιῆσαι ... κατὰ τὴν δύναμιν ... eine sinnvolle semantische Funktion bekommt. („dem aber, der *die Macht* hat, ... zu *schaffen* ... gemäß der *Macht*, die in uns *wirksam ist* ..."). Hier hat die τῷ-δὲ-δυναμένῳ-Formulierung eine genuine Funktion. Röm 16,25–27 und Jud 24 bieten durch das μόνῳ ... θεῷ und das weiterführende διὰ Ἰησοῦ Χριστοῦ eine weitere Übereinstimmung, so dass die Fassung von Eph 3,20f pauschal als die ursprünglichere zu gelten hat – ohne dass damit etwas über die genauen Abhängigkeitsverhältnisse der drei τῷ-δὲ-δυναμένῳ-Formeln gesagt werden kann.

20 Gott, dem die Doxa-Prädikation gilt, wird mit einer dativischen Partizipialkonstruktion vorweg genannt. Vom Partizip τῷ ... δυναμένῳ („dem, der die Macht hat ...") ist der Infinitiv („zu tun") abhängig. Die weitere Konstruktion ist nicht leicht zu durchschauen. Es folgen zwei mit der Präposition ὑπέρ gebildete adverbiale Bestimmungen: ὑπὲρ πάντα[22] und ὑπερεκπερισσοῦ + Gen. comparationis („über alle Maßen hinausgehend über ...").[23] Da der Gen. aus einem Relativsatz besteht (ὧν ...: „was wir erbitten oder ersinnen"), ist zu dem ὑπέρ

---

[17] Davon sollen die beiden Stellen aus der Apokalypse hier nicht weiter berücksichtigt werden.
[18] In Röm 16,25–27 erscheinen Doxa-Prädikation und Ewigkeitsformel in der knappsten Form, die möglich ist (mit „Amen" ganze sechs Wörter); die Adressierung aber schwillt auf 47 Wörter an (insbesondere durch die Integrierung des *Revelationsschemas* V.25b–26).
[19] Eph 3,20; vgl. Röm 16,25f; Jud 24.
[20] An den Dat. der Adresse angepasst.
[21] Στηρίζειν meint die Bewahrung in endzeitlicher Versuchung (KAMLAH, 33f). Ähnliche eschatologische Bedeutung haben die beiden Infinitive in Jud 24. Damit lässt sich jedoch keine zeitliche Priorität dieser beiden Doxologien gegenüber der von Eph 3,20f (mit ihrer zeitlosen Dynamis-Aussage) behaupten.
[22] Zur adverbiellen Funktion: BDR § 230 A 3; anders z.B. ABBOTT, Eph, 103.
[23] BDR § 116, 3; 185,1.

πάντα sinngemäß zu ergänzen: ἃ (αἰτούμεθα ἢ νοοῦμεν).²⁴ Sinngemäß ergibt sich so die gesteigerte, beinahe redundante Aussage: Gott kann *über alles hinaus* handeln, *im allerhöchsten Übermaß* (hinausgehend über alles), was wir erbitten oder ersinnen.²⁵ Das entspricht dem Stil des zum Pleonasmus neigenden Verfassers, der hiermit wiederum rhetorisch eine Paronomasie²⁶ herstellt (vgl. auch die Entsprechung des gleich folgenden κατὰ τὴν δύναμιν zu τῷ ... δυναμένῳ). Ὑπερεκπερισσοῦ (im NT nur noch 1Thess 3,10; 5,13) ist als Bikompositum die Extremsteigerung von περισσῶς („übermäßig")²⁷ und ἐκπερισσῶς („intensiv").²⁸ Mit „was wir bitten oder ersinnen" wird an das vorhergehende Bittgebet 3,14-19 (vgl. auch αἰτοῦμαι V.13) angeknüpft. Νοεῖν hat hier die Bedeutung von „erinnern" (bezogen auf Gebetswünsche).²⁹ Es folgt noch ein für die liturgisch stilisierten Partien typischer Satzteil mit κατά,³⁰ der sich auf τῷ ... δυναμένῳ ... ποιῆσαι („dem, der die Macht hat, zu tun ...") bezieht. Κατά hat hier die Bedeutung „aufgrund von". Ἐν ἡμῖν bedeutet nicht „in unserer Mitte" (wie z.B. in Gal 3,5), sondern „in (jedem von) uns" (wie in 2Kor 4,12; Phil 2,13; Kol 1,29): „aufgrund der Macht, die in uns wirkt." Zugrunde liegt Kol 1,29:

Kol 1,29 b: κατὰ τὴν ἐνέργειαν αὐτοῦ τὴν ἐνεργουμένην ἐν ἐμοὶ ἐν δυνάμει.
Eph 3,20 b: κατὰ τὴν δύναμιν τὴν ἐνεργουμένην ἐν ἡμῖν.

Die Paronomasie (ἐνέργειαν ... τὴν ἐνεργουμένην) hat der Verfasser hier aus Kol 1,29b nicht übernommen, was ein Zeichen dafür ist, dass er den Ausdruck δύναμις bevorzugte, wahrscheinlich wegen des typischen Doxologie-Anfangs (τῷ δὲ δυναμένῳ ...; vgl. Röm 16,25; Jud 24). Damit entstand eine – wenn auch gespreizte – neue Paronomasie: τῷ δὲ δυναμένῳ ... κατὰ τὴν δύναμιν ... Es gibt aber noch einen weiteren Grund dafür, dass der Ausdruck δύναμις bevorzugt wurde: 1,19-20 wird als ausführlicher Hintergrund für die Kurzfassung in der Doxologie aufgerufen: ... τὸ ὑπερβάλλον μέγεθος τῆς δυνάμεως αὐτοῦ εἰς ἡμᾶς τοὺς πιστεύοντας κατὰ τὴν ἐνέργειαν ... ἣν ἐνήργησεν³¹ ἐν τῷ χριστῷ ἐγείρας αὐτόν ...³² Die auf uns gerichtete Kraft (1,19: εἰς ἡμᾶς) wird nun in der Doxologie verkürzt als die „in uns wirkende" bezeichnet, was im Rückblick auf 1,19 heißt: die den Glauben bewirkende und durch den Glauben wirkende Kraft. Dann aber wird auch der Zusammenhang mit 3,14-19 verständlich: Die Stärkung

---

[24] BDR § 294,4 (s.o. A 181 zu 2,10 und u. A 50 zu 4,1); vgl. HAUPT, Eph, 130; DIBELIUS/GREEVEN, Eph, 78; GNILKA, Eph, 192 A 3.
[25] In p⁴⁶ D F G it^(d.g) vg syr^(p.h) fehlt das ὑπέρ (wodurch πάντα zum Objekt von ποιεῖν wird), sicherlich um die Redundanz zu ὑπερεκπερισσοῦ zu vermeiden.
[26] Ὑπὲρ πάντα ποιῆσαι ὑπερεκπερισσοῦ – vgl. auch die fünffache π-Alliteration.
[27] Mk 10,26; 15,14/Mt 27,23; Apg 26,11.
[28] Mk 14,3.
[29] Mit SCHNACKENBURG, Eph, 158 A 377, gegen GNILKA, Eph, 179 (in der Übersetzung), der hier einen Bezug zur „Erkenntnis" von 3,19 sieht (S. 192).
[30] S.o. bei A 34-40 zu 3,16.
[31] Ingressiver Aorist.
[32] S.o. bei A 86-89 zu 1,19f.

am inneren Menschen (εἰς τὸν ἔσω ἄνθρωπον – vgl. εἰς ἡμᾶς 1,19) durch den Geist und das Einwohnen Christi in den Herzen *durch den Glauben* (διὰ πίστεως) sind inhaltlich mit dem „tun können …" gemeint. Die Prädikation (θεῷ … ἡ δόξα) ist am besten indikativisch aufzufassen. Zwar gibt es optativische bzw. imperativische Explikationen der fehlenden Kopula,[33] doch überwiegen in LXX, NT und anderer frühchristlicher Literatur die indikativischen Ergänzungen (Röm 1,25; 2Kor 11,31; 1Petr 4,11; Mt 6,13; Did 9,4; 10,5; 1Clem 58,2; ConstAp 33,7; 34,1; 49,1). Letztlich gilt aber in allen Fällen, dass das Lob Gottes damit indirekt ausgesprochen und vollzogen wird. Die Prädikation hat also performative Bedeutung. Die Doxologie hat damit die gleiche Sprachfunktion wie die Eulogie.

21 Wegen der Länge des Satzes wird der Adressat der Doxa-Prädikation pronominal wiederholt (αὐτῷ).[34] Sowohl in Röm 16,27 als auch in Jud 25 folgt in der Doxologie nun ein vermittelndes „durch (διά + Gen.) Jesus Christus (unseren Herrn)". Dort ist die Doxa-Prädikation also eine vermittelte. Dieses Element (die christologische Vermittlung) erscheint auch in Eph 3,21, doch in vierfacher Abweichung: (1.) Es ist dem Prädikat ἡ δόξα nachgestellt. (2.) Statt eines instrumentalen διά („durch") steht ein lokales ἐν („in").[35] (3.) Die Reihenfolge „(durch) Jesus Christus" (in Röm 16,25.27 und Jud 25) wird in Eph umgekehrt („in Christus Jesus"). (4.) „In der Kirche" erscheint weder in Röm 16,25–27 noch in Jud 24f. Die dritte Abweichung („Christus Jesus [Eph] statt „Jesus Christus") beruht auf der konsequenten Schreibweise des Eph: Nur wenn der Titel κύριος erscheint, folgt die Reihenfolge „Jesus Christus".[36] Sonst gebraucht der Verfasser generell „Christus Jesus". Die beiden Doxologien in Röm 16,25–27 und Jud 24f kombinieren den Bezug auf Gott (μόνῳ σοφῷ θεῷ bzw. μόνῳ θεῷ σωτῆρι ἡμῶν) mit dem Motiv der Vermittlung „durch Jesus Christus" (διὰ Ἰησοῦ Χριστοῦ …). Eph 3,20 weicht hier bemerkenswert ab: Dem christologischen Element („in Christus Jesus") wird das ekklesiologische vorangestellt („in der Kirche"). Hier verrät sich das ekklesiologische Hauptinteresse des Verfassers. Das beide ἐν-Wendungen verbindende καί ist epexegetisch: „in der Kirche, d.h. in Christus Jesus". Das lokale „in Christus"[37] wird im Eph vorrangig ekklesial bestimmt. Wie aber sieht die Verherrlichung Gottes in der Kirche aus? Sie ist nicht zuletzt *ethisch* gefasst – wie der folgende paränetische Hauptteil dann ausführt. Auch das vorletzte Element der Doxologie, die Ewigkeitsformel, ist im Vergleich zu den meisten Doxologien stark

---

[33] Ausführlich DEICHGRÄBER, 29–31, der für die hebräischen Vorlagen der LXX-Stellen ein Verständnis des Lobspruches als „Begehren" nachweisen möchte; zu Eph 3,21 s. aber GNILKA, Eph, 192 A 4; SCHNACKENBURG, Eph, 159; LINCOLN, Eph, 216f.

[34] Dabei ist das Nomen („Gott") überhaupt nicht genannt worden; es wird vielmehr vertreten von der Beschreibung im Partizipialsatz. In Röm 16,27 und Jud 25 dagegen erscheint es: „dem einen … Gott" (μόνῳ … θεῷ).

[35] Wegen der vorangestellten lokalen Wendung „*in* der Kirche" kann ἐν Χριστῷ Ἰησοῦ hier keine instrumentale Bedeutung haben.

[36] Ausnahme ist die Wendunger διὰ Ἰησοῦ Χριστοῦ (im Eph nur 1,5); vgl. Röm 16,27 und Jud 25.

[37] Dazu SELLIN, „Christusmystik", 19–24.

erweitert – ähnlich wie 2Petr 3,18; Jud 25; 1Clem 1,3; 65,2.[38] „Äon" im Singular begegnet (in dieser zeitlich-räumlichen Bedeutung) nur noch in 1,21 (in der Gegenüberstellung „dieser Äon" – „der kommende Äon") und 2Petr 3,18, wo der „Tag (der) Ewigkeit"[39] den kommenden Äon meint.[40] Mit „Äon der Äonen" könnte der *kommende* Äon gemeint sein, doch widerspricht dem die Wendung „bis in alle Geschlechter" (insofern diese die Zeitlichkeit „dieses Äons" ausmachen: vgl. 3,5). Man müsste dann den ganzen Gen. „des Äons der Äonen" als verkürzten Ausdruck für „*bis* zum Äon der Äonen" verstehen, was sprachlich kaum möglich ist. Als Alternative bleibt dann, unter „Äon der Äonen" den letzten Zeitraum „*dieses Äons*" zu verstehen. Damit aber wäre die Ortsangabe „in der Kirche und in Christus Jesus" auf „diesen Äon" begrenzt – eine Konsequenz, die vom Verfasser wohl auch nicht gerade intendiert ist.[41] Die formelhafte liturgische Sprache versagt sich hier aber einer genaueren semantischen Bestimmung. Am nächsten kommen dieser Ewigkeitsformel Tob 1,4; 1Hen (gr.) 9,4; 10,3.22; 14,5; 15,6; 103,4; 104,5: εἰς πάσας τὰς γενεὰς τοῦ αἰῶνος. Dadurch, dass der Verfasser des Eph den Gen. „der Äonen" hinzufügt, wird der „kommende Äon" mit einbezogen, so dass die beiden alternativen Bedeutungen im Sinne der Totalität kombiniert sind. Mit dem Begriff „Geschlechter" (γενεαί[42]) wird indirekt noch einmal der teil-synonyme Begriff πατριά aus 3,15 aufgegriffen. – Wie in den meisten der genannten Doxologien folgt ein „Amen", das jetzt das Ende des ersten der beiden Teile des Eph markiert.[43]

---

[38] Eph 3,21: εἰς πάσας τὰς γενεὰς τοῦ αἰῶνος τῶν αἰώνων, ἀμήν. Vgl. 2Petr 3,18: καὶ νῦν καὶ εἰς ἡμέραν αἰῶνος. [ἀμήν]; Jud 25: πρὸ παντὸς τοῦ αἰῶνος καὶ νῦν καὶ εἰς πάντας τοὺς αἰῶνας, ἀμήν; 1Clem 61,3: καὶ νῦν καὶ εἰς γενεὰν γενεῶν καὶ εἰς τοὺς αἰῶνας τῶν αἰώνων· ἀμήν; 1Clem 65,2: ἀπὸ τῶν αἰώνων εἰς τοὺς αἰῶνας τῶν αἰώνων· ἀμήν.
[39] Der artikellose Gen. hat dort qualitative Funktion.
[40] Jud 25 (mit πᾶς) entspricht sachlich dem Plural. Der Singular in Eph 2,2 hat personale Bedeutung (s.o. A 54f zu 2,2).
[41] In 3,15 werden die πατριαί (Sippen, Stämme) durch „im *Himmel* und auf Erden" näher bestimmt.
[42] Γενεά hat die Grundbedeutung „Sippe". Trotz der semantischen Bestimmung durch den Kontext (zeitlich: „Generationen") bleibt die Grundbedeutung aber durch die Nähe zu 3,15 konnotativ.
[43] Vgl. Röm 11,36; 1Petr 4,11 und s.o. bei A 9.

Zweiter Hauptteil:
Der paränetische Imperativ (4,1–6,9)

BERGER, Formgeschichte 121–142.216f; DERS., Gattungen 1075–1092; BEST, Two Types 139–155; BJERKELUND, ΠΑΡΑΚΑΛΩ; BULTMANN, Ethik; DAHL, The „Euthalian Apparatus"; DIBELIUS, Jak 13–23; DERS., Formgeschichte 234–265; DERS, Geschichte; GNILKA, Traditionen; GRABNER-HAIDER, Paraklese; HAHN, Begründung; HALTER, Taufe 242–286.629–645; HASENSTAB, Ethik; HELLHOLM/BLOMKVIST, Parainesis; JEAL, Theology and Ethics; KAMLAH, Form; LUZ, Überlegungen; MALHERBE, Moralists; MERK, Handeln; DERS., Paränese; MERKLEIN, Eph 4,1–5,20; MITTON, Epistle 55–97.279–321; NAUCK, οὖν-paräneticum; NIEDER, Motive; OCHEL, Annahme 57–69; PERDUE, Social Character; POPKES, „Paränese"; DERS., Paränese und Neues Testament; SCHLIER, Ermahnung; DERS., Mahnung; SCHRAGE, Einzelgebote; DERS., Ethik; SELLIN, Paränese; STARR/ENGBERG-PEDERSEN (Hg.), Early Christian Paraenesis in Context; TSCHO, Die ethischen Weisungen (vgl. Zusammenfassung in ThLZ 117 [1992], 714f); VETSCHERA, Paränese; WALTER, Gemeinde 202–246.

Dem mit einer Doxologie (3,20–21)[1] geschlossenen ersten Hauptteil 1,3–3,21 folgt nun ein zweiter, der sich von 4,1 entweder bis 6,20[2] oder bis 6,9 erstreckt. Im zweiten Falle ist 6,10–20 als eine *Peroratio* bzw. eigenständige Schlußermahnung[3] aufzufassen,[4] eine Möglichkeit, der hier der Vorzug gegeben werden soll. Dieser Abschnitt 4,1–6,9 beginnt mit παρακαλῶ („ich ermahne ..."), das im hellenistischen Brief nach dem förmlich die briefliche Kommunikation positiv eröffnenden εὐχαριστῶ („ich danke ...") meist das eigentliche Anliegen einleitet.[5] Im Eph ergibt sich dagegen dadurch, dass nur die letzten drei Kapitel (4,1–6,9) mit παρακαλῶ eingeleitet werden, eine Zweiteilung, ähnlich wie in 1Thess und Röm. Inhalt, Stil und Formen wie Haustafel, Aufforderungsreihen u. ä. weisen dabei die so eingeleiteten zweiten Hauptteile jeweils als *Paränese* aus.

„Paränese" ist eine kulturübergreifende eigene Gattung.[6] Klassisch ist ihre Beschreibung durch M. Dibelius, der folgende Merkmale hervorhebt: in sich ge-

---

[1] S.o. zu 3,20f.

[2] So die meisten Ausleger.

[3] Vgl. 1Thess 5,12–22 im Unterschied zum mit παρακαλῶ eingeleiteten paränetischen Abschnitt 1Thess 4,1–5,11; ferner Gal 6,11–17 im Unterschied zu Gal 5,1–12 bzw. 5,13–6,10.

[4] So LINCOLN, Eph XII; DERS., „Stand therefore ..."; SELLIN, 291f; THEOBALD/PILLINGER, Eph, 21f. Für diese rhetorische Gliederung spricht die Wiederaufnahme der epideiktischen Sprache und der Gebetsrhetorik aus 3,14–19 in 6,18–20 (vgl. Röm 15,30–32); vgl. u. zu 6,10–20.

[5] Grundlegend zur εὐχαριστῶ-παρακαλῶ-Struktur antiker Briefe: BJERKELUND. Neben παρακαλῶ erscheinen in gleicher Funktion gelegentlich auch ἐρωτῶ, δέομαι, und (in amtlichen Schreiben, jedoch nicht im NT) ἀξιῶ – vgl. New Documents 6, 145.

[6] Anders POPKES, James and Paraenesis, 543, der „Paränese" als einen Funktionsterminus versteht; vgl. dazu HELLHOLM/BLOMKVIST, 471 und 506f; SELLIN, 283 A 15.

schlossene kurze appellative Sprüche[7] – katalogartige Reihung bei „Fehlen des Zusammenhangs"[8] – eklektischer Gebrauch traditioneller hellenistischer Ethik[9] – „nicht aktuelle, sondern usuelle Bedeutung"[10] – nur geringe christliche Spezifizierung und Begründung[11] – sittliche Weisung für Neubekehrte und folglich zu unterscheiden von der protreptischen (missionarischen) Rede[12] – nicht neu, meist als briefliche Erinnerung an die Gründungspredigt[13] – überwiegend im Beschluss der Briefe[14] – erforderlich geworden durch die einsetzende Erfahrung der ausgebliebenen Parusie.[15] Insbesondere Dibelius' Behauptung der Zusammenhangslosigkeit, der Usualität bzw. der fehlenden Aktualität, des losen Anhangcharakters, des Erinnerungscharakters der Mahnungen, sowie seine Bestimmung des „Sitzes im Leben" als Situation des Übergangs von der Naherwartung zur Erfahrung des Ausbleibens der Parusie werden heute zu Recht kritisiert.[16] Gültig bleibt aber der Verweis auf die traditionelle hellenistische Ethik[17] sowie auf die vermittelnde Instanz des hellenistischen Judentums. Ebenfalls gültig bleibt die Erkenntnis, dass die paränetische Rede sich im Unterschied zur protreptischen an bereits Getaufte wendet, die der Festigung ihrer neuen Orientierung bedürfen.

Hierin sieht die neue sozio-kulturwissenschaftliche Paräneseforschung gerade die Funktion und den Sitz im Leben der Gattung. Leo G. Perdue hat im Anschluss an das Konzept von Victor Turner[18] die Paränese als Begleitung des Übergangs von einem gesellschaftlich-kulturellen Status in einen neuen erklärt.[19] Typische Situationen für Paränese sind z.B. der Übergang von der Kindheit in den Erwachsenenstatus, die Reise,[20] der Abschied eines Sterbenden,[21] die Konversion. Sprecher ist immer der Einweihende (Eltern, Lehrer, Weise), Adressaten sind die Neophyten (Kinder, Schüler, Novizen usw.). Die Übergänge sind meist mit Riten verbunden (*rites de passage*), im Falle der Konversion zum Christentum mit der

---

[7] DIBELIUS, Jak, 16f.
[8] 20f.
[9] 19, unter Verweis auf Isokrates, ad Nicocl. (or. 2) 41: „in diesen Reden strebe man nicht nach Originellem" (ἀλλὰ γὰρ οὐκ ἐν τοῖς λόγοις χρὴ τούτοις … ζητεῖν τὰς καινότητας).
[10] DERS., Formgeschichte, 239.
[11] DERS., Geschichte, 141.
[12] DERS., Jak, 17. Diese Unterscheidung der Paränese von der protreptischen Rede hat vor allem VETSCHERA, 1911, 3–5; 1912, 21, herausgestellt. Aufgegriffen wird sie von BERGER, Formgeschichte, 130–135, der die Paränese als „postconversionale Mahnrede" bezeichnet (vgl. DERS., Gattungen, 1344: „postmissionale Mahnrede").
[13] DIBELIUS, Formgeschichte 240.
[14] 239; DERS., Geschichte, 144.
[15] „Die urchristlichen Gemeinden waren auf das Vergehen dieser Welt und nicht auf das Leben in ihr eingerichtet; so waren sie auch auf die Notwendigkeit keineswegs gerüstet, paränetische Lösungen für den Alltag hervorzubringen" (Formgeschichte, 241). In dieser Situation habe man auf die bereits vom hellenistischen Judentum übernommenen Weisungen der hellenistischen Ethik zurückgegriffen.
[16] Vgl., dazu PERDUE, 29f A 30; POPKES, James, 541–543; DERS., Paränese, 30–41; SELLIN, 285f.
[17] MALHERBE.
[18] TURNER, Forest; DERS., Ritual.
[19] PERDUE, 19–31, beschreibt die Protrepsis als „Conversion", die Paränese als „Confirmation".
[20] Ein schönes Beispiel ist die Mahnrede des Polonius an seinen Sohn Laertes in Shakespeare's Hamlet (II 3).
[21] So enthält die Gattung der Testamente wesentlich Paränese.

Taufe. Die Paränese folgt dabei dem rituellen Übergang zeitlich nach, d.h. sie dient der Stabilisierung und Fortentwicklung im neuen Status der Konvertierten („konfirmierend"). Dabei kann die Mahnrede im Rückblick auf den alten Status „destruierend" wirken (beides geschieht in den Texten nach dem „Einst-Jetzt-Schema": „Einst wart ihr Finsternis, jetzt aber Licht im Herrn": Eph 5,8). Auch wenn Dibelius' Beobachtung der Schlussstellung der Paränese in den neutestamentlichen Briefen nicht generell zutrifft, so ist doch die Sequenz von konstativer (narrativer, konfessorischer oder argumentativer) und appellativer Rede in den meisten Briefen des Corpus Paulinum auffällig[22] (so vor allem in 1Thess, Röm und Eph). Für diese Reihenfolge hat sich die Rede vom „Indikativ" und nachfolgendem „Imperativ" in der neutestamentlichen Exegese eingebürgert, wobei hier oft an die theologische Ordnung von Dogmatik und Ethik oder Gnade und Gesetz gedacht wird.[23] Ein wesentlicher Grund für diese Sequenz wird jedoch das εὐχαριστῶ-παρακαλῶ-Schema der antiken Briefstellerei gewesen sein.[24] Das schließt nicht aus, dass in theologischer Hinsicht in den neutestamentlichen Schriften prinzipiell das jeweils qualifizierte Sein des Menschen seinem Tun vorgeordnet ist (Gal 5,25).

Ausgehend von der Etymologie des Wortes παρακαλεῖν hat das formgeschichtliche Konzept der paulinischen Paränese (Dibelius; Bjerkelund) im deutschsprachigen Bereich eine Alternative gefunden: das „Paraklese-Modell" im Gegensatz zum „Paränese-Modell"[25] (H. Schlier, A. Grabner-Haider). Schlier geht aus von Bultmanns Anordnung des Verhältnisses von „Imperativ" und „Indikativ" und betont dabei den gegenüber einem nomistischen Ethikverständnis völlig neuen Charakter der ethischen Mahnung des Paulus als väterliche „Zu-Rede" (im Sinne von „zusprechen", „trösten", „ans Herz legen").[26] Es handelt sich um Kommunikation, die der *familia dei* entspricht. Sie ist eschatologisch begründet und letztlich selber eschatologischer Aufruf (allerdings *nach* dem bereits ergangenen Ruf, der in die Taufe mündete), der Aufruf, „würdig des Rufes zu wandeln, durch den ihr gerufen worden seid" (Eph 4,1).[27] „Man kann die paulinische Mahnung weithin als Taufparaklese bezeichnen".[28] „Die christliche Mahnung ist Evangelium".[29] Schliers Ansatz ist ausgebaut worden von A. Grabner-Haider, der die eschatologische Qualifizierung der Paraklese einerseits religions-

---

[22] G. Lohfink, Erzählung, 522–526.

[23] Bultmann, hatte das Begriffspaar noch nicht auf die Sequenz in der Briefstruktur, sondern auf Röm 6 als Beispieltext bezogen. Das Schema wurde dann aber mit der formgeschichtlichen Paräneseforschung von Dibelius verbunden (vgl. Schrage, Ethik, 156; Conzelmann/Lindemann, Arbeitsbuch, ¹³2000, 146). Gegen die Verbindung wendet sich Bjerkelund, 173: „Was die theologische Frage nach dem Verhältnis von Indikativ und Imperativ bei Paulus betrifft, so muss diese Debatte vor dem Hintergrund von Röm 6 und nicht Röm 12 geführt werden". Zum Schema von „Indikativ" und „Imperativ" vgl. H. M. Schenke, Indikativ und Imperativ; Merk, Handeln, 23–41.

[24] Auffälligerweise findet sich dieses nicht im Gal (wo neben dem εὐχαριστῶ auch das παρακαλῶ fehlt). Dort ist auch der Übergang von der Argumentation zur Paränese unscharf (schon in 5,1 oder erst in 5,13?). Für die zweite Möglichkeit plädiert Merk, Paränese. Popkes, Paränese, 88f, hält Gal 5–6 für einen „integralen Bestandteil der Gesamtargumentation des ganzen Schreibens" (89).

[25] Die so formulierte Gegenüberstellung findet sich bei Hasenstab, 31–94.

[26] „Von der Bezeichnung der ntl. Mahnung als ‚Paränese' sollte man eigentlich absehen. Παραινεῖν, παραίνεσις kommen im urchristlichen Sprachgebrauch kaum vor ... Sachgemäß möchte man ‚Paraklese' sagen" (Schlier, Mahnung, 340 A 2).

[27] 347. – Es ist bezeichnend, dass für diese Sicht Schliers gerade Stellen aus Eph (und Kol) eine wesentliche Rolle spielen.

[28] 347 A 9.

[29] 357.

geschichtlich durch Einbeziehung von Quellen aus der jüdischen Apologetik belegt, andererseits sie als Konstruktion der eschatologischen Botschaft herausstellt, insofern sie das Evangelium auf Entscheidung und Tat zuspitzt.[30] Bei dieser Zuordnung von Eschatologie und Ethik ist das Problem der Parusieverzögerung (welche für Dibelius als wesentliche Ursache der Entstehung von Paränese galt) zwar ausgeschaltet, doch wird die paulinische Ethik dabei zu sehr von der paulinischen Naherwartung her erklärt.[31] Die verschiedenen Modelle, das formgeschichtliche (Dibelius), das epistolographische (Bjerkelund),[32] das sozial-kulturgeschichtliche (Perdue) und das Paraklese-Modell (Schlier, Grabner-Haider) schließen sich nicht aus.

Auf dem paränetischen Teil, dem „Imperativ" des Eph, „liegt umfangmäßig das Schwergewicht des Briefes."[33] Quantitativ stehen epideiktischer (1,3–3,21) und paränetischer Teil (4,1–6,9) etwa im Verhältnis von 130:138 Nestle-Zeilen (ca. 1:1).[34] Dem kommt nur noch 1Thess mit einem Verhältnis von 4:3 nahe. Während aber in allen vergleichbaren Briefen die Paränese auf sehr konkrete Probleme bezogen ist[35] – eine Tatsache, die der These von der usuellen Funktion der Paränese (Dibelius) insgesamt widerspricht – bleibt die Paränese des Eph (wie der ganze Brief) theologisch grundsätzlich und allgemein. Das heißt, dass auch die ganze εὐχαριστῶ-παρακαλῶ-Struktur des Briefes (1,15; 4,1) nicht mehr epistolographische Funktion im text-externen kommunikativen Sinne hat, sondern ein literarisches Mittel der theologischen Abhandlung geworden ist.[36] Dabei entspricht nun der Eph dem Schema von „Indikativ" (im epideiktischen Stil: 1–3) und „Imperativ" (4–6) im größeren Maße als alle übrigen Paulusbriefe und stellt strukturell in Großform eine Analogie zu Röm 6,1–11/12–23 dar.[37]

In einem Punkt entspricht Eph 4,1–6,9 in ganz besonderer Weise dem Charakter der Gattung Paränese: Die Adressaten werden angesprochen als Neophyten,[38] Heidenchristen, die ihren alten, heidnischen Wandel abgelegt haben und in den neuen Wandel eingewiesen werden sollen. Entsprechend dominiert das Kontrastschema von Einst und Jetzt,[39] besonders in 4,17–5,20. Dieses Schema entspricht genau dem sozio-kulturgeschichtlichen Paränese-Modell von L. Perdue und seiner Beschreibung der Konversion mit den Stufen des alten Status,

---

[30] GRABNER-HAIDER, 36.
[31] Vgl. HASENSTAB, 85–87.
[32] Vgl. dazu SELLIN, 287–290.
[33] LUZ, 376 mit A 4. Luz rechnet freilich den Abschnitt 6,10–20 noch hinzu, der hier aber als eigenständige *peroratio* (gelegentlich als „Schlussparänese" bezeichnet) abgehoben werden soll.
[34] Im Vergleich dazu (nach Nestle-Seiten) Röm 22:7 (ca. 3:1); Gal 8:2 (ca. 4:1); Kol 5:3; 1Thess 4:3.
[35] Das gilt insofern auch für den Kol, als seine Paränese von dem in 2,8.16–23 behandelten Problem abhängig bleibt (mag seine Lokalisierung in Kolossä auch fiktiv sein).
[36] Das hat bereits BJERKELUND, 183–187, erkannt. Wenn er jedoch ein „enges Verhältnis zwischen den drei ersten Kapiteln und der Paränese" vermisst (183), so ist das zu ungenau – denn die Paränese dient gerade dem in Kap. 1–3 dominierenden Gedanken der „Einheit". Was man vermisst, ist eine konkrete Aktualität der Paränese (so BJERKELUND, 185, zu Recht). In der Tat ist Kap. 4 „mehr Prolegomenon zur Ethik als praktische Ethik" (JERVELL, Imago Dei, 238; zustimmend zitiert von BJERKELUND). Aus der Fortsetzung des παρακαλῶ durch λέγω καὶ μαρτύρομαι in 4,17 und dem emphatischen ἐγὼ ὁ δέσμιος in 4,1 schließt BJERKELUND, 185–187, zu Recht darauf, dass der reale Verfasser nicht Paulus sein kann.
[37] Es verwundert deshalb nicht, wenn SCHLIER sich für sein Paraklese-Modell besonders auf Eph beruft.
[38] Vgl. o. A 11.
[39] Dazu TACHAU, „Einst und jetzt", 125f.

der destruiert wird, des Übergangs (mit einem Ritus: in diesem Fall der Taufe) und des neuen Status, der „konfirmiert" wird.[40] Daraus dürfen jedoch keine voreiligen Schlüsse auf die konkrete Situation der Adressaten gezogen werden. Besonders im epideiktischen Hauptteil Kap. 1–3 wird eine Theologie vorausgesetzt, die mit ihren hellenistisch-jüdischen religiösen und philosophischen Grundlagen und Anspielungen die Verstehensmöglichkeiten frisch bekehrter Heiden bei weitem übersteigen würde. Lehre und Sprache des Eph entsprechen durchaus dem, was nach Hebr 5,11–13 als λόγος τέλειος gelten kann.[41] Das Bild von den (fiktiven) Adressaten hängt zunächst mit dem Bild des (fiktiven) Autors, des Heidenapostels Paulus, zusammen. Das Kontrastschema ist also ein literarisches Mittel. Es stellt den Gegensatz von vorchristlicher und christlicher Existenz dar,[42] wobei der individualgeschichtliche Aspekt aus der Biographie der intendierten Adressaten nicht die tragende Rolle spielt. Vielmehr werden heidnische Kultur der Umwelt und christliche Sonderkultur einander kontrastiert – eine apologetische Tendenz, die im hellenistischen Judentum ihr Vorbild hat,[43] wobei durchaus an hellenistische Kulturkritik angeknüpft werden konnte.[44]

Die Annahme, der Eph richte sich an neugetaufte Heidenchristen,[45] hat gelegentlich dazu geführt, dass man den ganzen Brief von der Taufliturgie her erklärt, etwa als Taufparänese oder gar als Taufhomilie.[46] Wenn auch Taufterminologie an einigen Stellen begegnet,[47] so legt sich doch nirgends nahe, dass die Taufe im Mittelpunkt stehe oder im Zusammenhang mit der Abfassung oder Verlesung des Textes zeitlich oder sachlich zu verbinden sei.[48] Im Gegenteil: 4,30 läßt die Taufe nur mittelbar und beiläufig anklingen; und in 4,5 geht es um die Einheit aller Getauften. Die Paränese des Eph richtet sich also an alle Getauften, nicht nur an *Neu*-Getaufte. Das schließt nicht aus, dass sie als *Gattung* ihren „Sitz im Leben" in dem kulturuniversalen Phänomen der „Konversion" hat.[49]

Die *Gliederung* von 4,1–6,9 ist nicht so klar erkennbar wie die von 1,3–3,21. Ein wichtiges Gliederungsmerkmal ist das οὖν-paraeneticum,[50] dessen Bedeutung etwa zwischen dem schließenden „(al)so" und dem fortsetzenden „nun" liegt, d.h.

---

[40] S.o. bei A 18–21.
[41] Obwohl der Verfasser des Hebr seinen Adressaten die Lehre für Fortgeschrittene (Kap. 7–10) zumutet, werden sie 5,11–14 paränetisch angegangen. Das richtet sich also keineswegs an Neophyten, sondern an „schwerhörig" gewordene Christen, die „der Zeit nach bereits Lehrer sein sollten" (5,11f). Dass Paränese sich nicht speziell an „Anfänger" richtet, ist ein Ergebnis des skandinavischen Paränese-Projektes: STARR/ENGBERG-PEDERSEN, Early Christian Paraenesis in Context – darin besonders: STARR, Was Paraenesis for Beginners?, S. 73–112.
[42] Vgl. BEST.
[43] Z.B. Weish 13,1–19; ep.Arist 134–141; Jub 22,16–30; Sib 3,36–45; 1Hen 91,1–10.18f; häufig bei Philon auch als Kulturkritik.
[44] Vgl. BEST, 143–145.
[45] Häufig verbunden mit der These, die „Wir"- und „Ihr"-Aussagen bezögen sich auf Judenchristen („wir") und „Heidenchristen" („ihr"); dazu s.o. zu 1,12. Das „Wir" ist aber nicht auf Judenchristen zu beschränken (auch wenn der Verfasser „Paulus" natürlich als ein solcher gilt).
[46] Dazu s.o. zu 1,12.
[47] 1,13; 3,9; 4,5.30; 5,14.
[48] Vgl. BEST, Eph, 72: „That [the] A[uthor of] E[phesians] refers to baptism directly or obliquely does not then make his letter a baptismal address"; vgl. 150f.369.
[49] „Gattungen" existieren nur auf der Ebene der kommunikativen *Kompetenz*, deren Regeln und Funktionen sich Texte aufgrund verschiedener Merkmale zuordnen lassen. Entsprechend richtet sich ihr „*Sitz im Leben*" nach *typischen* sozio-kulturellen Vollzügen, die literarisch auch fiktional sein können.
[50] NAUCK, 134f.

anaphorische und Neues einführende Funktion zugleich hat (und insofern dem aufbauenden Wesen der Paränese entspricht): 4,1.17; 5,1.15. Die dadurch markierten Teile 4,1-16; 4,17-32; 5,1-14; 5,15-6,9 sind ungefähr gleich lang (jedoch mit einem Überhang in 5,15-6,9) und in sich wiederum ähnlich strukturiert: Auf eine grundsätzliche Ausführung (4,1-6; 4,17-24; 5,1-2; 5,15-20) folgt jeweils eine konkrete Ausführung (4,7-16; 4,25-32; 5,3-14; 5,21-6,9), eingeleitet mit δέ (4,7; 5,3)[51] oder διό (4,25). Diese streng syntaktische Einteilung wird jedoch problematisch durch die Beobachtung, dass an zwei Stellen Verschleifungen vorliegen: (1.) 5, 21 setzt syntaktisch die Reihe der Partizipien von 5,19-20 fort (λαλοῦντες ... ᾄδοντες καὶ ψάλλοντες ... εὐχαριστοῦντες ... ὑποτασσόμενοι ...). Der Grund ist leicht erkennbar: Aus der Vorlage Kol 3,18 (αἱ γυναῖκες, ὑποτάσσεσθε τοῖς ἀνδράσιν) wird der Imperativ vorgezogen und an die Partizipien von V.19f angereiht, die wiederum von den vier Imperativen in V.17 und 18 abhängig sind, zwei parallelen Antithesen: nicht unverständig sein, sondern den Willen Gottes verstehen – nicht voll des Weines, sondern voll des Geistes sein.[52] Die Haustafel-Ethik wird dadurch unter die Erkenntnis des Gotteswillens und den Besitz des Geistes gestellt. (2.) Gewichtiger ist die inhaltliche Verschleifung im Falle der Verse 5,1-2, die *syntaktisch* deutlich von dem vorherigen Kontext abgesetzt sind, *inhaltlich* aber an 4,32 anschließen.[53] Allerdings führen sie auch inhaltlich über die Kol 3,8.12f übernommenen Kataloge (4,31/Kol 3,8: Laster; 4,32/Kol 3,12f: Tugenden) hinaus, indem sie eine Letztbegründung für die im gesamten paränetischen Abschnitt geforderte Ethik geben: die *imitatio Dei*. Ab 5,3 folgen dann wieder antithetisch gegenübergestellte Katalogreihen. 5,1-2 erweist sich so nicht nur als Höhepunkt des Abschnitts 4,25ff, sondern der ganzen Paränese 4,1-6,9,[54] was sich auch daran zeigen lässt, dass das Stichwort „Liebe"/„lieben" im letzten Teil der Paränese, in 5,25.28.33 wieder begegnet – wie es vor 5,1-2 zuletzt in 4,2.15.16 vorkam. Das aber läßt an eine Ringkomposition denken, deren Mitte 5,1-2 und deren äußersten Ring 4,1-16 und 5,21-6,9 darstellen. Der innerste Ring um die Mitte würde dann durch 4,25-32 und 5,3-14 gebildet (jeweils antithetische Katalogreihen), zu denen 4,17-24 und 5,15-20 unter dem Stichwort περιπατεῖν („wandeln") Begründungen bzw. Vertiefungen darstellen. In 5,15-20 werden neben περιπατεῖν auch die anthropologischen Grundbegriffe νοῦς, πνεῦμα, καρδία und die noetische Terminologie (διάνοια, ἄγνοια/σοφός, συνιέναι) aus 4,17-24 aufgegriffen:[55]

---

[51] Ein solches δέ erscheint aber auch in 4,20.
[52] μὴ γίνεσθε ἄφρονες, ἀλλὰ συνίετε τί τὸ θέλημα τοῦ κυρίου,
καὶ μὴ μεθύσκεσθε οἴνῳ, ἀλλὰ πληροῦσθε ἐν πνεύματι ...
[53] Die meisten Ausleger betrachten 5,1-2 deshalb als Abschluss von 4,25-32 (z.B. SCHNACKENBURG, Eph, 207-219; LINCOLN, Eph XLIf.292-315; BEST, Eph, 443. Andere (GNILKA, Eph, 233.242; BARTH, Eph, II, 525.555; MUSSNER, Eph, 138-141) sehen in 5,1-2 den Anfang eines neuen Abschnitts.
[54] LUZ, 383, erklärt folglich 5,1-2 als eine „grundsätzliche und orientierende Zwischenbemerkung"; vgl. auch THEOBALD/PILLINGER, Eph, 23f.
[55] Vgl. dazu SELLIN, 296f; THEOBALD/PILLINGER, Eph, 22-24. Die hier vorgeschlagene Gliederung wird durch die Euthalianische Lektionenliste (dazu DAHL, The „Euthalian Apparatus", 242-248; HELL-

A: 4,1–16 Die Einheit und ihre Bänder[56]
   B: 4,17–24 Der Wandel des alten und des neuen Menschen
      C: 4,25–32 Dualistisch-katalogische Mahnungen
         D: 5,1–2 Prinzip: Nachahmung Gottes mit Christus als Vorbild
      C': 5,3–14 Dualistisch-katalogische Mahnungen
   B': 5,15–20 Törichter und geisterfüllter Wandel
A': 5,21–6,9 Die Familie als Zelle und Bild der Einheit

Dass es sich auch hier wie bei 1,3–3,21 um sieben zyklisch angeordnete Teile handelt, könnte Zufall sein. Jedenfalls lassen sich keine inhaltlichen oder formalen Entsprechungen der sieben Teile von 4,1–6,9 zu den sieben Teilen von 1,3–3,21 finden.

Der Verfasser hat für die Abfassung seiner Paränese Kol 3,5–4,1 als *literarische Quelle* benutzt. Das lässt sich am deutlichsten bei der Haustafel 5,21–6,9 zeigen, aber auch an 4,1–5,20, wo lediglich in 4,7–14 keine Reminiszenzen an Kol vorkommen. Die literarische Bezugnahme von Eph auf Kol muß freilich von anderer Art sein als die von Mt oder Lk auf Mk (im Sinne der Zwei-Quellen-Theorie): „Man wird es sich kaum so vorstellen können, dass der Autor des Epheserbriefes den Kolosserbrief direkt vor sich liegen hatte … Eher ist anzunehmen, dass der Verfasser den Kolosserbrief ‚im Kopf' hatte …"[57] Im Zuge der formgeschichtlichen Bestimmung der Gattung „Paränese" durch Dibelius wird das Verhältnis von Eph zu Kol gerade für Eph 4,1–6,9 dagegen traditionsgeschichtlich erklärt. Bezeichnend ist die Position von W. Ochel, der zwar generell die „Annahme einer Bearbeitung des Kolosser-Briefes im Epheser-Brief"[58] vertritt und für Kol 1–3 auch nachweist, aber bei den katalogischen Partien des paränetischen Teils (4,23–5,14) auch mit gemeinsamer Tradition rechnet.[59] Die „Conflation"-Theorie von Mitton und

---

HOLM/BLOMKVIST; Näheres zu Euthalius: M. WELTE, RGG⁴ 2, 1681; A. JÜLICHER/E. FASCHER, Einleitung in das NT, ⁷1931, 573–576) annähernd bestätigt. Schon dort wird der Eph in die zwei Hauptteile 1,3–3,21 und 4,1–6,20 gegliedert, die beide allerdings aus je fünf „Kapiteln" bestehen: 1,3–14; 1,15–2,10; 2,11–22; 3,1–13; 3,14–21 und 4,1–16; 4,17–5,2; 5,3–5,21; 5,22–6,9; 6,10–20. Dabei ist der zyklische Aufbau der beiden Teile nicht erkennbar. Für die Teile 4,1–16; 4,17–24; 5,3–14 wird der Ausdruck παραίνεσις gebraucht, das im NT nicht vorkommt (nur παραινεῖν begegnet in Apg 27,9 und 22).

[56] Die Überschrift „Die Einheit in der Vielfalt" bei SELLIN, 297, ist aus 1Kor 12 eingetragen und hier zu revidieren. Vgl. WALTER, Gemeinde, 245 A III: „Der Gabenbeitrag jedes einzelnen Gliedes kommt im Eph nicht ins Blickfeld" (gegen LINCOLN, Theology, 154, der den Gedanken aus 1Kor ebenfalls einträgt).

[57] MERKLEIN, Eph 4,1–5,20, 195; ähnlich bereits MITTON, 64f, der von „conflation" spricht, eine gedächtnismäßige Benutzung „of one, whose mind was saturated with the contents of Colossians as he composes Ephesians, so that echoes from different parts of Colossians associated in his mind if an idea or a word serve as a link between them" (64).

[58] So der Titel seiner Dissertation.

[59] OCHEL, 61: „Große Vorsicht heißt es bei der Untersuchung der Kol-Parallelen des ersten rein-paränetischen Kernstücks, 4,25–5,14, walten zu lassen", denn: „Übereinstimmungen zwischen zwei ermahnenden Stücken der frühchristlichen Literatur" weisen „von sich aus niemals auf ein direktes literarisches Abhängigkeitsverhältnis der beiden Schriften" (57). BEST, Two Types (vgl. DERS., Eph, 20–25) bestreitet überhaupt jede literarkritische Beziehung (nicht nur im paränetischen Teil) und rechnet bei Übereinstimmungen grundsätzlich mit gemeinsamer paulinischer Schrifttradition bei zwei unterschiedlichen Paulusschülern (s. o. Einleitung § 4).

Merklein ist nun allerdings nicht ausreichend.[60] Bereits Ochel[61], dann Lindemann[62] und Gese[63] haben gezeigt, dass der Eph eine kritische Verarbeitung mit eigenem theologischen und hermeneutischen Ansatz darstellt, was sich gerade auch in den paränetischen Partien zeigen lässt.[64]

II. 1.) 4,1–16: Die Einheit und ihre Bänder

(1) Ich ermahne euch nun, ich, der Gefangene im Herrn,
würdig des Rufes zu wandeln, mit dem ihr gerufen wurdet,
(2) mit aller Demut und Milde, mit Langmut, einander ertragend in Liebe,
(3) bestrebt, zu bewahren die Einheit des Geistes im Band des Friedens,
(4) *ein* Leib und *ein* Geist, wie ihr auch gerufen wurdet in *einer* Hoffnung eures Rufes.
(5) *Ein* Herr, *ein* Glaube, *eine* Taufe,
(6) *ein* Gott und Vater von allem,
der über allem und durch alles und in allem ist.

(7) Jedem einzelnen von uns wurde die Gnade gegeben gemäß dem Maß der Gabe Christi.
(8) Darum heißt es:
„Aufsteigend zur Höhe nahm er Gefangene gefangen,
gab Gaben den Menschen."
(9) Das „er stieg auf", was bedeutet es anderes, als dass er auch hinabstieg in die Niederungen der Erde?
(10) Der hinabstieg ist derselbe, der auch hinaufstieg über alle Himmel, damit er das All erfülle.

(11) Und er selbst gab die Apostel, die Propheten, die Evangelisten, die Hirten und Lehrer
(12) zur Zurüstung der Heiligen zum Werk des Dienstes, zum Aufbau des Leibes Christi,
(13) bis wir alle gelangen zur Einheit des Glaubens und der Erkenntnis des Sohnes Gottes, zu einem vollkommenen Mann, zum Grad der Reife der Fülle Christi,

---

[60] Vgl. die gegen MITTON gerichtete Bemerkung von LINDEMANN, Aufhebung, 45: „… die Hypothese des ‚auswendiggelernten' Kolosserbriefes ist wenig hilfreich".
[61] OCHEL, 14f: Der Eph-Verfasser hat (1.) eine Auswahl aus dem Kol getroffen und (2.) das übernommene Gut in seinem Sinne überarbeitet.
[62] LINDEMANN, Aufhebung, 45: Der Verfasser von Eph unternimmt den Versuch, „eine eigene Theologie zu entwerfen. Von daher sind Differenzen ebenso wie die Übereinstimmungen mit dem Kolosserbrief eher zu erklären".
[63] GESE, Vermächtnis, 39–54.
[64] Vgl. die Tabellen bei MITTON, Epistle, 297–311; MERKLEIN, Eph 4,1–5,20, 198f.

(14) damit wir nicht mehr Unmündige sind, von Wogen umhergeworfen und herumgewirbelt von jedem Wind der Lehre, beim Würfelspiel der Menschen, in Listigkeit zur Verführung in den Irrtum,

(15) vielmehr sollen wir aufrichtig in der Liebe ganz hinwachsen auf ihn, der das Haupt ist, Christus,

(16) von dem her der ganze Leib, zusammengefügt und zusammengehalten durch die Verbindung der Versorgung, gemäß der Kraft, die jedem Teil angemessen ist, das Wachsen des Leibes vollzieht zu seinem Aufbau in Liebe.

BEIERWALTES, RAC 14 (1988), 445–472; BEST, Liturgical Material; DERS., Ministry; BIEDER, Höllenfahrt 81–90; BRÖSE, *descensus*; CAIRD, Descent; CAMBIER, Éph. IV.7–10; DIBELIUS, Christianisierung; DILLON, Middle Platonists; DÖRRIE, Eudoros; DERS., Präpositionen; DÖRRIE/BALTES, Platonismus 110–179.377–489; DUPONT, Gnosis; FILSON, Teacher; FISCHER, Tendenz 21–78.137–139; GOLDBERG, Tora; GREEVEN, Propheten; HADIDIAN, Eph 4,11; HARRIS, Descent; U. HECKEL, Hirtenamt 69–81; HILL, Prophets; HOLZMEISTER, Genitivus epexegeticus; HORSLEY, Formula; KÄSEMANN, Epheser 4,1–6; DERS., Eph 4,11–16; KERST, 1Kor 8,6; KLAUCK, Amt; G. KLEIN, Apostel 65–75; KREITZER, Solution; DERS., Plutonium; KRETSCHMAR, Himmelfahrt; LINCOLN, Use 16–57; LINDARS, Apologetic 45–59; LINDEMANN, Bemerkungen; LOHFINK, Himmelfahrt 87; MARTIN, Formulas; MCNAMARA, Targum to the Pentateuch 78–81; MEEKS, Prophet-King; MERKLEIN, Amt 57–117; METZGER, Formulas; MOORE, One Baptism; MORITZ, Mystery 56–86; NESTLE, Eph 4,8; NORDEN, Agnostos Theos 240–250.347–354; ODEBERG, Universe; PETERSON, ΕΙΣ ΘΕΟΣ; PÖHLMANN, All-Prädikationen; C. H. PORTER, Descent; J. A. T. ROBINSON, One Baptism; RUBINKIEWICZ, Ps LXVIII 19 (= Eph IV 8); SALZMANN, Lehren 92–95; SCHNACKENBURG, Christus; SCHÜRMANN, „… und Lehrer"; E. SCHWEIZER, Gemeinde; SCHWINDT, Weltbild 399–430; SEGAL, Heavenly Ascent; STERLING, Metaphysics; TAYLOR, Psalm 68:18; THEILER, Vorbereitung 15–35; VÖGTLE, Reflexionen; WALTER, Gemeinde 202–246; WENGST, Formeln 136–143; DERS., Solidarität der Gedemütigten; DERS., Demut; WILLIAMS, Logic; ZELLER, Der eine Gott; A. F. ZIMMERMANN, Lehrer.

Der Abschnitt besteht aus drei Teilen (4,1–6/7–10/11–16). Der erste (4,1–6) setzt ein mit einer Ermahnung zu einem Wandel, der dem Ziel, zu dem die Adressaten berufen sind, entspricht: einem Verhalten, das die „Einheit" fördert (V.1–3). Er mündet in eine Doppelreihe von „Einheitsformeln" (V.4 und V.5–6). Der zweite und der dritte Teil (4,7–16) enthalten keine Ermahnungen, sondern haben vordergründig die Ämter-Gaben als Mittel und Bänder der „Einheit" zum Thema – so ab V.11. Die Paränese von 4,1–3 wird erst ab 4,17 fortgesetzt. Das Stichwort „Einheit" (ἑνότης) aus V.3 dagegen taucht wieder in V.13 auf. Diesem entfaltenden Teil 4,11–16 (ein einziger Satz) ist mit V.7–10 ein Schriftbeleg vorangestellt, dessen zentrales Stichwort δόματα („Gaben") ist, dessen Bedeutung sich jedoch nicht auf den ersten Blick erschließt.

A. 4,1–6: Einheit

4,1–6 ist in sich geschlossen und hat eine eigene Form: Von dem performativen παρακαλῶ, das die Paränese (4,1–6,9) einleitet, ist ein Infinitivsatz abhängig („würdig des Rufes zu wandeln, mit dem ihr gerufen wurdet"), dessen Verb („zu wandeln") zwei präpositionale Bestimmungen mit μετά („mit aller Demut und Milde", „mit Langmut") und zwei Partizipialsätze („einander ertragend in Liebe", „bestrebt, zu wahren die Einheit …") zugefügt sind (V.1-3). Dieser appellative Abschnitt steht der ganzen Paränese voran. Er mündet dann in eine verblose Parole, die den Inhalt des „Rufes", dem das geforderte Verhalten „angemessen" (ἀξίως: V.1) sein soll, mitteilt (V.4). Zumindest vermittelte dieser „Ruf" *eine* Hoffnung. Dann gehören aber wohl auch der „eine Leib" und der „eine Geist" zum Inhalt des Rufes. Es folgt in V.5-6 noch eine zweite verblose Parole mit vier Einheits-Formulierungen, die aber im Unterschied zu V.4, wo der καθώς-Satz die nominale Reihung durchbricht, formal geschlossener wirkt. Insgesamt finden sich in V.4-6 sieben Einheitsdeklarationen: *ein* Leib – *ein* Geist – *eine* Hoffnung (V.4) – *ein* Herr – *ein* Glaube – *eine* Taufe (V.5) – *ein* Gott (V.6). So haben einige Exegeten hier – unter Auslassung des καθώς-Satzes, der dem Stil des Verfassers entspricht (1,4; 3,3; 4,17.21.32; 5,2.3.25.29) – eine liturgisch geprägte Formel (ein „Credo", einen Hymnus oder eine Akklamation) aus sieben prädikatlosen Gliedern vorfinden wollen.[1] Das ist allerdings – nicht nur wegen V.4b[2] – unwahrscheinlich: Die Reihenfolge der Glieder entspricht inhaltlich dem Kontext, nicht aber der Logik solcher Formeln (vgl. die umgekehrte Reihenfolge Gott – Kyrios in 1Kor 8,6).[3] V.4 lässt sich insgesamt als Werk des Verfassers verstehen (vgl. 2,16.18: „in einem Leib", „in einem Geist"; Kol 3,15; 1Kor 12,13). Traditionelle Formulierung lässt sich allenfalls für V.5 und 6 vermuten.

Käsemann, Wengst und Lincoln halten V.5 für den traditionellen Kern des Abschnitts: „eine triadische dem Verfasser vorgegebene Akklamation"[4], deren „Sitz im Leben" die Taufe sei.[5] Auch diese Vermutung lässt sich nicht bestätigen: Röm 10,9; 1Kor 12,3 und Phil 2,11 belegen zwar, dass es eine rituelle Akklamation bzw. ein Bekenntnis κύριος Ἰησοῦς gab; 1Kor 8,6 zeigt aber, dass die Formulierung εἷς κύριος, auf Christus bezogen, nicht ohne die parallele

---

[1] BRUCE, Eph, 335: „… an early Christian Credo"; BEST, Use, 64-66, konjiziert „a pre-existing unit":
„One body, one spirit, one hope,
one Lord, one faith, one baptism,
one God and Father of all,
who is over all and through all and in all."
[2] Vgl. dort auch die für den Verfasser typische Paronomasie (ἐκλήθητε … τῆς κλήσεως); s.o. zu 1,3b.
[3] WENGST, Formeln, 141; SCHNACKENBURG, Eph, 162; LINCOLN, Eph, 228f.
[4] KÄSEMANN, Epheser 4,1-6, 285f: „Urdatum" sei „die dreigliedrige Akklamation von V.5"; WENGST, Formeln, 142; vgl. LINCOLN, Eph, 229.
[5] HANSON, Unity, 159-161; MOORE, 514f; SCHNACKENBURG, Eph, 162.

Formel εἷς θεός existierte[6], ja diese wohl voraussetzt.[7] Ein weiteres Gegenargument ist die Tatsache, dass μία πίστις und ἓν βάπτισμα frühchristlich sonst erst gegen Mitte bzw. Ende des 2. Jh. belegt sind.[8] Ferner ist die Erwähnung des *einen* Glaubens (μία πίστις) auch im Hinblick auf 4,13 (εἰς τὴν ἑνότητα τῆς πίστεως) kohärent mit der im ganzen Zusammenhang erkennbaren Verfasserintention. Und schließlich ist die Annahme, dass bei einem Taufakt die „eine Taufe" selber akklamiert werde, nicht sehr plausibel. Hier handelt es sich doch wohl eher um eine dogmatische Meta-Aussage. Wenn sich also auch keine vorgegebene εἷς-Formel im Wortlaut finden lässt, so entsprechen V.5 und 6 in der Form doch solchen im hellenistischen, jüdischen und frühchristlichen Kult gebräuchlichen Einheitsformeln. Dass es diese im ältesten Christentum gab, ist angesichts Gal 3,26–28 und vor allem 1Kor 8,6 keine Frage. 1Kor 8,6 kommt Eph 4,5–6 am nächsten:

1Kor 8,6a	Eph 4,6
ἀλλ' ἡμῖν εἷς θεὸς ὁ πατὴρ	εἷς θεὸς καὶ πατὴρ πάντων,
ἐξ οὗ τὰ πάντα καὶ ἡμεῖς εἰς αὐτόν	ὁ ἐπὶ πάντων καὶ διὰ πάντων καὶ ἐν πᾶσιν

1Kor 8,6b	Eph 4,5
καὶ εἷς κύριος Ἰησοῦς Χριστός	εἷς κύριος, μία πίστις, ἓν βάπτισμα
δι' οὗ τὰ πάντα καὶ ἡμεῖς δι' αὐτοῦ.	

Beide Stellen stimmen nicht nur in den Formulierungen εἷς θεὸς (ὁ/καὶ) πατὴρ und εἷς κύριος überein, sondern enthalten auch eine relativisch an die εἷς-θεός-Formulierung angeschlossene Reihe von präpositionalen Bestimmungen. Im Fall von 1Kor 8,6 hat auch das auf Christus bezogene εἷς κύριος eine entsprechende präpositionale All-Formulierung (mit διά auf Christus als Schöpfungs- und Erlösungsmittler). Solche all-theologischen Präpositionsreihen begegnen im Neuen Testament (unabhängig von den εἷς-Formeln) auch in Röm 11,36 und Hebr 2,10, auf Christus bezogen in Kol 1,16f, Joh 1,3.10 und Hebr 1,2. Eph 4,6 fällt insofern aus der Reihe, als die Präpositionalwendungen hier attributiv das Subjekt (den „einen Gott") in lokaler Hinsicht beschreiben.[9]

---

[6] Damit ist nicht bestritten, dass es ein εἷς κύριος in heidnisch-hellenistischen Kulten und politischen Schriften ebenso gab wie im Alten Testament und frühjüdischen Schriften.
[7] KERST, 134; ZELLER, 48 A 53.
[8] Die nach Eph 4,5 ältesten frühchristlichen Belege für μία πίστις sind Herm 94,4 (sim IX 17,4) und 95,4 (18,4). Es gibt allerdings vorchristliche Belege (s.u. zu V.5). Ἓν βάπτισμα ist nach Eph 4,5 erst wieder bei Clem.Alex., strom. III, 12,82f, belegt. Herm 94,4 setzt für seinen Gebrauch von μία πίστις allerdings den Zusammenhang mit der Taufe voraus: „Als sie nun das Siegel empfingen (λαβόντες τὴν σφραγῖδα), erhielten sie *eine* Gesinnung und *einen* Geist (νοῦς), und *ein* Glaube entstand bei ihnen und *eine* Liebe." Σφραγίς steht hier für die Taufe (s.o. zu 1,13). Weitere Elemente der Einheitsformel begegnen in Herm 90,7 (sim IX 13,7): ἓν πνεῦμα, ἓν σῶμα, ἓν ἔνδυμα) und 18,4: „... die Kirche Gottes wird sein *ein* Leib, *eine* Gesinnung, *ein* Geist (νοῦς), *ein* Glaube, *eine* Liebe". Trotz der gleichen ekklesiologischen Zuspitzung liegt eine direkte Bezugnahme auf Eph 4,5 aber wohl nicht vor. Als Indiz für eine hinter Eph traditionsgeschichtlich zurückreichende zitierte Taufformel „ein Herr, ein Glaube, eine Taufe" kann dieser Sachverhalt aber ebenfalls nicht in Anspruch genommen werden.
[9] STERLING, lässt unsere Stelle deshalb beiseite und berücksichtigt nur die präpositionalen Wendungen, die sich auf die philosophischen Prinzipien *(causae)* beziehen.

Die εἷς-πᾶν-Relation und die syntaktische Beziehung der Präpositionen hier in Eph 4,6 haben eine deutlichere Entsprechung bei Marc. Aurel. VII 9,2 – eine Stelle, auf die Dibelius hingewiesen hat[10]:

κόσμος τε γὰρ εἷς ἐξ ἁπάντων
καὶ θεὸς εἷς δι' ἁπάντων[11]
καὶ οὐσία μία
καὶ νόμος εἷς,
 λόγος κοινὸς πάντων τῶν νοερῶν ζῴων,
καὶ ἀλήθεια μία,
εἴ γε καὶ τελειότης μία
τῶν ὁμογενῶν καὶ τοῦ αὐτοῦ λόγου μετεχόντων ζῴων.

In der Einführung dieser Worte spricht Marc. Aurel. von einer σύνδεσις ἱερά (einer „heiligen Verbindung"). Eph 4,3 ist entsprechend vom „Band des Friedens" (σύνδεσμος τῆς εἰρήνης) die Rede. Wie Eph 4,5f benennt Marc. Aurel. mehrere „Einheiten": *ein* Kosmos – *ein* Gott – *eine* οὐσία (Wirklichkeit, Substanz, Essenz) – *ein* Gesetz (νόμος) – *eine* Wahrheit – *eine* Vollkommenheit (τελειότης). Nimmt man den Logos hinzu, an dem alle vernünftigen Wesen Anteil haben, sind es wie in Eph 4,5f sieben Einheiten. Zwei dieser Subjekte werden wie im Fall von Eph 4,6 durch attributive präpositionale Bestimmungen prädiziert:

κόσμος ... εἷς ἐξ ἁπάντων
καὶ θεὸς εἷς δι' ἁπάντων ...

Ein äußerlicher Unterschied (denn die verschiedenen Subjekte bei Marc. Aurel. meinen letztlich denselben Referenten: das göttliche Weltprinzip) besteht freilich noch darin, dass in Eph 4,6 die drei präpositionalen Attribute nur auf einen Ausdruck, nämlich εἷς θεός, bezogen sind. Sie bezeichnen seine Stellung als „Vater"[12] in Bezug auf das „All": Er ist „über" allem, geht „durch" alles hindurch[13] und ist „in" allem. In der ps.-aristotelischen Schrift *de mundo*[14] gibt es dazu zwei Parallelen: „die in Pflanzen und Lebewesen befindliche und *durch alles hindurchgehende* (διὰ πάντων διήκουσα) belebende und erzeugende Substanz" (welche πνεῦμα genannt wird): 394b 10f. In 396b 28f wird das von der δύναμις gesagt: „die ganze Erde, Meer, Luft, Sonne, Mond und den ganzen Himmel *schuf eine durch alles*

---

[10] DIBELIUS, 14f, Übersetzung:
 Es gibt nämlich nur *einen* Kosmos, der aus allem besteht,
 und nur *einen* Gott, der durch alles hindurchwest,
 und nur *eine* Substanz
 und nur *ein* Gesetz,
 nur *einen* allen denkenden Wesen gemeinsamen Logos,
 und nur *eine* Wahrheit,
 wie auch nur *eine* Vollkommenheit
 der verwandten und an demselben Logos teilhabenden Lebewesen.
[11] Oder: διὰ πάντων; vgl. DIBELIUS, 14.
[12] Zum neutrischen Genus von πάντων – πᾶσιν s. u. zu V.6.
[13] In dem διὰ πάντων von Eph 4,6 hat διά + Gen. also eine andere Bedeutung als in dem δι' αὐτοῦ von Röm 11,36 und Hebr 2,10.
[14] Bisher überwiegend in das 1. Jh. n. Chr., neuerdings aber ins 2. Jh. v. Chr. datiert: RIEDWEG, Imitation, 89ff; vgl. N. WALTER, Rez. in StPhAn 8 (1996), 177–185, 182f; ZELLER, 41.

II. 1.) 4,1–16 Die Einheit und ihre Bänder

hindurchgehende Dynamis (διεκόσμησε μία [ἡ] διὰ πάντων διήκουσα δύναμις)[15]. Noch näher steht Eph 4,6b Fragment 5 des Diogenes von Apollonia[16]:

καί μοι δοκεῖ τὸ τὴν νόησιν ἔχον εἶναι ὁ ἀὴρ καλούμενος
ὑπὸ τῶν ἀνθρώπων, καὶ ὑπὸ τούτου πάντας καὶ
κυβερνᾶσθαι καὶ πάντων κρατεῖν·
αὐτὸ γάρ μοι τοῦτο θεὸς δοκεῖ εἶναι[17]
   καὶ ἐπὶ πᾶν ἀφῖχθαι[18]
   καὶ πάντα διατιθέναι
   καὶ ἐν παντὶ ἐνεῖναι.
καὶ ἔστιν οὐδὲ ἓν ὅ τι μὴ μετέχει τούτου.[19]

Die εἷς-θεός-Formel selbst[20] hängt nicht genuin mit den Präpositionsformeln zusammen.[21] Sie geht zurück auf die Anfänge der griechischen Philosophie (Xenophanes[22], Pythagoreismus[23]). Auf Pythagoras zurückgeführt wird ein bei Clem. Alex., protr. VI 72,4 zitiertes Wort: „Gott ist zwar einer (ὁ μὲν θεὸς εἷς), dieser ist aber nicht, wie manche annehmen, außerhalb der Weltordnung, sondern in ihr, als ganzer im ganzen Kreise Aufseher allen Werdens, Lichtquelle für alle(s) im Himmel und *Vater von allem* (πάντων πατήρ) …".[24] In der jüdischen Tradition wird die εἷς-θεός-Formel bis auf eine Ausnahme noch nicht in

---

[15] Der Begriff δύναμις transzendiert in gewisser Weise das stoische Kosmos-immanente Pneuma. Dies gilt jedenfalls für die jüdische Adaption von δύναμις bei Aristobul und ep.Arist.

[16] Bei Simpl., in Aristot. phys. 9,152 (Diels/Kranz, Vorsokratiker, 64 B 5 [Bd. II, S. 61, Z. 4–9]). Diogenes, ein Nachfolger des Anaximenes, hält die Luft für das alles belebende Urelement und zugleich für das Vernunftprinzip – vgl. Pöhlmann, 66f.

[17] Der Text dieser Zeile ist unsicher; vgl. den Apparat bei Diels/Kranz.

[18] ἐπί + Akk. und ἐπί + Gen. – beide auf die Frage „wo?" bzw. „wohin?": BDR § 233,1 und 234,1.

[19] „Und mir scheint das, was die Denkfähigkeit hat, das zu sein, was von den Menschen ‚die Luft' genannt wird, und von diesem werden alle gelenkt, und es herrscht über alle; mir scheint nämlich dieses ‚Gott' zu sein und
   über allem zu stehen,
   und *alles durch*zuordnen
   und *in allem* darin zu sein.
Und es gibt auch nicht eins, das nicht an diesem Anteil hat."
Zur letzten Zeile vgl. Joh 1,3f: καὶ χωρὶς αὐτοῦ ἐγένετο οὐδὲ ἓν ὃ γέγονεν (und dazu aber K. Aland, Über die Bedeutung eines Punktes. Eine Untersuchung zu Joh 1,3.4, ZNW 59 [1968], 174–209).

[20] Norden, 247, vermutet in einem bei Clem. Alex., strom. VI, zitierten orphischen Fragment die Urform: ἓν δὲ τὰ πάντα τέτυκται, ἐν ᾧ τάδε πάντα κυκλεῖται, πῦρ καὶ ὕδωρ καὶ γαῖα, die er 246 A 5, eine „religiöse (…) Urformel" nennt. Kerst, 131, spricht von der „ἓν δὲ τὰ πάντα-Formel".

[21] Zu ihrer Geschichte in der hellenistischen und hellenistisch-jüdischen Literatur s. Zeller, 34–44; zu ihrer inschriftlichen Bezeugung als kultischer Akklamation: Peterson.

[22] „Εἷς θεός, unter Göttern und Menschen der größte, weder an Ansehen den Sterblichen ähnlich noch an Gedanken" (Diels/Kranz, Vorsokratiker, 21 B 23 [Bd. I, S. 135, Z. 4–5]).

[23] Vgl. das auch von Philon, opif. 100, zitierte Wort des Philolaos über die Siebenzahl (Diels/Kranz, Vorsokratiker, 44 B 20 [Bd.I, S. 416, Z.14–20. 23–24]): „Sie ist nämlich, sagt er, Führer und Herrscher von allem, Gott, *einer* (θεός, εἷς), immer seiend, bleibend, unbewegt, sich selber gleich, verschieden von dem anderen."

[24] Mit leichter Textvariation auch überliefert bei Ps.-Justin, cohort. ad gent. 18 D2. Vgl. dazu Zeller, 40: „Damit kommen die Pythagoreer in die Nähe der stoischen Konzeption von der alles durchdringenden kosmischen Vernunft". Auf dem Weg dorthin ist aber auch schon das Fragment des Diogenes von Apollonia (o. bei A 15).

der LXX aufgegriffen.[25] Die Ausnahme ist Mal 2,10: „Hat nicht *ein* Gott euch geschaffen? Gibt es nicht *einen* Vater von euch allen?" Im Unterschied zur hellenistischen (und hellenistisch-jüdischen und christlichen) kosmischen „Ein-Gott"-Formel geht es hier aber um die Menschen. Das tangiert die Frage, ob πάντων in Eph 4,6 als Neutrum oder als Maskulinum aufzufassen ist (s. u. zu V.6). Die hellenistische monotheistische Tradition mit dem εἷς θεός kommt im Bereich der jüdischen Religion erst bei Philon[26], Josephus[27], in den Sibyllinen sowie in jüdischen pseudo-orphischen und ähnlichen Fragmenten[28] zum Ausdruck, und von daher dann auch im Neuen Testament: Mk 2,7; 10,18; Röm 3,30; Gal 3,20; 1Tim 2,5; Jak 2,19[29] – jeweils ohne die Präpositionsreihen, die nur in 1Kor 8,6 und (in anderer Form) Eph 4,6 mit der εἷς-θεός-Formel verbunden sind. Die größte Verwandtschaft mit Eph 4,6 aber haben die oben zitierten Stellen Marc. Aurel. VII 9,2 und Diogenes von Apollonia, Fragment 5, insofern bei diesen beiden nicht das All, sondern Gott selbst mit Hilfe präpositionaler Aussagen in Relation zum All prädiziert wird. Bei Marc. Aurel. finden wir das εἷς-θεός und das präpositionale Attribut δι' ἁπάντων, bei Diogenes wird die Luft als Urelement und geistiges Prinzip mit dem Prädikat θεός und – parallel dazu – mit den präpositionalen Prädikationen ἐπὶ πᾶν und ἐν παντί versehen. Das διὰ (πάντα) klingt immerhin im Verb διατιθέναι an (vgl. das ἐνεῖναι neben dem ἐν παντί).[30]

Schließlich ist noch das Attribut καὶ πατήρ zu εἷς θεός zu berücksichtigen, das ebenfalls in 1Kor 8,6 (εἷς θεὸς ὁ πατήρ) begegnet. Hier lässt sich der Ursprung der Tradition sehr genau angeben. Im Hintergrund steht Platon, Tim. 28c–29a, wo vom „Schöpfer und Vater des Alls" (ποιητὴς καὶ πατὴρ τοῦδε τοῦ παντός) die Rede ist, und der Demiurg als gut (ἀγαθός) bezeichnet wird. Die Gutheit Gottes als letzter Grund (τὸ δι' ὅ/αἰτία) der Schöpfung ist eines der wichtigsten Motive der gesamten antiken Theologie geworden.[31] Die Belege für θεὸς πατήρ bei Philon[32] zeigen auch terminologisch ihre Herkunft aus dem Timaios.[33] Nun wird allerdings in dem bei Clem. Alex., protrept. VI 72,4, und Ps.-Justin., cohort. ad gentiles 18 D 2, überlieferten Wort[34] die Wendung θεὸς εἷς ... πάντων πατήρ mit Pythagoras in Verbindung gebracht – was vielleicht mit pythagoreischen Tendenzen im Mittelplatonismus zusammenhängt. Dass das Vater-Prädikat ursprünglich auf Zeus gemünzt war (bei Homer, Hesiod, Archilochos, Pindar, den Tragikern),

---

[25] Dtn 6,4 (im Sch⁽ᵉ⁾ma) wird das εἷς nur auf κύριος bezogen; vgl. Sach 14,9; Dan 3,17.
[26] Opif. 171; LA II 1; III 82.105; Cher. 83; plant. 138; conf. 171; fug. 71; somn. I 229; spec. I 30.68; IV 159. Die letztgenannte Stelle nennt (wie Eph 4,4–6) mehrere „Einheiten": πολιτεία μία καὶ νόμος ὁ αὐτὸς καὶ εἷς θεός.
[27] Josephus, ant. III 91; IV 201 (θεὸς γὰρ εἷς καὶ τὸ Ἑβραίων γένος ἕν; V 97; vgl. auch TestJud 25,3 (καὶ ἔσται εἷς λαὸς κυρίου καὶ γλῶσσα μία καὶ οὐκ ἔσται πνεῦμα πλάνης).
[28] Sib, Prolog, 94–99; III 11; Fragment 1,7.32; 3,3; Orphisches Fragment 21a (Kern) (Ps.-Aristoteles, de mundo 401a28–b5); Ps.-Justin., cohort. ad gent. 15 C 3[15 D 7; 16 A 6]); Clem. Alex., strom. V 14,113,2; vgl auch V 14,114,1); dazu RIEDWEG (o. A 14); DERS., Ps.-Justin, II, 355ff; summarisch: ZELLER, 34f.42f.
[29] Vgl. zu dieser Stelle PETERSON, 295–299.
[30] Weitere religionsgeschichtliche Parallelen: s. u. zu V.6b.
[31] DÖRRIE/BALTES, Platonismus, 110ff.379ff; vgl. o. zu 1,4.
[32] LA II 49; Cher. 44; det. 147; post. 175; Deus 30f; sobr. 56; her. 62; fug. 109.114; Abr. 75; decal. 51; spec. III 189; praem. 24; vgl. decal. 64: πατὴρ ἁπάντων εἷς ὁ ποιητὴς τῶν ὅλων ἐστίν.
[33] Δημιουργός (opif. 10,2; Deus 31; ebr. 30; dec. 69; spec. III 199; aet. 13); ποιητής (post. 175; dec. 51.64; spec. III 189.199; praem. 24); θέμις (spec. III 189).
[34] S. o. A 24.

belegt auch noch Aelius Aristides, vor allem in seinem Zeushymnus (Εἰς Δία [or. 43] 27.29–30 Keil]).[35]

Eph 4,6 enthält ein Bündel von Traditionen antiker Metaphorik und Theologie, die wahrscheinlich über das hellenistische Judentum vermittelt wurden. Eine zitierte Formel stellt V.6 jedoch ebensowenig dar wie der Abschnitt V.5–6 (oder gar V.4–6) als ganzer. Finden ließen sich nur Muster und Topoi der hellenistischen Philosophie und Theologie. Entscheidend ist der Einfluss Platons (aus Tim. 28cff), daneben die stoische Theologie im Zusammenhang mit der All-Einheitsformel in der Form, wie sie bei Diogenes von Apollonia und Marc. Aurel. vorkommt. Ein vorgegebener fester Wortlaut ist unwahrscheinlich, die Elemente sind eher vom Verfasser des Eph frei ausgewählt und in seinem Sinne kombiniert worden.

Stilistisch ist der ganze Abschnitt 4,1–6 durch eine Reihe von Triaden geprägt:[36] (1.) Das περιπατῆσαι wird in V.2 durch eine präpositionale Bestimmung (μετά) mit drei Gliedern qualifiziert: ταπεινοφροσύνη („Demut") – πραΰτης („Milde") – μακροθυμία („Langmut"). (2.) Versteckt findet sich die bekannte Trias „Liebe" (V.2) – „Hoffnung" (V.4) – „Glaube" (V.5). (3.) Der Abschnitt enthält drei ἐν-Formulierungen: ἐν ἀγάπῃ (V.2) – ἐν τῷ συνδέσμῳ (V.3) – ἐν μιᾷ ἐλπίδι (V.4). (4.) V.4 enthält die Trias ἓν σῶμα („ein Leib") – ἓν πνεῦμα („ein Geist") – μία ἐλπίς („eine Hoffnung"). (5.) V.5 enthält die Trias εἷς κύριος („ein Herr") – μία πίστις („ein Glaube") – ἓν βάπτισμα („eine Taufe") – wobei die drei unterschiedlichen Genera εἷς – μία – ἕν ein weiteres triadisches Element darstellen. (6.) Zu εἷς θεός („ein Gott"), der den beiden letztgenannten Triaden als siebente Einheit übergeordnet ist, werden die drei präpositionalen Attribute mit ἐπί, διά und ἐν gesetzt.

Inhaltlich ist der Abschnitt vom Motiv der *Einheit* beherrscht. Neben dem Substantiv ἑνότης, das den ganzen Abschnitt 4,1–6 umfasst (im NT nur hier in V.3 und V.13), begegnet siebenmal das Zahlwort „eins" (εἷς/μία/ἕν). In der platonisch-pythagoreischen Philosophie spielt die „Eins-heit" (τὸ ἕν) eine grundlegende Rolle. Unter den zehn Gegensatzpaaren, die Aristoteles, metaph. I 5, 986a 22ff als ἀρχαί (Prinzipien) der Pythagoreer aufzählt, finden sich in der Kolumne (συστοιχία) der

---

[35] Ζεύς, οὗ πάντα τὰ ὄντα γεννήματα …
 Ζεύς, πάντων πατὴρ καὶ οὐρανοῦ καὶ γῆς καὶ θεῶν καὶ ἀνθρώπων …
 καὶ διὰ τοῦτον ὁρῶμεν καὶ ἔχομεν ὁπόσα καὶ ἔχομεν
 οὗτος ἁπάντων εὐεργέτης καὶ προστάτης καὶ ἔφορος,
 οὗτος πρύτανις καὶ ἡγεμών …
 οὗτος δοτὴρ ἁπάντων
 οὗτος ποιητής …
 οὗτος Μειλίχιος εἰκότως, ἅτε καὶ πατήρ …
Vgl. Εἰς Δία 15 (τῆς Διὸς τοῦ πάντων πατρὸς δυνάμεως), wo das präpositionale Formel-Element ἐξ αὐτοῦ begegnet (vgl. in 29 das διὰ τοῦτον); ferner Εἰς τὸ Αἰγαῖον πέλαγος (or. 44) 11 K. (ὁ πάντων πατὴρ Ζεύς); Αἰγύπτιος (or. 36) 104 K.; vgl. auch Clem. Alex., protrept. II 16,1,5; 32,4,1 und die Zeile aus einer pisidischen Inschrift, die PETERSON, 254f anführt: εἷς γὰρ Ζεὺς πάντων προπάτωρ, μία δ' ἀνδράσι ῥίζα, εἷς παλὸς πάντων … Zu den οὗτος-Proklamationen vgl. das Augustus-Enkomion bei Philon, legat. 145–147 (s.o. bei A 103f zu 2,14).
[36] Vgl. dazu HÜBNER, Eph, 203. Auf das Gesetz der Dreiheit hat schon NORDEN, 250.348–354, hingewiesen; ebenso PETERSON, 254–256, mit weiteren Beispielen (u.a. Cicero, Manil. 19: „una lex, unus vir, unus animus"). In diese Topik gehört auch das verheerende „Ein Volk, ein Reich, ein Führer".

positiven Prinzipien τὸ ἕν („das Eine") und τὸ ἀγαθόν („das Gute"), was auf platonischen Einfluss zurückgeht. Die antithetische Struktur setzt aber einen Dualismus von Geist (unteilbar) und Materie (teilbar) voraus. Der alexandrinische Mittelplatoniker Eudoros (1. Jh. v. Chr.) hat unter Berufung auf ambivalente Äußerungen der Pythagoreer die Prinzipienreihe abgewandelt, indem er eine doppelte „Einheit" annimmt: eine allein noch als Prinzip geltende höchste „erste Einheit" (ἀρχὴν ἔφασαν εἶναι τῶν πάντων τὸ ἕν), die solitär der ganzen Gegensatzreihe voraussteht, und eine „zweite" Einheit (auch μονάς genannt), die die Reihe der positiven Prinzipien anführt und der die „unbestimmte Zweiheit" als Spitze der negativen Reihe gegenübersteht: „Ich behaupte also, dass die Anhänger des Pythagoras das Eine als Prinzip aller Dinge belassen, dass sie indes auf eine andere Weise zusätzlich oberste Elemente (στοιχεῖα) einführen und dass sie diese beiden Elemente mit vielen Bezeichnungen benennen ..." (es folgen die beiden antithetischen Reihen).[37]

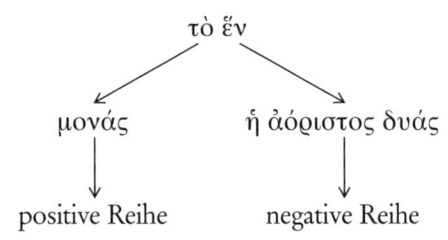

```
                    τὸ ἕν
                   ↙     ↘
              μονάς      ἡ ἀόριστος δυάς
                ↓              ↓
         positive Reihe    negative Reihe
```

Diese Lehre kennt offenbar Philon von Alexandria, wenn er Gott bezeichnet als das Wesen, das „noch besser ist als das Gute, ursprünglicher als die Einheit (μονάδος πρεσβύτερον) und reiner als die Eins (ἑνὸς εἰλικρινέστερον)" (praem. 40).[38] Die Rolle der „zweiten Eins", der μονάς, nimmt nun der Logos ein. Das Prinzip der „Eins-heit" hat bei Philon nicht nur metaphysische, sondern auch soteriologische, anthropologische, psychologische, ethische und politische Konsequenzen. Vielheit (Zweiheit) bedeutet Materie, Entfremdung, innere und äußere Zerissenheit, Krieg. Einheit bedeutet Geist, Erlösung, Übereinstimmung, Frie-

---

[37] Bei DÖRRIE/BALTES, Platonismus, 174–177.473–485; DÖRRIE, Eudoros; vgl. DILLON, 115–183. Zeugnis für Eudoros ist Simpl., in Aristot.phys. Die beiden Reihen in Aristoteles, metaph. I 5, 986a:

πέρας	Grenze	ἄπειρον	Unbegrenztes
περιττόν	Ungerades	ἄρτιον	Gerades
ἕν	Eines	πλῆθος	Vielheit
δεξιόν	Rechtes	ἀριστερόν	Linkes
ἄρρεν	Männliches	θῆλυ	Weibliches
ἠρεμοῦν	Ruhendes	κινούμενον	Bewegtes
εὐθύ	Gerades	καμπύλον	Krummes
φῶς	Licht	σκότος	Finsternis
ἀγαθόν	Gutes	κακόν	Böses
τετράγωνον	gleichseitiges	ἑτερόμηκες	ungleichseitiges (Viereck)

[38] Philon, cont. 2, wird dies als die Lehre der Therapeuten ausgegeben: Gott ist τὸ ὄν, ὃ καὶ ἀγαθοῦ κρεῖττόν ἐστι καὶ ἑνὸς εἰλικρινέστερον καὶ μονάδος ἀρχεγονώτερον.

den.³⁹ Im Neuen Testament findet sich dieses Einheitsmotiv z. B. Joh 10,16.30; 11,52; 17,11.22.23; Röm 12,4f; 15,6; 1Kor 10,17; 12,13; Gal 3,16.20.28; Phil 1,27; 2,2; Kol 3,15 – vor allem aber im Epheserbrief: 2,14–18; 4,4–7 und 5,31.33. In der Gnosis ist diese Onto- und Anthropologie radikalisiert worden zum Akosmismus: zum Lebensgefühl der Fremdheit und Gefangenschaft in der Welt und der Sehnsucht nach der spirituellen jenseitigen Heimat.

1 Mit einem typischen „parakalo-Satz"⁴⁰ mit den Elementen παρακαλῶ + οὖν⁴¹ + ὑμᾶς + Infinitivsatz⁴² (ἀξίως περιπατῆσαι …) wird die Paränese eingeleitet. Eine Besonderheit besteht darin, dass der vorgestellte Verfasser in einer Apposition identifiziert wird: „Ich, der Gefangene im Herrn". Das greift auf 3,1 zurück: „Ich, Paulus, der Gefangene Christi …".⁴³ „Im Herrn" qualifiziert die Gefangenschaft und gibt ihr Sinn: Nach 3,1 ist es Christus, der den Apostel gefangen hält. Das οὖν-paraeneticum⁴⁴ stellt den Zusammenhang mit dem Heilsindikativ her. Die „Mahnung" ist Ermutigung, aus dem Evangelium die ethische Konsequenz zu verwirklichen.⁴⁵ Diese besteht in einem besonderen „Wandeln"⁴⁶, das einer bestimmten Norm, einem Muster oder einer Vorgabe entsprechen soll (περιπατεῖν ἀξίως + Gen.):

1Thess 2,12:   παρακαλοῦντες …   περιπατεῖν   ὑμᾶς   ἀξίως   τοῦ θεοῦ τοῦ καλοῦντος ὑμᾶς
Kol 1,9–10:   αἰτούμενοι …   περιπατῆσαι   ἀξίως   τοῦ κυρίου
Eph 4,1:   παρακαλῶ   ἀξίως περιπατῆσαι   τῆς κλήσεως.

Περιπατεῖν („umhergehen") ist in metaphorischem Gebrauch (im Sinne sittlichen Lebenswandels) erst relativ spät belegt.⁴⁷ Die häufige Verwendung im Neuen Tes-

---

³⁹ Z. B. Cher. 86; post. 185; conf. 41.56.147; her. 205f; somn. I 128; II 253f; decal. 178; spec. III 131; QE II 35f.

⁴⁰ BJERKELUND, ΠΑΡΑΚΑΛΩ, 17, beschreibt die typische Konstruktion dieser im Corpus Paulinum häufigen Sätze folgendermaßen: παρακαλῶ (oder παρακαλοῦμεν) + οὖν (oder δέ) + ὑμᾶς [+ ἀδελφοί] [+ präpositionaler Ausdruck: διά + Gen.] + Infinitiv oder Imperativ oder ἵνα-Satz (Röm 12,1–2; 15,30–32; 16,17; 1Kor 1,10; 4,16; 16,15–16; 2Kor 10,1–2; Eph 4,1–3; 1Thess 4,10b–12; 5,14).

⁴¹ Röm 12,1; 1Kor 4,16; 1Thess 4,1.

⁴² Röm 12,1; 15,30; 16,17; 2Kor 2,8; 6,1; 10,1–2; Phil 4,2; 1Thess 4,10b–12; 5,12–13.27. Die Funktion des Infinitivs ist durch das performative παρακαλῶ eine imperativische; entsprechend sind die Partizipien V.2b und V.3a imperativisch (BDR § 468, A 4 und 5); vgl. Röm 12,9–21. – ἐν κυρίῳ kann auch zu ἀξίως περιπατῆσαι gezogen werden (vgl. Kol 2,6: ἐν αὐτῷ περιπατεῖτε [Hinweis von A. Horstmann]).

⁴³ Ἐγὼ Παῦλος ὁ δέσμιος τοῦ Χριστοῦ … Vergleichbar ist 2Kor 10,1: „Ich selbst, Paulus, ermahne euch …" (αὐτὸς δὲ ἐγὼ Παῦλος παρακαλῶ …). Ἐγὼ Παῦλος: 2Kor 10,1; Gal 5,2; Kol 1,23; 1Thess 2,18; Phlm 19; s. dazu DODD, Paul's Paradigmatic „I", 205–209.

⁴⁴ NAUCK, οὖν-paräneticum, 134f.

⁴⁵ SCHNACKENBURG, Eph, 164: „Die Paraklese fließt notwendig aus dem Evangelium der Gnade hervor, wie schon das οὖν (…) in Röm 12,1 andeutet. Auch in Eph 4,1 zieht es aus allem, was bisher über Gottes Heilshandeln gesagt wurde, die Folgerungen für die christliche Lebensführung". Vor allem in 2,10 ist dieses „Wandeln" „sorgfältig mit dem Heilsindikativ verklammert" (WEBER, „Setzen" – „Wandeln" – „Stehen", 478).

⁴⁶ „Wandeln" ist eine neutrale Metapher. Es gibt ein falsches Wandeln (2,2). Das richtige besteht im Vollzug der von Gott im voraus ermöglichten „guten Werke" (2,10).

⁴⁷ Philodemos (1. Jh. v. Chr.), Περὶ παρρησίας 23,3 (p.12); selten in LXX (4Kön 20,3; Prov 8,20; Pred 11,9) und bei Philon nur congr. 87; dann Epiktet, diss. I 18.20.

tament (vor allem im Corpus Paulinum – nicht aber in den Pastoralbriefen – und in 1Joh und 2Joh[48]) ist traditionsgeschichtlich nicht erklärt. Ἀξίως ist hier im Sinne von „angemessen" zu verstehen.[49] „Maß" des Wandels ist der „Ruf" (nach 1Thess 2,12: in Gottes „Herrschaft" und seine „Herrlichkeit"), der bereits in 1,18 durch das Stichwort „Hoffnung" inhaltlich qualifiziert worden ist. In 4,4 wird das wiederholt: ἐκλήθητε ἐν μιᾷ ἐλπίδι τῆς κλήσεως ὑμῶν. Die gleiche Redefigur (eine Paronomasie[50]) erscheint aber auch schon hier in V.1 (statt des Genitiv-Syntagmas relativisch – wie in 1,6.19f; 2,4). Der „Ruf"[51] setzt einen Maßstab für das Leben, das im Rückblick auf ihn orientiert sein soll. Nach V.4 weist dieser Maßstab aber zugleich nach vorn, auf das Erhoffte, wodurch das Leben hoffnungsvolles Leben wird (V.4). Wie das aussieht, wird ab 4,17 vorgestellt. „Rufen" (καλεῖν) gehört für Paulus zu Gottes Schöpfertätigkeit (Röm 4,17: Gott, „der die Toten lebendig macht und das Nicht-Seiende ins Seiende *ruft*").[52] Der berufene Mensch wird durch den Ruf zu einem „neuen Geschöpf" (2Kor 5,17; Gal 6,15), zu einem „neuen Menschen" (Eph 4,20-24). Den „Ruf" Gottes zu hören heißt Christus „hören" (4,21). Die *figura etymologica* τῆς κλήσεως ἧς ἐκλήθητε wird durch das die Paränese startende παρακαλῶ noch erweitert: Der ermunternd-ermahnende Zuspruch des Apostels wird zu einer Erinnerung an die „Berufung" (so auch schon 1Thess 2,12). Das scheinbar blumige Wortgeklingel erweist sich so als bewusste Gedankenpoesie aus den Elementen paulinischer Theologie.

2 Auch wenn die Konkretion des „Wandels" erst ab 4,25 erfolgt, benennen V.2 und 3 seine Prinzipien – mit zwei präpositionalen Ausdrücken (μετά + Gen.) und zwei Partizipialsätzen. Das erste μετά erhält zwei unbestimmte Gen., die durch ein voranstehendes πᾶς totalisiert[53] und durch καί verbunden werden: „mit aller Demut und (aller) Milde". Das zweite μετά erhält nur einen unbestimmten Gen. („mit Langmut"). Die beiden Partizipialsätze ἀνεχόμενοι („ertragend") und σπουδάζοντες („bestrebt seiend") haben die gleiche den Wandel prädizierende Funktion, sind jedoch als Sätze spezifizierter – V.2b: durch direktes Objekt („einander") und Präpositionalausdruck („in Liebe"); V.3: durch einen Infinitivsatz („zu bewahren die Einheit des Geistes in dem Band des Friedens"). Dabei sind die ersten beiden unter der ersten Präposition μετά durch καί verbundenen Ausdrücke als *ein* Element zusammenzufassen,[54] so dass sich insgesamt vier Aussagen ergeben:

---

[48] BAUER/ALAND, Wb., 1308f.
[49] MARXSEN, 1Thess, 46.
[50] S.o. A 61 zu 1,3b; zur Attraktion des Relativums s. BDR § 294,2.
[51] Κλῆσις hat im Neuen Testament immer allgemein-soteriologische Bedeutung – niemals im Sinne von „Berufung" zu einer spezifischen Aufgabe oder einem Amt (wie etwa καλεῖν in Gal 1,15).
[52] Dazu SCHLIER, Eph, 82f.
[53] Vgl. 4,19.31; 5,3; 6,18; zu einigen Qumranparallelen: K. G. KUHN, Epheserbrief, 337; GNILKA, Eph, 197 A 4.
[54] EWALD, Eph, 176.

„Wandelt (1.) mit aller *Demut* und *Milde*, (2.) mit *Langmut*, (3.) einander *ertragend in Liebe*, (4.) bestrebt, zu bewahren die *Einheit* des Geistes im Band des Friedens!" Das zweite Element („mit Langmut") stellt zwischen dem ersten (Demut und Milde) und dem dritten (den Mitmenschen „ertragen" in Liebe) als Übergang ein gemeinsames Mittelglied her: Geduld. Insgesamt ergibt sich eine Steigerung. Ziel der Aussage ist die „Einheit". Diese setzt Liebe voraus, die es ermöglicht, den Mitmenschen zu ertragen, was wiederum Geduld verlangt. Die aber erfordert „Milde" (in Bezug auf den Umgang mit den Mitmenschen) und Zurücknahme eigener Selbstbehauptung (in Bezug auf die eigene Person). V.2 und 3 sind abhängig von Kol 3,12–15. Die syntaktische Struktur ist in Kol 3,12–15 allerdings eine andere. V.12 ist ein Katalog mit fünf Tugenden (barmherziges Mitleid, Freundlichkeit, Demut, Milde, Langmut), an die zwei Partizipialsätze angefügt sind, von denen der Anfang des ersten (ἀνεχόμενοι ἀλλήλων) vom Verfasser des Eph übernommen, der zweite aber durch einen anderen ersetzt wird. Über diese Reihe der fünf Tugenden und der zwei partizipialen Ergänzungen („einander ertragend" und „einander vergebend") wird in Kol als Höchstes die Liebe gestellt (ἐπὶ πᾶσιν δὲ τούτοις τὴν ἀγάπην) als „Band der Vollkommenheit". Der Verfasser von Eph ordnet das Stichwort „Liebe" aber seinem vorletzten Element zu („einander ertragend in Liebe") und ersetzt das in Kol siebente Element (den zweiten Partizipialsatz) durch die Aussage von der „Einheit" des Geistes, die nun zum „Band" (σύνδεσμος) wird, wobei das Stichwort „Frieden" das der „Vollkommenheit" (Kol) ersetzt. Die Spitze in Eph 4,2–3 ist die „Einheit", die der Geist bewirkt. Der Akzent der ethischen Paränese von Kol 3,12–15, die in der Aussage von der Liebe (als dem vollkommenen Band)[55] gipfelt, wird in Eph verlagert auf die Ekklesiologie: die „Einheit" im „Band des Friedens". Ταπεινοφροσύνη (ταπεινόφρων, ταπεινοφρονεῖν) ist in der griechisch-hellenistischen Tradition ein negativ gewerteter Begriff:[56] eine servile Haltung („niedrige Gesinnung").[57] Diese Bedeutung findet sich auch in Kol 2,18.23 („Unterwürfigkeit"). Sonst aber wird im Neuen Testament die Bedeutung der Wortgruppe im positiven Sinn verwendet. Ihre inhaltliche Füllung hat sie aus der hebräischen Bibel erhalten. Die LXX verwendet allerdings ταπεινοφροσύνη gar nicht, ταπεινοφρονεῖν und ταπεινόφρων nur je einmal (ψ 130,2 und Prov 29,23).[58] Der neutestamentliche Begriff von ταπεινοφροσύνη kommt dem Sinn des in den Qumranschriften häufiger begegnenden עֲנָוָה am nächsten: Erniedrigung vor Gott („Demut").[59] Bei Paulus und entsprechend in Kol

---

[55] τῆς τελειότητος in Kol 3,14 ist ein qualifizierender Genitiv, τῆς εἰρήνης in Eph 4,3 ein Gen. epexegeticus.

[56] So wie ταπεινός überhaupt; dazu WENGST, Demut, 15–34; W. GRUNDMANN, ThWNT 8, 5 Z.37–6 Z.4.

[57] Plutarch, de Alex.fort.virt. II 4 (Mor. 336E); de tranquilitate animi (Mor. 475E); Epiktet, diss. I 9,10; III 24,56.

[58] Stattdessen wird πραΰς „zur bevorzugten Wiedergabe von עָנָו gewählt" (F. HAUCK/S. SCHULZ, ThWNT 6, 647, Z.27). Diese ungenaue Übersetzung (πραΰτης bezieht sich nicht reflexiv auf das Subjekt, sondern auf die Handlung am Objekt-Aktanten) ist wahrscheinlich durch die negative Wertung von ταπεινός κτλ. bedingt.

[59] Z.B. 1QS 2,24; 3,8; 4,3; 5,3.25; 11,1; vgl. 1QH 14,3; 1QM 14,7; 4Q 178 Frg. 6.

und Eph hat „Demut" aber „ihren Ort im Raum der Gemeinde", die Mahnung dazu „erfolgt im Horizont von Gleichheit und Gegenseitigkeit".[60] Hier im Eph ist das universalisiert im Sinne einer „Mahnung zur ökumenischen Einheit", Demut „ist eine ausgesprochene ökumenische Tugend".[61] Während ταπεινοφροσύνη sich auf das ethische Subjekt selbst (in seiner Relation zum Nächsten) bezieht, prädiziert πραΰτης[62] das Handeln am Kommunikationspartner. Anders als die ταπεινοφροσύνη gilt sie in der hellenistisch-römischen Welt durchaus als Tugend: *clementia* ist die Tugend eines Mächtigen im Handeln an seinen Untergebenen, eines Starken an seinen Unterlegenen. Sie ist ein Ausdruck der εὐοργησία („Gelassenheit", „Sanftmut") und der εὐεργεσία („Wohltätigkeit"), dem obersten Prinzip aller Fürstenethik.[63] Ταπεινοφροσύνη und πραΰτης ergänzen sich also gegenseitig und beschreiben eine Kommunikation vom handelnden Subjekt aus in doppeltem Aspekt: in Rückbezug auf sich selbst ein Verzicht auf Macht*anspruch*, im Handeln am Nächsten ein Verzicht auf Macht*ausübung*. Dabei ist die „Demut" die Voraussetzung der „Milde". Dieses „Tugendideal", das sich (aufgrund einer anderen Einschätzung der „Demut") in der philosophischen Tradition so nicht findet, setzt ein befreites Subjekt voraus, das auf Sicherheiten wie Macht und Privilegien verzichten kann. Am radikalsten ist es vorgezeichnet in der Jesustradition: im Verzicht auf Gewalt und Vergeltung sowie in der Feindesliebe (Mt 5,38–48/ Lk 6,27–36). Auch die Reihe in Eph 4,2–3 führt (auf dem Wege zum Ziel der „Einheit") über die „Liebe", die wiederum vermittelt wird durch die „Langmut" (μακροθυμία). „Liebe" gibt nicht gleich auf, sondern hat Geduld: ἡ ἀγάπη μακροθυμεῖ (1Kor 13,4). Μακροθυμ- findet sich selten in den griechisch-philosophischen Tugendreihen (auch bei Philon und Josephus[64] fehlt es), häufig dagegen in LXX (33mal) und im Neuen Testament (24mal – davon 14mal im ethischen Sinne). Es geht, wie der erste Partizipialsatz zeigt, um Geduld „untereinander". Die Aufforderung „ertragt einander[65] in Liebe" setzt realistisch voraus, dass unter der gemeindlichen Geschwisterschaft nicht nur Zuneigung herrscht. „In Liebe" aber ist das „Ertragen und *Auf-sich-Nehmen* des Nächsten, bei dem einer des anderen Leben aushält"[66], möglich. Die Aufforderung zum „Aushalten" ist zwar von Kol 3,13 her vorgegeben, doch ist das Stichwort „Liebe", das in Kol 3,14 nachfolgt, vom Verfasser des Eph in jene Aufforderung vorgezogen. Dadurch, dass er in 4,16, seiner Wiedergabe von Kol 2,19, abschließend das ἐν ἀγάπῃ noch einmal zufügt, wird der ganze die Paränese fundierende Abschnitt 4,1–16 vom Wort „Liebe" gerahmt. In 5,2 kann dann das ἐν ἀγάπῃ mit dem περιπατεῖτε kurzgeschlossen werden.

---

[60] Wengst, Demut, 428.
[61] 439.
[62] So immer im Neuen Testament; sonst meist das ältere πραότης (πρᾶος). Zum Wortgebrauch s. New Documents IV, S. 170.
[63] Z.B. Isokrates, ad Nicocl. (or. 2) 23; Philipp. (or. 5) 116; Aristoteles, Magna moralia I 13, 1188a23; Philon, Mos. II 279; decal. 167; Diod. Sic., bibl. hist. XIX 81,4.
[64] Nur bell. VI 38, im profanen Sinne.
[65] ἀνέχεσθαι im NT immer mit Gen. (BDR § 176 A 1).
[66] Schlier, ThWNT 1, 361, Z.1f.

3 Das, wozu bisher in V.2 aufgefordert wird, dient dazu, sich um die „Bewahrung" der „Einheit" zu „bemühen". Vom hier angezielten ökumenischen Gedanken her erscheint der Partizipialsatz in V.2 noch einmal in neuem Licht: Die Liebe erlaubt eine ökumenische Toleranz, „die anderen Christen, Gemeinden und Kirchen wahrzunehmen und wahr sein zu lassen, sie auszuhalten und gemeinsam mit ihnen nach Einheit zu suchen."[67] Der Begriff der „Einheit" (ἑνότης) begegnet in der platonischen Tradition erst spät im Zusammenhang mit der metaphysischen Prinzipienlehre des ἕν.[68] Allerdings bezog bereits Aristoteles den Begriff auf die Identität[69], die Ganzheit[70] und die Gleichheit[71]. Die Stoiker haben drei Arten von „Einheit" gekannt: die durch Zusammenfügung von getrennten Elementen (z.B. ein Heer), die durch Zusammenhang (z.B. eine Kette) und die durch eine „Verbindung" zu einer höheren, organischen „Einheit" (z.B. ein Tier).[72] Das entspricht weitgehend der Einteilung von „Mengung" (μῖξις), „Mischung" (κρᾶσις) und „Verbindung" (σύγχυσις) – Philon, conf. 183ff. Philon erkennt jeweils nur in der dritten Art eine unauflösbare höhere Einheit. Bei Philon fehlt allerdings der Ausdruck ἑνότης, stattdessen begegnet entweder – im Zusammenhang der pythagoreisch-platonischen Zahlensymbolik – das Zahlwort „eins" (εἷς, μία, ἕν)[73] oder das Nomen actionis ἕνωσις[74] („Vereinigung", „Einung"), das meist im Sinne von „Eintracht", „Harmonie" („Eins-Werdung") gebraucht wird und z.T. mystische Tendenz[75] hat (z.B. her. 40: φιλεῖν als eine „Vereinigung" von Seelen). Der Bezug zur metaphysischen ἑνότης als Prinzip des Guten und des wahren Seins (im Unterschied zur Vielheit der Materie) steht dabei jedoch immer im Hintergrund. In fug. 112 wird ἕνωσις vollständig synonym zu ἑνότης gebraucht:[76]

„Der Logos des Seienden ist ein Band des Alls (δεσμὸς ὢν τῶν ἁπάντων) und verhindert so, dass sie [die Teile] sich voneinander lösen und trennen. So lässt auch die einzelne Seele... keinen von den Teilen des Körpers wider die Natur sich abspalten oder abtrennen, sondern... führt sie alle unversehrt zu einer Harmonie und unauflösbaren Einheit untereinander (ἁρμονίαν καὶ ἕνωσιν ἀδιάλυτον ἄγει πρὸς ἄλληλα)."

Im Zusammenhang mit dem Namen des Empedokles wird die ἑνότης zugleich als metaphysischer wie als ethischer Begriff in Verbindung mit der Freundschaft als

---

[67] WENGST, Demut, 438f.
[68] Bei Plotin (z.B. VI 126), Porphyrios und Jamblichos.
[69] Metaph. 1018a7 (ταυτότης).
[70] Metaph. 1023b36 (ὁλότης).
[71] Metaph. 1054b3 (ἰσότης).
[72] Vgl. Philon, conf. 69 (und dazu die Anmerkung von E. STEIN in: Philo von Alexandria. Die Werke in deutscher Übersetzung, Bd. 5); REINHARDT, Kosmos, 34–54.
[73] Τὸ ἕν z.B. opif. 49.60; LA I 3; II 3; Deus 11.
[74] LA I 8.37; III 38; det. 107; post. 12; agr. 6; plant. 60; conf. 69; migr. 220; her. 40.242; fug. 112; Mos. II 243; spec. IV 168.207; virt. 135; aet. 75.147; prov. II 3; QG III 3.21.
[75] So später vor allem bei Ignatius.
[76] Eine genaue Verhältnisbestimmung von ἕνωσις und ἑνότης gibt erst Plotin, Enn. VI 1,26: πόθεν ἡ ἕνωσις; οὐ γὰρ δὴ αὐτὸ ἕν, ἀλλὰ μετοχῇ ἑνότητος („Woher kommt die Einung? Sie ist nicht das Eine selbst, sondern durch Anteil an der Einsheit").

Gegensatz zum Streit vorgestellt. Den mythisch-metaphysischen Hintergrund referiert Hippolyt, haer. VII:

„Gott nennt er [Empedokles] das Eine und die Einheit jenes Sphairos (τὸ ἓν καὶ τὴν ἐκείνου ἑνότητα), in dem er war, bevor er durch den Streit abgespalten wurde und in diese Vielheit unter der Weltordnung des Streites geriet."[77]

Für Empedokles sind Liebe (φιλία) und Streit (νεῖκος) die beiden Dynameis der Welt, die eine zum Guten, die andere zum Schlechten: „Selige nennt er [Empedokles] die von der Liebe aus der Vielheit in die Einheit des geistigen Kosmos zusammengeführten …".[78] Die Rede vom „Band der Freundschaft/Liebe" ist in der griechischen Antike sprichwörtlich.[79] Schon Kol 3,14 (die ἀγάπη als σύνδεσμος τῆς τελειότητος[80]) steht in dieser Tradition. Der Gen. τοῦ πνεύματος in Eph 4,3 ist ein Gen. auctoris.[81] Der Geist ist der Urheber der Einheit, die es zu bewahren gilt. Das seltene Syntagma ἑνότης τοῦ πνεύματος ist abgeleitet von ἓν πνεῦμα in V.4 (1Kor 6,17; 12,11.13). Es entspricht aber ganz dem metaphysischen Grundsatz von Geist (sonst: νοῦς) und Materie: der Geist als dem ἕν, die Materie als der δυάς zugehörig. Allerdings setzt die Verwendung von πνεῦμα in diesem Zusammenhang das ältere stoische Weltbild voraus, wonach das stoffliche πνεῦμα als δεσμός (Bindemacht) „die Welt im Innersten zusammenhält".[82] Diese bindende, einende Kraft des πνεῦμα wird bei Philon, opif. 131, erwähnt: Die Erde wird „zusammengehalten und besteht dauernd durch die Macht des vereinenden Pneuma …" (συνέχεται δὲ καὶ διαμένει … πνεύματος ἑνωτικοῦ δυνάμει); vgl. Deus 35; her. 242; aet. 75.125. Philon unterscheidet zwischen δεσμός und σύνδεσμος, indem er letzteren ausschließlich als t.t. der Grammatik („Konjunktion") verwendet.[83] Dieser Sprachgebrauch geht schon auf Aristoteles zurück und herrscht seit dem 3. Jh. v. Chr. vor. Der Gebrauch des Wortes in Kol und Eph kommt jedoch eher aus der medizinischen Tradition (Gelenke, Bänder, Nerven: s.u. zu 4,16), findet sich aber auch metaphorisch in politischen Zusammenhängen: Platon, politicus 310a (σύνδεσμος); rep. 520a (σύνδεσμος τῆς πόλεως = Band, das den Staat zusammenhält); leg. 921c (τῆς πόλεως σύνδεσμος). Dies gilt jedenfalls für unsere Stelle (σύνδεσμος τῆς εἰρήνης[84]), die unmittelbar jedoch von Kol 3,14 abhängt

---

[77] Empedokles, Fragment 115 (DIELS/KRANZ, Vorsokratiker, 31 B 115 [Bd. I, S. 356, Z. 5–7]).
[78] Z.13f; vgl. auch Plutarch, de amic. mult. 5 (Mor. 95 A/B): τοιαύτην γὰρ ἡ φιλία βούλεται ποιεῖν ἑνότητα.
[79] Menander, Sententiae e codicibus Byzantinis 809 (= Sententiae monostichoi 1,736); vgl. Platon, Protag. 322c (δεσμοὶ φιλίας); Plutarch, Numa 6,4: σύνδεσμον εὐνοίας καὶ φιλίας; vgl. Plutarch, de frat. am. (Mor. 491 A); ep.Arist 265.
[80] Ein Gen. qualitatis: „die Liebe als Band der Vollkommenheit".
[81] Vgl. EWALD, Eph, 178; SCHNACKENBURG, Eph, 166.
[82] Dazu POHLENZ, Stoa, Bd. I, ⁷1992, S. 216; II, ⁶1990, S. 107. Dieses Prinzip kann freilich auch λόγος oder δύναμις genannt werden, doch kommt die ältere materialistische Auffassung des „Geistes" eher im Pneumabegriff zum Ausdruck.
[83] agr. 136; her. 198; congr. 149.
[84] Das Genitivsyntagma ist epexegetisch (dieses „Band" ist der „Friede").

(die ἀγάπη als „vollkommenes Band").[85] Der σύνδεσμος macht das Viele zur „Einheit".[86] Der „Friede"[87] als Bedingung und gelebte Form der Einheit ist vom einenden Geist gewirkt. Nach 2,14–17 ist es der „Christus selbst" (V.14), der den „einen neuen Menschen" schafft, indem er „Frieden macht" (V.15). Dieser „Friede" ist Inhalt des Evangeliums (V.17). Auch wenn der Geist die Einheit wirkt und der Friede Inhalt des Evangeliums ist, werden die Adressaten aufgefordert, „sich zu bemühen", diese Einheit „zu bewahren" – „im Band des Friedens". Das ἐν ist auch hier wieder mehrdeutig: instrumental und lokal.[88] Das heißt zugleich: ἐν τῷ συνδέσμῳ τῆς εἰρήνης bezieht sich sowohl auf die partizipiale Aufforderung („bemüht, zu bewahren … durch das Band des Friedens") als auch auf die vom Geist gewirkte Einheit (die „*im Band des Friedens*" besteht). Die stilistische Vorliebe des Verfassers zu solchen nachklappenden freien Präpositionalwendungen am Versende (insbesondere mit ἐν) ist uns bereits mehrfach in der Eulogie begegnet.[89] Hier hält sie Imperativ und Indikativ zusammen.

4 Die Aufforderung zum dem Heilsindikativ (κλῆσις) angemessenen Wandel, deren Subforderungen in der Mahnung zur Bewahrung der Einheit gipfeln, wird abgeschlossen mit sieben Einheits-Akklamationen: (1.) „*ein* Leib", (2.) „*ein* Geist", (3.) „*eine* Hoffnung", (4.) „*ein* Herr", (5.) „*ein* Glaube", (6.) „*eine* Taufe", (7.) „*ein* Gott …" (V.4–6). Begonnen wird mit einem Paar: „*ein* Leib und *ein* Geist".

Aus 1Kor 6,16f und 12,1ff. geht hervor, dass das wirkende Prinzip der „Einheit" der Geist ist: „alles dies aber wirkt ein- und derselbe Geist" (12,11). Die Einheit des Geistes (πνεῦμα) war bei den Adressaten des 1Kor offenbar kein Problem; die daraus von Paulus gefolgerte Einheit des „Leibes Christi" scheint dagegen in Korinth nicht selbstverständlich gewesen zu sein.[90] Diese Problematik spielt aber im Eph keine Rolle mehr. Geblieben ist das Motiv der einigenden Wirkung des Pneuma (ἑνότης τοῦ πνεύματος: 4,3) und die σῶμα-Metapher[91], die nun aber ins Universale ausgedehnt ist: Die ἐκκλησία ist das σῶμα Christi (Eph 1,23). Der „eine

---

[85] S.o. A 79.
[86] Der genauere Zusammenhang von σύνδεσμος und dem Prinzip der ἑνότης (τὸ ἕν) wird bei Aristoteles deutlich: Nach metaph. VII 6, 1045a 13 gibt es zweierlei Arten von Einheit: die (ursprüngliche) Wesenseinheit und die Einheit durch σύνδεσμος. Letztere ist die Einheit von gliederten Ganzen, z.B. die Einheit des Körpers (aber auch des Satzes und des literarischen Werkes): poet. 20, 1457a 29–30; rhet. III 12, 1413b 33: ὁ γὰρ σύνδεσμος ἓν ποιεῖ τὰ πολλά). Entsprechend spielt der σύνδεσμος in der Medizin und Biologie ebenso eine Rolle wie in der Textgrammatik.
[87] Εἰρήνη ist „*hier* nicht die friedliche Gesinnung, sondern die Friedensmacht" (KÄSEMANN, Eph 4,1–6, 285).
[88] EWALD, Eph, 178, versteht es allerdings als „ein schönes Paradigma für das sog. ἐν instrum. …: ,indem ihr das Band des Friedens bewahret'".
[89] 1,3.4.6.8.9.10.12; ferner 1,17; 2,7.14.16.21; 4,16.19.24.
[90] Die meisten der von Paulus im 1Kor angesprochenen aktuellen Probleme erklären sich aus dem Einfluss von Pneumatikern weisheitlicher hellenistisch-jüdischer Prägung; vgl. dazu SELLIN, Hauptprobleme, 3001–3016.
[91] M. WALTER, 223, bemerkt zum Gebrauch dieser Metapher im Eph: „σῶμα gewinnt über seine metaphorische Qualität hinaus den Charakter eines *t.t.*"; vgl. dazu DAWES, Body, 162f.

Leib" ist das Bild für die untereinander (weil mit Gott) versöhnte Menschengruppe (2,16). Beide Parolen (ἓν πνεῦμα und ἓν σῶμα) haben eine hinter Paulus zurückgehende je eigene Vorgeschichte. Bekannt ist die stoische Metaphorik vom Leib und seinen Gliedern, die auf die Sozialgemeinschaft einer Polis bezogen wurde[92] und in deren Tradition auch Paulus steht (1Kor 12,14ff). In der Kaiserzeit wurde die Leibmetaphorik auf das Imperium Romanum bezogen,[93] wobei der Kaiser dann als *animus* und *caput* des *unum rei publicae corpus* fungierte.[94] In Senecas Schrift *de clem*entia wird der Kaiser nicht nur als *caput* und *animus* bezeichnet, sondern auch als *spiritus* (πνεῦμα) und *ratio* (λόγος); ferner als *vinculum* (Band: δεσμός), durch das das Reich zusammengehalten werde.[95] Bereits in Philons Augustus-Enkomion (legat. 143–151) wird der Kaiser als εἰρηνοφύλαξ („Friedenswächter") gepriesen.[96] Die Wendung ἓν πνεῦμα hängt allerdings nicht direkt mit der Reichsidee zusammen (und leitet sich auch nicht aus der Kaiserprädikation *animus* oder *spiritus imperii* her). In einem auf Pythagoras und Empedokles zurückgeführten Zeugnis bei Sextus Emp., adv. math. IX 127f (Diels/Kranz, Vorsokratiker, 31 B 136 [Bd. I, S. 367, Z. 4–5]), wird eine Gemeinsamkeit von Göttern, Menschen und Tieren damit begründet, dass „es ein einziges Pneuma gebe, das die ganze Welt nach Art einer Seele durchdringe und uns mit jenen (den Tieren) vereine". Die einigende Wirkung des Pneuma, das damit an die Spitze der Prinzipienreihe, die in pythagoreisch-platonischer Tradition vom „Guten" und „Einen" angeführt wird[97], rückt, bezeugt Philon in opif. 131: Die Erde wird „zusammengehalten und besteht dauernd ... durch die Macht des einigenden Pneumas ...". Der Geist (πνεῦμα) ist das Prinzip der „Eins" – im Gegensatz zur Materie (dem Prinzip der „Zwei", der Teilbarkeit). In der Sprache der pythagoreischen Zahlen-Ontologie, wie Philon sie verwendet, gehören Gott, Geist, Logos und „Einsheit" (τὸ ἕν) zusammen. Die „Eins" ist die Zahl des Seins, die „Zwei" die Zahl des Werdens und Vergehens. Entsprechend stehen sich Einheit (positiv) und Vielheit (negativ) gegenüber.[98] Zugleich aber ist die „Eins" das erzeugende Prinzip (τὸ ποιοῦν[99] im Gegensatz zu τὸ πάσχον, der Materie). Die einigende Wirkung des Geistes ist so nicht nur ein schöpferischer, sondern auch ein soteriologischer Vorgang (Mos. II 288).

---

[92] W. NESTLE, Fabel, 350–360.
[93] Dazu D. KIENAST, Corpus Imperii; FAUST, Pax Christi, 283–287. Einen Überblick über die politische Verwendung der Leibmetaphorik in der Antike gibt WALTER, 70–104. Walter macht dabei auf die Tatsache aufmerksam, dass *corpus* (nicht aber σῶμα) auch von lokalen Vereinigungen gebraucht wird. Allerdings ist das erst im 2. Jh. belegt (98–104). – Pauschal lässt sich sagen: Bildspenderbereich ist die Physiologie bzw. die Medizin, Bildempfängerbereich die Politik.
[94] Tacitus, ann. 1,12f (über den Regierungsantritt des Tiberius). FAUST, Pax Christi, 286, vermutet, dass sich bereits Augustus so verstanden habe.
[95] Diese und weitere Belege bei FAUST, Pax Christi, 290–313.
[96] S.o. zu 2,14–16.
[97] S.o. A 37 und 38.
[98] Philon, LA I 3; her. 188–190; Mos. II 288; spec. II 176; III 178–180; vgl. dazu SELLIN, Streit, 114–121.
[99] Vgl. den Begriff πνεῦμα ζῳοποιοῦν (Joh 6,63; 1Kor 15,45; 2Kor 3,6; 1Petr 3,18); vgl. dazu SELLIN, Streit, 79–90.

In einem Nebensatz mit καθώς[100] καί (vgl. 4,17.32; 5,2.25.29) wird (als dritte Einheitsparole) die „eine Hoffnung" zugefügt.[101] Vor- und außerchristlich begegnet die Wendung μία ἐλπίς nur im profanen Sinne von „einzige (letzte) Hoffnung".[102] Nach 1,18 ist die „Hoffnung" der Inhalt der „Berufung durch Gott" (ἐλπὶς τῆς κλήσεως αὐτοῦ – αὐτοῦ ist dort im Unterschied zum Gen. obj. ὑμῶν an unserer Stelle ein Gen. auctoris). Das Syntagma ἐλπὶς τῆς κλήσεως ist eine für den Eph typische Figur, bei der der Nominativ den Inhalt des Genitivnomens angibt: das Hoffnungs*gut*, zu dem die Berufenen berufen sind. Entsprechend meint πίστις in V.5 Inhalt, nicht existentiellen Akt des Glaubens.[103] Deshalb steht die aus 1Kor 13 und 1Thess 1 bekannte Trias „Glaube – Liebe – Hoffnung" nicht direkt im Hintergrund, obwohl in V.2 die Liebe genannt wird (bezeichnenderweise aber nicht in der Einheits-Formulierung). Was aber ist der Grund dafür, dass die „Hoffnung" als *„eine"* qualifiziert wird? Und warum wird sie mit der Kirche (als dem „einen Leib") und dem „einen Geist" zusammengestellt, und zwar in einem nachgestellten καθώς-Satz?[104] In 4,17.32; 5,2.25.29 drückt der καθώς-καί-Satz jeweils ein „Vorbild" bzw. „Muster" für eine Handlung aus.[105] 4,4b wird entsprechend eine vergleichend-begründende Funktion für die beiden ersten Einheits-Parolen haben. Bereits in V.1 diente der Rekurs auf den „Ruf" als Maßstab für den ethischen Wandel. Der „Ruf" aber eröffnete eine Perspektive in die Zukunft, eine Ausrichtung auf ein Erhofftes (1,18). Die beiden ersten Einheitsparolen werden also näher qualifiziert durch das in der Berufung verheißene Hoffnungsziel, das als Angeld anvertraute Erbe (1,14; 1,18). Die „eine Hoffnung" besteht in dem eschatologischen Ziel. Als geistliches (und nicht materielles) Gut ist es – wie der Geist – dem göttlichen Prinzip des „Einen" (τὸ ἕν) zugehörig. Das Hoffnungsziel ist – ein Erbe platonisch-jüdischer Soteriologie – das Sein in der „Eins-heit" jenseits des Werdens und Vergehens. Am Ende seiner Mose-Biographie schildert Philon die transmortale Hoffnungsperspektive des scheidenden Mose:

„Einige Zeit später, als er den Gang von hier in den Himmel antreten und nach dem Scheiden aus dem sterblichen Leben zur Unsterblichkeit gelangen sollte, berufen vom Vater, der ihn, welcher eine Zweiheit (δυάδα) war, nämlich Leib und Seele, in ein Einheitswesen umschaffen und ihn ganz und gar in einen sonnigen Geist umgestalten wollte (εἰς μονάδος ἀνεστοιχείου φύσιν ὅλον δι' ὅλων μεθαρμοζόμενος εἰς νοῦν ἡλιοειδέστατον) …" (Mos. II 288).

---

[100] Καθώς-Sätze gehören zum bevorzugten Stil des Eph: 1,4; 3,3; 4,4.17.21.32; 5,2.3.25.29.
[101] Das ἐν („berufen *in einer* Hoffnung") ist wieder mehrdeutig, überwiegend modal: Bei der Berufung wurde *eine* Hoffnung vermittelt.
[102] Philon, spec. IV 173; virt. 163; legat. 329; prov. II 5; QG IV 198; Diod. Sic., bibl. hist. XIII 60,2; XVII 94,3; XXVI 10,1; Dionys. Hal., ant. VIII 35,2; meistens: μία σωτηρίας (θεραπείας) ἐλπίς o.ä.
[103] Vgl. KÄSEMANN, Eph 4,1–6, 286: „die fides quae creditur".
[104] Das logische Verhältnis des Nebensatzes zur Doppelparole „ein Leib, ein Geist" ist unklar, ebenso die Funktion des dem καθώς unmittelbar nachgestellten καί. Καθώς-Sätze können begründende Funktion haben (BDR § 453,2; vgl. o. A 84 zu 1,4), zumindest aber drücken sie eine analoge Beziehung aus. Das καί verstärkt diese analogisierende Beziehung (4,17.32; 5,2.25.29).
[105] 4,17.32; 5,2.25 jeweils eine geforderte (imperativische), in 5,29 eine indikativische Handlung.

Es ist die Hoffnung auf ein Ruhen, ein Sein in ewiger Identität des „Einen". Sicher ist diese abstrakte Heilsvorstellung nicht die des Verfassers des Eph – sie bildet aber den philosophischen Hintergrund seiner Sprache von der „Eins-heit" und erklärt die Rede von der „*einen* Hoffnung". Streng genommen bezieht sich der καθὼς-καί-Satz danach nicht auf beide Glieder von V.4a, sondern eher nur auf das ἓν πνεῦμα.

5 Während das Parolen-Paar „*ein* Leib, *ein* Geist" in V.4 durch einen Nebensatz, der die „*eine* Hoffnung" einfügt, zur Dreizahl erhöht wurde, folgt nun eine Triade von drei einfachen Einheitsparolen: „*ein* Herr, *ein* Glaube, *eine* Taufe". Der Wechsel der Genera (εἷς – μία – ἕν) ist kein Zufall, sondern stilistisches Kunstmittel. Ob diese Triade ihren „Sitz im Leben" in einem Taufgottesdienst hatte, ist nicht nur wegen der rhetorischen Stilisierung[106] und der dann selbstbezüglichen Erwähnung der „einen Taufe" selber unwahrscheinlich.[107] Während das εἷς κύριος (zusammen mit dem εἷς θεός: V.6) in der in 1Kor 8,6 zitierten Formel vorgegeben ist, sind die beiden anderen Parolen zeitlich vor Eph nicht bezeugt. Nicht die εἷς-κύριος-Akklamation, sondern das Bekenntnis κύριος Ἰησοῦς (Röm 10,9; 1Kor 12,3; Phil 2,11) wird schon sehr früh zum Taufritus gehört haben. „Kein auf Götter oder Herrscher angewandtes κύριος ... geht weiter als in das 1. Jh. v. Chr. zurück."[108] Ein Sonderfall ist die Wiedergabe von יהוה und die Übersetzung von אָדוֹן bzw. אֲדֹנָי durch κύριος in der LXX.[109] Die Wendung εἷς κύριος erscheint dabei nur an drei Stellen: Dtn 6,4[110] (im Schᵉma); Zach 14,9[111]; Dan 3,17[112]. Hinzu kommt Philon, Cher. 119. Merkwürdigerweise bieten aber auch die hellenistisch-römischen Kulte (Isis, Sarapis, Asklepios u.a.), bei denen die κύριος(-κυρία-)Prädikation einerseits und die εἷς-Akklamation[113] andererseits zahlreich belegt sind, kaum einen Beleg für εἷς κύριος.[114] Diese Formel ist demnach von der εἷς-θεός-Akklamation abgeleitet. 1Kor 8,6b ist der älteste christliche Beleg. Er ist – in der Verbindung mit der εἷς-θεός-Formel – bereits vorpaulinisch, und die beiden Präpositionszeilen 8,6aβ und 8,6bβ weisen sogar in das durch stoische und platonische Philosophie beeinflusste hellenistische Judentum, insbesondere die Logos-Lehre, wie Philon sie bezeugt, zurück.

---

[106] Vgl. SCHLIER, Eph, 186: Es scheint sich „bei den Versen 4–6 im ganzen um einen im Zuge seiner jetzigen Ausführungen selbstä̈ndig rhetorisch formulierten Satz" zu handeln. Der Wechsel der Genera (εἷς – μία – ἕν) stellt eine eigentümliche Form der Stilfigur eines „Polyptoton" dar. REISER, Sprache, 80, führt eine Parallele aus einem Grabepigramm des Simonides (556–468 v. Chr.) an: ἓν πέλαγος, μία νύξ, εἷς τάφος („eine Woge, eine Nacht, ein Grab").
[107] S.o. bei A 4; dazu SCHNACKENBURG, Eph, 168: „eine unsichere Vermutung".
[108] W. FÖRSTER, ThWNT 3, 1048, Z.12f.
[109] Dazu RÖSEL, Übersetzung.
[110] κύριος ὁ θεὸς ἡμῶν κύριος εἷς ἐστιν.
[111] ἐν τῇ ἡμέρᾳ ἐκείνῃ ἔσται κύριος εἷς ...
[112] ἔστι γὰρ θεὸς ἐν οὐρανοῖς εἷς κύριος ἡμῶν ...
[113] Nach ZELLER, 45, besonders häufig im Sarapiskult.
[114] ZELLER, 48 A 53, kennt nur einen einzigen Fall, wo ein κυρία einer μέγας-Akklamation nachgestellt ist: „Groß ist Isis, die Herrin". Zeller erklärt von daher das Entstehen der christlichen εἷς-κύριος-Akklamation als „erst im Gefolge des εἷς-θεός-Rufes" erfolgt (unter Berufung auf KERST, 134).

Kaum Vorbilder hat auch die Parole μία πίστις (nur hier im NT). Ähnlich wie bei μία ἐλπίς gibt es zwar auch die Wendung μία πίστις in profanem Sinne von „eine einzige Beglaubigung"[115]. Das würde auf den ersten Blick nahelegen, μία πίστις hier als „feste Überzeugung" zu interpretieren. Doch ist hier – wie auch bei μία ἐλπίς – wohl eher der Inhalt des Glaubensaktes gemeint: das Bekenntnis im Sinne von Röm 10,9 („wenn du glaubst in deinem Herzen, dass Gott ihn von den Toten auferweckt hat …").[116] In Eph 4,13 wird das Stichwort πίστις wieder aufgegriffen in der Formulierung „bis wir alle zur Einheit des Glaubens und zur Einheit der Erkenntnis des Sohnes Gottes gelangen". Die „Erkenntnis des Sohnes Gottes" steht syntaktisch parallel zum „Glauben". Beide Gen. – τῆς πίστεως und τῆς ἐπιγνώσεως – sind in 4,13 abhängig von ἑνότης und interpretieren sich gegenseitig: Die „Erkennnis des Gottessohnes" ist der Inhalt des „Glaubens". Ἐπίγνωσις erscheint vorher in 1,17, wo die Aussage über das Stichwort πιστεύειν (1,19) in 1,20 in die Aussage von der Auferweckung mündet. Darauf bezieht sich die ἐπίγνωσις, und das ist der Inhalt des Glaubens (πίστις). Und dieser wiederum hat die Funktion des einigenden Bandes. Die ἑνότης ist nicht nur ein formales Einheitsprinzip, sondern sie hat auch einen konkreten Inhalt.

Ἓν βάπτισμα begegnet erstmals (und einzig im NT) an unserer Stelle – dann erst wieder bei Clem. Alex.[117] Dass es hier um eine Abgrenzung der christlichen einmaligen Taufe gegenüber wiederholten Wasserriten anderer Kulte gehe,[118] ist ausgeschlossen. Vielmehr ist die Taufe der Akt, der „alle Gläubigen in der Kraft des einen Geistes in den einen Leib des einen Herrn eingliedert"[119] – vgl. Gal 3,26-28; 1Kor 12,13. Dass die Taufe das Tor zur Existenz im Sinne der „Einheit" darstellt, ist der Grund dafür, dass sie durch den Verfasser in die Reihe der Einheitsformeln aufgenommen wurde.

6 Die in zwei Triaden geordneten sechs Einheitsformeln (V.5-6a) werden gekrönt durch eine siebente: εἷς θεός – „*ein* Gott". Der biblische Henotheismus auf der einen und die platonische Onto-Theologie mit ihrer pythagoreischen Zahlenmetaphorik (zu der im hellenistischen Judentum auch die Siebenzahl gehört)[120] auf der anderen Seite stehen bei der Formel εἷς θεός im Hintergrund. Die Formulie-

---

[115] Aristoteles, phys. 254a35 (im Sinne eines einzigen Evidenz-Beweises, der eine Meinung widerlegt); Dionys. Hal., ant. VI 85,2 („eine einzige Zusicherung"); Dion v. Prusa, or. 74,11 („eine einzige Garantie").

[116] Man könnte dann den Hauptsatz von Röm 10,9 – σωθήσῃ („wirst du gerettet werden") – für die μία ἐλπίς (Eph 4,4b) verbuchen.

[117] paed. I 6,29; strom. III 12,82f – ohne expliziten Bezug auf Eph 4,5.

[118] So erst in patristischer Zeit.

[119] SCHLIER, Eph, 188.

[120] Aristobul, Fr. 5 (Euseb, praep.ev. XIII 12,9-16); Philon, opif. 89-128; LA I 7-20; post. 64; her. 170.216; decal. 102-105; spec. II 56; Mos. II 210; QG II 12 u.ö. Die Sieben ist als Rückkehr zur Eins die Zahl der Erlösung. Die Anordnung der Einheitsformeln in 6 + 1 könnte ebenfalls auf hellenistisch-jüdische Zahlensymbolik zurückgehen: Nach Philon, QE II 46 (vgl. opif. 13f; LA I 3-18; praem. 65; spec. II 177), ist die 6 die vollkommene Zahl innerhalb des Werdens (der materiellen Schöpfung), die durch die 7 als Zahl der Erlösung abgeschlossen wird.

rung begegnet in der philosophischen Literatur als εἷς-Prädikation, ist jedoch zugleich beheimatet in Kulten der hellenistischen und römischen Zeit als εἷς-Akklamation, d.h. als Zuruf im rituellen Kultakt.[121] Auf jüdischer Seite hat das eine gewisse Entsprechung im Sch[e]ma Dtn 6,4. Der älteste neutestamentliche Beleg, 1Kor 8,6 (εἷς θεὸς ... εἷς κύριος) ist jedoch schon philosophisch geprägt. Das gilt mehr oder weniger auch für die übrigen Vorkommen (Röm 3,30; Gal 3,20; 1Tim 2,5; Jak 2,19; εἷς ὁ θεός: Mk 2,7; 10,18/Lk 18,19 – mit Ausnahme vielleicht von Jak 2,19[122]), insbesondere aber für unsere Stelle. Kennzeichnend für sie ist die semantische Spannung zwischen εἷς und πάντες. Mediatisiert wird sie durch die Metapher πατήρ: Der *eine* Gott ist Vater von *allen* bzw. *allem*.

Die „All-Vater"-Wendung ist griechischen Ursprungs und ursprünglich auf Zeus bezogen.[123] Im Zusammenhang mit der εἷς-πάντα (πάντες)-Wendung ist sie freilich im Sinne pythagoreischer Zahlensymbolik und durch den Einfluss von Platons Timaios zur monotheistischen Metapher geworden. Die nächste Parallele zu V.6a (εἷς θεὸς καὶ πατήρ) ist 1Kor 8,6aα (εἷς θεὸς ὁ πατήρ). Das καί ist ein epexegetisches.[124] Beide Formeln sind also synonym. Schwierig ist die Genusbestimmung von πάντων: Ist es auf alle Menschen (πάντες)[125] bezogen oder auf das All (τὰ πάντα)?[126] 1Kor 8,6 ist insofern präziser, als hier beide Aussagen nebeneinander erscheinen: Aus Gott, dem Vater, stammt *das All* (ἐξ οὗ τὰ πάντα), und *wir* „sind auf ihn hin" geschaffen (καὶ ἡμεῖς εἰς αὐτόν). Das gleiche gilt dort für εἷς κύριος (8,6b): Christus ist Schöpfungsmittler *des Alls* (δι' οὗ τὰ πάντα), und *wir* „sind durch ihn" (ἡμεῖς δι' αὐτοῦ; man muss wohl ergänzen: „erlöst" und nicht „erschaffen"). Nun hat zwar der Eph besonders im Vergleich zum Kol die Tendenz, kosmische Aussagen stärker auf die Kirche zu beziehen, d.h. zu „sozialen" Aussagen zu machen. Bei den religionsgeschichtlichen Analogien überwiegt allerdings die kosmische Bedeutung bei weitem.[127] Das gilt auch für Philon.[128] Die meisten absoluten (ὁ) πᾶς-Belege in Eph 1–4[129] sind kosmisch (1,10.11.22–23;

---

[121] PETERSON, 141–183.213–240.

[122] PETERSON, 295–299, zieht diese Stelle als Beleg heran für eine frühe apotropäische bzw. exorzistische Funktion der Akklamation.

[123] S.o. bei A 35.

[124] Solche Verwendung von καί begegnet auch 1,1 (s.o. z.St.); 1,3 („Gott, welcher Vater unseres Herrn Jesus Christus ist"); 5,20 („indem ihr Gott, dem Vater, dankt"). Vgl. dazu SELLIN, Adresse, 178.

[125] So z.B. ABBOTT, Eph, 109; HANSON, Unity, 155; DIBELIUS, Eph, 80; SCHLIER, Eph, 189; MUSSNER, Eph, 120; SCHNACKENBURG, Eph, 169f; KÄSEMANN, Eph 4,1–6, S. 287. Die Lesart mit ἡμῖν (D F G Ψ 0278 1793[c] Mehrheitstext, lat, syr, Irenäus) ist wohl eine sekundäre Anpassung an V.7 und kann die Genusfrage nicht entscheiden.

[126] Für neutrische Auffassung (τὰ πάντα): J. A. ROBINSON, Eph, 93f; GNILKA, Eph, 204; BARTH, Eph, II, 471; LINDEMANN, Aufhebung, 52–54; LINCOLN, Eph, 240; BEST, Eph, 371.

[127] Diogenes v. Apollonia, Fr. 5; Marc. Aurel. VII 9,2; Clem.Alex., protr. VI 72,4 (Ps.-Justin, cohort. ad gent. 18 D 2); Philon, opif. 100 (vgl. die o. A 31 genannten Belege – bis auf sobr. 56); die pseudo-archaischen hellen.-jüd. Belege (s.o. A 28); Ps.-Aristoteles, de mundo 394b10f; 396b28f; Ael. Arist. (s.o. A 35); ferner Clem. Alex., paed. I 6,42,1 (strom. III 12,87,4 allerdings beides: ὁ πατὴρ ὑμῶν | καὶ ἁπάντων πατὴρ κατὰ δημιουργίαν αὐτός).

[128] Cher. 44; det. 147; post. 6.175; her. 62; fug. 109; Abr. 75; dec. 64; praem. 24; vgl. BEST, Eph, 371.

[129] In Kap. 5 und 6 fehlen beide Arten von (ὁ) πᾶς-Aussagen überhaupt.

3,9b.20; 4,10). Dagegen stehen nur 3,9a und 4,13. Die „Vater"-Metapher legt zwar zunächst eine menschliche Beziehung nahe, doch ist sie seit Platon, Tim. 28c, eindeutig auf den Kosmos festgelegt: τὸν μὲν οὖν ποιητὴν καὶ πατέρα τοῦδε τοῦ παντός (vgl. 37c. 41a. 50d). Vor allem aber lässt sich in V.6b das räumliche ἐπὶ πάντων nur im Sinne totaler Transzendenz und deshalb neutrisch verstehen. Dann aber müssen auch die beiden folgenden präpositionalen Aussagen neutrisch interpretiert werden.

Wie in 1Kor 8,6aα folgt relativisch angehängt eine Reihe von präpositionalen Wendungen, die die Funktion qualifizierender Prädikate haben. An unserer Stelle sind es drei (ἐπί + Gen. – διά + Gen. – ἐν), in 1Kor 8,6 zwei (ἐξ und εἰς). Anders aber als in Eph 4,6 ist in 1Kor 8,6 τὰ πάντα Subjekt, das durch die Präpositionen in Hinsicht auf die Beziehung zum einen Gott, dem Vater des Alls, qualifiziert wird. Dieser Typ von Präpositionalreihen geht auf die antike Prinzipienlehre zurück, in diesem Fall auf eine Dreier-Reihe, die in ursprünglicher Form Röm 11,36 begegnet (ἐξ – διά + Gen. – εἰς), wobei in 1Kor 8,6 das Element διά + Gen. herausgenommen und in 8,6b auf Christus als Schöpfungs- und Heilsmittler (zweimal διά + Gen.) bezogen wurde. Das geht auf die jüdisch-hellenistische Logoslehre zurück, die schon vor Paulus zum Mittel einer universalen Christologie geworden war. Die drei Präpositionalwendungen in Eph 4,6b haben dagegen eine andere syntaktische Funktion und stammen aus einer anderen philosophischen Tradition: Hier ist Gott Subjekt des Relativsatzes, und die Präpositionen sind im weitesten Sinne „Ortsangaben" Gottes in Relation zum „All" (τὰ πάντα). Man könnte diese Tradition mit Einschränkung die „pantheistische" nennen. Zu ihr gehören:

Diogenes v. Apollonia, Fr. 5:	ἐπὶ πᾶν – πάντα δια(τιθέναι) – ἐν παντί
Ps.-Aristoteles, de mundo 394b; 396b:	ἐν (φυτοῖς καὶ ζῴοις) – διὰ πάντων
	(vom Pneuma bzw. von der δύναμις)
Clem. Alex., protr. II 32,4:	ἐπὶ πᾶσιν (Ζεύς)
Clem. Alex., protr. VI 72,4:	ἐν αὐτᾷ[130]
Ps.-Justin, cohort. ad gent. 16 A 7:	ἐν πάντεσσι (εἷς θεός)
Marc. Aurel. VII 9,2:	ἐξ ἁπάντων (κόσμος ... εἷς)
	δι' ἁπάντων (θεὸς εἷς)

Diese materialistische Theologie hat ihre Wurzeln in der vorsokratischen Prinzipienlehre und gewann vor allem in der stoischen Philosophie an Bedeutung. – Das ἐπὶ πάντων (vgl. Röm 9,5)[131] ist einerseits Ausdruck der Transzendenz des einen Gottes, aber auch (im Sinne von Clem. Alex., protr. VI 72,4: ἐπίσκοπος πάσας γενέσιος) seiner Weltlenkung. Schwieriger ist der Sinn des διὰ πάντων zu bestimmen. In Frage kommt hier nur die räumliche Bedeutung: „durch alles hin-

---

[130] Das Wort wird auf Pythagoras zurückgeführt (vgl. auch o. A 22 und 23). In dem Prädikat „Aufseher allen Werdens" (ἐπίσκοπος πάσας γενέσιος) klingt das ἐπὶ πάντα (bzw. πάντων) noch an.

[131] Röm 9,5b ist eine invertierte Eulogie mit einem sonst der Doxologie angehörenden Element (εἰς τοὺς αἰῶνας, ἀμήν). Der Halbvers ist selbständig; ὁ (Artikel) ὢν ἐπὶ πάντων θεός ist Subjekt, εὐλογητός ist Prädikat. Vgl. dazu WILCKENS, Röm, II, 189.

durch".[132] Das entspricht der bei Ps.-Aristoteles, *de mundo* 394b vom Pneuma, 396b von der δύναμις gemachten Aussage, dass diese(s) sich durch alle Elemente des Kosmos hindurchziehe (und so alles belebe und miteinander verbinde). Damit wird eine Verbindung hergestellt von der Transzendenz des göttlichen Prinzips (ἐπὶ πάντων) zur Immanenz. Der δύναμις-Begriff zeigt, dass hier an eine eher mittelplatonische Mittlerfunktion gedacht ist. Bei Philon nimmt die Rolle der δύναμις Gottes der Logos ein: die Verbindung des transzendenten Gottes zur Welt. Dieser Bereich der wirkenden Macht (der „Hand" Gottes) wird in den monotheistischen, transzendentalen Gottesbegriff hineingenommen. – Dass der eine Gott schließlich ἐν πᾶσιν ist, bedeutet die Immanenz Gottes. Das schließt seine Transzendenz nicht aus. In diesem Sinne ist bereits die auf die Pythagoreer zurückgeführte Korrektur zu verstehen, die in dem sowohl bei Clem. Alex., protr. VI 72,4, als auch (in variiertem Wortlaut) in Ps.-Justin, cohort. ad gent. 18 D 2 überlieferten Dictum vorgebracht wird: „Zwar ist Gott einer (ὁ μὲν θεὸς εἷς), er ist aber nicht, wie manche annehmen, außerhalb der Weltordnung,[133] sondern in ihr (ἐν αὐτᾷ), als ganzer im ganzen Kreis ein Aufseher allen Werdens (ἐπίσκοπος πάσας γενέσιος) …". Danach ist Gott der Welt übergeordnet, aber zugleich ihr steuerndes immanentes Prinzip. Die Reihe der Präpositionen im Eph 4,6b geht also von außen nach innen: ἐπί (Transzendenz) – διά + Gen. (Vermittlung) – ἐν (Weltimmanenz).[134]

B. *4,7–10: Die Gabe des Christus*

Mit V.7 beginnt ein neuer Gedanke:[135] Nun geht es um die Verteilung der „Gnade" an *„jeden einzelnen* von uns". Von der Gnade war zuletzt in 3,2.7f die Rede. Gnade ist dort die Ermächtigung und Legitimation des paulinischen Apostolates.[136] Grundsätzlicher aber ist der semantische Gehalt des Wortes zuvor in 2,5.7f zum Ausdruck gekommen, wo damit Gottes freiwillige Heilsaktivität den Menschen gegenüber gemeint ist. Der Apostolat als „Gnade" ist demgegenüber nur ein Aspekt dieser Heilsaktivität. Nach 4,29 soll jeder diese Gnade, wo es erforderlich ist, weitergeben können. – Die Aussage von V.7 wird erst in V.11 fortgesetzt, wo das ἐδόθη („wurde gegeben") aus V.7 mit ἔδωκεν („er gab") wieder aufgenommen wird. Dazwischen steht ein Schriftzitat mit dem Stichwort ἔδωκεν (V.8), das in V.9–10 kommentiert wird. Dieser Schriftbeweis V.8–10 gehört zu den schwierigsten Partien des ganzen Schreibens.

---

[132] BDR § 223,1.
[133] Möglicherweise gegen die Epikureer gerichtet.
[134] Schlier, Eph, 189.
[135] BDR § 447; Best, Eph, 376: „signals a change of subject".
[136] Wahrscheinlich klingt dieser Begriff von Gnade auch in der vom Verfasser in 3,1.14 gewählten elaborierten Wendung τούτου χάριν an.

7 Von der *Einheit* der Vielen (V.1–6) wird der Fokus nun auf alle *Einzelnen*[137] eingestellt. Auffällig ist der Wechsel von der „Ihr"-Rede in V.1–4 zur „Wir"-Rede. Der „Apostel" schließt sich mit ein. Das erklärt sich von V.11 her, wo unter den Ämtern das Apostelamt genannt wird.[138] Hier in V.7 sind jedoch alle[139] Christen Empfänger der Gnade (χάρις). Die Wahl dieses Terminus ist auffällig. An den vergleichbaren Stellen Röm 12,3–8 und 1Kor 12,1–31 werden die Ausdrücke χαρίσματα (Gnadenbegabungen)[140] und πνευματικά (Geistbegabungen)[141] verwendet, während χάρις in Eph 3,2.7 (wie in Röm 12,3) speziell auf die Amtsfunktion des Apostels bezogen ist.[142] Nach Röm 12,6 gilt die Gnade aber allen Christen. Das muss nun auch für 4,7 angenommen werden, denn das ἑνί greift auf V.1–6 zurück, wo es um die Einheit aller Adressaten geht.[143] Bei ausschließlichem Bezug des ἡμῶν auf die Amtsträger von V.11 wäre die Formulierung ἑνὶ δὲ ἑκάστῳ unangemessen plerophorisch. χάρις ist deshalb ein weiterreichender Begriff, der den (speziellen) χαρίσματα vorgeordnet ist und alle Begabungen erfasst, aber zugleich auch ihre Quelle darstellt (Röm 12,6: χαρίσματα κατὰ τὴν χάριν …). Der Verfasser des Eph hat hier – wie schon in 3,2.7 – auf Röm 12,3.6 zurückgegriffen.[144]

Röm 12,3	διὰ		τῆς χάριτος		τῆς δοθείσης	μοι
Röm 12,6	κατὰ		τὴν χάριν		τὴν δοθεῖσαν	ἡμῖν
Eph 3,2		τὴν οἰκονομίαν	τῆς χάριτος	τοῦ θεοῦ	τῆς δοθείσης	μοι
Eph 3,7	κατὰ	τὴν δωρεὰν	τῆς χάριτος	τοῦ θεοῦ	τῆς δοθείσης	μοι
Eph 4,7	κατὰ	τὸ μέτρον τῆς δωρεᾶς	ἡ χάρις	(τοῦ Χριστοῦ)	ἐδόθη ἑνὶ ἑκάστῳ	ἡμῶν

Dass er – im Unterschied zu 3,2.7 – wie in Röm 12,6 die 1. Pers. Pl. verwendet,[145] ist also Indiz für ein nicht auf besondere Amtsträger eingeschränktes Verständnis von χάρις. In Eph 3,2.7, implizit aber auch in Röm 12,3.6, ist Gott Subjekt der Gnadengabe. Eph 4,7 weicht davon bemerkenswert ab: V.7a entspricht zwar in der Passiv-Formulierung sinngemäß noch Röm 12,6, doch das, was in Röm 12,6 im präpositionalen Satzteil erscheint, ist hier zum Hauptsatz gemacht worden (wobei als Subjekt

---

[137] Εἷς ἕκαστος: Mt 26,22; Lk 4,40; 16,5; Apg 2,3.6; 17,27; 20,31; 21,19.26; 1Kor 12,18; Eph 4,16; Kol 4,6; 1Thess 2,11; 2Thess 1,3; Apk 21,21.
[138] Das schließt nicht aus, dass der Verfasser sich mit all seinen Adressaten identifiziert (LINCOLN, Eph, 241; BEST, Eph, 376f; MERKLEIN, 62; s. nächste A).
[139] Während ENGELHARDT, Gedankengang, 113; SCHLIER, Eph, 191 und MERKLEIN, 59–64, schon für V.7 ausschließlich an Amtsträger denken, sieht die Mehrheit der Exegeten heute in V.7 eine sachliche Entsprechung zu Röm 12,3–8, wonach alle Christen Empfänger der χάρις sind; z.B. KLAUCK, 91f; SCHNACKENBURG, Eph, 177f (DERS., 290f, aber noch wie Schlier und Merklein); VÖGTLE, 242f; LINCOLN, Eph, 241f; BÖTTRICH, Gemeinde, 138–140.
[140] Röm 12,6; 1Kor 12,4.9.28.30f.
[141] 1Kor 12,1; 14,1.37.
[142] Darauf beruft sich MERKLEIN, 63f.
[143] Deshalb ist ein Verweis auf ἕκαστος in 1Kor 3,5.8.10.13; 4,5 als Begründung für eine Ämterdifferenzierung in Eph 4,7 nicht angebracht. Vgl. dagegen das allgemeine ἕκαστος in 1Kor 7,2.7.17.20 und vor allem 12,18 (ἓν ἕκαστον) sowie Eph 4,16 (ἑνὸς ἑκάστου).
[144] GESE, Vermächtnis, 69f.78.188 A 278, sieht in 4,7 vor allem eine Abhängigkeit von 1Kor 12,7. Terminologisch lässt sich das jedoch nicht belegen. 1Kor 12 kommt erst ab 4,11 ins Spiel.
[145] Vgl. auch das κατά + Akk.

des Gebens auch an dieser Stelle durchaus Gott gedacht sein könnte). Dafür erscheint im κατά-Satzteil nun eine Aussage über Christus, und zwar in einer für den Eph typischen doppelten adnominalen Genitivkette, wie sie auch in 3,7 vorkommt:

Eph 3,7:	κατὰ	τὴν	δωρεὰν	τῆς	χάριτος	τοῦ θεοῦ
	gemäß	der	*Gabe*	der	*Gnade*	*Gottes*
Eph 4,7:	κατὰ	τὸ	μέτρον	τῆς	δωρεᾶς	τοῦ Χριστοῦ
	gemäß	dem	*Maß*	der	*Gabe*	*Christi*

Während in 3,7 δωρεά und χάρις annähernd synonym sind, geht es in 4,7 um eine qualitative Differenzierung der (jeweiligen) Gaben. Innerhalb der qualifizierenden Genitivketten des Eph[146] finden sich drei mit μέτρον – alle in unserem Abschnitt: 4,7.13.16.[147] Verwandt mit der Aussage von V.7b ist Röm 12,3: ἑκάστῳ ὡς ὁ θεὸς ἐμέρισεν μέτρον πίστεως. In Röm 12 gibt es eine doppelte Differenzierung der Begabungen der einzelnen Gemeindeglieder: eine quantitative, graduelle („Maß des Glaubens")[148] und eine qualitative (διαφορά [„Unterschied"] der Charismen). Eph 4,13 und 16 sprechen von einem Prozess in Richtung der „Einheit des Glaubens", „zum vollkommen Mann, zum Maß des Alters der Fülle Christi" (V.13), von einem „Wachsen" des Leibes nach dem „Maß", das „jedem einzelnen Teil" zukommt (V.16). Die μέτρον-Aussagen in V.7.13 und 16, vor allem im Zusammenhang mit den εἷς-ἕκαστος-Aussagen (in V.7 und 16[149]), setzen so etwas wie eine differenzierte jeweilige „Angemessenheit" der Zuteilung von Gnade und Kraft voraus, wenn auch in V.13 durch τέλειος, ἡλικία und πλήρωμα ein maximales Maß („Vollmaß") avisiert ist. Die Tatsache schließlich, dass Christus (und nicht Gott) in V.7 als Geber der χάρις genannt wird,[150] hängt mit dem Zitat (V.8) und seiner christologischen Interpretation (V.9-10) zusammen.

8 Die Zitateinführung διὸ λέγει (ohne Nennung des Subjekts) begegnet im Neuen Testament nur noch Eph 5,14 und Jak 4,6, sonst viermal bei Philon[151] und 16mal bei dem Grammatiker Aristonikos (De signis Iliadis), einem Textkritiker der alexandrinischen Philologenschule aus der augusteischen Zeit.[152] Wie auch das λέγει γάρ (70mal bei Philon ohne explizites Subjekt[153] – so im NT nur

---

[146] Mit πλοῦτος, μέγεθος und μέτρον: Eph 1,7.18.19; 2,7; 3,16; 4,7.13.16; vgl. SELLIN, Genitive, 85f.
[147] Nur an diesen drei Stellen kommt im Eph μέτρον vor.
[148] Ἕκαστος steht hier nicht bei der χάρις-Aussage (V.3a). Zu μέτρον πίστεως vgl. C. E. B. CRANFIELD, Μέτρον πίστεως in Romans xii.3, NTS 8 (1961/62) 345-351, der sich für die Bedeutung „der Glaube als Maßstab" (μέτρον = Kriterium; πίστεως = Gen. appositivus) ausspricht (so auch WILCKENS, Röm, III, 11f, und die meisten neueren Ausleger). Dem steht aber das μερίζειν („zuteilen") entgegen (vgl. 1Kor 7,17; 2Kor 10,13). Auch würde man einen determinierenden Artikel entweder vor beiden Gliedern oder wenigstens vor πίστεως erwarten.
[149] V.7 und V.16 bilden durch diese beiden Elemente (μέτρον und εἷς ἕκαστος) eine Inklusion.
[150] So nur noch in Röm 5,15: ἡ χάρις τοῦ θεοῦ καὶ ἡ δωρεὰ ἐν χάριτι τῇ τοῦ ἑνὸς ἀνθρώπου Ἰησοῦ Χριστοῦ … In Eph 3,7 stehen ebenfalls δωρεά und χάρις zusammen.
[151] Agr. 100; ebr. 138; conf. 182; QG I 97. Häufiger erscheint bei ihm λέγει γάρ (70mal ohne Subjekt).
[152] Vgl. dazu H. ERBSE, Artikel „Aristonikos", Lexikon der Alten Welt, Bd. 1, 1990 (Nachdruck der einbändigen Originalausgabe von 1965), 309; DERS., Artikel „Scholien", Bd. 3, 2725.
[153] Daneben wird neunmal Mose als Subjekt genannt, zweimal ὁ νόμος (γραφή aber nie mit λέγει).

II. 1.) 4,1–16 Die Einheit und ihre Bänder

2Kor 6,2[154]) setzt diese Formulierung Basistexte voraus, die zitiert bzw. kommentiert werden (in einem Fall „Mose", im anderen „Homer"). Sie stammt, wie die Stellen bei Aristonikos, die ältesten Belege, zeigen,[155] aus der alexandrinischen (Homer-)Philologie. Im Fall der drei neutestamentlichen Vorkommen von διὸ λέγει ist das implizierte Subjekt schwer zu bestimmen. Bei Eph 4,8 (ein Psalmzitat) könnte es David sein, im Fall von Jak 4,6, wo ein anonymes Weisheitswort (Prov 3,43) zitiert wird, Salomo. Im Fall von Eph 5,14 handelt es sich überhaupt nicht um ein Wort aus der Schrift. Man wird in diesen drei Fällen deshalb das διὸ λέγει besser mit „darum heißt es" übersetzen müssen, wobei das λέγει die Autorität, das heilige Alter[156] und die zeitlos-präsentische Bedeutung des Zitierten zum Ausdruck bringen soll.

Im Eph gibt es zwölf[157] Zitate (bzw. zitatnahe Anspielungen) aus der LXX, von denen nur eins, nämlich Eph 4,8, durch eine Zitationsformel (διὸ λέγει) gekennzeichnet ist. Die gleiche Formel leitet nun aber auch eine Aussage ein, die sich nirgendwo im AT finden lässt, deren Herkunft überhaupt unbekannt ist (Eph 5,14). Beim Zitat in Eph 4,8 handelt es sich um ψ 67,19:

ψ 67,19:	ἀνέβης εἰς ὕψος,	ᾐχμαλώτευσας αἰχμαλωσίαν,
Eph 4,8:	ἀναβὰς εἰς ὕψος	ᾐχμαλώτευσεν αἰχμαλωσίαν,
ψ 67,19:	ἔλαβες	δόματα ἐν	ἀνθρώπῳ.
Eph 4,8:	ἔδωκεν	δόματα τοῖς	ἀνθρώποις.

Ursprünglich handelt der Psalm von Jahwes Siegeszug auf den Zion, der Gefangene macht und Tributgaben unter den Menschen empfängt.[158] Der Septuagintatext entspricht sinngemäß dem hebräischen.

In vier Punkten weicht das Zitat von der LXX-Vorlage ab: (1.) Das finite Verb der ersten Zeile (2. Pers.; Aorist) wird zu einem Partizip. (2.) Das Partizip der ersten Zeile wird zum finiten Verb in der 3. Pers. (3.) Das Verb der zweiten Zeile („du nahmst") wird durch das konträre „er gab" ersetzt. (4.) Die präpositionale Wendung „in (= bei) dem Menschen"[159] wird zum Dativobjekt im Plural („den Menschen"). Die 2. und die 4. Änderung sind jeweils Konsequenz der 1. und der 3.: Im Psalm wird in V.8–11, V.19 und V.25 der auf dem Sinai triumphierende Gott angeredet. Im Eph wird die Aussage vom „Aufstieg" des Kyrios zum Sinai auf Christus bezogen.[160] Und das neue Verb „er gab" fordert das Dativobjekt. – Damit

---

[154] Ἡ γραφή λέγει bzw. λέγει (γάρ) ἡ γραφή im NT aber achtmal; ὁ θεός λέγει (Apg 2,17); ὁ νόμος λέγει: dreimal (Subjekte sind ferner David, der Heilige Geist, der Kyrios u.a.).

[155] Mit διὸ λέγει werden bei Aristonikos immer die Lemmata aus der Ilias eingeführt; das λέγει hat also „Homer" zum Subjekt. Dagegen werden die Zitate der Philologen, vor allem aus der textkritischen Arbeit des Aristarch, immer mit γράφει eingeleitet. Darin spiegelt sich noch der Primat der Mündlichkeit (Homer und Mose) vor der sekundären Schriftlichkeit.

[156] S.o. vorige A.

[157] S.o. Einleitung § 4.

[158] Vgl. F.-L. Hossfeld/E. Zenger, Psalmen 51–100 (HThKAT), Freiburg 2000 (zur Stelle). Zur *figura etymologica* ᾐχμαλώτευσεν (LXX: -σας) αἰχμαλωσίαν (Ps 68,19: שָׁבִיתָ שֶּׁבִי) s.o. zu 1,3.

[159] Im Hebräischen bezeichnet אָדָם die Menschengattung (בָּאָדָם = „bei/unter den Menschen"). In LXX ist wörtlich übersetzt worden.

[160] Im NT wird der erhöhte Christus (bis auf drei Ausnahmen: Apk 4,11; 22,20 und das *Maranatha* in 1Kor 16,22) nie angeredet.

sind die Abweichungen (1.)[161], (2.) und (4.) erklärt. Das große Rätsel aber stellt die dritte Änderung („geben" statt „nehmen") dar. Es gibt dafür vier unterschiedliche Erklärungen:

(a) Unbestreitbar ist, dass das Zitat die Aussage von V.11 begründen soll. Deshalb sei damit zu rechnen, dass der Verfasser von sich aus das Zitat seiner Zielaussage angepasst habe.[162] Dagegen ist einzuwenden: Warum sollte der Verfasser ein Schriftzitat heranziehen, das seinen Zielgedanken gar nicht unterstützt? Wie sollte er das Zitat überhaupt gefunden haben, wenn darin die Analogie nicht erkennbar war?

(b) Es handele sich überhaupt nicht um ein Schrift-Zitat, sondern um eine urchristliche Tradition: „The quotation which follows the same introductory formula at 5.14 is not scripture but probably part of a Christian hymn".[163] Hier wird jedoch aus dem vagen Gebrauch der Zitationsformel in 5,14 ein nicht zulässiger Schluss gezogen: nämlich dass der Verfasser auch in 4,8 die Herkunft des Zitierten nicht angeben könne. Die Synopse (vorige S.) zeigt aber, dass hier eindeutig ψ 67,19 zugrunde liegt. Wenn es nicht der Verfasser war, der ψ 67,19 für seine Aussage transformierte, dann muss es jemand vor ihm gewesen sein. Das Problem wird damit nur auf die Tradition verlagert, aber nicht erklärt.

(c) M. Gese geht umgekehrt davon aus, dass der Verfasser des Eph den Kontext seines Zitates, also den ganzen Psalm, berücksichtigt habe und damit auch die Aussage von V.12: Gott „gab" ein „Wort".[164] Eine solche „stille" Implikation (der Verfasser habe aus ψ 67 die Verse 12 und 19 stillschweigend komplementiert) ist jedoch ohne Analogie in der neutestamentlichen Zitationsweise, die den Kontext in der Regel nicht berücksichtigt.[165]

(d) Im rabbinischen Judentum wird Ps 68,19 auf Mose gedeutet, der auf den Sinai „hinaufstieg", um die Tora zu „empfangen" und sie dem Volk Israel zu „geben". Wie Eph 4,8 hat *Targum Ps 68,19* (im Gegensatz zu Ps 68,19 [לקחת] und ψ 67,19 [ἔλαβες]) יהבתא = ἔδωκεν.[166] Die Belege[167] sind jedoch sehr spät.[168] Die midraschartige Kommentierung des Zitates in Eph 4,9-10 verwendet nun aber die „Auf- und Abstiegs"-Terminologie (ἀνα- und καταβαίνειν) in einer Weise, die auf Ex 19 und 24 hinweist: den Aufstieg des Mose und seinen Abstieg vom Sinai. Dann kommt man nicht darum herum, dass hier eine Mose-Christus-Entsprechung vorausgesetzt wird. Da die rabbinischen Quellen jedoch nicht ins 1. Jh. zurück-

---

[161] S. vorige A.
[162] So z.B. BIEDER, 82; BONSIRVEN, Exégèse, 307f; LINDEMANN, Aufhebung, 85.
[163] BEST, Eph, 381, der auf MORITZ, 71-74, verweist.
[164] GESE, Vermächtnis, 184-186.
[165] Eine Ausnahme stellen alttestamentliche Erzählzusammenhänge dar, z.B. in Gal 4,21-31, wo Paulus den ganzen Zyklus von Abraham und seinen beiden Frauen (Gen 16-17.21) voraussetzt; vgl. SELLIN, Hagar und Sara, 64.
[166] *Targum Ps 68,19* lautet in der Übersetzung (BILLERBECK III 596; vgl. MCNAMARA, Targum to the Pentateuch, 79):
Du bist aufgestiegen zum Firmament, Prophet Mose,
du hast Gefangenschaft gefangengeführt,
du hast die Worte der Tora gelernt,
du hast sie als Gaben gegeben den Menschenkindern.
[167] Vgl. BILLERBECK 596f, der Targ Ps 68,19, Aboth RN 2 (2ᵃ) und Midr Ps 68, § 11 (160ᵃ) nennt. Weitere bei HARRIS, 77-91.
[168] MORITZ, 59f; MCNAMARA, Targum to the Pentateuch, 78-81, rechnet jedoch mit einer alten Tradition hinter *Tg Pss*: „In any case it is probable that Tg Pss is in part a very old, and possibly pre-Christian, rendering ... Our verse, then, may represent a genuine pre-Christian Tg to Ps 68,19". Auch HARRIS, 93, hält die Tradition hinter Targum Ps 68,19 (mit den Elementen [a] Mose stieg auf zum Himmel, um die Tora zu empfangen und [b] er nahm dort die Tora als „Beute") für alt.

führen, werden frühe nicht-rabbinische Quellen herangezogen.[169] Von R. Rubinkiewicz ist TestDan 5,11 ins Spiel gebracht worden.[170] Doch selbst wenn in dieser Stelle Anspielungen an ψ 67,19 vorliegen sollten (αἰχμαλωσία, λαμβάνειν, δώσει/ἔδωκεν, ἀπειθεῖς/ἀπειθοῦντες), ist kein Bezug auf Mose und seinen Auf- und Abstieg erkennbar. Hinweise auf eine Tradition wie in *Targum Ps 68,19* möchte W.H. Harris jedoch im syrischen Psalter[171] und den Zitaten von Ps 68,19 bei Justin und Tertullian erkennen, auch wenn dort kein Hinweis auf den Mose-Aufstieg (und -Abstieg) zu finden sei.[172] Umgekehrt findet sich das (Abstiegs- und) Aufstiegsmotiv des Mose vor allem bei Philon und Pseudo-Philons Antiquitates Biblicae[173] (also im 1. Jh. n. Chr.), jedoch ohne Bezug auf Ps 68,19. Auch wenn es sich hier um einen Fall eines *missing link* handelt, bestätigt Eph 4,8 (ψ 67,19) und 4,9–10 (Auf- und Abstieg im Sinne von Ex 19; 24), dass hier von einer Mose-Christus-Typologie ausgegangen werden kann. Dann muss aber die spätere rabbinische Substitution von „empfangen" durch „geben", die im späten Targum Ps 68,19 am eindeutigsten der Fassung in Eph 4,8 entspricht, bereits im 1. Jh. n. Chr. existiert haben. Da der Eph noch keine rabbinische Exegese voraussetzen kann, sein Verfasser aber auch schwerlich ψ 67,19 von sich aus der Mose-Aufstiegstradition assoziiert haben wird (dazu ist die Abweichung vom LXX-Text zu beiläufig), muss mit einer Verbindung von Mose-Aufstiegs-Allegorese und ψ 67,19 im Bereich griechisch-sprachiger Synagogen in hellenistisch-judenchristlicher Tradition gerechnet werden. ψ 67,19 würde dann wie ψ 8,7 und ψ 109,1 mit zu den messianischen Psalmenversen im frühen Christentum gehören.[174] Sinaiaufstieg und -abstieg des Mose sind bei Philon eines der metaphorischen Modelle für die Erlösung der logosgleichen Seele, die selber durch ihre Logosqualität erlösende Funktion hat. Mose ist deshalb Typos des ἄνθρωπος θεοῦ, der durch seinen „Aufstieg" und „Abstieg" die Mittlerposition zwischen Gott und seinem Volk erfüllt. Im Psalmzitat in Eph 4,8 ist freilich explizit nur vom Aufstieg die Rede. In einem Kommentar (V.9–10)[175] wird jedoch der implizierte Abstieg expliziert. Diese Erläuterung stellt das große Problem für die Interpretation von 4,7–10 dar. Das Zitat selber ist an sich eindeutig. Es zielt auf V.11 (die „Ämter" als Gaben des Christus).

9 Mit dem bestimmten Artikel τὸ (δέ) und der Kopula ἐστιν wird das für den Zusammenhang entscheidende ἀναβάς lemmatisiert,[176] nun in der finiten Form ἀνέβη (so ψ 67,19 in S).[177] Durch die rhetorische Frage („… was bedeutet es an-

---

[169] Vgl. HARRIS, 96–122.
[170] RUBINKIEWICZ, 221f; TestDan 5,11: καὶ τὴν αἰχμαλωσίαν λήψεται [λάβῃ] (ergänze: ὁ κύριος ἀπὸ) τοῦ Βελίαρ, τὰς ψυχὰς τῶν ἁγίων, καὶ ἐπιστρέψει καρδίας ἀπειθεῖς πρὸς κύριον, καὶ δώσει τοῖς ἐπικαλουμένοις αὐτὸν εἰρήνην αἰώνιον.
[171] Siehe aber den Vorbehalt bei E. NESTLE, 344f.
[172] HARRIS, 112–122.
[173] HARRIS, 123–142; Philon: Mos. I 158; QG IV 29; QE II 27–52. Hier kommt dann neben Ex 19–20.24 auch Gen 28,12–19 (vgl. Joh 1,51) ins Spiel; vgl. LibAnt 11,15–12,1.
[174] Der Abschnitt 4,7–10 knüpft an 1,20–23 an (s.u. S. 335 u. 337f); vgl. SCHNACKENBURG, 288f; DERS., Eph, 180.
[175] In der exegetischen Literatur werden V.9–10 meist als „Midrasch" bezeichnet. Von einer Gattung „Midrasch" lässt sich jedoch erst im Bereich der rabbinischen Literatur sprechen: SELLIN, Allegorese, 108f; vgl. auch folgende A.
[176] Vgl. Gal 4,25: τὸ δὲ Ἁγὰρ … ἐστίν; dazu SELLIN, Hagar und Sara, 74. Die Formel τὸ δέ + Zitat (+ ἐστίν) begegnet in den Quaestiones Philons (Gr. Fragmente): z.B. QG I 1.55–58.93; II 11 (Prokopios 293b); IV 69; QE II 17; nicht lokalisierbares Fragment zu QE II (bei MARCUS, Philo Suppl. Bd.2, p.261, Nr.15). – Das spricht dafür, dass dies technische Terminologie der alexandrinischen Scholienarbeit sein könnte.
[177] Das Zitat Eph 4,8 selber bietet das Partizip ἀναβάς wie ψ 67,19 in B*.

deres, als dass er auch hinabstieg?") wird ein im Zitat nicht explizierter Abstieg erschlossen (ὅτι καὶ κατέβη). Das Ziel dieses Abstiegs sind τὰ κατώτερα [μέρη] τῆς γῆς („die unteren [Teile] der Erde"). Μέρη („Teile") ist nicht in allen Handschriften bezeugt; es fehlt in p46 D* F G it, bei Irenäus (lat.), Clem. Alex. (ex. Theod.), Ambrosiaster, steht aber in A B C D² I Ψ 33.1739.1881, im Mehrheitstext, in f und Vulgata. Die äußere Bezeugung spricht eher für die Fassung mit μέρη.[178] – Diese Aussage wurde in der Rezeption der Kirchenväter fast ausschließlich auf einen *descensus ad inferos,* einen Abstieg des Christus in die Unterwelt, gedeutet (im Sinne von 1Petr 3,19; 4,6).[179] Dem widerspricht jedoch das hellenistische Weltbild des Eph, das keine „Unterwelt" kennt, sondern „zweistöckig" ist: Der Bereich der Erde (mit dem sublunaren Luftraum, in dem die Dämonen hausen: Eph 2,2) wird von der „himmlischen Sphäre" (τὰ ἐπουράνια) unterschieden.[180] In εἰς τὰ κατώτερα μέρη τῆς γῆς ist τῆς γῆς ein Gen. appositivus (oder epexegeticus), wie er im Eph häufig vorkommt:[181] „er stieg hinab in die unteren Bereiche, d.h. auf die Erde". In V.9 findet sich eine weitere Textvariante, die noch verrät, welche Schwierigkeiten der Kommentar V.9–10 der Interpretation bereitete: Nach dem ὅτι καὶ κατέβη folgt in B und Ψ sowie jeweils in einer Korrektur in ℵ und C ein πρῶτον („zuerst"). Dieses πρῶτον signalisiert eine Unsicherheit bezüglich der Reihenfolge von „Aufstieg" und „Abstieg" (und gibt sich so als sekundäre Vereindeutigung zu erkennen).[182] Das „er stieg hinauf" impliziert, dass er auch „hinabstieg" auf die Erde. Das Problem (das durch umgekehrte Reihenfolge der Verben in V.10 noch verschärft wird), ist die Frage, ob der in V.9 implizierte „Abstieg" dem „Aufstieg" (im Zitat) zeitlich vorangeht, oder ob der „Aufstieg" dem „Abstieg" vorangeht.[183] Die Implikation in V.9 legt keine zeitliche Reihenfolge fest. Auffällig ist nicht nur die ungewöhnliche Formulierung in V.9,[184] sondern auch die Tatsache, dass hier überhaupt die Implikation des Abstiegs expliziert wird.

---

[178] Vgl. HARRIS, 40–45, der überzeugend zu dem Schluss kommt, „that μέρη was part of the original text" (45); vgl. dazu METZGER, Commentary, 537.

[179] In der neuzeitlichen Exegese wird diese Deutung vertreten von ENGELHARDT, Gedankengang; J.A. ROBINSON, Eph, 180; BÜCHSEL, ThWNT 3 (1938), 640–643 (nur auf den Tod Christi bezogen); MEYER, Eph (4. Aufl. 1862). Dagegen BIEDER, 81–90; LINCOLN, Eph, 244f; HARRIS, 1–14.46–50.55–63. Eine neueste Variante der Deutung auf die Unterwelt stammt von KREITZER, Solution; DERS., Plutonium. Eph 4,9 wird hier archäologisch und religionsgeschichtlich im Sinne eines *descensus ad inferos* zu erklären versucht. Dabei wird vorausgesetzt, dass Eph von einem Paulusschüler aus Kolossä an die Gemeinde von Hierapolis gerichtet sei.

[180] Vgl. SCHNACKENBURG, 288f; DERS., Eph, 181f.

[181] HARRIS, 46–54. Vgl. Eph 2,14 (BDR § 167 A 2); ferner 1,14; 4,13.23; dazu: SELLIN, Genitive, 91f.96–98.100f.104f.

[182] Vgl. METZGER, Commentary, 536.

[183] Eine Entscheidung darüber ist erst nach der Exegese von V.10 möglich.

[184] Das durch den Artikel substantivierte Zitat (BDR § 267,1) und die Kopula ἐστιν gehören zur exegetischen Terminologie (s.o. A 173); ἐστιν ist dann mit „bedeutet" zu übersetzen. Diese Deuteformel wird jedoch als rhetorische Frage (τί) mit folgender Verneinung (εἰ μή) ausgedrückt – was eine bejahende Antwort voraussetzt. Das καί vor ἀνέβη macht den Antwortsatz zu einer Komplementär-Implikation: Ein „Aufstieg" impliziert auch einen „Abstieg". „Fragt man, welche Vorstellung von Christus und seinem Weg dahintersteht und diese Argumentation ermöglicht, wird man auf sein Herabkommen vom Him-

10 Die Komplementäraussage wird wiederholt, nun aber in Hinsicht auf die Identität des Subjekts der beiden Handlungen, wobei die Verben als substantivierte Partizipien erscheinen – entsprechend dem Partizip ἀναβάς im Zitat V.8. Außerdem ist die Reihenfolge vertauscht: „ὁ καταβάς ist derselbe wie ὁ ἀναβάς". V.9 und 10 bilden so einen Chiasmus:[185]

V.9 ἀνέβη
    κατέβη
V.10 καταβάς
    ἀναβάς

Während der Abstieg sich nach unten zur Erde richtet (V.9), führt der Aufstieg „über alle Himmel". Ὑπεράνω (mit Gen.) hat komparativische transzendierende Bedeutung.[186] Damit ist der gesamte Kosmos dem „Aufsteigenden" unterstellt. Es folgt ein Finalsatz: „damit er alles (das All) erfülle". Diese Aussage, zusammen mit der Aussage vom Aufstieg „über alle Himmel" (ὑπεράνω ...), greift auf 1,20–23 zurück. Dort wurde in V.20–22a die Auferweckung Jesu als seine Erhöhung zum Kosmokrator vorgestellt, in V.22b–23 seine Einsetzung zum „Haupt" für die Kirche: Als Kosmokrator, dem Gott „alles" unterstellte, wurde er der Kirche gegeben („und er gab [ἔδωκεν] ihn als Haupt über alles der Kirche"). Als sein „Leib" ist die Kirche das Pleroma (d.h. der von ihm, der das All ausfüllt, gänzlich ausgefüllte Bereich).[187] – Wenn der „Aufstieg" also die Erhöhung Christi zum Kosmokrator und „Haupt der Kirche" bedeutet, was bedeutet dann der „Abstieg"? Es gibt darauf heute zwei Antworten:[188] (1.) Der Abstieg bedeute die Inkarnation des Erlösers *vor* dem Aufstieg[189] –

---

mel und seinen Wiederaufstieg verwiesen. Die umgekehrte Reihenfolge, dass der aufgestiegene Christus dann als Verherrlichter (im Geist, zu Pfingsten) wieder herabgekommen ist, verbietet sich aus der Perspektive, die von den ‚unteren Teilen der Erde' zur ‚Erfüllung des Alls' führt. Es ist die gleiche Perspektive wie im Johannesevangelium ..." (SCHNACKENBURG, Eph, 180).

[185] HARRIS, 178–181, möchte den ganzen Abschnitt 4,7–11a als chiastische Struktur ansehen:
a.) Gaben (V.7) – b.) Aufstieg (V.8a) – c.) Abstieg (V.8b) – d.) Aufstieg (V.9a) // d'.) Abstieg (V.9b) – c'.) Abstieg (V.10a) – b'.) Aufstieg (V.10b) – a'.) Gaben (V.11a). – Dieses Schema hat jedoch zwei Schönheitsfehler: (1.) V.8b spricht nicht vom Abstieg, sondern von Gaben. (2.) In V.9b und 10a stoßen zwei Abstiegsaussagen aneinander, obwohl sie nicht die Achse bilden. Außerdem wird der Finalsatz am Ende von V.10 übergangen.

[186] Im NT Eph 1,21; 4,10; Hebr 9,5; dazu Philon, conf. 137: Das, was ὑπεράνω τῶν δυνάμεων ist, ist der unfassbare Gott; vgl. das (im NT nicht vorkommende) ὑπερουράνιος (Platon, Phaidr. 247c; Philon, opif. 31; QE II 40). Von Eph 4,10 her erweist sich dann sachlich das ἐν τοῖς ἐπουρανίοις in 1,20 (vgl. ὑπεράνω in 1,21) und entsprechend wohl auch in 1,3; 2,6 als *höchster* Ort des Himmels (vgl. auch 4,6: Gott als ἐπὶ πάντων). Das gilt nicht für 3,10 und 6,12. Die Bestimmung von ἐπουράνιος ist jeweils relativ (s.o. A 68–80 zu 1,3).

[187] S.o. zu 1,20–23. Die Beziehung von 4,8–10 auf 1,20–23 wird von vielen Exegeten erkannt (z.B. SCHNACKENBURG, 288f; DERS., Eph, 182; MEYER, Kirche und Mission, 65–67); von LINCOLN, Eph, 248, wird sie aber bestritten. HARRIS, 175f.181, muss in Auseinandersetzung mit der Arbeit von P. D. OVERFIELD, The Ascension, Pleroma and Ecclesia Concepts in Ephesians, Ph.D.Thesis, University of St. Andrews 1976, eine solche Bezugnahme aber zugestehen.

[188] Die Interpretation des „Abstiegs" als Descensus in die Unter- oder Totenwelt (als dritte Möglichkeit) scheidet aus (s.o. bei A 179).

[189] Diese Ansicht wurde in der Alten Kirche (in der sonst die Deutung auf den *descensus ad inferos* vorherrschte) von Theodor von Mopsuestia vertreten, in der Reformationszeit dann von Calvin. Sie findet

oder (2.) seine Herabkunft in Gestalt des Geistes (in dem Fall *nach* dem Aufstieg).[190]

(1.) Für die Reihenfolge Abstieg – Aufstieg spricht die Tatsache, dass die neutestamentliche Christologie (im Corpus Paulinum, im Joh und im Hebr) die soteriologische Pointe im Aufstieg, d. h. in der Erhöhung, sieht. Der Abstieg ist dann die vorherige Inkarnation des Logos. Dies gilt auch für die hellenistisch-jüdische Soteriologie Philons: Der Aufstieg der Seele (des νοῦς) wird allegorisch mit dem Aufstieg (ἀναβαίνειν) des Mose auf den Sinai versinnbildlicht (QE II 27–49[191] zu Ex 24,1–18[192]). ψ 67,19 erwähnt entsprechend nur den Aufstieg. Dabei entsteht freilich die Frage, warum in Eph 4,9–10 der „Abstieg" überhaupt ausdrücklich thematisiert wird. Ein „Abstieg" (καταβαίνειν) wird weder in Kol noch sonst im Eph erwähnt.

(2.) Das ist für die Vertreter der zweiten Lösung[193] der Ausgangspunkt: Der „Abstieg" müsse vom Verfasser des Eph eigens hervorgehoben werden, weil es auf ihn ankomme. Im Zitat von ψ 67,19 werde der Abstieg in der „Gabe" (ἔδωκεν δόματα) impliziert – entsprechend der rabbinischen Auslegung des Verses, wonach Mose beim „Aufstieg" die Tora entgegennahm und sie beim bzw. nach dem „Abstieg" dem Volk „gab". So war ja Ps 68 mit dem Wochenfest (Pfingsten) verbunden, dessen Erinnerungsgehalt die Gesetzgebung am Sinai darstellte.[194] Der „Aufstieg" als Auferweckung (und Himmelfahrt) ginge dann dem „Abstieg" voraus. – Diese Interpretation hat drei Schwächen: (a.) Zwar spielt der Geist im Eph eine wichtige Rolle;[195] ebenso gibt es in den Paulusbriefen Stellen, wo Christus als Pneuma prädiziert wird (1Kor 15,45; 2Kor 3,17), doch dass der zu Pfingsten kommende Heilige Geist identisch mit dem „herabsteigenden" Christus sei, lässt sich aus keiner Stelle (schon gar nicht aus dem Eph)[196] folgern.[197] (b.) ψ 67,19 enthält keinen Hinweis auf einen

---

sich in der modernen Exegese z. B. bei MITTON, Ephesians, 204f; DIBELIUS, Eph, 80; SCHLIER, Eph, 192f; GNILKA, Eph, 209; MERKLEIN, 68f; LINDEMANN, Aufhebung, 84–86.218–221; MUSSNER, Eph, 123; SCHNACKENBURG, Eph, 180f; MORITZ, 76–86; BEST, Eph, 386.

[190] Erstmals vertreten von VON SODEN, Eph, 132; dann von ABBOTT, Eph, 116; ROELS, God's Mission, 161–163; MEUZELAAR, Leib, 134–137; CAIRD; PORTER, 47; KIRBY, Eph, 145f; LINCOLN, 20–25; DERS., Eph, 246–248; am ausführlichsten: HARRIS, bes. 143–197.

[191] QE II 40: „This signifies that a holy soul is divinized by ascending not to the air, but to (a region) *above the heavens*. And beyond the world (μετὰ τὸν κόσμον) there is no place but God" (MARCUS: Philo Suppl., II, 82f). Zwar liegt kein griech. Fragment vor, doch setzt „above the heavens" die Wendung ὑπεράνω (πάντων) τῶν οὐρανῶν voraus. Vgl. Mos. I 158; post. 14; somn. I 186–188.

[192] Ex 19 wird in QE nicht kommentiert. Ebenso fehlt Gen 28,12 (vgl. Joh 1,51) in QG.

[193] S.o. A 190.

[194] Vgl. HARRIS, 143–197. Eine wichtige Rolle für die Stützung der Deutung auf die Herabkunft Christi als Heiliger Geist spielt der Aufsatz von KRETSCHMAR.

[195] In den beiden Monographien zu Pneuma im Eph (der von ADAI, Geist, sowie der von LEMMER, Pneumatology) wird diese pneumatologische Deutung von Eph 4,8–11 aber abgelehnt (vgl. BEST, Eph, 386 A 24).

[196] HARRIS, 190–192, beruft sich dafür auf Eph 1,13; 3,16 und 5,18 (im Anschluss an LINCOLN, Eph, 247). Für 1,13 ist das ausgeschlossen: Das „In-Christus-Sein" ist das Ergebnis der Taufe, der Versiegelung „durch den heiligen Geist der Verheißung". Zu 3,16: Dynamis und *Pneuma* sind zwar beides Ausdrücke für Gottes Mittlerkräfte, die nach Philon im Logos (und dementsprechend auch in Christus) zusammengefasst werden können. Aber eine Herabkunft (Wiederkunft) Christi *als* der Heilige Geist lässt sich daraus nicht folgern. 5,18: „Seid voll (erfüllt) im Geist" verwendet die πληροῦν- (bzw. πλήρωμα-)Formulierung, die jedoch nicht auf Christus beschränkt ist. ἐν πνεύματι hat hier die Bedeutung „seid erfüllt *mit* (dem) Geist". Eine Bezugnahme auf Apg 2,13 (BARTH, Eph, II, 582) ist wegen des anderen Ausdrucks (μεμεστωμένοι) unwahrscheinlich.

[197] Vgl. SCHNACKENBURG, 287; DERS., Eph, 180.

II. 1.) 4,1–16 Die Einheit und ihre Bänder

„Abstieg", schon gar nicht mit Gaben (wie Mose mit der Tora). Auch wäre der Bezug zum „Geist" nur über die Tatsache erkennbar gewesen, dass ψ 67,19 mit dem Wochenfest zusammenhängt. Der Vers selber enthält (auch in der Fassung von Eph 4,8) keinen Hinweis auf den Geist.[198] (c.) Die „Gaben", um die es geht, kommen von Christus selbst (4,7.11: αὐτός), der Geist wird (anders als in 1Kor 12,1ff) nicht erwähnt.[199] Das ist kein Grund, ihn deshalb mit Christus selbst zu identifizieren. Vielmehr lässt sich der Haupteinwand gegen die erstgenannte Deutung (nach welcher der Abstieg die Inkarnation, der Aufstieg die Erhöhung bedeutet) leicht widerlegen: Der „Abstieg" muss erwähnt werden, um zu zeigen, dass es der Logos-Christus ist, also der inkarnierte Logos, der den „Aufstieg" vollzieht, d.h. der auferweckt, erhöht und zum Pantokrator eingesetzt worden ist.

V.10 betont die Identität des „Herabsteigenden" mit dem „Hinaufsteigenden".[200] Am Ende steht die soteriologische Zielaussage: der Aufstieg. Dass hierin die Zielaussage zu sehen ist, zeigt (neben dem ἀναβάς im Zitatanfang V.8a und dem vorangestellten Stichwort ἀνέβη am Anfang des Kommentars in V.9) der Finalsatz V.10b: „damit er alles ausfülle". Die Gesamtaussage von V.8-10 endet also oben „über allen Himmeln". Der Aufstieg hat Christus an die Spitze über das ganze All gestellt. Von dieser erlangten Machtstellung aus hat er die Übertragungsmittel seiner geistlichen Herrschaft der Kirche „gegeben" (so wie Gott ihn selber „der Kirche als Haupt gegeben hat": V.22).[201] Für diese Deutung (Inkarnation – Erhöhung) lassen sich andere Texte des Neuen Testaments anführen. Die nächste Parallele ist Joh 3,13: καὶ οὐδεὶς ἀναβέβηκεν εἰς τὸν οὐρανὸν εἰ μὴ ἐκ τοῦ οὐρανοῦ καταβάς, ὁ υἱὸς τοῦ ἀνθρώπου („Und niemand ist in den Himmel hinaufgestiegen außer dem, der vom Himmel herabkam, der Menschensohn"). Die Formulierung hat z.T. Anklang an Eph 4,9-10 (εἰ μή, καταβάς), und die Aussagefunktion ist gleich: aufgestiegen ist nur der, der vom Himmel (zuvor) herabgestiegen ist.[202] Im unmittelbaren Anschluss daran wird Mose erwähnt, der durch das „Erhöhen" der Schlange (Num 21,8f) einen *Typos* für den „erhöhten" Menschensohn darstellt (eine Mose-Typologie).[203] Joh 6,33 (wieder im Gegenüber zu Mose) wird das καταβαίνειν von Jesus als dem vom Himmel kommenden „Brot des Lebens" ausgesagt. Das entscheidende Ereignis ist aber das ἀναβαίνειν des Menschensohns dahin, „wo er vorher (τὸ πρότερον) war" (Joh 6,62; vgl. 20,17). Davor liegt das καταβαίνειν des Erlösers, seine Inkarnation (6,33-38.50f.58). Das gleiche Schema von Inkarnation (Erniedrigung) und Erhöhung begegnet auch in Phil 2,6-11.

Die Reihenfolge in 4,9-10 ist also: Herabkunft (Inkarnation) – Aufstieg (Erhöhung). Der Sinn von Eph 4,8-10 ist, unter Rückgriff auf die Christologie von 1,20-23 die Funktion der Herrschaft Christi als Haupt über seine Kirche darzustellen, und zwar unter dem Gesichtspunkt der Gabe. Das ist gegenüber 1,20-23 (wo

---

[198] Vgl. BEST, Eph, 385, und die bereits von HAUPT, Eph, 141f, an VON SODEN, Eph, 131f, geübte Kritik.

[199] Das gilt – ebenfalls im Unterschied zu 1Kor 12 – auch für Röm 12,3-8, einen Abschnitt, der in Eph 4,1-16 mehr Spuren hinterlassen hat als 1Kor 12.

[200] Das πρῶτον in V.9b ist also (wenn auch textkritisch gesehen sekundär) sachlich eine berechtigte Klarstellung.

[201] Der Abschnitt 4,7-16 endet dann auch in V.15b-16 mit der Aussage von der die Kirche (als Leib) lenkenden Funktion Christi als Haupt (s.u. zu V.16).

[202] Das Partizip Aorist καταβάς ist dem Perfekt ἀναβέβηκεν unter- und (zeitlich) vorgeordnet.

[203] Zur johanneischen καταβαίνειν-ἀναβαίνειν-Motivik: W.A. MEEKS, The Man from Heaven in Johannine Sectarianism, JBL 91 (1972), 44-72; DERS., The Prophet-King. Mose Tradition and the Johannine Christology (NT Suppl. 14), Leiden 1967.

ψ 109,1 und ψ 8,7 den Symbolfundus liefern) das Neue in 4,7ff. Aus der Auslegungstradition von ψ 67,19 dient dazu die Wendung ἔδωκεν δόματα τοῖς ἀνθρώποις. In Eph 4,7 war daraus ein ἐδόθη vorweggenommen und mit den Stichworten „Gnade" (χάρις) und „Geschenk" (δωρεά) verknüpft worden. Es ist das platonische Schöpfungsmotiv aus Timaios 29d–31b das, vermittelt über das hellenistische Judentum,[204] im Hintergrund dieser metaphysischen Theologie steht. – *Wie* das „Haupt" Christus seinen „Leib" (die Kirche) steuert, wird im dritten Abschnitt erklärt.

C. 4,11–16: Die Dienste der Einheit

Der ganze Abschnitt 4,11–16 besteht wieder aus einem einzigen Satz.[205] Ein Problem stellt das Verhältnis von V.11 zu V.7 dar: Ist V.11 Beispiel für die Aussage von V.7 („jedem Einzelnen von uns wurde die Gnade gegeben ...")? Dann würde an den „Amtsträgern" gerade die „Differenzierung" der unterschiedlichen Gaben exemplarisch veranschaulicht.[206] Oder ist V.11 die „Explikation" von V.7, so dass schon in V.7 ausschließlich an die Amtsträger gedacht wäre?[207] Vielleicht wird man sagen können, dass die in V.11 genannten „Amtspersonen"[208] eine Spezies der allgemeinen Gnade darstellen, deren spezielle Funktion in der Kybernese der Kirche besteht (4,12.16).

11 Nach V.7 wurde „jedem einzelnen" das jeweils zugemessene Gnadengeschenk gegeben. Damit wird jeder im Christusleib zum Multiplikator der Gnade Christi. Jetzt in V.11 werden aber beispielhaft „Amtsträger" als „Geschenke" für die Menschen vorgestellt.[209] Ἔδωκεν (Aorist)[210] hat seine Vorgabe sowohl in Röm 12,6 als auch in 1Kor 12,7. In 1Kor 12,28f werden drei von den fünf in Eph 4,11 genannten

---

[204] Für Philon ist die ganze Welt Ausdruck der „Gnade" Gottes, der sich selbst aufgrund seiner ἀγαθότης („Güte"/„Gutheit") austeilt und mitteilt (z.B. LA III 78; vgl. Cher. 122f; post. 144f; migr. 184). Für den Verfasser des Eph ist es die „Liebe" Gottes, die, indem sie in der „Kirche" Gestalt annimmt, die Welt durchdringt und sich selbst der Welt zum Geschenk macht.
[205] Vgl. 1,3–14; 1,15–21; 3,1–7.8–12.14–19; 5,17–24.
[206] So KÄSEMANN, Epheser 4,11–16, 288.
[207] So z.B. SCHLIER, Eph, 191–195. Zur Alternative vgl. o. A 139 und KLEIN, 67f, der eine Entscheidung offen lässt. Kleins Behauptung, χάρις meine im Eph ausschließlich die Amtsgnade, stimmt jedoch nicht für 1,1.6.7; 2,5.7.8; 6,24. In 3,2.7f ist diese allgemeine Gnade als „Amtsgnade" spezifiziert und zwar auf die διακονία des Paulus (2,7), der als „Verwalter" der Gnade Gottes für die Menschen fungiert (εἰς ὑμᾶς: 3,2).
[208] KÄSEMANN, Epheser 4,11–16, 289: „Die Charismatiker sind irdische Manifestationen der Charis".
[209] „Unser Text spricht auffälligerweise nicht gegenständlich ... von Funktionen und Ämtern, sondern von lebendigen Menschen, die mit Funktionen und Ämtern betraut wurden ... ,Menschen sind seine Gaben'" (KÄSEMANN, Epheser 4,11–16; das Zitat im Zitat ist aus SCHLATTER, Erläuterungen zum NT, 7, 206, entnommen; vgl. BEST, Ministry, 161).
[210] p[46] hat an dieser Stelle das Perfekt δέδωκεν, das eine bis in die Gegenwart bleibende Wirkung der Handlung impliziert. Ob das für das Apostel- und das Prophetenamt zutrifft, ist freilich strittig.

Ämtern erwähnt, und zwar in einer Rangfolge („erstens Apostel, zweitens Propheten, drittens Lehrer").[211] Zwei Unterschiede bestehen aber dort zu Eph 4,11: (1.) Es ist nach 1Kor 12 Gott (nicht Christus), der die Ämter initiiert. (2.) Er „setzte" sie „ein" (ἔθετο). In Eph 4,11 „gab" (ἔδωκεν) Christus „selbst" sie. – Wie in 2,14 wird das demonstrative, das Subjekt explizierende αὐτός verwendet („er selbst").[212] Offenbar hat der Verfasser bewusst Christus (statt Gott wie in 1Kor 12,28) als Stifter der Ämter vorgestellt. Damit kommt ihre christologische Funktion zum Ausdruck: Sie sind Überträger der Kräfte des „Hauptes" auf den Leib.[213] Die Formulierung τοὺς μὲν …, τοὺς δὲ …, τοὺς δὲ …, τοὺς δὲ … ist offenbar durch das οὓς μὲν … aus 1Kor 12,28 veranlasst. Um so bemerkenswerter ist die Tatsache, dass die ordinale Rangfolge in Eph nicht übernommen worden ist. Die fünf Ämter (Apostel, Propheten, „Evangelisten", Hirten und Lehrer) lassen sich nur schwer voneinander abgrenzen und definieren. Zunächst fällt auf, dass einige im Neuen Testament erwähnte typische Amtsträger, nämlich Bischöfe, Diakone und Presbyter, im Eph *nicht* genannt werden.[214] Strittig ist, ob das Apostel- und das Prophetenamt zur Zeit des Eph noch existierten,[215] oder ob es sich um die in der „mythischen" Vergangenheit fundamentalen Urämter handelt[216]. Nach Eph 2,20 bilden Apostel und Propheten das „Fundament".[217] Beide „Ämter" sind charismatisch legitimiert. Für den realen Verfasser des Eph ist zumindest das Amt des Apostels eine vergangene Größe.[218] Für die Didache freilich gibt es Wandercharismatiker, die als „Apostel" (11,1ff) und „Propheten" (11,7ff; 13,1ff) bezeichnet werden. In die gleiche Kategorie gehören auch die „Lehrer" (Did 13,1-2). Diese charismatischen „Ämter" haben sich offenbar in einigen Ge-

---

[211] Die nicht institutionellen Charismen in 1Kor 12,28 werden nur noch parataktisch aufgeführt.

[212] Vgl. auch 5,27 und Kol 1,17.18 sowie das betonte ἐγώ des Apostels in 1,15; 3,1; 4,1 und 5,32 (das aber auch häufig in den genuinen Paulusbriefen vorkommt: dazu DODD, Paul's Paradigmatic „I").

[213] Vgl. KÄSEMANN, Eph 4,11-16, 289: „Die Charismatiker sind irdische Manifestationen der Charis und insofern Träger der Christusenergie, mit welcher er den gottlosen Kosmos durchdringt und erfüllt …". 4,16 wird das mit einem physiologischen Modell plausibel gemacht.

[214] FISCHER, 13-39, schließt daraus, dass der Verfasser des Eph diese parochialen Ämter, vor allem das Bischofsamt, als Gefahr für die Einheit der Kirche nach dem Tode des Paulus einschätzte. Eph betone deshalb die universalen Ämter. Das würde den allgemeinen, sich jeder lokalen Konkretion verweigernden Charakter des Eph sowie seine Theologie der Einheit erklären. Doch dass Eph das Bischofsamt bekämpfe, bleibt ein *argumentum e silentio* (LINDEMANN, 241f; BEST, Ministry, 169). Die im Eph nicht genannten Ämter (Bischöfe, Diakone, Presbyter) bestimmten jene Gemeinden, die von den Pastoralbriefen vorausgesetzt werden.

[215] So KLEIN, 68, und FISCHER, 33-39.

[216] So z.B. SCHWEIZER, 98; KLAUCK, 96f (Apostel und Propheten: „fundamental", „Evangelisten, Hirten und Lehrer": „funktional"; KLAUCK, 97f, meint allerdings, die „Propheten" seien wie die „Hirten" und „Lehrer" keine Wanderpropheten wie in der Didache, sondern „im Rahmen der Ortsgemeinde tätig" gewesen: 48); MERKLEIN, 135-143.342-345; VÖGTLE, 243; SCHNACKENBURG, Eph, 122f.183; SCHÜRMANN, 131f.150f; BEST, Ministry, 157f.160; DERS., Eph, 388f; U. HECKEL, 71f.

[217] Nach 1Kor 3,9-11 ist Christus das Fundament, nach Eph 2,20 sind es Apostel und Propheten, und Christus ist der „Eckstein", d.h. das Normmaß des Fundaments (s.o. zu 2,20).

[218] S.o. A 216. Bis auf Apk 2,2 rechnet keine der nachpaulinischen Schriften des Neuen Testaments für ihre Gegenwart mit „Aposteln", auch Eph 3,5 nicht (gegen KLEIN, Zwölf Apostel, 69-72). Das νῦν bezieht sich ja auf die Zeit des fingierten Verfassers Paulus.

genden durchgehalten. Daneben gibt es aber im Bereich der Didache die parochialen Ämter „Bischöfe" und „Diakone" (15,1f).[219] Anders als z.B. in den Pastoralbriefen werden diese ortsgemeindlichen Ämter im Eph überhaupt nicht erwähnt.[220] – Neben den „fundamentalen" Ämtern „Apostel" und „Propheten" werden drei weitere genannt: „Evangelisten", „Hirten" und „Lehrer" (die beiden letztgenannten durch καί verbunden, während sonst insgesamt eine viergliedrige Aufzählung mit μέν ... δέ ... δέ ... δέ vorliegt). Der Terminus εὐαγγελιστής begegnet sonst nur noch zweimal: In Apg 21,8 wird das Mitglied des „Hellenisten"-Siebenerkreises Philippus, der Vater von vier „prophezeienden" Töchtern (V.9), als „Evangelist" bezeichnet.[221] 2Tim 4,5 wird „Timotheus" aufgefordert, das „Werk eines Evangelisten" zu tun, seinen „Dienst" (διακονία) zu vollbringen. Aufgrund dieser Stelle kann man vermuten, dass „Evangelist" ein Nachfolgeamt für das Apostelamt bezeichnet,[222] zumal Timotheus in der Fiktion der Pastoralbriefe zu einem der Nachfolger des Paulus zugerüstet werden soll. „Hirten und Lehrer" werden durch das καί enger zusammengefasst. In 1Kor 12,28 stehen die „Lehrer" in einer Aufzählung an dritter Stelle nach „Aposteln" und „Propheten".[223] Did 13,1-2 stellt sie ebenfalls mit Aposteln und Propheten zusammen als Wandercharismatiker. Apg 13,1 werden fünf Namen aus der Gemeinde in Antiochien aufgezählt (Barnabas; Symeon, genannt Niger; Lukios, der Kyrenäer; Manaen und Saulus), deren Träger „Propheten und Lehrer" genannt werden. Den Aposteltitel, den zumindest Barnabas und Paulus beansprucht haben,[224] muss Lukas ihnen vorenthalten.[225] In der paulinischen Tradition von (Kol und) Eph dagegen bleibt der Aposteltitel allein Paulus vorbehalten. Die übrigen bisher erwähnten Titel „Propheten", „Evangelisten" und „Lehrer", ebenfalls charismatische Funktionen bezeichnend, dienen im Eph wie in der Apg als Ersatztitel – in der Apg für alle außer den Mitgliedern des

---

[219] Vgl. NIEDERWIMMER, Didache, 241: „Die Ortsgemeinden haben (wahrscheinlich schon längst) begonnen, Amtsträger aus ihren eigenen Reihen zu wählen, so dass die wandernden bzw. seßhaft werdenden Charismatiker auf die Gruppe der Repräsentanten der Ortsgemeinde stoßen. Die Didache ist bemüht, einen Ausgleich zwischen den beiden Gruppen zu schaffen."

[220] S.o. A 214.

[221] Natürlich nicht als Verfasser eines schriftlichen Evangeliums (s. A 222). Ob die prophezeienden Töchter ein Hinweis auf ein charismatisches „Amt" ihres Vaters sind, muss offenbleiben. Eher könnte aber Philippus den Titel „Evangelist" als Ersatz für den Aposteltitel erhalten haben, zumal „Lukas" letzteren den Mitgliedern des Zwölferkreises reserviert hat.

[222] So KLAUCK, 97, der entsprechend die „Hirten" und Lehrer als Nachfolger der Propheten einschätzt. U. HECKEL, 74f, hält dagegen die „Evangelisten" nicht für institutionalisierte Amtsträger. Unter Berufung auf die Einleitung von de Wette hat HADIDIAN, 317-332, die These aufgestellt, die „Evangelisten" wären die Verfasser schriftlicher Evangelien gewesen. Dagegen sprechen drei Tatbestände: (1.) Der Eph kennt (mehr noch als Paulus selbst) keine Jesustradition; (2.) εὐαγγέλιον als Bezeichnung der literarischen Gattung Evangelium ist (sieht man von Mk 1,1 einmal ab) nicht vor Justin bezeugt; (3.) εὐαγγελιστής als Terminus für die Verfasser der Evangelien ist erstmals bei Hippolyt, de antichristo, 56, und Tertullian, adv. Praxean, 23, belegt (vgl. BEST, Ministry, 163).

[223] Röm 12,7 wird (neben der διακονία) die διδασκαλία unter den Charismen genannt.

[224] Vgl. 1Kor 9,1-6; Gal 2,1-10.

[225] S.o. A 221. Wie im Fall des Philippus der Titel „Evangelist" springen hier „Prophet" und „Lehrer" als Ersatz ein.

Jerusalemer Zwölferkreises, im Eph für die Nachfolger des Paulus, d. h. für überregionale Amtsträger im Bereich der paulinischen Gemeinden Kleinasiens. Dass es aber einen regulären Status der „Lehrer" gab, setzt nicht nur Jak 3,1 voraus, wo der Verfasser sich selbst (durch die 1.«rs. Pl.) dieser Gruppe zuordnet,[226] sondern auch Barn 1,8; 4,9. – Am schwierigsten bestimmbar ist der Titel „Hirt" (ποιμήν), der im NT nur hier begegnet. Überwiegend wird er als Bezeichnung für ortsansässige Gemeindeleiter verstanden.[227] „Hirten" und „Lehrer" werden (im Unterschied zur bisherigen Aufzählung) einfach mit καί verbunden und unter einem Artikel zusammengefasst.[228] Das könnte darauf hindeuten, dass „Hirt" auch hier eine metaphorische Prädizierung ist, und zwar für den Titel des „Lehrer"-Amtes. Man könnte dann die fünf Titel etwa so definieren:[229] Die „Evangelisten" sind als Missionare überörtliche Nachfolger der Apostel, während die „Lehrer" die Nachfolger der wandernden „Propheten" wären, nun allerdings ortsgebunden.[230] Die „Hirten" schießlich gehörten mit den „Lehrern" zusammen. Vielleicht beschreibt der Name metaphorisch sogar eine Aufgabe der Lehrer.[231] Man muss sich allerdings darüber im Klaren sein, dass dies eine schematische Konstruktion ist, die nicht genügend durch Belege gedeckt ist. Wie die Didache für ihren Bereich zeigt, ging zwar der Trend zur Ortsansässigkeit der ehemals überregionalen charismatischen Ämter. Doch der Eph vermeidet gerade jedes „Lokalkolorit". Attraktiv ist freilich der Gedanke, dass der reale Verfasser des Eph selber zur Gruppe der „Lehrer" gehörte.[232] Wir dürfen von V.11 aber nicht zu viel für unser historisches Interesse an den frühchristlichen institutionellen Verhältnissen erwarten. Das Interesse des Verfassers richtet sich nur auf die Leitungsfunktion der Amtsträger an sich, nicht aber auf ihre spezifischen historischen Aufgaben und institutionellen sozialgeschichtlichen Bedingungen.

---

[226] Hier geht es aber nicht um charismatische Wander-„Lehrer" wie in Did 13,1f, sondern um ortsansässige Weisheitslehrer. Zum Titel „Lehrer" s. die Arbeiten von FILSON; GREEVEN; HILL; SCHÜRMANN; A.F. ZIMMERMANN.

[227] So z.B. von KLAUCK, 98, und MERKLEIN, 362–378, der das gleiche auch von den Lehrern behauptet (die zwar Charismatiker und Nachfolger der wandernden Propheten, aber inzwischen ortsgebunden seien: 359f). Nach Apg 22,28 ist es Aufgabe der ἐπίσκοποι, die Gemeinde Gottes zu „weiden" (ποιμαίνειν). „Hirt" ist aber kein Amt, sondern „metaphorische Umschreibung für die Leitungsaufgaben" (U. HECKEL, 75).

[228] MERKLEIN, 362.

[229] Vgl. MERKLEIN, 332–392.

[230] KLAUCK, 98; MERKLEIN, 355–360; VÖGTLE, 244.

[231] Dass „Hirten" und „Lehrer" ein und dieselbe Gruppe bezeichnen würden, geht schon auf Hieronymus zurück. SALZMANN, 93f, identifiziert entsprechend „Hirten" und „Lehrer" und versteht darunter ortsansässige Gemeindeleiter. Die „Evangelisten" rechnet er als Wanderprediger zu den „Aposteln" und „Propheten". Der Versuch von MERKLEIN, 347–350, aus Eph 4,11 eine dogmatische Begründung des („Lehrer"-)Amtes als eines apostolischen, *iuris divini* gesetzten, abzuleiten, wird am deutlichsten von VÖGTLE, 246–249, destruiert, der darauf hinweist, dass dann das Prophetenamt (neben dem des Apostels) stört. Ebenso würde das Amt der Evangelisten stören, die dabei („zu Gunsten der ‚Hirten und Lehrer'") „unter den Tisch fallen" (VÖGTLE, 248).

[232] MERKLEIN, 215f.220-222.350-361; VÖGTLE, 241; THEOBALD/PILLINGER, Eph, 15f.

12 Das macht V.12 deutlich, in dem drei präpositionale Wendungen folgen, die alle eine finale Funktion haben (πρὸς … εἰς … εἰς). Die Zuordnung der drei Präpositionalausdrücke ist freilich nicht eindeutig und in der Exegese umstritten.

Die beiden εἰς-Wendungen sind zwar nicht synonym, doch ist 4,12c (εἰς οἰκοδομὴν …) zu 12b (εἰς ἔργον διακονίας) explikativ: „zur Zurüstung der Heiligen zum Werk des Dienstes, (nämlich) zum Aufbau des Leibes Christi". καταρτισμός[233] bedeutet „Zurüstung", „Einrichtung", „Ausstattung", „Fertigstellung". Die nächste Parallele zu Eph 4,12 ist Hebr 13,20f, wo das Verb καταρτίζειν mit der Präposition εἰς verbunden ist: ὁ δὲ θεὸς … καταρτίσαι ὑμᾶς … εἰς τὸ ποιῆσαι τὸ θέλημα αὐτοῦ („Gott … befähige euch … seinen Willen zu tun …", Hebr 13,20f).[234] Das Substantiv καταρτισμός hat eine schöpferische Bedeutungskomponente.[235] Diese Belege mit εἰς sprechen dafür, dass in 4,12 εἰς ἔργον διακονίας von πρὸς τὸν καταρτισμόν abhängig ist.[236] Die Amtsträger haben dann die Aufgabe, die „Heiligen" „für" (εἰς) das „Werk des Dienstes" zuzurüsten.[237] Die „Heiligen" sind aber – entsprechend der Bedeutung von (οἱ) ἅγιοι in 1,1.15; 5,3; 6,18 – alle Christen.[238] Schon bei Paulus selbst findet sich die Wendung εἰς διακονίαν τοῖς ἁγίοις („zum Dienst an den Heiligen": 1Kor 16,15). Damit sind „Leistungen", d. h. auch materielle Hilfen, gemeint (Sponsorentum).[239] Eph 4,12 ist in der Terminologie verwandt: die Heiligen sollen „geschult" werden[240] zum „Dienst" (εἰς ἔργον διακονίας). In Röm 11,13; 15,31 und an den entsprechenden Stellen im 2Kor ist damit allgemein eine anvertraute Aufgabe zum Nutzen anderer gemeint (das kann die Missionsaufgabe des Apostels sein, aber auch sein Kollektendienst an den Jerusalemer „Heiligen": Röm 15,31). Im Eph werden die beiden einzigen, die mit Namen genannt werden, nämlich Paulus und Tychikos, als διάκονοι bezeichnet (3,7; 6,21). Bezüglich Tychikos ist die Wendung πιστὸς διάκονος („treuer/zuverlässiger Diener") durch Kol 4,7 vorgegeben; bezüglich Paulus stammt die Bezeichnung διάκονος aus Kol 1,23.25, also aus dem in Eph 3 verwendeten „Revelationsschema".[241] Dann aber bezeichnet ἔργον διακονίας in

---

[233] Ein ntl. Hapaxleg., dessen Sinn aus dem häufiger beggnenden Verb καταρτίζειν (13mal im NT) zu erschließen ist. Bezeichnend für die wörtliche Bedeutung ist ein Beleg in New Documents 3, p.70: „zwei Betten mit Ausstattung" (Kissen usw.). Als medizinischer t.t. begegnet das Substantiv bei Apollonios med., in Hippocratis de articulis commentarium 2,6; 11,21.41; 29,37; 31,38 in der Bedeutung „Einrenkung" (von Gliedern).
[234] Vgl. IgnPhld 8,1: ἐγὼ … ὡς ἄνθρωπος εἰς ἕνωσιν κατηρτισμένος.
[235] Vgl. Hebr 11,3: … κατηρτίσθαι τοὺς αἰῶνας ῥήματι θεοῦ, εἰς τὸ μὴ …
[236] Also für die Deutung der o. A 234 genannten Exegeten.
[237] VÖGTLE, 243.
[238] 1,18; 3,8 und 3,18 bleibt (οἱ) ἅγιοι unbestimmt. 2,19 sind damit zunächst die Judenchristen gemeint, denen aber die Heidenchristen längst als συμπολῖται gleichgestellt wurden.
[239] Dazu gehörten Geld, tätige Unterstützung, Gewährung von Versammlungs- und Wohnraum u.ä.
[240] In diesem pädagogischen Sinne wird καταρτισμός z.B. gebraucht von Clem. Alex., strom. IV 26,163,2; das Verb: Plutarch, Cato Minor 65,12.
[241] Kol 1,23: οὗ ἐγενόμην ἐγὼ Παῦλος   διάκονος
  1,25: ἧς ἐγενόμην ἐγὼ   διάκονος κατὰ τὴν οἰκονομίαν …
  Eph 3,7: οὗ ἐγενήθην   διάκονος κατὰ τὴν δωρεὰν …

Eph 4,12 die Ausübung einer „Dienstleistung"[242], zu der die Christen (οἱ ἅγιοι) durch die genannten (Amts-)Personen vorbereitet, zugerüstet und kompetent gemacht werden.

Durch eine weitere εἰς-Wendung wird die Aussage von der „Dienstleistung" präzisiert: „zum (εἰς) Aufbau des Leibes Christi". Das Bild vom „Bau" (οἰκοδομή) weist zwar allgemein auf 2,19–21 zurück. Doch οἰκοδομή bedeutet dort (2,21) das fertig gefügte „Gebäude", hier aber meint es den Vorgang des Aufbauens (*nomen actionis*). Εἰς οἰκοδομὴν τοῦ σώματος τοῦ Χριστοῦ präzisiert die Wendung εἰς ἔργον διακονίας: Die „Dienstleistung", für welche die „Heiligen" durch die Amtsträger ausgebildet werden sollen, besteht also in einem Wirken, das dem Aufbau der Kirche dient. Dabei sind alle Glieder des „Leibes" einbezogen. Dann wird aber auch verständlich, warum diese Ausführungen über die „Ämter" gerade den paränetischen Teil des Schreibens eröffnen: Es geht um die Ethik. Die „Dienstleistungen" sind Werke, welche die Einheit der Kirche fördern[243] – wie sie in 4,1–3 angesprochen wurden: Demut, Sanftmut, Großmut, vor allem: „einander ertragen in Liebe". Ἐν ἀγάπῃ umschließt zyklisch den ganzen Abschnitt (V.2/V.16 Ende).

13 Gab V.12 den funktionalen Zweck der „Gaben" des erhöhten Christus an, so wird nun in V.13 mit der temporalen Konjunktion μέχρι[244] ein zeitliches Ziel genannt: „bis wir alle gelangen zu …". Καταντᾶν – fast immer mit εἰς bei der Zielangabe – wird in Apg (bis auf eine Ausnahme: 26,7) örtlich gebraucht, im Corpus Paulinum einmal örtlich,[245] an den übrigen drei Stellen[246] übertragen mit zeitlicher Komponente. Subjekt sind „wir alle" (οἱ πάντες). Jeweils mit εἰς werden drei Ziele des „Gelangens" angegeben, von denen jedes direkt von καταντήσωμεν abhängig ist.[247] Erstes Ziel ist die „Einheit des Glaubens und der Erkenntnis des Sohnes Gottes". Ἑνότης (im NT sonst nur noch Eph 4,3), ein ontologischer Begriff[248] mit ethischen und sozialen Konsequenzen, ist hier mit dem „Glauben" verbunden (vgl. μία πίστις in 4,5). In 4,3 war die Rede von der „Einheit des *Geistes*", die es zu bewahren gilt. Die Formulierung „bis wir alle gelangen …" in V.13 setzt aber eine gegenwärtige Defizienz voraus[249]: Entweder ist die „Einheit des Glaubens" noch nicht erreicht, oder aber das οἱ πάντες (wir „alle") ist noch nicht erreicht. Letzteres wird der Fall sein. Was unter der „Einheit des Glaubens" zu verstehen ist, wird

---

Das aus Kol 1,23 stammende ἐγὼ Παῦλος ist aus Eph 3,7 nach V.1 vorgezogen.
[242] Das Wort gebraucht VÖGTLE, 143. ἔργον ist aber wohl nicht eine abgeschlossene Leistung, sondern *nomen actionis*: die generelle Ausübung und Tätigkeit eines Dienstes.
[243] Weil es um Ethik geht, wird οἰκοδομή hier anders als in 2,19–21 als *Nomen actionis* verwendet.
[244] BAUER/ALAND, Wb., 1044; BDR § 455,3 A 6. Zum Konjunktiv ohne ἄν: § 389,2 A 3 (prospektiv und final zugleich).
[245] 1Kor 14,36.
[246] Neben Eph 4,13: 1Kor 10,11; Phil 3,11.
[247] LINCOLN, Eph, 255.
[248] Wörtlich „Eins-heit" (s.o. zu 4,3).
[249] Vgl. Phil 3,11 (εἴ πως καταντήσω εἰς …) und 3,12 („Nicht dass ich es schon erlangt hätte …").

durch den zweiten Gen. erklärt: „und (zur Einheit) der Erkenntnis[250] des Sohnes Gottes". Das καί hat explikative Funktion.[251] Die „Erkenntnis des Sohnes Gottes" ist der Inhalt des „Glaubens".[252] Dieser „Glaube" ist zugleich als „Erkenntnis" Christi die „Erkenntnis" Gottes (1,17). Vermutlich deshalb steht hier in 4,13 nicht „Erkenntnis Christi", sondern „Erkenntnis des Sohnes Gottes". υἱὸς (τοῦ θεοῦ) begegnet im ganzen Schreiben nur an dieser Stelle, was angesichts des häufigen Vorkommens dieses Christustitels in den genuinen Paulusbriefen, die der Verfasser des Eph fast alle sehr gut kennt, auffällig ist. Er kann damit an dieser Stelle die Repräsentanz Gottes in Christus am besten zum Ausdruck bringen.[253] – Der Glaube, der die Gotteserkenntnis in der Christuserkenntnis zum Inhalt hat, bedeutet „Einheit", und zwar in dem Sinne, wie es in 2,14–16 zum Ausdruck kommt: als „Friede" durch den, der die Getrennten zu *einem* neuen Menschen" macht. Dieser Gedanke wird nun auch hier in 4,13 in einer variierten Metapher zum Ausdruck gebracht: („bis wir alle gelangen ...") εἰς ἄνδρα τέλειον – „zu einem vollkommenen Mann". Wie in 2,15 der „eine neue Mensch" ein Kollektiv meint (die Kirche), so ist entsprechend ἀνὴρ τέλειος hier Metapher für diese neue Gemeinschaft.[254] Ἀνὴρ τέλειος bedeutet wörtlich „erwachsener" oder „reifer Mann"[255], wird dann aber zumeist in ethischem Zusammenhang übertragen gebraucht („vollkommener, tugendhafter Mann"[256]). In Eph 4,13 liegt dann eine doppelte Übertragung vor: vom Biologischen auf das Ethische und vom Individuum auf ein Kollektiv.[257] Die Verwendung von ἀνήρ statt ἄνθρωπος (so 2,15; 4,24) ist allerdings überraschend, zumal auch Kol 1,28 mit dem Prädikat τέλειος das Substantiv ἄνθρωπος verbindet. Der Grund wird auch hier der ethische Kontext sein: Das „Gelangen" zur Vollkommenheit ist ja nicht nur im Sinne quantitativen Wachstums gemeint, sondern vor allem ein qualitatives, ethisches (wie der Finalsatz V.14–15 zeigt). Die Wendung ἀνὴρ τέλειος wird aber überwiegend gerade in diesem Sinne gebraucht und ist so gesehen viel typischer als ἄνθρωπος τέλειος

---

[250] Zu ἐπίγνωσις s.o. zu 1,17 und 4,3. In 1,17 bezieht sich ἐπίγνωσις allerdings auf Gott. Doch besteht die „Erkenntnis" Gottes gerade in der „Erkenntnis" Jesu Christi.

[251] S.o.bei A 26 und 27 zu 1,1; A 124 zu 4,6.

[252] S.o. zu 4,3. Dass es um eine *fides quae* geht, betont auch LINCOLN, Eph, 255. Der Begriff πίστις ist im Grunde ein von der Rhetorik geprägter – vgl. KINNEAVY, Origins, 147: „Judged by the contemporary criteria of persuasive discourse, as seen in Greek rhetoric, the *pistis* of the New Testament can almost always be interpreted as persuasion"; vgl. dazu auch ARZT-GRABNER, Philemon, 178–180.

[253] Weder gab es christologische Meinungsverschiedenheiten bezüglich dieses Titels in der Gemeinde (gegen MUSSNER, Eph, 128), noch hat der Verfasser hier gedankenlos einen traditionellen Titel aufgegriffen (gegen LINCOLN, Eph, 256).

[254] S.o. zu 2,15.

[255] Z.B. Xenophon, Kyrop. VIII 7,6 u. ö.; Polybios IV 8,1; Philon, Cher. 114; sobr. 9; Flacc. 15; Epiktet, ench. 51,1,7; Galenus, de propriorum animi affect. dign. V 14,10.

[256] Z.B. Charondas Nomographus, frgm. 60,25; Platon, Hipp.maior 281 b 6; leg. 643 d 2; 929 c 2; Aristoteles, eth.Nic. X 5 1176a 27; Chrysipp, SVF III 299,4; 548,7; Philon, spec. IV 140; Deus 132; fug. 51; Diod. Sic., bibl. hist. IX 11,2 u. ö.; Dion v. Prusa, or. 77/78,17; Marc. Aurel. I 16,4; Arius Didymus, lib.phil.sect. 78,1,8 u. ö.; Aristonicus Gramm., de signis Iliadis XXIV 257; Clem.Alex., strom. VII 11,68; im NT: Jak 3,2.

[257] Das Erstgenannte ist jeweils „Bildspender", das Zweite „Bildempfänger" (dazu: WEINRICH, Sprache, 295ff; 317ff; 328ff).

(ἐν Χριστῷ).²⁵⁸ Es folgt noch eine dritte εἰς-Bestimmung: „(bis wir alle gelangen …) zum Grad der Reife der Fülle Christi". In für den Eph typischer Weise werden diesmal drei Gen. aneinandergereiht, die von μέτρον abhängig sind: (1.) ἡλικίας (2.) τοῦ πληρώματος (3.) τοῦ Χριστοῦ. Das Wort ἡλικία kann sich auf die Körpergröße²⁵⁹ oder das Lebensalter²⁶⁰ beziehen. Sowohl μέτρον als auch πλήρωμα können Zeit- und Raumgrößen bezeichnen. Die Bedeutung „Körpergröße" für ἡλικία ist insgesamt wesentlich seltener als die Bedeutung „Lebensalter".²⁶¹ Die älteren Belege für das Syntagma μέτρον ἡλικίας bzw. μετρεῖν τὴν ἡλικίαν haben alle die Bedeutung „Lebensalter".²⁶² Das ist auch für Eph 4,13c anzunehmen. Unterstützt wird diese Deutung durch den Kontext: Der Ausdruck ἀνὴρ τέλειος hat trotz seiner ethischen Metaphorik immer noch die Konnotation des „Mannesalters" – im Gegenüber zu νήπιος („unmündig") in 4,14. Die Frage ist dann, was hier πλήρωμα τοῦ Χριστοῦ bedeutet. Πλήρωμα kann auch im Eph neben der räumlichen Bedeutung (1,23; 3,19; vgl. Kol 1,19; 2,9) eine zeitliche haben: πλήρωμα τῶν καιρῶν (1,10).²⁶³ Das ist jedoch für die Deutung von μέτρον ἡλικίας als „Lebensalter" nicht einmal notwendig. Πλήρωμα τοῦ Χριστοῦ im Sinne der Bedeutung „Kirche" und „Leib" des Hauptes Christus (1,22f; vgl. Kol 1,18f) verträgt sich durchaus mit μέτρον ἡλικίας als „Lebensalter". Die zeitliche Dimension ist allein schon durch das μέχρι καταντήσωμεν („bis wir gelangen …") gegeben. Die Kirche ist noch nicht „erwachsen", sie steht in einem Reifungsprozess, sie ist im Aufbau begriffen (V.12.15). In gewisser Weise fallen beim „Pleroma Christi" hier räumliche und zeitliche Dimension zusammen. Die Bedeutung entspricht der von 3,19b (ἵνα πληρωθῆτε εἰς πᾶν τὸ πλήρωμα τοῦ θεοῦ: „damit ihr erfüllt werdet bis zur ganzen Fülle Gottes", nur dass hier in 4,13c von der „Fülle Christi" die Rede ist, der seinerseits aber die „Fülle Gottes" in sich trägt.²⁶⁴ Die syntaktische Struktur des Genitivsyntagmas lässt sich dann auflösen:

---

[258] Entsprechend ist Kol 1,28 in erster Linie nicht eine ethische Äußerung, sondern eine missionstheologische (καταγγέλλειν, διδάσκειν, παραστῆσαι: vgl. 1,22). Νουθετεῖν allerdings begegnet meistens in ethischem Sinn, der auch in kerygmatischen Zusammenhängen nie ganz ausgeschlossen ist (vgl. WOLTER, Kol, 106).
[259] SCHLIER, Eph, 20if; DIBELIUS/GREEVEN, Eph, 82; ERNST, Pleroma, 148; MERKLEIN, 106; GNILKA, Eph, 215; KLAUCK, 101; LINCOLN, Eph, 257. πλήρωμα und μέτρον werden dabei räumlich verstanden. Schlier denkt dabei an den gnostischen Urmenschen (ebenso VIELHAUER, Oikodome, 135f; POKORNÝ, Gnosis, 78).
[260] ABBOTT, Eph, 120; BAUER/ALAND, Wb., 699; PERCY, Probleme, 129; MUSSNER, Eph, 129; SELLIN, Genitive, 100. BEST, Eph, 402f, hält beide Bedeutungen für präsent.
[261] Das gilt gerade auch für LXX, die atl. Pseudepigraphen und das NT. Ausnahmen sind Sir 26,17 und Lk 19,3 (vgl. BAUER/ALAND, Wb., 699f). Alle sieben bei DENIS, Concordance, verzeichneten Belege für ἡλικία in den Pseudepigraphen haben die Bedeutung „Lebensalter". In TestAbr (A) 1,1 und ApkMos 13,6; 42,3 bedeutet τὸ μέτρον τῆς ζωῆς „Lebensalter".
[262] Aristoteles, polit. VII 16 1335b 33 (οἱ μετροῦντες ταῖς ἑβδομάσι τὴν ἡλικίαν); Philon, opif. 103 (ἡλικίαι μετρούμεναι); Plutarch, consolatio ad Apollonium 23 (Mor. 113D) (τελευτᾶν | ἤδη μέτρον ἡλικίας ἔχοντα ἱκανόν); dagegen meint τῆς ἡλικίας τὸ μέτρον bei Lukian, imag. 6,23, die Körpergröße (einer Statue).
[263] Vgl. Gal 4,4: πλήρωμα τοῦ χρόνου.
[264] S.o. zu 3,19.

(μέτρον) τῆς ἡλικίας ist ein qualifizierender Gen. (das Maß in Bezug auf das Alter, der „Reifegrad"). Τοῦ πληρώματος τοῦ Χριστοῦ ist deshalb stärker auf μέτρον bezogen und stellt einen Gen. des Inhalts dar, insofern es den Altersgrad qualifiziert:[265] der Grad, wenn die Fülle Christi erreicht ist, wenn die Einheit des Glaubens herrscht und Christus von allen erkannt wird. Auch der Gen. τοῦ Χριστοῦ ist nicht einfach nur ein possessiver: Christus ist in diesem Fall der Füllende, der die Kirche ausfüllt. Während in 1,23 aber dieser Zustand bereits „erfüllt" ist, wird der „Reifegrad" nach 4,13 erst noch als zu erlangender Zustand erstrebt.[266] Beides widerspricht sich nicht: Die „Erfüllung" nach 1,23 ist im Prinzipiellen erfolgt, nach 4,13 aber muss sie im konkreten Leben der Kirche als Aufbau- und Reifungsprozess nachvollzogen werden. Hier geht die Metaphorik vom „Bauen" (V.12: οἰκοδομή) über in eine organisch-biologische.

14 Es folgt ein Finalsatz, der den Zweck des „Gelangens" zur Einheit des Glaubens, zur Erkenntnis Christi und zum „Reifegrad der Fülle Christi" benennt – zunächst negativ (in V.15 dann positiv): „damit wir nicht mehr Unmündige sind …".[267] Das wird durch einen Partizipialsatz metaphorisch entfaltet: Die Beschreibungen κλυδωνιζόμενοι[268] („von Wogen umhergeworfen") und περιφερόμενοι παντὶ ἀνέμῳ … („herumgewirbelt von jedem Wind …") werden durch den Gen. τῆς διδασκαλίας („… der Lehre") zu Metaphern. Diese „Ketzer"-Metaphorik ist topisch.[269] Der Verfasser hat keine konkreten „Gegner" im Blick.[270] Immerhin aber ist dies eine Stelle (die einzige im Schreiben), wo sich Ketzerpolemik findet.[271] Es geht um die Bewahrung vor Orientierungslosigkeit, der Unmündige ausgesetzt sind. Die Ämter haben also eine „pädagogische" Funktion: Sie bieten Orientierung und verhelfen zur „Reife" (vgl. V.13). Beachtlich ist, dass dies (ab V.13) im „Wir"-Stil vorgetragen wird. Der Verfasser schließt sich mit ein.[272] Es folgen auf die Partizipialaussagen zwei präpositionale Bestimmungen:

---

[265] BDR § 167,1.
[266] BEST, One Body, 141: „what in 1.23 was a statement of fact is now a standard of attainment"; vgl. DERS., Eph, 402; LINCOLN, Eph, 257.
[267] BEST, Eph, 404, betont zu Recht, dass damit nicht der vorchristliche Status der mit „Wir" Bezeichneten gemeint ist, sondern der Status der noch orientierungslos ungefestigten Christen. νήπιοι für im Glauben Ungefestigte: 1Kor 3,1f; Hebr 5,13–6,3.
[268] LXX: Is 57,20 (von den Gottlosen); Josephus, ant. IX 239; im NT Hapaxleg.; κλύδων (Lk 8,24; Jak 1,6): „Welle", „Wasserwoge"; in Jak 1,6 metaphorisches Prädikat für den „Zweifler" (ὁ διακρινόμενος). Der ganze V.14 ist eine „kühne Metaphernkombination" (REISER, Sprache, 79f).
[269] Vgl. Jud 12f: „Diese sind … Wolken ohne Wasser, von Winden vorübergetrieben … wilde Meereswogen … Irrsterne (πλανῆται) …". Im Jud sind allerdings konkrete „Irrlehrer" gemeint, und einige der Metaphern lassen auch konkrete Schlüsse zu: So deutet „Irrsterne" (aber auch ἐκριζωθέντα = „entwurzelt") auf Wanderpropheten, die buchstäblich als „Schmutzflecken" (σπιλάδες – vgl. ἐσπιλωμένον χιτῶνα in V.23) bei den Agapen (Liebesmahlen) erscheinen, „ohne Scheu mitschmausend, sich selbst weidend …".
[270] Anders als der Verfasser des Kol.
[271] In der Schlussparänese 6,10–20 geht es gegen dämonische Mächte und wohl auch die mythisierte politische Weltmacht Rom, aber nicht um „falsche Lehre".
[272] Wenn er denn zu den (in der Reihe V.11 am Schluss – bescheiden und zugleich herausgehoben – genannten) „Lehrern" gehörte, zeichnete ihn dies als guten, geschickten Lehrer aus.

ἐν τῇ κυβείᾳ[273] τῶν ἀνθρώπων („beim Würfelspiel der Menschen"), ἐν πανουργίᾳ πρὸς τὴν μεθοδείαν τῆς πλάνης („in Listigkeit zur Verführung in den Irrtum"). Die zweite explizit und verschärft die erste (betrügerisches Falschspiel).[274] Der Gen. obj. τῆς πλάνης[275] qualifiziert μεθοδεία, ein Wort, das vorher (und im NT auch sonst) überhaupt nicht belegt ist.[276] In Eph 6,11 begegnet der Plural. An beiden Stellen hat das Wort durch seinen Kontext negative Bedeutung (was an dieser Stelle durch den Gen. τῆς πλάνης und in 6,11 durch den possessiven Gen. τοῦ διαβόλου bewirkt ist). Das gilt auch für πανουργία, das ganz überwiegend *in sensu malo* gebraucht wird („Listigkeit", „Verschlagenheit").[277] Syntaktisch ist die πανουργία Ursache der absichtlichen Verführung zum Irrtum.[278]

15 Es folgt ein drittes Partizip: ἀληθεύοντες („wahrhaftig seiend")[279], das – markiert durch ein δέ (das in Korrespondenz zu μηκέτι [„nicht mehr"] die Bedeutung „sondern vielmehr" hat) nun der neuen positiven Hauptaussage αὐξήσωμεν („wir sollen wachsen") als Modalbestimmung vorausgeht. Das Verb ἀληθεύειν[280] bedeutet das Gegenteil von πανουργία, μεθοδεία und πλάνη. Als „Unmündige" wären die im „Wir" des Verfassers Eingeschlossenen Opfer der Unwahrheit, als Mündige sollen sie nun selber Subjekte der Wahrheit und Aufrichtigkeit sein. Die Partizipienreihe κλυδωνιζόμενοι καὶ περιφερόμενοι … ἀληθεύοντες δέ wechselt dabei vom Passiv zum Aktiv. Während die „verschlagene List" bewusst Irrtum erzeugt, sollen die mit dem „Wir" Gemeinten auf die Wahrheit hinwirken (so könnte man ἀληθεύειν vorläufig interpretieren).[281] Auch hier folgt eine modale Bestimmung mit ἐν: „in Liebe". Dieses ἐν ἀγάπῃ zählt zu den Leitmotiven des Schreibens (1,4; 3,17; 4,2.15.16; 5,2), insbesondere aber mit allein drei Vorkommen in diesem die Paränese eröffnenden Teil 4,1–16. Hier in V.15 stoßen „Liebe"

---

[273] Platon, Phaidr. 274 d; Xenophon, mem. I, 3,2. Das Wort ist Hapaxleg. im NT. Es fehlt auch in LXX, Pseudepigraphen, Josephus und Philon.
[274] Κυβεύειν heißt entsprechend „betrügen" (Epiktet, diss. II 19,28; III 21,22): BAUER/ALAND, Wb., 927.
[275] 25mal begegnet in den Testamenten der Patriarchen die Wendung πνεύματα bzw. ἄρχων (τῆς) πλάνης. Das Wort kann einerseits „Irrtum" bedeuten (z.B. New Documents 2, p. 94), andererseits „Täuschung", „Betrug".
[276] Μέθοδος und μεθοδεύειν werden bei Platon und Aristoteles im Sinne eines sachgemäßen, zweckmäßigen Wissenschaftsverfahrens gebraucht.
[277] So an allen fünf Stellen im NT. Das gilt schon für die ältesten Belege in der antiken Tragödie (Belege bei LIDDELL/SCOTT, Lexicon, 1299). Gelegentlich kann es aber auch positiv im Sinne von „Klugheit" vorkommen (so in LXX: Prov 1,4; 8,5).
[278] So könnte man μεθοδεία τῆς πλάνης interpretieren (vgl. MICHAELIS, ThWNT 5, 107 Z.27f).
[279] In der Übersetzung mit „aufrichtig" wiedergegeben; durchgehend z.B. in LXX und bei Philon; vgl. auch die bei LIDDELL/SCOTT, Lexicon, 63f, genannten Belege; ferner Achiqar 107 und die Papyrusbelege bei SPICQ, Notes, III, 31f A 3, sowie New Documents 4, p.145.
[280] Ἀληθεύειν im NT nur noch Gal 4,16 („die Wahrheit sagend"). In der griechischen Literatur stehen ἀλήθεια und ἀγάπη relativ selten zusammen. Im NT: 2Kor 6,6f (ἐν ἀγάπῃ … ἐν λόγῳ ἀληθείας); 2Thess 2,10 (dazu s.u. A 281); 1Petr 1,22; 1Joh 4,6; 2Joh 1.3; 3Joh 1.4.
[281] Eine genaue semantische Bestimmung muss hier noch offenbleiben; s.u. zu 4,20f. Das Stichwort ἀλήθεια erscheint bereits in der Eingangseulogie (1,13) und tritt dann im paränetischen Teil, beginnend mit dem Verb ἀληθεύειν hier in V.15, zunehmend in den Vordergrund: 4,21.24.25; 5,9; 6,14.

und „Wahrheit" direkt aufeinander (ἀληθεύοντες δὲ ἐν ἀγάπῃ).[282] In 1,13 hat der Gen. τῆς ἀληθείας adjektivische Funktion: Das Evangelium ist das „wahre Wort" (1,13).[283] In 4,24 bezieht sich der qualifizierende Gen. auf beide Substantive (Gerechtigkeit und Heiligkeit), hat also ebenfalls adjektivische Funktion. Dabei bildet er die Antithese zu τῆς ἀπάτης („Täuschung", „Verführung") in V.22.[284] Das entspricht aber der antithetischen Funktion von ἀληθεύοντες δὲ ἐν ἀγάπῃ zu V.14c (ἐν πανουργίᾳ πρὸς τὴν μεθοδείαν τῆς πλάνης).[285] Ἀλήθεια/ἀληθεύειν ist im Eph also ein sehr formaler Begriff,[286] der sich nur in Relation zu seinen antithetischen Begriffen („List", „Trug", „Erzeugung von Irrtum") bestimmen lässt. Αὐξάνειν[287] εἰς ... wird auch in Eph 2,21 gebraucht („zu einem heiligen Tempel wachsen").[288] Entsprechend müsste man hier übersetzen „zu ihm (εἰς αὐτόν = Christus) heranwachsen". Damit ist das „Gelangen ... zum Grad der Reife der Fülle Christi" (V.13) gemeint, d.h. die Vervollkommnung des Leibes Christi, der Kirche.[289] Da αὐξήσωμεν hier intransitive Bedeutung hat,[290] kann τὰ πάντα nicht Objekt sein, sondern muss als Akk. der Beziehung verstanden werden: „in jeder Hinsicht".[291] Das Ziel des Wachsens („auf ihn hin": εἰς αὐτόν) wird in einem Relativsatz näher bestimmt: „welcher das Haupt ist". Die Metapher des Wachsens setzt schon das Bild des „Leibes" (der Kirche) voraus. Dass dieser Leib auf das Haupt „hinwächst", ist eine etwas unanschauliche Aussage. Plausibler wird sie, wenn man sich die dahinterstehende alexandrinisch-jüdische Konzeption vom Logos und seinem Verhältnis zur Ideenpyramide in Erinnerung ruft: Bei Philon ist der Logos die Spitze der Ideenpyramide, der zugleich alle geistigen Wesenheiten umfasst (und insofern deren Raum darstellt und von ihnen erfüllt ist). Alle sind sie ausgerichtet auf ihn. Dieses statische Bild wird bei Philon allerdings nur auf der Seite des Logos überwunden, der als δύναμις auf die Seelen wirkt. V.16 zeigt

---

[282] Die Wendung ἐν ἀγάπῃ ist nicht direkt auf das den ἵνα-Satz regierende Verb αὐξήσωμεν zu beziehen (so aber Ewald, Eph, 196f), sondern auf das Partizip (vgl. Schnackenburg, Eph, 190 A 456; Best, Eph, 407). In Liebe auf die Wahrheit hinzuwirken, fördert das Wachstum der Kirche.

[283] So durchgehend im Gal (2,5.14; 5,7). Ἀληθεύειν in Gal 4,16 bedeutet allgemein „die Wahrheit sagen".

[284] Sellin, Genitive, 104. Vgl. 2Thess 2,10: ἐν πάσῃ ἀπάτῃ ἀδικίας ... τὴν ἀγάπην τῆς ἀληθείας οὐκ ἐδέξαντο ... ἀγάπη τῆς ἀληθείας ist hier die „Liebe zur Wahrheit".

[285] Durch die chiastische Struktur der Antithese ἐν πανουργίᾳ... τῆς πλάνης / ἀληθεύοντες ... ἐν ἀγάπῃ (vgl. Schnackenburg, Eph, 190) wird das noch hervorgehoben.

[286] Vgl. 2Joh 1.3; 3Joh 1.

[287] Aor. Konj. (von ἵνα V.14 abhängig). Zum intransitiven Gebrauch des Aktivs (ep.Arist 208; Kol 2,19) s. Bauer/Aland, Wb., 244.

[288] Αὐξάνειν im Eph nur an diesen beiden Stellen (daneben αὔξησιν ... ποιεῖσθαι εἰς ... in 4,16). Mit εἰς sonst im NT nur noch 1Petr 2,2. αὐξάνειν (αὔξη, αὔξησις) εἰς findet sich sonst sehr häufig (z.B. bei Platon, Hippokrates, Aristoteles, Philon, Plutarch).

[289] Vgl. Schnackenburg, Eph, 187: „Christus und Kirche sind im Eph so einander zugeordnet, dass die Kirche, auf ihr Haupt hinwachsend, selbst zu ihrer Christusgestalt ausreift."

[290] S.o. A 288.

[291] BDR § 160,1 A 2. In Eph 1,23 ist das τὰ πάντα (ἐν πᾶσιν) jedoch Akkusativobjekt des transitiv gebrauchten Mediums πληρουμένου (vgl. πληρώσῃ in 4,10, wo 1,23 wieder aufgenommen wird; dazu BDR § 316,1 A 2).

dann, welche Wirkung das Haupt, Christus, auf den Leib (die Kirche) hat. Rhetorisch wirkungsvoll wird erst jetzt dem Pronomen αὐτός, das zuvor im Relativsatz als „das Haupt" prädiziert wurde, das Nomen geliefert: Χριστός.

16 Es folgt ein Relativsatz, der die κεφαλή-Funktion des Christus in Bezug auf den „Leib" beschreibt: ἐξ οὗ[292] in Bezug auf Christus als Haupt entspricht dem ἐν ᾧ[293] in Bezug auf Christus als Raum oder Leib. Der Relativsatz wird insgesamt durch fünf Präpositionen strukturiert: ἐξ – διά – κατά – ἐν – εἰς (es folgt als Kadenz dann sechstens noch ein ἐν ἀγάπῃ). Dominierend ist das ἐξ οὗ, das zur Hauptaussage τὴν αὔξησιν τοῦ σώματος ποιεῖται („von dem her der ganze Leib ... das Wachsen des Leibes vollzieht ...") gehört. Dem zugeordnet ist die Zielangabe[294] εἰς οἰκοδομὴν ἑαυτοῦ („zu seiner Auferbauung"). Untergeordnet ist diesem der Partizipialsatz συναρμολογούμενον καὶ συμβιβαζόμενον („zusammengefügt und zusammengehalten") mit der Präpositionalwendung διά ... ἁφῆς („durch ... die Verbindung ..."). Schwieriger ist die Zuordnung der κατά-Wendung: Ist sie abhängig von den Partizipien oder vom Verb des übergeordneten Relativsatzes? Man wird wohl Letzteres annehmen müssen,[295] denn ἐνέργεια ist die Kraft, die das Wachsen des Leibes bewirkt. Ἐνέργεια begegnet noch zweimal im Eph (1,19; 3,7), beidemale aber als „Kraft *Gottes*". Da V.16 (in der folgenden ἐν-Wendung) auf 4,7 zurückweist, muss es hier jedoch die ἐνέργεια *Christi* sein.[296]

Der Leib „vollzieht"[297] „das Wachsen des Leibes", also das eigene Wachstum. Das wiederholte σῶμα an Stelle des Pronomens (ἑ)αυτοῦ[298] erklärt sich am besten aus Gründen der Eindeutigkeit, da der Bezug eines (ἑ)αυτοῦ ambivalent wäre[299] – zumal ja noch ein ἑαυτοῦ folgt. Die Komplexität dieses Relativsatzes hat auch einen literarkritischen Grund: Der Verfasser hat Kol 2,19 als Vorlage benutzt, dieses Material jedoch durch bewusste Abweichungen dem vorherigen Kontext angepasst. Kol 2,19 ist Teil einer Argumentation gegen eine aktuelle Häresie, gegen die der Verfasser die κεφαλή-Funktion Christi vorbringt. Der Verfasser des Eph vermeidet solche Konkretion. Im hymnischen Prädikationsstil (ὅς ἐστιν – vgl. 1,14.23; 2,14) wird der Name Christus in appositioneller Stellung am Schluss (nach der Prädikation als Haupt) genannt. Die Präpositionen ἐξ und διά sind aus Kol 2,19 vorgegeben; κατά, ἐν und εἰς werden zugefügt: κατ' ἐνέργειαν ἐν μέτρῳ ἑνὸς ἑκάστου μέρους und εἰς οἰκοδομὴν ἑαυτοῦ ἐν ἀγάπῃ sind dann auch die we-

---

[292] Vgl. 3,15 (von Gott).
[293] Vgl. 1,7.11.13; 2,21.22; 3,12.
[294] ἐξ und εἰς bilden also die Linie eines Prozesses.
[295] So z.B. EWALD, Eph, 199; GNILKA, Eph, 220 A 1; SCHNACKENBURG, Eph, 173 (durch Kommasetzung in der Übersetzung).
[296] SCHNACKENBURG, Eph, 192f.
[297] Mediales ποιεῖσθαι zur Umschreibung einer aktiven Handlung: BDR § 310 A 2; BAUER/ALAND, Wb., 1369 (II 1). Im Unterschied zu Kol 2,19 (... αὔξησιν τοῦ θεοῦ: Gen. subj.) handelt es sich hier um einen Gen. obiectivus.: vgl. New Documents 2, p. 78.
[298] ℵ D* F G u.a.: αὐτοῦ.
[299] Vgl. BEST, Eph, 410; SCHNACKENBURG, Eph, 192 A 461: wegen des weiten Abstands vom Subjekt.

sentlichen Interpretamente in Eph 4,16. Vorgegeben durch Kol ist die z. T. medizinische Terminologie: ἁφή („Kontakt", „Verbindung"),[300] σύνδεσμοι („Bänder"), συμβιβάζειν („zusammenbringen"),[301] ἐπιχορηγεῖν („versorgen").[302] In Eph wird σύνδεσμοι[303] an dieser Stelle weggelassen (das Wort wurde dagegen in 4,3 gebraucht: συνδέσμῳ τῆς εἰρήνης: „durch das Band des Friedens"). Dafür erscheint das Partizip συναρμολογούμενος. Damit greift der Verfasser auf 2,21 zurück, das Bild vom Bau.[304] Und das Partizip ἐπιχορηγούμενος (der Leib wird „versorgt") wird in der für Eph typischen Weise durch einen Gen. qualitatis ersetzt.[305] Das ganze metaphorische Modell entstammt der kephalozentristischen Medizin, wie sie in Alexandria vorherrschte.[306] Meist wird Eph 4,16 vom Modell des Skeletts her verstanden: ἁφαί werden in Parallelität zu σύνδεσμοι („Bänder") und aufgrund einer falschen Übersetzung von συμβιβάζειν („zusammenhalten") als „Gelenke" gedeutet. Ἐπιχορηγεῖν aber bedeutet „ernähren", „versorgen". Ἁφὴ τῆς ἐπιχορηγίας ist wohl deshalb eher im Sinne der nervlichen Steuerung und (Blut-)Versorgung des Körpers vom Kopf her zu verstehen. In der Schule des Hippokrates ist der Kopf der Ausgangspunkt der Adern, und nach Erasistratos gehen vom Hirn die Bewegungs- und Empfindungsnerven aus.[307] Bezogen auf die Kirche als Leib und Christus als Haupt heißt das: Die Kirche wird von Christus

---

[300] Ἁφή, Berührung, Kontakt (von ἅπτομαι): so ep.Arist 129.142.162; hier medizinisch: Aristoteles, de generatione et corruptione 326 b 12; 327 a 12; u. ö.; Erasistratos, testim. u. fragm. 161,22; Rufus med., synopsis de pulsibus 6,2; 6,5; 7,3 (2. Jh.n.); Soranus med., gynaeciorum libri III 21,1; 48,3 (2. Jh.n.); 72mal bei Galen; ἁφή bei Philon vom „Tastsinn" (opif. 62; LA II 39; III 58 u. ö.).

[301] Ebenfalls „zusammenfügen" (nicht „zusammenhalten"); das Wort ist ein Kausativum von συμβαίνειν (LIDDELL/SCOTT, Lexicon, 1675), im politischen Kontext im Sinne von „Vereinigung" oder „Versöhnung". Beide Partizipien sind weitgehend synonym (LINCOLN, Eph, 262).

[302] „Unterstützen" (mit Lebensunterhalt – nicht „stützen"!), „ernähren" (1Hen [gr.] 7,3), „stärken" (2Kor 9,10; Gal 3,5; Phil 1,19; 2Petr 1,5.11). Ebenfalls medizinisch: Rufus med., synopsis de pulsibus 3,1; Soranus med., gynaeciorum libri I 38,5; II 18,3.6; 19,10; Anonymus Londonensis med., iatrica 8,8; 17,39 (2. Jh.n. Chr.); Ps-Galenus med., ad Gaurum quomodo animetur fetus III 3,6 (2. Jh.n. Chr.).

[303] Ebenfalls in der Medizin: Rufus med., de corporis humani appellationibus 27,1; 72,1; 171,1; Soranus med., gynaeciorum libri IV 5,1; bei Galen 457mal; Ps-Galen.: 15mal.

[304] Das Kompositum ist vor Eph nirgends belegt. Das Simplex ἁρμολογεῖν (von ἁρμός = Fuge) stammt aus dem Bereich des Bauhandwerks (Anthologia Graeca Pal. 7,554 [Philippus Epigrammaticus, 1. Jh. n. Chr.]; Pap.Rylands 233,6 [2. Jh. n. Chr.]; Sextus Emp., adv. math. V 78,3 [metaphorisch]).

[305] Vgl. SELLIN, Genitive, 102.

[306] Vgl. TROMP, Caput; BAYER, RAC I (1950), 430–437: 433f. In der Antike gab es zwei medizinische Schulen: die Kardiozentristen (für die das Herz als Zentrum und Sitz der Seele galt) und die Kephalozentristen, für die das Hirn als Steuerzentrum und Sitz der Seele galt. Zu den ersteren gehörten Empedokles, Aristoteles und Diokles, zu den Kephalozentristen die Hippokratiker (Erasistratos, Galen) und Platon, aber auch Philon (QG II 5; vgl. aber LA I 59; post. 137; somn. I 32; spec. I 213). Bei den Hippokratikern war der Kopf auch Ausgangspunkt aller Adern und Nerven.

[307] Vgl. BAYER (o. A 303), 433f. Zwar ist das Kompositum ἐπιχορηγεῖν selten, doch das synonyme Simplex χορηγεῖν (aus der Theatersprache stammend: einen Chor finanzieren bzw. anführen) begegnet in der Bedeutung „versorgen", „ausstatten" bei Galen 82mal im Sinne der kephalozentristischen Medizin, vor allem in De usu partium (III 243,5: αἴσθησιν … ἐγκέφαλος χορηγεῖ – vgl. 277,13; 303,3 [νεῦρον und ἀρτηρίαι]; 571,10 u. ö.; ebenso de placitis Hippocratis et Platonis II 6,13,5; 6,15,4; 8,36,2f u. ö. Vgl. zur medizinischen Metaphorik DAWES, Body, 129–138.

her gesteuert und ernährt, so dass sie wachsen kann. Das medizinische Modell ist aber mehrdeutig: Zugleich wird die „Einheit" des Leibes, sein Organismus-Prinzip, durch die „Verbindungen" gewahrt. Christus bewirkt, dass die Kirche keine Summe von einzelnen Teilen, auch keine Mischung ist, sondern eine organische Einheit. Das drückt das vom Verfasser des Eph eingeführte συναρμολογούμενος aus. Einheit und Wachstum zugleich werden durch dieses medizinische bzw. physiologische metaphorische Modell begründet. Während diese Aussage weitgehend mit Hilfe der Vorlage Kol 2,19 erzeugt wird, verfolgt der Verfasser des Eph eine weitergehende Intention, indem er zyklisch den Anfang des Abschnitts, V.7, aufgreift: κατ' ἐνέργειαν ἐν μέτρῳ ἑνὸς ἑκάστου μέρους.[308] Damit wird der allgemein-charismatische Charakter der Gaben des „Hauptes" Christus noch einmal bestätigt („jedem einzelnen ... nach Bemessung"). Doch sind die in V.11 hervorgehobenen Ämter im metaphorischen Modell aus dem medizinischen Bildspenderbereich implizit noch enthalten: Wie die Nerven und Adern in der kephalozentristischen Medizin die nährenden (Adern) und steuernden Bahnen (Nerven) vom Kopf zum Körper darstellen, so sind die „Amtsträger" Übertragungmittel, durch die das „Haupt" Christus seinen „Leib", die Kirche, nährt (für das Wachstum) und lenkt und ihre Einheit als Organismus überhaupt erst konstituiert.[309] Das Ziel des vom „Haupt" Christus ausgehenden Wachstumsprozesses ist „seine" (des Leibes) Auferbauung. In V.12 wurde den Amtspersonen dafür die Aufgabe der Zurüstung der „Heiligen" (= aller Christen) zugewiesen. Der Aufbau des Leibes Christi selbst wird aber von allen seinen Gliedern – je nach ihren ihnen zugemessenen Gaben – ausgeführt. Das abschließende ἐν ἀγάπῃ bezieht sich nicht nur auf τὴν αὔξησιν ... ποιεῖται, sondern schließt den ganzen Abschnitt 4,1–16 ab, der so durch „in Liebe" gerahmt ist (4,2.16).[310]

---

[308] 4,7: ἑνὶ δὲ ἑκάστῳ ἡμῶν ἐδόθη ἡ χάρις κατὰ τὸ μέτρον τῆς δωρεᾶς τοῦ Χριστοῦ. Einige Handschriften haben in V.16 (statt μέρους) μέλους („Glieder"): A C Ψ u.a. Doch μέρος ist für Körperglieder besonders in Papyri belegt (GNILKA, Eph, 220 A 1 – mit Hinweis auf die Belege bei PREISIGKE/KIESSLING, Wörterbuch, Bd. 2, S. 72).

[309] SCHLIER, Eph, 208; MERKLEIN, 115; KLAUCK, 103; SCHNACKENBURG, Eph, 192; vgl. LINCOLN, Eph, 263: Die Modifizierungen der Vorlage Kol 2,19 „and the context in Eph 4 make(s) it highly probable that what is being highlighted is the role of the ministers in the whole body ruled and nourished by Christ and that, just as in V.11 the giving of Christ was embodied in particular persons, so here in V.16 growth from Christ is mediated by particular persons."

[310] In V.15 kündigt sich diese Abschlussklammer schon einmal an: ἀληθεύοντες δὲ ἐν ἀγάπῃ. Insofern wird das αὐξήσωμεν (V.15) – mit dem αὔξησιν ... ποιεῖται des Relativsatzes – noch gesondert durch dieses „in Liebe" inkludiert. Alles das steht aber unter der Vorgabe der vorzeitlichen Liebe Gottes mit der Erwählung der damals noch nicht existierenden Menschen (1,4).

II. 2.) 4,17–24: Der Wandel des alten und des neuen Menschen

(17) Dies also sage und beteure ich im Herrn:
dass ihr nicht mehr wandeln sollt, wie die Heiden wandeln in der Vergeblichkeit ihrer Vernunft,
(18) verfinstert im Verstand,
entfremdet dem Leben Gottes
wegen der in ihnen liegenden Unwissenheit,
wegen der Verhärtung ihres Herzens,
(19) die sich – unempfindlich geworden – der Zügellosigkeit auslieferten
zur Ausübung jeder Unreinheit, in Habgier.
(20) Ihr aber habt Christus nicht so gelernt,
(21) wenn ihr denn von ihm gehört habt
und in ihm belehrt worden seid so, wie es Wahrheit in Jesus ist:
(22) dass ihr ablegt den dem früheren Lebenswandel entsprechenden alten Menschen,
der verdorben ist nach den Begierden des Trugs,
(23) euch aber erneuern lasst durch den Geist (an) eurer Gesinnung
(24) und anzieht den neuen Menschen,
der geschaffen ist nach Gott
in Gerechtigkeit und Heiligkeit der Wahrheit.

Best, Two Types; Betz, Concept; Brandenburger, Neuer Mensch 220–228; Buchegger, Erneuerung 188–248; Bussmann, Missionspredigt 123–142; Dahl, Kleidungsmetaphern; Fischer, Tendenz 147–150.152–161; Gese, Vermächtnis 58–60.74.80–88; Gnilka, Traditionen; Halter, Taufe 248–256; Th. Heckel, Der Innere Mensch; Jervell, Imago Dei 236–256.288–292; Larsson, Vorbild 223–230; von Lips, Jüdische Weisheit; Merklein, Eph 4,1–5,20; de la Potterie, Jésus; Reinmuth, Geist 12–41; Scott, Ephesians IV.21; Sellin, Genitive 103–105; E. Stegemann, Alt und Neu 528–536; Tachau, „Einst" und „Jetzt" 134–143; Wegenast, Verständnis 121–132; Wild, Imitators 133–136.

Der Abschnitt wechselt nach dem in 4,7–16 herrschenden „Wir"-Stil wieder zum paränetischen „Ihr"-Stil.[1] Dieser apellative Stil der Paränese hält sich nun bis zum Schluss des Schreibens durch. Der Abschnitt besteht aus zwei Sätzen: V.17–19 und V.20–24. Beide bestehen jeweils aus einem performativen Obersatz:

V.17a: „Dies also sage und beteure ich im Herrn …"
V.20–21: „Ihr aber habt Christus nicht so gelernt,
wenn ihr denn von ihm gehört habt
und in ihm belehrt worden seid,
wie es Wahrheit in Jesus ist …"

und einem Objektsatz in Infinitivkonstruktion (A.c.I.):

---
[1] Beispielhaft in 4,1–4.

V.17b–19: „dass ihr nicht mehr …"
V.22–24: „dass ihr ablegt …"

Der ganze Abschnitt 4,17–24 ist (im Unterschied zu 4,25–32; 5,3–14) immer noch allgemeine theologische Begründung von Paränese und enthält daher keine konkreten Mahnungen.[2] In ihm finden sich viele Bezüge zu Kol 3,5–11[3] (sowie zu Röm 1,21.24[4]). Änderungen gegenüber Kol 3,5–11 sind: Der nominale Charakter von Kol 3,5 wird weitgehend aufgelöst durch syntaktische Mittel wie Infinitivkonstruktionen, Partizial- und Präpositionalwendungen, Genitivverbindungen, Relativsatz und Konjunktionalsätze (καθώς, εἴ γε). Es werden nur ausgewählte „Laster" erwähnt: ἀσέλγεια, ἀκαθαρσία, πλεονεξία und ἐπιθυμία – und zwar nicht in Form der Aufzählung. Während in Kol 3 der Kontrast zwischen dem „irdischen" Wandel, dem alle „Laster" zugehören, und der Ausrichtung „nach oben" (3,1–2) betont wird, verläuft in Eph 4 die Achse horizontal: zwischen „heidnisch" und „christlich".[5] Die in Kol 3,8 aufgezählten Laster (ὀργή, θυμός, κακία, βλασφημία, αἰσχρολογία …) kann der Verfasser des Eph deshalb als nicht typisch für Heiden weglassen und für den nächsten Abschnitt aufsparen (4,31). Wie 4,1–16 mit ἐν ἀγάπῃ begann (4,2) und schloss (V.16), so schließt 4,17–24 ebenfalls mit einer – nun komplexeren – ἐν-Wendung (ἐν δικαιοσύνῃ καὶ ὁσιότητι), die dann gekrönt wird durch den Gen. τῆς ἀληθείας, der – wie für den Verfasser typisch – zwar äußerlich vom Doppelausdruck („Gerechtigkeit und Frömmigkeit") abhängig ist, doch semantisch das Syntagma dominiert.[6] Auch der erste Teil (V.17–19) schließt mit einer schwebenden, den ganzen Satz beleuchtenden ἐν-Wendung: ἐν πλεονεξίᾳ. „Habgier" ist das Kennzeichen des heidnischen Lebens.[7] Eine solche Hervorhebung der „Habgier" unter den heidnischen „Lastern" ist freilich schon in Kol 3,5 vorgegeben, wo der Begriff mit einem spezifizierenden ἥτις ἐστίν als „Götzendienst" (εἰδωλολατρία) interpretiert wird. Der Verfasser des Eph übernimmt das explizit in 5,5, wo er noch einmal auf Kol 3,5 zurückgreift; doch ist diese Interpretation, die Kol 3,5 dem Begriff πλεονεξία gibt, schon die Voraussetzung der Formulierung in Eph 4,19.

---

[2] JERVELL, 238; HALTER, 248f („einleitende Grundlegung der ganzen folgenden Mahnung … Wir haben es mit einer sehr grundsätzlichen Taufparaklese zu tun …").
[3] MERKLEIN, 197–210; LINCOLN, Eph, 273f.
[4] LINCOLN, Eph, 273; GESE, 58–60.74.80.88.
[5] So MERKLEIN, 202–204. Vgl. LINCOLN, Eph, 274: „a sharp contrast between Gentile life and life in accordance with the Christian Tradition".
[6] Vgl. SELLIN, 103f.
[7] Bei Paulus ist es die ἐπιθυμία, die als Oberbegriff im Bereich der Sünde fungiert: Röm 1,24; 7,7; Gal 5,16. Der Verfasser des Eph gebraucht ἐπιθυμία in V.22 im Plural.

17 Mit einem kataphorischen τοῦτο[8] und dem οὖν-*paraeneticum*, das die ethische Konsequenz („konsekutive Ethik"[9]) aus dem Vortext zieht,[10] wird ein performativer Metasatz eingeleitet: „Dies also sage und beteure ich: …". Die semantische Hauptaussage enthält dabei das μαρτύρομαι („beteuern", „beschwören" – mit folgender Infinitivkonstruktion), das dem blassen λέγειν („sagen") Gewicht und Färbung gibt. Durch ein ἐν κυρίῳ („im Herrn") wird das noch einmal gesteigert.[11] Während ἐν Χριστῷ überwiegend lokal zu verstehen ist,[12] hat ἐν κυρίῳ eine abstraktere Bedeutung („im Zusammenhang mit dem Herrn Jesus"), doch schwingt auch hier die Bedeutung „im Herrschaftsbereich des Kyrios" immer mit. Wer Christus (Jesus) als Herrn anerkennt, ist „im Herrn". Die Aussage wird in indirekter Rede (durch einen A.c.I.) vorgebracht: „dass ihr nicht mehr wandelt, wie die Heiden wandeln …". μηκέτι hat finale (μη-, A.c.I.) und temporale (ἔτι) Bedeutung. Das „Wandeln, wie die Heiden wandeln" soll ein Ende haben. περιπατεῖν (wörtlich: „umhergehen") ist eine usuelle Metapher für die Lebensführung im ethischen Sinne (vgl. 2,10; 4,1). Diese metaphorische Bedeutung ist im klassischen Griechisch noch unbekannt und kommt erst in hellenistischer Zeit vor. Im NT begegnet sie nur in der johanneischen Literatur und im Corpus Paulinum (sowie Mk 7,5; Apg 21,21).[13] Ausgeschlossen wird die Lebensführung der Heiden (zu denen die Adressaten nach der Brieffiktion gehörten[14]): „nicht mehr wandeln wie die Heiden". Καθὼς καί begegnet nur im paränetischen Teil des Eph (4,4.17.32; 5,2.25.29).[15] Die Aufforderung, „nicht mehr zu wandeln wie die Heiden …", lässt nicht den Schluss zu, dass die Adressaten konkrete ethische Defizite hätten, dass sie sich z.B. heidnischer „Lebensart" wieder angepasst hätten.[16] Die Aufforderung entspricht vielmehr allgemein dem Wesen der paulinischen Paränese, wonach der Heils-„Indikativ" den „Imperativ" verlangt (und umgekehrt).[17] Der „Wandel" der Heiden wird charakterisiert als Wandel „in Vergeblichkeit ihrer Vernunft". μάταιος („vergeblich", „erfolglos") qualifiziert etwas nicht nur als defizitär, sondern als ineffektiv. Die Heiden haben nicht die Chance, mit ihrem νοῦς in wahrem Sinne erfolgreich zu sein (vgl. Röm 8,20; 1Kor 15,17). νοῦς („Geist") ist kaum übersetzbar: Das Wort bezeichnet das geistige Zentrum des Menschen, das mehr ist als Verstand, ja mehr auch als Vernunft: Es ist der geistige, „innere" Mensch. Im

---

[8] Vgl. 5,5; 6,22; 3,8 (αὕτη); 1Kor 7,29; 1Thess 4,15.
[9] NAUCK, οὖν-paräneticum, 134f.
[10] Neben 4,17 noch 4,1; 5,1.7.15; 6,14. In 4,1 wird auf den ganzen soteriologischen Teil von Kap. 1–3 Bezug genommen. In 4,1.17; 5,1.15 hat dieses οὖν auch gliedernde Funktion. Ein Bezug auf 4,1-16 wird von BEST, Eph, 416, bestritten. Aber die zur Oikodome zugerüsteten „Heiligen" sind ausgeschlossen vom „Wandel … wie die Heiden". Das ist die ethische Konsequenz der Ekklesiologie.
[11] Im NT nur im Corpus Paulinum (48mal) und Apk 14,13. Im Eph: 2,21; 4,1.17; 5,8; 6,1.10.21.
[12] Vgl. SELLIN, „Christusmystik", 19–24.
[13] G. BERTRAM/H. SEESEMANN, ThWNT 5, 940–946; R. BERGMEIER, EWNT² 3, 177–179.
[14] Vgl. 2,1–10.11–22 und dazu TACHAU, 134–143.
[15] Das καί verstärkt nur das καθώς bzw. ὡς und bleibt am besten unübersetzt (BEST, Eph, 417).
[16] So aber z.B. SCHNACKENBURG, Eph, 206; LINCOLN, Eph, 415.
[17] Das „Sein" schließt das „Sollen" nicht aus, und das „Sollen" erfordert ein „Sein". Vgl. BULTMANN, Ethik; SCHRAGE, Ethik, 156–161.

Unterschied zu Philon, bei dem mit νοῦς der Mensch als ideelles, sittliches Entscheidungswesen bezeichnet wird,[18] wird bei Paulus der Mensch zugleich als σῶμα, als *körperlich kommunizierendes* Wesen verstanden. Für Paulus wie für Philon und wie für den Verfasser des Eph ist entscheidend, dass der νοῦς dem πνεῦμα auf der einen und der „Erde" auf der anderen Seite ausgesetzt ist, zwischen denen er sich zu entscheiden. Diese Aufgabe der Existenzverwirklichung ist bei den Heiden nicht möglich. Ihr νοῦς kann diese Aufgabe nicht bewältigen, er verbleibt „in der Vergeblichkeit". Auch wenn darin eine Schuld der Heiden vorausgesetzt wird (Röm 1,18–2,16), so können diese sich doch nicht aus ihrer „Vergeblichkeit" von selbst befreien (Röm 1,21). Wie in Röm 1–2 geht es also nicht um moralische Abqualifizierung der Heiden, sondern um ihre Aussichtslosigkeit.

18 Mit zwei Partizipialsätzen wird dieser Gedanke – weiterhin an Röm 1,21 orientiert – fortgesetzt: (1.) Die Heiden können nicht der „Vergeblichkeit" entkommen, weil sie „in ihrer διάνοια verdunkelt sind".[19] Διάνοια ist weitgehend mit νοῦς synonym, doch hat das Wort eine stärker objektivierte Bedeutung (die „Erkenntnisfähigkeit", das „Erkenntnisorgan") als das mehr subjekthaft-personale Wort νοῦς, das dem geistigen „Ich" näher kommt. Dass das „Erkenntnisorgan" „verdunkelt" ist, bedeutet eher eine Unzulänglichkeit der Heiden als ein schuldhaftes Versagen. Ihm fehlt eine „Aufklärung". (2.) Sie sind „entfremdet" („ausgeschlossen von") dem „Leben Gottes": Das Genitivsyntagma „Leben Gottes" ist (wie „Gerechtigkeit Gottes" in Röm 1,17; 3,21f) ein *Gen. obj.* (das Leben, das Gott gemäß ist) und ein *Gen. auctoris* (das Leben, das von Gott [durch das Evangelium] bewirkt wird) zugleich. Diesem Leben stehen die Heiden noch fern. ἀπηλλοτριωμένος begegnet bereits in 2,12 („ausgeschlossen von dem Bürgerrecht Israels"). Hinter Eph 4,18 insgesamt steht aber Kol 1,21:

Eph 4,18	Kol 1,21
ἐσκοτωμένοι τῇ διανοίᾳ ὄντες,	καὶ ὑμᾶς ποτε ὄντας
ἀπηλλοτριωμένοι τῆς ζωῆς τοῦ θεοῦ	ἀπηλλοτριωμένους καὶ ἐχθροὺς
διὰ τὴν ἄγνοιαν τὴν οὖσαν ἐν αὐτοῖς	τῇ διανοίᾳ ἐν τοῖς ἔργοις τοῖς πονηροῖς

Während in Kol 1,21 die „bösen Werke" und die Feindschaft der angeredeten einstigen Heiden hervorgehoben werden, also die ethische Dimension im Vordergrund steht, ist Eph 4,18 stärker anthropologisch ausgerichtet. Die Aussage „entfremdet

---

[18] Vgl. TH. HECKEL, passim (s.o. zu 3,16). Für Philon ist νοῦς der ideelle Begriff des Menschen, das Prinzip des führenden Teils der Seele. Er bezeichnet nicht einfach die *ratio*, sondern die geistig-existentielle Mitte des Menschen. Es kommt darauf an, wovon der νοῦς beeinflusst wird: vom Pneuma (dem Geist Gottes) oder von der „Erde" (hier: dem „Fleisch"), dem negativen, vergänglich-sarkischen Prinzip. Der νοῦς ist also Empfangsstation von Kräften und Leitstation der Verwirklichung der Existenz, der Hingabe an ewige *oder* vergängliche Güter. So gibt es für Philon einen „irdischen" und einen „himmlischen" νοῦς, einen „irdischen" und einen „himmlischen Menschen".

[19] Die Partizipialformulierung ἐσκοτωμένοι ... ὄντες ist typisch für den Eph: vgl. 1,1; 2,1.4.5.13.20. Eine Wendung mit dem Partizip von εἶναι erscheint im gleichen Vers noch einmal: ... τὴν ἄγνοιαν τὴν οὖσαν ἐν αὐτοῖς.

dem Leben Gottes" (Eph 4,18b) erhält zwei Begründungen – jeweils präpositional durch διά angefügt: (a) „Wegen der in ihnen liegenden Unwissenheit": Damit werden die Heiden gegenüber der Aussage von Kol 1,21 stärker entschuldigt. Das ist insofern bemerkenswert, als in Eph 4,17-19 die Adressaten gerade von den Heiden allgemein abgehoben werden, während in Kol 1,21 das „Einst-Jetzt"-Schema („*ihr*" als *damalige* Heiden) vorherrscht. Kol 1,21 betont den *ethischen Kontrast* im Existenzwechsel der Heiden zu Christen, Eph 4,18 das ontologische *Defizit* der Heiden gegenüber den Christen. (b) „Wegen der Verhärtung ihres Herzens": πώρωσις τῆς καρδίας bzw. πωροῦν τὴν καρδίαν begegnet ausschließlich erst im NT (neben unserer Stelle: Mk 3,5; 6,52; 8,17; Joh 12,40), nicht in LXX und den griechischen Pseudepigraphen.[20] Wenn die Wendung auch nicht der LXX entstammt, so geht sie aber doch auf das Alte Testament zurück: שְׁרִרוּת לֵב (Dt 29,18; Jer 3,17; 7,24; 9,13; 11,8; 13,10; 16,12; 18,12; 23,17; Ps 81,13).[21] Sehr häufig begegnet sie in den Qumrantexten.[22] Daraus kann man schließen: πώρωσις τῆς καρδίας bzw. πωροῦν τὴν καρδίαν in Mk, Joh und Eph ist eine eigenständige, nicht der LXX entnommene frühchristliche Übersetzung der hebräischen Wendung.[23] Der Terminus πώρωσις kommt außerbiblisch hauptsächlich in der medizinischen Literatur vor.[24] Entsprechend handelt es sich bei dem Ausdruck „Verhärtung des Herzens" um eine anatomische Metapher.[25]

---

[20] Πωροῦν begegnet nur Hi 17,7 (für כהה = schwach sein [von den Augen]) sowie in Prov 10,20 im Codex Alexandrinus; πώρωσις eventuell in TestLev 13,7 (wahrscheinlich aber πήρωσις: Lähmung, [Seh- oder Hör-]Schwäche). In den Pseudepigraphen des AT kommt πωροῦν/πώρωσις sonst nie vor.
[21] An allen genannten Stellen wird in LXX unterschiedlich übersetzt. Jer 11,8 und 13,10 wird die Wendung fortgelassen.
[22] Z.B. CD 2,17f; 3,5.11f; 8,8.19.23; 19,20.33; 20,9f; 1QS 1,6; 2,14.26; 3,3; 5,4; 1QH 12,15.
[23] Indirekt abhängig davon sind auch 2Kor 3,14 (ἐπωρώθη τὰ νοήματα αὐτῶν) sowie Röm 11,7.25. Die Belege aus dem 2. Jh. sind vom NT abhängig.
[24] Z.B. Hippokrates, de articulis 37,37; Galenus, ars medica I 287,18; de locis affectis VIII 322,17; de methodo medendi X 161,7; 438,6 u. ö.
[25] J.A. ROBINSON, Eph, 264-277 („On πώρωσις and πήρωσις") meint, πώρωσις hätte seine ursprüngliche Bedeutung („Versteinerung") im Lauf der Zeit verloren und wäre dann im Sinne von „Insensibilität" und – speziell auf die Augen bezogen – „Blindheit" verstanden worden (265). Das gelte auch für Eph 4,18: „Verfinstert in Bezug auf ihre διάνοια" (4,18a) und „unempfindlich geworden" (ἀπηλγηκότες: 4,19a) verweisen auf den Gesichtssinn. – Diese Beobachtungen sind zutreffend, doch ist die Schlussfolgerung unzulässig: Die Wendungen „Versteinerung des Herzens" und „Blindheit (der Augen)" sind zwei verschiedene Metaphern, die denselben Bildempfänger prädizieren (dazu gehört im Mk dann auch das „Hören, aber nicht verstehen"). Die Wortbedeutung von πώρωσις/πωροῦν hat sich nicht verändert. Eine Verschmelzung der beiden Metaphern („Versteinerung des Herzens"/„Blindheit der Augen") liegt allerdings in Eph 1,18 vor: πεφωτισμένους τοὺς ὀφθαλμοὺς τῆς καρδίας („Verfinsterung der Augen des Herzens"). Hier wird vom Herzen die Blindheit ausgesagt. Das tangiert jedoch die andere Metapher „Versteinerung des Herzens" nicht: Beide Metaphern haben zwar eine gewisse Synonymität und ergänzen sich. Die Bedeutung von πώρωσις/πωροῦν bleibt dabei aber im Kern konstant: vgl. dazu D. DAVIDSON, Was Metaphern bedeuten, in: DERS., Wahrheit und Interpretation (stw 896), Frankfurt/M. 1990, 343-371 (amerik. 1978): Die Metapher „ist etwas, was durch die phantasievolle Verwendung von Wörtern und Sätzen erreicht wird, und ist völlig abhängig von den gewöhnlichen Bedeutungen dieser Wörter ..." (345).

II. 2.) 4,17–24 Der Wandel des alten und des neuen Menschen

19 Mit einem Relativsatz schließt der Unterabschnitt 4,17-19. Das unbestimmte verallgemeinernde Relativum οἵτινες begegnet im Eph nur hier (ἥτις in 1,23; 3,13; 6,2). Bezogen ist es auf αὐτῶν (V.17) und damit auf τὰ ἔθνη.[26] Das dem Verb (παρέδωκαν[27]) untergeordnete Partizip Perfekt ἀπηλγηκότες bildet die Voraussetzung für die Hauptaussage: „unempfindlich geworden ... lieferten sie sich der Zügellosigkeit aus". ἀπαλγεῖν („keinen Schmerz [ἄλγος] mehr empfinden", „abgestumpft sein") ist Hapaxleg. im NT.[28] Ἀσέλγεια[29] begegnet im Eph nur hier, bei Paulus in Röm 13,13; 2Kor 12,21 und Gal 5,19 (einem Lasterkatalog wie in Mk 7,22; 1Petr 4,3).[30] Das Wort hat keineswegs ausschließlich sexuelle Bedeutung.[31] Es bezeichnet jede Zügellosigkeit und Ausschweifung[32] und ist deshalb in verschiedenen ethischen Bereichen (Speisen, Trinken, Sexualität, Luxus, Sucht usw.) angebracht. Es folgen zwei präpositionale Wendungen. Während der Dat. τῇ ἀσελγείᾳ den Empfänger der Selbstauslieferung angibt, ist εἰς ἐργασίαν ἀκαθαρσίας eine weitergehende Zielangabe, die entweder finale oder konsekutive Bedeutung hat. Letzteres ist wahrscheinlicher.[33] ἐργασία kann „Mühe", „Verdienst", „Gewerbe" oder „Beschäftigung mit ..." (mit Gen.) bedeuten, letzteres kommt hier wohl am ehesten in Frage:[34] „... so dass sie sich mit jeder Art von Unreinheit befassen". Ἀκαθαρσία[35] hat noch weniger sexuelle Konnotation als ἀσέλγεια. Vor allem im jüdischen Schrifttum klingt dabei die kultische Bedeutung durch.[36] Von den zehn neutestamentlichen Belegen hat nur Röm 1,24 eindeutig sexuellen Bezug. In den Lasterkatalogen 2Kor 12,21; Gal 5,19; Eph 5,3; Kol 3,5 steht ἀκαθαρσία *neben* sexuellen und eindeutig nicht-sexuellen Fehlverhaltungen. In Mt 23,27 und 1Thess 2,3 ist sexuelle Bedeutung ausgeschlossen. Für allgemeine Bedeutung gerade an unserer Stelle spricht schließlich das verallgemeinernde „jede Unreinheit"

---

[26] V.17-19 stellen insgesamt eine *constructio ad sensum* dar: τὰ ἔθνη (Neutrum Plural) – περιπατεῖ (Singular) αὐτῶν, Partizipien in V.18, οἵτινες in V.19 (Plural Maskulinum): vgl. BDR § 134 A 5; § 296,3.

[27] Παραδιδόναι + Dat.: „ausliefern" (z.B. einer Strafe: New Documents 1, p.47 Z.11f).

[28] Die Textvariante ἀπηλπικότες („verzweifelt") in D F G P u.a. wird auch von p99 (einem neuentdeckten Glossar) bezeugt (WACHTEL/WITTE, NT auf Papyrus, LXVII–LXXIV; LXXXIX).

[29] „Zügellosigkeit"; seit Platon (rep. 424 e) und Isokrates nachweisbar; häufig bei Rednern.

[30] Sonst 2Petr 2,2.7.18 und Jud 4 (insgesamt 10mal im NT).

[31] So aber z.B. H. GOLDSTEIN, EWNT² 1, 407f. – Dass im Kontext in den Lasterkatalogen sexuelle Handlungen genannt werden (κοίτη in Röm 13,13; πορνεία in 2Kor 12,21; Gal 5,19), wäre ja nur dann ein Argument, wenn die aufgezählten Begriffe synonym zu verstehen wären, was bei einer solchen Liste aber gerade nicht zutrifft (vgl. BEST, Eph, 423).

[32] Platon, rep. 424 e (von der Gefährlichkeit der Musik); Philon, Mos. I 3 (von den Komödiendichtern); Jud 4: „Gewisse Leute ... verkehren die Gnade in ἀσέλγεια", d.h. sie nutzen die Freiheit der Gnade aus.

[33] Vgl. BDR § 187 A 2: „... wobei εἰς das Ergebnis ausdrückt wie Röm 1,24; Eph 4,19".

[34] Vgl. BAUER/ALAND, Wb., 622, die sich bei Eph 4,19 für letztere Bedeutung entscheiden.

[35] Platon, Tim. 72c; Hippokrates, de septimanis 19,39.49.

[36] Thematisch in Lev 15; der Ausdruck ἀκαθαρσία erscheint ep.Arist 166; 1Hen (gr.) 5,4; 10,11.20.22; TestLev 15,1; TestJud 14,5; TestJos 14,5. Bei Philon, LA II 29, werden als Beispiele für die „Lüste" ausschließlich Essen und Trinken genannt. Keiner der Belege bei Philon hat sexuellen Inhalt. Auch in nichtjüdischen Texten taucht der Begriff im kultischen Kontext auf: Dionys. Hal., ant. XIX 5,2 (von einem heiligen Gewand). Bei Epiktet, diss. IV 11,5.8.16, ist ἀκαθαρσία synekdochisch gebraucht für die unstoische Haltung der Seele (z.B.: δόγματα πονηρά).

(… ἀκαθαρσίας πάσης).³⁷ – Es folgt noch eine präpositionale Wendung: ἐν πλεονεξίᾳ („in Habgier").³⁸ Im NT erscheint diese Wendung wörtlich nur noch 2Petr 2,3. Häufiger ist sie in den frühjüdischen Testamenten der Patriarchen: TestLev 14,6; TestJud 21,8; TestDan 5,7; TestNaph 3,1. Für ihre syntaktische Zuordnung in Eph 4,19 gibt es zwei Möglichkeiten: (1.) zum Verb des Relativsatzes (παρέδωκαν), parallel zu εἰς ἐργασίαν ἀκαθαρσίας …; (2.) zum καθώς-Satz V.17c, parallel zu ἐν ματαιότητι … Im ersten Fall würde ἐν πλεονεξίᾳ modal das Motiv für die Selbstauslieferung der Heiden an die „Zügellosigkeit" angeben. Das gibt jedoch keinen Sinn (allenfalls ἐν ἐπιθυμίᾳ³⁹ wäre sinnvoll – wie in 2Petr 1,4; 2,10). Im zweiten Fall bezieht sich ἐν πλεονεξίᾳ auf den heidnischen Lebenswandel überhaupt. Nun wird die Interpretation der „Habgier" als „Götzendienst", wie sie in Kol 3,5 vollzogen wird, vom Verfasser des Eph in 5,5 übernommen (πλεονέκτης, ὅ ἐστιν εἰδωλολάτρης). Dort wird jedem „Unzüchtigen", „Unreinen" und „Habgierigen" das Erbe in der „Herrschaft Christi und Gottes" abgesprochen, was der Aussage von der „Vergeblichkeit" in Eph 4,17 entspricht. Dann bezieht sich ἐν πλεονεξίᾳ auf das heidnische Leben allgemein (so wie der Götzendienst die Existenz der Heiden bestimmt). Für diese Deutung spricht auch die Beobachtung, dass solche am Ende eines Syntagmas stehenden ἐν-Wendungen im Eph oft dieses Syntagma im ganzen beleuchten.⁴⁰ Die „Habsucht" wurde in der hellenistischen Ethik oft als Ursprung der größten Verbrechen angesehen, was sich auch im NT niedergeschlagen hat: „Die Wurzel aller Übel ist die Geldgier" (1Tim 6,10).⁴¹ In frühjüdischen Texten findet sich die Aussage, Geldgier führe zum Götzendienst: TestJud 18,2–6; 19,1; TestDan 5,5–7; Sib 3,36–45; CD 4,15–18; Philon, spec. I 23–25. Unzucht und Habgier gelten als die typischen heidnischen Verfehlungen und werden folglich mit dem Götzendienst in Verbindung gebracht.⁴² Der erste Teil des Abschnitts 4,17–24 klingt also aus mit dem akzentuierten ἐν πλεονεξίᾳ („in Habgier"). Diese präpositionale Schlusswendung bildet den Gegenpol zu dem ἐν ἀγάπῃ von V.17, gleichzeitig aber auch zu der präpositionalen Schlusswen-

---

[37] LINCOLN, Eph, 279; bereits EWALD, Eph, 203f.

[38] Πλεονεξία ist (wie ἀκαθαρσία) durch Kol 3,5 vorgegeben. Sie wird dort als „Götzendienst" interpretiert (ἥτις ἐστὶν εἰδωλολατρία).

[39] Zu Recht schließt BEST, Eph, 423, bei πλεονεξίᾳ eine sexuelle Bedeutung aus – u.a. unter Hinweis auf Eph 5,3, wo es von πορνεία und ἀκαθαρσία unterschieden wird. Best möchte ἐν πλεονεξίᾳ jedoch auf ἀκαθαρσίας beziehen, nicht auf das Prädikat παρέδωκαν (wie BDR § 187 A 2), das dafür zu weit entfernt ist. Dabei ist aber der dem Eph eigentümliche Präpositionalstil (insbesondere im Falle von ἐν) verkannt.

[40] Vgl. 1,4 (ἐν ἀγάπῃ). 8 (ἐν πάσῃ σοφίᾳ καὶ φρονήσει).10 (ἐν αὐτῷ); 2,7 (ἐν Χριστῷ Ἰησοῦ). 22 (ἐν πνεύματι); 3,4 (ἐν πνεύματι); 4,16 (ἐν ἀγάπῃ). 24 (ἐν δικαιοσύνῃ καὶ ὁσιότητι τῆς ἀληθείας); 6,24 (ἐν ἀφθαρσίᾳ).

[41] „Der Habsucht … entstammen Raub, Diebstahl, Vatermord, Tempelraub, Giftmischerei und was damit verwandt ist" (Pythagoreerbrief II 5: A. STÄDELE, Die Briefe des Pythagoras und der Pythagoreer [BKP 115], Meisenheim 1980; dazu WOLTER, Kol, 175); vgl. Clem. Rom., Epistulae de virginitate I 8,3: „Geldgier … die Wurzel aller Übel" (πλεονεξία ἥτις ἐστὶν εἰδωλολατρία, φιλαργυρία ἡ ῥίζα πάντων τῶν κακῶν); Ps.-Phokylides 42 („die Besitzliebe ist die Mutter allen Übels" – ἡ φιλοχρημοσύνη μήτηρ κακότητος ἁπάσης).

[42] Vgl. REINMUTH, 12–41; WOLTER, Kol, 174–176.

dung in 4,24 („in Gerechtigkeit und Heiligkeit der Wahrheit"). Während ἐν ἀγάπῃ für die Minderung des Selbst steht, steht ἐν πλεονεξίᾳ für die Selbstbereicherung.

20 Der zweite Satz des Abschnitts, V.20–24, stellt die Antithese zur Schilderung des negativen Wandels der Heiden dar. Er wird adversativ eingeführt: ὑμεῖς δὲ οὐχ οὕτως ἐμάθετε τὸν Χριστόν („ihr aber habt nicht *so* Christus gelernt …"). Was aber heißt „Christus lernen" (μανθάνειν τὸν Χριστόν)? In V.21a folgt das Verb διδάσκειν („lehren"): ἐν αὐτῷ ἐδιδάχθητε („in ihm seid ihr belehrt worden"). Daneben steht αὐτὸν ἠκούσατε („habt ihn gehört"). Der Zusammenhang ist: Christum lernen – ihn hören – in ihm belehrt werden. Die Frage wird sein, wie die beiden Akk. („Christum" und „ihn") sowie das „in ihm" (ἐν αὐτῷ) zu verstehen sind. Der καθώς-Satz V.21b („wie es Wahrheit ist in Jesus") schließlich gibt die Norm an: das καθώς respondiert dem οὐχ οὕτως von V.20. Auch hier begegnet ein christologisches ἐν, jetzt in der singulären rätselhaften Formulierung ἐν τῷ Ἰησοῦ. Das maßgebliche Prädikat ist „Wahrheit" (ἀλήθεια), die „in Jesus ist". Dieses Stichwort „Wahrheit" klang schon in 4,15 im Verb ἀληθεύειν an und wird in 4,25 (dem Beginn der konkreten Paränese) wieder aufgenommen. Den Inhalt dieser Wahrheit gibt der Infinitivsatz V.22–24 an.

Durch ein adversatives δέ[43] wird die positive Alternative zum heidnischen Leben eingeführt. Μανθάνειν τὸν Χριστόν („Christum lernen": persönliches Objekt) ist überhaupt ohne Parallele und stellt eine verkürzte Ausdrucksweise (eine Metonymie) dar: „Christus" steht für den durch ihn geweckten Glauben und die ihm entsprechende Lebensweise. Beides haben die Adressaten einst „gelernt" (Aorist). Μανθάνειν ist freilich kein rein kognitiver Begriff. Auch ist die Übersetzung „die christliche Lehre" (für τὸν Χριστόν als Objekt des Lernens)[44] unzureichend, ebenso „Christus kennenlernen"[45]. Zum μανθάνειν gehört auch die Praxis, das Üben und das Ausrichten nach dem vorbildhaften Lehrer.[46] Sachlich entspricht das Kol 2,6f: „Wie ihr nun Christus Jesus als Herrn empfangen habt (παρελάβετε), (so) wandelt in ihm, verwurzelt und aufgebaut in ihm und befestigt durch den Glauben, wie ihr gelehrt worden seid (ἐδιδάχθητε) …". Μανθάνειν kann dabei eine Art von Schul-Institution voraussetzen, zumal dann, wenn es mit διδάσκειν/ διδαχή zusammensteht: Röm 16,17 (τὴν διδαχὴν ἣν ὑμεῖς ἐμάθετε); 2Tim 3,14f. Das gilt auch für unsere Stelle. Das παρελάβετε in Kol 2,6 zeigt, dass es um eine Lehrtradition geht[47] (vgl. 1Kor 15,3; 11,23).

---

[43] BDR § 447,1; vgl. 2,4.13; 4,23; 5,3.8 (μᾶλλον δέ: 4,28; 5,11).
[44] So BAUER/ALAND, Wb., 994.
[45] So SCHNACKENBURG, Eph, 197, in seiner Übersetzung; seiner Exegese (S. 202f) ist jedoch zuzustimmen: „‚den Christus lernen' ist eine einmalige Formulierung, die die unmittelbare Bedeutung Christi für die christliche Lebensgestaltung anspricht".
[46] Vgl. Phil 4,9: ἃ καὶ ἐμάθετε καὶ παρελάβετε καὶ ἠκούσατε καὶ εἴδετε ἐν ἐμοί, ταῦτα πράσσετε; vgl. Hebr 5,8.
[47] Das heißt nicht, es handele sich um Jesustradition nach Art der synoptischen Spruchüberlieferung (s.u. zu ἐν τῷ Ἰησοῦ [V.21 Ende]). Darauf weist WEGENAST, 132, zu Recht hin.

21 Der Konditionalsatz nennt als Bedingung (εἴ γε[48] = „wenn anders") die „wahre" Belehrung „in Jesus". Dass die Adressaten „ihn" (αὐτόν) „hörten", ist natürlich nicht im Sinne der Lehre des irdischen Jesus (oder eines durch urchristliche Propheten vermittelten Jesuswortes) zu verstehen, sondern – wie ἐμάθετε τὸν Χριστόν – im Sinne der christlichen Botschaft und Belehrung: die Botschaft von und die Lehre über Christus.[49] Entsprechend wird gesagt: καὶ ἐν αὐτῷ ἐδιδάχθητε („in ihm seid ihr belehrt worden"). Ἐν αὐτῷ gibt also den Bereich der christlichen Lehre an, der in diesem Fall wohl ethischer Art ist.[50] Die Terminologie in V.20–21 (μανθάνειν – διδάσκειν) bezieht sich entsprechend auf eine Traditionsform im Sinne des παραλαμβάνειν von Kol 2,6.[51] Das weist indirekt zurück auf den vorigen Abschnitt 4,11–16, und zwar auf die Ämter, speziell die („Hirten" und) „Lehrer" (4,11). Diesen oblag wahrscheinlich eine katechetische Aufgabe, nämlich: die neue christliche Lebensweise zu propagieren und zu festigen. So haben die Adressaten „Christus gelernt", „ihn gehört", und sie wurden „in ihm[52] belehrt". V.21c gibt nun aber noch ein Kriterium für diese Belehrung an: „wie es Wahrheit ist in Jesus." Καθώς[53] respondiert zunächst dem οὐχ οὕτως in V.20, leitet dann aber zugleich ein engeres Kriterium für das „nicht so (wie die Heiden)" ein: die wahre Belehrung. Rätselhaft ist die Wendung ἐν τῷ[54] Ἰησοῦ. Sie begegnet im NT nur noch in Apg 4,2.[55] Regulär sind sonst ἐν Χριστῷ[56], ἐν Χριστῷ Ἰησοῦ[57] und ἐν κυρίῳ.[58] Selten aber sind die ἐν-τῷ-Formeln (fast nur im Eph). Ἐν τῷ Ἰησοῦ in Apg 4,2 lässt sich plausibel erklären. Hier geht es um die Person Jesu von Nazareth, der als Paradigma der Totenauferweckung verkündet wird. Damit ist Eph 4,21c nicht vergleichbar. ἐν τῷ Ἰησοῦ kann hier nicht „am Beispiel von Jesus" bedeuten, was durch die Wendung „Wahrheit" ausgeschlossen wird. Die irdische Person Jesu ist hier folglich nicht gemeint.[59] So hat eine Deutung, die die Verkündigung des irdischen Jesus als Wahrheitskriterium der Belehrung der Heidenchristen versteht, auszuscheiden. Wie Paulus ist der Eph am historischen Men-

---

[48] Im NT nur Röm 5,6; 2Kor 5,3; Gal 3,4; Eph 3,2 (s.o. z.St.); 4,21; Kol 1,23. Dazu BDR § 439 A 3.
[49] Bei ἀκούειν kann die Sache, über die man reden hört, im Akk. stehen (BDR § 173,1 A 4). Das gilt dann auch von der Sache, die man lernt (V.20). Diese „Sache" ist hier personal bezeichnet (τὸν Χριστόν – αὐτόν). Ebenso kann die Sache, über die man belehrt wird (ἐδιδάχθητε), präpositional ausgedrückt werden: ἐν αὐτῷ.
[50] Vgl. HALTER, 252.
[51] WEGENAST, 132, denkt an Gnosis oder Mysterien – dazu s.u. zu V.22–24.
[52] Ἐν αὐτῷ bezeichnet so auch den Gegenstand der Lehre; vgl. o. A 48.
[53] Zu καθώς s.o. A 14.
[54] Zum Artikel vor „Jesus" vgl. BDR § 260,1 mit A 7: Er steht, weil „Jesus" hier anaphorisch gebraucht wird. Das gilt auch für Apg 4,2 (vgl. dort 3,13–15).
[55] In Apk 1,9 erscheint als Hapaxleg. ἐν Ἰησοῦ.
[56] 30mal (darunter Eph 1,3; 4,32; Kol 1,2.20; 3mal 1Petr).
[57] 46mal (29mal bei Paulus; ferner: Eph 1,1; 2,6.7.10.13; 3,6.21; Kol 1,4; 9mal in den Pastoralbriefen).
[58] 48mal (darunter: Eph 2,21; 4,1.17; 5,8; 6,1.10.21, also überwiegend im paränetischen Teil des Eph).
[59] EWALD, Eph, 206 meint: „Die determinierte Benennung ὁ Ἰησοῦς ... legt den Nachdruck auf die menschliche Seite des Heilsmittlers." Dabei bleibt das ἐν τῷ ... unbeachtet.

schen Jesus von Nazareth (abgesehen von seinem Kreuzestod und der Auferweckung durch Gott) deshalb auch nicht interessiert. Ἐν τῷ Ἰησοῦ ist dann eine Variante von ἐν τῷ Χριστῷ oder ἐν τῷ κυρίῳ: Im Bereich Christi (im Leib Christi, der Kirche) herrscht eine Lehre, die die Wahrheit ist. Am nächsten kommt dem die Wendung ἐν τῷ Χριστῷ Ἰησοῦ, „in welchem wir den freien Zugang haben (zu Gott) im Vertrauen durch den Glauben an ihn" (Eph 3,11f). In dieser personalen Relation herrscht „freie Rede" (παρρησία) und somit „Wahrheit" (ἀλήθεια). „Jesus" unterscheidet sich hier also nicht von „Christus" (wie etwa der Irdische vom Erhöhten).[60] Das lässt sich bestätigen im Hinblick auf 1,15: Die πίστις (die immer etwas mit „Überzeugung", d.h. mit dem rhetorischen Argument als Begründung und damit mit „Wahrheit" zu tun hat) ereignet sich im Bereich des Kyrios Jesus: ἐν τῷ κυρίῳ Ἰησοῦ.

22 Der Inhalt der wahren Lehre wird nun in einem Infinitivsatz (V.22–24) vorgestellt: „dass ihr ablegt ... den alten Menschen ..., euch aber (δέ) erneuern lasst durch den Geist an eurer Gesinnung (τῷ πνεύματι τοῦ νοὸς ὑμῶν) ...".[61] Die Funktion der Infinitive wird unterschiedlich bestimmt: als imperativisch, als Finalsatz oder als epexegetisch.[62] Finale und epexegetische Funktion schließen sich nicht aus. Die Gewandmetaphorik[63] (Ablegen des „alten Menschen", Anziehen des „neuen Menschen") beschreibt den Wechsel der Seinsqualität eines Individuums.[64] Was verbal durch περιπατεῖν („umhergehen", „wandeln") ausgedrückt wurde (V.17), wird nun substantivisch durch ἀναστροφή („Wandel") variiert. Eingebettet ist diese Aussage wieder in ein präpositionales Syntagma mit κατά:[65] Der „alte Mensch" entspricht der „früheren" (heidnischen) Lebensweise. Er ist verdorben (φθειρόμενος) aufgrund (κατά) „der Begierden des Trugs". Beim Gen. ἐπιθυμίαι ἀπάτης handelt es sich um einen qualifizierenden Gen. („auf-

---

[60] Vgl. LINCOLN, Eph, 279f. Dagegen meint BEST, Eph, 429f: „the name may then imply that the tradition which is taught stretches back to the earthly figure and is founded on him".
[61] Also im Anschluss an den καθώς-Satz; so ABBOTT, Eph, 135, und GNILKA, Eph, 229; V.22-24 stellt den Inhalt der gelernten, gehörten und gelehrten Tradition dar, die der „Wahrheit in Jesus" entspricht, und ist so vom ganzen Obersatz V.20-21 abhängig.
[62] Als Imperativ: HALTER, 631 A 4. Der A.c.I. hat die Funktion eines Finalsatzes. LINCOLN, Eph, 283f, möchte den Satz epexegetisch verstehen: „... nämlich abzulegen den alten Menschen ...".
[63] Der Kleiderwechsel ist ein mythisches Motiv (z.B. im Perlenlied, ActThom 108,9-15; 111,62.72f; 112,76–113,105), das über Märchen (z.B. „Der gestiefelte Kater"), Novellen und Parabeln (z.B. Lk 15,11-32) bis in die Gegenwart (Markenkleidung als Statussymbol schon bei Jugendlichen) seine Bedeutung bewahrt hat; vgl. DAHL; BUCHEGGER, 211, und s.u. A 75.
[64] Euseb, praep.ev. XIV 18,26, und Diog. Laert. IX 66 überliefern einen Ausspruch Pyrrhons, wie schwer es doch sei, „den Menschen (vollständig) abzulegen" (Euseb: τὸν ἄνθρωπον ἐκδῦναι, Diog. Laert.: ὁλοσχερῶς ἐκδῦναι τὸν ἄνθρωπον). Die metaphorische Wendung entspricht Kol 3,9 (dort aber ἀπεκδυσάμενοι, wohl ein Neologismus des Verfassers von Kol – vgl. A. L. CONNOLLY in: New Documents 4, p.176). Eph hat ἀποθέσθαι aus Kol 3,8 übernommen, behält aber in V.24 das ἐνδύσασθαι entsprechend Kol 3,10 bei.
[65] 1,5b.7b.9b.11b.c.19b; 2,2; 3,3.7b.c.11.16.20b; 4,7.22a.b.24b; 6,5.6.21. κατά stellt eine sehr allgemeine Relation her („gemäß", „entsprechend").

grund der trügerischen Begierden"). [66] Ἐπιθυμία ist strukturell in semantischer Hinsicht analog zu πλεονεξία („Habgier"). Beide Ausdrücke können als Wurzelbegriffe für alle „Laster" gebraucht werden. [67]

23 Der Wechsel vom „alten" zum „neuen Menschen" geschieht durch einen schöpferischen Akt der Erneuerung des menschlichen νοῦς. Der Ausdruck ἀνανεοῦσθαι (Hapaxleg. im NT[68]) ... τοῦ νοός variiert die bei Paulus in Röm 12,2 begegnende Wendung ἀνακαίνωσις τοῦ νοός, die über Kol 3,10 (τὸν νέον [ergänze: ἄνθρωπον] τὸν ἀνακαινούμενον) an Eph vermittelt worden ist. Die Erneuerung des νοῦς ist ein Schöpfungsakt, bei dem das πνεῦμα als Atem (Geist) Gottes eine verursachende Rolle spielt. [69] Πνεῦμα ist an dieser Stelle (wie durchgehend im Eph) nicht auf den menschlichen Geist bezogen, der hier wie meistens mit νοῦς bezeichnet wird. Die Erneuerung geschieht also durch den (Heiligen) Geist „am inwendigen Menschen" (vgl. 3,16; 2Kor 4,16). Die Wendung ἀνανεοῦσθαι δὲ τῷ πνεύματι τοῦ νοός ὑμῶν bereitet allerdings einige Schwierigkeiten. πνεῦμα wird im Eph nie (und bei Paulus nur sehr selten) auf den menschlichen Geist bezogen, der grundsätzlich als νοῦς bezeichnet wird. Anderseits kann man nicht einfach den Infinitiv ἀνανεοῦσθαι mit dem Gen. τοῦ νοός im Sinne eines Gen. obj. verbinden, zumal der Infinitiv nicht substantiviert ist. [70] Stattdessen wird man τῷ πνεύματι τοῦ νοός als adnominales Genitivsyntagma aufzufassen haben: „erneuert zu werden durch das Pneuma, das auf euren νοῦς einwirkt". [71] Gottes Geist (πνεῦμα) verwandelt erneuernd den menschlichen Geist (νοῦς). Während Paulus in 2Kor 4,16 (vgl. Röm 12,2: ἀνακαίνωσις; so auch Tit 3,5) und der Verf. des Kol in 3,10 das Verb ἀνακαινοῦν verwenden, gebraucht Eph das seit klassischer Zeit gebräuchliche, aber im NT sonst nicht vorkommende ἀνανεοῦν. [72] Der Grund könnte ein ästhetisch-rhetorischer sein (die Worte ἀνανεοῦ-

---

[66] Vgl. Mk 4,19; dazu SELLIN, 103.
[67] S.o. A 39 u. 41. Paulus gewinnt in Röm 7,7f seinen Sündenbegriff aus Ex 20,17/Dtn 5,21, dem 9. und 10. Gebot (οὐκ ἐπιθυμήσεις). Dort umfasst das ἐπιθυμεῖν nach hellenistisch-jüdischer Interpretation sowohl das sexuelle als auch das materielle Begehren (s.o. bei A 41 u. 42).
[68] Paulus gebraucht ἀνακαινοῦν (2Kor 4,16 - so auch Kol 3,10) bzw. ἀνακαίνωσις (Röm 12,2 - so auch Tit 3,5).
[69] Vgl. die Verwendung von Gen 2,7 (die Pneuma-Inspiration in den noch „toten" Adam) bei Philon, LA I 32 (dazu: SELLIN, Streit, 85–90.103–106).
[70] Dazu tendieren aber SCHLIER, Eph, 220; GNILKA, Eph, 230f; HOULDEN, Eph, 319; SCHNACKENBURG, Eph, 204; MUSSNER, Eph, 137. – Dagegen zu Recht schon MEYER, Eph, 203; ABBOTT, Eph, 137; J. A. ROBINSON, Eph, 191; WESTCOTT, Eph, 68; BARTH, Eph, II, 508; MITTON, Eph, 165; LINCOLN, Eph, 287.
[71] SELLIN, 104f; vgl. Chang-Kun PARK, Das Verhältnis zwischen theologischem und anthropologischem Pneumabegriff bei Paulus, Diss. Hamburg, 1982. BUCHEGGER, 218f, spricht vom νοῦς als „Wohnort und Wirkungsort" des Pneuma. V.23 ist eine *indikativische* Aussage im Passiv (auch wenn sie sich besser mit „erneuern lassen" übersetzen lässt): vgl. BUCHEGGER, 212.
[72] Ἀνακαινοῦν und ἀνακαίνωσις sind dagegen vor Paulus nicht belegt. Es könnte sich um paulinische Neologismen handeln (vgl. BUCHEGGER, 170f).

σθαι ... τοῦ νοός bilden eine Art Paronomasie). Anlass dazu hat die Vorlage in Kol 3,10 (τὸν νέον [ἄνθρωπον]) geboten.[73]

24 Das Motiv vom „alten" und „neuen Menschen" ist zu unterscheiden vom Motiv des „ersten Menschen, Adam" und des „letzten Adam" (1Kor 15,45) und damit auch von der Adam-Christus-Typologie in Röm 5,12–21. Der „neue Mensch" ist in Eph 4,24 ja nicht Christus, sondern eine anthropologische Größe.[74] Das Motiv entspricht dem von der „Neuschöpfung". Die Metapher vom Gewand, das abgelegt bzw. angezogen wird, meint einen Wesens-Wechsel.[75] Im Hintergrund steht hier zunächst Gal 3,27–28 (Χριστὸν ἐνεδύσασθε: „die ihr in Christus getauft wurdet, habt Christus angezogen"). Dahinter wiederum steht alexandrinische Weisheitstheologie mit ihrer spezifischen Rezeption von Gen 1,27: Der nach dem „Bilde" Gottes, d.h. nach dem Logos geschaffene Mensch ist der Mensch, wie er sein sollte und wie er wieder werden kann (durch Christus). Sowohl Gal 3,27 wie Eph 4,22–24 (und Kol 3,10) haben einen Bezug zur Taufe.[76] Das gilt auch für Röm 6,6, wo der Ausdruck ὁ παλαιὸς ἡμῶν ἄνθρωπος vorkommt. Das Pendant „der neue Mensch" findet sich bei Paulus jedoch nicht. „Unser alter Mensch ist mitgekreuzigt" bzw. „wir sind mit ihm (Christus) begraben durch die Taufe in den Tod" (Röm 6,4). Nicht aber wird in Röm 6 gesagt, wir seien mit ihm auferweckt (wie Kol 2,12; Eph 2,6), sondern es heißt dort: „damit, wie Christus auferweckt wurde ..., so auch wir in Neuheit des Lebens wandeln". Der „neue Mensch" wäre für Paulus ja das Abbild des „himmlischen Menschen" Christus, dessen Bild „wir" aber erst als Auferweckte „tragen werden" (1Kor 15,49).[77] Kol 3,10 und (daran anschließend) Eph 4,24 beschreiben den „neuen Menschen" dagegen als den, „der zur Erkenntnis erneuert worden ist nach dem Bild seines Schöpfers" (Kol 3,10) – bzw. „der nach Gott geschaffen ist ...". Der „neue Mensch" ist also der Mensch, der „nach dem Bilde Gottes" (so Kol) bzw. „nach Gott" geschaffen ist. Die Aussage in Kol 3,10 entspricht dabei ganz der Aussage Philons, wonach der vollkommene Mensch ein Abbild des Logos (welcher das Abbild Gottes ist) darstellt (κατὰ θεόν). Auch wenn Gen 1,27 und 2,7 im Hintergrund dieser Anthropos-Vorstellungen stehen, ist mit der Schöpfungsterminologie (κτίζειν) hier nicht die urzeitliche Schöpfung gemeint, sondern eine seit dem Christusgeschehen gegenwärtige mögliche Neuschöpfung der jeweiligen Menschen. Der Vorgang der Schöpfung des neuen Menschen (des „Anziehens" des „neuen Menschen") wird aber gerade mit dem Rekurs auf die erste Schöpfung des Menschen (Gen 1,27) be-

---

[73] BUCHEGGER, 188, möchte aufgrund der Variation von ἀνακαινούμενος (Kol 3,10) und ἀνανεοῦσθαι (Eph 4,23) gerade die zeitliche Priorität des Eph vor dem Kol begründen (unter Berufung auf HOLTZMANN, Kritik, 52–54), wobei er genuin paulinische Verfasserschaft beider Schreiben annimmt. Diese Annahme entkräftet aber die Begründung.

[74] BRANDENBURGER, 220–228.

[75] „Das Gewand, das man auszieht oder anzieht, hat prägende Kraft: Man *ist*, was man trägt ..." (BRANDENBURGER, 226).

[76] Das wird auch für Eph 4,22–24 von den meisten neueren Auslegern gesehen.

[77] E. STEGEMANN, 528–534.

schrieben: der Mensch nach dem Urbild (nach dem Logos und damit Gott). Der „neue Mensch" ist der ursprüngliche, der von Gen 1,27; der „alte" dagegen ist der unter die Sünde geratene Adam von Gen 2,7 (Philon, opif. 134ff; LA I 31ff).[78]

Nun ist allerdings zu beachten, dass die Rede vom „alten" und vom „neuen" Menschen in ihrem paränetischen Kontext sich nicht direkt auf das Kollektiv, den Christusleib, die Kirche bezieht – anders als im Falle der Rede vom „vollkommenen Mann" in Eph 4,13, ja sogar anders als die Rede vom καινὸς ἄνθρωπος in Eph 2,15: Dort ist der „neue Mensch" ein drittes Menschen-Genus, das aus den beiden Arten (Juden und Heiden) durch Christus als eine neue Einheit geschaffen wird: die Kirche. Beides (individualer und kollektiver Aspekt) lässt sich freilich nicht ganz trennen. Insofern die zum neuen Wandel aufgerufenen einzelnen Christen den „neuen Menschen" „anziehen" sollen, bildet dieser ja einen Typ, ein Genus. Dieser „neue Mensch" ist freilich an dieser Stelle nicht explizit Christus (wie in Gal 3,27: „denn die ihr auf Christus getauft worden seid, *habt Christus angezogen*"), sondern bleibt eine Metapher für eine neue Lebensweise nach theologisch-ethischen Kriterien. Dass Gal 3,27f dennoch im Hintergrund steht, zeigt aber noch Kol 3,11, wo auf die Rede vom „Anziehen" des „neuen Menschen" (3,10) die Einheitsformel nach Gal 3,28 (in Abwandlung) folgt. – Als Abschluss des Satzes erscheint (wie in 4,19; vgl. 4,16 Ende) eine ἐν-Wendung: „in Gerechtigkeit und Heiligkeit der Wahrheit". Die syntaktische Zuordnung dieser präpositionalen Schlusswendung ist wieder schwierig. Ἐν πλεονεξίᾳ schloss den Abschnitt über den Wandel in der Vergeblichkeit der heidnischen Existenz ab (4,17b–19). Es liegt dann nahe, die ἐν-Wendung am Ende von 4,24 auf den ganzen Inhalt von V.22–24 zu beziehen. Der Vorgang, den alten Menschen abzulegen und den neuen Menschen anzuziehen, wird dann durch die Stichworte „Gerechtigkeit" und „Frömmigkeit"[79] qualifiziert. Die genauesten Entsprechungen sind Od 9,75; SapSal 9,3 und Lk 1,75 (in der umgekehrten Reihenfolge: ἐν ὁσιότητι καὶ δικαιοσύνῃ[80] – jeweils auf ein menschliches Handeln bezogen). Die Zusammenstellung dieser beiden Tugenden ist aber griechischen Ursprungs. Bei Platon spielt das Tugendpaar eine fundamentale Rolle für die Ethik.[81] Nach späterer Systematisierung ist δικαι-

---

[78] Der Adam von Gen 2,7 ist nach Philon nicht gleich der gefallene, sondern der Mensch, dem noch beide Existenzverwirklichungen offen stehen, der Mensch mit der Möglichkeit der Erlösung. Die in Gen 2,7 genannte Einhauchung des göttlichen Atems bedeutet für Philon in LA I 31f die *Möglichkeit* der erlösenden Pneumabegabung, die Adam erst zum Menschen nach dem Bilde Gottes, d.h. zum Menschen nach dem Muster des Logos macht (vgl. SELLIN, Streit, 101–114).

[79] Ὅσιος und ὁσιότης bedeuten, wenn sie im Bezug auf Menschen gebraucht werden, im Unterschied zu ἅγιος mehr die Heiligkeit der *Gesinnung*. In LXX wird ὅσιος nie für קָדוֹשׁ (dafür meist ἅγιος) gebraucht, sondern überwiegend für חָסִיד („fromm").

[80] Vgl. auch Dtn 9,5. In biblischer und griech.-jüd. Lit. begegnet das Paar ὅσιος und δίκαιος häufig: z.B OdSal 2,4; PsSal 10,5 (vgl. 9,3; 15,3); 1Hen (gr.) 25,4; 96,9; 97,12; TestAbr 1,8; 9,5; Josephus, ant. VIII 29,6; IX 35,2; XV 138,2; Philon (18mal – häufig im Zusammenhang der Sechsergruppe der Tugenden: φρόνησις, ἀνδρεία, σωφροσύνη, δικαιοσύνη, ὁσιότης, εὐσέβεια); im NT: Tit 1,8.

[81] 48mal – vor allem in den frühen Dialogen Protag. (20mal in 325–333; 349b) und Euthyphr. (12mal in 11–12); aber auch rep. 461a; 615b; leg. 661b. Bei Aristoteles findet sich die Kombination von ὅσιος und δίκαιος nicht (zu de virt. et vit. 1250b 23 s.u. A 83).

οσύνη die sich auf die Mitmenschen beziehende Grundtugend, ὁσιότης die auf die Götter bzw. Gott bezogene.[82] Bei Platon kommen δίκαιος und ὅσιος (in dieser Reihenfolge) als zusammenfassende Kennzeichnung tugendhaften Lebens vor. Nach Platon, Theait.176 b ist das aber auch das Ziel der ὁμοίωσις θεῷ. Beide Begriffe sind in Eph 4,24 Kennzeichen des neuen Menschen, dessen νοῦς durch Gottes πνεῦμα erneuert worden ist (V.23). – Als letztes Wort des Abschnitts folgt der an das Tugendpaar angeschlossene Gen. τῆς ἀληθείας. Gelegentlich findet sich ἀλήθεια als Tugend neben δικαιοσύνη und ὁσιότης.[83] In Eph 5,9 bilden „Gutheit", „Gerechtigkeit" und „Wahrheit" eine Dreiheit von Tugenden (ἐν πάσῃ ἀγαθωσύνῃ καὶ δικαιοσύνῃ καὶ ἀληθείᾳ). An unserer Stelle bezieht sich der Gen. auf beide Nomina, also das ganze Tugendpaar, und ist letztlich ein qualifizierender Gen.: Beide Tugenden sind sich ergänzende „wahre" Lebensweisen, d.h. Lebensweisen, die dem Bereich der Ideen und des Guten, also Gott, entsprechen.[84] Wie in 4,16 und 4,19 hätte der Abschnitt mit der ἐν-Phrase („in Gerechtigkeit und Heiligkeit") enden können. Der nachklappende qualifizierende Gen. τῆς ἀληθείας hat jedoch noch eine besondere Pointe. V.24 steht genau im antithetischen Parallelismus zu V.22:

22: „dass ihr ablegt ... den alten Menschen,
 der verdorben ist *nach den Begierden* (1) *des Trugs* (3)"
24: „und (dass ihr) anzieht den neuen Menschen,
 der geschaffen ist *nach Gott* (1) *in Gerechtigkeit und Heiligkeit* (2)
 der Wahrheit (3)".

Ἀπάτη („Trug", „Täuschung") und ἀλήθεια („Wahrheit") stehen sich antithetisch gegenüber.[85] Vorausgesetzt ist in diesen Versen, dass „Wahrheit" ein ethischer Begriff ist. Damit wird im Rückblick die Bedeutung des in 4,15 erstmals auftauchenden Wahrheitsbegriffs (ἀληθεύοντες: „die Wahrheit sagend ...") deutlich: Der

---

[82] Zum ersten Mal begegnet die prägnante Formulierung bei Polybios XXII 10,8 (2. Jh. v.Chr.): τὰ πρὸς τοὺς ἀνθρώπους δίκαια καὶ τὰ πρὸς τοὺς θεοὺς ὅσια; vgl. Dionys.Hal., ant. IV 92: πρὸς θεοὺς ὅσιον ... πρὸς ἀνθρώπους δίκαιον; Plutarch, Demetr. 24,10; Josephus, ant. X 83; in der abstrakten Formulierung: Philon, Abr. 208: ὁσιότης μὲν πρὸς θεόν, δικαιοσύνη δὲ πρὸς ἀνθρώπους. Zurück geht diese Differenzierung vielleicht auf Chrysipp, der die Frömmigkeit (als Gerechtigkeit gegenüber den Göttern) der Gerechtigkeit unter den Menschen unterordnet SVF III 660,2: τὴν ... ὁσιότητα ὑπογράφεσθαι δικαιοσύνην πρὸς θεούς; vgl. SVF III 608; II 1017); vgl. dazu VON LIPS, 53f: die εὐσέβεια wird als Teiltugend der δικαιοσύνη verstanden.

[83] So in ep.Arist 306 (ὁσίως ... τὴν δικαιοσύνην καὶ τὴν ἀλήθειαν); in dem nach-aristotelischen peripatetischen Handbuch de virt. et vit. (1250b 23): ἀκολουθεῖ δὲ τῇ δικαιοσύνῃ καὶ ὁσιότης καὶ ἀλήθεια καὶ ἡ πίστις καὶ ἡ μισοπονηρία. S.u. zu 5,9 und 6,14.

[84] Letztlich spielt dabei ein platonisches Motiv die entscheidende Rolle: „Wahr" können nur die Ideen sein; das Werdende und Vergehende ist „Schein" und „Täuschung". Ethisch gesehen geht es also um ein Leben im Bereich des Seienden, des „Bleibenden".

[85] In V.24 ist „in Gerechtigkeit und Heiligkeit" im Vergleich mit V.22 überschießend. Genau entsprechen sich:
 κατὰ τὰς ἐπιθυμίας τῆς ἀπάτης und
 κατὰ θεὸν τῆς ἀληθείας.
Vgl. SELLIN, 104.

durch den Geist Gottes erneuerte νοῦς des Menschen, der den „neuen Menschen" ausmacht[86], ist befähigt zum wahren Leben, zum Leben, das ausgerichtet ist nach dem, was Bestand hat und trägt (Verlässlichkeit) – im Gegensatz zu einem Leben nach dem Schein, nach der Täuschung (V.22), in Vergeblichkeit (V.17). Damit steht der Begriff „Wahrheit" im paränetischen Teil des Eph[87] dem Begriff „Liebe"[88] komplementär gegenüber: Von Gott, der die Wahrheit ist, geht durch Christus die Liebe aus. Um zur Wahrheit zu gelangen, soll der Mensch sich von Gottes Liebe prägen lassen, sie annehmend ausüben. Das wird in 5,1-2 und 5,21-33 expliziert. Aber nicht nur die Liebe, sondern gerade auch die Wahrheit hat eine ethische Dimension.[89]

II. 3.) 4,25-32: Einzelmahnungen (1)

(25) Deshalb, indem ihr die Lüge ablegt, „redet Wahrheit, ein jeder mit seinem Nächsten",
weil wir untereinander Glieder sind.
(26) „Wenn ihr zürnt, sündigt nicht!"
Die Sonne soll nicht untergehen über eurem Zorn.
(27) Und gebt keinen Raum dem Teufel!
(28) Wer stiehlt, soll nicht mehr stehlen;
vielmehr soll er sich mühen, mit eigenen Händen das Gut zu erarbeiten,
damit er etwas hat, um es dem Bedürftigen zu geben.
(29) Kein schlechtes Wort soll aus eurem Munde kommen,
sondern ein gutes zur Erbauung, wo es nötig ist,
damit es denen, die es hören, Gnade gibt.
(30) Und betrübt nicht den heiligen Geist Gottes, mit dem ihr gesiegelt wurdet auf den Tag der Erlösung!
(31) Alle Bitterkeit, Wut, Zorn, Geschrei und Lästerung sei von euch weggetan samt aller Bosheit.
(32) Werdet untereinander gütig, barmherzig, vergebt einander,
wie auch Gott in Christus euch vergeben hat!

BERGER, Gattungen 1075-1077.1344; BERGMANN, Zwei-Wege-Motiv; BEST, Thieves; BETZ, Lukian; BRADLEY, Topos; BRUNT, Topos; GNILKA, Traditionen; KAMLAH, Form; VON LIPS, Jüdische Weisheit; MORITZ, Mystery 88-96; MULLINS, Topos; SAMPLEY, Scripture; SCHINDEL, Magnificat; THOMAS, Formgesetze; DERS., Phokylides; VÖGTLE, Tugend- und Lasterkataloge; WIBBING, Lasterkataloge; ZELLER, Mahnsprüche; ZIMMERLI, Weisheit.

---

[86] Über den νοῦς als „inneren Menschen" s.o. S. 279ff zu 3,16.
[87] 4,15.21.24.25; 5,9; 6,14.; im epideiktischen Teil: ἀλήθεια nur in 1,13.
[88] 1,4.15; 2,4; 3,17.19; 4,2.15.16; 5,1.2.25.28.33; 6,21.23.24.
[89] Zu ἀλήθεια (in Relation zu δικαιοσύνη) s.u. zu 4,25 und 5,9.

Mit einem διό („deshalb"), das eine ähnliche weiterführende Funktion[1] wie das οὖν-paraeneticum[2] oder διὰ τοῦτο[3] oder τούτου χάριν[4] hat, wird eine Reihe von Imperativsätzen eingeführt (25a.b.26a.b.27.28a.b.29a.b.30a.31.32a). Einige davon werden durch Nebensätze erläutert (25c: ὅτι, 28c: ἵνα, 29c: ἵνα, 30b: ἐν ᾧ, 32b: καθώς). Von den elf Imperativsätzen stehen fünf in der 2. Person (25a.b.26a.27.30.32a), sechs in der 3. Person (26b.28a.b.29a.b.31).Vier sind positiv (Gebote: 25b.28b.29b.32a), sieben negativ (Verbote: 26a.b.27.28a. 29a. 30a. 31).[5] Damit begegnet innerhalb des paränetischen Hauptteils 4,1–6,9 erstmals konkrete Mahnung im Imperativ.[6] Die Verse 25–30 enthalten fünf Aufforderungen: (1.) Redet Wahrheit! (2.) Wenn ihr zürnt, sündigt nicht! (3.) Wer ein Dieb ist, soll nicht mehr stehlen! (4.) Kein schlechtes Wort soll aus eurem Munde kommen! (5.) Betrübt nicht den Heiligen Geist! – Bis auf diese fünfte sind die Mahnungen dreigliedrig: (a) eine negative Aufforderung, (b) eine positive Alternative, (c) eine Begründung bzw. Motivation.[7] Die Verse 31–32 enthalten einen sechsgliedrigen substantivischen Lasterkatalog (V.31: Bitterkeit, Wut, Zorn, Geschrei, Lästerung, Bosheit) und einen dreigliedrigen adjektivischen bzw. partizipialen Tugendkatalog (V.32: Seid zueinander gütig, barmherzig, einander vergebend ...).[8] Im Zuge der gattungskritischen Analyse von Briefelementen sind solche kurzen paränetischen Mahnungen, wie sie in 4,25–30 begegnen, als *Topos* bezeichnet worden.[9] Mit diesem eigentlich der antiken Rhetorik entstammenden Begriff war z.T. das gemeint, was im Zuge der Formgeschichte (M. Dibelius) als der „usuelle" Charakter der neutestamentlichen Paränese bezeichnet worden war. Der allgemeine Charakter des Eph könnte das zunächst nahelegen.[10] Doch ist der rhetorische Topos-Begriff nicht auf die Paränese zu beschränken. Er bezeichnet grundsätzlich (allgemeine) Themen und stereotype Argumente. A.T. Lincoln möchte stattdessen im Fall von 4,25–32 von *Sentenzen* reden.[11] Im engeren Sinn sind Sentenzen jedoch Aussagesprüche (in der 3. Person). Die Imperative in Eph 4,25–30 sollte man deshalb besser (in alttestamentlich-weisheitlicher Nomenklatur) als (prophetische oder weisheit-

---

[1] 2,11; 3,13; 4,8; 5,14.
[2] 4,1.17; 5,1.15; vgl. 2,19.
[3] 1,15; 5,17; 6,13 (5,6: διὰ ταῦτα).
[4] 3,1.14.
[5] Zur „Nominalmahnung" mit Imperativ der 3. Pers. sowie zum Schema „nicht ..., sondern" vgl. THOMAS, Phokylides, 370–372.
[6] 4,1–3 enthält ebenfalls zu konkreten Verhaltensweisen auffordernde Mahnung, unterscheidet sich aber von 4,25–6,9 durch seine performative Form (παρακαλῶ + Infinitiv). Die gleiche Abfolge von infinitivischer und imperativischer Mahnung findet sich bei Paulus in 1Thess 4,1–5,11 und 5,12–26.
[7] Vgl. BEST, Ephesians, 4,28, 180. Das entspricht dem Schema von „altem" und „neuem Menschen" in 4,17–24 (BEST, Eph, 444).
[8] Jeweils das letzte Glied ist von den vorherigen syntaktisch abgehoben; V.31: καὶ ... καὶ ... καὶ ... καὶ ... σύν; V.32: zwei Adjektive, Partizip.
[9] BRADLEY; BRUNT; ausführliche Diskussion dazu bei LINCOLN, Eph, 294f.
[10] Vgl. dazu aber SELLIN, Paränese, 283–286.
[11] LINCOLN, Eph, 295 – im Anschluss an BERGER, 1049–1074; LAUSBERG, Handbuch, § 872–879; BETZ, Gal, 496–498.

liche) *Mahnsprüche* bezeichnen.[12] Sie bestehen jeweils aus einem doppelten Imperativ – a) negativ, b) positive Alternative – und c) einer Begründung bzw. Erläuterung (V.25c [ὅτι]; V.26b+27; V.28b+c [ἵνα]; V.29b+c [ἵνα]; V.30b [ἐν ᾧ]). Die ersten beiden Imperative werden durch LXX-Zitate (Sach 8,16; ψ 4,5) gebildet. Auch wenn V.28 das 8. Gebot (Ex 20,15; Dtn 5,19) anklingen lässt, spielt der Dekalog keine formprägende Rolle.[13] Große Nähe zu diesen Mahnworten hat 1Thess 5,14–22, doch fehlen bei den 12 Mahnungen dort (bis auf die Ausnahme von V.15 und 18) die Begründungen. Die Aufzählreihen in V.31–32 sind dagegen Kataloge (Laster-[14] und Tugendkatalog[15]).[16] Der letzte Satz nennt die drei Tugend-Prädikate („gütig", „barmherzig", „einander vergebend") und fügt mit καθώς eine Aussage über Gottes gnädiges Handeln an den Adressaten als Muster an. Das leitet über zur zentralen Aussage des ganzen paränetischen Briefteils: zu 5,1–2. Wie im vorherigen Abschnitt (4,17–24) greift der Verfasser auf die Paränese des Kol zurück (Kol 3,8–13).[17]

Die Abweichung des Eph von seiner Vorlage Kol 3,8–13 entspricht der jeweiligen unterschiedlichen Tendenz: (1.) μέλη („Glieder") wird von Eph im Zusammenhang mit dem ekklesialen Leib-Christi-Konzept positiv verwendet (vgl. 5,30). Kol gebraucht das Wort nur einmal (3,5) im negativen Sinne: „Tötet die Glieder, die der Erde verhaftet sind ..." (es folgt ein Lasterkatalog, den Eph in 5,3.5f übernimmt). (2.) Eph verwendet hier Schriftzitate, aber im ganzen Kol findet sich überhaupt

---

[12] ZIMMERLI, 177–204; ZELLER.
[13] THOMAS, Phokylides, 116, spricht bei Eph 4,25–32 dagegen von einer „dekalogischen Reihe" (vgl. auch SAMPLEY, 105). Dagegen sprechen jedoch die Zitate bzw. Anspielungen in Eph 4,25–26: Sach 8,16 und ψ 4,5, wo gerade nicht auf den Dekalog verwiesen wird. Dagegen spricht auch die Formulierung von Eph 4,28, die nicht in der direkten Verbotsform („du sollst nicht ...!"), sondern in der indirekten Form der 3. Person erscheint („wer stiehlt, soll nicht mehr stehlen!").
[14] Vgl. VÖGTLE, 1; WIBBING, 78.
[15] Tugendkataloge sind im NT seltener. Es ist überhaupt fraglich, ob dort, wo die Dreizahl nicht überschritten wird (und das gilt auch für Eph 4,32; vgl. 5,9), überhaupt von einem „Katalog" die Rede sein kann. Philon zählt in sacr. 22 zunächst 11 Laster auf, von denen πανουργία (Eph 4,14), κολακεία, ἀπάτη (Eph 4,22; Kol 2,8), ἀσέβεια und ἀδικία auch in paränetischen Zusammenhängen im NT begegnen. Dann folgt aber in sacr. 27 eine Liste von 34 Tugenden und (in sacr. 32) eine von 148 (!) Lastern (letztere in personaler prädikativer Formulierung), von denen nur 31 im NT begegnen, und zwar (bis auf πλεονέκτης) nirgends in einem Lasterkatalog. Angesichts der Kataloge in Philon, sacr. 22.27.32, kann man der von THOMAS, Formgesetze, 16.20, gemachten Bemerkung über die Dynamik und den pleonastischen, eine „geschlossene Fülle" demonstrierenden Charakter der Kataloge nur zustimmen.
[16] Die Ursprünge solcher Kataloge wurden überwiegend in der hellenistischen (stoisch-ynischen, aber auch sophistischen) Popularphilosophie vermutet (VÖGTLE, 57–92; BETZ, 185–211; BERGER, 1088–1092; DERS., Formgeschichte, 148–151; BETZ, Gal, 480–482), daneben im AT und Frühjudentum (vgl. VÖGTLE, 96–113). Durch die Entdeckung der Qumranschriften, in denen Tugend- und Lasterkataloge in dualistischem Kontext vorkommen (vor allem 1QS 4,2–14; daneben 1,5; 2,24; 5,4; 8,2; 10,22.25f), ist die von A. SEEBERG (Katechismus der Urchristenheit, 1903) aufgestellte Hypothese, das frühchristliche Zwei-Wege-Schema (Did 1,1–6,3; Barn 18–20; Herm 33–36 [mand V 1: zwei Geister; VI 1–2: zwei Wege; zwei Engel; VIII]) gehe auf vorneutestamentlich-frühjüdische Überlieferung zurück, wieder zum Zuge gekommen (WIBBING, Tugend- und Lasterkataloge, 43–76). Neben 1 QS kommen vor allem TestAss; TestRuben 2–3; TestLevi 17,11; TestBen 7 in Frage (vgl. KAMLAH, 39–53.172–175).
[17] Vgl. LINCOLN, Eph, 297f.

kein einziges AT-Zitat.[18] (3.) In der Aussage in Kol 3,13 „wie euch der Herr Gnade erwies, so (sollt) auch ihr (Gnade erweisen)" kann ὁ κύριος auf Gott (alttestamentlich) oder Christus bezogen sein. Wahrscheinlich ist die Bezeichnung ὁ κύριος in Kol (4mal) aber durchgehend auf Christus bezogen. In Kol 1,3.10; 2,6; 3,17; 3,24b ist das eindeutig. Die Wendung ἐν κυρίῳ (3,18.20; 4,7.17) ist als Entsprechung zu ἐν Χριστῷ ebenfalls christologisch. 3,22f.24a; 4,1 könnten zwar auf Gott bezogen sein (vor allem wegen der Wendung „den Herrn fürchten" in 3,22). Doch 3,24b (explizit christologisch) schließt diese Annahme aus, denn ein Bezugswechsel hätte syntaktisch explizit gemacht werden müssen. Der Eph korrigiert nun seine Vorlage Kol 3,13, indem er das χαρίζεσθαι eindeutig auf Gott bezieht. Denn sowohl in den echten Paulusbriefen wie in der hellenistisch-jüdischen Theologie Philons ist die χάρις gerade das Wesensmerkmal Gottes. Nach Philon ist alles Seiende Produkt der sich austeilenden Güte Gottes, sein Geschenk (nach dem platonischen Prinzip, dass der Gott ἀγαθός ist, d.h. nichts für sich behalten und nicht für sich allein sein will). Θεός ist nach Philon die schöpferische und gnädige „Kraft" Gottes. Nach Paulus ist entsprechend allein Gott Subjekt der Rechtfertigung und Quelle der Gnade.

25 Διό (vgl. 2,11) leitet über vom anthropologisch-soteriologischen Grundsatz („ablegen ... den alten Menschen ... anziehen den neuen Menschen") zur ethischen Konkretion im Imperativ (der 2. und der 3. Person). Der Satz besteht aus einer Partizipialwendung („ablegend die Lüge"), der imperativischen Hauptaussage („redet Wahrheit, ein jeder mit seinem Nächsten!"), und einer Begründung der Hauptaussage („weil wir untereinander Glieder sind"). Das Negativ-Positiv-Schema ist vorgegeben durch den Abschnitt V.20–24: „ablegen den alten Menschen" – „anziehen den neuen Menschen" (4,22.24). Das ἀποθέσθαι aus V.22 wird im Partizip ἀποθέμενοι wieder aufgegriffen. Ein Merkmal des alten Menschen ist die Lüge (τὸ ψεῦδος). Die Sache klang in ἀπάτη („Trug") in 4,22 und πλάνη („Irrtum") in 4,14 bereits an. Wichtiger ist die positive Aussage: ἀλήθεια („Wahrheit"). Dieser Ausdruck steht für einen der ethischen Leitbegriffe des Eph (1,13; 4,15.21.24.25; 5,9; 6,14). Die Hauptaussage (4,25a) wird durch ein Zitat (Sach 8,16) ausgedrückt[19] – bezeichnenderweise nicht aus der Tora, sondern aus den Propheten.[20] Lediglich die präpositionale Wendung πρὸς τὸν πλησίον (Sach) ist durch μετὰ τοῦ πλησίον[21] (Eph) ersetzt. Bei Sacharja finden sich an dieser Stelle die hebräischen Begriffe אֱמֶת („Wahrheit"), מִשְׁפָּט („Gerechtigkeit") und שָׁלוֹם („Frieden"). Im Hintergrund steht die Vorstellung vom Rechtsfrieden in einer Gemeinschaft: ὁ πλησίον ist der „Genosse", d.h. der in einer Gemeinschaft mit

---

[18] Es gibt vier „Anspielungen": 2,3 (Sir 1,24); 2,22 (Jes 29,13); 3,1 (Ps 110,1); 3,10 (Gen 1,26f), die dem Verfasser nicht einmal bewusst gewesen sein müssen.
[19] Die Stelle wird auch in TestDan 5,2 zitiert.
[20] Die Paränese des Eph greift (abgesehen von 5,31; 6,12) nicht auf den Dekalog oder überhaupt auf die Tora zurück.
[21] Πλησίον als Adverb ist substantiviert: BDR § 266,1 mit A 1 c.

Gleichen verbundene Partner. Der Eph setzt im Anschluss an Paulus die Vorstellung einer idealen, universalen (Verwandtschaft, Volkszugehörigkeit, religiöse Herkunft, Geschlecht, Besitz und Stand transzendierenden) Gemeinschaftsinstitution voraus (2,11–22). Diese Vorstellung ist zugleich sowohl alttestamentlich-jüdischen wie hellenistisch-philosophischen Ursprungs. Die Begründung (ὅτι ἐσμὲν ἀλλήλων μέλη) greift auf die Leibmetapher in Röm 12,5 zurück (... ἓν σῶμά ἐσμεν ... τὸ δὲ καθ' εἷς ἀλλήλων μέλη). „Lüge" würde die für die Einheit des „Leibes" notwendige Kommunikation der Glieder[22] zerstören. Mehr noch: Zugleich klingt 4,1–4 nach („einander ertragend in Liebe ... *ein* Leib und *ein* Geist ...").[23]

26 Es folgt eine zweite imperativische Mahnung, ebenfalls in Form eines Zitates (ψ 4,5a). Auch diese ist dreigliedrig: Zitat (V.26a) – Einschränkung (V.26b) – Erläuterung (V.27). Die beiden durch καί verbundenen Imperative in V.26a stehen in konzessivem Verhältnis: „*Wenn ihr zürnt, sündigt nicht!*"[24] Im Zorn soll man sich nicht zu einer aggressiven Handlung hinreißen lassen.[25] Der Zorn ist nicht nur eins der Laster (V.31), sondern er zerstört ebenso wie die Lüge die Einheit der Gemeinschaft. Anders jedoch als die Lüge wird er als mögliche Gegebenheit vorausgesetzt (V.26aα). Aber er soll begrenzt werden, bezüglich seiner Intensität (V.26aβ) und bezüglich seiner Dauer (V.26b): „Die Sonne soll nicht untergehen über eurem Zorn."[26] Plutarch erwähnt von den Pythagoreern, dass sie sich, wenn sie sich zu Zornesausbrüchen hinreißen ließen, vor Sonnenuntergang die Hand gegeben und sich so versöhnt voneinander verabschiedet hätten (de frat. am. 17: Mor. 488C; ähnlich CD 7,2f über die Essener[27]). Die Wendung „die Sonne soll nicht untergehen über ..." scheint in verschiedenen Zusammenhängen sprichwörtlich gebraucht worden zu sein.[28]

---

[22] Vgl. 1Kor 12,25: ἵνα μὴ ᾖ σχίσμα ἐν τῷ σώματι ἀλλὰ τὸ αὐτὸ ὑπὲρ ἀλλήλων μεριμνῶσιν τὰ μέλη.

[23] Die „Einheit des Geistes" (4,3) entspricht dem „Geist der Wahrheit" (πνεῦμα τῆς ἀληθείας), dem das πνεῦμα τῆς πλάνης (vgl. Eph 4,14) entgegensteht (1Joh 4,6).

[24] Die LXX-Übersetzung hat die hebräische Konstruktion wörtlich wiedergegeben. Der erste Imperativ kann ein Zugeständnis sein: „Zürnen mögt ihr ... wenn ihr nicht anders könnt ..." (BDR § 387 A 1).

[25] SCHNACKENBURG, Eph, 211, möchte im Vorgriff auf V.31, wonach neben Bitterkeit, Wut (θυμός), Geschrei und Lästerung auch der Zorn (ὀργή) fernzuhalten ist, V.26 übersetzen: „Sündigt nicht dadurch, dass ihr euch im Zorn ereifert". Das kann jedoch darüber hinwegtäuschen, dass der Zorn vorausgesetzt wird und die Mahnung sich speziell auf das „Sündigen" im Zorn bezieht. LINCOLN, Eph, 301, paraphrasiert: „Anger is to be avoided at all costs, but if ... you do get angry, then refuse to indulge such anger so that you do not sin".

[26] Παροργισμός (Nomen actionis: BDR § 109,1 mit A 1) ist Hapaxleg. im NT. Es kann Erregung von Zorn (aktivisch) oder – wie hier – erregter Zorn, Zürnen bedeuten. Ἐπί + Dat.: temporal (BDR § 235 A 7).

[27] Vgl. CD 9,6; 1QS 5,26–6,1. GNILKA, Eph 235f, vermutet deshalb, es gehe in Eph 4,26f um Zorn über sündige bzw. irrende Mitglieder, für die die übrige Gemeinde brüderliche Verantwortung trage. Davon wird in Eph 4 aber nichts angedeutet (vgl. SCHNACKENBURG, Eph, 211 A 499; LINCOLN, Eph, 302).

[28] Die Verse 25–26 enthalten einige LXX-Zitate bzw. -Anspielungen. Der Begriff „Anspielung" ist methodologisch ungeklärt, und auch die Intertextualitäts-Debatte hat hier nicht viel weitergeholfen. Interessant ist aber ein Versuch, der sich exemplarisch auf die „biblische" Sprache im Magnificat bezieht: SCHINDEL. Der Autor verweist hier auf das schon in der Antike geläufige Phänomen des „Cento", ein „patch-work" von Textanspielungen. Auf die eigentümliche Vermischung von Anspielungen auf ver-

Dtn 24,15 wird sie im Zusammenhang der Auszahlung des Tagelöhners verwendet (οὐκ ἐπιδύσεται ὁ ἥλιος ἐπ' αὐτῷ). Schuld soll vor Sonnenuntergang beglichen sein.

27 Dieser Satz gehört noch zur Mahnung V.26.[29] Sein Sinn ist nicht ganz eindeutig. Das μηδέ könnte adversativ sein („*aber ... nicht*"). Dann wäre der Vers eine Einschränkung von V.26b: „Seid (bei berechtigtem Zorn) aber nicht zu nachgiebig!" – was eine Deutung von V.26 im Sinne eines kirchenzuchtlichen Zornes gegen sündige Mitglieder voraussetzen würde. Der Sinn wäre: Zu wenig Disziplin ließe dem Teufel zu viel Raum. V.26 würde dann nur vor übersteigertem, nicht berechtigtem oder nicht angemessenem Zorn warnen. Dagegen aber steht nun eindeutig V.31, der keinen quantitativen Unterschied zwischen berechtigtem und maßlosem Zorn zulässt. Also ist μηδέ semantisch kohärent zu den beiden μή in V.26a und 26b: „*und nicht*". Der Teufel gewinnt demnach an Boden gerade durch den Zorn des (möglicherweise berechtigt) Zürnenden. Wenn der Zorn beim Zürnenden durch den Affekt z.B. zur Gewalttat, zur Sündentat wird (V.26), hat der Teufel den Fuß in der Tür. Der Name διάβολος (im Eph neben 4,27 noch 6,11) kommt noch nicht in den genuinen Paulusbriefen vor (aber auch nicht im Kol, 2Thess, 2Petr und in Mk).[30] Er bezeichnet die personifizierte Sündenmacht, die sich des Menschen zu bemächtigen sucht und die Schöpfung korrumpiert.

28 Es folgt eine dritte Mahnung, ebenfalls aus drei Satzgliedern bestehend. Während die beiden ersten Mahnungen in der 2. Pers. formuliert sind, steht V.28 im Imperativ der 3. Pers.: „Wer stiehlt,[31] soll nicht mehr stehlen ...". Ähnlich wie in V.26 vorausgesetzt wird, dass die Angeredeten zürnen, wird hier vorausgesetzt, dass es unter Christen Diebe gibt.[32] Wie in der Mahnung V.25 (nicht lügen, sondern Wahrheit sagen) folgt auf die negative Forderung („nicht mehr stehlen!") eine positive

---

schiedene neutestamentliche Texte hat MITTON, Epistle, 80 (Kol); 138–158 (Paulusbriefe); 197 (1Petr) aufmerksam gemacht. Er spricht hier von „conflation". Ob es um nachgeschlagene oder auswendig gewusste Zitate und um bewusste oder unbewusste Anspielungen geht, lässt sich kaum entscheiden.

[29] Gelegentlich wird V.27 als eigenständige weitere Mahnung verstanden (z.B. ERNST, Eph, 367f; MUSSNER, Eph, 139). Dagegen spricht die durchgehende Dreiteiligkeit der übrigen Mahnungen (V.25.28.29).

[30] Vgl. DAHL, Einleitungsfragen zum Epheserbrief (in DAHL/HELLHOLM, Studies), 48f mit A 283, der dies zu den Gründen gegen paulinische Verfasserschaft anführt.

[31] Das (substantivierte, generische) Partizip Präsens kann durativ sein und das Imperfekt vertreten: „wer bisher stahl ...". (BDR § 413,3; 339 A 9; 336 A 4). Jedoch ist auch zeitlose Bedeutung möglich (das Partizip mit Artikel als Nomen): SCHLIER, Eph, 225 A 6; LINCOLN, Eph, 303; BEST, 182.

[32] BEST; DERS., Eph, 453: „The reference here to thieving indicates something about the kind of people who became Christians in the first century and shows how difficult it was for them when converted to break away from their previous behaviour." Die Aufforderung, nicht mehr zu stehlen (μηκέτι), setzt voraus, dass es nicht um gewesene Diebe geht, sondern dass auch manche Christen (noch) stehlen. Den Hintergrund erhellt ein Abschnitt in Ps.-Phokylides, 153f: „arbeite hart (ἐργάζευ μοχθῶν), so dass du dein Leben aus eigenem (Verdienst) führen kannst: Denn jeder arbeitsscheue Mann lebt vom mit seinen Händen Gestohlenem (κλοπίμων ἀπὸ χειρῶν)."

Alternative: „sondern vielmehr mit seinen Händen ein Gut(haben) erarbeiten". Und wie in V.25 eine Begründung (ὅτι) folgt, so folgt hier als Drittes ein Finalsatz: „damit er etwas hat, um es dem Bedürftigen zu geben". Der Dieb soll den Schaden, den er angerichtet hat, wieder kompensieren. Sowohl die Form (3. Pers.) als auch der Inhalt (Wiedergutmachung) zeigen den Unterschied zu den Prohibitiven des Dekalogs. Diese Mahnungen sind kasuistisch und pragmatisch. Die Mahnung ὁ κλέπτων μηκέτι κλεπτέτω hat von Form und Klang her Ähnlichkeit mit einer Talio,[33] nur dass hier die Kompensation dem Täter selbst zugetraut wird. Das Aufhören des Stehlens ist nur der Anfang, die Kompensation besteht erst in einer Gegentat: der Entschädigung.[34] Der Dieb soll nicht nur aufhören zu stehlen (V.28a), sondern er soll darüber hinaus[35] sich mühen[36], mit eigenen Händen das „Gute" zu erarbeiten (V.28b). Die Konstruktion vertauscht die unterschiedlichen Gewichte der Verben: Das modale κοπιᾶν tritt als finites Verb an die Spitze, das den Hauptsinn enthaltende ἐργάζεσθαι[37] τὸ ἀγαθόν wird jenem partizipial untergeordnet.[38] Das entspricht genau der Parallele 1Kor 4,12: καὶ κοπιῶμεν ἐργαζόμενοι ταῖς ἰδίαις χερσίν. Die handschriftliche Überlieferung ist in Eph 4,28 freilich sehr uneinheitlich. Es gibt 6 Varianten. In Frage kommen aber nur die ersten beiden – d.h. es geht darum, ob ἰδίαις ursprünglich ist oder nicht:

(1) ἐργαζόμενος ταῖς ἰδίαις χερσὶν τὸ ἀγαθόν (ℵ* A D F G 81 u.a.)[39]
(2) ἐργαζόμενος ταῖς χερσὶν τὸ ἀγαθόν (p46 p49vid. ℵ2 B u.a.)

Die Formulierung mit ἰδίαις entspricht deutlich 1Kor 4,12: καὶ κοπιῶμεν ἐργαζόμενοι ταῖς ἰδίαις χερσίν. Da der Verfasser von Eph auch sonst aus den übrigen Paulusbriefen Wendungen wörtlich übernimmt, wird Lesart (1) ursprünglich sein.[40]

Das Objekt des „Erarbeitens" ist τὸ ἀγαθόν. Da dies mit den „eigenen Händen"[41] geschieht, ist τὸ ἀγαθόν hier nicht das sittliche oder metaphysische „Gute" im Sinne Platons. Möglich wäre aber die Bedeutung von „das Gute" im Sinne einer

---

[33] Z.B. Gen 9,6: „Wer Menschenblut vergießt, dessen Blut soll durch Menschen vergossen werden". Dieses Prinzip (vgl. Lev 24,17-22, daraus V.18b: „Leben um Leben") wird allerdings durch eine Schadens-Wiedergutmachungs-Regelung ersetzt (Ex 21,18-32). Vgl. L. SCHWIENHORST-SCHÖNBERGER, Ius talionis, LThK3 5 (1996), 700-701; E. OTTO, Die Geschichte der Talion im Alten Orient und Israel, in: Ernten, was man sät, FS K. Koch, Neukirchen 1991, 101-130.
[34] Vgl. SCHWIENHORST-SCHÖNBERGER (vorige A): eine „Angemessenheit der Wiedergutmachung eines angerichteten Schadens in Form einer Ausgleichszahlung (Schadensersatzleistung)".
[35] Μᾶλλον δέ = „ja vielmehr".
[36] Κοπιᾶν im Corpus Paulinum überwiegend in missionarischem bzw. kybernetischem Zusammenhang. Nur 1Kor 4,12 und unsere Stelle haben nicht diese Konnotation.
[37] Ἐργάζεσθαι + Akk.: „etwas erarbeiten".
[38] EWALD, Eph, 212f, möchte τὸ ἀγαθόν zu κοπιάτω ziehen: der Dieb solle „sich abmühen um das (sittlich) Gute". Κοπιᾶν hat jedoch an keiner Stelle sonst im NT ein direktes Akk.-Objekt, sondern allenfalls ein εἰς (Gal 4,11; Phil 2,16; Kol 1,29; 1Tim 4,10).
[39] Vollständige Aufzählung der Textzeugen: LINCOLN, Eph, 292f.
[40] Vgl. die stringente textkritische Logik bei LINCOLN, ebd.
[41] Vgl. DIBELIUS/GREEVEN, Eph, 86: „ehrlichen Verdienst erwerben".

guten Tat, eines „guten Werkes" (ἐργάζεσθαι τὸ ἀγαθόν [Gal 6,10] = τὸ ἔργον[42] ἀγαθόν). Und schließlich kann τὸ ἀγαθόν im Sinne von „Guthaben" verstanden werden. In beiden Fällen („gutes Werk" und „Guthaben") wäre dem „Täter" als Strafe bzw. Sühne eine Arbeit zugunsten sozial Benachteiligter auferlegt (ein modernes Strafverständnis). Eine andere Möglichkeit wäre die Kompensation im Sinne des Täter-Opfer-Ausgleichs. Eine Entscheidung zwischen diesen beiden Möglichkeiten hängt von der Interpretation des Finalsatzes V.28c ab: „damit er etwas hat, dem Bedürftigen[43] zu geben". Ist damit generell jeder Bedürftige bzw. irgendjemand, der in Not ist, gemeint[44] – oder geht es um den Bestohlenen, der aufgrund des Diebstahls Mangel leidet? Μεταδιδόναι ließe sich durchaus im Sinne von „zurückgeben" verstehen,[45] und die determinierende, singularische Formulierung τῷ χρείαν ἔχοντι könnte für diese Auffassung sprechen: ὁ κλέπτων und ὁ χρείαν ἔχων, beide Ausdrücke syntaktisch gleich (Partizipien), entsprechen sich in semantischer Hinsicht komplementär. Dass es Diebe in christlichen Gemeinden gibt, wird vorausgesetzt wie die Tatsache, dass Christen zürnen. Es gibt aber in beiden Fällen eine Lösung: sich rechtzeitig zu versöhnen bzw. den Zorn verschwinden zu lassen und – im anderen Fall – den Bestohlenen zu „entschädigen". So allgemein die ethischen Mahnungen auch sind – immer werden sie in persönlich-dialogischer Beziehung gesehen. Die Wahrhaftigkeit gilt nicht an sich, sondern in Relation zum Nächsten (μετὰ τοῦ πλησίον). Der Zorn ist ein interpersonales Phänomen, und der Diebstahl schädigt einen Mitmenschen und lässt sich auf der Ebene der interpersonalen Aktion „wiedergutmachen".

29 Die vierte Mahnung bezieht sich auf die sprachliche Kommunikation. Auch sie ist dreigliedrig: (a) „Kein schlechtes Wort soll aus eurem Munde kommen, (b) sondern wenn, dann ein gutes zur Auferbauung, wo es nötig ist, (c) damit es denen, die es hören, Gnade gibt." Auf die negative Mahnung (a) folgt eine positive Alternative (b) und (wie in V.28) eine finale Motivation (c). Σαπρός und ἀγαθός (λόγος) bilden die Antithese – wie zuvor „Lüge" und „Wahrheit" (25a.b), „stehlen" und „geben" (28a.c).[46] Σαπρός (wörtlich: „faul" von Fleisch, Fischen, Früchten, Holz u. ä.) begegnet sonst im NT nur sechsmal in den Synoptikern (in Oppo-

---

[42] „Mit eigenen Händen" ist eine Redewendung, die sich immer auf eine konkrete Tätigkeit bezieht – z.B. „begraben" (Demetrius von Phaleron, Fr. 82,5 nach Diog. Laert. II 13,6: Anaxagoras habe seine Söhne „mit eigenen Händen" begraben), „töten" (Diod. Sic., bibl. hist. XVII 17,7; XXXIV/XXXV 33,6f); „anzünden" (Josephus, bell. VI 166,1: das Heiligtum).
[43] Χρείαν ἔχειν begegnet häufig in LXX (Tob 5,7.12; 2Makk 2,15; ψ 15,2; Prov 18,2; SapSal 13,16; Sir 15,12; Jes 13,17; Dan 3,16) und im NT (34mal).
[44] So z.B. LINCOLN, Eph, 304: „When this ethical sentence is taken as a whole, it illustrates beautifully the radical change involved in the call to put off the old humanity and put on the new. The thief is to become a philanthropist, as the illegal taking of the old way of life is replaced by the generous giving of the new"; BEST, 183f: „Our author does not mention restitution of what has been stolen … Here … his attention is focused solely on the welfare of the community."
[45] Eigentlich „Anteil geben", „teilen". Das schließt den Gedanken an Rückerstattung nicht aus.
[46] In V.26-27 liegt keine solche Antithese vor (vgl. das dreifache μή).

sition zu καλός[47] bzw. ἀγαθός[48]). Hier ist es übertragen von Worten gebraucht („kein schlechtes Wort ..."). Vielleicht ist an Schimpf, Beleidigung und Spott gedacht,[49] jedenfalls an Worte, die Streit erzeugen und Einheit und Frieden der Gemeinschaft gefährden. Die Redeweise ist „semitisierend"[50]: πᾶς ... μή (für „kein ...")[51] sowie die Umschreibung „aus eurem Munde (soll es [das Wort] nicht herauskommen)";[52] ἀλλὰ εἰ hat die Bedeutung „sondern nur (wenn) ...".[53] Gut (ἀγαθός als Gegensatz zu σαπρός) ist ein Wort, das der „Erbauung" dient. Während das „faule Wort" zerstört, bewahrt das „erbauende" Wort die Eintracht und Einheit (vgl. 2,21; 4,12.16). Schwierig ist der Gen. (οἰκοδομὴ) τῆς χρείας zu bestimmen. Es passt eigentlich nur ein Gen. qualitatis: „zur *notwendigen* Erbauung".[54] Aber zugleich wird damit auch die Aussage vom χρείαν ἔχων (dem „Notleidenden") aus V.28 wieder aufgegriffen.[55] Es gibt Fälle, wo „aufbauende Rede" „gebraucht" wird. Wie ein Bestohlener[56] Ausgleich seines materiellen Verlustes „nötig hat", so hat ein anderer „aufbauenden" Zuspruch „nötig". Der Finalsatz V.29c („damit es den Hörenden Gnade gibt") entspricht formal und inhaltlich dem Finalsatz V.28c:

28c: ἵνα ἔχῃ μεταδιδόναι τῷ χρείαν ἔχοντι
29c: ἵνα δῷ χάριν τοῖς ἀκούουσιν

Allerdings ist in V.29c „Wort" (λόγος) Subjekt. Doch die „Mit-Teilung" (μεταδιδόναι) des materiellen Gutes an den (bzw. mit dem) Bedürftigen und die „Mitteilung" des guten Wortes, das denjenigen aufbaut, der es braucht, entsprechen sich.[57] Ein gutes Wort, das aufbaut, ist ein Geschenk, das nicht weniger wert ist, als eine materielle Gabe. Wer es hört, für den ist es eine „Gnade". Das Wort χάρις ist schon im hellenistischen Judentum ein wesentliches Prädikat Gottes: Gott ist

---

[47] Mt 7,18; Lk 6,43.
[48] Mt 7,17 (vgl. SAMPLEY, 105f).
[49] LINCOLN, Eph, 305, erwähnt unter Bezug auf Kol 3,8 und Eph 5,4 Schimpf und Verbreitung von böswilligem Klatsch.
[50] TURNER, 84; vgl. GNILKA, Eph, 237; SCHNACKENBURG, Eph, 213.
[51] Hier handelt es sich gleich um einen doppelten Hebraismus: (1.) μὴ ... πᾶς (für μηδείς: BDR § 302, 1) und (2.) ein Anakoluth nach πᾶς („jedes böse Wort ..., nicht soll es herauskommen ...": BDR § 466,3); vgl. BDR § 302 A 2 (hebr. לא כל); vgl. auch Eph 5,3.5.
[52] Jer 51,17 (πάντα τὸν λόγον, ὃς ἐξελεύσεται ἐκ τοῦ στόματος ἡμῶν); vgl. Mt 15,11.18; Lk 4,22; Kol 3,8; Jak 3,10; Apk 1,16 u. ö.
[53] Vgl. BDR § 447 A 1: ἀλλά bezieht sich „gewöhnlich auf eine vorangehende Negation (,sondern')" (vgl. § 448,1): Gen 44,26; 2Kor 4,16; 1Petr 2,20; 3,14 (nach zu verneinender rhetorischer Frage).
[54] ABBOTT, Eph, 143, plädiert für einen Gen. obj.: „zur Erbauung eines notwendigen Falles" (ähnlich GNILKA, Eph, 238). Dass χρεία wegen möglicher sexueller Konnotation (Röm 1,26f: χρῆσις) in D F G u.a. durch πίστεως ersetzt worden sei, ist wegen V.28 unwahrscheinlich (vgl. dazu J. BECKER, Zur Variante τῆς πίστεως, Biblische Notizen 119/120 [2003], 8f).
[55] S.o. A 43. Aber näher liegt die Annahme eines Gen. qualitatis, der für die Sprache des Eph typisch ist (vgl. SELLIN, Genitive, 102f).
[56] Zu dieser Interpretation von V.28c s.o. bei A 45.
[57] Vgl. SCHNACKENBURG, Eph, 213, der aber die inhaltliche Entsprechung zu einseitig auf die Spenderethik bezieht. Immerhin ist es ja der „Dieb", der arbeiten soll, um „abgeben" zu können.

Geber aller Gaben, alles Sein ist Ausfluss seines guten, schöpferischen Wesens.[58] Hier in V.29 ist χάρις auf die Ebene der Ethik abgeleitet: Wer die „Gnade" Gottes in Christus erfahren hat, kann selber zu einem „Wohltäter" für andere werden.[59] „Gnade" ist hier also nicht uneigentlich gebraucht, sondern im streng theologischen Sinne,[60] insofern sie über Christus auf Gott zurückgeführt wird (V.32[61]). Ob V.29 unter Bezugnahme auf Kol 4,6a (ὁ λόγος ὑμῶν πάντοτε ἐν χάριτι) formuliert worden ist, muss offenbleiben. Die Aussage (διδόναι χάριν τοῖς ἀκούουσιν) ist jedenfalls eine ganz andere als die vom „eleganten Wort, mit Salz gewürzt" (ὁ λόγος ... ἐν χάριτι, ἅλατι ἠρτυμένος: Kol 4,6). Letztere meint Witz, Überzeugungskraft, Eleganz und Gefälligkeit der Rede.[62]

30 Es folgt eine fünfte negative Mahnung, die jedoch nicht mehr nach dem dreigliedrigen Mahn-Schema der ersten vier gebildet ist, sondern aus Mahnung (30a) und präpositionalem Relativsatz (30b) besteht. Sie wird mit καί angefügt (die anderen vier sind syntaktisch unverbunden) und hat eine abschließende und die vorangehenden vier Mahnungen insgesamt motivierende Funktion. V.30a stellt einen Anklang an Jes 63,10 dar: „Sie aber glaubten nicht und erzürnten seinen heiligen Geist". Im Hebräischen steht an dieser Stelle für παροξύνειν noch das mildere Verb עצב („betrüben", „kränken"). In LXX wurde die Aussage offenbar verschärft. Eph 5,30 hat die Aussage wieder abgeschwächt: „Betrübt nicht (μὴ λυπεῖτε) den heiligen Geist!"[63] Es folgt ein Relativsatz: „in welchem ihr versiegelt wurdet auf den Tag der Erlösung". Dieser Satz greift auf 1,13c–14 zurück: „in welchem (Christus) ihr ... gesiegelt wurdet mit dem heiligen Geist der Verheißung ... zur Erlösung ...". Gemeint ist die endzeitliche ἀπολύτρωσις.[64] Die Versiegelung (σφραγίζειν) bezieht sich auf die Taufe. Das zeigt bereits 2Kor 1,21f, eine Stelle, auf die der Verfasser des Eph wahrscheinlich hier und bereits in 1,13f Bezug

---

[58] Zu dieser durch Platon (Tim.) und Philon von Alexandria beeinflussten Theologie s.o. zu 1,4.6.7; 3,7.8; und s.u. zu 5,1–2.
[59] Das wird dann in 5,1–2 mit dem Motiv der *imitatio Dei* und dem Begriff ἀγάπη ausgedrückt, wobei 4,32 durch die Partizipialwendung χαριζόμενοι ἑαυτοῖς und die christologisch vermittelte Aussage καθὼς καὶ ὁ θεὸς ἐν Χριστῷ ἐχαρίσατο ὑμῖν einen Übergang darstellt.
[60] Vgl. BAUER/ALAND, Wb., 1751 unter 3d: „Eph 4,29 ist schwerl. an einen menschl. Hulderweis zu denken, sondern an die Übermittlung göttl. Gnadenbesitzes". Das muss freilich nicht heißen, dass das aufbauende Wort „Gnade" oder „Vergebung" zum Inhalt hat. Es ist ein Gnadengeschenk Gottes, insofern es „aufbaut".
[61] Die Bedeutung von χαρίζεσθαι in V.32 ist nicht auf „vergeben" einzuschränken. Wie χάρις ist sie im Sinne jeder Erweisung von Gunst und Geschenken eines „Gönners" offen (s.u. zu V.32).
[62] Vgl. WOLTER, Kol, 212f, der Dion Chrys., or. 18,13, zitiert: „Wie kein Gericht ohne Salz schmeckt, so ist auch ... keine Form der Rede für das Ohr gefällig ohne die sokratische χάρις". Χάρις kann hier geradezu „Würze" bedeuten (ὥσπερ γὰρ οὐδὲν ὄψον ἄνευ ἁλῶν γεύσει κεχαρισμένον ...).
[63] Aktivisches λυπεῖν kann aber auch eine stärkere Bedeutung haben (im Sinne von „ärgern", „beleidigen"): 2Kor 2,2.5; 7,8 (BAUER/ALAND, Wb., 977 [1.]).
[64] In Eph 1,14 wird in diesem Sinne „Erlösung" durch den Gen. τῆς περιποιήσεως qualifiziert: die „bereitgestellte" Erlösung – im Unterschied zu der bereits erfolgten ἀπολύτρωσις von 1,7, die durch „sein Blut" gekommen ist und in der Vergebung der Übertretungen besteht (s.o. zu 1,14).

nimmt.⁶⁵ Nach 2Kor 1,22 bedeutet die Versiegelung die Gabe des Geistes als „Angeld" (ἀρραβών). Nach Röm 8,23 ist die ἀπαρχή („Erstlingsgabe"⁶⁶), die in der Geistverleihung besteht, das verbürgende Anzeichen für die ἀπολύτρωσις τοῦ σώματος, die leibliche Erlösung. Die Gabe des Geistes als Angeld der Erlösung aber wird durch die Taufe verliehen.⁶⁷ Die Aussage vom „Betrüben" bzw. „Kränken" des Heiligen Geistes hat im NT keine wörtliche Entsprechung. Da sich V.30 von den vier Mahnungen (V.25.26–27.28.29) syntaktisch abhebt, ist davon auszugehen, dass dieser Vers sich indirekt auf alle vier bezieht: Durch Lügen, (zur Sünde hybrierten) Zorn, (fortgesetzten) Diebstahl und (Gemeinschaft zerstörende) verleumderische Rede wird der Heilige Geist, der die Getauften zu neuen Menschen gemacht hat, „blamiert", insofern er durch die Fortsetzung des „alten" Lebenswandels der Getauften Lügen gestraft wird – als hätte er versagt und nichts Positives bewirkt. Hier macht sich noch einmal das paradoxe Verhältnis von „Indikativ" und „Imperativ" bemerkbar: Die Christen haben ein neues „Sein", und doch wird an ihr „Sollen" appelliert. Der Heilige Geist hat in der Taufe sein Werk getan (und wird es auch danach weiter tun), doch können die Getauften ihm jederzeit durch ihr Handeln widersprechen und ihn scheinbar ins Unrecht setzen. Die menschliche Freiheit schließt den Entschluss zur Unfreiheit in Sünde mit ein. Die semantische Ambivalenz von λυπεῖν („betrüben" und „erzürnen") macht das für die Perspektive vom Heiligen Geist aus sehr schön deutlich: Für ihn ist der Rückfall der Geheiligten „betrüblich". Gott, Christus und der Heilige Geist sind nicht als emotionslos vorgestellt. Zwischen ihrem Zorn und ihrer Barmherzigkeit steht ihre λύπη („Betrübnis").

31 Der Abschnitt schließt mit einem Lasterkatalog (V.31) und einem auf drei positive Aussagen konzentrierten Tugendkatalog (V.32a), dem eine theologisch-soteriologische Motivation (V.32b) folgt. In der Paränese sind solche Kataloge ein wichtiges Ausdrucksmittel. Insbesondere ihre dualistische Antithetik, der das Zwei-Wege-Schema zugrunde liegt,⁶⁸ wird der komplexen Thematik von verfehltem und geglücktem Leben zumindest ein Stück weit gerecht. Die griechische Maxime vom goldenen Mittelweg ist im frühen Christentum kaum anzutreffen. Mit einer πᾶς-Formulierung (wie in V.29) wird eine negative Aussage im Imperativ der 3. Pers. (ἀρθήτω ἀφ' ὑμῶν – „sei von euch entfernt") eingeleitet. Es sind fünf „Laster", die „fern" sein sollen.⁶⁹ Mit σύν wird dann noch „jede Schlechtigkeit" (σὺν πάσῃ κακίᾳ) zugefügt. Dieses Element erweitert die Reihe nicht um ein

---

⁶⁵ S.o. zu 1,13.
⁶⁶ Die erste Frucht zeigt die anbrechende vollständige Ernte an.
⁶⁷ S.o bei A 287–297. zu 1,14.
⁶⁸ S.o. A 16.
⁶⁹ Πικρία, θυμός, ὀργή, κραυγή, βλασφημία (Verbitterung, Wut, Zorn, Geschrei, Beleidigung); die Fünfzahl findet sich relativ häufig unter den Katalogen: Eph 4,3; Kol 3,5; Kol 3,8; 1Tim 6,4.5; 1Petr 2,1; Apk 22,15 (Lasterkataloge); Kol 3,12; 1Tim 4,12; 1Petr 3,8 (Tugendkataloge). Sie hängt vielleicht mit der Zahl der Finger an der Hand zusammen.

sechstes Laster, sondern qualifiziert alle fünf genannten.[70] Die fünf „Laster" beziehen sich auf negative Gemütszustände und ihren Ausdruck, sind also nicht einfach nur „Zungensünden". Es handelt sich eher um *irarum differentiae* (eine aus der Stoa stammende Differenzierung von Ausdrucksweisen des Zorns).[71] Πικρία („Bitterkeit", „Verbitterung") muss sich nicht zwangsläufig auf Worte beziehen (vgl. Apg 8,23: χολὴ πικρίας: „bittere Galle" – mit Rückbezug auf die ἐπίνοια τῆς καρδίας V.22[72]). Auch der θυμός ist eine Gemütsbewegung. Das Wort hat freilich eine weite Bedeutung (Gemüt, Lebenskraft, Leidenschaft, Mut), worunter „heftige Erregung" und „Wut" nur einen kleinen Bereich des Bedeutungsspektrums einnehmen. Diese Bedeutung überwiegt aber im NT und gilt insbesondere auch für Kol 3,8 und Eph 4,31. Ebenso geschieht die ὀργή (der „Zorn") im Herzen. Die ersten drei genannten „Laster" befinden sich an der Quelle, aus der die Handlungen und Worte dann hervorgehen (vgl. Mk 7,21f). Unter den fünf „Lastern" in Kol 3,8, der Vorlage für Eph 4,31, erscheint nicht πικρία,[73] sondern stattdessen αἰσχρολογία – „schändliche Rede". Ebenso ist κακία (in Kol 3,8 unter den fünfen) in Eph aus dem Katalog genommen und als allgemeine Qualifizierung ans Ende gestellt worden. Stattdessen hat Eph κραυγή.

Kol 3,8: ὀργή, θυμός, κακία, βλασφημία, αἰσχρολογία
Eph 4,31: πᾶσα πικρία καὶ θυμὸς καὶ ὀργὴ καὶ κραυγὴ καὶ βλασφημία ... σὺν πάσῃ κακίᾳ

Κραυγή (Lärm, Geschrei[74]) ist eine akustische Folge der schlechten Gemütsbewegungen, aber auch ein Anzeichen von Empörung, Dissonanz und Streit. Βλασφημία schließlich ist stärker artikuliert und semantisch gerichtet: Verleumdung, Lästerung. Die Reihe der „Laster" geht also von innen (dem Bereich des Herzens) nach außen (der lautlichen Äußerung und der sprachlichen Artikulation). Mit σὺν πάσῃ κακίᾳ werden alle fünf „Laster" dann qualifiziert als „Schlechtigkeit". Eine solche Ordnung findet sich in Kol 3,8 noch nicht. Das innerhalb des NT nur dort vorkommende Wort αἰσχρολογία (schändliche Rede) lässt der Verfasser des Eph hier fort.[75] Es passt nicht in seine Systematisierung der

---

[70] Das gilt ähnlich für die Schlusswendungen ἐν ἀγάπῃ in 4,16; ἐν πλεονεξίᾳ in 4,19 und den Gen. qualitatis τῆς ἀληθείας in 4,24, nur dass hier mit V.32 noch eine Tugend-Trias folgt.
[71] GNILKA, Eph, 239, der auf Senecas *de ira* verweist und als Beispiel Herm 34,4 (mand. V 2,4) anführt, wo u.a. πικρία, θυμός, ὀργή genannt werden.
[72] Vgl. Demosthenes, or. 21,204 (τῆς ψυχῆς πικρίαν καὶ κακόνοιαν); Andronicus Rhodius, de passionibus I 4,1, zählt 22 „Arten" (εἴδη) der ἐπιθυμία auf, darunter ὀργή, θυμός, χόλος und πικρία an erster Stelle.
[73] Kol hat jedoch das Verb πικραίνεσθαι (πρός) – „bitter werden gegen ...".
[74] Meistens negativ; vgl. aber z.B. ep.Arist 186 („lauter Beifall"); Hebr 5,7 (vom Gebet Christi).
[75] 5,12 verwendet er aber das Adjektiv αἰσχρός für das Aussprechen der im Verborgenen geschehenden Werke der Finsternis, in 5,4 das Substantiv αἰσχρότης (neben μωρολογία und εὐτραπελία: „törichte Rede" und „plumpe Witzigkeit"). An beiden Stellen geht es darum, dass schon das Aussprechen von unanständigen Handlungen verworfen wird. Dahinter verbirgt sich auch eine bestimmte Kultur- bzw. Zeitkritik: etwa der Gastmähler oder der derben Komödie, vgl. Philon, LA II 70; somn. II 167f; Flacc. 33f; legat. 361; vor allem: cont. 42–63.

„Laster". Stattdessen führt er von sich aus die Wörter πικρία und κραυγή ein. Die πικρία, Erbitterung, wird geboren und reift heran im Herzen (1). Sie führt zum θυμός, der Aufgebrachtheit (2), und der ὀργή, dem Zorn (3). Diese Gemütsbewegung äußert sich akustisch in der κραυγή, dem Geschrei (4), und schließlich semantisch artikuliert in der βλασφημία, der Lästerung und Verleumdung (5). κραυγή ist in sozialer Hinsicht als ein Symptom für Disharmonie und mangelnde Einmütigkeit zu verstehen und deshalb vom Verfasser in die Reihe eingefügt worden. Die genannten fünf „Laster", die alle mit dem Prädikat κακία versehen sind, stehen also der Einheit und dem Frieden (2,11ff; 4,1-6) entgegen.

32 Stattdessen werden die Adressaten abschließend aufgefordert, drei Eigenschaften anzunehmen: Sie sollen „untereinander"[76] „gütig" (χρηστοί), „barmherzig" (εὔσπλαγχνοι) und „einander vergebend" (χαριζόμενοι ἑαυτοῖς) „werden" (γίνεσθε).[77] 1Kor 4,16; 11,1; Phil 3,17 und Eph 5,1 bilden noch einmal eine besondere Gruppe, die ein festes Schema aufweist (μιμηταί + Gen. + γίνεσθε), wobei es um eine μίμησις Christi oder Gottes geht (dazu s.u. zu 5,1). In 1Kor 11,1; Phil 3,17 und Eph 5,1f gehört zum Schema auch noch ein καθὼς (καί). Dieses καθὼς καί findet sich nun auch bei dem γίνεσθε in 4,32: „Werdet untereinander gütig, barmherzig und einander vergebend, *wie auch* Gott in Christus euch vergeben hat." Hier hat das μιμητής-Schema aus 5,1-2 abgefärbt auf den vorhergehenden Vers 4,32. Das (γίνεσθε) μιμηταί ist dabei impliziert. Die Prädikate „gütig", „barmherzig" und „einander vergebend" werden direkt von Gottes Wesen her abgeleitet – letztlich von seiner χάρις. Dieses Imitatio-Die-Schema ist die Wurzel der antiken εὐεργεσία-Ethik (der Wohltätigkeit) geworden, die sich zunächst an Herrscher wandte (in sog. Fürstenspiegeln),[78] dann aber im frühen Christentum auf die „Kinder Gottes" bezogen wurde.[79] Der Verfasser des Eph nimmt in 4,32 den ethischen Aspekt vorweg (was dem Duktus von 4,25-32 entspricht) als Überleitung zu seiner zentralen Begründung der ganzen Paränese in 5,1-2, bezeichnenderweise unter dem Stichwort „Liebe" (ἀγάπη). Es sind die sanfteren Tugenden, die empfohlen und angemahnt werden: Freundlichkeit, Barmherzigkeit und gegenseitige Vergebung. Gottes Gnade geht voran.[80] Daraus werden alle Tugenden

---

[76] Ἀλλήλων begegnet in Eph 4 dreimal (4,2 = Kol 3,13; Eph 4,25; 4,32: εἰς ἀλλήλους wie Kol 3,9), außerdem in 5,21.

[77] Die Aufforderung γίνεσθε bzw. μὴ γίνεσθε findet sich in der Paränese der NT-Briefe häufig: Röm 12,16; 1Kor 4,16; 7,23; 10,7.32; 14,20; 15,58; 2Kor 6,14; Gal 4,12; Phil 3,17; Kol 3,15; Eph 4,32; 5,1.7.17.

[78] Z.B. ep.Arist 188.192.210 („Wie Gott der ganzen Welt Gutes tut [εὐεργετεῖ], so kannst auch du tadellos sein, wenn du ihn nachahmst"). 281. Seneca, benef. III 14,4; IV 26,1; VII 31,2f; Marc.Aurel. VII 31. Vgl. die weiteren Belege bei SELLIN, Imitatio Dei, 311 A 40; frühchristlich vor allem (neben Mt 5,43-48/Lk 6,32-36) Diognet 10,4-6.

[79] Vgl. dazu THEISSEN, Gewaltverzicht, 161-164; DERS., Religion, 112-122; grundlegend: GUTTENBERGER, Statusverzicht; WENGST, Solidarität der Gedemütigten.

[80] Vgl. METZLER, Begriff des Verzeihens, 234f: „die menschliche Vergebung wird ... gefordert, weil die Erfahrung der Zuwendung Gottes vorausgeht; das ,wie' ist in ein ,weil' aufzulösen".

abgeleitet.[81] Vorlage für 4,32 ist Kol 3,12f, ein Satz, aus dem bereits in Eph 4,2 die Stichworte ταπεινοφροσύνη, πραΰτης, μακροθυμία (Demut, Sanftmut, Langmut) sowie die Partizipialwendung ἀνεχόμενοι ἀλλήλων („einander annehmend") aufgegriffen wurden. Hier (Eph 4,32) werden nun die beiden übrigen Tugenden aus Kol 3,12 (σπλάγχνα οἰκτιρμοῦ = εὔσπλαγχνος und χρηστότης = χρηστός[82]) sowie das χαριζόμενοι ἑαυτοῖς aus Kol 3,12f verwendet. Das zeigt nicht nur, dass der Verfasser des Eph die Paränese des Kol aufgreift und ausbaut, sondern dass er auch den Abschnitt 4,1-32 als eine Einheit komponiert hat, die er mit den in Kol 3,12-13 genannten Tugenden rahmt. Entscheidend ist aber, dass er diese durch das Stichwort ἀγάπη interpretiert (4,2.15-16). In 5,1-2 wird dieses Stichwort dann zum Thema.

II. 4.) 5,1-2: Imitatio Dei

(1) Werdet also Nachahmer Gottes als geliebte Kinder
(2) und wandelt in Liebe,
    wie auch Christus euch geliebt
    und sich für uns hingegeben hat
    als Gabe und Opfer für Gott
    zum angenehmen Wohlgeruch!

BETZ, Nachfolge; BUBER, Nachahmung; EBERHART, Opfer 391-398; FLASHAR, Mimesis; VON FRITZE, Rauchopfer; KOLLER, Mimesis; KOSMALA, Nachfolge, I: im griechischen Denken, II: im jüdischen Denken; KÜGLER, Duftmetaphorik 123-172; LARSSON, μιμέομαι, EWNT² 2, 1053-1057; LOHMEYER, Wohlgeruch; LUZ, Überlegungen; MARXSEN, 1Thess 38-39.48; MERKI, ΟΜΟΙΩΣΙΣ ΘΕΩ; OSTMEYER, Typologie; PATTE, Paul's Faith 131ff.169ff.178ff.238ff; PETERSEN, Mimesis; POPKES, Christus Traditus; RÖHSER, Stellvertretung 94-127; RUTENBER, Imitation; SCHOEPS, Imitatio Dei; SELLIN, Imitatio Dei;

---

[81] Von den klassischen (Kardinal-)Tugenden Vernunft (φρόνησις), Gerechtigkeit (δικαιοσύνη), Tapferkeit (ἀνδρεία) und Besonnenheit (σωφροσύνη) spielen allerdings nur die Gerechtigkeit und die Vernunft (φρόνησις [Lk 1,17; Eph 1,8], meist verbal: φρονεῖν) eine Rolle. Zum Verhältnis von atl.-jüd. Weisheitslehre und griechischer Tugendlehre im hellenistischen Judentum vgl. VON LIPS, Jüdische Weisheit. Χρηστός/χρηστότης (Kol 3,12) in der Bedeutung „gütig"/„Freundlichkeit" kann von Menschen (2Kor 6,6; Gal 5,22; Eph 4,32; Kol 3,12; PsSal 5,13; TestJob 13,6; 1Clem 14,4;) und von Gott (Röm 2,4; 11,22; Eph 2,7; Tit 3,4; 1Petr 2,3) gebraucht werden. Das legt das Schema einer *imitatio Dei* nahe. Für εὔσπλαγχνος gilt das Gleiche (von Menschen: Eph 4,32; 1Petr 3,8; 1Clem 54,1; TestSim 4,4 - von Gott: TestSeb 9,7; Justin, Dial. 108,3). χαρίζεσθαι (+ Dat. der Person: Eph 4,32; 2Kor 2,10; 12,13; Kol 2,1; 3,13; TestJob 43,1 - im Sinne von „gnädig verzeihen"). Im hellenistischen Kontext sind das überwiegend Tugenden der „Schwäche", die sich nur souveräne Herrscher leisten können.
[82] In späterer Zeit wurde χρηστός gelegentlich mit Χριστός assoziiert, was insbesondere durch die Tendenz zur itazistischen Aussprache nahelag. In einer Grabinschrift vom Typ Χριστιανοὶ Χριστιανοῖς (New Documents 3, p.128) findet sich die Schreibweise Χρηστιανοὶ Χρηστιανοῖς. Diese Anspielung findet sich schon bei Justin, apol. I 4,5. Vgl. dazu auch die berühmte Stelle bei Sueton, Claudius 25,4: Claudius habe die Juden aus Rom vertrieben, weil sie, „von Chrestus aufgehetzt", fortwährend Unruhe gestiftet hätten. Die Bezeichnung „Chrestiani" auch bei Tacitus, ann. XV 44,2.

DERS., Paränese; DERS., Mythologeme; SIEGERT, Septuaginta 135; WENGST, Formeln 55–77; WILD, Imitators.

1 Mit einem οὖν-paraeneticum[1], das die ethischen Konsequenzen einer indikativischen Heilsaussage einleitet,[2] wird eine neue γίνεσθε-Aufforderung eingeführt: „Werdet Nachahmer Gottes …!". Das Nachahmen Gottes besteht in der Liebe: Insofern die Adressaten sich als[3] von Gott „geliebte Kinder" fühlen sollen, können sie selber in ihrem Leben Liebe üben (V.2: „Wandelt in Liebe!"). Nun wird aber an diese Aufforderung eine neue Begründung angefügt – durch καθὼς καί. Wie die μιμητής-Relation stellt auch die Relation mit καθὼς καί („wie auch") eine Vorbild-Nachbild-Beziehung dar[4]. Hier ist aber nicht Gott das Vorbild, sondern Christus. Dadurch wird die Aussage von 5,1–2 komplizierter als die von 4,32, insofern es nun um eine doppelte Relation geht: eine Entsprechung zu Gott und eine Entsprechung zu Christus. Die erste wird durch μιμητὴς τοῦ … (Nachbild von) ausgedrückt, die zweite durch καθὼς καί („wie auch"). Das Schema γίνεσθε … καθὼς καί ist bereits in 4,32 verwendet worden, dort aber bezogen auf Gott, wobei Christus in einer ἐν-Χριστῷ-Wendung als Modus und Instrument der vorbildlichen Gnadentat Gottes erscheint. 4,32 und 5,1–2 stehen danach in einem komplizierten sachlogischen Verhältnis. Der Grund ist zunächst ein traditionsgeschichtlicher. Die καθὼς-καί-Relation stammt aus Kol 3,13b (καθὼς καὶ ὁ κύριος ἐχαρίσατο ὑμῖν) und wird in Eph 4,32; 5,2b und 5,25b verwendet:

Kol 3,13b:	καθὼς καὶ ὁ κύριος	ἐχαρίσατο ὑμῖν
Eph 4,32:	καθὼς καὶ ὁ θεὸς ἐν Χριστῷ	ἐχαρίσατο ὑμῖν[5]
Eph 5,2b:	καθὼς καὶ ὁ Χριστὸς	ἠγάπησεν ὑμᾶς[6] καὶ παρέδωκεν ἑαυτὸν ὑπὲρ ἡμῶν[7]
Eph 5,25b:	καθὼς καὶ ὁ Χριστὸς	ἠγάπησεν τὴν ἐκκλησίαν καὶ ἑαυτὸν παρέδωκεν ὑπὲρ αὐτῆς

---

[1] 4,1.17; 5,1.7.15; 6,14.

[2] 5,1–2a bezieht sich dann auf den καθὼς-Satz 4,32b: das Handeln Gottes an den Adressaten (ὑμῖν).

[3] Zur Übersetzung von ὡς mit „als" vgl. SCHMID, Epheserbrief, 259; W. STAEHLIN, Partikel ΩΣ (s.u. zu 5,28); MURAOKA, ΩΣ, 59f; GNILKA, Eph, 244 A 3; s.u. zu 5,8.28; 6,7. Während es sich in 5,1.8 um Nominative handelt, geht es in 5,28 um einen Akk., 6,7 um einen Dat.; vgl. Röm 1,21; 3,7; 4,17; 1Kor 3,10; 4,1.14; 7,25; 8,7; 2Kor 3,5; 6,4; 11,15; Phil 2,7; 1Thess 2,7a; Kol 3,12f.23. Zur prädikativischen Funktion von ὡς s. BDR § 453 mit A 7 und s.u. zu 5,28 und 6,5.

[4] Bei Paulus 12mal (davon allein 6mal in 1Thess); Eph: 6mal; Kol: 3mal. καθὼς (καί) kann neben der allgemeinen analogisierenden auch eine begründende Funktion haben.

[5] So p46 ℵ A F G P 6. 81 u.a. Dagegen schreiben p49 B D Ψ 0278. 33. 1739. 1881 u.a. ἡμῖν. Das dürfte jedoch eine interpretatio apostolica des ἐχαρίσατο sein (vgl. 3,7). Der Verfasser des Eph hatte sehr wahrscheinlich Kol 3,13b (ὑμῖν) als Vorlage übernommen; vgl. SELLIN, Imitatio Dei, 308 A 10.

[6] So ℵ* A B P 0159. 81. 326. 1175. it co u.a. Dagegen schreiben p46 ℵ2 D F G Ψ 0278. 33. 1739. 1881. lat sy u.a. ἡμᾶς (dafür entscheiden sich Nestle-Aland seit der 26. Aufl. und METZGER, Commentary, 538). Hier scheint aber eine sekundäre Angleichung an das (nur von B nicht bezeugte) ἡμῶν in 5,2b Ende vorzuliegen. B setzt seinerseits in 5,2b Anfang ein ὑμᾶς voraus und gleicht folglich in 5,2b Ende daran an (vgl. ABBOTT, Eph, 147; WENGST, 57f; GNILKA, Eph, 245 A 1; SCHNACKENBURG, Eph, 217–219).

[7] Nur B sowie 0278c. 1175 pc b m* co schreiben hier ὑπὲρ ὑμῶν (s. vorige A).

Eph 4,32 setzt Kol 3,13b voraus. Dabei wird ὁ κύριος („der Herr") aus Kol 3,13 als ὁ θεός („Gott") interpretiert.[8] Das entspricht der urchristlichen und paulinischen theo-logischen Auffassung von der Gnade (χάρις). Im Kol wird eine Aussage über Christus als Quelle der Gnade geradezu vermieden,[9] im Eph bildet die Salutatio im Präskript (Gnade von Gott *und* dem Herrn Jesus Christus) die einzige Ausnahme.[10] Das heißt: Wie in der alexandrinisch-jüdischen Theologie ist in Kol und Eph χάρις ein grundsätzlich *theo-logischer* Begriff. Während also in 4,32 Christus das Instrument und der Bereich des Gnadenhandelns Gottes ist (ἐν Χριστῷ),[11] wird in 5,2 die καθώς-καί-Formulierung („so ... wie auch"), die in 4,32 noch das Verhältnis der Christen zu *Gott* („werdet so ... wie auch Gott ...") betraf,[12] nun auf das Entsprechungsverhältnis der Christen zu *Christus* bezogen: „Wandelt in Liebe, wie auch Christus euch geliebt hat ...". Diese auf einen Imperativ folgende καθώς-καί-Relation der Christen zu *Christus* in 5,2 (so auch in Röm 15,7; Eph 5,25.29) wird nun in 5,1 eingebettet durch ein – jetzt auf Gott bezogenes – anderes Schema: γίνεσθε οὖν μιμηταὶ τοῦ θεοῦ ... („Werdet also Nachahmer Gottes ...!"). Dieses μιμητής-Schema findet sich mehrfach in den genuinen Paulusbriefen – und zwar auf verschiedene Vorbilder bezogen: auf den Apostel, auf andere Christen und auf Christus, nicht jedoch wie hier auf Gott selbst.

Eph 5,1f:	γίνεσθε οὖν μιμηταὶ τοῦ θεοῦ ...		καθὼς καὶ ὁ Χριστός ...
1Kor 4,16:	μιμηταί μου	γίνεσθε	
1Kor 11,1:	μιμηταί μου	γίνεσθε	καθὼς κἀγὼ Χριστοῦ ...
Phil 3,17:	συμμιμηταί μου	γίνεσθε ...	καθὼς ἔχετε τύπον ἡμᾶς ...
1Thess 1,6:	ὑμεῖς μιμηταὶ ἡμῶν	ἐγενήθητε	καὶ τοῦ κυρίου
1Thess 2,14:	ὑμεῖς γὰρ μιμηταὶ	ἐγενήθητε	τῶν ἐκκλησιῶν

---

[8] Kol 3,13b wird in der handschriftlichen Überlieferung unterschiedlich geboten: Das in p[46] A B D* F G 1175 u.a. vorgegebene doppeldeutige ὁ κύριος wird in ℵ[1] C D[2] Ψ u.a. als ὁ Χριστός interpretiert, in ℵ* vg[mss] aber als ὁ θεός (33: ὁ θεὸς ἐν Χριστῷ – ein Kompromiss, wohl durch Eph 4,32 veranlasst).

[9] Nach (hellenistisch-)jüdischer Theologie ist χάρις wesentliches Gottesprädikat. In der Salutatio der paulinischen Präskripte geht sie aber (abgesehen von 1Thess 1,1) von Gott *und* von Jesus Christus aus, in den Schlussgrüßen ausschließlich vom Kyrios Jesus Christus. In Kol 1,2 fehlt jedoch im Präskript καὶ κυρίου Ἰησοῦ Χριστοῦ in B D K L Ψ und im Schlusssegenswunsch (Kol 4,18c) enthält ἡ χάρις keine weitere Bestimmung. Es ist denkbar, dass der Verf. des Kol die Alternative Gott oder Christus bewusst vermeidet: Denn wenn „in ihm" (dem Logos/Christus) „die ganze Fülle (Gottes) wohnt" (Kol 1,19), besteht die Alternative ja gar nicht.

[10] Auch in Eph 1,7 bezieht sich das (κατὰ τὸ πλοῦτος τῆς χάριτος) αὐτοῦ auf Gott, wie die Fortsetzung 1,8–10 deutlich macht. In 4,7 liegt ein passivum divinum vor, und Christus bestimmt (nur) das qualitative Maß. Nach 4,11 setzte er allerdings die Amtsträger ein (ἔδωκεν – vgl. 4,8). Nach 4,29 können sogar die Christen in ihrem Handeln bzw. Reden Gnade verbreiten. Dabei geht es aber, wie 4,32 und 5,1–2 zeigen, um eine imitatio *Gottes,* deren Vorbild dann jedoch Christus ist: *wie Christus* sollen die Christen *Gott* bezüglich der Gnade nachahmen.

[11] Vgl. o. zu 1,3.

[12] Die nächste Parallele dazu ist Lk 6,36. Eph 4,32: γίνεσθε ... καθὼς καὶ ὁ θεός ...; Lk 6,36: γίνεσθε ... καθὼς [καὶ] ὁ πατὴρ ὑμῶν ...; Kol 3,13 gehört (insofern κύριος sich dort auf Gott bezieht) ebenfalls in diese Kategorie.

Das Schema besteht aus μιμητής + Gen. + γίνεσθαι (+ καθὼς [καί]). Es begegnet sowohl im Imperativ (Eph 5,1f; 1Kor 4,16; 11,1; Phil 3,17) als auch im Indikativ (1Thess 1,6; 2,14). In 2Thess 3,7.9; Hebr 13,7; 3Joh 11 erscheint es überdies in der verbalen Form (μιμεῖσθαι, wobei das Vorbild im Akk. steht):

2Thess 3,7: δεῖ μιμεῖσθαι ἡμᾶς …
2Thess 3,9: ἵνα ἑαυτοὺς τύπον δῶμεν ὑμῖν εἰς τὸ μιμεῖσθαι ἡμᾶς
Hebr 13,7:   μιμεῖσθε τὴν πίστιν
3Joh 11:   μὴ μιμοῦ τὸ κακόν

In Phil 3,17; 1Thess 1,7; 2Thess 3,9 (sowie in 1Tim 4,12 und Tit 2,7 – an diesen beiden Stellen ohne die μιμητής/μιμεῖσθαι-Terminologie) begegnet für die Funktion des „Vorbildes" der Ausdruck τύπος,[13] so dass man hier von einem τύπος-μιμητής-Schema reden kann:[14] Der Typos „prägt" den Mimetes. Dabei zeigen die beiden indikativischen Stellen im 1Thess (1,6f; 2,14), dass μιμητής nicht einfach als „Nachahmer" (Imitator) verstanden werden kann. Das Schema ist ursprünglich kein ethisches, sondern ein ontologisches.[15] Der *Mimetes* ist ein vom *Typos* (Urbild, Vorbild) *Geprägter*, der nicht erst sein Vorbild zu kopieren anstrebt, sondern der eine Wesensidentität *darstellt*,[16] weil er von seinem Urbild „geprägt" ist. Bei Philon findet sich die sachlich auf Platons Ideenlehre zurückgehende Vorstellung von „Urbild" und „Abbild", von „Muster" (Stempel) und „Abdruck".[17]

---

[13] Wörtlich: der Prägestock, der in einem Material einen Abdruck erzeugt: das Muster; dann: das Urbild, das Vorbild (s.u. A 17).

[14] So MARXSEN, 38f.

[15] Vgl. SCHLIER, Eph, 230f.

[16] Vgl. zum poetologischen Ursprung des Begriffs von μιμητής bzw. μιμεῖσθαι bei Platon und Aristoteles FLASHAR, (und die dort in den Anm. genannte Lit.) und vor allem PETERSEN, 19–52, der zeigt, dass Mimesis in der klassischen griechischen Kultur nicht Nachahmung, sondern „Darstellung" bedeutet (z.B. Platon, rep. 393c: οἱ … ποιηταὶ διὰ μιμήσεως τὴν διήγησιν ποιοῦνται). Dazu PETERSEN, 21: „Chryses [es geht um den Anfang von Homers Ilias] stellt ja keine historische Person dar, deren Eigenschaften festliegen und überliefert wurden und die nun von Homer imitiert wird; sondern indem Homer Chryses reden lässt, stellt er ihn zugleich überhaupt erst dar … Mimesis ist keine nachahmende, sondern eine darstellende Darbietung …". Entsprechend übersetzt Schleiermacher (als einziger) μίμησις konsequent mit „Darstellung". – Der narratologische Mimesis-Begriff entstammt aber dem dramatischen (Platon, rep. 394b–c), und dieser wiederum dem kultischen: die körperliche (Re-)Präsentation einer Gottheit durch einen Menschen (z.B. mittels Masken oder im rituellen Tanz). Nach Petersen unterscheidet sich Aristoteles von Platon darin, dass er den μίμησις-Begriff wirkungsästhetisch als Fiktionalität begreift. Damit kommt Aristoteles auf seine Weise auch dem Mythosbegriff nahe, insofern der Mythos nicht Realität abbildet, sondern sie erst in Kategorien der Möglichkeit begründet. Auch die philonische Konzeption der μίμησις θεοῦ schließt ja das Imitieren Gottes eigentlich aus, denn „Gott" ist im Sinne negativer Theologie kein vorfindlicher Gegenstand oder eine äußerlich beschreibbare konkrete Person, die imitiert werden kann. Hier kommt die Metaphorik, die tropische Rede, über die wiederum Aristoteles als einer der Ersten nachgedacht hat, ins Spiel. Dabei geht es um die Wahrheit der Fiktionalität der „Darstellung".

[17] In der Terminologie weicht Philon aber von Platon ab: παράδειγμα und μίμημα begegnen bei Philon 21mal, bei Platon nur in soph. 235d (von der bildenden Kunst) und Tim. 48e–49a (die Idee als παράδειγμα und das Ding als μίμημα). Ἀρχέτυπος (fehlt bei Platon überhaupt) und μίμημα zusammen begegnen bei Philon 28mal. Platon gebraucht im Timaios vor allem παράδειγμα und εἰκών. Diese Terminologie findet sich auch bei Philon häufig: opif. 25; 29–31 (παράδειγμα, εἰκών); 71; 78; LA III 96–97 (Gott als παράδειγμα der εἰκών, die εἰκών aber als παράδειγμα weiterer Abbilder); QG IV 110

Die geistigen Ideen sind die „Muster", die Formen, die im Stoff der Materie die konkreten Dinge erzeugen.[18] Neu gegenüber Platon ist bei Philon *erstens* die Übertragung des platonischen Urbild-Abbild-Schemas auf die Anthropologie: Der νοῦς (der geistige „innere Mensch") ist geprägt von einem Urbild; er ist der Abdruck eines höheren Wesens.[19] Und *zweitens* ist das Urbild-Abbild-Schema zu einer dreigliedrigen Kette erweitert: Das Abbild des Urbildes wird wiederum zum Urbild eines weiteren Abbildes. Der Grund für beide Neuerungen gegenüber Platon ist die Bedeutung, die Gen 1,27 (im LXX-Text) für Philon hat: καὶ ἐποίησεν ὁ θεὸς τὸν ἄνθρωπον, κατ' εἰκόνα θεοῦ ἐποίησεν αὐτόν. – Κατ' εἰκόνα θεοῦ („nach dem Bilde Gottes") interpretiert Philon als doppelte Abbildrelation: Der Mensch ist „*nach*" dem Abbild Gottes geschaffen, d.h. er ist Abbild des Abbildes Gottes. Bild Gottes aber ist für Philon der Logos. Der Mensch wiederum ist Abbild des Logos.[20] Philon unterscheidet außerdem in LA I 31–32 den in Gen 1,27 erwähnten Menschen von dem in Gen 2,7 genannten: Der erstgenannte ist die Idee des Menschen, der zweite ist der konkret geschaffene irdische Mensch, der Protoplast. Aber auch hier schränkt Philon noch einmal ein: Es geht auch bei dem Menschen von Gen 2,7 nur um den νοῦς des Menschen, den geistigen, inneren Menschen, der sich noch entscheiden muss, ob er seinem Urbild, dem Logosmenschen, folgen wird, oder ob er als νοῦς dem Irdischen verfällt. Der νοῦς von Gen 2,7 ist also noch ambivalent (LA I 32).[21] Folgt er dem Logos, hat er eine voll-

---

(διαφέρει δὲ μονὰς ἑνὸς ᾗ διαφέρει ἀρχέτυπον εἰκόνος. παράδειγμα μὲν γὰρ ἡ μονάς, μίμημα δὲ τῆς μονάδος τὸ ἕν – „Die Einsheit [Monade] unterscheidet sich von der Eins [ἕν] wie das Urbild vom Abbild, denn ein Muster ist die Monade, ein Nachbild der Monade ist die Eins"). Die Zahlen als Urbilder und Abbilder: LA I 3; spec. III 180 („die Monade ist εἰκών der ersten Ursache [= Gottes], die Zwei aber der passiven und teilbaren Materie").

[18] Τύπος und μιμητής begegnen als Paar bei Philon gar nicht. Μιμητής erscheint nur dreimal: congr. 70; virt. 66; QG I 77. Dabei ist congr. 70 insofern von Interesse, als hier Jakob (der Typ des asketisch Tugendhaften) als „Nachahmer" eines βίος (eines konkreten vorbildlichen Menschenlebens – im Unterschied zu einer Tugend-*Lehre*) erscheint: vgl. Phil 2,5–11. τύπος kommt im Zusammenhang der Mimesis-Terminologie ebenfalls nur dreimal bei Philon vor. Dabei ist die Stelle det. 83 aufschlussreich, insofern das Wort hier durch ἀρχέτυπος (Urbild) substituiert wird. Denn τύπος *kann* auch „Abdruck" (das Geprägte) bedeuten (vgl. OSTMEYER, 114: Sowohl der Stempel wie sein Abdruck werden als τύπος bezeichnet: Lukian, Alexander, 21; Euripides, Hippolytos, 862; zu den Gründen: OSTMEYER, 117f). Gemeint ist aber hier die *Ur*prägung, das Siegel.

[19] Bezeichnend ist det. 83: „Urbild eines vernünftigen Wesens ist Gott, eine Nachahmung und Abbildung aber der Mensch, und zwar nicht das Doppelwesen [d.h. der geistleibliche Mensch nach Gen 2,7], sondern [nur] der beste Teil der Seele, welcher Geist und Vernunft genannt wird [der Ideenmensch nach Gen 1,27]" (ἀρχέτυπον μὲν φύσεως λογικῆς ὁ θεός ἐστι, μίμημα δὲ καὶ ἀπεικόνισμα ἄνθρωπος | τὸ τῆς ψυχῆς ἄριστον εἶδος, ὁ νοῦς καὶ λόγος κέκληται).

[20] Z.B. her. 230f: „Mose nennt den über uns waltenden [Geist: λόγος] ,das Ebenbild Gottes' (εἰκόνα θεοῦ), den in uns befindlichen [Geist] ,Abglanz des Ebenbildes [Gottes]' (εἰκόνος ἐκμαγεῖον). Denn er sagt: ,Gott schuf den Menschen' nicht als Ebenbild Gottes, sondern ,*nach* dem Ebenbilde' (κατ' εἰκόνα). Somit ist der in jedem von uns waltende Geist (νοῦς), welcher im eigentlichen Sinne und in Wahrheit Mensch (ἄνθρωπος) ist, der dritte Abdruck (τρίτον … τύπον), vom Schöpfer aus gezählt; der mittlere [der Logos] ist dessen Urbild (παράδειγμα), Abbild (ἀπεικόνισμα) aber von jenem [von Gott]."

[21] Vgl. dazu SELLIN, Streit, 101–109.

kommene Beziehung zu Gott. Die philonische Urbild-Abbild-Kette hat also (beim erlösten Menschen) drei Glieder: Gott Logos (= „Bild" Gottes) νοῦς des Menschen (= Abbild des Logos, des „Bildes" Gottes).

Es liegt nahe, dass die vermittelnde Position des philonischen Logos im hellenistisch-jüdischen Christentum bei der Ausbildung der Christologie eine wesentliche Rolle gespielt hat. Nun ist allerdings das τύπος-μιμητής-Schema bei Paulus nicht einfach mit dem dreigliedrigen Urbild-Abbild-Schema platonisch-philonischer Prägung gleichzusetzen. In den paulinischen μιμητής-Ketten ist Gott ausgespart. Die Kette setzt erst mit Christus als τύπος ein.[22] Als μιμητής Christi folgt der Apostel, den die Adressaten „nachahmen" sollen (1Kor 11,1;[23] Phil 3,17;[24] 1Thess 1,6[25]). Neu gegenüber Philons μίμημα-Kette ist dann aber auch die Tatsache, dass das Schema nach unten erweitert werden kann: Die Nachahmer des Apostels (und damit zugleich [indirekt] Nachahmer Christi) können ihrerseits zum Typos („Vorbild") für andere Christen werden (1Thess 1,7). Die Thessalonicher sind überdies „Nachahmer" der Gemeinden Judäas geworden, insofern sie wie jene von ihren Landsleuten verfolgt bzw. benachteiligt werden (1Thess 2,14). Das zeigt, dass μιμητής zu sein eine relationale Kategorie[26] ist (was die Aufforderung, den ethischen „Imperativ", nicht ausschließt). Wenn nun der Verfasser des Eph – erstmals und einmalig im Neuen Testament[27] – die Mimesis *auf Gott* bezieht, dann ist er den platonisch-philonischen Wurzeln des Schemas wieder näher, als Paulus es war. Bei Platon findet sich die ethische Maxime der *imitatio Dei* terminologisch durch μιμεῖσθαι θεόν,[28] ὁμοίωσις θεῷ/ὁμοιοῦσθαι θεῷ,[29] ἕπεσθαι θεῷ[30] oder ἀκολουθεῖν θεῷ[31] zum Ausdruck gebracht. Der Grund für die Vorbildfunktion der Götter bzw. des Gottes wird in Tim. 29d–e mythisch formuliert: „Sagen wir also, aus welchem Grund der Schöpfer (ὁ συνιστάς) das Werden und dieses Weltall schuf (συνέστησεν): Er war gut (ἀγαθὸς ἦν). Einem Guten aber

---

[22] Paulus kennt allerdings auch eine hierarchische Kette, die bis auf Gott zurückgeführt wird, und zwar in 1Kor 3,22f: „Alles ist euer, ihr aber seid Christi, Christus aber ist Gottes." Hier wird die Relation durch einfache Genitive gebildet, was auf die korinthischen Apostel-„Parteien" (1Kor 1,12) zurückverweist.

[23] In 1Kor 4,16 setzt das Schema erst mit dem Apostel ein, dem die Gemeinde folgen soll. Das gilt erst recht für 2Thess 3,7.9, wo der Apostel durch ordentliche Arbeit als ein Vorbild (τύπος) fungiert.

[24] Bezüglich der Nachahmung Christi werden hier durch das συμμιμηταί Apostel und Gemeinde parallelisiert, jedoch stellt sich der Apostel durch den καθώς-Satz wieder als τύπος für das συμμιμεῖσθαι („das Mit-Nachahmen") vor.

[25] Hier werden durch das καί Apostel-Mimesis der Gemeinde und Kyrios-Mimesis der Gemeinde parallelisiert.

[26] OSTMEYER, 119: „τύπος bezeichnet ein Verhältnis und kein Sein" (vgl. den Zusammenhang dort: 118f).

[27] Eine sachliche Parallele stellt allerdings das Gebot der Feindesliebe dar (Mt 5,43–48/Lk 6,32–36), doch fehlt hier die Mimesis-Terminologie.

[28] Phaidr. 252d; 253b; rep. 388c; Tim. 47c; leg. 796c; 806b.

[29] Theait. 176b; rep. 500c; 613b; Tim. 90d; vgl. dazu MERKI; DILLON, Middle Platonists, 44.122.145.192.299; WILD, 130. Die *imitatio Dei* ist nahezu das Hauptthema des Mittelplatonismus (Eudoros, Plutarch, Albinus, Apuleius u.a.).

[30] Phaidr. 248a; leg. 636d; 738b; vgl. Philon, spec. IV 187.

[31] Leg. 716b–c.

entsteht niemals Neid. Davon gänzlich frei, wollte er, dass alles ihm möglichst ähnlich werde." Auf diese in ihrer theologischen Wirkungsgeschichte kaum zu überschätzende Stelle greift Philon häufig zurück und begründet so Gottes Wesen als Güte (ἀγαθότης) und Gnade (χάρις).[32] Da der Mensch mit der ganzen Schöpfung Produkt und Empfänger dieser schöpferischen Güte ist, soll er selber für sein Handeln Gott zum Vorbild nehmen.[33] Aus diesem platonischen Motivkomplex leitet sich ein wesentlicher Aspekt der hellenistischen und hellenistisch-jüdischen Wohltätigkeits-Ethik (εὐεργεσία) her.[34]

Nun ist allerdings in Eph 5,1–2 nicht von der ἀγαθότης, der Güte Gottes,[35] die Rede, sondern von der Liebe (ἀγάπη). Die Nachahmung Gottes besteht im „Wandel in Liebe". Das hat alttestamentliche Wurzeln: Mit ἀγαπᾶν/ἀγάπη/ἀγάπησις werden in der LXX ca. 180mal אהב/אַהֲבָה wiedergegeben.[36] אהב aber wird für Zuneigung, familiäre und sexuelle Liebe gebraucht.[37] Gottes Liebe zu Israel (und Israels Liebe zu Gott) wird in dieser Sprache ausgedrückt.[38] Die Transformation der Rede von Gottes Vollkommenheit (ἀγαθότης) zur Rede von seiner „Liebe" ist der Übergang in eine andere Dimension. Der Schritt in die anthropomorphe Rede von Gott – scheinbar ein Rückschritt hinter die theologische Aufklärung – bedeutet eine Erweiterung und Differenzierung der Sprache von Gott, zumal hier die menschliche Existenz konkret involviert wird. Was auf den ersten Blick als Projektion erscheint (ein Bildnis Gottes nach unserem Bilde), erweist sich

---

[32] LA I 34f; III 73.78; Cher. 27–29; Deus 108; migr. 183; QG II 13b; vgl. dazu SELLIN, Imitatio Dei, 304f.

[33] LA I 48; sacr. 68; dec. 111; spec. IV 73f.178f; virt. 168 (weitere Stellen bei WILD, 127–143; SELLIN, Imitatio Dei, 302–304 mit A 22–43). Philon nimmt dabei Bezug auf die o. A 15 und 16 erwähnten Platon-Stellen.

[34] Z.B. Dion v. Prusa, or. 2,26; Strab. X 3,9; Seneca, benef. III 14,4; IV 26,1; VII 31,2f; Plin. nat. II 7,18; Marc.Aurel. VII 31. – SapSal 2,22f; 7,26; ep.Arist 188.192.210.281. – IgnEph 1,1; Trall 1,2; Diogn 10,4–6. Diese Ethik findet sich aus naheliegenden Gründen besonders in sog. Fürstenspiegeln (vgl. die genannten Belege aus dem Aristeasbrief).

[35] Während Platon nur das Prädikat ἀγαθός vom Schöpfergott gebraucht, verwendet Philon das Substantiv ἀγαθότης. Die deutsche Übersetzung „Güte" suggeriert hier die Konnotation von Gutherzigkeit und Wohlwollen, ja Zuneigung. Das griechische Wort meint aber nur Vollkommenheit. Allerdings ist dabei der Schöpfungsgedanke impliziert: eine sich verschenkende, aus sich herausströmende Quelle der Vollkommenheit. Folglich verwendet Philon in diesem Zusammenhang den Ausdruck „Gnade" (χάρις). Er unterscheidet bei Gott sodann diesen schöpferischen und Schöpfung bewahrenden Aspekt von seiner richterlichen, herrschenden und strafenden Gewalt, indem er Gottes δύναμις (Kraft), die insgesamt als Gottes Logos erscheint (Gottes Wesen selber ist überhaupt nicht beschreibbar), unterteilt in die beiden Teilkräfte θεός (die schöpferische Dynamis) und κύριος (die herrscherliche Dynamis). Vgl. zu Philons Gottesbild SELLIN, Gotteserkenntnis, bes. 19–26.

[36] SIEGERT, 135, erklärt die griechische Wortwahl (ἀγαπᾶν für אהב) durch Assonanz. Auf diese Weise erbt das griechische Wort die emotionalen Konnotationen des hebräischen Ausdrucks, die es im Griechischen wohl nicht hat.

[37] Im hebräischen Bereich gibt es nicht die Differenzierung, wie sie im griechischen für Eros und Agape (und φιλία) gilt.

[38] Die wichtigsten Stellen sind Hos 3,1; 11,1.4; Zeph 3,17; Dtn 7,6–8. Philon verwendet ἀγαπ- von der Gott-Menschbeziehung nur dort, wo er LXX-Texte zitiert oder kommentiert. Ansonsten ist ihm die Wortgruppe für Gott zu anthropomorph. Vgl. dazu SELLIN, Imitatio Dei, 305, und s.o. A 100–108 zu 1,4.

als Sprachgewinn und Dimensionserweiterung, freilich unter der Bedingung, dass diejenigen, die heute diese Sprache wahrnehmen, sich des metaphorischen Modus ihres Sprechens bewusst sind. Sonst wird die menschliche Rede von Gott zur Idolisierung, zum Götzenkult. Denn die Rede von der Mimesis Gottes bzw. Christi ist ja auch mythischen Ursprungs.[39] Sinnhaftes Handeln besteht im Nachvollzug ursprünglichen Geschehens. In der Nachbildung, die im Grunde eine Wiederholung ist, werden die heiligen Kräfte des Ursprungs vergegenwärtigt – auch wenn sie, wie im Christusmythos, paradoxerweise Kräfte der Schwäche sind. Diese Schwäche (Phil 2,6–11) ist die Kraft Gottes (Röm 1,16; 1Kor 1,18.24). Der christliche Mythos ist so ein neues Paradigma, das eine Umwertung bewirkt und begründet.

Soweit gilt das für das Imitatio-Christi-Schema des Paulus. Im Eph geht es aber um das den allgemein-religionsgeschichtlichen Ursprüngen nach näherstehende Schema der *imitatio Dei*, das über Platon und Philon in den Eph gelangt ist.[40] Das Paradox der Kraft in der Schwäche ist allerdings bei Platon und auch bei Philon nicht gegeben. Der platonische mythisch postulierte Gott ist vollkommen und deshalb Quelle der kreativen Potenz. Wenn diese Potenz jedoch als Liebe bezeichnet wird, ergeben sich neue Konnotationen für das Gottesbild: Liebe ist eine Stärke, die so stark ist, dass sie sich selbst aufs Spiel setzen kann. Die Imitatio Gottes bedeutet deshalb ein mutiges Wagnis. So begründet die Liebe Gottes zunächst (als ethische Konsequenz) die εὐεργεσία, die Wohltätigkeit (Großmut, Gnade usw.).[41] Dabei bleibt der Verfasser des Eph aber nicht stehen. Zur Präzisierung seiner Theologie beruft er sich auf das „Modell Christi" (5,2). Und damit schlägt das Paradigma um: zur Stärke, die sich selbst aufgibt („dahingibt") und die Schwäche wagt. Durch den καθὼς-καί-Satz wird Christus als *Modell*[42] für eine solche *imitatio Dei* eingeführt. Der Abschnitt 5,1–2 enthält also ein doppeltes, verschachteltes Mimesis-Schema: Was *imitatio Dei* (Mimesis Gottes) heißt, wird mit Hilfe des Weges Christi erklärt. Ja die *Mimesis Gottes* wird in der *Mimesis Christi* vollzogen. Es ist nicht die „Nachfolge" Christi (wie in den synoptischen Evangelien), sondern die mystische Christusbeziehung („In-Christus-Sein"), die „Nachahmung Christi",[43] welche die *imitatio Dei* ermöglicht.

---

[39] Ihr Ursprung liegt im Kult, der die mythischen ἀρχαί mimetisch wiederholt und so bestimmte auf Götter zurückgeführte Urhandlungen repräsentiert (in mimetischer Darstellung und in der Erzählung, dem „Mythos"); vgl. dazu: M. ELIADE, Das Heilige und das Profane. Vom Wesen des Religiösen, 1984, bes. S. 85–99; BETZ; KOLLER; SELLIN, Imitatio Dei, 307f und die dort 313 A 61.65 genannte Lit. Wichtig ist dabei zu betonen, dass es sich bei dieser Mimesis ursprünglich um eine Identifizierung handelt, kein Nachstreben, das sich seiner Differenz bewusst wäre (vgl. SELLIN, Imitatio Dei, 307 mit A 66; OSTMEYER, 129: „τύπος bezeichnet gerade nicht einen Unterschied zwischen den in Beziehung gesetzten Größen, sondern steht für die Identität der Vergleichsaspekte"; anders aber KOSMALA, I 62 u. 80 A 96).

[40] Vgl. dazu den grundlegenden Aufsatz von WILD, bes. 128–133, der plausible Gründe für eine Traditionslinie von Philon zu Eph 5,1–2 anführt.

[41] Auf die philosophischen und weitere hellenistisch-jüdische (ep.Arist, SapSal) εὐεργεσία-Texte verweist WILD, 128.

[42] LARSSON, 1056.

[43] BETZ, passim.

2 Das οὖν-*paraeneticum* (V.1) ist hier (wie in 4,1.17; 5,7f.15) mit dem in der paulinischen Tradition grundlegenden ethischen Begriff des περιπατεῖν[44] („wandeln", d.h. sein Leben führen) verbunden. In V.1 klang bereits der Heilsindikativ an: „... als geliebte Kinder". Darauf folgt nun in V.2 der Imperativ περιπατεῖτε. Das „Nachahmen Gottes" setzt aber die Erfahrung der Liebe Gottes voraus und besteht seinerseits in einem Wandel „in Liebe"[45], wie auch Christus „euch"[46] geliebt hat. Der Aorist ἠγάπησεν ist narrativ und hat mythische Funktion. Er bezeichnet die Urhandlung für ein Ethos. Mit einem explikativen bzw. epexegetischen καί wird die beispielhafte Liebe Christi in einer „Dahingabe"- bzw. „Selbsthingabeformel"[47] konkretisiert, die mehrmals im Corpus Paulinum begegnet: Mk 9,31; 10,45; Röm 4,25; 8,32; Gal 1,4; 2,20; Eph 5,2; 5,25; 1Tim 2,6; Tit 2,13f. Die „Formeln" lassen sich in zwei Typen unterscheiden: in die *Dahingabeformel* (mit Gott als Subjekt) und die *Selbsthingabeformel* (mit Christus als Subjekt). Die *Selbsthingabeformel* erscheint wiederum in zwei Varianten:

(1.) Christologischer Titel[48] (+ ἀγαπᾶν + explikatives καί) + (παρα)διδόναι + ἑαυτόν + ὑπέρ[49]

(2.) Christologischer Titel + διδόναι + ἑαυτόν + λύτρον + ὑπέρ (ἀντί).[50]

Die „Selbsthingabeformel" (in beiden Varianten) ist gegenüber der „Dahingabeformel" mit Gott als Subjekt (Röm 4,25; 8,32; Mk 9,31) traditionsgeschichtlich sekundär.[51] Von den beiden Varianten der Selbsthingabeformel muss diejenige mit dem λύτρον-Motiv aufgrund der drei Belege als jünger angesehen werden (Mk; Pastoralbriefe). Die Selbsthingabeformel wird erst in der hellenistisch-judenchristlichen Gemeinde entstanden sein.[52] Ob dies auch für die Dahingabeformel (mit Gott als Subjekt) gilt, ist nicht so sicher. In Analogie zur wohl schon Jerusalemer Auferweckungsformel („Gott hat ihn auferweckt" oder „er ist auferweckt worden" – passivum divinum) könnte auch der Tod Jesu sehr früh als von Gott

---

[44] Ca. 100mal im NT, davon 18mal bei Paulus, 8mal im Eph (2,2.10; 4,1.17 [2mal]; 5,2.8.15), 4mal im Kol. LXX: ca. 40mal.
[45] Ἐν ἀγάπῃ: 1Kor 4,28; 16,14; 2Kor 6,6; 1Thess 5,13; Eph 1,4; 3,17; 4,2.15–16; 5,2; Kol 2,2; 1Tim 4,12; Jud 21; vorchristlich nur TestBenj 8,2. „*Wandeln* in Liebe" kommt sonst im NT nicht mehr vor, vgl. aber Röm 14,15: κατὰ ἀγάπην περιπατεῖς.
[46] Zur textkritischen Bevorzugung von ὑμᾶς s.o. A 5.
[47] Dazu grundlegend POPKES, 193–204. Er unterscheidet innerhalb des Corpus Paulinum zwischen „Dahingabe durch Gott" (Röm 4,25; 8,32) und „Selbsthingabe Christi" (Gal 1,4; 2,20; Eph 5,2.25; 1Tim 2,6; Tit 2,14, wozu aber auch Mk 10,45 gehört). Die joh. Selbsthingabe-Aussagen sieht er aufgrund der anderen Terminologie (τιθέναι statt [παρα]διδόναι) als selbständige Ausgestaltung des urchristlichen Topos von der Selbsthingabe Christi an (204). Vgl. auch WENGST, 55–57, der jedoch Dahingabeformel (mit Gott als Subjekt) und Selbsthingabeformel nicht streng genug unterscheidet.
[48] Dass der Gottessohntitel dieser Formel ursprünglich zugehört (so WENGST, 58), lässt sich kaum nachweisen: Gegen Gal 2,20 („Gottessohn") steht schon Gal 1,4 (Χριστός).
[49] Gal 1,4; 2,20; Eph 5,2.25.
[50] Mk 10,45; 1Tim 2,6; Tit 2,13f.
[51] Vgl. die überzeugende Begründung durch POPKES, 251–253.
[52] Das hat WENGST, 62–77, plausibel begründet.

verfügt gedeutet worden sein. Denn die Hinrichtung Jesu am Kreuz schließt ja im damaligen jüdischen Verständnis die Annahme aus, dass dieser Hingerichtete der Messias gewesen sein könnte. Die Kreuzigung stellt also die absolute Krise der Jesusbewegung dar. Erst der Glaube, dass Gott diesen Hingerichteten vom Tode auferweckt hat, ermöglicht eine nun neue und vertiefte Überzeugung, die die Anhänger der Jesusbewegung nicht nur zur Fortsetzung der Mission (jetzt im Namen dieses Getöteten und Auferweckten) stimuliert, sondern ihnen ganz neue Impulse gibt, die den Rahmen des bisherigen Glaubens sprengen.[53] Dabei liegt es dann nahe, dass die Auferweckung nicht einfach als eine Behebung einer Panne, nämlich der Kreuzigung, fungiert, sondern dass der Tod des Gottessohnes als göttlich gewollt zu verstehen ist, was sich in der Formel „Gott hat ihn hingegeben…" ausdrückt.

Die paulinische Form der Selbsthingabeformel (Gal 1,4; 2,20) ist vom Verfasser des Eph aufgegriffen worden, wobei die Verbindung mit dem ἀγάπη-Motiv ihr Vorbild in Gal 2,20 hat.[54] Die Kontextfunktion der Formel kann unterschiedlich sein: In Gal 1,4; 2,20 ist sie streng soteriologisch gegen die Tendenz zur Rechtfertigung aus Gesetzeswerken ausgerichtet. In Eph 5,2 und 5,25 dient sie als indikativische Begründung für einen Imperativ, hat also ethische Funktion.[55] Das gilt aber auch für Mk 10,45. In 1Tim 2,6 und Tit 2,13f soll sie den universalen Heilswillen Gottes begründen, der durch den Apostel durchgeführt wird (1Tim 2,4; Tit 2,11).

Es folgt in Eph 5,2 noch eine prädikative Bestimmung zur Selbsthingabe-Aussage: „als Gabe und Opfer". Darin nähert sich die Formel der λύτρον-Variante an, wie sie in 1Tim 2,6 und Mk 10,45 begegnet, wo λύτρον die gleiche prädikative Funktion hat. Προσφορὰ καὶ θυσία ist aus ψ 39,7 übernommen.[56] Dieses Motiv von Christus als einem Gott gespendeten Opfer begegnet sonst nur noch in Hebr 10,5–10. Schließlich folgt noch eine finale Bestimmung: „für Gott zum Duft

---

[53] THEISSEN, Religion, 76–81, hat diese Bewältigung der Krise vom Scheitern Jesu am Kreuz durch die sozialpsychologische Theorie der *kognitiven Dissonanz* (Leon Festinger) erklärt. Das ist sehr treffend: Die neutrale Aufhebung einer kognitiven Dissonanz bedeutet immer zugleich eine Vertiefung der jeweiligen Anschauung, die durch eine widersprechende Erfahrung gefährdet wurde. Das Plausibilitätssystem wird erweitert, so dass die widersprechende Erfahrung darin aufgehoben wird. Im Fall von Kreuzigung und Auferweckung wird letztlich der Gottesgedanke durch die *theologia crucis* vertieft.

[54] Dass bereits in der paulinischen Fassung das Motiv der Rettung (das λύτρον-Motiv) dabei eine Rolle spielte, könnte Gal 1,4b (ὅπως ἐξέληται ἡμᾶς – „damit er uns rette") nahelegen.

[55] Vgl. Phil 2,5–11. POPKES, 289f, weist zu Recht auf die Gefahr hin, dass bei dieser Ethikbegründung die Selbsthingabe-Aussage „das Kreuz zu einer frommen Tat" verfälschen kann. Das würde dann zutreffen, wenn dabei die Motivation der Liebe und der ontische Charakter der μίμησις θεοῦ übersehen wird. Beide Gefahren werden aber gerade dadurch ausgeschlossen, dass Christus den Menschen die heroische Aufgabe der Selbsthingabe erübrigt hat. Der rechtfertigungstheologische Faktor von Gal 2,20 („nicht ich, sondern Christus in mir, der sich für mich hingegeben hat") steht in Eph 5,2 noch im Hintergrund: die Liebe Christi zu uns.

[56] Dort in umgekehrter Reihenfolge; die gleiche Stelle ist in Hebr 10,5.8 verwendet worden – dort in der Reihenfolge von ψ 39,7; vgl. 1Esr 5,51 (προσφορὰς … καὶ θυσίας); Od 7,38 (Dan 3,28; 4,37b 4; Dan Θ 3,38); Sir 34,18; 35,1.5.

des Wohlgeruches" (τῷ θεῷ εἰς ὀσμὴν εὐωδίας).[57] Der Gen. ist ein qualitativer und muss adjektivisch übersetzt werden („zum angenehmen Geruch"). Das Syntagma ὀσμὴ εὐωδίας begegnet in der Septuaginta 51mal – 22mal in der stereotypen Opferzweckbestimmung εἰς ὀσμὴν εὐωδίας (τῷ) κυρίῳ.[58] Τῷ κυρίῳ wird in Eph 5,2 durch τῷ θεῷ ersetzt.[59] Im NT erscheint ὀσμὴ εὐωδίας nur noch in Phil 4,18 und – nicht mehr als zweistelliges Syntagma – in 2Kor 2,14–16.[60] Christus hat durch seine Selbsthingabe den schöpferischen Liebeswillen Gottes offenbart und vorgeführt und damit im Sinne Gottes gehandelt. Damit ist die tiefste Begründung für die ethischen Anweisungen in 4,25–32 gegeben.[61] Im nächsten Abschnitt (5,3–14) folgen weitere Mahnungen. 5,1–2 ist also als Zentrum der ethischen Aufforderungen zu verstehen. Der ganze paränetische Abschnitt ist zyklisch aufgebaut – mit 5,1–2 als Achse.

---

[57] Zugrunde liegt „die Vorstellung, dass Gebete mit dem Räucherwerk zu Gott transportiert werden (Apk 8,3f)" – so EBERHART, 393. Zur ästhetischen Dimension des Duftes s. KÜGLER, 11–23.142–149; im AT: U. BECHMANN, in: KÜGLER, 49–98. Grundlegend zum Rauchopfer: VON FRITZE. – Es geht nicht um Brandopfer, sondern um „Wohlgeruch" für die Götter. Verbrannt werden wohlriechende Holzarten, später Baumharze, besonders Weihrauch.
[58] Ex 29,18.41; Lev 2,12; 4,31; 8,21; 17,4.6; Num 15,7.13.24; 18,17; 28,6.8.24.27; 29,2.6.8.11.13.36; Dan 4,37a. Vorausgesetzt wird dort allerdings schon ein Brandopfer (vgl. dagegen aber vorige A).
[59] Das setzt voraus, dass τῷ θεῷ zu εἰς ὀσμὴν εὐωδίας gehört. Vgl. SCHLIER, Eph, 232; GNILKA, Eph, 245 A 6; POKORNÝ, Eph, 197 A 45; BEST, Eph, 471; anders: ABBOTT, Eph, 147; LINCOLN, Eph, 312.
[60] Die Opfersprache hat auch in 2Kor 2,14–16 christologische Bedeutung (Χριστοῦ εὐωδία ... τῷ θεῷ). Der Apostel versteht sich (und seine Mitarbeiter) als den „Wohlgeruch" des Christusopfers, d.h. als ein Übertragungsmedium (δι' ἡμῶν) der „Erkenntnis Christi", dessen Werk der Verkündigung gleichzeitig Gott erfreut. Die Metaphorik in diesen Versen ist extrem komplex. Zum religionsgeschichtlichen Hintergrund vgl. LOHMEYER, (zu 2Kor 2,14f; Phil 4,18 und Eph 5,2: S. 32–34). In Eph 5,2 geht es um die „Selbsthingabe Jesu in den Tod" (34 A 1; vgl. dagegen aber folgende A). Der „Wohlgeruch" erfreut nicht nur Gott, sondern er kommt auch den Menschen zugute (vgl. 2Kor 2,14–16 und EBERHART, 397).
[61] RÖHSER, 94–127, findet aufgrund des Opfermotivs in 5,2 den Stellvertretungsgedanken. Die ὑπέρ-Formulierung kann jedoch nicht im Sinne einer Stellvertretung gedeutet werden (S. 97 übersetzt er doppelt: „für uns/an unserer Stelle"). Der leitende Gedanke in 5,1–2 ist ein ethischer: die Ermöglichung des Wandels in Liebe. Dieser Wandel wird den Christen aber gerade nicht abgenommen. Jeder Gedanke an eine Substitution ist hier verfehlt (vgl. auch 5,25b). EBERHART, 394–398, kritisiert die übliche Auslegung, das Opfer Christi sei ausschließlich auf seinen Tod bezogen (z.B. KÜGLER, 129) – was das Bild von der Schächtung des Opfertieres voraussetze. Die Tötung des Tieres hat in der Opfermetaphorik keine Bedeutung. Die Wendung εἰς ὀσμὴν εὐωδίας lässt nicht an ein Ganzopfer denken. Vielmehr geht es um eine Über- bzw. Hingabe an Gott, die nicht nur auf den Tod bezogen ist. „Mit diesem Verweis auf das ganze Leben Christi dienen Hingabeformel und Opfermetapher als Veranschaulichung und inhaltliche Explikation der Liebe, die der Gemeinde als vorbildlich empfohlen und im Kontext von Eph 5,2 anhand vieler Beispiele exemplarisiert ist" (397).

II. 5.) 5,3–14: Einzelmahnungen (2)

(3) Unzucht aber und jede Unreinheit oder Habgier soll unter euch nicht einmal genannt werden – wie es sich Heiligen geziemt,
(4) auch nicht Schändlichkeit und törichte Rede oder Witzigkeit, was sich nicht gehört – sondern vielmehr Danksagung.
(5) Dessen sollt ihr euch nämlich bewusst sein: dass kein Unzüchtiger oder Unreiner oder Habgieriger – das ist ein Götzendiener – Erbanteil hat an der Herrschaft Christi und Gottes.
(6) Niemand soll euch verführen mit leeren Worten; wegen solcher Dinge nämlich kommt der Zorn Gottes über die Söhne des Ungehorsams.
(7) Werdet also nicht mit ihnen gemein!
(8) Ihr wart nämlich einst Finsternis, nun aber im Herrn (seid ihr) Licht. Wandelt als Kinder des Lichtes!
(9) Denn die Frucht des Lichtes (besteht) in aller Güte und Gerechtigkeit und Wahrheit –
(10) indem ihr prüft, was dem Herrn wohlgefällig ist,
(11) und nehmt nicht teil an den fruchtlosen Werken der Finsternis, sondern deckt sie vielmehr auf!
(12) Denn was im Verborgenen von ihnen geschieht, das auch nur auszusprechen, ist schändlich.
(13) Das alles aber, wenn es aufgedeckt ist, wird vom Licht offenbar gemacht.
(14) Denn alles, was offenbar wird, ist Licht. Darum heißt es:
Wach auf, du Schläfer,
und steh auf von den Toten,
und aufleuchten wird dir Christus.

CASEL, εὐχαριστία – εὐχαριτία 84f; DAHL, Epheserbrief; DÖLGER, Sol Salutis; ENGBERG-PEDERSEN, Ephesians 5,12-13; FISCHER, Tendenz 140-146; GNILKA, Traditionen; HALTER, Taufe 269-281; VAN DER HORST, Wittiness; K. G. KUHN, Epheserbrief; LINDEMANN, Aufhebung 67-73; MALMEDE, Lichtsymbolik 129-131; MERKLEIN, Eph 4,1–5,20; NOACK, Eph 5,14; S. E. PORTER, Eph 5,5; SCHWANKL, Licht und Finsternis; STACHOWIAK, Die Antithese; TACHAU, „Einst und Jetzt" 8off; VÖGTLE, Tugend- und Lasterkataloge; WIBBING, Lasterkataloge.

Innerhalb des symmetrischen Aufbaus des paränetischen Teils[1] entspricht dieser Abschnitt mit seinen konkreten Mahnungen der Texteinheit 4,25-32. Dominierend ist wieder das Schema „nicht …, sondern …" (μηδὲ … ἀλλὰ μᾶλλον V.3f; μὴ … μᾶλλον δέ· V.11).[2] Beherrscht ist der Abschnitt vom Dualismus *Finsternis* (πορνεία, ἀκαθαρσία, πλεονεξία, αἰσχρότης, μωρολογία, εὐτραπελία) – *Licht* (εὐχαριστία, ἀγαθωσύνη, δικαιοσύνη, ἀλήθεια). Zur Finsternis gehören die

---
[1] 4,1–6,9.
[2] Vgl. 4,28 (μᾶλλον δέ).29 (ἀλλά). Ein Gegensatz liegt auch in 4,25 und V.31/32 vor.

„Söhne des Ungehorsams" (V.6), mit ihren „leeren Worten" und „fruchtlosen Werken", zum Licht die „Kinder des Lichtes", die ἅγιοι (V.3). Ihnen gilt die „Herrschaft Christi und Gottes", den „Söhnen des Ungehorsams" aber der „Zorn Gottes". Unterteilen lässt sich der Abschnitt in 5,3-5 (die für die Nachahmer Gottes ausgeschlossenen Taten) und 5,6-14 (der Wandel als Kinder des Lichtes).[3] Wieder finden sich Bezugnahmen auf den Kol (Eph 5,3-6/Kol 3,5-8). Am markantesten ist dabei die Gleichsetzung der πλεονεξία (bzw. des πλεονέκτης) mit der εἰδωλολατρία (bzw. dem εἰδωλολάτρης). Jedoch ist Kol 3,5-8 nicht der einzige Text, auf den Bezug genommen wird. Die Laster-Reihen in V.3 und 5 gehen auch auf 1Kor 5,10f (6,9f) zurück:

Eph 5,3-4	Eph 5,5	Kol 3,5.8	1Kor 5,10	1Kor 5,11	1Kor 6,9f
πορνεία	πόρνος	πορνεία	πόρνοι	πόρνος	πόρνοι
ἀκαθαρσία	ἀκάθαρτος	ἀκαθαρσία			
		πάθος			
		ἐπιθυμία			
πλεονεξία	πλεονέκτης	πλεονεξία	πλεονέκται	πλεονέκτης	πλεονέκται
εἰδωλολάτρης	εἰδωλολατρία	εἰδωλολάτραι	εἰδωλολάτρης	εἰδωλολάτραι	
			ἅρπαγες		

Von den fünf (bzw. sechs) Lastern in Kol 3 hat Eph drei übernommen (πορνεία, ἀκαθαρσία, πλεονεξία), dann aber in V.4 drei weitere hinzugefügt: „Schändlichkeit" (αἰσχρότης), „törichte Rede" (μωρολογία) und „Witzigkeit" (εὐτραπελία). Der Verfasser des Eph liebt die Triaden: 1,18f; 3,6; 4,2; 4,4; 4,5; 4,6; 4,13; 4,17f; 4,32; 5,3; 5,4; 5,5; 5,9; 5,19.[4] Der zweite Teil (V.6-14) enthält (abgesehen von V.6 und dem „Einst-Jetzt-Schema" in V.8) keine wörtlichen Anklänge an Kol mehr. Dafür findet sich hier dualistische Sprache, die mit der der Qumranschriften verwandt ist.[5] Wie 4,1-16 in seiner Paränese wesentlich auf 1,15-23 zurückgreift, so 5,3-14 auf 2,1-10, wo die Qumran-Begrifflichkeit ebenfalls ihre Spuren hinterlassen hat.

3 Das Prinzip der *imitatio Dei* (über den Weg der *imitatio Christi*) verlangt eine Einstellung und Lebenspraxis, die bestimmte Verhaltensweisen ausschließt. In frühjüdischer und frühchristlicher Ethik gibt es drei „Kardinal-Laster": „Unzucht" (πορνεία), „Habgier" (πλεονεξία) und „Götzenkult" (εἰδωλολατρία). In der hellenistischen Moralphilosophie gilt häufig die πλεονεξία als das Ur-Laster[6],

---

[3] Die Verse 6 und 7 bilden einen Übergang. GNILKA, Eph, 242, rechnet sie noch zu 5,1 und lässt erst mit V.8 den neuen Unterabschnitt beginnen. Das ist wegen des γάρ in V.8, das begründende Funktion für V.7 hat, aber nicht sinnvoll. LINCOLN, Eph, 317, unterteilt den Abschnitt in 5,3-6 und V.7-14. Dafür könnte das οὖν sprechen, das ja als οὖν-paraeneticum in 4,1; 4,17; 5,1 und 5,15 neue Absätze einleitet. Doch bezieht es sich in V.7 nur auf die „Söhne des Ungehorsams" in V.6 (vgl. das αὐτῶν).
[4] Vgl. dazu HÜBNER, Eph, 203.
[5] Vgl. K. G. KUHN, 339-346; GNILKA, 405-407.
[6] Vgl. o. zu 4,19.

doch kann stattdessen auch die ἐπιθυμία diese Rolle spielen.[7] „Unzucht" und „Götzenkult" sind dagegen von jüdischen Voraussetzungen her als prinzipielle Verfehlung anzusehen. In V.3 wird dem Begriff πορνεία (sexuelles Fehlverhalten) der allgemeinere ἀκαθαρσία („Unreinheit") zugefügt.[8] Vorgegeben ist die Laster-Triade (πορνεία, ἀκαθαρσία, πλεονεξία) in Kol 3,5. Ἀκαθαρσία (bzw. das Adjektiv ἀκάθαρτος) ist aber zugleich der Gegenbegriff zu ἁγιασμός (ἅγιος) – vgl. 1Kor 7,14; 1Thess 4,7. Damit wird das kultisch-rituelle Koordinaten- und Wertesystem der jüdischen Religion ins Spiel gebracht. Das καί hat hier explikative Funktion: „Unzucht" *als* Form von kultischem Verstoß. Freilich ist der Begriff von Reinheit/Unreinheit längst ethisch spiritualisiert. Damit verliert der Ausdruck ἀκαθαρσία an Präzision. Die Generalisierung πᾶσα zeigt, dass eine solche Verallgemeinerung auch beabsichtigt ist: Christliche Lebensweise hebt sich ab von einem nicht genau abgrenzbaren Feld, von Tabubereichen, in die zu gelangen sich als Verfehlung erweist. Der Kompass in dieser Situation ist 5,1-2: die Erfahrung der durch Christus interpretierten und vermittelten Liebe Gottes weiterzugeben. Mit ἤ[9] („oder") wird als drittes die πλεονεξία („Habgier") genannt. Ἀκαθαρσία πᾶσα und πλεονεξία stehen auch in 4,19 zusammen (neben ἀσέλγεια an Stelle von πορνεία). Dort wurde πλεονεξία durch die Präposition ἐν angefügt und bezog sich entsprechend auf die ganze Aussage von V.19.[10] Hier in 5,3 sind „Unzucht" (und „jede Unreinheit") auf der einen und „Habgier" auf der anderen Seite zwei Hauptfälle von ethischer Verfehlung. Entsprechend sind Unzucht und Habgier[11] zwei Hauptlaster in der frühjüdischen Literatur.[12] In der Damaskusschrift (CD 4,17-18) werden die drei Laster „Unzucht", „Reichtum" und „Befleckung des Heiligtums" aufgezählt, die der Trias πορνεία, πλεονεξία und ἀκαθαρσία entsprechen. Innerhalb von 1QS 4,9f steht in einem ausführlichen Lasterkatalog die „Habgier" (רְחוֹב נֶפֶשׁ) an erster Stelle, sodann „Geist der Unzucht" (רוּחַ זְנוּת) und „Unreinheit" (טֻמְאָה).[13] Es ist auffällig, dass diese drei Laster (in moralischem Kontext) überwiegend in jüdischer (LXX, Qumran, TestXII) und christlicher Literatur begegnen.

Es geht im Text nicht einfach um die Warnung vor der Ausübung bzw. Gesinnung der genannten „Laster", sondern diese sollen „nicht einmal genannt werden".

---

[7] Z.B. Röm 1,24; 6,12; 7,7; Gal 5,16.24. Allerdings ist sie dann meistens als fleischlich oder als ἐπιθυμία κακή (Kol 3,5) qualifiziert. Paulus kann auch seinen nicht verwerflichen Wunsch, bei Christus zu sein, als ἐπιθυμία bezeichnen (Phil 1,23). Eph 2,3 und 4,22 wird die ἐπιθυμία durch die Genitive τῆς σαρκός (2,3) und τῆς ἀπάτης (4,22) disqualifiziert.

[8] Πορνεία und ἀκαθαρσία begegnen gemeinsam in TestLev 18,2 B 16 (DENIS, Concordance); 1Hen (gr.) 10,9-11; πορνεία und εἰδωλολατρεία: TestBen, 10,10.

[9] BDR § 446,1b (mit A 2).

[10] S.o. zu 4,19.

[11] Πορνεία und πλεονεξία erscheinen innerhalb des NT zusammen nur in Kol 3,5; Eph 5,3 sowie in Mk 7,21f; πορνεία und ἀκαθαρσία in Gal 5,19; 2Kor 12,21 (und Kol 3,5).

[12] Zusammen erscheinen sie z.B. in TestDan 5,6-7; TestJud, titulus; 18,2 (πορνεία + φιλαργυρία); vgl. auch TestLev 14,6; Philon, spec. I 281f; vgl. REINMUTH, Geist, 22-41 (s.o. zu 4,19).

[13] Vgl. WIBBING, 91-113.

Dahinter könnte (1.) eine magische Vorstellung stehen, wonach das Aussprechen eines Ereignisses oder einer Sache diese heraufbeschwört. Oder damit sollte (2.) zum Ausdruck gebracht werden, dass solche Vorgänge unter den Adressaten völlig unbekannt („kein Thema") sein sollten.[14] Oder (3.): „Es ist eine radikale Absage an das, was die Gedanken und Gespräche vieler Menschen beherrscht und sie in unersättliche Begierden verververtrickt".[15] Dann ginge es um die Gefahr, dass Rede von „Lastern" die Leute zur Nachahmung reizt. Im Kontext hat die Formulierung μηδὲ ὀνομαζέσθω zunächst einmal die Funktion, zu den in V.4 genannten Wort-Sünden (schändliche, törichte und witzige Rede) überzuleiten. Aber in V.12 erscheint der Gedanke noch einmal: Es ist schändlich, das, was im Verborgenen geschieht, zu „sagen" (obwohl es vorher heißt, dass die „Werke der Dunkelheit" entlarvt werden sollen). Dahinter steckt also auch ein grundsätzlicher Gedanke. Wahrscheinlich sind die 3. und 1. Möglichkeit zu kombinieren: Ein *rationales* Motiv (Rede von „Sex and Crime" verlockt zur Frivolität oder gar Nachahmung) und ein *mythisches* (das Aussprechen einer Sache oder eines Ereignisses beschwört dieses durch Wortmagie herbei) fallen hier in eins: Ersteres gilt als Beweis für das Zweite. Durch καθώς wird zwar keine Begründung, aber doch ein Motiv der Angemessenheit benannt: „wie es Heiligen geziemt". „Heilige" steht ohne Artikel, hat also nicht die determinierte Bedeutung wie in 1,1.15.18; 2,19; 6,18, sondern eine allgemein qualifizierende.[16] Πρέπει bringt das klassisch-griechische Prinzip der Angemessenheit zum Ausdruck.[17] Semantisch hat es eine gewisse Übereinstimmung mit dem in V.4 folgenden ἀνῆκεν, das jedoch mehr den Aspekt der Pflicht als den der sachlichen Entsprechung zum Ausdruck bringt.[18] Zu „Heiligen" passt es nicht, wenn unsittliches Verhalten beredet wird.[19] Denn ἅγιος ist der Gegenpol zu ἀκάθαρτος/ἀκαθαρσία und deren „Begleiter" πορνεία und πλεονεξία.

4 Es folgt, mit „und" angeschlossen, eine zweite Dreierreihe von „Lastern", wobei wie in V.3 die ersten beiden mit einem weiteren καί verbunden sind, das dritte aber mit ἤ („oder") angefügt wird: καὶ αἰσχρότης καὶ μωρολογία ἢ εὐτραπελία („Schändlichkeit und törichte Rede oder Witzigkeit")[20]. Alle drei Ausdrücke sind

---

[14] Vgl. SCHLIER, Eph, 233.
[15] So SCHNACKENBURG, Eph, 222f.
[16] Vgl. SCHNACKENBURG, Eph, 223, der jedoch das sexuelle Moment zu sehr betont.
[17] Die Belege kulminieren im 5. und 4. Jahrhundert v.Chr. und dann wieder im 4. n.Chr. Im NT: πρέπον ἐστίν (c. Dat.): Mt 3,15; 1Kor 11,13; πρέπει: Eph 5,3; 1Tim 2,10; Tit 2,1; ἔπρεπεν: Hebr 2,10; 7,26. Die Formulierung kommt (wie auch das ἀνῆκεν) aus stoischer Tradition (M. POHLENZ, Τὸ πρέπον, in: NGWG. PH 1933, 53–92), doch ist der Begriff schon bei Platon und Aristoteles geprägt.
[18] Ἀνήκει: „es geziemt sich" (Phlm 8; Kol 3,18); πρέπει + Dat. hat annähernd die gleiche Bedeutung (beide unpersönlich).
[19] BEST, Eph, 474, vermutet, das Thema „Liebe" aus 5,1–2 habe den Verfasser veranlasst, auf die verbotene Liebe zu sprechen zu kommen. Das ist höchst unwahrscheinlich: Von der ἀγάπη führt auch kein assoziativer Weg zur πορνεία.
[20] Zur Textkritik bezüglich der drei Konjunktionen s. BEST, Eph, 478.

Hapaxleg. im NT.[21] Durch das erste καί wird der in V.3 angefangene Satz weitergeführt.[22] Αἰσχρότης bedeutet an sich „Schändlichkeit", „Ungehörigkeit". Da die beiden folgenden Begriffe sich auf Wortäußerungen beziehen („törichte Rede", „Witzigkeit"), wird vermutet, αἰσχρότης könne „unanständige", „zotige Rede" bedeuten.[23] Doch kann hier genauso gut unverschämtes Benehmen gemeint sein. Durch ein zweites καί werden zwei weitere „Laster", die nun (wie in V.3) durch ein nicht ausschließendes „oder" (ἤ) verbunden sind, angeführt: „und törichte oder witzige Rede" (μωρολογία[24] ἢ εὐτραπελία). Die nähere Bedeutung der beiden Hapaxleg. wird durch den Relativsatz ἃ οὐκ ἀνῆκεν angedeutet: Ausgeschlossen wird (ein unverschämtes Verhalten und) plumpe oder frivol-witzige Rede als „ungehörig" (ἃ οὐκ ἀνῆκεν). Der Tadel der „törichten Rede" entspricht dem strengen Verhaltenskodex von Qumran (1QS 7,9.14; 10,21–23).[25] Eigentümlich ist die Ächtung der εὐτραπελία („witzige Rede"). Der Ausdruck bedeutet manchmal eine Tugend („geistreiche Rede"), die in der Rhetorik gefragt ist. Grundsätzlich jedoch ist er ambivalent.[26] Durchgesetzt hat sich in der christlichen Literatur auf jeden Fall die negative Bedeutung. Μωρολογία und εὐτραπελία sind schon als zwei Depravationen von Rede verstanden worden: als geist-lose und geistreich-frivole Rede. Letztere macht ihre Witze auf Kosten anderer.[27] So bezeichnet der

---

[21] Sie begegnen auch kaum in der hellenistisch-jüdischen Literatur. Alle fehlen in LXX, in den griechisch-jüdischen Pseudepigraphen, soweit sie von DENIS, Concordance, aufgeführt werden. Nur bei Josephus erscheint zweimal εὐτραπελία: ant. XII 73 (neben χάρις).214 - sowie einmal μωρολογία (Apion., II 115), und bei Philon einmal εὐτραπελία (legat. 361). Es sind ausgefallene Begriffe, die nicht der jüdischen Paränese entstammen.

[22] Vgl. dagegen SCHNACKENBURG, Eph, 223: „Man kann schwerlich das Verb aus dem vorigen Satz ergänzen"; ähnlich SCHLIER, Eph, 233; GNILKA, Eph, 247. Dagegen LINCOLN, Eph, 322.

[23] Wie αἰσχρολογία; vgl. BAUER/ALAND, Wb., 47; GNILKA, Eph, 247; BARTH, Eph, II, 561; LINCOLN, Eph, 322. Dagegen zu Recht BEST, Eph, 478: „... there is a word for shameful speech, αἰσχρολογία, which is found in Col 3.8; A(uthor of) E(phesians) must have known it and, since he has not used it, it seems unlikely that he had intended here a reference to speech."

[24] Vgl. Sib V 280: σεμνύνειν στομάτεσσι κενοῖς καὶ χείλεσι μωροῖς (vom ägyptischen Tierkult; vgl. dazu Philon, cont. 8f).

[25] Vgl. K. G. KUHN, 338f; SCHNACKENBURG, Eph, 223; LINCOLN, Eph, 323.

[26] Der Ausdruck ist an sich positiv - vgl. Aristoteles, ethic.Nic. II 7, 1108a23-27: „Bei jener Annehmlichkeit, die der Scherz zu bereiten scheint, heißt, wer die Mitte hält, artig (εὐτράπελος), die Eigenschaft Artigkeit (εὐτραπελία), das Übermaß Possenreißerei und die Person Possenreißer; wer endlich hier zu wenig hat, steif, und die Art Steifheit" (vgl. IV 14, 1127b34–1128b4; ethic.Eud. III 7, 1234a4-23; rhet. II 12, 1389b10-12). Doch ist der Übergang zur „Possenreißerei" fließend. Aristoteles hebt die Grade durch Begriffe voneinander ab, doch kann der „mittlere" Begriff auch das ganze Spektrum meinen und dann ambivalent werden. Εὐτραπελία kann auch die übertriebene Form der Witzigkeit bezeichnen; vgl. Poseidippos Comic., fr. 28,4f: „Du treibst den Witz zur Unerträglichkeit" (τὴν εὐτραπελίαν εἰς ἀηδίαν ἄγεις).

[27] Ironisch ist Philon, legat. 361f, wo über einen schäbigen Witz des Kaisers gelacht wird, um ihn als „geistvollen Witz und unterhaltsamen Ausspruch" erscheinen zu lassen (σὺν εὐτραπελίᾳ καὶ χάριτι - vgl. zu letzterem Eph 4,29 und Kol 4,6). Bereits einer der ältesten Belege verwendet den Ausdruck ironisch, Platon, rep. 563a: „Die Alten aber setzen sich unter die Jugend und suchen es ihr gleich zu tun an Fülle des Witzes und lustiger Einfälle" (εὐτραπελίας καὶ χαριεντισμοῦ) - um nicht als alt und griesgrämig zu gelten. In der Rhetorik ist maßvolle Witzigkeit erwünscht, doch ist die Gefahr des Abgleitens ins Extreme immer nah. Zum ganzen Thema: VAN DER HORST, der auch die meisten Belege vorstellt.

Ausdruck zwar immer ein bestimmtes Verhalten, dessen Wertung jedoch vom Grad seiner Intensität abhängt, die zwischen Humorlosigkeit und frivolem Spott liegen kann.[28] Dass damit in Eph 5,4 obszöne Rede gemeint sei, ist jedoch unwahrscheinlich.[29] Vielmehr ist es der destruktive, aggressive, spöttische Charakter der „Witzigkeit", der eben nicht „aufbauend" wirkt, der sie in die Reihe der „Laster" einweist.[30] Wie der Ausschluss der „Laster" in V.3 durch ein καθὼς πρέπει ἁγίοις begründet wird, so werden die der zweiten Triade durch einen Relativsatz ausgeschlossen: „was sich nicht gehört". Sowohl der Gebrauch des πρέπει (in V.3) wie der des ἀνῆκεν entstammt stoischer Popular-Ethik. Das unpersönliche ἀνῆκει bedeutet: „es gehört sich", „es ist Pflicht".[31] Hier (wie in Kol 3,18) steht es im Imperfekt (ἀνῆκεν).[32] Es geht um das, was man tun bzw. lassen soll(te). Damit wird ein Norm- oder ein Pflichtenkonsens vorausgesetzt. Für die Antike ist die Form des „man" noch nicht in Frage gestellt. Die Lebensführung wird insbesondere in der Stoa an allgemeinen Gesetzmäßigkeiten, letztlich dem Prinzip der Natur ausgerichtet.[33] Das Prinzip der Natur ist in Kol 3,18 durch den Kyrios ersetzt. In Eph 5,3 ist es der Begriff „Heilige" (καθὼς πρέπει ἁγίοις), an dem sich der „Lebenswandel" zu orientieren hat. Damit ist ein Hinweis auf eine Norm gegeben. Unter dieser Perspektive sind dann „Schändlichkeit" (αἰσχρότης[34]) sowie plumpe und spöttische Rede unangebracht.

Die Alternative wird nur mit einem einzigen Stichwort genannt: „sondern vielmehr Danksagung (εὐχαριστία)". Ἀλλὰ μᾶλλον[35] leitet einen überbietenden Gegensatz ein: Die *eine* „Tugend" kompensiert die *vielen* „Laster"[36]. Εὐχαριστία[37]

---

[28] „εὐτραπελία is a *vox media*, having negative overtones nearly as often as positive ones" (VAN DER HORST, 173). Aristoteles versucht, den Ausdruck für das optimale Maß in der Mitte zu reservieren.

[29] VAN DER HORST, 176, verweist auf Aristoteles, ethic.Nic. 1128a 23–24, wo dieser den Unterschied zwischen einem „Possenreißer" (βωμολόχος) und einem εὐτράπελος erklärt mit dem Unterschied der „alten" und der „neuen" Komödie: Jene liebe Obszönitäten (αἰσχρολογία), diese die Andeutung (ὑπόνοια).

[30] Eine „Tugend" war sie nicht: Plutarch, virt.doc. 2 (Mor. 441B), tadelt Chrysipp dafür, dass er zu viele Dinge als „Tugenden" bezeichnete, darunter auch die εὐτραπελία.

[31] Ἀνῆκειν: „sich erstrecken", „sich beziehen". Das Wort kommt neben Eph 5,4 im NT vor in Kol 3,18 (ὡς ἀνῆκεν) und Phlm 8 (τὸ ἀνῆκον) – s.o. A 17f. Der Ausdruck geht auf die stoische Pflichtenlehre zurück und ist offenbar dem NT durch das hellenistische Judentum vermittelt worden (vgl. ep.Arist 245).

[32] Bei unpersönlichen Ausdrücken des Könnens, Sollens, Müssens usw. entspricht das dem deutschen Konjunktiv des Imperfektes (bzw. Plusquamperfektes): Es wäre nötig, es bestünde die Pflicht – geschieht aber nicht; vgl. BDR § 358,2 mit A 3.

[33] Dieses Prinzip ist freilich insofern ein höchst revolutionäres, als es hierarchische Strukturen außer Kraft setzen kann, die auf θέσει (Setzung), nicht φύσει (Natur) basieren.

[34] Im NT nur an dieser Stelle. LIDDELL/SCOTT, Lexicon, 43, geben als Bedeutung an: „ugliness, deformity" (Hässlichkeit). Αἰσχρότης wäre dann an dieser Stelle metaphorisch auf ein ethisch-soziales Verhalten bezogen und würde dieses als deformiert qualifizieren.

[35] Im NT nur Mk 5,26; Mt 27,24; Eph 4,3; 1Tim 6,2.

[36] LINCOLN, Eph, 324: „like an oasis in a desert of negatives".

[37] 13mal im Corpus Paulinum (darunter Eph 5,4; Kol 2,7; 4,2; 1Tim 2,1; 4,3.4) sowie Apg 24,3 (die einzige Stelle, wo der Dank nicht an Gott gerichtet ist); Apk 4,9; 7,12. Im Anschluss an Origenes und Hieronymus hat CASEL, 84f, vermutet, εὐχαριστία habe hier die Bedeutung von εὐχαριτία („Anmut", feinsinnige Rede). Das ist jedoch abwegig (s. LINCOLN, Eph, 324).

(Ausdruck der Dankbarkeit) ist ein wesentlich hellenistischer Begriff.[38] Seine lapidare Erwähnung lässt auf den ersten Blick keine genauere Beschreibung des Wortinhaltes zu. Allenfalls kann man hier einen Vorausblick auf 5,20 finden, wo das Partizip εὐχαριστοῦντες erscheint – eine Stelle, die auch wieder äußerst allgemein gehalten ist.[39] Die Bedeutung erschließt sich jedoch, wenn man den Gegensatz zu allen sechs genannten Verfehlungen ermittelt. Die Haltung der Dankbarkeit und der Vollzug des Dankens hängen mit der Philon und Paulus gemeinsamen „Theologie der Gnade" zusammen: Gott ist immer der Gebende, der Mensch ihm gegenüber immer ein Empfangender; εὐχαριστία ist so die einzig angemessene Haltung gegenüber Gott.[40] Die Begierden aber entspringen dem Wahn, „als ob der Nous aus sich heraus Eigenes zu zeugen verstände".[41] Die sechs in V.3 und 4 genannten Verfehlungen sind z.T. typisch für die usurpatorische Haltung des arroganten, aber nur erdbezogenen νοῦς. Das gilt in V.3 am deutlichsten von der „Habsucht", in V.4 von der „Witzigkeit", die beide betont am Ende der Dreierreihen stehen. Auch die μωρολογία ist ein Reden dessen, der meint, *von sich aus* Wissen zu „haben".[42]

5 Es folgt ein weiterer Katalog, der die drei Verfehlungen aus V.3 umsetzt in personale Formulierungen: „jeder Unzüchtige oder Unreine oder Habgierige ...". Das geschieht, weil es nun um die Strafe der Personen geht, die die in V.3 genannten Verfehlungen begehen (V.5b: Prädikat). Das τοῦτο γὰρ ἴστε γινώσκοντες ὅτι ... bereitet der Auslegung syntaktische Probleme: (1.) ἴστε kann a) sowohl Imperativ, b) als auch Indikativ (von οἶδα) sein. (2.) τοῦτο kann a) sowohl kataphorische, b) als auch anaphorische Funktion haben. (3.) ἴστε γινώσκοντες kann a) ein zusammengehöriges Syntagma darstellen, oder b) ἴστε kann sich mit τοῦτο γάρ auf V.3-4 zurückbeziehen, und γινώσκοντες würde dann den folgenden ὅτι-Satz dominieren.[43] – Nimmt man ἴστε als Imperativ (1a), dann müssen (2a) und (3a) gelten:

---

[38] In LXX kommt das Wort nur Est 8,12d; 2Makk 2,27; SapSal 16,28 und Sir 37,11 vor – also nur an Stellen ohne hebräische Vorlage. Dies gilt ebenso für εὐχαριστεῖν. Es handelt sich um einen hellenistischen (bzw. hellenistisch-jüdischen: 48mal bei Philon) Begriff, der in kultischem wie politischem Kontext gebraucht wird und dann besonders eine epistolarische Funktion erhalten hat (SCHUBERT, Thanksgivings, 114-122. – vgl. die Zusammenfassung, 179-185).

[39] Dort könnte die Kol-Vorlage (Kol 3,17; 4,2) ein paar Hinweise geben (s.u. zu 5,20).

[40] LA I 82-84; sacr. 53f; plant. 126-131; migr. 25.92.142f; her. 226; spec. I 169.210f.272; II 192; QG IV 130; vgl. LINCOLN, Eph, 324: „... thanksgiving is an essential aspect of the faith that acknowledges God as the ultimate source of all that is, the creator, sustainer, and redeemer of life." S.o. zu 1,4.

[41] Philon, migr. 92.

[42] Die Dialektik von Weisheit und Torheit in 1Kor 1-4 setzt diese Thematik voraus (1,25; 3,18; 4,10). Bei Philon findet sie sich im Verhältnis von ἔχειν und λαμβάνειν: congr. 127-138; vgl. 1Kor 4,7 (dazu SELLIN, Streit, 148-150).

[43] Vgl. dazu PORTER. – Die Form ἴστε (Imperativ oder Indikativ 2. Pers. Pl. des präsentischen Perfekts οἶδα) ist relativ selten; dazu: A. HORSTMANN, EWNT² 2, 1206-1209.

A) „Dies nämlich sollt ihr wissen und erkennen: dass …".
    Nimmt man ἴστε als Indikativ, ergibt sich entweder die Möglichkeit
B) 1b) + 2a) + 3a): „Ihr wisst und erkennt nämlich dieses, dass …" oder die Möglichkeit
C) 1b) + 2b) + 3b): „Dies nämlich [in V.3-4 Gesagte] wisst ihr, wobei ihr erkennt, dass …".

Möglichkeit B) unterscheidet sich nicht wesentlich von A). Da der ganze Abschnitt 5,3-14 aber in den anredenden Teilen imperativisch gehalten ist (mit Ausnahme von V.8a und V.12-14), kommen eigentlich nur Möglichkeit A) und C) in Frage:

A) „Dies nämlich sollt ihr wissen und erkennen: dass …".
C) „Dies [in V.3-4 Gesagte] wisst ihr nämlich, wobei ihr erkennt, dass … [V.5b-c]".[44]

Für die indikativische Deutung des ἴστε mit anaphorischem Bezug auf V.3-4 könnte das γάρ sprechen. Dagegen steht jedoch die Tatsache, dass dann das Hauptverb ἴστε den Nebenmodus (das im vorangehenden Kontext gegebene *Thema*) und das Partizip γινώσκοντες die Hauptaussage ausdrücken würde. Deshalb ist die imperativische Interpretation von ἴστε vorzuziehen: „*Das* nämlich sollt ihr erkennend wissen: *dass* jeder Unzüchtige … keinen Erbteil in der Herrschaft Christi und Gottes hat" (Möglichkeit A). Der ὅτι-Satz kann als Hauptaussage also nicht partizipial untergeordnet sein. Mit ὅτι wird der entscheidende Inhalt des zu Wissenden angegeben. Die seltene und umständliche Formulierung (Imperativ von οἶδα + Partizip von γινώσκω) dient letztlich der Emphase.

V.5 (im Zusammenhang mit V.3) hat eine strukturelle Nähe zu 1Kor 5,10f und 6,10: (1.) Auf eine pluralische (1Kor 5,10: πόρνοι) bzw. abstrakte Reihe (Eph 5,3: πορνεία) folgt eine singularische, personalisierte (1Kor 5,11/Eph 5,5).[45] (2.) Sowohl in 1Kor 5,11 als auch in Eph 5,5 sind die Glieder der Aufzählung durch ἤ (nicht ausschließendes „oder") verbunden. (3.) Als Prädikat folgt (auf die Aufzählungen) die Strafe des Ausschlusses vom Gottesreich (1Kor 6,10/Eph 5,5b). In genereller (πᾶς), singularischer, personalisierter Form erscheinen die drei in V.3 genannten Verfehlungen wieder (V.5b). Es folgt ein interpretierender Relativsatz: ὅ ἐστιν εἰδωλολάτρης („das ist ein Götzendiener"). Der Anschluss des Interpretationssatzes wirft ein Problem auf: Das neutrische Relativpronomen ὅ ist inkongruent zu den Maskulina des Hauptsatzes.[46] Doch begegnet solche Inkongruenz öfter.[47] Die

---

[44] Diese Möglichkeit bevorzugt PORTER. Er beruft sich auf G.B. WINER, Grammatik des neutestamentlichen Sprachidioms, 7. Aufl. Leipzig 1867 (auf die englische Übersetzung, Edinburgh 1882, 446), der das ἴστε auf V.3-4 und das Partizip auf den ὅτι-Satz bezieht. Diese Deutung versucht er durch den Nachweis einer chiastischen Struktur von V.3-5 zu begründen. Dieser Versuch ist jedoch wenig überzeugend.

[45] In 1Kor 5,11 geht es allerdings um kasuelle (ἐάν τις …), in Eph 5,5 um generelle (πᾶς) Aussagen.

[46] Einige Handschriften haben den Relativsatz daher assimiliert: ὅς (A D K L P u.a.). Dann würde sich der Satz nur auf das letzte Glied, den „Habgierigen", beziehen. Aber die Bezeugung der neutrischen, nichtassimilierten Form (die überdies die *lectio difficilior* darstellt) ist wesentlich besser.

[47] Kol 3,14 (… τὴν ἀγάπην, ὅ ἐστιν σύνδεσμος …); Apk 4,5; bei Kol 1,27 ist textkritisch schwer zu entscheiden, ob Kongruenz zum Vorsatz (ὅ ἐστιν: p46 A B F G P 33. 1739. 1881 u.a. - so: Nestle/Aland, 26./27. Aufl.) oder ob Assimilation an das Prädikat des Relativsatzes vorliegt (ὅς ἐστιν: ℵ C D H I Ψ 075. 0278. Mehrheitstext - so: Nestle/Aland, 25. Aufl.).

Frage ist, ob sich bei einem solchen „formelhaft(en) ... das heißt"[48] die Prädizierung durch den Relativsatz auf den ganzen Vordersatz, also auf alle drei Personengruppen, bezieht, oder nur auf den „Habgierigen". Letzteres ist wahrscheinlicher,[49] denn in der Vorlage Kol 3,5 ist das Prädikat „Götzendienst" eindeutig allein auf das letzte der drei Subjekte, die Habgier, bezogen. Wie in Kol 3,5 die Habgier wird hier in Eph 5,5 „jeder Habgierige" durch den interpretierenden Relativsatz hervorgehoben. Es ist auffällig, dass nicht dem πόρνος (bzw. der πορνεία) diese Interpretation zukommt, wie man im Anschluss an LXX (Mi 1,7; SapSal 14,12; vgl. Hos 4,12; Jer 3,9; 13,37; Ez 16,25.36; 23,49) vermuten könnte, sondern dem Habgierigen. „Habsucht" und „Geldgier" sind in frühjüdischer und neutestamentlicher Zeit die größeren Sünden im Vergleich mit sexuellen Tabuverletzungen. Der Mammon ist der Götze der Zeit (Mt 6,24/Lk 16,13; Philon, spec. I 21–27). Vielfach wurde die πλεονεξία (φιλαργυρία / φιλοχρημοσύνη) als Wurzel aller Übel betrachtet.[50] Es folgt das Prädikat des ganzen mit ὅτι eingeleiteten Satzes: „(Jeder Unzüchtige oder Unreine oder Habgierige – das ist ein Götzendiener –) hat keinen Erbanteil an der Herrschaft Christi und Gottes". Im Hintergrund dieses Satzteils steht 1Kor 6,9f: ὅτι ἄδικοι θεοῦ βασιλείαν οὐ κληρονομήσουσιν ... (οὔτε πόρνοι ...). Die Unterschiede sind deutlich: (1.) Eph 5,5 nennt von den zehn Sünden aus 1Kor 6,9f nur zwei (und diese in der singularischen Formulierung nach 1Kor 5,11), πόρνος und πλεονέκτης, fügt aber den ἀκάθαρτος hinzu,[51] insofern der Verfasser bereits in V.3 ἀκαθαρσία aus Kol 3,5 verwendet hatte. (2.) Die verbale Aussage οὐ κληρονομήσουσιν ändert er in οὐκ ἔχει κληρονομίαν. Dieses Substantiv spielt eine wichtige Rolle in den beiden epideiktischen bzw. liturgischen Einleitungsteilen 1,3–14 und 1,15–23: 1,14 und 1,18. Es ist der Begriff für das eschatologische Heilsgut, das bereitliegt, damit es die „Heiligen" antreten können (1,18), von dem sie im Heiligen Geist als Verheißung schon ein Angeld (ἀρραβών) haben (1,14). (3.) Merkwürdig ist die Formulierung „in der Herrschaft Christi und Gottes". Es ist die einzige Stelle im Eph, wo der Ausdruck βασιλεία (τοῦ) θεοῦ vorkommt.[52] Vom „Erben" der Gottesherrschaft ist dabei in 1Kor 6,9.10; 15,50; Gal 5,21 die Rede (und an unserer Stelle in der bewussten Abwandlung ἔχειν κληρονομίαν ἐν τῇ βασιλείᾳ ...). Am auffälligsten ist aber die Kombination βασιλεία τοῦ Χριστοῦ καὶ θεοῦ. Von einer βασιλεία Christi ist erstmals in 1Kor 15,23–28 *indirekt* die Rede: Christus muss solange herrschen (βασιλεύειν), bis er alle kosmischen Mächte einschließlich des Todes überwunden hat. Dann übergibt er die

---

[48] BDR § 132,2, verstehen das ὅ ἐστιν in diesem Sinne.
[49] So überzeugend LINCOLN, Eph, 317; BEST, Eph, 481; nicht ganz entschieden: SCHNACKENBURG, Eph, 224 A 535.
[50] 1Tim 6,10: ῥίζα γὰρ πάντων τῶν κακῶν ἐστιν ἡ φιλαργυρία ...; vgl. o. A 41 u. 42 zu 4,19. TestSim 5,3 heißt es jedoch von der πορνεία, sie sei „Mutter aller Übel, die von Gott trennt und zu Beliar führt".
[51] Als Gegenbegriff zu ἅγιος (vgl. 1Kor 7,14; 1Thess 4,7).
[52] Von den 68 Stellen entfallen allein 58 auf die Evangelien und Apg; neun gibt es im Corpus Paulinum (davon Eph 5,5; Kol 4,11 und 2Thess 1,5 deuteropaulinisch; eine im Röm, vier im 1Kor, eine im Gal), sonst einzig noch Apk 12,10.

Herrschaft an Gott. In Kol 1,13 ist erstmals direkt von der Herrschaft Christi die Rede: „die Herrschaft seines (Gottes) geliebten Sohnes". Geht man von 1Kor 15,23–28 aus, erscheint die Gottesherrschaft am Ende der Welt. Bis dahin herrscht Christus seit seiner Auferstehung. 2Tim 4,1 wird in diesem Sinne vom künftigen Gericht über Lebende und Tote, von der Erscheinung und der Herrschaft Christi gesprochen. Letztere scheint demnach mit der Parusie zu beginnen. 2Petr 1,11 schließlich spricht von der „ewigen Herrschaft unseres Herrn und Heilands Jesus Christus".[53]

Eph 5,5 steht in der Linie, die von 1Kor 15,23–28 ausgeht. Wie das Verhältnis zwischen Herrschaft Christi und Herrschaft Gottes aussieht, wird allerdings nicht gesagt. Die Formulierung („in der Herrschaft Christi und Gottes"[54]) lässt an ein Nebeneinander – oder besser noch an ein Repräsentationsmodell denken: Gott herrscht durch Christus; indem Christus herrscht, herrscht Gott.[55]

6 Mit V.6 setzt der Verfasser neu ein. Der Abschnitt, der bis V.14 reicht, wird strukturiert durch drei Warnungen: V.6a (μηδείς …) – V.7 (μή …) – V.11 (καὶ μή …).[56] Jede Warnung erhält dann einen Begründungssatz: V.6b (διὰ ταῦτα …) – V.8 (… γάρ) – V.12 (… γάρ). Am Ende von V.8 ist in die Begründung jedoch eine positive Mahnung eingeschoben („Wie Kinder des Lichtes wandelt!"), die in V.10 durch einen Partizipialsatz fortgesetzt wird („prüfend, was dem Herrn wohlgefällig ist"). Der ganze Abschnitt endet in V.14 mit einem Zitat, dessen Herkunft und „Sitz im Leben" nicht nachgewiesen werden kann, das aber zum Stichwort „Licht" eingefügt worden ist und liturgischen Klang hat.

Die erste Warnung enthält einen Imperativ der 3. Pers. (vgl. 4,26b.28.29.31): „Niemand soll euch *verführen* mit *leeren Worten*!" In 4,22 erschien das Genitivsyntagma ἐπιθυμίαι τῆς ἀπάτης („die trügerischen Begierden"). Im Hintergrund dieser Stelle steht aber Kol 2,8: „Seht zu, dass niemand da ist, der euch verführen will durch die ‚Philosophie' und *leeren Trug* aufgrund von Überlieferung durch Menschen" (διὰ … κενῆς ἀπάτης). Eine Entsprechung zur Wendung κενοὶ λόγοι liegt auch in 2Tim 2,16 (vgl. 1Tim 6,20) vor: κενοφωνία[57] (leeres Gerede) ist synonym zu κενοὶ λόγοι. Die Rhetorik leerer Worte kann Leute, die in Rhetorik und Dialektik unerfahren sind, täuschen und „überzeugen" (πείθειν).[58] Die War-

---

[53] Apk 11,15 setzt eine Doppelherrschaft über die Welt voraus, in der der Kyrios (Gott) und sein Christus (Messias) gemeinsam bis in Ewigkeit herrschen.

[54] Der Artikel vor Christus bedeutet nicht, dass hier „der Messias" gemeint sei. Eigennamen erhalten oft den Artikel (z.B. ὁ Ἰησοῦς).

[55] Vgl. HALTER, 272: „Gemeint ist der Heils- und Herrschaftsbereich Christi als gegenwärtige Form des Reiches Gottes …".

[56] Vgl. das μηδέ in V.3.

[57] Gemeint ist in 2Tim 2,16 damit die Lehre, „die Auferstehung sei schon geschehen" (2,18). Für den Verfasser des 2Tim ist diese Parole semantisch leer (eine Entleerung des Begriffs ἀνάστασις).

[58] Die Wendung κενοὶ λόγοι kommt z.B. bei Platon (Laches 196 b 7) vor; auch Demosthenes, or. 27,25; vgl. Plutarch, Platonicae quaest. 1,3 (Mor. 1000C) (Zitat von Theognis 432: οὐ γὰρ μικρὸν ἦν ὄφελος ἀλλὰ μέγιστον ὁ τοῦ μεγίστου τῶν κακῶν, ἀπάτης καὶ κενοφροσύνης, ἀπαλλάττων λόγος). Sehr nahe kommt unserer Stelle vor allem TestNaph 3,1: ἐν λόγοις κενοῖς ἀπατᾶν τὰς ψυχὰς ὑμῶν.

nung vor Täuschung durch „leere Worte" ist an die Adressaten des Briefes gerichtet.[59] Zunächst aber bezieht sich V.6b auf die Urheber der Täuschung: „Wegen solcher Dinge nämlich kommt der Zorn Gottes über die Söhne des Ungehorsams." Das allgemeine διὰ ταῦτα hat keinen direkten Bezugspunkt. Die Wendung υἱοὶ τῆς ἀπειθείας („Söhne des Ungehorsams") begegnete bereits in 2,2. Auch dort war vom „Zorn" die Rede: Heiden und Juden waren vor Christus „Kinder des Zorns", vgl. Röm 1,18ff. Jetzt aber wirkt die dämonische böse Macht „in den Söhnen des Ungehorsams". Das sind jene, die sich der rettenden Gnade Gottes (2,4ff) verschlossen. Dazu gehören dann nach 5,6 auch die, die sich von solchen Ungehorsamen überreden lassen. Verdeckt liegt in 5,6 ein Wortspiel vor: ἀπατάτω/ τῆς ἀπειθείας (V.6 am Anfang und am Ende). Die „Worte" jener, vor denen gewarnt wird, sind auf „Überzeugung" (πειθώ) aus,[60] aber sie sind „leer", denn sie kommen von den „Söhnen der ἀπείθεια", von Leuten also, die sich selber nicht von Gott überzeugen ließen. Was sie erreichen, kann nur „Täuschung" (ἀπάτη: 4,22) sein.

7 Jetzt wendet sich der Verfasser an die Adressaten: „Werdet also nicht ihre Komplizen!" Συμμέτοχος[61] kommt im NT nur noch in Eph 3,6 vor und ist literarisch sonst selten belegt (s.o. A 107 zu 3,6). Das οὖν hat die Funktion, die Konsequenz aus V.6 zu ziehen: „Also macht nicht mit ihnen ‚den Söhnen des Ungehorsams'[62] gemeinsame Sache!".

8 Durch das γάρ werden die folgenden Verse als Begründung an den vorherigen Kontext angeschlossen. Mit V.8 beginnt jedoch ein neues semantisches Feld mit den semantischen Achsen „Finsternis" – „Licht",[63] „einst" – „jetzt" und „verborgen" – „offenbar". V.8a bildet einen Satz, V.8b und V.10 einen weiteren, unterbrochen durch die Parenthese V.9. In V.11 folgt ein (zu V.7 paralleler) Imperativsatz, nun nach dem Schema μή – μᾶλλον δέ (vgl. V.3–4: μηδέ – ἀλλὰ μᾶλλον). Die gesteigerte, positive Aussage führt das Stichwort ἐλέγχειν ein („aufdecken"), das die „schändlichen" Vorgänge aus dem Verborgenen ans Licht bringt (V.12–14a). Mit einem feierlichen Text zum Thema „Licht", der als Zitat eingeführt wird, schließt der Abschnitt (V.14b).

Das ποτέ-(νῦν-)Schema begegnete bereits in 2,2f, dann explizit in 2,11.13 (und wieder implizit – nur νῦν ohne ποτέ – in 3,5). Die heidnische Vergangenheit wird

---

[59] In den griechischen Pseudepigraphen erscheint das Verb ἀπατᾶν in zwei Zusammenhängen: (1.) bezogen auf die Verführung des Urmenschenpaares durch die Schlange = den Teufel (διάβολος): ApkMos 9,3; 15,1; 23,4f; 29,13; 30,1f; 39,2; (2.) von der Verführung durch eine (schöne) Frau: TestJud 11,2; 12,3; 13,3; allgemein: durch πνεύματα τῆς πλάνης (TestSeb 9,7). Zu TestNaph 3,1 vgl. vorige A.
[60] Vgl. Philon, virt. 218: τοῖς δὲ λόγοις πειθώ: „in seinen Worten war Überzeugungskraft".
[61] BAUER/ALAND, Wb., 1553f, verstehen das Wort in 5,7 als Substantiv und den Gen. entsprechend als Gen. possessivus (vgl. BDR § 182,1 A 1).
[62] GNILKA, Eph, 250 (mit A 4), bezieht das auf die „Laster". Das letzte Bezugswort ist jedoch „die Söhne des Ungehorsams"; vgl. LINCOLN, Eph, 326.
[63] Zur Finsternis-Licht-Metaphorik vgl. MALMEDE, 129–131; SCHWANKL, 77.228.267.306.314.366.

als Finsternis[64] qualifiziert, der jetzige Status als „Licht". Das Sein in der Finsternis wurde in 2,1–10 als νεκρός („tot") bezeichnet.[65] Das den Satz 5,8a abschließende ἐν κυρίῳ ist eine Variation des häufiger begegnenden ἐν Χριστῷ, das im Eph häufig am Schluss eines Satzes erscheint und sich dann auf das ganze Prädikat bezieht (1,3.10.12; 2,6.7; 3,11.21). Analog könnte hier ἐν κυρίῳ den Modus des Subjekts „ihr" angeben: Nun, *wo ihr „im Herrn" seid*, seid ihr Licht.[66] Ἐν κυρίῳ bringt stärker den Herrschaftsbereich Christi zum Ausdruck als das personale ἐν Χριστῷ. Der Lichtcharakter der Menschen, die „im Herrn" sind, erfordert einen entsprechenden „Wandel": „als[67] Kinder des Lichtes führt euer Leben!" (περιπατεῖτε[68]). Das ist die prägnanteste Fassung des theologischen Verhältnisses von „Indikativ" und „Imperativ". Nach V.4 Ende („sondern vielmehr Danksagung!") ist dies die zweite positive Mahnung im Abschnitt. Der Ausdruck „Kinder des Lichtes" ist (wie „Söhne des Ungehorsams" und „Kinder des Zorns" in 2,2f) ein Semitismus: Er drückt die Zugehörigkeit von Einzelwesen zu einer Gattung oder einem Bereich bzw. zu einer bestimmten typischen Handlung (aktiv oder passiv) aus. Der Gen. hat eine überwiegend qualitative Funktion.[69] Zwischen den Ausdrücken „Kinder" (τέκνα) oder „Söhne" (υἱοί) besteht kein Unterschied (vgl. z.B. τέκνα φωτός Eph 4,8 und υἱοὶ τοῦ φωτός Lk 16,8). Das semantische Feld (Finsternis – Licht; einst – jetzt) lässt sich in Beziehung zur Taufe setzen.[70] Die Licht-Metaphorik und -Symbolik ist im Alten Testament und frühen Judentum weit verbreitet.[71] Dieser dualistische Hintergrund der Paränese des Eph ist religionsgeschichtlich von großer Tragweite. Die alttestamentlich-jüdische Religion ist zunächst nicht dualistisch. Erst in der Ausprägung der Apokalyptik kommt es zu einem Konzept des Dualismus, welches das entstehende Christentum miterbt und das in den drei monotheistischen Religionen zu verschiedenen Zeiten immer wieder aufflammt. „Licht" und „Finsternis" bilden das Ur-Metaphernpaar für diese Welterfahrung und -deutung. Wie in den Qumrantexten fordert der Verfasser des Eph eine Entscheidung zwischen „Licht" und „Finsternis". Dabei gibt es jedoch eine Vorgabe: Wer „in Christus", unter dem Kyrios Christus (ἐν κυρίῳ) ist, der ist im Licht. Die Aufforderung appelliert an die Bemühung,

---

[64] Σκότος: 5,8.11; 6,12; vgl. 4,18: ἐσκοτωμένοι.

[65] Dort wird die Vergangenheit der Judenchristen einbezogen („wir" = der Verfasser und seine heidenchristlichen Adressaten).

[66] Vgl. SCHNACKENBURG, Eph, 226, der paraphrasiert: „,Licht' sind die ehemaligen Heiden dadurch geworden, daß sie in den Macht- und Wirkbereich Christi (,im Herrn') eingetreten sind."

[67] Zur Übersetzung von ὡς mit „als" (und nicht mit „wie") s.o. zu 5,1 und vgl. BOUWMAN, Eph V 28 (s.u. zu 5,28).

[68] Die Aufforderung zu einem qualifizierten περιπατεῖν durchzieht den ganzen paränetischen Teil des Eph: 4,1.17; 5,2.8.15 (vorweg auch schon 2,10). In Verbindung mit dem οὖν-paraeneticum werden dadurch häufig Hauptabschnitte markiert: 4,1; 4,17; 5,1f; 5,15.

[69] Vgl. SELLIN, Genitive, 88.

[70] Vgl. LINCOLN, Eph, 326: „baptismal paraenesis."

[71] Vgl. die zahlreichen Belege sowie die Lit.-Angaben bei LINCOLN, Eph, 326f; zu Qumran: K. G. KUHN, 339–345.

diesem Zustand entsprechend zu handeln, um in Übereinstimmung mit dem eigenen Sein zu leben.[72]

9 Der in V.8 begonnene Satz wird erst in V.10 durch einen untergeordneten Partizipialsatz und – in V.11 – mit einem weiteren Imperativsatz zu Ende geführt. V.9 ist eine Parenthese[73], die sich auf V.8c bezieht, veranlasst durch das Stichwort Licht: „denn die Frucht des Lichtes (besteht) in aller Güte und Gerechtigkeit und Wahrheit". Indem die ethische Konsequenz als „Frucht" bezeichnet wird, kommt die logische Beziehung von Sein („Licht") und Sollen („Wandelt!") zum Ausdruck: Die „Frucht" ergibt sich als Folge aus dem Zustand des Baumes.[74] Im Hintergrund von V.9 steht Gal 5,22: „Die Frucht des Geistes aber ist Liebe, Freude, Frieden, Langmut, Milde, Güte (ἀγαθωσύνη), Treue (πίστις), Demut, Enthaltsamkeit". Davon erscheint in Eph 5,9 aber nur die ἀγαθωσύνη, zu der dann „Gerechtigkeit" und „Wahrheit" hinzugenommen werden. Den beiden „Laster"-Triaden in V.3 und 5 wird in V.9 also eine „Tugend"-Triade gegenübergestellt. Diese Triade ist auf den ersten Blick ganz griechisch-platonisch. Das Prädikat ἀγαθός („gut") erhält nach Platon der Demiurg, der seine Vollkommenheit projiziert in eine geistig vollkommene Welt. Im Eph begegnet dieses platonische Theologumenon – vermittelt durch die hellenistisch-jüdische Theologie Philons – mehrfach, freilich gesteigert durch die Transformation von der ἀγαθότης zur ἀγάπη.[75] Philon verwendet 26mal das Wort ἀγαθότης[76], das im NT fehlt. Dort findet sich aber ἀγαθωσύνη (Röm 15,14; Gal 5,22; Eph 5,9; 2Thess 1,11). „Gerechtigkeit" und „Wahrheit" erschienen zuletzt in 4,24 (zusammen mit „Frömmigkeit": ὁσιότης). Während dort „Wahrheit" als Schlüsselglied der Reihe durch ἐν an die beiden anderen Begriffe angefügt ist, sind hier in 5,9 alle drei mit ἐν verbunden. Es handelt sich um einen Nominalsatz: „Die Frucht des Lichtes (besteht) in aller Güte, Gerechtigkeit und Wahrheit." Voran steht die „Güte" (ἀγαθωσύνη), die nicht nur auf 4,28 (τὸ ἀγαθόν) und 4,29 (ἀγαθός)[77] verweist, sondern auch auf das ausgeschlossene Gegenteil:

σὺν πάσῃ κακίᾳ („mit aller Schlechtigkeit": 4,31)
ἐν πάσῃ ἀγαθωσύνῃ („in aller Güte": 5,9).

Ἀγαθωσύνη verweist zurück auf ἀγάπη („Liebe") in 5,1-2. Anders als Philons an Platon angelehnter Begriff ἀγαθότης („Gutheit" im Sinne von Vollkommenheit) hat ἀγαθωσύνη bereits die Konnotation „Güte" im Sinne einer fördernden Zu-

---

[72] Für das frühe Christentum impliziert diese Sicht keinen Impuls, die „Söhne des Ungehorsams" zu verfolgen, zu bekämpfen oder zu töten. Aus dem folgenden Vers, einer Parenthese, wird das sofort klar.
[73] Vgl. BDR § 465, 1 A 2. Extrem ist diese Parenthese deshalb, weil ein ganzer (allerdings elliptischer) Satz als „Anmerkung" zu „Licht" eingefügt wird.
[74] Vgl. Mt 7,17-20/Lk 6,44-45.
[75] S.o. zu 1,4 und zu 5,1-2.
[76] Ἀγαθωσύνη verwendet er nicht.
[77] An beiden Stellen jedoch in technischem Sinne: τὸ ἀγαθόν = „Guthaben" und ἀγαθὸς εἶναι – „in der Lage sein (aufzubauen)".

neigung. Am deutlichsten wird das in Gal 5,22, wo das Wort im Kontext der selbstlosen Tugenden („Langmut", „Milde", „Treue", „Demut" und eben „Liebe") steht (vgl. auch Röm 15,14). Die Bedeutung von ἀγαθωσύνη nähert sich also der von ἀγάπη.[78] Das Wort ἀγαθωσύνη fehlt in der profangriechischen Literatur sowie in den profanen Papyri.[79] Es begegnet erstmals in der LXX und der griechisch-jüdischen Pseudepigraphie.[80] Δικαιοσύνη und ἀλήθεια haben zwar eine griechische Tradition: Δικαιοσύνη ist eine der Kardinaltugenden[81], und ἀλήθεια wurde in peripatetischer Tradition zu den Tugenden gezählt.[82] Doch wesentlich ist der alttestamentliche Hintergrund, wo צֶדֶק/צְדָקָה (in LXX überwiegend mit δικαιοσύνη [Gerechtigkeit] wiedergegeben) und אֱמֶת (in LXX überwiegend mit ἀλήθεια [Wahrheit] wiedergegeben) eng zusammengehören. Δικαιοσύνη ist dann ein gemeinschaftsförderndes, solidarisches Verhalten, auf das sich die Glieder des „Leibes Christi" verlassen können (ἀλήθεια). Das heißt, dass die Begriffe „Gerechtigkeit" und „Wahrheit" Relationsbegriffe und keine absoluten Normbegriffe sind. Insgesamt wird hier noch einmal deutlich, welche fundamentale Rolle das hellenistische (alexandrinische) Judentum in seiner Verbindung von Altem Testament und griechischer Ethik für die Konsolidierung der (nach)paulinischen Theologie spielt.

10 Nach der Parenthese wird die Aufforderung „als Kinder des Lichtes wandelt!" von V.8c in V.10 fortgeführt: „indem ihr prüft (Partizip), was dem Herrn wohlgefällig ist". Damit wird auf V.8b zurückgegriffen: „nun aber *im Herrn* seid ihr Licht." Das dem „Im-Herrn"-Sein angemessene Handeln ergibt sich nicht von selbst. Der Mensch muss entscheiden, was er zu tun hat. Dazu muss er „prüfen". Das Handeln ist nicht zwangsläufig festgelegt, sondern hängt von Situationen und Umständen ab. Der Partizipialsatz stellt eine Abbreviatur von Röm 12,2 dar: „Passt euch nicht dieser Welt an, sondern lasst euch verwandeln durch die Erneuerung des Geistes (νοῦς), damit ihr zu prüfen im Stande seid (εἰς τὸ δοκιμάζειν ὑμᾶς), was der Wille Gottes ist, das Gute und Wohlgefällige und Vollkommene (τὸ ἀγαθὸν καὶ εὐάρεστον καὶ τέλειον)." In den drei Neutra am Schluss von Röm 12,2 ist nicht das Ergebnis des Prüfens, die Antwort, vorweggenommen. Sie sind vielmehr Explikationen des „Willens Gottes", die dem Prüfen noch ausgesetzt sind: *Was* ist das „Gute", das „Wohlgefällige", das „Vollkommene"? Die Prüfung

---

[78] Die Begriffe auf -σύνη (neben ἀγαθωσύνη z.B. ἁγιωσύνη, δικαιοσύνη, σωφροσύνη, ταπεινοφροσύνη) haben im Vergleich zu den entsprechenden auf -της (ἀγαθότης, ἁγιότης, δικαιότης [ταπεινότης]) jeweils weitere Bedeutungskomponenten, so dass keine volle Synonymität zwischen den jeweiligen Ausdrücken der beiden Reihen besteht. Die entsprechenden Wörter auf -της wirken insgesamt im Vergleich zu den auf -σύνη abstrakter.
[79] Vgl. SCHNACKENBURG, Eph, 228 A 553.
[80] 15mal in LXX; Oratio Manasse, 12,22; 14,13; TestAbr 1,19; Röm 15,14; Gal 5,22; 2Thess 1,11. Es ist möglich, dass ἀγαθωσύνη eine alexandrinisch-jüdische neologistische Parallelbildung zu δικαιοσύνη darstellt.
[81] S.o. zu 4,24; dazu VON LIPS, Jüdische Weisheit, 32f; ferner s.u. zu 6,14 A 60.
[82] Ps.-Aristoteles, virt.vit. 1250 b 23; ep.Arist 306 (s.o. A 83 zu 4,24; s.u. A 60 zu 6,14).

ist den Adressaten als Aufgabe überlassen. Sie können aber dieser Aufgabe gerecht werden, weil sie im νοῦς „erneuert" sind.[83]

11 Der mit V.8b begonnene positive Imperativsatz wird mit einem weiteren (nun negativen) Imperativ, durch καί angeschlossen, fortgeführt: *Nehmt nicht teil* an den fruchtlosen Werken der Finsternis!"[84]. Ἄκαρπος („fruchtlos") wird im NT überwiegend metaphorisch gebraucht. Nur Tit 3,14 hat Berührungspunkte mit unserer Stelle.[85] In Eph 5,11 ist der Ausdruck „fruchtlose Werke der Finsternis" als Gegenteil von „guten Werken" zu verstehen, die als καρπὸς δικαιοσύνης („Frucht der Gerechtigkeit": Phil 1,11) gelten können. Denn (so V.9) „die Frucht des Lichtes (besteht) in jeglicher Güte, Gerechtigkeit und Wahrheit". Die Finsternis bringt keine Frucht, darum sind ihre Werke „fruchtlos". Mit μᾶλλον δέ wird eine Alternative eingeführt,[86] die zugleich eine Steigerung enthält: καί (was im Zusammenhang mit „sogar" wiedergegeben werden kann). Die Adressaten sollen sich nicht einfach der Werke der Finsternis enthalten, sondern sie „aufdecken", aus der Verborgenheit ans Licht bringen, um sie zu beseitigen. Ἐλέγχειν ist ein kriminalistischer Ausdruck („überführen", „nachweisen"). Man könnte das vordergründig so verstehen, dass die Adressaten aufgefordert werden, ihren Mitmenschen „nachzuschnüffeln". Das wäre ein anachronistisches Missverständnis. Die Finsternis wird überhaupt erst als Finsternis wahrgenommen dadurch, dass ein „Licht" da ist.[87] Dieses Licht einfach leuchten zu lassen, überführt die *Werke* der Finsternis.[88]

---

[83] REICHERT, Römerbrief, 228, überschreibt den Abschnitt Röm 12,1f treffend: „Der kommunikative Gottesdienst der ethisch unabhängig urteilsfähigen Gemeinde". Christliche Ethik ist – gerade weil sie von den Zwängen „dieses Äons" befreit ist – in der Lage, nicht-normative, situationsadäquate Entscheidungen zu treffen. Das „Gute", das (Gott) „Wohlgefällige", „das Vollkommene" sind offene Prädikate, die durch jeweils sehr unterschiedliche Beispiele in unterschiedlichen Situationen erfüllt werden können.

[84] Apk 18,4: „teilnehmen an ihren Sünden"; Phil 4,14 dagegen positiv: „Anteil nehmen" an der Not des Apostels. συγκοινωνεῖν hat an allen drei Stellen den Dat., das Adjektiv (συγ)κοινωνός jedoch den Gen. (BDR § 169,1; 182,1); in Phil 4,14 ist die Konstruktion ambivalent: συγκοινωνήσαντές μου τῇ θλίψει, doch wird sie wohl im Sinne des Dativs aufzulösen sein: „teilhabend an meiner Not". Vgl. SEESEMANN, κοινωνία, 32.

[85] Der Vers bleibt rätselhaft: „Aber auch die Unsrigen sollen lernen, sich um gute *Werke* zu kümmern für die erforderlichen Notwendigkeiten, damit sie nicht *ohne Frucht* (ἄκαρποι) dastehen".

[86] Vgl. in V.4 das ἀλλὰ μᾶλλον, wo die εὐχαριστία den Lastern von V.3f gegenübergestellt wird.

[87] Vgl. Philon, Deus, 135: „Solange nicht der göttliche Logos in unsere Seele gewissermaßen wie in eine Wohnung gekommen ist, sind alle ihre Taten schuldlos ... Wenn aber der wahre Priester, der ἔλεγχος, in uns eingeht wie ein ganz reiner Lichtstrahl, dann erkennen wir die in uns liegenden, der Seele nicht gut tuenden Willensregungen ...". ἔλεγχος ist der Logos als Gewissen.

[88] ENGBERG-PEDERSEN, 97, bestimmt die Bedeutung von ἐλέγχειν als „confronting somebody or something with the sin of showing him or it to be, in some determinate respect, at fault". In V.11 hat ἐλέγχετε kein explizites Objekt, doch legt sich von V.11 her nahe, „Werke der Finsternis" als implizites Objekt anzunehmen. V.12 spricht nicht dagegen (s.u. zu V.12). BEST, Eph, 492f, argumentiert dagegen: „Finsternis" in V.8 beschreibe Menschen („einst wart *ihr* Finsternis ..."), und das συν- in συγκοινωνεῖτε setze die Teilnahme weiterer Menschen voraus („nehmt nicht ,mit' [bestimmten Leuten = gemeinsam] ,teil' an den fruchtlosen Werken der Finsternis!"; so auch BAUER/ALAND, Wb., 1545: „Zusammen Anteil haben, sich zugleich beteiligen"). Auch das ὑπ᾽ αὐτῶν in V.12 beziehe sich dann auf die *Täter* der Werke. – Diese Begründung ist jedoch nicht stichhaltig. Die beiden anderen Vorkommen von συγ-

Ja, wenn ein Licht leuchtet, wird auch das Dunkle hell. Allein die Tatsache, dass Güte, Gerechtigkeit und Wahrheit in einer finsteren Welt demonstriert werden, erhellt das Dunkel.

12 Es folgt mit γάρ angeschlossen eine dreigliedrige Begründung zu V.11b (V.12; V.13; V.14a). Das, was „im Verborgenen … geschieht", sind die „Werke der Finsternis", die im Dunkel verborgen geschehen und die aufgedeckt werden sollen.[89] Schwierig ist der Bezug von ὑπ' αὐτῶν („was im Verborgenen *von ihnen* geschieht …"). Ὑπό + Gen. beim Passiv bezeichnet den Urheber.[90] Im vorangehenden Kontext kommen dafür nur „die fruchtlosen Werke der Finsternis" (V.11) oder „die Söhne des Ungehorsams" (V.6) in Frage. Meist wird ein personaler Aktant vorausgesetzt, so dass die in V.6 genannten „Söhne des Ungehorsams" als Bezugsgröße angenommen werden.[91] Doch auffällig ist die Formulierung τὰ … γινόμενα in V.11 („das … Entstandene/Gewordene"). Bei einem personalen logischen Subjekt würde man ein anderes Verb mit aktiver Bedeutung (z.B. ποιούμενος) erwarten.[92] Γινόμενα („Gewordenes") kann auch durch „Werke der Finsternis" verursacht sein. Im Rückblick wird dann verständlich, dass in V.11 nicht vor Gemeinschaft mit den „Söhnen des Ungehorsams" (V.6), sondern vor Verbindung mit den „fruchtlosen *Werken* der Finsternis" gewarnt wird. Diese Entpersonalisierung ist beabsichtigt.[93] Das Prädikat des Satzes (αἰσχρόν ἐστιν καὶ λέγειν: „es ist schändlich, das auch nur auszusprechen") greift die Aussage von V.3 wieder auf („Unzucht, Unreinheit und Habgier sollen bei euch nicht einmal genannt werden"). Das Motiv des Nicht-Aussprechens der Verfehlungen rahmt so den ganzen Abschnitt und ist demnach dem Verfasser wichtig.[94] Damit werden auch die drei „Laster" aus V.3 wieder aufgegriffen: πορνεία, ἀκαθαρσία und πλεονεξία. Sie zu thematisieren ist „schändlich" (αἰσχρός), fällt also unter die in V.4 genannte Untugend der

---

κοινωνεῖν im NT, Phil 4,14 und Apk 18,4, zeigen, dass συγκοινωνεῖν synonym ist mit dem Simplex κοινωνεῖν und dass das συν- allenfalls die Bedeutung der Teilhabe an dem im Gen. genannten Objekt intensiviert. So setzt das Wort συγκοινωνός ja auch nicht ein Teilhaberkonsortium voraus, sondern bezeichnet schlicht den Teilhaber oder Teilnehmer an einer Sache (Röm 11,17; 1Kor 9,23: am Evangelium). Und entsprechend setzt συγκομᾶσθαί τινι (1Hen [gr.] 9,8; ApkPetr 17,32) keinen Gruppensex voraus, sondern Beischlaf einer Person mit einer anderen (BAUER/ALAND, Wb., 1545). – Die Aussage von V.8 („Finsternis" bzw. „Licht im Herrn") ist eine metaphorische Prädikation und keine Identifikation. „Licht" steht also nicht als Substitut für bestimmte Menschen.

[89] EWALD, Eph, 224, möchte das, was „heimlich geschieht" als spezielle, besonders schlimme Vergehen von τὰ δὲ πάντα (V.13) abheben: „denn was sie heimlich tun, ist so scheußlich, daß man nicht ohne Erröten davon sprechen kann …". Bezeichnenderweise ist aber nicht vom „Tun", sondern vom „Geschehen" die Rede. Es sind die Werke der Finsternis insgesamt. Nicht κρυφῇ und πάντα bilden einen Gegensatz, sondern κρυφῇ γινόμενα und (πάντα) ἐλεγχόμενα (s.u. A 99).

[90] BDR § 232,2; 282,2 A 3.

[91] LINCOLN, Eph 330, setzt diese in V.6 Genannten als in V.11 *implizierte* voraus; ähnlich BEST, Eph, 493 (dazu s.o. A 89).

[92] Vgl. Eph 5,13: τὰ δὲ πάντα ἐλεγχόμενα ὑπὸ τοῦ φωτός.

[93] S.o. A 89; vgl. MALMEDE, 129–131.

[94] Vgl. Philon, opif. 80: „Denn jetzt, da … die Menschen sich zügellos ihren Leidenschaften und maßlosen und sündhaften Begierden, die man nicht einmal aussprechen darf, hingegeben haben …".

αἰσχρότης. Viele Ausleger sehen hier wieder die sexuellen Verfehlungen (die Praktiken der „Unzucht") im Zentrum.[95] Aber πορνεία ist ein semantisch sehr weitreichender, symbolisch ausgreifender Begriff, der eher im Sinne einer Synekdoche eine ganze Lebensweise, die heidnische Mentalität in ihrer Differenz zur jüdischen, im Blick hat. Wieder taucht das Motiv des *horribile dictu* auf. Im Zusammenhang mit dem Motiv des ἐλέγχειν wird dieses hier am Ende verständlicher als in V.3. Die Verfehlungen sind nur die schwarze Folie für das eigentliche Thema: die Erhellung der dunklen Welt durch „Erbauung", durch Güte, Gerechtigkeit und Wahrheit (die „Früchte" des Lichtes). Diese gütige Lebensform enttarnt die Dunkelheit und erleuchtet die Welt. Paradoxerweise werden dabei die „Werke der Finsternis", die doch nicht ausgesprochen werden sollen, sehr viel ausführlicher vorgestellt als die „Früchte" des Lichtes, die das eigentliche Thema und die Pointe der Paränese darstellen. Bezeichnend für den ganzen Abschnitt ist dabei die Entpersonalisierung der Polemik: Nicht die „Sünder" sollen „überführt" werden, sondern die „Werke der Finsternis" sollen durch das „Licht" aufgedeckt werden. Nicht die „Täter"[96] stehen im Zentrum des Angriffs, sondern die mythischen Mächte, die die Täter bestimmen und beherrschen.

13 Die „sachliche" Deutung von ὑπ᾽ αὐτῶν in V.12 wird durch den folgenden V.13 bestätigt: „Alles Aufgedeckte aber …" (τὰ δὲ πάντα ἐλεγχόμενα …). In V.11–13 hält sich das neutrische Objekt durch: τὰ ἔργα …/ τὰ … γινόμενα …/ τὰ δὲ πάντα … Auf den ersten Blick umstritten ist der Bezug von ὑπὸ τοῦ φωτός („vom Licht"): Gehört es zum Subjekt („alles vom Licht Aufgedeckte …") oder zum Prädikat („[alles Aufgedeckte] wird vom Licht sichtbar gemacht")? Die Parallelität von ὑπὸ τοῦ φωτός zu ὑπ᾽ αὐτῶν in V.12 könnte für die erste Möglichkeit sprechen:[97]

V.12: τὰ γὰρ κρυφῇ γινόμενα <u>ὑπ᾽ αὐτῶν</u> / αἰσχρόν ἐστιν …
V.13: τὰ δὲ πάντα ἐλεγχόμενα <u>ὑπὸ τοῦ φωτός</u> / φανεροῦται

---

[95] Z.B. Schnackenburg, Eph, 231: „Sexuelle Sünden, vielleicht Perversitäten … aber nicht notwendig … sexuelle Exzesse, wie sie in Mysterienkulten vorkamen"; Lincoln, Eph, 330: „… so abhorrent that it is shameful even to speak of them …".

[96] Nach Best, Eph, 493f, sind damit sündigende Mitchristen gemeint, die durch „Brüder" zurechtgewiesen werden sollen. Auch Gnilka, Eph, 255–258, hebt im Anschluss an die Qumranbelege auf die *correctio fraterna* ab. Nach Schlier, Eph, 239, handelt es sich dagegen um Nichtchristen, die (wie in 1Kor 14,24f) zur Konversion gebracht werden sollen. Vgl. gegen die These, es gehe um sittliche Bekehrungen von Heiden, Halter, 276: „Das wäre innerhalb einer Taufparaklese eine befremdliche Aufforderung." Gegen beide personalen Deutungen (die von Schlier und die von Best) und für die sachliche spricht jedoch vor allem der folgende Vers Eph 5,13: τὰ δὲ πάντα ἐλεγχόμενα ὑπὸ τοῦ φωτός φανεροῦται.

[97] So z.B. Abbott, Eph, 155; J.A. Robinson, Eph, 201; Ewald, Eph, 227. Begründet wird das mit der Wortstellung τὰ δὲ πάντα ἐλεγχόμενα (statt πάντα δὲ τὰ ἐλεγχόμενα), wodurch ὑπὸ τοῦ φωτός zu ἐλεγχόμενα zu ziehen und somit emphatisch betont sei. Diese Schlussfolgerung ist jedoch nicht zwingend. ἐλεγχόμενος ist Partizip Präsens des Passivs („entlarvt werdend") und hat appositionelle Stellung und prädikative Funktion zu τὰ … πάντα (s. nächste A).

Möglich wäre aber auch eine chiastische Stellung der beiden ὑπό-Glieder:

V.12: τὰ γὰρ κρυφῇ γινόμενα ὑπ' αὐτῶν / αἰσχρόν ἐστιν ...
V.13: τὰ δὲ πάντα ἐλεγχόμενα / ὑπὸ τοῦ φωτὸς φανεροῦται

Die meisten Ausleger ziehen ὑπὸ τοῦ φωτός im Sinne der zweiten Möglichkeit zum Prädikat.[98] Eine Entscheidung ist recht schwierig. Zunächst entsprechen sich τὰ γὰρ κρυφῇ γινόμενα und τὰ δὲ πάντα ἐλεγχόμενα. Sie bilden eine Antithese („das *im Verborgenen* Geschehene"/„das ganze, wenn es *aufgedeckt* wird"). Ebenso stehen γάρ und δέ in einer Art Antithese:

„*denn* das im Verborgenen Geschehene ...
aber das ganze, wenn es aufgedeckt wird ...".

Die Frage ist, ob das „Licht" als Urheber des ἐλέγχειν oder als Subjekt des φανεροῦσθαι zu verstehen ist. Die erste Möglichkeit (das Licht als Urheber des ἐλέγχειν) verlangt, dass die in V.11b mit μᾶλλον δὲ καὶ ἐλέγχετε („deckt vielmehr auf!") angeredeten Adressaten aufgrund von V.8 identisch mit dem „Licht" seien: „Alles, was vom Licht (= von euch) aufgedeckt wird, ..." Diese Identifizierung ist jedoch nicht haltbar, denn „Licht" ist in V.8 eine metaphorische Prädikation, die nur ad hoc fungiert,[99] und keine symbolische Chiffre, die als Substitution für den Begriff „Christen" feststünde. Das deutet schon auf die zweite Möglichkeit als Lösung hin, nämlich ὑπὸ τοῦ φωτός zum Prädikat φανεροῦται zu ziehen.[100] Und diese Annahme empfiehlt sich, wenn man den folgenden Kontext (V.14) in das Kalkül mit einbezieht: Nach V.14b fungiert Christus als Licht („und Christus wird dir aufscheinen").[101] Dann setzt aber die Aussage, dass „alles, wenn es aufgedeckt ist, vom Licht offenbar gemacht wird", eine Verwandlung des im Finstern Verborgenen voraus, also der Werke der Finsternis. Auf diese überraschende Aussage läuft alles am Schluss in V.14 zu.[102]

---

[98] So z.B. SCHNACKENBURG, Eph, 231 A 564: „τὰ δὲ πάντα faßt das ‚im Geheimen von ihnen Geschehene' zusammen. Das Partizip ist daran als neue Aussage (prädikativ) angeschlossen" (unter Verweis auf DE WETTE, Eph, z. St.; HAUPT, Gefangenschaftsbriefe, 211). Er übersetzt folglich: „Das alles aber, wenn es aufgedeckt wird, wird vom Licht offenbar gemacht" (S. 220); ähnlich LINCOLN, Eph, 330f.
[99] Zur Metaphorik s.u. zu 5,21–33 und dazu DAWES, Body, 76–78.
[100] Das setzt auch Origenes, Fragmenta ex commentariis in epistolam ad Ephesios 26,2 voraus: ἐπείπερ τὰ ἐλεγχόμενα ἔργα τοῦ σκότους ὑπὸ τοῦ φωτὸς φανεροῦται, μεταβαλλόντων τῶν ἐλεγχομένων εἰς φῶς, λέγεται ...
[101] Im Rückblick ergibt sich dann für V.8: „Licht" sind die Adressaten insofern, als sie „im Herrn" sind, in einem Bereich also, in dem sie erleuchtet werden. Dann können sie die „Werke der Finsternis" als das, was diese sind, entlarven (V.11b).
[102] MALMEDE, 130f; vgl. die Parallele in Joh 3,19–21. Dort wird das ἐλεγχθῇ ebenfalls auf die Werke bezogen (V.20), ebenso das φανερωθῇ.

14[103] Hieß es in V.13 τὰ δὲ πάντα ἐλεγχόμενα („alles aber, wenn es aufgedeckt wird …"), so folgt hier die alternative Wortstellung πᾶν γὰρ τὸ φανερούμενον („denn alles Offenbargemachte …"):

V.13: <u>τὰ</u> δὲ <u>πάντα</u> <u>ἐ</u>λεγχόμενα
V.14a: <u>πᾶν</u> γὰρ <u>τὸ</u> <u>φ</u>ανερούμενον[104]

Der Verbstamm φανερο- kommt im Eph nur hier (V.13 Ende und V.14a) vor, offenbar veranlasst durch die Licht-Metaphorik (wie in Joh). Während φανεροῦται in V.13 eindeutig passivisch ist, wird φανερούμενον hier gelegentlich auch medial (mit aktivischem Sinn) gedeutet[105], doch lässt schon der syntaktische Zusammenhang solchen Bedeutungswechsel nicht zu. Auch wäre die Aussage dann banal: „Denn alles, was sichtbar macht, ist Licht."[106] Es geht aber darum, dass alles, was vom Licht sichtbar gemacht *wird*, selber zu Licht wird (und dann Licht ist). Das wird nun auch von jenen Auslegern so gedeutet, die die Licht-Prädikation von V.8 her auf die Menschen „im Herrn", also die Christen, beziehen. Diese sollen als „Licht", das sie nun sind, selber Licht für andere werden. Für diese Interpretation gibt es jedoch keine Indizien im Text. Die durchgehend neutrische Sprache in V.11–14a steht ihr eher entgegen.[107] Eine Lösung des schwierigen Problems von V.14a ergibt sich erst von V.14b her (Zitationsformel + Zitat). Die Zitationsformel διὸ λέγει („deshalb sagt er/sie") begegnete schon in 4,8, wo damit ψ 67,19 eingeleitet wird.[108] Die Herkunft des Zitates in 5,14 ist jedoch unbekannt. Διὸ λέγει wird deshalb hier einfach mit „deshalb heißt es" zu übersetzen sein. διό ist aber nicht bloß Übergangsfloskel zum Zitat, sondern betont dessen Begründungsfunktion. Da auch V.14a durch γάρ eine Begründung (von V.13) darstellt, bezieht sich das begründende Zitat auf V.13 + V.14a. Intertextuelle Begründungen müssen wenigstens *ein* Element enthalten, das eine Entsprechung im Kontext hat. Das ist in V.14b ἐπιφαύσει[109]: „Christus wird dir *als Licht erscheinen*" (φῶς: V.13 und 14). Christus also ist das Licht, das die überführten Werke der Finsternis offenbar macht (V.13). Die Schwierigkeit besteht in der Begründung V.14a: „Denn alles,

---

[103] Die Abgrenzung von V.13 und 14 ist uneinheitlich. Sinnvoll wäre eine Grenze vor διὸ λέγει (so in vielen Kommentaren, z.B. GNILKA, Eph, 257 A 3). Hier soll jedoch die in NESTLE/ALAND und GNT gebotene traditionelle Verseinteilung beibehalten werden.
[104] Ab V.11b wechseln sich δέ (Folgerung) und γάρ (Begründung) ab: δὲ … ἐλέγχετε/τὰ γὰρ κρυφῇ γινόμενα …/τὰ δὲ πάντα ἐλεγχόμενα …/πᾶν γὰρ τὸ φανερούμενον … Am Schluss folgt διό (V.14a Ende).
[105] Z.B. BENGEL, Gnomon, 771; ABBOTT, Eph, 156.
[106] Vgl. LINCOLN, Eph, 331, der C.F.D. MOULE, An Idiom-Book of New Testament Greek, Cambridge ²1971, 25, zitiert: „a not very illuminating remark!".
[107] Vgl. SCHNACKENBURG, Eph, 232: „mit jener Interpretation bürdet man dem Zwischensatz V.14a eine Beweislast auf, die er nicht zu tragen vermag. Es ist ein Allgemeinsatz, der die Funktion des Lichtes veranschaulicht …".
[108] Zu ergänzen wäre *dort* entweder „David" oder „die Schrift" (s.o. zu 4,8).
[109] Futur von ἐπιφαύσκειν: „aufgehen", „erscheinen", „leuchten", „aufstrahlen" (von Gestirnen): LXX Hi 25,5; 31,26; 41,10. Das Wort gehört auf metaphorischer Ebene (mit dem Dat. der Person) in den Motivbereich der Epiphanie (Orphische Hymnen 50,9; Orphische Argonautica 9f: von Bacchus).

was offenbar wird, ist Licht."[110] Zwei Voraussetzungen sind zu ihrem Verständnis erforderlich: (1.) Es handelt sich um eine Prädikation, keine Identifikation.[111] (2.) Das antike physikalische bzw. erkenntnistheoretische Verständnis vom Licht ist zu berücksichtigen: Gleiches wird durch Gleiches erkannt.[112] Allerdings ist die Gleichheit im hellenistisch-jüdischen (Philon[113]) und neutestamentlichen Bereich keine natürlich vorgegebene, sondern eine durch den göttlichen Geist verliehene Begabung.[114] Was das Licht sichtbar macht, wird selber zu Licht, „denn alles, was (durch das Licht) offenbar wird, ist Licht" (V.14a). Was der Geist *erleuchtet*, wird zu Licht. Nach der hellenistisch-jüdischen Erkenntnislehre, wird das Dunkle aufgrund seiner Erhellung durch das Licht verwandelt und selber zu Licht. Dabei setzt die Erkenntnislehre die Analogie von zu erkennendem Objekt und erkennendem Subjekt voraus. Die Analogie kann in dieser Erkenntnistheorie ja auch nur durch Beeinflussung des erkennenden Subjekts (des νοῦς) durch den Geist (πνεῦμα) hergestellt werden. Es ist zu beachten, dass ab V.8 die Adressaten nicht mehr mit widrigen Menschen (den „Söhnen des Ungehorsams") konfrontiert werden, sondern mit „fruchtlosen Werken der Finsternis". Nicht auf andere (Außenstehende, Heiden oder Gegner) wird Bezug genommen, sondern auf „Werke", „im Verborgenen Geschehenes", also Neutra. Die Adressaten werden gewarnt, sich an diesen Werken zu beteiligen. Und sie werden aufgefordert, sie zu entlarven. Was aber entlarvt, überführt worden ist, ist offenbar, erleuchtet vom Licht. Damit ist es aber keine Macht der Finsternis mehr, sondern „aufgeklärt", selber „licht" geworden.

An dieser Stelle folgt das Zitat V.14b. Seine Funktion für den Gedankengang V.13–14a ist selber nicht leicht erkennbar. Vor allem ist seine Herkunft unbekannt. Sein Sinn lässt sich nur annähernd erfassen. Es handelt sich um zwei mit καί parataktisch verbundene Imperative: ἔγειρε … („wach auf!") … ἀνάστα … („steh auf!") – und eine (ebenfalls mit καί angeschlossene) Aussage im Futur, die Verhei-

---

[110] Diese „Schwierigkeit" ist die Pointe des ganzen Abschnitts. FISCHER, 145, kann diese Aussage, die „tatsächlich dasteht", nämlich: „das Beschienene (die Schändlichkeit), ans Licht gezogen, wird selber Licht", nicht akzeptieren: „Ich habe das Gefühl, das kann weder Eph wirklich sagen wollen noch paßt es in den Kontext." Deshalb konjiziert er: Der „Schreiber des Textes" habe „beim Diktat aus Versehen den Artikel τό in Vers 14 zu früh geschrieben" und schlägt vor zu lesen: πᾶν γὰρ φανερούμενον τὸ φῶς ἐστιν („denn das Licht ist alloffenbarend"). Das aber entspricht der unzulässigen Lösung, φανερούμενον aktivisch zu verstehen (S.o. bei A 106).
[111] S.o. bei A 99.
[112] Vgl. Plotin, Enn. I 6,9,30f: οὐ γὰρ ἂν πώποτε εἶδεν ὀφθαλμὸς ἥλιον ἡλιοειδὴς μὴ γεγενημένος („Wär nicht das Auge sonnenhaft, die Sonne könnt' es nie erblicken": Goethe, Zahme Xenien III).
[113] Gig. 9; migr. 39f.77. Der Geist muss das erkennende Subjekt erleuchten.
[114] Es handelt sich um eine *weisheitliche* Variante des Erkenntnisprinzips: 1Kor 2,10b–16; dazu SELLIN, Geheimnis, 86–89. Zum Analogieprinzip der antiken Erkenntnislehre: REINHARDT, Poseidonios, 414–422; A. SCHNEIDER, Der Gedanke der Erkenntnis des Gleichen durch Gleiches, 65–76; C.W. MÜLLER, Gleiches zu Gleichem; B.E. GÄRTNER, „To Know God", 210–221. Gärtner verweist (neben 1Kor 2,6–16) zwar auch auf Eph 1,17; 3,17f (215), nicht aber auf unsere Stelle.

ßungscharakter hat.[115] Die beiden Imperative sind metaphorisch, wobei jedoch die Metaphorik zweistufig ist: (1.) „Wach auf (ἔγειρε), du Schläfer!" kann vom Kontext her nicht wörtlich gemeint sein. Der Vorgang „schlafen" „aufwachen" verweist auf den Vorgang der geistig-ethischen „Erweckung". „Schlafen" prädiziert den Zustand des unaufgeklärten Seins in der Dunkelheit, des falschen, verfehlten Lebens, „aufwachen" den des ethischen Bewusstwerdens. 1Thess 5,1–11 ist der beste Kommentar dazu. Dort begegnet das ganze Bildfeld: σκότος („Finsternis"), ἡμέρα („Tag"), φῶς („Licht"), καθεύδειν („schlafen"), γρηγορεῖν („wachen"). – Ἐγείρεσθαι im Passiv („aufgeweckt werden" bzw. intransitiv „aufwachen")[116] wird in diesem Sinne in Röm 13,11 gebraucht. (2.) Die zweite Zeile ist zunächst synonym zur ersten: Dem ἔγειρε entspricht ἀνάστα[117] („steh auf!") und dem (ὁ) καθεύδων das ἐκ τῶν νεκρῶν. Nun wird allerdings das Verb καθεύδειν sonst nicht direkt auf das Sterben bezogen,[118] doch ist die Parallelität und Entsprechung von ὁ καθεύδων (allerdings als Vokativ) und ἐκ τῶν νεκρῶν („von den[119] Toten") in Eph 5,14a.b unübersehbar. Die Metaphorik der beiden Zeilen ist also komplex. Es gibt drei Isotopien: (1.) physisches Schlafen – leibliches Aufwachen; (2.) leiblich tot sein – leiblich auferstehen vom Tode; (3.) beides zusammen wird noch einmal transponiert auf die Ebene der Ethik: schlafen und tot sein bedeuten ethisch verfehltes Leben (vgl. 2,1–5a) – aus dem Schlaf aufwachen und vom Tode auferstehen bedeuten wahres, dem Herrn wohlgefälliges Leben

---

[115] Es handelt sich um einen Dreizeiler, dessen erste zwei Zeilen auf -ων enden (Homoioteleuton; s. PETERSON, ΕΙΣ ΘΕΟΣ, 132) und dessen zweite und dritte Zeile mit καί beginnen (Homoiarkton), wodurch sich eine verkettende Figur ergibt:

ἔγειρε, ὁ καθεύδων,
καὶ ἀνάστα ἐκ τῶν νεκρῶν,
καὶ ἐπιφαύσει σοι ὁ Χριστός.

Nach diesem poetischen Schema weitergeführt ist der poetisch-kultische Text bei Clem. Alex., protr. IX 84,2:

(καὶ ἐπιφαύσει σοι ὁ Χριστὸς) κύριος
ὁ τῆς ἀναστάσεως ἥλιος,
ὁ πρὸ ἑωσφόρου γεννώμενος
ὁ ζωὴν χαρισάμενος
ἀκτῖσιν ἰδίαις (vgl. DÖLGER, 365).

Die Syntax ist semitisch: Die Verben stehen am Zeilenanfang (vgl. NORDEN, Agnostos Theos, 257f); auf die Imperative folgt mit καί ein Futur (GNILKA, Eph, 260, unter Verweis auf K. BEYER, Semitische Syntax im Neuen Testament, Bd.1, Göttingen 1962, 238–255).

[116] BAUER/ALAND Wb., 433.
[117] Zur Form: BDR § 95 A7.
[118] Umstritten ist der Gebrauch von καθεύδειν in 1Thess 5,1–11: In V.10 sei damit nicht der Zustand des physischen Todes gemeint, sondern eine ethische Haltung – so LAUTENSCHLAGER, Εἴτε γρηγορῶμεν, 39–59, und HEIL, „Asleep", 464–471. Aber der Kontext, die enge Verbindung von 5,1–11 zu 4,13–18 (insbesondere die Parallelität von 4,17b.18 und 5,11) erzwingt bei γρηγορῶμεν, καθεύδωμεν und ζήσωμεν die Konnotation des physischen Lebens und Sterbens.
[119] Der Artikel vor νεκρῶν ist ungewöhnlich, begegnet aber auch in 1Thess 1,10 (nach textkritisch besserer Bezeugung): vgl. BDR § 254 A8. Der Grund dafür könnte die Angleichung an ὁ καθεύδων („der Schlafende" [allerdings Vokativ: BDR § 147,2] – die Toten) sein. Überdies verstärkt das τῶν den Effekt der Schlusssilben der ersten beiden Zeilen (auf -ων).

(vgl. 2,6f).[120] Das entspricht genau 1Thess 5,1-11. – Die dritte Zeile verbindet mit diesen drei metaphorischen Ebenen eine weitere Isotopie, nämlich die von Finsternis und Licht: „aufleuchten" (ἐπιφαύσκειν). Damit wird die offenbarmachende Funktion des Lichtes (V.13 und 14a) wieder aufgerufen. Christus ist das „aufgehende" Licht, das die Verwandlung der erkannten „fruchtlosen Werke der Finsternis" bewirkt. Das, was durch dieses Licht aufgeklärt wird (φανεροῦται), wird selber in Licht verwandelt.

Die Herkunft der durch διὸ λέγει als Zitat gekennzeichneten drei Zeilen ist unbekannt: (1.) Aus dem Alten Testament stammen sie nicht.[121] Auch in apokryphen jüdischen Schriften findet sich keine Entsprechung.[122] (2.) In der Religionsgeschichtlichen Schule wurde an einen *gnostischen Weckruf* gedacht.[123] Aber weder ist so ein „Weckruf" eine spezifisch gnostische Gattung, noch ist die Vorstellung der Licht-Epiphanie spezifisch für die Gnosis. Ein gnostisches „Werde (oder: erkenne), wer du bist!" klingt in Eph 5,3-14 nicht an.[124] (3.) Auch aus den Qumrantexten, die K. G. Kuhn als Vorstellungshintergrund vermutet (1QH 3,19-21; 4,5f.23; 9,31; CD 20,3f.25f neben PsSal 16,1-4),[125] lässt sich Eph 5,14b nicht direkt herleiten. Die von Kuhn genannten Stellen müssten kombiniert werden, um annähernd eine Entsprechung zu Eph 5,14b darzustellen. (4.) Zwar ist in einigen dieser Texte die Rede vom Aufstrahlen eines Lichtes – bezogen auf Gott. Diese Metapher wird aber in den TestXII näherhin auf eine messianische Gestalt bezogen,[126] was dann in Lk 1,78f auf den Christus projiziert wird (ἀνατολὴ ἐξ ὕψους, ἐπιφᾶναι τοῖς ἐν σκότει …[127]). Philon zitiert in conf. 62 die messianische Stelle Sach 6,12 (ἰδοὺ ἀνήρ, Ἀνατολὴ ὄνομα αὐτῷ) im Wortlaut ἰδοὺ ἄνθρωπος ᾧ ὄνομα ἀνατολή („siehe, ein Mensch mit Namen ‚Aufgang' ") und deutet sie im Sinne des Logos. Der Eph setzt schon die messianische (wie in TestXII) und näherhin die Logos-theologische Interpretation dieser astrologischen Metaphorik voraus. Die

---

[120] NOACK, versteht den „Hymnus" realistisch (nicht metaphorisch) als „von der Auferstehung der Toten bei der Parusie" handelnd. Es sei „also ein eschatologischer Hymnus, dessen Worte genau genommen noch nie erklangen, sondern erst am jüngsten Tage erklingen werden" (62). Das ist vom Kontext her ganz unwahrscheinlich. Auch wäre dann in Zeile 1 und 2 ebenfalls das indikativische Futur zu erwarten (BEST, Eph, 499f).
[121] Gedacht wurde an Jes 60,1 – doch der Wortlaut weicht zu stark ab; vgl. HAUPT, Eph, 212. Dass es sich auch nicht um ein Mischzitat handelt, hat NOACK, 53-64, gezeigt.
[122] FISCHER, 141.
[123] REITZENSTEIN, Mysterienreligionen, 58.64.314; BULTMANN, Theologie, 178; SCHLIER, Eph, 240f; POKORNÝ, Gnosis, 119; DERS., Eph, 207f; LINDEMANN, Aufhebung, 234 A 167. Gnostische bzw. „gnostisierende" Belege: ActThom 110 (Perlenlied); OdSal 8,3; AJ (NHC II/1 31,5); CH I 27.
[124] Vgl. FISCHER, 142: „Nicht die Rückerinnerung an das ursprüngliche wahre Selbst ist der Inhalt der Verheißung, sondern die Offenbarung selbst ist ihr Inhalt."
[125] K.G. KUHN, 342-345.
[126] TestLev 18,3f; TestJud 24,1; TestSeb 9,8. TestSim 7,1; TestDan 5,10; TestGad 8,1; TestJos 19,11 entsprechen in ihrer unpersonalisierten Formulierung den Qumranbelegen 1QH 3,19-21; 4,5f.23; 9,31; CD 20,25: An allen Stellen in TestXII begegnet dabei das Wort ἀνατέλλειν (intransitiv, vom Aufgang eines Gestirns).
[127] Vgl. Jes 9,1; zum Zusammenhang: GNILKA, Eph, 262.

Terminologie (ἐπιφαύσκειν statt ἀνατέλλειν) ist freilich ungewöhnlich.[128] Für die Wahl von ἐπιφαύσκειν spielt natürlich die „Licht"-Terminologie (φῶς – σκοτία) eine Rolle.[129] (5.) Die Mysterienkulte werden in den Kommentaren (zusammen mit den gnostischen Analogien) als Entsprechung zu Eph 5,14b meist etwas vorschnell zurückgewiesen.[130] Aber der nicht zu bestreitende Epiphaniecharakter der Aussage der Schlusszeile hat große Ähnlichkeit mit Aussagen, die im Zusammenhang mit mysterienartigen Kulten vorkommen: „Wach auf! Denn brennende Fackeln in Händen schwingend kommt Jakchos, o Jakchos, nächtlicher Weihe lichtbringender Stern".[131] Dazu gehört auch der berühmte Spruch bei Firmicus Maternus: θαρρεῖτε, μύσται τοῦ θεοῦ σεσωσμένου· ἔσται γὰρ ὑμῖν ἐκ πόνων σωτηρία.[132] Bei einer solchen Epiphanie sind sensuelles Erlebnis, symbolische Interpretation (als Vorverständnis und anschließende Deutung) und existenzbeeinflussende Wirkung nicht zu trennen. Der kultische Rahmen ist auf christlicher Seite wahrscheinlich die Taufe[133], in der solche Texte wie Eph 5,14b ihren „Sitz im Leben" gehabt haben werden.[134] Man wird also Eph 5,14b formgeschichtlich am ehesten als einen deklarativen Taufspruch zu bestimmen haben. Im paränetischen Briefkontext hat dieser Spruch jedoch zunächst eine andere Funktion: die Erinnerung der Adressaten an ihren Status „im Herrn", als „Licht". Doch ist dieser Zustand kein Besitz, er muss immer neu aktualisiert werden. Und das Aufscheinen Christi als Licht geschieht immer wieder. Dadurch werden die „Werke der Finsternis" jeweils beleuchtet und lösen sich ins Licht auf.

---

[128] Vgl. o. A 110.

[129] Vgl. aber auch Orphische Hymnen, 50,9 (s. u. A 131).

[130] Z.B. GNILKA, Eph, 262; SCHNACKENBURG, Eph, 234; LINCOLN, Eph, 332.

[131] Aristophanes, Ranae 340-342; vgl. vor allem Orphische Hymnen 50,9: θνητοῖς ἢ ἀθανάτοις ἐπιφαύσκων (von Bacchus – s.o. A 109).

[132] „Seid zuversichtlich, ihr Geweihten des erretteten Gottes; aus Pein wird Rettung euch erstehen!" (De errore profanum religionum 22,1f). Einen Auferstehungsglauben kann man aus diesem späten Beleg nicht erschließen. REITZENSTEIN, Mysterienreligionen, 314 (ausführlich: DERS., Zur Geschichte der Alchimie und des Mystizismus, NGWG.PH 1919, 14-20), führt noch eine „Alchimistische Schrift" an: „Wach auf aus dem Hades und steh auf aus dem Grab und erhebe dich (ἐξεγέρθητι) aus der Finsternis! Denn du bist angetan mit Geisterhaftem und Götterhaftem, da dich die Stimme der Auferstehung erreicht hat und die Medizin des Lebens zu dir eindrang" (vgl. dazu DÖLGER, 367f A 4; DIBELIUS, Eph, 90f; POKORNÝ, Eph, 207-210).

[133] Vgl. FISCHER, 141: „Die einzig denkbare Situation für diese metaphorischen Imperative ist die Taufe." Beweise gibt es für diese naheliegende Annahme jedoch nicht. φωτισμός als Taufterminus erscheint erst im 2. Jh. (Justin, apol. 61,12; Clem.Alex., protr. X 94,2; ActThom 107). Jedoch ist das Verb φωτίζειν in Hebr 6,4; 10,32 Taufterminus.

[134] Mysterientheologische Sprache und christliche Taufe schließen sich nicht aus. Religionsphänomenologisch stehen sich beide näher als etwa gnostische Metaphorik bzw. Symbolik und Taufe oder qumranische Sprache und Taufe. Mysterientheologischer Hintergrund ist schon in Röm 6,1-11 relevant. Dass dabei in einem mimetischen Akt das Sterben der Mysten symbolisch erlebt bzw. dargestellt werde (FISCHER, 143), ist freilich dem Text selbst nicht zu entnehmen.

II. 6.) 5,15–20 Törichter und geisterfüllter Wandel

(15) **Achtet also sorgfältig darauf, wie ihr wandelt, nicht wie Toren, sondern wie Weise,**
(16) **indem ihr die Zeit auskauft, denn die Tage sind böse.**
(17) **Deshalb werdet nicht unvernünftig, sondern versteht, was der Wille des Herrn ist.**
(18) **Und berauscht euch nicht mit Wein, darin liegt Heillosigkeit; sondern seid erfüllt vom Geist,**
(19) **indem ihr euch einander zusprecht Psalmen, Hymnen und geistliche Lieder, singend und lobsingend mit eurem Herzen dem Herrn,**
(20) **allezeit dankend für alles im Namen unseres Herrn Jesus Christus Gott dem Vater.**

ADAI, Geist 219-231; AUER, „Kaufet die Zeit aus"; BARR, Biblical Words 20ff; DELLING, Gottesdienst; HAHN, Gottesdienst; HENGEL, Hymnus; DERS., Christuslied; LEWY, Sobria ebrietas; LINDEMANN, Aufhebung 232-236; R. P. MARTIN, Worship 39-52; NIELEN, Gebet; POPE, Redeeming; PORTER, Eph 5,5; ROGERS, Background; SALZMANN, Lehren 82-95.

Der Abschnitt hat die Funktion eines Übergangs zur Haustafel 5,21–6,9. Er besteht aus drei Teilen: (1.) 5,15-16 ist eine Aufforderung, die sich noch einmal auf die Mahnung zum rechten Wandel (περιπατεῖν) zurückbezieht: 4,1.17; 5,2. Der Akzent liegt jetzt auf der Sorgfalt der Lebensführung (βλέπετε, ἀκριβῶς). Durch einen Partizipialsatz wird diese allgemeine Mahnung spezifiziert („indem ihr die Zeit auskauft"), und diese Spezifizierung wird noch einmal mit einem ὅτι-Satz begründet („denn die Tage sind böse"). Der Sinn von V.16 bleibt zunächst rätselhaft. (2.) Es folgen zwei Aufforderungen nach dem Schema „nicht ..., sondern" mit vier Imperativen:

μὴ γίνεσθε ἄφρονες,   ἀλλὰ συνίετε ...
μὴ μεθύσκεσθε οἴνῳ, ...   ἀλλὰ πληροῦσθε ἐν πνεύματι.

(3.) Der Abschnitt endet mit vier Partizipien, die vom Schlussimperativ aus V.18 („sondern seid erfüllt vom Geist") abhängig sind. Die Reihe der vier Partizipien wird jedoch in V.21 um ein fünftes erweitert (ὑποτασσόμενοι ἀλλήλοις ...: euch einander unterordnend") – womit die Haustafel 5,21–6,9 eingeleitet wird. Dieser Übergang bedeutet für die zyklische Gliederung des paränetischen Briefteils 4,1–6,9 ein Problem: Kann 5,15-20 überhaupt als eigenständiger Abschnitt gelten, wenn er syntaktisch nicht abgeschlossen ist? Semantisch (vom Inhalt her) erfüllt er diese Bedingung jedoch.[1] Das Feld der gottesdienstlichen Formen (Eph 5,19-20: „geist-

---
[1] D. J. CLARK, Criteria for Identifying Chiasm, LingBib 35 (1975), 63-72, rechnet mit „chiastic" „parallelism of content" (65). Die Abschnitte 4,17-24 und 5,15-20 haben eine Reihe solcher Entsprechungen: 4,17 (τοῦτο οὖν λέγω καὶ μαρτύρομαι ἐν κυρίῳ, μηκέτι ὑμᾶς περιπατεῖν, καθὼς καὶ τὰ ἔθνη περιπατεῖ ...); 5,15 (βλέπετε οὖν ἀκριβῶς πῶς περιπατεῖτε μὴ ὡς ἄσοφοι, ἀλλ' ὡς σοφοί). Das ἀκριβῶς („genau") entspricht der verbürgenden Formulierung καὶ μαρτύρομαι, das ὡς ἄσοφοι dem καθὼς ... τὰ ἔθνη.

gewirkte Psalmen, Hymnen, Oden" sowie das „Danken") stammt aus Kol 3,16–17. Ebenso ist Eph 5,15f in Kol 4,5 vorgegeben. Nur die Verse Eph 5,17 und 18 haben im Kol keine Entsprechung. Beachtung verdienen deshalb die Abweichungen in Eph 5,15–20: Neben 5,17–18b (1.) sind das (2.) die Einleitung in V.15a (βλέπετε οὖν ἀκριβῶς πῶς ...), (3.) das Fehlen des Außenbezugs der Ethik (Kol 4,5: πρὸς τοὺς ἔξω), (4.) die Begründung der Partizipialaussage (V.16b), (5.) statt der beiden parallelen Partizipien διδάσκοντες καὶ νουθετοῦντες ein λαλοῦντες in V.19, (6.) die syntaktischen Unterschiede in V.19 – (a): Verbindung durch καὶ ... καὶ ...; (b): ᾄδοντες als Beginn eines weiteren parallelen Partizipialsatzes; (c): ein weiteres Partizip: ψάλλοντες; (7.) τῷ θεῷ statt τῷ κυρίῳ in V.19; (8.) statt πᾶν ... πάντα (Kol 3,17) πάντοτε ὑπὲρ πάντων in V.20, (9.) Fehlen von δι' αὐτοῦ aus Kol 3,17, (10.) statt des Imperativs ὑποτάσσεσθε (Kol 3,18) das Partizip ὑποτασσόμενοι und dadurch syntaktische Anbindung der Haustafel an V.19–20, (11.) ἀλλήλοις in V.21. – Alle diese Unterschiede lassen sich als literarkritische Transformationen erklären, wobei Kol die Basis darstellt und Eph den transformierten Text.[2]

15 Der ganze Vers erhält durch die wiederholte Silbe -ως einen paronomastischen Klang: ἀκριβῶς πῶς ... ὡς ... ὡς.[3] Die Aufforderung βλέπετε[4] πῶς („achtet darauf, wie ihr ...") begegnet im NT nur noch Lk 8,18; 1Kor 3,10 und 8,9. Ἀκριβῶς[5] dient der Intensivierung und Steigerung der Aufforderung, denn der rechte Wandel (περιπατεῖν) ist bereits mehrmals eingefordert worden: Eph 2,10; 4,1.17; 5,2.8 (in 4,1.17; 5,1 jeweils mit dem gliedernden οὖν-paraeneticum). Mit der Gegenüberstellung von μὴ ὡς ... ἀλλ' ὡς („nicht wie ..., sondern wie ...") wird ein allgemeiner Maßstab genannt: Lebt „nicht wie Toren (ἄσοφοι), sondern wie Weise (σοφοί)!". Für die Formulierung περιπατεῖν ὡς ... gibt es keinen entsprechenden weiteren Beleg.[6] Ἄσοφος („töricht") ist Hapaxleg. im NT. Περιπατεῖν im Zusammenhang mit σοφός/σοφία begegnet nur im NT.[7] „Wandeln als (wie ein) Weiser" stellt offenbar eine Verschmelzung von unterschiedlichen Sprachmustern bzw. Terminologien dar. Beide sind in LXX vertreten, bei Philon und dann auch bei Paulus, jedoch (außer in Kol und Eph) niemals zusammen. Weisheit und Torheit[8] sind nicht so sehr Begriffe der Lebensgestaltung („Wandel"), sondern der Verblendung bzw. der Erleuchtung. Das in 5,15 gebrauchte Paar ἄσοφοι – σοφοί bezieht sich deshalb zurück auf 4,17: das „Wandeln" der Heiden „in der Vergeblichkeit ihres νοῦς", ihre „Verfinsterung" und „Entfremdung" vom Leben

---

[2] Die transformativen Operationen sind Tilgung, Zufügung, Substitution (= Tilgung + Zufügung), Vertauschung. Dass die Transformationen immer vom Kol-Text als Basis zum Eph-Text als Transformat gehen, wird die Exegese zeigen.

[3] Eine *paromoiosis* aufgrund von *homoioteleuton*; vgl. o. zu 3,18.

[4] Βλέπειν im Eph nur an dieser Stelle.

[5] In der NT-Briefliteratur nur noch 1Thess 5,2; vgl. Lk 1,3; Apg 18,25.

[6] In Joh 12,35; 1Joh 1,7 leitet das ὡς einen Nebensatz ein.

[7] Eph 5,15; Kol 1,9f; 4,5.

[8] Ἀσοφία gibt es erst bei Plutarch (Pyrrh. 29,4), dann bei Julius Pollux Gramm., Onomasticon 4,14 (2. Jh. n. Chr.). Literarisch sehr viel geläufiger ist μωρία (1Kor 1,18.21.23; 2,14; 3,19).

Gottes.[9] Die Verfinsterung in der διάνοια wird in 5,15 als „Wandeln" „wie die ἄσοφοι" (die Menschen ohne σοφία – wie die Heiden) vorgestellt. Der rechte Wandel, das „wahre", „richtige" Leben, setzt „Aufklärung" und „Weisheit" voraus.[10] Auffällig ist die Abweichung von Kol 4,5, wo der Wandel ἐν σοφίᾳ sich auf das Verhalten gegenüber Außenstehenden bezieht.[11] Der Verfasser des Eph hat jedoch durchgehend eine binnen-ekklesiologische Perspektive.[12] Der Wandel „in Weisheit" gilt generell und ist infolgedessen nicht auf den Effekt für Außenstehende bezogen.

16 Es folgt ein Partizipialsatz, der den weisen Wandel konkretisiert: „auskaufend die Zeit" (ἐξαγοραζόμενοι τὸν καιρόν). Καιρός hat eine weite Bedeutung: Zeitpunkt, aber auch Zeitabschnitt.[13] Man könnte allgemein sagen: καιρός bedeutet überwiegend eine *qualifizierte* Zeit (im Gegensatz zur formalen Zeit, die linear vorgestellt wird).[14] Worin aber besteht die Qualität der „Zeit", die „ausgekauft" werden soll? Bevor darauf eine Antwort gegeben werden kann, ist die Bedeutung von ἐξαγοράζειν zu bestimmen. In Gal 3,13 und 4,5 hat das Verb (im Aktiv) die Bedeutung „freikaufen", „auslösen", die beim Objekt καιρός jedoch nicht passt.[15] Die Wendung καιρὸν … ἐξαγοράζετε begegnet in Dan 2,8 (LXX und Θ – für

---

[9] Vgl. EWALD, Eph, 229: „die ἀσοφία ist in gewisser Weise also ein Gegenstück zu der ματαιότης der Heiden".

[10] Insofern hat das „falsche" Leben auch etwas von Tragik: μωρία erscheint 18mal bei Euripides (ἄσοφος: 1mal), 6mal bei Sophokles. Falsches Leben ist immer Verhängnis und Verantwortung zugleich. σοφία: 15mal bei Euripides, 3mal bei Sophokles; 274mal bei Platon.

[11] Umstritten ist, ob es sich dabei in Kol 4,5 um ein werbendes, für Außenstehende vorbildliches Verhalten gegenüber Nichtchristen handelt – etwa im missionarischen Sinne (so z.B. LOHSE, Kol 237; SCHWEIZER, Kol, 173; GNILKA, Kol, 230; POKORNÝ, Kol, 158) oder um Abgrenzung (so WOLTER, Kol, 211). Je nach der bevorzugten Interpretation hat dann der Partizipialsatz unterschiedliche Bedeutung. Im Falle der Deutung im Sinne einer Abgrenzung ergibt sich jedoch die Schwierigkeit, V.16a („indem ihr die Zeit auskauft") sinnvoll zu interpretieren (vgl. die Vermutungen zu Kol 4,5 bei WOLTER, Kol, ebd.).

[12] Vgl. BEST, Eph, 524: „The Content of the HT [Haustafel] in Ephesians is unrelated to the outside world and its purpose can therefore have been neither apologetic nor missionary". Das gilt für die ganze Paränese.

[13] BAUER/ALAND, Wb., 800–803: „Zeitpunkt", „Zeitabschnitt", „(geeignete, rechte, günstige) Zeit", „(bestimmte, festgesetzte) Zeit", „Endzeit"; BAUMGARTEN, EWNT² 2, 571–579: „Zeit, Zeitpunkt, Zeitdauer, Augenblick, Gelegenheit"; dazu BARR, (s.o. A 187 zu 1,10).

[14] Vgl. Koh 3,1-8 (LXX). Die zweiteilige chiastische Überschrift gebraucht χρόνος und καιρός zwar parallel:
τοῖς πᾶσιν χρόνος (זְמָן)
καὶ καιρὸς (וְעֵת) τῷ παντὶ πράγματι ὑπὸ τὸν οὐρανόν.
„Alles hat eine Zeit,
und jede Sache/Handlung hat eine (spezifische) Zeit (καιρός)."
Dann folgen 14 Nominalsätze, in denen jeweils dem Nomen καιρός (עֵת) eine entsprechende Tätigkeit bzw. ein entsprechendes Geschehen im qualifizierenden Gen. (hebr. לְ) zugeordnet wird. Die *spezifischen* Geschehen haben je ihre eigene Zeit. Dieser Ausdruck für Zeit meint also die markierte, bestimmte Zeit.

[15] Vgl. aber J. A. ROBINSON, Eph, 201f; BARTH, Eph, II, 578; dagegen zu Recht C.F.D. MOULE, Epistles, 134; LINCOLN, Eph, 341f; LINCOLN, ebd., interpretiert die Aussage im Sinne von „nutzt die Gelegenheit dazu!"

עֵדָן), hat dort aber die Bedeutung „Zeit gewinnen"[16], die ebenfalls nicht passt. An unserer Stelle (und Kol 4,5) wird das Partizip im Medium gebraucht.[17] Wenn man καιρός als eine spezifisch qualifizierte Zeit zu interpretieren hat, liegt es nahe, an die Zeit, die noch bis zum Eschaton verbleibt, zu denken: „Nutzt die noch verbleibende Zeit!" In Eph 6,13 begegnet die Wendung ἐν τῇ ἡμέρᾳ τῇ πονηρᾷ: „am bösen Tag". Das ist eine biblische Wendung (LXX: ψ 40,2; Mi 2,4; Jer 17,17f).[18] In LXX ist damit der Tag des Gerichts gemeint. Hier in 5,16 steht allerdings der Plural: „... denn die Tage sind böse." Es sind die Tage des vergehenden Äons,[19] gesehen aus der Perspektive des begonnenen Heils.[20] Nun ist freilich der Plural ἡμέραι im Corpus Paulinum die Ausnahme; er begegnet eschatologisch nie in den genuinen Paulusbriefen.[21] Erst Eph 5,16 und 2Tim 3,1 sprechen von den „Tagen" der Endzeit.[22] Es handelt sich dabei folglich um einen spät-neutestamentlichen Sprachgebrauch. Eph 5,15-16 schärft also die Paränese eschatologisch ein: Weil „die Tage böse" sind, ist es nötig, die „Zeit auszukaufen", indem man „sorgfältig" darauf achtet, wie man „wandelt". Das gilt aber generell seit der Zeit, in der das Geheimnis dem Apostel offenbart und der Inhalt des Geheimnisses in der Heidenmission durch ihn vollzogen wurde (3,1-13).

17 Die „nicht ... sondern"-Formulierung (μὴ ... ἀλλά ...) wird nun (und in V.18 noch einmal) im Parallelismus fortgesetzt, wobei ἄφρονες („Unvernünftige") dem ὡς ἄσοφοι („wie Toren") entspricht. Das ὡς σοφοί („wie Weise") hat seine

---

[16] BAUER/ALAND, Wb., 548, führen als ältesten Beleg Herakleides (Criticus), Fragm. 1,22 (3. Jh. v. Chr.), an, wo das Verb für die Ablösung der Ansprüche eines Geschädigten gebraucht wird. Das liegt jedoch auf der gleichen Ebene wie die beiden Vorkommen im Gal (3,13; 4,5): „freikaufen", „auslösen".

[17] Das Partizip ἐξαγοραζόμενος begegnet auch MartPol 2,3. Dort ist jedoch das Objekt textkritisch nicht eindeutig: διὰ μιᾶς ὥρας τὴν αἰώνιον ζωὴν ἐξαγοραζόμενοι („sie *erkauften* in einer einzigen Stunde das ewige Leben") oder: διὰ μιᾶς ὥρας τὴν αἰώνιον κόλασιν ἐξαγοραζόμενοι („sie galten in einer einzigen Stunde die ewige *Qual* ab"). Außerdem könnte hier die Kenntnis von der Eph-Stelle vorauszusetzen sein, denn die Wendung τῆς καρδίας ὀφθαλμοί („Augen des Herzens": MartPol 2,3) findet sich sonst nur in Eph 1,18 (τοὺς ὀφθαλμοὺς τῆς καρδίας): s.o. zu 1,18.

[18] In den TestXII begegnet die Wendung ἡμέραι πονηραί aber nicht. Πονηρός wird dort nur von Personen und ihren Werken gebraucht.

[19] LINDEMANN, 232-234, der die zeitlich konstituierte Eschatologie im Eph weitgehend für aufgehoben versteht, deutet Eph 5,16 und 6,13 entsprechend anders: 5,16 sei nicht eschatologisch gemeint, denn der Kontext sei weisheitlich orientiert. Die „Zeit auskaufen" bedeute, die profane Lebenszeit auszunutzen. Die „Zeit" sei einfach eine Sache, der der Christ nutzen solle: „Die Tage des καιρός, die Tage der Gegenwart, sind ‚böse', und gerade deshalb kann man mit ihnen umgehen wie mit einer ‚Sache', man kann sie bis zum Letzten ausnutzen" (233); „die Zeit ist bereits ‚aufgehoben', und so fehlt der Ethik jeder Zukunftsaspekt; die Gegenwart, das Erfassen der ‚jetzigen' Situation, ist der einzige Horizont des ethischen Handelns" (234). Dagegen ist zu sagen: 1. Eschatologie und Weisheit widersprechen sich nicht grundsätzlich. 2. Die Paränese des Eph ist dualistisch und kennt keinen neutralen säkularen Bereich. 3. Die LXX-Belege zeigen durchweg, dass „der Tag des Unheils" mit dem Strafgericht zusammenhängt (vgl. Eph 6,13). Eph 5,16 hat freilich den Plural (ἡμέραι πονηραί).

[20] Vgl. 2,1-10.

[21] Die Aussagen in Gal 1,18; 4,10 sind nicht eschatologisch.

[22] 2Tim 3,1: „In den letzten Tagen werden schwere Zeiten (καιροὶ χαλεποί) anbrechen"; vgl. auch Hebr 1,2; 8,8.10; 10,16; Jak 5,3; 2Petr 3,3.12; Apk 9,6; 10,7.

Entsprechung implizit im Imperativ συνίετε („versteht!"). Entsprechend ist ἄφρονες mit dem Imperativ γίνεσθε versehen („*werdet* nicht Unvernünftige!"). Diese Aufforderung setzt voraus, dass die Adressaten „vernünftig" sind, aber in die „Unvernünftigkeit" zurückfallen können. Die Ausdrücke ἄφρων („unvernünftig") und ἀφροσύνη („Unvernunft") beggnen gehäuft in 2Kor 11,1–12,6 (in der „Narrenrede" des Paulus).[23] In LXX sind sie allein 172mal vertreten. συνιέναι („verstehen, einsehen")[24] erscheint sonst nicht in Verbindung mit ἄφρων/ἀφροσύνη. Im Syntagma τὸ θέλημα τοῦ κυρίου bezieht sich der Gen. auf Gott, nicht auf Christus[25] (vgl. Apg 21,14). Im ganzen NT wird θέλημα nie von Christus, aber (bis auf wenige Ausnahmen)[26] immer von Gott ausgesagt (56mal). Fast alle neueren Ausleger interpretieren κύριος an dieser Stelle jedoch christologisch.[27] Auch wenn dabei 5,10 („prüfend, was dem Herrn wohlgefällig ist"), eine christologische Aussage, anklingt, ist nicht zu bestreiten, dass θέλημα τοῦ κυρίου auf Gott zu beziehen ist (vgl. Eph 6,6). Das legt sich vor allem auch wegen der Nähe zu Röm 12,2 nahe:

Röm 12,2: εἰς τὸ δοκιμάζειν ὑμᾶς   τί τὸ θέλημα τοῦ θεοῦ
Eph 5,17b: ἀλλὰ συνίετε   τί τὸ θέλημα τοῦ κυρίου

Bemerkenswert ist die Formulierung συνίετε („versteht!"). Paulus gebraucht δοκιμάζειν („prüfen": Röm 12,2) und γινώσκειν („erkennen": Röm 2,18). συνιέναι hat stärker die Konnotation von „Einsicht", Zustimmung aufgrund von Erkenntnis der Zusammenhänge (wörtlich: „zusammenbringen", dann aber auch: „vernehmen", „verstehen", „kompetent sein").[28] Der „Wille des Herrn" ist also nicht einfach ein Dogma oder eine Vorschrift, die es zu befolgen gilt.

Die bisherigen Aufforderungen (V.15-17) sind trotz des ἀκριβῶς („genau", „sorgfältig") in V.15 sehr allgemein: sich „weise" zu verhalten, die Zeit zu nut-

---

[23] 11,1.16.17.19.21; 12,6; sonst: Mk 7,22; Lk 11,40; 12,20; Röm 2,20; 1Petr 2,15. Zum Wort ἄφρων: BERTRAM, ThWNT 9, 226f.
[24] 27mal im NT, im Corpus Paulinum aber nur Röm 3,11; 15,21; 2Kor 10,12 und Eph 5,17; häufig in LXX. Die Textvariante συνιέντες ist schwächer bezeugt und erklärt sich als Angleichung an die Partizipien in V.16 und 19f.
[25] p⁴⁶ schreibt Χριστοῦ, A und einige Minuskeln θεοῦ. Beides sind vereindeutigende Interpretationen des ambivalenten κυρίου.
[26] Lk 23,25; 1Kor 7,37; 16,12; 2Petr 1,21 (von Menschen); Eph 2,3 (von der σάρξ); 2Tim 2,26 (vom Teufel).
[27] Z.B. GNILKA, Eph, 268 („Der Wille des Herrn ... ist der Wille des erhöhten Christus"); SCHNACKENBURG, Eph, 241 mit A 592; LINCOLN, Eph, 343, der voraussetzt, dass „κύριος in Ephesians always refers to Christ rather than God"; BEST, Eph, 506. Doch es gibt schon bei Paulus Ausnahmen (abgesehen von den Zitaten, wo κύριος beibehalten, aber nicht christologisch interpretiert wird): Röm 9,28; 10,12; 14,4; 1Kor 3,5; 4,19; 7,17; 2Kor 5,11; 8,19.21; 10,18 (vgl. FITZMEYER, EWNT² 2, 815f). Das gilt ebenso für die Pastoralbriefe (vor allem 1Tim 5,5 nach ℵ* D* 81 u.a. und 6,15), dann aber auch für Eph 6,4 (vgl. V.6): dazu s.u. zu den Stellen. Für die Deutung auf den Willen *Gottes*: SCHLIER, Eph, 244f.
[28] Vgl. CONZELMANN, ThWNT 7, 886–894, 887 Z.18-20: „Man gebraucht die Wortgruppe allg. für das Formale des *Wahrnehmens* mit Vorzug des Hörens, also für das Verstehen, das eng mit dem Lernen zusammengehört, *für die Fähigkeit, zu urteilen* ..." (Hervorhebungen von Conzelmann).

zen, den Willen des Herrn (Gottes) zu verstehen und kompetent zu urteilen – das lässt viele Möglichkeiten zu und ist offen für zeit- und umstandsbedingte Konkretionen.

18 Obwohl die syntaktische Konstruktion (μή + Imperativ ... ἀλλά + Imperativ) weitergeht (V.17 und 18 bilden einen Parallelismus), wird es in semantischer Hinsicht nun konkreter: „Berauscht euch nicht mit Wein!"[29] – das ist die erste materielle ethische Anweisung nach 4,25–31. Aber auch sie dient eigentlich nur als Folie für eine spirituelle Weisung (V.18b). Ob der Weinrausch unter den Adressaten des Eph eine akute Gefahr war, mag man bezweifeln.[30] Entscheidend ist vielmehr die Gegenüberstellung von physischem und „geistlichem" Rausch. Der physische Rausch birgt in sich ἀσωτία („Heillosigkeit"[31]). In der Antithese von V.18a („berauscht euch nicht mit Wein ...!") und V.18b („sondern seid erfüllt vom Geist ...!") ist ein Topos hellenistisch-jüdischer Theologie bzw. Religiosität aufgegriffen, der am ausgeprägtesten bei Philon von Alexandria begegnet, und zwar zusammengefasst im Schlagwort „nüchterner Rausch" (μέθη νηφάλιος – „sobria ebrietas").[32] Das Oxymoron μέθη νηφάλιος begegnet mehrfach in Philons Schriften (so thematisch in ebr., aber auch in vielen anderen seiner Traktate).[33] Im Hintergrund steht die platonische Spekulation vom „göttlichen Wahnsinn" (μανία γιγνομένη ἀπὸ θεῶν).[34] Philon beschreibt die „Besessenheit" durch den Geist Gottes als Ekstase: Der νοῦς des Menschen weicht und wird zeitweilig ersetzt durch den göttlichen Geist.[35] Dieser Zustand ist ein Rausch, der nicht durch Wein, sondern durch den Geist hervorhervorgerufen wird und darum „nüchtern" ist. Die Formulierung πληροῦσθε ἐν ist ungewöhnlich.[36] Das ἐν könnte instrumentale Funktion haben („seid angefüllt durch den Geist!"),[37] doch dann bliebe offen, *womit* die Adressaten angefüllt sein sollen. Angestrebt ist die Analogie zu V.18a (μὴ μεθύσκεσθε

---

[29] Μὴ μεθύσκεσθε οἴνῳ entspricht wörtlich Prov 23,31a LXX (A). Dort findet sich auch das Schema μή ... ἀλλά ... Vgl. auch TestJud 14,1. LINCOLN, Use 43, rechnet hier mit Vermittlung durch jüdische paränetische Tradition, nicht mit direkter Zitierung aus Prov 23,31.

[30] Weder Trunkenheit in der Versammlung (vgl. 1Kor 11,21) noch dionysische Kultpraxis stehen im Hintergrund (vgl. LINCOLN, Eph 343f). SALZMANN, 91f, nimmt an, hier werde auf die Mahlfeier Bezug genommen: „Lied und Gebet gehören aber offensichtlich in den Rahmen der Mahlfeier, anders ergibt die Alternative ,sich mit Wein betrinken – voll des heiligen Geistes sein' keinen Sinn" (91). Dagegen spricht das πάντοτε (vgl. SALZMANN, 92 A 209).

[31] Konkret: „Verschwendung", „unsolides Lotterleben" (vgl. Lk 15,13). In dieser Bedeutung auch Tit 1,6; 1Petr 4,4. Die Grundbedeutung ist aber stets präsent; s. dazu W. FOERSTER, ThWNT I, 504f.

[32] LEWY.

[33] Opif. 71; sobr. 3,1; Mos. I 187; vgl. LA I 84; II 29; III 82.183; ebr. 15.123.126.143.148f; fug. 32.167; somn. II 292; prob. 13. Das Motiv begegnet aber z.B. auch OdSal 11,7f (gr.): „Ich trank – und wurde trunken – unsterbliches Wasser; und meine Trunkenheit wurde nicht Unwissenheit (ἀγνωσία)."

[34] Platon, Phaidr. 244ff.

[35] her. 263–265; fug. 167; somn. II 231–236; dazu SELLIN, Streit, 151–155.

[36] Vgl. ABBOTT, Eph, 161f; J.A. ROBINSON, Eph, 204; SCHNACKENBURG, Eph, 242 mit A 598; LINCOLN, Eph, 344f. Normalerweise steht bei πληροῦσθαι der Gen. („voll des Geistes sein"): BDR § 172 A 3.

[37] Vgl. BDR § 195 A 2.

οἴνῳ – einfacher Dat.):[38] „Seid nicht trunken von Wein!". Das ἐν könnte Ambivalenz herstellen: „seid angefüllt *mit* Geist/werdet vollkommen *im* Geist!"[39] Dabei gehen zwei Vorstellungen ineinander: die Vorstellung der Pneuma-Inspiration („*mit* Geist erfüllt werden"[40]) und die lokale der Vervollkommnung *im Bereich* des Geistes („*im* Geist vollkommen werden"[41]).

19 V.18 bildet einen Übergang von der ethischen Aussage (V.15: περιπατεῖτε ...) zur liturgischen (die Rede in „Psalmen", „Hymnen" und „geistlichen Liedern").[42] Dem Imperativ „berauscht euch nicht ..., sondern seid erfüllt vom Geist!" folgen in V.19–21 eine Reihe von Partizipialsätzen („*redend ..., singend* und *lobsingend ..., dankend ...* einander *unterordnend ...*"),[43] ein syntaktisches Schema, das schon in V.15 angeklungen ist. Bei Verben des Redens folgt häufig ein Dativobjekt (λαλοῦντες ἑαυτοῖς ...).[44] In V.21 geht die Partizipienreihe vom liturgischen (V.19–20) zum ethischen Thema („einander unterordnend") über. Textkritisch ist in V.19 zwischen einfachem Dat. (ψαλμοῖς ...)[45] und instrumentalem ἐν + Dat.[46] zu entscheiden. Gleiches gilt bezüglich der Frage, ob ᾠδαῖς[47] oder ᾠδαῖς πνευματικαῖς[48] („mit geistlichen Liedern") den ursprünglichen Text darstellt. In der Vorlage Kol 3,16 steht ᾠδαῖς πνευματικαῖς, und Eph 5,18 (πληροῦσθε ἐν πνεύματι) legt die Verwendung des Adjektivs „geistlich" in diesem Zusammenhang nahe. Die vom Geist inspirierte „trunkene" Rede vollzieht sich „in Psalmen und Hymnen und geistlichen Oden": ἐν ψαλμοῖς καὶ ὕμνοις καὶ ᾠδαῖς πνευματικαῖς. Der Verfasser hat hier Kol 3,16c[49] als Vorlage benutzt:

---

[38] Vgl. Lk 2,40.

[39] Das ἐν hätte dann *lokale* Funktion. SCHNACKENBURG, Eph, 242, verbindet *instrumentale* und *inhaltsbezogene* Aussage: „Die Christen sollen sich durch den Geist (ἐν instrumental) und zugleich mit ihm erfüllen lassen." Der Grund: „Wahrscheinlich wollte der Verf. den Unterschied zum Erfüllen mit Wein markieren" (242 A 598).

[40] Analog zu „mit Wein voll werden".

[41] Ἐν πνεύματι entsprechend ἐν Χριστῷ. „Vollkommen sein" wird allerdings eher durch das präsentische Perfekt πεπληρωμένος („erfüllt" = vollkommen: Kol 2,10; vgl. Gal 5,14; BDR § 341 A 3) ausgedrückt; vgl. jedoch Eph 3,19 (ἵνα πληρωθῆτε εἰς πᾶν τὸ πλήρωμα τοῦ θεοῦ).

[42] „The Command to be filled with the spirit stands in the center of the passage and has links with what precedes – wisdom – as well as with what follows – worship" (LINCOLN, Eph, 344f).

[43] Vgl. dazu BDR § 468 A 1 und 4.

[44] BDR § 187, 3.

[45] ℵ A D F G Ψ 1881 u.a.

[46] p46 B P 0278.6.33 u.a. Zur Entscheidung s.u. A 50.

[47] In p46 B b d; Ambst.

[48] In ℵ D F G Ψ 0278.33.1739.1881 u.a. – Πνευματικαῖς ist in p46 B und in der altlateinischen Textüberlieferung fortgelassen, nach METZGER, Commentary 540f, aufgrund von *homoioteleuton*. Eine Zufügung durch die Mehrheit der Textzeugen aufgrund einer Angleichung an Kol 3,16 ist unwahrscheinlich, zumal Eph dem Kol im Kanon voransteht und Angleichungen eher von Kol an Eph erfolgten.

[49] In Kol 3,16 fehlt das zweimalige καί in den Handschriften p46 ℵ B C* D* F G 1175 it u.a. sowie bei Clem.Alex. Das wird der ursprüngliche Text in Kol sein. Das doppelte καί ist demnach vom Verfasser des Eph eingefügt worden.

[50] In p46 ℵ2 B D* F G Ψ 6.1505.1739 u.a. sowie bei Clem.Alex. steht der Artikel (ἐν τῇ χάριτι). Er fehlt in ℵ* A C D2 075.33.1881 u.a. Mit Artikel wäre die Gnade Gottes gemeint, die dann den charismatischen

Kol 3,16: νουθετοῦντες ἑαυτούς, ψαλμοῖς ὕμνοις ᾠδαῖς πνευματικαῖς ἐν χάριτι[50] ᾄδοντες

Eph 5,19: λαλοῦντες ἑαυτοῖς [ἐν][51] ψαλμοῖς καὶ ὕμνοις καὶ ᾠδαῖς πνευματικαῖς ᾄδοντες

Während in Kol 3,16b die Dative „Psalmen, Hymnen, geistliche Oden" vom nachfolgenden Partizip ᾄδοντες („singend") abhängig sind,[52] nach νουθετοῦντες ἑαυτούς also ein Komma zu setzen ist,[53] wurde die Konstruktion in Eph 5,19 verändert: Das „zueinander reden" (λαλοῦντες ἑαυτοῖς) soll „in Psalmen und Hymnen und geistlichen Oden" geschehen. In Kol 3,16 und Eph 5,19 werden drei Termini für den urchristlichen Gemeindegesang genannt (ψαλμοί, ὕμνοι, ᾠδαί), die inhaltlich kaum voneinander abzugrenzen sind. Ob es sich um völlig synonyme Begriffe handelt, ist unwahrscheinlich. Die Besonderheiten der urchristlichen Gesänge und Reden, insbesondere ihre Geistbewirktheit, werden neben Kol 3,16 und Eph 5,19 auch durch 1Kor 14,26[54] und Apk 5,9; 14,3; 15,3 bezeugt. Die Bezeichnung „neues Lied" (Apk 5,9 und 14,3) sowie indirekt die Anweisung in 1Kor 14,26 (bei der Zusammenkunft habe „jeder einen Psalm, eine Lehre, eine Offenbarung") machen es sicher, dass solche „Gesänge" auch spontan „gedichtet" wurden,[55] was ihre Inspiration durch den Geist impliziert. Die urchristliche Gemeinde hat dabei die Riten der synagogalen Versammlungen der hellenistisch-jüdischen Gemeinden fortgesetzt. Das geht aus mehreren Quellen hervor: Die ausführlichste Beschreibung solcher spirituellen Feiern gibt Philon in seiner Schrift über die „Therapeuten", cont. 29: Die Mitglieder dieser Gemeinschaft verfassen „Gesänge und Hymnen an Gott in vielfältigen Versmaßen und Melodien, die sie in recht feierlichen Rhythmen, so gut sie können, abfassen" (ποιοῦσιν ᾄσματα καὶ ὕμνους εἰς τὸν θεόν ...). Besonders eindrücklich schildert Philon den Ablauf der alle sieben Wochen[56] stattfindenden großen Feiern: Nach der allegoretischen Schriftauslegung durch den „Vorsteher" (πρόεδρος) singt dieser einen

---

Ursprung der Gesänge („Psalmen, Hymnen, Oden") bezeichnen würde. Da dies aber bereits durch πνευματικαῖς ausgedrückt ist, legt sich die andere Bedeutung von χάρις, nämlich „Anmut", nahe – wie in Kol 4,6, wo der Artikel entsprechend fehlt. Es handelt sich dann in Kol 3,16 um „kunstvolle", „anmutige" Gesänge.

[51] Hier muss die Entscheidung für die Lesart mit instrumentalem ἐν fallen, da sonst zwei bloße Dative aufeinander folgten (... ἑαυτοῖς ψαλμοῖς ...). Das hängt freilich von der Interpretation der Satzkonstruktion des Verses 19 ab (s.o. im Text).

[52] Zur Kommasetzung hinter ἑαυτούς in Kol 3,16 vgl. SALZMANN, 82 A 163. Anders z.B. HENGEL, Christuslied, 389f, der ψαλμοῖς usw. zu „lehren und ermahnen" zieht unter Hinweis auf den lehrhaften Inhalt der Lieder (vgl. u. A 52).

[53] Wie in NESTLE/ALAND, 27. Aufl.; vgl. dazu die plausible Begründung bei WOLTER, Kol, 189f und SALZMANN, 82 A 163; zu Recht gegen GNILKA, Kol, 193; POKORNÝ, Kol, 147; HENGEL, Hymnus, 3; DERS., Christuslied, 389f.

[54] Genannt werden Psalm (ψαλμός), Lehre (διδαχή), Offenbarung (ἀποκάλυψις), Zungenrede (γλῶσσα) und Auslegung (ἑρμενεία).

[55] Vgl. HENGEL, Hymnus, 5.

[56] Δι' ἑπτὰ ἑβδομάδων wird nicht auf das Wochenfest (Pfingstfest) zu beziehen sein, sondern auf eine alle sieben Wochen stattfindende besonders feierliche Versammlung (vgl. die Anmerkung von K. BORMANN in: Philo von Alexandrien, Die Werke in deutscher Übersetzung, Bd. VII, 1964, 64 A 1).

„Hymnus auf Gott, entweder einen neuen, den er selber verfasst hat, oder einen alten, der von den Dichtern der früheren Zeit herrührt (ὕμνον ᾄδει πεποιημένον εἰς τὸν θεόν, ἢ καινὸν αὐτὸς πεποιηκὼς ἢ ἀρχαῖόν τινα τῶν πάλαι ποιητῶν). Diese hinterließen nämlich Lieder in vielen Metren und Melodien, jambische Verse, Hymnen für feierliche Aufzüge, für Trankopfer sowie für den Gesang am Altar, Lieder, welche der Chor singt, wenn er stillsteht oder tanzt, wohlabgemessen für vielfältige Umwendungen. Danach singen auch die anderen der Reihe nach in der gebührenden Ordnung, wobei alle unter tiefem Schweigen zuhören, außer wenn sie den Schluss oder den Refrain singen müssen …" (80).

Den Höhepunkt bildet die „heilige Nachtfeier": Es werden zwei Chöre gebildet, einer von den Männern, der andere von den Frauen:

„Dann singen sie Hymnen (ὕμνους) auf Gott, in vielen Metren und Melodien abgefasst, wobei sie teils ihre Stimmen zusammen erschallen lassen, teils im Wechselgesang die Harmonie aufnehmen, die Hände zum Takt bewegen und tanzen; bald singen sie voller Begeisterung Lieder, die für feierliche Aufzüge bestimmt sind (προσόδια), bald Lieder, welche vom Chor vorgetragen werden, wenn er stillsteht (στάσιμα), sowie die bei Wendung und Gegenwendung im Chortanz üblichen Liedteile. Wenn … sie wie bei den Bakchusfesten den ungemischten Wein der Gottesliebe in vollen Zügen genossen haben, vermischen sie sich untereinander und werden ein Chor aus zweien. Damit stellen sie den Chor dar (μίμημα … συστάντος), der vor langer Zeit am Roten Meer zusammentrat aufgrund der dort gewirkten Wunder …" (84–85).

Der Begriff ὕμνος umfasst also eine ganze Reihe von technischen Teilgattungen. Dieser Text verrät uns, dass die gottesdienstlichen Gesänge einer ausgefeilten Choreographie unterlagen, die ihre Wurzeln in der antiken Tragödien-Dramaturgie hat. ὕμνος ist bei Philon der Hauptterminus für die kultischen Lieder. Auffälligerweise fehlt bei ihm der Begriff ψαλμός völlig.[57] ᾠδή begegnet dagegen 25mal, verstreut über alle Traktate, und hat bei ihm eine noch allgemeinere Bedeutung als ὕμνος: „Gesang".[58]

Eine weitere Quelle für das Verständnis frühchristlicher Hymnologie stellt das hellenistisch-jüdische (wohl alexandrinische) Testament Hiobs dar, vor allem die

---

[57] Obwohl dieser in der LXX häufig vorkommt (allein 68mal in Psalmenüberschriften); er fehlt auch in den TestXII. Mit ψαλμοί ist das LXX-Psalmenbuch im Codex Vaticanus überschrieben, während der Codex Alexandrinus die Überschrift ψαλτήριον hat. Dieser Begriff kommt zwar bei Philon zweimal vor (post. 103.111), bezeichnet dort aber nicht das Buch der Psalmen, sondern ein Saiteninstrument (Bezug auf Gen 4,21). Dazu und generell zu Philons Rezeption der Psalmen s. R. BRUCKER, La *Wirkungsgeschichte* de la Septante des Psaumes dans le judaïsme ancien et dans le christianisme primitif, in: J. Joosten / P. Le Moigne (Hg.), L'apport de la Septante aux études sur l'Antiquité, LeDiv 203, Paris 2005, 289–308, bes. 293–295.

[58] So mut. 220 (Poesie – im Gegensatz zur Prosa); somn. II 269; spec. II 209; virt. 74; cont. 35. Oft steht es synonym zu ὕμνος: agr. 81f; sobr. 58; Mos. II 257; spec. III 125; Flacc. 122. Im Singular dient es meistens zur Bezeichnung der Moselieder Ex 15 (so agr. 81f; somn. II 269; Mos. II 257) und Dtn 32 (so LA III 105; det. 114; post. 121.167; plant. 59; sobr. 10; mut. 182; somn. II 191; virt. 72). Mit Mose – nicht mit David – sind für Philon übrigens auch fast alle Psalmen verbunden; s. BRUCKER, a.a.O. – Bei den von Philon (wie auch von Josephus) genannten „vielen Metren" ist Vorsicht angebracht, da hier ein apologetisches Interesse im Spiel ist; s. ebd. 296 A 1 sowie DERS., ‚Christushymnen', 31 A 33.

Kapitel 43 und 47–50.[59] Die Töchter Hiobs geraten in glossolalische Ekstase und sprechen so „Hymnen" in der Sprache der Engel.[60] Während Philon in seiner Schrift über die Therapeuten die *Technik* der Hymnendichtung beschreibt, bezeugt TestHiob 46–53 ihren *geistgewirkten Ursprung*. Auch der in Eph 5,19 angedeutete wechselseitige „Zuspruch" (λαλοῦντες ἑαυτοῖς ...), faktisch ein „*Wechselgesang*", findet seine Entsprechung in Philons Schrift über die Therapeuten (cont. 84.88). Dass dies auch in den frühchristlichen Gemeinden Kleinasiens gepflegt wurde, bezeugt Plinius, ep. X 96,7: Die Christen pflegten „an einem bestimmten Tag vor Sonnenaufgang zusammenzukommen und würden Christus wie einem Gott einen *Wechselgesang* singen" (*carmenque Christo quasi deo dicere secum in vicem*).[61] Auch dass dies, wie Plinius mitteilt, *vor Sonnenaufgang* geschieht, hat seine Parallele in Philons Schilderung der Nachtfeier der Therapeuten.[62]

In V.19b schließt ein Partizipialsatz an: „singend und preisend mit eurem Herzen den Herrn". Vorlage ist wieder Kol 3,16:

Kol 3,16: ᾄδοντες   ἐν ταῖς καρδίαις ὑμῶν τῷ θεῷ
Eph 5,19: ᾄδοντες καὶ ψάλλοντες   τῇ καρδίᾳ ὑμῶν τῷ κυρίῳ

Die Wendung „den Herrn preisen" (ψάλλειν τῷ κυρίῳ/τῷ θεῷ) begegnet häufig in LXX,[63] bisweilen zusammen mit ᾄδειν[64], eine Zusammenstellung, die im NT nur an unserer Stelle vorkommt. Dem Verfasser ist das Syntagma ᾄδοντες καὶ ψάλλοντες offenbar aus seiner Tradition geläufig. In TestHiob 48–50 wird die pneumatische Begeisterung der Töchter Hiobs als eine Änderung des „Herzens" beschrieben.[65] Das bezieht sich auf den bei Philon als Ekstase vorgestellten Wandel

---

[59] TestHiob ist eine ursprünglich in Griechisch abgefasste Schrift, die auf der LXX-Fassung des Hiob-Buches beruht: vgl. R.P. SPITTLER, Testament of Job, in: J.M. CHARLESWORTH (ed.), Pseudepigrapha, Vol.1, 1983, 829–868. Spittler vermutet eine Nähe zu den von Philon (cont.) beschriebenen Therapeuten (833f; vgl. dagegen aber B. SCHALLER, JSHRZ III 3, 1979). Auf jeden Fall liegt ägyptischer Ursprung nahe. Spittler (834) hält TestHiob 46-53 jedoch für einen montanistischen Anhang (dazu nächste A).

[60] 48,3: ἀπεφθέγξατο δὲ τῇ ἀγγελικῇ διαλέκτῳ, ὕμνον ἀνεπέμψατο τῷ θεῷ ... (vgl. 49,2f). Da bereits Paulus in 1Kor 13,1 die in Korinth geläufige Glossolalie als „Sprache der Engel" (ἐν γλώσσαις τῶν ἀγγέλων) versteht, gibt es keinen Grund, TestHiob 47–50 als montanistischen Zusatz anzusehen.

[61] HENGEL, Hymnus, 22; vgl. WOLTER, Kol, 190. Das *dicere* entspricht dem λαλοῦντες in Eph 5,19. Die Deutung von *carmen* als „Lied" ist allerdings nicht zwingend, vgl. BRUCKER, ,Christushymnen', 107-110.

[62] cont. 89: „Bis zum frühen Morgen verharren sie in dieser schönen Trunkenheit, dann richten sie den Blick und den ganzen Körper nach Osten und verharren in dieser Haltung ... Wenn sie dann die Sonne aufgehen sehen, erheben sie die Hände zum Himmel und beten um einen schönen Tag, nämlich um Erkenntnis der Wahrheit und Scharfsichtigkeit des Geistes ..."

[63] Ursprünglich bezieht sich ψάλλειν im Griechischen auf das Saitenspiel. Erst in der LXX hat das Wort die Bedeutung „singen" (HENGEL, Christuslied, 387f).

[64] Ri 5,3 (ᾄσομαι und ψαλῶ); ψ 26,6; 32,2f; 56,8; 67,33; 97,4f; 100,1f; 104,2; 107,2; 143,9.

[65] TestHiob 48,2: καὶ ἀνέλαβεν ἄλλην καρδίαν; 49,1: καὶ ἔσχεν τὴν καρδίαν ἀλλοιωθεῖσαν; 50,2: καὶ αὐτῆς ἡ καρδία ἠλλοιοῦτο. SPITTLER, Testament of Job, 865 (Anm. a zu 48), zählt für die drei charismatischen Akte der Hiob-Töchter folgende Motive auf: 1. Name der Tochter, 2. Anlegen der Schärpe, 3. Veränderung „des Herzens", d.h. Einwohnung des charismatischen Subjekts im Sinne der Ekstase, 4. Ausrichtung auf die Transzendenz, 5. Glossolalie als Sprache spezieller Himmelswesen, 6. kurze Themaangabe des glossolalen Inhalts, 7. Hinweis auf mythische Bücher, die die jeweilige Botschaft enthalten.

des natürlichen νοῦς in das göttliche πνεῦμα.⁶⁶ Damit erklärt sich zugleich die Änderung der präpositionalen Wendung aus Kol (ἐν ταῖς καρδίαις) in den instrumentalen Dat. (Singular) in Eph 5,19. Das Herz wird zum Instrument des Singens und Preisens. Die wichtigste Änderung aber ist die Ersetzung des Dativs θεῷ (Kol 3,16) durch τῷ κυρίῳ, also die Transformation des Gotteslobes in ein Christuslob.⁶⁷ Kol 3,16 steht insofern der (hellenistisch-) jüdischen Tradition noch näher.⁶⁸

20 Es folgt ein weiterer Partizipialsatz, der vom Inhalt her einen Abschluss darzustellen scheint: „… allezeit dankend (εὐχαριστοῦντες) für alles im Namen unseres Herrn Jesus Christus Gott, dem Vater". Εὐχαριστεῖν („danken") kommt nur dreimal im Eph vor: hier, sodann in 1,15 (als Einsatz der „Danksagung") sowie in 5,4 (das Substantiv εὐχαριστία als Alternative zu den in 5,3f aufgezählten „Lastern"). 5,20 rundet so den Doppel-Abschnitt 5,3–20 zyklisch ab. Εὐχαριστία in 5,4 nimmt 5,20 vorweg: Lob des Kyrios (in „Psalmen", „Hymnen" und „Oden") und Dank an Gott sind die Alternative zu den in 5,3f genannten „Lastern". Πάντοτε ὑπὲρ πάντων (das Danken „allezeit für alles") ist eine für den Eph typische plerophore Wendung.⁶⁹ Das Dankgebet richtet sich „an Gott, den Vater" und soll geschehen „im Namen unseres Herrn Jesus Christus". Vorlage ist Kol 3,17.

Kol 3,17: καὶ πᾶν ὅ τι ἐὰν ποιῆτε … πάντα ἐν ὀνόματι κυρίου Ἰησοῦ, εὐχαριστοῦντες τῷ θεῷ πατρὶ δι' αὐτοῦ.

Eph 5,20: εὐχαριστοῦντες πάντοτε ὑπὲρ πάντων ἐν ὀνόματι τοῦ κυρίου ἡμῶν Ἰησοῦ Χριστοῦ τῷ θεῷ καὶ πατρί.

Der entscheidende Unterschied ist die Zuordnung der ἐν-ὀνόματι-Wendung: In Kol bezieht sie sich auf das „Tun" (Ethik), in Eph auf εὐχαριστοῦντες (das Dankgebet).⁷⁰ Die ἐν-ὀνόματι-Wendung ist eine Legitimations- und Ermächtigungsformel.⁷¹ Im Joh bezieht sie sich jedoch (was näher liegt) auf das Bittgebet

---

⁶⁶ Z.B. her. 263–265; fug. 167; somn. I 118f; II 228–236; dazu vgl. SELLIN, Streit, 151–155.
⁶⁷ Darauf macht HENGEL, Hymnus, 4f, besonders aufmerksam (unter Hinweis auf DEICHGRÄBER, Gotteshymnus, 60f.207f u. ö.).
⁶⁸ Vgl. auch Eph 4,16 (τὴν αὔξησιν τοῦ σώματος) mit Kol 2,19 (τὴν αὔξησιν τοῦ θεοῦ). Der Verfasser des Eph macht dabei aus dem Gen. auctoris (Kol) einen Gen. obj.
⁶⁹ Παν-/πασ- begegnet 56mal im Eph. Extrem plerophorisch sind vor allem 4,6 (… πάντων … ἐπὶ πάντων … διὰ πάντων … ἐν πᾶσιν) und 6,18 (διὰ πάσης … ἐν παντὶ … ἐν πάσῃ … περὶ πάντων). Im Vergleich zum Eph hat nur der Kol proportional etwa gleich viele παν-/πασ-Vorkommen. Der mit dem Eph gleich lange Gal hat nur 15, der fast doppelt so lange 2Kor 61, der dreimal so lange Röm 72, der 1Kor 122 (proportionale Dichte: ca. 40), der Phil immerhin 38 (proportionale Dichte: ca. 50). Πάντοτε („allezeit") begegnet im Eph jedoch nur an dieser Stelle (im Kol: 1,3; 4,6.12).
⁷⁰ Kol steht noch im Einfluss der LXX, wo (17mal) nur die artikellose Form ἐν ὀνόματι κυρίου (von Gott) begegnet. Eph setzt den Artikel, weil „Herr" als Titel für den Namen „Jesus Christus" fungiert.
⁷¹ Dabei kann im Hintergrund noch eine Art von Namenszauber stehen: Mk 9,38; 16,17; Lk 9,49; 10,17; Apg 3,6; 4,10; 1Kor 5,4. Häufig hat ἐν (τῷ) ὀνόματι nur modale Funktion, die aber auf eine lokale zurückgeht: vgl. Phil 2,10, wo die Namensverleihung eine Ermächtigung bedeutet, die Proskynese „im Namen Jesu" aber im Macht*bereich* des Ermächtigten stattfindet.

(Joh 14,13f.26; 15,16; 16,23f.26). Dass die Namensformel hier im Eph im Zusammenhang mit dem Dank(gebet) erscheint, ist einmalig und neu.[72] Der Kyrios Jesus Christus ermächtigt nicht nur dazu, Gott zu bitten (wie das Vaterunser belegt), sondern er vermittelt auch den *Dank*. Jedes rechte Gebet muss „im Namen (unseres) Kyrios Jesus Christus" geschehen: „Durch ihn haben wir (die beiden: Juden und Heiden) Zugang durch den einen Geist zum Vater" (2,18). Εὐχαριστία (Dank) aber ist die angemessene Reaktion der Menschen auf den Schöpfergott. Für Philon, den hellenistischen Juden, ist es der Logos, der die Mittlerschaft dieses angemessenen Gebetes (nämlich des Dankgebetes) gewährt – für den Verfasser des Eph ist es „der Name unseres Herrn Jesus Christus", der Zugang zum gewährenden Gott, dem Vater, verschafft.

II. 7.) 5,21–6,9: Die Familie als Zelle und Bild der Einheit (Die Haustafel)

(21) Ordnet euch einander unter in der Furcht Christi,
(22) ihr Frauen euren Männern wie dem Herrn,
(23) denn der Mann ist das Haupt der Frau, wie auch Christus Haupt der Kirche ist, er als Retter des Leibes.
(24) Wie nun die Kirche sich Christus unterordnet, so (sollen) auch die Frauen (sich unterordnen) ihren Männern in allem.

(25) Ihr Männer, liebt eure Frauen, wie auch Christus die Kirche geliebt und sich selbst hingegeben hat für sie,
(26) damit er sie heilige, indem er sie durch das Wasserbad im Wort reinigt,
(27) damit er selbst sich die Kirche herrlich zuführe: als eine, die keine Flecken oder Runzeln oder etwas dergleichen hat, sondern damit sie heilig und makellos sei.
(28) So sollen auch die Männer ihre Frauen lieben wie (oder: als) ihren eigenen Leib. Wer seine Frau liebt, liebt sich selbst.

---
[72] Clem. Alex., paed. II 4,43,2,4–6, gibt Kol 3,16f wieder.

(29) Denn niemand hat je sein eigenes Fleisch
gehasst, sondern er nährt und pflegt es, wie auch Christus die Kirche,
(30) denn Glieder sind wir seines
Leibes.
(31) „Deshalb wird ein Mensch verlassen Vater
und Mutter und sich binden an seine Frau,
und die zwei werden ein Fleisch sein."
(32) Dieses Geheimnis ist groß.
Ich aber beziehe es auf
Christus und auf die Kirche.
(33) Schließlich auch ihr, ein jeder von euch
soll seine Frau so lieben wie sich selbst,
die Frau aber soll ihren Mann achten.

(6,1) Ihr Kinder, gehorcht euren Eltern im Herrn, denn das ist gerecht.
 (2) „Ehre deinen Vater und die Mutter" –
das ist das erste Gebot mit einer Verheißung:
 (3) „damit es dir wohl geht, und du wirst langlebig sein auf der Erde."
 (4) Und ihr Väter, reizt eure Kinder nicht zum Zorn,
sondern erzieht sie in Bildung und Weisung des Herrn.

 (5) Ihr Sklaven, gehorcht euren weltlichen Herren mit Furcht und Zittern
in Lauterkeit eures Herzens, als ob (ihr) Christus (gehorchtet),
 (6) nicht mit Augendienerei wie Leute, die Menschen gefallen wollen,
sondern als Sklaven Christi,
die den Willen Gottes von Herzen tun,
 (7) die mit Bereitwilligkeit dienen, als ob (sie) dem Herrn (dienten) und
nicht Menschen,
 (8) wissend, dass jeder, wenn er etwas Gutes tut,
dies empfangen wird vom Herrn,
sei er Sklave, sei er Freier.
 (9) Und ihr Herren, tut dasselbe an ihnen
und unterlasst das Drohen,
wissend, dass sowohl ihr als auch euer Herr in den Himmeln ist
und es vor ihm kein Ansehen der Person gibt.

BALCH, Household Codes; DERS., Wives; DERS., Neopythagorean Moralists; BERGER, Gattungen 1078-1086; BEST, Eph, 519-527; BEST, Haustafel; CROUCH, Colossian Haustafel; DIBELIUS, Kol/Eph/Phlm, 48-50; FAUST, Pax Christi 432-441; FIEDLER, Haustafeln, RAC 13 (1986), 1063-1073; FIORE, Household Rules; GIELEN, Haustafelethik; GOPPELT, „Haustafel"-Tradition; HARTMANN, Code and Context; KAMLAH, Philos Beitrag; DERS., ὑποτάσσεσθαι; VON LIPS, Haustafel; LÜHRMANN, Haustafeln; DERS., Sklave; K. MÜLLER, Haustafel; RENGSTORF, Mahnungen; SCHÖLLGEN, Art. Haus, RAC 13 (1986), 815-830; SCHRAGE, Haustafeln; SCHROEDER, Haustafeln; SCHÜSSLER FIORENZA, Zu ihrem Gedächtnis 297-342; SCHWEIZER, Haustafeln; STANDHARTINGER, Studien 247-276;

STRECKER, Haustafeln; THOMAS, Phokylides 378–391; THRAEDE, „Haustafeln"; VERNER, Household; WAGENER, Ordnung 15–65; WEIDINGER, Haustafeln; WOLTER, Kol, 192–208.

Form und Funktion der Gattung Haustafel

Eph 5,21–6,9 und Kol 3,18–4,1 sind nach gleichem Schema aufgebaut und entsprechen sich im Inhalt und weitgehend auch im Wortlaut. Da dem Verfasser des Eph im Zuge seiner Ausrichtung am Kol der Abschnitt Kol 3,18–4,1 als literarische Vorlage gedient hat, kann man bei diesen beiden Texten noch nicht von einer Gattung sprechen. Erst ihre weitere Verwandtschaft beider Texte mit 1Petr 2,18–3,7, einem Text, der von keiner der beiden genannten Haustafeln direkt abhängig ist und der zugleich eine stärker abweichende Variante gegenüber den beiden anderen darstellt, lässt die Vermutung zu, dass bereits Kol 3,18–4,1 eine Gattung mit einem bestimmten Formschema voraussetzt, die zuvor allerdings nirgends belegt ist.[1] Das Schema sieht folgendermaßen aus:

I 1.) Aufforderung an die *Frauen*, sich ihren *Männern* unterzuordnen (ὑποτάσσεσθαι): Kol 3,18; Eph 5,22–24

   2.) Aufforderung an die *Männer*, ihre *Frauen* zu lieben (ἀγαπᾶν): Kol 3,19; Eph 5,25–33

II 1.) Aufforderung an die *Kinder*, ihren *Eltern* zu gehorchen (ὑπακούειν): Kol 3,20; Eph 6,1–3

   2.) Aufforderung an die *Väter*, ihre *Kinder* nicht zu erbittern und mutlos zu machen: Kol 3,21; Eph 6,4

III 1.) Aufforderung an die *Sklaven*, ihren *Herren* zu gehorchen (ὑπακούειν): Kol 3,22–25; Eph 6,5–8

   2.) Aufforderung an die *Herren*, ihre *Sklaven* gerecht bzw. milde zu behandeln: Kol 4,1; Eph 6,9[2]

---

[1] Im Anschluss an DIBELIUS, Eph, wurden häufig auch 1Tim 2,8–15; 6,1f; Tit 2,1–10; Did 4,9; Barn 19,5–7; 1Clem 1,3; 21,6–9; Polyk 4,2–6,3; IgnPol 5,1f dieser Gattung zugerechnet. Doch in diesen Texten ist die prägende Struktur, der Bezug auf das „Haus" (die Familie) und die Reziprozität der Weisungen fast ganz aufgelöst. Schon 1Petr 2,18–3,7 weitet durch die Vorschaltung von 2,13–2,13–2,13–17 die Haus-Ethik auf den Staat aus (was allerding schon in der *Politik* des Aristoteles angelegt ist). In den Pastoralbriefen wird die Haustafelethik auf die Gemeinde übertragen (VERNER, 27–81), wodurch zugleich die Form stark verändert wird. Man hat es hier also mit Gattungstransformationen zu tun. In neuerer Literatur wird die rigorose Beschränkung auf Kol 3,18–4,1 und Eph 5,21–6,9 aber wieder ausgeweitet (VON LIPS, bes. 277–280). Die Haustafeln in Kol, Eph und (mit Einschränkungen) 1Petr 2,18–3,7 haben eine stark binnenorientierte Ethik (BEST, Eph, 523 u. ö.; DERS., Haustafel, 189)

[2] 1Petr 2,18–3,7 weicht davon erheblich ab:

I Aufforderung an die Sklaven, ihren Herren untertan zu sein (ὑποτάσσεσθαι): 2,18–25

II a.) Aufforderung an die Frauen, ihren Männern untertan zu sein (ὑποτάσσεσθαι): 3,1–6;
   b.) Aufforderung an die Männer, auf ihre Frauen Rücksicht zu nehmen: 3,7.

Voran steht jeweils die Mahnung an die Untergeordneten (Frauen, Kinder, Sklaven). Die Mahnung an die Übergeordneten (Ehemänner, Väter[3], Herren) bezieht sich auf die drei „Rollen" des Hausherrn, seine drei unterschiedlichen Relationen (zu Frau, Kindern und Sklaven). Die Mahnung an die Untergeordneten steht im Interesse einer hierarchischen Funktionalität des Haushaltes.[4] Interessanter ist die Mahnung an die Übergeordneten, insofern sie dem Ideal einer antiken „Aufklärung" entspricht: Vom Hausherrn wird in allen seinen drei „Rollen" Verständnis, Milde, Rücksicht und Liebe verlangt. Das ist zunächst durchaus rational verständlich, wie besonders die Mahnung an die Väter, die Kinder nicht durch Strenge und Zorn mutlos zu machen, zeigt (Kol 3,21).[5] Die *clementia* („Milde") war eine Tugend, die gerade den Herrschern als Vorbildern abverlangt wurde. Freilich enthalten die diesbezüglichen Begründungen in den Haustafeln auch spezifisch christliche Elemente, die den Bereich der aufgeklärten, ent-emotionalisierten Rationalität in Richtung einer neuen Emotionalisierung überschreiten: so die Aufforderung zur Liebe, die christologisch im theologischen Sinne auf Gott zurückgeführt wird (vgl. Eph 5,1–2).[6]

Auf die Frage nach der gattungsgeschichtlichen Herkunft der Haustafeln und ihrer Ethik wurden verschiedene Antworten gegeben,[7] von denen drei größere Bedeutung erlangt haben: (1.) M. Dibelius und K. Weidinger[8] führten sie auf die stoische Pflichtenlehre zurück.[9] Doch sieht man an den genannten Beispieltexten leicht, dass zwischen diesen und den Haustafeln keine enge Beziehung besteht.[10] So wird z.B. der Personenkreis, an dem die Pflichten ausgeübt werden, über den Kreis der Hausfamilie hinaus erweitert, und die Reziprozität

---

[3] Während die Mahnung an die Kinder sich auf den Gehorsam gegenüber den *Eltern* bezieht (Kol 3,20; Eph 6,1), richtet sich die komplementäre Mahnung nur an die *Väter* (Kol 3,21; Eph 6,4).

[4] Sie ist insofern traditionell-konservativ. Dass diese Ethik nachdrücklich proklamiert wird, ist aber auch ein Zeichen dafür, dass es im kulturellen Kontext davon abweichende Erscheinungen gab – insbesondere, was die Rolle der Frauen betraf, wofür der 1Kor ein Indiz darstellt (1Kor 7; 11,2-16; 14). Dass auch die Erziehung der Kinder bisweilen an Liberalität heutiger Moderne nicht nachstand, zeigt der berühmte Brief des Knaben Theon an seinen Vater, den A. DEISSMANN (Licht vom Osten, Tübingen [4]1923, S. 168-171) – nicht ohne konservative Wertung im Rahmen seiner eigenen Zeit – vorstellt.

[5] Solche Züge finden sich auch in den entsprechenden kulturgeschichtlichen Parallelen, den *Oikonomika* (s.u. bei A 13), z.B. Ps.-Aristoteles, oec. III 2 (144): Der Mann solle zu seiner Frau *fideliter atque iuste ... amabilis* sein (erwähnt bei WOLTER, Kol, 197).

[6] Die Aufforderung an die Männer, ihre Frauen zu „lieben", findet sich auch in neupythagoreischen Quellen, allerdings nicht mit dem Wort ἀγαπᾶν, sondern mit φιλεῖν oder στέργειν (BALCH, Neopythagorean Moralists 401). Wohl aber wird ἀγαπᾶν von der Liebe der Frauen zu ihren Männern gebraucht (ebd.; vgl. 397f).

[7] Vgl. zur Forschungsgeschichte GIELEN, 24–67; BALCH, Houshold Codes; WOLTER, Kol, 193-198.

[8] DIBELIUS, Eph, 48–50 (seit der 1. Aufl. 1913); WEIDINGER (1928).

[9] Genannt wird vor allem Epiktet, diss. II 17,31: „Ich will als Frommer, als Philosoph und als umsichtiger Mensch wissen, was meine Pflicht ist (καθῆκον) gegenüber den Göttern, gegenüber den Eltern (πρὸς γονεῖς), gegenüber den Brüdern, gegenüber dem Vaterland, gegenüber den Fremden." Diog. Laert. VII 108 werden die Pflichten (τὰ καθήκοντα) definiert: „Pflichtgemäß sei alles, wofür sich die Vernunft entscheidet, z.B. Eltern, Brüder, Vaterland in Ehren zu halten und mit Freunden freundlich umzugehen". Vgl. aber auch die Aufzählung der Pflichten bei Plutarch, de lib. educ. 10 (Mor. 7E).

[10] Anders ist das bei dem von DIBELIUS, Eph, 48 (Kol), ebenfalls genannten Text Seneca, epist. 94,1 (dazu s.u. A 14).

fehlt in der Regel. – (2.) K.H. Rengstorf, D. Schröder, L. Goppelt und J.E. Crouch versuchten, die Haustafeln direkt aus genuin urchristlichem Denken herzuleiten.[11] Dafür gibt es jedoch weder formale noch terminologische Indizien. Die Ethik in Kol 3,16–4,1 setzt – abgesehen vom zweimaligen ἐν κυρίῳ (3,18.20) sowie V.23b–24 und 4,1b – keine grundlegende spezifisch christliche Prägung voraus.[12] – (3.) Seit 1975 wurde der religionsgeschichtliche Ansatz, den Dibelius vertreten hatte, korrigiert: Nicht die stoische Pflichtenlehre, sondern eine philosophische Gattung, die οἰκονομία, liegt der Haustafel zugrunde.[13] Sie handelt von „jenem Zweig der Philosophie", der „dem Gatten rät, wie er sich verhalten soll gegenüber seiner Frau, dem Vater, wie er seine Kinder erziehen soll, dem Hausherrn, wie er seine Sklaven regieren soll".[14] Hier ist genau das Beziehungsgefüge genannt, das auch die neutestamentliche Haustafel strukturiert. Bereits Aristoteles bezieht sich im 1. Buch seiner *Politik* auf diesen praktischen Zweig der Philosophie: „Da nun alles zuerst in seinen kleinsten Teilen untersucht werden muss und die ursprünglichen und kleinsten Teile des Hauses Herr und Sklave, Gatte und Gattin, Vater und Kinder sind, so muss man diese drei Verhältnisse untersuchen ... Es handelt sich also um die Wissenschaft vom Herrenverhältnis, vom ehelichen Verhältnis ... und drittens vom väterlichen Verhältnis ..."[15] Aristoteles fügt aus diesen drei relationalen „Bausteinen" seine ganze „Politik" zusammen. Abgesehen vom universalpolitischen Ansatz des Aristoteles sind eine Reihe ökonomischer Schriften der Antike erhalten: so Xenophons *Oikonomikos* und die ps.-aristotelischen *Oikonomika* (besonders Buch 1).[16] Bei Xenophon und Ps.-Aristoteles kommen aber nur die Relationen Mann – Frau und Herr – Sklave vor. Das bei Aristoteles und Seneca (in unterschiedlicher Reihenfolge) begegnende Schema von den drei Relationen wird dagegen auch von Philon, Hypothetica 7,14[17] (in der Reihenfolge wie bei Seneca) bezeugt. Sehr wahrscheinlich ist die Haustafelethik über das hellenistische Judentum in das Neue Testament gelangt, auch wenn es dafür keine expliziten eindeutigen Belege gibt. – Während die Herkunft von Thematik und Systematik der neutestamentlichen Haustafeln durch Rekurs auf die philosophische Gattung der Ökonomik geklärt ist, bleibt eine entscheidende Frage ungelöst: Die *oikonomika* sind jeweils umfangreiche diskursive Traktate. Die neutestamentlichen Haustafeln (insbesondere die in Kol und Eph)

---

[11] Rengstorf, 139: „eine genuin urchristliche Rezeption".

[12] Best, Haustafel, 196f, führt zwei positive Argumente für nicht-christlichen Ursprung an: (1.) Die Tatsache, dass sich der Verfasser des Kol genötigt sah, zu τοῖς κυρίοις in 3,22 κατὰ σάρκα („fleischlich") hinzuzufügen, verrät noch den außerchristlichen Ursprung der Haustafel-Topik. Christen hätten den Hausherrn nicht mit κύριος bezeichnet, sondern mit δεσπότης. (2.) Der Text thematisiert nicht das für einen christlichen Hausherrn akute Problem der in einem vor- bzw. außerchristlichen Haushalt üblichen Zugehörigkeit der Gruppen zu verschiedenen Kulten. – Ob es jedoch die von Best auf S. 196 rekonstruierte heidnische „brief form of the Haustafel" jemals gegeben hat, bleibt fraglich.

[13] Erstmals Lührmann, Sklave, 53–83; vgl. ders., Haustafeln. Aufgegriffen und weitergeführt wurde dieser Ansatz von Thraede (1980), K. Müller (1983), Schöllgen (1986), Strecker (1989), Gielen (1990) u.a.

[14] Seneca, epist. 94,1: eam partem philosophiae, quae ... mariti suadat quomodo se gerat adversus uxorem, patri quomodo educet liberos, domino quomodo servos regat ...

[15] pol. I 3, 1253b 4–14; vgl. auch pol. I 12, 1259a 37ff. Die Reihenfolge bei Aristoteles ist streng ökonomisch; deshalb steht das Herr-Sklaven-Verhältnis voran. Die neutestamentlichen Haustafeln entsprechen der stoischen Reihenfolge, wie sie bei Seneca erscheint.

[16] Weitere ökonomische Schriften nennt Schöllgen, 815–830. Vgl. ferner F. Wilhelm, Oeconomica, 169–223; Balch, Neopythagorean Moralists.

[17] Bei Euseb, praep.ev. VIII 7,14: „Der Mann soll der Frau, der Vater den Kindern und der Herr den Sklaven die Gesetze überliefern können".

sind dagegen in ihrer Grundform kurz und prägnant und – was sie auch von den Kurzformeln bei Aristoteles und Seneca unterscheidet – als direkt anredende Aufforderungen (Mahnungen) formuliert, die paratatktisch aneinandergereiht sind.[18] P. W. van der Horst[19], K. Berger[20], M. Wolter[21] und J. Thomas[22] haben hier auf die hellenistisch-jüdische Gnomik des Ps.-Phokylides hingewiesen, wo in 157–227 einzelne Mahnungen bezüglich der hausinternen Relationen zusammengestellt sind: 195–197 (bezüglich der Frau, u.a. auch reziprok zum Mann), 207 (der Kinder), 223–227 (der Sklaven). Vor allem 207 hat eine Nähe zu Kol 3,21,[23] und 195f mahnt zur reziproken Liebe der Ehegatten.[24] Doch eine Tradition, auf die Kol 3,18–4,1 gattungsanalytisch zurückzuführen wäre, lässt sich nicht finden – auch wenn es sie gegeben haben sollte.[25] Einen Ausweg aus dieser Sackgasse könnte der Versuch von H. von Lips bieten, der bezüglich der Haustafel den strikten Gattungsbegriff durch den offeneren des „Topos" ersetzen möchte.[26] Damit wird einerseits die Fixierung auf das durch Kol 3,18–4,1 vorgegebene feste Schema aufgelöst, so dass neben 1Petr 2,18–3,7 auch Tit 2,1–10[27] als Variante der Haustafel durchgehen kann, andererseits verliert jedoch die religions- bzw. traditionsgeschichtliche Analyse dadurch an Präzision. Ein Gattungsmodell, das mit Gattungstransformationen und Subgattungen rechnet, ist hier zu bevorzugen.

Eine Lockerung der Fixierung auf die Ökonomik ergibt sich auch durch die Erkenntnis vom Einfluss der aristotelischen Politik auf die Hausethik (so z.B. bei Arius Didymus). Auch die von Balch[28] vorgeführten neupythagoreischen Fragmente zeigen, wie hier die Relationen innerhalb des Hauses die Elemente für die Struktur der Polis abgeben und schließlich auf höchster Ebene zur Religion führen:

---

[18] Auf dieses Defizit der Herleitung aus der Ökonomik haben vor allem STRECKER, Haustafeln, 357, und BERGER, 1080f, hingewiesen; vgl. DERS., Formgeschichte, 135–141; WOLTER, Kol, 198; LUZ, Eph, 235. Das Form-Problem haben bereits GOPPELT und SCHRÖDER gesehen und durch den Hinweis auf die alttestamentlichen apodiktischen Gebotsreihen lösen wollen. Vielleicht käme hier aber eher der alttestamentliche Mahnspruch in Frage. GIELEN, 100–103.122–128, sieht im Haustafelschema eine eigenständige christliche Kreation, die in den paulinischen Gemeinden nach Paulus entstanden sei (so auch LUZ, Eph, 235).

[19] Pseudo-Phokylides and the New Testament, 196–200.

[20] Gattungen, 1080f; DERS., Formgeschichte, 135–141.

[21] Kol, 198; bereits DIBELIUS, Eph, 49 (Kol), verweist auf diesen Text (erstmals 1913).

[22] Phokylides, 378–391.

[23] „Sei nicht schlimm zu deinen Kindern, sondern sei milde!"

[24] „Liebe deine Gattin! Denn was ist süßer und besser als wenn eine Frau ihrem Mann freundlich gesonnen ist bis ins Greisenalter und ein Gatte seiner Gattin?". Die Terminologie (πόσις und ἄλοχος, „Gatte" und „Gattin") findet sich bei Aristoteles, pol. I 3, 1253b.

[25] Auch die von STANDHARTINGER, 261–269, aufgeführten Texte (Zaleukas, Charondas [vgl. BALCH, Neopythagorean Moralists, 389f] und eine von BERGER, 1086f, genannte Inschrift von Philadelphia) führen hier nicht weiter. Letztere ist eine Kultordnung, die auch BERGER selbst nicht als Haustafelbeleg anführt (vgl. DERS., Formgeschichte, 137f).

[26] VON LIPS, der sich für den Begriff „Topos" auf BRADLEY, Topos, 238–246, beruft. Traditionell stammt der Begriff „Topos" („locus") aus der Rhetorik (Aristoteles, rhet. I 2, 1358a 12ff; Cicero, top.), wo er die allgemeinen „Sitze" bezeichnet, aus denen die spezifischen Argumente entnommen werden. Meistens wird darunter jedoch nur ein „Thema" verstanden (z.B. περὶ οἰκονομίας), was – ähnlich wie „Motiv" – ein äußerst unscharfer Begriff ist.

[27] WEISER, Titus 2 als Gemeindeparänese, lehnt es allerdings ab, Tit 2,1–10 als Haustafel zu verstehen. In der Tat handelt es sich um Gemeindeparänese.

[28] BALCH, Neopythagorean Moralists, passim.

```
                    die Götter
                        |
                      Polis
                        |
                      Mann
                    ╱   |   ╲
              Kinder   Frau   Sklaven
```

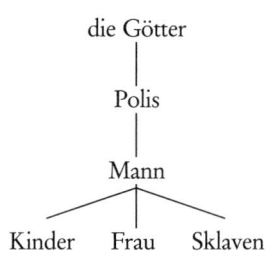

„Haus und Stadt sind eine analoge Abbildung der Weltlenkung" (Callicratidas, Fragm. 105,23f [De dom. felic.]).[29] E. Faust hat in Anknüpfung an Balch[30] die politisch-metaphysischen Konsequenzen des Oikonomia-Politeia-Modells im Zusammenhang mit dem Eph herausgestellt: „... nach Aristoteles und in der peripatetischen Tradition betonte man den Aufbau des Staates aus den einzelnen Haushalten (ἐξ οἰκιῶν), so daß die Qualität der Relationen in den Haushalten bzw. der darin verwirklichten Herrschaftsverhältnisse direkten Einfluß auf die Form der Politeia hat". „Diese schon in der Tradition angelegte politische Dimension bestimmt notwendig auch die Haustafel in E(ph) 5,21–6,9. Nur ist es nicht in einer apologetischen Perspektive der kaiserliche Staat, sondern ... die Politeia Christi, die durch den Diskussionstopos περὶ οἰκονομίας in 5,21ff evoziert wird und eine Art von Alternativentwurf zum römischen Staat abgibt."[31] Dass es zu einer solchen Alternative kommen musste, ergibt sich zwangsläufig, wenn das Oikos-Modell erst einmal – wie nach dem Zeugnis von Kol 3,18–4,1 – bei Christen etabliert war. Paulus setzt nach 1Kor 7,12–16 noch Mischehen voraus. Dort aber, wo wie in Kol und Eph eine Haustafel ein für einen Haushalt verbindliches Kyrios- bzw. Christos-Ethos postuliert, lässt sich die aristotelische metaphysische einheitliche Hierokratie nur noch als jüdisch-christliche Alternative halten. So hat die Haustafel in Eph 5,21–6,9 auch wieder mit dem den ganzen Eph beherrschenden Thema der „Eins-heit" zu tun.[32]

D.L. Balch hat in seiner Arbeit über 1Petr 2,11–3,12 die Verwendung des Haustafel-Topos im hellenistischen Judentum und im Neuen Testament auf eine apologetische Funktion zurückführen wollen: Religiösen Minderheiten sei in der frühen Kaiserzeit unter dem Einfluss der Haus- und Staatsethik der Vorwurf der Unordnung und Unmoral gemacht worden. Im nachpaulinischen Christentum wäre dieser Vorwurf durch die Adaption der Oikonomia-Ethik zu entkräften versucht worden. Angesichts von 1Petr 2,13–17 hat diese These einige Plausibilität. Im Blick auf Kol 3,18–4,1 und Eph 5,21–6,9 ist sie jedoch wenig wahrscheinlich.[33] Auch A. Standhartinger greift die Apologetik-These auf: „Der Zweck der Haustafel ist ... m.E. vor allem ein apologetischer. Die ‚Haustafel' versucht ... die Gemeinden des Paulus von dem Verdacht zu befreien, daß in ihrem Innern die Verkehrung der hierarchischen sozialen Ordnung praktiziert wird. Es soll uneingeweihten Leserinnen und Lesern demonstriert werden, daß ‚im Herrn' die sozialen Verhältnisse gewahrt bleiben." Doch dann

---

[29] Μίμαμα δ' οἶκος καὶ πόλις καττὰν [dorisch für κατὰ τὴν] ἀναλογίαν τᾶς τῶ κόσμω διοικήσεως. Vgl. BALCH, Neopythagorean Moralists, 393. Die Entsprechung von Kosmos, Polis und Oikos setzt allgemein auch stoisches Denken (Entsprechung von Physik und Ethik) voraus.
[30] BALCH, Wives, 33–49.
[31] FAUST, 432.434.
[32] Faktisch gilt das natürlich auch für Kol 3,18–4,1. Nur ist die „Einheit" im Kol nicht derart thematisiert wie im Eph.
[33] Vgl. die Kritik von G. STRECKER, ThLZ 108 (1983), 746f; FAUST, 434.

bekommt die These eine überraschende Pointe: „Dies muß aber nicht bedeuten, daß die Gemeinde ... sich entsprechend der in der ‚Haustafel' beschriebenen hierarchischen Ordnung verhielt oder verhalten sollte. Im Gegenteil, den Mitgliedern der eigenen Gruppe geben die Verf.[34] des Kol Hinweise, die ‚Haustafel' gegen den Strich zu lesen."[35] In dieser Form ist eine solche Behauptung aus hermeneutischen und exegetischen Gründen höchst unwahrscheinlich.[36] Zutreffend daran ist jedoch die Feststellung, dass der Text Elemente enthält, die eine gewisse Unterminierung der Haustafel-Ethik einführen: Die hierarchischen Strukturen werden zwar selbst nicht angetastet. Aber die Tatsache, dass hier ein anderer „Kyrios" dem System vorangestellt wird, verändert die Inhalte entscheidend. Es ist in erster Linie gerade das Wortspiel mit dem Begriff κύριος, das die traditionellen Werte der Oikos-Polis-Ethik untergräbt. Daneben ist zu beachten, dass die entscheidenden Mahnungen sich an die übergeordnete Person richten und deren *potestas* zu humanisieren suchen. Dies ist freilich kein christliches Proprium. Am weitesten geht hier vielleicht die Mahnung an die Väter in Kol 3,21, die den Ausschluss von Gewalt in der Erziehung impliziert und die (damals nicht vorherrschende) Erkenntnis einschärft, dass Kinder „er-" und nicht „ent-mutigt" werden sollten. Einige dieser „humanisierenden" Tendenzen werden in der Haustafel des Eph wieder zurückgenommen – so gerade die „Erziehungsmethode" von Kol 3,21. Der Verfasser des Eph verlangt von den Vätern παιδεία und νουθεσία („Zucht" und „Zurechtweisung") der Kinder (Eph 6,4), auch wenn er diese Begriffe wieder in klassischem Sinne neu füllt (s.u. zu 6,4).

Die Haustafel des Eph (5,21–6,9) lehnt sich einerseits eng an den Wortlaut von Kol 3,18–4,1 an (das gilt besonders für die zweite [Kinder – Väter] und die dritte Mahnung [Sklaven – Herren]), andererseits aber gibt es erhebliche Erweiterungen im ersten Teil (Ehefrauen – Ehemänner). Jedoch lässt sich zeigen, dass fast die ganze Haustafel des Kol in Eph 5,21–6,9 wörtlich enthalten ist:

---

[34] Die Verfasserin rechnet mit mehreren Verfasser(inne)n des Kol (S. 1–2 A 4).

[35] STANDHARTINGER, 274 – unter Hinweis auf A. McGUIRE, Equality and Subordination in Christ, in: Religion and Economic Ethics, ed. F. Gower (Annual Publication of College Theology Society 31), Lanham 1985, 65–85; s. auch u. A 211.

[36] Wenn, wie die Verfasserin behauptet, Kol 3,11 konträr zur Haustafel stünde, wäre doch zu fragen, ob dieser so offensichtliche Widerspruch nicht die Glaubwürdigkeit der Haustafelethik von vornherein zum Einsturz bringen würde. Denn Kol 3,11 könnten ja nicht nur die Eingeweihten lesen. Kol 3,18–4,1 könnte dann allenfalls noch ironisch gemeint sein. Eine solche Lesart lässt die Haustafel aber insgesamt nicht zu. Als exegetisches Argument für die These, die Haustafel sei gegen den Strich zu lesen, führt die Verfasserin an, ἰσότης in 4,1 bedeute „tatsächlich die Gleichheit zwischen unterschiedlichen Gruppen" (253). Das trifft für die herangezogenen Philon-Belege großenteils zu (so prob 79). Nun entscheidet jedoch der Kontext über die Bedeutung eines Lexems, und es ist zu fragen, in welcher Hinsicht Gleichheit gelten soll. Zwischen dem Lexem und seinen Kontext-Lexemen muss eine Isotopie möglich sein. So macht nicht nur τὸ δίκαιον (sowie ὁ ἀδικῶν ... ὃ ἠδίκησεν in V.25) diese Lesart unwahrscheinlich, sondern der ganze Abschnitt 3,22–4,1 lässt sie nicht zu: Wenn der Hausherr den Sklaven freilassen soll, wäre die ganze Mahnung V.22f überflüssig und fehl am Platze.

Die Haustafel in Kol 3,18–4,1 und Eph 5,21–6,9

Kol 3,18–4,1

Eph 5,21–6,9

21 Ὑποτασσόμενοι ἀλλήλοις ἐν φόβῳ Χριστοῦ,

18 Αἱ γυναῖκες, ὑποτάσσεσθε τοῖς ἀνδράσιν ὡς ἀνῆκεν ἐν κυρίῳ.

22 αἱ γυναῖκες τοῖς ἰδίοις ἀνδράσιν ὡς τῷ κυρίῳ,

23–24

19 Οἱ ἄνδρες, ἀγαπᾶτε τὰς γυναῖκας καὶ μὴ πικραίνεσθε πρὸς αὐτάς.

25a Οἱ ἄνδρες, ἀγαπᾶτε τὰς γυναῖκας

25b–33

* * *

* * *

20 Τὰ τέκνα, ὑπακούετε τοῖς γονεῦσιν κατὰ πάντα,
τοῦτο γὰρ εὐάρεστόν ἐστιν ἐν κυρίῳ.

6,1 Τὰ τέκνα, ὑπακούετε τοῖς γονεῦσιν ὑμῶν
ἐν κυρίῳ·
τοῦτο γάρ ἐστιν δίκαιον

6,2–3

21 Οἱ πατέρες, μὴ ἐρεθίζετε τὰ τέκνα ὑμῶν, ἵνα μὴ ἀθυμῶσιν.

4 Καὶ οἱ πατέρες, μὴ παροργίζετε τὰ τέκνα
ὑμῶν ἀλλὰ ἐκτρέφετε αὐτὰ ἐν παιδείᾳ καὶ
νουθεσίᾳ κυρίου.

* * *

* * *

22 Οἱ δοῦλοι, ὑπακούετε κατὰ πάντα τοῖς κατὰ σάρκα κυρίοις,
μὴ ἐν ὀφθαλμοδουλίᾳ ὡς ἀνθρωπάρεσκοι,
ἀλλ' ἐν ἁπλότητι καρδίας
φοβούμενοι τὸν κύριον.
23 ὃ ἐὰν ποιῆτε, ἐκ ψυχῆς ἐργάζεσθε

ὡς τῷ κυρίῳ καὶ οὐκ ἀνθρώποις,

5 Οἱ δοῦλοι, ὑπακούετε
τοῖς κατὰ σάρκα κυρίοις
μετὰ φόβου καὶ τρόμου
ἐν ἁπλότητι τῆς καρδίας
ὑμῶν ὡς τῷ Χριστῷ,
6 μὴ κατ' ὀφθαλμοδουλίαν ὡς ἀνθρωπάρεσκοι
ἀλλ' ὡς δοῦλοι Χριστοῦ
ποιοῦντες τὸ θέλημα τοῦ θεοῦ ἐκ ψυχῆς,
7 μετ' εὐνοίας δουλεύοντες
ὡς τῷ κυρίῳ καὶ οὐκ ἀνθρώποις,

24 εἰδότες ὅτι ἀπὸ κυρίου ἀπολήμψεσθε τὴν ἀνταπόδοσιν τῆς κληρονομίας.
τῷ κυρίῳ Χριστῷ δουλεύετε·
25 ὁ γὰρ ἀδικῶν κομίσεται ὃ ἠδίκησεν, καὶ οὐκ ἔστιν προσωπολημψία.

8 εἰδότες ὅτι ἕκαστος ἐάν τι ποιήσῃ ἀγαθόν,
τοῦτο κομίσεται παρὰ κυρίου
εἴτε δοῦλος εἴτε ἐλεύθερος.

4,1 Οἱ κύριοι, τὸ δίκαιον καὶ τὴν ἰσότητα τοῖς δούλοις παρέχεσθε,
εἰδότες ὅτι καὶ ὑμεῖς ἔχετε κύριον ἐν οὐρανῷ.

9 Καὶ οἱ κύριοι, τὰ αὐτὰ ποιεῖτε πρὸς αὐτούς,
ἀνιέντες τὴν ἀπειλήν,
εἰδότες ὅτι καὶ αὐτῶν καὶ ὑμῶν
ὁ κύριός ἐστιν ἐν οὐρανοῖς καὶ
προσωπολημψία οὐκ ἔστιν παρ' αὐτῷ.

Der Verfasser des Eph hält sich im weiteren Zusammenhang an die in Kol vorgegebene Reihenfolge (Kol 3,16f = Eph 5,19f; Kol 3,18–4,1 = Eph 5,21–6,9). Eph 5,23f.25b-33 lassen sich als blockweise Einfügungen in die Ehetafel Kol 3,18–19 verstehen. Die Voranstellung von Eph 5,21 dient trotz ihrer syntaktischen Verknüpfung mit 5,18-20 als Überschrift und Interpretationsleitzeile für die Intention des Verfassers. Von dieser Intention her muss das ἀνῆκεν ἐν aus Kol 3,18 fortfallen, ebenso wie Kol 3,19b (wegen des Anschlusses von Eph 5,25b-33). In 6,1 muss dann das textkritisch umstrittene ἐν κυρίῳ[37] ursprünglich sein (übernommen aus Kol 3,20b). Der Verfasser hat nämlich damit das κατὰ πάντα aus Kol 3,20a ersetzt und so die Aufforderung genauer qualifiziert. Das εὐάρεστον (das er in 5,10 korrekt mit dem Dat. τῷ κυρίῳ gebraucht hatte), wird nun durch das objektlose δίκαιον ersetzt. Diese Ersetzung ist zugleich durch das folgende Dekalogzitat (6,2f) bedingt. Ἐρεθίζειν („reizen") wird durch das eindeutigere παροργίζειν („erzürnen") ersetzt (vgl. Eph 4,26: παροργισμός). Die negative Finalbestimmung „damit sie nicht mutlos werden" (Kol 3,21b)[38] wird wiederum durch eine christologisch qualifizierte positive Alternative (ἀλλά) zur willkürlichen väterlichen Strenge ersetzt: „sondern erzieht[39] sie in Zucht und Zurechtweisung des Herrn!" (ἐν παιδείᾳ καὶ νουθεσίᾳ κυρίου).[40] – Der dritte Teil der Haustafel, die Sklaven-Herren-Mahnung aus Kol 3,22–4,1, wird als ganzer übernommen, doch z.T. umgestellt und an einigen Stellen mit eigenen Akzenten versehen: So wird in 6,5 der φόβος Χριστοῦ („die Furcht Christi") aus der Überschrift 5,21 wieder aufgegriffen und mit τρόμος („Zittern") verschärfend ergänzt. Die Vergeltungsaussage aus Kol 3,25 wird in Eph 6,8 ins Positive gewendet, indem sie mit dem Inhalt von Kol 3,24 verbunden wird. Gewichtiger ist die Verschiebung von προσωπολημψία („bevorzugendes Ansehen der Person") aus der Sklavenmahnung (Kol 3,25) in die Herrenmahnung (Eph 6,9).

Während in der Haustafel des Kol schon quantitativ das Schwergewicht auf dem dritten Teil, der Sklaven-Herren-Mahnung, liegt, wird es im Eph auf die Frau-Mann-Mahnung verlagert. Aus den vier Zeilen in Kol (3,18a.b.19a.b) werden drei übernommen, Kol 3,19b aber wird fortgelassen. Dafür werden dann im Anschluss an die Mahnung an die Frauen zwei ganze Verse (5 Sinnzeilen: 5,23-24) eingefügt. An die Restzeile 5,25a (Mahnung an die Männer) wird sogar eine ganze Abhandlung angefügt (5,25b-33). In diesen Partien geht es nicht mehr nur um die Ehe als Grundstock des Hauses, sondern zugleich auch um eine metaphorische Entsprechung von Ehe (Verhältnis Mann – Frau) und dem Verhältnis von Christus und seiner Kirche. Diese Verse bilden den Schwerpunkt der ganzen Haustafel. Eine solche metaphorische Dimension findet sich in den beiden anderen „Tafeln" (6,1-4: Kinder und Väter, und 6,5-9: Sklaven und Herren) nicht. Aber der Verfasser des Eph hat diese beiden Tafeln nicht einfach nur mitübernommen. Er hat sie ebenfalls mit deutlichen Akzentverschiebungen versehen und somit bewusst umgestaltet, allerdings nicht in metaphorischer Weise.

---

[37] Mit p[46] ℵ A D[c] 0278. 33 u.a.; B D* F G u.a. haben es nicht.
[38] Eine humane, moderner Pädagogik angemessene Begründung.
[39] Ἐκτρέφειν bedeutet eigentlich „ernähren", „pflegen", „großziehen".
[40] Auf den ersten Blick erweist sich hier der Verfasser des Eph als ein strengerer Pädagoge als der der Haustafeltradition des Kol. Aber sowohl παιδεία als auch νουθεσία können sublimere Bedeutungen haben: In klassischer Zeit bedeutete παιδεία Erziehung im Sinne von Bildung und Übung, und νουθεσία bedeutet Orientierungshilfe für den menschlichen Geist und die Gesinnung.

A. 5,21–33: Ehefrauen und Ehemänner[41]

V.21 ist vorangestellte Leitzeile[42], die gleichzeitig den Übergang von 5,15–20 zur Haustafel darstellt. Die Zweiteilung (5,22–24/25–33) ist durch Kol 3,18/19 vorgegeben. Gerahmt ist der ganze Abschnitt durch das Motiv der „Furcht": ἐν φόβῳ Χριστοῦ (V.21) und ἡ δὲ γυνὴ ἵνα φοβῆται τὸν ἄνδρα (V.33b) bilden eine Inclusio.[43] Die „Furcht Christi" (V.21) hat als Subjekt beide Partner (Mann und Frau). V.33b bezieht sich auf die „Furcht" der Frau in Bezug auf den Mann. Insgesamt bezieht sich V.33 aber wieder auf beide. Die Struktur ist insofern besonders kompliziert, als hier zwei Aussage-Ebenen ineinander gefügt sind: eine über das Eheverhältnis von Mann und Frau und eine über das Christus-Kirche-Verhältnis. Semantisch beeinflussen sich die beiden Ebenen gegenseitig: (1.) Die Ehe dient als Bild für die Beziehung von Christus und Kirche. (2.) Diese Beziehung wiederum hat einen rückkoppelnden Einfluss auf die familiare Ethik. Der Text hat also zwei Ebenen, die oszillieren.[44] Jede Übertragung für sich bildet einen metaphorischen Prozess. Zusammen ergeben sie aber ein allegorisches[45] Textgewebe.[46] Der grobe Aufbau sieht folgendermaßen aus:

21: gegenseitige Unterordnung
22–24: Unterordnung der Frau unter ihren Mann
25–32: Liebe des Mannes zu seiner Frau
33: Liebe des Mannes zu seiner Frau/Achtung der Frau vor ihrem Mann.[47]

---

[41] Lit.: ÅDNA, Liebesbeziehung; BALTENSWEILER, Ehe 218–235; BATEY, „Jewish Gnosticism"; DERS., Union; DERS., Nuptial Imagery 20–37; BEDALE, κεφαλή; BOUWMAN, Eph V 28; CAMBIER, mystère; CERVIN, κεφαλή; CLARK, Man; DAWES, Body; FAUST, Pax Christi 432–441; FEUILLET, dignité; FIORE, Household Rules; FISCHER, Tendenz 176–200; FITZMYER, Another Look; FLECKENSTEIN, Eph 5,21–33; GRUDEM, κεφαλή; DERS., Meaning; HOWARD, Head/Body Metaphors; KNIGHT, Husbands; KOSTENBERGER, Mystery; KROEGER, „Head"; KURZ, Metapher; MEEKS, Androgyne; MERZ, Pure Bride; MEYER, A., Metaphorik; MILETIC, „One Flesh"; MORITZ, Mystery 117–152; MURAOKA, ὡς; NIEDERWIMMER, Askese 125–157; DERS., Ecclesia sponsa Christi; POKORNÝ, Geheimnis; ROGERS, Allusion; SAMPLEY, One Flesh; SEIM, Minority; STÄHLIN, Partikel ὡς; STAGG, Domestic Code; THEOBALD, Heilige Hochzeit; WESSELS, Ephesians 5:21–33; WICKER, Marriage; YORKE, Church; ZIMMERMANN, R., Geschlechtermetaphorik 300–385; DERS., Gen 2,24.

[42] SCHNACKENBURG, Eph, 250; ZIMMERMANN, Geschlechtermetaphorik, 329.334.

[43] SCHNACKENBURG, Eph, 248; LINCOLN, Eph, 352. BEST, Eph, 530, macht außerdem auf einen Chiasmus aufmerksam: 5,22–24/5,33b (Frauen) und 5,25–29/5,33a (Männer).

[44] ZIMMERMANN, Geschlechtermetaphorik, 330: „oszillierende Bewegung des Textes". Zimmermann (329) und THEOBALD/PILLINGER, Eph, 230ff, sprechen von einer „Analogie-Struktur".

[45] Wenn man mit KURZ, Metapher, 30, die Allegorie definiert: „Die Allegorie ist also ein Text mit zwei Bedeutungen".

[46] Das Wort „Text" bedeutet für sich schon „Gewebe". Hier verweben sich aber wiederum zwei Gewebe (als Textebenen). Bei diesem Text ist es außerordentlich schwierig, sich zu entscheiden, ob man ihn als „metaphorisch" (so DAWES, Body) oder als „allegorisch" bezeichnen soll. Vor allem V.32 lässt ein Allegorie-Verständnis anklingen: „Dieses Geheimnis ist groß. Ich aber deute [oder: beziehe] es auf Christus und die Kirche" (ἐγὼ δὲ λέγω εἰς Χριστόν ...)". Der Begriff μυστήριον und das λέγειν εἰς ... („sprechen von ...", „beziehen auf ...", „deuten auf ...") gehören in den Zusammenhang der Allegorese (vgl. Philon, somn. II, 243; Origenes, Cels. VI 70,9f; comm. in Joh. 13,26; 159,2).

[47] V.33 fasst die beiden Abschnitte V.22–24 und V.25–32 zusammen. Insofern entspricht er symmetrisch

Versucht man, die beiden semantischen Ebenen (Mann/Frau; Christus/Kirche) in die Gliederung einzubeziehen, müssen die beiden Teile 22–24 und 25–32 weiter unterteilt werden. Der Wechsel zwischen den beiden Ebenen geschieht durch ὡς, καθώς und οὕτως.[48]

(21)   ὑποτασσόμενοι ἀλλήλοις ἐν φόβῳ Χριστοῦ,
(22a) αἱ γυναῖκες τοῖς ἰδίοις ἀνδράσιν   (22b) ὡς τῷ κυρίῳ,
(23a) ὅτι ἀνήρ ἐστιν κεφαλὴ τῆς
γυναικός

(23b) ὡς καὶ ὁ Χριστὸς κεφαλὴ τῆς ἐκκλησίας, (23c) αὐτὸς σωτὴρ τοῦ σώματος· (24a) ἀλλὰ ὡς ἡ ἐκκλησία ὑποτάσσεται τῷ Χριστῷ,

(24b) οὕτως καὶ αἱ γυναῖκες τοῖς ἀνδράσιν ἐν παντί.

(25a) οἱ ἄνδρες, ἀγαπᾶτε τὰς γυναῖκας,   (25b) καθὼς καὶ ὁ Χριστὸς ἠγάπησεν τὴν ἐκκλησίαν (25c) καὶ ἑαυτὸν παρέδωκεν ὑπὲρ αὐτῆς, (26a) ἵνα αὐτὴν ἁγιάσῃ (26b) καθαρίσας τῷ λουτρῷ τοῦ ὕδατος ἐν ῥήματι, (27a) ἵνα παραστήσῃ αὐτὸς ἑαυτῷ ἔνδοξον τὴν ἐκκλησίαν, (27b) μὴ ἔχουσαν σπίλον ἢ ῥυτίδα ἤ τι τῶν τοιούτων, (27c) ἀλλ᾽ ἵνα ᾖ ἁγία καὶ ἄμωμος.

(28a) οὕτως ὀφείλουσιν [καὶ] οἱ ἄνδρες ἀγαπᾶν τὰς ἑαυτῶν γυναῖκας ὡς τὰ ἑαυτῶν σώματα. (28b) ὁ ἀγαπῶν τὴν ἑαυτοῦ γυναῖκα ἑαυτὸν ἀγαπᾷ. (29a) οὐδεὶς γάρ ποτε τὴν ἑαυτοῦ σάρκα ἐμίσησεν, (29b) ἀλλὰ ἐκτρέφει καὶ θάλπει αὐτήν,

(29c) καθὼς καὶ ὁ Χριστὸς τὴν ἐκκλησίαν, (30) ὅτι μέλη ἐσμὲν τοῦ σώματος αὐτοῦ.

(31a) ἀντὶ τούτου καταλείψει ἄνθρωπος [τὸν] πατέρα καὶ [τὴν] μητέρα καὶ

V.21, der *gegenseitige* Unterordnung aussagt. Deshalb lässt sich V.21 aus *semantischen und formalen* Gründen nicht 5,15–20 zuordnen. Die bestehende syntaktische Verbindung von V.21 zum vorherigen Teil kann das nicht aufwiegen.

[48] Vgl. ZIMMERMANN, Geschlechtermetaphorik, 329; vgl. auch die Tabelle bei SAMPLEY, One Flesh, 104, die nur in geringen Einzelheiten von der hier vorgestellten abweicht, und die Übersetzung bei SCHNACKENBURG, Eph 247f. Zum Nachweis der Analogien: THEOBALD, Heilige Hochzeit, 230–233. – Die Strukturierung des Textes durch ὡς bzw. καθώς auf der einen und οὕτως auf der anderen sieht so aus:
ὡς (22b) ... ὡς καὶ (23b) ... ὡς (24a) ...
οὕτως καὶ (24b) ... καθὼς καὶ (25b) ...
οὕτως (28a) ... καθὼς καὶ (29c) ...
οὕτως (33a) ... ὡς

προσκολληθήσεται πρὸς τὴν γυναῖκα
αὐτοῦ, (31b) καὶ ἔσονται οἱ δύο εἰς
σάρκα μίαν.

(32a) τὸ μυστήριον τοῦτο μέγα ἐστίν·
(32b) ἐγὼ δὲ λέγω εἰς Χριστὸν καὶ εἰς τὴν ἐκκλησίαν.

(33a) πλὴν καὶ ὑμεῖς οἱ καθ' ἕνα, ἕκαστος τὴν ἑαυτοῦ γυναῖκα οὕτως ἀγαπάτω ὡς ἑαυτόν,
(33b) ἡ δὲ γυνὴ ἵνα φοβῆται τὸν ἄνδρα.

Durch die metaphorische Verflechtung der Ehetafel mit der Beziehung Christus – Kirche ergibt sich ein kompliziertes Gewebe von Bildebenen, was vor allem durch die Mehrschichtigkeit des Christus-Kirche-Aussagenkomplexes[49] bedingt ist, der selber schon mehrere semantische (Teil-)Isotopien enthält.[50] Der Verfasser des Eph greift auf eine ganze Reihe von Motivkomplexen und Bildfeldern zurück, die sich in zwei Bildspenderbereiche einteilen lassen: (1) Haupt-Leib-Motivik, (2) Ehe- bzw. Braut-Motivik.[51] Der Duktus des Textes wechselt zwischen den beiden Ebenen, der ethischen (Mann – Frau) und der ekklesiologischen. Dabei wird jeweils die Aussage der einen thematischen Ebene auf die andere übertragen, so dass eine fast durchgehende Analogisierung vorliegt.[52] So bezieht sich z.B. das Zitat Gen 2,24 (in V.31) thematisch auf die Ehe (linke Spalte), doch wird in V.32 explizit erklärt, dass damit die Verbindung Christi mit der Kirche gemeint sei (rechte Spalte). Für sich genommen wäre das eine explizite Allegorese: Eine Aussage wird

---

[49] In der Tabelle die rechte Spalte.
[50] Sowohl die gegenseitigen semantischen Beeinflussungen zwischen den Aussagen der linken Textspalte (Ehe) und der rechten Textspalte (Christus und die Kirche) als auch die vielfältigen Bildfeld-Spannungen in dem sich über den ganzen Eph erstreckenden Christus-Kirche-Modell selbst lassen sich am besten mit der metaphorologischen „Interaktionstheorie", wie sie durch I.A. Richards, Max Black, Paul Ricœur, Harald Weinrich u.a. aufgestellt wurde, erklären, welche die auf die antike Rhetorik zurückgehende „Substitutionstheorie" abgelöst hat (dazu: HAVERKAMP, Theorie der Metapher). Diese Theorie wird auf Eph 5,21-33 angewendet von THEOBALD, Heilige Hochzeit; DAWES, Body; A. MEYER, Metaphorik; ZIMMERMANN, Geschlechtermetaphorik; A.C. MAYER, Einheit, 89-208. Grundlegend zur neueren und neuesten Metaphorologie: ZIMMERMANN, Metapherntheorie.
[51] ZIMMERMANN, Geschlechtermetaphorik, 334-375, gibt S. 334 drei jeweils einen Abschnitt dominierende Bildspenderbereiche an: Haupt-Leib-Bild (V.23-24); Mann-Frau-Beziehungsbild (V.25-27) und Leib-Glieder-Einheitsbild (V.28-32). Die Grundmodelle sind jedoch nur zwei: das Leib-(Haupt-)-Modell und das Ehe-Modell. Im einzelnen werden bei ZIMMERMANN, Geschlechtermetaphorik, 343-354, folgende Motivkomplexe untersucht: (1) gnostischer Weisheitsmythos; (2) hellenistische Hieros-Gamos-Tradition; (3) Ez 15; (4) 2Kor 11,1-4 (Braut-Motiv); (5) Brautmetaphorik der atl. Weisheitstradition (die Weisheit als Braut Jahves); (6) Gen 2,24 (Vereinigungs- bzw. Einheitsmotiv [Henosis]); (7) Lev 19,18 (Liebesgebot); (8) hellenistischer Kaiserkult (in Bezug auf die Haupt-Leib-Metaphorik). – Für den gnostischen Weisheitsmythos, die Hieros-Gamos-Tradition und die Motivik von der Weisheit als Braut Jahves kommt Zimmermann zu einem negativen Ergebnis. Insgesamt erkennt er, dass eine „einlinige traditionsgeschichtliche Ableitung" des Textes nicht möglich ist (363). Es handelt sich um eine „Integrationsleistung" aus heidnischen („Ehe als personales Liebesverhältnis": Plutarch; Musonius; Androgynie; Kaiserkult) und jüdischen Elementen (Ez 16; Lev 19,18; Gen 2,24). Eph 5,21-33 stellt so einen Musterfall von nachverfolgbarer Intertextualität dar.
[52] Vgl. THEOBALD, Heilige Hochzeit, 230-233.

als bildliches Substitut für eine andere Aussage erklärt. Diese andere Aussage (die Einheit Christi mit der Kirche) wird aber zugleich zum Vorbild für die Ehe von Mann und Frau. D.h. Bildempfänger und Bildspender tauschen ihre Rollen: Die Ehe ist Bildspender für die Aussage auf der Ebene der Ekklesiologie (Bildempfänger), und diese wird umgekehrt „Vorbild" für die Ehe als Bildempfänger. Damit kommt die mythische Funktion dieser Bildersprache ins Spiel: Die Christologie in ihrer ekklesiologischen Funktion wird zum fundierenden und normierenden Modell für die Ethik. Auch wenn hier (in V.31) auf die Schöpfungsordnung (Gen 2,24) verwiesen wird, wird Christus in seiner Relation zur Kirche zum neuen normativen Prinzip der Gesellschaftsordnung erklärt. – Die oszillierende Bewegung zwischen den beiden Bereichen (Mann – Frau, Christus – Kirche) erklärt sich dadurch, dass beide abwechselnd als Bildspender und als Bildempfänger fungieren können. Daneben kommen mythische Motive ins Spiel, so dass der Text auch symbolische[53] und allegorische[54] Elemente enthält.

21 Syntaktisch ist die ganze Haustafel dadurch, dass sie mit einem weiteren Partizip die Reihe der vom Imperativ „Berauscht euch nicht mit Wein ..., sondern seid erfüllt vom Geist ...!" abhängigen Partizipialaussagen fortsetzt (ὑποτασσόμενοι ... – parallel zu λαλοῦντες ... ᾄδοντες καὶ ψάλλοντες ... εὐχαριστοῦντες), dem Abschnitt 5,15–20 zugeordnet. Die Haustafelethik ist insofern nicht vom geistlich-liturgischen Leben abgehoben. Es gibt keine grundsätzliche Trennung von Kultus und Ethik. Semantisch ist das Partizip ὑποτασσόμενοι (Medium: „sich unterordnend") jedoch auf das Folgende zu beziehen.[55] Mitveranlasst ist diese Tendenz durch Kol 3,16, wo das Handeln „in Wort[56] und Tat" erwähnt wird. Der syntaktische Zusammenhang von Eph 5,21 mit 5,15–20 hat einige Exegeten dazu veranlasst, V.21 noch zum vorherigen Abschnitt zu ziehen und in V.22 einen Imperativ ὑποτάσσεσθε zu implizieren.[57] Dass der Verfasser das in Kol 3,18 finite Verb „ordnet

---

[53] Symbole sind Elemente (Aktanten: Subjekte, Objekte, Adjekte) aus einem Mythos, die ihre Bedeutung, d.h. ihren symbolischen Sonder- oder Mehrwert, aus ihrer Stellung oder Funktion in der Erzählung haben und diese weitgehend konstant in neue variable Kontexte übertragen können. Im Unterschied zur Metapher ist das Symbol keine Prädikation.

[54] Streng genommen müsste man von allegoretischen Elementen sprechen, insofern es um Allegorese, also eine Lesart der Mythen geht, bei der die Elemente der mythischen Erzählung durch Elemente aus analogen Zusammenhängen substituiert werden. Der Mythos wird also als Chiffrierung eines verborgenen Zusammenhangs gelesen. So hat z.B. Philon die Septuagintatexte allegorisch interpretiert, und so haben es die Neuplatoniker mit den griechischen Epen getan.

[55] Vgl. ÅDNA, Liebesbeziehung, 436; ZIMMERMANN, Geschlechtermetaphorik, 329.

[56] Unter „Wort" ist auch der Kultus subsumiert.

[57] So im GNT; ebenso BEST, Eph, 515–518.531. Best hält V.21 für einen Übergangsvers, der zu 5,15–20 gehöre. In diesem Sinne haben bereits einige Handschriften in V.22 ein ὑποτάσσεσθε (so der Mehrheitstext) oder ὑποτασσέσθωσαν (so ℵ A I P u.a.) ergänzt. p46 B und Clem.Alex. bezeugen aber, dass V.22 kein Vollverb enthält. Doch das ist keine Ellipse, sondern durch die syntaktische Verknüpfung mit dem Partizip ὑποτασσόμενοι in V.21 bedingt. Zuletzt hat FIORE die These aufgestellt, dass die in V.21 geforderte gegenseitige Unterordnung nicht auf die Ehe zu beziehen sei, sondern die Partizipien-Reihe der Frömmigkeitsregeln von 5,15–20 nur fortsetzen würde. Erst ab V.22 würde die Eheregel der Haustafel beginnen. Aber in V.22 fehlt dann ein Hauptverb. Dies folge erst in V.24, sei aber in V.22 schon durch das in

euch unter!" partizipial in V.21 voranstellt, hat einen ganz entscheidenden Zweck: Im Unterschied zu Kol 3,18 wird das ὑποτάσσεσθαι nicht als spezifische Aufgabe der Frauen verstanden, sondern auf Mann und Frau bezogen: „ordnet euch *einander* (ἀλλήλοις) unter!".[58] Das ist das Vorzeichen vor dem ganzen ersten Teil der Haustafel. Es erklärt sich durch die christologische Fassung des Liebesbegriffs. Schon hier lässt sich zeigen, dass es in der Eph-Haustafel um eine Transzendierung der Hausordnung geht, und zwar unter Bezugnahme auf Eph 5,1–2: Der Liebende macht sich zum dienenden Wohltäter derer, die er liebt. Die ganze Haustafel des Eph steht unter diesem Vorzeichen (vgl. 5,25). Ὑποτάσσεσθαι (Medium: „sich unterordnen") ist dabei zu unterscheiden von dem in den beiden folgenden Teilen (6,1–4: Kinder; 6,5–9: 9: Sklaven) erscheinenden ὑπακούειν („gehorchen").[59] Die Aufforderung nach gegenseitiger Unterordnung lässt sich nicht mehr lediglich „als ... Ausdruck patriarchalischer Sozialverhältnisse" deuten.[60] Der Grund dafür ist die christologische Begründung in 5,25. Die Aufforderung zu gegenseitiger Unterordnung impliziert dann die Aufforderung an die Männer, ihre Frauen zu lieben.[61] Liebe drückt sich in der Unterordnung aus, die einen Macht- und Rangverzicht darstellt. 5,25 aber greift auf 5,1f zurück: die Hingabe Christi als Urbild der Liebe Gottes, welche es nachzuvollziehen gilt. Diese prinzipielle, sowohl für die Frau wie für den Mann nachzuvollziehende Unterordnung, die Ausdruck von Liebe ist, wird hier in V.21 jedoch zunächst mit der modalen Bestimmung „in der Furcht Christi" (ein *obj.*) verbunden. Am Ende des Abschnitts, in V.33b, wird dieses „Fürchten" (φοβεῖσθαι) noch einmal von der Frau in Bezug auf ihren Mann gefordert. Damit ist freilich weder eine Christusfunktion des Mannes ausgedrückt, noch geht es bei diesem „Fürchten" in V.21 und 33 um eine Angst vor Christus oder gar dem Ehemann. Φόβος Χριστοῦ ist eine Nachbildung von φόβος κυρίου („Furcht des Herrn") bzw. φόβος θεοῦ („Gottesfurcht"). Beide Wendungen

---

V.21 gebrauchte Partizip (das dort anders gemeint sei) impliziert. Dagegen spricht schon die Inklusion von φόβος Χριστοῦ in V.21 und 33 (ἡ δὲ γυνὴ ἵνα φοβῆται τὸν ἄνδρα).

[58] Nur an dieser Stelle wird ὑποτάσσεσθαι bzw. ὑποτάσσειν (38mal im NT) in wechselseitigem Sinne (ἀλλήλοις) gebraucht (vgl. LINCOLN, Eph, 365). Der Versuch von CLARK, Man, 74ff, die hierarchische Deutung zu halten (vgl. vorige A zu FIORE), wird schon dem Reziprokpronomen ἀλλήλοις nicht gerecht; vgl. 4,2.25.32 und dazu SAMPLEY, One Flesh, 117.

[59] Vgl. BARTH, Eph, II, 714; LINDEMANN, Eph, 102; ZIMMERMANN, Geschlechtermetaphorik, 331. Bestritten wird das von LINCOLN, Eph, 367f, der beide Ausdrücke für synonym erklärt. Das gilt zwar für 1Petr 3,5f, nicht aber für die Haustafeln von Kol und Eph. KAMLAH, ὑποτάσσεσθαι, 241, interpretiert das mit diesem Ausdruck geforderte Verhalten „als eine Verwirklichung von Demut" (vgl. 1Petr 5,5). Das könnte aber allenfalls auf Eph 5,21 zutreffen, weil dort dieses Verhalten auch vom Mann im Verhältnis zu seiner Frau gefordert wird.

[60] So mit Recht KAMLAH, 241. Er möchte dabei auch Kol 3,18 und 1Petr 2,13–16 mit einbeziehen. – Bezeichnend für ein konträres verbreitetes Ordnungsverhältnis der Geschlechter ist der männliche Wunsch in einem Liebeszaubertext (New Documents 1, p.33, Z.20ff): „Lass sie nicht essen und trinken, bis sie zu mir kommt ... und lass sie keinen anderen Mann zu gewinnen suchen als mich allein ... Zieh sie an den Haaren heran, an den Eingeweiden, bis sie mich nicht abweist ... und ich sie besitze als mir untertan (ὑποτεταγμένην) für die ganze Zeit meines Lebens ...".

[61] Luther beruft sich auf Eph 5,21 in „Von weltlicher Obrigkeit" (W 11,253): „Denn er [der rechte Christ] sihet darnach/was andern nutz un gutt ist/wie Paulus Ephe 5 leret."

begegnen häufig in LXX.[62] Gemeint ist mit „Furcht" so etwas wie „Verehrung", „Achtung", „Respekt". Diese Bedeutung lässt sich dann nicht nur auf Christus beziehen (V.21), sondern auch auf Mitmenschen. Da sich in V.21 der φόβος auf Christus bezieht[63], sind beide Partner in gleicher Position in Bezug auf Christus. Im Schlussvers wird jedoch von der Frau „Achtung" ihrem Mann gegenüber verlangt. Dies ist insofern auffällig, als vom Mann „Liebe" zu seiner Frau gefordert wird (V.25). Die Aussage von der „Furcht" in Bezug auf den „Herrn" Christus begegnet im NT nur dreimal: 2Kor 5,11 (φόβος τοῦ κυρίου)[64]; Kol 3,22 (φοβούμενοι τὸν κύριον) und unsere Stelle (ἐν φόβῳ Χριστοῦ). Der Ausdruck „Furcht Christi" ist allerdings einmalig. Auch in der nachneutestamentlichen Ära begegnet er nur als Zitat oder im Zusammenhang einer Kommentierung von Eph 5,21.[65] Veranlasst ist diese Formulierung wahrscheinlich durch Kol 3,22. Während der Verfasser des Kol erst in 3,24 explizit deutlich macht, dass er mit ὁ κύριος (seit 3,18) Christus meint, stellt der Verfasser des Eph diese Aussage gleich an den Anfang. Damit wird der Rückbezug auf 5,2 markiert (καθὼς … ὁ Χριστὸς ἠγάπησεν …). Das bedeutet zugleich, dass die „Furcht" des „Herrn" Christus nichts anderes ist als die Mimesis des liebenden Gottes (5,1), ausgerichtet an dem vorbildlichen Modell Christi (5,2). Diese Gedankenführung lässt sich dann aber auch in V.33 im Rückschluss auf die Haltung der Frauen zu ihren Männern beziehen: Auch sie sollen mit ihrer Unterordnung und ihrem Respekt dem Christus-Prinzip entsprechen. Damit ist nicht gesagt, dass die Achtung in Bezug auf den Mann die „Furcht Christi" ersetzt. Sie entspricht vielmehr der vom Mann geforderten Liebe zur Frau. Beide sind unter dem „ordnet euch *einander* unter!" zusammengefasst. Entsprechend klingt in V.33 das Gebot der Nächstenliebe an.

22 Nach der reziproken Aussage in V.21 werden nun (V.22–24) zuerst die Frauen angesprochen. Die Anrede im Nominativ mit Artikel ersetzt den Vokativ dort, wo Zusätze erscheinen.[66] Gegenüber Kol 3,18a hat Eph ἰδίοις („[den] eigenen [Männern]") ergänzt, weil es dem Verfasser nicht um eine allgemeine Geschlechterordnung geht, sondern um die personale Beziehung der Ehepartner. Denn nur dadurch kann der Bezug auf die Ebene von Christus und der Kirche hergestellt werden. Und dadurch wiederum fällt auf die Ehe zurück ein besonderes Licht, das

---

[62] Ebenso im NT die Wendung φοβεῖσθαι τὸν θεόν bzw. τὸν κύριον: Lk 23,40; Apg 10,2.22.35; 13,16.26; 1Petr 2,17; Apk 14,7; φόβος θεοῦ: Röm 3,18; 2Kor 7,1; φόβος κυρίου (von Gott): Apg 9,31. Zur semantischen Problematik vgl. SIEGERT, Septuaginta-Übersetzung, 302: „Vor eine ungute Alternative stellte das Verb ירא ‚fürchten'. Mit φοβεῖσθαι zu übersetzen, hätte ‚Angst' vor Gott bedeutet, ist aber doch im Pentateuch durchwegs gemacht worden. Denn das … Verb σέβεσθαι ‚verehren' … war auf kultische Verehrung eingeschränkt … Man scheint gefühlt zu haben, dass dieses Verbum für viele Zusammenhänge zu schwach ist …".
[63] Die Textvarianten (ἐν φόβῳ) Ἰησοῦ Χρ. und κυρίου sowie θεοῦ kommen nicht in Frage.
[64] Der christologische Sinn ergibt sich aus 2Kor 5,10, wo vom „Richterstuhl" Christi die Rede ist.
[65] Erstmals bei Origenes, Fragm. ex comm. in ep. Eph. 29,25. Im 4. Jh. häufiger.
[66] BDR § 147 A 2.

die personale Beziehung konturiert.⁶⁷ Auch Kol 3,18b wird in Eph 5,22 leicht abgeändert: Der Nebensatz „wie es sich gehört im Herrn" (ὡς ἀνῆκεν ἐν κυρίῳ) wird verkürzt zu ὡς τῷ κυρίῳ („wie dem Herrn"). Damit wird die Bedeutung des ὡς, das allgemein eine Relation einführt, die sehr unterschiedliche Funktionen haben kann,⁶⁸ verändert. Der Nebensatz in Kol 3,18b drückt mit ἀνῆκεν eine für den Bereich des „Herrn" (ἐν κυρίῳ) angemessene Verhaltensnorm aus.⁶⁹ In Eph 5,22 wird das Verhältnis der Frauen zu ihren Männern mit ihrem Bezug zum Kyrios in ein Analogieverhältnis gebracht, wobei der Bezug zum Kyrios das Vorbild abgibt für den Bezug zum Ehemann. Damit wird die Aussage gegenüber Kol 3,18 auf den ersten Blick verschärft. Die Unterordnung erhält eine stärkere christologische Dignität, insofern der Ehemann in eine Christus analoge Würdestellung zu geraten scheint. Aber das Christus-Paradigma meint ja gerade einen freiwilligen Herrschaftsverzicht (V.25), welcher in der Liebe des Mannes zu seiner Frau abgebildet wird. D.h., die verkürzte Aussage ὡς τῷ κυρίῳ in V.22 muss schon im Lichte von V.25 gelesen werden. Dabei wird die reziproke Struktur von V.21 durchgehalten.⁷⁰ Keineswegs aber hat ὡς τῷ κυρίῳ hier die Bedeutung „(die Frauen sollen ihren Männern untertan sein) *als* (ihrem) Herrn" – im Sinne von: „als ihrem Hausherrn".⁷¹ Dagegen spricht schon die Numerus-Diskrepanz.⁷²

---

⁶⁷ Dieser Aspekt spielt in der hellenistisch-römischen Ethik durchaus eine Rolle: z.B. bei Plutarch, coniugalia praecepta 33–34 (Mor. 142D–143A); Musonius XIII A; Epiktet, diss. II 4,2f (dazu ZIMMERMANN, Geschlechtermetaphorik, 339–341). Das schließt nicht aus, dass diese Ehemoral in der augusteischen Zeit für die Gesellschafts- und Reichsideologie funktionalisiert wurde.

⁶⁸ Dazu STÄHLIN, Partikel ὡς, 101f; MURAOKA, ὡς; s.u. bei A 127–132 zu V.28. Anders als in V.28 wird man das ὡς hier in V.22 nicht im Sinne von „als" verstehen können. MURAOKA, 59, geht einen Mittelweg zwischen analogischer („wie") und prädikativer („als") Deutung des ὡς in V.22, wenn er paraphrasiert: „What the Apostle wants to say is not ‚in such a way (…) as they obey the Lord' …, but ‚regarding their obedience to husbands as forming essential part of their obedience to the Lord'".

⁶⁹ Unpersönliches ἀνήκει (Phlm 8; Kol 3,18; Eph 5,4) ist fester Terminus in der stoischen Ethik („was sich ziemt", eine „Pflicht"); s.o. zu 5,4. – καθήκει (s.o. A 9) wird annähernd synonym gebraucht (vgl. Apg 22,22; Röm 1,28).

⁷⁰ SCHÜSSLER FIORENZA, 269, behauptet: „The general injunction for all members of the Christian community ‚Be subject to one another in the fear of Christ', is clearly spelled out for the Christian wife as requiring submission and inequality". Vom heutigen Standpunkt aus ist dieser Vorwurf berechtigt. Doch wird dabei übersehen, dass die reziproke Forderung an die Ehemänner (V.25) zwar nicht auf der Rechtsebene liegt, aber keinesfalls etwas Geringeres verlangt: ihre Frauen so zu lieben, wie Christus unter Selbstaufopferung die Gemeinde geliebt hat. Das impliziert auch (allerdings freiwilligen) Rechtsverzicht. – Zweierlei Maß der Unterordnung (wechselseitige im allgemeinen, spezielle bei den Frauen unter ihre Männer) nahm bereits HAUPT, Eph, 220, an.

⁷¹ Gegen MUSSNER, Eph, 156. SAMPLEY, One Flesh, 112.122, hält die Formulierung für ambivalent. Doch V.24 stellt klar, dass es um eine Analogie geht (ὡς – οὕτως).

⁷² Vgl. LINCOLN, Eph, 368; BEST, Eph, 533; bereits HAUPT, Eph, 220 A 1. 1Petr 3,5–6 ist mit unserer Stelle nicht vergleichbar.

23 Es folgt eine Begründung zu V.22, die sich in fünf Schritten über V.23 und 24 erstreckt:

A (23a): denn der Mann ist Haupt der Frau
   B (23b): wie auch Christus Haupt der Kirche (ist),
      C (23c): er als Retter des Leibes.
   B' (24a): Aber wie die Kirche Christus untergeordnet ist,
A' (24b): so (sind es) die Frauen ihren Männern in allem.

Der Abschnitt ist wieder[73] zyklisch aufgebaut: V.24b (Frauen – Männer) entspricht V.23a (Mann – Frau); V.24a (Kirche – Christus) entspricht V.23b (Christus – Kirche). V.23c bildet die Achse. In V.23a und b ist „Haupt" (κεφαλή) das Prädikat für beide Relationen (Mann – Frau; Christus – Kirche); in V.24a und b ist „untergeordnet" (ὑποτάσσεται) das Prädikat ebenfalls für beide Relationen – in umgekehrter Reihenfolge (Kirche – Christus; Frauen – Männer).

Der Begriff κεφαλή („Haupt") entstammt nicht der Haustafel-Topik, sondern ist hier vom Verfasser des Eph eingeführt worden. Er verwendet ihn im Brief christologisch (1,22: Christus ist „Haupt" des Alls – und als solcher „der Kirche gegeben"; vgl. auch 4,15), hier in 5,23 als „Haupt der Kirche", dessen Nachbild der Mann als „Haupt der Frau" darstellt. Der christologische Gebrauch von κεφαλή entstammt dem Kol (1,18; 2,10.19). In Kol 1,18 wird die ekklesiologische Anknüpfung dieser Verwendung noch deutlich: Während Paulus die Gemeinde (ἐκκλησία) lediglich als „Leib" (σῶμα) Christi bezeichnet (1Kor 12,27[74]), wird in Kol 1,18 Christus als „Haupt" vom „Leib" (= der Kirche) noch einmal abgehoben.[75] Daneben hat die „Haupt"-Metapher in Eph 5,21–33 noch eine zweite Quelle: 1Kor 11,2–16. In 11,3 stellt Paulus eine Hierarchie auf: Christus ist das „Haupt" des Mannes, der Mann ist das „Haupt" der Frau, „Haupt" Christi aber ist Gott. In V.7 wird abweichend davon der Mann als „Bild" (εἰκών) und „Abglanz" (δόξα) *Gottes* bezeichnet, die Frau aber als „Abglanz" des Mannes. Wie auch immer dieser schwierige Text mit seiner schwer nachvollziehbaren Schlüssigkeit zu erklären ist[76] – die Wendung „Haupt der Frau ist der Mann" (κεφαλή δὲ γυναικὸς ὁ ἀνήρ) in 1Kor 11,3 könnte in Eph 5,23 („Der Mann ist Haupt der Frau" – ἀνήρ

---

[73] Zyklischer Aufbau gilt für beide Hauptteile des Eph im ganzen (1,3–3,21 und 4,1–6,9; dann aber auch für 1,1–2 und 6,23–24) ebenso wie für viele Einzel- und Unterabschnitte. Zu 5,23f vgl. JUNG, Σωτήρ, 316f.
[74] In Röm 12,4f; 1Kor 10,16f; 12,12–25 ist der metaphorische Ursprung dieser Wendung noch deutlich erkennbar.
[75] DAWES, Body, 165–167, unterscheidet in Eph einen doppelten Gebrauch der „Leib"-Metapher: einen partitiven (der „Leib" im Gegenüber zum ihn steuernden „Haupt") und einen komplexen (der „Leib" als ganzer, inklusive des Hauptes). Paulus unterscheidet in der Leib-Metaphorik noch nicht zwischen „Leib" und „Haupt", obwohl er die hierarchische „Haupt"-Metaphorik kennt (1Kor 11,3–16). – Im Hintergrund dürfte auch das Philonische Logos-Konzept stehen, wonach der Logos zugleich den „Raum" (τόπος) der Ideen und die Spitze der Ideenpyramide darstellt (dazu s.o. zu 4,16 und SELLIN, „Christusmystik", 19–24).
[76] Das Beweisziel des Paulus, dass die Frau eine „Macht" auf dem Kopf tragen soll, lässt sich nicht aus seiner Argumentation herleiten. 1Kor 11,16 ist ein Zeugnis seiner Kapitulation.

ἐστιν κεφαλὴ τῆς γυναικός) aufgegriffen worden sein.[77] Der für Philon[78], Kol und Eph eigentümliche κεφαλή-Begriff ist offenbar auch Paulus geläufig gewesen, und zwar sehr wahrscheinlich aus hellenistisch-jüdischer Tradition. Er hat ihn jedoch nicht in seiner Ekklesiologie verwendet.

Über die Bedeutung von κεφαλή hat es in der neueren Exegese eine Diskussion im Zusammenhang mit 1Kor 11,3 gegeben.[79] Es geht darum, ob κεφαλή in Zusammenhängen wie 1Kor 11,2–16 und Eph 5,21–33 überwiegend die Bedeutung von hierarchischer Leit-Instanz („authority over", „ruler") oder „Ursprung" (ἀρχή, „source") hat. Diese Alternative ist möglich, weil κεφαλή in LXX fast ausschließlich das hebräische ראש wiedergibt, das eine vielfältige Bedeutung hat (z. B. „Kopf", „Oberhaupt"/„Anführer", „Summe", „Anfang"). So wird ἀρχή („Anfang", „Ursprung") in LXX ebenfalls überwiegend für ראש gebraucht. Entsprechend wird 1Kor 11,3 von einigen Exegeten lediglich zeitlich bzw. im Sinne des Ursprungs interpretiert und die hierarchische Bedeutung ausgefiltert.[80] Gleiches wird dann auch auf Eph 5,21–33 angewandt.[81] Damit soll der Vorwurf entschärft werden, Paulus (bzw. der Verfasser des Eph) betreibe hierarchischen Patriarchalismus. Dieses apologetische Bemühen ist jedoch schon aus linguistischen Gründen verfehlt: Im hellenistischen Denken (z. B. in der Stoa, aber auch bei Philon) gilt in solchen Fällen das Prinzip πρεσβύτερον κρεῖττον, d. h.: das Ältere, Ursprünglichere ist zugleich auch das Bessere, ontologisch Vorrangige und deshalb Mächtigere. Das hängt mit dem mythischen ἀρχή-Denken zusammen. Adam ist nach Gen 2 Eva, der Frau, nicht nur zeitlich vorgeordnet, sondern er ist auch der sie Beherrschende. Sie ist als nachgefertigte Gefährtin nur die Zweite, was in diesem Denken ihre hierarchische Unterordnung impliziert.[82] Dieses muss auch schon deshalb gelten, weil (auf der anderen Seite der Analogie) die Kirche nicht nur aus Christus als Quelle und Ursprung hervorgeht, sondern weil sie grundsätzlich seiner Herrschaft unterstellt ist. Er ist ihr Kyrios und damit ihr „Haupt", von dem ihre Konstitution bestimmt wird und ihre „Ernährung" und Leitung ausgeht (Eph 4,15f). Die Frage nach der Bedeutung von κεφαλή kann also nicht losgelöst vom jeweiligen Kontext gestellt werden, zumal es sich um eine Metapher handelt, die

---

[77] GESE, Vermächtnis 70f.74.78.92.
[78] Somn. I 127f (dazu SELLIN, „Christusmystik", 22).
[79] BEDALE, κεφαλή; SCROGGS, Eschalogical Woman; HOWARD, Head/Body Metaphors; MURPHY-O'CONNOR, Sex and Logic; GRUDEM, κεφαλή; DERS., Meaning; CERVIN, κεφαλή; FITZMYER, Another Look; KROEGER, „Head"; DAWES, Body, 122–149.
[80] SCROGGS; MURPHY-O'CONNOR (vorige A). Das hat FITZMYER (vorige A) aber überzeugend widerlegt.
[81] Als Erster hat BEDALE (1954) diese Möglichkeit gesehen; dann vor allem CERVIN und Catherin KROEGER (1993). Die Gegenposition bezieht GRUDEM (1985; 1990), dessen Masse an griechischen Belegen für die Bedeutung „authority over" spricht. Dass es hierbei jedoch nicht um eine lexikalische Frage geht, sondern um eine kontextbezogene metaphorische, zeigt zu Recht DAWES, Body, 124–129: „A living metaphor ... gives a new twist to the established sense of a word" (126). κεφαλή darf also letztlich weder mit „authority over" noch mit „source" übersetzt werden, weil in beiden Fällen die Metapher verloren geht.
[82] Für Paulus ist das angesichts Gal 3,28 und entsprechender Texte überraschend. Man sollte jedoch beachten, dass er in 1Kor 11,2–16 selber merkt, dass er sich auf eine fragwürdige Argumentationsschiene begeben hat. In 1Kor 11,11–12 versucht er, die fatale hierarchische abschüssige Bahn zu korrigieren, muss dann aber in V.13–16 die Notbremse ziehen: Er beruft sich auf das ganz untheologische Argument des πρέπον („das, was sich schickt") und der ἀτιμία (der „Unehre") und ganz am Ende auf die συνήθεια, die „Gewohnheit" – ein auch in stoischen Kreisen, wo man sich eher auf die Natur zu berufen pflegt, nur als zweitrangig geltendes Argument von allenfalls vordergründig rhetorischem Wert.

als ganze keine feste lexikalische Bedeutung hat, sondern aus einer Relation von Bildempfänger und Bildspender besteht.[83] Das Schwergewicht der Aussage liegt auf der Beziehung Christus – Kirche, für die die Beziehung von Frau und Mann den Bildspender abgibt. Wir haben es hier also mit einer gestaffelten Doppelmetapher zu tun: Auf der unteren Ebene ist das Prädikat „Haupt (in Bezug auf …)" Bildspender für das Verhältnis von Mann und Frau in der Ehe. Diese Relation wiederum wird noch einmal übertragen auf ein anderes Verhältnis: das von Christus und der Kirche. Bei dieser zweiten Relation kann man streiten, ob es sich noch um eine Metapher handelt – oder schon um eine Allegorie.

Dass der Fokus nun auf diese zweite Beziehung (Christus – Kirche) gerichtet ist, geht aus V.23c hervor: „*Er* (αὐτός) als Retter des Leibes". Dass der Mann als „Retter" („Erlöser") seiner Frau gelte, ist ausgeschlossen.[84] Das zuletzt genannte Subjekt ist Christus (als „Haupt der Kirche"). Dann ist mit „Leib" die Kirche gemeint. Damit ist ein weiteres metaphorisches Prädikat eingeführt („Leib"), das in Komplementarität zu „Haupt" steht („Kopf" und „Rumpf"). Das entspricht genau der Formulierung von Kol 1,18: „Und er (αὐτός) ist das Haupt des Leibes, (nämlich) der Kirche".

Kol 1,18:   καὶ αὐτός ἐστιν ἡ κεφαλὴ τοῦ σώματος τῆς ἐκκλησίας
Eph 5,23c: αὐτὸς   σωτὴρ   τοῦ σώματος

Vor allem das betonte αὐτός[85] legt es nahe, dass hier direkt auf Kol 1,18 zurückgegriffen wird. Dass σῶμα sich auf die Kirche bezieht, geht aus Eph 5,23b (κεφαλὴ τῆς ἐκκλησίας) hervor. Neu und überraschend ist die Ersetzung des zu erwartenden ἡ κεφαλή („das Haupt") durch σωτήρ („Retter", „Erlöser"). Dieses Prädikat erscheint (bis auf Phil 3,20) nur in den späten Schriften des Neuen Testaments.[86] Er kommt gelegentlich in medizinischem Kontext vor („Heiler", für einen Arzt).[87] Im Verständnis der kephalozentristischen Medizin ist der *Kopf* die

---

[83] H. WEINRICH, Münze und Wort. Untersuchungen an einem Bildfeld, in: DERS., Sprache in Texten, Stuttgart 1976, 276–290; DERS., Semantik der kühnen Metapher, ebd., 295–316, 297f; DERS., Streit um Metaphern, ebd., 328–341, 334f. Gegen die moderne Interaktionstheorie der Metapher, wie sie vor allem M. BLACK, Die Metapher, in: A. HAVERKAMP (Hg.), Theorie der Metapher, Darmstadt ²1996, 55–79, entwickelte, hat D. DAVIDSON, What Metaphors Mean, in: S. SACKS (ed.), On Metaphor, Chicago 1979, 29–45 (deutsch: Was Metaphern bedeuten, in: DERS., Wahrheit und Interpretation, Frankfurt/M. 1986, 343–371) eingewendet, Metaphern funktionierten gerade durch die *wörtliche* Bedeutung ihrer Lexeme. Das ist aber kein Widerspruch gegen die Interaktionstheorie. Zu Recht stellt DAWES, Body, 56–64, heraus, dass Davidsons Einwand die Interaktionstheorie nicht in Frage stellt, sondern sie gerade bestätigt.

[84] Gegen diese konservative Deutung (z.B. BRUCE, Epistles, 385: „a reference to the husband's role as his wife's protector") s. LINCOLN, Eph, 370.

[85] Ein αὐτός als betontes Personalpronomen (dazu BDR § 277,3 A 3) begegnet in Eph häufig: 2,14; 4,10.11; 5,23.27; vgl. Kol 1,17.18.

[86] Lk (1,47; 2,11); Joh (4,42); Apg (5,31; 13,23); Pastoralbriefe (1Tim 1,1; 2,3; 4,10; 2Tim 1,10; Tit 1,3.4; 2,10.13; 3,4.6); 2Petr (1,1.11; 2,20; 3,2.18); 1Joh (4,14); Jud (V.25) – teils auf Christus, teils auf Gott bezogen.

[87] Oft metaphorisch: z.B. Plutarch, amatorius 19 (Mor. 764F): τύχη θείου καὶ σώφρονος Ἔρωτος ἰατροῦ καὶ σωτῆρος. Scholia in Euripidem, sch. Hipp. 1373.1: σωτὴρ καὶ ἰατρὸς προσέλθοι ὁ θάνατος. Wörtlich: Galenus, de propriorum animi affect. dign. V 9,9; Dion v. Prusa, or. 77,9; Ps.-Lukian, Ocypus 78 (σῶτερ als Anrede an einen Arzt); dazu: W. FOERSTER, ThWNT 7, 1007 Z. 36–40.

Quelle der Versorgung und Steuerung des ganzen Körpers. Nach Philon, congr. 171, ist Gott der „Wohltäter", „Retter" und „Ernährer" des Leibes (εὐεργέτης, σωτήρ, τροφεύς). Wahrscheinlich spielt V.23c auf 4,15–16 an: Christus als „Haupt" konstituiert (συναρμολογούμενον καὶ συμβιβαζόμενον) die Kirche als seinen „Leib", und „hält" sie (διὰ ... ἁφῆς) und „versorgt" sie (τῆς ἐπιχορηγίας).[88] Die organische Leib-Metapher geht auf Paulus selbst zurück, der erstmals im 1Kor die Gemeinde als „Leib" bezeichnet, ohne dabei jedoch die „Haupt"-Metaphorik zu gebrauchen. Eine solche Verbindung, die „Haupt"-„Leib"-Metaphorik, findet sich jedoch schon bei Philon: Im Anschluss an Dtn 28,13 („Der Herr, dein Gott, wird dich zum Haupt aufstellen...") erklärt Philon: „Diese Worte sind bildlich gemeint (ἀλληγορεῖται τροπικῶς) ... Wie nämlich beim Lebewesen der Kopf (κεφαλή) das Erste und Beste ist, ... auf die gleiche Weise wird das Haupt (κεφαλή) des Menschengeschlechtes der weise Mann oder das weise Volk sein, alle anderen werden nur Teile eines Körpers (μέρη σώματος) sein, die erst beseelt werden durch die Kräfte in dem Haupt über ihnen" (praem. 125; vgl. 114). Im Allegorischen Kommentar wird in somn. I 128 der „göttliche Logos" als „Haupt eines einheitlichen Leibes" (ὡσανεὶ σώματος ἡνωμένου κεφαλήν) bezeichnet und mit der διάνοια (dem νοῦς) im Menschen verglichen, der das „Haupt der Seele" (τῆς ψυχῆς ... κεφαλή) ist.[89] – Besondere Bedeutung hat die Haupt-Leib-Metapher aber in der Ideologie des Römischen Reiches bekommen: Tacitus berichtet, dass Tiberius vom Senat angetragen wurde, *unum esse rei publicae corpus atque unius animo regendum*. Es handele sich um *einen* Staatskörper, und der müsse durch den Geist *eines* (Mannes) regiert werden (annal. I 12,3): „Wie lange wirst du dulden, Caesar, dass dem Staat das Haupt (*caput rei publicae*) fehle?" (I 13,4). Und Seneca hat an Nero appelliert: *tu animus rei publicae es, ille corpus tuum* („Du bist der Geist des Staates, dieser ist dein Leib": clem. I 5,1).[90] Auch Eph gebraucht die Haupt-Leib-Metapher politisch: zunächst, indem er sie auf Mann und Frau in der Ehe anwendet, vor allem aber auch, indem er sie auf Christus und die Kirche bezieht, und zwar als ein alternatives Konkurrenzmodell zum Römischen Imperium.[91] – V.23c („*er* als Retter des Leibes") bezieht sich aber nicht auf das Prädikat κεφαλή, sondern auf das Subjekt Christus.[92] Dieser Vers greift voraus auf V.25b–27, wo die im Begriff σωτήρ angedeutete Erlösung beschrieben wird: Sie besteht in der Liebe des „Hauptes" Christus (als Bräutigam) zu seinem „Leib", der Kirche (als Braut). Durch die mehrschichtige Metaphorik ergeben sich hier konnotative Verflechtungen nach hinten (4,15–16: „Haupt" –

---

[88] S.o. zu 4,16. Zur kephalozentristischen Medizin (insbesondere Galen) s. DAWES, Body, 129–133.
[89] Das Bild von „Haupt" und „Leib" findet sich auch congr. 60f; fug. 110f; spec. III 184; vgl. ferner Josephus, bell. III 54,3.
[90] Vgl. schon Livius I 8,1. Zur römischen Haupt-Leib-Ideologie: FAUST, 283–287.
[91] FAUST, 482; s.o. zu 4,4.
[92] Dazu FOERSTER, ThWNT 7, 1016 Z. 13–15: „Das αὐτός zeigt an, daß der Verfasser nicht κεφαλή τοῦ σώματος erläutern, sondern etwas Neues sagen will." Der Nachsatz: „Die κεφαλή-Eigenschaft schließt die σωτήρ-Eigenschaft nicht ein" ist jedoch unbegründet: Gerade in seiner „Haupt"-Funktion ist Christus „Retter" des „Leibes". Dazu wechseln dann aber in V.25b–27 die Bildspender.

„Leib" aus dem Bildspenderbereich *Medizin*) und nach vorn (V.25b–27: Braut – Bräutigam aus dem Bildspenderbereich *Hochzeit*). Überlagert und dominiert werden die verschiedenen Bildspender aber durch die beiden sich abwechselnden und gegenseitig metaphorisch beeinflussenden Themen „Mann – Frau" und „Christus – Kirche".[93]

24 Nun wird in einem ὡς-Satz („wie") von der christologisch-ekklesiologischen Aussage durch ein οὕτως („so") auf die Ebene der Haustafelethik zum Thema „Ehe" wieder zurückgelenkt: „Aber wie die Kirche Christus untergeordnet ist [24a], so auch die Frauen den Männern in allem [24b]". Das zeigt, dass es dem Verfasser nicht nur auf die allegorische Aussage zur Ekklesiologie ankommt, sondern genauso auf die ethische. Das in die Haustafel allegorisch eingetragene Thema der „geistlichen" Verbindung von Christus und Kirche soll zugleich in der Umkehrung das irdische Verhältnis der Ehepartner prägen. Die Entsprechung beider Bereiche wird durch ἀλλὰ ὡς/οὕτως καί („aber wie … so auch …") zum Ausdruck gebracht. Das Analogon auf beiden Seiten besteht in dem ὑποτάσσεται („ordnet sich unter"). Dieses ist aber von V.21 her nicht auf das Rollenverhältnis von Mann und Frau beschränkt, sondern es ist Ausdruck des christlichen Verhaltens überhaupt. Die Unterordnung der Frau unter den Mann ist deshalb äquivalent der Liebe des Mannes zu seiner Frau. Eingeleitet wird der Vordersatz mit ἀλλά, dessen Funktion nicht eindeutig erkennbar ist. Es wird sich um ein weiterführendes oder folgerndes „aber" handeln. Die gleiche Satzstruktur („aber wie …, so auch …") hat Gal 4,29:

Gal 4,29: ἀλλ' ὥσπερ τότε …   οὕτως καὶ νῦν …
Eph 5,24: ἀλλὰ ὡς …   οὕτως καὶ …

Der Nachsatz in Eph 5,24 enthält kein Verb, doch ist das ὑποτάσσεται (Medium: „ordnet sich unter") aus dem Vordersatz zu ergänzen, nun aber im Imperativ der 3. Pers. Pl. („sollen sich unterordnen").[94] – Auffällig ist das abschließende ἐν παντί („in allem"). Das hat seine Entsprechung in der Mahnung an die Kinder in Kol 3,20 („Ihr Kinder, gehorcht den Eltern κατὰ πάντα!"). Der Verfasser des Eph zieht diese summarische Aussage vor in die Mahnung an die Frauen. Indem er sie so

---

[93] S.o. in der Übersetzung die Aufteilung des Textes in die linke und die rechte Spalte. – Eine eigenwillige Deutung von 5,23c gibt Miletic, One Flesh, 53–66. Er hält V.23c für das theologische Zentrum von 5,21–24 (S. 43–45) und findet darin eine „Adam"-Theologie (Christus als der neue Adam im Sinne von 2,14–18: καινὸς ἄνθρωπος – so bereits Schlier, Eph, 278). Der ganze Abschnitt werde durch das Zitat von Gen 2,24 regiert. Der neue Adam habe die Kirche als neue Eva erlöst, indem er sie erschaffen habe (Miletic, 66.94–98). Das ist jedoch in den Text eingetragen. Von einer neuen Menschheit ist in 5,21–33 nirgends die Rede und von einer neuen Eva schon gar nicht. Zur Kritik vgl. Lincoln, Eph 371–373; Moritz, Mystery, 140–142; Zimmermann, Geschlechtermetaphorik, 380f.

[94] ℵ A I P u.a. haben bereits in V.22 ein ὑποτασσέσθωσαν (Imperativ 3. Pers. Pl.) ergänzt, damit aber αἱ γυναῖκες als Nominativ (und nicht als Vokativ) verstanden. In V.24b ist aber ein solches ὑποτασσέσθωσαν zu ergänzen: „… so *sollen* auch die Frauen *sich unterordnen* ihren Männern in allem!".

vorverlegt in das Verhältnis der Kirche zu ihrem „Haupt" und „Retter" Christus, totalisiert er die christologisch-ekklesiologische Aussage, auf die es ihm in erster Linie ankommt.[95] Die Kirche darf sich niemals über ihren Herrn stellen.

25 Jetzt folgt die komplementäre Mahnung an die Ehemänner. Sie ist jedoch überraschend semantisch verschoben. Zu erwarten wäre eine Aufforderung an die Männer, ihre Frauen zu leiten und zu führen.[96] Stattdessen werden sie zur Liebe aufgefordert. Liebe aber ist, wenn sie christologisch gemessen wird, Unterordnung und Selbstreduzierung bzw. Selbstrelativierung. Auf den ersten Blick erscheint es als paradox, dass zu dieser Liebe aufgefordert wird. Die Aussage ist jedoch (wie die ganze Komposition 5,21–33) zirkulär: Die Erfahrung der personal-leiblichen Liebe zweier Individuen gibt das Sprachbild und Modell für die Christologie, und die Christologie wird in der Umkehr zum Modell für die Ethik. Der Text oszilliert. – Strukturiert ist der folgende Text wieder durch καθὼς καί (V.25b) und οὕτως (V.28). Dabei greift V.28 die Aussage von V.25a wieder auf, so dass die Verse 25–28 zyklisch geschlossen sind und einen eigenen Abschnitt neben V.21–24 bilden. Abgeschlossen wird die ganze Ehetafel dann durch den dritten Teil: V.29–33.

V.25a ist wörtliche Wiedergabe von Kol 3,19a: „Ihr Männer, liebt eure[97] Frauen!". Diese Aussage wird dann in Eph 5 zum Anlass für den größten und wichtigsten Einschub in die Haustafel: V.25b–33. Während das Verb ἀγαπᾶν im Kol nur in 3,19 vorkommt,[98] ist es im Eph einer der zentralen Termini, mit denen Theologie, Christologie und Ethik verbunden werden (1,6; 2,4; 5,2.28.33; 6,24). In V.25b.c wird diese Liebe christologisch qualifiziert: „… wie auch Christus geliebt hat die Kirche und sich selbst hingegeben hat für sie". Der Tod Christi für die universale Gemeinschaft der Seinen gibt das Maß für die kleinste und engste Einheit menschlicher Gemeinschaft, die von einem Mann und einer Frau. Aber diese enge zwischenmenschliche Bindung ist soziologisch das Elementarmodell der Einheit der Menschheit.[99] V.25b greift 5,2 wieder auf:

---

[95] Jung, Σωτήρ, 319, sieht das Ziel der Aussage zu einseitig in der Ethik (Unterordnung der Frau), die durch die christologisch-ekklesiologische Aussage begründet werde. Das Schwergewicht liegt jedoch eher umgekehrt auf der christologisch-ekklesiologischen Aussage, für die die Liebe der Ehepartner mehr Vehikel denn Aussageziel ist (vgl. V.32).

[96] Vgl. Lincoln, Eph, 373. In dem Sinne äußert sich der Verfasser der Pastoralbriefe: 1Tim 2,11f; vgl. 1Kor 14,34f (eine Stelle, die mit den sonstigen ekklesiologischen Aussagen des Paulus kaum zu vereinbaren ist).

[97] Das Possessivpronomen ὑμῶν bzw. ἑαυτῶν steht nur in weniger bedeutenden Handschriften. Dass es implizit um die eigenen Ehefrauen geht, ist selbstverständlich.

[98] Formelhaftes ἀγαπητός aber viermal (immer auf namentlich genannte Personen bezogen); ἀγάπη begegnet in Kol immerhin fünfmal (in Eph jedoch zehnmal).

[99] Der Verfasser des Eph ist jedoch kein sentimentaler Schwärmer. Die Weisung „ertraget einander in Liebe!" (4,2) setzt die Frustrationserfahrung der empirischen Zwischenmenschlichkeit voraus (s.o. zu 4,2).

5,2: καθὼς καὶ ὁ Χριστὸς ἠγάπησεν ὑμᾶς[100]
καὶ παρέδωκεν ἑαυτὸν ὑπὲρ ἡμῶν
5,25: καθὼς καὶ ὁ Χριστὸς ἠγάπησεν τὴν ἐκκλησίαν
καὶ ἑαυτὸν παρέδωκεν ὑπὲρ αὐτῆς

καθώς ist nicht einfach nur Vergleichspartikel, sondern stellt eine Analogie her, bei der (wie in 5,2) der Gehalt des imperativischen Satzes zugleich implizit durch die christologische Aussage begründet wird.[101] Solche Sätze bringen prägnant die paulinische Abfolge von „Indikativ" (Christologie und Soteriologie) und „Imperativ" (Ethik) zum Ausdruck.[102] In Hinsicht auf den folgenden Kontext (V.26–27) könnte das ἑαυτὸν παρέδωκεν („er hat sich hingegeben") eine Konnotation mit dem griechischen Hochzeitsritus der ἔκδοσις[103], der Übergabe der Braut durch ihren Vater an den Bräutigam, haben.[104]

26 Der christologisch-ekklesiologische καθώς-Satz erstreckt sich von V.25b bis V.27c. V.26a fügt einen ersten Finalsatz (ἵνα) an, dem in V.26b ein Partizipialsatz untergeordnet wird. Diesem wiederum ist ein weiterer Finalsatz untergeordnet (V.27a), dessen Objekt „die Kirche" (τὴν ἐκκλησίαν) in V.27b eine verneinte partizipiale Bestimmung erhält, die implizit finale Bedeutung hat und der dann in V.27c als positives Komplement ein weiterer Finalsatz folgt:

(25b) „*wie* auch Christus die Kirche geliebt und sich selbst hingegeben hat für sie,
  (26a) *damit* er sie heilige (*Finalsatz 1*),
    (26b) sie reinigend durch das Wasserbad im Wort (*Partizipialsatz 1*),
      (27a) *damit* er selbst sich die Kirche herrlich zuführe (*Finalsatz 2*)
        (27b) als eine, die keine Flecken oder Runzeln oder etwas dergleichen hat
          ([verneinter] *Partizipialsatz 2*),
        (27c) sondern *damit* sie heilig und makellos sei (*Finalsatz 3*)".

Syntaktisch bilden die Verse 26a–27c also eine Subordinationskette, wobei sich drei Finalsätze und zwei Partizipialsätze abwechseln. Semantisch aber bilden sie eine chiastische Komposition:

26a: Heiligung (Finalsatz)
  26b: Reinigung (Partizipialsatz)
    27a: Herrlichkeit (Finalsatz)
  27b: Reinheit (Partizipialsatz)
27c: Heiligkeit (Finalsatz)

---

[100] Zur Lesart ὑμᾶς s. o. A 5 zu 5,2.
[101] Vgl. LINCOLN, Eph, 374: καθώς „also has causal connotations" (s. o. A 84 zu 1,4).
[102] S. o. zu 5,1–2.
[103] Platon, leg. 924d; Demosthenes, or. 40,4.61 u. ö.; Aristoteles, pol. VII 16, 1335a 22; Polybios XII 6b; Clem.Alex., fragm. 54,7; vgl. dazu ZIMMERMANN, Geschlechtermetaphorik, 341.
[104] S. u. bei A 105.

Insgesamt sind dann V.26–27 wiederum gerahmt durch V.25 („Ihr Männer, liebt [eure] Frauen …") und V.28a („So sollen auch die Männer ihre Frauen lieben …"). – Die zentrale Aussage ist V.27a: „damit er selbst sich die Kirche herrlich zuführe" (ἵνα παραστήσῃ αὐτὸς ἑαυτῷ ἔνδοξον τὴν ἐκκλησίαν). Das transitive παριστάναι („bereitstellen", „vor jemandem hinstellen", „vorführen", „darbringen") hat hier (wie in 2Kor 11,2) eine spezifische Bedeutung, die dem Hochzeitsbrauch entstammt: Die Braut wird (durch einen Brautführer) dem Bräutigam „vorgestellt" und „zugeführt". Wie in 2Kor 11,2 ist die Kirche hier metaphorisch als Braut Christi bezeichnet – nur dass der Bräutigam in diesem Fall zugleich der Brautführer ist, der sich selbst die Braut zuführt (ἵνα παραστήσῃ αὐτὸς ἑαυτῷ …).[105] V.26a und b schildern zunächst die rituelle Vorbereitung, die der Hochzeit vorausgeht. Dabei geht der Finalsatz „damit er sie heilige" jedoch schon über den Ritus auf der Bildebene (Hochzeit) hinaus. Es handelt sich um einen kausativen Vorgang: Durch seine Liebe *macht* Christus die Kirche heilig.[106] Im Grunde erschafft er sie auf diese Weise überhaupt erst. Kirche gibt es nur aufgrund der Selbsthingabe Christi in den Tod. Ihre Qualität ist die (verborgene) Heiligkeit und Reinheit (V.27c; vgl. 1,4[107]). Im Präskript (1,1) werden die Adressaten als „die Heiligen" bezeichnet, eine Prädikation, die sich auf alle Christen erstreckt. – Der nun folgende Partizipialsatz („sie reinigend durch das Wasserbad im Wort") führt die Aussage von der Heiligung auf das Bildfeld der Hochzeit zurück. Angespielt ist hier auf den zum antiken Hochzeitsritual gehörenden Brauch des Brautbades: Ursprünglich ging es um ein Bad der Braut in einer Quelle oder einem Fluss, doch reichte in hellenistisch-römischer Zeit auch herbeigeschafftes Quellwasser für eine symbolische Reinigung.[108] Über das zeitliche Verhältnis von Heiligung (V.26a) und Reinigung (V.26b) wird im Text nichts ausgesagt. V.27c gibt als Ziel im Rückgriff auf V.26a.b wiederum nur „Heiligkeit" und „Makellosigkeit" an. Umstritten ist, ob die Wendung „(durch das Bad des) Wasser(s) im Wort" zugleich auf die Taufe anspiele.[109] Es ist durchaus möglich, dass hier zwei Bildfel der konnotativ verbunden sind.[110] Unabhängig von der Frage, ob hier auf die Taufe angespielt wird oder nicht, bleibt eine Erklärung der Formulierung „Wasserbad *im Wort*" erforderlich. Das ἐν („in") kann hier instrumentale Bedeutung

---

[105] In 2Kor 11,2 ist es Paulus, der als Brautführer dem Christus die Gemeinde als Braut zugeführt hat. Vgl. zum Bildfeld ZIMMERMANN, Geschlechtermetaphorik, 300–325.341–343.353f.368f.

[106] WESTCOTT, Eph, 85: „Christ loved the Church not because it was perfectly lovable, but in order to make it such" (zitiert bei LINCOLN, Eph, 375).

[107] In 1,4 bezieht sich die Aussage auf die vorkosmische Erwählung. 5,27a.c dagegen geht in Bezug auf den Tod Jesu mit Kol 1,22 zusammen.

[108] Belege bei ZIMMERMANN, Geschlechtermetaphorik, 250f.342.

[109] An die Taufe denken z.B. CASEL, Die Taufe als Brautbad der Kirche, 144–147; SCHLIER, Eph, 279; SCHNACKENBURG, Eph, 255; dagegen BARTH, Eph, II, 691–699.

[110] ZIMMERMANN, Geschlechtermetaphorik, 369–372, will unter Hinweis auf den Ausdruck „Bad der Wiedergeburt" (λουτρὸν παλιγγενεσίας) in Tit 3,5 nicht ausschließen, dass die ersten Leser des Eph bei 5,26 an die Taufe gedacht hätten (vgl. Eph 1,13; 4,5). Doppelte Konnotation nehmen auch CASEL 144–147; HALTER, Taufe, 282; LINCOLN, Eph, 375f; BEST, Eph, 543, und DAHL, Baptism, 420–424, an.

haben.[111] Die meisten Ausleger denken dann dabei an die Taufformel, die über dem Täufling gesprochen wird, und verbinden es entsprechend mit dem „Wasserbad" (= der Taufe).[112] Wird es dagegen mit dem Partizip καθαρίσας verbunden, wäre damit allgemein das Evangelium oder „Wort Gottes" (6,17) gemeint. Dann wäre das ἐν ῥήματι modal aufzufassen (durch die Taufe „in Verbindung mit dem Wort [des Evangeliums]"). In diesem Fall läge ein Sakramentsverständnis zugrunde, das eine Verbindung von Wort und Ritus bzw. Element voraussetzt.[113] Dieser Auffassung ist hier der Vorzug zu geben.

27 In V.27a folgt ein zweiter Finalsatz (ἵνα), der in V.27b ebenfalls durch einen Partizipialsatz erweitert wird. Christus präsentiert[114] die Kirche sich selbst (ἑαυτῷ) als (durch das Wasserbad im Wort) gereinigte und somit „herrliche", „ehrbare" (ἔνδοξον). Hier liegt als Bildfeld die Brautmetaphorik zugrunde, wie sie in verwandter Terminologie auch in 2Kor 11,2 begegnet: „Ich habe euch einem Mann verlobt, um euch als reine Jungfrau Christus zuzuführen" (παρθένον ἁγνὴν παραστῆσαι τῷ Χριστῷ). ψ 44,10 steht das Verb im Zusammenhang einer Königshochzeit (Präsentation der Braut), und dabei erscheint in V.14 des Psalms auch das Wort δόξα (vgl. in Eph 5,27: ἔνδοξος). Auffällig ist in V.27 das explizite Subjekt αὐτός (vgl. 2,14; 4,11; 5,23),[115] das syntaktisch nicht erforderlich ist, jedoch den bemerkenswerten Sachverhalt der Aussage hervorhebt, dass hier nicht zwischen Brautführer (Brautvater oder Freund des Bräutigams: Joh 3,29) und Bräutigam unterschieden wird: Er (Christus *selbst*: αὐτός) führt *sich* (ἑαυτῷ) die Kirche als Braut zu. Zu beachten ist, dass der ganze Passus V.26–27 von V.25b („wie auch Christus die Kirche geliebt und sich für sie hingegeben hat") abhängig ist. Dabei kommt es zu einer bemerkenswerten Spannung zwischen V.25b und V.27a: Christus gab sich hin für die Kirche (ἑαυτὸν παρέδωκεν ὑπὲρ αὐτῆς) – und er führt die Kirche *sich* zu (παραστήσῃ … ἑαυτῷ). Das Bildfeld von der sich selbst (Christus als Akkusativobjekt) hingebenden Liebe wird spannungsvoll ergänzt vom Bild der Hochzeit. Das antike Hochzeitsritual wird in kühner Metaphorik abgewandelt: Christus ist Brautvater und Bräutigam zugleich, indem er die Braut sich selbst zuführt und zugleich sich selbst (Akk.) für sie in Liebe hingibt. Wahr-

---

[111] Auszuschließen ist eine Verbindung von ἐν ῥήματι mit ἁγιάσῃ (im Sinne von: „damit er sie heilige durch das Wort, sie reinigend durch das Wasserbad"): vgl. LINCOLN, Eph, 376 (gegen MEYER, Eph, 240f; SCHNACKENBURG, Eph, 255, u.a.).

[112] Z.B. ABBOTT, Eph, 169; SCHLIER, Eph, 257; SAMPLAY, One Flesh, 132; GNILKA, Eph, 282.

[113] So LINCOLN, Eph, 376: „Sanctification takes place through both water and the word". – Unter Bezugnahme auf das ἐκτρέφειν und θάλπειν („nähren" und „pflegen") in 5,29f wurde versucht, in diesem Abschnitt auch eine Anspielung auf die Eucharistie zu finden (z.B. SCHLIER, Eph, 280); dagegen zu Recht GNILKA, Eph, 285f und ZIMMERMANN, Geschlechtermetaphorik, 371f.

[114] Παραστῆσαι (transitiv) mit Akkusativ- und Dativobjekt: Apg 23,33; Röm 6,13b.19; 1Kor 8,8; 2Kor 11,2 (!); 2Tim 2,15; Kol 1,22 (dort aber statt des Dativs κατενώπιον + Gen.). Zu 2Kor 11,2 im Zusammenhang mit Eph 5,27: B. REICKE, ThWNT 5, 839; ZIMMERMANN, Geschlechtermetaphorik, 341-343.353f.

[115] Vgl. o. S. 339 mit A 212 zu 4,11.

scheinlich sind hier zwei intertextuelle Bezüge kombiniert worden – Kol 1,22 und 2Kor 11,2:

Eph 5,27 a+c	Kol 1,22	2Kor 11,2
ἵνα παραστήσῃ αὐτὸς ἑαυτῷ ἔνδοξον τὴν ἐκκλησίαν ... ἵνα ᾖ ἁγία καὶ ἄμωμος	παραστῆσαι ὑμᾶς ἁγίους καὶ ἀμώμους κατενώπιον αὐτοῦ[116]	ὑμᾶς ἑνὶ ἀνδρὶ παρθένον ἁγνὴν παραστῆσαι τῷ Χριστῷ

Das (αὐτὸς) ἑαυτῷ (Christus als Dativobjekt der Handlung: 5,27a) erklärt sich aus dem Brautritus von 2Kor 11,2, wo ein anderer (Paulus) Subjekt der Handlung ist. In Kol 1,22 ist aber notwendig Christus das Subjekt der Handlung, der durch seinen versöhnenden Tod die Christen als Heilige und Tadellose präsentiert. Allerdings enthält das κατενώπιον αὐτοῦ („sich gegenüber", „vor sich") in Kol 1,22 auch schon die Selbstbezüglichkeit, doch fehlt dort das Brautmotiv, weshalb die Spannung der Bildfelder geringer erscheint. Das Adjektiv ἔνδοξος enthält auf der Bildebene als Bedeutungsmoment die Konnotation der unversehrten Virginität der Braut (ἔνδοξος ist das Gegenteil von „entehrt").[117] – Es folgt in V.27b ein Partizipialsatz, der in semantischer Hinsicht das Thema von V.26b aufgreift – nun aber als Ergebnis der Reinigung: „makellos" (ἄμωμος). Σπίλος ([Körper]-„Fleck") und ῥυτίς („Runzel") sind medizinische Begriffe.[118] Σπίλος (bzw. σπιλοῦν: „beschmutzen") begegnet im NT nur metaphorisch.[119] Doch hat diese Metaphorik in V.27b nicht eine ausschließlich ethische oder gar moralische Intention. Die Braut ist „schön und jung. Der Vers zeigt insofern mehr Interesse an Ästhetik als an Reinheit".[120] – Ein Finalsatz schließt das Satzgefüge V.25–27 ab (V.27c): „damit sie (die Kirche) heilig und makellos sei". Damit wird auf 1,4 (aus der Eulogie) zurückgegriffen, wo in einem finalen Infinitivsatz die Christen („wir") bezeichnet werden als solche, die „heilig und makellos vor ihm (Gott)" sein sollen.[121] Auch dort steht diese Zielaussage im Zusammenhang mit der „Liebe" (ἐν ἀγάπῃ). Dort ist es die Liebe Gottes, die diese Qualität der Heiligkeit und Makellosigkeit bewirkt. Hier

---

[116] Κατενώπιον αὐτοῦ entspricht dem ἑαυτῷ in Eph 5,27 und dem τῷ Χριστῷ in 2Kor 11,2.

[117] Das gilt insbesondere dann, wenn der Verfasser bewusst auf 2Kor 11,2 (παρθένος) angespielt haben sollte. Ἔνδοξος und παρθένος sind beides Wörter mit nur zwei Genus-Formen (mask. und fem. gleichlautend); vgl. Duris (4. Jh. v.Chr.), FGrHist 76 F18: παρθένους τὰς ἐνδοξοτάτας καὶ καλλίστας; bei Athenaeus Soph. (2. Jh. n.Chr.) XIII 84, p. 605DE; Herm 79,3 (sim IX 2,3); 87,7 (sim IX 10,7); Athanasius, in nativitatem praecursoris 28,908,9 (τῆς ἐνδόξου παρθένου); Joh.Chrys., in Martham Mariam et Lazarum 61,701, 64 (ἡ ἔνδοξος παρθένος).

[118] Beide Ausdrücke zusammen begegnen bei Dioscorides Pedianus med. (1. Jh. n.Chr.) I 33,2.

[119] Neben unserer Stelle: Jak 3,6; 2Petr 2,13; Jud 23.

[120] ZIMMERMANN, Geschlechtermetaphorik, 372. Dabei ist aber zu beachten, dass diese Aussage – wie der ganze Abschnitt – auf zwei Ebenen verläuft: als Aussage über die Ehe und als Aussage über die Kirche und ihr Verhältnis zu Christus. Die Ehe bleibt hier Bildspender. Die verallgemeinernde Wendung „oder etwas dergleichen" bewahrt davor, die Metaphorik von V.27b zu sehr einzugrenzen.

[121] S.o. zu 1,4.

(in 5,27c) ist es die Liebe Christi (5,25b), die das Vorbild der Liebe unter Menschen abgibt.[122]

28 V.28 greift zyklisch V.25 wieder auf: „so (οὕτως) sollen auch[123] die Männer ihre Frauen lieben …". Ὀφείλειν („sollen", „verpflichtet sein", im Eph nur hier) lässt möglicherweise Röm 13,8 anklingen.[124] H. Schlier meint, V.28 beginne zugleich einen „neuen Gedanken, der im Zusammenhang einer Exegese von Gen 2,24 auftaucht".[125] Allerdings geht es in Gen 2,24 um den Begriff σάρξ („Fleisch"), der erst ab Eph 5,29 verwendet wird. Hier wird dagegen σῶμα („Leib") gebraucht. Der „neue Gedanke" beginnt also erst ab V.29. – V.28 stellt die Exegese vor nicht geringe Probleme. V.28b („Wer seine [ἑαυτοῦ] Frau liebt, liebt sich selbst [ἑαυτόν]") soll offenbar Begründung für V.28a sein. V.28b aber ist selber nicht eindeutig. Ein Ausgangspunkt für die Exegese dieses Verses ist die Beobachtung der Korrespondenz von V.25a („Ihr Männer, liebt eure Frauen!"), dem καθώς in V.25b („*wie* … Christus die Kirche geliebt hat …") und dem οὕτως in V.28a („so [wie Christus die Kirche] sollen die Männer ihre Frauen lieben …").[126] Die Hauptschwierigkeit liegt in der Fortsetzung von V.28a: „*wie* (oder: *als*) ihre (eigenen) Leiber" (ὡς τὰ ἑαυτῶν σώματα). Die Frage ist, ob ὡς hier vergleichende („wie") oder prädikativische[127] Bedeutung („als") hat.[128] Im ersten Fall würde σῶμα sich auf den Leib des Mannes selbst (seine Person) beziehen, und die Bedeutung wäre (im Sinne von Lev 19,18): „Liebt eure Frauen wie euch selbst!". Im zweiten Fall würden die Frauen jeweils als Leib des Mannes gelten. Tatsächlich ist eine Entscheidung zwischen den beiden alternativen Deutungen nicht möglich, denn *beide* sind im Kontext gleich stark angelegt. (1.) Versteht man ὡς im Sinne eines vergleichenden „wie", ergibt sich die Aussage: „Also sollen die Männer ihre Frauen (so) lieben wie ihre eigenen Leiber". Das würde dem Liebesgebot Lev 19,18 LXX[129] entsprechen: „Liebe deinen Nächsten wie dich selbst (ὡς σεαυτόν)!"[130] Dazu würde dann V.28c allerdings nicht ganz passen: „Wer seine Frau liebt, liebt sich

---

[122] So gesehen wird man das nachklappende ἐν ἀγάπῃ in 1,4 vielleicht doch auch ambivalent verstehen dürfen: als Gottes Liebe, die den Ursprung der Liebe unter Christen hervorruft, durch die die Christen sich als „heilig und tadellos" erweisen. Aber Liebe ist zuerst eine göttliche Dynamis, erfahrbar durch den Weg Christi. Vgl. dazu auch 5,1–2.
[123] Es könnte sein, dass die Schreiber von p46 B A D u.a. in V.28 das καί durch Einfluss von 5,24 zugefügt haben. Bouwman, Eph V 28, S. 185, hält jedoch mit GNT die Lesart mit καί für ursprünglich.
[124] Μηδενὶ μηδὲν ὀφείλετε εἰ μὴ τὸ ἀλλήλους ἀγαπᾶν. Vgl. auch 1Joh 4,11.
[125] Schlier, Eph, 260.
[126] Bouwman, Eph V 28, S. 189f. Der οὕτως-Satz schließt also den Kreis: a – b – a. Es folgt allerdings in V.29b ein weiterer καθώς-Satz.
[127] Zur prädikativischen Bedeutung von ὡς s. BDR § 157,5 mit A 7; 453,4 mit A 7.
[128] Dazu ausführlich: Bouwman, Eph V 28; Stählin, Partikel ὡς; Muraoka, ὡς, 59f; s.o. A 2 zu 5,1.
[129] Vgl. Lk 10,27.
[130] Da es um die Männer und ihre Frauen (beides im Plural) geht, ist ὡς τὰ ἑαυτῶν σώματα („wie ihre eigenen Leiber") kongruent zum Subjekt und folglich auch synonym zum Singular ὡς σεαυτόν („wie dich [selbst]").

selbst".[131] (2.) Versteht man ὡς prädikativisch (im Sinne von „als"), dann stellen die Frauen jeweils den Leib ihres Mannes dar.[132] Das aber gibt nur Sinn durch die Parallelsetzung mit der christologisch-ekklesiologischen Beziehung von Christus als „Haupt" und seiner Kirche als „Leib". Nur von dieser Beziehung her kann die Frau als „Leib" des Mannes bezeichnet werden. So, wie Christus (als Haupt) die Kirche (als seinen Leib) liebt, sollen die Männer ihre Frauen als ihre Leiber lieben. Wer seine Frau liebt, liebt damit auch sich selbst (V.28c). – Auch wenn man mit der Deutung des ὡς im prädikativischen Sinne („als") etwas weiter kommt als mit der vergleichenden („wie"), so ist diese letztgenannte, mit dem Liebesgebot im Zusammenhang stehende, gleichwohl ebenfalls angebracht (s. u. zu V.33).

29 In V.29–33 wird der zwischen zwei Sinnebenen oszillierende Text 5,21–33 abgeschlossen. Die Oszillation wird nicht nach einer Seite hin aufgelöst. Zwar setzt V.32 ein Schwergewicht auf die Seite der christologisch-ekklesiologischen Aussage (mit ἐγώ gibt der Autor einen meta-argumentativen Kommentar: „ich sage das bezogen auf ..."), doch durch ein erneut öffnendes πλήν („überhaupt") wird abschließend wieder die Ebene der konkreten Haustafelethik erreicht (V.33).

V.29 ist zunächst Erläuterung zu V.28b (γάρ), wobei σῶμα („Leib") auffälligerweise durch σάρξ („Fleisch") ersetzt wird. Im Corpus Paulinum sind beide Begriffe an sich nicht synonym.[133] Aber durch das in V.31 folgende Zitat aus Gen 2,24, das die geschlechtliche Vereinigung unter dem Begriff σὰρξ μία („ein Fleisch") ausdrückt, werden beide hier angeglichen. Das hat sein Vorbild in 1Kor 6,16.[134] V.29 begründet durch diese Angleichung von σῶμα, ἑαυτοῦ und σάρξ die von der Schöpfung gegebene eheliche Liebe.[135] Entsprechend wird dann auch im Text argumentiert: „Niemand hat je sein eigenes Fleisch gehasst ...".[136]

---

[131] Dieser Satz macht für das Verständnis des Textes im Sinne eines vergleichenden ὡς („wie") Schwierigkeiten. Zum Vordersatz „So sollen die Männer ihre Frauen lieben wie ihre Leiber (= wie sich selbst)" passt logisch nicht der Nachsatz: „Wer seine Frau liebt, liebt sich selbst". Der Nachsatz wird nur schlüssig, wenn der Vordersatz die Bedeutung hat „So sollen die Männer [als jeweiliges Haupt] ihre Frauen lieben *als* ihren [jeweiligen] Leib". Der Schluss ergibt sich durch die Synonymität von „Leib" und der (durch das Reflexivpronomen „sich [selbst]" vertretenen) Person des Mannes. Wenn die Frau „Leib" des Mannes ist, dann liebt er, wenn er seine Frau liebt, seinen „Leib", und das heißt: sich selbst.

[132] MERZ, Pure Bride, 145, meint, die Frau sei aufgrund der sexuellen Vereinigung Leib und Fleisch des Mannes.

[133] Σῶμα („Leib") bedeutet bei Paulus (und auch im Eph) grundsätzlich die ganzheitliche leibliche Person (BULTMANN, Theologie, 195: „der Mensch *hat* nicht ein σῶμα, sondern er *ist* σῶμα"), während σάρξ („Fleisch") die materielle Substanz der Kreatur bezeichnet.

[134] „... wer mit einer Hure verkehrt, ist (mit ihr) ein Leib (ἓν σῶμα); denn es werden, heißt es, die beiden ein Fleisch sein" (ἔσονται οἱ δύο εἰς σάρκα μίαν: Gen 2,24).

[135] Gen 2,23a: „Da sprach Adam: Dies ist nun Gebein von meinem Gebein und *Fleisch von meinem Fleisch*". Die Gleichheit des Fleisches bewirkt die Solidarität der geschlechtlichen Liebe. Die geschlechtliche Differenz wird freilich in diesem Zusammenhang nicht thematisiert.

[136] MERZ, Pure Bride, 136f, beruft sich für ihre These, Eph 5,21–33 habe eine anti-asketische Intention und richte sich gegen die Tendenz zur Ehelosigkeit bei einigen Paulinern, vor allem auf V.29a („Denn niemand hat je sein eigen Fleisch gehasst, sondern nährt und pflegt es, wie Christus die Kirche ..."). Dieser

Wesen von gleicher Art hegen und pflegen einander: ἐκτρέφειν („nähren", „aufziehen") und θάλπειν („hegen", „pflegen").[137] – Mit V.29b wechselt wieder die Bildebene, markiert durch das καθὼς καί. Die Beziehung Christus – Kirche gibt das Modell für die Ehe. Die *imitatio* geht dementsprechend deduktiv vom göttlichen zum menschlichen Bereich.[138] Zugleich ist die Aussage aber auch induktiv: Die Gesetzmäßigkeiten der Schöpfung (hier die fleischliche Einheit der Menschendualität) verweisen auf die spirituelle Einheit, die Christus mit den Menschen eingeht. V.32 wird diesen Aspekt betonen. Am Ende (V.33) ist die eheliche Liebe (scheinbar) denn auch das Ziel der Aussage. Das Verhältnis Christus – Kirche ist nun das bildspendende Element und die Ehe das bildempfangende. Damit scheint sich das Konzept der Haustafel (die Ethik) durchzusetzen.[139] Doch V.32, ein Kommentar des Verfassers, verlagert die Gewichte zuvor. Hier kommt der „Redaktor" zum Zuge, der die Kol-Haustafel seiner metaphorischen (und an dieser Stelle allegorischen) Christo-Ekklesiologie zugrunde legt. Die Kol-Haustafel ist – vom hermeneutischen Zentralpunkt V.32 aus gesehen – der Rohstoff der Aussage des Verfassers. Hier ist die Haustafel-Aussage Bildspender für die christologisch-ekklesiologische Aussage.[140]

30 Wie die Verbindung des Mannes zu seiner Frau durch die fleischliche Artverwandtschaft besteht (im Hintergrund steht der in V.31 neben Gen 2,24 nicht explizit mitzitierte Vers Gen 2,23), so besteht die Verbindung der Christen (als Kirche) in der Gliedschaft an „seinem Leibe". Die Kirche besteht als Leib Christi. Dieses Symbol (die organismusartige Einheit der Christen als Darstellung ihres Christuskörpers) impliziert die Vision einer geeinten und heilen Menschheit.[141] In einer Reihe von Handschriften wird Gen 2,23 im Anschluss an V.30 zitiert[142] – allerdings an unpassender Stelle. V.30 enthält das paulinische Leib-Christi-Motiv, das in V.31

Satz setzt aber gerade die Ehe voraus, anstatt sie seinerseits zu begründen. Und dass Christus in seiner Liebe zur Kirche das Modell für die Ehe abgibt, spricht nicht für eine sexuelle Konnotation.

[137] GNILKA, Eph, 285, verweist auf das Vorkommen von θάλπειν und τρέφειν in Eheverträgen (PREISIGKE – KIESSLING, Wörterbuch, I 665). Ἐκτρέφειν kommt dagegen in einem Ammenvertrag vor (PREISIGKE – KIESSLING, I, 460); vgl. 1Thess 2,7 (ὡς ἐὰν τροφὸς θάλπῃ τὰ ἑαυτῆς τέκνα – „wie eine Amme ihre eigenen Kinder nährt"); s. auch u. zu Eph 6,4.

[138] S.o. zu 5,1–2.

[139] MORITZ, Mystery, 131–152, tendiert zur These, dass die menschliche Ehe das Hauptthema sei, wofür die Christus-Kirche-Beziehung nur als Argument diene. Deshalb seien das Zitat von Gen 2,24 in Eph 5,31 und der Abschlussvers 5,33 Ziel der Ehetafel: „The author's *Leitmotiv* was human marriage" (133). „Every single mention of the Christ-church relationship occurs in subordinate clauses" (132). Dagegen spricht aber 5,32 (MORITZ, 135, muss denn auch V.30-32 als eine Digression verstehen). Die syntaktisch subordinierten ὡς- und καθώς-Sätze enthalten (im Sinne platonischer Ontologie) gerade das die Ethik begründende Urbild, den Maßstab. – Umgekehrt orientiert sich BATEY, Union, nur an der Christus-Kirche-Relation. – Aber der Verfasser trennt beides nicht. In 5,32 nennt er seinen hermeneutischen Schlüssel.

[140] POKORNÝ, Geheimnis, 176: „Die Aussage über Christus und die Kirche ist die Kernthese, die sowohl in der Danksagung als auch in der Paränese an zentraler Stelle steht."

[141] Die Aussage von der Leib-Glieder-Relation (σῶμα – μέλη) knüpft an Röm 12,4f und 1Kor 12,12–31 an.

[142] „Und Adam sprach: Dies nun ist Gebein von meinen Gebeinen und Fleisch von meinem Fleisch".

dann durch Gen 2,24 allegorisch begründet wird (worauf in V.32 ausdrücklich hingewiesen wird). Dass der „Mensch"[143] seine Elternbindung löst und sich an seine Frau bindet und dass „die zwei ein Fleisch sein werden", lässt sich als Allegorie auf die Christusmystik (die neue Bindung an Christus im Rahmen der Kirche, dem Leib Christi) noch nachvollziehen, auch wenn die Gleichsetzung von „Leib" (σῶμα) und „Fleisch" (σάρξ) dabei in Kauf zu nehmen ist. Dass aber „wir", die Glieder des Leibes Christi, „aus seinem Fleisch und seinen Gebeinen" seien, lässt sich nicht mehr als sinnvoll verstehen. Es spricht alles dafür, dass es sich um eine spätere Zufügung handelt.[144]

31 Es folgt das Zitat aus Gen 2,24 LXX: „Deshalb wird ein Mensch verlassen seinen Vater und seine Mutter und sich binden an seine Frau, und die zwei werden ein Fleisch sein."

E 5,31a: ἀντὶ τούτου καταλείψει ἄνθρωπος [τὸν] πατέρα καὶ [τὴν] μητέρα
G 2,24: ἕνεκεν τούτου καταλείψει ἄνθρωπος τὸν πατέρα αὐτοῦ καὶ τὴν μητέρα αὐτοῦ

E 5,31b: καὶ προσκολληθήσεται πρὸς τὴν γυναῖκα[145] αὐτοῦ
G 2,24: καὶ προσκολληθήσεται πρὸς τὴν γυναῖκα αὐτοῦ

E 5,31c: καὶ ἔσονται οἱ δύο εἰς σάρκα μίαν
G 2,24: καὶ ἔσονται οἱ δύο εἰς σάρκα μίαν

Die Wiedergabe entspricht weitgehend dem LXX-Text[146], nur in der ersten Zeile gibt es Abweichungen: (1.) In Eph steht ἀντὶ τούτου statt ἕνεκεν τούτου.[147]

---

[143] LXX hat bereits ἄνθρωπος („Mensch"), wohingegen im masoretischen Text noch אִישׁ („Mann") steht.
[144] Die Reihenfolge ist gegenüber Gen 2,23 vertauscht. Merkwürdig ist die Beziehung auf Christus (statt „mein" Fleisch und „mein" Gebein steht jeweils αὐτοῦ: „aus *seinem* Fleisch und aus *seinen* Gebeinen"). Der Kurztext ist mit p46 ℵ* A B 048 6. 33. 81.1739*. 1881 und Hieronymus besser bezeugt als der Langtext (ℵ2 D F G K Ψ 0278 Iren. u.a.). Eine Auslassung könnte man durch den schwer erkennbaren Sinn erklären (eine Haplographie bezüglich des αὐτοῦ ist unwahrscheinlich), eine Zufügung durch antidoketische Tendenz. Jedenfalls setzt der Langtext eine Adam-Christus-Entsprechung voraus, bei der die sarkische Existenz Christi eine Rolle spielt. Vgl. zum ganzen Problem ABBOTT, Eph, 171–173; BEST, Eph, 550–552. P. R. ROGERS, Allusion, hält die freie Zitation von Gen 2,23 für ursprünglich, was wahrscheinlich ist.
[145] In Eph 5,31b steht in einigen Handschriften der einfache Dat. (τῇ γυναικί) statt πρὸς τὴν γυναῖκα – so in p46 ℵ A u.a. Die Formulierung mit προσκολληθήσεται πρός wie Gen 2,24 LXX (abgesehen von A und ℵ*) haben ℵ2 B D2 u.a. Da auch Philon, LA II 49, die πρός-Fassung bezeugt, wird man die Dativ-Fassung auf eine sprachliche „Verbesserung" der Figur προσκολληθήσεται πρός zurückzuführen haben. Solche Figuren (Kompositum mit präpositionalem Element + gleiche Präposition) finden sich im Eph häufiger (2,7: ἐνδείξηται ἐν; 2,18: προσαγωγὴν πρός; 2,20: ἐποικοδομηθέντες ἐπί; 6,10: ἐνδυναμοῦσθε ἐν).
[146] Vgl. MORITZ, Mystery, 117f.
[147] Dazu BDR § 208. ἀντὶ τούτου („deshalb" – demonstrative Variante von ἀνθ' οὗ [„weshalb"] bzw. dem häufigeren ἀνθ' ὧν) begegnet nur dreimal in LXX (2Sam 19,22; Ez 28,7; 34,9), im NT nur an unserer Stelle. Im klassischen Griechisch kommt es häufiger vor. Der Verfasser des Eph hat es wahrscheinlich aus Gründen der Emphase gewählt und anaphorisch auf V.30 bezogen. In den meisten Belegen klingt die Bedeutung „stattdessen" noch an, so auch hier: Die Einheit von Mann und Frau (μία σάρξ) bildet die

(2.) In Eph fehlt das Possessivpronomen αὐτοῦ bei „Vater" und „Mutter".[148] (3.) Der Artikel vor „Vater" und „Mutter" fehlt in wichtigen Handschriften des Eph (in B D* F G).[149] – Das Zitat von Gen 2,24 ist vor allem wegen des dritten Versteils (31c) benutzt worden: die Verschmelzung der „zwei" zur „einen" σάρξ. Im Zusammenhang mit V.28a.29b–30 ist σάρξ hier synonym mit σῶμα: Die Christen sind „Glieder" des „Leibes" Christi, den die Kirche darstellt. P. Pokorný entnimmt dem Zitat aber noch eine weitere Bedeutung, und zwar aus V.31a. Ja, dieser erste Teil des Zitates spiele „zweifelsohne die entscheidende Rolle in der Darstellung des Geheimnisses, das mit dem Evangelium praktisch identisch ist: Das Verlassen des Elternhauses ist eine Widerspiegelung des Weges des Erlösers – des Weges, der Himmel und Erde verbindet …".[150] Dieser Gedanke der Inkarnation, der z.B. im Perlenlied (ActThom 108–113) mit einem Märchenmotiv allegorisch dargestellt wird, wurde bereits von Theodoret von Kyros im 5. Jh. ausgesprochen.[151] Zum „Weg" gehört das Ziel („die Verbindung mit der Braut").[152] Für diese Deutung des Zitates spricht vor allem Eph 4,9f – wenn man diese Verse auf Inkarnation und Erhöhung Christi (im Sinne von Phil 2,6–11) deuten kann (wie das in diesem Kommentar o. z.St. versucht wurde). Freilich: Vom Aufstieg bzw. von der Erhöhung ist hier im Zitat in 5,31 nicht die Rede.

32 Die Vereinigung Christi mit der Kirche wird in V.32 als Pointe des ganzen Textes V.21–33 ausgewiesen. Zunächst bezieht sich V.32 auf das Zitat in V.31. Dieses wiederum bezieht sich auf das innige Verhältnis von Christus und der Kirche. Damit wird vor allem auf 1,22f; 2,15b–16 und 4,15f zurückgegriffen. Der Verfasser kommentiert hier das Zitat von V.31 durch einen rezeptionssteuernden Metatext: „Ich aber beziehe es auf Christus und auf die Kirche."[153] Das Zitat wird in V.32a als „Geheimnis" bezeichnet, das „groß" ist.[154] Μέγα („groß") bezieht sich nicht auf den Grad der Verschlüsselung, sondern auf die Bedeutsamkeit. Von der Begrifflichkeit her erklärt diese metatextliche Aussage den ganzen Abschnitt 5,21–33 als

---

Einheit des Christusleibes (die „Ehe" Christi und seiner Kirche) ab und steht als wirkliches und sichtbares Abbild *anstelle* dieser Einheit von Christus und Kirche, die eine unsichtbare Größe ist.

[148] Philon, LA II 49, lässt αὐτοῦ ebenfalls fort. Jedoch bietet er die πρός-Fassung (s.o. A 145).

[149] B (neben D* F G) lässt die Artikel aus; dagegen stehen sie in p46 ℵ A Origenes u.a. Philon zitiert in LA II 49 Gen 2,24 jedoch mit Artikel. An dieser Stelle deutet er aber (anders als in QG I 29) Gen 2,24 negativ: Der νοῦς bindet sich an die Sinnlichkeit, (vgl. dazu Moritz, Mystery 123f; Zimmermann, Geschlechtermetaphorik 358; ders., „… und sie werden ein Fleisch sein", 562f).

[150] Pokorný, Geheimnis, 179 – unter Hinweis auf Phil 2,6–8 sowie die Sendungsformeln und Selbsthingabeformeln.

[151] Pokorný, ebd., verweist außerdem auf Bengel, Gnomon, z.St. (⁸1915, S. 773).

[152] Ebd.

[153] Zu λέγω εἰς s. Apg 2,25; Hebr 7,14; dazu BDR § 207,2 A 3. Abbott, Eph, 174f, Gnilka, Eph, 288 A 2, und Moritz, Mystery, 148 A 131, bestreiten – zunächst mit Recht –, dass λέγω „ich deute" heißen kann. Dabei wird das (λέγω) εἰς aber (besonders bei Moritz, 146–148, wo nur das jesuanische bzw. synoptische ἐγὼ δὲ λέγω erwähnt wird) unterschlagen.

[154] Pokorný, Geheimnis, 177: „,dies', d.h. diese Schriftstelle (nicht die Ehe selbst)".

eine Allegorese.[155] Es handelt sich allerdings um eine Allegorese, die als konstruierte *metaphora continua* der Metapher[156] nahe steht. Das Besondere an diesem Text ist das Pendeln zwischen ethischer und allegorischer Bedeutung. Der Text hat also seine wörtliche Bedeutung als Haustafel *und zugleich* eine übertragene christologisch-ekklesiologische.[157] Diese Doppelheit entspricht ganz der alexandrinischen Allegorese Philons, der die ethischen Aussagen der Tora in ihrer Wörtlichkeit für verbindlich erklärt (z. B. migr. 89) *und* sie in ihrem übertragenen Sinn als auf die Seele (den νοῦς) bezogen soteriologisch versteht.[158] Die Ehe ist ein „Gleichnis" der Relation „Christus – Kirche", und diese Relation ist vorabgebildet in der Schöpfungsordnung bezüglich der beiden Geschlechter.

33 Der Schluss lenkt mit πλήν („jedenfalls", „überhaupt", „schließlich")[159] wieder auf die ethische Ebene der Haustafel zurück. Als Abschluss hat dieser Vers ein gleiches Schwergewicht wie die allegorische Pointe V.31, die durch den Kommentarsatz V.32 hervorgehoben wurde. Das heißt: Der Text hat eine doppelte Bedeutung entsprechend seinen zwei Ebenen. Καὶ ὑμεῖς („auch ihr") bringt diese Doppelheit zum Ausdruck. Die Apposition οἱ καθ᾽ ἕνα („die je Einzelnen") und das singularische ἕκαστος („jeder") betonen die generelle und jeweils individuelle Betroffenheit vom Liebesgebot. Allerdings bezieht sich das ἀγαπάτω (Imperativ der 3. Person: „soll lieben") nur auf die Männer. Nur sie entsprechen ja nach dem metaphorischen Modell der κεφαλή-Funktion Christi. Es folgt noch eine οὕτως-ὡς-Konstruktion, bei der nun auch das ὡς (das wie καθώς sonst im Text immer auf der allegorischen Seite steht) in die ethische Spalte[160] gerät. Indirekt bekommt der Mann dadurch die Rolle, die Christus sonst spielt.[161] Jeder Mann soll seine Frau lieben „wie sich selbst". Diese Variante des Nächstenliebegebotes war in V.28 zuvor angeklungen. Dort war (in Hinsicht auf die christologisch-ekklesiologische Seite) das „wie sich selbst" durch „*als* ihre (eigenen) Leiber" ersetzt wor-

---

[155] Zur Begriffsbestimmung („Allegorese", „Symbol", „Metapher") s. SELLIN, Allegorese, 93–98.
[156] Zum Begriff der Metapher und zur Metaphorik in diesem Abschnitt: DAWES, Body in Question, 25–78; speziell zu V.31f: 168–178; ZIMMERMANN, Gen 2,24, 560–568.
[157] So auch ÅDNA, Liebesbeziehung, 459f; vor allem aber ZIMMERMANN, Gen 2,24, 566–568: „Metaphorische und ethische Interpretation fließen dabei ineinander und lassen einseitige Deutungsraster fraglich werden" (567). Das Beispiel kann zeigen, „dass sich die Hypothese einer ‚wörtlichen Bedeutung' aufgrund der religionsgeschichtlichen Komplexität der Schriftrezeption in hellenistisch-römischer Zeit kaum halten lässt ... Wird auf diese Weise die ... metaphorisch-bildliche Sprache zur ‚eigentlichen' Sprachform, verliert sie doch nicht ihren unmittelbaren Wirklichkeitsbezug" (568).
[158] Die Fragwürdigkeit der Exegese von MORITZ, Mystery, der V.29-33 ausschließlich auf die Ehe bezieht, wird durch die Paraphrase, die er S. 146 in A 124 gibt, deutlich: „Perhaps it is best to conclude that the author of Ephesians regarded Gen 2.24 as an exposition of prototypical marriage – representative of the old creation – whereas marriage inspired by the Christ-church relationship constitutes human marriage in its fullness." Man kann aber doch der Ehe in der „alten" Schöpfung die „fullness" nicht einfach absprechen.
[159] BAUER/ALAND, Wb., 1346: „die Erörterung abschließend und das Wesentliche hervorhebend"; vgl. 1Kor 11,11; Phil 3,16; 4,14.
[160] S. die Tabelle o. S. 435f.
[161] Zu den patriarchalischen „Eierschalen" des Textes vgl. SEIM, Minority, 180f.

den.[162] Hier gibt es wieder eine Spannung zwischen zwei metaphorischen Konzepten, dem Konzept vom „Haupt" (Christus) und „Leib" (Kirche), wonach die Frau *als* „Leib" des Mannes geliebt werden soll, und dem Konzept von Lev 19,18, wonach die Männer ihre Frauen so lieben sollen „*wie sich selbst*" (ὡς τὰ ἑαυτῶν σώματα). Hier in V.33a dominiert der Bezug zu Lev 19,18.[163] Das aber bedeutet implizit eine Gleichwertigkeit der Partner.[164] V.33b bricht jedoch aus dieser Schiene wieder aus: „die Frau aber, damit sie den Mann fürchte." Φοβεῖσθαι hat an dieser Stelle die nähere Bedeutung von „respektieren" oder besser noch „achten".[165] Die für Mann und Frau unterschiedliche Terminologie („lieben" vom Mann – „achten" von der Frau) setzt eine Hierarchie voraus, wie ja auch die Liebe der Kinder zu ihren Eltern eine andere ist als die Liebe der Eltern zu ihren Kindern.[166] In der antiken Gesellschaft galt eine analoge Unterscheidung auch für die Ehepartner. Das Verhältnis der Rollen war hierarchisch, aber die emotionale Beziehung galt als symmetrisch. Vertreter eines solchen moderaten Eheverständnisses waren z.B. Plutarch und Musonius Rufus.[167] Das Ideal war die emotionale Bestätigung der institutionellen Moral. In diesem Kontext ist auch die Eheparänese des Eph zu interpretieren, allerdings nicht nur. Durch die christologische Begründung bekommt sie ein eigenes Profil und eine Tiefendimension, die Ansätze zu einer Transformation enthält.

Der erste Teil der Haustafel endet also – nachdem er die Ehe als Bildspender für die Christo-Ekklesiologie vorgestellt hat – bei der Ethik der Familie. Insgesamt ist bei diesem Text aber nicht entscheidbar, was Aussageziel und was Vehikel zum Ziel ist: Geht es um die Ethik oder geht es um das spirituelle Verhältnis von Christus und seiner Kirche? Die allegorisch-spirituelle Dimension des Textes bewahrt die Eheaussagen der Haustafel vor einer konservierenden Ordnungsmoral, und die Haustafelethik bewahrt die Christus-Kirche-Mystik vor einer abgehobenen transmundanen Spekulation. Die Metaphorik und Allegorik dieses Textes ist also rückgekoppelt: Die Bewegung geht von der Ethik zur Mystik und von der Mystik zur Ethik.

---

[162] S.o. zu V.28–30.

[163] Das ὡς σεαυτόν von Lev 19,18 muss hier aus Kontextgründen durch ὡς ἑαυτόν ersetzt werden.

[164] Das generelle Liebesgebot von Lev 19,18 verlangt eine Gleichwertigkeit der Mitmenschen mit der Bewertung der eigenen Person. Im Anderen erkennt der Mensch immer auch sich selbst.

[165] Die selbständige Finalkonstruktion ἵνα φοβῆται variiert den Imperativ (vgl. ἀγαπάτω), entspricht also einem φοβείσθω (BDR § 387,3a mit A 3).

[166] Vgl. 6,1–4. In neuzeitlichem Kontext ist „geachtet werden" (bzw. „achten" [„fürchten"]) sehr viel weniger als „geliebt werden" (bzw. „lieben"). Die Gegenüberstellung von ἀγαπᾶν („lieben" als geforderte intentionale Einstellung des Mannes zu seiner Frau) und φοβεῖσθαι („achten" als geforderte Einstellung der Frau zu ihrem Mann) ist für heutiges Verständnis problematisch.

[167] Dazu ZIMMERMANN, Geschlechtermetaphorik, 339–341. Diese Moral war allerdings durch die Moralpolitik der augusteischen Zeit geprägt.

B. 6,1–4: Kinder und Väter[168]

Kol 3,20–21		Eph 6,1–4
20 <u>τὰ τέκνα, ὑπακούετε τοῖς γονεῦσιν</u> <u>κατὰ πάντα</u>, <u>τοῦτο γὰρ</u> εὐάρεστόν <u>ἐστιν ἐν κυρίῳ</u>.	6,1	<u>τὰ τέκνα, ὑπακούετε τοῖς</u> <u>γονεῦσιν</u> ὑμῶν ἐν κυρίῳ, <u>τοῦτο γὰρ ἐστιν</u> δίκαιον
	2	τίμα τὸν πατέρα σου καὶ τὴν μητέρα, ἥτις ἐστὶν ἐντολὴ πρώτη ἐν ἐπαγγελίᾳ,
	3	ἵνα εὖ σοι γένηται καὶ ἔσῃ μακροχρόνιος ἐπὶ τῆς γῆς.
21 <u>οἱ πατέρες, μὴ</u> ἐρεθίζετε <u>τὰ τέκνα</u> <u>ὑμῶν</u>, ἵνα μὴ ἀθυμῶσιν.	4	καὶ <u>οἱ πατέρες, μὴ</u> παροργίζετε <u>τὰ τέκνα</u> <u>ὑμῶν</u>, ἀλλὰ ἐκτρέφετε αὐτὰ ἐν παιδείᾳ καὶ νουθεσίᾳ κυρίου.

Im zweiten Teil der Haustafel bleibt der Verfasser des Eph näher an seiner Vorlage Kol 3,20f. Es gibt aber fünf Abweichungen: (1.) Die auffälligste ist der Zusatz von Ex 20,12, die Zitierung des Elterngebotes (V.2–3). – (2.) Das ἐν κυρίῳ („im Herrn")[169] wird aus dem Begründungssatz in die Aufforderung vorgezogen und ersetzt dort das κατὰ πάντα („in jeder Hinsicht") der Kol-Fassung. – (3.) Im Begründungssatz wird das nicht mehr passende relationale εὐάρεστον („wohlgefällig") durch das absolute δίκαιον („gerecht") ersetzt. – (4.) Das intensive ἐρεθίζειν („reizen", „quälen") wird durch das neutralere παροργίζειν („erzürnen") ersetzt. Das hängt mit der gewichtigen Änderung im Schlusssatz (V.4b) zusammen. – (5.) Die Intention der Mahnung an die Väter ist in beiden Tafeln jeweils eine andere. Während der Verfasser des Kol vor Schaden in der Erziehung bewahren will, zeigt der des Eph eine Alternative auf: Statt Druck, der nur Zorn[170] oder Depression herausfordert, sind „Bildung" (παιδεία) und Einflussnahme auf Vernunft und Gesinnung (νουθεσία) angebracht.

---

[168] BALLA, Relationship, 165–178; GAMBERONI, Elterngebot; GÄRTNER, Familienerziehung, 32–38; GIELEN, Haustafelethik, 293–300; JENTSCH, Erziehungsdenken; JUNGBAUER, „Ehre Vater und Mutter", 333–354; KREMERS, Stellung; LINCOLN, Use, 37–40; MORITZ, Mystery, 153–177; P. MÜLLER, Mitte, 326–348; OSIEK/BALCH; WICHMANN, Leidenstheologie.

[169] Es fehlt in B D* F G Cyprian Ambrosiaster und wahrscheinlich auch bei Markion. Die Bezeugung für das ἐν κυρίῳ in 6,1 ist etwas besser: p46 ℵ A Dc u.a. Für sie spricht auch die Überlegung: Wenn Abschreiber durch Kol 3,20 veranlasst worden wären, es einzufügen, warum wurde es dann nicht an der entsprechenden Stelle, nämlich am Ende von 6,1, eingetragen? (vgl. LINCOLN, Eph, 395; MORITZ, Mystery, 153 A 3).

[170] Vgl. Prov 30,33: „Druck auf die Milch bringt Butter hervor, Druck auf die Nase bringt Blut hervor, Druck auf den Zorn bringt Streit hervor".

Der Aufbau des Abschnitts ist durchsichtig: Er besteht (wie 5,21–33 und 6,5–9) aus zwei Teilen, den beiden reziproken Mahnungen: der an die Kinder und der an die Väter. Beide Teile bestehen aus einer Aufforderung bzw. Mahnung (V.1a und 4a) und einer Begründung (V.1b und 4,b).[171] Der erste Teil enthält aber noch eine Erweiterung der Begründung: das Zitat des Elterngebotes aus Ex 20,12 in Eph 6,2–3, das in Kol keine Parallele hat. Dieses Zitat wird überdies in V.2b noch durch einen Kommentarsatz des Verfassers unterbrochen (vgl. Eph 4,9f; 5,32).

1 Sowohl in der Rechtsordnung im alten Israel als auch im frühen römischen Recht erstreckte sich die absolute Autorität, die *patria potestas* des *pater familias*, auch auf die erwachsenen Kinder, und zwar bis hin zur Todesstrafe.[172] Die in Kol 3,21 stehende komplementäre Aufforderung an die Väter, die Kinder nicht zu erbittern, „damit sie nicht mutlos werden" (d.h., damit nicht ihr Selbstbewusstsein zerstört wird[173]), hat aber pädagogischen Charakter, so dass zunächst (für Kol) mit jüngeren Kindern zu rechnen ist. Allerdings tritt in der Eph-Parallele (6,4) durch die Wahl eines anderen Verbs dieser pädagogische Aspekt scheinbar zurück, doch die dort vom Verfasser vorgetragene Ersatzaussage ist nicht minder pädagogisch: die Erziehung durch „Bildung und Weisung des Herrn".[174] So ist es wahrscheinlich, dass die Anrede „ihr Kinder" (τὰ τέκνα) im Literarischen verbleibt, insofern (kleinere) Kinder als Adressaten eines solchen Briefes wie der Eph schwerlich in Frage kommen. Da die Gattung nur durch Kol 3,18–4,1 belegt ist (Eph 5,21–6,9 ist literarisch davon abhängig), bleibt eine solche Annahme spekulativ. Die wahren Adressaten sind die Hausherren selbst (denen ja auch die Oikonomia-Literatur in erster Linie gilt[175]). Ὑπακούειν („gehorchen") wird von Kindern und Sklaven gebraucht, nicht aber von Ehefrauen, die sich den Männern lediglich unterzuordnen haben (ὑποτάσσεσθαι).[176] Zu erinnern ist daran, dass in Eph 5,21 ein *gegenseitiges* Unterordnen von Mann und Frau gefordert wird (s.o. z.St.).

Die Reihung Frauen, Kinder, Sklaven ist insofern kompliziert, als die Sklaven als Erwachsene potentielle Einsicht wie Frauen und Hausherren haben, jüngere

---

[171] Während in 5,21–33 das Gewicht auf dem 2. Teil liegt („ihr Männer …"), liegt es in der Kinder- und Sklaventafel auf der Mahnung an die Untergebenen (Kinder bzw. Sklaven), was der genuinen Funktion der Haustafel wohl eher entspricht (vgl. Kol 3,22–25/4,1).
[172] Die z.B. von LINCOLN, Eph, 398–402, vorgetragene eindrückliche Schilderung der rigorosen *patria potestas* gilt für die jeweilige Frühzeit, nicht aber mehr für die Kaiserzeit, wo die *potestas* sich überwiegend nur noch auf finanzielle Rechtsfälle bezog (vgl. E. BUND, KP 4, 545–547).
[173] Vgl. WOLTER, Kol, 201. Diese pädagogische Einstellung findet sich auch bei Plutarch, de lib. educ. 12 (Mor. 8F) und Ps.-Phokylides 207. Zu den unterschiedlichen Standpunkten in der Autoritätsfrage vgl. GIELEN, 146–158.
[174] Dass es im Elterngebot der Tora um „adult children" geht (MORITZ, Mystery, 160), ist unbestritten. Aufgrund von Eph 6,4 schließt MORITZ, 168–171, aber zu Recht, dass hier jüngere Kinder gemeint sein müssen. GÄRTNER, Familienerziehung, 37, vermutet dasselbe aufgrund der Verwendung von ἐκτρέφειν („aufziehen"); ähnlich JUNGBAUER, Ehre Vater und Mutter, 354: im Eph „ausschließlich und dezidiert auf kleine Kinder und Heranwachsende, deren Erziehung noch im Gang ist".
[175] Vgl. die berühmte Aristotelesstelle pol. I 3, 1253b 4–14: s.o. A 15.
[176] Anders aber WOLTER, Kol, 201.

Kinder jedoch (als künftige Freie) rechtlich den Sklaven vorgeordnet sind. So ist denn auch nur die Beziehung der Kinder zu ihren Eltern im Blick. In dieser Beziehung sind Hausherr (Vater) und Ehefrau (Mutter) gleich, so dass von „Eltern" (οἱ γονεῖς: 6,1; Kol 3,20) die Rede ist.[177] Das Elterngebot aus Ex 20,12 bestätigt diese Einschätzung. Der Gehorsam der Kinder gegenüber ihren Eltern wird durch ἐν κυρίῳ („im Herrn")[178] als *christliches* Erfordernis gekennzeichnet.[179] Im Unterschied zu Kol 3,20 bezeichnet der Verfasser des Eph den Gehorsam als δίκαιος („gerecht"). Gerechtigkeit ist eine grundsätzlichere Tugend als die εὐαρέστησις („Wohlgefallen"[180]). Die δικαιοσύνη gehört zu den klassisch-griechischen Kardinaltugenden.[181] Wenn die Beziehung der Kinder zu den Eltern mit dem Wort δίκαιος bezeichnet wird, dann kommt darin die gesellschaftliche Dimension der Ethik in den Blick, wie sie im hebräischen Wort צְדָקָה („Gemeinschaftstreue", meist mit „Gerechtigkeit" übersetzt) angelegt ist. „Gerecht" ist ein Verhalten, das die Gemeinschaft stabilisiert und fördert und – im Falle der Familie – den Frieden des „Hauses" wahrt. Der Gehorsam der Kinder ist dafür notwendig. Die Formulierung aus Kol 3,20 („wohlgefällig im Herrn") ist dem Verfasser des Eph offenbar zu schwach.[182]

2-3 Über seine Vorlage Kol 3,20 hinausgehend und die Aufforderung an die Kinder, gehorsam zu sein, vertiefend, zitiert der Verfasser das Elterngebot, und zwar nach Ex 20,12 LXX, wie das Fehlen von σου, das in Dtn 5,16 LXX steht, zeigt.[183]

Ex 20,12 LXX: τίμα τὸν πατέρα σου καὶ τὴν μητέρα (+ σου: B^c)
Dtn 5,16 LXX: τίμα τὸν πατέρα σου καὶ τὴν μητέρα σου [...]
Eph 6,2-3: τίμα τὸν πατέρα σου καὶ τὴν μητέρα – [+ Kommentarsatz]

Ex 20,12 LXX: ἵνα εὖ σοι γένηται
Dtn 5,16 LXX: ἵνα εὖ σοι γένηται
Eph 6,2-3: ἵνα εὖ σοι γένηται

Ex 20,12 LXX: καὶ ἵνα μακροχρόνιος γένῃ ἐπὶ τῆς γῆς τῆς ἀγαθῆς
Dtn 5,16 LXX: καὶ ἵνα μακροχρόνιος γένῃ ἐπὶ τῆς γῆς
Eph 6,2-3: καὶ ἔσῃ μακροχρόνιος ἐπὶ τῆς γῆς

---

[177] Das gilt auch schon für das Elterngebot in Ex 20,12 (vgl. GAMBERONI, Elterngebot, 173: „Vater und Mutter sind gleichgestellt").
[178] S.o. A 169 (vgl. METZGER, Commentary, 609).
[179] Genauso wird man wohl auch den Gen. κυρίου am Ende von 6,4 zu verstehen haben: JENTSCH, Erziehungsdenken, 193; GÄRTNER, Familienerziehung, 38: Gen. qualitatis.
[180] Im NT begegnen nur das Verb εὐαρεστεῖν, das Adjektiv εὐάρεστος und das Adverb.
[181] Neben φρόνησις („Vernunft"), σωφροσύνη („Besonnenheit") und ἀνδρεία („Tapferkeit"). Im Eph erscheint δικαιοσύνη im Zusammenhang mit ὁσιότης („Frömmigkeit") und ἀλήθεια („Wahrheit"): 4,24 – bzw. mit ἀγαθωσύνη („Güte") und ἀλήθεια: 5,9; vgl. 6,14 (s.o. zu 4,24).
[182] Vgl. GIELEN, 294f; MÜLLER, Mitte, 342f. – MORITZ, Mystery, 171-177, möchte τοῦτο γάρ ἐστιν δίκαιον (6,1b) als Zitateinleitung verstehen. Aber der Satz ist nicht kataphorisch, sondern anaphorisch.
[183] Inhaltlich unterscheidet sich Dtn 5,16 an dieser Stelle jedoch nicht von Ex 20,12. Das in B^c zu Ex 20,12 stehende σου nach μητέρα ist nachträgliche Angleichung an Dtn 5,16. Der masoretische Text von Ex 20,12 enthält im Unterschied zu Dtn 5,16 keine Entsprechung zu ἵνα εὖ σοι γένηται. Vgl. dazu LINCOLN, Use, 37.

Ex 20,12 LXX: ἧς κύριος ὁ θεός σου δίδωσίν σοι
Dtn 5,16 LXX: ἧς κύριος ὁ θεός σου δίδωσίν σοι
Eph 6,2–3: –

Vor den beiden Finalsätzen wird das Zitat unterbrochen, und der Verfasser fügt einen Kommentarsatz ein: Dieses Gebot ist das erste im Dekalog „mit einer Verheißung" (ἐν ἐπαγγελίᾳ), die dann in V.3 (den beiden ἵνα-Sätzen) zitiert wird.[184] Ein solcher Kommentar ist bemerkenswert. Der Verfasser hebt damit einen bestimmten wichtigen Gedanken hervor. Anders als im Fall von 5,32 (wo ebenfalls ein Kommentar vorliegt) handelt es sich in 6,2b (wie in 4,10f) um einen Kommentar zu einem alttestamentlichen Zitat. Während in 4,10f die Intention des Kommentars nicht eindeutig ist, lässt sich die Absicht in 6,2–3 ziemlich genau bestimmen: Das „gerechte Verhalten", das einträchtige Leben der Generationen, fördert die Lebensqualität und damit auch die Lebensquantität (langes Leben). Darin besteht die ἐπαγγελία. Der unausgesprochene Grund für die Verheißung des Gebotes hat etwas mit der Logik des Tun-Ergehens-Zusammenhangs zu tun, lässt sich aber auch rational verstehen: Kinder, die ihre Eltern „ehren" (und das heißt auch: würdigen und pfleglich behandeln), werden einst selber Eltern sein, die dann die gleiche Ehrung und Behandlung von der nächsten Generation erwarten können. Die Ehrung der Eltern ist deshalb ein Akt der „Gerechtigkeit", d.h. ein Akt, der den heilen Zustand der Sippe, der Gesellschaft – auch im Blick auf die Generationenkette – bewahrt und pflegt. Mit der Zitation des Gebotes und insbesondere seiner Verheißung ist freilich der Gedanke des patri- und matriarchalischen Gehorsams (V.1) auf merkwürdige Weise verschoben worden. Zwar kann das Ehren der Eltern noch als Gehorsam gelten, doch die finale Begründung (V.3) geht über die Hierarchisierung der Kompetenzen in der Familie, wie sie der Kol in seiner Haustafel vorstellt, hinaus. Der Verfasser des Eph vertieft also die Forderung der ökonomischen Hierarchie zu einer Gesellschaftsordnung mit Generationenverpflichtung.[185] Das Wort ἐπαγγελία[186] („Verheißung") weist aber auch über die Quantität eines biologisch langen Lebens „auf Erden" noch hinaus. Die Abweichung in V.3b[187] hat Relevanz für die Eschatologie des Eph. Aus dem finalen Konjunktiv ἵνα μακροχρόνιος γένῃ ἐπὶ τῆς γῆς („damit du langlebig wirst auf der Erde") macht der Verfasser eine

---

[184] MORITZ, Mystery, 173f, zählt vier Interpretationen des eingeschobenen Kommentarsatzes auf, von denen er zu Recht nur eine gelten lässt: Das Elterngebot ist numerisch das erste in der Reihe, das (mit dem ἵνα-Satz) eine Verheißung enthält (so auch LINCOLN, Use, 38). Allerdings möchte Moritz das auf den ganzen Pentateuch beziehen – was nicht einleuchtet.

[185] So bereits MITTON, Eph, 213; BALLA, Relationship, 177f. LINCOLN, Use, 39, hält das für eine „modern reinterpretation". KREMERS, Stellung, 159, lehnt die sozialgeschichtliche bzw. soziologische Deutung vollständig ab: Das Elterngebot des Dekalogs ist „ein geistliches Gebot, das eine geistliche Würde der Eltern voraussetzt. Mit dieser Erkenntnis ist die communis opinio der heutigen Alttestamentler, das Elterngebot des Dekalogs sei ein sozial-ethisches Gebot, das nur die alten, nicht mehr arbeitsfähigen Eltern schützen wolle, ad absurdum geführt." Aber hier ist schon die Aufstellung der Alternative falsch.

[186] Vgl. 1,13; 2,12; 3,6.

[187] Statt καὶ ἵνα μακροχρόνιος γένῃ ἐπὶ τῆς γῆς (LXX) schreibt Eph καὶ ἔσῃ μακροχρόνιος ἐπὶ τῆς γῆς.

futurische Aussage: καὶ ἔσῃ μακροχρόνιος ἐπὶ τῆς γῆς („und du wirst langlebig sein auf der Erde").[188] Nach Eph 3,6 bezieht sich die ἐπαγγελία („Verheißung") auf die künftige Teilhabe der Heiden an einer Heilszeit, in der sie mit den Juden durch das Evangelium eine ideale Gemeinschaft bilden. Es geht also nicht nur um die Quantität der individuellen irdischen Lebensspanne, sondern vor allem um eine neue Qualität der Menschheit („damit es dir wohl geht …").[189] Der in LXX an beiden Stellen (Ex 20,12; Dtn 5,16) stehende Relativsatz am Schluss fehlt in Eph, weil γῆ in LXX „Land", für Eph aber „Erde" bedeutet. Der Verfasser des Eph rechnet so mit einem längeren Dasein der Kirche auf Erden und nicht mit einer nahen Parusie, freilich aber auch nicht mit einer eliminierten Zeit.[190]

4 Abschließend (mit καί angeschlossen)[191] erfolgt die komplementäre Ermahnung an die Väter (nicht Eltern). In der Haustafel des Kol werden diese zu Besonnenheit und Milde gegenüber ihren Kindern aufgefordert.[192] Hier im Eph wird die negative Mahnung im Ausdruck abgeschwächt: Das μὴ ἐρεθίζετε[193] („erbittert eure Kinder nicht!") wird durch μὴ παροργίζετε („reizt eure Kinder nicht zum Zorn!") ersetzt. Anders als in Kol 3,21 wird aber eine Alternative genannt: „sondern erzieht sie in Bildung und Weisung des Herrn!" Ἐκτρέφειν bedeutet „nähren", „großziehen", „hegen" und bezieht sich überwiegend auf jüngere Kinder. Das Bedeutungsmoment der „Züchtigung" und „Zucht" ist darin nicht enthalten. Ambivalent ist dagegen die Bedeutung von παιδεία[194]. Diesem Ausdruck liegt der Gedanke der „Formung" und „Ausbildung" zum möglichst vollkommenen Menschen zugrunde. Das schließt allerdings auch „Züchtigung" und Strafe mit ein. Gerade in der hellenistisch-jüdischen Tradition kann παιδεία das Leiden unter Gottes Strafe oder Prüfung bedeuten.[195] Νουθεσία[196] (νουθετεῖν) hat dagegen eine mildere Be-

---

[188] ABBOTT, Eph, 177, meint, ἔσῃ (Futur) stehe hier nach ἵνα, weil εἶναι keinen Aorist Konjunktiv hat. Aber dann hätte der Verfasser doch den LXX-Wortlaut (mit γένῃ) übernehmen können. Wahrscheinlich ist das Futur von εἶναι bewusst gewählt worden, weil der Verfasser eine futurische Eschatologie auch voraussetzt.

[189] Philon, spec. II 261f, deutet die Verheißung des Elterngebotes spirituell auf das ewige Leben. Ein solcher Sinn lässt sich weder dem Toragebot selbst noch Eph 6,3 entnehmen (LINCOLN, Use, 39; MORITZ, Mystery, 175).

[190] Das entspricht in etwa der Eschatologie der Apostelgeschichte (dazu: KÄSEMANN, Ephesians and Acts, 290f).

[191] Ebenso wie 6,9 in der Paränese der Herren.

[192] Es ist nicht erst eine Entdeckung der neuzeitlichen Psychologie, dass autoritäre Willkür in der Erziehung das Selbstbewusstsein der Kinder bricht (s.o. bei A 173).

[193] Die Bedeutung ist vielfältig: „reizen", „herausfordern" (im guten wie im schlechten Sinne), „erbittern", „quälen"; παροργίζειν dagegen hat eher die Bedeutung „wütend machen" (als Aktivum bzw. Kausativum zu ὀργίζεσθαι); dazu G. STÄHLIN, ThWNT 5, 419 Z. 30f.

[194] G. BERTRAM, ThWNT 5, 596–624.

[195] BERTRAM (vorige A), 615–617.620–624; WICHMANN, Leidenstheologie; vgl. Prov 3,11; SapSal 11,9f; 12,22.27; 16,6f; Hebr 12,7; Apk 3,19; 1Clem 56,4. παιδεύειν wird immer von der Züchtigung der Gerechten gebraucht (während für die Bestrafung der Feinde κολάζειν gewählt wird); παιδεία begegnet in LXX 110mal, παιδεύειν 70mal.

[196] Νουθεσία begegnet in LXX nur in SapSal 16,6, im NT noch in 1Kor 10,11 und Tit 3,10.

deutung: „(Zurecht-)Weisung", Einflussnahme auf den νοῦς, auf Vernunft und Gesinnung. Νουθετεῖν (bzw. νουθεσία) und παιδεύειν bzw. παιδεία stehen wie hier auch in SapSal 11,9–10 und PsSal 13,9 zusammen. Im Kontext der Pädagogik der Haustafel hat παιδεία nicht so sehr die Bedeutungskomponente der Erziehung durch Strafleiden, sondern die der Formung und Bildung. Der Gen. (παιδεία καὶ νουθεσία) κυρίου (hier auf den Kyrios Jesus, nicht auf Gott bezogen) ist nicht eindeutig zu bestimmen. Subjekt der Erziehung in Bildung und Weisung ist der menschliche Vater, nicht der Kyrios. Doch der Kyrios könnte *Ursprung* der Bildung und Weisung sein.[197] Am besten aber wird man das Syntagma als einen *Gen. qualitatis*[198] aufzufassen haben (Bildung und Weisung, die durch den Kyrios qualifiziert sind, die dem Kyrios entsprechen).[199] Damit bekommt die Mahnung einen spezifisch christlichen Charakter, der jedoch zugleich offen und allgemein bleibt und viele Konkretionen zulässt.[200]

C. 6,5–9: *Sklaven und Herren*[201]

Kol 3,22–4,1	Eph 6,5–9
22 Οἱ δοῦλοι, ὑπακούετε κατὰ πάντα τοῖς κατὰ σάρκα κυρίοις, μὴ ἐν ὀφθαλμοδουλίᾳ ὡς ἀνθρωπάρεσκοι, ἀλλ᾽ ἐν ἁπλότητι καρδίας φοβούμενοι τὸν κύριον.	5 Οἱ δοῦλοι, ὑπακούετε τοῖς κατὰ σάρκα κυρίοις μετὰ φόβου καὶ τρόμου ἐν ἁπλότητι τῆς καρδίας ὑμῶν ὡς τῷ Χριστῷ,
23 ὃ ἐὰν ποιῆτε, ἐκ ψυχῆς ἐργάζεσθε	6 μὴ κατ᾽ ὀφθαλμοδουλίαν ὡς ἀνθρωπάρεσκοι ἀλλ᾽ ὡς δοῦλοι Χριστοῦ ποιοῦντες τὸ θέλημα τοῦ θεοῦ ἐκ ψυχῆς,

---

[197] Die Wendung παιδεία κυρίου begegnet in diesem Sinne in Dtn 11,2; Prov 3,11 (zitiert in Hebr 12,5); Jes 50,5; vgl. auch SapSal 3,11; Sir 1,27; PsSal 10,3; 18,7. Sie ist dort durchgehend auf Gott als Kyrios bezogen.
[198] Dazu BDR § 165.
[199] Vgl. Schnackenburg, Eph, 268f: „… beide Begriffe werden durch die Beifügung ‚des Herrn' einem höheren Prinzip unterstellt, bei dem die … Weisung des Herrn den Ausschlag gibt"; vgl. auch Gnilka, Eph, 298f.
[200] Jungbauer, „Ehre Vater und Mutter", 345, deutet die in 6,4 akzentuierte Vater-Kind-Relation auf das Verhältnis zwischen Gott und Gemeinde. Das ist aber fraglich. Dass hier statt von „Eltern" (so im atl. Elterngebot) vom „Vater" die Rede ist, ergibt sich aus dem Haustafelschema (vgl. Kol 3,20). Dass „Gott selbst der Hausvater schlechthin" sei (ebd.), hat keinen Anhalt im Text der Haustafel des Eph. Παιδεία καὶ νουθεσία κυρίου in V.4 bezieht sich auf den Kyrios Christus (s.o. bei A 198f).
[201] Ade, Sklaverei; Alföldy, Sklaverei; Amstutz, ἁπλότης; Arzt-Grabner, Philemon, 83–108; Barclay, Slave-Ownership; Bartchy, ΜΑΛΛΟΝ ΧΡΗΣΑΙ; Gayer, Sklaven; Gülzow, Sklaverei; Klees, Sklaven; Lampe, Philemon, 201–232; Laub, Sklaverei; Schöllgen; Standhartinger; Wiedemann, Slavery; Wolter, Kol, 202–208. – Eine kleine, aber repräsentative Auswahl der unendlichen Lit. zum Thema gibt Arzt-Grabner, Phlm, 85, A 155.

ὡς τῷ κυρίῳ καὶ οὐκ ἀνθρώποις,

24 εἰδότες ὅτι ἀπὸ κυρίου ἀπολήμψεσθε

τὴν ἀνταπόδοσιν τῆς κληρονομίας.

τῷ κυρίῳ Χριστῷ δουλεύετε·
25 ὁ γὰρ ἀδικῶν κομίσεται ὃ ἠδίκησεν,
καὶ οὐκ ἔστιν προσωπολημψία.
4,1 Οἱ κύριοι, τὸ δίκαιον καὶ τὴν ἰσότητα

τοῖς δούλοις παρέχεσθε,
εἰδότες ὅτι καὶ ὑμεῖς ἔχετε κύριον

ἐν οὐρανῷ.

7 μετ' εὐνοίας δουλεύοντες
ὡς τῷ κυρίῳ καὶ οὐκ
ἀνθρώποις,
8 εἰδότες ὅτι ἕκαστος ἐάν τι
ποιήσῃ
ἀγαθόν,
τοῦτο κομίσεται παρὰ κυρίου
εἴτε δοῦλος εἴτε ἐλεύθερος.

9 καὶ οἱ κύριοι, τὰ αὐτὰ ποιεῖτε
πρὸς
αὐτούς, ἀνιέντες τὴν ἀπειλήν,
εἰδότες ὅτι καὶ αὐτῶν καὶ ὑμῶν
ὁ κύριός
ἐστιν ἐν οὐρανοῖς
καὶ προσωπολημψία οὐκ ἔστιν
παρ' αὐτῷ.

Im Kol nimmt die Sklaventafel den breitesten Raum ein (ca. 10 Nestle-Zeilen – während die Ehe- und die Kindertafel dort jeweils nur 2,5 Zeilen beanspruchen).[202] Eph 6,5–9 enthält gegenüber Kol 3,22–4,1 quantitativ nur wenig mehr an Text, weicht aber an mehreren Stellen in Wortlaut und Satzstellung ab: (1.) Eph lässt κατὰ πάντα (Kol 3,22) aus (vgl. Eph 6,1/Kol 3,20). (2.) Eph stellt gegen Kol 3,22b die positive Aussage (V.5b) der negativen (V.6a) voran. (3.) Die Wendung „den Herrn fürchten" (auf Christus bezogen) wird bei Eph zu „mit Furcht und Zittern", bezogen auf den weltlichen Herrn. Im Nachsatz erst wird das mit der Christusbeziehung verglichen (ὡς τῷ Χριστῷ). (4.) Der Dienst für den Sklavenherrn soll bereitwillig geschehen (μετ' εὐνοίας) wie der Dienst am Herrn Christus (und nicht nur wie Dienst für einen Menschen). Das ist eine Steigerung von Kol 3,23. (5.) Die Aussage vom Empfang der Gegengabe, die im Erbe besteht (Kol 3,24), wird in Eph 6,8 auf das „Gute" bezogen, das zugleich die ethisch gute Tat oder Einstellung und der Lohn dafür ist. (6.) Damit ist die Aussage von der negativen Vergeltung (Kol 3,25: wer Unrecht tut, empfängt Vergeltung entsprechend seiner Untat) eliminiert. Eph tendiert in seiner Haustafel zur positiven Paränese.[203] (7.) Dem entspricht auch die Mahnung an die Sklavenherren. Für sie gilt das Gleiche: Auch

---

[202] „… es legt sich die Vermutung nahe, daß Onesimus der äußere Anlaß dazu war, daß der Verfasser des Kolosserbriefes den Sklaven seine besondere Aufmerksamkeit schenkte. Die Haustafel war ihm wichtig um der Sklavenfrage willen; aber die besonderen Verhältnisse in Kolossae ließen es ihm geboten erscheinen, diese Frage nicht als allzu wichtig hinzustellen, sondern sie mit anderen zu verbinden; dafür gab eine überkommene Tradition seiner Rede Form und Stoff" (GÜLZOW, Sklaverei, 64, unter Verweis auf LIGHTFOOT, Kol, 229; EWALD, Kol, 434, und vor allem LOHMEYER, Kol, 155). Vgl. die radikalere Form einer ähnlichen Vermutung bei STANDHARTINGER (s.u. A 16).

[203] „Der Lohngedanke wird also nur auf die guten, nicht auf die bösen Taten bezogen" (GÜLZOW, Sklaverei, 66).

sie sind dem himmlischen Herrn unterstellt und empfangen von ihm Lohn.[204] Deshalb sollen sie das „Drohen" lassen. Hier zeigt sich die gleiche Tendenz zur Milde wie in der Kindertafel des Eph.

Der Aufbau der Sklaventafel entspricht den beiden vorangehenden Tafeln: Mahnung an die Abhängigen (Frau, Kinder, Sklaven) – Mahnung an den Mann (als Ehemann, Vater, Hausherrn). Wie in der Kindertafel (aber anders als in der Ehetafel) ist die Mahnung an den Hausherrn kürzer gehalten. Die Sklavenmahnung besteht aus einem Imperativ (V.5–6a) und drei Partizipialsätzen (V.6b–8: ποιοῦντες – δουλεύοντες – εἰδότες). Auf jede der beiden Mahnungen (V.5–7 und V.9a) folgt auch hier eine Begründung (V.8 und V.9b), jeweils mit εἰδότες ὅτι eingeleitet („weil ihr wisst, dass ..."). Das ist aus Kol 3,24 und 4,1 übernommen. Vor dieser Begründung steht in der Sklaventafel aber noch eine ausführliche Explikation mit einer vorangestellten positiven Mahnung („mit Furcht und Zittern in Lauterkeit eures Herzens ...") und zwei chiastisch angeordneten „Nicht ..., sondern ..."-Sätzen (V.6 und V.7):

„*Nicht mit* Augendienerei wie Menschen, die sich anbiedern,
sondern als Sklaven Christi,
...
mit Bereitwilligkeit dienend, als ob (sie) dem Herrn (dienten)
und nicht Menschen."

Zwischen diesen beiden Sätzen steht als Achse ein Partizipialsatz: „den Willen Gottes von Herzen tuend" (ποιοῦντες τὸ θέλημα τοῦ θεοῦ ἐκ ψυχῆς). Nur an dieser Stelle in der ganzen Haustafel erscheint der Name „Gott".[205]

5 Anrede und Aufforderung entsprechen formal der vorangegangenen Mahnung. Die Sklaven sollen (wie zuvor auch von den Kindern verlangt) „gehorchen" (ὑπακούετε τοῖς ...), und zwar ihren weltlichen[206] Herren. Während in der Kindertafel die Aufforderung zum Gehorsam gegenüber den Vätern (samt ihrer Begründung: „denn das ist gerecht") lediglich durch das Elterngebot expliziert wird, folgen hier konkrete Anweisungen: „mit Furcht und Zittern, in Lauterkeit eures Herzens". Die Spitze des Satzes liegt aber in dem ὡς τῷ Χριστῷ: „Gehorcht euren weltlichen Herren ... *als ob (ihr) Christus (gehorchtet)*". Die Wendung „Furcht und Zittern"

---

[204] Das setzt voraus, dass es um Sklaven von *christlichen* Herren geht (GÜLZOW, Sklaverei, 66). Die Haustafel des Eph setzt im ganzen christliche Haushalte voraus (BEST, Haustafel, 191).
[205] Beide Fassungen der Haustafel (die in Kol und die in Eph) beziehen sich ausschließlich auf den Kyrios Christus. Auch wenn es in Kol 3,22 („... den Herrn fürchtend") und in V.23 (Gegenüberstellung von „... dem Herrn und nicht Menschen") den Anschein haben könnte, als sei „Kyrios" hier Gottesbezeichnung (wie oft in LXX), stellt V.24b („dem Herrn Christus dient!") klar, dass *Christus* als Herr gemeint ist. „Der Verf. überträgt hier das atl.-jüdische Motiv der Gottesfurcht (...) auf den erhöhten Herrn" (WOLTER, Kol, 204 – mit Hinweis auf 2Kor 5,11); zu Eph 6,9 s.u. z. St.
[206] Κατὰ σάρκα bezeichnet den natürlichen, menschlichen Bereich.

(φόβος καὶ τρόμος) entstammt der LXX.[207] Das Motiv der Furcht begegnet schon in der Oberzeile der Eph-Haustafel („ordnet euch einander unter in der *Furcht Christi*").[208] Es ist veranlasst durch Kol 3,22 (φοβούμενοι τὸν κύριον). Nur vordergründig geht es um „Furcht und Zittern" vor dem Hausherrn. Letztlich geht es um den Gehorsam gegenüber Christus („als ob ihr Christus gehorcht": 6,5b). Das schließt freilich den Gehorsam gegenüber dem Hausherrn als Sklavenhalter ein, ja, es erfüllt sich gerade in der Loyalität gegenüber ihm. Anders als in 1Kor 7 und im Phlm, wo Paulus immerhin mit der Möglichkeit einer Freilassung von christlichen Sklaven rechnet,[209] geht es in den Haustafeln auch um eine Form von christlicher Legitimierung der patriarchalischen Gesellschaftsstruktur.[210] Es ist ja auffällig, dass im Kol die Sklavenermahnung den ausführlichsten Teil der ganzen Haustafel darstellt – wobei die Ermahnung der Hausherren (Kol 4,1) wieder ähnlich kurz ist wie die der Väter (V.21). Bezeichnend für die ordnungsregulierende Tendenz ist das generalisierende κατὰ πάντα (Kol 3,22). Wohl nicht zufällig lässt Eph dieses Element aus. Das entspricht seiner schon zu 6,1-4 beobachteten Tendenz,[211] positive Aussagen zu bevorzugen bzw. negative Mahnungen mit positiven Alternativen zu ergänzen. Möglicherweise will er aber auch einen absoluten und ausnahmslosen Gehorsam ausschließen.[212] Der geforderte Gehorsam wird weiter beschrieben: „in Lauterkeit eures Herzens". Das ist Wiedergabe von

---

[207] Gen 9,2; Ex 15,16; Dtn 2,25 u.ö.; im NT: 1Kor 2,3; 2Kor 7,15; Phil 2,12; außerbiblisch: Aristonicus Gramm., De signis Iliadis XVIII, 237.
[208] S.o. zu 5,21.
[209] Vgl. die Ergebnisse bei BARTCHY, ΜΑΛΛΟΝ ΧΡΗΣΑΙ, 114-120.173-183.
[210] BARCLAY, Slave-Ownership, 185, spricht hier von „love-patriarchalism", was in Hinsicht auf Eph 6,(5–)9 eher zutrifft als auf Kol (3,22–)4,1. STANDHARTINGER, 273-276, sieht die Intention der Haustafel des Kol in der Apologetik: „Die ‚Haustafel' versucht ..., die Gemeinden des Paulus von dem Verdacht zu befreien, daß in ihrem Innern die Verkehrung der hierarchischen sozialen Ordnung praktiziert wird. Es soll uneingeweihten Leserinnen und Lesern demonstriert werden, daß ‚im Herrn' die sozialen Verhältnisse gewahrt bleiben." In Wahrheit aber sei die Haustafel „eine Art Deckschrift" (274). „Für die Gemeindeglieder geben die Verf. dabei versteckt eine Reihe von Hinweisen, die Haustafel gegen den Strich zu lesen" (275; vgl. o. bei A 34-36). Diese Exegese erscheint jedoch etwas abenteuerlich (ganz davon abgesehen, dass Standhartinger mit einer Mehrzahl von Verfasserinnen und Verfassern des Kol rechnet). Ein wesentliches Indiz sieht sie in dem Begriff ἰσότης, den sie im Sinne politischer Befreiung versteht (und den der konservativere Verfasser des Eph folglich ausgelassen habe). Das aber ist nicht nur anachronistisch, sondern es wäre für eine „Deckschrift" auch höchst kontraproduktiv: ἰσότης ist (neben τὸ δίκαιον) ein juristischer Terminus, der die formale Rechtsgleichheit, nicht aber gleiche Rechte meint: Wenn ein Freier seine ihm (nach antiker Wertvorstellung) zustehenden Rechte überschreitet, wird er genauso verurteilt wie ein Sklave, der *seine* ihm zugestandenen Rechte (die sich von denen des Freien unterscheiden) überschreitet. Da gibt es kein Ansehen der Person. – Der Begriff ἰσότης begegnet in der Antike am häufigsten bei Philon (86mal), gefolgt von Aristoteles (74mal), Plotin (33mal) und Platon (32mal). Zu Philon, her. 141-206, vgl. GEORGI, Der Armen zu gedenken, 97f. Bei Philon garantiert die ἰσότης (als „Amme" der δικαιοσύνη) den Bestand und das Gleichgewicht des Kosmos. Dabei geht es um Gleichheit der *Proportionen*.
[211] S.o. bei A 193f.
[212] OSIEK/BALCH, Families, 120, verweisen bezüglich des Gehorsams κατὰ πάντα („in jeder Hinsicht") auf die sexuelle Verfügungsgewalt der Herren über ihre Sklaven (Sklavinnen). Möglicherweise hat der Verfasser des Eph solche Fälle ausschließen wollen und deshalb das κατὰ πάντα fortgelassen.

Kol 3,22; ἁπλότης (wörtlich: „Einfalt") ist Substantiv von ἁπλοῦς („einfach"). Die deutsche Übersetzung gibt nicht wieder, dass es sich um einen metaphysischen Begriff handelt: Dieser hängt mit dem Thema der „Eins-heit" und „Vielheit" zusammen. Ἁπλοῦς bzw. ἁπλότης steht (als „Einheit" und „Ganzheit") im Gegensatz zur „Vielheit", dem „Zusammengesetzten" und „Gemischten".[213] Der Begriff spielt in der Theologie Philons eine große Rolle[214], geht aber in seiner metaphysischen Bedeutung auf Platon und Aristoteles zurück. Im NT[215] ist er grundsätzlich ethisch gebraucht, lässt aber die metaphysische Deutung durchklingen; ἐν ἁπλότητι καρδίας[216] begegnet wörtlich in 1Chr 29,17; SapSal 1,1; TestRub 4,1; TestIss 3,8; 4,1. Im hellenistischen Bereich findet sich stattdessen gelegentlich ἁπλότης τῆς ψυχῆς („Einfalt der Seele").[217] Ähnlich konkret wie ἁπλότης καρδίας („Einfalt des Herzens") ist ἁπλότης τῶν ὀφθαλμῶν („Einfalt des Blicks" = Neidlosigkeit).[218] Was in der Ontologie (und Theologie) die „Einsheit" ist, ist in der Ethik die „Einfalt".[219] Der Dienst des Sklaven für den Hausherrn soll so geschehen, als würde er für Christus ausgeübt. Die Partikel ὡς hat hier aber nicht die prädikative Funktion wie in 5,1.28.[220] Das ὡς τῷ Χριστῷ bezieht sich vielmehr auf die Umstandsbestimmung „mit Furcht und Zittern, in Lauterkeit eures Herzens".

6 Was damit gemeint ist, wird in V.6 mit einer „Nicht ..., sondern"-Formulierung ausgeführt: „nicht mit Augendienerei *wie* Leute, die Menschen gefallen wollen, sondern *als*[221] Sklaven Christi". Der Sklavendienst wird damit nicht nur als faktisch gegebene Institution akzeptiert, sondern er wird überhöht – wobei diese Überhöhung ambivalent ist: Einerseits wird vom christlichen Sklaven eine gewissenhafte und verantwortete Ausübung seines Dienstes erwartet, zugleich aber wird er an einen übergeordneten Herrn verwiesen, dem alle Christen (auch die Hausherren)[222] unterstellt sind (vgl. V.9). Damit wird die Pflicht des Sklaven aber in

---

[213] Vgl. o. S. 313–315 zum Motiv der „Einheit".
[214] Deus 82; plant. 112; ebr. 162; migr. 153; somn. I 8; spec. I 300; cont. 82; Flacc. 12; legat. 36; QG I 77; vgl. AMSTUTZ, ἁπλότης, 52–60. Wenn Amstutz behauptet: „Von ἁπλότης ist in all diesen Texten nicht die Rede; es wird ausschließlich das Adjektiv gebraucht" (S. 59 A 118), so trifft das nicht ganz zu: vgl. opif. 156; 170; Mos. I 172.
[215] Mt 6,22/Lk 11,34; Röm 12,8; 2Kor 1,12; 8,2; 9,11.13; 11,3; Kol 3,22.
[216] So in Kol 3,22; in Eph 6,5 fehlt der Artikel; ℵ und einige Minuskeln lassen ihn dort fort.
[217] TestSim 4,5; Diod.Sic., bibl. hist. V 66,4; Clem.Alex., paed. I 5,14,5.
[218] TestIss 3,4; 4,6; vgl. Mt 6,22/Lk 11,34 (vgl. Mt 20,15: ὀφθαλμός ... πονηρός); vgl. Platon, Tim. 29e (in einem „Guten" findet sich keine Missgunst); Phaidr. 247a: „Neid ausgeschlossen aus dem göttlichen Chor" – ein Wort, das Philon mehrfach zitiert: z.B. prob. 13; spec. II 249; QG I 55.
[219] In der deutschen Sprache hat das Wort eine negative Bedeutung bekommen, die ihm ursprünglich nicht zugrunde liegt (vgl. das „geflügelte Wort" von Johann Joachim Winckelmann: „edle Einfalt und stille Größe"). Um Missverständnisse zu vermeiden, wird ἁπλότης hier mit „Lauterkeit" übersetzt.
[220] S.o. A 2 zu 5,1. – Das würde ja heißen, die Sklaven sollten dem Hausherrn als Christus (oder: als Abbild Christi) gehorchen.
[221] Das erste ὡς muss mit „wie" übersetzt werden, das zweite aber besser mit „als".
[222] Beide Haustafeln setzen christliche Haushalte voraus (z.B. BEST, Haustafel, 191).

nichts zurückgenommen.²²³ Das Wort ὀφθαλμοδουλία ist nur an unseren beiden Stellen belegt und könnte ein Neologismus des Verfassers von Kol sein.²²⁴ Ἀνθρωπάρεσκος (ἀνθρωπαρέσκειν) begegnet ψ 52,6; PsSal 4 t.1; 4,7.8.19; IgnRöm 2,1,²²⁵ 2Clem 13,1. Der von IgnRöm 2,1 gebildete Gegensatz („..., sondern Gott gefallen") ist in Kol 3,22 und Eph 6,6 impliziert und kommt dann – christologisch gewendet – in Kol V.23 und Eph V.7 („... als dem Herrn und nicht Menschen") zum Ausdruck. In V.6 bildet ὡς δοῦλοι Χριστοῦ („als Sklaven Christi") die entscheidende Aussage: Der Dienst der Hausklaven ist in erster Linie Christusdienst und soll weder geschehen, um Anerkennung und Lob zu erheischen, noch um Menschen zu schmeicheln. Die Sklaven sollen vielmehr in ihrem Dienst „den Willen Gottes tun aus Überzeugung".²²⁶ Die Erwähnung des *Gottes*willens (τὸ θέλημα τοῦ θεοῦ²²⁷) in Eph 6,6 ist innerhalb der beiden Haustafeln von Kol und Eph einmalig (die Instanz ist hier sonst durchweg der Kyrios Jesus). Die gleiche Wendung erscheint jedoch auch in der Haustafel von 1Petr (2,13-19; 3,1-7) in 2,15. Die Sklaven sollen den Willen Gottes erfüllen ἐκ ψυχῆς, d.h. aus reiner und aufrichtiger Gesinnung. Die Wendung ἐκ ψυχῆς steht an zwei Stellen der hellenistisch-jüdischen Literatur im Zusammenhang mit dem Stichwort ἁπλόος (ἁπλοῦς – s.o. zu V.5): πᾶσιν δ' ἁπλόος ἴσθι, τὰ δ' ἐκ ψυχῆς ἀγόρευε („Sei allen aufrichtig, rede aus der Seele!": Ps.-Phokylides 50; Sib II 122²²⁸). Übertragen auf unsere Stelle heißt das: Die Sklaven sollen nicht heucheln und schmeicheln.

7 Die Sklaven sollen „ihren Dienst ausüben als (Dienst) für den Kyrios und nicht für Menschen". Die Instanz für die Beurteilung des Sklavendienstes ist nicht der Hausherr, sondern der Kyrios Christus. Der Dienst soll mit „mit gutem Willen" / „bereitwillig" (μετ' εὐνοίας) geschehen. Das Lexem εὔνοια erscheint in der griechischen Literatur seit den Tragikern äußerst häufig, im 1. Jh. n.Chr. allein ca. 600mal,²²⁹ ist jedoch überraschenderweise Hapaxleg. im Neuen Testament.²³⁰ Es hat eine doppelte Bedeutung: Es kann „Wohlwollen", „Gunst" bedeuten,²³¹ aber auch „Bereitwilligkeit", „Eifrigkeit" (so hier). – Die Mahnungen zum bereitwilligen, gehorsamen und ehrlichen Dienst der Hausklaven sind natürlich patriarchalisch. In der Regel waren Hausklaven jedoch relativ gut versorgt und konnten sich für ihre Herrschaften als unentbehrliche Helfer und Vertrauenspersonen

---

[223] Vgl. WOLTER, Kol, 202-204.
[224] BAUER/ALAND, Wb., 1212, verweisen auf das *oneirocriticon* von Achmes (christl. überarbeiteter Profantext aus dem 10. Jh.), wo von einem Sklaven ein κατ' ὀφθαλμὸν δουλεύειν ausgesagt wird.
[225] Mit dem Gegensatz: ἀλλὰ θεῷ ἀρέσαι.
[226] Ἐκ ψυχῆς – wörtlich: „aus (der) Seele".
[227] 1Esr 8,16; TestIss 4,3; TestNaph 3,1; Philon LA III 197; NT: 20 mal; die Wendung findet sich auch in den Qumranschriften (z.B. 1QS IX 13: לַעֲשׂוֹת אֶת רְצוֹן אֵל).
[228] Sib II 122 steht anstelle des δ' ein τ'; in der Überlieferung werden jedoch beide Partikeln oft vermischt (vgl. dazu BDR § 443; BAUER/ALAND, Wb., 1610f).
[229] Überwiegend aber in der Bedeutung „Wohlwollen" (z.B. μετ' εὐνοίας in Platon, Phaidr. 241c; Sir, Prolog Z.16).
[230] Es begegnet immerhin 18mal in LXX und 74mal bei Philon.
[231] S.o. A 229.

erweisen. Es gab nicht selten Freundschaften zwischen dem Herrn und seinem Sklaven[232] (freilich häufig auch erniedrigende Abhängigkeitsverhältnisse).[233]

8 Mit einem Partizipialsatz („wissend, dass …") wird eine Begründung für die Mahnungen von V.5-7 angefügt. Dieser V.8 entspricht in der Funktion Kol 3,24-25, unterscheidet sich jedoch (abgesehen vom Syntagma εἰδότες ὅτι) im Wortlaut fast vollständig von der Kol-Vorlage. In dieser wird eine doppelte Vergeltung zum Ausdruck gebracht: (1.) „Vom Herrn werdet ihr die Gegengabe empfangen, die in der Erbschaft besteht" (Kol 3,24).[234] (2.) „Wer … unrecht handelt, wird empfangen (κομίσεται), was er Unrechtes tat" (Kol 3,25a).[235] Der Verfasser des Eph spricht dagegen nur von der positiven Seite: „Jeder, wenn er etwas Gutes tut, wird dies vom Herrn empfangen (κομίσεται[236])". Das aber gilt für den Sklaven genauso wie für den Freien. Dem Verfasser des Eph liegt vor allem auch daran, den Standesunterschied auf einer höheren Ebene aufzuheben. Die Aufzählung mit εἴτε … εἴτε … erscheint in den genuinen Paulusbriefen auffallend häufig.[237] Die Wendung „sei er Sklave, sei er Freier" (Eph 6,8c) findet sich aber im Kol nicht. Eph könnte am wahrscheinlichsten 1Kor 12,13 als indirektes Vorbild gebraucht haben, obgleich dort der Plural steht und ein zweites Paar aus Gal 3,28 erscheint: „seien es Juden, seien es Griechen". Der Verfasser des Eph sieht die Gleichheit der Menschen in ihrer durch Christus ermöglichten Gottesbeziehung,[238] muss aber die unterschiedlichen Rollen und Funktionen im Alltagsleben berücksichtigen.

9 Wie schon die Vätermahnung (Eph 6,4) besteht auch die Mahnung an die Hausherren nur aus einem Satz. Dieser setzt sich aus einem Imperativ und zwei Partizipialsätzen (ἀνιέντες … – εἰδότες …) zusammen, wobei der zweite Partizipial-

---

[232] Dazu: BARTCHY, ΜΑΛΛΟΝ ΧΡΗΣΑΙ, 62-87. Zu den Tätigkeiten der Sklaven (und insbesondere der Hausklaven) s. ARZT-GRABNER, Philemon, 96-101, und die dort genannte Lit.
[233] Petronius, Satyrica; s. auch o. A 213. – Völlig anders als in den Haustafeln von Kol und Eph ist die Sklavenermahnung in 1Petr 2,18-25: Dem Vorbild der Leiden Christi gemäß und deshalb erstrebenswert ist es, wenn jemand Unrecht leidet unter tyrannischen Herren, denn „das ist Gnade bei Gott". Entsprechend fehlt dort auch eine Ermahnung an die Herren. Letzteres scheint heidnische Herren mit christlichen Sklaven vorauszusetzen.
[234] Gen. appositivus bzw. Gen. des Inhalts (BDR § 167,2). Zum Inhalt der Aussage s. WOLTER, Kol, 205.
[235] Diesem Satz liegt der weisheitliche „Tun-Ergehen-Zusammenhang" zugrunde (vgl. WOLTER, Kol, 206).
[236] Das Lexem κομίζεσθαι (Medium: „erhalten", „bekommen") ist seit Homer und Hesiod bis ins 6. Jh. n. Chr. außerordentlich häufig belegt.
[237] An 20 Stellen.
[238] ADE, Sklaverei, geht im Anschluss an Philon von drei „Kategorien" von Freiheit aus: (1.) der „paradoxen" (Philon: prob.; Paulus: 1Kor 7,20-24), wonach man gerade als Sklave im stoischen oder theologischen Sinne frei sein kann; (2.) der „kommunitären" (Philon: prob. 75-91 [über die Essener]; cont. [über die Therapeuten]; Paulus: Phlm), wonach Freiheit innerhalb einer abgeschlossenen Gesellschaft möglich ist; und (3.) der „messianisch-utopischen" (Philon: praem. 79ff, bes. 95-97.168; Paulus: Gal 3,28). Der jeweilige Sklavenabschnitt in den beiden Haustafeln würde allenfalls der ersten Kategorie zugehören.

satz (εἰδότες ὅτι …) die Begründung bildet. Der Imperativsatz setzt die Reihe der Anreden fort: αἱ γυναῖκες („ihr Frauen …") – οἱ ἄνδρες („ihr Männer …") – τὰ τέκνα („ihr Kinder …") – καὶ[239] οἱ πατέρες („und ihr Väter …") – οἱ δοῦλοι („ihr Sklaven …") – καὶ οἱ κύριοι („und ihr Herren …"). Beim Imperativ „dasselbe tut an ihnen …!" bleibt auf den ersten Blick unklar, worauf sich das pauschale τὰ αὐτά („dasselbe") bezieht. Entweder könnte damit das in der Parallelstelle Kol 4,1 stehende „gewährt den Sklaven das, was gerecht ist, und die [Rechts-]Gleichheit!" summarisch wiedergegeben sein, oder aber es geht allgemeiner darum, dass Hausherren wie Sklaven den gleichen Herrn (Christus) haben und deshalb in gegenseitiger Achtung und Solidarität kommunizieren sollen. Die Fortsetzung (V.9b: „[und] unterlasst das Drohen!") spricht für die zweite Möglichkeit.[240] ἀπειλή und das entsprechende Verb sind seit Homer gebräuchlich, häufig dann bei Philon, Josephus und Plutarch, im NT jedoch selten.[241] Die von den Herren verlangte Mäßigung im Umgang mit ihren Sklaven hat ein Vorbild bei Seneca, *de ira* III 24,2 und 32,4.[242] Die Wendung ποιεῖν (τι) mit der Präposition πρός (τινα) – „tut dasselbe an ihnen" – begegnet selten, findet sich aber gelegentlich in LXX.[243] Im NT gibt es sie nur noch in Mt 26,18.[244] Πρός + Akk. kann auch eine nicht zielgerichtete Relation („bei", „gemäß", „angesichts", „an") bedeuten,[245] ähnlich wie die hebräische Präposition אֶת־, die eine lokale Nähe angibt. In V.9b folgt die Begründung, wie in V.8 mit dem Partizip εἰδότες und folgendem ὅτι („wissend, dass …") eingeleitet. Die „Herren" sollen bedenken, dass sie im Himmel[246] den gleichen „Herrn" wie die Sklaven haben. In Hinsicht auf diese religiöse Instanz sind sie beide gleichgestellt. In Hinsicht auf ihre Funktion unterscheiden sie sich. Dass die christlichen Sklavenhalter den gleichen „Herrn" (Christus) haben wie ihre Sklaven, ist das eigentliche Motiv der Mahnung, ohne Druck und Aggression gegenüber den Sklaven aufzutreten. Es folgt parataktisch angefügt noch eine weitere Bestimmung: Beim himmlischen Kyrios gibt es „kein Ansehen der Person", d.h. keine Bevorzugung aufgrund von Rang, Stand, Freundschaft oder Verwandtschaft. Der Verfasser hat diese Bestimmung gegenüber Kol nach hinten verschoben. In Kol steht sie beim Satz über die Entsprechung von Tun und Ergehen, der noch an die Sklaven gerichtet ist (Kol 3,25). Eph verschiebt sie in die Mahnung an die Herren. Dorthin passt sie besser.

---

[239] Im Kol fehlt καί ganz in den Anreden.
[240] So z.B. auch SCHNACKENBURG, Eph, 270f; LINCOLN, Eph, 423. Unwahrscheinlich ist eine Bezugnahme auf εὔνοια in V.7 (gegen BENGEL, Gnomon, 775, und EWALD, Eph, 246).
[241] Nur Apg 4,29; 9,1 (und Apg 4,17; 1Petr 2,23 das Verb).
[242] Zitiert (in englischer Übersetzung) bei WIEDEMANN, Slavery, 179f; vgl. LINCOLN, Eph, 423.
[243] Gen 24,49; Ex 23,33; Dtn 20,12.20; Jos 23,12; Jdt 7,1; Sach 7,9. Dabei kann die Präposition πρός (in Bezug auf Personen) nicht nur eine Gegnerschaft bezeichnen, sondern auch lediglich eine wertfreie Relation („in Bezug auf …").
[244] Πρὸς σὲ (bei dir) ποιῶ τὸ πάσχα. Vgl aber auch Lk 12,47 (ποιήσας πρὸς τὸ θέλημα).
[245] BDR § 239.
[246] Im Eph immer im Plural (1,10; 3,15; 4,10; 6,9); vgl. ἐν τοῖς ἐπουρανίοις (1,3.20; 2,6; 3,10; 6,12).

Abschließend mag man fragen, warum die Einsichten des Verfassers des Eph (oder des Verfassers des Kol) nicht dazu führten, wenigstens unter Christen die Sklaverei abzuschaffen. Aber die institutionelle Abschaffung der Sklaverei ist in der Antike nicht einmal den Sklaven selber in den Sinn gekommen. Zumindest die Hausklaven waren versorgt, und Probleme entstanden überwiegend nur bezüglich der Charakterzüge des jeweiligen Herrn. Eine Freilassung war nur wünschenswert, wenn der Sklave von seinem Herrn das Kapital zur selbständigen Existenzgründung erhielt, was eher eine Ausnahme blieb. Es gab freilich philosophische und religiöse Gemeinschaften, die die Sklaverei ablehnten (so z.B. die Essener und die von Philon noch mehr gelobten Therapeuten).[247] Diese Kommunitäten[248] hatten jedoch rigorose und hierarchische Disziplinarordnungen, die für modernes Verständnis die Freiheit meist stärker einschränkten als die meisten Hausherren. Die Haustafeln des Kol und Eph versuchen, den Missbrauch der besonders damals unvermeidlichen Hierarchien durch das spezifisch christliche Ethos der Liebe (vgl. Eph 5,1-2) in pragmatischer Weise einzuschränken.

III. 6,10–20: Schlussmahnungen (Die Peroratio)

(10) **Schließlich: Werdet ermächtigt im Herrn und in der Kraft seiner Stärke!**
(11) **Zieht an die Waffenrüstung Gottes, damit ihr widerstehen könnt den Ränken des Teufels!**
(12) Denn unser Kampf geht nicht gegen Blut und Fleisch, sondern gegen die Herrschermächte, gegen die Gewalten, gegen die Weltherrscher dieser Finsternis, gegen die Geister der Bosheit in den höchsten Himmeln.
(13) Deshalb nehmt auf die Waffenrüstung Gottes, damit ihr am bösen Tag standhalten und, nachdem ihr alles ausgeführt habt, Bestand habt!
(14) Seid also standhaft, eure Hüften umgürtet mit Wahrheit und bekleidet mit dem Panzer der Gerechtigkeit,
(15) und die Füße beschuht mit Bereitschaft zur Verkündigung des Friedens,
(16) bei allem nehmt auf den Schild des Glaubens, mit dem ihr alle brennenden Pfeile des Bösen löschen könnt!
(17) Und den Helm der Rettung empfangt und das Schwert des Geistes, das ist das Wort Gottes!
(18) Mit jedem Gebet und Bitten betet zu jeder Zeit im Geist, und hierzu wacht mit aller Beharrlichkeit und Fürbitte für alle Heiligen
(19) und für mich, damit mir das Wort gegeben werde beim Öffnen meines Mundes, mit Freimut das Geheimnis des Evangeliums kundzutun,
(20) für welches ich ein Gesandter bin in Ketten, damit ich in ihm freimütig sei zu reden, wie ich es muss.

---

[247] Prob. 79 (von den Essenern); cont. 69–74 (von den Therapeuten).
[248] Vgl. ADE, Sklaverei (s.o. A 239).

ARNOLD, Power 103–122; DERS., „Exorcism"; BASH, Ambassadors 130–134; BIETENHARD, Welt; CARR, Angels; DIBELIUS, Geisterwelt; EVERLING, Angelologie; FAUST, Pax Christi 442–470; FISCHER, Tendenz 165–172; GRUNDMANN, Kraft; HARNACK, Militia Christi; HARRIS, „The Heavenlies"; KAMLAH, Form 189–196; KÖLLER, Semiotik; LASH, Devils; LEE, Demonic Powers; LINCOLN, Re-Examination; DERS., „Stand, therefore …"; DERS., Use 42f; LINDEMANN, Aufhebung 63–66.235f; DERS., Bemerkungen 242–245; MARROW, παρρησία 431–446; ODEBERG, Universe; SCHWINDT, Weltbild 351–393; WEINRICH, Sprache 295–341; WILD, Warrior; WINK, Powers 84–89; YODER NEUFELD, Warrior.

Mit einem τοῦ λοιποῦ („im übrigen", „schließlich"[1]) wird zum abschließenden Briefteil übergeleitet. Lange wurde dieser Abschnitt 6,10-20 zum paränetischen Hauptteil (4,1ff) gerechnet. Doch wird man ihn davon als eigenständigen Schlussteil abzuheben haben. Er hat die rhetorische Funktion einer *peroratio*,[2] eines Schlussappells. Die *peroratio* hat eine doppelte Aufgabe: die der *recapitulatio*, der Zusammenfassung der wesentlichen Punkte, und die der abschließenden und nachhaltigen emotionalen Beeinflussung der Adressaten.[3] Beides geschieht in diesem Abschnitt. Die Schilderung der Waffenrüstung verstärkt die Wirkung (im Sinne der αὔξησις/*amplificatio*) einerseits durch das summarische Wort πανοπλία („Schwerbewaffnung", „Totalrüstung"), andererseits durch die ausführliche Aufzählung der Teile.[4] Elemente der *recapitulatio* sind z. B. Wiederverwendungen von markanten Ausdrücken[5] oder Begriffen aus den vorhergehenden Teilen, der *narratio* und vor allem der *exhortatio*.[6] Beherrscht wird der Textabschnitt

---

[1] Eigentlich: „weiterhin", „für die Zukunft" (so Gal 6,17). Die Wendung ist keine topische Einleitung einer *peroratio* – auch wenn der Verfasser des Eph sie in diesem Sinne (wohl in Anlehnung an Gal 6,17, wo die Wendung aber eine andere Funktion hat) verwendet. Paulus gebraucht in Phil 3,1 und 4,8 das τὸ λοιπόν in ähnlicher Weise wie der Verfasser des Eph das τοῦ λοιποῦ (in einigen Handschriften steht in 6,10 auch τὸ λοιπόν – s. u. A 9); vgl. auch 1Thess 4,1 (dazu 2Thess 3,1) sowie 2Kor 13,11 (λοιπόν ohne Artikel). YODER NEUFELD, 109f, betont zu Eph 6,10 im Anschluss an BARTH, Eph, II, 760, die eschatologische Bedeutung der Genitiv-Wendung („for the time that remains").

[2] LINCOLN, „Stand, therefore …"; vgl. DERS., Eph, 438–441. Lincoln gliedert den Eph in einen *epideiktischen* Teil (Kap. 1–3), bestehend aus *exordium* (1,3–23) und *narratio* (2,1–3,21 – mit einer *digressio* 3,2–13 und einem *transitus* 3,1.14–21), und einen *deliberativen* Teil: 4,1–6,9 als *exhortatio* (anstelle der üblichen *argumentatio*). 6,10–20 stellt dann als selbständiger Teil die *peroratio* dar. Dieser Gliederung hat sich auch JEAL, Theology and Ethics, angeschlossen (vgl. sein Inhaltsverzeichnis), ebenfalls THEOBALD/PILLINGER, Eph, 21f mit A 25. Jeal bezeichnet die Gattung des ganzen Eph als „Sermon" (50f); zu dieser Gattungsbezeichnung s. SIEGERT, Homily (s. o. Einleitung § 3 bei A 26).

[3] Quintilian, inst. VI 1,1–55; Aristoteles (rhet. III 19, 1419b10–1420b) nennt vier Funktionen: (1.) die Adressaten der Meinung des Redners geneigt und der Meinung der Gegner abgeneigt zu machen; (2.) Fakten hoch- oder herunterzuspielen (in Eph findet sich eher nur die αὔξησις); (3.) die Emotionen der Adressaten zu wecken; (4.) die *recapitulatio* (vgl. LINCOLN, „Stand, therefore …", 101).

[4] LINCOLN, „Stand, therefore …", 103f – unter Berufung auf Anaximenes, rhet. 3,6–12.

[5] Ἐνδύσασθαι (4,24; vgl. 6,14); κράτος und ἰσχύς (1,19); μεθοδεία (4,14); ἀρχαί und ἐξουσίαι (1,21; 3,10); der Gen. τοῦ σκότους (5,11); ἐν τοῖς ἐπουρανίοις (1,3.20; 2,6; 3,10 – s.o. zu 1,3b); ἡμέρα πονηρά (5,9); ἀλήθεια (1,13; 4,21.24.25; 5,9); δικαιοσύνη (4,24; 5,9); εὐαγγέλιον τῆς εἰρήνης (2,14–17; 4,3); προσευχή (1,16); οἱ ἅγιοι als Bezeichnung für die Christen (1,1.15.18; 2,19; 3,8.18; 4,12; 5,3); παρρησία (3,12); γνωρίζειν τὸ μυστήριον (1,9; 3,3).

[6] LINCOLN, „Stand, therefore …", 104–114.

von der Kriegsmetaphorik[7], die bei Paulus und schon im Alten Testament Vorbilder hat. Ab V.18 folgt eine Gebetsaufforderung für alle Christen, die in V.19 auf den Apostel bezogen wird, der als Gefangener vor der Situation des Martyriums steht.

Der Abschnitt ist in zwei Teile gegliedert: V.10–17 und V.18–20. Die Verse 10–17 sind zyklisch aufgebaut: V.10–11 und V.13–17 sind Imperative, V.12 ist eine zentrale Feststellung, die die Achse von V.10–17 bildet.[8] Mit V.18 wird das eigentliche Anliegen vorbereitet: die Fürbitte für die Aufgabe des Apostels, die rechten Worte in den Mund gelegt zu bekommen, um das „Geheimnis des Evangeliums" zu proklamieren.

10 Die Wendung τοῦ λοιποῦ[9] deutet das Ende des Briefes an und leitet zu einer abschließenden verschärften Mahnung über. Die gleiche Formulierung begegnet Gal 6,17. Dort beginnt freilich die *peroratio* schon in 6,11 zu Anfang des eigenhändigen Schlussgrußes. Der Imperativ ἐνδυναμοῦσθε (Passiv) könnte genauer übersetzt werden mit „lasst euch ermächtigen!".[10] Es folgen zwei Satzteile mit der Präposition ἐν: ἐν κυρίῳ und ἐν τῷ κράτει τῆς ἰσχύος αὐτοῦ. Im zweiten muss das ἐν instrumentale Bedeutung haben („durch die Kraft seiner Stärke"). Ἐν κυρίῳ aber hat überwiegend lokale Bedeutung, doch wäre instrumentale auch denkbar („lasst euch stark machen *im* Herrn" oder „*durch* den Herrn"). Vielleicht ist die Unschärfe zwischen instrumentalem und lokalem ἐν bewusst angestrebt. Synonyme Genitivkonstruktionen wie hier („in der *Kraft* seiner *Stärke*") begegnen im Eph häufig.[11] Auch sie sind nicht immer eindeutig aufzulösen.[12] Das Spiel mit Synonymen ist in der hebräischen Sprache vorgegeben (vgl. z. B. Prov 1,1–6) und in der Septuaginta im Griechischen nachgebildet. Die Wendung ἐνδυναμοῦσθε … ἐν τῷ κράτει bildet eine Inversion zu δυνάμει κραταιωθῆναι in 3,16.

---

[7] YODER NEUFELD will nachweisen, dass Eph 6,10–20 (und weitere Teile des ganzen Eph: S. 97–109) vom Motiv des „Divine Warrior" geprägt sind. Das ist aber selbst für 6,10–20 zu pauschal. Für Eph 4,7–10 (S. 100), für 5,2–20 (S. 102–106) und für die Haustafel (S. 106–109) ist das Interpretationsmodell vom „heiligen Krieger" nur begrenzt hilfreich.

[8] WILD, 286f.

[9] V.10 enthält drei textkritische Differenzen: (1.) Das im NT nur noch Gal 6,17 begegnende τοῦ λοιποῦ wird in einigen Handschriften durch das bei Paulus geläufige τὸ λοιπόν ersetzt. (2.) Nach dem Vorbild von Phil 3,1 und 4,8 wird ἀδελφοί (wie in Phil 4,8) bzw. ἀδελφοί μου (wie in Phil 3,1) ergänzt (z.T. in den gleichen Handschriften wie unter 1.). (3.) Statt ἐνδυναμοῦσθε haben p46 B 33 das Simplex. – Alle drei Varianten sind sekundär (zu 3.: s. YODER NEUFELD, 111 A 53).

[10] YODER NEUFELD, 112, hält den Imperativ für ein Medium. Doch liegt ein Passiv aus semantischen Gründen näher (so ABBOTT, Eph, 180f; BARTH, Eph, II, 760 A 7); vgl. dazu BDR § 314. Das schließt nicht aus, dass ἐνδύσασθε in V.11 Medium ist.

[11] 1,5: κατὰ τὴν εὐδοκίαν τοῦ θελήματος αὐτοῦ – 1,11: κατὰ τὴν βουλὴν τοῦ θελήματος αὐτοῦ – 1,19: κατὰ τὴν ἐνέργειαν τοῦ κράτους τῆς ἰσχύος αὐτοῦ – 2,2: κατὰ τὸν ἄρχοντα τῆς ἐξουσίας τοῦ ἀέρος – 2,14: τὸ μεσότοιχον τοῦ φραγμοῦ – 2,15: τὸν νόμον τῶν ἐντολῶν ἐν δόγμασιν – 3,7: κατὰ τὴν δωρεὰν τῆς χάριτος τοῦ θεοῦ – 3,7: κατὰ τὴν ἐνέργειαν τῆς δυνάμεως αὐτοῦ – 4,23: τῷ πνεύματι τοῦ νοὸς ὑμῶν – 4,24: ἐν δικαιοσύνῃ καὶ ὁσιότητι τῆς ἀληθείας – vgl. SELLIN, Genitive, 86f.90f.96–98.103f. Die genaue Parallele zu 6,10 ist 1,19: τοῦ κράτους τῆς ἰσχύος αὐτοῦ.

[12] Sie sind oft bewusst mehrdeutig konstruiert.

11 Die Ausdrücke von Kraft und Stärke werden nun in Bildersprache anschaulich und plausibel gemacht. Von V.11 bis V.17 folgt eine Kette von Metaphern aus dem Bildbereich des Kampfes und des Krieges. Aufgabe der Interpretation wird es zunächst sein, den Bildspenderbereich zu erklären, so dass die Bezüge zum Bildempfängerbereich[13] ermöglicht werden. Die Bilder haben fast alle eine alttestamentliche Vorgeschichte und setzen eine markierte intertextuelle Beziehung voraus. Die Aufforderung ἐνδυναμοῦσθε („werdet ermächtigt!" – Imp. Passiv) aus V.10 erfährt in V.11 eine ähnlich klingende: ἐνδύσασθε („zieht an!" – Imp. Medium), und es folgt im selben Vers ein weiteres ähnlich klingendes Verb – nun im Infinitv: δύνασθαι („zu können").[14] Das Mittel von Gleich- oder Ähnlich-Klang gehört im Gefüge der Rhetorik zu den *Figuren* (im Unterschied zur Metapher, die zu den *Tropen*, d.h. zu den semantischen Sprachmitteln gehört). Es hat sinnliche (musikalische) Wirkung, die tiefere Schichten der Seele als den νοῦς (die Vernunft) erreicht. Die Sprache des Eph ist (mehr noch als die Sprache der genuinen Paulusbriefe) bei aller theologisch-metaphysischen Tiefe eine sinnliche Sprache; zum Teil ist sie „gesungene" Theologie (z.B. 1,3ff). Die erwähnten drei Verbformen ἐνδυναμοῦσθε, ἐνδύσασθε und δύνασθαι vermitteln beim Hören[15] die sinnliche Erfahrung von Kraft und Mächtigkeit. Obwohl ἐνδύεσθαι („sich bekleiden") semantisch nichts mit δύνασθαι („können") zu tun hat, ergibt sich durch den Ähnlich-Klang eine assoziative Beziehung: Das Gewand vermittelt Kraft und Macht. Das aber ist ein mythisches Motiv, das noch im Märchen lebendig ist.[16] Wer Gottes Waffenrüstung angelegt hat, kann dem Bösen widerstehen. Die „Methoden" (μεθοδεία – hier im negativen Sinne: „Verführung", „böser Plan", „Ränke") des Teufels[17] werden so abgewehrt. Es geht um den Widerstand gegen das Böse, der darin besteht, selber das Gute zu tun (vgl. 5,16). Die Wendung στῆναι πρός hat hier aktivische Bedeutung („Widerstand leisten").[18] (ἀντι)στῆναι begegnet auch in V.13 („am bösen Tag") und V.14.

12 Dieser Vers ist eine Erläuterung zu den Imperativen in V.10 und 11, des näheren eine Begründung (ὅτι)[19] für die Notwendigkeit massiver Rüstung. Der Satz besteht aus einer οὐκ ... ἀλλά-Konstruktion („nicht ..., sondern"), wobei dem ver-

---

[13] WEINRICH, 284–340; vgl. KÖLLER, 173.179.199, der von „Gegenstandsbegriff" (Subjekt, Thema) und „Bestimmungsbegriff" (Prädikat) spricht.
[14] Eine *Parechese* oder *Alliteration* (BDR § 488,2 – aufgeführt unter den *Gorgianischen Klangfiguren*). Da im ersten und dritten Glied der gleiche Wortstamm vorliegt, könnte man hier auch von *Paronomasie* sprechen. YODER NEUFELD, 112 A 55, verweist auf ein entsprechendes „wordplay" in Herm 61,2 (sim VI 1,2): ἐνδῦσαι – ἐνδυναμώσω.
[15] Die erwähnten rhetorischen Mittel sind auf das Hören ausgerichtet. Erst im „lauten" Verlesen entfaltete die Schrift ihre Wirkung.
[16] So z.B. im Perlenlied (ActThom 108–113). Das Motiv vom Gewand spielt in Eph 4,22–24 eine Rolle. Es ist eng verbunden mit der Taufsymbolik (Gal 3,27). Das Kleid bestimmt in der Logik des Mythos und des Symbolischen (und noch im Märchen) das Wesen eines Menschen (1Kor 15,53f; 2Kor 5,3f; Lk 15,22). Explizit kommt die Wendung „sich mit Macht bekleiden" (ἐνδύεσθαι δύναμιν) ψ 92,1 vor; vgl. Lk 24,49.
[17] Vgl. 4,14.27.
[18] Thukydides V 104,1.
[19] BDR § 456,1.

neinten ersten Satzglied vier Satzglieder mit „sondern" gegenübergestellt werden. Alle fünf Glieder enthalten die Präposition πρός („gegen"). Subjekt (ἡ πάλη: „der Kampf"[20]), Prädikat (οὐκ ἔστιν) und Dativobjekt (ἡμῖν) erscheinen nur im negierten Vordersatz, ἀλλά nur im ersten der vier πρός-Sätze:

οὐκ ἔστιν ἡμῖν[21] ἡ πάλη πρὸς αἷμα καὶ σάρκα
<u>ἀλλὰ</u>   πρὸς τὰς ἀρχάς,
                 πρὸς τὰς ἐξουσίας[22],
πρὸς τοὺς κοσμοκράτορας τοῦ σκότους[23] τούτου,
πρὸς τὰ πνευματικὰ τῆς πονηρίας ἐν τοῖς ἐπουρανίοις[24]

Die Konstruktion des verneinten Eingangssatzes (εἶναι mit Dat., determiniertes Subjekt) ist auffällig.[25] Neben dem Prädikat (οὐκ ἔστιν … πρὸς αἷμα καὶ σάρκα) wird dadurch das Dativobjekt („uns") stärker hervorgehoben als bei einem ἡ πάλη ἡμῶν. „Blut und Fleisch"[26] beziehen sich auf die Lebewesen der Schöpfung (Gen 1,20–28: Tiere und Menschen). Die wahren Gegner aber sind die dämonischen, unkörperlichen Herrscher „dieser Finsternis". Ἀρχαί („Herrscher", „Fürsten") und ἐξουσίαι („Gewalten", „Machthaber") begegnen im Eph immer gemeinsam (neben 6,12 in 1,21; 2,2; 3,10). An allen genannten Stellen handelt es sich um überirdische Mächte. Bei Paulus sind diese Mächte ambivalente Kräfte: Engel und zugleich dämonisch[27] (Röm 8,38; 1Kor 15,24). Für Kol (1,13.16; 2,10.15) und erst recht für Eph sind sie eigentlich durch Christus besiegt und entthront, aber immer noch wirksam, so dass der Kampf andauert, ja sich verschärft. – Der 4. Teilsatz (πρὸς τοὺς κοσμοκράτορας τοῦ σκότους τούτου – „gegen die Weltherrscher

---

[20] Hapaxleg. im NT – mit πρός in Bezug auf den Gegner: Sophokles, Oid.K. 381; Philon, sobr. 65.
[21] Ἡμῖν wird von ℵ A D² I 0278. 33. 1739. 1881 u.a. bezeugt, ὑμῖν dagegen haben p46 B D* F G u.a. Auch wenn die zweite Lesart als qualitativ besser bezeugt gilt (Metzger, Commentary, 610 – m.E. aber ist A im Falle des Eph als gleichwertig mit B anzusehen), so ist sie doch das Ergebnis einer Angleichung an den Kontext mit seinen Imperativen der 2. Person (Metzger ebd.).
[22] p46 hat statt πρὸς τὰς ἀρχάς, πρὸς τὰς ἐξουσίας einfach nur πρὸς τὰς μεθοδίας. Das hängt mit seiner Fortlassung von ἐν τοῖς ἐπουρανίοις zusammen.
[23] ℵ² D² Ψ u.a. haben (vielleicht veranlasst durch 2,2; 1Kor 2,6 oder Kol 1,13) τοῦ αἰῶνος vor τούτου eingefügt.
[24] p46 hat ἐν τοῖς ἐπουρανίοις bewusst fortgelassen (s.u. bei A 36).
[25] Dazu s. BDR § 189,1.
[26] Die Reihenfolge „Blut (und) Fleisch" findet sich neben Eph 6,12 auch in Hebr 2,14; außerhalb des NT auch bei Aristoteles, Plutarch und Philon, Mos. I 31. Die Reihenfolge „Fleisch und Blut" erscheint in Mt 16,17; 1Kor 15,50; Gal 1,16; ferner in Sir 17,31; TestAbr 13,20; 1Hen (gr.) 15,4 und Philon, ebr. 87. Sie scheint die jüdische zu sein. S.E. Porter, Paul of Tarsus, 583, hält das Syntagma für eine (rhetorische) „Hysterologia".
[27] Umstritten ist, ob sich nach Paulus diese Mächte (z.B. in 1Kor 2,6) auch in politischen Machthabern und Instanzen verkörpern können (so wohl tatsächlich in 1Kor 2,6: vgl. Schniewind, Archonten, und Carr; ders., Rulers, einerseits – und Arnold, „Exorcism", andererseits; die These von Carr, dass es keinen Dämonenglauben im paulinischen Christentum und seiner Umwelt gab, ist aber nicht haltbar, was am krassesten in Eph 6,12 deutlich wird – s. Wink, 23–26.85; Arnold, „Exorcism"). Für Kol (1,13.16; 2,10.15) und Eph aber können die dämonischen Mächte zugleich *auch* durch politische Instanzen repräsentiert werden. Sie sind jedoch grundsätzlich himmlischen Ursprungs.

dieser Finsternis") zeigt nun aber, dass die dämonischen Mächte die politischen Herrscher beherrschen. Die ältesten Belege finden sich in astrologischen Texten, wo die Planeten (sowie Sonne und Mond) als κοσμοκράτορες bezeichnet und dann mit den Göttern gleichgesetzt werden.[28] Mehrfach erscheint dieses Wort später in der *Historia Alexandri Magni*.[29] In einer ägyptischen Inschrift (216 n. Chr.) ist es für den römischen Kaiser Marc Aurel verwendet worden.[30] Die Grenze zwischen überirdischen Mächten und heroischen Menschen ist durchlässig in jener Zeit.[31] Das frühe Christentum sah – solange es sich nicht selber als Erben der menschlichen Kosmokratoren deklarierte – in beiden, Mächten (bzw. Institutionen) und Machtmenschen, widergöttliche Kräfte. Der Gen. τοῦ σκότους τούτου ist weder ausschließlich zeitlich noch ausschließlich räumlich zu verstehen.[32] – Aber es folgt noch eine Steigerung in der Aufzählung der Gegner des geistigen Kampfes: Die „Geister der Bosheit" wirken nicht nur auf der Erde, sondern sie sitzen „in den höchsten Himmeln" (ἐν τοῖς ἐπουρανίοις). Das ist eigentlich der Ort Gottes und des erhöhten Christus (1,3.20; 2,6; 3,10). Auch in 3,10 wurde für die ἀρχαί und ἐξουσίαι die Ortsangabe ἐν τοῖς ἐπουρανίοις genannt. Der aus Alexandria stammende Grammatiker und Kommentator des Aristarch von Samothrake, Aristonikos (ein Zeitgenosse Philons), unterscheidet bei Homer zwischen οὐρανός und ἐπουράνιος: Wie der Olymp ἐπίγειος im Verhältnis zur Erde ist, so ist der Ort des Zeus im Verhältnis zum Himmel (οὐρανός) ein μέρος ἐπουράνιον (ein überhimmlischer Teil).[33] Diese Differenzierung setzt im Prinzip auch Philon voraus.[34] Im Eph kommt sie am deutlichsten in 4,10 zum Ausdruck:

---

[28] ARNOLD, „Exorcism", 81 mit A 29; FAUST, 453 A 73, und SCHWINDT, 371-374, verweisen auf ein Vorkommen des Wortes κοσμοκράτωρ in den *Anthologien* des Vettius Valens (Astrologe des 2. Jh. n. Chr.: IX 170,36; 171,6; 278,2; 314,16; 360,7: Helios und Selene; Zeus), demzufolge das Wort schon bei (Ps.-)Petosiris (Astrologe und Magier des 2. Jh. v. Chr.) vorkommt, der es auf die Planeten bezogen hat; dazu: F. CUMONT/L. CANET, Mithra ou Sarapis ΚΟΣΜΟΚΡΑΤΩΡ, in: CRAI (1919), 313-328; belegt ist es dann auch in den Zauberpapyri und später geläufig in neuplatonischen Texten. Nach FAUST, 457f, bewegten sich die Planeten an der Grenze zwischen Fixsternhimmel und Luftraum (dem Ort der Dämonen). Vgl. auch TestSal 8,2 und vor allem 18,2, wo die „Elemente" (vgl. Gal 4,3.9; Kol 2,8) als κοσμοκράτορες τοῦ σκότους τοῦ αἰῶνος τούτου bezeichnet werden. Das könnte allerdings von Eph 6,12 direkt abhängig sein (und zwar nach der Textform von ℵ[2] D[2] u.a.).
[29] 3. Jh. n. Chr.
[30] SCHWINDT, 373.
[31] FAUST, 465-470, der auf die astrale Herrschaftssymbolik hellenistischer und römischer Macht verweist.
[32] Die Einfügung τοῦ αἰῶνος in ℵ[2] D[2] u.a. (wohl durch 1Kor 2,6 verursacht: τῶν ἀρχόντων τοῦ αἰῶνος τούτου) grenzt die Bedeutung zeitlich ein: „dieser Äon" im Gegenüber zum „kommenden Äon". Aber eine rein räumliche Bedeutung (im Sinne von „hier auf Erden" im Gegenüber zum Himmel: so dezidiert GNILKA, Eph, 307) kann wegen der Ortsangabe „in den Himmeln" auch nicht gemeint sein.
[33] Aristonicus Gramm., de signis Iliadis, XV 193; vgl. XXIV 97; 104; de signis Odysseae, VI 45.
[34] Virt 12: Die „Vernunft" (φρόνησις) „ist selbst ein Stern und nahezu ein Bild und eine Nachbildung der überhimmlischen Dinge" (τῶν ἐπουρανίων ἀπεικόνισμα καὶ μίμημα); die „überhimmlischen Dinge" sind die Ideen im Sinne des Platonismus; vgl. LA III 168; gig. 62; Philon setzt (wie Plutarch) voraus, dass zwischen dem bis zum Mond reichenden Luftraum, der von Dämonen bewohnt wird, und dem Äther, in dem die Gestirne als reine Geister wohnen, eine Grenze besteht. Ἐπουράνιος gebraucht

Christus ist aufgestiegen ὑπεράνω πάντων τῶν οὐρανῶν („*über* alle Himmel").[35] Dass dagegen die dämonischen Kräfte auch den „überhimmlischen Ort" bevölkern (so Eph 3,10 und 6,12), ist um so überraschender. Schwierig ist auch der Befund, dass nach 3,10 den „Herrschern und Gewalten" in den transzendenten Bereichen die Weisheit Gottes (deren Inhalt in 3,2–7 steht) mitgeteilt wurde. Das heißt aber nicht, dass diese Mächte dadurch schon endgültig gezähmt oder besiegt und überwunden wären. Zumindest insofern stimmen 3,10 und 6,12 überein.

Das Hauptproblem dieses Verses bleibt aber die Verortung der Mächte ἐν τοῖς ἐπουρανίοις („in den höchsten Himmeln", wo Gott und Christus thronen). Dass dieses Problem schon von frühen Abschreibern empfunden wurde, zeigt die Auslassung der Ortsangabe in p[46], aber auch die komplizierte Rezeption des Verses in der frühen Kirche überhaupt.[36] Die Kirchenväter hatten für das Problem zwei Lösungen: Entweder sie erklärten ἐπουράνιος für vollständig synonym mit οὐράνιος[37], oder aber das ἐν wurde im Sinne von περί oder ὑπέρ als Thematisierung gedeutet: Der Kampf gegen die Mächte gehe *um* himmlische Dinge, d.h. um das Himmelreich.[38] Die neuzeitlichen Erklärungen (wenn sie nicht Basilios und Hieronymus folgen) gehen von einer Verschränkung von himmlischem und irdischem Bereich aus: Nach 2,6 sind die Christen ja schon „mitauferweckt" und „mitinthronisiert" ἐν τοῖς ἐπουρανίοις. Nach 3,10 ist den Mächten und Gewalten ἐν τοῖς ἐπουρανίοις bereits die Weisheit Gottes bekannt gemacht worden. Durch die Verkündigung des Geheimnisses, das in Christus besteht, ist die Kirche entstanden, die einen Korridor darstellt, der vom höchsten Himmel durch die Sphären und den sublunaren Luftraum bis zur Erde reicht.[39] Diese Lösung enthält aber eine Spannung: Obwohl die Mächte besiegt sind, wird zum Kampf gegen sie aufgefordert. Diese Spannung entspricht einerseits der für die ganze paulinische Eschatologie typischen Spannung von „schon" und „noch nicht", d.h. von bereits

---

auch Diod. Sic., bibl. hist. XII 20,2 für den Ort der Götter. – Das Wort entspricht sinngemäß dem ὑπερουράνιος τόπος Platons (Phaidr. 247c; vgl. Philon, opif. 31: ὑπερουράνιος ἀστήρ – s.o. A 80 zu 1,3b). Im Hebr hat ἐπουράνιος (3,1; 6,4; 8,5; 9,23; 11,16; 12,22) entsprechend die platonisch-philonische Bedeutung und setzt den Gegensatz von κόσμος νοητός und κόσμος αἰσθητός voraus (vgl. Schwindt, 357).

[35] S.o. bei A 183 zu 4,10.
[36] Vgl. dazu Lash.
[37] So z.B. Basilios und Hieronymus (vgl. Lash, 163). Diese Erklärung wird auch in vielen neueren Kommentaren geboten, z.B. Dibelius/Greeven, Eph, 58.98; Schnackenburg, Eph, 280. ἐπί wird dann im Sinne von „bei" oder „in" (also als einfache Ortsangabe) verstanden: „im Himmel" (so Traub und Schwindt: s.o. A 70 zu 1,3b); vgl. aber Eph 4,6, wo ἐπὶ πάντων (neben διὰ πάντων und ἐν πᾶσιν) nur „*über* allem" (oder „allen") bedeuten kann.
[38] So z.B. Chrysostomos und Theodor von Mopsuestia. Diese Deutung findet sich in der Neuzeit nicht mehr.
[39] In diese Richtung gehen z.B. Odeberg; Mussner, Christus, 23f; ders., Eph, 167f; Lindemann, Aufhebung, 63–66 (der jedoch die zeitliche Dimension für völlig ausgeschaltet erklärt); Lincoln, Re-Examination, bes. 479–483; ders., Eph, 444f; Harris, (s.o. bei A 72–80 zu 1,3b). Caragounis, Mysterion, 146–152, differenziert: „οὐρανός stretches from the air space … up to God's very throne, while the ἐπουράνια constitute only the higher layers of this space, from God's throne down to the sphere where the cosmic powers dwell and work" (152); vgl. Schwindt, 358f.

geschehener Erlösung und noch ausstehendem Ziel, wo Gott „alles in allem" sein wird (1Kor 15,28) – und sie entspricht der analogen Spannung von „Indikativ" und „Imperativ" in der Ethik, wonach der Mensch als in der Rechtfertigung von Gott Angenommener noch aufgefordert wird zu einem seinem Sein adäquaten Tun. Zwar ist gegenüber den genuinen Paulusbriefen im Eph das zeitliche Konzept der Eschatologie zurückgetreten und dafür das räumliche von „oben" und „unten" dominant geworden[40], aber „aufgehoben" ist es nicht. So wird z.B. in 1,21 vom *„künftigen"* Äon im Gegenüber zu „diesem Äon" gesprochen (οὐ μόνον ἐν τῷ αἰῶνι τούτῳ ἀλλὰ καὶ ἐν τῷ μέλλοντι – vgl. 2,7),[41] während Paulus die Rede vom „künftigen" Äon nicht kennt oder sogar bewusst vermeidet. Ähnlich wie der Hebräerbrief verbindet Eph Elemente der traditionellen Eschatologie mit dem hellenistischen Weltbild.

13 Der Begründung in V.12 (ὅτι: „denn") folgt nun eine imperativische Folgerung (διὰ τοῦτο: „deshalb"). Darin wird der den Text bis V.17 beherrschende Bildspender πανοπλία τοῦ θεοῦ („Waffenrüstung Gottes") aus V.11 wieder aufgegriffen. Der Imperativ „zieht an!" wird variiert durch „nehmt auf!" (ἀναλάβετε). Darauf folgt ein Finalsatz (mit ἵνα anstelle der Konstruktion mit substantiviertem Infinitiv und der Präposition πρός[42] in V.11). Darin werden δύνασθαι und (ἀντι)στῆναι aus V.11 wiederholt. Neu ist die Zeitangabe „am bösen Tag" (ἐν τῇ ἡμέρᾳ τῇ πονηρᾷ). Der Ausdruck „der böse Tag"[43] gehört im Alten Testament zum Konzept vom „Tag des Herrn". Das ist zunächst allgemein ein erwarteter Tag des Eingreifens Gottes – zur Rettung seines Volkes oder zu seiner Bestrafung.[44] Die Bezeichnung „der böse Tag" qualifiziert ihn eindeutig als Strafgericht oder als Krise. Seine Bedeutung in Eph 6,13 ist umstritten: (1.) Gemeint sei die Zeit der Bedrängnis unmittelbar vor der Parusie und dem Endgericht.[45] (2.) „Das, was die traditionelle christliche und jüdische Lehre von der Zukunft erwartet, das geschieht in Wahrheit gerade jetzt."[46] (3.) Eine Deutung auf Tage individueller Lebenskrisen oder gar den individuellen Todestag[47] hat auszuscheiden. – Eine Entscheidung für eine der beiden zuerst genannten Möglichkeiten kann von 5,16 ausgehen: „Kauft die Zeit aus,

---

[40] Das hebt vor allem LINDEMANN, Aufhebung, hervor (vgl. aber vorige A).
[41] Sonst nur Mk 10,30/Lk 18,30; Mt 12,32 und Hebr 6,5.
[42] Dazu BDR § 402,4 mit A 5.
[43] Im NT nur hier und 5,16 (Plural). In LXX: ψ 40,2; 48,6; 93,13; Jer 17,17f; synonym dazu steht καιρὸς πονηρός (Am 5,13; Mi 2,3f; Koh 9,12; Sir 51,11) oder ἡμέρα τοῦ κυρίου (Am 5,18.20; Joel 2,11; Zeph 1,7; Ez 30,3).
[44] VON RAD, ThWNT 2 (1935), 945–949.
[45] So z.B. DIBELIUS/GREEVEN, Eph, 98 („damit ist wohl das Weltende mit dem großen Abfall ... und allen apokalyptischen Schrecken gemeint"), und SCHLIER, Eph, 292 („... die Zeit der letzten Kämpfe vor dem Ende und der Parusie ..."). Anders noch in H. SCHLIER/V. WARNACH, Die Kirche im Epheserbrief, Münster 1949, 101: Es gehe um den individuellen Todestag (s. aber bei A 47).
[46] LINDEMANN, Aufhebung, 236; ähnlich FISCHER, 170 A 175: „Es ist die Situation, in der sich der Christ hic et nunc befindet."
[47] So z.B. BENGEL, Gnomon, 777; EWALD, Eph, 250; HAUPT, Eph, 247; SCHLIER (o. A 45); THEOBALD/PILLINGER, Eph, 192: „An ihm nämlich muss die Seele eine gefährliche Himmelsreise antreten."

III. 6,10–20 Schlussmahnungen (Die Peroratio)

denn es sind böse Tage (ἡμέραι πονηραί)". Wie nach 5,16 die Zeit für einen weisen Lebenswandel genutzt werden soll, so wird hier in 6,13 die Notwendigkeit des Kampfes durch den Hinweis auf die Krise der Zukunft eingeschärft.[48]

Die Fortsetzung ist auf den ersten Blick sehr allgemein gehalten: „und (damit ihr), nachdem ihr alles ausgeführt habt, Bestand habt". Στῆναι („sich stellen", intransitiv aber auch „stehen [bleiben]") korrespondiert mit ἀντιστῆναι („widerstehen", „Widerstand leisten"). Zwischen dem aktiven[49] „Widerstand leisten" und dem „Stehen"[50] als Resultat liegt eine Tätigkeit: „nachdem ihr alles ausgeführt habt". Κατεργάζεσθαι hat viele Bedeutungsnuancen („durchführen", „vollenden", „erzeugen", „bewältigen").[51] Das Partizip kann kataphorisch oder anaphorisch verstanden werden. Im ersten Fall bezöge es sich auf das Anlegen der Ausrüstung (V.14-17).[52] Dafür könnte das Objekt ἅπαντα („alles") sprechen: alle Teile der ganzen Rüstung (πανοπλίαν).[53] Bei anaphorischem Verständnis bezöge es sich auf den finalen Erfolg („damit ihr ..., nachdem ihr alles bewältigt habt, steht").[54] Es gibt zwei Gründe, die für kataphorischen Bezug (auf die Ausführung des Rüstens in V.14-17) sprechen: erstens das schon erwähnte Objekt ἅπαντα, das sich gut auf die vielen Teile der Rüstung beziehen lässt; zweitens aber auch der Anschluss von V.14: „seid also standhaft ...!" (στῆτε οὖν ...), in dem mit οὖν – einem οὖν-paraeneticum – die folgenden Anweisungen zur Ausrüstung gegeben werden, die demnach das κατεργασάμενοι inhaltlich füllen.

14 Der Imperativ „seid also standhaft ...!" beherrscht die folgenden Partizipien bis V.16. V.17 enthält dann (mit καί angeschlossen) einen weiteren Imperativsatz (δέξασθε – „nehmt!"), der die Reihe fortsetzt, aber doch als achtergewichtiger syntaktisch abgehoben ist. Semantisch sind die Verse 14-17 durch die Metaphorik der Waffenrüstung markiert. Hier wird erklärt, wie der Kampf gegen die „Mächte" und „Gewalten", die „Weltherrscher der Finsternis", die überirdischen „Geister der Bosheit", zum Sieg geführt werden kann. Ziel ist das „Stehen"-Bleiben, das

---

[48] „The two perspectives of present and future overlap" (LINCOLN, Eph, 446).
[49] Die Form ist medial.
[50] BAUER/ALAND, Wb., 775, unter 1d und 2; zugrunde liegt das Bildfeld des kriegerischen Kampfes: Der Sieger „steht" am Ende, der Unterlegene liegt ge- oder erschlagen am Boden (vgl. MEYER, Eph, 270). GNILKA, Eph 309, möchte das στῆναι synonym zu ἀντιστῆναι verstehen. Aber der semantische Gehalt von στῆναι in V.13 hat sich gegenüber dem von V.11 (στῆναι πρός, das aufgrund der Präposition mit ἀντιστῆναι synonym ist) verschoben. Nach Gnilka wäre V.13 tautologisch.
[51] Vgl. BAUER/ALAND, Wb., 857f.
[52] In diesem Fall wäre das (aoristische) Partizip als gleich- oder nachzeitig zu verstehen (BDR § 339,1).
[53] So BAUER/ALAND, Wb., 857 unter 1; ABBOTT, Eph, 184; DIBELIUS/GREEVEN, Eph, 98; GNILKA, Eph, 309; SCHNACKENBURG, Eph, 282; LINCOLN, Eph, 446; BEST, Eph, 597.
[54] So BAUER/ALAND, Wb., 858 unter 4; MEYER, Eph, 270; SCHLIER, Eph, 293; MITTON, Eph, 223. In diesem Fall wäre das Partizip vorzeitig zu verstehen („nachdem"). Das Argument von GNILKA, Eph, 309, gegen Schlier (man frage sich, was ein Widerstehen noch besagen solle, wenn der Gegner schon besiegt ist) erledigt sich jedoch, wenn man στῆναι nicht (wie ἀντιστῆναι) mit „widerstehen", sondern einfach mit „stehen" bzw. „standhaft bleiben" übersetzt. Allerdings ist Schliers Assoziation an das „Stehen" vor Gottes Gericht (nach 1Hen [äth.] 62,8) abwegig.

Standhaft-Sein. Wer stehen bleibt, hat gesiegt.[55] – Es sind sechs metaphorische Aussagen in V.14–17, welche die Mittel für den Sieg im Kampf vorstellen, wobei an die typische Ausrüstung eines römischen Legionärs gedacht sein wird[56]:

(1) der *Gürtel* der „Wahrheit" (Jes 11,5): V.14a
(2) der *Panzer* der „Gerechtigkeit" (Jes 59,17): V.14b
(3) die *Sandalen* für die Verbreitung des Evangeliums vom Frieden (Jes 52,7): V.15
(4) der *Schild* des „Glaubens" (vgl. SapSal 5,19; Jes 50,11): V.16
(5) der *Helm* der „Rettung" (Jes 59,17): V.17a
(6) das *Schwert* des „Geistes" (Jes 11,4): V.17b.

Die Formulierungen entstammen fast alle dem Jesajabuch. Einige der Mittel, die zum Sieg führen, sind Tugenden: ἀλήθεια („Wahrheit"), δικαιοσύνη („Gerechtigkeit"), πίστις („Glaube"). Die erste Voraussetzung, „stehen" zu bleiben, ist die Umgürtung der Hüften[57] mit „Wahrheit". Damit ist das Bildfeld des militärischen Kampfes überschritten: „Wahrheit" ist keine Waffe im herkömmlichen Sinne. Die Wendung vom „Umgürten der Hüften" begegnet im Alten Testament im wörtlichen Sinne z.B. in Ex 12,11; Jdt 4,14; Jer 1,17. In Jes 11,5 ist sie metaphorisch gebraucht wie an unserer Stelle: καὶ ἔσται δικαιοσύνῃ ἐζωσμένος τὴν ὀσφὺν αὐτοῦ καὶ ἀληθείᾳ εἰλημένος τὰς πλευράς („und er wird mit *Gerechtigkeit* umgürtet sein an seinen Hüften und mit *Wahrheit* umbunden an seinen Seiten"). Träger der Waffenrüstung ist an dieser Stelle der Messias des kommenden Friedensreiches. Die Reihenfolge der Tugenden ist in Eph 6,14 gegenüber Jes 11,5 vertauscht und der *Parallelismus membrorum* aufgehoben. Veranlasst ist das wahrscheinlich durch den Einfluss von Jes 59,17, wo Gott selbst Träger der Waffenrüstung ist:

| καὶ ἐνεδύσατο | δικαιοσύνην ὡς θώρακα[58] |
| καὶ περιέθετο | περικεφαλαίαν σωτηρίου (vgl. u. zu V.17). |

Im NT begegnet die Metapher von der Umgürtung – nun aber wie in 1Thess 5,8 und Eph 6,14–17 auf die Menschen bezogen – auch in 1Petr 1,13: διὸ ἀναζωσάμενοι τὰς ὀσφύας τῆς διανοίας ὑμῶν („Deshalb gürtet die Hüften eurer διάνοια …!").[59] – Eine zweite Metapher wird in Eph 6,14b daneben gestellt: „und

---

[55] Vgl. B. WEBER, „Setzen", 478–480.
[56] OEPKE, ThWNT 5, 300; THEOBALD/PILLINGER, Eph, 188. Es handelt sich um sogenannte Annexionsmetaphern, bei denen an den metaphorischen Ausdruck ein nichtübertragener im Gen. epexegeticus angeschlossen ist, der die Metapher erklärt („Schild *des Glaubens*"); dazu HOFFMANN/SIEBENTHAL, Grammatik, 592.
[57] Der Gürtel dient der Schürzung des Gewandes, um Beinfreiheit im Kampf zu haben. Deutlicher als durch das Kompositum περιζωσάμενοι kommt das zum Ausdruck in ἀναζωσάμενοι in 1Petr 1,13.
[58] Vgl. SapSal 5,18: ἐνδύσεται θώρακα δικαιοσύνην.
[59] Der Gen. τῆς διανοίας in 1Petr 1,13 ist äußerlich den metaphorischen Genitiven in Eph 6,14–17 nachgebildet (bezeichnenderweise steht die Gürtelmetapher weder in Jes 11,5 noch in Eph 6,14a mit einem Genitiv). Er hat aber eine andere Bedeutung: Die „Hüften" der διάνοια sollen geschürzt sein (eine manierierte Metapher!), d.h. die διάνοια selbst soll gerüstet sein. Διάνοια bedeutet hier das Denk-

III. 6,10–20 Schlussmahnungen (Die Peroratio) 481

(steht) bekleidet mit dem Panzer der Gerechtigkeit!". „Wahrheit" und „Gerechtigkeit" stehen nicht nur in der Septuaginta als „Tugenden" häufig zusammen (25mal),[60] sondern begegnen auch innerhalb des NT bis auf eine Ausnahme[61] gemeinsam nur im Eph: 4,24; 5,9; 6,14. Beide sind Tugenden der Objektivität. „Gerechtigkeit" und „Wahrheit" verlangen, dass sich ihre Propositionen der „Evaluation" aussetzen. Was „wahr" und „gerecht" ist, steht immer auf dem Spiel. Die „Gerechtigkeit" wird in einer Genitivmetapher als „Panzer" (θώραξ) prädiziert. Diese Metapher hat enge intertextuelle Bezüge:

Eph 6,14: περιζωσάμενοι τὴν ὀσφὺν ὑμῶν ἐν ἀληθείᾳ καὶ ἐνδυσάμενοι τὸν θώρακα τῆς δικαιοσύνης
Eph 6,17: καὶ τὴν περικεφαλαίαν τοῦ σωτηρίου
1Thess 5,8: ἡμεῖς ... ἐνδυσάμενοι θώρακα πίστεως καὶ ἀγάπης καὶ περικεφαλαίαν
ἐλπίδα σωτηρίας.
1Makk 3,3: καὶ ἐνεδύσατο θώρακα ὡς γίγας καὶ συνεζώσατο τὰ σκεύη τὰ πολεμικὰ αὐτοῦ
SapSal 5,18: ἐνδύσεται θώρακα δικαιοσύνην
Jes 59,17: καὶ ἐνεδύσατο δικαιοσύνην ὡς θώρακα καὶ περιέθετο περικεφαλαίαν σωτηρίου

Von Jes 59,17, wo es um die Waffenrüstung *Gottes* geht, lassen sich zunächst zwei Linien vermuten: eine zu 1Makk 3,3[62] und eine zu SapSal 5,18, wo es wie in Jes 59,17 um *Gottes* Rüstung geht. Eine dritte führt zu Paulus (1Thess 5,8).[63] Eph 6,14–17 setzt (neben 1Thess 5,8) als Grundlage Jes 59,17 voraus. In 1Thess 5,8 und Eph 6,14–17 liegt (im Unterschied zu Jes 59,17 und SapSal 5,18) *paränetischer* Gebrauch der Metaphorik vor (Waffenrüstung der Christen).[64] Insgesamt haben wir es mit einer vierfachen (unbewussten oder bewussten) Rezeption von Jes 59,17 zu tun.[65]

---

und Beurteilungsvermögen (vgl. die folgende Aufforderung zur Nüchternheit) und sollte deshalb nicht mit dem mehrdeutigen Wort „Sinn" übersetzt werden.

[60] Gen 24,27; 32,11; 1Kön [3Kön LXX] 3,6; Tob (B; A) 1,3; 14,7; Tob (S) 1,3; 12,8; ψ 14,2; 35,6; 44,5; 84,11.12; 95,13; 118,75; 142,1; Od 5,10; Prov 20,28; SapSal 5,6; Zach 8,8; Jes 26,2.10; 45,19; 48,1; Jer 4,2; ferner: TestGad 3,1; TestBenj 10,3; Philon: sacr. 27; her. 95; Mos. II 238; prob. 83; Aristobul Fr. 2,69 (εὐσέβεια/ δικαιοσύνη/ ... καὶ τῶν λοιπῶν ἀγαθῶν τῶν κατὰ ἀλήθειαν); 1Hen (gr.) 10,16. – Schon Platon rechnet beide unter die Kardinaltugenden (z.B. Phaid. 114e; rep. 331c; 487a).

[61] 2Kor 6,7 – dort ist δικαιοσύνη aber von der Reihe, die ἀλήθεια enthält, abgehoben.

[62] Hier geht es um die Rüstung des Helden Judas Makkabäus. Die wörtliche Übereinstimmung mit Jes 59,17 ist auffällig, doch fehlt die metaphorische Komponente. In der Rezeption sind durchaus Remetaphorisierungen möglich.

[63] Paulus hat sie jedoch mit der Triade von Glaube, Liebe und Hoffnung verbunden.

[64] KAMLAH, 190, zu 1Thess 5,8: „Paulus geht ... von der Rüstung Gottes in Jes 59,17 aus, doch er redet von einer ihr entsprechenden Rüstung des Menschen"; 191 zu Eph 6,14–17: „Während ... Paulus die Rüstung Gottes nicht unmittelbar auf den Menschen überträgt, sondern ihr menschliche Entsprechungen zuordnet, setzt der Verfasser des Epheserbriefes beide gleich."

[65] Die Wege der intertextuellen Beziehungen lassen sich grundsätzlich nicht nachzeichnen. Die deutero- und trito-jesajanischen Kapitel scheinen jedenfalls eine wichtige Rolle im Frühjudentum und im frühen Christentum gespielt zu haben.

Übersicht über Subjekte und metaphorische Prädikate der Texte:

Jes 11,4:   *Messias*; Sieg über die Erde mit dem „Wort seines Mundes"
Jes 11,5:   *Messias*; gegürtet mit „Gerechtigkeit" und „Wahrheit"
Jes 52,7:   *Friedensbote*
Jes 59,17:   *Gott*; „Gerechtigkeit" als „Panzer" und „Helm der Rettung"
SapSal 5,18: *Gott*; „Gerechtigkeit" als „Panzer"
SapSal 5,19: *Gott*; „Heiligkeit" als „Schild"
1Thess 5,8:   *paränetisch*: „*wir*"; bekleidet mit dem „Panzer des Glaubens und der Liebe" und „als Helm die Hoffnung auf Heil"
(Eph 6,14–17: *paränetisch*; imperativisch)

15 Wie mit V.14b wird die Reihe der vom Imperativ στῆτε (mit dem οὖν-paraeneticum) abhängigen Partizipien fortgesetzt, und zwar parataktisch (περιζωσάμενοι ... καὶ ἐνδυσάμενοι ...) καὶ ὑποδησάμενοι. – Καὶ ἐνδυσάμενοι (in V.14) und καὶ ὑποδησάμενοι (in V.15) bilden eine Klangfigur.[66] Mit diesem unter rhetorischem und ästhetischem Gesichtspunkt auffälligen Satz wird auf Jes 52,7 und damit auf die „Evangeliums"-Verkündigung[67] angespielt. Wie Wahrheit und Gerechtigkeit (V.14) ist das Evangelium eine Waffe gegen die „Ränke des Teufels" und die „Machthaber dieser Finsternis" (V.11f). Es ist das „Evangelium des Friedens". Gerade auch dieses ist eine Waffe und braucht besondere Ausrüstung: die „*unter* die Füße *gebundenen* (ὑποδησάμενοι) Schuhe bzw. Sandalen". Die braucht der Bote, um in der Lage zu sein (ἐν ἑτοιμασίᾳ), seine Botschaft im ganzen Land zu verkünden. Es ist die Botschaft vom „Frieden". Damit wird noch einmal auf 2,14–18 zurückverwiesen, die Mitte der ersten Briefhälfte. Diese dritte Rüstungsmetapher bildet gegenüber den zwei vorangehenden einen Höhepunkt, insofern sie eine „Angriffswaffe" darstellt (Gürtung und Panzer sind nur Verteidigungswaffen). Bezeichnenderweise besteht der Angriff in der Botschaft vom Frieden. – Es folgen noch einmal drei Rüstungsmetaphern, für die das gleiche Schema (2 + 1) gilt.

16 Das ἐν πᾶσιν („bei all dem": nämlich den drei Kampfmaßnahmen) hebt die zweite Dreierreihe von der ersten ab. Syntaktisch wird jedoch die Partizipienreihe (περιζωσάμενοι – ἐνδυσάμενοι – ὑποδησάμενοι) mit ἀναλαβόντες fortgesetzt. Der „Schild des Glaubens" ist wieder eine Verteidigungswaffe. Die Metapher θυρεὸς τῆς πίστεως („Schild des Glaubens") erscheint in der Literatur erstmals

---

[66] Vgl. BDR § 488,3 (Homoioteleuton), wobei περιζωσάμενοι in V.14a noch dazu genommen werden könnte (dreimal -άμενοι). In V.15 folgt noch (ἐν) ἑτοιμασίᾳ, das mit dem vorangehenden ὑποδησάμενοι einen weiteren reizvollen Klang bewirkt. Der Eph pflegt mehr noch als die genuinen Paulusbriefe die ästhetisch kühne Sprache der „asianischen" Rhetorik (s.o. Einleitung § 9).

[67] ὡς πόδες εὐαγγελιζομένου ἀκοὴν εἰρήνης, ὡς εὐαγγελιζόμενος ἀγαθά („wie Füße dessen, der Friedenskunde verkündigt, wie einer, der Gutes verkündigt"); vgl. Röm 10,15b: ὡς ὡραῖοι οἱ πόδες τῶν εὐαγγελιζομένων τὰ ἀγαθά („wie lieblich sind die Füße derer, die Gutes verkündigen!"); vgl. Koch, Schrift, 66–69.

an dieser Stelle und könnte ein Neologismus des Eph-Verfassers sein. Sie ist anschaulich, und ihr kognitiver Prozess ist leicht nachvollziehbar. Der Glaube schottet allerdings nicht blind ab, sondern verschafft einen Schutz gelassener und überlegener Geborgenheit, einen Mut zur Sinnhaftigkeit allen Daseins. Das macht V.16b – wieder mit einer metaphorischen Kriegsszene – deutlich: Die Brandpfeile[68] der Angreifer werden durch den Glauben gelöscht. Auch das ist eine Metaphorik der Abwehr, nicht des Angriffs. Die Brandpfeile gehen aus von „dem Bösen" (Gen. auctoris), womit wohl der in 6,11 genannte „Teufel" (διάβολος) gemeint ist.[69]

17 Die Reihe der vier Partizipien (περιζωσάμενοι, ἐνδυσάμενοι, ὑποδησάμενοι, ἀναλαβόντες) ist beendet. Nun folgt, mit καί angereiht, ein Imperativ (die erste finite Verbform nach στῆτε in V.14): „Empfangt!" (δέξασθε). Dieser Imperativ steht in der Mitte zwischen zwei Objekten: „und den Helm der Rettung[70] *empfangt* und das Schwert des Geistes …!" Der Ausdruck „Helm der Rettung" (καὶ τὴν περικεφαλαίαν τοῦ σωτηρίου) greift auf 1Thess 5,8 zurück (καὶ περικεφαλαίαν ἐλπίδα σωτηρίας).[71] Beide Stellen sind aber zugleich auch durch Jes 59,17 beeinflusst:

Jes 59,17b: καὶ περιέθετο   περικεφαλαίαν   σωτηρίου ἐπὶ τῆς κεφαλῆς
1Thess 5,8: καὶ   περικεφαλαίαν   ἐλπίδα σωτηρίας
Eph 6,17a: καὶ   τὴν   περικεφαλαίαν   τοῦ σωτηρίου

Eph 6,17a kommt dabei Jes 59,17b noch näher als 1Thess 5,8 (σωτηρίου statt σωτηρίας).[72] Es folgt – wieder wie in V.16a durch καί angeschlossen – eine sechste Waffenmetapher, die wie die dritte eine Angriffswaffe zum Bildspender hat: das „*Schwert* des Geistes" (τὴν μάχαιραν τοῦ πνεύματος). Πνεῦμα ist – wie überwiegend im NT – der Geist Gottes. Der Geist Gottes ist eine aktive Wirkung Gottes auf die Schöpfung, eine δύναμις.[73] In jüdischer Tradition ist das „Wort" oder

---

[68] Τὸ βέλος („Wurfgeschoss", „Pfeil") im NT nur hier. Der Gebrauch von Brandpfeilen im Krieg ist in der antiken Lit. mehrfach bezeugt (vgl. die drei bei BAUER/ALAND, Wb., 278, genannten Belege).
[69] Die Setzung des Artikels τά vor πεπυρωμένα (BDR § 269,3 A 6) in ℵ A D² Ψ 0278. 33 u.a. dürfte grammatikalische bzw. stilistische Verbesserung sein (BEST, Eph, 601 A 22). Dem Verfasser des Eph lag vielleicht mehr an der Klangfigur πάντα τὰ βέλη τοῦ πονηροῦ πεπυρωμένα σβέσαι (π- bzw. Labial-Alliteration und vor allem Rhythmus, der durch den Artikel gestört wäre).
[70] Es handelt sich um einen Gen. qualitatis, allerdings nicht im Sinne von „den rettenden Helm", denn dann wäre die Metapher aufgehoben. Die Übersetzung „den Helm der Rettung" lässt das metaphorische Verständnis noch zu.
[71] Τὸ σωτήριον bedeutet das „Rettungsmittel" (so Eph 6,17); in 1Thess 5,8 wird aber σωτηρία („Rettung", „Heil") gebraucht. Dort ist zu übersetzen: „bekleidet mit dem Panzer des Glaubens und der Liebe und als Helm die Hoffnung auf Heil".
[72] Dafür entspricht 1Thess 5,8 darin Jes 59,17, dass die Artikel fehlen. Die Artikel in Eph 6,13–17 sind dadurch bedingt, dass die metaphorischen Bildspender (und teilweise dann auch die Bildempfänger) bereits determinierte Größen sind.
[73] Der Begriff der δύναμις θεοῦ entstand im alexandrinischen Judentum, um bei der zunehmenden Transzendierung Gottes („negative Theologie") den Gedanken des Wirkens Gottes auf die Schöpfung

das „Reden" Gottes (λόγος oder ῥῆμα θεοῦ) eine wirkende Handlung, eine Tat.[74] Eine hypostasierte oder personifizierte Größe ist der Begriff λόγος (θεοῦ) erst in späteren Schriften des NT geworden: Hebr 4,12f; Joh 1,1.14; 1Joh 1,1; Apk 19,13. ῥῆμα θεοῦ hat im Unterschied zu λόγος θεοῦ eher die Bedeutung eines sich aktual verselbständigenden und realisierenden Ausspruchs Gottes (Lk 3,2) bzw. Christi (Hebr 1,3[75]). In Hebr 11,3 ist es das Schöpfungswort Gottes (Gen 1,1.3 u. ö.), auf das in Joh 1,1 aber mit dem Begriff λόγος Bezug genommen wird. Vom „Schwert" (μάχαιρα) im Zusammenhang mit dem Logos Gottes ist in Hebr 4,12 die Rede.[76] Im Hintergrund steht auch Jes 11,4: „... er wird schlagen die Erde mit dem Wort seines Mundes ..." (τῷ λόγῳ τοῦ στόματος αὐτοῦ). – Das heißt nun, dass die Angesprochenen das „Schwert des Geistes, das Wort Gottes" nehmen sollen. Das ist die Hauptwaffe Gottes: mit dem Wort die Menschen zu überzeugen. Das meinte auch Paulus, wenn er das Evangelium als eine δύναμις θεοῦ εἰς σωτηρίαν[77] („eine Kraft Gottes zur Erlösung": Röm 1,16) bezeichnet.

18 Nach diesem rhetorisch kunstvollen Appell wird „Paulus" persönlich. Jetzt tauchen wieder Ich-Formen auf (V.19f: ὑπὲρ ἐμοῦ ... μοι ... μου ... με).[78] Es geht um seine ihm bevorstehende Lage. Die Fiktion ist folgende: „Paulus" ist Gefangener in Rom und erwartet seinen Prozess. Er bittet um die geistliche Gebetsunterstützung der Adressaten für seine Mission, sich im Prozess frei zum Evangelium bekennen zu können (V.19f). Zunächst aber fordert er Fürbitte für „alle Heiligen" (V.18). Die Verse 18–20 bilden *einen* Satz. Merkwürdigerweise hat dieser Satz kein Hauptverb. Der „Obersatz" enthält nur Partizipien[79] (προσευχόμενοι,

---

zu bewahren. Im Hintergrund steht die aristotelische Vorstellung vom „unbewegten Beweger". Nach Philon von Alexandria wirkt Gott durch seine δυνάμεις (Mittlergrößen) auf die Welt. Der Inbegriff dieser „Kräfte" Gottes ist für Philon der „Logos". Paulus nennt Christus ebenso wie das Evangelium δύναμις („Kraft") und σοφία („Weisheit") Gottes (Röm 1,16; 1Kor 1,24). Die „Weisheit" unterscheidet sich kaum vom „Logos" (vgl. Joh 1,1–18).

[74] דָּבָר kann neben „Wort", „Ausspruch", auch „Sache" und „Tat" bedeuten. In LXX steht dafür überwiegend λόγος (Logos). Das Gleiche gilt für ῥῆμα („Wort", „Ausspruch"). Das Wort wirkt wie eine Tat. Es setzt Wirklichkeit und ist immer Schöpfungswort. Die wirkende Dinglichkeit des Wortes spielt in der Mythologie eine wesentliche Rolle und hat überlebt in den sogenannten deklarativen Sprechakten, die das Gesprochene in „Wirklichkeit" einsetzen. So hat Goethes Wiedergabe von Joh 1,1 („Im Anfang war der Logos") durch die Übersetzung „im Anfang war die *Tat*" (Faust I, Z.1237) eine Berechtigung.

[75] Dort wird „der Sohn" als „Abglanz" von Gottes Herrlichkeit und als „Abdruck" seines Wesens bezeichnet, der das „All durch das Wort seiner Macht trägt" (φέρων τε τὰ πάντα τῷ ῥήματι τῆς δυνάμεως αὐτοῦ). Das „Macht-Wort" ist hier von der Person Christi selbst als bewahrendes und welterhaltendes Mittel abgehoben.

[76] „Lebendig nämlich ist das Wort Gottes (ὁ λόγος τοῦ θεοῦ) und wirksam und schärfer als jedes zweischneidige Schwert und durchdringend bis zur Trennung von Seele und Geist (ψυχῆς καὶ πνεύματος), von Gelenken und Mark, und urteilend über die Gesinnungen und Gedanken des Herzens." Vgl. auch SapSal 18,15; Apk 1,16; 2,12 – vor allem aber auch die Vision des λόγος τοῦ θεοῦ in Apk 19,11–13, des siegreich am Ende erscheinenden Christus. – In Apk erscheint für „Schwert" das größere Wort ῥομφαία (Apk 1,16; 2,12.16; 6,8; 19,15.21 – sonst nur noch Lk 2,35).

[77] Vgl. in Eph 6,17 das Stichwort τὸ σωτήριον.

[78] Vgl. 1,16; 3,1.2.3.4.7.8.13.14; 4,1; 5,32; es folgen noch 6,20.21.

[79] Vgl. Röm 12,9–21, wo Paulus die paränetischen Imperative durch beschreibende Partizipien ersetzt.

ἀγρυπνοῦντες); ihm ist ein Finalsatz angefügt (ἵνα), dem ein finaler Infinitivsatz folgt, von dem ein Relativsatz abhängig ist (ὑπὲρ οὗ), dem noch ein Finalsatz (ἵνα) folgt. Die Pointe des Satzes ist der Übergang von der Fürbitte für alle „Heiligen" (= Christen) zum speziellen Gebet für den Apostel, also von V.18 zu V.19 (περὶ πάντων τῶν ἁγίων/καὶ ὑπὲρ ἐμοῦ). – Mit διά beginnt auch die Danksagung in 1,15. Προσευχή (das allgemeine Wort für „Gebet") begegnet bei Paulus relativ selten und im Eph nur an dieser Stelle.[80] Δέησις ist „Bittgebet".[81] προσευχῆς ... προσευχόμενοι bildet wieder eine rhetorische Figur, eine *Paronomasie*, genauer: eine *figura etymologica*.[82] Προσευχή und δέησις sind weitgehend synonym gebraucht (Anbetung, Bittgebet und Fürbittgebet). Es soll „zu jeder Zeit" geschehen, und zwar „im Geist". Danach wird das Beten nicht als ein bewusst formulierter, zeitlich begrenzter „mündlicher" Sprechakt verstanden, sondern als eine ständige Bewusstseinsform im Geist, die sich – in beiderlei Richtung – auf Gott und den nächsten Menschen bezieht. Eben dazu (εἰς αὐτό) ist „Wachsein" (ἀγρυπνοῦντες) nötig.[83] Diese Gebetshaltung „im Geist" ist auch eine Gebetshaltung im „wachen" Verstand. Das Wort προσκαρτέρησις („Ausdauer", „Geduld", „Beharrlichkeit" – das Substantiv nur hier im NT) vermittelt den Gedanken, dass das Gebet langen Atem braucht. δέησις (bittendes Gebet) bezieht sich auf das Bitten für die „Heiligen", d.h. entweder für alle Mitchristen oder speziell für die Apostel. Die erstgenannte Annahme ist wahrscheinlicher.[84] Das Gebet „für alle Heiligen" bezieht sich auf die ganze „Kirche", und dann erst – oder besonders – auf den Apostel.

19 Καὶ ὑπὲρ ἐμοῦ – „(für alle Heiligen) ... *und für mich*". Der (fingierte) Apostel bringt seine (fingierte) Rolle selbst ins Spiel. Er braucht die Fürbitte, um in der Stunde des Martyriums das Bekenntnis freimütig zu proklamieren. Dieser Passus bietet ein deutliches Indiz für die Pseudonymität des Epheserbriefes. Ohne den Ort zu nennen, gibt der Eph indirekt vor, aus Rom geschrieben zu sein. Gerichtet ist er an die kleinasiatischen Gemeinden.[85] Die spätere Adresse τοῖς ἁγίοις τοῖς

---

[80] Röm 12,12; 1Kor 7,5; Phil 4,6 (Kol 4,2). Die Verbindung mit προσκαρτερεῖν (Eph 6,18b) findet sich in Röm 12,12 und Kol 4,2. Προσευχῇ προσκαρτερεῖν ist eine konventionelle Wortverbindung.
[81] In Eph nur hier.
[82] S.o. A 61 zu 1,3b.
[83] THEOBALD/PILLINGER, Eph, 198: „Den Blick für den Nächsten bringt freilich nur der auf, der von sich selbst abzusehen gelernt hat – gerade auch im Gebet. Dieses setzt Wachsamkeit voraus und Sensibilität in der Begegnung mit den Anderen. ‚Aufmerksamkeit ist das natürliche Gebet der Seele', sagt Paul Celan [Der Meridian, in: Tübinger Ausgabe, Frankfurt/M. 1999, S. 9]; das Gebet ‚im Geist' ist Aufmerksamkeit in der Gegenwart Gottes."
[84] Οἱ ἅγιοι bedeutet hier entweder alle Christen (1,1.15.18; 3,18; 4,12; 5,3) oder die (judenchristlichen) Apostel. Letzteres könnte die Fortsetzung (6,19) nahelegen, wo es um die Fürbitte für den Apostel geht. Aber auch der Paulus des Eph schließt sich mit allen „Heiligen" (= Christen) zusammen (1,1.18; 5,3; vgl. 1Kor 1,2). Deshalb ist die gemeinchristliche Deutung wahrscheinlicher.
[85] LINDEMANN, Bemerkungen, 243, vermutet: „Die historische Voraussetzung könnte die domitianische Verfolgung in Kleinasien im Jahre 96 gewesen sein".

οὖσιν ἐν Ἐφέσῳ[86] ist deshalb naheliegend, insofern Ephesus die Hauptstadt der Provinz Asia ist. Der erste Finalsatz (mit ἵνα) lehnt sich an Kol 4,3 an: ἵνα μοι δοθῇ λόγος ἐν ἀνοίξει τοῦ στόματός μου, ἐν παρρησίᾳ γνωρίσαι τὸ μυστήριον … (Kol 4,3: ἵνα ὁ θεὸς ἀνοίξῃ ἡμῖν θύραν τοῦ λόγου λαλῆσαι τὸ μυστήριον …).
Der Apostel braucht das für ihn vollzogene Gebet seiner Adressaten, um im Martyrium „das Geheimnis des Evangeliums"[87] zu proklamieren und zu demonstrieren. Während es sich in Kol 4,3 um die Öffnung einer *Tür* für die Mission handelt[88], geht es in Eph 6,19 um die „Öffnung des *Mundes*". Diese Wendung stammt aus der Prophetie.[89] Das „Wort" wird dem Apostel in den geöffneten Mund eingegeben, auf dass dieser das „Geheimnis des Evangeliums" freimütig (ἐν παρρησίᾳ[90]) bekannt mache. Die fingierte Situation des Apostels ist die des Martyriums (vgl. V.20). Dafür spricht bereits die Aufforderung zur Fürbitte „für mich", nämlich, dass der Apostel den Mut finde, furchtlos und offen das „Geheimnis des Evangeliums"[91] (nämlich die Bekehrung der Völker) zu propagieren. Dieser Befund ist ein Indiz für eine relativ späte Abfassungszeit des Eph.[92]

20 In einem abschließenden Relativsatz wird die Funktion des Apostels als die eines „Botschafters" bezeichnet (πρεσβεύω) – freilich eines Botschafters, an dem sich die Adressaten der Legation feindlich vergreifen. Schon in der Antike gab es diplomatische Gepflogenheiten zum Schutze von Boten, die allerdings oft provokativ gebrochen wurden. Damals wie heute konnte das dann einen *casus belli* bedeuten. Hier aber ist der „in Ketten" gelegte (ἐν ἁλύσει) „Botschafter" selber Veranschaulichung und Ausdruck seiner Botschaft. ὑπὲρ οὗ kann sich hier nicht (wie in der griechischen Gesandtschaftsterminologie üblich) auf die Person, die vom Gesandten vertreten wird, beziehen (so aber in 1Kor 5,20: ὑπὲρ Χριστοῦ), sondern auf

---

[86] S.o. zu 1,1.
[87] τοῦ εὐαγγελίου fehlt in wichtigen Handschriften (vor allem B) – offenbar unter Einfluss von 3,3 – steht aber in ℵ A D u.a. Aber der Inhalt des „Mysteriums" ist an beiden Stellen die Botschaft (Evangelium) an die Völker.
[88] In diesem Kontext begegnet die Metapher der geöffneten Tür häufiger: Apg 14,27; 1Kor 16,9; 2Kor 2,12.
[89] Z.B. Ez 3,27 (ἀνοίξω τὸ στόμα σου); 24,27 (ἐν ἐκείνῃ τῇ ἡμέρᾳ διανοιχθήσεται τὸ στόμα σου); 29,21 (σοὶ δώσω στόμα ἀνεῳγμένον); 33,22 (ἤνοιξέν μου τὸ στόμα).
[90] Παρρησία bedeutet ursprünglich die „(Rede-)Freiheit der freien Bürger in der attischen Demokratie" (H. BALZ, EWNT² 3, 105–112, 106). Später wird sie zur Tugend, wenn jemand in repressiver Situation offen und mutig redet und dabei Sanktionen in Kauf nimmt. Diese „Freiheit" (die eine Beziehung zur stoischen Freiheit hat) ist den Christen „in Christus" als ihrem Herrn gegeben (3,12 – s.o. A 181 zu 3,12). Das gilt beispielgebend für den Apostel.
[91] τοῦ εὐαγγελίου fehlt in B F G u.a., steht aber in ℵ A D u.a. Wenn es sich um eine Zufügung handeln sollte, hätte man τοῦ Χριστοῦ (3,4) oder τοῦ θεοῦ (Kol 2,2; 4,3) erwartet. Vor allem aber ist der Begriff εὐαγγέλιον vom Kontext gefordert.
[92] Das setzt möglicherweise schon eine Situation voraus, wie sie vergleichbar im Briefwechsel zwischen Plinius d. J. und Trajan erkennbar ist; vgl. dazu REICHERT, Konfusion, und THRAEDE, Plinius d. J. Aber auch der 1Petr hat schon diese Tendenz (den Reichert deshalb in die trajanische Zeit datieren möchte).

die Botschaft selbst, für die der Gesandte eintritt.[93] Der den Gesandten Beauftragende wird nicht genannt, ist aber aus dem ganzen Schreiben zu erschließen: Es ist Gott, der den Apostel beauftragt hat, das „Geheimnis Christi"[94] bekannt zu machen und seinen Inhalt im Evangelium für die Völker durchzusetzen (3,1–13). Dies geschieht in der offenen Rede.[95] Das Verbum πρεσβεύειν („als Gesandter auftreten") kommt im NT nur noch 2Kor 5,20 vor. Der abschließende Finalsatz mit ἵνα kommt auf die Aufgabe des Gesandten zurück: die apostolische Pflicht, offen die dem Legaten aufgetragene Botschaft zu proklamieren. Das kostet – so können die Leser aus der Rückschau auf die Biographie des Apostels schließen – den von Gott beauftragten Gesandten das Leben (vgl. Kol 1,24; Eph 3,13). Das Verb παρρησιάζεσθαι[96] entspricht genau dem semantischen Gehalt des Nomens.[97] Ἐν αὐτῷ bezieht sich (im Zusammenhang mit παρρησιάσωμαι) wie ὑπὲρ οὗ (im Zusammenhang mit πρεσβεύω) auf das „Geheimnis des Evangeliums", also auf den Gegenstand der öffentlichen Rede und der Legation. Am Schluss dieses Briefteils steht die Aussage vom „Zwang", ein „Muss" des Apostels: „wie ich reden muss" (ὡς δεῖ με λαλῆσαι). Diese Wendung ist dem Kol entnommen (4,4). Es ist die einzige Stelle, wo im Eph ein δεῖ („muss") vorkommt. Ein solches δεῖ gehört vorwiegend in den Evangelien zu den christologischen Aussagen. In den deuteropaulinischen Briefen werden derartige passionstheologischen Aussagen (wenn auch – abgesehen von dieser Stelle – nicht mit δεῖ) über Paulus gemacht (neben Eph 3,1–13; 6,19f: Kol 1,24; 2Tim 1,8; 2,3.8–13; 4,6–8). Man hat – in Entsprechung zum Terminus „Christologie" – in diesem Zusammenhang treffend von einer „Paulology" („Paulologie") gesprochen.[98]

Während der erste (epideiktische) Hauptteil des Eph mit einer Doxologie (3,20–21)[99] endete und der zweite (Paränese) mit einer „Haustafel",[100] bildet 6,10–20 einen Schlussappell, dem nur noch ein brieflicher Abschluss folgen kann, der dem Präskript 1,1–2 zyklisch entspricht. Diesem regulären Briefschluss ist jedoch noch ein (angeblich informativer, persönlicher) Passus vorangestellt (6,21–22). Es ist der einzige Abschnitt, der im ganzen „Brief" (scheinbar) konkrete Situationsinformation vermittelt. Er gehört jedoch nicht mehr zur *Peroratio*, sondern zum formalen Briefschluss, dem Eschatokoll (6,21–24).

---

[93] BASH, 130f.
[94] Gen. obiectivus (BDR § 163,1 mit A 2).
[95] V.19: die dem Gesandten eingegebene Rede (λόγος), die dieser frei und öffentlich (ἐν παρρησίᾳ) proklamiert; vgl. BASH, 131. MARROW, 446, behauptet, die Christen hätten eine Sonderbedeutung von παρρησία gehabt, die nicht mit der demokratischen Redefreiheit zusammenhinge, sondern den freien Gebetszugang zu Gott (vgl. Eph 3,12: παρρησίαν καὶ προσαγωγήν) meine; vgl. dagegen WILD, 290–298, der die politisch-philosophische Grundbedeutung mit einer durch die Schrift vermittelten (z.B. Lev 16,13; SapSal 5,1) kombinieren möchte. Aber die LXX-Belege sind selber hellenistisch geprägt.
[96] Im NT sonst 7mal in Apg (9,27.28; 13,46; 14,3; 18,26; 19,8 und 26,26) und 1Thess 2,2.
[97] Vgl. 1Thess 2,2: mit der Konnotation, für das Proklamieren der Botschaft Gottes zu leiden.
[98] WILD, 289; unabhängig davon auch LÄGER, Pastoralbriefe, 128–130.
[99] In zyklischer Entsprechung zur Briefeingangseulogie 1,3–14.
[100] Die dreiteilige „Haustafel" 5,21–6,9 entspricht zyklisch dem dreiteiligen ekklesiologischen Teil 4,1–16.

6,21–24: Der Briefschluss

(21) Damit aber auch ihr wisst, was mich betrifft, wie es mir geht, wird euch Tychikos alles mitteilen, der geliebte Bruder und zuverlässige Diener im Herrn,
(22) den ich zu euch schicke eben dazu, dass ihr erfahrt, wie es um uns steht, und er eure Herzen tröste.

(23) Friede den Geschwistern und Liebe mit Glauben
von Gott, dem Vater, und dem Herrn Jesus Christus.
(24) Die Gnade sei mit allen, die unseren Herrn Jesus Christus lieben, in Unverweslichkeit.

BERGER, Gattungen 1048.1348–1350; M. MÜLLER, Schluß; MULLINS, Greeting; SCHNIDER/STENGER, Briefformular 71–167; WEIMA, Endings; WHITE, Greek Letters; DERS., Epistolary Literature.

Die Briefschlüsse innerhalb des Corpus Paulinum sind formal offener und weniger einheitlich geprägt als die Präskripte. Zunächst wird man zwischen Briefkorpusabschluss und Briefschluss zu unterscheiden haben.[1] Auch wenn der Eph in diesen Zusammenhängen fast nie behandelt wird, könnte man die *Peroratio* 6,10–20 als Korpusabschluss ansehen.[2] Zum Briefschluss selber gehören dann die Elemente Grüße, der „Heilige Kuss", Eigenhändigkeitsvermerk, Empfehlung und vor allem der Gnadenwunsch.[3] Am häufigsten finden sich in den Briefschlüssen Grüße[4] und Gnaden- bzw. Friedenswunsch.[5] Der Eph enthält überhaupt keine Grüße, bringt dafür aber als Abschluss sowohl einen Friedenswunsch (V.23) als auch einen Gnadenwunsch (V.24) – beide weichen aber im Wortlaut von den sonst begegnenden Formulierungen erheblich ab. Auffällig ist das Fehlen der Grüße, zumal dem Ver-

---

[1] MÜLLER, 78–82; der Briefkorpusabschluss wird von Müller als *Überleitung* zum Briefschluss definiert. Als Beispiel nennt er 1Thess 5,23–24. Die Verse 5,25–28 stellen dann den Briefschluss dar (S. 83–129).
[2] MÜLLER, 138, rechnet (im Anschluss an WHITE, Greek Letters) zum Briefkorpusabschluss: „Ausdruck der Zuversicht für die Bereitschaft der Leser, die Anweisungen des Apostels zu befolgen", Empfehlung des Boten, Besuchsankündigungen, Schlussparänese (Peroratio!), perlokutionärer „konduktiver Gotteszuspruch" (z.B. 1Thess 5,23f).
[3] MÜLLER, 138.
[4] 1Kor 16,19f; 2Kor 13,11f; Phil 4,21f; Kol 4,10–17; 1Thess 5,26; 2Thess 3,17 (Gruß mit Eigenhändigkeitsvermerk); 2Tim 4,19–21; Tit 3,15a; Phlm 23f. Beim Römerbrief sind die Grüße im (vermutlich) begleitenden Empfehlungsschreiben für Phoebe übermittelt. Der Röm selber enthält als Abschluss nur den Friedenswunsch 15,33.
[5] WEIMA, 77–103, unterscheidet hierbei noch einmal zwischen „Grace Benediction" (χάρις) und „Peace Benediction" (εἰρήνη); Gnadenwunsch: Röm 16,20b; 1Kor 16,23; 2Kor 13,13; Gal 6,18; Phil 4,23; 1Thess 5,28; 2Thess 3,18; Kol 4,18b; 1Tim 6,21b; 2Tim 4,22b; Tit 3,15b (Hebr 13,25; Apk 22,21); – Friedenswunsch: Röm 15,22; 16,20a; 2Kor 13,11; Phil 4,9b; 1Thess 5,23; 2Thess 3,16 (Gal 6,16). – Weima übergeht dabei den Befund, dass Eph 6,23–24 sowohl einen Gnaden- (V.23) als auch einen Friedenswunsch (V.24) enthält (wie Röm 16,20; 2Kor 13,11.13; Gal 6,16.18; Phil 4,9b.23; 1Thess 5,23.28; 2Thess 3,16.18).

fasser die lange Grußliste des Kol (4,10–17) vorlag. Dafür aber hat er die Personalnotiz über Tychikos fast wörtlich übernommen (Kol 4,7–9).[6] Sie enthält den einzigen konkreten Namen (abgesehen von dem des „Paulus": 1,1; 3,1) im ganzen Schreiben.[7] Funktional ersetzt sie das Motiv der „apostolischen Parusie", d. h. des Besuchs des Apostels oder eines seiner Gesandten.[8] Die Stellung des Parusie-Motivs variiert in den Briefen: Es kann vor dem Briefschluss (Grüße und Gnaden- bzw. Friedenswunsch) stehen (so in Phlm, Kol, Eph und Hebr) oder danach (1Kor, 2Kor). Im Röm (Kap. 1–15) und Phil ist das Besuchsmotiv im Briefkorpus selber zum ausführlich behandelten Thema geworden (Röm 15,14–27; Phil 2,19–30). In Röm 16,[9] Gal, 1Thess und 2Thess fehlt es.

	Röm 1–15	*Röm 16*	*1Kor*	*2Kor*	*Phil*
Schlussparänese:	15,30–32 (2)	16,17–20 (2)	16,13–18 (2)	13,11 (2)	4,1–9 (2)
Parusie:	15,14–27 (1)	–	16,5–12 (1)	12,14–13,10 (1)	2,12–30 (1)
Gruß (Grüße):	–	16,1–16.21–23 (1; 3)	16,19–20 (3)	13,12 (3)	4,21–22(3)
Gnadenwunsch:	15,33 (3)	16,24 (4)	16,23–24 (4)	13,13 (4)	4,23 (4)

	Phlm	*Kol*	*Hebr*	**Eph**
Schlussparänese:	21 (1)	4,2–6 (1)	13,1–22 (1)	**6,10–20** (1)
Parusie:	22 (2)	4,7–9 (2)	13,23 (2)	**6,21–22** (2)
Gruß (Grüße):	23–24 (3)	4,10–17 (3)	13,24 (3)	–
Gnadenwunsch:	25 (4)	4,18 (4)	13,25 (4)	**6,23–24** (3)

	Gal	*1Thess*	*2Thess*
Schlussparänese:	6,11–17	5,12–24	3,1–16
Parusie:	–	–	–
Gruß (Grüße):	–	5,26f	–
Gnadenwunsch:	6,18	5,28	3,18

Die Reihenfolge der Schluss-Topoi in Kol und Eph ist sehr wahrscheinlich durch Phlm vorgegeben.[10]

Bemerkenswert ist die Verarbeitung der Tychikos-Notiz aus Kol 4,7–9 durch den Verfasser des Eph:

---

[6] Dies ist eins der stärksten Indizien für die Hypothese von der literarischen Benutzung des Kol als Vorlage für die Abfassung des Eph.
[7] Selbst der Name „Ephesus" fehlt (dazu s. o. zu 1,1).
[8] Zu diesem Abschluss-Motiv vgl. FUNK, Parusia, 424–430; SCHNIDER/STENGER, 92–107.
[9] Röm 16 ist wahrscheinlich ein separates, Röm 1–15 begleitendes Empfehlungsschreiben für Phoebe gewesen.
[10] Für Hebr 13,23 ist eine solche Beziehung weniger wahrscheinlich. Die Rolle des Timotheos ist dort aber eine ähnliche wie die des Tychikos in Kol 4,7–9 und Eph 6,21f. προσεύχεσθε περὶ ἡμῶν (Hebr 13,18a) hat überdies Ähnlichkeit mit Kol 4,3 (προσευχόμενοι ... περὶ ἡμῶν) und Eph 6,18f (προσευχόμενοι ... περὶ πάντων τῶν ἁγίων καὶ ὑπὲρ ἐμοῦ). Vermutlich ist der briefliche Schluss des Hebr in paulinischen Kreisen entstanden.

Kol 4,7–9	Eph 6,21–22
	21 ἵνα δὲ εἰδῆτε καὶ ὑμεῖς
7 τὰ κατ' ἐμὲ	τὰ κατ' ἐμέ, τί πράσσω,
πάντα γνωρίσει ὑμῖν Τύχικος,	πάντα γνωρίσει ὑμῖν Τύχικος,
ὁ ἀγαπητὸς ἀδελφὸς καὶ πιστὸς διάκονος	ὁ ἀγαπητὸς ἀδελφὸς καὶ πιστὸς διάκονος
καὶ σύνδουλος ἐν κυρίῳ,	ἐν κυρίῳ,
8 ὃν ἔπεμψα πρὸς ὑμᾶς εἰς αὐτὸ τοῦτο, ἵνα γνῶτε τὰ περὶ ἡμῶν καὶ παρακαλέσῃ τὰς καρδίας ὑμῶν	22 ὃν ἔπεμψα πρὸς ὑμᾶς εἰς αὐτὸ τοῦτο, ἵνα γνῶτε τὰ περὶ ἡμῶν καὶ παρακαλέσῃ τὰς καρδίας ὑμῶν.
9 σὺν Ὀνησίμῳ τῷ πιστῷ καὶ ἀγαπητῷ ἀδελφῷ, ὅς ἐστιν ἐξ ὑμῶν· πάντα ὑμῖν γνωρίσουσιν τὰ ὧδε.	

Die wörtlichen Übereinstimmungen sind gravierend und können nur durch Benutzung erklärt werden. Es gibt aber drei Unterschiede: (1.) Eph hat eine ausführlichere Einleitung („damit aber auch ihr wisst ..., wie es mir geht ..."); (2.) Die Bezeichnung des Tychikos als „Mitsklave" (σύνδουλος) fehlt in Eph; (3.) Die Erwähnung des Onesimos, der nach der Aussage des Kol aus Kolossä stammt (Kol 4,9), fehlt ebenfalls. Wahrscheinlich hat der Verfasser des Eph die mit Kolossä in Verbindung stehende Person des Onesimos aus Gründen der Pseudonymität verschweigen müssen (was die Annahme fordert, dass Eph den Kol benutzt hat). Das würde voraussetzen, dass der Eph im Bereich von Kolossä (im Lykostal mit den weiteren Städten Hierapolis und Laodicea) entstanden wäre – zumal die Angabe ἐν Ἐφέσῳ im Präskript nicht ursprünglich sein wird.[11]

21 Die Einleitung von V.21 ist gegenüber Kol 4,7 erweitert. Das in Kol als Objekt von γνωρίσει vorgegebene τὰ κατ' ἐμέ wird nun Objekt in einem vorangestellten Finalsatz („damit aber auch ihr das mich Betreffende wisst ...!"). Parenthetisch wird τί πράσσω hinzugefügt, eine stehende Redewendung mit der intransitiven Bedeutung „wie es mir geht".[12] Das „mich Betreffende" wird dadurch ein wenig spezifiziert. Es geht um die Situation des Paulus in der Gefangenschaft. καὶ ὑμεῖς[13] ist emphatisch aufzufassen.[14] Da hier eine bewusste Bezugnahme auf Kol 4,7–9

---

[11] S.o. Einleitung § 5; § 6 und zu 1,1.
[12] BAUER/ALAND, Wb., 1400.
[13] Hier gibt es jedoch textkritische Probleme: ℵ A D u.a. haben καὶ ὑμεῖς ἴδητε (εἰδῆτε: D¹) – was die Emphase abmildern würde. In p⁴⁶ 33 fehlt καὶ ὑμεῖς (und damit die Emphase). Die Satzstellung εἰδῆτε (ἴδητε) καὶ ὑμεῖς (Text Nestle-Aland²⁷) wird bezeugt von B K (018) L (020) Ψ (044) 075. 0278. 1739. 1881 u.a.
[14] MEYER, Eph, 16.283; SCHLIER, Eph, 305f. Beide setzen allerdings Verfasserschaft des Paulus voraus, was keineswegs notwendig ist. DIBELIUS, Eph, 99, nimmt an, „es mag laxe Stellung von καί (...) anzunehmen und καί mit εἰδῆτε zu verbinden sein"; ähnlich GNILKA, Eph, 321: „Wir werden es mit einem

vorliegt, ist der Sinn: „auch *ihr* (neben den Kolossern)". Der Verfasser setzt bei seinen Adressaten die Kenntnis des Kol voraus und baut diese in seine Abfassungsfiktion mit ein.[15] Das wiederum setzt voraus, dass der Eph nicht nur den Kol benutzt hat, sondern dass seine Adressaten auch im Rezeptionsumkreis des Kol zu suchen sind.

Darauf folgt der Hauptsatz wörtlich wie in Kol 4,7. Tychikos stammt nach Apg 20,4 aus Asien. 2Tim 4,12 heißt es, Paulus habe ihn nach Ephesus geschickt. Möglicherweise ist aufgrund dieser Notiz später die Adresse „An die Epheser" entstanden. Dann wäre Tychikos als der Überbringer des Briefes gedacht, der weitere persönliche Nachrichten mündlich mitgebracht hätte. Dass der Verfasser des Eph selbst aber schon 2Tim 4,12 gekannt hätte, ist unwahrscheinlich, ebenso die umgekehrte Vermutung, die Notiz in 2Tim 4,12 sei aufgrund der Adresse des Eph entstanden. Wo (gemäß der Fiktion der Gefangenschaft) sich Paulus befindet, kann zwar lediglich vermutet werden, doch in Frage kommt eigentlich nur Rom.[16] Tychikos wird im Anschluss an Kol 4,7 „der geliebte Bruder und zuverlässige Diener im Herrn" genannt. Als Attribut zu einem Namen wird familiares ἀγαπητός[17] in den neutestamentlichen Briefen häufig gebraucht. Im Unterschied zum Wort δοῦλος, das einen Stand der Abhängigkeit bezeichnet, impliziert διάκονος eine Funktion, die auch freiwillig ausgeübt werden kann. Die in Kol 4,7 gebrauchte zweite Bezeichnung des Tychikos, σύνδουλος[18], wird aus diesem Grunde in Eph weggelassen. Πιστός heißt in diesem Zusammenhang „zuverlässig". Ἐν κυρίῳ gibt das Feld an, auf dem der zuverlässige Dienst geschieht: Dienst am Evangelium vom Herrn (Christus).

22 Tychikos, den „geliebten Bruder und zuverlässigen Diener im Herrn", hat Paulus zu den Adressaten geschickt (ἔπεμψα), „eben dazu, dass …". ἔπεμψα ist Aorist des Briefstils.[19] Die Formulierung εἰς αὐτὸ τοῦτο („eben dazu")[20] ist auffällig. εἰς τοῦτο („dazu") hätte genügt. Die Wendung bezieht sich auf V.21 (= Kol 4,7), nämlich die Information über den Zustand des Paulus: Ausschließlich *dazu* hat Paulus den Tychikos zu den Briefadressaten geschickt. Der folgende Finalsatz

---

ganz unakzentuierten καί zu tun haben." Das ist aufgrund der Satzstellung (δὲ … καί) unwahrscheinlich.

[15] Vgl. GNILKA, Eph, 321: „Vertreter der Deuteropaulinizität erblicken im καὶ ὑμεῖς die Absicht, den Eindruck zu erwecken, unser Schreiben sei synchron mit dem Kolosserbrief abgefaßt" (mit Verweis auf OCHEL, Annahme, 4f). Die Annahme von Synchronizität ist aber nicht nötig; es genügt, dass die Adressaten Kenntnis vom Kol hatten.

[16] Einige Textfassungen der Subscriptio haben zusätzlich zur Angabe Πρὸς Ἐφεσίους noch ἐγράφη ἀπὸ Ῥώμης (B¹ P) oder zusätzlich dazu noch διὰ Τυχίκου; vgl. die Subscriptio des Kol.

[17] Meist zu „Kind", „Sohn" oder „Bruder".

[18] Die Bezeichnung des Tychikos als σύνδουλος ergibt sich dadurch, dass in Kol Onesimos erwähnt wird, der Sklave, der im Phlm die Hauptrolle spielt. Im Eph aber wird die Erwähnung des Onesimos gestrichen. Folglich ist die Bezeichnung des Tychikos als „Mitsklave" überflüssig. Damit wird aber die Stellung des Tychikos zugleich aufgewertet.

[19] BDR § 334 A 2.

[20] BAUER/ALAND Wb., 246, 1h.

6,21-24 Der Briefschluss

nimmt den Inhalt von V.21 wieder auf,[21] doch enthält er zwei Innovationen: (1.) statt τὰ κατ' ἐμέ („was *mich* betrifft") steht nun der Plural: „wie es um *uns* steht" (τὰ περὶ ἡμῶν); (2.) Tychikos soll die Herzen der Adressaten trösten. – Die zweite Aussage scheint ambivalent zu sein. Doch παρακαλεῖν heißt hier wahrscheinlich „trösten" (nicht „ermahnen"). Dann ist diese Aussage eine implizite Andeutung des Martyriums des Apostels. Schwieriger ist der Plural (τὰ περὶ ἡμῶν) zu erklären. Er ist aus Kol 4,8 übernommen. Dort wird neben Tychikos noch Onesimos genannt, der aber als Begleiter des Tychikos erscheint und nicht bei Paulus bleibt. Der Schlusssatz von Kol 4,9, den Eph (wie auch die Erwähnung des Onesimos) nicht übernommen hat („Alles, was hier vor sich geht [τὰ ὧδε], werden sie [Tychikos und Onesimos] euch mitteilen"), setzt offenbar voraus, dass mehrere Personen sich gemeinsam mit Paulus in gleicher Lage befinden.[22] Diesen Satz musste Eph (wegen der 3. Pers. Plural) fortlassen. Wohl aber konnte er die Bemerkung über die Lage des Apostels inmitten mehrerer Beteiligter in Rom[23] (1. Pers. Plural) übernehmen.

Neben der Ankündigung eines gesandten Vertreters (Tychikos), dem zum Schluss gehörigen Topos der „Apostolischen Parusie", folgt nun der zweite (und letzte) Teil des Briefschlusses: „Friedens-" und „Gnadenwunsch". Das Reguläre in den Paulusbriefen ist der ganz am Schluss stehende *Gnadenwunsch* in der typischen Form ἡ χάρις τοῦ κυρίου (ἡμῶν) Ἰησοῦ (Χριστοῦ) μεθ' ὑμῶν (1Kor 16,23). Mit Variationen erscheint er in allen 14 Briefen des Corpus Paulinum und in Apk 22,21.[24] In den deuteropaulinischen Briefen (mit Ausnahme von 2Thess 3,18) fehlt τοῦ κυρίου (ἡμῶν) Ἰησοῦ (Χριστοῦ). Als Variante von μεθ' ὑμῶν begegnet in vier Fällen μετὰ πάντων ὑμῶν (2Kor 13,13; Tit 3,15b; Hebr 13,25; Apk 22,21 [ohne ὑμῶν]). Eph 6,24 stellt eine Ausnahme dar, insofern μετὰ πάντων ... erweitert wird:

Eph 6,24: ἡ χάρις μετὰ πάντων τῶν ἀγαπώντων τὸν κύριον ἡμῶν Ἰησοῦν Χριστὸν ἐν ἀφθαρσίᾳ

Neben dem Gnadenwunsch erscheint in sieben Paulusbriefen (einschließlich Eph) im Schlussteil außerdem ein *Friedenswunsch*, dessen Form und Stellung vom Gnadenwunsch abweicht:[25]

Röm 15,33:	ὁ δὲ θεὸς τῆς		εἰρήνης	μετὰ πάντων ὑμῶν
Röm 16,20a:	ὁ δὲ θεὸς τῆς		εἰρήνης	συντρίψει τὸν σατανᾶν[26]
2Kor 13,11:	καὶ ὁ	θεὸς τῆς ἀγάπης καὶ	εἰρήνης	ἔσται μεθ' ὑμῶν
Phil 4,9b:	καὶ	ὁ θεὸς τῆς	εἰρήνης	ἔσται μεθ' ὑμῶν

---

[21] Statt εἰδῆτε steht jetzt γνῶτε, und statt τὰ κατ' ἐμέ steht τὰ περὶ ἡμῶν.

[22] BEST, Eph, 616, nimmt an, es gehe bei τὰ περὶ ἡμῶν in Kol 4,8 um das Befinden von Paulus und Tychikos.

[23] Dort wird der Aufenthaltsort des gefangenen und vor dem Martyrium stehenden Apostels vorausgesetzt (vgl. BEST, Eph, 44-46).

[24] Vgl. die Tabelle bei WEIMA, 80.

[25] Vgl. die Tabelle bei WEIMA, 89.

[26] Das doppelte Vorkommen des Friedenswunsches, nämlich in Röm 15 *und* 16, spricht dafür, dass Röm 16 einen eigenständigen Brief (das Empfehlungsschreiben für die Briefbotin Phoebe) darstellt.

1Thess 5,23: αὐτὸς δὲ ὁ θεὸς τῆς   εἰρήνης ἁγιάσει …
2Thess 3,16: αὐτὸς δὲ ὁ κύριος τῆς   εἰρήνης δῴη τὴν εἰρήνην ὑμῖν
Gal 6,16:   καὶ ὅσοι τῷ κανόνι στοιχήσουσιν, εἰρήνη ἐπ' αὐτοὺς καὶ
                                                      ἔλεος …[27]

Der Friedenswunsch begegnet nur in den genuinen Paulusbriefen (mit Ausnahme von 1Kor und Phlm) sowie in 2Thess und Eph. Und er begegnet *immer* vor dem Gnadenwunsch, der ganz am Schluss steht. Im Eph folgen Friedenswunsch und Gnadenwunsch unmittelbar nacheinander:

6,23: εἰρήν τοῖς ἀδελφοῖς καὶ ἀγάπη μετὰ πίστεως ἀπὸ θεοῦ πατρὸς καὶ κυρίου Ἰησοῦ Χριστοῦ
6,24: ἡ χάρις μετὰ πάντων τῶν ἀγαπώντων τὸν κύριον ἡμῶν Ἰησοῦν Χριστὸν ἐν ἀφθαρσίᾳ.

Sowohl „Friede" wie „Gnade" werden mit „Liebe" (V.23: καὶ ἀγάπη, V.24: τῶν ἀγαπώντων) verbunden.

23 Der Eph liebt die chiastische Komposition: Der Eingangsgruß des Präskriptes beginnt in allen Paulusbriefen mit χάρις („Gnade") und εἰρήνη („Frieden"). Im Eschatokoll des Eph erscheinen (in zum Präskript umgekehrter Reihenfolge) εἰρήνη (V.23) und ἡ χάρις (V.24). Während in allen übrigen Friedenswünschen (außer in 1Kor und Gal) am Schluss eine persönliche Formulierung (mit ὑμεῖς) gebraucht wird, verwendet Eph die dritte Person: „Friede *den Geschwistern*[28] und Liebe …".[29] Das passt zur allgemeinen („katholischen") Adresse des Schreibens. Während „Frieden" und „Liebe" mit καί verbunden werden, wird „Glaube" durch μετά + Gen. („mit") enger an „Liebe" angefügt. Die bei Paulus geläufige Trias „Glaube, Liebe, Hoffnung" wird so im Eph durch „Frieden, Liebe, Glauben" variiert. „Liebe mit Glauben" ist Offenheit unter Menschen im Vertrauen auf die Wahrheit Gottes. Die chiastische Rahmung des Schreibens durch Eingangsgruß mit „Gnade" und „Frieden" (1,2) und „Friedens-" und „Gnadenwunsch" (6,23f) wird noch hervorgehoben durch die gleiche Bezeichnung der „Quelle" von Eingangsgruß und Friedenswunsch:[30]

1,2:   „von Gott unserem Vater und dem Herrn Jesus Christus"
6,23b: „von Gott dem   Vater und dem Herrn Jesus Christus"

---

[27] Die Abweichung des Friedenswunsches im Gal hängt mit dem Inhalt des Briefes zusammen: Der Wunsch wird eingeschränkt auf die, die „nach *diesem* (von Paulus im Briefkorpus aufgestellten) Kanon wandeln". In Eph 6,24 wird im Gnadenwunsch eingegrenzt: „mit allen, die unseren Herrn Jesus Christus lieben …".

[28] Das maskulinische ἀδελφοί ist im antiken Griechischen zugleich geschlechterübergreifend.

[29] Gal hat den Friedenswunsch (in der indirekten Form der dritten Person) in die Peroratio vorgezogen, wobei der Kreis der Empfänger eingegrenzt wird. In 1Kor 16 fehlt der Friedenswunsch, weil die Grüße mit dem „heiligen Kuss" zur Herrenmahlliturgie überleiten.

[30] S.o. zu 1,2 (A 44).

24 Es folgt nun, das ganze Schreiben abschließend, der Gnadenwunsch. Er ist (wie der Friedenswunsch in V.23) nicht in der Form der Anrede („euch": χάρις ὑμῖν) gehalten, sondern ebenfalls in der 3. Person. Statt des Dativs wird wie in 2Kor 13,13; Tit 3,15 und Hebr 13,25 die Formulierung mit μετὰ πάντων verwendet, aber es fehlt (wie in Apk 22,21) das in 2Kor, Tit und Hebr gebrauchte anredende ὑμῶν („mit *euch* allen"). Dafür erhält das offene μετὰ πάντων eine determinierende Bestimmung: „mit allen, *die unseren Herrn Jesus Christus lieben*". Damit wird noch einmal das Stichwort ἀγάπη aus V.23 aufgenommen, das für den ganzen Eph eine zentrale Rolle spielt. Aber hier ist es als Antwort auf die Liebe Gottes und Christi gemeint.[31]

Das letzte Wort des Briefes, ἐν ἀφθαρσίᾳ („in Unverweslichkeit"), überrascht und gibt Rätsel auf. Paulus gebraucht das Wort ἀφθαρσία in 1Kor 15,42.50.53f und Röm 2,7 für das Sein der Christen in der postmortalen Ewigkeit. In 2Tim 1,10 steht es parallel zu ζωή („Leben"), und zwar als Zustand nach der Vernichtung des Todes. Stilistisch handelt es sich um eine im Eph beliebte Schlusswendung, eine Koda mit fallender Satzmelodie (Kadenz).[32] Auf den ersten Blick lässt es sich mit keinem der Lexeme von V.24 verbinden. Es könnte eventuell ein Pendant zur Ewigkeitsformel in der Schlussdoxologie (3,21) darstellen und wird wörtlich auf 1Kor 15,42 beruhen (σπείρεται ἐν φθορᾷ, ἐγείρεται ἐν ἀφθαρσίᾳ).[33] Inhaltlich könnte durch das Stichwort ἀγάπη (V.23) bzw. ἀγαπώντων (V.24) 1Kor 13 anklingen: „Die Liebe vergeht nie" (V.8). Sie ist (nach 1Kor 13) die einzige der Charismen, die auch in der Ewigkeit weiter gilt. Selbst Hoffen und Glauben werden dort nicht mehr nötig sein. – So wäre die Koda ἐν ἀφθαρσίᾳ ein großartig angemessener Schluss des ganzen Epheserbriefes, der die Botschaft des großen Apostels kongenial, aber in eigener Sprache, weiterführt.

---

[31] S.o. zu 5,1–2.
[32] Vgl. dazu 1,4 (ἐν ἀγάπῃ); ferner: 1,6 (ἐν τῷ ἠγαπημένῳ); 1,8 (ἐν πάσῃ σοφίᾳ καὶ φρονήσει); 1,9 (ἐν αὐτῷ); 1,12 (ἐν τῷ Χριστῷ); 2,7 (ἐν Χριστῷ Ἰησοῦ); 2,13 (ἐν τῷ αἵματι τοῦ Χριστοῦ); 2,21 (ἐν πνεύματι); 4,16 (ἐν ἀγάπῃ); 4,19 (ἐν πλεονεξίᾳ); 5,24 (ἐν παντί); 6,12 (ἐν τοῖς ἐπουρανίοις).
[33] „Gesät wird in Verweslichkeit, auferweckt wird in Unverweslichkeit" (vgl. den Reim σπείρεται – ἐγείρεται). Das Syntagma ἐν ἀφθαρσίᾳ begegnet im Neuen Testament nur in 1Kor 15,42 und Eph 6,24. Vgl. aber SapSal 2,23 (ἐπ᾽ ἀφθαρσίᾳ) und die Bedeutung des Nomens bei Philon: Abr 56; aet. 27.

Sachregister

Adam-Christus-Schema 127, 149, 301
Ämter 192–200, 277–290
Äon 38, 53, 71, 90–92, 99, 107, 114–118, 128–130, 157, 178, 206f, 209f, 234f, 342, 353, 406f, 409
Anakephalaiosis 50, 207
Anthroposmythos 96, 182
Augen des Herzens 71, 78f, 224, 295, 353
Berakha 28f
Christus-Enkomion 151–153
Corporate Personality 11, 97, 100, 101f, 127, 149, 151, 170
Danksagung 29f, 34, 64, 71–75, 107f, 188, 190f, 215, 225, 233, 328, 333, 339, 359, 386, 415
Doxologie 2, 4, 28, 29, 188, 193, 196, 215, 217, 234–239, 417, 424
Engel 12, 37, 69, 81f, 83, 87–93, 117f, 150, 163, 175f, 208, 211, 219, 226f, 307, 358, 406
Enkomion 73, 87, 91, 98–100, 152–154, 159, 165, 190, 223, 253, 261
epideiktisch 4f, 13, 82, 152, 243, 336
Eulogie 3f, 22, 24–35, 39–70
figura etymologica 15, 35, 47, 86, 91, 102, 122, 256, 271
Frieden 13, 22, 105, 135, 138, 147, 149, 153f, 156, 159f, 165–168, 170f, 173f, 254, 260f, 316, 339, 392, 411, 413, 418f, 423
Gnosis 10f, 96, 98, 100, 116, 126, 149, 157, 178, 229, 231, 254, 348
Haustafel 361–402
Imitatio Dei 245, 313, 317–327, 329
Innerer Mensch 216, 221–223, 293

Kirche 11f, 13, 41f, 59, 62, 92–94, 97, 101–106, 112, 127, 145, 155, 162, 164, 173, 179–186, 191f, 195, 198, 200, 202, 207–210, 213, 227, 229f, 232, 238f, 258, 262, 274, 276f, 281, 283f, 287, 289, 299, 302, 367–390, 394, 408, 415
Leib Christi 11f, 96–98, 100, 103, 149, 159, 163f, 176, 213, 229f, 232, 248, 299, 307, 386
Metapher/Metaphorik 11, 39, 44, 78, 96, 100, 149, 164, 170, 178f, 184, 219, 221f, 226, 230, 261, 265f, 283, 285, 287, 293, 295, 301f, 308, 327, 339, 348, 375–378, 388, 405, 411–414
Mächte 12, 37–39, 57, 59, 61, 69, 85–93, 100, 104, 117f, 124, 161, 197f, 207–209, 211, 226, 229, 336, 343, 406f, 408, 410
Metonymie 14, 38, 96, 116, 140, 146f, 159, 168f, 192, 224, 298
Mimesis 126, 225, 322, 324, 373
Mysterien 88, 109, 125f, 143, 199, 349
Mythos 10f, 58, 96, 149, 151, 164, 208, 324
Paränese 64, 190, 240–246, 248, 255–258, 286, 291–293, 298, 305–307, 315, 317, 329, 339, 343, 353, 390f, 417, 419
Paronomasie 15, 36, 217f, 232, 237, 256, 301, 415
Peroratio 4, 14, 240, 243, 404f, 409–417, 418
Prädestination 40–45
Revelationsschema 51f, 77, 192, 194, 196, 201, 203, 205–207, 211–213, 281
Stoa 96–98, 112, 173, 179, 229, 315, 333, 376
Taufe 36, 63–68, 123f
Timaios 13, 219, 252f, 265f, 276, 286, 299, 321, 323, 330, 347, 399
Tugend-/Lasterkatalog 296, 306f, 315, 330
Waffenrüstung 404–412

Wortregister
Griechische Begriffe

ἀγαπάω 97, 175, 387, 451f, 456, 494
ἀγάπη 92–95, 124, 175, 283f, 289f, 317f, 347–350, 387, 493
ἅγιος 68, 92, 117, 131f, 232f, 256, 261f, 285, 342, 375, 392, 450, 484f
ἄθεος 198
αἰών 143, 167, 181f, 264f, 268, 298
ἄμωμος 92, 450
ἀνακεφαλαιόομαι 105f
ἄνθρωπος 217–220, 255, 279–281, 331, 346f, 361, 363–366, 454f, 468
ἀπαλλοτριόομαι 195, 355
ἀπολύτρωσις 98, 118, 375f
ἀρχή 139f, 265f, 475
ἄρχων 168f
γινώσκω 289f, 396f, 491
διάβολος 371, 474
δόξα 96, 113f, 118, 126–129, 270–272, 278–281
δύναμις 133–135, 136f, 260, 278f, 296
ἐγείρω 137, 409f
εἰρήνη 71, 208f, 221f, 226, 320f, 482, 492f
ἐκκλησία 146–150, 152, 265f, 297f, 375–389
ἐκτρέφω 452f, 462f
ἐλπίς 197f, 321, 323f
ἐνέργεια 134f, 260, 349–351
ἐξουσία 139f, 170f, 266, 475.
ἐπουράνιος 86–89, 139, 181, 265, 475–478
ἔσω ἄνθρωπος 221–223, 279–281
εὐαγγελίζομαι 226f, 262
εὐαγγέλιον 116, 258f, 482, 486
εὐχαριστέω 125f, 423f
εὐχαριστία 395f
ἔχθρα 214, 226.
θέλημα 66, 96, 100, 111, 173, 417, 468
καινός 217–222, 363–365
καιρός 103–106, 195, 415f, 484f
καρδία 129f, 281, 356, 420–422, 466f, 492
κεφαλή 145f, 349–351., 435. 441–443
κληρονομία 118, 131–133, 398
κλῆσις 131, 316, 321

κόσμος 91, 167, 198
λόγος 115f, 373, 399, 486
μέτρον 330, 345, 351
μυστήριον 101f, 250f, 252f, 263f, 455f, 486
νεκρός 138, 165, 177f, 347
νοῦς 354f, 362f
οἰκοδομή 239–242, 343, 349f, 374
οἰκονομία 103, 249f, 263f
ὄνομα 142f, 423f
οὐρανός 106, 108, 276, 335
παραδίδωμι 357f, 387–389, 447
παρακαλέω 315f, 492
παράπτωμα 98, 166, 176
παρρησία 269f, 486
πατήρ 72, 84f, 126–129, 229, 276f, 362f, 423f, 453f, 460–462, 493f
περιπατέω 167, 188, 313–315, 354, 387, 401, 414f
πίστις 124f, 184f, 269f, 282, 325, 343, 483, 493
πλεονεξία 358f, 391f
πληρόω 155f, 290f, 337, 418f
πλήρωμα 103–106, 154–159, 290–292, 345f
πλοῦτος 98f, 130f, 182, 262, 278f
πνεῦμα 117, 171f, 229, 243, 257, 280, 320f, 362, 376, 418f, 483f, 484f
πνευματικός 86, 419f, 475
πονηρός (πονηρία) 416, 478, 483
προσαγωγή 228f, 269f
προφήτης 236f, 253f, 339–341
σάρξ 173, 193f, 215f, 452, 474f
σοφία 99f, 128f, 266–268
σῶμα 153–159, 224f, 321f, 343, 349–351, 441–443, 451f, 453f
τέκνον 163, 174, 380, 401, 459–462
υἱός 171f, 255, 344, 400
ὑπερβάλλω 133, 182, 289f
ὕψος 285–289, 331–333
φῶς 400f, 403, 406, 408–412
χάρις 70f, 96f, 98, 177, 182f, 249, 260f, 268–270, 313f, 423f